U0457853

文化法学丛书

总顾问：柳斌杰

总主编：朱　兵　周刚志

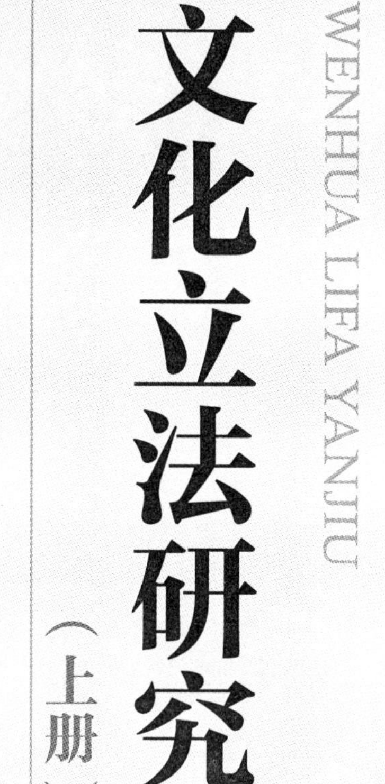

文化立法研究（上册）

WENHUA LIFA YANJIU

朱　兵◎著

中国政法大学出版社

2019·北京

图书在版编目（CIP）数据

文化立法研究/朱兵著.—北京:中国政法大学出版社,2019.8
ISBN 978-7-5620-9143-1

Ⅰ.①文… Ⅱ.①朱… Ⅲ.①文化事业－立法－研究－中国 Ⅳ.①D922.164

中国版本图书馆 CIP 数据核字(2019)第 177160 号

出版者　中国政法大学出版社
地　址　北京市海淀区西土城路 25 号
邮寄地址　北京 100088 信箱 8034 分箱　邮编 100088
网　址　http://www.cuplpress.com（网络实名：中国政法大学出版社）
电　话　010-58908586(编辑部) 58908334(邮购部)
编辑邮箱　zhengfadch@126.com
承　印　固安华明印业有限公司
开　本　720mm×960mm　1/16
印　张　50
字　数　800 千字
版　次　2019 年 8 月第 1 版
印　次　2019 年 8 月第 1 次印刷
定　价　179.00 元

总 序

柳斌杰

随着全面依法治国方略的落实，我国进入了法治建设的关键期。党的十八大之后的几年间，全国人大加快推进文化领域立法，取得了显著成绩。《公共文化服务保障法》《电影产业促进法》《英雄烈士保护法》《公共图书馆法》等文化法律相继制定，文化法治建设驶上了快车道。为了适应我国文化法治建设的新形势、新要求，加强文化法学研究势在必行，不少专家主动参与建言献策。中南大学中国文化法研究中心因应时代需求，及时推出“文化法学丛书”，具有重要意义。理论著作是理论研究成果的基本载体，文化法学界的同志们以文化法学研究为职业和学术追求，体现了高度的文化自觉和人文情怀，值得我们立法工作者向他们学习、致敬。

文化法是对人们的精神创造和文化实践立规范，是有许多特殊规律的，需要高度的理论成果支持，需要创新精神。但有一些根本原则、文化立场要贯彻其中。比如说，坚守社会主义核心价值、坚持社会主义文化自信、坚定社会主义法治理念，这是必需的。只有这样的理论研究才能更好地服务于社会主义文化建设与法治建设。

第一，坚守社会主义核心价值，服务于社会主义文化法治建设。文化发展是目的，文化改革是动力，文化法治则是文化发展和文化改革的重要保障。当代文化法学者要深入学习和领会党的十九大精神，把新时代对文化建设和法治建设的要求结合起来，落实到具体的理论研究工作过程之中。2018年5月，中共中央印发了《社会主义核心价值观融入法治建设立法修法规划》，要求推动社会主义核心价值观全面融入中国特色社会主义法律体系，特别是“发挥先进文化育人化人作用，建立健全文化法律制度”。我国文化法学研究，首先要坚守社会主义核心价值观这个基本准则，服务于社会主义文化法治建设，将社会主义核心价值观的内容，转换为文化法学的基本理念，转化为相应的文化法律法规和制度规范。

第二，坚持社会主义文化自信，服务于文化强国战略顺利实施。文化是民族的血脉，是人民的精神家园，是国家的思想旗帜。一个国家、一个民族的文化认同、文化价值、文化自信，是更加基本、更加深刻、更加持久、更加强大的内在力量。文化法治建设和文化法学研究都要坚持社会主义文化自信，服务于文化强国战略的顺利实施。文化自信是一种文化信仰，文化法学者坚持文化自信，就是要对中华优秀传统文化、革命文化和社会主义先进文化有内心的认同和敬畏，有一种不忘本来、吸收外来和走向未来的文化定力，只有这样才能在世界多元文化格局中“千磨万击还坚劲，任尔东南西北风”，将中华优秀传统文化、革命文化和社会主义先进文化发扬光大。

第三，坚定社会主义法治理念，服务于文化法学研究繁荣发展。理论著作的写作、编辑和出版工作是理论研究的核心环节，它上联作者——决定内容的创作、选择、编辑、发行、传播，下联读者——优秀的理论作品可以满足党和国家、社会和企业对相关理论的需求。文化法学理论著作的水平决定于作者和出版社的政治水平、知识水平和专业精神。文化法学研究者要坚定社会主义法治理念，以高水平的理论著作服务于文化法学研究的繁荣发展。

文化法学丛书的编辑出版是文化法学界的一件大事、好事，在团结和凝聚文化法学的专家、学者、精英，以理论研究服务于当代中国文化法治建设等方面，发挥着重要作用。我相信，这套丛书一定能够引领中国文化法学研究快速发展，引领中国文化法学理论适应社会主义新时代的要求，为我国法学研究和文化研究的繁荣发展做出新的贡献。

自 序

朱 兵

时光荏苒，岁月如梭。笔者自1987年研究生毕业进入全国人大教科文卫委员会从事文化立法工作，迄今已有三十余年。长期以来，在党中央的高度重视下，全国人大常委会和全国人大教科文卫委员会在建立健全文化法治建设上做出了极大努力。几十年以来，作为一个一直从事文化立法的实践工作者，我亲身参与、见证和经历了自改革开放以来，尤其是全面依法治国以来我国文化立法的主要过程。以党的十八大为标志，我国文化立法大致可以分为前后两个重要阶段。前一个阶段是从改革开放到党的十八大之前，主要是文化立法的初创、探索和规划阶段，具体分为三个时期：一是从20世纪80年代初到90年代初，以《文物保护法》（1982年）[1]、《档案法》（1987年）和《著作权法》（1990年）的制定为代表；二是从20世纪90年代中到2002年前后，文化立法主要集中体现在国务院相关文化行政法规的出台上，包括《传统工艺美术保护条例》（1997年）、《广播电视管理条例》（1997年）、《广播电视设施保护条例》（2000年）、《音像制品管理条例》（2001年）、《电影管理条例》（2001年）、《出版管理条例》（2001年）、《公共文化体育设施条例》（2003年）等；三是从2002年党的十六大到十七大，明确提出加强文化法制建设，开始全面研究和规划文化立法，主要是文化法律的制定工作，推动制定文化立法规划建议，《非物质文化遗产法》（2011年）制定出台。后一个阶段就是自2013年党的十八大以来，文化立法开启全新局面进入蓬勃发展的阶段。党的十八大确立了五位一体总体布局和四个全面战略布局，促进社会主义文化大发展、大繁荣，文化建设和文化立法进入了新时代。《中共中央关于全面推进依法治国若干重大问题的决定》提出建立健全坚持社会主义先进文化前进方向、遵循文化发展规律、有利于激发文化创造活力、保障人民基本文化权益的文化法律制度，明确提出《制定公共文化服务保障法》和《文化产业促进法》，这为文化立法的性质、方向和重点任务提供了基本遵循。党中央高度重视文化建设战略性地位，高度重视文化事业、文化产业发

---

〔1〕 本书所涉及之我国法律法规名称，均省略中华人民共和国。

展，高度重视对人民群众的文化权益保障。全国人大紧紧围绕中央决策部署及时调整立法思路，加大措施填补立法上的短板。这期间，《电影产业促进法》（2016年)、《公共文化服务保障法》（2016年)、《网络安全法》(2016年)、《公共图书馆法》（2017年）等重要文化法律密集出台，填补了中国特色社会主义法律体系中长期存在的文化立法空白，成为十二届全国人大常委会立法工作的一个显著成就。

文化是民族的血脉，是人民的精神家园，更是一个国家、民族的灵魂。党的十九大举世瞩目，一个重要理论成果就是把习近平新时代中国特色社会主义思想、把坚定文化自信以及发展中国特色社会主义文化写入了党章。坚定文化自信，推动社会主义文化繁荣兴盛，是党的十九大提出的明确要求。文化自信是一个国家、一个民族、一个政党对自身文化价值的充分肯定和对自身文化生命力的坚定信念。文化自信是民族自信心和自豪感的源泉，中华民族正是有了对中华民族文化的自信心和自豪感，才能在数千年漫长的历史长河中生生不息，坚忍不拔，创造辉煌。习近平总书记深刻阐述了文化自信与道路自信、理论自信、制度自信的关系，深刻阐述了文化自信与中华优秀传统文化传承发展的关系，深刻阐述了文化自信与中国共产党的历史使命和实现两个百年目标、建设成为富强民主文明和谐美丽的社会主义现代化强国的关系，这为新时代文化繁荣发展和文化法治建设指明了方向。面对新时代，文化立法迎来了新的历史发展契机。新时代文化立法的基本目的就是要紧紧围绕坚定文化自信和大力推进中国特色社会主义文化繁荣发展的总要求，通过法律制度建立起符合我国社会主义文化规律、特点、要求，并行之有效的最高规范和准则，确保党和国家在文化领域基本路线方针的贯彻实施，坚定维护国家文化安全，坚持社会主义先进文化的前进方向，弘扬社会主义核心价值观，保障人民群众基本文化的权益，保护传承中华优秀传统文化，为促进公共文化事业和文化产业健康繁荣发展、促进中华文化“走出去”提供充分的法律支撑。总之，建立健全的、更加完备的文化法律制度，进一步加强文化法律的贯彻实施和监督，为坚定文化自信，发展新时代社会主义文化提供完善的法治保障，是新时代全面推进文化法治建设的根本任务。

回顾三十余年的文化立法工作历程，期间既有艰辛和苦涩，又有喜悦和甘甜，但更多的是由衷感到自己人生的幸运。因为这三十年恰逢世纪更迭而横跨两个世纪，正是我国改革开放伟大事业蓬勃发展的三十年，也是中华民族摆脱艰难困苦不断走向灿烂辉煌的三十年。中华民族的伟大复兴离不开文化的复兴与繁荣，文化的复兴与繁荣离不开法治的坚实保障。从加强法制建设到开启全面依法治国的新篇章，我作为一个文化立法工作者，亲生参与和见证了这一伟大的历史变革，能够用自己的毕生精力和点滴努力，为完善以宪法为核心的中国特色社会主义法律体系添砖加瓦，这是令我终生深感幸运和骄傲的事情。

本书汇集的主要是作者近三十年来关于文化立法的研究所得（附录中的媒体访谈除外），包括论文、文章、时评、演讲，也有研究报告等，涉及文物、非物质文化遗产、公共文化、电影产业、公共图书馆、文化市场、文化产业、著作权等立法，以及文化立法理论课题研究等，其中大多已为报刊登载。由于时间跨度较长，文章水平不一，有的还不免絮叨重复，但这些篇目记录了笔者长期以来对文化立法主要问题的所思所想，也从一个侧面客观反映了我国文化立法的历史进程。借此，希望本书对关心文化立法的读者有所裨益。

是为序。

2018年10月10日

目　录

CONTENTS

（上册）

第三编　文化市场与文化产业立法

WENHUALIFAYANJIU

第一编

文化立法

中国特色社会主义文化立法研究[1]

摘要：本课题对中国特色社会主义文化立法的问题进行了研究，对文化法律的内涵与外延进行了阐述，对文化立法在中国特色社会主义法律体系建设中的重要地位进行了分析，论证了新形势下加快文化立法的有利条件和不利因素以及加快推进文化立法的必要性与重要性，对“十二五”时期需要制定的文化法律、法规及其可行性进行了分析。

关键词：中国特色；文化立法；文化法律

第一篇　文化法律概念的内涵与外延

一、研究的概念基础

（一）文化的概念

1. 西方社会对文化的定义

文化是最难加以定义的词之一，其涉及的范围极其广泛，不同的人会从不同角度进行定义，这里主要采用的是人类学与文化学者研究的成果。

人类学之父 E. B. 泰勒在《原始文化》中提出：“文化或文明，就其广泛的民族学意义来讲，是一个复合整体，包括知识、信仰、艺术、道德、法律、习俗以及作为一个社会成员的人所习得的其他一切能力和习惯。”其后，英国人类学家马林诺夫斯基丰富了文化的定义并阐释了文化的外延。他认为：“文化是指那一群传统的器物、货品、技术、思想、习惯及价值而言的，这概念其实包容及调节着一切社会

---

[1] 本文是笔者于2011年作为首席专家和课题负责人承担的国家社会科学基金特别委托研究项目。成员课题组还有：徐国宝、简海燕、谢军、王丽娜、温泉等人。本文中所涉及之法律法规与理论表述内容，均以写作时间为准。

科学。我们亦将见，社会组织除非视作文化的一部分，否则是无法了解的。”〔1〕他们对文化的定义，着重于界定文化的物质外延。

直到1952年，美国人类学家克鲁伯和克拉克洪开始从精神内涵角度来定义文化。他们在《文化：一个概念的考评》中给文化下了一个综合定义：“文化存在于各种外显的和内蕴的模式之中，借助符号的运用得以学习和传播，并构成人类群体的特殊成就。这个成就包括他们制造物品的具体式样和由传统或由历史衍生和由选择得到的思想观念和价值组成的基本核心，其中尤以价值为最重要。”其后，普林斯顿大学文化人类学家克利福德·格尔茨在《文化的解释》一书中用“意义模式”来等同替代“价值观”。他认为，文化概念“既不是多重所指的，也不是含糊不清的：它表示的是从历史上留下来的存在于符号中的意义模式，是以符号形式表达的前后相袭的概念系统，借此人们交流、保存和发展对生命的知识和态度”。〔2〕

R. 斯塔文哈根先生首先在三种意义上使用“文化”一词，即作为资本的文化、作为创造力的文化和作为整个生活方式的文化。作为资本的文化将文化视为整个人类或特定群体积累的全部物质遗产，其中包括历史遗迹和手工艺品。作为创造力的文化则并不认为文化一定是积累起来的或现存的文化资本，而是认为它是艺术和科学的创造过程。而作为整个生活方式的文化则源于人类学，认为文化是一个社会群体区别于其他类似群体的一切物质和精神活动及产品的综合。按照这样的理解，文化也被视为是特定文化群体在历史上形成的一个统一、完备的关于价值观、符号以及习俗的体系，并且这一体系在日常生活中为个人的行为和社会关系提供了必需的标志和意义。〔3〕

联合国教科文组织也提出：“文化不仅是精英人物所制造的作品和知识的积累……不限于欣赏艺术和人文作品，并且还是对关于某种生活方式和交际需要的知识和要求的习得。”《世界文化多样性宣言》在序言中是这样申明“文化”的，即“把文化视为某个社会或某个社会群体特有的精神与物质，智力与情感方面的不同特点之总和；除了文学和艺术外，文化还包括生活方式、共处的方式、价值观体系”。

由此可知，西方学术界的“文化”定义有一个从重物质外延转向重精神内涵的过程。文化既包括了技术、法律、教育、科学、艺术作品等物质形态，也包括了习俗、道德、价值观念、思想观念等精神形态。从发展历程中能够找得到西方社会关于文化概念理解的发展轨迹。文化的概念是由基于物质生产领域上的理解逐步过渡

---

〔1〕［英］马林诺夫斯基：《文化论》，费孝通等译，中国民间文艺出版社1987年版。

〔2〕［美］克利福德·格尔茨：《文化的解释》，韩莉译，译林出版社1999年版，第109页。

〔3〕［芬］R. 斯塔文哈根：“文化权利：社会科学视角”，载［挪］A. 艾德、C. 克洛斯、A. 罗萨斯主编：《经济、社会和文化权利教程》（修订第2版），中国人权研究会译，四川人民出版社2004年版，第71~75页。

到精神领域，最终脱离物质生产领域，而成为精神领域中囊括人们的一切精神生产能力与精神产品的存在。

2. 本课题的文化概念

文化的概念是历史的积淀，大到物质文明、精神文明和政治文明以及道德风俗，无所不包，无所不在。我国则常按文化的物化和行政部门分工，使文化有了大中小之分。"大文化"包括教育、科学技术、体育和旅游等；"中文化"是指新闻出版、广播电视、电影、网络信息、表演艺术、文化遗产、图书馆、博物馆、文化馆（站）、文化娱乐业、文化市场等；"小文化"是指文化部管辖范围内的文化对象或项目。我们讲的文化方面的法律制度，是指"中文化"，也就是国家新闻出版广播电影电视总局和文化部等政府部门管辖的范围。[1]

（二）文化权利

1. 文化权利的概念

对文化概念理解的不同，对文化权利的内涵与内容的理解也就会不一样。同时，对文化权利的认识也是一个发展的过程，具有不断丰富与完善的特点。

由于一定的历史文化原因，文化权利以往常常被忽视。在社会的发展过程中，文化权利往往被视为发展权。人们普遍倾向于这样的认识，即在社会、经济的发展水平不高，还不能在基本温饱、工作安全、生活保障等基本生存问题上满足人们的生存需求的情况下，经济权利和政治权利等生存权理应得到优先的发展，等到经济权利和政治权利等生存权发展到一定程度的时候，作为更高层次的文化权利才能得以发展。基于这样的普遍认识，世界各国几乎都将文化权利视为更高层次的权利，在其他基本生存权利还得不到充分发展的时候，会暂时忽略人们对文化权利发展的需求。

对于文化权利，国内外学者的认识如下：

挪威人权研究所的 A. 艾德认为，在《国际人权法案》所构建起的人权制度下，文化权利构成了一个具体范畴。《世界人权宣言》第 27 条和《经济、社会和文化权利国际公约》第 15 条规定了参与文化生活权、享受文化成果的权利、作者精神和物质利益受保护的权利、文化创造权和国际文化合作权。

墨西哥 El Colegio 研究所的 R. 斯塔温黑根认为，文化权利包括"个人获得累积文化资本的平等权利"；"个人自由创造自己的文化作品的权利及所有人享有自由利用这些创造品的权利"；"每一个文化群体保留并且发展自己特有的文化的权利"。也就是，文化发展权、文化创造权、享受文化成果权和文化认同权。

福布里尔大学研究文化权利的团体"福布里尔小组"提出，文化权利包括"文化认同的权利；文化团体认同的权利；参与文化生活的权利；接受教育和培训的权

〔1〕 朱兵：《关于文化方面法律制度》（研究报告 2003 年）。

利；信息权；文化遗产权；自由研究、创造性活动和知识资产的权利；参加文化策略的制订、执行和评估的权利"。

中国学者艺衡、任珺、杨立青在《文化权利：回溯与解读》一书中将文化权利归纳为四种：享受文化成果的权利、参与文化活动的权利、开展文化创造的权利以及个人进行文化艺术创造所产生的精神上和物质上的利益享受保护的权利。

从1989年起任联合国教科文组织人权、民主与和平部主任的雅努兹·西莫尼迪斯教授认为，除了《世界人权宣言》第27条和《经济、社会和文化权利国际公约》第15条外，《世界人权宣言》第26条与《经济、社会和文化权利国际公约》第13条共同谈到的受教育权，《世界人权宣言》第19条和《公民权利和政治权利国际公约》第19条共同谈到的发表意见的权利（被概括为信息权），以及联合国教科文组织在《国际文化合作原则宣言》中讲到的国际文化合作权都属于文化权利的范畴。他认为，文化权利包括受教育权、文化认同权、文化信息权、参与文化生活权、文化创造权、享受科学进步的权利、保护作者物质和精神利益的权利、国际文化合作权。

这些观点的分歧主要是关于文化权利的范围，而这是由"文化"一词的定义引起的。[1]

我们认为，作为一项基本人权，文化权利指在一定的社会历史条件下每个人按其本质和尊严所享有或应该享有的文化待遇和文化机会（如在技术、法律、教育、科学、艺术作品等方面的待遇和机会），以及所可以采取的文化态度和文化习惯（如习俗、道德、价值观念、思想观念等方面的自由和主张）。文化权利包括受教育的权利、文化认同权、文化信息权、参与文化生活的权利、文化创造权、享受科学进步的权利、保护作者物质和精神利益的权利、国际文化合作的权利。重要的是，文化权利既是一项集体的权利、普遍的权利，又是一项个体的权利，它与公民和政治权利、经济和社会权利是平等的和同等重要的，同时也是不可分割、相互依赖、相互渗透的。[2]

2. 文化权利的分类

文化权利的分类是基于文化权利范围而作的分类，文化权利范围取决于对"文化"一词的理解。"文化"没有统一的定义，可以用不同的方式来理解：狭义的文化指创造性的、艺术的或科学的活动，广义的文化可以指人类活动的总和，一切价值、知识和实践都是文化。若采取广义的文化定义，文化权利就包括了获得教育和

〔1〕参见赵宴群："文化权利的确立与实现"，复旦大学2007年博士学位论文。

〔2〕参见赵宴群："文化权利的确立与实现"，复旦大学2007年博士学位论文，摘要。

信息的权利。[1]在研究文化权利分类时，我们采用的是“大文化”概念。

（1）依享受权利的主体分为：集体文化权利、个体文化权利、少数群体文化权利。从文化权利的产生来看，其是作为民族自决权的一个组成部分被提出来的，而民族自决权又是与西方国家的霸权相抗衡的，所以，文化权利必定是一种集体权利。文化权利的集体性也是由文化权利实现的范围决定的，文化权利包括了文化认同权和国际文化合作的权利，这两项权利的实施大多是以集体为主体进行的。文化权利的实现条件也决定了它是一种集体的权利，因为“一个人的尊严不仅存在于他的个体性之中，而且存在于他所从属的集体之中，并通过集体而存在”。[2]而且，保护权利的成本总是由公共来支付的，这就决定了个人权利在本质上依赖于政府行为和社会合作。即便在自由社会中，自治的个人也不能自动地为自己创造自治的条件，而只有通过全体社会成员共同创造。在此意义上，“文化权利”概念被视为是一项整体权利，即人对文化所拥有的权利，或者具体地说，人人有受教育的权利，参与文化生活的权利，享受科学发展的权利，享受保护一切科学、文学或艺术作品的精神和物质利益的权利。[3]

文化权利既是集体权利，也是个体权利。因为“群体权利的最终目的和正当根据并不在于保护群体，而在于保护组成群体的个人”。如果否定个体权利，那么集体权利的实现便是毫无意义的，甚至会走向专制。文化权利的保护和实现最终还是要落实到每一个个体身上。同样，个体权利的实现也是以集体权利的实现为基础的。“在国家的权利没有得到承认的时候，个别公民的权利是毫无意义的。”[4]有时文化权利又会被某些区域性公约或宣言所细致规定。比如，欧洲议会有关“文化权利”的草案认为，“文化权利”包括九个方面：遗产、初等教育、中等教育、高等教育、身份、语言、文化、传媒及体育。[5]还有的文件具体规定为受教育权、信息权、言论自由权、国际文化合作权和宗教自由权等。

任何人（包括少数群体、弱势群体的成员）都有表达他们的文化特征和发展他们的文化传统的权利。例如，1992年联合国大会通过的《在民族或族裔、宗教和语言上属于少数群体的人的权利宣言》第4条规定：“属于少数群体的人有权成立和保持他们自己的社团。”

---

[1] ［波兰］雅努兹·西摩尼迪斯：“文化权利：一种被忽视的人权”，黄觉译，载《国际社会科学杂志（中文版）》1999年第4期。

[2] ［瑞士］托马斯·弗莱纳：《人权是什么?》，谢鹏程译，中国社会科学出版社1999年版，第24页。

[3] 参见《经济、社会和文化权利国际公约》第13条和第15条。

[4] ［美］迈克尔·伊格勒蒂夫：“作为偶像崇拜的人权”，胡水君译，载《环球法律评论》2005年第4期。

[5] The Draft of Cultural Rights Prepared by the Council of Europe, Strasbroug, 24 Misc. 9413, august 1994, CDDC.

（2）依法律性质分为：公法上的文化权利、私法上的文化权利。从法律性质看，有涉及公民基本政治权利的立法（如新闻出版方面的立法）；有涉及文化行政管理性质方面的立法（如文化市场管理、文化遗产保护等）。这些文化法调整的文化权利被称为公法上的文化权利。

另外，有涉及公民民事权利方面的立法（如著作权的保护、文化产业发展的保障等）；有涉及保障公民文化权利的立法（如图书馆、博物馆的立法）。这些文化法调整的文化权利可以被称为私法上的文化权利。[1]

（3）依实现的保障分为：消极文化权利、积极文化权利。消极文化权利是指一些国家的宪法当中没有明确宣示保护公民基本文化权利，同时也没有运用具体的宪法规范来对公民基本文化权利的内容进行列举，而只对国家有关于公民文化权利的权力作了少量的限制性规定。如《美国宪法第一修正案》规定："国会不得制定关于下列事项的法律：确立国教或禁止信教自由，剥夺言论自由或出版自由。"同时，这些国家的宪法都特别规定保护知识产权以促进科学与文化的进步。如《美国宪法》第8条规定国会拥有下列权力："保障著作家和发明家对各自著作和发明在限定期限内的专有权利，以促进科学和实用技艺的进步。"《澳大利亚联邦宪法》第51条也规定："议会为了维护联邦的安宁、秩序和治理起见，根据本宪法，对于下列事项有制定法律之权……版权、发明和设计专利权、商标。"除此以外，这些国家的宪法对公民基本文化权利都没有作其他过多的规定。这些国家之所以没有在宪法中明定公民基本文化权利，其缘因在于这些国家一贯奉行个人自由主义的宪政理念，认为法不禁止即自由，如果一项权利或自由没有被宪法授权国家限制，那么这项权利或自由就是被许可的、被保护的。与之相应，公民基本文化权利没有被规定，也就是说，它也是被许可的、被保护的。《美国宪法第九修正案》正体现了这一点。其规定："本宪法对某些权利的列举不得被解释为否定或轻视由人民保有的其他权利。"法国《人权宣言》第4条规定："自由就是指有权从事一切无害于他人的行为。因此，各人的自然权利的行使，只以保证社会上其他成员能享有同样权利为限制。"因其没有规定，反而使权利的范围更广，同时限制也更少。这是公民基本文化权利宪法规范保障的一种类型，英国对文化权利的保护也采用此法。

积极文化权即国家在宪法或文化基本法中明确规定文化权利，即对文化权利的法律保护，如德国、俄罗斯等国。（见本篇第三部分域外文化立法）

3. 文化权利实现之政府义务

为保障文化权利的实现，各国政府都有义务积极地做一些事情，如：

（1）政府提供公民享有文化权利的设施与条件。政府应尊重和保障文化参与

[1] 参见朱兵：《关于文化立法的若干问题（提纲）》（研究报告2003年）。

权，并提供设施和条件保证公民的文化参与。国家应建立一些执行和倡导文化参与的机构，如文化中心、博物馆、图书馆、剧场、电影院以及传统的手工与艺术场所等；倡导将文化特性视为个体、团体、国家及地区之间互相认可的因素；倡导对民族种族群体、少数群体以及土著人民族的文化遗产保持清醒认识，并享受这些遗产；采取措施通过传播媒体倡导参与文化生活；保留和展示人类的文化遗产；通过立法保护艺术创作和艺术表演的自由以及艺术作品传播的自由。国家应当保障个人能平等地利用文化设施，尤其是一些基础教育设施。

（2）加强与促进文化国际合作。《利用科学和技术进展以促进和平并造福人类宣言》第5条规定："所有国家应在建立、加强和发展各发展中国家的科学和技术能力方面提供合作，以谋加速实现这些国家人民的社会和经济权利。"根据联合国教科文组织于1966年通过的《国际文化合作原则宣言》，针对尊重和保障文化合作权主要有以下内容：每一个人享有进行跨国境文化接触的自由，享有引入和鼓吹来自其他文化的文化产品、文化思想及文化视角的自由；在文化活动方面能与不同文化背景的人进行合作；作者能在保护科学、文学和艺术产品带来的精神和物质利益方面进行国际合作；在保护人类文化遗产方面进行合作。

（3）国家应尊重和保障文化选择权。2001年联合国教科文组织通过的《世界文化多样性宣言》第5条指出："每个人都应当能够用其选择的语言，特别是用自己的母语来表达自己思想、进行创作和传播自己的作品；每个人都有权接受充分尊重其文化特性的优质教育和培训；每个人都应当能够参加其选择的文化生活和从事自己特有的文化活动。"国家应立法规定任何个人、法人及其他社会组织均不能将任何文化强加于任何人。

（4）保障国家文化安全。我国加入世界贸易组织后，承诺视听业、娱乐业、出版业部分开放，文化领域面临发展机遇和严峻挑战。法律要确立文化市场关系准则，以维护国家文化主权，抵御、防范腐朽文化，保护、继承和发展优秀传统文化。

二、文化权利的法律分析

（一）文化权利的法律性质

对于文化权利是否具有法律性质，西方社会和我国理论法学界存在不同的观点，但是总体上都经历过一个这样的过程：从开始完全否定文化权利具有法律性质到逐渐接受其具有法律性质，再到认为文化权利的法律性质逐步增强。从《经济、社会和文化权利国际公约》规定文化权利始，大多数国家都倾向于不认可文化权利具有法律性质，而把文化权利看成是"不具有协定性质的决议、宣言、纲领或宪章所规定的规则"，文化权利以强调其政治或道德义务为主，极少涉及法律上的意义。

因为这些国际公约没有规定一套有组织的制裁体系，以为文化权利的救济途径提供有力支撑。随着国际社会关于文化权利的法律实践不断发展，人们就文化权利具有法律性质逐渐达成共识。如国际法院关于文化权利的法律实践使我们得到了这样的启发："在国际协定中，某一规范创立的条款虽然起初仅具有协定性质或契约性质，但是它有可能进入一般国际法的总体，从而甚至可以对非公约缔约国产生约束力。实际上，它是成形习惯国际法新的规则公认的方法之一。"〔1〕自此，文化权利具有法律性质成为不争的事实。

"文化权利"的法律意义是指法律所规定的人们在社会精神文化生活领域中所具有的占有、支配、享用和创造一定文化产品和资源的资格，即在法律保障下作为社会公民的个人或群体在获得、支配和享用文化利益过程中，有权做出一定的行为，也有权要求提供这种文化利益的主体做出一定行为或者不做出一定行为的法律规定。〔2〕

（二）国际条约对文化权利的认定

1948年底，联合国大会通过了《世界人权宣言》，此后，联合国人权委员会开始着手起草对批准公约的国家具有法律拘束力的人权公约。1950年，人权委员会将仅仅保护个人的《公民权利和政治权利国际公约草案》提交给第5届联合国大会审议。大会审议后认为这一草案还不够全面，没有将经济、社会和文化权利列入被保护之列，要求人权委员会进行修订。1951年，第6届联合国大会接受了印度和黎巴嫩提出的起草两个公约对两类人权予以保障的倡议，要求人权委员会将《世界人权宣言》所载权利区分为两个单独的国际公约，一个公约关涉公民和政治权利（《公民权利和政治权利国际公约》），另一个公约关涉经济、社会和文化权利（《经济、社会和文化权利国际公约》）。1954年，人权委员会将《经济、社会和文化权利国际公约草案》（A草案）、《公民权利和政治权利国际公约草案》（B草案）提交第9届联合国大会审议。从1955年至1966年，联合国社会、人道和文化事务委员会对A草案进行了逐条审议，并于1966年12月16日第21届联合国大会获得一致通过。自此，《世界人权宣言》《公民权利和政治权利国际公约》及其任择议定书《公民权利和政治权利国际公约任择议定书》《公民权利和政治权利国际公约旨在废除死刑的第二任择议定书》和《经济、社会和文化权利国际公约》共同构成了《国际人权宪章》。这两个公约的重点在于实施，而非理论，所以，《世界人权宣言》《公民权利和政治权利国际公约》和《经济、社会和文化权利国际公约》对究竟哪些属于文化权利，哪些属于经济权利或社会权利等并没有作出明显的区分。1968年，联

〔1〕［南斯拉夫］米兰·布拉伊奇：《国际发展法原则》，陶德海译，中国对外翻译出版社1989年版，第67页。

〔2〕孙岳兵："公民文化权初探"，湖南师范大学2008年硕士学位论文，第6页。

合国教科文组织召开了一次专家会议讨论文化权利问题，会议得出的结论是：基本的文化权利包括每个人在客观上都能够拥有发展自己个性的途径，通过其自身对于创造人类价值的活动的参与，对自身所处环境能够负责——无论是在地方还是在全球意义上。

综合联合国相关文件，对文化权利的规定可以总结为：

1. 参加文化生活的权利

《经济、社会和文化权利国际公约》第15条：

（一）本公约缔约各国承认人人有权：

（甲）参加文化生活；

（乙）享受科学进步及其应用所产生的利益；

（丙）对其本人的任何科学、文学或艺术作品所产生的精神上的和物质上的利益，享受被保护之权利。

《世界人权宣言》第27条：

（1）人人有权自由参加社会的文化生活，享受艺术，并分享科学进步及其产生的福利。

（2）人人对由他所创作的任何科学、文学或美术作品而产生的精神的和物质的利益，有享受保护的权利。

2. 文化教育权

《世界人权宣言》第26条：

（1）人人都有受教育的权利，教育应当免费，至少在初级和基本阶段应如此。初级教育应属义务性质。技术和职业教育应普遍设立。高等教育应根据成绩而对一切人平等开放。

（2）教育的目的在于充分发展人的个性并加强对人权和基本自由的尊重。教育应促进各国、各种族或宗教集团间的了解、容忍和友谊，并应促进联合国维护和平的各项活动。

（3）父母对子女所应受的教育的种类，有优先选择的权利。

《经济、社会和文化权利国际公约》第13条：

（1）本公约缔约各国承认，人人有受教育的权利。它们同意，教育应鼓励个人的个性和尊严的充分发展，加强对人权和基本自由的尊重，并应使所有的人能有效地参加自由社会，促进各民族之间、各种族、人种或宗教团体之间的了解、容忍和友谊，和促进联合国维护和平的各项活动。

（2）本公约缔约各国认为，为了充分实现这一权利起见：

1）初等教育应属义务性质并一律免费；

2）各种形式的中等教育，包括中等技术和职业教育，应以一切适当方法，普遍设立，并对一切人开放，特别要逐渐做到免费；

3）高等教育应根据成绩，以一切适当方法，对一切人平等开放，特别要逐渐做到免费。

3. 文化信息权

《世界人权宣言》第19条和《公民权利和政治权利国际公约》第19条共同谈到的发表意见的权利（被雅努兹·西莫尼迪斯概括为信息权）。

《世界人权宣言》第19条：

人人有权享有主张和发表意见的自由；此项权利包括持有主张而不受干涉的自由；和通过任何媒介和不论国界寻求、接受和传递消息和思想的自由。

《公民权利和政治权利国际公约》第19条：

（1）人人有权持有主张，不受干涉。

（2）人人有自由发表意见的权利；此项权利包括寻求、接受和传递各种消息和思想的自由，而不论国界，也不论口头的、书写的、印刷的、采取艺术形式的或通过他所选择的任何其他媒介。

（3）本条第2款所规定的权利的行使带有特殊的义务和责任，因此得受某些限制，但这些限制只应由法律规定并为下列条件所必需：尊重他人的权利或名誉；保障国家安全，或公共秩序，或公共卫生，或道德。

4. 文化合作权

《经济、社会和文化权利国际公约》第15条：

（2）本公约缔约各国为充分实现这一权利而采取的步骤应包括为保存、发展和传播科学和文化所必需的步骤。

（3）本公约缔约各国承担尊重进行科学研究和创造性活动所不可缺少的自由。

（4）本公约缔约各国认识到鼓励和发展科学与文化方面的国际接触与合作的好处。

（三）我国公民的文化权利

1. 文化参与创造权

我国《宪法》第47条规定："中华人民共和国公民有进行科学研究、文学艺术创作和其他文化活动的自由。"这种参与是公民按照自己的意愿与审美需求抒发自己情感的自由选择，积极主动地参与到文化活动中来，是一个双向互动的过程。他们不但是文化成果的购买者和消费者，而且也是文化活动的实践者和体验者。通过开展各种各样、不同层次的社会文化活动，广大人民群众都能够享有充分的文化参与的权利。自娱自乐的文化广场的普遍形成和业余的民间文艺社团的大量产生表明现代社会文化参与具有广泛的群众基础。要实现公民的文化权利，就必须要最大限度地提供老少咸宜、各得其所的参与文化活动的条件与氛围。[1]

---

〔1〕 骆小平："文化权利大众化的哲学解读"，载《职教论坛》2009年第S1期。

2. 文化传播权

随着我国市场体制的逐步成熟，伴随着互联网的普及，社会向公众提供的文化形态与传播渠道发生了巨大的变化。文化权可以通过各种各样的媒介来实现，例如公共论坛的演讲、报刊以及其他印刷品，广播电台、电视、互联网以及其他电子通信工具，还有绘画、雕刻、雕塑、摄影、电影、音乐、戏剧等。文化传播权的实现既可以通过口头方式、书写方式，也可以通过形体的默示方式；既包括个体的表达方式，也包括结社、游行、集会等群体、团体的表达方式。

3. 文化选择权

文化选择权既包括可以享受世界人民创造的文化成果和文明成果，得到愉悦的体验和享受；也包括可以选择内容广泛而多样的文化，如文学历史知识、文化艺术、科学技术。

4. 文化成果受到保护权

文化成果受到保护权是为权利人的文化创造活动提供积极的法律预期，为权利人享受其成果之利益提供保护，从而对于整体的文化创造活动给予制度激励。它不仅包括公民对自己的文化创造成果申请保护的权利，而且包括前人的文化遗产受到社会保护的权利，这种遗产不仅包括物质性文化遗产，还包括非物质性文化遗产。倡导对前人文化遗产的尊重，也是对今人文化创造热情的保护。人民群众文化创造成果是否能够得到法律的保障，与知识产权是紧密相关的，它直接关系到公民文化权利的最终实现。要维护人民群众的文化权利，就要建立能够尊重和保护知识产权的法律体系和机制，如果不能有效地保护文化创造的成果，必然会打击人们开展文化创造的积极性。因此，国家有义务防止和制止第三方对权利人的文化成果的篡改、抄袭、窃取、恶意利用等侵权行为，最大限度地保障人民能够享有优秀的文化成果。

三、域外国家文化立法

（一）域外国家文化立法

综观世界，很少有将文化法作为基本法来进行立法的模式，一般说来会在其作为基本法的宪法中规定一般的文化权利。

1. 德国文化立法

文化权利作为一种基本权利，最先是由1919年德国的《魏玛宪法》确认的。该法第142条规定：“艺术、科学及其学理的自由，国家应予以保护并培植。”第150条规定：“科学上、美术上、技术上之智力作品，包括著作权、发明权、美术权，享受国家之扶持扶助；德国应依照国际条约，使其在国外亦享受保护。”上述条文均位于第二编“德国人民之基本权利及基本义务”项下，包括文化活动的自由和文化成果受保护两个方面。

1949 年《德国基本法》并未明确以文化权利的概念予以规范，而是将文化权利的具体内容分散在其他权利项下予以保障。其中涉及基本权利的条款包括：第 2 条第 2 项，人人享有个性自由发展的权利，但不得侵害他人权利，不得违反宪法秩序或道德规范。第 5 条第 3 项，艺术、科学、研究和教学自由进行。教学自由不得违反宪法。而实际上，根据《德国基本法》的标识，第 2 条属于个性自由发展权，而第 5 条属言论自由。虽然未出现文化权利的概念，但这些都与文化的内涵相一致，并且是以基本权利的形式出现的。

2. 西班牙文化立法

随着《国际人权宣言》以及《经济、社会和文化权利国际公约》的制定和签署，越来越多的国家开始考虑将文化权利纳入宪法基本权利的范畴。1978 年《西班牙宪法》第 20 条第 1 款规定："承认并保护的权利：（1）以口头、书面或任何其他复制的方式自由表达和传播思想、想法和意见。（2）文艺创作、科技发明。（3）讲学自由。（4）通过任何传播媒介自由报告或接收真实消息。行使上述自由时，法律规定良知不予公开和保守职业秘密。"

从《西班牙宪法》的规定来看，该国对文化权利的规定主要包括文学、艺术、科学创作自由和学术自由。

另外，《西班牙宪法》序言规定："保护所有西班牙人和西班牙各民族行使人权发展其文化、传统、语言和组织。"第 3 条规定："卡斯蒂利亚语，即西班牙语为国家官方语言。所有西班牙人有义务熟悉它，并有使用它的权利。西班牙的其他语言，根据各自治区的法律为各自治区的官方语言。西班牙的各种语言形态均为文化财富并受到特别的尊重和保护。"

3. 俄罗斯文化立法

在俄罗斯，文化权利在宪法中被加以规定，主要包括：确定民族属性；使用、选择和创作语言的权利；文学、艺术、科学创作自由和学术自由；参与文化生活和利用文化设施的权利。

如 1993 年《俄罗斯联邦宪法》第 26 条规定：

（1）每个人都有权确定并表明自己的民族属性。任何人不得被迫规定和表明自己的民族属性。

（2）每个人都有使用母语、自由选择交际、教育、学习和创作语言的权利。

第 44 条规定：

（1）保障每个人的文学、艺术、科学、技术和其他类别的创作、教授自由。知识产权受国家保护。

（2）每个人都有参与文化生活和利用文化设施的权利，都有接触文化珍品的权利。

另外，《俄罗斯联邦宪法》对俄语的地位也作了规定。该法第 68 条规定："（1）俄语是俄罗斯联邦全境的国语。（2）共和国有权确定自己的国语。它们可在共和国国家权力机关、地方自治机关、国家机构中与俄罗斯联邦国语同时使用。（3）俄罗斯联邦保障其各民族保留母语、创造条件以便研究和发展母语的权利。"

对于少数民族文化权利，《俄罗斯联邦宪法》第 69 条规定："俄罗斯联邦根据普遍公认的国际法原则和准则以及俄罗斯联邦的国际条约保障土著的少数民族的权利。"

（二）域外一些国家的文化立法体系

根据有关资料，目前，一些国家的文化立法分为以下几个方面：

1. 文化基本法律类

域外一些国家的文化基本法律包括：俄罗斯的《俄罗斯联邦文化基本法》；韩国的《文艺振兴法》；加拿大的《多元文化法》；伊拉克的《库尔德土库曼等少数民族文化自治法》；巴西的《罗阿内特法》（1999 年 12 月 23 日颁布的新文化法）；哈萨克斯坦的《文化法》；芬兰的《艺术促进法》等。

2. 专门法律类

（1）演员与演出类。奥地利的《演员法》；美国的《演员合同法》；秘鲁的《演员权益法》；阿根廷的《艺术家保护法》；韩国的《演出法》等。

（2）广播影视类。法国、印度、韩国、伊拉克、英国、阿根廷、巴基斯坦的《电影法》和《电影税细则》《电影审查法则》；埃及的《电影放映法》；阿根廷的《外语影片译制法》《广播法》《戏剧法》。

（3）新闻出版类。越南的《新闻法》；突尼斯的《新闻法》《记者职业规章》；墨西哥的《出版法》；伊拉克的《印刷法》；韩国的《外国刊物进口发行法》。

（4）文化市场类。英国的《游戏娱乐业管理条例》；法国的《文化市场经营法》；韩国的《音像制品法》；伊拉克的《音乐法》。

（5）公共文化设施类。日本的《国立剧场法》；印度的《图书缴送法》；伊拉克的《图书保藏法》；土耳其的《国家图书馆成立法》；瑞士的《国家图书馆法》《建立瑞士国家博物馆法》；澳大利亚的《维多利亚州 1988 年图书馆法》《维多利亚州 1983 年博物馆法》；阿根廷的《公共博物馆艺术品出借管理法》；西班牙的《国家级博物馆和西班牙博物馆系统法》。

3. 知识产权法律类

美国、印度、韩国、伊拉克、英国、阿根廷、西班牙、匈牙利、智利、秘鲁、塞内加尔都制定了版权法。

4. 文物与文化遗产保护类

印度的《名胜古迹遗址保护法》和《文物及艺术珍品保护法》；韩国的《文化

财产保护法》和《传统寺庙保存法》；伊朗的《文物保护法》；阿根廷的《文物保护法》《特殊文物保护法》《水下文物保护法》《民间音乐保护法》《探戈保护法》《音乐有声文化遗产保护法》；伊拉克的《反对外来文化法》《文物保护法》；日本的《文化财产保护法》；西班牙的《历史文物法》《历史遗产法》；瑞士的《鼓励保护古迹法令》。

5. 文化资助类

（1）直接资助类。俄罗斯的《俄罗斯联邦文学艺术领域国家奖金的规定》；日本的《文化功臣养老基金法施行令》；芬兰的《芬兰共和国艺术教授职位和国家对艺术家补贴法》。

（2）基金会类。美国的《国家艺术和人文基金法》；匈牙利的《匈牙利共和国关于文化基金的使用和交纳文化捐款办法的1989年第15号法令》和《匈牙利共和国关于建立文化基金的法令》；瑞士的《基金会法》。

（3）间接资助类（税收、彩票、捐赠、赞助）。美国的《联邦税收法案》《非相关营业收入法案》；俄罗斯的《自然人所得税法》《自然人财产税法》；英国的《关于刺激企业赞助艺术的计划》《文化赞助税制》《共同赞助法》《国家彩票法》；保加利亚的《完善文化领域非经营机构活动条例》；罗马尼亚的《关于缴纳演出税的规定》；巴基斯坦的《娱乐税法案》；突尼斯的《鼓励对文化产品及文化企业投资法》《投资鼓励法》；新西兰的《所得税法》；智利的《文化捐赠法》；巴西的《巴西联邦共和国第7570号法关于对纳税人在文化艺术事业上的开支给予适当税收优惠的法律规定》。

6. 组织法类

阿根廷的《国家文化委员会章程》《关于音乐词、曲创作者协会及其活动规则的规定》；埃及的《造型艺术协会成立法》；突尼斯的《关于人民之家和文化之家的法令》《关于省地方文化委员会的组织、权限和管理的法令》《关于全国文化委员会的法令》《最高文化委员会的法令》；澳大利亚的《维多利亚州1972年艺术部法》。[1]

（三）域外文化立法对个人文化权利保护

一般而言，根据作为人权的文化权利所提供的参照和既有的宪法规范，域外国家宪法对于个人文化权利的规范保护模式主要包括如下几个方面：

1. 参与文化活动的自由

这是文化权利得以进入实践层面的行为自由。国家有义务尊重个人主张和发展其所偏好的文化方向，此方向有可能背离多数人的传统，也可能背离少数群体的传

〔1〕参见朱兵：《关于文化方面法律制度》（研究报告2003年）。

统。人人有权在这些方面寻求突破。这项权利类似于表达自由，二者几乎难以区别。同时，国家有义务保护公民的文化活动免受第三方的侵害，公民可以主张其所想要表达的任何文化特性，或参加因种种原因遭到其他多数群体成员或少数民族反对的文化活动。一方面，文化活动的主张和扩大可能导致与他人的冲突，这就需要国家的保护功能；另一方面，出于尊重他人，它还可能需要作出某些限制。

2. 文化创造活动的成果受保护

这是为权利人的文化创造活动提供积极的法律预期，为权利人享受其成果之利益提供保护，从而对整体的文化创造活动给予制度激励。这种保护主要体现在知识产权问题上，即国家有义务防止和制止第三方对于权利人的文化成果的篡改、抄袭、窃取、恶意利用等侵权行为。但知识产权的排他性保护可能与文化成果的分享权相冲突，国家必须在二者之间作出合理安排和权衡，以促进文化成果的创造，同时满足公民的分享权。这在知识产权法领域主要是通过合理使用、强制许可使用等制度予以实现的。

3. 文化场所、设施等物质条件的提供

这是为权利人的文化活动提供必要的物质前提和支持。国家有义务根据自身的经济状况和发展战略，采取立法、行政等多种措施，提供公民参与文化生活必要的资金和物品，兴建诸如图书馆、博物馆、文化中心、剧院等文化场所，以及配备必要的文化设施来不断扩展公民的文化参与机会。

由于历史和地域因素的影响，文化场所、设施的分布可能在一国之内呈现出极不平衡的状态，如城市与农村之间、经济发达地区与经济欠发达地区之间。这就要求国家确定整体的文化发展战略和地域平衡方案，在综合平衡中增加对于文化设施落后地区的资金和设备投入。例如，20 世纪 90 年代中期起，针对法国重要文化设施主要集中在巴黎的不平衡状况，法国政府专门提出了“文化分散政策”，即将文化活动、资金、设施分散到全国各地。希拉克总统于 1995 年上任后不久，即宣布在他任职期间，不在巴黎开工建设大型文化工程，文化部也宣布在今后 10 年中，将政府 2/3 的文化投资用于外省，重要文化设施也大部分建于外省。

4. 分享科学进步及其应用所产生的收益

“科学进步”不仅包括自然科学的进步，而且包括社会科学和人文科学的进步。首先，公民有权了解关于科学技术的理论突破及其实际应用的信息，同时，国家还应当保障公民享受此种进步所带来的利益的权利，并防止对该技术进步的消极利用。这项权利在科学技术日新月异的今天备受关注，即国家究竟在何种程度上为公民提供新兴科技进步所带来的利益，它构成分享权的界限，同时也涉及资源分配以及科技伦理问题。比较典型的例子是医学方面的，比如克隆技术，一对丧子的夫妇能否要求克隆其后代？国家对此应当采取什么态度？再比如，一种新的疗法被发明，有可能治愈过去的不治之症，但价格昂贵，国家应当依据什么原则分配此种稀缺的医疗资源？这都是一些大有争议的问题。而分享权要求国家在考虑国家资源分配的状况时给予普通公民以足够关注，尽可能通过技术或法律形式将进步的收益无例外地贯彻给普通公民。

四、构建我国有特色的社会主义文化法律体系

（一）我国文化立法的实践与发展

回顾我国改革开放以来的文化立法过程，大致经过了三个阶段：第一个阶段是从20世纪80年代初到90年代初，主要以《文物保护法》(1982年)、《档案法》(1987)年和《著作权法》(1991年)为代表。(应该说，后两者并不完全属于文化领域的法律。)这些法律的制定出台虽然为我国文化法制建设奠定了一定的良好基础，但由于文化发展尚未成为社会普遍关注的问题，文化立法无论在理论上还是在实践上都尚未成形。

第二个阶段是20世纪90年代初到21世纪初，国务院制定出台了一系列的文化行政法规。这一时期的突出特点是以行政法规为主，基本涵盖了主要文化领域，建立了文化行政管理方面的法律制度，为文化法律的研究制定提供了积极有益的实践经验。但由于行政法规自身的局限性，文化法制建设仍存在着明显的弱点和欠缺。

第三个阶段是21世纪初到现在，文化法制建设进入一个新时期，开始全面研究和规划文化立法工作。在党的“三个代表”重要思想、科学发展观的指导下，特别是文化事业、文化产业的提出和区分，反映了我国对文化问题的认识由过去的简单化向科学化、社会化转变。党的十六大明确提出加强文化法制建设；十七届六中全会提出“坚持中国特色社会主义文化发展道路，建设社会主义文化强国”的战略目标，进一步提出“加快文化立法，制定和完善公共文化服务保障、文化产业振兴、文化市场管理等方面法律法规，提高文化建设法制化水平”。因此，对包括文化在内的属于社会发展方面的法律制定的日益重视，已成为当前及今后相当一段时期内立法工作的一个明显趋势和重要任务。这就要求我们必须根据具体对象，从实际出发，仔细研究文化立法的框架、体制、步骤和目标，并积极推进。这阶段，全国人大常委会制定出台了关于《维护互联网安全的决定》(2000年)、《非物质文化遗产法》(2011年)。

应该说，从立法的对象和目的看，文化立法大体可以分为三类：一是涉及公共文化事务方面的立法，其目的是确定国家在发展公共文化事业方面的责任，并为社会提供参与公共文化事务所需要的条件和环境，包括各种优惠政策和法律保障等。二是涉及文化管理方面的立法，其目的是确定政府行使文化管理职能的权力和责任，规范文化行政行为，如登记、审查、处罚等行为，以建立健康有序的文化环

境。三是涉及文化权利方面的立法，其目的是规定公民文化权利的具体内容、范围、实现方式等。

从根本上说，我国文化立法的基本宗旨就是通过法律的手段有效地保障公民文化权利的实现，保护中华民族优秀传统文化的传承发展，建立和维护社会主义文化大发展、大繁荣的良好环境。

（二）我国文化立法的思路与框架

我国有关职能部门已对文化法律的框架提出了一个基本思路，即“以宪法为根本，以文化基本法律、单项法律和行政法规为主干，以地方性法规和部门规章为补充，法律、法规、规章相互配套、协调统一的中国特色社会主义文化法律框架”。这个框架思路是符合我国社会主义法律体系的要求，符合我国文化立法的实际情况的。

回顾过去的立法思路，有主张先行制定文化基本法的，有主张先行制定文化专门法的，也有主张先行制定文化行政法规的。从实践来看，一个较为可行的做法是把制定文化基本法、专门法与制定行政法规结合起来，根据成熟情况逐步推进。近些年来，国务院已出台了相对完备的行政法规，这为全国人大常委会制定文化专门法、文化基本法提供了立法实践经验。目前，文化立法面临的一个重要任务就是应当加快研究制定文化专门法和基本法，使相关领域工作真正上升到法律规范的层面。我国有关职能部门的规划建议提出，在10年内完成法律法规37项（含修订9项）行政法规27项。这一思路强调的就是制定文化基本法、专门法和制定行政法规相结合。〔1〕从目前来看，规划建议所提出的立法任务完成情况尚不理想，但上述法律项目还是取得了相当大的进展：《非物质文化遗产法》已于2011年制定出台，《公共图书馆法》《电影产业促进法》已进入相关立法程序，《公益性文化事业保障法》《文化产业促进法》也已在深入调研之中。

我国文化立法的根本依据是宪法。宪法规定了国家各项事业（包括文化事业）发展的宗旨、原则，规定了公民的基本政治和文化权利。它是文化领域基础性法律和专门法以及相关法规规章制定的依据和准则。在宪法之下，中国特色社会主义文化法律框架应包括以下三个层次：

第一层次：文化领域的基础性法律，即新闻出版方面的法律、文化产业促进法和公共文化事业保障法等基本法律。新闻出版方面的法律是我国社会主义新闻事业、出版事业的基本法律，它们既是公民宪法权利的具体规范和保障，又是新闻出版事业管理、发展导向的依据和保障。文化产业促进法和公共文化事业保障法的基本目的是：把社会主义文化事业发展的指导思想和原则、国家的文化经济产业促进

〔1〕参见朱兵：《关于文化立法的若干问题》（研究报告2003年）。

措施、文化遗产保护原则、公民的文化权利和义务以及国家在文化设施建设、知识产权保护和文化行政管理等方面的具体保障和政策法制化，确立促进文化产业和公共文化事业发展的基本法律原则和制度。

第二层次：文化专门法，即针对文化领域中各项专门事业所制定的法律。由于文化领域是随着社会发展而不断发展的领域，文化专门法的制定也会有所变化和调整。根据实际情况，这些专门法律可分为几类：

第一，公共文化事业类法律（《公共图书馆法》《博物馆法》《档案法》）；

第二，文化遗产保护类法律（《文物保护法》《非物质遗产法》）；

第三，广播电影电视类法律（《电影产业促进法》）；

第四，网络信息管理类法律（《网络信息传播法》）；

第五，知识产权类法律（《著作权法》）。

第三层次：国务院文化行政法规、部门文化行政规章、地方性文化法规、地方政府文化规章。[1]

第二篇　文化立法在中国特色社会主义法律体系建设中的重要地位

一、文化建设对中国特色社会主义建设的意义

（一）弘扬中华文化

中国是世界上历史最悠久的国家之一，中国各族人民共同创造了光辉灿烂的文化。丰富的传统文化是承载中华民族精神与情感的重要载体，是维系国家统一、民族团结的纽带，寄托着中华民族的认同感、归属感，体现着中华民族的生命力、凝聚力。任何时期的文化建设都离不开对传统文化的弘扬，任何民族文化的发展，都是在传统文化基础上进行的传承与创新。建设有中国特色的社会主义文化需要以弘扬中华文化为基础。胡锦涛总书记在党的十七大报告中指出："弘扬中华文化，建设中华民族共有精神家园……要全面认识祖国传统文化，取其精华，去其糟粕，使之与当代社会相适应、与现代文明相协调，保持民族性，体现时代性。"因此，进行社会主义文化建设，要对传统文化进行批判地继承，对具有现实意义的内容进行保护和发扬，并结合时代精神，进行重新诠释，使之成为社会主义文化的有机成分。

弘扬中华文化，首先要进行批判地继承。中华文化经过五千年的积淀，源远流

〔1〕 参见朱兵：《关于文化方面法律制度》（研究报告 2003 年）。

长，博大精深，有着丰富的内涵，是进行文化建设的宝贵财富。中华民族以爱国主义为核心的团结统一、爱好和平、勤劳勇敢、自强不息的伟大民族精神，可以增强民族自尊心、自信心、自豪感，激励全国人民保持奋发有为、昂扬向上的精神状态，努力实现中华民族的伟大复兴。传统文化中“与人为善”“和为贵”“诚信”“礼仪”“老吾老以及人之老，幼吾幼以及人之幼”等美德，在新的历史时期依然具有维持社会秩序、化解社会矛盾、促进社会和谐的现实价值。同时，对旧文化中男尊女卑、封建等级等糟粕，不能抱残守缺，故步自封，要在科学分析的基础上进行扬弃。

其次，要对传统文化进行有针对性的保护。我国社会正处于转型期，随着社会现实的变化不同的思想不断涌现，人们面临着多样化的选择。要有意识地对具有现实意义的文化遗产进行保护。文化遗产体现中华民族的价值观念和审美理念。目前，对文物、典籍等有物质形态的文化遗产，由《文物保护法》进行保护。2010年，《非物质文化保护法》通过，传统艺术、民俗活动、节庆礼仪等非物质文化遗产也得到了法律的保护。国务院在2007年12月16日颁布修订了《全国年节及纪念日放假办法》。根据该办法，有丰富文化内涵和深厚历史背景的清明、端午、中秋等节日都被确定为法定假日。保护传统文化，还要运用多种方式进行宣传，使人们熟知传统文化，保持传统文化的生命力。2002年4月，国家开始实施“全国文化信息资源共享工程”，利用现代信息技术，对中华民族几千年来各种文化资源精华进行数字化加工和整合。这将对于传统文化的传播起到有益的促进作用。

（二）实现国民综合素质的全面发展

国民素质，是一个国家国民的整体质量，是衡量一个国家发达与否的重要指标。国民素质的优化不仅与社会主义建设密切相关，同时也是中国特色社会主义事业的重要组成部分，二者相互联系，相互促进。21世纪的国际竞争，归根到底就是人才的竞争、劳动者素质的竞争。然而，社会主义初级阶段生产力总体水平较低、发展不平衡，是影响社会主义建设的“瓶颈期”。因此，必须通过社会主义文化建设，实现国民综合素质的全面提升。邓小平同志指出：“搞社会主义精神文明，主要是使我们的各族人民都成为有理想、讲道德、有文化、守纪律的人民。”[1]

国民素质是多层次、多内容的有机统一体，国民综合素质应当包括思想道德素质、科学文化素质、身体素质、审美素质等丰富的内容。思想道德素质主要包括理想信念、政治立场、世界观、人生观、价值观等内容。科学文化素质表现为对科学知识理解、运用的能力，包括经验、知识、技能、科学理论、信息处理能力等。身体素质指人的体质、体能等，是其他素质的自然条件和基础。审美素质是感受美、

〔1〕《邓小平文选》（第2卷），人民出版社1983年版，第363页。

鉴赏美和创造美的能力。德、智、体、美构成国民素质的有机整体，其中，思想道德素质决定着国民素质发展的方向和水平，是优化国民素质的核心问题，科学文化素质、身体素质、审美素质构成综合素质的不同侧面。有中国特色的社会主义是经济、政治、文化的统一体。国民综合素质的提高可以为中国特色社会主义事业的发展提供动力，可以通过解放生产力、发展生产力促进经济建设，通过国民的政治参与、权力制约推动政治体制的完善，通过精神生活中的创造、品鉴繁荣社会主义文化。

教育是实现国民素质提高的基本途径。目前，在立法层面，我国已经形成了以《教育法》为核心，包括《义务教育法》《职业教育法》《高等教育法》《教师法》等法律以及一批法规、规章在内的法律体系，从立法上将公民的受教育权落到实处。2006年，国家对《义务教育法》进行了修订，进一步明确了义务教育是国家必须予以保障的公益性事业，不收学费、杂费，从而在全国范围内实现了城乡免费义务教育。在政策层面，2010年，国家颁布实施《国家中长期教育改革和发展规划纲要（2010-2020年）》，对教育改革发展提出了总体规划和具体任务。该纲要明确提出，到2012年将国家财政性教育经费支出占国内生产总值（GDP）的比例提高到4%。在实施层面，到2009年，我国小学学龄儿童净入学率达99.40%，高中阶段毛入学率达79.2%，高等教育毛入学率达24.2%。[1]教育事业的全面发展，为国民综合素质的提升打下了坚实基础。

（三）提升文化“软实力”

2010年，中国GDP总量超越日本，跃升世界第二。这是一个标志性事件，标志着我国在社会主义经济建设上取得了长足进步。然而，我们必须清醒地对待这一成就。首先，在经济建设方面，这只是一个阶段性成就，我国的人均GDP还只有日本的1/10，在全球仅排在105位。更重要的是，我们必须看到，经济总量只是国家实力的一个方面，单纯的经济总量是不能决定一个国家在世界上的综合地位的。1820年，中国的GDP总量是世界第一，但仍然无法摆脱被资本主义列强瓜分的悲惨局面。历史经验表明，任何一个国家要成为世界强国，都必须具备与经济基础、军事实力相适应的“软实力”。

“软实力”概念最早由美国哈佛大学的教授约瑟夫·奈提出。他认为，“软实力”就是通过吸引而非强制或者利诱的方式改变他方的行为，从而使己方得偿所愿的能力。构成“软实力”的主要有三种资源：文化、政治价值观及外交政策。其中，文化是国家“软实力”的基础，是国家“软实力”的核心因素，集中体现一个国家的影响力、凝聚力和感召力。党的十七大报告指出：“当今时代，文化越来

〔1〕 数据源自中华人民共和国关于《经济、社会和文化权利国际公约》执行情况的第二次履约报告，2010年10月。

越成为民族凝聚力和创造力的重要源泉，越来越成为综合国力竞争的重要因素……要提高国家文化软实力，使人民基本文化权益得到更好保障，使社会文化生活更加丰富多彩，使人民精神风貌更加昂扬向上。”

文化“软实力”的内涵，在国家建设领域，是指文化所内含的创新力和凝聚力以及由此而产生的吸引力，[1]要全面提升文化生产力，加快发展文化事业和文化产业，不断提高我国文化的总体实力；在国际领域，是指国家将自己的价值观作用于人而展现的文化的传播力或辐射力，[2]要创造条件搭建平台，实现我国文化向域外的输出，切实提高我国文化的国际影响力和竞争力。

提升文化“软实力”，在总体思路上，要协调好以“仁、义、礼、智、信”为基础的中国传统文化与改革开放进程中涌现出的新思维、新观念之间的关系，与“自由”“平等”“正义”等价值取向的关系；在实施层面，要大力发展文化产业，实现经济与文化的良性互动，提升文化的生命力与创造力。文化产业不仅提供满足人们精神文化需要的文化产品，而且承载着社会主流意识形态和核心价值观念，对人们的思想观念和行为起到凝聚和感召作用。政府要充分尊重文化建设工作的规律，树立服务的理念，将工作重点放在制定科学的规则、维持稳定的秩序、营造更好的氛围、创造更多的机会，使从事文化产业的主体发展壮大，生产更多体现民族特色和时代精神的文化新产品，繁荣社会主义文化市场，进而发展出强大的国际竞争力，积极参与国际竞争，在世界范围传播中国文化。

（四）促进小康社会的全面建设

小康社会是古代思想家所描绘的社会理想。所谓全面的小康社会，是指不仅解决温饱问题，而且从政治、经济、文化等各方面满足人的发展的需要。党的十六大提出了全面建设小康社会的奋斗目标：经济更加发展、民主更加健全、科教更加进步、文化更加繁荣、社会更加和谐，人民生活更加殷实。党的十七大进一步提出小康社会建设的目标：在文化建设方面，要明显提高全民族文明素质。社会主义核心价值体系深入人心，良好思想道德风尚进一步弘扬。覆盖全社会的公共文化服务体系基本建立，文化产业占国民经济比重明显提高，适应人民需要的文化产品更加丰富，国际竞争力显著增强。

文化建设是全面建设小康社会这个整体的社会系统工程的重要组成部分。小康社会是人得到全面发展的社会。培养和塑造现代化的人，既是全面建设小康社会的重要内容和目标，又是实现小康社会的重要条件和途径。[3]实现人的全面发展，离

---

〔1〕 朱峰：“浅议国际关系理论中的‘软权力’”，载《国际论坛》2002年第2期。

〔2〕 张志越、赖海榕、刘承礼：“软实力的概念及其对我国的政策意涵”，载《经济社会体制比较》2006年第3期。

〔3〕 徐丽英：“先进文化在全面建设小康社会中的价值”，载《新长征》2005年第10期。

不开文化建设。通过文化建设，可以不断提高人民的思想道德素质和文化素质，弘扬和培育民族精神，使人民保持昂扬向上的精神状态，建设高素质的社会主义劳动者队伍，不断提高国家的综合文化实力。科学技术是第一生产力。文化建设还将在理论上不断创新，提出新的科学的理论观点，而这些理论将为全面建设小康社会提供科学的理论指导，使我们的建设实践更有目的性和主动性。[1]

小康社会的文化建设，首先要形成自己的核心价值体系，包括马克思主义指导思想、中国特色社会主义共同理想、以爱国主义为核心的民族精神、社会主义荣辱观。社会主义核心价值体系，是社会主义文化的核心内容，集中体现社会主义意识形态的本质属性，代表中国特色社会主义的主流价值。要在弘扬中华文化的优良传统的基础上，积极吸收人类文明一切积极成果，辉煌的中华文化可以为小康社会的建设提供丰富的营养，同时，我们也要站在时代的制高点上，充分吸收世界文化中的一切积极成果，使社会主义文化建设在世界竞争中获得比较优势。要加大教育体制改革的力度，实施多种教育形式，推进科学技术的普及，使教育、科学、文化成为全面建设小康社会的推动力量。要大力推进文化创新，全面推进文化体制改革，最大限度地激发广大文化工作者勇于创新的积极性，使全社会的文化创造活力得到充分释放、文化创新成果不断涌现，使当代中华文化更加多姿多彩、更具吸引力和感染力。[2]

二、文化法制对推进文化建设的作用

保护和发展公民文化权利，是文化建设的终极目的。然而，在公民的各种权利中，文化权利的实现程度最不理想。文化权利虽然与经济权利、社会权利一起并列在《经济、社会和文化权利国际公约》中，但在实践中却常常被忽视。“文化权利常被称为人权中的‘不发达部门’……相对于其他种类的人权，相比于公民权利、政治权利、经济和社会权利而言，文化权利在范围、法律内涵和可执行性上最不成熟。”[3]推进文化建设，要按照服务型政府的理念发挥政府的主体作用，要利用民间资源利用社会力量，激发公民的积极性、主动性。最重要的是，要围绕公民文化权利的实现来展开制度建设，促进公民文化权利的法制实现。[4]《经济、社会和文化权利国际公约》特别强调了法制建设对于推进文化建设的重要性。其在第 2 条第

---

〔1〕 杨春风：“文化建设：全面建设小康社会的关键环节”，载《桂海论丛》2004 年第 1 期。

〔2〕 李建国：“文化建设与全面建设小康社会”，载《当代世界与社会主义》2007 年第 5 期。

〔3〕 [波兰] 雅努兹·西摩尼迪斯：“文化权利：一种被忽视的人权”，黄觉译，载《国际社会科学杂志（中文版）》1999 年第 4 期。

〔4〕 贾玉娥、刘润苍、李倩：“关于公民文化权利实现路径的调查研究”，载《河北省社会主义学院学报》2008 年第 4 期。

1款规定："每一缔约国家应尽最大能力个别采取步骤，或经由国际援助和合作，特别是经济和技术方面的援助和合作，采取步骤，以便用一切适当方法，尤其包括立法方法，逐渐达到本公约中所承认的权利的充分实现。"

（一）保障作用

权利的实现是需要条件的。权利永远不能超出社会的经济结构以及由经济结构所制约的社会的文化发展。权利内涵不断丰富的历史，就是社会进步不断为权利实现创造条件的历史。文化权利就是在一定的社会历史条件下，公民满足精神需求所享有的机会。文化权利与人的精神需求相伴，但其作为一个法律权利在法律文件中被定义、被关注、被强调却是很晚的事。1993年世界人权大会通过的《维也纳宣言和行动纲领》对各种基本人权按字母顺序排列，以强调文化权利与其他权利的同等重要性。文化权利最晚获得法律地位，根本原因还在于其对社会物质条件的依赖。

按照"三代人权"的划分，文化权利主要是第二代的权利，是需要国家予以积极保障的权利。因此，与公民文化权利对应的主要是国家的义务：首先是消极的义务，对于公民自由参与合法的文化活动，国家不进行干预；更重要的是积极义务，要建设文化设施，提供文化服务，提供公共产品和公共服务，推动和促进公民的文化生活。联合国人权事务高级专员办事处援引《马斯特里赫特条约》第6条对"国家义务"进行解释："与公民权利和政治权利一样，经济、社会、文化权利使国家承担着三种不同类型的义务，即尊重的义务、保护的义务和落实的义务。[1]未能履行这三类义务中的任何一类义务，即构成对此种权利的侵犯。"关于国家对文化权利进行保障的标准，联合国人权委员会教育权特别报告员卡塔琳娜·托马斯瑟夫斯基提出了4A模式："Availability"（可提供），国家提供满足公民实现文化权利的基本条件；"Access"（可获取），国家保证人人都可以获得实现文化权利的基本要素；"Acceptability"（可接受），国家保证所提供的文化权利基本要素能被接受；"Adaptability"（可调适），国家进行的文化权利保障与时俱进，能够根据实际需要进行调整。

国家建立完善的文化法制体系，明确文化保障制度的义务主体、实施程序等，才能实现对文化权利的物质保障。1996年9月，国务院发布《关于进一步完善文化经济政策的若干规定》，开征文化事业建设费。2000年，国务院颁布《关于支持文化事业发展若干经济政策的通知》，要求财政在预算中安排部分专项资金，纳入文化发展专项资金，明确了具体的制度要求，为文化建设提供了经费保证。1996年至2001年，中国文化事业费累计达325.5亿元。2003年至2008年，中国文化事业费更是累计达946.51亿元，年均增幅21.41%；公共文化设施基本建设完成投资额达

---

〔1〕参见"国家人权机构手册：经济、社会、文化权利"，载《联合国人权事务高级专员办事处专业培训丛刊》（第12辑）。

到214.26亿元，新建扩建了一大批图书馆、博物馆、文化中心、影剧院和音乐厅等文化设施。2007年至2010年，国家投入39.48亿元，补助2.42万个乡镇综合文化站建设，到2010年末基本实现了“乡乡有综合文化站”。2009年4月，中国出台了首份《国家人权行动计划（2009-2010）》，提出要采取有力措施，发展繁荣文化事业，保障公民基本文化权益，具体措施包括建设公共文化服务体系，推进文化信息资源共享工程，全面推进广播影视数字化，实施重大文化产业项目带动战略，鼓励支持文化创造和普及，推动博物馆和爱国主义教育基地免费开放，加大知识产权保护力度。这些措施依据宪法的原则和国际人权公约的基本精神，提出了明确的保障文化权利的具体目标，依法推动了文化建设事业的发展。

（二）促进作用

随着经济建设取得初步成就，文化建设的重要性也逐渐凸显。加快文化法制建设是促进文化事业快速、健康发展所必不可少的基础。通过文化法制建设，可以制定并实施文化建设规划，确定建设的目标、途径、手段，促进文化事业的健康发展；通过法律规范管理文化，构建文化生态环境，并加以优化，促进文化事业良性、有序地发展；以法律形式规定人民的文化权利和自由，可以激发人民的文化创造热情，促进文化事业的繁荣。

通过法制建设促进文化事业发展是我国进行文化建设的基本策略。1982年，国务院在关于第六个五年计划的报告中提出：“六五”期间，要“基本上做到市市有博物馆，县县有图书馆和文化馆，乡乡有文化站”。截至2001年年底，中国共有公共图书馆2696个，省地（市）级群众艺术馆402个，县（市）级文化馆2851个。2003年6月，国务院公布了《公共文化体育设施条例》，从规划、建设、经费、服务和管理等方面确定了促进图书馆、博物馆、文化馆（站）、美术馆等公共文化设施发展的基本制度。从2004年开始，中国各级各类国有博物馆、纪念馆、美术馆等公共文化设施逐步实行了免费或者优惠开放制度，使更多的民众能够使用公共文化设施。截至2008年年底，全国已有1007个博物馆、纪念馆陆续向社会免费开放。中国政府积极促进互联网的发展，鼓励使用互联网。2002年11月，《互联网管理条例》颁布实施，加强了对互联网上网服务营业场所的管理，规范了经营者的经营行为，维护了公众和经营者的合法权益，保障了互联网上网服务经营活动健康发展。截至2010年年底，中国网民规模已达到4.57亿人，互联网普及率攀升至34.3%。互联网在政治、经济、文化、社会生活等方面发挥了不可替代的作用。

加强文化法制建设，促进文化事业发展，在立法思路上要以维护和实现公民文化权利为出发点，行政权力的设计与行使要以促进文化发展和艺术繁荣为目的；在立法规划上，要统一规划，循序渐进，统筹安排，整体推进，要打破部门之间的封闭体系，处理好上位法与下位法之间的协调和衔接；在实施策略上，可以试点先行，先易后难；在理论研究上，重点推进所有制结构、管理体制等基础性、关键性问题的研究，从而使文化法制建设更加科学、准确地反映文化建设的规律，对文件建设中的关键问题提出有针对性的措施，从而更好地发挥法制建设对文化建设事业的促进作用。

（三）规范作用

任何权利都是有边界的。公民在行使权利时应遵守公共利益原则，公民行使权利应当顾及而不违反社会公共利益。现行《宪法》第51条规定："中华人民共和国公民在行使自由和权利的时候，不得损害国家的、社会的、集体的利益和其他公民的合法的自由和权利。"

文化权利兼具个体权利和集体权利的双重属性，个体权利是文化建设的最终目的，但个体权利的实现对集体权利构成影响，同时，集体权利的实现又是个体权利实现的基础。个体权利与集体权利的相互作用、相互影响，使得对文化权利、文化活动的规范显得尤其重要。规范文化权利，重点需要研究以下三个问题：

第一，协调个体权利与集体权利的问题。在国家和个体之间，维护国家的统一和追求小范围文化认同之间有时会成为一对矛盾。政府担心的是，如果承认各种不同文化认同的权利，尤其是少数民族文化认同的权利，可能出现鼓励分裂、危害国家统一的严重后果。然而，对这种权利的简单压制，又可能激化矛盾，影响社会稳定。这就需要有法制的规范，明确相关文化权利的范围、国家干预的边界，使国家和个人、小部分人的重大文化利益都得到实现，相安无事，相得益彰。

第二，合理建立文化市场的交易规则。现在，文化市场已经成了文化产品供给和满足民众文化需求的主渠道，绝大多数文化产品都通过市场自由、平等交换。市场需要生产、流通、交换的规则，基本的规则应当包括主体准入条件、行为方式、交易条件等。国务院先后于2005年、2008年两次修订《营业性演出管理条例》，2006年完成对《娱乐场所管理条例》的修订工作。文化市场法制建设不断完善，在制度上保障文化市场的发展公平公正、健康有序，保障民众的文化权益不受侵害。

第三，要科学确定互联网信息传递的规则。互联网改变了人们的工作和生活，在带来便利的同时，也带来了诸多问题：不良信息的快速传播；年轻人沉迷互联网；不法分子利用网络进行网络犯罪……对此，需要正确分析互联网带来的不良影响，采取安全教育、适当的实名登记等有效措施进行预防。虽然已经实施了《互联网管理条例》，但如何界定信息自由的范围，如何在保护和发展公民信息权利的同时保障公民隐私、国家秘密免受网络信息的侵犯，仍然是理论和实践需要持续关注、研究的问题。

据不完全统计，到目前为止，国家已经制定了有关文化的法律、法规、规章和规范性文件900余件。已经出台的有关文化建设的法律有《文物保护法》《著作权法》《非物质文化遗产保护法》；国务院行政法规有《音像制品管理条例》《出版管理条例》《电影管理条例》《互联网管理条例》等60余件；关于文化建设的国务院部门规章及规范性文件数以百计。在调整文化关系、发展文化事业、管理文化市场、促进文化产业等重要领域，基本建立起完备的法规体系，在管理方式上，基本实现了由主要依靠政策向"法规为主、政策为辅"的转变，初步做到了有法可依。

（四）保护作用

随着全球化的推进，世界各国文化之间相互渗透与融合的趋势越来越明显。外来文化的引进，是对民族文化的丰富，特别是可以借鉴国外的先进经验，建立更加灵活的文化事业发展模式，增强文化事业的发展能力。但同时，外来文化也会形成冲击，甚至有的国家可能推行文化霸权主义，通过文化渗透的方式，推销自己的文化价值观念，企图削弱和取代别国的民族文化，以推行强权政治的思想。要避免本土文化在外来文化的冲击下日益萎缩，必须采取强制性措施加以保护。

把文化当作增强民族团结和国家凝聚力的重要手段，对民族文化进行有意识的保护已经在世界范围达成共识。联合国教科文组织于2001年11月通过了《世界文化多样性宣言》。该宣言指出：尊重文化多样性、宽容、对话及合作是国际和平与安全的最佳保障之一。加拿大政府在文化政策中非常强调"加拿大内容"，其在1958年的《加拿大广播电视法》中对播出内容进行配额管理，规定在加拿大运营的所有电视台都必须给"加拿大内容"以45%的节目配额，这是颁发电视台营业执照的基本条件之一。1994年8月，法国议会通过了《关于法语使用的法案》，规定公共场所的所有标语、公告牌都必须用法语书写。在法国境内出版的出版物必须有法语的概述；在法国境内举行的各种研讨会，法国人必须使用本国语言做大会发言。

作为著名的文明古国，中国非常重视对本土文化的保护。1982年，全国人大常委会颁布《文物保护法》，这是中国文化领域的第一部专门法律。2007年12月，全国人大常委会修订《文物保护法》，增强了政府保护文物的职责。2011年通过的《非物质文化遗产保护法》确立了非物质文化遗产保护的基本制度。在出版管理方面，对国内出版物内容不予事前审查，只是要求境外委托印刷或者复制的出版物的内容，应当经省级出版行政主管部门审核，以作为事后审查规则的例外规定。这一例外规定对于抵御域外文化的不良影响、保护本土文化安全以及健康发展具有重要意义。

在知识产权保护领域，1980年，中国成为世界知识产权组织成员。中国陆续出台了一系列保护知识产权的法律法规，如《商标法》《专利法》《著作权法》等，明确了公民、法人对其智力创造成果依法享有知识产权。中国于2006年12月批准加入《世界知识产权组织版权条约》（WCT）和《世界知识产权组织表演和录音制品条约》（WPPT），于2007年10月批准接受世界贸易组织《关于修改TRIPS协定的议定书》。近期，中国先后对《著作权法》《专利法》及其实施细则进行了修订，进一步完善了知识产权保护制度。

三、新形势下文化法制建设面临的挑战

（一）国际人权观念的演进以及相关国际条约的发展

人权是指一个人享有或应该享有的基本权利，其内涵是随着社会的发展而不断丰富的。人权的概念最早是由资产阶级启蒙思想家提出的，人权的内容主要是生命权、自由权、平等权和反抗压迫、追求幸福的权利，目的是反对封建专制。资产阶级革命胜利后，天赋人权的思想被以法律的形式固定下来，在美国体现为《权利法案》，在法国体现为《人权宣言》。

第二次世界大战以后，反思世界大战的惨痛教训，国际社会对基本人权有了更深刻的理解，国际人权法的内容发生了重大变化。1945年10月生效的《联合国宪章》，共有7处直接提到人权的概念，不仅明确提出“重申基本人权”“增进并激励对于全体人类之人权及基本自由之尊重”的宗旨，而且规定了联合国大会及其成员理事会在保障和促进人权方面的职责。1948年《世界人权宣言》规定了经济、社会和文化权利，突破了传统人权的内涵。1966年《公民权利和政治权利国际公约》和《经济、社会和文化权利国际公约》进一步规定了人民自决权，是对人权内涵的继续丰富。人权作为全人类共享的权利，不仅包括公民权利和政治权利，而且包括经济、社会、文化权利；不仅包括个人权利，而且包括集体权利。《世界人权宣言》和上述两个公约是国际人权法的基本文件。除此以外，在具体领域还有一些专门性国际人权文件，主要有《消除一切形式种族歧视国际公约》《禁止并惩治种族隔离罪行国际公约》《防止及惩治灭绝种族罪公约》《消除对妇女一切形式歧视公约》《禁止酷刑和其他残忍、不人道或有辱人格的待遇或处罚公约》《儿童权利公约》《发展权利公约》。

1979年联合国人权专家K. 瓦萨克提出，人权可以被划分为三代：第一代人权以自由为核心，如公民和政治权利，被称为古典人权；第二代人权以平等为核心，如经济、社会、文化权利，以国家救助弱势群体和关注需要救助的其他社会经济权利为宗旨；第三代人权以博爱为核心，由发展中国家提出，包括被国际社会认可的民族自决权、发展权、环境权等，主体是集体，而非个人。[1]三代人权的划分只是学者按照不同的标准对权利进行的分类，不表示权利之间的等级。实际上，不同性

---

〔1〕 薛小建：“基本权利体系的理论与立法实践”，载《法律适用》2004年第5期。

质的权利共同构成完整的人权，公民权利、政治权利和经济、社会、文化权利缺一不可。随着物质文明的不断丰富以及人们对基本人权认识的不断深入，文化权利逐渐成为权利体系中不可缺少的一部分并得到越来越多的重视。

（二）加入 WTO 的影响

2001 年，中国正式加入世界贸易组织（WTO）。加入 WTO 对我国的最大挑战是对政府职能、行政体制、行政观念和行政方式的挑战。加入 WTO 后，中国政府将主要承担三大职责：第一，保证 WTO 规则在全国范围的统一实施；第二，保证管理经济行为公开、透明；第三，保证公民、法人和其他组织对其实施的管理经济的行为有向法院提起司法审查的权利。[1]

WTO 规则的价值理念是自由、平等、公正、公开等，这些理念将对我国行政法产生深远的影响，从而也会对我国文化法制建设产生重大影响。WTO 规则强调投资自由、生产经营自由、交易自由等贸易自由，相应的，主要障碍是政府设置的各种制度壁垒。这就要求文化法制建设在理念上确立平等的观念，以“以人为本”的精神确立行政机关与相对人之间的平等关系；确立公平的观念，按照非歧视原则为成员方贸易主体提供平等的服务；确立服务的观念，增强政府为相对人服务的意识，对行政相对人的需求作出积极、及时的回应；确立有限政府的理念，收缩行政管制的范围和力度，重点在建立和维护市场规则、保护产权、提供公共服务等方面发挥作用。

加入 WTO 以后，我国的文化法制体系进行了积极的调整：对外方面，按照“入世”承诺，逐步扩大外资企业参与文化市场活动的范围，逐步取消差别待遇，让市场主体在同一标准下公平竞争；对内方面，清理了文化领域的行政审批、行政干预措施，给相对人的文化权利实现以更大的空间。以出版管理为例，相关行政主管部门先后多次对《中外合作音像制品分销企业管理办法》《外商投资图书、报纸、期刊分销企业管理办法》进行补充规定，以适应外资参与出版活动的需要；新闻出版总署先后废止了五批规范性文件，对不适应 WTO 规则的规定进行调整。同时，继续完善司法审查制度，在知识产权保护领域缩小了行政处理的范围，取消了行政机关的责令赔偿权和对相关争议的终局行政决定权；完善政府信息公开制度，提高文化行政管理的透明度等，以保证文化法制的完整体系符合 WTO 规则的要求。

（三）信息化的冲击

近年来，我国的信息化发展迅猛：“十一五”时期，我国电话用户数达到 11.53 亿户，互联网网民数达到 4.57 亿人，98%的行政村建立了农村信息服务站，3G 网络已覆盖全国大部分城镇……以互联网为标志的信息革命，使人们可以通过网络实

---

〔1〕参见薛刚凌、吴雷：“WTO 与中国行政法研讨会综述”，载《中国法学》2002 年第 3 期。

现信息的交流与共享。交往的网络化和虚拟化使人的精神生活和文化生活实现了前所未有的全球互联与沟通，跨越了民族和国家的界限，极大地促进了文化传播和文化交往，影响和改变着人们的文化消费观念和文化消费行为。

法治社会，一切的法律行为都需要纳入法治的轨道。信息化带来新的事物、新的思维方式、新的行为模式，也需要相应的制度进行规范。从规范的完整性来看，需要进行多方面的制度建设：首先是主体法。随着信息化的推进，新的社会主体不断产生，他们的组织机构，业务领域，与政府的关系，成立的条件、标准需要通过法律予以明确，只有这样，政府才能进行有效的监控，同时又不妨害这些主体的自主经营和公民的表达自由。其次是行为法。信息化会形成新的法律关系以及相应的利益冲突，通过信息手段进行的侵犯他人人身权、财产权的行为具有不同于其他侵权行为的特征。特别是诽谤、泄密等与信息传播有密切关系的行为，合法与非法的界线需要进一步明晰，相应的侵权救济应有特殊的法律规定。最后是责任法。需要考虑该类行为的特点，根据侵权损害的程度，确定相适应的法律责任。

目前，与信息化相关的立法，在法律层面有2004年通过的《电子签名法》。在行政法规层面主要有《电信条例》《广播电视管理条例》《信息网络传播权保护条例》《互联网信息服务管理办法》等。同时，地方性法规、部门规章、地方规章也都分别进行了相应的制度建设，如《北京市信息化促进条例》等。但相对于我国信息化建设的实际需要，目前，信息化立法还存在亟待解决的突出问题。一是在法律体系方面，信息化领域全国性的统一立法仍是空白，单行法规较多，如对电信、广电、互联网发展进行分别规制，没有统一立法；[1]二是内容不够全面，现有法规侧重于政府管制，对政府的服务功能突出不够，对相对人的信息权利保障规定不够具体；三是内容不能及时跟进现实的发展，信息技术的发展日新月异，但相应的立法却没能做到与时俱进，如《广播电视管理条例》是1997年制订的，尽管年代并不特别久远，但与广播电视的发展相比显然是滞后的。

（四）推进依法行政的要求

依法行政是指行政机关必须根据法律法规的规定设立，并依法取得和行使其行政权力，对其行政行为的后果承担相应的责任。依法行政是政治、经济及法治建设发展到一定阶段的必然要求。2004年，国务院发布《全面推进依法行政实施纲要》，对加强法治建设，推进依法行政提出了明确要求。依法行政首先要解决有法可依的问题。要坚持依法立法，政府立法工作要符合法定的权限和程序。要坚持科学立法，正确认识和把握经济社会发展的规律，顺应时代变迁和形势变化的要求，增强法律制度的科学性、合理性和可操作性。

---

〔1〕 参见“加快立法，促进中国信息化水平”，载网易新闻：http://news.163.com/11/0310/08/6UP7PRKV00014AED.html，2011年3月10日访问。

为了落实依法行政的要求，文化法制领域也在积极地调整。为了与《行政许可法》等上位法相协调，推进依法行政，对不符合法治要求的规范性文件进行废止；为了规范文化领域行政立法，制定了《新闻出版总署立法程序规定》；为了应对互联网的迅猛发展，规范网络行为，制定了《互联网管理条例》《互联网出版管理暂行规定》；为了适应加入WTO的需要，促进文化产业对外开放，多次对外商投资文化产业的相关规定作出调整；为推进文化体制改革，形成稳定、规范的市场秩序，更新了《出版物市场管理规定》《音像制品进口管理办法》等规章。

然而，要全面实现依法行政的要求，文化法制建设还需要进行多方面的努力。具体而言，需要重点进行以下几个方面的工作：一是要进一步转变观念，政府的管理要以服务为主要内涵。目前，文化法律制度的一个突出问题就是管制色彩过于浓重，重管理、轻服务，法律文件的主要内容就是对审批、核准的规定，对权利的保护则只有相对原则的规定。二是要进一步清晰规则。政府是文化活动规则的执行者，清晰的规则是文化活动正常开展的基础。但是，目前如国家秘密、诽谤、淫秽等与文化活动合法性判断经常相关的事项，判断标准还是存在一定的主观性、模糊性的，需要进行深入研究，参考借鉴国外先进经验，确立更加清晰的审查标准，进而使文化活动在内容上有明确的规则，使相对人能够更好地行使文化权利。三是要进一步理顺管理体制。目前，我国存在文化执法机构管理体制不顺的问题，具体的管理事项职责不清。

（五）深化文化体制改革的需要

文化体制改革是解放和发展文化生产力的根本途径。加快文化体制机制改革创新，才能在文化事业建设和文化产业发展上取得新进展。2005年12月，中共中央、国务院发布了《关于深化文化体制改革的若干意见》，要求深化文化体制改革，积极发展文化事业和文化产业，繁荣和发展中国特色社会主义文化；分别对公益性文化事业单位和经营性文化企业单位的改革进行了战略部署和政策安排；在文化管理体制方面，要求要“实行依法管理，加强文化法制建设，完善地方文化法规”。

文化体制改革是文化建设领域的深刻变革，同时也是社会转型期的新事物。要深入推进文化体制改革，还有许多问题需要解决，如事业与产业如何区分、国家扶持文化的条件和标准如何确定、文化产业作为新兴经济如何确定主管部门才更符合产业发展规律等。另外，还需要警惕文化活动出现的负面现象，如有的文化企业唯利是图、忽视社会责任，非法网络文化产品及其网站泛滥，各类文化节目中庸俗、低俗、媚俗之风大行其道等，需要文化管理部门依法加强引导和监督。要实现文化体制改革的要求，必须发挥法律制度的保障、促进、规范作用，通过完善、成熟的文化法规体系，澄清模糊认识，规范文化行为，调动各方面的积极性，解放和发展文化生产力。

深化文化体制改革，一是要加快公共文化事业方面的法制完善。对博物馆、图书馆等公共文化进行建设，制定有关公共文化管理方面的法规、规章，推动公共文化事业发展的规范化和法制化。二是要健全文化产业发展方面的法律制度。制定有关文化产业的宏观调控规范、文化市场的分类准入规范、文化人才和技术的管理规范等。三是要加强文化市场管理的立法工作。针对演出市场、音像市场、艺术品市场等不同文化市场的特点，制定相应的法律规范，逐步形成完善的、规范的文化市场法律规范体系。

（六）完善中国特色社会主义法律体系的要求

2011年3月10日，全国人大常委会委员长吴邦国在十一届全国人大四次会议上宣布：中国特色社会主义法律体系已经形都成。国家经济建设、政治建设、文化建设、社会建设以及生态文明建设的各个方面都实现了有法可依。中国特色社会主义法律体系的形成，把国家各项事业发展纳入法制化轨道，为社会主义市场经济体制的不断完善、社会主义民主政治的深入发展、社会主义先进文化的日益繁荣、社会主义和谐社会的积极构建确定了明确的价值取向、发展方向和根本路径。

中华人民共和国成立以来，特别是改革开放以后，文化法制建设发展迅速。在法律层面，重要的文件有《文物保护法》《著作权法》《非物质文化遗产法》等；在具体的文化管理领域，国务院的行政法规发挥了基础性作用，分别有《音像制品管理条例》《电影管理条例》《出版管理条例》《营业性演出管理条例》《广播电视条例》《娱乐场所管理条例》等。同时，中央各文化行政主管部门的部门规章和地方政府的地方规章结合具体情况对文化管理的细节作出了进一步规范。不同层次的立法活动相互配合，对于规范文化活动，促进文化繁荣，发挥了重要作用。

但是，与中国特色社会主义法律体系的要求相比，与其他部门法的发展程度相比，文化法律建设仍处于相对滞后的状态。在观念上，常常把文化法仅仅看成是行政管理法，把文化法制建设的基本点放在文化行政管理上。在立法时，考虑的问题是如何管理，而不是如何保障公民文化权利。〔1〕另外，社会对文化法制建设的重要性认识不足，没有把文化建设提高到实现公民基本权利的战略高度来认识，有法不依、执法不严的现象并没有被杜绝。在制度建设上，除了宪法的原则规定，主要是地方性法规和行政规章在发挥作用，法律和行政法规层次的立法相对比较薄弱。一些规范主要文化活动的基础性法律尚未制定，存在立法空白，同时还存在管理体制不顺，文化规范相互抵触、相互冲突的问题。基于以上问题，我国应在总结文化法制建设发展规律的基础上，制定具有基本法意义性质的、全局意义的文化法。〔2〕

〔1〕 张庆福、崔智友："加强文化法制建设"，载《法学杂志》1998年第4期。
〔2〕 李宏："我国文化法制建设的反思及其立法完善"，载《长白学刊》2000年第5期。

四、文化立法是中国特色社会主义法律体系的重要组成部分

（一）文化法的属性

文化权利是公民基本权利的重要组成部分，完善文化立法是中国特色社会主义法律体系建设的必然要求。一国的法律体系必然要受该国的文化传统影响，法制建设必须尊重公民的文化心理和文化意识，遵循文化的传统和发展规律。同时，文化是推动社会发展和决定世界格局的重要因素，只有拥有先进文化的国家才能实现国家的富强，才能在国际竞争中占据优势地位。完善文化立法，弘扬传统文化，是中国特色社会主义法律体系必不可少的内容。

罗马法学家乌尔比安从法律所调整的社会利益的性质来进行划分："凡是以保护公共利益为目的的法律为公法，以保护私人利益为目的的法律为私法。"从强制性上讲，公法是强制性的，当事人必须无条件服从；而私法是任意性的，可以随当事人的意志而更改。对文化法的内容进行分析，其至少包含三个方面：一是文化保障法，规定政府对公共文化服务的保障。这部分内容，从利益上分析，属于对公共利益的保障；从强制性上分析，这些属于政府必须完成的义务，即使有的内容具有宏观性、原则性，但依然是政府的义务，政府没有选择是否履行的自由，因此，这部分内容具有公法属性。二是文化管制法，确定政府管理文化活动的规则。对文化活动的管理，主要目的是基于公共利益，维持健康、有序的文化环境。这些管理是相关部门的法定职责，必须完成，不能选择。而且，政府对文化活动的管理，如登记、审核、处罚等，体现了国家权力的作用，具有强制性。因此，这部分内容也具有公法的属性。三是文化权利法，规定公民文化权利的内容、范围、实现方式等。根据《经济、社会和文化权利国际公约》，公民的文化权利包括参加文化生活的权利、享受科学进步及其应用所产生的利益的权利和对其本人的任何科学、文学或艺术作品所产生的精神上和物质上的利益享受被保护之权利。公民文化权利的实现是文化法的根本目的，政府的文化保障、文化管制都是以公民文化权利的实现为目的的。文化权利是公民实现文化利益的自由，可以独立决定文化利益实现与否及实现的方式。因此，这部分内容具有私法的属性。总的来看，文化法有公法的内容，也有私法的内容，兼有公法和私法的双重属性。

（二）文化法的特点

文化法关注人的精神层面的权利，具有复杂性、间接性、发展性等特点。

文化法的复杂性。在内容方面，文化法所调整的领域多与人的精神生活有关。对同一个事物，人的主观判断往往有很大的差异。对人的精神生活制定统一的规则是一件相对困难的工作。受文化传统、社会背景等客观条件的影响，不同国家针对同

一文化活动制定的规则往往有差异。文化法的复杂性还体现在权利主体方面。文化权利首先是一个个体权利。权利人基于自身理性和自由选择，享有精神产品和创造精神产品，并获得相应的保障。同时，文化权利又是一个集体权利，与民族自决权相联系，强调异质文化的尊重和并存。文化法的复杂性还体现在形式方面。中国特色社会主义法律体系由宪法及宪法相关法、民法商法、行政法、经济法、社会法、刑法、诉讼与非诉讼程序法七大法律部门构成。文化法则渗透、分散于这些法律之中。

文化法的间接性。对生命权、财产权等的侵害，损害后果明显，相应的，救济也可以根据损害情况迅速确定。但对文化权利的侵害，后果往往不能立竿见影地显现，甚至是否侵权、侵权的程度，都可能是有争议的问题。因此，文化权利往往被看作是不可诉的，文化法的规则往往具有间接性。《经济、社会和文化权利国际公约》只是一个柔性规定，不能直接作为司法审判的依据。目前，文化权利的实现还缺乏国际司法性质的监督。所以，特别需要加强文化法制建设，把对文化权利的保护以法律文本的形式固定下来。

文化法的发展性。人类对文化的需求由来已久，但是，文化权利作为一种法律权利却是20世纪以后的事情。相比于其他法律，文化法的重要性是逐步得到认可的。1993年的《维也纳宣言和行动纲领》特意按字母顺序排列了基本人权的顺序，即“公民的”（civil）、“文化的”（culture）、“经济的”（economic）、“政治的”（political）和“社会的”（social），意在强调各类权利之间的平等性。随着社会的进步，各种权利的意义逐步得到均衡的重视，与各种权利相对应的法律制度也得到了同等的重视。

目前，中国特色社会主义法律体系已经形成，但并未完全实现全面发展，经济立法的发展较为成熟、政治立法相对薄弱，而文化立法还处于起步阶段，从总体上看，发展不够均衡，还需要进一步完善。完整的中国特色社会主义法律体系的内容应覆盖国家和社会生活的各个领域，确保中国特色社会主义建设的各个领域都有法可依。文化法的发展可以促进文化的繁荣，同时实现中国特色社会主义法律体系的全面发展。

（三）文化法的法律地位

文化法是以实现公民文化权利为价值取向的法律，与其他法律一起构成完整的法律体系。我国是《经济、社会和文化权利国际公约》的正式成员。根据该公约，公民权利的内涵包括自决权、生存权、健康权、受教育权、工作权、组织工会权、社会保障权、家庭保护权、文化生活权等。文化权利是公约所规定的重要权利，并且正受到越来越多的重视。文化权利是现代公民的基本权利，社会成员是否享有充分的公共文化服务、是否公平地享用公共文化资源以及其文化权利的实现程度是社会文明程度的重要标志。法治社会中，权利的实现是以健全的法律制度为基础的。

加强文化法制建设，保障文化权利的实现，是现代国家法制建设的重要内容。

文化法与其他法律的相互融合。法律制度的内容主要由其所保障的权利决定。文化法主要涉及思想、精神层面的权利，但与人的精神相关的权利内容十分丰富，如人格权、宗教自由权利、受教育的权利、使用自己民族语言的权利等，这些权利是否属于文化权利存在争议，有的权利被规定在其他法律中，导致法律之间的相互融合。在政治领域，人们实现享受文化成果的权利、参与文化活动的权利和开展文化创造的权利的过程，与政治权利的实现过程息息相关。新闻、出版等领域的立法具有文化立法的性质，同时也与政治权利的规制有紧密联系。在经济领域，一定的文化环境是经济活动的基础，经济与文化有着深层次的内在联系。而文化产业的兴起使得文化立法与经济立法有了更加直接的联系，文化产业的法律规制既要体现文化法的特色，又要遵循经济法的一般要求。

文化法与其他法律互为基础。文化法的发展是其他法律发展到一定程度之后的新现象，这种现象在一定程度上是历史规律的体现。“仓廪实而后知礼节。”人在衣食等基本需求没有满足的情况下是难以有文化方面的需求的，文化权利的实现是以人的生命权、健康权、工作权、社会保障权等权利的实现为基础的。同理，文化法需要在其他法律发展的基础上获得发展空间。但是，这并不影响文化法的重要性。《美国宪法第一修正案》就规定了言论自由、信息自由的权利。阿马蒂亚·森在《全球饥荒研究》中指出：“没有哪一种持续的不能减退的饥荒是发生在民主的政府和相应的表达自由之下的。”文化权利的实现对于其他权利的实现同样具有基础性意义，文化法同样是其他法律正常运转的基础。

第三篇　新形势下加快文化立法的有利条件和不利因素以及加快推进文化立法的必要性与重要性

一、新形势下加快文化立法的有利条件和不利因素

当前和今后一个时期，我国仍处于大有作为的重大战略机遇期。文化立法面临许多有利条件，也存在很多不利因素。“十二五”时期，文化立法工作既面临着难得的机遇，又面临着巨大的挑战，机遇大于挑战，文化立法仍处于大有作为的重要战略机遇期。

（一）加快文化立法的有利条件

1. 全球性的文化交融为我国带来更多的文化发展机遇

全球化是一柄“双刃剑”，它对任何民族文化的发展都是利弊兼有、机遇与挑战并存的，任何民族文化的发展都可以从全球化过程中获利和受益，同时也都面临

着挑战和考验。但总体而言，全球性的文化交融为我国带来的更多的是文化发展机遇。全球化推动了不同文明之间的文化交融。坚持和推进文化交流、文化对话和文化共融是全球化发展的必然要求。任何文化如果不与其他文化相交融，吸收其他文化的长处，就不可能获得更大的发展。全球化背景下的文化交融导致文化共性的增多，世界各种文明的相互交融为解决由全球化带来的日益增多的人类共同性问题，并促进形成共生共荣的价值体系创造了条件。这是全球化文化交融的一种必然结果，它有助于人类的生存和发展，适应人类的共同需要。因此，全球性的文化交融为我国带来的更多的是文化发展机遇。

（1）有利于吸收先进的思想观念。中国民族文化之所以悠久绵长，根深叶茂，是因为它在与其他民族文化交往的过程中，不断吸收其他民族文化的优秀因子，不断丰富与更新自身。纵观中外文化交往史，华夏文化在与其他文化的交往中，先后吸纳融合了中亚游牧文化、波斯文化、印度佛教文化、阿拉伯文化、欧洲文化等。在这些与中国交往的文化当中，尤以印度佛教文化、西方理性文化以及马克思主义文化对中国民族文化影响最为深远。特别是马克思主义文化，从根本上改变了中国社会的文化面貌，形成了具有中国特色的当代民族文化。当代中国民族文化要实现自身的发展，同样也必须积极主动地参与全球文化交往，博采众长、发展自身。全球化加强了我国同世界各国（特别是西方发达国家）的文化交流和互补，在相互交流中补益和发展自己。在文化领域，大众文化日益扩张，团体文化、娱乐文化迅速传播，求美、求乐、求健康、喜欢变化、热爱挑战成了年轻一代的生活追求。这些进步的文化理念有利于人们开阔视野，打破僵化的思维模式，为我国社会主义市场经济的运行提供文化上的支撑，对增强科学思维能力，提高人的现代文明水平和工作效率都具有积极的影响。

（2）有利于我国先进文化的构建。在西方文化思潮、价值观念不断渗透的情势下，我国社会主义文化之所以处于比较被动的境地，固然有综合国力仍待提高等方面的原因，但是理论储备不足、文化创新能力不强也是一个重要因素。文化全球化为我们提供了与当代各种思想学术体系对话、交流并论争的舞台，有助于社会主义文化在参与全球性的多元对话中丰富和提高自己，并在和外来文化的比较中发现自身价值，促使其对外辐射。

（3）有利于弘扬我国民族精神。文化交往全球化为中国民族文化走向世界提供了广阔的平台，为中国民族文化提供了展示自己特质的舞台，搭起了通往世界文化的桥梁。当前，民族精神在综合国力竞争中的地位和作用越来越重要和突出。中华民族在五千年的历史发展过程中，对世界文明的发展做出了多方面的贡献，形成了以爱国主义为核心的团结统一、爱好和平、勤劳勇敢、自强不息的伟大民族精神。中国在与世界不同文化进行相互交汇融合的过程中，向世界人民充分展示了伟大的中华民族精神。让我国民族精神走出国门，全面展示中华民族精神的无穷魅力，提高中国在世界上的影响和地位，有利于扩大中国社会主义文化的辐射力，确立中国文化在世界主流文化中的地位，从而为政治大国、经济大国、文化大国的国际形象进一步确立创造条件。综上，在全球化背景下，我们要牢牢地抓住机遇，以博大的胸襟吸收人类的优秀文化成果，建设有中国特色的社会主义文化，加快文化立法，提升国家文化“软实力”，维护国家文化安全。

2. 文化事业和文化产业的蓬勃发展召唤文化立法加快进行

（1）文化事业发展迅猛。自改革开放以来，我国的文化事业发展迅速，已经成为建设中国特色社会主义事业不可缺少的重要组成部分。截至 2008 年底，全国共有公共图书馆 2799 个，文化馆（含群众艺术馆）3217 个，文化站 37384 个，村（社区）文化室 247 332 个，初步形成了覆盖城乡的公共文化服务体系。近年来，国家启动了“国家舞台艺术精品工程”“中华再造善本工程”“送书下乡工程”“文化信息资源共享工程”“非物质文化遗产保护工程”以及“中国少儿歌曲创作推广计划”“中华文化教育推广战略计划”“古籍保护计划”“群众歌咏活动和老年合唱节”等措施，大力宣传中华文化。2001 年至 2007 年，全国文化事业投入总计 753 亿元（年均 109 亿元）。2008 年全国文化事业费 248. 07 亿元，比 2007 年增加了 49. 11 亿元，增长幅度为 24. 68%。全国人均文化事业费达到了 18. 77 元，比 2007 年的 15. 06 元增长了 24. 63%。

2009 年，中国文化事业发展具体情况如下：

第一，公共文化建设迈出较大步伐。2009 年，中央财政对地方各项文化工程资金投入达 30. 6 亿元，增长了 41%。广播电视数字化步伐加快，村村通取得新的进展，覆盖面进一步扩大。乡镇综合文化站建设工程扎实推进，中西部地区乡镇文化设施建设得到加强，城市社区文化基础设施功能不断完善。全国文化信息资源共享工程加快推进。一批博物馆、公共美术馆、公共图书馆等免费开放。文化“三下乡”活动成效显著，农村电影放映 780 多万场次，观众达 18 亿人次。国家博物馆改扩建工程、国家图书馆二期暨国家数字图书馆工程、国家话剧院剧场工程、中国美术馆二期扩建工程等重大文化设施建设进展顺利。

第二，文艺创作演出进一步繁荣。以庆祝新中国成立 60 周年重大活动为契机，精品力作不断涌现。大型音乐舞蹈史诗《复兴之路》得到了各界观众及海内外的广泛赞誉。全国各地的 110 余台优秀剧（节）目在北京演出 400 余场，影响广泛。各地开展了丰富多彩的文化活动，呈现出全民欢庆的喜人场面。全年生产故事片 456 部，涌现出了一批叫好又叫座的优秀影片；生产电视剧 1. 3 万集，整体质量稳步提高。优秀传统艺术得到弘扬，开展了第三届地方戏优秀剧目展演、第六届儿童剧优秀剧目展演。国家重大历史题材美术创作工程经过近 5 年创作，共评出 104 件入选作品，留下了一笔宝贵的精神财富和物质财富。

第三，文化遗产保护扎实推进。文化遗产普查取得新成果，目前，全国已知地上、地下不可移动文物40多万处，其中约7万处被列为各级文物保护单位。这其中，全国重点文物保护单位公布了6批，共2353处（其中，仅2006年国务院公布的第六批全国重点文物保护单位就有1080处，前五批总数为1273处）；省级7000处，县级6万多处。全国114个城市被列为国家历史文化名城。全国有博物馆2400多座，馆藏可移动文物2000余万件，每年举办陈列展览上万个，接待观众数亿人次。特别是自2008年以来，各地实行了博物馆免费参观制度，在充分利用博物馆的公益作用和功能、宣传和弘扬爱国主义精神上发挥了巨大作用。在考古发掘方面，以配合三峡工程、小浪底水库、京九铁路等重大工程为重点，开展了大规模的考古发掘工作，并取得了重大成果。重大文物保护项目进展顺利，考古和大遗址保护工作稳步开展。汶川震后文化遗产抢救保护工作进入全面实施阶段，不可移动文物保护卓有成效。布达拉宫等西藏三大文物保护工程顺利竣工，南水北调等国家大型基本建设中的文物保护、大明宫等重点大遗址保护、涉台文物保护工作进展顺利。中华古籍保护计划和中华再造善本工程继续实施，中华文明探源工程持续开展，中央地方共建国家级重点博物馆工作启动，中国文字博物馆正式开馆。国家非物质文化遗产名录体系初步形成，传承人保护得到加强。国务院批准公布了2批1028项国家级非物质文化遗产名录。目前，我国已有40处世界遗产，位居世界第三。

第四，对外文化交流日益频繁。统筹国内和国外、政府和民间两种资源，努力打造中国文化走出去的平台和渠道，广泛调动各方面参与对外文化交流的积极性。成功举办了欧罗巴利亚中国艺术节、“相约北京”等文化交流活动，全面展示了中国的文化形象，增进了我国与世界各国人民之间的相互了解和友谊。中国国际广播电台新增6个语种，累计达59种，新建14个境外整频率电台，累计达34个；中央电视台6个国际频道在140个国家和地区落地入户，用户超过1.3亿。据不完全统计，2009年我国共在47个国家和地区举办99个中国电影展，展映国产影片647部次，有68部次影片在26个电影节上获得80个奖项。全国出版单位积极参与20多个国际书展，其中，法兰克福国际书展中国主宾国活动，成了新中国成立60年来在国际上举办的规模最大、影响最广的文化交流活动，版权输出2400多项，极大地提升了中华文化的国际影响力。成功举办“庆祝新中国成立60周年暨第十届‘香江明月夜’大型中秋音乐会”、《祖国不会忘记——港澳同胞奉献祖国60周年》大型图片展、庆祝澳门回归祖国十周年大型演出等文化活动，增强了港澳同胞对中华民族、中华文化的归属感。

（2）文化产业快速发展。国务院颁布《文化产业振兴规划》，为文化产业发展提供了有力的政策支撑。在一系列政策、措施的推动下，文化产业逆势上扬，取得了令人瞩目的成绩。首先，文化产业的市场规模不断扩大。据统计，2009 年，我国城乡居民家庭文化娱乐用品及服务支出总额约 6076 亿元，政府公共财政文化消费支出 1095.74 亿元，文化产品和服务出口约 700 亿元。上述三项相加，2009 年，我国文化产业国内外市场规模大约为 8000 亿元。

其次，文化体制改革取得突破。2009 年，为适应宏观经济形势的要求，数字和网络技术的进步、文化消费需求的释放，以及民间创业激情的迸发等变化，对体制改革形成“倒逼”机制，引发了存量和增量领域的联动态势，推动体制改革走向突破。出版体制改革走在了前列，到 2009 年底，已有 268 家地方出版社、100 多家高校出版社、101 家中央部委社完成了转企改制。在民间出版准入问题上的破冰之举是对于人民群众文化权利的一次空前的落实，这实际上是增量改革的伟大实践，并在客观上推动了体制内存量出版机构改革进入“快车道”。2009 年，在最高决策层的多次推动下，地方电信和广电部门已经行动起来，打破了当地广电和电信互不进入的政策壁垒。围绕三网融合这一重大发展课题将出现一轮体制改革和政策创新高潮，广电行业将联手电信行业在市场化改革方面迈出新的步伐。

再次，产业技术发展迅猛。2009 年，经济危机加速新技术的大规模商用，在 3G 的推动下，媒体汇流并走向移动终端的趋势日益明显，并罕见地出现了出版、广电、通信多行业联动的局面，越来越成为发展方式转型和经济结构战略性调整的亮点。互联网与电信行业在这一年出现了明显的融合与相互推动的态势。在 3G 等概念的推动下，手机网民一年增加了 1.2 亿人，达到了 2.33 亿人，占整体网民的 60.8%，手机上网已成为我国互联网用户的新增长点。手机上网人数的骤增昭示了移动网络时代的来临，3G 无疑为这一发展趋势提供了最强大的动力。与此同时，另一个不太为人注意的事件可能带来更为深远的影响，这就是被称为“中国下一代广播电视网”（简称 NGB）的启动。2009 年广电行业最大的热点是 NGB 的启动，这可以被看作是加快实施有线电视数字化整体转换和加快发展移动多媒体广播电视（CMMB）的一个战略性举措。

2009 年中国文化产业部分行业发展概况如下：

第一，出版产业。2009 年上半年，全国图书销售增长 20%，新媒体出版增长 40%以上，产值增长 30%左右，投资增长大约 36%，一批出版工程项目相继建成投产，新闻出版产业逆势上扬，整体实力进一步增强。为了应对金融危机，该年上半年，中国出版业还出台了一系列促发展、保增长的政策措施，加快了产业调整，增强了出版行业战胜金融危机冲击的信心：2009 年北京图书订货会订货码洋同比增长 18%、图书馆采购同比增长 26%；第十九届全国图书交易博览会订货码洋和销售额双双创下新高，拉动地区消费近 30 亿元；“国家数字复合出版工程”“数字版权保护技术研发工程”“中华字库工程”等重大工程不断推进，手机出版和数字出版印刷等新兴产业呈现蓬勃兴旺的发展态势。

第二，电影产业。2009年中国故事片产量达456部，居印度、美国之后列世界第三位。此外，还生产动画片27部，纪录片19部，科教片52部，电影频道节目中心供电视播映的数字电影110部。全年电影市场的票房同比增幅高达42.96%，全国城市院线票房收入达62.06亿元。此外，国产电影全年海外销售和票房收入达27.7亿元。全国各电影频道广告收入16.89亿元。全年电影综合效益106.65亿元，同比增幅达26.47%。

第三，动漫产业。2009年国产动画片保持了快速发展的势头，产量达到171 816分钟，相比2008年的13万分钟，增幅为31%。国产动画片质量得到进一步提高，品牌影响力日益扩大，在版权输出和品牌授权、开发衍生产品方面取得了一定突破。2009年，全国国产电视动画片累计备案公示剧目数量达到460部、428 879分钟，平均每月备案38部、3.6万分钟，同比增长19.79%和32.81%。按所占比例大小排名，备案公示的国产电视动画片题材依次为：童话（146部、133 942分钟）、教育（130部、128 210分钟）、现实（49部、41 869分钟）、其他（42部、30 652分钟）、神话（31部、26 194分钟）、科幻（31部、27 214分钟）和历史题材（31部、26 679分钟），题材选择仍然主要集中在童话、教育方面，这两类题材占了总体的62%。2009年，共有21个省份以及中央电视台生产制作了国产电视动画完成片，排在前五位的省份是：江苏、浙江、广东、湖南、辽宁。

第四，广播电视产业。2008年全国有广播影视节目制作机构3343家，比2007年增加了469家；全年开办广播节目2436套、电视节目3199套、付费广播17套、付费电视138套，其中广播比2007年减少了41套，而电视增加了1916套、近1.5倍。全年制作广播、电视节目分别为649.4万小时和264.19万小时，比2007年增加了16.15万小时和8.86万小时。2009年广播电视总收入达1665亿元，比2008年增长5.18%（82亿元），其中，过百亿的省市有北京、上海、江苏、浙江、广东。广告收入752亿元，占总收入的45.22%，比2008年增长了7.15%（50.17亿元），其中超过40亿的省市有广东、上海、北京。

第五，广告业。2009年全年中国广告市场总投放同比增长13.5%，达到了5075.18亿元，广告市场增长明显高于GDP增长，这反映了企业对未来市场经济发展的信心。中国传媒大学广告主研究所相关调研数据显示，2009年广告主对各种媒体的选择率与2008年比较出现全面的回升，尤其以电视媒体和户外媒体选择率增长最为明显，其中传统户外媒体和数字户外媒体的选择率分别上升了22.5%和17.5%。金融危机背景下，2009年媒体整体广告经营呈现增长放缓的态势。CTR监测数据显示，电视媒体以15%的增幅高于整体市场平均水平，并领先于其他媒体。

受累于金融危机，平面媒体涨速放缓。受国家政策和大事件营销影响，户外广告止跌回升，增长9%。金融危机对2009年媒体广告市场的影响具有阶段性和地域性的特征。

第六，文物艺术品市场。2009年中国文物艺术品市场在调整结构和转型中得到了发展。从总的发展态势来看，2009年的中国文物艺术品市场规模收缩，但珍罕瑰宝仍受追捧；买家趋向谨慎、成熟，艺术品价格回归理性；拍卖竞买活跃，市场潜力巨大。一个新的艺术品收藏时代正在来临。2009年，中国文物艺术品市场发展呈现如下特点：文物艺术品市场回暖，但市场两极分化明显；收藏者和投资者对市场仍持观望态度，对待市场更加理性；近现代书画出现热潮，古代书画价格稳中有升；当代书画没有走出低谷，仍在调整之中。

第七，数字内容产业。2009年是数字内容产业整体产业结构构建的关键阶段。首先，从产业地位角度来看，"数字内容"作为"重点文化产业"的发展定位正式确立。其次，就技术平台搭建而言，数字新媒体产业发展迅速，3G、卫星、高清等数字技术的正式商用，拉开了各种数字内容业务全面繁荣的序幕。最后，在业务体系发展层面，经过数年探索，数字内容的整体业务体系已经逐渐成形，数字影视、数字游戏、移动内容等数字内容业务链发育趋于健全，管理逐渐规范，实践不断深入。整体看来，数字内容产业与新媒体技术、产业的发展息息相关，未来几年新媒体产业的发展将推动各个内容业态更加蓬勃地发展。

3. 文化体制改革已经在重点领域取得显著成效

在党中央、国务院的领导下，文化体制改革深入开展，已经在重点领域和关键环节取得了显著成效。

（1）深化转企改制工作取得重大实质性进展。根据中央要求，截至2009年12月底，文化部会同中宣部下发《关于规范国有文艺演出院团转企改制工作的通知》，明确提出国有院团在转企改制过程中要成为真正的企业法人，做到"可核查、不可逆"，坚决不搞翻牌公司。自2010年以来，文化部先后召开14次部长办公会议，推动中国对外文化集团公司等4家文化央企深化转企改制，为全国文化系统推进经营性文化单位规范转制作示范。4家集团公司坚持以人员身份转换为主线、以职工群众支持为保障、以完善企业运行机制为依托，创造性地推进规范转制工作，取得了重大进展。一是深入、细致地制定人员身份转换方案，使规范转制得到最大多数职工的支持。二是积极推动解决社保问题，切实解除职工的后顾之忧。三是以推进收入分配制度改革为抓手，实现全员劳动合同管理。目前，4家集团公司原事业单位全部1020个事业编制已经核销，现代企业制度建设深入推进。

（2）国有文艺院团体制改革全面推进、效果显著。据不完全统计，截至2010年上半年，全国转企改制院团总数达228家，仅2010年的新增数即达106家，相当于2008年以前转企改制院团的总和。文艺院团转企改制的范围逐步由省级院团向地市级和县级院团延伸，在已列入统计的228家转企改制院团中，地市级和县级院团达116家。转制院团资源整合迈出重要步伐，一批区域性龙头演艺企业逐渐形成，北京、辽宁、吉林、上海、江苏、安徽、山东、河南、重庆、陕西等省市整合资源组建了省级演艺集团公司。演艺产业布局得到优化，现代演艺产品流通体系不断完善。中国对外文化集团公司整合了全国25家演出场馆，初步建成了“中演演出院线”。保留事业性质的国有院团按照“政府扶持、转换机制、面向市场、增强活力”的要求，在推进劳动人事、收入分配、社会保障、经营管理等内部机制创新方面进行了大量有益的探索。通过改革创新，国有院团文艺创作生产能力不断提升，舞台艺术产品品种和数量不断丰富，演出场次和质量明显提高，优秀传统文化和高雅艺术进一步弘扬，实现了社会效益和经济效益的有机统一。

（3）文化市场综合执法改革进展顺利。目前，北京、上海、天津、重庆、浙江、广东、海南、山西等8个省市基本完成了综合执法改革工作；江苏、山东、辽宁等3个省已完成省辖市综合执法改革任务；吉林、河北、内蒙古等14个省区已制定了全省性综合执法改革的实施或工作方案；全国4个直辖市的全部区县、333个副省级和地级市中的168个已组建综合执法机构；4个直辖市的全部区县、184个副省级和地级市实现了文化、广电、新闻出版三局合并，建立了统一的行政责任主体，执法效率明显提高，执法成本大幅度下降，为净化文化市场环境提供了重要的体制机制保障。同时，进一步理顺了网络游戏、动漫、综合执法等领域的管理职能，形成了网吧及网络游戏管理工作领导小组、文化与旅游协调发展联席会议、对外文化工作部际联席会议等工作机制，有效整合了资源，提高了效率。

（4）文化惠民工程推进顺利。自2010年以来，全国文化信息资源共享工程建设继续推进，并加快国家数字图书馆的数字资源建设，启动县级数字图书馆推广计划，积极开展电子阅览室试点工作。此外，还发布了《关于进一步做好公共博物馆、纪念馆免费开放工作的意见》，继续推进博物馆免费开放。文化部积极探索符合边疆民族地区需求的文化服务方式，策划实施了以“大舞台”“大讲堂”“大展台”系列活动为载体的“春雨工程——全国文化志愿者边疆行”活动。这些工程和活动推进顺利，进一步促进了公共文化服务运行机制的改革创新。

（5）文学艺术创作日益多样化。坚持用“抓两头”的思路推动文艺的繁荣，一头抓精品工程，抓高雅艺术、经典作品的创作展演，一头抓广大群众参与的群众性文化艺术创作表演。通过积极组织优秀剧目展演、基层群众小戏小品展演、中国艺术节、各类文艺演出、群星奖评选活动和送戏下乡等活动，进一步促进了专业文艺团体“面向基层、面向群众”意识的提升，进一步丰富、活跃了群众文化生活。坚持用引导的办法，用改革评奖的办法，用加强健康的文艺批评、文艺评论的办法，引导主旋律创作，用加强市场监管、推动行业自律、发挥社会监督作用的办法，抵制文化产品创作生产中存在的“三俗”，取得了积极成效。

（6）文化发展方式不断转变。2010 年，文化部出台了《关于金融支持文化产业振兴和繁荣发展的指导意见》，文化系统一批亮点突出、示范效应明显的项目得到银行贷款支持，涉及的金额达 136 亿多元。积极搭建文化产业交易平台，取得显著成效。第六届中国（深圳）国际文化产业博览交易会总成交额达到 1084. 34 亿元。义乌文化产品交易博览会成交额达 28. 07 亿元，同比增长 51. 81%。演艺、娱乐等传统产业保持较好的发展势头，网络游戏、动漫等新兴产业发展迅猛。中华文化“走出去”方式不断创新。我国对外文化交流的范围和渠道不断拓宽，截至 2010 年，已同 160 多个国家和地区建立文化交流关系，同 145 个国家签订政府间文化合作协定，建成海外中国文化中心 9 个，与 148 个国家约 458 个民间团体和文化组织建立了友好交流关系。推动文化企业进军国际市场，取得明显成效。

4. 文化法制建设成就显著

我国目前已基本建立起文化法规体系。新中国成立以来，我国的文化立法工作从无到有，从封闭到开放，经历了一个曲折的历史发展过程。改革开放以后，特别是党的十五大提出“依法治国”方略以来，我国的法制建设成就显著，立法的数量和质量都有了明显的提高，法律规范基本覆盖了经济和社会生活的主要方面，文化法制建设也取得了较大的进展。在文化领域，随着我国文化事业和文化产业的蓬勃发展，文化立法的步伐明显加快，立法水平也有所提高。据不完全统计，中华人民共和国成立至今，国家已经制定了有关文化的法律、法规、规章和规范性文件 900 余件。到目前为止，全国人大常委会制定的文化法律和决定共 5 件：《文物保护法》（1982 年）、《档案法》（1987 年）、《著作权法》（1990 年）、《关于维护互联网安全的决定》（2000 年）、《非物质文化遗产法》（2011 年）。全国人大常委会通过的有关法律修改决定有 6 件：《修改文物保护法的决定》（1991 年、2002 年、2007 年）、《修改档案法的决定》（1996 年）、《修改著作权法的决定》（2001 年、2010 年）。国务院制定的有关法规 36 件，包括出版、印刷业、电影、广播电视、营业性演出、娱乐场所、互联网信息服务和公共文化设施保护等方面的管理条例；各省、市、自治区人大及其常委会制定的地方性文化法规和决定 300 多件，涉及文化市场管理、文化遗产保护、出版、印刷、书报期刊管理等方面。此外，国务院各有关部门还制定了许多行政性规章。我国加入世界贸易组织后，国务院及其有关部门对一些文化法规和规章也进行了清理和修改。

可以说，在调整人们的社会文化关系、发展文化事业、管理文化市场、促进文化产业发展等一些重要领域，我国基本建立起了以行政法规为骨干，以行政规章和地方性法规为补充的法规体系。我国文化法制建设成就显著，在一些重要领域初步做到了“有法可依”“有章可循”。

第一，在知识产权保护方面，1980 年我国加入了 WIPO（世界知识产权组织）；1992 年 10 月，我国又加入了有关著作权的两个公约，即《保护文学和艺术作品的伯尔尼公约》和《保护录音制品制作者防止未经许可复制其录音制品公约》。随着我国于 2001 年 11 月加入 WTO，《与贸易有关的知识产权协议》也在中国生效，结合《著作权法》和《反不正当竞争法》的原则性法律规定，知识产权保护立法逐步完善。

第二，在对传统文化遗产的法律保护方面，我国于 1982 年颁布了《文物保护法》，于 1985 年加入了《保护世界文化和自然遗产公约》，从 1987 年至今已有故宫等 40 项自然景观和文化遗址被列入世界遗产名录。1989 年，《城市规划法》得以颁布。1997 年，国务院颁布了《传统工艺美术保护条例》，对传统工艺美术的保护和发展起了重要作用。2002 年 10 月，我国又重新修订并颁布实施了新的《文物保护法》。2003 年 7 月，国务院颁布实施了《文物保护法实施条例》，在有形文化遗产保护方面做到了有法可依，且基本与国际相关法律接轨。全国人大教科文卫委员会针对民族民间文化的保护开展了一系列立法调研，召开了国际国内专题研讨会，在多方努力下，全国人大常委会于 2010 年 2 月通过了《非物质文化遗产法》。该法是继《文物保护法》颁布近三十年来文化领域的又一部重要法律，它不仅为非物质文化遗产保护政策的长期实施和有效运行提供了坚实保障，也为文化领域的其他立法提供了有益借鉴。

第三，在文化产业法制建设方面，我国于改革开放先后出台和修订了《电影管理条例》《广播电视管理条例》《出版管理条例》《音像制品管理条例》《印刷业管理条例》《营业性演出管理条例》《营业性歌舞娱乐场所管理办法》《中外合作音像制品分销企业管理办法》等一批重要法规，文化产业立法工作取得了明显进展，为促进和保障文化产业健康发展奠定了一定的法制基础。2004 年 10 月，国家广电总局和商务部先后联合颁布了《电影企业经营资格准入暂行规定》和《中外合资、合作广播电视节目制作经营企业管理暂行规定》。2005 年 8 月 8 日，国务院发布《关于非公有资本进入文化产业的若干决定》，从政府政策的角度给民营或私营企业进入文化产业提供了一定的保障。具体来说，出版方面，我们依法建立了相应的管理制度，包括出版单位年检制，编辑出版三审制，专题报批制和重大选题备案制，书刊发行委托书制、批发、销售经营许可证制，印刷委托书制及“两证一照”制，著作权保护制以及图书进出口监督制和专卖制等，对于出版工作实行依法管理起到促进作用。广播影视方面，进一步健全广播电台、电视台设立的许可证和年检制，广播电视频率资源证照专管制，广播电视节目制作许可证制，境外卫星电视接收与转播的许可制，电影审查制，进口影视音像片、合作拍片、国际参展片的审批制等管理制度，为广播影视的日常管理提供了法规依据。文化艺术方面，为文化市场管理、公益性文化事业的管理和艺术院团的改革提供了法规依据。以文化市场管理为重点，建立了文化经营许可证制，文化市场经营单位年检制，文化市场稽查制等，有力地促进了文化市场的健康繁荣发展。

5. 运用法律保护民族文化悠久传统和优秀成果的意识逐渐增强

文化是一个民族的精神和灵魂，是国家发展和民族振兴的强大力量。在现代法治国家，从法律的高度，以民族优秀文化传统和成果为依托建设全民共有的精神家园，认识和保护文化财富，科学健康地发展文化产业，是国家发展和民族振兴的要求。完善文化立法现在已成为文化领域共同的呼声，我们已经越来越认识到文化的作用和力量。从世界范围的经验来看，对文化的保护和发展，一方面能够增强国民自信、提高国民素质，使国家和民族更具凝聚力和战斗力；另一方面，依托于本国、本民族文化成果而发展的文化产业能够实现巨大的社会和经济效益，使国家在当前的国际竞争中更具优势，文化实力已经成为国家实力的重要组成部分。随着这一认识的深入和巩固，我们保护民族文化的悠久传统和优秀成果的意识在逐渐提高，但是对于本国、本民族优秀文化传统和成果的保护及发展，需要更加健全、的法律体系、更加有力的法律执行效果作为保障。因此，需要更加健全、细致的法律体系，从法律层面确定更加积极的文化保护和发展措施，理顺文化保护与发展文化产业的关系、文化市场秩序、文化团体建设、公共文化服务、传统文化普及教育等一系列问题。此外，开明的文化政策、明确的文化指导思想、正确的文化方针原则、党和国家的大力倡导、宽松的文化环境等，无疑都是十分重要和十分必要的，这些都是法律的有效补充，与社会主义法制相辅相成，都是加快文化立法的有效推进力。

（二）加快文化立法的不利因素

1. 文化立法的理论研究薄弱

文化法学在我国法学界至今仍是空白，理论成果较少，理论准备不足。例如，从国内外相关理论研究的状况来看，文化立法理论多源于多元文化理论、自然权利理论（人权理论）和生态哲学理论。如夏勇教授在其《人权概念起源——权利的历史哲学》一书的导言中指出了人权价值的普遍性，即“人权的发生是基于人类共同的要求。人权概念是整个人类文明演化的产物，其中包含的哲学、伦理学、政治学、法学等方面的基本原理，尤其是增进人类和谐的深刻道理值得我们认真分析和总结”。从我国文化法学理论研究来看，仅有少数论文提出了文化权的概念和理论框架。如张钧则在《文化权法律保护研究》一文中提出了文化权的概念和理论框架（载《思想战线》2005 年第 4 期）。同时，对文化立法的专门研究也非常不足。尤其是在公共文化保障、文化产业发展、传统文化保护、互联网及文化市场管理等方面，都缺乏对相关政策、制度和法律的深入比较研究，缺乏对中国特色社会主义文化法律制度系统的理论研究。

因此，在立法理论研究上，要加强文化立法的法制理论研究，整合文化法制力量，力图在文化法制理论研究的关键领域有所突破。针对当前我国文化法制理论研究薄弱的状况，首先，要加强立法机关、文化部门、高校、学术研究机构及政府相关部门的协作，加大这方面课题研究的力度，选拔和培养法律专业人才，充分发挥他们的专业特长；其次，广大法学理论工作者应投入更多的精力，认真总结文化法制的实践经验，开展国外文化法制的比较研究。加强文化法制基础理论研究。要集中力量重点推进基础性、关键性理论的研究。如文化立法应当具备怎样的社会条件；文化法律规范同其他规范应当怎样相互配合、分工合作；在现阶段各个专门文化法律法规中，国家权利、社会权利同公民权利应当如何平衡等。特别是要结合我国文化体制改革的大背景，积极主动地研究文化体制改革方面的问题（如所有制结构、管理体制等），为实践和立法提供理论支持。此外，为加强文化法制建设，各有关部门还应当加强法制队伍建设，加强相互间的合作交流，形成合力。

2. 文化立法的突出问题

（1）文化立法的盲点较多。法律法规是对客观社会活动和社会关系的调整和规范。长期以来，我国的文化立法工作存在一定的滞后性，落后于文化事业和文化产业蓬勃发展的要求，不能完全适应我国加入 WTO 后文化发展的新形势。健全的文化法律体系应是由公共保障法、文化管理法和文化权利法等三类法律组成的。就我国现存文化法律法规而言，不仅总量偏少，而且主要以文化行政管理的规范居多，保障公共文化权利、促进文化产业发展方面的法律法规较为欠缺。某些领域存在着“无法可依”的情况，如在新闻报道方面，因缺少新闻方面的相关法律，对采访权、报道权与拒绝采访权、拒绝报道权、采访范围和隐私范围等尚无明确的法律规定。还有一些由新兴高科技领域孕育产生的（如手机短信、网络视听点播等）问题，也亟须通过制定相关的法律法规来予以规范。行政机关依法办事是现代社会的一个最基本要求，因此，必须通过行政立法和授权立法来有效规范行政机关的行政行为。

（2）文化立法的效力层级偏低。改革开放以来，我国文化立法取得了很大进展，一批文化法律、法规和规章相继出台，初步形成了覆盖文化遗产保护、知识产权保护、公共文化服务、文化市场管理等全方位的法律法规体系。但是，从现行的文化立法来看，主要是行政法规、部门规章、地方性法规或其他规范性文件，效力层次偏低，体系还很不完善。一些与文化建设密切相关、必不可少的文化专门法律（如电影法、广播电视法、演出法等）仍停留在行政法规或部门规章等较低的立法层次上，一些行之有效的政策和管理规范还未以法律法规的形式加以确定。对那些直接关系到实现和保障公民基本文化权利，理应是由国家最高权力机关通过制定法律予以规范的事项，目前还主要依靠行政法规甚至行政规章和地方性法规来调整。这种状况不仅会直接影响文化管理工作的规范性和权威性，也会阻碍我国文化建设的健康、有序和高效发展。

（3）文化立法内容的现实适应性不强。综观我国现行的文化法律法规，其中有很大一部分法律制度在内容上带有计划经济色彩和痕迹，不适应市场经济条件下出现的新情况、新问题，不适应对外开放的要求。不少文化法规偏重于管理、规范、限制、义务和处罚内容的设定，而疏于发展、促进、保障权利和服务内容的体现。文化立法对管理的规制无疑是其应有之义，但是在强化管理的同时，也应当注重对权利的保障。而且，随着文化管理的逐步法制化，文化立法应当充分发挥法律在保障公民实现文化权利、引导文化事业和产业步入良性发展轨道的重要功能。此外，对那些已明显地与我国现在的文化建设实际相脱节，不能较好地适应当前我国文化建设所面临的新形势、新任务的文化法规规章，要及时进行清理、废止和修订，避免给执法部门造成执行困难。

（4）文化立法的系统性和严密性欠缺。由于我国现行文化管理体制是一种部门分割状态，立法上不可避免地带有部门利益倾向，职能交叉，多头管理，看似严格，实则松懈。一些现行的文化法律法规缺乏内在的统一性，甚至存在着相互抵触、相互冲突的现象。各个部门之间的立法权限也不够清晰，在制定法规时往往从本部门的自身利益出发，为本部门设定各种审批权、管理权、处罚权，缺乏全局的认识和与其他相关部门的充分沟通协调。由于法律法规、规章之间存在着一定的冲突和缺乏科学的系统性，这就导致了法律法规、规章在实施中会出现相互矛盾、推诿扯皮以及多头审批、多头执法和交叉处罚等不良现象，进而严重损害法律应有的严肃性和有效性。

此外，由于我国的文化立法工作还处在初级阶段，许多制定出来的法律法规、规章也缺乏应有的严密性。一些文化法律法规、规章的概念、术语的界定不明确，表述不清晰，一些文化法律法规、规章的条文、条款的规定不具体、过于含糊笼统、模棱两可。在实际操作过程中，很难认定一些行为的性质，对其究竟是合法还是违法做出令人信服的回答，这就给文化法律法规、规章的执行留下了漏洞。

3. 文化体制改革的主要障碍

当前，我国文化建设已进入一个新的阶段，文化体制改革面临着许多有利条件和难得机遇。同时，我们应当清醒地看到，文化体制改革是一项系统工程，需要有诸多配套条件，与经济体制改革、政治体制改革和社会体制改革相互衔接，统筹安排。加之文化体制改革起步较晚，改革的思想理论和工作准备不足，因而管办不分、政企不分、政事不分、政资不分、条块分割的传统文化体制的弊端仍然在一定范围内发挥着作用，主要是：

（1）文化事业和文化产业的快速发展在很大程度上具有文化市场开放的“体制性松绑”和政策推动的效应。总体来看，文化建设与经济建设仍存在着明显的落差。就文化领域而言，民营文化经济的快速发展和国有文化经济的平稳增长存在着明显的落差，说明国有文化单位的体制改革还比较滞后。国有经营性文化事业单位转企改制缺乏动力，配套政策不完善，改革难度大。为此，要进一步理清职责、明确分工、加强协作，加快完成深化转制的各方面工作。要积极创造条件，启动转制单位事业法人注销程序，全面实现“可核查、不可逆”。与此同时，要积极争取有关部门支持，切实帮助转制单位在企业体制下提高人才吸引力，为转制单位加快发展提供人才保障。要抓紧制定转制过渡期企业管理与考核办法，防止出现“管理真空”。改革工作千头万绪，一定要抓好统筹兼顾，做到忙而不乱、忙而有序。

（2）文化市场体系改革和发育相对迟缓。目前，文化市场条块分割、区域壁垒和行政干预的问题虽然有所改观，但还没有从根本上得到扭转，与全国统一的产品市场尤其是要素市场尚未全面接轨，二者之间存在着明显的落差。这也是我国文化市场上缺乏战略投资者，国有文化产业集团难以通过资本市场的投融资平台进行跨地区、跨行业经营，迅速发展壮大的主要原因。为此，要突出抓好文化市场综合执法改革和政府职能转变。要继续推动副省级和副省级以下城市文化市场综合执法机构的整合重建，建立统一的文化行政主体。要积极推进政企分开、政事分开、政资分开、政府与市场中介组织分开和管办分离，进一步理顺文化行政主管部门与所属企事业单位的关系，加快落实转变政府职能各项任务。要认真履行“三定”方案确定的职能，不越界、不缺位，积极、主动地同各部门、各单位统筹协调，合作共事，保证改革顺利推进。

（3）公益性文化事业与经营性文化产业的界定不够清晰。这一问题集中表现为传媒文化产业集团“事业体制、产业化运营”的二元体制结构缺乏法律依据，在财务管理、对外融资等方面存在着诸多难点，以建立现代企业制度为目标的改革战略与其事业性质的体制特征存在着内在矛盾。由于目前公益性文化与经营性文化法律地位不明确，有关的投资、运行、管理等机制混淆，既没能很好地、全面地保护和发展有关公益性文化事业，满足公益性文化需求，也没有给可以由市场来推动和运行的产业型、营利性文化创造很好的生存和发展空间。因此，亟须通过立法，明确公益性文化与经营性文化的法律地位，设定与公益性文化及经营性文化自身特性相适应的投资、运行、管理机制。

（4）国家文化宏观管理和监管体制改革进展缓慢。这方面的改革涉及党政关系、政企关系、政事关系等诸多方面，与政治体制改革密切相关。目前，一些地方政府对文化市场微观主体经营活动干预过多的问题仍然存在；政府职能方面的“缺位”和“越位”并存，管办不分、政企不分、政事不分、职能交叉、行政管理成本过高的问题依然突出。从而，不仅导致了市场微观主体的交易成本过高，而且依靠以专项资金为主要手段和行政推进为主要方式的发展模式，在一定程度上强化了政府文化主管部门配置资源的传统体制，存在着管办不分、资助覆盖面窄、监管缺失等弊端，抑制了以市场配置资源为主要发展模式的市场微观主体的内生增长动力，影响了我国文化竞争力的提高。

（5）国有经营性文化资产管理、监督和运营体制改革尚未迈出实质性步伐。目前，文化事业单位的国有资产如何管理，已有 2006 年 7 月财政部发布的《事业单位国有资产管理暂行办法》加以规范，而对于国有经营性文化资产的管理、监督和运营体制如何改革，还存在着不同看法和做法。例如，上海设立了国有文化资产管理办公室，对市属国有经营性文化资产统一行使管理、监督和运营的职能；浙江、江苏则由省国资委统一行使这方面的职能；重庆设立了国有文化传媒控股公司，负责运营市属国有经营性文化资产。我国经营性国有文化资产具有巨大的运营和增值潜力，但由于体制安排不尽合理，这种潜力还远远没有发挥出来。

二、加快推进文化立法的必要性和重要性

（一）推进文化立法是适应国际国内新形势的需要

1. 推进文化立法是适应全球发展的趋势变化的需要

随着工业革命后的科技经济全球化的浪潮，全球发展中出现了强调社会均衡发展（即经济社会协调发展）的趋势。各国强调和重视文化发展的问题已成为当代社会发展的一个重要特征。文化对一个国家民族的重要性越来越突出，对保持文化多样性的重要性越来越突出，这种重要性远远超出了传统意义上对文化的认识。其除了体现在一般的文化意义外，还体现在政治、经济、民族、文化主权、文化安全等方面。文化的问题从来没有像今天这样为全球所关注。

全球化背景下多元文化的冲突给我国带来了严峻的文化挑战。在全球化的背景下，文化冲突是不可避免的社会现象。这种冲突主要有两种表现形式：一是多元化文化交流中的价值冲突。不同的文化模式孕育出不同的文化因子，而且它们都具有自身的质的规定性和特定的适应范围，因此，各民族、各地区以及各大文化系统在交往中发生价值冲突不仅可能而且是正常的，不过，这种价值冲突是可以调适的。二是全球化语境中的文化霸权主义。文化霸权主义强调世界文化的同质性，否认世界文化的多元性，以西方文化价值衡量并规范世界各异质文化，认为西方文明具有普适性，是世界发展的模本。它往往将“民主”“人权”“宗教”等问题与经济交往挂钩，迫使发展中国家和社会主义国家按西方民主和人权模式改革国内体制，并以此为理由对违背相应准则的非西方国家施加压力乃至制裁，目的是要其他国家完全追随其文化价值标准、行为理念、生活方式、思维方式，最终达到意识形态上的

同化。文化霸权主义是违背世界文化发展潮流和规律的。中国是发展中国家，又是坚持走与西方世界迥然不同道路的社会主义国家，在苏联解体后国际共产主义运动处于低潮的背景下，以美国为首的西方国家把中国当作推行和平演变战略的重点，这就使中国在全球化浪潮中客观上和总体上处于被冲击乃至某种意义上处于被裹挟的状态，面临着严峻的挑战。

因此，维护国家文化主权，抵御、防范腐朽文化，保护、继承和发展中华民族优秀传统文化，都成了文化立法现实而紧迫的课题。

2. 推进文化立法是适应明确的指导思想和立法思想的需要

党的十六大和十七大的胜利召开、“三个代表”重要思想、科学发展观的提出，特别是科学发展观作为当代经济社会政治文化发展的指导思想，深刻反映了我国对社会发展规律的认识和把握，促进各项事业的均衡发展是构建和谐社会理念的必然要求。文化事业、文化产业的区分，公共文化及公共文化产品与服务的提出，人民群众基本文化权益的保障，国家文化发展规划纲要的制定，对在新时期全面推动以教、科、文、卫为代表的社会事业发展提出了新要求。这标志着在指导思想上对文化的认识进入了一个新的层面，文化发展必将进入一个新阶段。党的十七届六中全会明确提出深化文化体制改革，促进社会主义文化大发展、大繁荣，建设社会主义文化强国的战略目标。这为文化立法工作奠定了重要的思想基础。必须充分认识到文化工作、文化立法已经面临着一个全新的形势，要加强国家相关法律制度的建立和完善。

3. 推进文化立法是适应我国经济社会发展的需要

文化已成为我们生活的重要组成部分，是影响、改变社会关系和社会结构，影响国家发展和社会稳定的重要因素。通过立法方式管理文化领域的事务，是十分必要的。这是因为：

（1）推进文化立法是经济发展的需要。第一，在社会主义市场经济条件下，亟须通过国家法律来确立文化主体的地位、权利和义务，维护文化市场管理秩序，保障公共文化艺术事业，扶持、发展文化产业。第二，文化产业的发展，要求通过立法的方式将制度、规则法律化，特别是所有制形式的确定，吸引民间社会资金，在税收政策上予以扶持。这在许多国家都有成功经验。第三，就我国情况而言，加入WTO后，一方面应通过立法与WTO的规则相协调；另一方面，尤为重要的是，我国与发达国家的文化事业相比，在资金、技术、经验等方面处于明显的劣势，因而有面临“文化侵略”的危险。在不违反WTO规则的前提下，以立法的方式保护我国的文化事业发展，抵御外国资本的冲击，显得十分重要。

（2）推进文化立法是高新技术发展的需要。高新技术（特别是互联网）在社会迅速普及，其使用的广泛性和国际性，使网络上的文化管理呈现出艰巨性和复杂性。广电传播技术发展，电台、电视台频率、频道的分配，都需要改变过去的传统管理方式。因此，单单依靠市场，实践证明是行不通的，亟须以立法方式管理文化事业。

（3）推进文化立法是维护文化安全的需要。我国加入世界贸易组织后，文化领域面临发展机遇和严峻挑战。在我国承诺视听业、娱乐业、出版业部分开放的情况下，如何有效地建立文化市场关系准则，维护国家文化主权，抵御、防范腐朽文化，保护、继承和发展优秀传统文化，都是文化立法现实而紧迫的课题。

（4）推进文化立法是国家管理方式法制化转变的需要。首先，在文化领域，相当一部分内容仍然靠政策调整，这种状况显然与我国国家管理方式向法制化的转变不相适应。因此，加强文化立法势在必行。文化领域内的事务大多与公民的宪法权利和组织机构建设密切相关。这些都属于国家立法机关调整的事项。目前，我国国家权力机关在文化方面的立法屈指可数，绝大多数文化领域还缺少法律规范，这些缺项主要是由行政机关的行政法规、规章甚至是规范性文件来填补的。这种状况已不适应社会发展的要求。而且，行政机关的规章和规范性文件制定程序相对简略，公开性、程序性不足，甚至由于部门利益的因素，致使规章之间存在矛盾和冲突。通过全国人大立法，填补我国公民文化权利和文化组织机构建设方面的立法空白，是一项十分紧迫而重要的任务。其次，文化领域包括新闻、出版、广播电视、电影等行业的体制改革逐步深化，文化行政部门的政府职能进一步转变，也对文化立法提出了新的要求。再次，公民的民主法治意识、权利义务意识的不断增强，保障人民群众文化权益的实现成了社会发展的基本诉求之一；我国加入《经济、社会和文化权利国际公约》（1997 年签署，2001 年九届全国人大批准），也要求文化立法必须依据宪法对公民政治文化权利与义务作出具体规范。

4. 推进文化立法是完善中国特色社会主义法律体系的需要

党的十六大明确指出：要“加强文化法制建设”。党的十七大提出：“全面落实依法治国基本方略，加快建设社会主义法治国家。”要“推动社会主义文化大发展大繁荣”，要“坚持依法治国基本方略，树立社会主义法治理念，实现国家各项工作法治化，保障公民合法权益”。十七届六中全会要求：加快文化立法，制定和完善公共文化服务保障、文化产业振兴、文化市场管理等方面法律法规，提高文化建设法制化水平。目前，中国特色社会主义法律体系已经形成。但在其中，文化领域的立法相当欠缺，是整个法律体系中的薄弱环节。教、科、文、卫迄今有 30 部法律（教育 8 部、科技 7 部、卫生人口体育 11 部、文化 4 部）。文化事业许多重要领域的法律规范并未建立，仍主要依靠政府的行政法规、规章甚至是规范性文件来填补，这种状况在实践中造成了许多矛盾和问题。因此，加大文化立法力度，依据宪法建立文化法律框架，既是文化法制建设自身的要求，也是完善中国特色社会主义法律体系的必然要求。

5. 推进文化立法是适应我国政府职能转变的需要

在计划经济时代，政府对文化主要采取了以行政命令为主的直接的管理方式，政府充当着“教练员”和“运动员”的双重角色。这种管理方式不仅使政府陷入了繁琐的具体事务管理之中，管了很多不该管、管不好、管不了的事，造成效率低下，而且在实际过程中多采用以罚代管的方式，造成了管理方式上的滞后。深化文化体制改革，建立党委领导、政府管理、行业自律、企事业单位依法运营的文化管理体制，积极推行依法行政，将政府通过行政命令对文化的直接管理模式改变为政府通过法律法规对文化的间接管理模式，是实现适应管理法制化、规范化时代发展的客观要求。大力加强文化立法，完善文化方面的各项法律法规，将为进一步实现政府的职能和角色的转变，树立“小政府”“大服务”的管理理念，积极推进政府依法管理文化建设创造必要的条件，也将为更好地把文化领域的各项工作纳入法治管理的轨道，充分发挥法律在文化管理的事前、事中、事后的引导、制约、控制作用提供必要的依据。

（二）推进文化立法是适应社会主义文化大发展大繁荣的新要求

1. 推进文化立法是引导我国新一轮文化发展的需要

新中国成立以来，尤其是改革开放以来，在党和全国人民的共同努力下，我国的文化建设不断向前推进，文化创造的社会效益和经济效益都取得了很大的成绩，群众的精神文化生活也日益丰富。但我们也应该看到，随着文化建设的蓬勃发展，文化领域内也暴露出了一些问题：如盗版光盘、非法出版物屡禁不止，网络传媒虚假信息、不健康内容层出不穷等。这些消极因素的存在不仅侵害了相关人的合法权益、扰乱了文化市场秩序，而且腐蚀着人们的精神和心灵，阻碍着广大人民群众思想道德素质和科学文化素质的提高。因此，进一步加强和完善文化立法工作，制定和确立文化建设方面的规则和规范，为文化的建设和发展提供强有力的法律保障和必要的制度支撑，使我国的文化建设有法可依、有章可循，有利于我国建立依法经营、违法必究、公平交易、诚实守信的市场秩序和营造公开、公平、公正的市场环境，有利于推进我国文化建设的健康、有序、规范、快速发展。党的十七大作出了“推动社会主义文化大发展大繁荣”和“兴起社会主义文化建设新高潮”的全面部署。为了迅速、有效地实现党的十七届六中全会提出的建设社会主义文化强国的战略目标，我们不仅要大胆改革、创新，勇于实践，而且还要根据文化发展的规律和有关的经验，科学地制定相应的法律、法规，充分发挥法律的引导、调节、调整社会活动和社会关系的功能。

2. 推进文化立法是深入推进文化体制改革的需要

深化文化体制改革，是党中央在科学判断国际国内形势，全面把握当今世界文化发展趋势，深刻分析我国基本国情和战略任务的基础上作出的关系全局的重大战略决策。文化体制改革既会引起现有文化法规的变动，也会产生新的法规需求。随着以体制机制创新为突破口的文化体制改革的不断深化，各地在改革实践中积累了大量的经验，有力地促进了文化事业的繁荣发展。文化立法可以通过法律的形式，对那些被实践证明为行之有效的做法和经验予以肯定，以保证改革的深入进行，不断解放和发展文化生产力。我国文化市场的迅猛发展和文化产业的逐步壮大，都有力地证明了这一点。

3. 推进文化立法是保障和实现公民基本文化权利的需要

党的十七大提出“让人民共享文化发展成果”。文化立法的根本目的，是实现最大多数人的基本文化权利，包括文化创造的权利和文化消费、参与的权利。这种权利的实现有赖于政府公共财政的投入和保障，也有赖于市场经济的发展。公共文化设施建设、文化遗产保护、文化产业发展和参与文化活动等方面，都离不开文化立法的有力保障。

4. 推进文化立法是提升国家文化软实力、维护国家文化安全和促进国家文化交流的需要

WTO 是一个以市场化和贸易自由化为宗旨的国际组织。虽然目前我国文化方面涉及的国际贸易还不是很多，但由于我国在加入 WTO 时承诺在音像、电影、书刊发行、广告等行业实现有条件开放，我国文化事业和文化产业面临着来自国外文化产品、文化资本和文化价值观的挑战，面临着更大范围的国际文化交流和更加激烈的文化竞争，这就要求在与 WTO 规则不违背的前提下，通过立法维护国家文化主权，依法对允许进入国内的国外文化产品、文化资本进行规范管理，同时还要运用法律手段保障和促进我国文化事业和文化产业的发展，提高文化竞争力。这方面的文化立法工作亟须加强。此外，进入 21 世纪以来，中外文化交流活动日趋频繁，交流形式也日趋多样化。健全的文化法律法规将保证这种交流的科学性和有序性，促进中外文化交流，增强中华文化在世界范围内的影响力，使中华文化既能保持鲜明的中国气派，又能不断吸收外国文化的有益成果，在国际交往中发挥独特作用。

5. 推进文化立法是尊重文化产品和文化活动内在规律性的需要

文化产品和文化活动不同于其他的产品和活动，有其特殊性：文化产品是一种精神产品，属于上层建筑，文化活动中也贯穿着特定的意识形态和思想价值取向，文化产品和文化活动的最终目的都是满足人民精神文化生活的需要。它们在给人们提供精神文化满足的同时，又通过其内含的文化观念、价值判断和思想倾向来潜移默化地影响、引导人们的生活习惯、文化心态、知识结构，乃至世界观、人生观、价值观的形成。因此，政府不可能也不应当单纯依靠市场来对文化产品和文化活动进行调节，必须把握文化产品和活动中的价值取向、舆论导向。政府应对其进行必

要的规范和管理，但不宜采用简单粗暴的方式，而应当通过文化立法，将各种文化产品和文化活动（包括政府本身的管理）有效地纳入法制化轨道。

第四篇　“十二五”时期需要制定的文化法律、法规及可行性分析

一、“十一五”时期及以前文化立法的经验

文化法律法规制度是我国特色社会主义法律体系的一个重要组成部分。它包括法律、行政法规、部门规章、地方性法规等一系列具有法律效力的文件。这样一个法律法规制度的形成和特点与我国的立法体制密切相关。我国是一个统一的单一制国家，各地方经济、社会发展又很不平衡，因此，既要保证国家权力机关统一行使立法权，同时又要照顾各地不同的需要，确立我国统一而又分层次的立法体制。

“十一五”时期，文化立法工作有了显著进展，出现了几个突出特点：一是进一步明确了指导思想，就是在科学发展观的指导下，随着经济社会的全面发展和社会主义法制建设的深入推进，文化立法作为社会领域立法的一个重要组成部分得到了重视和加强，被纳入了具体立法规划和计划之中。十届全国人大常委会在五年立法规划中分别将《非物质文化遗产法》《图书馆法》列为一、二档；国务院法制办公室在各年度立法计划中也分别将《非物质文化遗产法》《电影产业促进法》《图书馆法》等明确列入。二是上述一些文化专门法律的起草、研究和立法审议取得了重要进展。《非物质文化遗产法》经过十余年的调研和起草，于2010年6月由国务院提请全国人大常委会审议；2010年8月，十一届全国人大常委会第十六次会议对国务院提请审议的《非物质文化遗产法（草案）》进行了初审；12月，第十八次会议对草案进行了二审，经2011年2月十九次会议三次审议，通过了该草案，并于2011年6月1日起施行。国家广播电影电视总局作为起草单位，已将电影产业促进法、广播电视传输保障法的草案正式报给国务院法制办，并开展了一系列的实际调研、资料收集和理论研究工作，为这些立法做了大量前期准备，成效显著。三是根据形势发展所出现的新情况、新问题，对现行法律不完善、不适应之处进行了修改，如2007年对《文物保护法》第22、23、40条的修改；2010年对《著作权法》个别条款的修改等。四是国务院根据文化与社会发展的需要，制定出台了相关法规，进一步充实和完善了文化法规体系。五是地方立法机关根据当地经济社会发展的需求，依据宪法和法律，制定出台了一些文化方面的地方性法规。

“十一五”时期，文化立法工作形成了一些值得总结的经验：

第一，充分认识文化立法的重要性和紧迫性。文化是社会发展的重要组成部分，是影响社会生活和社会稳定的重要因素。江泽民同志提出的“三个代表”重要思想，深刻阐明了建设有中国特色的社会主义文化在我国现代化建设中的重要地位

和作用。党的十六大将“三个代表”重要思想确定为党的指导思想，明确提出全面建设小康社会，必须大力发展社会主义文化，建设社会主义精神文明。党的十七大进一步明确提出，要推动社会主义文化大发展、大繁荣，全面落实依法治国基本方略，加快建设社会主义法治国家；要树立社会主义法制理念，实现国家各项工作法治化，保障公民合法权益。“十二五规划”也明确要求，繁荣发展文化事业和文化产业。坚持一手抓公益性文化事业、一手抓经营性文化产业，始终把社会效益放在首位，实现经济效益和社会效益的有机统一。

因此，加强文化法制建设既是社会主义经济、政治发展的必然要求，是坚持党对文化的领导、发展先进文化、抵御腐朽文化、维护国家文化安全的基本保障，是充分实现广大人民群众文化需求、维护公民文化权益的必要途径，是进一步深化文化体制改革、促进公共文化和文化产业发展的必然要求，也是进一步完善中国特色社会主义法律体系的必然结果。在当前形势下，其重要性和紧迫性已不容忽视。有关部门应当高度重视这项工作。

第二，充分认识文化立法的性质和特点。文化立法必须坚持以毛泽东思想、邓小平理论、“三个代表”重要思想为指导，以宪法为依据，从大力发展社会主义文化和建设社会主义精神文明的要求出发，把党在文化领域长期行之有效的方针政策通过立法程序转化为法律规范。文化立法不仅指文化领域行政管理方面的立法，更重要的是指保障公民文化权利，发展公共文化事业、文化产业，维护国家文化主权，保护文化遗产等方面的立法。这是法规规章所不能完全承担的。要积极研究制定这些方面的基本法律或专门法律，在文化领域中建立起基本法律规范。

第三，抓住文化立法的特点，避开当前难以取得一致意见的难点问题，按照积极稳妥、先易后难的原则开创文化立法工作的新局面。文化属于意识形态范畴，有些问题高度敏感，需要在日常工作中按照党的路线方针政策及时应对，暂不宜通过法律来调整。有些问题在学术理论上长期以来意见分歧很大，也不宜通过法律来强求统一。有些问题还需要在实践中进一步深入探索，目前立法的条件尚不成熟。文化的特殊性决定了文化立法的特殊性。根据这个特点，必须选准突破口，抓住那些问题较为单纯、意见相对统一、条件比较成熟的文化立法项目，积极开展工作。例如，在“十一五”规划期间，全国人大常委会和国务院均将《非物质文化遗产法》《公共图书馆法》列入立法规划，此外还进行了《电影法产业促进法》的立法调研。《非物质文化遗产法》已于2011年2月第十一届全国人民代表大会常务委员会第十九次会议审议通过。《公共图书馆法（草案）》的调研论证工作也在按计划进行。实践证明，那些关系到继承和弘扬我国优秀传统文化、建设中华民族共有精神家园、提高全民族文明素质和文化创新能力、构建公共文化服务体系以满足广大人民基本文化需求、促进文化产业发展、扩大中华文化影响力等方面的立法项目，不仅是当务之急，而且也有较大的可行性，是我们在制定立法规划和立法计划时的首选项目。在“十二五”时期应继续坚持这一做法。

第四，建立中共中央宣传部和各有关部门的联系会商机制，共同研究文化立法的重要问题，讨论决定与此相关的重要事项。按照文化立法工作的现行体制，立法工作由中央思想宣传工作领导小组统一领导，具体的立法项目由中共中央宣传部负责制定规划并审查把关。经过近几年的立法实践，中共中央宣传部、全国人大教科文卫委员会、文化部、国家广电总局、国家新闻出版总署等相关机构共同建立起了一个联系会商机制，定期或不定期地讨论有关文化立法问题。这是一个很好的机制，今后应当长期坚持，并加以进一步完善。

第五，全国人大有关部门提前介入立法过程，为全国人大常委会审议法律案做好前期调研论证工作。按照宪法和有关法律的规定，全国人大法律委员会、全国人大教科文卫委员会等专门委员会在全国人民代表大会和全国人大常委会的领导下，研究、审议和拟订有关议案。全国人大常委会法制工作委员会是全国人大常委会及全国人大法律委员会的工作机构，负责法律草案的起草和修订的有关具体工作。在文化立法方面，全国人大教科文卫委员会文化室作为专门委员会的工作机构，具体负责文化立法的调研论证工作。在《非物质文化遗产法》等法律草案的立项、规划和起草过程中，全国人大教科文卫委员会文化室按照常委会领导的指示，在委员会的领导下积极介入立法的全过程，提前与中宣部、全国人大常委会法制工作委员会、国务院法制办公室、文化部等有关部门进行沟通协调，举行或参加专家论证会、有关部门座谈会及学术研讨会，并在委员会领导的率领下在全国有关省、市、自治区进行多次立法调研，为《非物质文化遗产法》最后提交全国人大常委会审议并获得顺利通过奠定了良好的基础。

第六，在全国性法律的立法条件尚不成熟的情况下，由地方立法先行先试，积累宝贵的经验。在《非物质文化遗产法》的前期立法工作中，一开始就碰到了不少争议较大的问题、如精华糟粕问题、知识产权问题、跨地区跨国界的申遗纠纷问题等。全国人大教科文卫委员会等中央有关部门面对这些问题，一方面通过深入调研、反复论证，广泛征求各方面的意见来寻找解决的途径；另一方面鼓励地方人大根据本地的特点和实际需要，积极探索，先行先试，将本地成熟的做法上升为地方性法规。在全国人大常委会正式通过《非物质文化遗产法》之前，云南、贵州、福建、广西等8个省区人大先后出台了相关的地方性法规。这些地方性法规的出台不仅加快了《非物质文化遗产法》的立法进程，而且其中不少带有全局意义的重要内容也被国家法律所吸收。

二、“十二五”时期文化立法的指导思想和基本原则

党的十七届五中全会通过的关于“十二五”规划的建议，站在新的历史起点

上，总结过去极不平凡的五年，科学分析我国经济发展的国内外环境，展望未来，抓住重要的战略机遇期，确定了“十二五”时期我国经济社会发展的指导思想、战略构想、目标任务和一系列重大举措。这是符合我国国情、顺应时代要求、凝聚全党意志、体现人民愿望的战略构想，是继续推进我国改革开放和现代化建设事业，实现科学发展、国强民富的战略构想。该建议明确提出“十二五”规划的主题是科学发展。把科学发展作为主题，是我们党执政理念的丰富和发展，是对社会主义现代化建设规律认识的深化。把加快经济发展方式作为“十二五”时期经济发展的主线，是“十二五”规划建议的一个鲜明亮点；着力保障和改善民生，是建议制定的出发点和落脚点。特别是其明确提出要推动文化大发展、大繁荣，提升国家文化“软实力”，把提高全民族文明素质、推进文化创新、繁荣发展文化事业和文化产业作为文化建设的三大任务，为下一个五年我国文化建设的发展指明了方向。这是我们文化工作包括文化立法工作的基本任务。

要做好文化法制建设工作，必须明确其指导思想，这就是：坚持以马列主义、毛泽东思想、邓小平理论和“三个代表”重要思想为指导，深入贯彻落实科学发展观，以宪法为依据，维护国家文化安全，继承和弘扬中华民族优秀传统文化，增强国家文化“软实力”，保障人民群众文化权益，推动社会主义文化大发展、大繁荣。

加强文化法制建设应当遵循的基本原则是：

第一，必须始终坚持党的领导。由于文化法制建设工作的意识形态性较强，涉及对一些重大问题的把握，理论性、政策性、敏感性都很强，因此一条毫不动摇的原则是必须始终坚持党的领导。紧紧围绕党和国家的中心任务开展立法工作，从制度上、法律上保证党在文化领域的基本路线方针的贯彻落实，保证党和国家重大决策部署的贯彻落实。

第二，必须坚持社会主义先进文化的前进方向。坚持社会主义先进文化发展方向，是建设中国特色社会主义的一个根本要求，是增强民族凝聚力和创造力、推动文化大发展、大繁荣，实现中华民族伟大复兴的需要，是不断巩固全党全国人民团结奋斗的共同思想基础的需要。文化法制建设必须以大力弘扬爱国主义为核心的民主精神和以改革创新为核心的时代精神，以建设面向现代化、面向世界、面向未来的，民族的、科学的、大众的社会主义先进文化为根本宗旨。

第三，坚持实事求是。实事求是是我们党的思想路线和基本经验，也是指导各项工作的基本原则。要根据文化发展的规律和特点，从我国国情出发，注重基本规律研究和基本制度建设。我国各地经济社会发展情况不同，东西、南北差距较大，加之文化领域广泛，文化形态不同，性质各异，在立法中应根据形势发展的需要，从实际情况出发，区分立法难易和敏感程度，加强统筹协调，积极稳妥推进。

三、“十二五”时期文化立法的形势和任务

1. “十二五”时期文化立法的形势

“十二五”时期，我国仍处于重大的战略机遇期，在国内外的战略格局中具有很多有利条件，同时也面临不少风险困难和严峻挑战。从国际形势来看，世界大势是和平、发展、合作，但伴随着世界多极化和经济全球化进一步向深度发展的总体趋向，综合国力的竞争有增无减，更趋激烈。世界各国在文化上的交流更加频繁，一方面相互融合、相互吸收、相互补充，另一方面也存在价值观、生活方式等方面的文化差异乃至文化冲突。面对国家文化安全问题和国家软实力的竞争格局，我们必须保持清醒的头脑，尤其是要有文化战略思维和应对办法。要更多地取得国际上的文化话语权，并积极参与国际文化规则的制定；同时在国内文化立法上进行有关问题的深入研究，在有关法律中作出相应规定。在对外文化贸易问题上，我们要努力扭转长期以来所处的严重逆差局面，并通过立法制定相关的制度。

从国内形势来看，从文化建设与经济建设、政治建设、社会建设、生态建设五位一体的格局来看，搞好文化建设及文化立法工作，对于“十二五”时期科学发展的主题和加快转变发展方式的主线来说具有举足轻重的作用。全面建设小康社会的目标不仅包括全民族素质的提高和文化创新能力的增强，也包括文化事业和文化产业的发展及由此带来的文化大发展、大繁荣的局面。这些都是文化建设的重要内容，也是当前形势发展向我们提出的要求。但是，目前文化建设的现状尚存在一些不容乐观的问题。如在社会上相当一部分人中，理想信念、道德水平、心理状态、生活方式等方面的问题迫切需要通过先进文化加以引导，文化事业和文化产业在一定程度上存在创新能力不强、文化产品和服务的整体质量不高的问题，难以适应人民群众日益增长的文化需求。面对这些问题，要按照科学发展观的要求，在五位一体的建设格局中加以全面考虑，认真解决。要进一步深化文化体制改革，大胆解放思想，充分释放文化创新的活力，迎接文化大发展大繁荣的春天早日到来。积极稳妥开展有关的文化立法工作，既可为文化发展提供法律保障，同时也是中国特色社会主义法律体系不断完善的需要。

2. “十二五”时期文化立法的任务

第一，围绕“十二五”规划纲要中“全面持续有效地提高全民族文明素质，为现代化建设提供有力的思想保证、精神动力和智力支持”的文化建设任务开展立法工作。“提高全民族文明素质”是一项涉及各个方面的系统工程，其中包括建设社会主义核心价值体系、拓展群众性精神文明创建活动、营造良好的社会文化环境等内容，其中最为重要的是理想信念和伦理道德教育。文化立法不是为立法而立法，必须有其鲜明的价值导向。无论是文化遗产方面的法律，还是文化事业和文化产业

方面的法律，都是为了文化的传承创新，提高人的素质，为现代化建设提供有力的思想保证、精神动力和智力支持。离开了提高人的素质这一根本目的和根本任务，文化建设和文化立法工作就会迷失方向。我们要将提高全民族文明素质这个根本任务贯彻到文化立法工作的全过程和各个方面，贯彻到每一部法律的立法宗旨和具体条文中去。

第二，通过立法实现“十二五”规划纲要中提出的“推进文化创新”的目标。文化创新包括内容和形式两个方面，最终成果是出精品、出名著、出品牌、出大师。这就要求文化工作者立足当代中国实践，传承优秀民族文化，借鉴世界文明成果，反映人民主体地位。国家应当培养和组织高端人才，设立国家基金，扶持体现民族特色和国家水准的重大文化项目，创作思想深刻、艺术精湛、群众喜闻乐见、代表国家水平的文化产品。同时进一步解放思想，实施哲学社会科学创新工程。要通过深化文化体制机制改革不断激活和释放文化生产力、创造力。文化立法要在体制机制创新上提供法律保障，为文化高端人才脱颖而出和文化精品走向全国、走向世界创造良好的制度环境。

第三，通过立法开创公共文化事业和文化产业发展的新局面。大力发展公共文化事业和促进文化产业发展，是“十二五”期间乃至今后相当长的时间内我国文化建设的主要着力点。具体包括：建立健全公共文化服务体系和农村文化建设，加强公共博物馆、图书馆、文化馆、纪念馆、美术馆建设，保证公共文化产品的正确价值导向，提高公共文化产品的质量，增强公共文化产品和服务的供给能力，加强文物和非物质文化遗产的保护，深化文化体制改革，加快经营性文化事业单位转企改制，支持文化企业发展，鼓励民营资本进入，提供财政金融支持，加强知识产权保护，打破文化市场条块分割、区域壁垒和行政干预，建立全国统一的文化产品市场和文化要素市场，鼓励文化产品和服务出口，加强国有文化资产管理，推进文化市场综合执法改革，进一步转变文化行政部门的政府职能，等等。在这些方面，要建立起基本的法律制度。

第四，进一步加强立法工作的统筹安排，积极推进。既要看到文化立法的特殊性和敏感性，又要看到文化立法的必要性和紧迫性。文化立法要在统筹规划的前提下，根据形势发展的需要，从实际情况出发，区分立法难易和敏感程度，积极稳妥推进，争取在“十二五”规划时期内使文化立法工作有更大进展。一是对那些促进公共文化事业、文化产业发展方面的法律（如《公共图书馆法》《博物馆法》《电影产业促进法》等）加快立法步伐，这些法律的立法条件有的已基本成熟，有的正在形成之中，应列入全国人大立法规划和国务院的立法计划中，力争尽快出台。同时，对那些社会普遍关注的属于文化管理特别是互联网管理方面的立法，应抓紧制定和完善。二是进一步完善保障公民文化权益方面的立法，根据我国经济社会发展的需要，在“十二五”规划期内，适时对《著作权法》《档案法》进行再次修改。三是积极开展《公共文化事业保障法》《文化产业促进法》等文化基本法律的立法研究工作，加快文化基本法律的起草研究，力争在“十二五”规划期间有一个较大的进展。四是对那些涉及公民政治文化权利义务方面的立法（如新闻、出版方面），应当在加强理论研究的同时，积极探索如何制定既符合我国实际情况，又能保障和规范公民权利和义务的法律。

四、“十二五”时期文化立法的主要项目

（一）法律类

1. 《非物质文化遗产法》（2011 年已出台）
2. 《电影产业促进法》（起草中）
3. 《公共图书馆法》（起草中）
4. 《著作权法》（修订）
5. 《档案法》（修订）
6. 《博物馆法》（调研）
7. 《公共文化事业保障法》（调研）
8. 《文化产业促进法》（调研）

（二）法规类

1. 《出版管理条例》（已修订）
2. 《音像制品管理条例》（已修订）
3. 《民间文学艺术作品著作权保护条例》
4. 《著作权法实施条例》（修订）
5. 《博物馆条例》
6. 《大运河保护条例》
7. 《世界文化遗产保护条例》
8. 《艺术品管理条例》
9. 《互联网上网服务营业场所管理条例》（修订）
10. 《互联网信息服务管理办法》（修订）
11. 《电影管理条例》（修订）
12. 《广播电视管理条例》（修订）
13. 《进口影片管理办法》（修订）
14. 《卫星电视广播地面接收设施管理规定》（修订）
15. 《有线电视管理暂行办法》（修订）
16. 《广播电视节目审查条例》

17.《广播电视广告管理条例》

18.《应急广播管理条例》

（三）十二五时期需要制定的地方性法规（略）

在开展有关法律和行政法规起草调研论证工作的同时，积极推动地方立法机构根据上位法和本地特点，制定相关的地方性法规。

（四）十二五时期需要制定的部门规章（略）

附：若干法律的可行性分析

鉴于上述各项法律法规涉及面较广，立法的可行性与现实性有所不同，因此本文根据实际情况，以下分别就《电影产业促进法》《文化产业促进法》的可行性作出进一步的分析与阐述。

Ⅰ 《电影产业促进法》

一、我国电影产业发展概况

电影是深受人民群众喜爱的文化娱乐形式之一，电影产业属于科技含量高、附加值高、资源消耗少、环境污染小的文化产业。大力繁荣发展电影产业，对于加强社会主义文化建设、满足人民群众精神文化需求、调整产业结构、促进经济社会协调发展、扩大中华文化国际竞争力和影响力以及增强国家文化“软实力”具有重要意义。

近年来，我国的电影市场日益活跃，尤其是2008年以来，在世界金融危机的大背景下，我国的电影产业却逆势上扬，全国电影产量、放映场次、观影人数和票房收入等都有较大增幅。2008年故事片产量为406部，2009年增至456部，2010年全年生产故事片526部，比2005年翻了一番，进入世界前三甲。电影票房从2005年的20亿增加到2010年的102亿，连续几年票房保持25%的增长率，已成为增长速度最快的市场之一。创作生产了一批叫好又叫座的优秀国产影片，以国产影片为支柱、以商业大片为龙头、以中小成本影片为补充的市场格局正逐渐成形。

2009年，在国家电影行政部门备案注册的城市电影院线达37家，共有14家院线票房超过亿元，有5条院线票房突破5亿元，2条突破7亿元。2009年全国城市院线总计1687家，银幕总计4723块。电影放映数字化程度全面提升，2009年新增影院中，80%为数字影厅。

通过8年的全面产业化改革，电影产业与金融资本对接的能力增强，金融机构和业外资本积极介入电影产业。

在农村电影放映方面，截至2009年底，全国已组建农村数字电影院线218条，数字电影放映队28 730支，2010年基本实现每个行政村每月放映一场电影的规划目标。城市社区通过成立社区、校园院线等，组建了一批新型电影院和流动放映点。

近年来电影产业的发展表明，我国电影产业迎来了黄金机遇期，进入了快速发展阶段。

但是，在快速发展的同时，我国电影产业的发展也存在一些问题和矛盾。

我国电影的产业化格局初步形成，但实力还相当薄弱，存在发展不平衡、市场规模小、市场集中度低等产业初期的共性问题。我国目前城市院线拥有银幕近5000块，仅以6亿多城镇人口计算，每13万人才拥有一块银幕，而美国则每8000人拥有一块银幕，韩国每2万人拥有一块银幕；2008年美国观影人次达14亿，而我国同期城市观影人次仅1.41亿，为美国的1/10，人均观影人次是美国的1/20。

目前，国产影片虽然连续几年票房收入超过国外大片，但电影票房在全国范围看还很不均衡，仅集中在北京、上海、广州等几个发达城市和几条成规模的院线，中小城市电影市场显得较为冷清。每年票房产出也集中在几个国外和国内的大片放映上，中小制作影片的发行票房很差。每年400多部影片有超过1/3无法发行，直接进入片库，另有1/3仅有电视台放映收入。

在影片数量迅速增长的情况下，深受群众普遍称赞和市场欢迎的优秀作品、叫好又叫座的影片还比较少。多数电影的艺术创新能力不足，电影创作同质化倾向比较严重。按照市场需要有序规划、制作、投放并且能够经受市场考验的作品数量仍然不足。电影作品在追求商业价值最大化的同时，对文化价值的体现还显薄弱。既有中国特色、中国风格，又具有国际竞争力的优秀影片较少，国产电影的竞争力还有待提高，电影的国际交流和国际对话还不充分。

在影院建设方面，部门多头管理和审批程序繁琐的现状，影响了社会资金对电影院建设和改造的投资。许多地方的影院建设并未被纳入城市建设总体规划，特别是在一些二三线城市，新型影院的还未建设，一些原有的电影院年久失修，无法实现放映功能，或者已经改作他用，导致人民群众无处看电影。由于受房地产市场的影响，一些大城市中心地区电影院租金成本过高，影响了持续经营。

电影摄制融资困难，尤其是对于中小企业、民营企业来说融资渠道不畅。电影投资人风险较大，而我国电影投融资的保障体系尚不完善，电影企业与政府、银行、保险公司等之间的法律关系不明确。

电影人才队伍建设与市场需求有相当差距。与美国150所影视院校和100所影视培训机构相比，尽管我国目前一些院校已开设包括电影编剧等名目在内的电影专业，但在人才数量和培养质量方面远远满足不了市场需求，与飞速发展的数字电影技术和3D技术难以适应。同时，一些院校影视专业开设课程不能很好地以市场需求为导向，不注重对电影理论和技术的理解和把握能力，导致人才难以找到出口。

我国早已经提出了电影“走出去”战略目标，也建立了海外推广公司这样的具体实施部门，但相关规划、实施主体、资金来源等方面都不明确。“走出去”涉及商务、财税、海关等相关部门，审批环节多，且目前基本上是“一事一议”，不符合效率原则。缺乏对不同类型“走出去”影片的分类指导，对于公益文化交流性质的和商业性的推广没有差别对待。大部分中国影片缺乏“世界眼光”，传播渠道单一。

随着网络技术、数字技术等在电影业的应用，网络电影、手机电影、点播电影等多种电影视听新媒体形态不断出现。这些新媒体电影在摄制、发行、播映、进口和评奖等环节与传统电影的管理方式有较大不同，管理经验尚不成熟，亟待进一步研究规范。

二、国外电影立法及产业促进政策

通过立法或其他具有约束力的行业规范对电影业进行规制或产业促进是世界各国通行的做法。电影产业是以高新技术为支撑的绿色产业，同时也是高风险、高投入的产业。当今世界各国均通过立法和制定颁布相应的财税以及融资政策等方式，促进本国电影产业发展，鼓励本国电影产业拓展国际市场，充分发挥电影文化“软实力”的影响力。

（一）国外电影立法情况

多数电影大国都制定有比较系统、完善的电影促进法律制度体系。

英国于1985年颁布了《电影法案》，多年来经过多次修订，规定对英国及英联邦电影摄制给予税收、财政方面的扶持。此外，英国还制定有一系列的电影促进法规，如《1985年电影院法》、由英国电影理事会（UKFC）主导制定实施的《2007-2010年出口发展策略》等。

法国制定了《电影工业法》(2009年6月最新修订)，规定了国家电影中心（CNC）的职责和管理体系，并规定了影视作品登记制度、电影票房税制度、电影出口国家担保制度、国家对接受补贴机构的监督制度等一系列关于电影促进的法律内容。

德国于1968年制定了《电影产业促进法》（FFG）（2004年12月最新修订），明确规定了德国电影产业促进机构——电影促进局——的职责、机构、章程、预算等内容，并重点规定电影产业资助制度，规定资助基金的用途、电影资助类别、资助程序、资金来源、争议裁决等问题。

意大利于2004年1月颁布了新《电影法》，规定意大利政府支持电影产业在各个领域的发展；鼓励并帮助以任何方式开发和推广意大利国产影片（ 尤其是具有文化性的影片 ）的活动；保护知识产权和著作权，打击任何形式的侵权行为；保护国产电影资源，确保其在意大利以及在国外的推广；推动对电影业的研究工作。

西班牙于2007年12月颁布施行《电影法》，对影视音像制品的国籍认定、保护竞争、打击盗版等内容作出了界定。促进电影产业发展的相关措施规定较为系统，包括财税、信贷支持等方面的内容，以及电影新技术应用和电影海外的推广等。

加拿大制定了《加拿大国家电影法》，主要对电影局的宗旨、组织架构、议事程序、法定权力等各个方面进行了细致界定，为电影局在法律授权下开展活动提供了法律保障。

澳大利亚政府于2008年集中修订和出台了一批关于分级、税收等的新法规、法案。如《2008年电影分级委员会规则》《2008年特定区域税收抵扣规则》《2008年国家影片及录音档案馆法案》《2008年电影后期、数字和视觉效果制作（PDV）税收抵扣规则》等。这些规则涉及电影制作、管理和产业促进的方方面面，是一个重大的立法举动，体现出了澳政府对电影产业的高度重视。

1996年俄罗斯制定了《俄罗斯联邦电影业国家扶持法》（2008年最新修订），重点规定了电影业的国家扶持措施，电影业国家资助、对电影业组织活动的税收、海关、汇率和其他财政调整，电影业组织私有化的特别规定和程序等内容。其中，对电影业的国家扶持、国家资助是该法的重中之重，对各级政府的职责、扶持资助范围、扶持方式均规定得十分明确。

匈牙利于2004年制定了《电影法》，该法对电影制作中的各个领域都进行了改革。包括从电影拍摄和电影制作的训练到最终销售的各个方面，对电影管理体制作了明确和职责分工。

印度于1952年制定了《电影法》，后经多次修订。该法对电影管理机构及其职责、电影审查标准和程序、执照的类别和发放等问题均作出了详细规定。

韩国政府于2002年1月颁布了《电影振兴法》，该法对电影的制作、进出口、流通、上映等环节作出了具体规定，并明确了文化振兴委员会及电影振兴基金的职责与业务范围，为电影产业的发展提供保障。除此之外，韩国的《海关法》《附加价值税法》等法律及相关法规也作出了有利于电影产业发展的规定。

越南于2006年制定《电影法》（2009年10月最新修订），该法对越南电影管理体制、电影生产、复制、销售、进出口、放映的市场准入和企业的设立、各类电影企业的权利义务、电影审查、电影档案管理等作了规定。

乌克兰于2010年2月通过了《电影法（修改法草案）》，为发展乌克兰民族电影奠定了法律基础并提供了优惠的财政、税收等支持，并对《增值税法》和《企业所得税法》的相关规定进行了修改。取消电影生产和电影企业的土地租赁费；取消国产电影制作和放映的税收。同时，对国产电影和民族电影的定义进行了阐释，只要该电影制作人中有一名是乌克兰公民或公司，就认为是乌克兰国产电影。其余的优惠法律条款还有：电影设备和电影产品在出入乌克兰海关时将免除海关税；国家或地方财政对电影制作生产的财政支持可列为单独的财务支出项目；国家财政对电影制作的财政支持原则上不超过电影制作成本的70%，但对一些意义特殊的电影制作，国家也可以允许进行100%的财政支持，但要经过文化部和专家的特殊审核；将对纪录片、儿童片和动画片进行100%的财政支持；文化部对国产影片参与国际A类电影节提供资金支持；无论何种类型企业对电影产业进行赞助，将适当免除其税收；为促进电影产业的发展，政府开设了单一账户，对政府、基金会和企业为支持电影产业划拨的资金进行统一管理，专设20人管理小组，其中10人为政府任命，另外10人由相应艺术协会进行推荐和选举；国家从电影票房中划拨出5%用于电影产业的发展。

（二）产业促进政策

世界各国对电影产业的扶持，除体现在电影产业立法以外，另一个重要方面是财税和金融政策方面的直接支持。

英国对电影产业发展一直有长期性的促进扶持政策，同时，政府也会根据情况临时出台中短期的财税促进措施。英国财政部从2005年起为电影产业提供具有重要意义的各项税收减免，包括对小成本制作电影提供高达20%的税收减免，对预算超过2000万英镑的大制作电影提供16%的税收减免。

与英国情况类似，澳大利亚政府也会根据相关法律出台促进政策，以适应电影产业发展的需求。2001年澳大利亚政府为外国电影制片商专门制定了税收政策——“可退还性税收抵消政策”，规定在实际拍摄阶段会减免12.5%的税收，在后期制作阶段会有1500万甚至更多的资金投入。2006年1月，澳大利亚政府又将这个政策应用于在电视上播放的电视连续剧、真人秀、动画片、纪录片系列。

在欧洲其他国家，体现本国文化的艺术类、公益类电影创作生产受到国家长期政策的支持。法国的电影产业政策以财政收入来支持电影艺术创作，多年来一直延续。20世纪90年代以来，法国的电影扶持资金总额一直保持稳步增长。法国电影的稳定生产还得益于透明的电影投资机制：法国在全国建立了投资合同存放系统，实行电脑售票，投资人借助这些手段，可以对电影票房和电影的电视播放分成等硬指标进行严格监控，这无疑大大保护了投资人的利益，鼓励了投资人投资电影。法国实行的这些产业政策，为法国电影的制片、发行、放映提供了制度和资金上的支持，使得法国电影在电影产业的各个环节都具备了竞争力，保证了电影的稳定生产。法国电影一直保持着较高的生产水准，其电影票房一直稳定在市场份额的30%以上。

除传统电影大国外，一些新兴国家对本国电影产业发展的财税扶持力度大有后来居上的势头，最具代表性的国家是韩国。从 20 世纪 50 年代起，韩国政府即出台了对本国电影制片商的税收减免政策，并且，每年都有专门财政拨款扶持本国电影拍摄。这些财税优惠政策多数延续至今，从不同的方面促进着韩国电影业的发展。进入 21 世纪以后，韩国为应对文化领域日益激烈的国际竞争压力，成立了电影振兴委员会，统一负责电影产业扶持政策，并设立了多种专项基金，为新创文化企业提供贷款，如文化产业振兴基金、文化产业基金等。为鼓励民营企业资助电影业，韩国电影振兴委员会与中小企业厅共同成立“电影振兴基金”，从 2000 年开始，每年集资 100 亿韩元，其中 60%以上的资金被用于影片的制作。为鼓励民间资本进入电影摄制与发行领域，委员会还规定，如果金融机构投资 80% 的资金用于该委员会审定的项目，委员会即投入 20% 的金额。此外，为提升电影的多样性，另有专门辅导独立制片的资金。电影振兴委员会全力支持独立电影的制作，直接给予剧本创作支持，管理剧本数据库、经营民众投稿的剧本网站。为了提供稳定的投资管道，该委员会每年选择 5 件制片计划，每部补助 20 亿韩元。在制作成本低于 15 亿韩元的艺术长片及动画电影片上，每年最多给予 5 部奖励，每部 4 亿韩元。在“电视电影”（HD Telefilm）上，每年补助 5 部制作成本低于 5 亿韩元，并以 HD 数字器材拍摄的艺术电影补助，总计 3 亿韩元金额。在跨国合制上，每年给予 1 部作品最多 3 亿韩元的补助，条件是片长必须至少 70 分钟，并获得他国至少 30 亿韩元的制作投资。在电影制作上，补助故事剧情的开发、剧本创作费用，其主要目的是培育新一代电影创作者，对象主要是电影学院学生和独立制作导演，补助金无须归还。而一般商业电影则无辅导金，但可以申请无息或低利融资贷款。为提高独立制片的知名度与获得稳定的发行机会，该委员会选择 10 部 90 分钟~120 分钟的作品，每部提供 800 万韩元的基金。

（三）对本国电影放映的保护政策

美国电影在国际市场上强劲的发行势头，使许多国家认为其对本国文化主权和国内电影产业构成了严重威胁。不同国家往往根据文化例外原则，设置不同的经济和制度性保护措施，以此保护本国电影市场，使其免受美国电影的冲击。这些措施包括资助国有公司、对电影制作的直接补贴、内容管制、配额制、税收特惠、准入壁垒、许可证制度和国际联合制作条约等，但其中电影放映配额制是政府机构支持和保护本土电影产业的一种主要措施。

电影放映配额制，又称“国产电影义务放映制”，是指电影院应当履行放映一定比例本国电影的义务。世界上最早制定“电影配额制”的国家是英国，目前在全球为保护本国电影而实行这项制度的国家有 11 个。每个国家的电影配额制因国情不同而规则各异。法国规定付费电视台必须将营业额的 20%~18%投资法语影视节目制作。与此相同，本国影视产品在罗马尼亚约为 30%，加拿大为 60%（无线）和

20%（有线），马来西亚为 80%，韩国为 86%（公共电视）。

以韩国为例，韩国自 1958 年实行电影配额制度以来，走过了三个阶段，分别是：1958 年至 1985 年的建立与调整时期；1985 年至 1992 年的进口配额被迫取消，放映配额虽然保留但没有有效执行时期；1993 年至今在非政府组织推动下，放映配额得以有效执行。1961 年到 1993 年的军人政权统治期间，以 1987 年美国进入韩国电影市场为界，电影配额的主要功能可以被划分为前后两个截然不同的时期，前期作为意识形态控制工具，后期作为产业保护手段。虽然 1998 年“光头运动”以后，韩国电影界不再以产业保护为维护放映配额的主要理论依据，而代之以维护文化多样性、维护韩国文化主权为理论依据，但实质上，放映配额的产业保护功能依然是其行动的出发点。

韩国曾规定所有的电影院每年至少有 146 天放映国产电影，后迫于美国等国家的压力，将其缩减为 73 天。在美国政府苛责电影配额制与自由贸易原则相背离的同时，韩国电影产业集团大力呼吁“文化例外”，以期保护民族电影产业。从韩国调整电影配额制以后的效果看，本土电影票房受到了明显的负面影响。

无独有偶，与韩国遇到相似困境的还有墨西哥，自墨西哥政府终止了电影配额制之后，墨西哥本土电影制作量从以前的每年 100 部骤然跌落到每年 30 部~40 部。墨西哥国内电影行业遭到了毁灭性的打击。

可见，电影配额制是保护国内电影产业的必要措施。

三、我国电影立法应当确立的法律制度

（一）电影的概念问题

电影的概念涉及电影法律的适用范围和调整对象，是电影立法的一个基础性问题，应当在立法中予以明确。现在讨论的焦点在于：本法调整的电影是否涵盖新技术条件下的网络电影、手机电影等。比较集中的意见认为，应将电影的概念界定为传统意义上的电影，即符合电影院放映或者流动放映技术标准的公映作品。通过互联网等信息网络从事传播电影的活动，适用互联网等信息网络管理的法律、行政法规和国家有关规定。从其他国家有关电影法的情况来看，相关法律法规都将其调整范围基本上限定为传统电影。原因有以下几点：

第一，网络传播的电影与网络传播的其他各类视听节目具有共同特征，应当服从网络传播影视节目的统一管理规范，在《电影产业促进法》中单独对网络电影制定具体管理规定，目前条件尚不成熟，难以操作。

第二，《电影产业促进法》目前主要是立足于对传统电影产业的促进。目前，世界各国电影产业立法都是以规范影院放映的电影（即传统电影）为主体。《电影产业促进法》作为以规范传统电影制片、发行、放映一系列制度为主线的法律，其

管理主体、管理手段存在一定的连贯性。

第三，国家广电总局已经制定了《互联网等信息网络传播视听节目管理办法》(39 号令)、《互联网视听节目服务管理规定》(56 号令)，其中均涉及网络电影管理。

为应对新媒体电影发展带来的新问题，可以在制定出台《电影产业促进法》的同时，另行研究起草或完善关于互联网播放电影的管理规定，作为《电影产业促进法》的配套规章对网络电影实施管理。

(二) 电影市场准入问题

2001 年国务院颁布的《电影管理条例》第 8 条第 1 款第 2 项规定“有符合国务院广播电影电视行政部门认定的主办单位及其主管机关”，这将民营企业排除在外，也将经工商批准的大部分普通企业排除在外，实际上，只批准了少量的企业进入电影行业（如各省的电影公司）。

近年来，电影市场采取了一系列降低电影市场准入门槛、放宽市场准入的措施，改变了过去主要由国有企业从事电影行业的局面，允许民营资本进入电影制作、发行、放映领域。2004 年，国家广电总局和商务部颁布的《电影企业经营资格准入暂行规定》第 5 条规定：“国家允许境内公司、企业和其他经济组织（不包括外商投资企业）设立电影制片公司。”

实践证明，降低电影市场准入门槛，是市场经济规律的要求，吸引了多种所有制经济成分和社会力量进入电影市场，是我国电影近年来快速发展的原因之一。

关于摄制主体的资格问题，《电影管理条例》并无明确规定，通称为“电影制片单位”。根据文化体制改革的总体要求和目标，电影摄制主体的企业化是促进电影产业发展的一个重要举措。实际上，我国的电影单位已完成转企改制。因此，在立法中应当明确规定为“电影企业”更为恰当，并应当明确电影企业作为适合企业法人的登记条件等。

(三) 电影审查制度

从多年的实践来看，我国实行的电影审查制度符合中国国情，也符合电影产品宣传和市场的双重属性，有利于在电影产业发展的大环境下坚持健康的导向。

电影审查包括内容审查和技术审查。在立法中应当结合产业发展和电影创作的实际，进一步完善电影审查标准和细则，以期更为具体化、专业化和具有可操作性。在程序方面，合理设置国家和省级广电部门的职责，为电影制片单位提供更加便捷高效的服务。

探索电影审查委员会组成方式的改进，兼顾专业性和代表的广泛性，注重可操作性。

立法中，还应当注意到的一个问题是电影审查可能引发的行政诉讼问题。从现行的规定来看，广播电影电视主管部门负责对电影进行审查，发放公映许可证。电影的创作摄制、发行放映、进口出口应经广播电影电视主管部门许可。按照《行政许可法》和《行政诉讼法》的有关规定，当事人对广播电影电视主管部门的决定不服的，有权提起行政诉讼。据了解，我国司法实践中尚未出现因电影的审查、创作摄制、发行放映、进口出口而针对广播电影电视主管部门提起行政诉讼的事件。但是，随着电影产业的发展和社会法律意识的提高，极有可能出现针对电影审查和电影许可证颁发等行政行为的诉讼。应当高度重视并积极研究可能由广播影视主管部门尤其是由电影审查引发的行政诉讼问题，妥善协调广播影视主管部门的行政行为与电影产业司法保护的关系。

（四）电影产业扶持制度

近年来，我国重视电影产业的发展，推出了一系列促进电影产业发展的政策措施。《电影管理条例》设立专章保障电影事业的发展，国家广电总局于 2004 年 1 月发布了《关于加快电影产业发展的若干意见》。此外，我国近年来还颁布了一些关于促进电影产业发展的政策性文件，主要有：《国务院办公厅关于促进电影产业繁荣发展的指导意见》（2010 年 1 月 21 日 国办发［2010］9 号）、《财政部关于进口彩色拷贝正片胶片适用税率的通知》（2006 年 1 月 19 日财关税［2006］7 号）、《教育部、发展和改革委员会、财政部、国家广播电影电视总局关于进一步开展中小学影视教育的通知》（教基［2008］15 号）、《财政部、海关总署、国家税务总局关于支持文化企业发展若干税收政策问题的通知》（2009 年 3 月 27 日 财税［2009］31 号）、《财政部、国家税务总局关于文化体制改革中经营性文化事业单位转制为企业的若干税收优惠政策的通知》（2009 年 3 月 26 日财税［2009］34 号）、《中央宣传部、中国人民银行、财政部、文化部、国家广播电影电视总局、新闻出版总署、中国银行监督管理委员会、中国证券监督管理委员会、中国保险监督管理委员会关于金融支持文化产业振兴和发展繁荣的指导意见》（2010 年 3 月 19 日 银发［2010］94 号）等。

上述文件主要规定了我国对电影给予的六项优惠经济政策：①从电视广告纯收入中提取 3%建立“电影精品专项资金”，用于支持电影精品摄制；②从电影放映收入中提取 5%建立“国家电影事业发展专项资金”；③从进口影片收入中提取部分资金，用于电影制片、译制；④对电影制片厂销售的电影拷贝收入免征增值税，对电影发行单位向放映单位收取的发行收入免征营业税；⑤特别重点影片的创作生产，可个案报批财政补贴；⑥对重点题材影片、科教影片等洗印拷贝胶片给予特殊优惠关税。

《电影产业促进法》起草中的一个突出的难点问题就是产业促进政策问题，即如何将近年来行之有效的国家关于电影产业发展的财税等经济政策提炼、上升为法律制度，使临时性政策稳定化、长期化，切实促进电影产业发展。

产业政策条款是《电影产业促进法》立法的重点内容，必须重视解决。有关部门应当加强协调，提高重视，在立法中确立产业扶持制度。

（五）WTO 裁定与国外电影准入的问题

《电影管理条例》第 30 条规定："电影进口业务由国务院广播电影电视主管部门指定的企业经营。未经国务院广播电影电视主管部门指定，任何组织或者个人不得从事电影进口业务。"我国现行的电影进口业务，由国家广电总局指定中国电影集团专营，进口影片的发行业务由中影和华夏两家国有发行公司经营。

美国于 2007 年 4 月将中国出版物市场准入问题诉诸世贸组织，声称中国对于出版物、电影、音像制品进口和分销的有关措施违反了世贸组织规则。2009 年 12 月 21 日，WTO 作出了最终裁决，认为中国对于出版物、电影、音像制品进口与分销的有关措施违反了世贸组织规则，并认定我国《电影管理条例》的上述规定违反世贸规则。

中美双方于 2010 年 7 月 15 日表示，中国同意遵循 WTO 的裁决，于 2011 年 3 月 19 日以前对美进一步开放娱乐产品市场。承诺履行 WTO 裁决意味着中国必须对美国电影、音像制品和图书产品的进口政策作出调整。WTO 的判决允许中国保留两家国有电影发行公司的发行权，并保留中国政府对外国电影进行一定程度审查的权利，中方也无须提高每年引进 20 部外国电影的限额。但是，中国将不得不允许美国及其他外国企业向中国引进电影、音乐、电游和图书，并准许美中合资企业在互联网上分销音乐。执行 WTO 裁定后，我国要取消《电影管理条例》第 30 条中对指定企业专营电影进口的规定，即在保留进口电影审查权和 20 部进口限额的基础上，放开电影进口权。

从实际情况来看，放开电影进口权对我国电影产业的发展和现行管理体制可能会产生较大冲击，可能会出现一些企业为经济利益相互竞争追求进口的现象，进一步压缩国产电影市场。一些外资企业被允许从事电影进口业务后，也可能对我国现行的管理制度尤其是电影审查制度的执行提出更为具体的要求。因此，对执行 WTO 裁定的执行涉及我国国际形象及各方利益，如何有效应对，并使其对我国国产电影产业的负面影响减至最小，是电影立法工作必须妥善解决好的一个重要问题。

（六）国产电影放映配额制度

从各国国产电影的发展经验来看，对本国电影最为有力的政策之一就是"电影放映配额制度"，又称"国产电影义务放映制度"。目前，世界上实行这一制度的国家有法国、韩国和印度等 11 个国家。每个国家的电影配额制因国情不同而规定各异，有些国家是限制电影院外国电影的放映天数，如韩国；有些国家是通过控制引进国外影片的数量，如我国。

以韩国的经验为例。可以说，“电影放映配额制”是韩国电影在20世纪90年代崛起的前提条件之一，也让韩国成了世界上少数几个本土电影票房超过进口的好莱坞电影的国家之一。韩国于1966年起实行这一文化产业保护政策。它要求韩国本土的电影院线，每年各厅至少要有146天放映韩国本土出品的电影，以此振兴韩国电影事业。随着韩美自由贸易协定谈判日趋紧迫，美国对韩国这项文化产业的保护主义政策也日趋不满，面对美国的巨大压力，韩国政府取消或削减这一制度的议案也一次次被提上日程。在1999年、2001年、2004年和2006年，韩国电影人相继爆发了多次抗议活动，在韩国民众民族意识的强力支持下，让这一制度保留到了2006年6月30日。其中，最著名的就是1999年爆发的电影人“光头运动”，这一运动因其激烈程度而被各国媒体高度关注，给韩国政府施加了极大压力，迫使其决定继续维持原来的电影配额制。随后，韩国电影发生了历史性的转变，逐渐出现创作的高峰，电影“韩流”开始步入世界。“光头运动”当年，《生死谍变》在上映57天后，打破了《泰坦尼克号》在韩国的电影票房纪录。韩国人口4000万，这部影片吸引了620万名观众。正是这部影片培养起了韩国观众观看国产电影的信心和兴趣，让韩国人对本国电影产生了热情，此后，韩国电影稳步发展。2006年是韩国电影国内票房最辉煌的一年，排名前四位的都是本土电影，超过了当年好莱坞几部著名大片。

2006年，韩国国务会议缩减了“电影配额制”，缩至73天。2007年，韩国电影制作曾经一度低迷，本土电影票房一度下滑，2008年又有所回升。这是因为构成韩国电影的基础条件已经很完备，十年的配额制度为韩国电影的培育起到了巨大作用，本土电影的制作已经有了相当水准，市场也相对成熟，能够经受住世界电影市场的冲击。

我国的电影产业虽然经过了几年的高速发展，但仍处于起步阶段。在经济全球化的背景下，我国面临着与韩国相似的问题。由韩国的经验可以看出，国产电影配额制的实行可以为起步阶段的国产电影提供培育的空间，能够在一定程度上起到促进本国电影产业发展的作用。

（七）公益电影放映制度

为满足广大人民群众的精神文化需求，保障基层群众观看电影的权益，我国在电影立法中，应当重视对电影公益放映的保障制度。确立公益电影放映的对象，主要有农村观众、进程务工人员、城市低收入群体和未成年人等。从现在已有的制度和实践来看，主要有几种规定：一是地方政府保障每村每月一场电影；教育和广电部门保障中小学生每学期至少观看两次爱国主义电影；采取低票价、广场电影等方式保障城市低收入群体观看电影等。

考虑到农村人口众多，地域广阔，农村地区的电影放映相对落后的国情，我国近年来采取农村电影院线等方式促进农村电影放映，取得了一定成效。一些地方采取贴片广告等方式，补贴农村电影放映，具有一定的积极效果。但是，农村的电影放映仍然是一个亟待解决的问题，很多地方由于重视程度不够和经济较为落后等原因，很难保证农民每月观看一次电影的权益，对此，国家必须以立法的形式具体确认。未成年人和城市低收入群体等的观影权益缺乏稳定性、长期性和权威性。因此，我国公益电影放映面临的问题还很多，需要以法律的形式使其具有约束力和稳定性，切实保障基层群众的观影需要。

Ⅱ《公共图书馆法》

一、我国公共图书馆发展概况

公共图书馆作为公共文化服务体系的重要组成部分，承担着保存人类文化遗产、开展社会教育、传播公共知识和信息以及开发智力资源的重要职责。

“十五”时期以来，国家通过实施县级图书馆和文化馆建设、县级图书馆和文化馆修缮、文化信息资源共享工程等重大文化项目，使全国公共图书馆设施条件不断改善，公共文化产品日益丰富，服务能力有所提高，社会效益显著增强。2009年，全国共有公共图书馆2850个，比2000年增加了175个。其中，国家图书馆1个，省级公共图书馆37个，地市级公共图书馆321个，县级公共图书馆2491个。按照全国行政区划，公共图书馆已基本实现全覆盖，其中，地市级公共图书馆覆盖率为79.3%，县级图书馆覆盖率为87.2%。

从业人员数量稳中有升。2009年，全国共有从业人员52 688人，比2001年增加了4109人，增长了8.5%。平均每个公共图书馆有从业人员18.5人，比2001年增加了0.5人。具有中高级职称人员比重逐年提高。

2009年，各级财政对公共图书馆拨款达55.1亿元，比2000年增加了41.1亿元。设施状况有所改善，座席数进一步增加。文献数量更加丰富，2009年全国公共图书馆总藏量为58 521万件（套），人均藏书0.44册。

随着信息技术的广泛应用，公共图书馆的信息化装备水平显著提高，电脑数、电子阅览室终端数均大幅增加。

但是，我国的公共图书馆在发展中仍然存在许多突出问题。

公共图书馆总量仍然不足。截至2009年底，我国2858个县级行政区划中，有367个县（区）没有图书馆，占全国县级图书馆的12.8%。已有的2491个县级图书馆中，不具备基本服务条件的有675个，占总数的27%。按照国际图书馆协会联合会于20世纪70年代颁布的标准，每5万人拥有一座图书馆，一座图书馆半径通常为4公里，居民步行到社区图书馆距离通常不超过10分钟。2009年，我国平均 46.8 万人口拥有一座图书馆，服务辐射半径为 32.8 公里，与国际标准有明显差距。

地区发展不平衡，经济不发达地区的图书馆建设水平较低，设施十分简陋，文献资源匮乏。如财政拨款的每馆平均水平，2004 年时东部地区是西部地区的 3.2 倍，到 2007 年，差距扩大到 3.6 倍；每馆平均购书费，2004 年时东部地区是西部地区的 9 倍，2007 年扩大到 22.6 倍。由于服务人口众多，地域广阔，条件有限，农村图书馆的实际服务效果受到了影响。一些省、地图书馆在农村设立的分馆，多是示范性的，数量十分有限，远远不能满足人民群众的实际需要。

图书馆的业务经费和文化资源总量偏少，国际图联的国际人均藏书标准为 1.5 册~2.5 册，我国人均藏书量自 1980 年以来一直在 0.2 册、0.3 册左右，2009 年约为 0.44 册；人均购书费为 0.782 元。目前，全国约有 760 个县级图书馆全年无购书经费，占县级图书馆总数的 32%。

各级公共图书馆功能定位不清、任务交叉、工作重复。具有研究型图书馆特点的省级公共图书馆承担了许多直接面向普通公众的“一线图书馆”的功能任务，许多基层公共图书馆又承担了过多的“保存”功能，文献资源的区域性互补与共享机制尚未建立起来，出版物缴送制度没有得到有效执行，中心图书馆对基层图书馆的援助功能不完善，各级公共图书馆的同质化现象严重。

公共图书馆的人力资源保障体系没有形成。目前，我国公共图书馆队伍的素质和高端人才建设与快速发展的公共图书馆理念、业务、技术等都有较大的差距。尚未建立图书馆职业准入制度和职业权益保障制度，人员结构不合理。截至 2009 年，全国公共图书馆工作人员共有 5.27 万人，其中具有高级职称的仅有 4177 人，仅占人员总数的 7.9%。

二、国外有关立法情况

制定专门的公共图书馆法律是政府保障和促进图书馆事业发展的普遍做法。联合国教科文组织和国际图联于 1949 年发布的《公共图书馆宣言》明确指出，“开办和管理公共图书馆是国家和地方当局的责任，必须有具体的法规”。

世界上的许多国家都十分重视图书馆立法工作。据不完全统计，自 1848 年美国颁布第一部公共图书馆法以来，已有 80 多个国家和地区先后颁布了 250 多部图书馆法规。美国不仅有全国性的《图书馆服务和建设法》《国会图书馆法》等，还形成、完善了州一级的图书馆专门法律体系。日本全国性的图书馆专门法律有《图书馆法》《学校图书馆法》和《国立国会图书馆法》，实施细则、配套规章等合计 80 多件。韩国为了更好地促进图书馆事业的发展，于 2006 年将原来的集图书馆事业和出版事业于一体的《图书馆与读书振兴法》修改为了专门的《图书馆法》，建立了隶属于总统的图书馆信息政策委员会和直接隶属于文化观光部部长的图书馆政策规划团，国家促进和保障图书馆事业发展的力度大为增强。发展中国家中已有15个国家，共颁布了22部图书馆法，包括尼日利亚、加纳、坦桑尼亚、索马里等。亚洲国家中，印度于1948年颁布了《帝国图书馆法》，于1969年颁布了《东印度公共图书馆法》；伊朗、伊拉克、卡塔尔等国家和地区也都有专门的国家图书馆立法。拉丁美洲已有10个国家和地区，共颁布了29部图书馆法。

（一）美国的公共图书馆法

美国是世界上第一个制定地区公共图书馆法的国家。现在，美国各州都已制定了公共图书馆法，国家的公共图书馆法律体系由各州的图书馆法构成，联邦政府制定的公共图书馆法只规定联邦政府对地方公共图书馆事业的责任。图书馆法确立了图书馆发展中的重要制度，如管理机构、设立标准、行业规范标准、经费来源、职业准入、馆际协作、呈缴本制度等。

美国的图书馆管理机构是图书馆委员会，各级政府都有对应的图书馆委员会。图书馆的设立以人口和服务区域面积为依据，有横向和纵向两种设立方式。横向是同一区域内有两所以上图书馆即可申请建立图书馆体系，读者可使用该体系内的任何一个图书馆的资源。纵向是由图书馆委员会制定一个区域内的若干图书馆作为地区中心馆，以它们为核心建立该地区的图书馆服务体系。由州当局为该图书馆体系提供固定财政支持。

美国图书馆法制定了较为完备的行业规范，如所有人免费使用图书馆、为特殊人群提供服务、尊重读者隐私、提高馆员素质和尊重知识产权。这些行业规范的设立对图书馆的发展产生了重要影响，为图书馆执业者提供了重要指导。

馆际协作也是美国图书馆法确立的重要制度。美国的图书馆采取总分馆制，资源共享，由总馆协调。馆际协作的主要内容是馆际互借、共同建设数据库和共同购买昂贵的资源等。依靠立法手段，图书馆协作有了法律上的保障，从而促进了资源共享走向全面和深入，充分发挥了文献信息资源的作用，为读者服务，为美国图书馆事业的发展注入生机和活力。

美国图书馆法一般是根据国民总收入来确定图书馆一定的投资比例，或者根据人口数量确定图书馆事业的总投资。除了通过《联邦图书馆法》从联邦政府那里获得资金支持外，美国各州图书馆法对图书馆经费来源都有明确的规定：一是根据财产征收图书馆事业特别税；二是从地方政府的财政收入中拨出一笔专款作为图书馆的资金。

从全美国范围来看，关于经费规定得最明确的是《图书馆服务和技术法案》（LSTA）。该法案对公共图书馆、中小学图书馆、大学图书馆和研究图书馆以外的其他图书馆的经费的分配比例作了具体的规定。LSTA规定，其经费的91.5%以上必须用于州基金，至少 3.75%必须用于全国性的活动，1.75%用于土著人的服务，3%用于 LSTA 的项目管理费用。

美国图书馆法对图书馆工作人员的配备、管理、培训、考核，馆长、馆员任职资格等作出了明确的法律规定。美国是一个分州实施图书馆职业资格认证的国家，美国各类图书馆对其从业人员均有较为严格的要求，公共图书馆员的职业资格认证是根据各州的情况，制定州立的认证标准和程序，对馆员的要求主要依据该图书馆服务的地区的人口来划分级别。

美国的呈缴本制度最早可以追溯到 1790 年的《著作权法》。该法规定所有有著作权的书刊资料均要送缴国务院。1897 年，美国国会图书馆下设著作权局，该局成了缴送制度的执行机构。未依法呈缴的，处以罚款。

立法对美国的公共图书馆发展起到了非常重要的作用，引起了政界的关注，保障了资金的来源，使得图书馆行业内部组织结构和工作效率都更合理和高效，为其他国家提供了很好的经验。

（二）英国的公共图书馆法

英国于 1850 年制定了世界上第一部全国性的公共图书馆法。英国也是以居民数量作为设立图书馆的标准的，地方当局是设置公共图书馆的主体。英国制定了比较完备、详细的法律，明确规定了图书馆的设置、馆舍规模、馆藏标准、呈缴制度和服务标准等。

在服务理念中，最基本的是要保证所有人能够平等和充分地利用图书馆资源。公共图书馆的服务是免费的。图书馆为特殊群体提供服务也是体现服务性理念的重要内容。特殊群体既包括儿童、老人、病残者、被监禁者等，也包括矿工、船员等交通不便利的人。英国图书馆在向普通民众提供服务时，对包括弱势群体在内的特殊群体也做到了面面俱到，充分体现了“以读者为中心”的图书馆服务理念。

经费一直是困扰图书馆事业发展的关键点。英国通过长期的探索，逐渐形成了“政府投入为主，民间资助为辅”的模式。1850 年《公共图书馆法》规定，图书馆经费由地方税收拨付，金额为 1 英镑的固定资产课税半便士，但对图书购置经费未作规定。1855 年，英国对该法进行了修改，通过开征图书馆专门税以保证图书馆经费，同时提高了税率至 1 英镑的固定资产按 1 便士课税，规定经费用于图书购置经费。1919 年，英国取消了课税制限制，“便士比率”趋向稳定。1964 年《公共图书馆和博物馆法》规定应从地方税中抽取约 2%作为地方图书馆的经费。英国图书馆法也鼓励图书馆接受来自外部的馈赠，1925 年《苏格兰国家图书馆法》第 7 条规定，可以向图书馆当局馈赠资金、书籍或其他物品并应得到理事会的认可并用于服务；1964 年《公共图书馆和博物馆法》第 9 条规定，图书馆当局可以接受其他图书馆当局和个人的资金馈赠以建立图书馆设施。

合作是图书馆进一步发展的重要因素。英国图书馆法十分重视公共图书馆当局之间的合作，1964 年《公共图书馆和博物馆法》和 1955 年《苏格兰公共图书馆法》都有鼓励公共图书馆之间进行合作的条文。其中，1964 年《公共图书馆和博物馆法》第 3 条提出在各方自愿的基础上建立地区理事会以促进馆际合作，地区理事会和其他图书馆当局之间的合作应以提高公共图书馆服务效率和促进自身发展为目的，其中国务大臣起监督作用，并成为法人代表。1955 年《苏格兰公共图书馆法》第 2 条规定法定图书馆有权给任何法定或非法定图书馆提供贷款；法定图书馆可以在国务大臣同意的情况下给任何非法定图书馆捐赠费用。

（三）俄罗斯的公共图书馆法

《俄罗斯图书馆事业联邦法》于 1994 年颁布、2008 年最新修订，是一部很有特色的图书馆法。其内容突出反映了俄罗斯经历了社会变革后在公共服务领域对于现代民主理念及与之相对应的现代图书馆理念的追求。特别是关于“权利”论述之全面，在其他国家的图书馆法中是极为罕见的。

在图书馆法的内容中，贯穿始终的是保障用户的权利，从多个角度反映了这一主题，无论是图书馆的义务、国家的义务还是协作协调、经济协调等都以保证公民自由获取信息的权利为首要目标。

国家通过拨款和实行相应的税务政策、信贷政策以及价格政策来支持图书馆事业的发展。

国家支持对最低社会、经济保护层和居民群（儿童、青少年、残疾人、领养老金者、难民、失业者、农村居民、北极地区的居民和其他相应地位的人）开展图书馆服务。国家政权机构鼓励非国有制形式的图书馆开展对居民大众的无偿服务，并给予物质支持。

为了满足用户对图书馆服务的合理利用，俄罗斯的图书馆法对于协作协调作了详细阐述。“为了全面满足图书馆用户的信息需求和合理利用图书馆藏书，国家鼓励和支持图书馆资源的互相利用和共享，并为该项工作拨款，拨款可用于发挥国家图书馆中心控制功能、为图书馆资源共享创造条件（实行馆际互借、编制联合目录、建立自动化数据库系统和提存图书馆）。”

世界图书馆事业发展的经验表明，图书馆事业繁荣发达的地方，必定有较为完善和有力的法律保障体系。依法设立和运营图书馆，是政府保障和促进图书馆事业发展普遍采用的手段。

三、我国制定图书馆法的现实基础

（一）宪法、法律及法规基础

我国《宪法》第 22 条规定：“国家发展为人民服务、为社会主义服务的文学艺术事业、新闻广播电视事业、出版发行事业、图书馆博物馆文化馆和其他文化事业，开展群众性的文化活动。国家保护名胜古迹、珍贵文物和其他重要历史文化遗产。”

该条款为我国图书馆事业的发展和图书馆立法提供了直接的宪法依据，表明了国家对发展图书馆事业的重视，为我国图书馆事业提供了总的发展保障。

图书馆法律体系既包括图书馆专门法，也包括与图书馆法治有关的一些相关法律，称之为“图书馆相关法”。图书馆相关法主要是指在两个层面上与图书馆活动相关的法律法规：一是图书馆活动本身要适用的其他法律法规，如《著作权法》《教育法》《高等教育法》《义务教育法》《残疾人保障法》《文物保护法》《城市规划法》《信息网络传播权保护条例》《学位条例暂行实施办法》等。二是指在其文本中有针对图书馆的条、款、项或目的法律、法规、条例或规章。图书馆相关法律覆盖面很广，图书馆相关法律是图书馆立法的基础，也是图书馆法律体系中的重要组成部分。从国外的经验看，图书馆法律体系比较完善的国家，最重要的指标之一就是图书馆相关法的配套与完善。

除国家立法外，许多地方人大和政府也制定了法规和规章。目前，我国已经有10个省、自治区、直辖市发布了地方性的图书馆法规和规章。从各地有关公共图书馆的法规发布后的效果来看，都在一定时期内、一定程度上促进了该地区公共图书馆事业的发展。但是由于各地公共图书馆事业基础、经济发展状况、政府重视程度、立法时间和调研深度不同，尽管各地现有的法规解决了不少问题，却依然存在着效力较弱、名称不统一，内容侧重点不同、缺少修订和实施细则等问题。由于缺乏明确的国家立法支持，这些问题尚未从根本上得到解决。

（二）现行政策基础

党的十六大以来，在推进全面建设小康社会、构建社会主义和谐社会、贯彻落实科学发展观的背景下，党和政府对包括公共图书馆事业在内的公共文化事业重要性的认识跃上了新高度。2004年，中央宣传部印发了《关于制定我国文化立法十年规划（2004年—2013年）的建议》，其中图书馆法被列入前五年的立法规划。2005年以来，为促进文化和经济、政治、社会协调发展，党和政府陆续发布了一系列指导和促进文化事业发展的方针政策。2006年颁布的《国家“十一五”时期文化发展规划纲要》提出“加快文化立法步伐”，将图书馆法列为需要“加紧研究制定”的六部文化法律法规的第二位。党的十七大提出了文化大发展、大繁荣的奋斗目标。加快建立覆盖全社会的公共文化服务体系，是实现这一目标的重要内容。公共图书馆作为公共文化服务体系的重要组成部分，进入了事业发展的重要时期，加快立法、保障公共图书馆事业健康发展势在必行。

（三）法学研究基础

当代的图书馆法治研究开始于20世纪80年代初，近三十年来，业界对图书馆这一问题的研究持续不断。主要的成就有：移译了一批国外图书馆专门法规、条例标准和宣言声明等规范性文件；清理总结了中国自近代以来图书馆事业在制度、政策建设层面的主要成果；草拟了一批“图书馆法”建议草案；对图书馆法国家立法的研究持续不断，涉及的问题包括图书馆立法的重要性、图书馆法的定义、图书馆法的性质、法律的框架结构、规范对象、基本原则、主要内容等。2001 年初《图书馆法》制定工作启动以后，法律草案涉及的图书馆员职业资格认证制度、图书馆评估制度、图书馆与著作权、读者权益等问题，成了研究的焦点。

四、公共图书馆法应当建立的主要法律制度

（一）公共图书馆的设置、管理体制和功能定位

公共图书馆的设置主体及管理体制取决于其性质和功能属性。在我国，公共图书馆一直被视为是由政府投资兴建的公益性机构。现行的地方法规和规章，几乎全部将公共图书馆定位为公共服务机构、公共教育机构，主要功能包括：从事各类文献资源的收集、整理、存储、加工、开发和服务。因此，承担公共图书馆建设责任的是各级地方政府。与此相适应，我国的公共图书馆长期以来也按政府行政级别被分为若干层级。

在这样的体制下，我国省、市、区图书馆分属于不同级别政府部门和财政主管部门，街道和社区图书馆的投资方更为复杂，来源于不同的渠道。不同层级的图书馆在功能上如何定位一直是图书馆界关注的问题。按照现行地方法规的规定，省、市、县、乡镇四级公共图书馆网络上一级应该履行起对下一级公共图书馆的业务指导任务，但受现行制度制约，事实上图书馆间基本孤立、联系松散的现象普遍存在，特别是在基层。文献信息资源建设应当统一规划，合理布局，分工协作，共建共享，但现实中可能遇到障碍。因此，现在的各级图书馆功能定位不清晰，导致资源浪费和缺失同时存在，制约着图书馆事业的发展。

2008 年 6 月，住房和城乡建设部、国土资源部和文化部批准发布了《公共图书馆建设用地指标》；2008 年 11 月 1 日，住房和城乡建设部与国家发展和改革委员会批准发布了《公共图书馆建设标准》。以上两个标准确立了以服务人口为主要依据确定公共图书馆建设规模和布点的原则，从标准我们可以得出，对公共图书馆事业未来发展带来最大的影响是，公共图书馆的设置已淡化了按行政区划设置的省级馆、市级馆、县级馆和乡镇馆，取而代之的是按服务人口设置的大型馆、中型馆和小型馆。在该体系中，公共图书馆的设置应为总分馆制，即由 1 个~2 个大型馆作为总馆，若干个中、小型馆作为分馆构成公共图书馆服务网络；馆际之间可以逐步实现图书资料统一采编、统一管理，通借通还、资源共享，可以最大限度地提高公共图书馆的使用和服务效率，为读者提供最方便、最人性化的日常公益性服务。

明确公共图书馆的设置主体和分层功能定位是建设公共图书馆的基础问题，决定着我国公共图书馆的管理体制、各层级建设标准和服务标准等。因此，应当在公共图书馆法中加以明确。

（二）样本呈缴制度

样本呈缴是图书馆法律制度的重要内容，是保证公共图书馆保存文献和服务公众的重要途径。目前，世界上大多数国家都已经建立了样本呈缴制度。改革开放以来，我国的出版物数量增加迅速，打破了计划经济时代由新华书店统包的局面，发行途径多样，这使样本呈缴工作更加复杂。在我国，现行行政法规规定的样本受缴者一般包括三个部门：国家图书馆、中国版本图书馆和新闻出版管理部门。当前，我国的样本呈缴情况并不乐观。以国家图书馆为例：2006 年，图书的缴送率为 66.11%，期刊的缴送率为 53.23%，报纸的缴送率为 40.65%。在地方的公共图书馆缴送率更低。造成这一情况的原因，一是有些出版单位不遵守有关规定，不履行缴送义务；二是现行的多头缴送制度给出版单位造成了一定困难，缴送数量多，而且出版社还要为这部分没有利润的图书缴税，这在制度上不尽合理。随着电子出版物的增加，电子出版物也成了样本呈缴的内容，同传统出版物相比，其缴送率更低。从现行的地方法规来看，我国的样本呈缴制度还不适用于网络电子出版物。

现行的地方法规和部门规章多已规定了样本呈缴制度，目前的样本呈缴实践证明，仅仅依靠行政法规和部门规章的做法有立法层次上的缺陷，缺乏强制力。出现问题无法可依，监督和处罚主体不明确，而且其中不少出版社是独立法人，不隶属于行政部门，难以追究责任。

在制定公共图书馆法时，应当将样本呈缴作为重要制度进行设计，内容包括样本的范围、缴送义务人、样本受缴者、缴送份数、期限以及违法责任等。

（三）经费保障制度

公共图书馆的经费保障是发展公共图书馆事业的关键之一，也是立法难点之一。从我国当前公共图书馆的发展现状来看，经费短缺仍然是制约其发展的重要原因。公共图书馆的经费多数没能被纳入财政预算，很多图书馆几年没有购书经费。从现行的地方法规来看，大多规定了购书经费在图书馆运营总经费中的比例，但是对将图书馆经费纳入财政预算这一规定，大多数法规都没有刚性要求，经费投入的“量”没有用立法的形式确认下来。对图书馆经费保障的问题，目前业界普遍认同开辟以政府财政投入为主导的多经费来源渠道的观点，经费投入预算化、经费项目法定化、经费数量“间接规范”（即通过规范各级各类图书馆文献信息资源年入藏量来保障基本的经费数量），建立图书馆事业发展基金。

（四）关于农村图书馆

解决农民的阅读需求是发展农村文化、推进新农村建设的重要内容。我国农村人口众多，许多基层农村地区的经济文化条件相对落后，农村图书馆建设是全国公共图书馆建设工作中的薄弱环节。因此，在公共图书馆法的制订过程中，立法者应当重视农村的公共图书馆建设问题。从现行的地方法规和政策来看，目前我国关于公共图书馆的制度设计，多适用于县级以上的城市地区，对基层农村的图书馆服务问题研究较少。多年来，为了推进农村文化建设，我国建设了“农民书屋”等文化设施，开展了“送书下乡”等活动，这些活动分属不同的部门主管，缺乏法律的统一规范和保障。在公共图书馆立法中，应当理顺这些部门之间的关系，规范农村公共图书馆服务。我国农村地域辽阔，地区发展情况不平衡，尤其是在一些边远偏僻的基层农村，应当有因地制宜的公共图书馆建设方案。

（五）从业人员的行业准入制度

公共图书馆从业人员的行业准入制度，即图书馆员的资格认证制度，在发达国家已有上百年历史，很多国家都在图书馆法规中确定了图书馆员的专业水准。现在我国的公共图书馆没有一个严格的行业准入制度和考核制度，现行的地方法规中有的只笼统规定了学历要求和培训上岗等，没有明确图书馆员的专业准入和考核制度。这使得一些公共图书馆的工作人员素质参差不齐，工作能力相差较大，作为一个专业化的文化部门和服务行业，工作人员素质的不平衡势必会影响公共图书馆为社会服务的功能。可能导致的状况是，一方面优秀的专业人才被拒之门外，另一方面缺乏专业知识、能力低下的人员通过种种渠道进入到了图书馆行业之中。为提高我国公共图书馆的专业服务水平，有必要在公共图书馆法中明确图书馆从业人员的行业准入制度，包括相应的考核制度。

（六）国家图书馆的地位与职能

各国的国家图书馆由于国情和时代的不同而各具特色，目前尚无统一的权威定义。但是从各国的国家图书馆运行实践上来看，各国的国家图书馆基本都履行以下职责：一是领导及协调全国图书馆事业的发展；二是收集本国和有关本国的出版物；三是接受保存全国范围内的出版商送缴的资料样本，协调国内各图书馆收集世界图书资料；四是建立全国图书目录或书目资料库，将全国的出版物迅速编录成册以供检索；领导、协调或协助建立全国的数字图书资源库，加强馆际资源共享；代表国家参与国际图书馆业交流活动。联合国教科文组织对国家图书馆的界定是：“依据法律或其他安排，接受本国重要出版物的复本、并起储藏作用的，不管名称如何都是国家图书馆。”国家图书馆在一个国家的公共图书馆建设乃至整个文化建设中发挥重要作用，在公共图书馆立法中，应当认真研究，对其地位和职能进行定位，需明确的问题有：国家图书馆与其他公共图书馆的关系，国家图书馆是否具有领导或协调全国公共图书馆工作的职能，是否承担对公众开放的职能等。

（七）文献信息共享制度

当今社会迅速发展，随之而来的是文献数量的快速增长。一个图书馆如果想要收集所有的文献资源显然是不现实的，也是没有必要的。每个图书馆只需根据自身的特点和实际情况，形成独具特色的文献资源即可。要达到这一目标，不仅需要一个指导性的纲领指挥、协调一个地区内所有图书馆之间文献信息资源的共知、共建和共享，同时还需要一个明确的规定来具体指导该怎样进行资源的共享。公共图书馆网络应发挥资源共享和优势互补的作用，逐步实现公共图书馆之间的采购协调、集中编目和图书馆通借通还的目标。

现在的许多公共图书馆之间，由于缺少信息共享制度，图书的采、编、上架、借阅和流通基本上是各自为政，不能统一规划、统一管理、统一调配，造成资源归各自所有，重复购置，无法共享。在公共图书馆法中，应当考虑设置文献信息共享制度，优化资源使用，以使其更高效率地服务群众。

现在，一些高校和科研院所的图书馆也承担了部分公共图书馆的职能，如对公众开放借阅等。公共图书馆如何与这些图书馆实现资源共享也是一个值得研究的问题。现在一些地方已经探索出了一些可行的方法，如公共图书馆与当地高校图书馆联合推出通用借书证，实现图书资源的通借通还，提高了资源的使用效率，为群众提供了方便。

(八) 读者权利和义务制度

当今社会计算机技术和网络技术在图书馆的普及使得越来越多的读者信息（如个人基本信息、借阅历史、借阅地点、文献的记录等）被留在了图书馆的系统上，它们都属于读者的个人隐私，未经读者允许图书馆不得将这些信息公布或泄漏，即读者有权利要求图书馆对这些信息进行保护。

现行的地方法规，对读者权利的保护条款比较陈旧和笼统，对读者隐私权的保护几乎都没有涉及，这也是业界所关注的问题之一。因此，有必要设置相关条款予以明确。

(九) 与著作权法的关系

公共图书馆法与著作权法的关系是近年来学界讨论的焦点之一。公共图书馆的一些业务行为（如阅览、出借、为馆藏保存而复制文献、为读者提供复印服务等）属于著作权意义上使用作品的行为。随着信息技术的应用，很多公共图书馆还将文献资料转化为电子文献资源（如数字图书馆等）。在制定公共图书馆法时，必须注重与著作权法等相关法律、法规的平衡，处理好公众和著作权人之间的利益关系。

III《博物馆法》

一、博物馆的定义和分类

2001 年国际博物馆协会通过的《国际博物馆协会章程》对博物馆的定义为：博物馆是一个为社会及其发展服务的、向公众开放的非营利性常设机构，为研究、教育、欣赏的目的征集、保护、研究、传播并展出人类及人类环境的物证。我国对博物馆的定义也经历了一个变化发展的过程。新中国成立后，1956 年的全国博物馆工作会议提出博物馆具有科学研究机关、文化教育机关、物质文化和精神文化遗存或自然标本的主要收藏所三重性质和博物馆应为科学研究服务、为广大人民服务的两项基本任务。这就是我国博物馆界习惯上所说的“三性两务”。十一届三中全会后，我国博物馆业在重申“三性两务”的同时，对博物馆进行了新的表述，提出博物馆是文物和标本的主要收藏机构、宣传教育机构和科学研究机构，是我国社会主义科学文化事业的重要组成部分。

各国从不同的研究角度出发，对博物馆作了不同的分类，如英国的《大不列颠百科全书》按照博物馆的功能将其大致归纳为三类：一是艺术博物馆，一般包括绘画、雕塑、装饰艺术、实用艺术和工业艺术博物馆等；二是历史博物馆，它是从历史观点展示收藏品，考古遗址、史迹名胜等纪念点所建博物馆及个人纪念馆均属此类；三是科学博物馆，包括自然科学博物馆、实用科学博物馆及技术博物馆等。日本一般习惯按博物馆收藏资料种类将博物馆分为综合博物馆、人文博物馆和自然科学博物馆。美国博物馆的分类标准众多，如按藏品内容划分、按隶属关系划分、按不同观众划分（如儿童博物馆）、按展出方式划分（室内博物馆、野外露天博物馆）等。目前，国际上通常以博物馆的藏品和基本陈列内容作为类型划分的主要依据，依此标准主要划分为：历史博物馆、艺术博物馆、科学博物馆、综合博物馆和其他类型博物馆。

新中国成立以来，特别是改革开放以来，我国博物馆业有了很大发展。我国博物馆大体有以下几种分类：一是综合性、纪念性和专门性（也称专题性）博物馆。所谓综合性博物馆的藏品涉及历史、艺术、文学、科技等各方面，具有广泛、多样的特点；纪念性博物馆包括人物类博物馆与重大历史事件类博物馆，专门性博物馆是藏品只涉及某一主题的博物馆，如历史类、艺术类、科学类等。二是国有博物馆与非国有博物馆。按照经费来源渠道和性质的不同，将博物馆分为国有博物馆与非国有博物馆。国有博物馆包括三个部分：一是直接隶属于各级人民政府、经费直接来源于各级财政拨款的各类博物馆，如上海博物馆、中共一大会址纪念馆等；二是隶属于各政府部门的博物馆，其经费为政府部门和系统的财政性事业经费，由隶属部门直接领导，同时接受文物主管部门的业务指导，如中国科技馆、北京警察博物馆等；三是由事业单位运用财政性事业经费举办的博物馆，如公立高校举办的各类博物馆等。非国有博物馆指由国家机构以外的社会组织或者个人，利用非国家财政性经费举办的博物馆。在我国，非国有的各类型经济组织和社会组织及个人举办的博物馆自然属于非国有博物馆。但是，国有企业出资举办的博物馆属于国有博物馆还是非国有博物馆，目前存在争论。三是行业博物馆与私人博物馆。行业博物馆是指由某企业或行业出资兴办、展品通常以反映该行业发展为特色的一类博物馆。私人博物馆（个人博物馆）是由个人出资创建、主要展示个人收藏的博物馆，这类博物馆目前发展较为迅速，但这类博物馆是否具备博物馆的基本功能，其所有权和支配权如何界定亟待法律、政策予以规范和扶持。

二、我国博物馆发展基本状况

目前，全国各类博物馆总数已达3020家。其中文物系统博物馆为2252个，新建、扩建重点博物馆200余座。博物馆门类日益丰富，办馆主体呈多元化，社会力量兴办的博物馆日渐增多，经文物部门注册登记的民办博物馆达328个，初步形成了门类丰富、特色鲜明、分布广泛的博物馆发展新格局。博物馆免费开放工作自2008年初全面启动以来顺利推进，截至2009年底，全国免费开放博物馆、纪念馆总数达到1743个，约占文化、文物部门归口管理博物馆纪念馆和全国爱国主义教育示范基地总数的77%。2008年至2009年，接待观众8.2亿人次，平均观众量比免费开放前增长了50%。免费开放加快了博物馆融入社会的步伐，博物馆的文化辐射力和社会关注度得到提高，公共文化服务能力和社会效益得到进一步增强。“十一五”期间，博物馆评估定级工作全面启动，公布了83个国家一级博物馆、171个二级博物馆和288个三级博物馆，约占全国博物馆总数的18%。推进博物馆体制机制创新试点，8个博物馆被确定为首批中央地方共建博物馆，3个博物馆被确定为培育对象。对国家一级博物馆的运行状况进行了初步评估，为掌握博物馆绩效、实施动态管理积累了经验。全国文物、博物馆单位收藏文物达2710.8万件（套）。根据《国家文物事业发展“十二五”规划（建议稿）》，“十二五”期间，国家将构建以中央地方共建国家级博物馆和一二三级博物馆为骨干、国有博物馆为主体、专题性博物馆和民办博物馆为补充的博物馆体系，形成辐射全国、面向世界的博物馆资源共享平台。建成一批体现国家或地方文明形象的博物馆，新建、改扩建一批地市级和文物大县博物馆。立足行业特点和地域文化特色，大力倡导科技、艺术、自然、民族、民俗、生态、工业遗产等专题性博物馆发展。积极推进中央地方共建国家级博物馆和创建世界一流博物馆工作；鼓励支持各省（自治区、直辖市）建设地方重点博物馆；着力扶持民办博物馆发展。

在中央推动博物馆全面免费开放的背景下，我国博物馆事业发展正面临难得的历史机遇，但也面临一些突出问题：一是博物馆作为公益性社会服务机构的定性和作为收藏、展示、研究、教育机构的定位，尚未在法律法规中予以明确；二是博物馆行业管理体制尚未健全，博物馆行政管理多头，行业管理不明确，严重影响博物馆整体社会功能的充分发挥；三是博物馆管理运行机制滞后，现代博物馆法人治理结构尚未建立，严重影响博物馆自身的主动性和积极性；四是博物馆从业人员资质资格缺乏法律规定，影响了博物馆人才队伍结构、素质和科研水平的整体提高。这些问题亟待建立相关法律制度予以明确解决。目前，涉及博物馆的相关法律、法规和部门规章主要有:《文物保护法》《文物保护法实施条例》《民办非企业单位登记管理暂行条例》《民办非企业单位登记管理暂行办法》《文化类民办非企业单位登记审查管理暂行办法》《博物馆管理办法》等，个别省、市、区制定了地方性法规性质的博物馆条例，但全国迄今尚无一部国家级法律或法规，这一状况与我国博物馆事业的发展极不适应。

三、博物馆立法的必要性和可行性

要明确博物馆的法律地位、性质和功能，厘清博物馆的权利和义务，规范博物馆的准入制度，完善博物馆的法律保障体系，使博物馆在和谐社会建设进程中发挥重要作用，除了依靠文物行政主管部门制定和完善现有的行政规范并加强管理外，一个重要的途径就是通过立法机构制定相关法律或法规，将全国博物馆行业和博物馆业务活动纳入法制的轨道。这对我国文博事业的促进发展，依法规范文博事业的行政管理而言，无疑是非常必要和可行的。

第一，从国际上看，建立规范全国博物馆行业的博物馆法律制度是世界各国的通行做法。早在第二次世界大战结束后不久，法国就颁布了第一部关于博物馆事业管理的国家法律——《法国博物馆组织法》。该法明确规定由国家对法国所有博物馆进行监管。该法的实施对振兴饱受战火蹂躏的法国博物馆起到了关键性作用。为适应博物馆事业迅猛发展的需要，法国于2002 年 1 月 4 日颁布了新的《法国博物馆法》。英国于 1992 年通过了《博物馆和美术馆法》，将英国博物馆纳入了依法管理的轨道。日本于 20 世纪 50 年代制定了全国性的《博物馆法》，促进了该国博物馆行业的健康迅速发展。

第二，我国目前还没有一部自己的博物馆法律或法规。2006 年 1 月，文化部颁布《博物馆管理办法》，这是第一部管理全国博物馆行业的部门规章。作为一部部门规章，其效力极为有限。该办法并不能有效地解决文博行业的法律地位、权利义务等问题，也无法有效地规范文化文物系统以外各行政部门的工作，在各地方与地方性法规有冲突时地方政府也只能依照地方性法规执行，这种现状与我国文化大国的地位是极不相称的。

第三，从我国的实际情况看，经过改革开放和法制建设的发展，制定规范全国博物馆行业的法律或法规已具备了一定的理论和实践基础，立法条件逐渐成熟。一方面，二十多年来，我国文博学界和法学界关于博物馆立法的呼吁和讨论始终不断，为我国的博物馆立法提供了良好的理论基础。另一方面，在我国文博行业和部分地区有过多个规范博物馆管理和博物馆工作的部门规章和地方性法规。早在 1979

年，国家文物局就曾发布过《省、市、自治区博物馆工作条例》。该条例对博物馆的定义、宗旨、陈列、藏品、群众工作、科学研究、组织机构、队伍建设等问题作出了规定。1993年12月25日，北京市人民政府批准发布了《北京市博物馆登记暂行办法》，开创了全国范围内博物馆登记管理的先河；2000年9月22日，北京市第十一届人民代表大会常务委员会第二十一次会议通过了《北京市博物馆条例》，使之成为我国第一个有关博物馆管理的地方性法规；2005年12月22日，文化部部务会议审议通过了《博物馆管理办法》，这是我国目前博物馆事业管理的基本规范。2010年，国家文物局、民政部、财政部、国土资源部、住房和城乡建设部、文化部、国家税务总局联合发布的《关于促进民办博物馆发展的意见》。该意见明确指出，民办博物馆是出于教育、研究、欣赏的目的，由社会力量利用非国有文物、标本、资料等资产依法设立并取得法人资格，向公众开放的非营利性社会服务机构。这一系列法律法规的执行为我国的博物馆立法积累了大量的实践经验。

一直以来，在如何确定我国立法的具体方式上，大体存在两种思路：一是主张由全国人大常委会制定《博物馆法》，以法律的形式建立相关法律制度，使之更具有权威性；二是主张先由国务院制定《博物馆条例》，从行政法规的层级上先行实践，总结博物馆相关法制经验后，再将其上升为法律。应该说，这两种思路各有优势。前者的法律权威性更高，法律效力更强，但立法过程相对复杂、长久；后者立法内容比较单纯，立法程序相对便捷，但法律效力等级较低，一些深层次问题（如非国有博物馆的性质地位、其文物的所有权、转让权等）在行政法规的层级上难以得到有效解决。从目前的立法实践来看，鉴于亟须解决博物馆的法制化问题，国务院法制办及文物主管部门采取了先行制定《博物馆条例》的做法。从立法进展来看，《博物馆条例（送审稿）》于2008年1月由文化部报送国务院法制办公室审查，已列入国务院2010年立法工作计划的一档项目，国务院法制办公室会议于2010年对《博物馆条例（送审稿）》进行了审议，但由于在博物馆的性质和博物馆终止后藏品处置等问题上存在分歧，目前仍在审查修改当中。应该说，从《博物馆条例》制定的情况来看，制定应当合理规避上述主要难题，将民间博物馆的性质、文物藏品的所有权、转让权等问题交由法律来解决，将条例主要的立法目的集中在解决博物馆的准入、质量等级评定、年检与终止、社会服务方法等问题上，建立起一套有序、有效的博物馆行政管理制度。同时，积极研究《博物馆法》的起草，从国家法律的层面上最终解决博物馆的法制化问题。

四、博物馆立法中的几个主要问题

（一）博物馆的范围、性质和法律地位问题

学界对博物馆的概念界定各有侧重。目前，《博物馆条例（送审稿）》对博物

馆的定义和范围，综合了《博物馆管理办法》和《国际博物馆协会章程》对博物馆的概念界定，明确博物馆是指为研究、教育和欣赏的目的，收藏、保护、展示人类活动和自然环境的见证物，向公众开放的非营利性社会服务机构，包括博物馆、纪念馆、美术馆、科技馆、陈列馆等。这样的规定，是比较客观和符合我国实际的，也便于博物馆功能的发挥和政府对此类机构的统一规范管理。

由于我国博物馆相对复杂，性质各异，2006 年 1 月，文化部颁布的《博物馆管理办法》将博物馆分为国有和非国有两大类，强调博物馆是向社会公众开放的非营利性社会服务机构，应经文物行政部门审核、相关行政部门批准取得法人资格。其中，利用或主要利用国有藏品、资金等设立的博物馆为国有博物馆；利用或主要利用非国有藏品、资金等设立的博物馆为非国有博物馆。这一分类也基本为我国博物馆界所认可。但是，在这两类博物馆中，一个突出的问题是非国有博物馆的性质和地位在法律政策的层面上并未得到有效解决，导致其与国有博物馆相比处在极为不平等的地位。这也是博物馆立法所亟须解决的一项重要任务。

所谓“非国有博物馆”，也被称为“民办博物馆”“民间博物馆”“私人博物馆”等，本质上是指由政府以外的社会力量，利用民间收藏的文物、标本、资料等文化财产依法设立并取得法人资格，向公众开放的非营利性社会服务机构。这一定义的要件有三个：主办者不是政府等国家机构；资金来源不是国家财政经费；属于开放的非营利性机构。长期以来，我国博物馆事业发展相对较慢，有数字显示，发达国家平均每 1 万~10 万人就拥有一个博物馆，而我国每 60 万人才拥有一个博物馆，这种状况远远不能适应社会发展的文化需求。其中一个重要原因是非国有博物馆得不到足够重视。改革开放以来，我国这一类博物馆得到迅猛发展，逐渐于 20 世纪 90 年代中期合法化。据不完全统计，我国现有各类私立博物馆 300 多家。但由于缺乏配套的法律法规、规范管理和政策保障，其发展受到了一定程度的限制。2010 年，国家文物局、民政部、财政部、国土资源部、住房和城乡建设部、文化部、国家税务总局联合发布的《关于促进民办博物馆发展的意见》明确指出，民办博物馆是为了教育、研究、欣赏的目的，由社会力量利用非国有文物、标本、资料等资产依法设立并取得法人资格，向公众开放的非营利性社会服务机构。该意见虽然从政策的层面第一次明确了民办博物馆的性质，但由于缺乏配套的法律法规、规范管理和政策保障，其发展受到了一定程度的限制。相对于公立博物馆而言，我国民办博物馆目前存在几大问题：一是无直接隶属的上级拨款单位，经费及办馆场地需自行解决；二是公立博物馆不能同非国有文物收藏单位之间进行文物的调拨、交换；三是在文物资源上，民办博物馆无法与公立博物馆享有同等待遇，如收购窖藏、墓藏等出土文物、考古文化遗址及法律规定的由国家所有的文化遗产等；四是民办博物馆的文物藏品性质及权属界定问题不清，亟待解决；五是民办博物馆作为民办非企业法人单位，特别是对企业资本运作设立的博物馆或者吸引社会资本投入运作的博物馆，缺少明确的扶持、激励措施，在国家立项、政府扶持、土地使用、税费减免、银行信贷等方面无法与国有博物馆享受同等待遇。例如，我国《公益事业捐赠法》《企业所得税法》等法律法规虽对公益文化事业有扶持性的原则性规定，但主要针对国有博物馆的相关经营活动本身（如门票收入等），对赞助博物馆的企业尚无相关减免税政策。在国有博物馆实行免费开放后，未享受国家财政拨款和优惠政策的民办博物馆压力增大，如果免票就会失去其主要财源，自我承担服务费用。

要解决非国有博物馆的上述问题，关键是从法律上明确其性质和地位，使其与公立博物馆拥有同等的法律地位。在立法上，一是必须明确规定在确立其公益性质的基础上，将其从企业或私人财产的范畴中剥离开来，使之成为全社会公共文化服务的组成部分。许多国家（尤其是美欧等发达国家）的私立博物馆就通过将个人的资产转为社会的资产，成立董事会或者是借助基金会作为托管机构，由社会人士参与的理事会（董事会）负责博物馆的决策与管理。无论何种性质的博物馆，都设有理事会（董事会）等决策机构，以保障博物馆及其行为的公益性、独立性、科学性。在这方面，我国的博物馆立法应当有效解决非国有博物馆的社会化问题，规定采取以理事会（董事会）托管或以其他方式兴办非国有博物馆。二是在明确其法律地位的同时，明确规定其享受与国有博物馆同等的待遇，建立民办博物馆准入标准，完善审批程序，健全民办博物馆准入制度。明确博物馆对藏品的合法所有权。鼓励社会力量兴办填补博物馆门类空白和体现行业特性、区域特点的专题性博物馆。做好民办博物馆的登记、年检、执业和监督管理工作。解决民办博物馆的馆舍与经费保障问题。推广民办公助、公建民营等形式，在有条件的地区，建立政府对民办博物馆单位的资助机制。对符合国家《划拨用地目录》规定的非营利性民办博物馆的建设用地，经县级以上人民政府批准，可以划拨的方式供地。加强对民办博物馆的专业指导和扶持。建立健全民办博物馆内部管理制度，使之被真正纳入健康发展的轨道。

（二）博物馆藏品退出馆藏的条件和批准程序

博物馆藏品是文化遗产的重要组成部分，是博物馆最重要的资源，受法律的特殊保护。由于收藏标准发生变化，或因腐蚀损毁无法修复且无继续保存价值等原因，极少量博物馆藏品会存在退出馆藏的问题。博物馆藏品退出馆藏问题必须严格控制，否则会导致博物馆性质的蜕变和文化遗产资源的流失，《博物馆条例（送审稿）》为此作出了明确规定：不够收藏标准，或因腐蚀损毁等原因无法修复且无继续保存价值的藏品，经博物馆或受委托的专家委员会评估认定后，可以向省级文物主管部门申请退出馆藏；国有博物馆所在地省级文物主管部门应当在受理退出馆藏申请后组织专家委员会进行审议；专家委员会审议不同意的，终止退出馆藏程序；专家委员会审议同意的，省级文物主管部门应当将有关材料在国务院文物主管部门和有关省级文物主管部门的官方网站上予以公示；公示期间，国有博物馆可以申请通过调拨等方式取得该藏品；如无国有博物馆申请通过调拨等方式取得该藏品，则由省级文物主管部门处置；藏品处置方案报国务院文物主管部门批准后实施。非国有博物馆申请藏品退出馆藏，申请材料应当附理事会、董事会或其他形式决策机构的书面意见；省级文物主管部门应当在受理退出馆藏申请材料后组织专家委员会进行审议，并根据专家委员会的审议意见作出是否允许退出馆藏的决定。

一个关键的问题是如何处理非国有博物馆藏品的退出、转让问题。民办博物馆中不能完全被视为系个人收藏的藏品，它与个人收藏的藏品在性质上有显著差别：个人收藏的藏品更大程度上是其所有者的财产，可以在法律规定之下由个人自由处置；而民办博物馆由于其性质是社会公益性的，享受着国家对公益性事业单位的各种优惠措施，因此其藏品在某种意义上已成为社会财富，对藏品不能完全依照原所有者的所有权来处置，必须受到博物馆宗旨的约束和社会的监督。民办博物馆藏品退出馆藏序列，应当经有关文物行政部门审核批准。特别是对因各种原因停办的民办博物馆，文物行政部门一定要强力介入，和有关部门一道完成民办博物的资产清算工作；对其藏品的处置方案应当交由省级文物行政部门审核批准。省级文物行政部门在审核过程中一定要认真听取文物专家的意见和当地文物主管部门的意见。民办博物馆的藏品属于法律规定可以依法流通的，允许其以法律规定的方式流通；依法不能流通的藏品，应当转让给其他博物馆，优先转让或捐赠给国有博物馆收藏。

（三）博物馆的准入制度问题

博物馆立法的另一个重要任务就是对博物馆的设立实行行政许可制度，即建立法律上的准入制度，以促进博物馆事业健康有序发展，保障其履行收藏、保护、展示人类活动和自然环境见证物的社会服务机构职能。世界各国都对博物馆的准入制度作出了相对严格的规定。英国的博物馆工作由政府主管部门——文化、传媒和体育部（DCMS）——和非政府公共机构——博物馆、图书馆和档案馆委员会（MLA）——共同负责，具体的博物馆登记工作由 MLA 独立负责。英国的博物馆登记制度是非强制性的，即一座博物馆不经过 MLA 登记也可以设立。但博物馆登记与否和登记等级如何直接关系着博物馆接受政府拨款的资格和接受社会捐赠的信誉，所以，英国绝大多数的博物馆与美术馆都要在 MLA 进行的博物馆登记，并在机构组织、藏品、管理、专家队伍等方面规定了具体登记条件。法国博物馆事业的主管机构是法国文化和通讯部，该部下设博物馆管理局具体负责博物馆的准入与管理。法国的博物馆准入制度是强制性的，根据《法国博物馆法》的规定，法国所有的博物馆在人员的专业从业资格、对公众开放、藏品的不可让渡性及藏品的获得、保护、修复和管理等方面都必须达到法定的最低标准。日本的博物馆准入制度与法国一样都是强制性的，根据《日本博物馆法》的规定："欲设博物馆，须经政府主管部门（都道府县教育委员会）申请登记，准予登记的，必须具备有关博物馆资料、专业人员和建筑及土地、开馆时间等四项条件。"

目前，我国现行的国有博物馆准入制度是以2005年12月22日文化部令第35号发布的《博物馆管理办法》中与博物馆设立有关的法规规定和《民办非企业单位登记管理暂行条例》中民办非企业法人登记的有关规定为核心确立的。政出多门的管理体制，是目前我国博物馆事业管理中的另一个突出问题，这一问题严重制约了博物馆的发展。这个问题主要表现在两方面：一是各类国有博物馆由于资金来源、土地征用、主管部门等不同，在隶属关系上相当复杂。文物系统、教育系统、科技系统、学校、行政机关、军队等都有所属的博物馆，中央和地方也有各级博物馆，如国家博物馆（国家级）、河南博物院（省级）以及市县级博物馆等。因此，如何理顺这些相关行政部门的职权，建立统一的管理体制，是一个亟待解决的问题。二是目前非国有博物馆的行政审批主要由文化部、民政部两家负责，由于各有各的规定，实施审批的行政主体不同，标准难以统一。依照民政部《民办非企业单位登记暂行办法》的规定，举办博物馆、收藏馆应按"民办非企业单位"申请登记；而文化部的《博物馆管理办法》则规定省级文物行政部门负责本行政区域内博物馆设立的审核工作。因此，实践中产生的矛盾比较突出。往往是在民政部门登记的具有博物馆性质的单位没有得到文物部门的业务认可，得到文物部门许可设立的博物馆没有在规定时间内到民政部门登记。民政部门和文物部门在各自管理权限内都难以进行有效的监督和管理。

目前，在立法上需要进一步解决的是非国有博物馆的设立问题。根据以上两个部门规章的规定，设立非国有物馆应当先经省级以上文物行政部门依《博物馆管理办法》审核，获得审核通过后再向民政部门办理非企业法人登记。目前，非国有博物馆在设立上出现了不少问题，主要是设立标准不清，程序混乱，各行其是，一个重要原因是法制化水平不高，部门规章效力有限。因此，必须通过国家立法设立统一的准入标准，有效解决这一问题，将非国有博物馆纳入统一的法制轨道。目前，按照《博物馆条例（送审稿）》的规定，省级文物主管部门会同有关登记管理机关，负责本行政区域博物馆设立的行政许可工作；申请设立博物馆，应当具有固定的馆址和场所、必要的资金、一定数量和成系统的藏品，以及与办馆宗旨相符合的专业人员；建立严格的年检制度，即博物馆向所在地省级文物主管部门报送上一年度的工作报告，并接受年度检查。

年度检查的内容应当包括有关法律法规和博物馆章程执行情况，藏品、展览、工作人员和机构的变动情况以及社会教育、安全、财务管理等情况。《国际博物馆协会章程》提倡博物馆应当是永久性机构。将博物馆办成永久性机构，有利于文化遗产的保护和博物馆功能的发挥，但需要有完善的制度加以保障和支撑，对此，我国在现阶段难以实现。为确保因特殊情况而终止的博物馆不会对文化遗产造成损害，《博物馆条例（送审稿）》规定，博物馆因特殊情况需要终止的，应当向省级文物主管部门提交终止申请报告、资产清算报告及藏品处置方案；资产清算报告及藏品处置方案符合法定要求的，许可同意；资产清算报告及藏品处置方案不符合法定要求的，省级文物主管部门应当责令其改正后许可同意；国有博物馆终止的，其藏品由省级文物主管部门指定的国有博物馆收藏；非国有博物馆终止的，以博物馆名义征集、采集、购买、交换取得的藏品应当转让给其他博物馆收藏，接受捐赠取得的藏品应当在征得捐赠人同意后无偿交由其他博物馆收藏；省级文物主管部门应当依照符合法定要求的藏品处置方案，对博物馆终止后的藏品处置过程予以监督；终止博物馆的法定代表人，对藏品处置承担责任。

（四）博物馆提供社会服务的方法和要求

博物馆的主要任务是向社会提供研究、教育和欣赏等方面的优质服务。《博物馆条例（送审稿）》对博物馆提供社会服务的主要方法和要求作出了明确规定：博物馆对公众开放，要公告服务项目和开放时间；博物馆应当建立减免费开放制度，并向社会发布公告；博物馆举办陈列展览，应当突出藏品特色、行业特性和区域特点，具有较高的学术和文化含量；博物馆应当结合自身特点，开展形式多样、生动活泼的社会教育和服务活动，积极参与社区文化建设；博物馆应当以本馆藏品为基础，开展相关专业领域及应用技术的研究，并通过加强与其他博物馆、科研机构的联系和合作，提高业务活动的学术水平，促进专业人才的成长；博物馆应当为其他博物馆和科研机构开展科学研究工作提供支持和帮助。考虑到面向青少年开展博物馆教育，对青少年的成长和博物馆事业的发展都具有极其重要的意义，《博物馆条例（送审稿）》明确规定，国务院教育主管部门应当会同国务院文物主管部门和国务院科学技术主管部门，制定义务教育学校开展博物馆教育的政策措施，并将其纳入国务院教育主管部门发布的指导性教学计划、教学大纲和省级教育主管部门制定的教学计划；博物馆应当为义务教育学校开展博物馆教育提供支持和帮助。

Ⅳ《文化产业促进法》

一、我国文化产业政策基本沿革

从20世纪末期以来，随着我国社会主义市场经济的深化和文化体制改革的不断摸索，在理论和实践上出现的一个重大变革就是将传统的“文化事业”区分为公益性和经营性两个部分，并逐渐确立了文化的经济属性和文化产业的地位。2000年10月，党的第十五届五中全会通过的“十五”规划建议首次提出了“文化产业”

这一概念。文件指出“要完善文化产业政策，加强文化市场建设和管理，推动有关文化产业的发展”。“文化产业”概念的明确提出，正确反映了在社会主义市场经济条件下文化发展的内在规律。

党的十六大提出要积极发展文化事业和文化产业，强调发展文化产业是市场经济条件下繁荣社会主义文化、满足人民群众精神文化需求的重要途径。党的十六届三、四中全会，进一步深入突出了文化建设在三个文明协调发展中的重要作用，分别就文化事业和文化产业的改革发展提出了具体目标和任务，公益性文化单位要深化劳动人事、收入分配和社会保障制度改革，加大国家投入，增强活力，改善服务；经营性文化事业单位要创新体制，转换机制，面向市场，壮大实力。还进一步提出了“深化文化体制改革，解放和发展文化生产力”这一重要论点。五中全会就全面落实科学发展观、建设社会主义新农村提出了各项具体要求，并通过了“十一五”规划建议，强调积极发展文化事业和文化产业。《国家“十一五”时期文化发展规划纲要》《中共中央、国务院关于深化文化体制改革的若干意见》等重要文件，为文化产业指明了发展方向。党的十七大明确提出“推动社会主义文化大发展大繁荣”，提出了“文化产业占国民经济比重明显提高、国际竞争力显著增强，适应人民需要的文化产品更加丰富”的奋斗目标，进一步提升了文化产业的地位和作用。

2009 年 8 月，为应对国际金融危机，国务院及时制定出台了《文化产业振兴规划》，第一次从中央政府的角度对文化产业发展提出了指导思想、基本原则和规划目标。要求到 2010 年底，完成经营性文化单位转企改制，力争形成一批跨地区、跨行业经营的、产值超百亿的骨干文化企业和企业集团。提出 8 项重点工作：发展重点文化产业，实施重大项目带动战略，培育骨干文化企业，加快文化产业园区和基地建设，扩大文化消费，建设现代文化市场体系，发展新兴文化业态（移动多媒体广播电视、网络广播影视、手机广播电视、数字娱乐产品、手机报、网络出版物等），扩大对外文化贸易。提出了五项政策措施：降低准入门槛，加大政府投入，落实税收政策，加大金融支持，设立中国文化产业投资基金。

2011 年 3 月，全国人大正式通过“十二五”规划，对我国文化产业发展提出了全面发展的新目标。该规划明确指出，要“推动文化产业成为国民经济支柱性产业，增强文化产业整体实力和竞争力。实施重大文化产业项目带动战略，加强文化产业基地和区域性特色文化产业群建设。推进文化产业结构调整，大力发展文化创意、影视制作、出版发行、印刷复制、演艺娱乐、数字内容和动漫等重点文化产业，培育骨干企业，扶持中小企业，鼓励文化企业跨地域、跨行业、跨所有制经营和重组，提高文化产业规模化、集约化、专业化水平。推进文化产业转型升级，推进文化科技创新，研发制定文化产业技术标准，提高技术装备水平，改造提升传统产业，培育发展新兴文化产业。加快中西部地区中小城市影院建设。鼓励和支持非公有制经济以多种形式进入文化产业领域，逐步形成以公有制为主体、多种所有制共同发展的产业格局。构建以优秀民族文化为主体、吸收外来有益文化的对外开放格局，积极开拓国际文化市场，创新文化‘走出去’模式，增强中华文化国际竞争力和影响力，提升国家软实力”。

值得强调的是，“十二五”规划第一次把文化产业提高到了“国民经济支柱性产业”的新高度。按照国际标准，一个产业所占国民经济的份额超过5%即为支柱性产业。要实现文化产业“成为国民经济支柱性产业”这一目标，我国文化产业就要在未来5年内从目前占同期GDP的2.5%发展到占5%左右。也就是说，文化产业增加值在“十二五”规划结束时要比现在翻一番。因此，在这样的政策背景下，我国文化产业势必会迎来一个新的增长周期。这也为进一步加快文化产业法制建设提供了新的机遇。

二、我国文化产业基本现状

随着文化体制改革的不断深入，我国文化产业已经从探索、起步、培育的初级阶段，进入了快速发展的新时期。

据统计，2004年以来，全国文化产业年均增长速度为15%以上，比同期GDP增速高出6%，保持了高速增长的势头。2009年，我国文化产业增加值达到8400亿元，占同期GDP比重由2004年的2.1%上升为2.5%左右。2004年到2008年，中国核心文化产品出口年均增长24%，超过货物贸易平均增速近7%，2009年出口总额达109亿美元。面对金融危机的冲击，文化产业逆势上扬，2008年全国文化部门艺术表演团体总收入为80.3亿元，比2007年增长了16%。全国广播影视收入达1350.6亿元，比2007年增长了18%。日报年出版总量440亿份，出版规模已连续9年位居世界首位。印刷复制业总产值达到5746亿元，位居世界第三位。文化产业对国民经济的贡献率不断上升。

动漫产业、数字音乐、数字电影、网络视频、移动多媒体广播电视、公共视听载体、数字出版、网络出版、手机出版等新兴文化产业迅速崛起，拓宽了文化产业领域。

文化产业成了各地经济发展的新亮点，在促进经济发展方式转变中的作用日益突出。文化产业在地方经济中，成了提供就业机会的重要行业、产业结构优化的朝阳行业和经济增长的支柱产业，为当地经济发展做出了积极贡献。北京、上海、广东、湖南、云南等省市文化产业增加值占GDP的比重已超过5%。

文化产品和服务日益丰富，文化产业成了满足人民群众精神文化需求的重要途径。2009年，全国共有艺术表演团体6139个，演出经纪机构1237个，文化娱乐场所82 200个；共有出版社580家，全国共出版图书301 719种，其中新版图书168 296种，重版、重印图书133 423种，共出版期刊9851种，报纸1937种。

文化产品和服务“走出去”步伐不断加快，中华文化国际影响力日益提升。2009年，我国境外商业演出团组数为426个，演出场次16 373场，实现演出收益约7685万元。

文化产业投资和文化资源开发持续升温，现在的文化产业已成为社会资本追逐的新热点，文化产业集群不断形成，出现了许多文化产业园区。多种所有制共同发展的文化产业格局正在形成。

但是，我国的文化产业仍属于新兴产业，处于发展初期，文化产业的发展存在很多问题和困难。

第一，文化产业总量仍然偏小，水平偏低，与人民群众日益增长的精神文化需求还有一定的差距，对国民经济增长的贡献率有待进一步提升。目前，北京、上海、广东、湖南等省、市文化产业增加值占GDP的比重超过了5%，北京最高，达到12.6%，但绝大部分省、市、区的文化产业所占比例仍较低。据统计，2007年我国文化产业增加值占GDP的比重仅为2.6%。而有关资料显示，美国文化产业在国民经济中的比例高达25%，日本为20%，韩国为6.8%。尽管世界各国对文化产业的统计标准不一致，各国的文化产业的指标不完全具有可比性，但是我们仍然可以看出我国的文化产业总量还较小，对国民经济总量的贡献及影响远低于美国、日本等发达国家。文化产业距离真正成为国民经济的支柱产业，还有较大差距。

文化产业发展主要集中在中心城市和东部较发达地区，中小城镇和农村很少，地区发展失衡。

第二，文化产业集中度不高，缺乏骨干文化企业和知名文化品牌，创新能力和产业整体竞争力有待进一步提高。由于起步较晚和文化领域条块分割、市场壁垒等原因，我国文化产业企业“小、散、滥”问题比较突出，产业规模化和集约化程度不高，产业布局不均衡，有影响力的大企业少。文化企业自主创新能力较低，核心竞争力不足，知名品牌较少，与西方文化产品抗衡的能力还远远不够。

调查显示，在我国青少年最喜爱的动漫作品中，日本动漫占60%，美欧占29%，我国原创动漫只占11%。我国近年来大力扶持动漫产业发展，但产量高、产值低，效益突出的动漫产品非常少，创新不足，品牌缺失，加之播映渠道狭窄，影响范围有限。

虽然近年来出版业发展迅速，但出版产值和利润相当一部分依赖教材和教辅读物，据反映比重超过50%。出版作品的原创性不强，出书跟风、粗制滥造现象较严重。创新不足、品牌缺失已成为制约我国文化产业进一步发展的重要因素。

第三，体制、政策、法制和人才保障不完善，文化产业发展的基础性工作有待进一步加强。近年来，国家出台了一系列扶持和促进文化产业的政策文件，但文化产业的法制体系还没有建立起来，文化产业发展缺乏稳定保障。文化体制和其他相关配套体制不够完善，存在体制性、政策性障碍，行业管理不规范。文化产业的创意人才，尤其是既懂文化又懂经营的复合型高级人才短缺，人才培养和激励保障机制有待进一步加强。

文化产业投融资体系不健全，相关税收优惠政策不适应。目前，我国文化产业发展受阻的一个重要因素是资金缺乏。国有文化单位长期依赖政府，缺乏市场融资能力，民营文化企业也普遍存在融资困难问题。文化部文化产业司于 2006 年对 300 家民营文化企业进行的调查显示，融资难的民营文化企业占被调查总数的 56.7%。

第四，文化贸易逆差仍然较大，中国文化产品和服务走向世界的步伐有待进一步加快。文化贸易逆差的现象仍未得到根本的改变，文化产品和服务出口渠道比较窄，出口价格远低于进口的同类产品。以演艺产品为例，引进和派出的文艺演出每场收入比约为 10:1，我国全部海外商业演出的年收入不到 1 亿美元，不及外国一个著名马戏团一年的海外演出收入。文化产品的竞争力和传播力有待进一步提升。

第五，盲目发展的现象在一定程度上存在，对文化产业发展的规划、引导和调控有待进一步加强。目前，各地发展文化产业的热情高涨，纷纷开展大型文化产业项目，文化产业园区遍布各地，盲目发展、过多过滥、资源浪费的问题已经出现。如全国有几十个城市都在准备或已动工建设大型动漫主题公园或文化主题公园；不少风景区都拟举办大型实景演出；有的文化产业项目以文化之名搞房地产开发。这些现象亟须政府的调控和引导。

三、部分国家文化产业立法情况

随着文化战略地位的不断提升和文化经济价值的日趋重要，文化产业已经成为世界主要国家的战略产业和重要的支柱产业，各国纷纷出台旨在促进文化产业发展的政策措施。尽管各国促进文化产业发展的模式不同，但是将对文化产业的促进政策法律化却是一种普遍的做法。世界上文化产业起步较早的发达国家，普遍选择修改现有法律，以适应促进文化产业发展的需要。其中较为典型的是美国。20 世纪 80 年代以来，美国多次修改了著作权等相关法律。而作为文化产业后起之秀的韩国和日本，则选择了专门出台文化产业促进法的方式。

各国的文化背景和法治传统的不同，以及经济发展理念上的差异，决定了各国政府在促进文化产业中的角色定位和政策取向方面存在着明显的区别。根据日本学者的研究，国际上促进文化产业发展的典型模式有三种：一种是以法国为代表的政府主导和文化政策中心型；一种是以韩国为代表的政府主导和产业政策中心型；一种是以美国为代表的民间主导和产业政策中心型。

（一）韩国的文化产业促进法

韩国是世界上最早制定文化产业促进法的国家。文化产业在韩国被称为“文化内容产业”，韩国的文化产业促进法被命名为《文化内容产业振兴基本法》，于1999年通过。此外，韩国还于2002年通过了《网络数字内容产业发展法》，于2006年通过了《关于游戏产业振兴的法律》《关于音乐产业振兴的法律》和《关于电影和录像产业振兴的法律》。这两部法都在总则部分的第1条明确了立法目的，均为两个方面：一是提高国民文化生活质量；二是促进国民经济健康发展。

立法背景方面，主要有四个方面：历史背景为1997年亚洲金融危机，韩国政府接受了国际货币基金组织的紧急援助，以此为契机，全面展开了对经济、社会、文化等各领域的治理，迅速推进放松管制进程，以实现经济复兴。在这个过程中，韩国政府认识到文化产业是未来的朝阳产业，振兴文化产业对于带动经济发展，从而迅速摆脱金融危机具有重要的作用。

产业背景为韩国政府发现文化内容产业是一个具有高附加值的产业，一个产品一旦在市场上取得成功，几乎不用追加什么费用，就能够通过各种媒体的复制和再利用而获得新的收益。因此，韩国将文化产业作为国家的基础产业，并将发展文化产业上升为国家战略。

政治背景是韩国的“文化总统”宣言。韩国的文化产业振兴政策始于1998年时任总统金大中的“文化总统”宣言。该宣言提出：为了使低迷的韩国经济复兴，要将文化产业作为21世纪韩国的一个基础产业来培育，并将发展文化产业上升为国家战略，为此，要积极构建文化产业发展的法律制度和支援体制。

法律背景为原有的法律已不能适应发展文化产业这个新的国家战略的需要，特别是发展文化产业所面临的产业基础性问题，如技术开发、人才培养、内容的标准化、振兴设施以及管理体制问题和财政政策问题等都没有相关的法律规范。不改变法律上的不适应状况，不及时制定文化产业促进法，文化产业就不能迅速振兴。

《文化内容产业振兴基本法》的基本结构：共6章45条，以及一个补则。

第一章是总则，主要内容是规定了目标、定义、国家及地方自治团体的职责、有关文化产业中长期基本计划的确立、年度报告与其他法律的关系等事项。

第二章是创业、制作、流通，主要内容是规定了对创业的扶持，对投资公司的扶持、合资实体，对制作商的制作扶持，对独立制作公司的制作扶持，搞活流通，对添加数码识别系统的奖励，专业流通公司的成立及对其的扶持，优秀工艺文化商品的指定及标示等事项。

第三章是文化产业的基础构成，主要内容是从专业人才的培养、技术开发的促进、数字化文化内容的标准化、共同开发促进研究、国际交流及进入海外市场的促进、振兴文化产业设施及其集成化、文化产业园及其扶持、各项收费的免除、与其他法律的关系、国有公有财产的借贷及使用、税制扶持、韩国文化内容振兴院的成立等方面构筑文化产业发展的基础。

第四章是韩国文化产业振兴委员会，主要内容是规定了设立韩国文化产业振兴委员会的相关事项，包括委员会的构成、委员会的职务、委员的待遇、会议、辅助办公、提供资料协助等具体内容。

第五章是文化产业振兴基金，主要内容是规定了文化产业振兴基金的设立、基金的管理及运营、公共团体等对文化产业的赞助金和基金的用途等。

第六章是补则，规定了委员会委员、工作人员中非公务员者及得到委任授权的工作人员，可被视作为公务员；文化观光部部长按照总统法的有关规定，可将其权限部分转让或委托；违约金罚款等事项。

（二）日本的文化产业促进法

日本将文化产业称为内容产业。与我国的文化产业概念相比，日本的内容产业概念具有不同的内涵和外延。日本的文化产业促进法名为《关于促进内容的创造、保护及活用的法律》，所定义的是“内容”，而不是“内容产业”。“内容”是指电影、音乐、戏剧、文学、摄影、漫画、动画、计算机游戏，其他文字、图形、色彩、音声、动作或影像，或这些元素的组合，或使这些元素通过电子计算机来表现的程序，是人类创造性活动所产生的，具有知识、品位和艺术价值或者娱乐功能的东西。法律给出的相关概念，实际上已经涵盖了“内容产业”。

《关于促进内容的创造，保护及活用的法律》第 1 条阐明了立法的目的：一是综合而有效地推进关于促进内容的创造、保护及活用的措施；二是服务于国民生活的改善；三是服务于国民经济的健康发展。

日本是一个文化产业非常发达的国家，其文化产业在国际上可谓举足轻重。日本国内主流的观点是：漫画、动画和游戏是由日本创造出来的产业，是日本引以为自豪的能够代表日本品牌的产业。

从立法背景来看，日本颁布《关于促进内容的创造、保护及活用的法律》主要是出于以下几点考虑：

第一，文化产业是一个重要的战略性产业。这是日本决策层的普遍认识和观点，也是日本决心促进文化产业发展的重要基石。文化产业不仅关系到国民生活的温馨和幸福，还有利于增进外国对日本文化的理解，有利于塑造和传播日本的国家品牌，还能够带动其他产业的发展，是一个高关联性产业。

第二，从日本文化产业的现状来看，虽然名声较大，但是发展现状不令人乐观，其优势并未充分发挥。规模不够大，2004 年仅为美国的 1/6，占日本 GDP 的 2.2%，低于世界平均水平。增长缓慢，虽为世界第二大市场，但几年来都处于微弱成长状态。国外市场依存度较低，潜在的高价值未能得到有效开发。

第三，潜在的巨大市场和激烈的竞争环境。欧美对亚洲文化产业投资力度的加大，中国、韩国、印度等亚洲国家文化产业的发展，给日本的文化产业带来了巨大压力。

因此，日本政府对日本文化产业发展抱有强烈的危机感和忧患意识，这成了日本制定文化产业促进法的原始动机。

日本的《关于促进内容的创造、保护了活用的法律》，共 4 章 27 条和一个附则。

第一章是总则，规定了目的、定义、基本理念、国家的职责、地方政府的职责、内容制作者的职责、合作的强化和法律上的措施等方面。

第二章是基本的措施，分别从人才的培养、先进技术的研发推进、有关内容知识产权的适当保护、内容的顺畅流通的促进、适当的保存促进、机会均等、发挥地方特色、增进社会关心等方面进行了具体规定。

第三章是内容振兴的必要措施，从资金筹措制度的构筑、权力侵害的对应措施、海外事业展开的促进、公平交易关系的确立、对中小企业者和消费者的照顾、内容事业者的权利义务等六个方面规定了必要的促进措施。

第四章是行政机关的职责，包括行政机关的密切合作、国家提供内容、国家委托内容的知识产权处理、向本部报告、纳入推进计划等。

四、我国文化产业促进法应当建立的制度

(一) 文化产业的概念和范围

确定文化产业的概念，就是界定文化产业，也就是确立法律的调整范围。

目前，国际社会对文化创意产业到底包括哪些门类并无统一的定义。联合国教科文组织对其的定义是：那些能把具有无形的、文化的内容的商品和服务的创意、生产和销售融合在一起的产业，其产品通常受知识产权的保护。欧盟认为，文化创意产业是指能使知识作品附加经济价值，同时又能对个人和社会产生新价值的产业部门，包括电影、音乐、出版、媒体、旅游、艺术、信息以及包括创意部门的产业(时尚和设计)。当然，有的国家可能有独特的文化创意产业，比如，意大利就认为食品和酒类属于文化创意产业，因为意大利的美食和美酒可以体现该国的文化精神。

如前所述，日本的文化产业促进法，全名为《关于促进内容的创造、保护及活用的法律》，它定义的不是内容产业，只是给出了“内容”的定义，即指电影、音乐、戏剧、文学、摄影、漫画、动画、计算机游戏，其他文字、图形、色彩、音声、动作或影像，或这些元素的组合，或使这些元素通过电子计算机来表现的程序，是人类创造性活动所产生的，具有知识、品位和艺术价值或者娱乐功能的东西。日本的内容产业，就是指从事上述那些多样形态的内容的制作、加工、流通和消费的经济性活动的部门。根据日本经济产业省的分类，日本的内容产业包括四大

类：一是影像产业，包括电影、电视和动画等；二是音乐产业；三是游戏产业；四是出版产业，包括图书、报纸、绘画和教材等。

文化产业在韩国被称为“文化内容产业”。这里的“文化内容”指的是，系统包含了各类文化要素的、能够生产出经济价值的有形的及无形的资产（包含文化相关内容及数字文化相关内容）以及它们的结合体；而内容指的是各种符号、文字、音像资料或信息。在明确界定文化内容产业内涵的同时，韩国还具体界定了文化内容产业的外延，包括：电影相关产业；音像制品及游戏软件等相关产业；出版、印刷、定期发行刊物等相关产业；广播影视等相关产业；文化财产等相关产业；系统包含了具有艺术性、创意性、娱乐性、休闲性及大众性，并且能够生产出经济价值的动漫、设计、广告、演出、美术品及工艺品等相关产业；对数字化文化内容进行收集、加工、开发、制作、生产、保存、检索及流通等处理，并且提供相关服务的相关产业；由总统法许可的除以上提到的产业之外有关传统服装、饮食等产业。

根据现有的文献来看，我国探讨文化产业的文章最早出现在 1988 年。二十多年来，我国的文化产业的概念经历了模糊、清晰和混乱三个阶段。在我国，文化产业这一概念仍是通用的标准用法。同时，又存在文化创意产业、创意产业、版权产业、内容产业和数字内容产业等几个竞争性概念并存的状况。从我国目前的国情来看，“文化产业”是相对于长期只有“文化事业”的情况而言的，具有明确的指向性，而“文化创意产业”以创意理论为基础，目前国际上对这方面的研究也不统一。文化产业比文化创意产业更符合我国国情，更具有针对性和可操作性。

在外延上，2003 年文化部下发的《关于支持和促进文化产业发展的若干意见》以及 2004 年国家统计局下发的《国家统计局关于印发〈文化及相关产业分类〉的通知》，均对文化产业的范围进行了一定的界定。文化部下发的《国家“十一五”时期文化发展规划纲要》为文化产业列出了九个重点门类，即影视制作业、出版业、发行业、印刷复制业、广告业、演艺业、娱乐业、文化会展业、数字内容和动漫产业。

由于我国存在文化产业理论和实践的局限，加之现行文化管理体制的复杂和分割，目前对文化产业的概念内涵和外延范围的认识仍相当不一致，政策上也未达成更有权威性的认定。有效地解决这一问题，不仅利于统计和比较，还关系到整个国家文化产业战略的实现和政策的制定及其有效实施，对制定文化产业促进法无疑也是至关重要的。

（二）文化产业政策的实施主体

这一制度确定了政府在促进文化产业发展中的角色定位和政策取向。

由于文化背景、经济背景和法治传统的不同，各国政府在促进文化产业发展和政策取向上有很大区别。国际上一般分为三种典型模式：一种是以美国为代表的民间主导和产业政策中心型；一种是以法国为代表的政府主导和文化政策中心型；一种是以韩国为代表的政府主导和产业政策中心型。我国历来重视文化建设，特别是长期处于计划经济时代，这决定了我国的文化发展一直采取的是国家主导模式；在政策取向上，采取的也主要是文化政策。

在党的十六大特别是全国文化体制改革试点工作开始以来，文化产业政策逐步出台。从现在的国情出发，分析当前我国对文化产业的促进政策，我国文化产业政策的主导仍然是政府。在政策取向上，我国要求社会效益和经济效益双丰收，当经济效益和社会效益发生冲突时，应以社会效益为主。可以看出，我国的政策取向是坚持文化政策和产业政策双取向，但是更偏重文化政策，即“二元偏向型”。这一模式将可能是我国文化产业发展的长期主导型结构。

（三）文化产业主管机构及其职责

明确文化产业主管机构及其职责，是对文化产业发展的体制保障。在进行文化产业立法的国家中，尤其是实行政府主导的国家，大多都对文化产业发展的主要负责机构进行了规定。

日本的《关于促进内容的创造、保护及活用的法律》规定了三个促进主体：一是国家，二是地方政府，三是文化产业的从事者。在这三个主体中，国家是真正核心的主体，承担着促进的具体组织实施职能。立法中特别注重提到了政府各部门要密切合作，其中，知识财产本部起到牵头的作用，其他各部门要向其提供报告，汇报本部门所制定的促进措施。知识财产本部应就各报告进行检查讨论，并将结果充分反映到“知识财产推进计划”中去落实。

韩国文化产业政策的制定由文化观光部部长总揽全局。文化观光部部长应制定并实行与文化产业相关的具有基本性、综合性的中长期基本计划以及根据文化产业不同类别及期限而划分的详细实行计划。在制订计划及实行的同时，可以请求地方各自治团体、公共机构、研究院所、法人、大学、民间企业及个人等提供必要协助，并成立韩国文化内容振兴院，由法人实体进行运营，经费由国库提供。文化内容振兴院制定各项具体政策，建设基本设施，培养人才，对开拓市场、促进国际合作等进行扶持。

如上所述，我国的文化产业促进措施，将实行的是国家政府主导形式，因此，我国的文化产业主管机构，应当是国家政府机构。从其他国家的经验我们可以看出，要形成统一高效的文化产业促进机制，必须由明确统一的主管机构来牵头实施各种计划措施。现在我国进行文化体制改革，应当借这一契机，理顺我国的文化管理体制。

（四）金融财税促进措施

文化产业具有独特的发展规律和特殊性质，在财税政策等方面与其他经济领域有着较大区别。因此，一些文化企业在投融资和争取财政投入等方面存在着困难，为了保障文化企业发展，国家应采取构筑运用多种方法筹措资金的制度。

中央和地方政府应当加大对文化产业的投入，通过贷款贴息、项目补贴、补充资本金等方式，支持文化产业基地建设，支持文化产业重点项目及跨区域整合。大幅增加“扶持文化产业发展专项资金”规模，不断加大支持力度。鼓励和引导文化企业面向资本市场融资，积极开发适合文化产业特点的信贷产品，完善授信模式。建立和完善文化资产评估体系，发挥好文化产权交易所的作用。设立中国文化产业投资基金，由中央财政注资引导，吸收国有骨干文化企业、大型国有企业和金融机构认购，通过股权投资等方式，推动资源重组和结构调整。

值得一提的是，在文化产业发达国家的立法中，很多都着重设立了鼓励中小企业创业的条款。如韩国的《文化内容产业振兴基本法》第 21 条规定，考虑到中小企业者在内容事业成长发展中的重要作用，为了使中小企业的内容事业能够顺利实施，国家必须给予特别的照顾。我国现在文化产业仍处于初步发展阶段，存在很多还在创业阶段的中小文化企业，这些企业财力薄弱，寻求投资和融资的能力较差，国家应当从鼓励中小企业创业的角度出发，制定特殊的保护措施，为有潜力的中小企业提供发展机会。

（五）人才培养

发展文化产业，必须依靠内容创新和科技创新，这要求其必须拥有大批创新型人才。从国外的经验我们可以看出，世界各国都将培养文化产业人才作为发展文化产业的基础保障措施。我国现在面临的问题是：一方面，文化产业的创意人才、经营管理人才、技术开发人才、市场营销人才短缺；另一方面，一些学习创意设计等专业的学生缺乏出口。总体上能够起到核心引领作用的高级人才严重短缺，全社会对文化产业人才培养的重视程度还不够。

在文化产业促进法的立法中，应当着力加强专门人才培养，将这方面的教育、培训和继续教育用法律的形式予以确认，完善文化产业人才的职称评定制度，完善公平竞争和激励制度。

（六）国内外市场的开拓

从世界上文化产业发达的国家的做法我们可以发现，各国都非常重视文化产品的“流通”，也就是文化产品和服务从制作者到消费者传递的过程。韩国的法律对此进行了详细的规定，即政府应致力于促进文化商品的活跃性及流通的信息化。具体措施主要有四个方面：一是实施文化商品的品质认证，标示国际标准条形码，保护文化商品的知识产权；二是对添加数码识别系统的商品提供鼓励；三是规范专业流通公司的成立及对其的扶持；四是优秀工艺文化商品的指定及标示。

各国也重视通过文化产品和服务的海外推广加强国际交流，扩大本国文化的影响力。

我国的文化产业处于起步阶段，对文化产品市场拓展的扶持还比较薄弱。从其他国家的经验我们可以看出，文化产品作为一类特殊商品，政府在其市场开拓的过程中发挥着重要作用。一方面，我国发展文化产业的目标是社会效益与经济效益的双丰收，政府更需发挥指导作用。另一方面，我国的文化产业发展起步晚，文化企业开拓市场的能力十分有限，社会对文化产品的关注度还不高，也需要政府给予具体措施来进行推广扶持。在海外市场的推广方面，单凭文化企业的力量难度很大，政府应当对国际合作、海外市场的宣传、吸引海外投资、参加海外节展等事项进行扶持，通过驻外机构和海外团体等进行推广，补助所需经费，不断扩大中华文化的海外影响力。

五、我国文化产业立法的两个重要问题

（一）文化产业的管理体制问题

制定文化产业促进法，必须处理好该法与文化行政管理体制的关系。我国现行文化行政管理体系相对比较庞杂，从中央政府层级，直接属于文化职能部门的就有文化部、广电总局、新闻出版总署（2013 年，与广电总局的职责整合，组建国家新闻出版广播电影电视总局）、国务院新闻办、国家文物局；涉及相关文化职能管理的部门还有国家民族事务委员会、工信部、公安部、住建部、工商总局（2018 年 3 月，不再保留国家工商行政管理总局，组建国家市场监督管理总局）、国家宗教事务管理局、国家旅游局等等。这种管理体制所带来的一个直接问题就是把作为一个整体的文化产业分割为各部门管辖范围内的小产业，如电影产业、电视产业、互联网产业、娱乐产业、艺术品产业、文物市场等。由此而造成了相互掣肘等问题，难以形成一个统一、有效的政策措施。近些年来，我国的文化体制改革取得了长足进展。但随着文化产业的深入发展，进一步加快改革步伐，理顺文化管理体制，已成为一个日益紧迫的问题。目前，文化产业涉及不少部门，机构分设，职能交叉重叠，政出多门。管办不分，政企不分，条块分割的传统文化体制的弊端仍然在一定范围内存在，原有的体制性、机制性障碍仍是制约文化产业发展的突出症结。虽然近些年来区域壁垒、行政干预的问题有所改观，但还没有从根本上得到扭转。由于管理手段单一，分工过细，不同文化产业分属不同文化主管部门，产业政策制定和国有资产管理又分属计划、经贸、财政等部门，尚未全面建立统一高效的文化市场综合执法机构，没有形成权责明确、行为规范、监督有效、保障有力的执法体制。由于部门分割、条块分割和区域壁垒，没有形成统一开放、竞争有序的文化产品市场和生产要素市场。这在很大程度上制约了文化产业的发展，使之难以与行政法制化的要求相适应而获得有序、规范的发展空间。

近来，虽然文化市场的综合执法试点工作得到了很大进展，但许多地方仍然采取的是相关部门联合执法的传统模式。由于有关法规没有明确文化市场主管部门和协管部门的权力和义务，加之缺少有效的联动机制，“都管”往往变成“都不管”，在文化市场管理中，交叉、越位和不到位的现象仍相当突出。其中尤以对互联网的管理为甚，文化、广电、新闻出版、国新办、工商、公安、电信等十多个部门都有权进行管理，这不仅在执法上造成混乱，给经营者增加负担，也使得政府管理成本成倍增长。此外，文化稽查队伍尤其是基层队伍普遍薄弱，许多地区未将稽查队伍纳入公务员管理，执法主体身份与法律法规的规定不相符合。

因此，要使文化产业进一步得到良性发展，就必须建立一个统一、开放、有序、竞争的文化市场，这就要求建立一个统一的管理体制和执法主体，而不能多头执法，不能各部门自行其是。文化产业所涉及的行业多，管理部门多，管理体制的问题也比较复杂。有些问题地方能够自行解决，但有些则需要中央政府部门出台有效的措施。国务院及相关的中央政府部门应该加强沟通和协作，建立有效的联动机制，进一步明晰文化、新闻出版、广播电视等部门的管理权限（尤其是在基层），避免对文化产业进行重复的、多头的管理，加重经营者的负担。同时，要依照行政许可法等法律、法规的规定，采取切实可行的措施，确保基层执法主体合法、有效地对文化产业进行管理。同时要注意到，随着信息技术的高速发展，部分文化产业间（如电视与网络服务）出现了互相融合的发展现象，现行的“条、块”管理体制已经无法适应发展的需要。应当积极研究、抓紧制定与信息技术发展相适应的文化产业管理体制。总之，无论是从文化产业发展来说，还是从文化产业立法角度来说，体制问题都是必须要得到解决的。

（二）相关法律的衔接问题

制定文化产业促进法，必须处理好该法与电影产业促进法及其他相关法律的关系。目前，我国有关部门所起草的相关法律和开展的立法工作中，初步列入的有电影产业促进法和文化产业促进法。这两部法律从产业发展的角度，在性质上都是大同小异的，只不过在调整对象和范围上有所差异。前者范围较窄，主要针对电影产业；后者范围更广，理应涵盖包括电影产业在内的所有文化产业。前者是专门法，后者是基本法。从立法的角度来说，制定一部涉及所有文化产业的基本法与制定一部电影产业专门法并不矛盾，前者主要规范文化产业的一般性特点，建立基本的法律制度；后者主要针对电影产业发展的特点、规律，就电影生产、发行、放映、社会服务、进出口管理、民族电影的支持和保障等建立符合我国国情的法律制度和规范。但是，即便如此，在立法时立法者必须充分考虑到两部法律的衔接问题，充分考虑到与其他相关法律（如民商法、反垄断法、知识产权法）的衔接问题，使立法的基本精神和原则保持一致，避免出现相互矛盾或冲突的现象。

关于文化立法的几个问题[1]

一、文化的概念与文化立法

文化立法是一个相当广义的概念。这是因为“文化”一词本身的模糊性导致了文化的法律关系的模糊性。从理论上说，几乎所有的人文学科乃至自然学科都对“文化”进行了理论阐述，其定义迄今已不下千余种。随着当今社会的急剧发展以及学科之间的交叉化、综合化的倾向日益强烈，“文化”愈来愈成为一个极为泛化的术语。从这个意义上说，要对这种泛化的、包罗万象的“文化”作出法律上的明确界定，简直就是不可能的事情，也毫无意义。因此，所谓文化立法不应当也无必要将这种泛化的“文化”视为自己的立法对象。但是，文化的这种在理论上的泛化性并不意味着我们可以排斥文化立法的合理存在，因为在客观上，作为区别于经济、政治、科技、教育的文化是具有一个相对明确的范围的。从实践来看，通常用两种方式来划定文化的范围：一是从“文化事业”的范畴去理解文化，这包括了新闻、出版、广播、电影、表演艺术、图书馆、文化馆、博物馆、文物、文化娱乐业、文化市场等；一是从行政管辖的意义去理解文化，在现行体制中，由于新闻出版、广播电影电视、文物都有各自独立的行政管理部门，因而“文化”仅是指国家行政管理机构中的文化部及其所属部门的管辖范围，即主要是指对表演艺术、图书馆、文化馆、博物馆、文化市场的管理。这也是所谓“大文化”“小文化”之说。

从立法的意义上说，文化就是指一类特定的行为、活动，是一类特定的权利、义务。文化的行为不同于经济行为、政治行为、教育行为或其他行为，它在本质上是一种创造、生产、消费精神产品，以满足人的精神需要的行为，它具有鲜明的个体性、独创性和精神性。文化权利也不同于一般的经济权利、政治权利或教育权利，它在本质上是指人对精神产品的创造、生产和消费的权利。文化行为或文化权利的这种特性既是文化立法得以存在的前提条件，也是文化立法独立于其他立法活

〔1〕 本文载于张庆福主编：《宪政论丛》（第2卷），法律出版社1999年版。本文中所涉及之法律法规与理论，均以写作时间为准。

动的基础。因此，文化立法作为一个独立的范畴，其范围不应该是狭窄的。换言之，应该从“大文化”的概念去全面理解文化立法。因为无论是新闻出版、广播电视电影或是文化市场、文化场馆，都不过是这类文化行为的种种外化形式，在精神产品和文化权利的意义上，它们都是同一的。

在我国，文化立法作为社会主义法制建设一个不可或缺的部分，具有十分重大的意义。它既是一项极为艰巨的工作，又是一项极富开拓性的工作。随着社会主义市场经济制度和社会主义民主制度的发展，世界的多极化以及东西方文化在价值、观念、传统上的深刻冲突，随着民族文化在当今世界现代化浪潮中愈来愈突出的人文价值、政治价值和社会价值，文化立法更显得重要和紧迫。应该指出，行政管理关系往往会在立法活动中成为突出的法律关系，这导致人们惯于从行政立法的角度去理解文化立法。实际上，在当今社会中，文化行为的内在关系已发生了很大变化，除了一般的行政管理关系外，还包括各种经济关系，公民的权利和义务关系，民族、国家、社会的利益关系等。这些关系的交错存在使得文化立法成了一种相当复杂的立法活动，它既是行政立法活动，也是经济立法活动，更是具体确定公民权利和义务的立法活动。因此，从根本上说，文化立法的基本目的就是依据宪法具体保障我国公民的文化权利得以全面实现；就是在吸收外来优秀文化的前提下，通过法律充分保障本民族的文化价值、文化传统和文化遗产；就是将文化行政管理纳入法制化、规范化的轨道，依法管理，依法行政，以促进整个文化的健康繁荣发展。

二、文化行业的性质与文化立法

在很大程度上，文化立法是由文化行业的性质所决定的。从我国社会的实际出发，正确理解和区分文化行业的性质是至关重要的。文化行业的基本性质有二：一是它的经济性质，二是它的文化性质或精神性质，二者相互联系又彼此独立。这两种性质共同构成了文化行业与其他行业相区别的基本要素。一般而言，文化性质并不直接为经济性质所决定，经济性质不过是实现文化性质的手段或方式。但随着经济多元化的发展，相对独立的经济性质对文化行为、文化目的产生着某种直接的影响，文化性质由此具备了纷纭复杂的表现形态。因此，正确把握当前文化行业的变化特点，正确把握这一变化中的两个性质的关系，是文化立法的基本前提。

在计划经济体制下，文化行业的经济性质并不具有独立的意义，它直接由国家投资建设，直接服务于国家的文化目的，从业人员就是国家工作人员，因此无论是在形式上还是在内容上，它都是国家的行为，与公民的权利义务关系不大。随着我国社会主义市场经济的建立，这种传统意义上的单纯由国家投资建设的文化行业已开始分化，出现了多种经济性质并存的文化行业。它可能是国家的行为，也可能是集体甚至是个人的行为；它可能是社会公益事业，也可能是商业或企业的经营活动。近些年，一些概念和术语的流行（如文化公益事业、文化产业、娱乐工业、文化市场等）就是文化行业的性质变化与发展的直接体现。这表明，随着我国社会商品经济的深入发展，传统的文化行业在经济性质上正在分化成公益性和商业性两大类。正确区分这两大类文化行业的特点，充分理解这一分化所产生的深刻影响，无论是对文化立法、文化发展，还是对现行文化政策的重新认识和调整，都具有十分重大的现实意义。

（一）文化事业与文化公益事业

在传统意义上，“文化事业”是指由国家投资建设并直接经营管理的文化行业，其性质是非个人所有和非商业性的。1949 年以来，国家投资并迅速建立起了各类文化行业和一大批大中型文化设施，建立起了全国城乡文化网络，如中央、省、市（县）、乡四级广播电视网络，图书出版发行网络，电影发行放映网络以及各类图书馆、文化馆（站）、博物馆等文化公益场所和设施。《宪法》第 22 条规定：“国家发展为人民服务、为社会主义服务的文学艺术事业、新闻广播电视事业、出版发行事业、图书馆博物馆文化馆和其他文化事业，开展群众性的文化活动。”这是我国文化事业发展所遵循的基本准则之一。它有两层含义：一是国家发展包括各类文化行业在内的文化事业；二是文化事业须为人民服务和为社会主义服务。前者可被视为是对文化行业经济性质的规定，后者是对文化性质的规定。但是，长期以来，在计划经济体制下，“国家发展”被单纯地理解为由国家投资建设，“文化事业”被统一视为国家的事业而与公民无涉。这种单一性做法在历史上出现了一些弊端，如排斥文化行业在作为一类产业时的经营性质和独立性质，否定文化产品的商品性质和文化市场的基本作用，消融个人在从事文化活动时的基本权利等。对今天日益复杂的文化行业来说，单纯从国家投资建设的角度去理解其性质已不合时宜。随着商品经济的发展和多元化经济性质的出现，文化行业已突破了“文化事业”的历史内涵。

在市场经济条件下，“文化事业”在非商业性意义上，主要是指文化公益事业。这在西方国家也不鲜见。它主要有两类：一是包括图书馆、博物馆、文化馆、艺术馆、剧场、城市雕塑等在内的文化场所、文化设施的建设；一是用于非商业性文化项目（如艺术研究、艺术表演、文化遗产保护等）的各种文化基金的设立。它们是纯社会公益性质，不以商业性营利为根本目的。特别是对文化场所和设施的建设，除国家投资外，社会团体、基金会、个人都可以对此进行投资。一般不以所有权的性质对其投资加以限制，而是通过一系列法律法规的制定来保障这类公益事业有充分的条件得到发展。例如，美国相关法律规定，公共建筑必须以总投资的 1%～1.33%用于设置或购置艺术品。《俄罗斯文化基本法》规定：“在没有考虑市政建设标准、规定及当地居民需求，不配套建设文化项目的情况下，不允许设计、建设居民点和住房建筑群。优先划分用于建设新文化项目的地皮。”日本则由国家投资承建大型文化设施和全国47个县的数百座剧场。

在我国，文化公益事业的基础仍很薄弱。曾有统计表明，全国剧场约半数亟须维修或改扩建，200余个县无图书馆，数百个县级图书馆或无馆舍或馆舍列为危房濒临关闭。其中一个重要原因是其发展缺乏法律上的保障。近些年来，国家和地方政府开始在文化政策上把一些公益性文化投入作为重点规定下来。例如，国务院曾发文提出要把文化设施的建设纳入城乡建设总体规划，一些省市政府在文化设施投入、图书馆购书经费、文艺或出版基金等方面也作出了相应规定。这些规定对文化公益事业的发展无疑起到了积极作用，但它们至今仍停留在文化政策的层面，而未上升为法律法规。我国是一个文化大国，文化公益事业的范围相当广泛。在一些文化行业的商业性和独立性明显提升的时候，国家文化投入和发展的重心应当由广义的文化事业逐步转向文化公益事业。同时，这种转向必须建立在法制的基础之上。因此，针对文化公益事业的性质、种类和特点制定相应的法律，保障文化公益事业的资金投入和国家文化目的的实现，是我们文化立法的一个重要方面。

（二）文化产业与娱乐工业

在我国，文化行业向文化产业的过渡和转变是社会主义市场经济建立和发展的必然结果。文化产业经济性质的确定，说到底，就是文化行业的企业性质、文化产品的商品性质的确定。一方面，由于经济性质的存在，精神产品与物质产品一样，都要经过生产、交换、消费这个一般的商品经济过程方能实现其价值。在当今社会中，对精神产品日益广泛的社会化需求和科学手段、传播手段的迅猛发展，使文化产业不仅成了一个必然，而且成了一个高产出、高利润的产业。同时，另一方面，由于文化性质的存在，文化产业和文化商品区别于一般产业和商品，在生产、交换、消费中都有自身特点，它有时并不遵循一般的商品价值规律，而且其商品性与社会的、道德的、传统的价值规范乃至个人的精神追求之间常常发生冲突。因此，必须从我国实际出发，正确认识文化产业的这两方面特性，正确处理二者的关系。

在市场经济条件下，文化产业不同于传统的文化事业。它是相对独立的经济主体，具有独立的法人资格。它的经济行为在一般情况下直接表现为市场行为。它的生产、经营、管理都有着同其他企业相类似的特征。文化产业之所以存在和发展，一个重要原因就是现代社会对文化产品的需求已经变成了一种社会化的趋向，而且这一趋向随着建立在高科技基础上的种种传播手段的发展而变得更加深入、广泛。社会化需求必然导致社会化生产，而商品生产正是社会化生产的最为有效的形式。因此，尽管文化产品有着非商品性的一面，但商品经济作为一种基本动力正极大地推动着当代文化业的发展。文化产品的种类、数量、内容、形式都得到了前所未有的拓宽。文化产业创造着巨大的商业利润，也提供了更多的就业机会。实际上，即使是在计划经济时期，我国的一些文化行业（如出版、电影、发行等）也一直有着微薄的产业性质。随着改革开放的深化，市场经济因素的增强，出版、电影、演艺、音像制品等行业的产业化特征愈来愈突出，经济关系上升为主要的关系之一。

“娱乐工业”（the Entertainment Industry）作为文化产业的代名词，源于西方。它反映出文化行业在西方的两个基本特性：一是娱乐性，二是工业性（或商业性）。美国现行的娱乐工业体制包括电影、电视、戏剧、音乐和印刷出版，其本质均被视为是商业行为。同时，相关的法律被称为“娱乐法”（Entertainment Law），它确定的法律关系主要是经济关系和民事关系，包括信用、赔偿、授权、代理、担保、艺术控制等方面，涉及合同法、商标法、反垄断法、民事诉讼法等经济的或民事的法律。在我国，虽然文化行业出现了产业化、商业化的趋势，但同西方的娱乐工业在对待经济与文化的关系上有着根本的不同。对娱乐工业而言，经济既是手段，也是最终目的，市场或大众消费趣味是决定文化产品的唯一力量。对我国的文化产业而言，市场经济仅仅是文化发展的手段而非最终目的，大众消费趣味不是我们文化生产的唯一支配力量，文化产品的“寓教于乐”是一个长期为人所共识的原则。文化的发展不放弃社会责任，不放弃对大众趣味的健康引导，这是我们社会主义市场经济与西方市场经济在文化生产中的本质区别。在这方面，西方社会（尤其是美国）由纯粹娱乐性和商业性所造成的文化恶果已日渐突出，如色情文化、暴力文化的泛滥成灾。因此，通过确立文化产业的经济法律关系，充分体现社会主义文化产业在市场经济中的基本原则，是我们文化立法所面临的一个紧迫而艰巨的任务。

（三）文化市场

“文化市场”是改革开放以来在我国出现的一个专有名词。它是指经营、消费作为商品的文化产品和文化服务活动的特定场所，以与其他商品的交换和消费场所相区别。文化市场在我国的真正形成是以个人私营或承包文化营销摊点和娱乐场所为开端的。它分为两个阶段：初级阶段多由个体业主经营书摊、报摊、录像放映出租、舞厅、歌厅、游戏机、画廊画店等，影响面大，普及面广，尤其是以娱乐休闲性质为主的娱乐场所的出现，逐渐成为文化市场的重心所在。20世纪80年代末期以来，文化市场的发展开始进入第二个阶段。除了文化摊点外，娱乐场所开始向高档次的娱乐休闲场馆发展。卡拉OK厅、豪华歌舞厅、KTV包厢、夜总会的出现就是一个标志。进入20世纪90年代，文化市场的社会化、产业化的趋势日渐明显。各行各业的各种经济实体投资兴办文化经营场所，形成社会浪潮。特别是以“三厅一会”和电子游戏机为主的娱乐业，投入产出的资金额和经营规模已相当大，各地都有投资百万元、千万元的豪华娱乐场所。文化市场的经营额和利税也相当可观。据1996年统计，全国文化市场各类经营单位已达21万余个，从业人员100余万人，营业收入236亿元，上缴各类税费50多亿元。实际上，文化市场在涵养税源、扩大就业途径等方面已成为第三产业的重要组成部分。

随着文化市场经营范围的日益广泛，其经营行为、消费行为、管理行为的认识问题和法律问题愈加突出。在我国，文化市场被视为是一个独立于其他商品市场的对象，因而它事实上已成为文化立法的一个独立对象。首先，文化市场的经营行为既是商品经济行为，也是文化的传播行为。作为经济行为，它应服从于整个社会主义市场经济运作的基本规范；作为文化行为，它必须与社会主义的文化发展原则相一致。因此，文化市场的经营主体和主体资格、经营范围和经营条件，文化市场的合同关系、代理关系、税收关系、版权关系，某些文化经营内容或经营手段如色情、淫秽、赌博活动的禁止等，都应在文化市场的立法中得到具体确定。其次，文化市场的消费行为既是商品的消费行为，也是文化的接受行为。作为商品的消费行为，它是一种完全的个人行为，应受到法律的绝对保障。但作为文化的接受行为，这种行为具有广泛的社会意义和文化意义，由于它存在着反社会、反文化、反道德的一面，因而在我们的文化市场立法中，必须对这种消费行为的对象和内容加以法律上的限制。最后，随着文化市场的发展，文化市场管理行为的法制化、规范化已成为社会的一个普遍要求。理顺管理体制，明确管理职责，确定文化经营许可证制度和文化市场稽查制度，规范文化市场行政管理部门的批准权、审查权、稽查权、处罚权等，这些都是文化市场立法的重要内容。近年来，文化市场管理方面的立法已成为全社会的热点。全国绝大多数的省、直辖市、自治区都先后制定了这方面的地方性法规。国务院也分别制定颁布了音像制品、营业性演出等行政管理方面的条例。这表明，我国文化市场管理方面的立法开始走上正轨。

三、公民的文化权利与文化立法

相关的法律必须具体保障我国公民在从事文化活动中的基本权利，并明确其义务关系，这是文化立法的一个重要内容。文化权利在公民权利的范畴中是一个相对模糊的概念。从根本上说，所谓文化权利就是指公民自由从事文化活动，创造、生产、传播、消费或欣赏文化产品并以此获得经济利益的权利。由于文化活动并不仅仅表现为单一的文艺创作活动，它在整个生产、传播、消费过程中，更直接表现为既是文化出版活动，也是文化传播活动或文化言论活动。因而在某种意义上，文化权利既是精神权利也是政治权利，同时也是财产权利或知识产权。如果说文化权利的基础是创作自由，那么，出版自由和言论自由便是实现创作自由的必要条件。事实上，离开了言论出版自由的创作自由是不存在的。所以，在文化权利的概念中，创作自由与出版自由、言论自由紧密相关，不可分离。同时，知识产权作为财产权利的一个重要表现形式愈来愈受到现代社会的普遍重视。我国于 1991 年实施的《著作权法》正是这种普遍要求的具体反映。随着当今社会的发展，文化的创造和传播日益社会化、大众化。文化生产已成为整个社会大生产中的一个密不可分的部分。文化行为作为体现人的精神价值、创造价值、存在价值的行为具有了前所未有的广泛性。文化权利再也不仅仅表现为少数文化人的专有权利，而是已成为社会公众所普遍要求的权利。因此，通过法律对公民的文化权利给予充分保障并使之全面实现，是现代社会民主化、法制化的一个标志。

我国宪法虽然没有直接对文化权利作出专门规定，但对公民的权利和义务关系，对言论、出版、创作自由都作了原则性规定。《宪法》第 33 条规定：“任何公民享有宪法和法律规定的权利，同时必须履行宪法和法律规定的义务。”第 35 条规定：“中华人民共和国公民有言论、出版、集会、结社、游行、示威的自由。”第 47 条规定：“中华人民共和国公民有进行科学研究、文学艺术创作和其他文化活动的自由。”同时，第 51 条也规定:“中华人民共和国公民在行使自由和权利的时候，不得损害国家的、社会的、集体的利益和其他公民的合法的自由和权利。”

强调公民权利和义务的相互依存性和不可分割性，是我国宪法规定所体现出来的一个根本特点，也是其他法律在制定时必须依据的一个重要准则。因此，在文化立法中，一方面，公民的文化权利（特别是“言论、出版自由”和“进行文学艺术创作和其他文化活动的自由”权利）必须通过专门法律得到具体的确认；另一方面，公民所承担的义务即“不得损害国家的、社会的、集体的利益和其他公民的合法的自由和权利”的义务，也必须同时得到具体的确认。那种将公民自由权利简单视为社会国家意识的表征的看法，实际上否定了自由权利在社会形态中的独立价值，这是完全错误的。同时，那种坚持自由权利至高无上，其他一切利益关系都必须服从个人权利的观点，则完全置我国历史文化传统和基本现实于不顾，是完全错误的。权利和义务的关系，利益和责任的关系，是我们文化立法的基点。

实际上，公民的自由权利和义务关系是一种客观存在。自由是法律规定范围内的自由，同时也是承担义务和责任的自由。在一个社会中，没有任何义务的个人自由是完全不存在的。虽然西方文化在观念上强调自由权利的某种绝对性，但在实践中却无法真正兑现这种绝对性。例如，西方文化认为言论自由是一种个人的绝对权利，不应受到任何限制。但在现实中我们却发现，这个绝对的个人权利与他人和社会不断产生着矛盾，因而不得不对其有所限制。美国最高法院将言论分为“纯粹言论”“言论加行为”“象征性言论”三种。在这之中，他们认为唯有纯粹言论（即不附加任何外在行为的言论）才最贴近《美国宪法第一修正案》所保护的言论自由的含义。但实际上，纯粹言论也并非是受到绝对保护的。如果纯粹言论通过大众传媒进行传播，那它就应当受到限制。同时，所谓出版自由的核心是指无“事先审查”的自由出版。如果出版物因诽谤、淫秽或侵犯他人隐私的内容而违反法律，它应在出版后受到制裁（即“事后追惩”）。但是，出版自由在这个意义上达不到一种绝对性，完全摆脱“事先审查”的自由出版在欧洲或美国的历史上是不存在的。事实上，美国社会发展到今天，出版自由与审查之间的冲突一直绵延不绝。联邦政府和州政府以种种名义和方式，尤其是以危害国家利益的名义对出版进行的审查依然存在。

在我国，公民自由权利的存在既是一个文化交融的过程，也是历史发展的过程。一方面，中西文化的交融与互存决定了我们在理解和接受自由权利时与西方的某些观点存在基本差异。变革的中国文化不可能抛弃自身的精华去改奉西方个人权利的绝对性，对社会关系的强调并不等于对个人权利的排斥。因此，主张以权利和义务的关系而非权利本身为基点来理解个人权利的意义，就成了中国文化背景下社会主义民主制度建设的一个根本特点。

另一方面，言论出版自由和创作自由作为公民的基本权利在中国的宣扬只是近代以来的事情。自 1949 年以来的四部宪法都对公民的自由权利作了规定，改革开放后，言论自由开始为社会所宽容，文艺创作和新闻出版都得到了前所未有的发展。虽然不同形式的事先审查常常出现，事后追惩也开始成为司法部门遵循的原则，但党的报刊和出版社只占总数的一部分，民主党派、社会团体都拥有自己的相对独立的报刊和出版社，出版内容几乎涵盖了社会生活的各个方面。应当说，这种发展与整个社会的政治体制和经济体制的现实发展是大体相当的。对文化立法而言，它的目的不仅仅是对文化产业的经济关系或文化行政管理关系的调整，更重要的是对公民文化权利的具体保障。在这方面，我们仍缺乏一些专门法律，如新闻法、出版法以及保障创作自由和其他文化权利的法律。

因此，我们的文化立法必须将保障文化权利的法律制定放在一个突出的地位。同时，必须依据宪法正确处理好权利和义务的关系。从权利的角度去理解义务，从义务的角度去理解权利，这是一个问题的两个方面，是相互并重的。文化的专门法律在具体确定公民文化权利的同时，也应具体确定相应的义务关系，即不违背国家、社会的利益，不妨碍他人对自由权利的行使。所谓国家的利益就是《宪法》第 52 条至第 54 条规定的内容，即不得运用报刊出版或其他大众传媒发表与维护国家统一和全国各民族团结、保守国家秘密、维护祖国的安全荣誉和利益等相违背的内容的作品或从事相应的文化活动。所谓社会的利益是《宪法》第 53 条规定的公民必须遵守公共秩序、尊重社会公德，即不得发表宣扬色情、淫秽、暴力等内容的作品或从事相应的文化活动。所谓不妨碍他人对自由权利的行使即不得发表诽谤他人和侵害他人隐私及其他权利的内容的作品或从事相应的文化活动等。这些义务关系的建立不像西方那样以自由的绝对性为前提，不是将其在本质上视为是对自由的背离；而是将其视为是权利的存在内容，是对多数人自由得以实现的保障。强调自由的相对性，强调权利和义务关系的统一，是我们立法观念和立法实践的本质特点。

四、社会效益和经济效益的关系与文化立法

社会效益和经济效益的关系问题是针对我国社会主义文化行业的发展方向所提出的一个原则性问题。所谓社会效益，是指文化行业应当为社会充分提供体现文化优秀精神、健康向上、具有审美意义的文化产品。邓小平同志曾指出："思想文化教育卫生部门，都要以社会效益为最高准则。"在强调社会效益为首要原则的同时，极大地创造经济效益，这是我国社会主义市场经济体制的基本性质对文化产业和文化市场的根本要求，也是与西方资本主义国家纯粹以谋取商业利润为最高准则的娱乐工业的根本区别。虽然西方国家也通过一些方式（如法律、税收、国家拨款、社会团体以及个人的资助等形式）对文化生产进行限制或扶持，但由于他们以自由市场经济作为调控文化生产的根本手段，在本质上将社会责任和道德规范视为对文化自由的禁锢，因此娱乐工业越来越以色情、暴力、怪诞等内容来刺激观众的感观情欲以获取更高的利润。

在市场经济条件下，社会效益和经济效益之间确实存在某种背离的现象。一些具有社会效益的作品并不具有经济效益，而一些具有经济效益的作品又不具有很好的社会效益。其中一个原因是文化消费者存在着一种力图满足自己感官娱乐的倾向，这一倾向在很大程度上影响着文化产品的经济效益。如果单纯以此倾向作为文化产品生产和创作的尺度，势必会陷入西方文化发展的泥沼。因而对这一倾向必须进行引导，这是一个健康社会的责任和规范对文化发展的正常要求。虽然自 20 世纪 80 年代以来，两个效益如何达到统一在理论上一直争论不休，但在实践中，一大批优秀作品的出现已证明这两个效益的统一是客观存在的，同时也证明这种统一是建立在一定的社会必要条件之上的。只有在一个不放弃对文化的健康发展承担责任的社会中，两个效益的统一才具有实际意义。例如，弘扬主旋律就是我们社会对当代文化发展的一个基本要求。

随着市场经济规则在文化产业中的运用，行政手段作为保障社会效益得以实现的主要方式受到了极大冲击。法律和其他规范性手段开始成为调整文化生产和消费关系的主要方式。过去完全采用行政手段的管理方式给文化发展带来的弊端是显而易见的。它造成了文化发展的一律化，并在管理中常常带有强烈的个人随意性。因此，如何通过法律法规的制定来保障两个效益统一具体实现，就成我们文化立法的一个重要问题。应该指出，文化立法在根本上确立了文化创作、生产、消费中的权利和义务的关系，单纯法律条文的制定并不是文化产业实现效益的终极条件，但它可对文化的扶持或限制提供一种规范性的保障。两个效益相统一主要是对市场经济条件下文化产业发展的一个总体要求，这并不简单等于说一切文化行业和一切文化产品都必须达到这样的统一。对社会公益性的文化行业或一些学术性、传统性的文

化产品，不应强求它们具有很好的经济效益。同时，对那些适合大众消费趣味的作品或文化娱乐活动，也不宜从狭义的意义上去理解社会效益。社会效益是一个相对广义的概念。社会效益不等于政治效益，它还包括一切文化产品所提供的进步向上的社会价值、道德价值、美学价值等。那种简单以作品的政治利益来取代其广义的社会价值并排斥其经济效益的极端做法，是完全错误的。

因此，文化立法与其他立法的一个重要区别就是，我们必须将社会效益及其与经济效益的统一关系作为文化立法的一个重要原则确定下来。同时，也必须根据不同的文化行业和文化种类制定相应的法律。首先，文化立法必须确定社会效益是我国所有文化行业发展的根本目的。这是与《宪法》所规定的文化事业为社会主义服务、为人民服务相一致的。因此，必须通过立法禁止那些与这一根本目的相悖的文化现象，如对色情、淫秽、暴力的宣扬等。其次，对社会公益性文化事业，社会效益就是它的唯一目的。必须通过立法禁止其被用于其他经济目的，同时也必须通过立法确定国家对其发展的资金投入，在法律上保障其社会效益的实现。最后，对文化产业和文化市场，必须通过立法确定其特殊的、独立的经济关系，必须确定其产业行为、经营行为是一种自主行为，必须通过建立相应的法律规范以使这种行为服从于两个效益统一的原则。例如，国家对文化产业发展的资金投入比例、文化产业的产权性质的确定和划分、文化产业的差别税率的确定、文化出版电影基金的建立等，都须通过法律的形式确定下来。

事实上，近年来，中央和地方政府都开始根据文化行业和文化种类的不同采取相应的经济政策，尤其是税收政策。例如，财政部规定将出版系统当年上交的所得税净额的10%列为出版专项资金的来源；江西省规定文化系统的税收和上缴利润原则上由同级财政部门返还文化系统以发展文化事业；上海市对高消费娱乐项目如歌厅舞厅等征收特种消费附加税和录像放映附加费，用于文化发展基金、城市雕塑和优秀录像片的创作及生产等。这些经济政策的制定和执行，不同程度地反映出两个效益统一原则在实践中的运用。但是，这些规定目前仍只停留在政策的层面，将其上升为法律法规的规定无疑是对文化立法的迫切要求。

五、民族文化的保护与文化立法

民族文化的保护和发展问题是文化立法所面临的又一个重要问题。在当今世界，随着经济现代化和高新技术的飞速发展，各国各民族都不同程度地卷入了现代经济和科技发展的浪潮。经济的一体化和科技的一体化已成为世界发展的主要特征。同时，西方文化借助西方经济和科技的力量向其他国家所进行的文化扩张也日益严重。在这种情形下，保护本民族的文化特点、文化价值、文化遗产已不仅仅是一个文化问题，更是一个涉及民族生存的政治问题和社会问题。我国是一个有着五千年灿烂文明史的国家，又是一个多民族的国家。随着改革开放的深入发展和对外交流的日趋紧密，如何通过法律有效保护我国民族文化已成为我们立法工作中的一个现实而又严峻的课题。

在我国，民族文化保护大体可以被分为两类：一是对汉民族文化的保护，二是对少数民族文化的保护。随着现代社会的发展，民族文化保护已逐渐扩大成为一个广义的概念。它不仅是指对民族文化遗产的保护，还包括对民族文化产业和产品的保护，对民族语言文化的保护，以及对民族文化价值观的保护等。民族文化保护范围的扩大是现代工业社会发展的一个必然趋势。长期以来，文化保护被单纯地理解为对文化遗产的保护，这是一个认识上的误区。这主要是因为在一个相对封闭的社会中人们无法认识到其他文化保护对象的现实意义。在现代经济科技、大众传媒和西方文化的冲击下，人们的经济生活乃至社会生活都呈现出某种趋同性。民族个性、民族特征正在所谓的现代生活方式的潮流中被逐渐淹没，一个民族从来没有像今天这样强烈地感受到民族文化保护的巨大意义。事实上，在经济生活趋向同一的情形下，民族文化已成为民族生存和民族价值的主要表现形式。对于我国而言，民族文化特别是以汉民族为中心的文化无论是在过去、现在还是未来都发挥着巨大作用。因此，我们必须把民族文化保护及其相关的立法问题放在一个重要的战略地位来考虑。

民族文化保护首先是对民族文化遗产的保护。文化遗产又分为有形文化遗产和无形文化遗产，前者如名胜古迹、珍贵文物、典籍藏品等，后者如民族民间的音乐戏曲、礼俗习俗、手工技艺、口头文学等。文化遗产（尤其是有形文化遗产）在我国一直受到国家法律的保护。《宪法》第 22 条第 2 款规定：“国家保护名胜古迹、珍贵文物和其他重要历史文化遗产。”同时，《文物保护法》是我国文化保护方面最早也是目前唯一的法律，它自 1979 年实施以来对文物的保护起到了重要作用。1997 年新修订并实施的《刑法》设立了“妨害文物管理罪”，对损毁倒卖文物、私自出售或赠送文物、盗掘古文化遗址或古墓葬等行为，详细规定了所承担的刑事责任。此外，一些省市也制定了保护当地有关文物、文化遗址、历史文化名城的地方性行政法规。但是，这些法律法规也存在一个明显缺陷，它们基本上是针对有形文化遗产而制定的，并未将无形文化遗产的保护包括在内。抢救和保护无形文化遗产，既是关系到民族团结、自尊和存在价值的问题，也是文化立法亟待解决的问题。

民族文化保护的另一重要内容是对民族文化产业和文化产品的保护。在现代社会中，以电影、音像、出版、娱乐为核心的文化产业，作为一个新兴产业在产值、利税、就业等方面日益成为社会的支柱性产业，发挥着越来越重要的作用。在美国，除了军火产业、信息产业外，文化娱乐业已是最重要的产业，年产值达数百亿美元。美国的文化产业是建立在全球性文化输出的政策基础上的，好莱坞电影、摇滚乐、色情产品是其文化输出的典型内容，它们不仅仅为美国带来了巨大的利润，而且被视为是向全球宣扬美国文化精神、价值、道德的最有效武器。美国政府近年来在对外贸易中不断向其他国家施压，采取种种手段强行推销其文化娱乐产品，与其他国家的文化冲突愈来愈尖锐。面对美国文化产品的泛滥之势，其他各国各民族的文化传统、道德伦理、价值标准以及反映这些内容的文化产业和文化产品正面临着前所未有的严峻挑战。因此，通过立法和其他手段来限制美国文化产品的进入，以保护本民族文化产品和文化精神已成为许多国家的共识。例如，欧盟已决定，对欧盟成员国进口美国影视制品实行限制额。法国通过立法规定，自 1996 年起，法国电台播出的歌曲中，法语歌曲必须达到 40%。加拿大法律则规定，凡与加拿大本国的文化娱乐业有冲突的外国公司必须从加拿大退出，并以此在 1995 年宣布将美国“乡村音乐电视台”逐出加拿大。在我国，文化市场更是一个庞大的新兴市场。近年来，美国文化产品透过各种渠道向我国输入日益严重，我国的文化产业（尤其是电影业、音像制品业）面临着巨大压力，彼此间文化产业、文化精神的直接冲突已不可避免。在这方面，我们的立法保护基本上处在一个起步阶段。1996 年由国务院颁布并施行的《电影管理条例》首次对电影院放映国产影片和进口影片的比例作了规定，规定“放映单位年放映国产电影片的时间不得低于年放映电影时间总和的 2/3”，但从总体上看，这方面的立法工作仍未完全走上正轨。

另外，民族语言文字的保护也是民族文化保护的又一个重要内容。民族的语言文字是民族文化的载体，由于历史原因和现代社会经济科技一体化的发展，许多民族的语言文字正日趋消亡。英语已成为当今世界上最为通行的商务语言和科技用语，特别是全球互联网络（Internet）的建立，为 21 世纪全球信息的一体化奠定了基础。在这之中，英语正事实上成为全球计算机信息网络技术的国际通用语言或标准语言。这一趋势加剧了其他国家民族语言文字的生存和发展难度。英语及其英语文化对全球影响的形成有客观的历史原因。目前一些主要的英语国家以此作为契机，加紧对其他非英语国家进行文化扩张，使得英语作为主要的外来语同其他民族语言文字之间的冲突愈加激烈。因此，抵御英语文化的入侵，维护本民族语言文字的纯洁性，扩大本民族语言文字在未来信息社会中的影响力，已成为一些经济文化大国实行文化保护的重要任务。法国在这方面的措施最为典型。除了采取种种手段在世界上加深法语的影响外，1994 年法国参议院还通过了旨在保护法语地位的《图邦法》，规定在工程合同、广告以及电台、电视台的广播中禁止使用外语词汇，在法国举行的各类国际会议中，法国人必须使用法语等。在我国，作为国家通用语言文字的汉语言文字也日益受到英语文化的冲击。英语在人们的经济活动科技活动，乃至日常生活中的分量越来越大。无论是作为一个经济大国、政治大国还是文化大国，我国对世界的影响都是举足轻重的。因此，保护汉语言文字的纯洁性，发展汉语言文字在全球信息网络技术和国际交往中的作用，已成为我们文化发展和文化立法的一个不容回避的任务。另外，我国又是一个多民族国家，各少数民族的语言文字也面临着一个继承和发展的问题。尊重和保护少数民族语言文字的基本权利，发挥其在本民族社会生活中的作用，也应成为文化立法的一个重要任务。

六、文化的行政管理与文化立法

文化的行政管理是文化立法的另一个重要方面。所谓文化行政管理，主要是指行政机关为实现国家的文化发展目的而对文化行业所实施的管理活动。从世界范围来看，由于国情的不同，文化行政管理作为政府行为在国家间存在着很大的差异。在西方一些发达国家（如美国、加拿大等），文化行政管理是一种相对弱小的政府行为，有些政府机构甚至不设立相关的文化行政管理部门。但在欧洲一些文明悠久的国家（如法国），政府所实施的文化行政管理则表现出了较强的力度。在亚洲，各国政府几乎都在采取措施加强而不是削弱相关的文化行政管理。产生这种差异的原因很复杂，除了社会的或政治的原因外，其中一个主要原因是东西方文化价值观的取向不同。西方社会强调文化行为是纯粹体现个人精神性和创造性的自由行为，在本质上不应受到政府的干预。东方社会则重视个人文化行为的社会效果，强调国家对文化行为、文化发展的引导和责任。同时，西方文化借助其科技和经济的优势向发展中国家大举入侵，也是造成这些国家加强文化行政管理的一个重要原因。

一般意义上，行政管理机构作为代表政府和公共利益的机构，其职能是对一定的行业进行管理或控制。行政机构的职能通过国家立法而转变成行政职权，它主要包括行政命令权、行政决定权、行政调查权、行政处理权、行政制裁权、行政强制权、行政裁判权等。文化行政管理机构除了上述职权外，一个突出的特点是对文化艺术产品尤其是电影、音像产品运用许可证制度进行管理。特别是在当前好莱坞文化产品向全球倾销的情况下，不少国家都在强化文化产品的许可证制度。此外，文化行政管理机构还行使对文化产品（主要是电影和音像产品）内容的审查权。虽然一些国家强调电影审查是一种非行政行为，但实际上其根本无法消除政府的影响。例如，美国主张电影审查主要是一种行业自律行为，但一些州仍由政府通过预先审查来决定影片是否上映。同时，美国海关法规定禁止淫秽影片输入美国，也正是一种典型的政府行为。在我国，由于精神文明建设已成为中国特色社会主义的重要组成部分，成了我们社会发展的一个基本方向，因此，加强而不是弱化文化行政管理是社会的必然要求。但这种管理必须被纳入法制的轨道，必须从法律上得到确认和规范。这包括对许可证制度的规范运用，建立国家的电影审查制度等。

我国文化行政管理部门从广义上说是指文化部、广播电影电视部、新闻出版署（国家版权局）、国家文物局（归口文化部管理）及其所属地方机构。1988 年实行机构改革后，按照国家编制委员会的“三定”方案，文化部的职能范围主要包括对表演艺术、艺术教育、文化市场管理、群众文化、少数民族文化、少年儿童文化、图书馆、对外文化交流、外文出版发行等的管理；广电部的职能范围主要包括广播电视宣传、电影生产、各级广播电视台（站）及电影厂设立或撤销的审批、音像管理、有线电视和卫星节目的管理、对外广播电影电视交流等；新闻出版署的职能范围主要包括报纸管理、期刊管理、图书管理、音像管理、版权管理、发行管理等；国家文物局的职能范围主要是对文物、博物馆的管理。应该指出，文化行政管理部门的这种职能划分只是一种行政的指定而非法律的界定。在现行国家法律中，除了《文物保护法》《著作权法》对相关行政部门作了界定外，其他文化行政部门的职权在法律上仍存在缺失。这主要是由文化立法长期滞后所导致。

实际上，正是由于缺乏法律上的界定，现行文化行政管理部门之间存在着交叉、重叠、上下错位的现象，导致了管理中的一些混乱。这主要表现在三个方面：一是电影的管理，二是音像的管理，三是文化市场的管理。在电影管理方面，1986年全国人大常委会决定将电影事业管理局由文化部所属划归广播电视部，由此组建了广播电影电视部，以顺应现代社会中影视一体化发展的潮流。但由于这种体制变更只发生在中央一级，地方对电影业（主要是电影发行放映）的管理仍由文化部系统负责，因而造成了上下管理体制的错位，其结果就是职责不清和管理混乱。在音像管理方面，由于采取了多头领导、分权管理的模式，文化部、广电部、新闻出版署三家都各自拥有对音像业的管理权，这在实践中造成了音像管理上的不统一和不平衡。在文化市场管理方面，由于文化市场是一个横向的概念，所有文化行业的文化产品都必须进入这一市场交换和消费，因而文化市场的管理本身就突破了行业的限制，但根据现行权限划分，文化市场属文化部管理，这客观上使得文化部在行使其纵向权力时显得力不从心。尤其是在“扫黄打非”中，各地往往采取与新闻出版、广播电视、工商公安等部门联合行动的方式来进行。一些地方通常由政府出面组成一个临时性的专项办公室或委员会来协调或统一行使职权，但这些办公室或委员会并非是法定行政单位，其权力行使的合法性不断遭到质疑。

理顺行政管理关系已成为管理工作中的迫切要求，但这种理顺关系必须建立在法制的基础上。文化立法的一个重要内容就是对文化行政管理部门的职权范围作出法律上的规范。1991年《行政诉讼法》和1996年《国家赔偿法》的施行在执法和司法上都对行政管理部门的职能履行提出了法律上的要求，这也促使行政部门加快了法制化的步伐。近年来，国务院连续制定并颁布实施了多部文化方面的行政管理法规，如《电影管理条例》《广播电视管理条例》《有线电视管理规定》《音像制品管理条例》《出版管理条例》《营业性演出管理条例》《娱乐场所管理规定》等，各地也颁布实施了“文化市场管理条例”等。这些条例都对相关行政部门的职权范围作出了一定程度的界定。但总的来说，这些界定的法律层次不高，无法取代国家法律的权威性。

总而言之，文化立法是一个复杂的、系统的工程，需要我们在理论上和实践中根据我国的社会制度和历史文化特点来全面确定文化的法律上的基本关系。上述几个方面的问题都是当前文化立法所面临而且必须解决的主要问题，也展现了我国文化行业的基本关系。只有将这些基本关系的法律原则确定下来，我们的文化立法工作才能真正走上正轨，文化的发展也才能在对各种关系进行新的调整下完成向法制化的转变。

关于文化立法的意见及文化法律框架建议[1]

党的十六大确立了全面建设小康社会的重要目标，文化发展和文化法制建设面临着新的历史任务。为了深入贯彻“三个代表”重要思想和依法治国方略，进一步建设和完善以宪法为核心的中国特色社会主义法律体系，必须切实加快文化立法步伐。文化立法是我国社会主义法制建设的一个重要内容，是建立中国特色社会主义法律体系的一个不可或缺的组成部分。文化立法涵盖我国整个文化宣传领域的法制建设工作，包括新闻出版、广播电影电视、文化艺术、网络信息、文化遗产等方面。第九届全国人大教科文卫委员会在与中宣部、国务院法制办、国务院新闻办、文化部、广电总局、新闻出版总署、国家文物局、社科院等单位有关部门负责同志或代表共同研讨的基础上，对文化立法的现状、形势、问题进行了分析，对文化立法的思路、框架提出如下意见和建议。

一、文化立法的现状和问题

改革开放以来，特别是党提出依法治国方略以来，以经济立法为重点的法制建设取得了令人瞩目的成绩。文化法制建设也得到了发展。到目前为止，全国人大常委会制定的文化法律有 3 部：《文物保护法》（1982 年）《档案法》（1987 年）和《著作权法》（1990 年）；全国人大常委会通过的有关法律修改决定 4 部：《修改文物保护法第三十条第三十一条的决定》（1991 年）、《修改档案法的决定》（1996 年）、《修改著作权法的决定》（2001 年）、《修改文物保护法的决定》（2002 年）。国务院制定的有关法规有 26 部，包括出版、印刷业、电影、广播电视、营业性演出、娱乐场所、互联网信息服务等方面的管理条例；各省、市、自治区人大及其常委会制定的地方性文化法规和决定有 110 多部，涉及文化市场管理、文化遗产保护、出版、印刷、书报期刊管理等方面。此外，国务院各有关部门还制定了许多行

---

〔1〕 本文为作者于 2002 年 12 月为全国人大教科文卫委员会起草的报告。本文中所涉及之法律法规与理论，均以写作时间为准。

政性规章。我国加入世界贸易组织后，国务院及其有关部门对一些文化法规和规章也进行了清理和修改。现行文化立法的一个突出特点就是制定了大量法规规章。这些法规规章对文化管理工作的规范化和法制化、促进文化事业健康繁荣发展起到了重要作用。

但是，从总体上看，现行文化立法与社会经济发展不相适应，与文化建设的重要地位不相适应，与建设中国特色社会主义法律体系的要求不相适应。无论是相对经济立法而言，还是相对教育、科技、卫生、人口、体育等领域的立法而言，文化立法都是相当薄弱的，存在着以下几个突出问题：一是文化法律数量少，文化法律的制定工作滞后。现行的三部文化法律都是十多年前制定的。第九届全国人大常委会主要对《著作权法》和《文物保护法》进行了修改，未出台其他新的文化法律。二是现行文化立法主要是制定了一批法规规章，法律层次低，法律效力等级低，缺乏上位法的依据。在新闻、出版、广播电视、电影、图书馆、博物馆、文化市场和文化产业、网络信息管理、民族民间文化保护等方面缺乏基础性或专门法律。这也是造成法规规章之间相互矛盾的重要原因。三是这些法规、规章主要集中在文化行政管理方面，有明显的局限性，立法内容不适应改革开放、社会发展的需要。四是文化立法缺乏基础研究和统一规划，缺乏明确的文化法律框架和近期、远期目标。

二、文化立法面临的形势和要求

随着改革开放的进一步深化和经济全球化浪潮的加剧，我国社会的各个方面（包括文化领域）正发生着前所未有的深刻变革。在党的十六大之后，文化立法面临着新的形势和要求：

第一，社会经济的发展变化对文化立法提出了新的要求。在社会主义市场经济条件下，亟须通过国家法律来确立文化主体的地位、权利和义务，维护文化市场管理秩序，保障公共文化艺术事业，扶持发展文化产业。高新技术（特别是互联网）得到迅速普及，其使用的广泛性和国际性，使网络上的文化管理出现了艰巨性和复杂性。自加入世界贸易组织后，我国文化领域面临发展机遇和严峻挑战。在我国承诺视听业、娱乐业、出版业部分开放的情况下，如何有效建立文化市场关系准则，维护国家文化主权，抵御、防范腐朽文化，保护、继承和发展优秀传统文化，这些都成了文化立法现实而紧迫的课题。文化领域包括新闻、出版、广播电视、电影等行业的体制改革的逐步深化，文化行政部门的政府职能进一步转变，也对文化立法提出了新的要求。公民的民主法制意识、权利义务意识的不断增强，加上我国加入《经济、社会和文化权利国际公约》《公民权利和政治权利国际公约》，也要求文化立法必须依据宪法对公民政治文化权利与义务作出具体规范。

第二，加强文化立法是完善社会主义法律体系的必然要求。党的十六大再次明确提出，到2010年形成中国特色社会主义法律体系。目前，以宪法为中心的这一法律体系已初步形成。但在其中，文化领域的立法相当欠缺，是整个法律体系中的薄弱环节。迄今为止，文化事业许多重要领域的法律规范都并未建立，仍主要依靠政府的行政法规、规章甚至是规范性文件来填补，这种状况在实践中造成了许多矛盾和问题。第九届全国人民代表大会常务委员会委员长李鹏指出："立法工作还要反映先进文化的前进方向，通过抓好教育、科技、文化等方面的立法工作，为弘扬我国的先进文化，促进社会主义精神文明建设，实施科教兴国战略，推动社会的全面发展，创造良好的法律环境。"因此，加大文化立法力度，依据宪法建立文化法律框架，既是文化法制建设自身的要求，更是完善中国特色社会主义法律体系的必然要求。

第三，社会对文化立法的要求日益迫切。第九届全国人大期间，全国人大代表提出的文化立法议案数量逐年增加。据统计，1998年至2002年，全国人大教科文卫委员会共收到全国人大代表提出的有关文化方面的各类议案139件，其中文化立法议案74件。议案的内容也不断扩大，主要涉及公民文化或政治权利的保障、公共文化事业的发展、文化领域的行政管理、文化遗产的保护等方面。同时，一些地方人大近年来根据实际情况，制定出了一些富有特色的地方性文化法规，在立法上具有一定的突破性。如《河北省新闻工作管理条例》《北京市博物馆条例》《内蒙古自治区公共图书馆管理条例》《云南省民族民间传统文化保护条例》《山西省平遥古城保护条例》《安徽省皖南古民居保护条例》《浙江省历史文化名城保护条例》《四川省世界遗产保护条例》《甘肃敦煌莫高窟保护条例》等，填补了国家现行文化立法的空白。

三、加强文化立法的几点意见

根据当前文化立法存在的问题和形势的要求，我们提出以下几点意见：

第一，充分认识文化立法的重要性和紧迫性。文化是社会发展的重要组成部分，是影响社会生活和社会稳定的重要因素。江泽民同志提出的"三个代表"的重要思想，深刻阐明了建设有中国特色的社会主义文化在我国现代化建设中的重要地位和作用。党的十六大将"三个代表"重要思想确定为党的指导思想，明确提出全面建设小康社会，必须大力发展社会主义文化，建设社会主义精神文明。因此，加强文化法制建设既是社会主义经济、政治发展的必然要求，更是坚持党对文化的领导、发展先进文化、抵御腐朽文化的基本保障。在当前形势下，其重要性和紧迫性已不容忽视。有关部门应当高度重视这项工作。全国人大教科文卫委员会也应在今后工作中将其作为重点来推动。

第二，充分认识文化立法的性质和特点。文化立法必须坚持以毛泽东思想、邓小平理论、“三个代表”重要思想为指导，以宪法为依据，从大力发展社会主义文化和建设社会主义精神文明的要求出发，把党在文化领域长期行之有效的方针政策通过立法程序转化为法律规范。文化立法不仅指文化领域行政管理方面的立法，更重要的是指保障公民政治文化权利、发展公共文化事业、保护国家文化主权和文化遗产等方面的立法。这是法规规章所不能完全承担的。要积极研究制定这些方面的基本法律或专门法律，在文化领域中建立起基本法律规范。

第三，文化立法应当加强领导，统一规划。根据2010年形成中国特色社会主义法律体系的要求，制定文化立法的总体框架。中宣部有关部门曾就“九五”和“十五”文化立法规划提出过建议，国务院有关部门也分别提出过本部门的立法规划，但总的看来，文化立法规划工作缺乏统一考虑。全国人大应当加强对文化立法的统一规划，处理好上位法与下位法之间、法律与法规之间的关系问题。组织各有关部门分工协作，共同实施规划。

第四，文化立法应当加强基础理论研究和队伍建设。文化、广电、新闻出版等部门的政策法规机构一度拆减合并，有的恢复不久。文化立法机构不健全，队伍零散，理论研究基础薄弱。为加强文化法制建设，各有关部门应当加强法制队伍建设，加强相互间的合作交流，形成合力。要加强理论研究，注重文化立法的调研和积累，注意借鉴国外有用经验。

四、关于文化法律的框架建议

文化立法的根本依据是宪法。宪法是国家的根本大法，它是制定文化领域基本法或专门法的依据和准则。根据文化法制建设的需要，在与有关部门共同研究的基础上，笔者初步认为，在宪法之下，有中国特色的社会主义文化法律框架应包括以下几个层次：

第一层次：文化领域的基础性法律。可考虑3部或2部法律：《文化事业促进法》和《新闻法》《出版法》（或《新闻出版法》）。《文化事业促进法》的立法目的是：把发展中国特色社会主义文化事业的指导思想和原则、弘扬先进文化抵御腐朽文化的原则、公民的文化权利和义务、保护文化遗产原则以及国家在文化产业、公共文化设施和文化管理体制等方面的方针政策法律化，确立促进文化事业发展的基本法律原则和制度。《新闻法》和《出版法》（或《新闻出版法》）是我国社会主义新闻事业、出版事业的基本法律，它们既是公民宪法权利义务的具体规范和保障，又是社会主义新闻出版事业管理、发展、导向的依据和准则。

第二层次：文化专门法。即针对文化领域中各项专门事业所制定的法律。由于文化领域是一个随着社会发展不断发展的领域，文化专门法的制定也会有所变化和调整。根据目前的实际情况，这些专门性法律可被分为几类：（已制定的暂不列入）

（1）社会公共文化事业类：《图书馆法》《博物馆法》。

（2）文化遗产保护类：《民族民间文化保护法》。

（3）广播电影电视类：《电影法》《广播电视法》。

（4）网络信息管理类：《网络信息传播法》。

（5）文化市场或文化产业类：相关专门法律。

第三层次：国务院文化法规、地方性文化法规、国务院有关部门文化规章、地方政府文化规章。

建立和完善中国特色社会主义文化法律制度[1]

党的十七届六中全会通过的《中共中央关于深化文化体制改革、推动社会主义文化大发展大繁荣若干重大问题的决定》（以下简称决定），确立了建设社会主义文化强国的宏伟目标。这是中国特色社会主义文化建设在新的阶段下的重大决策，对开创中国特色社会主义事业新局面、实现中华民族伟大复兴具有重大而深远的意义。要实现这一目标，一个不可或缺的重要保障就是必须进一步重视并加强文化立法工作，提高文化建设法制化水平。为此，该决定指出："加快文化立法，制定和完善公共文化服务保障、文化产业振兴、文化市场管理等方面法律法规，提高文化建设法制化水平。"[2]这对我们在新形势下做好文化立法工作提出了明确任务和要求。加快文化立法工作，既是深入贯彻落实科学发展观，促进经济社会全面发展，保障社会主义文化大发展、大繁荣的必然要求，也是进一步完善以宪法为核心的中国特色社会主义法律体系的必然要求。

一、文化立法的现状和问题

文化立法是我国社会主义法制建设的一个重要内容，是中国特色社会主义法律体系的一个重要组成部分。文化立法涵盖我国整个文化领域的法制建设工作，主要包括新闻出版、广播电视、电影、文化艺术、文化遗产、网络传播、图书馆、博物馆、文化馆（站）、文化娱乐业等方面。

改革开放以来，特别是党提出依法治国方略以来，以经济立法为重点的法制建设取得了令人瞩目的成绩。文化法制建设也得到了发展。随着我国文化事业和文化产业的蓬勃发展，文化立法的步伐逐步加快，立法水平也不断提高。到目前为止，全国人大常委会制定的文化法律和决定共五部：《文物保护法》（1982年）、《档案

---

〔1〕 本文载于《中国人大》2012年第20期。本文中所涉及之法律法规与理论，均以写作时间为准。

〔2〕 "中共中央关于深化文化体制改革，推动社会主义文化大发展大繁荣若干重大问题的决定"，载《人民日报》2011年10月26日。

法》（1987年）、《著作权法》（1990年）、《非物质文化遗产法》（2011年）；《关于维护互联网安全的决定》（2000年）。此外，全国人大常委会于2002年对文物保护法进行了全面修订，全国人大常委会还通过了有关法律修改决定五件：《修改文物保护法的决定》（1991年、2007年）、《修改档案法的决定》（1996年）、《修改著作权法的决定》（2001年、2010年）；国务院制定的有关法规36件，包括出版、印刷业、电影、广播电视、营业性演出、娱乐场所、互联网信息服务和公共文化设施保护等方面的管理条例；各省、市、自治区人大及其常委会制定的地方性文化法规和决定200多件，涉及文化市场、文化遗产、公共文化、图书馆、出版、印刷、书报期刊管理等方面。此外，国务院各有关部门还制定了许多行政性规章。我国加入世界贸易组织后，国务院及其有关部门对一些文化法规和规章也进行了清理和修改。可以说，在保护文化遗产、保护作者的著作权、管理文化市场等一些方面，我国基本做到了"有法可依""有章可循"。

但是，从总体上看，现行文化立法与社会经济发展不相适应，与文化建设的重要地位不相适应，与建设中国特色社会主义法律体系的要求不相适应。无论是相对于经济立法而言，还是相对于教育、科技、卫生、人口、体育等领域的立法而言，文化立法都是相当薄弱的，存在着以下几个突出问题：一是文化法律数量少，文化法律的制定工作滞后。《文物保护法》《档案法》和《著作权法》都是20世纪90年代制定的。虽然全国人大常委会在九、十、十一届期间对这三部文化法律尤其是对《著作权法》和《文物保护法》进行了多次修改，但新的文化法律出台仍然缓慢。除了2011年制定的《非物质文化遗产法》外，至今未出台其他新的文化法律。二是文化立法的法律盲点较多。现行文化立法主要是制定了一批法规规章，法律效力等级低，缺乏上位法的依据。在新闻、出版、广播电视、电影、图书馆、博物馆、文化产业、文化市场、网络传播管理等方面缺乏专门法律。这也是造成法规、规章之间出现一些相互矛盾冲突现象的重要原因之一。三是这些法规、规章主要集中在文化行政管理方面，有明显的局限性，立法内容不适应改革开放、社会发展、促进和保障文化繁荣的需要。四是文化体制改革存在不少障碍，如公益性文化事业与经营性文化产业的界定不够清晰、文化市场体系建设相对迟缓、全国统一的产品市场尚未全面建立、国家文化宏观管理和监管体制改革进展缓慢等，在一定程度上制约了文化立法的进展。五是文化立法的基础研究相当薄弱，缺乏理论研究队伍和成果，也缺乏一个适应发展需要的中长期文化建设规划和文化立法规划。

二、文化立法面临的形势和要求

文化建设是社会全面发展和进步中的重要组成部分，是贯彻落实科学发展观和构建社会主义和谐社会的重要支柱之一。人类进入21世纪后，随着经济科技全球化的迅猛发展，各种思想文化相互冲撞，综合国力竞争日趋激烈。一个具有国际竞争力的国家，除了经济、军事等竞争力外，必然具有文化的竞争力。党中央审时度势，高屋建瓴，以文化创新为引领，高度重视文化在发挥我国综合国力中的重要作用，使之成为推动全面建设小康社会，实现中华民族伟大复兴的一个强大力量。党的十七大和十七届六中全会明确提出要推动社会主义文化大发展、大繁荣，以构建社会主义核心价值体系，弘扬中华文化，建设中华民族共有精神家园并推进文化的创新。随着改革开放的进一步深化和经济全球化浪潮的加剧，我国社会各方面包括文化领域正发生着前所未有的深刻变革，文化立法面临着新的形势和要求：

（一）社会经济的发展变化对文化立法提出了新的要求

在社会主义市场经济条件下，亟须通过国家法律来确立文化主体的地位、权利和义务，维护文化市场管理秩序，保障公共文化艺术事业，扶持发展文化产业。高新技术特别是互联网在社会的迅速普及，其使用的广泛性和国际性，使网络上的文化管理出现了艰巨性和复杂性。我国自加入世界贸易组织以来，文化领域面临发展机遇和严峻的挑战。在我国承诺视听业、娱乐业、出版业部分开放的情况下，如何有效建立文化市场关系准则，维护国家文化主权，抵御、防范腐朽文化，保护、继承和发展优秀传统文化，这些都成为文化立法现实而紧迫的课题。

（二）维护公民文化权利，保障人民基本文化权益是文化立法的一个重要任务。

作为一项基本人权，文化权利指在一定的社会历史条件下，每个人按其本质和尊严所享有或应该享有的文化待遇和文化机会，以及可以采取的文化态度和文化习惯，主要包括参与文化生活的权利、文化创造权、享受科学进步的权利、保护作者物质和精神利益的权利、国际文化合作的权利等。文化立法的一个重要任务就是要有效地维护公民的这些文化权利，保障人民基本文化权益的实现。随着我国社会全民的民主法制意识、权利义务意识的不断增强，加上我国加入《经济、社会和文化权利国际公约》等，也要求文化立法必须依据宪法对公民文化权利与义务作出具体规范。《国家基本公共服务体系“十二五”规划》明确提出要保障人民群众看电视、听广播、读书看报、进行公共文化鉴赏、参加大众文化活动等权益。[1]这是贯彻落实党和国家关于加强公共文化服务的要求部署的重要举措，是对人民群众精神文化生活需求的积极回应，对于规范和促进我国公益性文化事业发展具有重要意义。

（三）加强文化立法是深化文化体制改革的必然要求

文化体制改革是文化建设领域的深刻变革，同时又是社会转型期的新事物。要深入推进文化体制改革，有许多问题需要通过法律手段方能有效解决，如公共文化

〔1〕参见《国家基本公共服务体系“十二五”规划》（国发［2012］29号）。

的保障机制、文化产业主体的法律地位和扶持机制、文化市场管理的行政交叉等等。因此，要实现文化体制改革的目标和要求，就必须充分发挥法律制度的保障、促进、规范作用。通过完善、成熟的文化法律法规体系，澄清模糊认识，规范文化行为，调动各方面的积极性，解放和发展文化生产力。一是要加快公共文化事业方面的法制完善。对博物馆、图书馆等公共文化建设，制定有关公共文化管理方面的法规、规章，推动公共文化事业发展的规范化和法制化。二是要建立健全文化产业发展方面的法律制度，制定有关文化产业的宏观调控规范、文化市场的分类准入规范、文化人才和技术的管理规范以及文化产业的扶持规范和公平竞争规范等。三是要加强文化市场管理的立法工作。针对演出市场、音像市场、艺术品市场等不同文化市场的特点，制定相应的法律规范，逐步形成完善的、规范的文化市场法律规范体系。

（四）加强文化立法也是推进依法行政的必然要求

全面推行依法行政，建设法治政府，是我们党和国家建立社会主义法制社会的一个重要内容。2003 年，十届全国人大常委会四次会议审议通过了《行政许可法》；2004 年，国务院发布《全面推进依法行政实施纲要》，这对我国依法行政、建立法治政府具有重大和深远的意义。为了落实依法行政的要求，文化法制领域也积极地进行调整。为了与《行政许可法》等上位法协调，推进依法行政，对不符合法治要求的规范性文件进行了废止，并对文化领域行政立法采取了规范措施。然而，要全面实现依法行政的要求，文化领域还需要更多的努力。要进一步转变观念，政府对文化的管理要坚持以服务为主要内容，坚持依法行政。要进一步厘清和建立文化活动、文化行为的规则。政府是文化活动规则的执行者，清晰的规则是文化活动正常开展的基础。要进一步理顺管理体制，解决政出多门、职责不清的问题，形成统一、良性的文化管理秩序。

（五）加强文化立法是完善中国特色社会主义法律体系的必然要求

目前，以宪法为统领的中国特色社会主义法律体系已经形成，但在其中，文化领域的立法比较欠缺，是整个法律体系中的一个薄弱环节。迄今为止，文化领域的一些重要法律制度尚未建立，主要依靠政府的行政法规、规章甚至是规范性文件来填补，这种状况在实践中造成了不少矛盾和问题。在第十一届全国人民代表大会第五次会议上，全国人大常委会工作报告明确提出要按照完善中国特色社会主义法律体系的总体要求，紧紧围绕党和国家中心工作，适应经济社会发展实际需要，统筹安排好立法项目，更好地发挥法律的规范、引导、保障和促进作用。要推进完善社会、经济、文化等领域立法工作和法制建设。加强文化法制建设，研究制定公共图书馆法，推动文化事业发展；完善网络法律制度，发展健康向上的网络文化，维护公共利益和国家信息安全。因此，加大文化立法力度，依据宪法全面建立公共文化服务和文化产业方面的基本法律制度，既是文化法制建设自身的要求，更是完善中国特色社会主义法律体系的必然要求。

（六）社会对文化立法的要求日益迫切

自九届全国人大以来，全国人大代表提出的文化立法议案数量逐年增加。据统计，1998年至2012年，全国人大教科文卫委员会共收到全国人大代表提出的有关文化立法议案169件，绝大多数是近些年提出来的。议案的内容也不断扩大，主要涉及公民文化权利的保障、公益性文化事业发展、文化产业和电影产业的促进、文化遗产保护、图书馆和博物馆立法、知识产权保护、网络传播管理等方面。同时，一些地方人大根据实际情况，也制定出了一些富有特色的地方性文化法规，在立法上具有一定的突破性。如《北京市博物馆条例》《内蒙古自治区公共图书馆管理条例》《四川省世界遗产保护条例》《广东省公共文化服务促进条例》等，在一定程度上填补了国家现行文化立法的空白。

三、我国文化立法的基本思路与框架

我国文化立法的基本思路是：建立以宪法为根本，以文化基本法律、专门法律和行政法规为主干，以地方性法规和部门规章为补充的中国特色社会主义文化法律制度框架。回顾过去的立法思路，有主张先行制定文化基本法的，有主张先行制定文化专门法的，也有主张先行制定文化行政法规的。从实践来看，较为可行的一个做法是把制定文化基本法、专门法与制定行政法规结合起来，根据成熟情况逐步推进。近些年来，国务院已出台了相对完备的文化行政法规，这为全国人大常委会制定文化专门法、文化基本法提供了立法实践经验。目前面临的一个重要任务就是应当加快研究制定文化专门法和基本法，使相关领域工作真正上升到法律规范的层面。

我国文化立法的根本依据是国家的宪法。宪法规定了国家各项事业（包括文化事业）发展的宗旨、原则，规定了公民的基本政治文化权利，是文化领域基本法和专门法制定的依据和准则。在宪法之下，中国特色社会主义文化法律框架应包括三个层次：

第一层次是文化领域的基本法律，即公共文化服务保障法、文化产业促进法等。改革开放以来，随着我国社会主义市场经济的深化和文化体制改革的不断摸索，在理论和实践上出现的一个重大变革，就是将传统的“文化事业”区分为公益性和经营性两个部分，分别确立了“公共文化”和“文化产业”的地位。这两个概念的明确提出，打破了长期以来在部门分割下新闻出版、广播影视、文化艺术之间的壁垒，正确反映了在社会主义市场经济条件下我国文化发展的内在规律。所谓“公共文化”，是指由政府主导、社会参与形成的满足人民群众文化需求，保障人民群众基本文化权益的各种公益性文化机构和服务的总和，包括了宣传文化领域中所有公益性部分。它的突出特点就是需要通过政府财政有效投入和相关政策扶持，保障其充分发挥社会服务之功用，以建设一个覆盖全社会、基本完备的“公共文化服务体系”。所谓“文化产业”，是指一切从事文化产品生产和提供文化服务的经营性行业，主要包括影视制作业、出版业、发行业、印刷复制业、演艺业、娱乐业、文化会展业、数字内容和动漫产业等。文化产业是社会生产力发展的必然产物，是随着我国社会主义市场经济的逐步完善和现代生产方式的不断进步而发展起来的新兴产业。“十二五”规划明确提出了我国文化产业发展全面发展的新目标，2015 年基本建立现代文化产业体系和文化市场体文化产业增加值占国民经济的比重显著提升，文化产业推动经济发展的方式、转变的作用明显增强，逐步成长为国民经济支柱性产业。

然而，目前我国公共文化和文化产业方面的立法仍比较零散，立法的层次也较低，大多停留在政策层面，尚未形成一个较为成熟、完备、法律效力彰显的公共文化法律制度或文化产业法律制度。由于公共文化和文化产业性质、特点不同，立法的对象、内容也有较大差异，从一些国家的经验来看，其分别研究制定公共文化服务保障法和文化产业促进法，以作为公共文化和文化产业领域的基础性法律。这一思路符合我国社会发展的本质特点，也符合我国文化发展的长远利益。根据我国经济社会和文化发展的基本特点，将党和国家行之有效的政策措施上升为国家意志，确立国家在发展公共文化和文化产业的基本原则和法律制度，这对我们作为一个文化大国而言，无疑是十分必要的，在立法上也是具有可行性的。同时，这两个基本法律也可为其他相关专门法律法规的制定提供充分的上位法依据。

公共文化服务保障法作为公共文化方面的基础性法律，应当包含以下一些主要原则和内容：①明确本法的宗旨，即发展中国特色社会主义文化，促进社会主义精神文明建设，继承弘扬中华民族优秀传统文化，保障人民的文化权益，提高全民文化素质。②明确公共文化服务的范围，打破现行文化管理体制，将分属于各个部门的公共文化服务内容纳入其中，建立覆盖全社会的公共文化服务体系。③明确各级政府对发展公共文化服务的基本职能、权限和义务，将其纳入各级政府经济社会发展规划，城乡建设规划，纳入财政预算。④确立公共文化服务组织的法律地位和权利义务，制定相关的扶持措施及税收优惠措施，鼓励支持其开展公益性文化活动。鼓励、支持和规范社会组织从事公益性文化活动。⑤为文化艺术工作者提供相关待遇和保障，为儿童青年提供丰富多彩的文化教育活动。⑥保护、继承和发展中华民族文化遗产，加强中华文化的海外传播等。

文化产业促进法作为文化产业方面的基础性法律，其主要原则和内容应当包括：①确立我国文化产业的根本宗旨和目的，树立正确的文化导向；②明确文化产业的概念和范围，建立适合我国文化产业特点的统一标准；③明确各级政府和文化产业主管机构及其职责；④确立文化企业的法律地位和权利义务，制定相关金融财税和其他扶持保障措施，鼓励中小企业创业；⑤建立人才培养和保障机制，包括专门人才的培养、职称、激励等方面的制度；⑥建立激励开拓国内外的文化市场的保障制度，推动体现我国优秀文化精神的文化产品进入国际市场等。

第二层次是文化专门法，即根据文化领域中各项专门事业所制定的法律。由于文化领域是随着社会发展而不断发展的领域，文化专门法的制定也会有所变化和调整。根据实际情况，这些专门法律可分为几类：一是社会公共文化事业类法律（《公共图书馆法》《物馆法》）；二是文化遗产保护类法律（《文物保护法》《非物质文化遗产法》）；三是广播电影电视类法律（《电影产业促进法》《广播电视法》）；四是网络传播管理类法律（《信息安全法》）；五是新闻出版和知识产权类法律（《著作权法》）等。

第三层次是国务院文化行政法规、国家部门文化行政规章、地方性文化法规、地方政府文化规章。

四、"十一五"时期文化立法的进展和基本经验

"十一五"时期，我国文化立法工作有了显著进展。一是进一步明确了指导思想，即在科学发展观的指导下，随着经济社会的全面发展和社会主义法制建设的深入推进，文化立法作为社会领域立法的一个重要组成部分得到了重视和加强。一个重要的突破就是2011年十一届全国人大常委会制定出台了《非物质文化遗产法》。另外一些重要文化专门法律（如《公共图书馆法》《电影产业促进法》等）已被纳入到全国人大常委会五年立法规划和国务院年度立法工作计划之中。二是上述已被列入立法规划或计划的文化法律的起草工作取得了重要进展，这些法律草案经过反复研究、论证，有的已经较为成熟；有的如《电影产业促进法（草案）》还由国务院法制办在官方网站上正式发布，广泛征求社会意见，收到了很好的效果。有关部门对文化基本法如《公共文化保障法》《文化产业促进法》也开始进行前期调研，取得了一定进展。三是根据经济社会和文化发展所出现的新情况、新问题，对现行文化法律如《文物保护法》《著作权法》中的一些不完善、不适应之处及时进行了修改。四是国务院根据文化与社会发展的需要，制定出台了相关法规如《娱乐场所管理条例》《长城保护条例》《历史文化名城名镇名村保护条例》等，进一步充实和完善了文化法规体系。五是地方立法机关也根据当地经济社会发展的需求，依据宪法和法律，制定出台了一些文化方面的地方性法规。

"十一五"时期，文化立法工作形成了一些值得总结的经验。一是深刻认识到了文化立法的重要性和紧迫性。加强文化法制建设既是社会主义经济、政治发展的

必然要求，是进一步深化文化体制改革、保障公共文化和促进文化产业发展的必然要求，也是进一步完善中国特色社会主义法律体系的必然结果。二是深刻认识到文化立法的性质和特点。文化立法不仅指文化领域行政管理方面的立法，更重要的是指保障人民大众文化权益、发展公共文化事业、促进文化产业、维护国家文化主权、保护文化遗产等方面的立法。三是抓住我国文化立法的特点，避开当前难以取得一致意见的难点问题，按照积极稳妥、先易后难的原则开创文化立法工作的新局面。四是建立中宣部和各有关部门的联系会商机制，共同研究文化立法的重要问题，讨论决定与此相关的重要事项。五是全国人大有关部门提前介入立法过程。六是在全国性法律的立法条件尚不成熟的情况下，由地方立法先行先试，积累成功的经验。

五、“十二五”时期文化立法的指导思想、基本原则和任务

（一）指导思想

党的十七届六中全会阐明了中国特色社会主义文化建设的指导思想：坚持中国特色社会主义文化发展道路，深化文化体制改革，推动社会主义文化大发展、大繁荣，必须全面贯彻党的十七大精神，高举中国特色社会主义伟大旗帜，以马克思列宁主义、毛泽东思想、邓小平理论和“三个代表”重要思想为指导，深入贯彻落实科学发展观，坚持社会主义先进文化前进方向，以科学发展为主题，以建设社会主义核心价值体系为根本任务，以满足人民精神文化需求为出发点和落脚点，以改革创新为动力，发展面向现代化、面向世界、面向未来的，民族的科学的大众的社会主义文化，培养高度的文化自觉和文化自信，提高全民族文明素质，增强国家文化“软实力”，弘扬中华文化，努力建设社会主义文化强国。[1]这个指导思想，也是制定宣传文化领域立法规划和开展文化立法时所必须遵循的指导思想。

（二）基本原则

“十二五”时期，加强文化法制建设应当遵循的基本原则是：

第一，必须始终坚持党的领导。由于文化法制建设工作意识形态性较强，涉及对一些重大问题的把握，理论性、政策性、敏感性都很强，因此，一条毫不动摇的原则是必须始终坚持党的领导。紧紧围绕党和国家的中心任务开展立法工作，从制度上、法律上保证党在文化领域的基本路线方针的贯彻落实，保证党和国家重大决策部署的贯彻落实。

第二，必须坚持社会主义先进文化的前进方向。坚持社会主义先进文化发展方

[1] “中共中央关于深化文化体制改革，推动社会主义文化大发展大繁荣若干重大问题的决定”，载《人民日报》2011年10月26日。

向，弘扬社会主义核心价值观，是建设中国特色社会主义的一个根本要求，是增强民族凝聚力和创造力，推动文化大发展、大繁荣、实现中华民族伟大复兴的需要，是不断巩固全党全国人民团结奋斗的共同思想基础的需要。文化法制建设必须以大力弘扬爱国主义为核心的民族精神和以改革创新为核心的时代精神，以建设面向现代化、面向世界、面向未来的，民族的科学的大众的社会主义先进文化为根本宗旨。

第三，必须坚持实事求是的思想路线。实事求是是我们党的思想路线和基本经验，也是指导各项工作的基本原则。要根据文化发展的规律和特点，从我国国情出发，注重基本规律研究和基本制度建设。我国各地经济社会发展情况不同，东西、南北差距较大，加之文化领域广泛，文化形态不同，性质各异，在立法中应根据形势发展的需要，从实际情况出发，区分立法难易和敏感程度，加强统筹协调，积极稳妥推进。

（三）目标任务

全国人大于2011年3月批准通过的国家“十二五”规划纲要确定了“十二五”时期我国经济社会发展的指导思想、战略构想、目标任务和一系列重大举措。“十二五”规划纲要的主题是科学发展。把科学发展作为主题，这是我们对党执政理念的丰富和发展，是对社会主义现代化建设规律认识的深化。把加快经济发展方式作为“十二五”时期经济发展的主线，这是“十二五”规划的一个鲜明亮点。着力保障和改善民生是“十二五”规划制定的出发点和落脚点。特别是纲要明确提出要推动文化大发展、大繁荣，提升国家文化“软实力”，把提高全民族文明素质、推进文化创新、繁荣发展文化事业和文化产业作为文化建设的三大任务，为下一个五年我国文化建设的发展指明了方向。这是我们文化工作包括文化立法工作的基本目标和基本任务，也是指导我们具体立法工作的基本方针。围绕“十二五”规划所确立的关于文化建设的目标任务，文化立法工作应当从以下四个方面的目标任务开展工作：

第一，紧紧围绕“十二五”规划纲要中“全面持续有效地提高全民族文明素质，为现代化建设提供有力的思想保证、精神动力和智力支持”〔1〕的文化建设任务，积极有效地开展立法工作。文化立法不是为立法而立法，必须有其鲜明的价值导向。无论是文化遗产方面的法律，还是文化事业和文化产业方面的法律，都是为了坚持和体现社会主义核心价值观，提高人的素质，为现代化建设提供有力的思想保证、精神动力和智力支持。离开了提高全民族文明素质这一根本目的和根本任务，文化建设和文化立法工作就会迷失方向。我们要将这一根本任务贯彻到文化立

〔1〕“中华人民共和国国民经济和社会发展第十二个五年规划纲要”，载《人民日报》2011年3月16日。

法工作的全过程和各个方面，贯彻到每一部法律的立法宗旨和具体条文中去。

第二，通过立法实现“十二五”规划纲要中提出的“推进文化创新”的目标，为文化高端人才脱颖而出和文化精品走向全国、走向世界创造良好的制度环境。文化创新包括内容和形式两个方面，最终成果是出精品、出名著、出品牌、出大师。这就要求文化工作者立足当代中国实践，传承优秀民族文化，借鉴世界文明成果，反映人民主体地位。国家应当培养和组织高端人才，设立国家基金，扶持体现民族特色和国家水准的重大文化项目，创作思想深刻、艺术精湛、群众喜闻乐见、代表国家水平的文化产品。要通过深化文化体制机制改革不断激活和释放文化生产力、创造力。文化立法要在体制机制创新上提供法律保障，为文化高端人才脱颖而出和文化精品走向全国、走向世界创造良好的制度环境。

第三，通过立法开创公共文化事业和文化产业发展的新局面。大力发展公共文化事业和促进文化产业发展，是“十二五”期间乃至今后相当长的时间内我国文化建设的主要着力点。包括建立健全公共文化服务体系和农村文化建设，加强公共博物馆、图书馆、文化馆、纪念馆、美术馆建设，建立公共文化产品的正确价值导向，提高公共文化产品的质量，增强公共文化产品和服务的供给能力，加强文物和非物质文化遗产的保护，深化文化体制改革，加快经营性文化事业单位转企改制，支持文化企业发展，鼓励民营资本进入，提供财政金融支持，加强知识产权保护，打破文化市场条块分割、区域壁垒和行政干预，建立全国统一的文化产品市场和文化要素市场，鼓励文化产品和服务出口，加强国有文化资产管理，推进文化市场综合执法改革，进一步转变文化行政部门的政府职能，等等。在这些方面，应当抓紧建立起完备的法律制度。

第四，进一步加强立法工作的统筹安排，积极推进。既要看到文化立法的特殊性和敏感性，更要看到文化立法的必要性和紧迫性。文化立法要在统筹规划的前提下，根据形势发展的需要，从实际情况出发，区分立法难易和敏感程度，积极稳妥推进，争取在“十二五”规划时期内使文化立法工作有更大进展。一是加快那些亟须的文化专门法律（如《公共图书馆法》《博物馆法》《电影产业促进法》等）的立法步伐，这些法律的立法条件有的已基本成熟，有的正在形成之中，应列入全国人大立法规划和国务院的立法计划，力争尽快出台。同时，对那些社会普遍关注的属于文化管理、特别是互联网管理方面的立法，应当积极推动制定，并抓紧修改完善关于维护互联网安全的决定。二是在“十二五”规划期内，研究对文物保护法、著作权法、档案法进行再次修改，使其与我国文化发展和保护知识产权的需要相适应。三是积极开展文化基本法律的立法研究，协调组织相关部门，加快《公共文化服务保障法》《文化产业促进法》的起草工作，力争在“十二五”规划期间有一个较大的进展。

把握讲话精神实质，坚持文化自信做好文化法制建设工作[1]

——学习习近平同志系列讲话的几点认识和体会

第一，深刻认识和把握讲话的精神实质。

学习了习近平总书记十八大以来的一系列重要讲话，深深感到，习近平总书记面对错综复杂的国际国内形势，以巨大的理论勇气和政治智慧，提出了许多富有创见的新思想、新观点、新论断、新要求。这些重要讲话既是新一届中央集体对我们党举什么旗、走什么路的政治宣示，也是对新形势下治国理政方略、内政外交政策的全面阐释。对指导党和国家事业发展、开创中国特色社会主义新局面具有重大现实意义和深远历史意义，也具有很强的针对性、指导性。

这些讲话系统全面，深思熟虑，绝非突如其来。一些基本思想、观点从他当年的《之江新语》一书中就鲜明地反映出来了。文章短小精悍，语言生动简洁，文风朴实真诚，绝无空话、套话，针对社会发展、党的建设、工作作风、群众路线以及群众关心的热点问题作出了回答。如《发展观决定发展道路》《从“倒逼”走向主动》《既要 GDP，又要绿色 GDP》《和谐社会本质上是法治社会》《要拎着“乌纱帽”为民干事》《执政重在基层》《心无百姓莫为官》《精神文明建设要“从娃娃抓起”》《莫把制度当“稻草人”摆设》等等，无不是坚持“从群众中来，到群众中去”这一党的基本路线和领导方法的生动体现，是运用马克思主义立场观点方法解决观察问题、分析问题、解决问题的经典篇章。

要深刻认识和把握系列讲话的精神实质。习总书记的讲话内容全面丰富，有文章将其归纳为十个方面，包括中国特色社会主义、中华民族伟大复兴的“中国梦”、改革开放、稳定发展、宗旨意识、依法治国、从严治党、反腐倡廉、科学发展、马

---

〔1〕 本文为笔者于2013年12月在全国人大机关学习习近平系列讲话交流会上的发言。本文中所涉及之法律法规与理论，均以写作时间为准。

克思主义唯物史观和辩证法等。我认为，这之中，一个最为突出鲜明且具有代表性的思想观点就是提出了“实现中华民族伟大复兴的中国梦”。可以说，其他所有思想观点都是紧紧围绕这一核心理念来展开、阐释和论述的。

“中国梦”是一个感性的词语，绝不能将其庸俗化。关键是它的内在核心，这就是“实现中华民族的伟大复兴”。“伟大复兴”不只是一个简练口号，更是一个有着丰富历史内涵和现实存在的伟大运动，它必然与中国共产党肩负的历史使命紧密相连，必然与中华民族百年以来历经沧桑的梦想和渴求紧密相连，必然与中华民族今天的文明创新发展和现代化建设紧密相连。这也是我们党从建党以来在革命战争时期、新中国建立时期、改革开放时期等不同的历史阶段所艰苦奋斗的共同目标，与毛主席、邓小平等领导人的根本思想一脉相承。正是在这个意义上，我们绝不能将其割裂、对立起来。党自十五大以来虽然明确提出了“伟大复兴”这一口号，但其内涵、基础和实现路径并不是十分清楚，也尚未将其作为一个整体目标来全面论述。习总书记高瞻远瞩，全面、深入、系统地阐述了何为“中华民族的伟大复兴”，指出了其内涵、基础和实现路径。

何为“中华民族的伟大复兴”？习总书记有三句话十二个字，那就是“国家富强，民族振兴，人民幸福”。虽然简练，但内涵极为丰富。这既是目标，也是尺度，从国家、民族到个人都包含其间。实现“伟大复兴”的基础是什么？习总书记点明有两大基础：一为物质基础，一为文化基础。这两大基础准确反映了“伟大复兴”的客观要求。总书记明确提出“要夯实实现中国梦的物质文化基础”。如何夯实？这就是进一步深化改革，推动科学发展，全面推进经济、政治、社会、文化、生态文明建设以及党的建设，实现两个“百年”目标，使社会物质文明和精神文明全面繁荣、进步。要实现“伟大复兴”的“中国梦”，路径何在？习总书记也有三句话，那就是“必须走中国道路，必须弘扬中国精神，必须凝聚中国力量”。中国道路就是中国特色社会主义道路，就是马克思主义普遍真理与中国社会主义现代化建设实践的有机结合。中国精神就是以爱国主义为核心的民族精神和以改革创新为核心的时代精神，中国力量就是各族人民大团结的力量。

习总书记将实现中华民族的伟大复兴鲜明地作为全党全国人民共同奋斗的旗帜，将党的建设、社会发展以及各方面工作纳入其中。这集中反映了中华民族的整体诉求，代表了全体中华儿女的广泛意志，充分体现了新时期社会发展对党的历史使命的必然要求。这是坚持党的实事求是路线，把马克思主义普遍真理与中国实践相结合的又一典范。

第二，坚持我们的文化自信。

要实现中华民族伟大复兴的“中国梦”，必须坚持理论自信、制度自信、道路自信。而这些自信的一个最重要的来源和基础就是文化自信。这是一个国家、一个民族、一个政党对自身文化价值的充分肯定和对自身文化生命力的坚定信念。文化自信是民族自信心和自豪感的源泉，中华民族正是有了对中华民族文化的自信心和自豪感，才在数千年漫长的历史长河中生生不息，坚忍不拔，创造辉煌的。

当前，从世界范围看，随着全球科技经济的迅速发展，随着人类文明的不断进步，人们对文化的认识在不断深化。也就是说，在经济、科技全球化程度日益加深的今天，文化对一个国家、民族的重要性越来越突出。保持文化多样性的重要性也越来越突出。这种重要性除了体现在一般的文化意义上，还体现在政治、经济、民族、国家文化主权等方面。文化成了一个战略问题为各国所关注。这种趋势和现象具有相当深刻和复杂的历史背景和时代原因：一是在以信息技术、互联网技术为核心的科技、经济发展下，全球一体化的趋势日益突出，国家、民族、地域的特征与界限在相当程度上被不断削弱和打破。二是西方发达国家借助科技经济的优势，利用全球化的趋势，在全球极力推行西方文化及其相关的价值理念。三是文化体现了一个国家、民族最本质的特征，是国家、民族的身份象征和价值象征。党的十七届六中全会鲜明指出“文化是民族的血脉，是人民的精神家园”，这是对文化本质的准确概括。

习近平早在《之江新语》中就有一篇经典短文叫《文化是灵魂》。文章借用一位哲学家的话——“政治是骨骼，经济是血肉，文化是灵魂”——并有感而发，指出文化作为“软实力”是“润物细无声”地融入经济力量、政治力量和社会力量中，是经济发展的“助推器”、政治文明的“导航灯”、社会和谐的“黏合剂”。文化对政治制度、政治体制的导向和引领作用十分明显。在实现“中国梦”的过程中，无论是中国道路、中国精神，还是团结各族人民凝聚力量，都离不开文化的核心作用。高度重视并发挥文化的引领作用，把文化建设作为实现“中国梦”的不可或缺的重要基础，把中华民族优秀历史文化传统与中国社会发展紧密相连，是习总书记思想中的一个关键内容。习总书记在全国宣传工作会议上特别强调，独特的文化传统，独特的历史命运，独特的基本国情，注定了我们必然要走适合自己特点的发展道路。每个国家和民族的历史传统、文化积淀、基本国情不同，其发展道路必然有着自己的特色；中华文化积淀了中华民族最深沉的精神追求，包含着中华民族最根本的精神基因，代表着中华民族独特的精神标识，是中华民族生生不息、发展壮大的丰厚滋养；中华优秀传统文化是中华民族的突出优势，是我们最深厚的文化“软实力”；中国特色社会主义植根于中华文化沃土、反映中国人民意愿、适应中国和时代发展进步要求，有着深厚历史渊源和广泛现实基础。中华民族创造了源远流长的中华文化，中华民族也一定能够创造出中华文化新的辉煌。

党的十八大提出的一个非常重要的论断就是建设社会主义文化强国，这是培育、巩固我们文化自信的重要基础。我们长期以来一直是文化大国，但不是文化强国。十七大报告提出推动社会主义文化大发展、大繁荣，十八大报告则明确提出要建设文化强国，而且把文化建设作为“五位一体”的战略布局，作为全面建成小康社会的目标，作为中国特色社会主义道路的一个重要内容而提出来。习总书记更进一步强调文化建设是实现中华民族伟大复兴的“中国梦”的两大基础之一，这是新一届党中央对整个国际国内发展趋势、规律的把握和对文化的深刻认识，也反映了中央对如何建设中国特色社会主义道路的规律的认识。出现这种变化，既有全球科学技术迅猛发展和经济技术全球化趋势的原因；也有西方强势文化借助这一趋势在全球极力推行西方文化及其价值理念的原因；更有我们自身的原因，主要是文化建设跟不上经济建设的步伐，道德伦理、价值观的培育与社会全面发展的要求不相适应，与我们这个文明大国在世界上应有的地位和作用不相适应。

如何树立我们的价值观、弘扬中华优秀文化，这是夯实“中国梦”文化基础建设的一个核心任务。前不久，习总书记专门考察曲阜孔府和孔子研究院，指出“国无德不兴，人无德不立”，强调对历史文化特别是先人传承下来的道德规范，要坚持古为今用、推陈出新，有鉴别地加以对待，有扬弃地予以继承，使其在新的时代条件下发挥积极作用。要“建设社会主义文化强国”“大幅提高我国文化软实力”，一个首要的任务就是使社会主义核心价值体系深入人心。十八届三中全会吹响了全面深化改革的号角，进一步明确提出，建设社会主义文化强国，增强国家文化“软实力”，必须坚持社会主义先进文化前进方向，坚持中国特色社会主义文化发展道路，培育和践行社会主义核心价值观，巩固马克思主义在意识形态领域的指导地位，巩固全党全国人民团结奋斗的共同思想基础。坚持以人民为中心的工作导向，坚持把社会效益放在首位，社会效益和经济效益相统一。以激发全民族文化创造活力为中心，推进文化体制机制创新，明确提出了多项具体改革目标和任务，包括完善文化管理体制、建立健全现代文化市场体系、构建现代公共文化服务体系和提高文化开放水平。

第三，大力推进文化法制建设。全面推进依法治国，加强制度建设是习总书记系列讲话中的一个重要思想，也是实现“中国梦”的一个重要环节。习近平总书记在宪法大会上指出，要坚持依宪治国、依宪执政，要把国家的各项事业和各项工作纳入法制化轨道。全国人大及其常委会要加强重点领域立法，拓展人民有序参与立法，通过完备的法律推动宪法实施，保证宪法确立的制度和原则深入落实。张德江委员长指出，社会实践永无止境，立法工作要不断推进。中国特色社会主义法律体系是开放的、动态的、发展的，要在新起点上加强和改进立法工作。习近平总书记进一步强调指出，要坚持依法治国，重大改革要于法有据，先立后破，有序进行。并提出了把完善和发展中国特色社会主义制度，推进国家治理体系治理能力现代化作为全面深化改革的总目标。这些重要指示为我们大力推进文化法制建设指明了方向。

从总体上看，现行文化立法与社会经济发展不相适应，与文化建设的重要地位不相适应，与建设中国特色社会主义法律体系的要求不相适应。无论是相对于经济立法而言，还是相对于教育、科技、卫生等领域的立法而言，文化立法都是相当薄弱的。全国人大常委会制定的文化法律共4部，分别是《文物保护法》（1982年）、《档案法》（1987年）、《著作权法》（1990年）、《非物质文化遗产法》（2011年）；通过的有关互联网安全的决定共2部，国务院制定的有关行政法规约40部，各省、市、自治区人大及其常委会制定的地方性文化法规和决定300多部。国务院各有关部门还制定了一些行政性规章。现行文化法律制度虽然初具规模和基础，但文化法律数量少，主要集中在文化遗产方面，文化主要领域的基本法和专门法严重缺失。现行文化立法主要是制定了一批法规规章，法律层级和效力偏低，缺乏上位法的依据。而且，主要集中在文化行政管理方面，有明显的局限性，立法内容不适应改革开放、文化体制机制改革创新、保障公民文化权益、促进公共文化事业、文化产业发展和文化市场管理的需要。客观来看，目前也存在着一些影响文化法制建设的不利因素：一是文化立法的理论研究薄弱，成果较少，理论准备不足；对文化内涵理解比较混乱，直接影响法律保护制度的科学化、系统化和统一化建设。二是文化立法的盲点较多；效力层级偏低；在内容上带有计划经济色彩和痕迹；文化立法的系统性和严密性欠缺。三是文化体制改革存在不少障碍，文化市场体系建设相对迟缓；全国统一的产品市场尚未全面接轨；公益性文化事业与经营性文化产业的界定不够清晰；国家文化宏观管理和监管体制改革进展不足等。随着全面深化改革工作的推进，这些问题会逐步得到有效解决。

党的十七届六中全会明确提出“加快文化立法，制定和完善公共文化服务保障、文化产业振兴、文化市场管理等方面的法律法规，提高文化建设法制化水平”。党的十八大报告提出要加强重点领域的立法工作，文化法制领域就是亟须加强的重点领域。十二届全国人大常委会自组成以来，高度重视社会领域包括文化领域的立法工作。在颁布的“十二五”立法规划中，分别列入了一、二、三类的文化法律共8部，它们是《公共图书馆法》《电影产业促进法》《著作权法》（修改）、《文物保护法》（修改）以及文化产业促进、公共文化服务保障、网络安全方面的立法。在整个规划中占相当大的比重，在全国人大立法史上前所未有。这充分表明新一届全国人大常委会对加强文化法制建设的高度重视，也充分体现了全国人大常委会切实贯彻落实科学发展观、通过法制手段推进经济社会全面发展的积极努力。

十八届提出了要推进国家治理体系治理能力现代化作为全面深化改革的总目标，提出了要使市场在资源配置中起决定性作用，同时也要发挥党和政府的积极作用。与其相比，目前文化治理能力存在着方式简单、手段滞后、途径匮乏等问题。受市场经济规律影响，文化资源配置方式、文化企业运营模式、文化市场管理手段等也在发生新变化。这些都对提高文化法制建设水平提出了新要求。文化法制建设工作意识形态性强，必须始终坚持党的领导，从制度上、法律上保证党和国家在文化领域的基本路线方针的贯彻落实；必须坚持社会主义先进文化的前进方向，弘扬社会主义核心价值观。要通过基本法、专门法的制定，着力推进文化法律制度的现代化、文化治理方式手段途径的现代化。要积极研究制定文化产业促进法等法律，协调有关部门修订相关法规，为培育文化市场主体、促进文化产业发展提供法制保障，也为建立健全文化市场体系、依法管好文化市场提供法律依据，形成各类市场主体公平竞争市场秩序，促进文化资源有序、有效流动。要围绕构建现代公共文化服务体系的目标要求，积极开展公共文化服务保障立法研究论证和起草制定，用法律手段来促进公共文化服务标准化、均等化和社会化。要抓紧开展《公共图书馆法》《电影产业促进法》的前期立法工作，力争在近期尽快提交全国人大常委会审议；同时还要抓紧开展《著作权法》《文物保护法》的前期修改调研工作，使这两部法律适应我国经济社会的发展需要。要积极推动网络安全立法，使网络应用发展走上法制轨道，确保国家网络信息安全。

加强文化法制建设不应被单纯理解为是加强文化领域内的立法，还要高度重视和发挥社会主义核心价值观和中华民族优秀文化精神在整个法律制度建设中的作用，使其紧密结合起来。法律是社会最高的制度建设，必然体现其制度的核心价值观和文化精神。“完备的法律体系”在本质上应该是中国特色社会主义制度和精神在法制上的完备体现。法律不仅有规范作用，还有引导作用。要特别重视法律在社会发展中的引导、倡导作用，重视在制度设计上充分体现我们的文化精神。

我们作为党员，作为人大工作人员，一个首要的职责就是要始终坚持正确的政治方向。要坚定不移地把我们的思想、观点和工作统一到习近平总书记的讲话上来，统一到实现中华民族伟大复兴的“中国梦”这一总体要求上来，坚定不移地维护习总书记的权威。必须始终不渝地坚持中国特色社会主义道路，坚持中国特色社会主义制度，它包括了政治制度、经济制度、文化制度、社会制度等。我们从事的工作就是制度建设工作，责任重大，应当以高度的自觉和信心做好我们的工作。

文化发展与文化法制建设[1]

谢谢大家！非常高兴有这个机会回湖北，因为我是湖北人。在座的还有一些是我的同学，我当年就在华中师范大学念书。我在全国人大工作了将近三十年，一直在从事文化方面的法制建设工作。所以，我很高兴把我在工作中的一些体会、感想，给在座诸位领导同志们、老乡们作一个汇报。

我今天讲座的题目叫《文化发展与文化法制建设》。刚才主持人也都说过了，现在，文化法制建设问题和文化发展问题是我们当今时代一个非常重要的问题。我今天围绕这个课题，给大家讲一讲。

今天报告的主要内容一共分为四个部分。第一个部分是什么是文化？第二个部分是文化为什么在当今成了一个战略性问题？第三个部分是我们为什么要进行文化体制改革？第四个部分是我们为什么要加强文化法制建设？

第一点，什么是文化？文化现在是一个非常热的词，什么样的领域、什么样的对象，都可以被冠以文化之名。实际上，从文化人类学的范畴来看，物质产品与精神产品的总和统称为文化，这是一个非常广泛的概念。我们谈文化，更多的是从它作为精神产品的角度来谈的，是从与物质产品相对应的角度来谈的。人类跟其他动物最大的区别就在于人有精神上的需求，体现在对象物品上就是我们讲的文化产品。价值观、道德观，各种文化艺术的表现形式以及社会习俗等，这些都是精神产品的重要组成部分。谈文化首先要把这个对象谈清楚，即什么是文化，一定要把这个概念和范围说一下。

关于概念问题，毫无疑问，文化作为精神产品，一个最重要的核心内容就是它的意识形态的功能，它作用于人的精神、行为，可以教化、感染、影响人，所以团结人民的一个最重要武器就是精神武器。从现在来反思，我们对文化的理解，还是有局限性的。因为文化不仅仅具有意识形态的功能，还具有文明传承功能、社会教

---

〔1〕 本文为笔者于2014年12月在湖北省人大常委会开展的法制讲座。本文中所涉及之法律法规与理论，均以写作时间为准。

化功能、经济发展功能以及审美功能、娱乐功能等，还有国家“软实力”功能，这是后来我们逐步认识到的。

其次是“文化事业”概念。改革开放后，国家发展开始走上正轨，提出了“文化事业”的概念。那个时候的概念不是特别明确，不像现在所说的公益性的文化事业。那个时候就是笼统地说文化事业，我们所有的工作对象都是以“事业”这个概念涵盖，中间并没有区分经济利益或者其他方面的含义，就是一个事业性的东西。这个“事业”的概念，在本质上就是国家财政统筹发展的一个事业。在当时的计划经济体制下，所有方面都被统称为国家发展的“事业”，如经济事业、文化事业、教育事业、科技事业，就是都由财政包起来，吃财政饭，交由各行政部门既管事业又办事业，所谓“管办不分”就反映了计划经济环境下对文化的认识。

改革开放后引入了经济因素，随着市场经济的引入，又出现了文化市场的概念，文化市场实际上是把经济市场直接移植到文化领域中引申出的一个概念，主要表现在娱乐行业。最早是广东白云宾馆开办了一个音乐茶座，理论界将其认定为是我国文化市场的发端。从 20 世纪 80 年代初开始，娱乐场所——歌厅、舞厅、卡拉 OK 厅——作为娱乐市场的代表性现象，从南到北、从东到西，蔓延到全国，一直延续到 20 世纪 90 年代。文化市场的概念在那个年代就是娱乐市场的概念。但是在 20 世纪 80 年代到 90 年代，我们把文化事业与文化市场等同起来。所以，文化市场司，一度成了文化部最大、最重要的一个部门。现在谈的文化市场，跟原来文化市场的概念是不一样的，是更加宽泛的，与整个文化产业发展相关联，涉及文化产品生产、流通和消费的市场概念。但在 20 世纪 80 年代到 90 年代，从文化政策的角度上来说，我们对文化的认识有失偏颇，以为发展娱乐场所就是正常的文化发展。现在想想，那是对文化的一个不正确的理解。实际上，娱乐场所这块领域在本质上、在历史上都不属于正常的文化范畴，它属于社会管理的范畴。那时期，我们全国人大教科文卫委员会对全国文化娱乐市场的开展做了不少调研，第九届全国人大常委会副委员长彭珮云同志负责我们委员会，她又是全国妇联主席，对文化娱乐市场中出现的“三陪”问题深恶痛绝。我们专门就“三陪”问题进行了调研，最后向全国人大常委会报送了有关报告，国务院对此展开了一系列清理整顿。但后来，我们强烈认识到，我国作为一个五千年历史悠久文明和经济、技术迅猛发展的大国，需要的是一个与之相匹配的大国文化建设。所以，从 20 世纪 90 年代后期，我们开始把非物质文化遗产保护和立法作为新时期文化建设的一个重要方面来推动，其后出台了《非物质文化遗产法》，这是后话。但在我国文化发展中，这是一个重要转变。也就是由文化娱乐市场的被动发展转变为对整个文化建设的重新认识和定位。这之后，我们对什么是文化、如何建设文化的认识日益深刻，在理论上、实践上不断达成共识，把文化建设分为两部分：公益性文化事业、经营性文化产业，这是对文化事业发展认识的正确回归。公共文化就是国家财政必须提供保障和支撑、使人民群众基本文化权益得以实现的公益性文化；经营性文化产业就是通过市场经营行为来充分发展，但这个经营行为并不等于完全市场化，并不等于放弃文化的根本属性和社会效益而以经济效益为唯一标准。恰恰相反，我们正是要用市场和技术的手段做大、做强文化企业，为社会提供更加丰富多样的文化产品，传播我们优秀的文化精神。文化当然有它的经营性属性。过去我们并不承认这一点。客观来说，文化的产品，在我们的历史上一直是有经济属性的。比如说，无论我们于哪个时代到书店买书，书都具有经济价值，尽管有时候售价很低。

党的十八大确立了“五位一体”的发展战略，这是一个重大的、科学的战略理念调整。现在我们整个社会发展是五位一体，有人说是六位一体：经济建设、政治建设、文化建设、社会建设、生态文明建设，还有一个党的建设。但是，对社会发展来说，我们讲的是五位一体。改革开放以来，我们耳熟能详的一个基本概念就是以经济建设为中心，核心是其他领域的建设要服从经济建设。虽然我们现在取得了经济发展的巨大成就，但是也带来了社会不均衡发展的现象。所以，从十七大开始，党中央提出科学发展观，强调社会均衡发展，不完全是经济建设，还有社会建设，五大部分同时构成社会建设的主体内容。在这之中，文化作为国家发展的一个重要战略问题得到了确认。也就是说，以习近平总书记为核心的党中央高度重视文化发展，特别是中华优秀传统文化的重要战略地位，把文化自信作为理论自信、道路自信、制度自信的最重要的基础和来源，把发展文化作为国家“软实力”建设的重要内容，这为我国文化发展的正本清源，指明了正确方向。所以，几十年来，我们对文化这样一个概念的基本的认识是这样发展过来的。

我是研究法制建设的，法制建设的一个基本问题就是权利问题。现在不仅有经济权利、政治权利、公民基本权利，还有文化权利。文化权利是指法律规定的，人们在社会精神文化生活领域中所具有的一种占有、支配、享有和创造文化产品的资格权，即享受文化成果的权利、接受文化教育的权利、参与文化活动的权利、开展文化创造的权利、文化权益保障的权利等，它与公民政治、经济、社会权利同等重要，也相互依赖、不可分割。很长一段时间以来，文化权利并不是作为人权中的重要内容被提出来的。从20世纪80年代开始，联合国教科文组织开始重视公民的文化权，并将之作为人权的重要内容来强调。前面讲人开始区别于动物的最大一个特征是精神的需求，主要体现在文化的精神权利的满足。随着全球经济的增长，人们对精神财富的需求被提出来，所以，精神权利便成了一项非常重要的权利。我们原来讲发展文化事业，是为了满足人民群众日益增长的物质文化需求，但是从十六大以后，就不完全只说满足人民群众日益增长的物质文化需求了。因为这是单向的，是作为一个施予者满足你的需求，我给你什么、你满足什么，相互之间不是一个平等关系。现在，我们谈得更多的是保障人民的基本文化权利，不仅仅是满足需求，更是基本权利的保障，这是政府的基本职责。现在，中央一般都是将两句话放在一起说，“发展文化是为了保障人民的基本文化权利，满足人民的文化需求”。

我们谈谈文化的范围。在我国，最主要的划分方式是按照政府部门的行政职责划分。中国在五千年历史中，政府的行政权力一直非常大，是一个行政大国。谈一个对象，往往从行政权力来谈。从文化行政管理体制的角度来划分，分为三大文化领域：大文化、中文化、小文化。大文化就包含有教育、科技与体育；中文化就是我们通常讲的宣传领域的文化，即广播电视、新闻出版、文化部管辖的文化、文化遗产等；小文化大家都比较清楚，是现行文化部管辖的文化，但它只是一部分的、非常狭窄的一个文化范畴，主要是表演艺术、非物质文化遗产、对外文化交流等。文化是一个很大的范畴，文化部顶着“文化”的名，但是新闻、出版、广播、电影、电视都不归它管，文物也不归它管。就像交通部，铁路、航空都不归它管，但是“交通”归它管，而交通又是个大概念。所以，行政体制改革是一个非常重要的问题，名不正则言不顺。十八大采取了一个机构合并的办法，回归到一个大文化范畴。当然，一步是走不到位的，于是就把新闻出版总署和广播电视总局合并掉，现在叫国家新闻出版广电总局。当时开代表大会，国家编委的新闻发言人就解释了，说新机构名称是国家新闻出版广播电影电视总局，后来有记者说名称这么长，为什么不能精简一下。发言人就说，新闻出版广播电影电视这些职能都得有，一个都不能少，只好全列上。到第二次开会的时候，就说名称确实很长，吸收意见，改为“国家新闻出版广电总局”。但严格来说，广电是一个缩略语，讲起来不严肃，前后不对称。我举这个例子是想说明合并的难度是非常大的。当然，将来仍然是要坚持走一个综合性的大文化发展方向。现在，中央的决心也是非常大的。改革开放以来，我们党对文化建设非常重视，召开了若干次全会。我大概统计了一下，从十一届六中全会到现在，一共开了七次六中全会。六中全会一般都是对精神文明建设或党的建设作出决议。但是我们党长期以来，一直没有针对文化本身提出一个决议，只是到了十七届六中全会对文化的建设问题作出了一个专门的决议，说明文化建设问题已经成了全党、全国上下高度重视的问题。

我们谈的文化法制，就是指规范和调整文化领域内文化成果的创造、生产、传播、消费、保护弘扬以及文化促进服务和管理的各个社会关系的法制建设。文化法制可以对文化建设起四个作用：保障、促进、规范和保护。保障公民的文化权利，促进文化产业，规范文化市场，保护文化遗产。

第二点，文化为什么在当今成了一个战略性问题？这需要从国家战略层面来考虑、来认识。这有国际和国内两个方面的原因，我简单归纳一下，从国际上看，这是全球经济科技发展的一个必然，这样一个背景下，各国对文化重要性的认识越来越深刻。这种重要性，除了体现在文化上，还体现在政治、经济、民族、国家主权等方面。文化的战略地位越来越突出，文化作为“软实力”日益为各国所高度关注、高度重视。过去谈文化，就是唱歌跳舞、茶余饭后的闲谈，或者是消遣性的东西。现在谈文化，更多的是谈及国家的“软实力”、国家的发展战略。有一个词叫国家文化主权，我们过去很难从主权的概念来认识文化，文化都是个人欣赏消费的活动，与国家主权有何关系？这个概念也是这些年才出现的。一个例子就是，韩国曾经把端午节（他们叫“江陵端午祭”）申报世界遗产，引起了一场轩然大波。端午节长期以来一直是中华文化的组成部分，而“江陵端午祭”本身就源自端午节，虽然对它进行了一些改造，表现形式和内容有韩国的特点，但它的文化渊源是清楚的。所以，韩国拿它去申遗，引起了国内很多专家学者的强烈反对。当时，辽宁大学的乌丙安老师就在报纸上写文章，说这一事件应当引起我们的高度重视。我在全国人大负责文化立法工作，很长一段时间以来，大家一直不重视传统节庆，有人还觉得这个东西，外国人用就让他用好了，正好说明我们文化历史源远流长，影响广泛。但是，仔细想一想，韩国到联合国去申遗，这就涉及文化的主权问题了，因为联合国确认的世界遗产是一个主权国家的具有世界文化价值的独特文化形态。过去，联合国只重视物质文化遗产，有公约和国际名录。从 20 世纪 80 年代开始，非物质文化遗产开始成为重要内容，比如传统节庆、传统艺术、传统工艺等。韩国把这个“江陵端午祭”拿去申报并得到批准，一下刺激了我们，社会上说老祖宗的端午节被韩国人抢了，感觉压力非常大，严重伤害了我们的民族感情。过去，我们的法定假日都是政治性的节庆，如五一、十一等，传统节庆中只有春节被保留下来。中央后来对这个问题予以了高度重视，当时的中国人民大学校长给全国政协写信，要求把传统节日纳入法定节日，国务院赶紧研究，就把端午、清明、中秋纳进来了，赢得了全国人民的高度赞赏。当时有些同志说韩国申报就让他申报，觉得无所谓，这是没有认识到这件事情为什么会严重影响到老百姓感情。《非物质文化遗产保护公约》是有国际效力的，公约里面设有若干保护名录，由各国提交自己具有代表性的，可为国际认可的国际遗产。所以我曾经说过，你让人家申报，我们自己不主张，我们现在不觉得怎么样，再过若干年、几百年，人们不会关注“江陵端午祭”的文化源头是中国，只讲这个文化形态的国家属性，就讲国际法效力对本国传统节庆的确认。此外还有地缘上的原因。实际上，韩国跟我们争，争什么？日本跟我们争，争什么？就是东亚文化的主导权。大家想一想，你不重视这些现象，他拿过去了，他通过国际社会的认证，通过申遗，就是让国际社会确认这个文化遗产就是他的，你不重视行吗？再过若干年，连我们的子子孙孙都会认为这个文化形态是人家的。什么叫文化主权？这就是文化主权。所以，我们后来马上也把我们端午节申报为世界非物质文化遗产。长期以来，在历史文化源脉上面，整个东亚的文化圈，就是以中华文化为根源，国际上叫儒家文化圈，包括日本、韩国和整个东南亚。文化本源在我们这儿，他要强调他的独立性，就要跟你切割，就要证明跟你没有任何关系。一个国家的独立和主权，首要的就是文化的独立和主权。当然，文化是跨域的、流动性的，一个文化到了另一个地方以后，我们要尊重它的一些流变。比如，印度佛教传入中国后就中国化了，我们的儒家文化传入韩国、日本后也被韩国化、日本化了，端午节也是这样。他们叫“江陵端午祭”，到了韩国改变了一些形态（比如服饰、祭拜礼仪等），他们保存得非常好，有非常完整的仪礼传承下来，但是我们现在没有了，就是吃粽子、划龙舟。有句笑话，中国人是民以食为天，凡是跟吃有关的，都能留下来，也改不了。这说明了什么？这说明了一个民族必须要有他自己的文化象征，要有自己的文化精神，如果没有了，这个民族何以立足？春节是中华民族独有的重要传统节庆，传承千年，蕴含着中华民族以家为本的文化精神，是千百年来中华儿女的一种精神寄托，也是凝聚人心、团结人民的一个重要形式。所以，通过行政手段改变文化的形态，真的是很难做得到的。我春节在家里看电视，来来往往的人每年都要回家过春节，网上抢购火车票，今年人数又超出了历史记录。在江浙打工的人骑着摩托车载全家翻山越岭、千里万里也要回去，摩托车洪流也成了一道风景线。大家想想，几亿人每年都如此，千百年来只要是中国人，年年如此，不管千难万难就是要在那几天赶回家去。有哪种力量能造成这么大的影响？经济力量、军事力量都做不到。这是什么力量？这就是文化的力量，只有文化的力量能做到。

再讲一个我国台湾地区的例子。台湾是中国不可分割的一部分，这既是历史事实也是国际共识，但是从陈水扁开始，搞文化“台独”，一直到现在，一些人仍然强调所谓的文化“独立性”。为什么呢？这是妄图为将来的所谓“主权独立”打基础。很多人去过台湾地区，我也去过，和台湾地区的人交流文化，他们有的人最喜欢说“这是我们台湾的文化”。其实，哪里有所谓台湾的文化，台湾的主体文化就是中华文化。从我国台湾地区文化的历史构成我们就可以看到这一点。除了一些最早的少数民族文化（如高山族文化）外，主要是郑成功收复台湾后带过去的闽南文化。所以，台湾地区的民间文化主要是闽南文化，寺庙、民俗包括语言等都是，这是主体部分。还有一部分，就是日据时代，在将近五十年的时间，我国台湾地区存留了一些日本文化的形态。总体上来说，随着国民政府收复台湾，日本文化形态消失得很多，但是还是有些影响。还有一个重要部分，那就是国民党溃败到台湾地区，蒋介石带去的两百多万人，包括一批知识分子，把中原文化和近现代的文化一同带过去了。所以，“台湾文化”所谓的主要构成就是中华文化，怎么可能有一个完全“独立”于中华文化之外的所谓“台湾文化”呢？

出现这么一种变化，归纳起来有三个原因：第一个原因是科学技术的迅猛发展。随着以互联网为代表的高新技术的发展，全球一体化的趋势日益突出，国家民族的界限和特征，在相当程度上会不断地被打破和削弱。发达国家和发展中国家，都被世界新技术连为一体，文化作为一个国家民族的身份象征和价值体现，它的本质属性日益凸显。大家知道人类从 18 世纪以来，经过了三次知识技术革命浪潮：第一次是以瓦特蒸汽机为代表的工业革命；第二次是以爱迪生为代表的电气化技术；第三次是以互联网为代表的高科技技术革命。第四次革命到底是什么？现在大家都在探索，也可能是以机器人为代表的智慧革命。这些技术革命带来的一个最直接的结果就是民族、国家之间的界限被打破了。结果就是大家变为一体，出现全球化、地球村这样一个趋势。带来的直接改变就是，每个国家、民族都呈现趋同性，变得非常一致化。移动互联网出现以后，大家现在不出门，拿着手机，马上变成全球人，我们在衣、食、住、行的各个方面都变得趋同化。虽然有地域上的界限，但是实际上已经全球化了。大家突然发现，我的区别在什么地方呢？我的本质的东西在什么地方呢？最后发现，只有文化，只有一个地域的文化、一个民族的文化、一个群体的文化要素能够决定一个地域、民族、群体最本质的东西。这就是各个国家特别重视文化的一个最本质的原因。最能够体现出你的本质、血脉、核心的东西，就是文化特征。工业特征、其他的特征，基本上都完全被消磨掉了。你之所以能够区别于他，成为你自己，成为一个独立的个体，就是因为文化。比如说，谈到中国人，我什么都不说，拿个京剧脸谱往那一放，就知道是中国人。这是我讲的第一个原因，即技术方面改变的原因。

第二个原因，伴随科学技术的发展，西方强势文化向全球的蔓延，西方科学技术和军事技术的强势化，必然带来其文化的强势化。从历史发展来看，每个时期都是这样，随着一个国家军事、技术的向外蔓延，它的价值理念、文化特征、思想都会向外蔓延。在西方看来，所谓全球化，就是西方思想、价值观念的全球化，也就是以强势文化取代、消灭弱势文化。西方文化单边主义的倾向特别严重，严重威胁到了其他国家的文化主权和文化安全。保护和发展本国本民族的文化，是维护世界多样性，促进世界和平共处的一个重要内容。冷战结束以后，西方世界把苏联的解体看作是他们全球思想价值观的胜利。在这样一个背景下，西方在对外政策上，不光在军事、经济层面奉行单边主义，在文化层面也同样奉行单边主义。美国一个非常著名的人物弗朗西斯·福山写过一本名叫《历史的终结》的书。他认为，人类各种发展的方法和道路，一直到苏联的解体表明了一个终结：以西方为代表的价值理念、文化形态，取得了完胜，所以其他的国家都不需要再做什么了，就照着西方的模式做就行了。后来，哈佛大学教授亨廷顿写了一本非常著名的书——《文明的冲突》，他说事情没这么简单，文化形态的争斗是长久存在的。全球分为好几个文化形态区域，像儒家文化圈、印度文化圈、非洲文化圈、以盎格鲁·撒克逊人为代表的基督教文化圈，还有中东的伊斯兰文化圈，都是有着几千年的历史文化，有它自己的道德价值和文化特征，不能说一种文化覆盖全球。接下来的冲突是“文明的冲突”，就是文化圈跟文化圈之间的冲突。这本书直到到现在影响仍十分巨大，实际上，从某种角度上来说，人类现在的发展，在很大程度上是在佐证他的判断。“9·11”事件的出现，就是一个重要的例证。一群宗教极端分子，驾驶飞机去撞美国的大楼，他们说“圣战”，就是为了文化的目的、宗教的目的进行的战争。所以，当年的小布什也说要“圣战”，实际上就是文化之间的搏斗，不能让你这种文化覆盖了我的文化，我要抗拒你的文化形态，采取一个暴力、恐怖的手段。现在一些恐怖主义者为什么这么极端呢？背后的根源就是宗教的文化形态。文化之间是不是必然要搏斗？不一定。所以，现在国际上也出现了文化要宽容、要包容的呼吁。大家回过头来想想，中华文化几千年的历史为什么能够被流传到今天？其中一个重要的原因就是中华文化是具有包容性的文化形态。在四大文明古国里面，只有中华文化，从五千年以前（当然现在认为是更早的是七千年以前），一直延续到现在。古埃及四千年的文明非常辉煌，但是断掉了；古罗马文明也非常辉煌，也断掉了。现在有人认为古希腊文明与现在没什么关系，跟欧洲文明没太大关系，古埃及文明与现代埃及也关系不大。当然，这是学界的一类说法。可我们呢，谁也无法否认我们商代以前的文化跟我们现在中华文化的渊源传承关系。我们有史籍，有很多的考古证据来证明从那时到现在，各个环节、链条都是非常完整的，一直延续发展到今天。中华文化之所以以独特的文化形态被延续到现在，最重要的特点就是它的包容性，我们对其他文化形态从来没有采取绝对排斥的态度，或者用恐怖主义方式去把人家消灭，让你全盘接受我的文化形态。大家知道犹太人就是一个例证。犹太人在欧洲历史上长期受到排挤，最极端的就是第二次世界大战中希特勒大规模屠杀了600万犹太人，这实质上就是文化的不相容。希特勒之所以能够这么做，在当年能够有计划地屠杀几百万犹太人，其中有个很重要的客观因素就是，他得到了一些欧洲国家自觉或不自觉的支持，所以，那时候犹太人是全球的难民，是没有国家收容的。美国为了不卷入欧洲战争，船到了美国都不让靠岸，最后来上海靠岸。中国在历史上容纳犹太人的有三处地方：第一处是河南开封。那是最早的，现在开封的有些人的犹太特征还多少有一点点。犹太人进入中国后，中国允许其在落脚的地方开办教堂，可以做任何事情。第二处就是哈尔滨。苏联建立了以后，跟苏联打仗的白俄的一些成员是犹太人，然后跑到了哈尔滨，所以当年哈尔滨居住者中有相当一批人是从苏联逃过来的犹太人。第三处是上海。第二次世界大战中的犹太人有许多都逃到了上海。中国这三个地方都在不同的历史时期接纳过犹太人和他们的文化形态。但是，开封的犹太文化，基本上已融入了当地的文化，其教堂的形态跟我们的传统建筑是一样的，慢慢地就被同化掉了。我去以色列访问的时候，在餐厅吃饭，突然发现旁边一个以色列老人也说着一口流利的普通话，还过来和我搭讪，说自己是在以色列建国以后从哈尔滨回来的。当时，有大量的犹太人回到了以色列，而在苏联解体以后，又有大量的犹太人回去。老人讲起来非常动情，说中国如何如何好。我说这个例子，就是想表达，中华文化是具有强大包容性的文化，我们应当为之感到自豪。能够包容接纳对方，不采取极端的手段去抗拒，这是中华文化在全球的文化形态里面始终不倒的一个重要原因，也是我们最重要的文化特质。而一些宗教极端分子，为了维护所谓的宗教文化的纯正性，采取非人道的手段，是不符合整个人类发展方向的。

从国内来说，文化是一种集中的价值追求和国家道德的体现，是团结、鼓舞人民的有力精神武器，是国民经济发展的重要支柱和国家“软实力”的重要载体。《中共中央关于深化文化体制改革推动社会主义文化大发展大繁荣若干重大问题的决定》完整地针对整个文化体制改革，包括我们将来文化发展的方向，作出了一个很全面的阐述。该决定共两万多字，开篇两句话是“文化是民族的血脉，是人民的精神家园”。这两句话同样是十八大报告“文化”一章的头两句话，非常深刻、准确地把文化的特点和性质概括了出来。所谓“血脉”就是最能体现你这个民族的东西，是你独有的文化形态，是能够让人民有精神归属的东西。所以，几千万海外华人，无论走到什么地方，中华文化的精神支柱，就是一个精神归宿。去年8月，在全国宣传工作会议上，习近平同志专门谈到,“文化是中华民族的精神追求、精神基因和精神标识”。党的十八大把科学发展观写入了党章，指明了新时期我国经济社会全面发展的方向，把文化建设提到了一个前所未有的历史高度。我们是文化大国，但尚未成为文化强国。就像湖北，是文化大省，但不是文化强省。所以，建设文化强国和文化强省，这是一个本质的改变。什么叫文化强国和文化强省？两者都是有一些具体的标准来支撑的。

十八大报告提出，实现文化强国和文化“软实力”的目标，有四项要求和任务：

第一个任务，要求社会主义核心价值观深入人心，公民的道德素质和社会文明程度明显提高。就像前面所说的，文化核心的部分就是价值观，十八大核心价值体系是十七届六中全会提出来的，当时提出来是一个比较大的概念，包含有马列主义、毛泽东思想、邓小平理论，包括爱国主义、传统文化等。当时征求意见，说构建社会主义核心价值体系，应当浓缩成简单直白的价值观，成为大家共同遵守的基本准则。谈到价值观，回想一下，在中国历史上有些价值观是非常明确也非常简洁的。比如仁、义、礼、智、信五个字，管了几千年。我们党夺取政权、建设政权，就是五个字——“为人民服务”。毛主席的讲话：“我们党和党所领导的新四军、八路军，是为了人民利益的，是人民的队伍。”为人民服务是我们党的根本宗旨，是我们党的原则，是我们军队的原则。建立政权以后，为人民服务成了各行各业的基本宗旨。我们所有的人，干所有的事情，基本的出发点都是为人民服务。当年，刘少奇接见时传祥时说：“我是国家主席，你是淘粪工人，我们虽然工作岗位不一样，但是我们都是为人民服务。”这就是我们讲的核心价值观。随着改革开放经济的发展，各种诉求、需求得到了充分的发展，价值观的变化和需求也呈现出多样化的趋势。所以，怎么适应现在社会发展？单纯的经济发展，价值理念失去方向和目标，也起不到团结各族人民的作用。怎么建设社会主义市场经济，实现中国特色社会主义道路和事业，建立起一个符合中国特色社会主义社会的价值观成了摆在我们面前的一个突出性问题。十七届六中全会、十八大，都是要解决这个问题。十八大报告明确提出了24个字：富强、民主、文明、和谐、自由、平等、公正、法治、爱国、敬业、诚信、友善。这24个字涵盖了我们社会发展的目标、理想和基本价值取向。最近，中共中央办公厅印发了《关于培育和践行社会主义核心价值观的意见》，明确指出这24个字是社会主义核心价值观的基本内容，为培育和健全社会主义核心价值观提供了基本遵循。文件明确提出了怎么去践行的若干意见，归纳一下就是，首先把核心价值观融入国民教育中，把培育和践行社会主义核心价值观落实到经济发展和社会治理中，要加强这方面的宣传教育，要开展这方面的实践活动，要加强对培育和健全社会主义核心价值观的组织和领导。为什么这么做？就是因为社会主义核心价值观现在成了一个突出的问题，影响了我们各个方面的生活，大家都感到没有一个核心价值的追寻，这个社会就会没有方向。所以，十八大报告和这个意见，确实是根据社会需求及时凝练出来的，具有广泛的代表性和引领性。

第二个任务是，建设社会主义强国。除了弘扬社会主义核心价值观外，还有一个重要任务，就是文化产品要更加丰富，要建立健全公共文化服务体系。比如，图书馆就是公共文化服务体系的一个重要组成部分，公共文化服务就是国家必须通过公共财政来保障和实现人民的精神文化权益。公共文化权益是指什么呢？简单地说就是：听得到、看得到、欣赏得到。国家花钱，铺上光缆、电缆，让大家能够看上电视，听上广播，这就是满足了人民群众最基本的公共文化权益。我在广东调研时发现，广东会派很多渔船到南海去。但是，渔船到南海后，很长时间漂在海上，看不到电视、收不到广播，然后，广东省的文化部门，就在每个船上面装上卫星锅接收电视信号，这样既保障了渔民基本文化权益，也用文化的形式维护了国家主权和国家安全。我们讲的几大公共文化设施的建设，图书馆、博物馆、图书站、农村的文化中心等的基础文化设施建设，都是满足公共文化需求的重要载体。这需要国家拿钱来保障，而且要建成服务体系，不是一个地方就建这么一个标志性的建筑就完了，而是要深入到社区、乡村提供服务。

第三个任务是，文化产业要成为国民经济支柱性产业。GDP 占比 5%以上，是支柱性产业。美国是 20%多，日本是 10%，韩国也在 10%左右，我们去年最好的结果是占国家 GDP 比重的 3.48%。我国是个文化大国，但是我们的文化产业并不强，过去不太重视把它作为一个产业进行发展，在相当时间里还有不少争议。实际上，现在中央在进行产业结构调整，北京污染比较严重，我在人民大会堂上班，PM 浓度最高的时候，经常四五百，雾霾已经习惯了，每天上班之前看一下 PM 指数是多少。雾是水汽，太阳一出来就化掉了，但是雾霾里面是化学成分，灰褐色。长期的经济发展一直以燃煤为基础，硫、铅都在空气中，北方采暖季时，完全靠风，北风一吹，PM 非常好，也就是三五十，但只要有一天不刮风，三四百就上去了。所以，中央下大决心，要调整产业结构，使之成为重大的战略目标。习近平总书记去河北，河北是钢铁大省，一年产钢一亿多吨，要调整，所以，河北现在不少污染企业都被关停了。调整产业结构的一个重要出路就是发展文化产业。不仅是北方，整个长江中下游，包括湖北的产业结构调整，也是非常重要的任务。

第四个任务是，中华文化要“走出去”，要迈出更大步伐。什么叫社会主义文化强国？文化传播不出去，影响不了人家，怎么叫文化强国？湖北的文化形态走不出去，怎么叫文化强省？从全球范围来看，如果文化市场算 100 个单位，美国占 40%左右，欧洲占 20%，日本和韩国都占 10%，我们占 3%。我们的很多文化产品，都是赠送给人家的，我们自己拿钱去办节目。包括维也纳的金色大厅，都是花钱，完了送票。我们的文化产品怎么做到让人家拿钱出来，自觉自愿去看、去消费，还受我们的影响？在这个方面，不得不承认，美国做得非常好。《泰坦尼克号》到中国，10 亿票房拿走了，观众买票到电影院感动得不得了，流眼泪。前年搞成 3D 到中国来，又是 10 亿拿走了，同样感动得不得了。电影产品，我们是设了保护线的，原来是进口 20 部，后来提高到 34 部，为什么限制？因为真要放开，我们自己的电影产品将受到巨大冲击。这说明，一方面，我们要提高文化产品的制作能力、感染力，要能够像他们的产品那样让每一个人都自觉自愿地去买票受感染，当然，现在国内的产品，已经开始出现了这样的征兆。比如，《泰囧》十几个亿，《私人定制》也五六个亿了，大家看得也很开心。但是坦率地说，虽然票房上去了，但是这些电影所表现的理念、内容和感染力，还远远不行，观众对《私人定制》的评论就反映了这个特点。我们确实需要做出很大的努力来改变这个现状。

以上就是对于文化强国我谈的四个任务或者四个标准，这四个任务或四个标准也同样适用于湖北省文化强省的建设。现在经常提的三个自信：制度、理论和道路自信，实际上最根本地就是要坚持文化自信。关于文化建设，习近平总书记提出了中华民族伟大复兴的“中国梦”，“独特的文化传统、独特的历史命运与独特的基本国情，注定了我们必然要走适合自己的发展道路，中华民族创造了源远流长的中华文化，中华民族也一定能够创造出中华文化的新的辉煌”。习总书记说的话都是非常到位的。

下面，我简单介绍一下文化体制改革。党的十八大提出建设社会主义文化强国的关键是要增强全民族文化创造活力。要达到这个目标，一个重要的途径就是深化文化体制改革，解放文化生产力，提高全民族文化创造活力。从 20 世纪末期以来，随着市场经济的深化以及文化体制改革的不断摸索，理论和实践出现了一个重大的变革，就是将传统文化区分为公益性和经营性两个部分，确立了文化的经济属性和文化产业的地位。2000 年，国家提出了文化产业这个概念，2003 年开始启动文化体制改革。十七届六中全会全面提出了文化体制改革的主要内容和目标。在公益性文化事业方面，就是开展公共文化服务体系建设、现代文化传播体系建设、优秀传统文化传承体系建设、城乡文化的一体化建设等。这是保障人民基本文化权益的重要途径。十八大提出要进一步完善公共文化服务体系，提高服务效率。在文化产业方面，提出要使文化产业成为国民支柱性产业，加强现代文化市场体系建设。十八大进一步提出，促进文化和科技的融合，发展新型业态，提高文化产业的规模化、集约化、专业化水平。文化体制改革的另外一个重要内容是要加快文化行政管理体系的改革。大家都知道，长期以来，涉及文化领域的行政管理的部门（包括文化、新闻出版、广电等）为人诟病的就是部门分割、交叉管理，所谓“上面是三国演义，下面是八国联军”，多年来都是如此。这种体制不适应文化大发展、大繁荣的需要。中央下决心改变这种体制的一个明显步骤就是推动副省级以下文化行政综合管理体制建设，这些年基本上统一起来了。最早的行政体制改革采取从副省级以下的一些地方开始试点（比如海南省），率先把文化领域各行政主管部门综合起来，成立一个机构，后来逐步将经验推广至全国各地。十二届全国人民代表大会迈出了重要一步，把新闻出版总署和广电总局合并了，接下来我觉得要改省一级的。总之，文化行政管理体制朝着综合统筹协调方向发展是一个必然。此外，十八大也提出，要增强国有文化单位的活力，完善经营性文化单位法人治理结构。法人治理结构就是公司治理结构，推动经营性文化单位按照市场经济的基本规则来做，这是现在的一个重要的方向。

十八届三中全会对全面深化体制改革作出了战略部署，对文化体制改革和机制创新提出了进一步的明确要求：

第一个要求是要完善文化管理体制，建立党委和政府监管国有文化资产的管理机构，实现管人、管事、管资产相统一。过去，文化资产的管理不在政府的序列中，国资委不管，这个也是不对的。这次明确下来，党委和政府监管要统一起来，所以，财政部下面专门成立了文化资产管理办公室。同时，明确提出要整合新闻媒体资源，推动传统媒体和新型媒体融合发展，这是互联网时代的一个重大调整。

第二个要求是要建立健全现代文化市场体系，对按规定转制的重要国有媒体企业、对重要相关民营企业，探索实行特殊管理股的管理制度。这个非常重要，实际上，这是一种被其他国家验证了的比较有效的制度，国家采取特殊管理股的形式对公司发挥主导作用，运作还是按照股份公司的形式运作。允许社会资本参与对外出版、网络出版，允许以控股形式参与国有影视制作机构管理，这是十八届三中全会提出的一项非常重要的改革政策。在坚持出版权、播出权特许经营的前提下，允许制作和播出分开，我觉得这也是一个重大的改革。原先在电视体制改革里面，制播分离已实行了很多年，在出版领域里面，这还是第一次提出。大家知道，我们国家出版社实际上是特许经营，现在全国大概有500家，但实际上，从事出版行业的人和单位很多。书号这种模式存在很多问题，但确实是目前出版业界有效管理的一种方式，新闻出版广电总局也一直在想办法出台措施，对书号进行清理整顿，规范管理，并且已经取得了积极成效。目前，从事民营出版的工作室或公司成千上万，北京有的做到了好多亿。所以，现在明确提出来出版和制作分开，可以允许制作，然后向正式出版社申请书号，这是个重大的改变。

第三个要求是三中全会提出要建构公共文化服务体系，提出了不少具体要求，比如要建立公共文化的协调机制。现在公共文化服务，归不同的部门管。所以，要推动建立起行之有效的公共文化服务的协调机制，这要做出重大的努力。要推动公共图书馆、博物馆组建理事会制度，这是国际上通行的一个制度。同时，要培育文化的非营利性组织，允许社会组织管理公益性的文化设施，但是不能营利。现在很多的文化设施，全都是由政府承办、政府管理的，有很多弊病，现在很多文化设施单位都是以行政的模式来管理的，参照行政级别、公务员待遇等，是巨大的财政负担。现在，随着我国经济的高速发展，整个公共文化服务体系的建设发展迎来高潮，建了很多设施，如果这种行政管理的模式不改变，不仅财政负担不了，而且其对社会的服务功能也将发挥不出来。所以，必须允许社会的组织来参与管理，要打破现行的文化设施单位管理模式。十八届三中全会明确提出，要培育文化非营利组织，就是允许社会力量有步骤地参与文化设施单位的管理，推动图书馆、博物馆、文化馆、科技馆组建理事会。

第四个要求是要提高文化开放水平，理顺内宣外宣体制。要培育外向型的文化企业，鼓励社会组织、中资机构参与孔子学院和海外文化中心建设，承担人文交流项目。为什么这么提？目前，孔子学院都是政府搞的，到了国外人家就说是搞宣传的，政府拿钱办的人家不容易接受，所以，由社会来办这些事情，也可以达到同样的目的。西方对我们的一些影响，不是直接通过政府来实现的，而是通过社会组织来实现的，这种手段比政府直接出面要有效得多。特别是在文化交流方面，只要是政府的形象一出去，人家就会认为是搞宣传，来灌输、影响；要是社会组织来做，人家就会觉得是社会自发的。所以，我们要有效地利用这样一种形式。这次十八届三中全会重大的政策措施，为我们提出了文化发展改革的基本方向。要实现文化体制改革的目标，就要发挥法律制度的保障、促进和规范作用，通过完善文化法规、法律制度建设，来澄清模糊认识，规范文化行为，调动各方面积极性，解放文化发展生产力。

下面，我讲讲文化法制建设。法制建设的首要任务就是立法。我们国家立法体制的重要特征是统一分层次，就是宪法和法律是全国人大代表大会制定的，在这下面，国务院有权制定行政性法规，同时各省人大有权根据实际情况制定地方性法规，民族自治地区可以制定民族区域范围内的自治条例，这些都包括在我们的法制范围内。为什么这么说？这是我国基本特点所决定的。我国几千年以来一直是一个中央统一体的国家，但又是一个区域差距非常大的国家，一部法律、一个行政命令，确实没有办法照顾到各方的权益，所以在立法上有分权，国务院可制定行政法规，地方可根据不同情况制定相应的地方性法规，同时这些法规必须要符合全国人大制定的法律的要求，不能与之矛盾抵触，这就是立法上的既统一又分层次。目前，文化领域有 4 部法律：《文物保护法》《著作权法》《非物质文化遗产法》《档案法》。这些法律主要是在文化遗产领域，而新闻出版、广播影视、公共文化、文化产业、文化市场等方面目前都没有法律。在互联网安全方面，全国人大制定了 2 个决定，还没有形成法律。国务院在有关文化领域的行政法规一共有 40 个，基本涵盖了各方面。各个地方制定的文化地方性法规大概有 300 部，这是目前文化立法的基本状况。总体来说，这一状况与我国经济社会发展不相适应，与文化的重要地位不相适应，与建设完善中国特色社会主义法律体系的要求不相适应。全国人大的法律有 250 多部，真正的文化方面的法律只有 4 部，数量少，制定工作严重滞后。随着文化体制机制改革的深入和文化的大发展、大繁荣，国家亟须通过法律制度推进公共文化服务体系建设，保障人民群众基本文化权益实现。国家在制定法律促进文化产业发展，确定文化主体地位、权利和义务，保护知识产权，维护文化市场秩序等方面都需要加强立法。另外，互联网的出现极大地扩展了公民文化权利实现的途径，也使我们面临着前所未有的艰巨性和复杂性。所以，互联网方面的法制建设非常严峻，任务很重。加入 WTO 以后，我国在文化产品的进出口方面面临很大的挑战。随着公民法治意识、权利意识的不断增强，《国务院政府信息公开条例》的颁布，我国加入了《经济、社会和文化权利国际公约》，这些都要求我们加强文化法制建设。

加强文化立法，是推进依法行政的要求。2003 年，全国人大常委会审议通过了《行政许可法》；2004 年，国务院发布了《全面推进依法行政实施纲要》，这对我国依法行政、建立法治政府具有重要和深远的意义。全国人大每年都会收到不少文化方面立法的议案，数量也在增加，这也标志着现在社会对文化立法的要求非常迫切。习总书记在宪法纪念大会上指出，要坚持依宪治国、依法治国，要以宪法为最高法律，继续完善以宪法为统率的中国特色社会主义法律体系，把国家各项事业和工作纳入法制化轨道，而且提出要求全国人大及其常委会加强重点领域立法，拓展人民有序参与立法，通过完备的法律来推动宪法实施，确保制度和原则的深入落实。十八届三中全会吹响了全面深化改革的号角，明确提出要把发展和完善中国特色社会主义制度，推进国家治理体系和治理能力现代化，作为全面深化改革的总目标。国家治理体系和治理能力现代化，治理体系就是全方位的社会管理能力。什么是治理能力现代化？我认为，实质就是依法治国，这是一个最重要的基础。所以，习总书记强调重大改革要于法有据，先立后破，有序进行，这是党中央提出的明确要求。“单独”家庭的二胎放开，生育政策的调整是重大事项，原来是国务院或有关部门出一个文件就可以了，现在要由全国人大常委会作决定，形成法律规定，这才有最高法律效力。因为这件事很紧迫，要经过所有的立法程序。所以，全国人大常委会特别着急，国务院赶紧提议案，人大赶紧审议提出审议意见，最后拿出一个决定，现在各省都在根据这个决定来进行调整。这样的做法对以后人大的工作提出了更高要求，同时也对各级政府提出了更高要求，因为重大决定一定要于法有据。

关于如何推进文化立法，我们有一个基本的框架和目标，就是在近些年的时间内，加快文化基本法和专门法的立法步伐，建立以宪法为根本，以文化基本法律、专门法律和行政法规为主干，以地方性法规和部门规章为补充的中国特色社会主义文化法律制度。大概有以下几个构想：

第一个层次是要制定文化领域的基础性法律。我们正起草《公共文化服务保障法》，另外还准备制定《文化产业促进法》，这两个都是文化领域最重要、最基本的法律。

第二个层次是一些专门法，像《文物保护法》《非物质文化遗产法》，另外现在正在制定《电影产业促进法》，还有《公共图书馆法》。最早的《图书馆法》是英国在18世纪的时候制定的，当时由英女皇颁布。图书馆是当时公共文化的标志，也是社会文明进步的标志。虽然现在公共文化服务的范围已经远远超过了图书馆，但我认为公共图书馆作为社会文明的标志这一点仍然没有改变。物质文明发展到一定阶段的时候，如何体现精神文明的价值和标准？这是每个社会都需要考虑和重视的问题。公共图书馆、博物馆等文化设施的出现和广泛利用，在社会生活里面究竟应当是一个什么样的地位和作用，这反映了一个社会文明发展的程度。另外，我们还准备制定互联网、信息安全方面的法律；有条件的话还准备制定《博物馆法》；像已经出台的《文物保护法》《档案法》《著作权法》，也考虑修改。这些就是我们在全国人大文化立法工作上的一个总体考虑。

第三个层次是国务院文化行政法规、国家部门文化行政规章、地方性文化法规、地方政府文化规章，这些是整个文化法律制度的重要补充。目前，国务院和各地都制定出台了不少，我在这里就不多说了。

十二届全国人大常委会颁布了五年立法规划，每一届常委会都要颁布，这是公开的。我们一共列了若干个项目，第一类项目里，文化方面的有《公共图书馆法》，这是保障人民基本文化权益的公共文化服务方面的法律；还有一个是《著作权法》的修改，第一类项目是必须完成的；第二类项目有《电影产业促进法》，这个弄了很多年，还有一个是《文物保护法》的修改，第二类是条件成熟的要抓紧完成；第三类项目有《公共文化服务保障法》，以及一个《文化产业促进法》，还有一个互联网安全方面的法律，都是要大力推进研究的立法项目。全国人大常委会每2个月开1次，5年30次，每次会议审议一两部法律，每一届五年立法规划一般也就六七十部法律项目。过去几十年涉及文化立法内容也就是一两部，主要是文化遗产法律等，这次文化领域立法占了差不多10%，这在全国人大立法中是从来没有过的。这反映了全国人大对加强、加快文化立法的高度重视。

除了在立法方面要推进文化法制建设，还有另外一个重要的内容，我认为需要特别强调一下，就是要大力推进社会主义核心价值观和中华优秀传统文化的精神在法律制度建设中的作用。为什么这么说？过去谈到法律，与中华优秀传统文化的精神的联系是不够的。比如，当年的“南京徐老太太撞人事件”，我们不知道客观事实到底是怎样，当时网络上的普遍反映就是人家扶了她，老太太反而讹上人，最后法庭支持了老太太。关键是法庭判决书的认定，不是从证据出发，而是从所谓“常理”出发，推论出被告没有道理去扶她而要承担赔偿责任。如果没有证据，为什么不推论出相反的结论呢？尊老爱幼是中华民族的优秀传统，但是我们在法治建设里面，怎么能够体现这些东西呢？显然，在这个方面，我们还有很多的工作要做。特别是在农村，青壮年都出去打工，老人受到不公正待遇的现象非常严重。最近的《老年人权益保障法》，鼓励倡导子女多回家看老人，这至少在法律上是一个比较好的体现。有人质疑实际上做不做得到，但我认为其至少在法律上有引导性。所以，我们的法治，怎么跟中华优秀传统文化的精神衔接起来在立法、司法、执法上都面临一些问题。最近我看到了一个四川的例子，感觉比较欣慰，老太太跟几个孩子一撞，说孩子把她撞了，旁人说孩子实际上是去扶她被讹上了，要赔钱，最后打官司法律支持了孩子，没支持老太太，因为很多证人证实孩子扶她，而老太太没证据。最近湖北的新闻联播连续三天播出东方红食品厂，一直留用智障工人，为他们生活工作创造条件，让人非常感动。我来之前，单位同事还说，朱兵你把东方食品厂的食品买一点回来，可见这件事在全国的影响是很大的。今天电视新闻里面，福建女工从阳台把钱撒掉了，6000块钱最后只捡回来300块钱，辛苦钱回家给孩子交学费的，电视台披露后，很多人打电话来说捡到你的钱了，有一个人说捡了6000块钱，她现在已经得到2万多块钱。这说明这种具有优秀价值观的社会的良心，在我们社会是普遍存在的。如何把这些好的东西弘扬出来，这是我们需要做的。过去宣传做得也不是很好，在法律制度中体现得不够充分。这是需要我们加以重视和改进的。总之，要使我们的法治真正做到惩恶扬善。还有一点，就是要加强文化方面的执法、监督工作，一个是行政管理部门要严格执法，另一个是各级人大常委会要加强监督，这也是我们整个法治建设的一个重要内容。最后，我们要把整个法律制度建设和“中国梦”紧密结合起来。大家都知道，习近平总书记提出了中华民族伟大复兴的“中国梦”，这是自辛亥革命以来，中华民族世世代代一直想实现的一个伟大梦想，复兴中华民族，国家富强、民族兴盛、人民幸福。怎么实现？走中国道路，要用中国精神、中国力量。中国力量就是团结各族人民共同奋斗的力量，中国精神就是中华民族优秀的爱国主义精神和不断开拓创新的精神。我们的法制建设，一定要与整个国家民族人民的幸福紧密联系起来。

以上这就是我今天汇报的主要思考和想法。不对之处，希望大家批评指正。谢谢大家！

深刻领会四中全会精神，大力加强文化立法工作[1]

全面推进依法治国，加强制度建设是习总书记系列讲话中的一个重要思想，也是实现“中国梦”的一个关键环节。党的十八届四中全会就是在习总书记思想的指引下，对新时期国家建设的法治化建设作出了全面系统的工作部署，强调依法治国、依法执政、依法行政的共同推进，把国家各项事业和各项工作纳入法制化轨道。虽然党在改革开放初期就提出了依法治国的口号，但是全面深入推行法治化，四中全会是一个重大的节点，这是党在新的时期治国理念深化发展的一个重大的转变。从三中全会到四中全会，两个决议紧密相连，深化体制改革的决定和依法治国的决定是姊妹篇，我们深化体制改革依靠什么？就是法治，就是制度建设和依法治理。所以，必须把这两个决定结合起来学习，深刻领会其精神实质。正是在依法治国的全面的要求下，文化法治建设进入了一个全新的阶段，迎来了春天。

从总体上看，现行文化立法与社会经济发展不相适应，与文化建设的重要地位不相适应，与建设中国特色社会主义法律体系的要求不相适应。无论是相对于经济立法而言，还是相对于教育、科技、卫生等领域的立法而言，文化立法都是相当薄弱的。全国人大常委会制定的文化法律 4 部，分别是《文物保护法》（1982 年）、《档案法》（1987 年）、《著作权法》（1990 年）、《非物质文化遗产法》（2011 年）；通过的有关互联网安全的决定有 2 部，国务院制定的有关行政法规约 40 部，各省、市、自治区人大及其常委会制定的地方性文化法规和决定 300 多部。国务院各有关部门还制定了一些行政性规章。现行文化法律制度虽然初具规模和基础，但文化法律数量少，主要集中在文化遗产方面，文化主要领域的基本法和专门法存在缺失。现行文化立法主要是制定了一批法规规章，法律层级和效力偏低，缺乏上位法的依据。而且主要集中在文化行政管理方面，有明显的局限性，立法内容不适应改革开放、文化体制机制改革创新、保障公民文化权益、促进公共文化事业、文化产业发展和文化市场管理的需要。客观上也存在着一些影响文化法制建设的不利因素：一

〔1〕 本文载于《中国文化报》2015 年 2 月 10 日。文中所涉及之法律法规与理论，均以写作时间为准。

是文化立法的理论研究薄弱，成果较少，理论准备不足；对文化内涵的理解比较混乱，直接影响了法律保护制度的科学化、系统化和统一化建设。二是文化立法的盲点较多；效力层级偏低；文化立法的系统性和严密性欠缺。三是文化体制改革存在不少障碍，文化市场体系建设相对迟缓；全国统一的产品市场尚未全面接轨；公益性文化事业与经营性文化产业的界定不够清晰，国家文化宏观管理和监管体制改革进展不足等。随着全面深化体制改革工作的推进，这些问题会逐步得到有效解决。

四中全会明确提出："建立健全坚持社会主义先进文化前进方向、遵循文化发展规律、有利于激发文化创造活力、保障人民基本文化权益的文化法律制度。制定公共文化服务保障法，促进基本公共文化服务标准化、均等化。制定文化产业促进法，把行之有效的文化经济政策法定化，健全促进社会效益和经济效益有机统一的制度规范。制定国家勋章和国家荣誉称号法，表彰有突出贡献的杰出人士。加强互联网领域立法，完善网络信息服务、网络安全保护、网络社会管理等方面的法律法规，依法规范网络行为。"这为文化立法指明了方向。也就是说，公共文化、文化产业、互联网传播和国家荣誉称号方面的立法是文化法律制度的主干。在中央决议中对文化立法提出如此具体明确的要求，前所未有。这与整个国家发展的大背景密切相关，即从改革开放以来一直侧重以经济建设为中心到遵循科学发展观，强调五位一体统一协调发展，把文化建设作为国家整个战略发展的一个重要环节纳入进来。特别是与习总书记高度重视继承发展和弘扬中华民族的优秀传统文化，将其作为国家发展和文化建设的重要支柱密切相关。文化的问题既包括法治建设的问题，也包括道德建设的问题，这是我们必须解决的两个突出问题。

十二届全国人大常委会自组成以来高度重视社会领域包括文化领域的立法工作。在颁布的"十二五"立法规划中，分别列入了一、二、三类的文化法律共8部，它们是《公共图书馆法》《电影产业促进法》《著作权法》（修改）、《文物保护法》（修改）以及广播电视传输保障、文化产业促进、公共文化服务保障、网络安全方面的立法。在整个规划中占相当大的比重。这在全国人大立法史上是前所未有的。这充分表明本届全国人大常委会对加强文化法治建设的高度重视，也充分体现了全国人大常委会切实贯彻落实中央精神，通过法治手段推进经济社会全面发展的积极努力。文化法律分为两大类：一个是基本法，一个是专门法。所谓基本法就是这个领域里的基础性的法律，所谓专门法就是某个行业的专门性的法律。四中全会提出的《公共文化服务保障法》《文化产业促进法》，就是文化事业领域的两部最重要的基本性法律，是构成我国文化法律制度的主干性法律；《电影产业促进法》《公共图书馆法》《文物保护法》《非物质文化遗产法》《著作权法》《网络信息服务法》《网络安全法》等法律都属于专门法，它们也是我国文化法律制度的重要组成部分。随着国家治理体系治理能力现代化的全面推进，对提高文化法治建设水平提出了新要求。文化法治建设工作意识形态性强，必须始终坚持党的领导，从制度上、法律上保证党和国家在文化领域的基本路线方针的贯彻落实；必须坚持社会主义先进文化的前进方向，弘扬社会主义核心价值观。要通过基本法、专门法的制定，着力推进文化法律制度的现代化、文化治理方式手段途径的现代化。

习总书记强调，坚持重大改革要于法有据，要充分发挥立法的引领和推动作用。张德江委员长也指出，社会实践永无止境，立法工作要不断推进。目前，全国人大教科文卫委员会按照中央要求，正在牵头起草《公共文化服务保障法》，成立了立法领导小组、工作小组和专家咨询组，开展了一系列有成效的调研、咨询、起草工作，取得了积极进展。目前正就该法草案广泛征求意见，争取尽早提交全国人大常委会审议通过。《公共文化服务保障法》是文化领域的一部保障公民基本文化权益的重要基本法，在立法中要坚决贯彻党中央关于文化建设和构建现代公共文化服务体系的决策部署，坚持科学立法、民主立法，着力提高法律质量，增强法律的可执行性和可操作性。立法的总体思路和原则有三：一是坚持党对文化建设的领导，坚持社会主义先进文化前进方向，坚持以社会主义核心价值观为引领，坚持以人民为中心的工作导向，将其作为整个公共文化服务保障立法的主要精神。二是坚持以保障公民基本文化权益为中心，建立保基本、全覆盖、与我国经济社会发展水平和社会公众需求相适应的基本公共文化服务体系，通过建立基本公共服务标准、服务提供目录、公共文化设施免费或优惠开放等制度，促进基本公共文化服务的标准化、均等化，确保人民大众基本文化权益的实现，共享改革开放成果。三是坚持政府主导、社会参与的原则，在明确政府保障的前提下，大力鼓励、支持和激励社会力量以多种方式广泛参与公共文化的设施建设、产品提供、参与管理、提供服务等，并给予相关法制上的优惠保障。此外，全国人大教科文卫委员会还按照立法规划的要求，积极研究《文化产业促进法》《公共图书馆法》《电影产业促进法》等法律的制定，积极推进《著作权法》《文物保护法》《档案法》等法律的修订工作。

加强文化法制建设不应只是单纯地加强文化领域内的立法，还要高度重视和发挥社会主义核心价值观和中华民族优秀文化精神在整个法律制度建设中的作用，使其紧密地结合起来。法律是社会最高的制度建设，必然体现其制度的核心价值观和文化精神。“完备的法律体系”在本质上应该是中国特色社会主义制度和精神在法制上的完备体现。法律不仅有规范作用，还有引导作用。要特别重视法律在社会发展中的引导、倡导作用，重视在制度设计上充分体现我们的文化精神。

以立法促进文化繁荣[1]

坚持把弘扬社会主义核心价值观作为重要立法原则，建立起传承、弘扬中华民族优秀传统文化的制度规范是社会全面发展和进步的重要组成部分。文化要发展，一个不可或缺的重要保障就是重视并加强文化立法工作，提高文化建设法治化水平。文化立法的本质是建立良好的文化法律制度，在此基础上建立符合我国社会主义文化规律、特点和要求并行之有效的最高规范和准则，确保社会主义核心价值观在思想文化建设中的牢固地位，保障人民群众基本文化权益，促进文化产业繁荣发展，为保护、传承和弘扬中华民族优秀传统文化提供充分的法律支撑。

在以信息技术、互联网技术为核心的科技、经济发展浪潮下，国家、民族的界限及特征被不断打破和削弱。文化作为一个国家、民族的身份象征和价值体现，其本质属性日益凸显，冲突也日趋激烈。因此，文化立法的一项重要任务就是采取多种立法途径、方式维护和保障国家文化安全。我们应当在立法中坚持把弘扬社会主义核心价值观作为重要的立法原则，建立起传承、弘扬中华民族优秀传统文化的制度规范。同时，也要通过立法保障网络安全，对我国文化遗产出境、外国文化产品输入、外资进入文化领域等予以必要限制。

加强文化立法是深化文化体制改革的必然要求，也是推进依法行政、完善中国特色社会主义法律体系的必然要求。在深入推进文化体制改革的进程中，有许多问题需要通过法律手段才能得到有效解决。要实现文化体制改革的目标和要求，就必须充分发挥法律制度的保障、促进、规范作用，澄清模糊认识，规范文化行为，解放和发展文化生产力。

在推进依法行政的进程中，文化法治领域同样需要积极调整，不符合法治要求的规范性文件应予以废止，规范文化领域的行政立法。政府是文化活动规则的执行者，清晰的规则是文化活动正常开展的基础。要进一步理顺管理体制，解决政出多门、职责不清的问题，形成统一、良性的文化管理秩序。目前，我国文化领域的立

---

〔1〕 本文载于《人民日报》2015年8月5日。文中所涉及之法律法规与理论，均以写作时间为准。

法还比较欠缺，文化领域内一些重要的法律制度尚未建立，主要还是依靠政府的行政法规、规章甚至是规范性文件来填补，这种状况在实践中造成了不少矛盾和问题。

十二届全国人大常委会自组成以来高度重视社会领域包括文化领域的立法工作，在所颁布的立法规划中列入了《公共文化保障法》等8部文化法律。笔者相信，随着这些法律的出台，我国文化法律制度建设必将出现一个新局面。

话说新形势下的文化立法[1]

文化建设是社会全面发展和进步的重要组成部分。人类进入21世纪后，经济科技全球化迅猛发展，各种思想文化相互冲撞，综合国力竞争日趋激烈。一个具有国际竞争力的国家，除了经济、军事等竞争力外，必然具有文化的竞争力。以习近平为总书记的党中央审时度势，高屋建瓴，以文化创新为引领，高度重视文化在发挥我国综合国力中的重要作用，使之成为推动全面建设小康社会，实现中华民族伟大复兴“中国梦”的一个强大力量。要实现这一目标，一个不可或缺的重要保障就是必须进一步重视并加强文化立法工作，提高文化建设法治化水平。党的十八届四中全会对全面依法治国作出战略部署，明确提出要加强重点领域立法，建立健全文化法律制度。在新的形势下，随着“四个全面”战略布局的不断深入贯彻落实，我国文化立法必须担负起应有的责任和任务。

一、文化立法必须保障我国文化战略任务实施

党的十八大对“建设社会主义文化强国”“大幅提高我国文化软实力”明确提出了四项战略任务：一是社会主义核心价值体系深入人心，公民道德素质和社会文明程度明显提高；二是文化产品更加丰富，公共文化服务体系基本建成；三是文化产业成了国民经济支柱性产业；四是中华文化走出去迈出更大步伐。这既是当前及今后一段时期我国文化建设必须完成的战略任务，也是文化立法必须达成的目标。文化立法的本质就是建立良好的文化法律制度，就是要通过法律制度建立起符合我国社会主义文化规律、特点和要求并行之有效的最高规范和准则，就是要通过法律制度确保社会主义核心价值观在思想文化建设中的牢固地位和在全社会的培育、践行；通过法律制度保障人民群众基本文化权益，建设公共文化服务体系，促进文化产业繁荣发展；为保护、传承和弘扬中华民族优秀传统文化和中华文化“走出去”提供充分的法律支撑。

---

〔1〕 本文载于《中国人大》2015年第17期。文中所涉及之法律法规与理论，均以写作时间为准。

二、文化立法必须保障我国文化安全

习近平总书记强调，要准确把握国家安全形势变化、新特点的新趋势，坚持总体国家安全观，走出一条中国特色国家安全道路。文化安全是国家安全的重要组成部分，主要指一国的观念形态的文化（如制度文明、民族精神、价值理念、信仰追求、语言文字、风俗习惯等）生存和发展不受威胁的客观状态。在以信息技术、互联网技术为核心的科技、经济发展浪潮下，全球一体化的趋势日益突出。国家、民族的界限及特征在相当程度上被不断打破和削弱，发达国家、发展中国家都被新技术和世界市场连为一体。文化作为一个国家、民族的身份象征和价值体现，其本质属性日益凸显，其冲突日趋激烈。西方发达国家借助科技经济的优势，利用全球化的趋势，在全球极力推行西方文化及其相关的价值理念，在文化上推行“单边主义”，威胁其他国家的文化主权和文化安全。保护和发展本国本民族的文化，是维护世界文化多样性、促进世界和平共处的一个重要内容。因此，我国文化立法的一项重要任务就是采取多种立法途径、方式维护和保障国家文化安全：一是在立法中坚定不移地把坚持弘扬社会主义核心价值观作为重要的立法原则，防范和抵制不良文化的影响，掌握意识形态领域主导权；二是立法保护我国文化遗产，建立传承弘扬中华民族优秀文化精神的制度规范；三是立法保障网络安全，保障网络信息的有序传播；四是立法对我国文化遗产出境、外国文化产品输入、外资进入文化领域等予以必要的限制；五是要通过立法建立制度，促进我国文化繁荣发展，增强文化整体实力和竞争力，推动中华文化走出去，巩固文化安全的根基。

三、维护公民文化权利，保障人民基本文化权益是文化立法的一个重要任务

2001 年，我国批准加入《经济、社会和文化权利国际公约》。作为一项基本人权，文化权利指在一定的社会历史条件下，每个人按其本质和尊严所享有或应该享有的文化待遇和文化机会，以及所可以采取的文化态度和文化习惯，主要包括参与文化生活的权利、文化创造的权利、享受科学进步的权利、保护作者物质和精神利益的权利、国际文化合作的权利等。党和国家高度重视人民群众基本文化权益保障和公共文化服务工作，《国家基本公共服务体系“十二五”规划》明确提出要保障人民群众看电视、听广播、读书看报、进行公共文化鉴赏、参加大众文化活动等权益。〔1〕2015 年 1 月，中共中央办公厅、国务院办公厅印发《关于加快构建现代公共文化服务体系的意见》并颁布《国家基本公共文化服务指导标准》，这是贯彻落实党

〔1〕 参见《国家基本公共服务体系“十二五”规划》（国发［2012］29 号）。

和国家关于加强公共文化服务的要求部署的重要举措，是对人民群众精神文化生活需求的积极回应。因此，文化立法必须依据宪法对公民文化权益的保障和规范，对我国公共文化服务体系作出法律制度安排。

四、加强文化立法是深化文化体制改革的必然要求

文化体制改革是文化建设领域的深刻变革，同时也是社会转型期的新事物。要深入推进文化体制改革，有许多问题需要通过法律手段方能得到有效解决，如公共文化的保障机制、文化产业主体的法律地位和扶持机制、文化市场管理的行政交叉等。因此，要实现文化体制改革的目标和要求，就必须充分发挥法律制度的保障、促进、规范作用。通过完善、成熟的文化法律法规体系，澄清模糊认识，规范文化行为，调动各方面的积极性，解放和发展文化生产力。一是要通过立法，加强顶层设计，保障公共文化事业发展，建立中国特色"大文化""大文化遗产"管理体制机制，建立传播渠道统筹管理的体制机制。二是要通过立法，建立健全文化产业相关法律制度，构建现代文化市场体系，打破分业管理传统模式，促进文化产品的生产、交易、传播和开拓国际市场，保障文化市场统一开放、竞争有序、健康繁荣。三是要通过立法，保障文化主体的地位、权利和义务，促进文化发展的社会化。建立文化资源的市场配置规则、文化传媒领域开放准入制度和文化企业的法人治理制度，推动国有文化资产跨地区、跨行业、跨所有制的兼并重组；明确公民、法人和社会组织从事公共文化、文化产业的激励措施以及文化中介组织、机构的地位、作用等。

五、加强文化立法是推进依法行政的必然要求

全面推行依法行政、建设法治政府是我们党和国家建立社会主义法制社会的一个重要内容。2003 年，十届全国人大常委会四次会议审议通过了《行政许可法》；2004 年，国务院发布了《全面推进依法行政实施纲要》，这对我国依法行政、建立法治政府具有重大和深远的意义。为了落实依法行政的要求，文化法制领域也应积极地进行调整。为了与《行政许可法》等上位法协调，推进依法行政，对不符合法治要求的规范性文件进行了废止；并对文化领域行政立法采取了规范措施。本届政府以来，国务院采取强力措施整顿行政审批，已取消或下放超 1/3 的审批事项，国务院部门非行政许可审批事项清理工作全面完成,"非行政许可审批"这一历史概念将全部宣告终结。自此，任何部门或单位都不得在法律、行政法规和国务院决定之外设定面向公民、法人或其他组织的审批事项。[1]然而，要全面实现依法行政的要

〔1〕 参见"国务院审改办发言人发言"，载人民网：www. people. com. cn，2015 年 5 月 8 日访问。

求，文化管理现状面临重大挑战，文化领域还需要做出更多的努力。要进一步转变观念，政府对文化的管理要坚持以服务为主要内容，坚持依法行政。要进一步厘清和建立文化活动、文化行为的规则。政府是文化活动规则的执行者，清晰的规则是文化活动正常开展的基础。要进一步理顺管理体制，解决政出多门、职责不清的问题，形成统一、良性的文化管理秩序。

六、加强文化立法是完善中国特色社会主义法律体系的必然要求

目前，以宪法为统领的中国特色社会主义法律体系已经形成 ，但在其中，文化领域的立法比较欠缺，是整个法律体系中的一个薄弱环节。迄今为止，文化领域的一些重要法律制度尚未建立，主要依靠政府的行政法规、规章甚至是规范性文件来填补，这种状况在实践中造成了不少矛盾和问题。党的十八届四中全会明确提出要制定《公共文化服务保障法》《文化产业促进法》以及加强互联网领域和国家荣誉称号等方面的立法，这为文化立法指明了方向。十二届全国人大常委会自组成以来高度重视社会领域包括文化领域的立法工作。在所颁布的立法规划中，列入了文化法律共8部，它们是《公共文化服务保障法》《文化产业促进法》《网络安全法》《公共图书馆法》《电影产业促进法》《著作权法》（修改）、《文物保护法》（修改）。这些立法在整个规划中占相当大的比重，这在全国人大立法史上是前所未有的。目前这些立法工作正在紧张有序地进行。这充分表明本届全国人大常委会对加强文化法治建设的高度重视，也充分体现了全国人大常委会切实贯彻落实中央精神，通过法治手段推进经济社会和文化建设全面发展的积极努力。全国人大常委会委员长张德江明确指出，要充分认识完善我国法律体系的重大意义，“加强和改进新形势下的立法工作，适应经济建设、政治建设、文化建设、社会建设、生态文明建设五位一体总体布局的要求，进一步提高立法质量不断完善法律体系，为实现‘两个一百年’奋斗目标和中华民族伟大复兴的中国梦创造良好法制环境”。[1]

因此，加强文化立法，完成新形势下所担负的历史任务，既是全面推进依法治国、进一步完善以宪法为核心的中国特色社会主义法律体系的必然结果，更是大力推进社会主义核心价值观建设、推动经济社会全面发展，促进社会主义文化大发展、大繁荣的必然保障。

---

〔1〕 张德江：“完善以宪法为核心的中国特色社会主义法律体系”，载《人民日报》2014年10月31日。

加强文化法治，保障文化强国建设〔1〕

尊敬的蒋书记、黄主任、周刚志教授、各位与会嘉宾：

大家好！

首先，我作为全国人大教科文卫委员会长期从事文化立法的工作者，作为文化法治战线上的一名老兵，非常高兴应邀参加中南大学举办的“文化强国论坛”，对论坛的召开表示衷心的祝贺！这次论坛在长沙举办，充分反映了中南大学对国家文化战略发展的高度重视，体现了学界对推动文化法治和文化建设的义不容辞的责任与义务。在此，我对参加论坛的各位老师、学者表示感谢和敬意。

下面我谈三点个人看法：

第一，充分认识新形势下文化建设的战略地位。

文化是一个国家价值追求和道德文明的集中体现，是团结人民、鼓舞人民的有力精神武器，是国民经济发展的重要支柱和国家“软实力”的重要载体。党的十八大以来，以习近平同志为核心的党中央高度重视文化在提升我国综合国力、全面建成小康社会、实现中华民族伟大复兴的“中国梦”中的重大作用。文化建设成了“五位一体”“四个全面”战略中布局的一个重要支撑，全面、深刻反映了文化在社会发展中的重要地位。坚持文化自信，建设社会主义文化强国，对开创中国特色社会主义事业新局面、实现中华民族伟大复兴具有重大而深远的意义。文化自信与文化强国紧密相连。习近平总书记鲜明地指出：“我们要坚定中国特色社会主义道路自信、理论自信、制度自信，说到底是要坚持文化自信。”把文化自信上升到中国特色社会主义的“四个自信”，是习近平总书记治国理政的新思想、新实践的重要体现，是中国特色社会主义理论和文化发展的重要指导思想。文化自信是在道路自信、理论自信和制度自信之后，中国特色社会主义的“第四个自信”。在这四个自信中，文化自信是更基础、更广泛、更深厚的自信。这是一个国家、一个民族、

〔1〕本文为笔者于2016年4月2日在中南大学中国文化法研究中心成立时的发言。本文中所涉及之法律法规与理论，均以写作时间为准。

一个政党对自身文化价值的充分肯定和对自身文化生命力的坚定信念。文化自信是民族自信心和自豪感的源泉，中华民族正是有了对中华民族文化的自信心和自豪感，才能在数千年漫长的历史长河中生生不息，坚忍不拔，创造辉煌。党的十八大提出建设社会主义文化强国，这既是培育、巩固我们文化自信的重要基础，也是坚持文化自信的必然结果。面对新形势、新要求，公共文化和文化产业作为文化建设的“双轮驱动”，承担着文化强国的历史任务。大力发展公共文化服务，使人民群众的基本文化权益得到保障，大力发展文化产业，不断繁荣文化产品的生产和消费，使之成为国民经济支柱性产业，是满足人民群众日益增长的精神文化需求，增强文化自信的重要实现途径，是提升我国文化竞争力、体现我国文化“软实力”的两个重要支撑。

第二，文化法治是文化强国的重要保障。

建设文化强国是我们国家发展战略的一个重要目标。要实现这一目标，一个重要保障就是坚持全面依法治国，进一步重视和加强文化法治，提高文化建设法治化水平。法治是一个社会最高的制度建设，必然体现一个制度的核心价值观和文化精神。弘扬社会主义核心价值观、继承和发展中华优秀文化，这既是文化建设的重要任务，也是文化法治的重要任务。加强文化法治，首要的任务就是要加强文化立法。长期以来，相比于其他领域，文化领域的立法相对薄弱，文化法律数量少，在全国人大所制定的法律中，文化立法仅占1%左右，主要集中在文化遗产方面，文化主要领域的基本法和专门法缺失，在公共文化、文化产业、文化传播、文化市场等方面尚未建立完备的法律制度。这一状况与我国经济社会发展不相适应，与文化建设的重要地位不相适应，也与建设文化强国的宏伟蓝图不相适应。党的十八届四中全会明确提出全面依法治国，提出建立健全文化法律制度，这为文化法治建设指明了方向。本届全国人大常委会高度重视文化立法工作，紧紧抓住文化立法这一重点领域，下大力气补短板，在公共文化、电影产业、公共图书馆、文化产业等立法工作上取得了重大进展，文化法治建设迎来了崭新局面。

在新的形势下，随着“五位一体”“四个全面”战略布局的不断深入贯彻落实，文化立法必须担负起应有的责任和任务。文化立法必须保障我国文化战略任务实施，使社会主义核心价值体系深入人心，公民道德素质和社会文明程度明显提高；使文化产品更加丰富，公共文化服务体系基本建成；推动文化产业成为国民经济支柱性产业；使中华文化“走出去”迈出更大步伐。文化立法必须保障我国文化安全。通过立法，坚定不移地弘扬社会主义核心价值观，防范和抵制不良文化的影响，掌握意识形态领域主导权；保护我国文化遗产，建立传承弘扬中华民族优秀文化精神的制度规范；保障网络安全，保障网络信息的有序传播；对我国文化遗产出境、外国文化产品输入、外资进入文化领域等予以必要的限制；同时增强我国文化整体实力和竞争力，推动中华文化“走出去”，巩固文化安全的根基。文化立法必须维护公民文化权利，保障人民基本文化权益。文化建设的重要目的就是满足人民群众日益增长的精神文化需求。文化立法必须依据宪法对公民文化权益的保障和规范，对我国公共文化服务体系作出法律制度安排。文化立法必须促进和深化文化体制改革。要实现文化体制改革的目标和要求，就必须充分发挥法律制度的保障、促进、规范作用。通过完善、成熟的文化法律法规体系，澄清模糊认识，规范文化行为，调动各方面的积极性，解放和发展文化生产力。文化立法必须推动、保障依法行政。要进一步转变观念，政府对文化的管理要坚持以服务为主要内容，坚持依法行政。要进一步厘清和建立文化活动、文化行为的规则。文化立法必须成为完善中国特色社会主义法律体系的重要一环。文化领域的立法比较欠缺，是整个法律体系中的一个薄弱环节。长期以来，文化领域的一些重要法律制度尚未建立，主要依靠政府的行政法规、规章甚至是规范性文件来填补，这种状况在实践中造成了不少矛盾和问题。随着这些文化法律的出台，以宪法为统领的中国特色社会主义法律体系必将得到进一步完善。

第三，进一步加快《文化产业促进法》的立法进程。

目前，《公共文化服务保障法》已经本届全国人大常委会第二十四次会议第二次审议，这部公共文化领域的基本法在立法上取得了重大进展，有望于年内通过。《电影产业促进法》已经同次会议第三次审议通过，这是推动、支持、规范我国电影产业健康、有序和持续发展的一部重要法律，也是文化产业立法工作的一个重要突破。《电影产业促进法》的颁布，对《文化产业促进法》的立法具有积极的参考借鉴价值。这次立法是一个很重要的举措，它打破了电影拍摄的许多先决性条件。在制度层面上，对产业做出了适度的松绑；在行政审批制度上，进行了深入改革，取消、下放了多项行政审批，如整合许可证制度、简化剧本审查制、降低准入门槛、下放审批制度等，并以法律形式固定下来。立法的目的就是要建立这样一个环境，保障电影企业的权益，规范政府行为，依法行政、依法执政，促进电影产业有序发展。鉴于此，可以说，这部法律对于电影作为文化产业的发展而言有着里程碑式的意义。

《文化产业促进法》是整个文化产业领域的基本法，调整的范围是整个文化产业，因此相对电影产业的立法更为宽泛、更为复杂。目前文化部牵头成立了立法起草小组，成立了文化产业专家委员会，相关部门和专家学者都参与其间，开展了大量前期工作，实地调研，深入研究，起草工作取得了积极进展。但在一些基础性问题上还需要进一步研究，理顺“两个效益”，树立正确的文化导向；根据文化产业发展链条进行梳理，明确文化产业的调整范围和草案文本的框架结构；建立文化产业统筹管理体制，明确各级政府和文化产业主管机构及其职责；确立文化企业的法律地位和权利义务，从企业、产品、市场、管理等方面体现促进要素；建立文化产业与科技融合机制、金融财税土地保障机制以及促进社会化发展机制；建立统一的文化市场监管机制、人才培养和保障机制；建立开拓国内外的文化市场的保障制度，推动我国文化企业、文化产品进入国际市场等。

加强文化法治，加强文化立法，离不开深入的理论研究和学界的广泛努力。本次文化强国论坛以“文化强国战略实施过程中的文化产业政策法律问题研究”为主题，集中探讨文化强国战略的实施机制和文化产业法律政策问题，既有理论性也有实践性，理论价值和现实意义都很大。这对进一步深化文化产业立法相关基础性问题研究，推动《文化产业促进法》的立法工作都具有显著的积极作用。中南大学中国文化法研究中心在国家文化立法研究和文化政策制定方面卓有成效，相信本次论坛的召开将进一步总结文化法学界尤其是文化产业法律前沿研究成果，深化文化建设发展中法律保护实践经验交流，推动我国文化法治的实践与未来。

最后，预祝本次论坛取得圆满成功，谢谢各位！

文化立法：文化建设的首要保障[1]

一、文化是国家“软实力”建设的重要载体

文化是一个国家价值追求和道德文明的集中体现，是国民经济发展的重要支柱和国家“软实力”的重要载体。从当今世界范围来看，在经济科技发展的全球化趋势背景下，文化发挥着举足轻重的作用，这种重要性除了体现在一般的文化意义上，还体现在政治、经济、民主、国家文化主权等各方面。此外，文化的战略地位越来越突出，文化作为强大的“软实力”日益为各国所高度关注。

党的十八大以来，文化建设成了“五位一体”“四个全面”战略总布局的重要战略点，全面、深刻反映了文化在社会发展中的重要地位和作用。以习近平同志为核心的党中央高度重视文化在提升综合国力、实现全面小康社会、实现中华民族伟大复兴的“中国梦”中的重大作用。

二、文化法治建设为文化建设插上翅膀

习近平总书记明确提出，坚持文化自信，就是要把文化自信作为理论制度，把道路自信作为制度基础。建设社会主义文化强国对开创中国特色社会主义事业的新局面，实现中华民族伟大复兴具有重大而深远的意义。要实现这一目标，就要进一步重视和保障文化法治工作，提高文化建设法治化水平。

1. 文化法治建设现存问题

长期以来，相比于其他领域，文化领域法治建设相对薄弱，主要体现在文化法律数量少，并主要集中在文化遗产方面。文化的主要领域基本法缺失，全国人大常委会判定的250部法律，文化法律数量大概仅存1%左右。同时，文化建设所涵盖

[1] 本文为笔者于2016年10月29日在中国传媒大学举行的“2016文化法治发展与实践论坛”上的演讲。本文中所涉及之法律法规与理论，均以写作时间为准。

的各方面（包括公共文化、文化产业、文化的传输、传播领域以及文化行政管理体制等方面）都没有相应的法律。因此，这一状况与我国经济社会发展不相适应，与文化建设的重要地位不相适应。

2. 首要任务：解决文化立法问题

党的十八届四中全会明确提出全面依法治国，提出建立健全文化法律制度，这为文化法治建设指明了方向。面对这样新的形势，文化立法必须担负起应有的责任和任务。在整个文化法治工作中，首先需要解决的是文化立法问题。

一是必须通过文化立法保障国家文化战略任务的实施。十八大报告对我国国家文化战略作了部署，即“社会主义核心价值观的弘扬，公共文化服务体系的建成，文化产业成为国民经济支柱性产业，中华文化要迈出更大的步伐”，这四个方面是我们一段时期内文化建设的重要任务，文化法治要保障这个任务的实现。二是必须保障文化安全。通过保护国家的文化遗产，保护网络安全来保障我们的文化安全，这是一条重要的道路。三是文化立法要维护公民的文化权利，充分保障人民的文化权利。这方面的建设已初显成效，全国人大常委会正在制定《公共文化服务保障法》，已取得重大的进展。四是文化立法应当在深化文化体制改革、建立中国特色社会主义文化管理体制机制方面充分发挥作用。文化立法要打破分业管理的传统模式，促进文化市场的统一开放。五是推进依法行政，建设法治政府。六是完善中国特色社会主义法律体系。在完善中国特色社会主义法律体系方面，文化立法的严重缺失是社会主义法律体系里面的短板。因此，全国人大常委会高度重视文化立法工作，紧紧抓住文化立法这一重点领域下大力气补短板，在公共文化电影产业、公共图书馆以及文化产业等立法工作上取得了重大的进展，文化法治建设迎来了崭新的局面。

三、文化立法为文化建设提供坚实保障

据悉,《公共文化服务保障法》经过包括中国传媒大学在内的各方的努力，于2016年4月提交至全国人大常委会一审。同年10月，全国人大常委会会议对《公共文化服务保障法》进行二审。中央对《公共文化服务保障法》立法工作给予了高度关注。这项工作经过各方面的努力，取得了积极的成效，是一个重大的突破。

在这次常委会上,《电影产业促进法》也将进行三审，如果顺利的话,《电影产业促进法》将在这次常委会上通过。同时,《公共图书馆法》也取得了很好的进展，有望在明年年初提交至全国人大常委会进行审议。在《文化产业促进法》建设方面，以文化部牵头，组成了文化产业专家委员会，以为法律建设做好坚实保障。

随着这些法律的出台，文化法治的建设将迎来崭新的局面。当前，我国文化建设正处于公共文化与文化产业“双轮驱动”的宏观背景之下，大力发展公共文化服

务，保障人民群众的基本文化权益，不断繁荣文化产品的生产，大力发展文化产业，使之成为国民经济支柱性产业，都是满足人民群众日益增长精神文化需求的重要实现途径，是提升我国文化竞争力，体现我国文化“软实力”的两个重要支撑。因此，加快推进相关基本法和专门法的立法尤为重要和紧迫，《公共文化服务保障法》和《文化产业促进法》就是这两个重要领域的基本法。

加强文化立法，根本目的就是要从制度和法律两个方面确保党和国家对文化领域基本路线方针的贯彻实施，坚持社会主义先进文化的前进方向，弘扬社会主义核心价值观和中华优秀文化，保障人民群众公共文化的权益，保障我国公共文化和文化产业事业健康、繁荣发展。

WENHUALIFAYANJIU

第二编
公共文化

《公共文化服务保障法》可行性研究及草案起草[1]

随着文化体制改革的深入推进和文化事业的不断发展，公共文化服务体系建设已经成为国家文化发展的重要战略。党的十七届六中全会明确提出："加强公共文化服务是实现人民基本文化权益的主要途径。"进行公共文化服务保障立法是保证公共文化服务规范运行、长远发展的重要基础，完整的制度建设应当对公共文化服务的内涵界定、管理体制、财政保障、政策扶持、法律监督和责任追究制度等作出规定。

一、公共文化服务的概念、范围与性质

自20世纪末期以来，随着我国社会主义市场经济的深化和文化体制改革的深入进行，理论和实践均发生重大变革，即将传统的"文化事业"区分为公益性和经营性两个部分，分别确立了文化的公共属性（"公共文化"）和产业属性（"文化产业"）的地位。党的十七届六中全会把"覆盖全社会的公共文化服务体系基本建立，努力实现基本公共文化服务均等化"作为2020年文化改革发展的重要目标之一，明确了其在国家文化建设中的战略性地位。《国家"十二五"时期文化改革发展规划纲要》的出台，再一次将"覆盖全社会的公共文化服务体系基本建立，城乡居民能够较为便捷地享受公共文化服务，基本文化权益得到更好保障"写入了基本目标之中。

所谓公共文化[2]服务是指由政府主导、社会参与形成的普及文化知识、传播先进文化、提供精神食粮，满足人民群众文化需求，保障人民群众基本文化权益的

〔1〕本文是笔者于2013年作为首席专家和课题负责人承担的国家社会科学基金特别委托研究项目。课题组成员还有：徐国宝、周敏、孙雷、简海燕、谢军、温泉等人。文中所涉及之法律法规与理论表述内容，均以写作时间为准。

〔2〕这里的文化是"中文化概念"，涵盖广播电视、电影、出版、报刊、互联网、演出、文物和哲学社会科学研究等领域。

各种公益性文化机构、产品和服务的总和。“公共文化服务体系”更是强调要转变政府职能，建立起服务型政府，并建立起一个结构合理、发展平衡、网络健全、运营高效、服务优质的覆盖全社会的公共文化服务体系。[1]这对我国公共文化建设来说无疑具有划时代的意义。

公共文化服务的范围主要包括三部分：公共文化机构、公共文化产品（活动）、公共文化相关服务。公共文化机构是指那些由政府或社会力量兴办的，不以营利为目的、为广大公众提供公益性文化服务的机构、设施等。公共文化产品（活动）分为体现国家行为的“公共文化产品”和体现公众基本文化需要的“公共文化产品”两类。还有一类是相对意义上的“公共文化产品”，主要是指那些由“私人物品”进入公共领域的文化产品。公共文化相关服务是指政府或公共文化机构为满足公民平等地享有文化之需求所做的工作或提供的服务。

公共文化服务与经营性文化产业相对应，其核心在于其“公共性”或“公益性”，也就是说，其在本质上是属于全民共有、共享并以为大众提供非营利性服务为根本目的。“公民有权利平等地享有文化”是公共文化服务这一概念的核心特征。在本质上，公共文化服务是保障公民文化权利实现的重要途径。这些文化权利包括文化参与、享受、创造权和文化传播权、文化选择权、文化成果受保护权。因此，我国公共文化服务的基本价值目标就是围绕社会主义核心价值体系建设和保障人民看电视、听广播、读书看报、进行公共文化鉴赏、参加大众文化活动等基本文化权益，[2]使人民大众都能够充分创造、享受文化，使中华民族始终保持丰富不绝的思想表达力和文化创造力。

公共文化服务是政府提供的公共服务的核心职能之一。当前的公共文化服务主要由政府提供，由于政府服务能力存在短板，服务不足的问题比较突出。同时，由于垄断管理，已有的公共文化服务会发生配置不均衡的情况，有限的公共文化设施利用效率不高，有的设施甚至在短暂使用之后因缺乏有效管理和维护而处于瘫痪状态。随着政府角色定位的日益清晰，政府需要最大限度地、有组织地整合公共文化资源，实现公众多层次、多样化、整体性的文化利益。政府必须创新机制，寻求社会力量的合作，探索公共文化服务的社会化与市场化道路，引入社会力量参与公共文化服务。与此同时，政府与社会力量在公共文化服务中的关系如何协调，如何形成优势互补、和谐共赢的局面，需要立法参考先进经验，设计出切合实际、运行顺畅的管理机制。

---

〔1〕 公共文化服务体系是一个更为广泛的概念，有观点认为，它包括先进文化理论研究体系、文化精品创作服务体系、文化传播服务体系、文化娱乐服务体系、文化传承服务体系、农村文化服务体系等七个方面。

〔2〕 参见《国家基本公共服务体系“十二五”规划》（国发［2012］29号）。

深化文化体制改革的一个重要任务就是要将传统的文化管理模式转变为公共文化服务模式。一是要通过进一步深化文化事业单位改革和政府职能调整，推进文化单位内部机制转换，真正做到管办分离，充分发挥政府的主导和服务功能。二是要深化公共文化机构人事改革。政府要积极引导公共文化服务机构不断深化劳动人事制度、内部收入分配制度和干部选拔聘任制度和岗位管理制度，建立健全竞争、激励约束机制，努力提升公共文化服务能力与水平。三是要增强公共文化机构服务意识。政府文化机构要增强文化服务意识，丰富公共文化服务的内涵，提高公共文化服务的频率，提供群众喜闻乐见的好产品和令群众满意的服务。四是要实现公共文化管理手段的多元化转变。充分调动社会各种力量参与到公共文化服务的发展中来，形成以国家为主导，社会组织、个人广泛参与的公共文化服务发展的大格局。五是建立公共文化服务体系建设发展的保障机制，通过立法，将其纳入法制轨道。

二、公共文化服务的内涵

对于什么是文化，目前还没有一个统一的定义。狭义的文化指创造性的、艺术的或科学的活动，广义的文化可以指人类活动的总和，一切价值、知识和实践都是文化。据学者统计，针对文化概念的定义达一百多种。人们在不同意义上使用文化这一概念，因此，公共文化服务的内涵也是难以界定的。

（一）规范性文件确定的公共文化服务内涵

全国人大常委会于2001年2月批准加入《经济、社会和文化权利国际公约》。该公约第15条对文化权利的内涵进行了界定：“（一）本公约缔约各国承认人人有权：（甲）参加文化生活，（乙）享受科学进步及其应用所产生的利益，（丙）对其本人的任何科学、文学或艺术作品所产生的精神上的和物质上的利益，享受被保护之权利；（二）本公约缔约各国为充分实现这一权利而采取的步骤应包括为保存、发展和传播科学和文化所必需的步骤；（三）本公约缔约各国承担尊重进行科学研究和创造性活动所不可缺少的自由；（四）本公约缔约各国认识到鼓励和发展科学与文化方面的国际接触与合作的好处。”鉴于这一规定的抽象性，学者对文化权利的含义进行了深入研究，基本观点认为，文化权利是关乎人类头脑与心灵的权利，但它不仅仅是一种精神权利，应当包括每个人在一定的社会历史条件下应该享有的文化待遇和文化机会（如在技术、法律、教育、科学、艺术作品等方面的待遇和机会）。[1]

公共文化服务领域的国内规范性文件，是开展该项工作的指导性文件，在一定程度上决定了公共文化服务的基本内容和工作范围。《文化部“十二五”时期公共

---

〔1〕参见赵宴群：“文化权利的确立与实现”，复旦大学2007年博士学位论文。

文化服务体系建设实施纲要》是当前指导开展公共文化服务的主要文件。该实施纲要在序言里将公共文化服务的主要内容定义为：保障人民群众看电视、听广播、读书看报、进行公共文化鉴赏、参与公共文化活动等基本文化权益，将我国公共文化服务总体水平不高的表现概括为文化事业费投入总量不足，公共文化设施不完善，队伍不够健全，资源缺乏统筹，城乡、区域发展不平衡，特别是农村和欠发达地区基础薄弱，公共文化服务和科技的融合度不高，公共文化管理体制改革还不够深入，管理和服务水平不高，政策落实不到位，政策法规体系不完善等。该实施纲要确定的发展目标是：到 2015 年，覆盖城乡、结构合理、功能健全、实用高效的公共文化服务体系初步建立，公共文化设施网络更加完善，服务运行机制进一步健全，服务效能明显提高，“十二五”时期公共文化服务国家基本标准有效落实，人民群众基本文化权益得到更好保障。从这一文件的基本内容来看，当前阶段，创造公共文化服务的基础条件依然是发展目标的重要内容，在事业发展的起始阶段，基础条件的建设是必不可少的，完整的体系、完善的网络也会为公共文化服务的长远发展创造良好的基础和环境。值得注意的是，在该实施纲要设定的发展目标中，“服务运行机制进一步健全、服务效能明显提高”成了基础建设之上的更高层次的追求，这可以理解为是国家公共文化服务政策发展的新方向，经过多年的努力，在具备一定的工作基础之后，强调运行效率、追求服务成效必将成为新的工作目标。

各地在开展公共文化服务的过程也逐步出台了一些地方性法规、规章和规范性文件，较有代表性的是《广东省公共文化服务促进条例》和《上海市社区公共文化服务规定》。前者主要规范了公共文化服务的提供、公共文化设施的建设、公共文化服务的激励和保障等内容。后者则对社区公共文化设施的建设标准和公益性文化服务活动的开展进行了规范。总体来看，两个文件的内容都侧重于基础条件的建设，而公共文化服务的质量和效果则有待于在未来的事业发展中逐步成为工作的重心。这样的工作局面有一定的现实合理性。总体上看，我国存在着公共文化服务事业投入不足、文化基础设施落后、公共文化产品和服务供给不足、政府的公共文化服务能力有待提高等问题，这些问题严重影响了公共文化服务事业的繁荣和发展。加大基础设施建设的力度，加强公共文化服务的硬件建设，按照科学规划、合理布局、可持续运行的方针大力加强基层文化设施建设是公共文化服务事业起步阶段的首要任务。同时，从实际需求出发，提供丰富实用的文化服务，讲求适用，努力追求良好的服务效果也应当成为公共文化服务工作在新的发展阶段的必然选择。

（二）以往工作内容体现的公共文化服务内涵

2010 年我国提交的第二次《经济、社会和文化权利国际公约》执行情况报告，对中国发展公共文化服务的情况进行了介绍：制度建设方面，出台了《公共文化体育设施条例》《基层公共文化服务体系建设实施方案（2009-2013 年）》《乡镇综合文化站管理办法》等规范性文件。财政保障方面，2003年至2008年，中国文化事业费累计达946.51亿元，年均增幅21.41%，公共文化设施基本建设完成投资额达到214.26亿元。2007年至2010年，国家投入39.48亿元补助了2.42万个乡镇综合文化站建设，到2010年末基本实现了“乡乡有综合文化站”。从2004年开始，公共文化设施逐步实行了免费或者优惠开放制度。在数字化、信息化的时代背景下，发展公共数字文化建设是适应时代发展的必然要求和战略选择。2007年至2010年累计安排资金24.76亿元，建成以数字资源建设为核心，资源丰富、覆盖城乡的数字文化服务体系，努力实现“村村通”。[1]文化部、财政部于2011年11月共同出台了《关于进一步加强公共数字文化建设的指导意见》，提出“十二五”时期将以推进实施全国文化信息资源共享工程、数字图书馆推广工程和公共电子阅览室建设计划三大公共数字文化惠民工程为重点。截至2012年5月，全国文化信息资源共享工程已建成1个国家中心，33个省级分中心（覆盖率达100%），2840个县级支中心（覆盖率达99%），28595个乡镇基层服务点（覆盖率达83%），60.2万个行政村基层服务点（覆盖率达99%），部分省（区、市）村级覆盖范围已经延伸到自然村。29个省（区、市）完成县级支中心全覆盖和“村村通”目标。数字资源建设总量已达到136.4TB。文化共享工程经费投入总额达66.87亿元。数字图书馆推广工程于2011年5月正式启动。公共电子阅览室建设计划自2009年下半年开展试点工作，服务成效显著。

2012年6月，文化部召开新闻发布会，对十七大之后公共文化服务体系建设情况进行了全面总结：一是文化投入力度不断加大，覆盖城乡的公共文化服务网络基本建成。2011年，全国文化事业费为392.62亿元，与2007年的198.96亿元相比，增幅达97.33%。人均文化事业费从2007年的15.06元增加到了2011年的29.14元，增幅为93.49%。截至2011年，全国广播电视综合人口覆盖率分别达到97.06%和97.82%，农村电影放映队4万个，基本实现了“村村通”和“一村一月放映一场电影”的目标；全国共有县级以上独立建制公共图书馆2952个，文化馆（含群艺馆）3285个，乡镇（街道）文化站40 390个，基本实现了“县有图书馆、文化馆，乡有综合文化站”并覆盖一些行政村。国家、省、市、县、乡、村六级公共文化设施网络已经基本建立。二是实施公共文化设施免费开放，服务能力明显提高。截至2011年底，全国2952个公共图书馆、3285个文化馆、34 139个乡镇综合文化站实现了无障碍、零门槛进入，公共空间设施场地全部免费开放，所提供的基本服务项目全部免费。另外，公共文化服务的机构建设、体制改革不断深化，推进文化和科技的融合，实施重大数字文化工程，群众文化活动蓬勃开展，同时推进均

[1] 《中华人民共和国关于〈经济、社会和文化权利国际公约〉执行情况的第二次报告》。

等化建设，少数民族地区群众和特殊群体的文化权益得到了保障。

从以往公共文化服务工作的内容看，过去公共文化服务工作的重心在基础条件的建设，财政保障力度的加大体现了国家对公共文化服务的重视。自 2007 年以来，文化事业费大幅增长，无论是全国的总投入还是人均费用，都有一倍左右的增幅。而这些财政投入，主要被用于公共文化服务的基础建设，由图书馆、文化馆、文化站等构成的服务网络基本建立，公共数字文化建设取得了较大进展。在此基础上，重点推进了公共文化服务的无偿使用，突出了公益性，公共图书馆、文化馆实现了全面免费开放，乡镇文化站多数实现了免费开放。

（三）公共文化服务立法应当确立的内涵

在公共文化服务体系建设取得一定进展，基础设施建设具备一定基础的情况下，国家层面的立法应当有适当的前瞻性，要进行整体考虑，推动公共文化服务体系建设全面可持续发展，使其体系更加完备，内涵更加全面，更加突出工作的成效。具体而言，在基础保障方面，需要在现有的基础上进一步规范；在服务内容方面，要在加强文艺活动的同时突出与科技、教育有关的公共文化服务，在加大投入的同时要注重工作效果的评价。

文化部、财政部开展的国家公共文化服务体系示范区（项目）创建工作是当前公共文化服务领域的重点工作，其中的创建标准在一定程度上代表着国家倡导的公共文化服务未来发展方向。在文化活动内容方面，强调要依托传统节日、重大庆典活动和民族民间文化资源，开展群众喜闻乐见、丰富多彩的文体活动。文体活动是文化活动的重要方面，但是科技、教育等方面的内容对公民文化权利的实现可能更为重要。文化服务不仅要使公众享受娱乐，更要使公众接受教育，感受文明，传承中华民族优秀传统文化。

公共文化服务立法应当突出科技的内涵。科技是第一生产力，掌握科技对于公民素质的提高、文化权利的实现至关重要，因此，享受科技进步的权利已被《经济、社会和文化权利国际公约》第 15 条的标题所强调。这说明，科技在文化权利中具有基础性的地位，保障公民掌握科技、享受科技的权利是文化权利实现的最重要的内容之一。《科学技术进步法》于 2002 年 6 月颁布实施，并于 2008 年进行了修订。其中明确规定："国家保障科学技术研究开发的自由，鼓励科学探索和技术创新，保护科学技术人员的合法权益。"2006 年，中国政府发布了《全民科学素质行动计划纲要（2006–2010–2020 年）》，全面规划了科技普及工作。从 2006 年开始，中国科协、财政部联合启动了"科普惠农兴村计划"。通过奖励和补助农村科技推广先进社团的方式，带动更多的农民提高科学文化素养，掌握生产劳动技能，增强农民学科技、用科技的兴趣和意识。科学技术的发展以及推广，已经引起了国家层面的重视，并进行了卓有成效的工作。公共文化服务体系建设是促进科技发展、促进公民科学素质提高的重要途径，应当通过立法进行规范和保障。

公共文化服务立法应当突出教育的作用。文化产品的可接受性与物质产品不同。物质产品，受众可直接享用。而文化产品的接受则需要一个理解的过程，受众只有在理解的基础上才能充分享用文化产品。即使是文艺作品，也需要受众具备相应的理解能力。而在这个理解的过程中，只有教育才能够提供有效的服务和支持。教育可以促进人的个性和尊严的充分发展，促进对人权和基本自由的尊重。公共文化服务体系建设应充分考虑教育功能的配套设计。当前，我国教育事业已经有了长足的发展，但也面临不少困难和问题：一是教育发展水平还不能适应广大公民接受教育的需求；二是城乡之间、区域之间教育发展不协调；三是公共教育投入不足，教育资源总量性短缺问题还十分严重。在公共文化服务中突出教育功能，一方面可以提升公共文化服务的质量，同时也可对国家教育事业的发展发挥促进作用。韩国的“新村运动”在这方面为我们提供了值得借鉴的经验。在“新村运动”中，韩国政府建立健全了与时俱进、动态发展的教育机制，满足不同发展阶段农民对知识的需求，建立了中央新村研修院培训各种技术骨干，这些骨干将培训得来的知识又通过实践传授给农民，既解决了农民的技术难题，又使农民学到了知识，提高了他们的思想觉悟，使农民素质得到了极大的提升。[1]

公共文化服务立法应当对工作成效的评价予以关注。公共文化服务体系建设在加大投入的基础上，应当考虑服务的效益。衡量公共文化服务水平的标准是服务的质量、数量、公众的满足度以及公众的参与度。公民参与度是评价公共文化服务水平的重要指标，包括活动次数、参与人数、不同层次人群的参与比例、参与时间、利用率等。其次是要考虑公共文化服务的成效，考虑公共文化服务为众人及社会带来的效果、影响及效用，需要对公共文化服务在实施一定时期后的效果及影响进行评估。发达国家往往通过收支分离、年报、财务审计、综合绩效审计等方式，科学考评公共文化服务机构的绩效，并通过行政、经济、法律等手段对其进行调控。这一做法值得借鉴。国家立法应当设计公共文化绩效评估体系，在微观上，对公共文化服务主体、公共文化服务活动进行评价；对公共文化服务的重大决策行为项目进行评议；在宏观上，对公民文化权利的实现程度、文化产品和文化成果总量的增长速度、政府为社会提供公共文化产品和服务的总体能力等进行评价，保证公共文化服务实现效益最大化。

三、我国公共文化服务保障发展基本状况

党的十六大以来，按照公益性、基本性、均等性和便利性的要求，我国覆盖城

---

〔1〕 官爱兰、许方方：“韩国经验借鉴与我国农村公共文化有效供给的路径”，载《江苏农业科学》2010 年第 2 期。

乡的公共文化服务体系基本框架已初步建立，整体发展态势良好。一是加大投入，构筑了覆盖全国的、完备的公共广播电视网络体系和公共图书馆、博物馆、社区文化和农村文化服务设施体系。当前，由国家和公共机构向社会公众提供公共文化产品和服务的主要方式有以下几种类型：一是公共财政直接投资。由公共文化机构生产并提供公共文化产品和服务。二是产业政策扶持。包括税收减免政策、财政补贴政策等，在政府加强监管的前提下，积极支持社会资本投资生产并提供公共文化产品和服务。三是政府采购。政府委托专业化的公共机构，面向社会公开发布采购标书，采购在质量和数量方面符合政府要求的公共文化产品和服务。四是委托生产。政府和公共文化机构根据公众需求，通过制定行业和产品标准规范，委托有资质、有信誉的社会机构生产和提供政府规划指定的公共文化产品和服务。五是特许经营。政府文化主管部门在严格审查文化企业、事业单位的资质、信誉的基础上，通过严格的审批制度和市场监管，对某些需要实行特殊监管的准公共文化行业、文化产品和服务实行特许经营，促使其向社会提供合格、健康的公共文化产品和服务。六是公共文化项目外包。少数缺乏管理和运营能力的准公共文化机构，可以采取政府或公共文化机构提出运营目标，并给予相应的财政或经费补贴，把公共文化项目整体对外承包，以及从市场招聘项目负责人等多种市场化的方式来搞活经营管理，提高运营效率。

公共财政直接投资、产业政策扶持、政府采购、委托生产四种方式主要适用于非营利的公益性文化事业。而对于经营性文化产业，则主要由市场主导，政府需要发挥规划、指导、服务和管理作用，创造良好环境，促进文化产业持续健康发展。非营利性机构或组织独立提供的公共文化产品或服务，与政府直接或间接提供的公共文化产品或服务一起构成了公共文化服务体系。

国家在“十一五”期间达到目标的基础上，在“十二五”期间还要进一步提出建立健全公共文化服务体系，扩大公共文化产品和服务的供给的具体指标，完善面向妇女、未成年人、老年人、残疾人的公共文化设施。[1]

同时，我国不断深化文化体制改革，强化政府文化管理和公共服务职能，逐步理顺与文化事业单位的关系，推动公共文化服务机构更新服务理念，创新服务方式，更好地承担起提供公共文化服务的责任。包括建立健全公共文化设施服务公示制度，公开服务时间、内容和程序；完善公共文化设施的免费或者优惠开放制度，实行定点服务与流动服务相结合，推动公共文化服务向社区和农村延伸；采用政府购买、补贴等方式，向基层、低收入和特殊群体提供免费文化服务；促进数字和网络技术在公共文化服务领域的应用，建设数字广播电视信息平台、数字电影放映网

〔1〕 参见《国家基本公共服务体系“十二五”规划》（国发〔2012〕29号）。

络系统、网上图书馆、博物馆、剧场；支持民办公益性文化机构的发展，鼓励民间开办博物馆、图书馆等，积极引导社会力量提供公共文化服务；等等。

目前我国公共文化服务体系建设面临不少困难和问题：

其一，公共文化基础设施仍相对薄弱。相当一段时期以来，由于观念认识差距、市场经济冲击和财政投入不足等多种原因，公共文化设施建设曾长期处在一个相对滞缓的发展状态，不少地方尤其是农村地区的文化建设一度急剧下滑，已有的设施或破损严重或转为他用，人员队伍严重流失。这一状况近些年来已有明显改善，覆盖全社会的公共文化服务网络体系构架初步建立，但与现实需求仍有不小差距。一是设施建设标准较低，运转经费严重不足。据文化部统计，目前，全国平均近42万人才拥有一个公共图书馆，人均馆藏图书0.52册，全国公共图书馆人均藏书量0.4册。远低于国际图联规定的每5万人拥有一个公共图书馆和人均馆藏图书2册的标准。县级图书馆、农村书屋的图书更新率过低，运转经费缺乏保障。二是城乡之间、东西部之间发展长期失衡，农村公共文化设施体系薄弱现象仍较突出。村级文化室约有28万个，仅占全国行政村总数的47.7%。三是一些地方公共文化设施设备简陋，功能不健全，利用率较低，闲置现象较为严重。中西部一些地方实行免费开放的图书馆、博物馆，由于取消了门票收入，后续财政补贴经费保障跟不上，在运营服务上出现了困难。一些大中城市把新建图书馆、博物馆作为城市地标建筑的一个重要标志，出现了重建筑轻功能、重奢华轻服务的现象。许多基层文化单位缺乏稳定的工作队伍，人员短缺，无编制、无人员、无经费以及专职不专干的问题较为突出。四是其他公共文化设施（如剧场、影剧院等）数量不足。例如，北京市仅有演出场所百余个，而纽约、伦敦这些城市之所以演艺业高度发达，是因为演出场所高达上千个。

其二，公共文化投入总量偏小，城乡、区域发展不平衡。我国文化事业占我国财政支出的比例偏低，文化事业支出占教、科、文、卫事业比重偏低。另外，城乡之间、地区之间的公共文化服务在财政投入上存在较大差距，总体上，城市投入相对比较高，文化创作、文化场所相对比较集中，文化消费水平增长速度也较快，而农村在文化资源和服务上的差距还比较大。“十五”和“十一五”期间，全国文化事业费占国家财政总支出的比重在0.3%～0.4%之间。据统计，2011年，全国文化事业费共392.62亿元，仅占全国当年财政总支出的0.36%，全国人均文化事业费仅29.14元，远低于世界上一般国家占1%以上的水平。党的十六届四中全会曾指出：“中央和地方财政对宣传文化事业的投入，要随着经济的发展逐年增加，增加幅度不低于财政收入的增长幅度。”[1]但在实践中，这一目标并未达到。另一方

---

〔1〕《中共中央关于加强社会主义精神文明建设若干重要问题的决议》1996年10月。

面，城乡之间、区域之间文化投入差距较大，发展不均衡的现象较为突出。一是用于农村公共文化的投入总量和比重都过小。据统计，“十一五”时期，前四年，农村文化投入占全国文化事业费的比重仅为28.2%。[1]例如，2009年文化事业费中，农村文化投入86.03亿元，虽然比上年大幅增长了19.4亿元，但仍仅占文化事业费总额的30.5%左右。二是东西部区域之间差距日益扩大。2011年，广东省文化事业费为33.73亿元，居全国之首，相当于陕西（11.92亿元）、甘肃（8.33亿元）、青海（3.41亿元）、新疆（8.80亿元）、西藏（1.92亿元）五省区的总和。上海市人均文化事业费为103.01元，是河北省的8倍（12.85元）。2009年，成都市人均文化事业费为49.78元，攀枝花市为16.44元，宜宾县仅为2元。温州市一半以上的公共文化设施位于城镇，而城镇人口仅占全市总人口的1/4。[2]

其三，行政管理体制亟待理顺，政府职能转变仍需加强。随着公共文化事业的深入发展，加快改革步伐，理顺文化管理体制，已成为一个日益紧迫的问题。目前，公共文化涉及很多部门，文化、新闻出版广电、发改委、财政城乡建设、税务等部门都具有部分公共文化职能。实践中，机构分设，职能交叉重叠，政出多门，管办不分，条块分割等传统文化管理体制的弊端仍然相当程度地存在，原有的体制性、机制性障碍是制约公共文化事业发展的突出症结，尚未形成权责明确、行为规范、监督有效、保障有力的管理体制，进而出现政策不统一，相互封闭，重复建设等现象，影响了公共文化服务体系建设的规范、有序开展。例如，农村文化活动室和农家书屋分别属于文化部门和新闻出版部门管理，在许多地方被分别建设，公共文化资源未能有效整合。再如，“三网融合”工作涉及十多个部门，各部门都有一套管理制度，协调难度很大，在实践中制约了现代传播体系建设的开展。

其四，公共文化设施的运行机制和经营管理方式陈旧老套，机构人员行政化、经费来源财政单一化的现象较为普遍，尚未形成一种适合我国社会特点的自主管理、有效运营的机制，造成机构、人员效率低下和财政投入上的沉重负担，严重不适应公共文化服务多样化的发展。一些国家在这方面有较为成熟的经验，值得借鉴。如日本对公共文化机构采取委托公益性财团法人管理的办法，按照公共文化服务的基本要求，独立经营管理，采取公益性、营利性兼容并蓄的方式，使机构、人员得以良性运作，有效减轻了财政的负担和压力。又如英国的“一臂之距”（Arms Length Principle）公共文化服务原则 。“一臂之距”是指政府文化主管部门对文化建设、发展和管理只进行宏观政策指导和财政拨款，而不直接插手具体的文化事务和文化经费的分配。政府与具体的文化事务之间保持一定的距离，政府会设立或选

〔1〕“‘十一五’以来我国文化事业费投入情况分析”，载中国社会科学网：www.cssn.cn，2011年1月18日访问。

〔2〕陈瑶主编：《公共文化服务：制度与模式》，浙江大学出版社2012年版，第23~24页。

择中介机构，向政府提供文化政策建议和咨询，并接受政府委托，决定对被资助文化项目的财政拨款，对拨款使用效果进行监督评估，并向政府、议会和公众作出说明和解释。“一臂之距”原则的优势在于：其减少了政府机构的行政事务，政府机构不直接与文艺团体发生关系，有利于监督，可避免产生腐败，有利于政府部门和非政府部门的合作，满足公众多层次的文化需求，有助于避免党派政治倾向对拨款政策的不良影响，保证文化经费由那些最有资格的人进行客观公正的分配。

其五，社会力量发展公共文化的渠道有限，主动参与的意识不够、动力不足、参与能力低。目前，我国公共文化建设的主要资金来源是国家财政，但从国外发达国家的经验来看，除了必要的财政保障外，充分利用税收政策，鼓励支持社会力量发挥其在公共文化建设中的作用，是一条成功经验。我国目前在这方面的措施尚不到位，现行税收政策对企业、个人投资公益性文化事业并没有明显的优惠，对社会力量开展公益性文化活动缺乏足够的财税政策、土地政策支持。例如，国务院颁布了《公共文化体育设施条例》，但演出场所未被列入公共文化设施，而是与商场、娱乐业征收同一营业税，税率高达5%~20%，不仅高于被列入公共文化设施的电影院（营业税税率为3%），也高于金融保险业（5%）。这一状况严重制约了演出场所的建设和发展。同时，政府近年来一直在逐步加大对公共文化服务体系的支持力度，财政拨款逐年增多。公共文化服务总收入逐年增加，但这种增加主要以国家财政拨款的增长为主，公共文化机构自身的经营收入较少；公众与社会组织对文化价值的认识往往停留在娱乐层面或仅限于文化符号的“舞台化”理解，参与层次较低，主要受益者是公司或政府，这造成公民与社会组织参与公共文化服务比较被动，参与的热情与动力不足；公众与社会组织难以参与到公共文化项目的制定、决策、管理、执行等过程中，而对于公共产品的开发，如果没有足够的市场刺激，或者没有文化或旅游项目引导，公众与社会组织一是缺乏动力，二是也没有参与的经验，故能力低下。

四、国外公共文化服务管理和立法状况

（一）西方公共文化服务的主要管理模式

西方公共文化服务的主要管理模式有三类：一是以法国、日本等为代表的“政府主导”模式，即从中央到地方政府均设有文化行政管理部门，各级政府文化部门对文艺团体进行有限的资助并提供比较完善的公共文化服务。法国设有文化和通讯部，负责对全国的文化艺术事业进行直接管理，主要职责包括，编制年度文化预算报议会审批，管理和使用文化费等。法国文化和通讯部每年的财政预算均占国家财政总预算的1%以上。二是以美国为代表的“民间主导”模式，即将文化服务置于市场环境中生存和发展，联邦和州政府都不设文化行政主管部门，政府不直接经营

公共文化事业或公共文化设施，主要利用国家和私人的基金会对文化事业进行资助，让民间捐款成为非营利文化机构主要的资金来源。美国政府一方面通过各种形式的税收优惠政策对文化艺术进行间接的资助，培育、支持民间的非营利性的艺术机构（NPAO），通过政府直接拨款，鼓励慈善机构、企业及个人的捐助行为。这既减轻了政府的财政负担，也可以为民众提供更多样的文化选择。另一方面，美国政府还设立了诸如国家艺术基金会 、国家博物馆图书馆学会等政府代理机构，主要负责利用联邦政府的资源，对艺术文化进行资助。三是以英国、澳大利亚等为代表的政府与民间共建的"分权"模式，即这种模式是政府与民间"建立伙伴关系"，进行文化资源的分配、文化事务的管理和文化服务的提供。英国政府设立了文化、媒体及体育部，负责艺术、体育、康乐、政府奖券、图书馆、博物馆、美术馆和广播等，并向艺术委员会、电影协会、美术工艺局、旅游协会、一些博物馆及美术馆等提供资助。具体的文化资源分配、事务管理则是通过各级文化艺术委员、艺术发展局来完成的。

（二）一些国家公共文化立法情况

从国际上看，许多国家在公共文化发展和建设领域都走上了法制化道路，即通过制定相关法律，确定国家发展公共文化的基本政策，保障政府公共财政对公共文化建设的投入，支持社会发展公益性文化事业，明确公共文化单位的法律地位、义务责任等。立法上的模式大体有两种：一是制定文化事业方面的基本法，如俄罗斯于 1992 年制定的《文化基本法》、韩国于 1972 年制定的《振兴文化艺术基本法》等，直接规定和明确国家政府在发展文化事业方面的基本职责和目标。一些国家则主要是通过制定文化基金法的方式来确定国家在公共文化事业方面的基本政策。如美国 1965 年制定颁布的《国家艺术及人文事业基金法》。根据该法，美国成立了致力于艺术及人文事业发展的机构——国家艺术基金会与国家人文基金会，采取措施鼓励各州、各企业集团以及全社会对文化艺术的发展予以支持。这些基本法的一个突出的共同特点是明确了国家通过制定特殊财政税收优惠政策、设立专项文化基金等方式去扶持、发展公共文化事业。二是制定公共文化机构方面的专门法律，如《图书馆法》《博物馆法》等，以保障和促进公共图书馆和博物馆事业的发展。

从我国的实际情况来看，上述两种立法模式都是值得借鉴和参考的。除了制定公共文化方面的专门法外，制定相关基本法也具有相当的必要性。以下，笔者将简单介绍俄、韩、美、乌等国文化基本法的情况。

1.《俄罗斯联邦文化基本法》

1992 年，俄罗斯立法机构制定出台了《俄罗斯联邦文化基本法》，这是俄罗斯高度重视文化发展、全面制定文化领域各项法律的一个重要基础和开端。该法以宪法为依据，从文化基本法的角度详细规定了俄罗斯全国文化领域中的人权、公民权、自由权和少数民族的权利，规定了政府发展文化事业的基本职责，对联邦机关、联邦区域性机关和地方政府之间的权限分别作出了规定，对国家在文化领域的财政资金投入、文化领域经济行为的调整以及参与国际文化交流等事项制定了基本原则。根据该法：①俄罗斯联邦机关的文化职权是：保障文化领域的人权和自由；制定文化领域的政策和通过联邦文化项目；对不动产关系、经济行为规范进行法律调整，管理民族文化遗产；分配联邦文化预算中的文化基金；建立、资助、重组和解散联邦文化组织；规定文化合作领域的对外文化政策；调整文化领域内具有文化价值的物品的进出口和硬通货贸易；统计研究等。②联邦机关和联邦区域性机关共有的文化职权是：保障文化领域的人权、公民权和自由；对民族文化遗产的保护；执行联邦文化政策；制定文化范围的职业教育标准；制定国家机关组织和地方政府机关组织的基本原则；制定税收基本原则；建立、资助、重组和解散与俄罗斯联邦区域性机关有关的文化组织；实施国际文化交流。③地方政府机关的文化职权是：在其辖区范围内执行文化政策；为调整文化行为建立地方机构；分配地方文化基金和征收地方税；管理市营不动产，包括建立、资助、重组和解散市营的文化组织。根据这部法律所确立的基本原则，俄罗斯立法机关又制定了包括《图书馆法》《博物馆法》《电影法》《出版法》在内的一系列文化专门法，形成了文化法律体系。

1993年，俄罗斯联邦政府根据《俄罗斯联邦文化基本法》制定出台了政府层面的《联邦文化艺术保护和发展计划》，进一步明确了具体的文化政策。其主要目标是：保护悠久文化的潜力和保证文化传统的继续；保护属于俄罗斯人民文化遗产的文物；保持古典文化、俄罗斯文化声誉的传统渊源；支持俄罗斯电影的生产和发行；将振兴各民族文化和少数民族文化作为缓和少数民族冲突的一个必要条件；鼓励俄罗斯地方文化的振兴和发展；支持文化艺术领域的专业教育、支持青年艺术家和知识分子。

基于上述法律和政策，俄罗斯出台了在财政经济方面保障公共文化事业发展的一项重大措施，原则上规定用于联邦文化发展的财政支出应占联邦总支出的2%，并建议地方政府将这一比例提高到6%。虽然这一比例在实施中不尽如人意，但这一立法原则仍然使文化事业在财政经济的保障上得到大幅提高。与此相关联的是，俄罗斯的《税法》和其他各领域的基本法也同时针对文化领域的组织和经济特点作出了相应规定，免除了国家文化机构的全部纳税义务（包括所得税、收益税、财产税、土地税等），以扶持和保障文化事业的发展。具体来说，国有和市属博物馆、图书馆、交响乐团、国家歌剧院无须纳税，其主要活动收入免交所得税；国家图书馆、博物馆订购各种国际书刊的盈余免税；文化机构免交土地税和财产税；艺术家和知识分子有条件地免除部分纳税义务。另一项制度是确立了国家发展文化的“俄罗斯模式”，即政府部门应当提供文化发展资金，并且是这一资金的主要来源。同时，组建公共文化基金，艺术、文化活动的公共基金分配形式由公共基金所要求的基础结构的形式所决定。在具体经费投入上，采取分级管理模式，即联邦政府对直接管理的19个剧院、27个音乐厅和表演团体、19个图书馆、74个高中文化教育机构等提供基金，包括资助国际文化交流活动，支持剧作家、艺术家、作曲家等创作者的创作活动。其他多数文化机构则是由市行政机关管理，其财政来源于市预算，另有一些主要的博物馆、图书馆和艺术组织由联邦地区政府管理，财政来源于地区政府预算。[1]

2. 韩国的《振兴文化艺术基本法》

1972年，韩国主要针对公共文化发展制定了《振兴文化艺术基本法》（1999年韩国又专门针对文化产业制定了《文化内容产业振兴基本法》作为发展文化产业的基本法）。该法共8章29条。第一章“总则”，说明立法的目的、文化艺术与文化产业的定义、施政与奖助原则以及文化艺术振兴委员会的成立。第二章“国语的发展与普及”。第三章“文化艺术空间的设置”，规定了文化艺术空间设置的奖励原则，专门艺术团体的指定营运，以及建筑物之美术装饰。第四章“文化艺术福祉的增进”，有文化日的设定、奖励金支付、文化讲座设置等对文化艺术的振兴以及对文化产业的培育与支持。第五章“文化艺术振兴基金”，包括基金的设置、组成、募集与用途，贷款之募金、文化艺术振兴基金支持审议委员会与文化艺术振兴基金的组成等相关规定。第六章“韩国文化艺术振兴院的设立”。第七、八章则分别为“补则”与“罚则”。

由于韩国一直非常重视文化的普及与推广，将文化的普及和振兴视为提高全民文化素养和提升国民生活质量的一个必要条件。因此，《振兴文化艺术基本法》的立法宗旨十分明确，就是提高全民文化素养。为实现这一宗旨，法律规定了“文化艺术”的范围，即“文学、美术（包含应用美术）、音乐、舞蹈、戏剧、电影、演艺、国乐、写真、建筑、语文及出版”。并规定了实现这一宗旨的一系列具体措施，主要包括：①指定专门艺术团体开展艺术普及活动。该法第10条第1项规定：“县市长为振兴文化艺术，得指定专门艺术团体从事支持及培育工作。”即指定专门艺术团体开展艺术普及活动，使民众文化生活得以普及、健全。这样的措施可以加强专业表演艺术人才与民众之间的互动关系，而且，经由这样的普及教育工作，也可以直接扩大民众的艺术参与。②设置文化讲座。该法规定：“国家及地方自治团体为了使国民得以享受高级文化艺术，应设置文化讲座，设置机关或指定团体，以开展普及文化艺术的工作……国家及地方自治团体应支持文化讲座设置及营运所需经费。”③支持成立业余艺术团体并对其予以资助。法律明确规定，为了提高学校、

[1] 参见“俄罗斯联邦文化政策的目的和手段”，子勤译，载张庄福主编：《宪政论丛》（第2卷），法律出版社1999年版。

工作机构的学生和在职人员以及其他从业人员的素养，国家、地方自治团体应当支持、鼓励其成立一个以上的业余文化艺术活动团体，并对该团体的活动经费予以支持和保障，目的就是通过艺术的培育、陶冶，使民众在艺术参与的过程中，达到提高文化素养的潜移默化的效果。④对从事高雅艺术表演的演剧场和其他公共场所予以资助，以完善其设施设备。法律规定，国家、地方自治团体为了振兴文化艺术活动，扩大居民享受高雅文化的机会，必须对文化艺术会馆的设置利用制定明确的措施并予以资助。同时还规定，对那些表演高雅艺术的其他公共演出场所及展示场所等设施也要予以资助，以从剧场硬件设施方面适应民众享受高雅艺术的需求。⑤对公共建筑物的美术装饰予以规定。法律规定，凡于首都兴建规模以上的建筑物，必须将1%的建筑费用用作绘画、雕刻、工艺等美术装饰。此外，市、郡所辖的建筑物与共同住宅，必须将不超过1%的建筑费用用作美术装饰。⑥设定文化日与文化月。法律明确规定，"为了使国民深切理解并积极参与文化艺术，国家设定文化日及文化月"，以开展全社会文化艺术普及活动。[1]

3. 乌克兰的《文化法》

2010年12月，乌克兰议会通过了国家文化发展战略的基本法律——《文化法》。该法的立法基本目的和宗旨是保障、实现和保护乌克兰宪法赋予公民的在文化方面的权利，为公民自由开展文化活动提供法律保障，保障文化创作自由，保存和发掘民族文化遗产，保护知识产权，确立国家文化政策的优先发展方向，确立国家支持文化的形式和条件等。该法确立了乌克兰文化活动的法律基础，协调了有关建立、利用、传播和保护本国文化的社会关系。在该法中第一次出现了"乌克兰文化空间""文化的基础网络""本国文化产品"等词汇。所谓"文化的基础网络"，是指国家和公共文化机构、企业和组织的总称，其作用在于为文艺人才提供保障和条件，收集、保存、使用和传播文化信息，进行研究工作，以及保障乌克兰文化空间的完整性，保障公民在文化方面的权利。

该法从基本法的角度确立了国家文化发展的若干基本原则和措施：①承认乌克兰文化是所有生活在乌克兰境内的乌克兰族及其他少数民族文化的总和；②建立统一的乌克兰文化空间，保护国家文化的统一性；③保护文化遗产，致力文化发展；④协助建立人文理念和道德标准；⑤保障创作自由，保护知识产权；⑥保障公民在文化方面的权利；⑦为公民个人的创作自由提供便利条件，国家将致力于提高公民的文化水平，为儿童和青年提供文化教育；⑧为专业文化艺术协会和社会文化团体提供支持，大力发展本国文化产品；⑨将文化传播作为儿童和青年教育的优先发展方向；⑩为文化机关、企业和组织等文化基础网络的活动提供保障；⑪为电子、音

[1] 参见刘轶："他山之石，美、英、法、韩等国的文化政策"，载《社会观察》2004年第4期。

像等文化产品的制作和传播提供支持，提高文化电子产品的技术含量和在互联网上传播文化的普及性；⑫在海外传播乌克兰民族文化；⑬支持乌克兰侨民的文化生活；⑭对民族文化产品的制作和生产提供财政支持；⑮支持各州、各少数民族和各地区的文化发展；⑯支持国际文化交流和合作；⑰为国家文物和文化遗产建立保险基金会。该法律还特别强调，国家将为文化工作者提供社会保障，为文化工作者提供特殊津贴和退休金保障，特别是对超过应有工作年限和具有较高专业技术职称的文化工作者提供特殊待遇。〔1〕

4. 美国的《国家艺术及人文事业基金法》

1965年，美国国会通过了自经济大萧条以后第一部支持文化艺术事业的法律——《国家艺术及人文事业基金法》。这是促进和保障美国文化艺术事业（尤其是公共文化艺术事业）发展的一部基本法。依据此法，美国创立了历史上第一个致力于艺术与人文事业的机构——国家艺术基金会与国家人文基金会，并设立了联邦艺术暨人文委员会，由联邦政府中工作性质与文化发展有关的部门的首脑组成。国家艺术基金会与国家人文基金会的宗旨是为发展美国文化艺术服务，保护美国丰富的文化遗产，鼓励国家最优秀的艺术人才发挥创造才能。

这一立法保证了美国每年拿出相应比例的资金投入文化艺术（联邦政府对国家艺术基金会、国家人文基金会和博物馆图书馆学会等主要公共文化机构的直接资助每年约2.5亿美元），并且，使这些资金的使用直接面对文化艺术事业，而不是耗费于庞大的文化行政机构的运行之中，大大提高了资金的使用效果。国家艺术基金会与国家人文基金会每年会向各州及联邦各地区艺术委员会拨款一次，约占年总基金额的20%，其余款项直接用于向各个艺术人文领域内的个人及团体有关项目提供资助，也用于对优秀艺术成就的奖励。

美国联邦政府文化机构对文化的赞助有以下几个特点：

第一，政府对文化艺术事业实行间接管理。美国联邦政府不直接对文化机构拨款，而是通过国家艺术基金会、国家人文基金会和国家博物馆图书馆学会等社会中介组织对文化实施资助。这些文化中介组织只有拨款权，无行政管理权。它们对文化团体和个人提供拨款的方式，体现了政府对文化事业的支持，但它们没有在文化领域进行立法、政策制定和行政管理的职能。除了利用政府代理机构实行财政资助的间接管理方式，美国政府还特别注重通过制定税收减免等有关法律政策加大对文化艺术事业的扶持力度，广泛动员社会力量参与文化艺术事业建设。

第二，政府拨款对象为非营利文化艺术团体。美国联邦政府所支持的是那些不通过市场运作方式经营的非营利性文化团体，申请资助的团体必须是非营利性质的

---

〔1〕 参见周浩："乌克兰新政府文化政策改革浅析"，载文化部对外文化联络局编：《对外文化交流通讯》（2011年）。

民间机构，而且是从联邦政府取得免税资格者，其盈利部分不得归个人所有。以商业运作方式的营利性文化团体，如流行音乐、电影娱乐公司等无法获得赞助。

第三，政府采用资金匹配的方式实行有限拨款。联邦政府机构提供的资金支持是有限的，一般要求对任何项目的资助总额都不超过所需经费的50%。也就是说，最多只能提供某一项目所需费用的一半，另一半则必须由申请者从政府机构以外筹集。这样就避免了文化团体过分依赖联邦政府，鼓励文化团体积极进取。资金匹配一方面可以促使各地方政府拨出相应的地方财政来与联邦政府资金配套，另一方面也要求各艺术团体或艺术家积极向社会筹集资金，以获得政府的资助。显然，这种资金匹配方式调动了地方乃至全社会资助艺术事业的积极性，也调动了各艺术团体、艺术家的积极性，同时又提高了项目的可实施度，避免了无效投入。

第四，对公司企业、基金会及个人资助文化机构采取税收减免政策。美国2/3的非营利文化机构是通过国家、企业和个人向文化机构进行捐赠，并实行减免税政策而获得资助的。《国家艺术及人文事业基金法》规定："政府对文化艺术给予有限支持的方式是对非营利性质的文化艺术团体和公共电台、公共电视台免征所得税，并减免为其赞助的个人和公司的税额。"1917年《美国联邦税法》就明文规定对非营利性文化团体和机构和公共电视台、广播电台免征所得税，并减免资助者的税额。对非营利的，以促进文化、教育、科学、宗教、慈善事业为目的的团体免征赋税，个人和企业对上述非营利性团体的捐赠可享受减免税收的优惠政策。根据该法，美国所有的文化艺术团体均可自愿选择登记为营利或非营利机构。若为营利机构，则与一般商业公司一样照章纳税，其利润可自由支配。若登记为非营利机构，则可享受优惠待遇，包括免缴所得税，获得政府资助，接受公司、企业和个人的捐助。前提条件是：收入必须转为本身业务，不得转为私用；与本身宗旨无关的收入不得成为资金来源的主渠道，并照章纳税；所属资产必须被用于与本身宗旨有关的业务，否则便将被取消非营利资格。该法还规定，凡赞助非营利性文化艺术机构及其活动的公司、企业和个人，其赞助款额可从其收入中扣除，免缴所得税。对于营利与非营利的区分，不在于其是否盈利，而是看其经营目的，即营利性机构在于为老板或个人和股东谋利，而非营利性机构却除了支付雇员的工资和场租费用外，其收入、财产和盈利不得为个人所有。

美国政府利用"非营利免税"等相关法规，资助、扶持文化艺术团体的发展。美国政府对文艺团体在行政上不予干涉，政府有选择地对非营利机构给予有限财政支持，一般只占其全部收入的10%左右。

另外，美国还实行捐赠免税政策，对私人部门特别是个人捐赠，允许其在个人年度应纳税所得额中扣除，但最高不超过应纳税所得额的50%。此外还采取了其他许多优惠政策支持非营利性文化机构。例如，从地方经营特许权税（如旅馆经营税、财产税、营业税和文化娱乐税）中抽取一定比例支持公共文化事业发展。公共文化艺术机构通常借助城市改造更新的名义从地方税收优惠和法律规定中获益。例如，某公共文化艺术组织想将破旧的仓库重建为艺术家的公寓和工作室，它可以先向国家住房基金管理署申请通常为城市更新改造项目提供的低所得税抵免。这些税收抵免由联邦政府支付，通过州政府分配。这些优惠政策，间接地为公共文化机构提供了广泛的支持。

5. 法国的文化立法

法国对立法工作历来很重视，对文化事业的立法同样很重视。1983 年出台的《地方各级行政机构权限分配法》第 1 条规定："地方各级行政机构与国家一起……共同促进经济、社会、卫生、文化和科学的发展。"[1]

在文化方面，法国先后出台了《保护及修复历史遗迹法》(1962 年和 1967 年)，《古迹保护法》（1967 年）、《遗产捐赠与继承抵偿法》（1968 年）、《建筑法》（1977 年），《图书单一价格法》（1981 年）、《著作权法》（1986 年）、《电台、电视台法》（1974 年、1982 年、1986 年）等法律。

为了保护法语，抵制英语的语言帝国主义，法国议会于 1994 年 8 月通过了由文化部长杜蓬提出的《关于法语使用的法案》，简称《杜蓬法》。《杜蓬法》规定禁止在公告、广告中，在电台、电视台播送节目中（外语节目除外）使用外语，要求在法国境内出版的出版物必须有法语的概述，在法国境内举行的各种研讨会，法国人必须使用本国语言作大会发言……违法者将被处以 5000 法郎~25 000 法郎的罚款。

面对美国文化的涌入，法国政府采取保护政策，以便保护国内市场，捍卫民族文化。在关贸总协定 1993 年乌拉圭回合谈判中，争论的焦点是服务自由贸易（电影、电视属服务贸易范畴）。美国要把服务自由贸易扩展到这个领域，希望能让其产品自由地进入欧洲市场，享受欧盟国家的国民待遇。法国坚决反对美国把文化列入一般服务贸易范畴。提出了"文化不是一般商品""文化例外"等新概念，拒绝了美国的要求。1989 年设立的音像配额制度是为了保护法国的（和欧洲的）视听作品制作和播放。音像作品播放配额规定电视台 40%的时间必须播放法国作品，60%留给其他国家。这一播放配额限制了美国电视剧的播放量，为法国电视剧的制作、播放提供了空间。

6. 加拿大的文化立法

在保持文化多样性方面，具有代表性的立法是加拿大于 1988 年通过的《多元文化法》。该法明确了加拿大政府的多元文化主义政策，即承认所有加拿大人都是加拿大社会的充分和平等的参与者。政府本身成了保障加拿大人文化自由的最合适

---

[1] 参见肖云上："法国的文化政策"，载《国际观察》1999 年第 6 期。

的机构。第一，政府将尽可能帮助所有不同规模和能力的文化群体继续发挥作用，实现对加拿大的贡献；第二，帮助所有文化群体的成员克服充分参与加拿大社会的文化障碍；第三，促进所有文化群体间富有创造性的接触和交流，以利于国家的统一；第四，继续帮助移民掌握至少一种官方语言，以使其充分参与加拿大社会。加拿大政府大力倡导多元文化政策，但鼓励多元文化方面的款项在整个国家开支中的比重还是有限，1992 年至 1993 年加拿大多元文化和公民部的年度预算为 1.18 亿加元，占整个国家预算的 1/1500。除了联邦政府的文化项目外，各省政府也有各项财政投入，用于建造族裔社区中心，扩大用不同族裔语言提供公共服务的范围。尤其是在各省主管的教育领域，族裔语言教育都得到广泛的开展。[1]

7. 欧盟的文化立法

文化是欧盟非常重视的基本权利，1992 年通过的《马斯特里赫特条约》把文化纳入了欧盟的责任范围，增加了文化一章，即第 151 条。该条款提出，欧盟应努力为提高成员国的文化质量进行教育和培训，为鼓励文化百花齐放做出贡献。《欧盟基本权利宪章》第 22 条中规定："欧盟尊重文化、宗教和语言的多样化。"《欧盟宪法条约》将该宪章纳入之中并成为条约的重要组成部分。

在文化管理方面，为保证人员自由流动，欧盟制定了各成员国间互相承认资格证书的总原则，这个总原则适用于所有职业。《欧洲共同体条约》确立了四大自由原则，即人员、货物、资本和服务流动自由。同时也规定了四大基本自由的例外和限制的范围。欧盟认同法国提出的"文化例外"概念，并确定了界定"文化例外"的六条标准，认为文化产品有特殊性，不能与其他商品一样流通。但是，这些例外特权在行使时受到严格的限制，以免造成权利的滥用。

1989 年，欧盟通过了两个旨在增加欧洲影视节目产量的指令。一个是《电视无国界指令》，另一个是《媒体指令》。这两个指令的目的是保证有一半多的时间播放欧洲生产的节目。前者要求欧盟各国相互支持，播放成员国的影视片，并规定了播放欧洲片和美国片的时间、时段、额度；后者着重支持欧盟电影等产品的市场推广。

欧盟制定了《关于内部市场中与电子商务有关的若干法律问题的指令》，目的是保障内部市场的良好运行，重点在于保障信息服务得以在成员国之间自由流通。要求各成员国根据该指令的规则制定本国的法律，遵守协调一致的规则，成员国不得限制来自其他成员国的信息服务在本国的自由流通。

在财政措施方面，欧盟对具有社会和文化性质的产品和服务采取低增值税税率，凡成员国居民消费者从欧盟或非欧盟公司（主要指美国）在线购买数字化产品，均应缴纳增值税。非欧盟（主要指美国）供应商必须在一个欧盟成员国中办理

---

〔1〕 高鉴国："加拿大多元文化政策评析"，载《世界民族》1999 年第 4 期。

增值税登记，并按消费者居住国税率收缴增值税。

关于国家对文化产业的干预，《欧盟竞争法》规定，一切妨碍企业间贸易和竞争的协议、决定和联合一致的做法都应被禁止。在市场失灵时，国家援助可以提高企业的效率，特别是国家的地区性援助和根据社会政策给予的援助，往往有着很大的合理性。《欧洲共同体条约》和《马斯特里赫特条约》中对国家援助作出了规定，阐明了与共同体市场相协调的国家援助和被禁止的国家援助。欧盟的国家援助方式包括：补贴或者税收优惠，对国有企业的资本参与，低息贷款和提供担保。〔1〕

五、我国制定《公共文化服务保障法》的必要性和可行性

党的十八大对建设社会主义文化强国、基本建成我国公共文化服务体系提出了明确要求，要实现这一目标，建立和完善相关法律制度就成了一个最重要、基础性的保障。党的十七届六中全会明确指出："加快文化立法，制定和完善公共文化服务保障、文化产业振兴和文化市场管理等方面法律法规，提高文化建设法制化水平。"〔2〕十二届全国人大成立以来，党和国家高度重视公共文化立法工作，将"公共文化服务保障"列入了全国人大常委会五年立法规划。张德江委员长强调指出："全面推进依法治国，重点是提高立法质量。要坚持科学立法、民主立法，强化立法论证、立法调研、立法评估，加强重点领域立法，拓展人民有序参与立法途径，切实增强法律的可执行性和可操作性，提高法律的权威性，更好地发挥立法的引领和推动作用。"〔3〕这为我们进一步做好立法工作指明了方向。目前，我国公共文化服务体系建设的指导思想、目标任务、政策措施已经基本明确。近些年以来，一些全国人大代表不断提出议案，建议研究制定《公共（公益性）文化保障法》，以作为公共文化领域的基础性法律。这不仅符合我国社会主义法制建设的需要，也符合我国文化发展的长远利益。根据我国经济社会和文化发展的基本特点，紧紧围绕公共文化服务的立法原则、体系构建、管理制度、保障机制等主要问题，加强顶层设计，将党和国家的公共文化政策转化为国家意志，确立国家在发展公共文化事业方面的基本原则和法律制度，对我们这个文化大国而言，无疑是十分必要的，在立法上也是具有可行性的。同时，这一基础性法律可为其他相关专门法律法规的制定提供相关的法律依据。

---

〔1〕参见"欧盟文化法规"，载中华人民共和国驻欧盟使团：http://www.chinamission.be/chn/sbgx/wh/FG，2013年4月17日访问。

〔2〕《中共中央关于深化文化体制改革推动社会主义文化大发展大繁荣若干重大问题的决定》。

〔3〕张德江："张德江：全面推进依法治国 加快建设法治国家"，载新华网：www.xinhuanot.com，2013年4月17日访问。

（一）制定《公共文化服务保障法》的必要性

1. 公共文化服务保障立法是公共文化服务建设有序化、规范化和法制化的必由之路

历史经验表明，要实现新时期我国公共文化服务建设的目标，就必须使党和国家所制定的一系列行之有效的政策措施制度化和法制化，必须改变以往那种在公共文化服务建设和管理上的任意性、人为性状况，必须扭转目前一些公共文化设施和文化活动入不敷出、经营为上、社会服务功能日渐丧失的局面。[1]在此背景下，我们应认真梳理、总结公共文化服务领域中的政策措施，通过法定途径和程序，将行之有效的政策措施上升为法律。以政策来调整公共文化服务活动，固然有其灵活性的优势，但与法律相比，政策也有其短暂性、不够稳定的缺点。是由法律来调整，还是由政策来调整一种社会关系，不仅要看此种社会关系的性质和特点，还要看一个国家所处的具体发展阶段和当前所面临的历史任务。[2]通过法律高稳定性、国家强制性、普遍性、程序性的特点，理顺公共文化服务体系各方面要素的关系。而且，随着文化体制改革的深入发展，改革进程中出现的问题越来越需要依法加以解决，改革进程中形成的有效体制机制越来越需要通过法律形式加以确认。因此，建立和完善相关法律制度就成了一个最重要、基础性的保障。这既是我国公共文化服务建设进入有序化、规范化和法制化的必由之路，是文化领域法治化的必然要求，也是进一步完善中国特色社会主义法律体系的必然结果。

2. 公共文化服务保障立法是建设法治和服务型政府的必然要求

为全体公民提供均等化的公共文化服务是现代政府的重要职责之一。在社会主义市场经济条件下，政府必须全面履行经济调节、市场监管、社会管理和公共服务这四个方面的职能。打造公共服务型政府是当前及今后行政管理体制改革的重要目标，而建立完善的公共文化服务体系则是公共服务型政府建设的重要内容。《国家基本公共服务体系“十二五”规划》已明确了政府公共服务的重点任务、基本标准和保障工程。依法保障公共文化服务体系建设，是建立法治和服务型政府的必然要求。在现代法治国家，政府的职责要在宪法和宪法相关法中予以明确规定，政府对其职责的履行也要遵守相应的法律程序。在公共文化服务领域，政府职责的确定和履行应当依法而定、依法而为。

3. 公共文化服务保障立法是实现公民文化权利、保障人民基本文化权益的必要途径

文化权利是公民的一项基本人权，是衡量社会进步与文明水平的一个重要指

---

〔1〕 朱兵：“我国公共文化建设与法制化道路”，载中国人大网：www. hpc. gov. cn，2006 年 3 月 17 日访问。

〔2〕 张文显主编：《法理学》（第 2 版），高等教育出版社 2003 年版，第 450 页。

标。依法建立完善的公共文化服务体系，才能有效保障公民拥有享受文化成果的权利、参与文化活动的权利、开展文化创造的权利，才能保障公民文化创造成果受到应有保护，才能保障人民大众的基本文化权益需求的实现。党的十七届六中全会指出："满足人民基本文化权益是社会主义文化建设的基本任务……加强公共文化服务是实现人民基本文化权益的主要途径。"《国家基本公共服务体系"十二五"规划》明确提出要保障人民群众看电视、听广播、读书看报、进行公共文化鉴赏、参加大众文化活动等权益。加强公共文化服务保障立法，维护好、实现好、发展好人民基本文化权益，是贯彻落实党和国家关于加强公共文化服务的要求部署的重要举措，是对人民群众精神文化生活需求的积极回应，对于规范和促进我国公益性文化事业发展具有重要意义。

4. 公共文化服务保障立法是社会主义核心价值体系建设的重要保障

文化产品有其意识形态属性，会对人的思想观念和道德情操产生潜移默化的影响。改革开放以来，我国社会思想文化呈现出多元化、多样化的特点。特别是在对外开放的环境下，各种思想文化交流、交融、交锋得更加激烈，西方一些不符合社会主义先进文化前进方向的文化产品进入我国，对社会主义核心价值体系建设提出了严峻挑战。在这种形势下，通过法律手段，发挥立法的引导、指引、宣示、规范等作用，把社会主义核心价值融入公共文化产品和服务的供给中，转化为人们的自觉行动和行为准则，对于促进人的全面发展、提高全民族文化素质、推动社会主义精神文明建设，都具有十分重要的意义。

5. 公共文化服务保障立法是建设和完善我国公共文化法律制度的迫切要求

目前，我国公共文化服务领域的立法依然不完善，尚未形成完整的、系统的、全面的法律制度，特别是在法律层面，对公共文化服务体系建设缺乏总体的规划设计，许多方面还处于无法可依的状态。这种状况严重制约了公共文化服务体系建设的规范有序开展，也成了中国特色社会主义法律体系中的一个"短板"。

现行我国有关公共文化服务方面的法律法规和规章主要有三类：一是国家制定的有关法律和法规。涉及公共文化服务方面的（除了文化遗产保护外）仅出台了2部，即全国人大常委会制定通过的《公益事业捐赠法》（1999年）和国务院制定通过的《公共文化体育设施条例》（2003年）。前者主要是为了促进公益事业包括文化事业发展，对自然人、法人或其他组织自愿无偿向依法成立的公益性社会团体和公益性非营利的事业单位捐赠财产，并用于公益事业的捐赠、受赠行为作出了规定。后者是专门就公共文化体育设施的建设、管理和保护所制定的行政法规。二是地方立法机关制定的有关地方性法规。近些年来，一些地方立法机关根据本行政区域社会经济发展情况，制定出台了一些公共文化服务地方条例，为国家立法提供了经验。如《广东省公共文化服务促进条例》《北京市博物馆条例》《内蒙古自治区公共图书馆管理条例》《湖北省公共图书馆条例》等。三是中央有关部门所制定的政策和部门规章，如《国务院关于支持文化事业发展若干经济政策的通知》《文化部关于实施西部大开发战略加强西部文化建设的意见》等。上述这些法律法规及规章性文件，无疑对促进和保障我国公共文化服务发展起到了重大作用。但从总体上看，我国公共文化方面的立法仍比较零散，立法的层次也较低，不够完备、不成体系。因此，加强公共文化服务保障立法，提高公共文化服务体系建设的法制化水平，是当前我国文化法制建设的一项重要任务，也是完善中国特色社会主义法律体系的应有之义。

（二）制定《公共文化服务保障法》的可行性

1. 立法的条件基本具备

党和国家在新时期所制定的一系列有关政策措施，为公共文化服务保障立法提供了充足条件。党的十六大报告、十七大报告和十八大报告，党的十七届六中全会通过的《中共中央关于深化文化体制改革、推动社会主义文化大发展大繁荣若干重大问题的决定》都对公共文化服务体系建设提出了明确要求。国家“十一五”“十二五”规划都确定了公共文化服务体系建设的目标任务和重点工程。《国家“十一五”时期文化发展规划纲要》和《国家“十二五”时期文化改革发展规划纲要》都明确提出了加强公共文化服务体系建设的具体措施和保障制度。《国家基本公共服务体系“十二五”规划》确定了公共文化服务的重点任务、基本标准和保障工程。中共中央办公厅和国务院办公厅在 2007 年还专门出台了《关于加强公共文化服务体系建设的若干意见》。党和国家的这些政策举措和安排部署，为我国公共文化服务保障立法指明了方向，确定了指导思想、目标任务、立法原则和制度措施等重要事项，为立法工作的开展提供了政策指引和有力支持。

2. 立法工作具备实践基础

党的十六大以来，我国公共文化服务体系建设稳步推进，逐步形成了一些行之有效的运行机制、管理体制和政策措施，主要体现在增加财政投入、不断完善公共文化设施、实施重点文化工程、提升公共文化服务能力等方面。各地政府大力实施全国文化信息资源共享、农村电影放映、广播电视“村村通”、送书下乡、非物质文化遗产保护和古籍保护等重点文化工程，带动了公共文化资源的整合，促进了公共文化建设，产生了较好的社会效益；举办公益性活动，丰富了群众的文化生活。各地依托城乡的文化馆、文化站、文化广场等载体相应举办了形式多样、丰富多彩的文艺演出，致力于提高群众的综合文化素质，把公共文化服务的链条从大中城市延伸到基层镇村，使城乡群众能享受到文化建设与发展的最新成果。各地还积极探索公共文化服务运行机制，健全完善公共文化服务体制，为公共文化服务保障立法积累了宝贵经验。通过多年的工作实践，需要重点调整的法律关系以及需要通过法律手段解决的重点问题等事项逐渐清晰。近些年来，公共文化服务体系建设的理论研究也在逐渐深入，范围不断扩大，产生了一批成果，为公共文化服务制度建设和立法提供了理论支撑。

3. 立法的时机比较成熟

第十届全国人大以来，一些全国人大代表不断提出议案，建议研究制定公共文化服务保障方面的法律，以作为公共文化领域的基础性法律。这符合我国社会发展的本质特点，也符合我国文化发展的长远利益。党的十七届六中全会强调要“加快文化立法，制定和完善公共文化服务保障、文化产业振兴、文化市场管理等方面法律法规，提高文化建设法制化水平”。目前，中宣部正在积极研究制定“宣传文化领域五年立法规划”，拟对包括公共文化服务在内的文化立法工作作出进一步的规划设计。全国人大常委会和全国人大教科文卫委员会对此也非常重视，积极推进《公共图书馆法》《公共文化服务保障法》等法律的立法工作。同时，不少地方立法机关根据本地实际情况，制定法规规章，规范和促进当地公共文化服务体系建设。如广东省出台的《公共文化服务促进条例》，在全国产生了积极影响。上海、湖南等地也在开展相关立法工作。这些法规、规章和规范性文件，为全国人大常委会开展公共文化服务保障立法提供了有益经验。另外，一些国家（如俄罗斯、韩国、乌克兰、美国）都根据本国文化、制度和国情制定了相关基本法，还有一些国家和地区（如法国、加拿大、欧盟等）也制定了不少促进和保障公共文化服务的法律法规，这为我国有关立法工作提供了借鉴和参考。

六、我国《公共文化服务保障法》的主要内容构想

（一）《公共文化服务保障法》的立法宗旨（价值导向、服务对象和根本目的）

《公共文化服务保障立法》的宗旨为，发展中国特色社会主义文化，促进社会主义精神文明建设，继承弘扬中华民族优秀传统文化，保障公民的文化权益，提高全民文化素质。具体而言：

1. 发展中国特色社会主义文化

中国特色社会主义文化是反映先进生产力发展规律及其成果的文化，是源于人民大众实践又为人民大众服务的文化，是继承人类优秀精神成果的文化，具有科学性、时代性和民族性。增强中国特色社会主义文化的吸引力和感召力，是中国共产党领导人民全面建设小康社会、开创中国特色社会主义事业新局面的必然要求。建设中国特色社会主义文化的根本任务，就是以邓小平理论、“三个代表”重要思想、科学发展观为指导，着力培育有理想、有道德、有文化、有纪律的公民，切实提高全民族的思想道德素质和科学文化素质，为现代化建设提供精神动力，为现代化事业提供智力支持，为建设现代化事业创造安定的社会环境。通过制定《公共文化服务保障法》，建设社会主义核心价值体系，增强社会主义意识形态的吸引力和凝聚

力；建设和谐文化，培育文明风尚；弘扬中华文化，建设中华民族共有精神家园；推进文化创新，增强文化发展活力。最根本的目标在于建设社会主义文化强国。

2. 促进社会主义精神文明建设

社会主义精神文明建设的根本任务是适应社会主义现代化建设的需要，培育有理想、有道德、有文化、有纪律的社会主义公民，提高整个中华民族的思想道德素质和科学文化素质。我国从教育科学文化建设和思想道德建设两方面作出了系统规定。运用法治促进社会主义精神文明建设的实质是发挥社会主义的政治优势，以法治形式确立社会主义精神文明的战略地位；以法治的强制力保证全社会对社会主义精神文明建设的投入；以法治手段促进社会主义精神文明实效的提高；以法治方式规范人民群众对社会主义精神文明建设的广泛参与。因此，整个精神文明建设活动都要依法办事。《公共文化服务保障法》以法律的手段来促进社会主义精神文明建设，从而建立起整个社会的道德秩序、倡导健康的精神生活。

3. 继承弘扬中华民族优秀传统文化

中华民族优秀传统文化是历代中国人民在几千年的艰苦奋斗中总结出来的集体智慧的伟大结晶，是中国人民乃至全世界人民共同的宝贵财富，对其加以继承和弘扬不仅具有现实意义，而且具有深远的历史意义。党的十七届六中全会通过了《中共中央关于深化文化体制改革推动社会主义文化大发展大繁荣若干重大问题的决定》（以下简称《决定》），确立了建设社会主义文化强国的宏伟目标。《决定》指出："优秀传统文化凝聚着中华民族自强不息的精神追求和历久弥新的精神财富，是发展社会主义先进文化的深厚基础，是建设中华民族共有精神家园的重要支撑。"发展公共文化服务的一个重要目的，就是发扬光大中华民族传统文化。当前，我国经济社会已进入新的发展时期，文化事业也面临着难得的发展机遇。大力弘扬中华民族的优秀文化，积极推动中国特色社会主义先进文化的建设，是时代赋予我们的光荣使命。制定《公共文化服务保障法》，必将促进和保障公共文化事业的发展，推动中华儿女的文化自觉、文化自强和文化自信，为中华民族共有精神家园建设提供有力支撑，为中华文化繁荣兴盛做出积极贡献。

4. 保障公民的文化权益

这是制定《公共文化服务保障法》的出发点、依据和最终目的。保障公民的文化权益主要包括两方面内容：第一，实现公民文化权利，满足公共文化需求。文化权利与政治权利、经济权利一样是基本人权的重要组成部分，也是公共文化服务的基本诉求。公共文化服务主要是满足社会公众的基本文化需求，它是个体的人在其社会存在中所应享有的最基本的文化权利。公共文化服务通过直接服务个人，间接地服务了整个社会。通过立法完善公共文化服务，保障全体公民能够享有公共文化产品和服务、共享精神文化成果，使得公共文化服务成为社会公有、社会共享、社会公用，从而满足社会公众的精神文化需求。第二，维护公众平等享有公共文化服务，促进社会充分参与公共文化服务。我国《宪法》规定“公民在法律面前一律平等”，公民文化权利作为基本人权的重要组成部分，同样应当获得公平公正的对待。换言之，公共文化服务不应有任何地域、城乡、种族、身份等的歧视，每个公民在获取公共文化资源、享受文化服务时，均有权享受到同样的、质量稳定的、程序公平的对待。通过立法保障每个公民以平等的权利、均等的机会，参与公共文化事务，既是现代民主精神的体现，更是公民文化权利的重要表现。

（二）《公共文化服务保障立法》的基本原则

1. 文化权利保障原则

文化权利保障原则是《公共文化服务保障法》的首要原则，是人权保障原则在公共文化服务领域的具体表现。《公共文化服务保障法》以实现公民文化权益、满足人民精神生活需要为目标。通过立法完善公共文化服务，通过提供丰富多彩的公共文化服务，形成普及与提高、通俗与高雅、常识与鉴赏相结合的文化享受、参与和创造机制，保障公民文化权利，满足人民群众的精神文化需求，促进人的全面发展和科学文化素质的提高，让社会公众共享文化发展的成果。

2. 政府主导原则

政府主导原则是《公共文化服务保障法》的重要原则，它确立了公共文化服务保障立法的基本定位问题。提供公共文化服务是现代政府的基本职能，如果说文化产业发展必须发挥市场的基础性作用，那么在公共文化服务体系建设中，政府应发挥主导作用。通过立法明确政府作为公共文化服务的责任主体身份，规定政府在公共文化服务组织与管理中的权利和义务，明确政府有责任进行必要的公共财政投入、负责制定公共文化服务体系的发展战略和规划政策、扶持或引导社会力量参与公共文化服务体系建设。

3. 社会参与原则

社会参与原则是政府主导原则的重要补充，也是制定《公共文化服务保障法》不可或缺的原则。社会参与原则既是现代民主精神的体现，更是公民文化权利的重要表现。在公共文化服务过程中，公民个人和社会各界的参与和创造起着十分关键的作用。构建公共文化服务体系必须坚持政府主导的原则，这是政府应尽的责任。但是，无论从投入资金来看还是从精力来看，政府资源毕竟有限，所以在构建公共文化服务体系的过程中，政府有责任保障公民能够充分地参与公共文化服务生产、服务提供的各个环节。

公民参与具体包括两个方面：一是参与公共文化政策的制定、执行和监督过程，使公民的文化利益诉求得到充分、及时的表达，以实现公民合法拥有的民主权利；二是参与文化活动的举办、文化成果的创造，使自己的文化理念得到表达、文化创造力得以发挥，从而实现公民创造文化成果的权利。借鉴发达国家和地区普遍采用的理事会制度、公示制度、听证制度、表决制度等，通过立法为制定有效的决策过程、公平的执行程序、完整的民众参与制度提供法定依据。社会参与原则还包括调动社会力量参与公共文化服务的提供，通过立法明确规定政府采购、委托承包、承包等制度，吸引社会各类文化艺术机构参与公共文化服务，推动公共文化服务在一定程度上的社会化和市场化。

（三）公共文化服务的主体和组织管理制度

公共文化服务的主体构成及其相互关系系统构成了公共文化服务组织体系及其管理模式。随着社会主义市场经济和文化体制改革的深入发展，我国公共文化的服务主体正在从一元走向多元，除政府部门外，还包括企业、团体和其他社会力量，形成了一个多元化的公共文化服务组织体系。也就是说，在市场经济条件下，国家继续包揽公共文化服务是不可能的也是不必要的。政府不是公益性文化事业的唯一代表，也不应当成为公共文化产品和服务的唯一提供者。文化体制改革的一个重要目的就是要在社会主义市场经济环境下，实行政企分开、政事分开，建立政府主导、公众参与、市场竞争、多元化的公共文化服务体系。政府在加大对博物馆、图书馆、文化馆等公益性文化机构的资金投入的同时，鼓励社会兴办和支持公共文化事业，形成公共文化事业政府投入与社会投入相结合的多渠道、多元化的投入机制。因此，《公共文化服务保障法》的一个重要内容就是要确立公共文化服务各主体的法律地位，建立与之相适应的组织管理制度。

1. 明确政府的地位和职责

公共事业的建设是政府的重要职责。政府与其他公共管理主体在多元主体中的地位并不是一样的，政府承担着公共事务“元治理”的角色。[1]因此，政府应当扮演主要角色，发挥核心作用。政府作为公共文化服务的主要提供者和管理者，必须承担起构建公共文化服务体系的重要职责，提供公共文化服务基础设施和基本的公共文化服务，维护公民的文化权利，满足人民大众的基本文化权益。统筹公共文化的规划和发展，制定公共文化政策和扶持措施，维护文化市场秩序，加强公共文化队伍建设，领导国有文化事业单位提供基本公共文化服务，支持和鼓励企业、团体和其他社会力量兴办公共文化事业和提供公共文化服务。

2. 明确企业的地位和职责

深化文化体制、文化运行机制的改革，就是要正确处理公共文化服务的社会化和市场化的关系。要在制度上确立和引导企业参与公共文化产品的生产，形成以政府为主导的多元主体竞争的格局，提高公共文化服务的质量和效率。企业具有的强

---

〔1〕 刘熙瑞主编：《中国公共管理》，中共中央党史出版社2004年版，第53页。

大的生产能力与市场竞争力，在文化基础设施的建设及文化产品的生产中具备着比政府、文化事业单位及其他组织更多的优势，所以，企业经常参与到公共文化产品与服务的生产之中，承担具体的公共文化产品与服务项目，是公共文化体系的补充与延伸，有助于推动公共文化服务体系的建立健全和高效运转，也有助于促进政府的转型。为促进企业提供更好的公共文化服务，政府可通过制定文化政策［包括经济性政策（如文化产业政策和文化财政税收政策）］，鼓励企业生产更多文化产品和降低文化产品价格，引导企业生产和提供政府所期望的公共文化产品和公共文化服务。

3. 明确社会团体的地位和责任

社会团体是由公民、企事业单位组成的非政府性社会组织，是政府、市场之外的第三支力量，是对政府、企业作用的一个重要补充。各类社会团体应当成为构建公共文化服务体系建设和推动社会协调发展的一个重要动力，这不仅是社会发展的客观需要，更是社会团体组织自身的职责和使命。非政府组织是在利他主义的指导下和志愿奉献的基础上开展活动的，关注的往往是社会公共性的问题和人类共通性的问题，公共文化服务必然会成为其中的重要内容。正是这类组织填补了政府、企业在公共文化服务中的一些“空白地带”。它所提供的公共文化服务项目，有些收费（但不以营利为目的），有些则是免费供给，其财政来源主要包括企业捐助（政府通过减税政策予以鼓励）、政府拨款、社会捐助（即非企业和非政府的其他组织和个人捐助）和服务项目收费四个方面。非政府组织的独特精神和核心价值，使其必然要强化自身的公共责任意识、彰显独特的伦理魅力，并形成以人为本，自律与他律相结合，激励与承接并重，以道德为支撑、以产权为基础、以法律为保障的公共责任机制。[1]因此，必须建立法律制度，明确其地位和责任，在政府的引导、规范下，充分发挥其积极作用，使其真正成为公共文化服务体系构建中不可或缺的组成部分，为文化繁荣发展和社会主义和谐社会的建设贡献力量。

4. 明确社区的地位和责任

构建公共文化服务体系，需要社区的积极参与。随着城市化的迅猛发展，城市社区已成为人民群众平等参与活动、保障基本文化权益实现的一个重要平台。通过这个平台，社区居民自主参与并组织丰富多彩的公共文化生活、享受公共文化产品、投身公共文化服务体系建设，还可以社区为中心统筹协调区内公共文化设施及其他资源参与公共文化服务，提高文化基础设施运行的效率和效益，避免基础设施的重复建设，优化社会文化资源的配置。目前，一些城市和地方在如何发挥社区的功能和作用上，做了许多探索，取得了不少成功经验。例如，上海市在建设与上海

〔1〕 曹爱军、杨平：《公共文化服务的理论与实践》，科学出版社 2011 年版，第 137 页。

城市功能定位相匹配的文化总体格局中，以社区为平台，创新建立了便捷利民的公共文化服务“十有”模式，对文化活动载体、供给平台、品种选择、需求保障、经费投入、队伍建设、成果评估等方面，都提出了明确的指标和要求。上海市人大常委会颁布的《上海市社区公共文化服务规定》明确了社区公共文化设施的性质定位、责任主体及管理制度。

（四）公共文化服务的财政保障制度

1. 发达国家公共文化服务财政保障制度及经验

（1）美国公共文化服务的财政保障。美国政府不直接经营文化事业或文化设施，很少干涉文化事业的发展，而是培育、支持民间非营利性的艺术机构，通过政府直接拨款，鼓励慈善机构、企业及个人捐赠等以多种形式对其给予有力支持。美国政府设有国家艺术基金会、国家人文基金会等基金组织，专门资助和扶持公益性的非营利性文化的发展。国家艺术基金会成立于1965年，是美国每年为文化活动提供资助的最大的公共机构。它的宗旨是促进各种艺术形式的发展，为美国人民提供接触艺术的机会，并在艺术教育领域扮演领导者角色。该组织的经费来源是国会拨款，自1996年起，该组织经费逐年上涨。该组织的一项重要职能是资助文化艺术创作，据统计，自1990年以来，在61位获得“国家图书奖”“国家书评奖”和“普利策奖”（小说、诗歌类）的人中，有40位都曾接受过该组织的资助。

私人基金会在美国文化领域也扮演着非常重要的角色。从1960年开始，美国私人慈善机构组织迅速增长，福特基金会、洛克菲勒基金会、斯达尔基金会等都是文化领域比较重要的资金来源。据统计，在美国比较活跃的私人基金会总数超过62 000家，资金规模达1630亿美元，用于各种捐助活动的资金达到78亿美元。2001年，大型基金会对艺术和文化方面的捐赠资金接近6亿美元。

美国文化资金来源包括政府文化资助、社会文化资助和文化组织自营收入三种。政府文化资助是政府在文化职能方面的重要体现，公共文化服务的主要奖金来源，包括直接文化投资和间接资助两种方式。直接文化投资的重点是国家和地区的重点文化设施建设和重要文化项目，还包括对国有文化单位的行政经费拨款和固定资产投资拨款。间接文化投资主要是为了扶持某些文化项目和建立某种调控机制，包括建立文化发展专项基金和文化发展基金、贴息贷款、税收减免、融资等形式。社会文化资助包括企业、个人和社会团体的资助，主要通过慈善捐赠、志愿服务等形式实现。文化单位自营收入是指文化组织自身开展的一些经营性活动取得的收入，包括门票收入、投资利息和股利、会费、商品零售、特许收入等。

美国的文化资助主要采取激励性的资助方式，遵循分散式、多元化管理的原则。文化机构数量和投入的迅速增长，与政府稳固的财政支持是密切相关的。但来自政府的这种支持仅是作为文化资助手段的补充而非是文化机构的全部资金来源。

联邦机构大多要求获得联邦资助的组织必须从其他非联邦渠道获得一定比例的配套基金，例如国家艺术基金每授予 1000 美元资助金通常会衍生出 7 倍~8 倍的配套资金，包括配套拨款、捐赠和营业收入等，所以，文化艺术组织最终获得的资金额为 7000 美元至 8000 美元。这一形式避免了文化艺术组织被动地接受补助，从而充分地调动了它们自身的积极性和创造性，为民众提供了丰富的文化产品与服务。

美国宽松、自由的文化政策取向，使得公共文化服务的发展没有政策上的壁垒，按照市场经济的要求和贸易规则来运作，得到了一定程度的发展。

（2）英国公共文化服务的财政保障。在长期的实践中，英国政府文化主管部门对文化建设、发展和管理只进行宏观政策指导和财政拨款，而不直接插手具体的文化事务和文化经费的分配。政府与具体的文化事务之间保持一定的距离。政府设立一级中介机构，这类机构一方面负责向政府提供文化政策建议和咨询，另一方面又接受政府委托，决定被资助文化项目的财政拨款，并对拨款的使用效果进行监督评估，但必须向政府、议会和公众说明和解释他们作出的决定。这类中介机构属于准自治的非政府文化组织，其“非政府”性表现为其成员并非由政府官员构成，而是由各文化艺术领域的专家组成；其“准自治”性表现为这些专家由政府任命，行政经费来自于政府的年度拨款。1946 年成立的大不列颠文化艺术委员会，是对政府资金进行分配的非政府公共组织。英国各届政府都选择以非政府公共组织作为代理机构，来管理政治文化拨款的发放，决定被资助者名单。

文化传媒体育部门对非政府公共组织的拨款现在每 3 年进行一次，以便让各机构有更多的时间进行规划。英国的文化团体如注册为非营利慈善机构，可以得到政府较多的资助，但同时也要受到较多约束，如保持一定比例的低价门票等。英国政府对受其资助的艺术项目亦有质量要求。如果一个艺术团体经营不善，创作不出受观众欢迎的节目，政府就不会给予资助。政府对受助团体采取年度评审、特派员跟踪评审、五年评审等方式进行评估，作为获得的拨款条件，并且接受公众监督。

英国公共文化财政保障的经验是：政府机构不直接与文艺团体发生关系，减少了政府机构的行政事务，有利于监督，可以避免产生腐败；有利于政府部门和非政府部门的合作，满足公众多层次的文化需求；非政府公共组织由各个领域的专家组成，不受政党更迭影响，从而保证了英国文化发展的连贯性与稳定性，保证文化经费由那些最有资格的人进行客观公正的分配。

（3）澳大利亚公共文化服务的财政保障。澳大利亚政府通过直接拨款、税收减免、建立文化创意研究机构等政策振兴文化，为公众提供优质的公共文化服务。政府直接财政拨款由州政府对各类文化机构和各种文化艺术项目提供财政支持，用于公共文化艺术机构经费开支，也包括支持艺术家个人。

在文化发展的资金方面，澳大利亚还通过税收减免等措施鼓励企业和个人向文化机构提供商业赞助。澳大利亚的文化组织登记制度规定，任何企业和个人如果向已登记的文化组织（目前约1000多个）提供赞助，即可免纳相应数额的收入所得税。同时，澳大利亚政府成立了澳大利亚人文基金会，专门为企业与文化机构提供咨询，尽力牵线搭桥。另外，澳大利亚政府还设立了商业艺术基金，进一步加强企业界与文化机构的合作，达到互利互惠的目的。[1]

21世纪以来，澳大利亚联邦政府和州政府为刺激本国的视听媒体生产、鼓励外国的个人和机构到澳大利亚拍摄制作视听媒体，在税收优惠、生产费用折扣等方面进行了激励，如借助于税制奖励或税收减免等激励机制，鼓励私人企业参与影视制作投资等。2007年，澳大利亚联邦议会通过一项法案，确立了“澳大利亚影视制作激励机制”。内容如下：第一，制作澳大利亚电影将减收40%的税额，制作其他视听节目将减收20%的税额。第二，对将澳大利亚作为外景拍摄地的将减收15%的税额，以此来吸引大制作的海外电影和电视机构到澳大利亚，恢复澳大利亚作为好莱坞和欧洲大制作电影外景地的竞争力。第三，凡是超过500万美元的数码和视听产品的制作，不管其传输范围，将减收15%的税额。

另外，政府通过出台各类税制奖励或税收减免等激励措施可以给独立制片人提供平等的制作机会，并且能够维持独立影视制作公司的稳定运营，创造、培育影视产业的生产能力，增加私人投资者从中获得的利润，从而调动其参与影视产业振兴的创新精神。[2]

（4）发达国家公共文化服务财政保障的经验。西方发达国家经过上百年的发展，其探索和积累的这些公共财政保障公共文化服务的经验是值得我们借鉴的。一是把公共文化管理权下放，使各个地方根据自己的特点管理文化、发展文化、扶持文化，提高各级政府投入文化的积极性，合作也就是中央与地方、地方与地方、部门与部门之间密切合作，共同为公共文化服务的投入而努力。二是国家对文化投入或拨款采取间接管理模式，一般都通过中介组织来实现，这已经是发达国家公共财政资助文化事业的普遍模式了。三是重点突出兼顾多元，为了发挥有限公共财政资金的最大价值，西方国家都重点扶持具有示范性、体现民族特色、具有较高水平的文化项目。

2.《公共文化服务保障法》应当确立的公共文化服务财政保障制度

公共文化服务经费是保证公共文化产品及时提供和公共文化服务顺利开展的物质基础。从目前来看，我国对公共文化服务的财政投入的主要问题是：投入不充足，规模不大，文化事业的财政支出占国家财政总支出的比重偏低；结构不合理，

---

〔1〕耿识博：“澳大利亚文化保护管理体制及对我国的启示”，载《行政管理改革》2011年第1期。

〔2〕“澳大利亚立法确立影视制作激励机制”，载中国广播影视法律网：http://www.sarftlaw.cn/fzxx/200712/t20071226_504664106.html，2007年12月26日访问。

东、中、西部地区差距较大，城乡之间投入不均衡，人均文化事业费差异明显；重硬件建设、轻软件投入，公共文化设施的利用率不高，文化资源浪费较为严重等。想要解决当前的文化资金的来源及投入总量不足等问题，便需要建立和完善经费保障机制。因此，《公共文化服务保障法》应当建立公共文化经费保障的法律机制，将其纳入各级政府的经济社会发展规划、城乡建设规划，纳入财政预算，以确保加大财政投入力度，实现科学的投入绩效。同时，政府要根据公共文化服务的特点，按照普遍服务原则，积极发挥财政资金引导作用，运用市场准入、资格认定、价格调节、税收优惠、财政补贴等方式，进一步拓宽投融资渠道，积极推进非公有资本和外资进入文化领域，举办公益性文化事业，发动全社会的力量来不断完善公共文化服务，以弥补公共资源及政府服务的不足，实现投资主体多元化。

（五）公共文化服务的政策扶持制度

公共文化服务体系建设是一项重大基础性民生工程，是全社会文化自觉的标志，也是发挥文化凝聚力、增进人民群众生活幸福感、提升全社会文化创造力的重要途径。公共文化服务是现代政府的一项基本职责，需要全社会的参与。为此，《公共文化服务保障法》应当确立政府支持和扶持公共文化服务政策，保证对老、少、边、穷地区公共文化建设的重点扶持，促进公共服务方式的多元化、社会化，积极引导社会力量，以兴办实体、赞助活动、免费提供设施等多种形式参与公共文化服务，充分鼓励和支持民营企业和民间组织参与公共文化服务，以形成政府为主、社会力量广泛参与的多元投入的新机制、新格局。

1. 加强公共文化服务设施建设

设施网络是公共文化服务体系的基础。国家应当建设和完善基层文化设施网络，实现公共文化设施有效覆盖。《公共文化服务保障法》要体现统筹规划、合理布局，加强各类公共文化基础设施建设，实现公共文化设施网络的全面覆盖的目标。

2. 保证公共文化服务的有效管理

目前，我国在公共文化服务领域的管理模式表现为一种自上而下的单一模式：政府投资并由政府控制。国家管理艺术生产和传播，主要为国有文化事业单位提供资金和政策支持。[1]经过四十多年的改革开放，我国的文化事业已经在相当程度上扩大了发展自主权，出现了多元化的经营、服务形态。近年来，经济体制改革的日益深化客观上要求政府转变职能、改变以往的公共文化管理模式，实现由公共文化管理向公共文化服务的转变。为此，《公共文化服务保障法》必须创新公共文化服务的内容和形式，增强公共文化服务的吸引力，制定科学、合理、规范、操作性强的文化服务管理制度，提高服务效率。

---

〔1〕 王列生、郭全中、肖庆：《国家公共文化服务体系论》，文化艺术出版社2009年版，第230页。

《公共文化服务促进法（草案）（试拟稿）》

第一章　总　则
第二章　公共文化服务提供
第三章　公共文化服务场所和设施
第四章　鼓励措施
第五章　法律责任
第六章　附则

第一章　总　则

第一条　为了继承和弘扬中华民族优秀传统文化，促进社会主义精神文明建设，激发全民族文化创新活力，增强公共文化的普惠性、公益性、均衡性、平等性，保障公民的基本文化权益，提高全民族的文明素质，制定本法。

第二条　公共文化服务是指由各级政府主导和其他社会力量参与的、以公益性普惠性均衡性平等性为特征的、向全体人民所提供的文化服务，包括各种公共文化设施及其所承载的各种文化内容、文化活动及文化产品和服务等。

第三条　公共文化服务应当坚持双百方针和二为方向，始终着眼于弘扬社会主义核心价值观，推进人的全面发展，推动文化的传承与创新，促进社会主义和谐社会建设。

第四条　公共文化服务应当坚持政府主导、社会参与、均衡平等、便民利民的原则。

第五条　国务院建立全国公共文化服务工作协调机制，研究公共文化服务工作中的重大问题，指导、推动全国的公共文化服务工作。

国务院文化、新闻出版广电部门具体负责全国的公共文化服务工作。教育、科技、体育、民族、宗教、旅游、发展改革、财政、税务、国土资源、规划、住房城乡建设、公安、工商等有关主管部门，在各自职责范围内做好有关的公共文化服务工作。

第六条 县级以上人民政府应当设立由政府主要领导牵头的公共文化服务统筹协调机构，负责本行政区域内的公共文化服务工作，文化、新闻出版、广电部门及其他有关部门按照各自的职责分工，共同做好公共文化服务工作。

第七条 各级人民政府把扩大公共文化服务作为经济和社会发展的重要目标，纳入国民经济和社会发展规划，并制定促进公共文化服务的中长期规划和年度工作计划。

第八条 国家实行有利于促进公共文化服务的财政政策，加大资金投入，改善公共文化服务环境，扩大公共文化服务范围，丰富公共文化服务内容，提高公共文化服务质量。

县级以上人民政府应当按照建设规模、服务项目、服务人口等确定每年对公共文化服务的财政投入数量，纳入各级人民政府财政预算予以保障，并根据财政增长情况不断加大对公共文化服务的经费投入。在资金、人才培养、设施建设等方面，要加大对贫困地区、少数民族地区公共文化服务的扶持力度。

第九条 各级人大及其常委会应当加强对政府公共文化服务工作的监督，定期或不定期听取相关工作报告，或进行专题询问和执法检查。

第十条 国家鼓励社会力量以捐助、参与以及创办、举办活动等形式向公众提供内容积极健康的公共文化服务。

第十一条 公共文化服务的内容、形式、载体和手段应当采取普及与提高相结合的方法，既要创造和提供具有国家水平乃至国际水平的文化精品，又要注意满足社会不同群体的文化需求。

国家对在公共文化服务特别是文化创新中作出显著贡献的组织和个人予以表彰和奖励 。

第二章　公共文化服务提供

第十二条 国家根据经济社会发展状况和文化建设的实际需要，建设覆盖城乡、结构合理、功能健全、实用高效的公共文化服务体系。

第十三条 国家支持农村和少数民族地区发展公益性文化事业，鼓励农村和少数民族题材的公共文化产品的创作和生产，支持开展具有农村和少数民族特点的群众性文化活动，积极创造条件为农村和少数民族地区提供免费的或者优惠的公共文化服务。

第十四条 县级以上人民政府应当提高公共文化服务的信息化、网络化水平，不断丰富公共文化信息资源的文化内涵，增加其信息容量特别是创新性的内容，推动公共文化信息资源的公开和共享，增强文化信息资源的传输、存储和供给能力，为公众提供方便快捷的文化服务。

第十五条 地方各级人民政府应当根据当地经济社会发展水平、历史文化传统、人口状况和公众的实际需求提供公共文化服务，创新服务方式，逐步增加本行政区域内公共文化服务总量，提高公共文化服务水平。

地方各级人民政府应当为外来务工人员、老年人、未成年人和残疾人等群体提供有针对性的公共文化服务。

第十六条 县级以上地方各级人民政府文化主管部门应当采取便于公众知晓的方式提供本地公共文化服务信息，并收集和听取公众的意见和建议，不断改进公共文化服务工作。

第十七条 国有公益性文化单位根据其性质和特点提供公共文化服务，并为公众开展文化活动提供帮助和支持。

县级以上人民政府文化主管部门指导和监督国有公益性文化单位开展公共文化活动，支持其开展免费的或者优惠的演出、文化艺术教育等活动。

第十八条 县级以上人民政府根据国家有关规定，推动公共财政支持的博物馆、图书馆、纪念馆、文化馆（站）等公共文化设施免费开放。财政、民政、工商、税务等有关部门同文化主管部门配合协作，为公共文化设施免费开放提供保障和支持。

第十九条 公共文化设施管理单位应当坚持为人民服务、为社会主义服务的方向，开展文明、健康的文化活动，积极推动社会主义核心价值体系建设，提高公民道德素质，丰富人民精神文化生活。任何单位和个人不得利用公共文化设施从事危害公共利益和违背社会主义精神文明建设的活动。

公共文化设施管理单位应当公告服务项目和开放时间，明确服务标准，完善服务条件，建立健全服务规范；不得因公共文化设施免费开放而降低服务水平。

公共文化设施因特殊原因需要改变公共文化服务的时间和有关事项的，其管理单位应当以便于知晓的方式提前公告；在法定节假日和学校寒暑假期间，应当适当延长开放时间。

第二十条 县级以上人民政府及其文化主管部门可以选择职能相关、有工作基础、有服务能力的公益性社会组织开展公共文化服务，并建立评估考核、准入淘汰机制，保证公共文化服务的正常开展。具体的评价、选择办法由文化行政部门负责制定。

国家可以采取政府购买、项目补贴、税收减免或者奖励等方式，选择社会企事业单位或个人的优秀文化产品用于公共文化服务，鼓励和吸引民办公益性文化机构参与公共文化产品的创造和公共文化活动的开展，推动经营性文化设施提供低票价或者免费的优质文化产品，促进公共文化服务方式的多元化、社会化。

第二十一条 县级以上人民政府文化主管部门因地制宜开展丰富多彩、健康向上的群众性文化活动，活跃群众文化生活，引导群众在文化活动中自我表现、自我教育、自我服务。

公共文化设施管理单位应当为群众性文化活动提供便利条件。

第二十二条 县级以上人民政府文化主管部门支持开展文化志愿者活动，鼓励文艺工作者、艺术院校学生和其他社会公众提供志愿文化服务。

国家机关、人民团体、企业事业单位、学校、居民委员会、村民委员会和其他社会组织可以组织本单位、本系统、本居住地区的志愿者开展文化志愿服务活动。

第二十三条 国家机关、人民团体、企业事业单位结合自身特点和需要，组织开展文化活动，丰富职工文化生活。

学校应当开展适合在校学生年龄的校园文化活动，加强学生文化艺术素质教育。

居民委员会、村民委员会根据居住地区居民的文化需求开展文化活动，并协助人民政府文化主管部门提供公共文化服务。

县级以上人民政府文化主管部门对国家机关、人民团体、企业事业单位、学校、居民委员会、村民委员会等社会组织的文化活动给予必要的指导和支持。

第二十四条 各级政府在公共文化服务体系建设中，应建立有助于激励和推动文化创新的体制机制，提高全民族的文化创造能力。对于各类文化精品的创作者、生产者、研究者、传播者和文化精品服务提供者，应采取不同形式予以表彰和奖励。

第三章 公共文化服务场所和设施

第二十五条 国家支持公共文化服务场所和设施的建设。

第二十六条 地方各级人民政府应当建设并完善公共文化服务场所和设施。

第二十七条 地方各级人民政府应当合理规划本行政区域的图书馆、博物馆、纪念馆、美术馆、文化馆（站）、文物保护单位等公共文化服务场所和设施。

县级以上地方人民政府应当将本行政区域内的公共文化服务场所和设施的建设纳入当地国民经济和社会发展计划。

第二十八条 城市、镇和乡、村庄编制城市规划、镇规划和乡规划、村庄规划，应当根据本行政区域的经济社会发展水平，按照合理布局的原则，规定公共文化服务场所和设施的用地布局和建设要求。

第二十九条 任何单位和个人不得非法侵占公共文化场所和设施的建设预留地或者改变其用途。(法律责任)

因特殊情况需要调整公共文化服务场所和设施建设预留地的，应当依法调整城乡规划，并依法重新确定建设预留地。重新确定的公共文化服务场所和设施建设预留地不得少于原有面积。

第三十条 因城乡建设确需拆除公共文化服务场所和设施，或者改变其功能、用途的，有关地方人民政府在作出决定前，应当组织专家论证，并征得上一级人民政府文化行政主管部门同意，报上一级人民政府批准。

经批准拆除公共文化服务场所和设施，或者改变其功能、用途的，应当依照法律、行政法规的规定择地重建。重建应当坚持先建设后拆除或者建设拆除同时进行的原则。

重新建设的公共文化服务场所和设施，应当符合规划要求，一般不得小于原有规模。

第三十一条 公共文化场所和设施管理单位的各项收入，应当用于公共文化场所和设施的维护、管理和事业发展，不得挪作他用。

文化、新闻出版广电、财政主管部门和其他有关部门，应当依法加强对公共文化场所和设施管理单位收支的监督管理。

第三十二条 公共文化场所和设施管理单位应当建立安全管理制度，依法配备安全保护设施、人员，确保公共文化财产和公众安全。

第三十三条 公众应当爱护公共文化设施，遵守公共秩序和管理单位的有关规定，任何人不得损坏公共文化设施。

第三十四条 国家鼓励企业、事业单位、社会团体和个人等社会力量举办公共文化服务场所和设施。

第三十五条 公共文化服务场所和设施应当用于举办与其设计功能、用途相适应的文化活动。

公共文化服务场所和设施不得用于举办营利性商业活动。

第三十六条 国家推动公共文化服务场所和设施向社会免费开放。

第四章 鼓励措施

第三十七条 县级以上各级人民政府可以设立专项资金，用于奖励对公共文化服务特别是文化创新做出突出贡献的自然人、法人或者其他组织。

第三十八条 公司和其他企业捐赠财产用于公共文化服务的，依照法律、行政法规的规定享受企业所得税方面的优惠。

第三十九条 自然人和个体工商户捐赠财产用于公共文化服务的，依照法律、行政法规的规定享受个人所得税方面的优惠。

第四十条 境外向公益性社会团体和公益性非营利的事业单位捐赠的用于公共文化服务的物资，依照法律、行政法规的规定减征或者免征进口关税和进口环节的增值税。

第四十一条 对于捐赠的公共文化服务活动场所和设施，当地人民政府应当给予支持和优惠。

第四十二条 国家采取购买服务、项目补贴等措施，鼓励自然人、法人或者其他组织建设公共文化服务场所和设施，提供公共文化服务。

第四十三条 国家鼓励社会力量资助公益性文化活动。在扣除举办公益性文化活动成本以及按照国家有关规定提取必需的费用后，出资人可以从公益性文化活动结余中取得合理回报。取得合理回报的具体办法由国务院规定。

第四十四条 国家鼓励民营文艺表演团体参与公共文化活动。各级人民政府及其文化主管部门主办公共文化活动，民营文艺表演团体参与的，由主办方支付民营文艺表演团体参与所需的合理费用。

第四十五条 国家鼓励志愿者为文化活动提供服务。有关主管部门可以对文化志愿者免费进行必要的专业知识培训。

第四十六条 国家采取措施，支持和鼓励发达地区支持贫困地区和少数民族地区的公共文化服务场所和设施。

第五章 法律责任

第四十七条 公共文化场所和设施管理单位，有下列行为之一的，由文化主管部门责令限期改正；造成严重后果的，对负有责任的主管人员和其他直接责任人员，依法给予行政处分：

（一）未按照规定对公众开放的；

（二）未公示服务项目、开放时间等事项的；

（三）未标明注意事项的；

（四）未建立安全管理制度的。

第四十八条 公共文化场所和设施管理单位，有下列行为之一的，由文化行政主管部门责令限期改正，没收违法所得，违法所得5000元以上的，并处违法所得2倍以上5倍以下罚款；对负有责任的主管人员和其他直接责任人员，依法给予行政处分：

（一）开展与公共文化场所和设施功能、用途不相适应的服务活动的；

（二）对应当免费开放的公共文化场所和设施进行收费的。

第四十九条 各级人民政府、有关主管部门及其工作人员，有下列情形之一的，由其上级机关或者监察机关责令改正；情节严重的，对主管人员和直接责任人员依法给予行政处分；构成犯罪的，依法追究刑事责任：

（一）侵占、挪用公共文化财产的；

（二）擅自拆除公共文化设施或者改变其性质、功能、用途的；

（三）其他滥用职权、玩忽职守、徇私舞弊的行为。

第五十条 侵占公共文化场所和设施的建设预留地或者改变其用途的，由土地行政主管部门、城乡规划行政主管部门依据各自职责责令限期改正；逾期不改正的，由作出决定的机关依法申请人民法院强制执行。

第五十一条 损坏公共文化设施的，应当依法进行赔偿；构成犯罪的，依法追究刑事责任。

第六章 附 则

第五十二条 本法自 起施行

公共文化服务保障立法研究[1]

摘要：本课题对公共文化服务保障立法进行了全面、系统的研究梳理，研究了公共文化服务与保障的理论基础，分析、界定了公共文化服务的概念、范围和内涵及其与公民文化权利的关系；介绍了国外有关立法情况，分析了其制度特点和做法；总结了我国公共文化服务的现状和问题，论证了立法的必要性和可行性，并提出了我国公共文化服务保障立法的主要内容构想以及加快立法进程的对策建议。

关键词：公共文化服务保障立法；立法必要性和可行性；立法内容构想；立法对策建议。

一、公共文化服务与保障的理论基础

（一）公共文化服务的概念与范围

1. 我国公共文化服务概念的提出和沿革

自20世纪末期以来，随着我国社会主义市场经济的深化和文化体制改革的不断摸索，在理论和实践上出现的一个重大变革是将传统的“文化事业”区分为公益性和经营性两个部分，并逐渐确立了文化的公共属性（即“公共文化”）和产业属性（即“文化产业”）的地位。2003年，党的十六大首次将“文化公益事业”和“文化产业”作为一对相互对应的概念纳入报告之中，明确指出：“国家支持和保障文化公益事业，并鼓励它们增强自身发展活力。发展文化产业是市场经济条件下繁荣社会主义文化、满足人民群众精神文化需求的重要途径。完善文化产业政策，支持文化产业发展，增强我国文化产业的整体实力和竞争力。”其后，党的一

[1] 本文是笔者于2012年作为首席专家和课题负责人承担的国家社会科学基金特别委托研究项目。课题组成员还有：徐国宝、简海燕、谢军、王丽娜、孙雷、温泉等人。本文中所涉及之法律法规与理论表述内容，均以写作时间为准。

系列政策分别就文化公益事业和文化产业的改革发展提出了具体目标和任务。这一区分正确反映了在社会主义市场经济条件下我国文化发展的内在规律，也使得文化体制改革找到了一条符合我国实际的发展道路。文化公益事业、产业的划分是文化体制改革的基础。所谓产业，就是说文化中的那些经营性部分或单位应当转为企业并在市场经济的浪潮中发展壮大，进而成为国民经济中一个重要的支柱。所谓公益事业，就是指文化中那些属于社会公共事业或纯公益性事业的部分或单位，需要通过政府财政有效投入和相关政策扶持，保障其充分发挥社会服务之功用。近些年来，文化体制改革沿着这一思路不断深化：一方面，在文化产业上取得重大进展，2002 年起在全国开展了文化体制改革试点工作，重点解决国有文化事业单位转企改制问题，组建了多种文化集团，提出了创新体制、转换机制、面向市场、增强活力。同时，另一方面，随着市场经济的发展，深刻认识到绝不能把公共文化建设与文化产业、文化市场混为一谈，政府绝不能放弃或者减轻提供公共文化服务的责任。党的十六届五中全会提出要“加大政府对文化事业的投入，逐步形成覆盖全社会的比较完备的公共文化服务体系”。2006 年 9 月，颁布《国家“十一五”时期文化发展规划纲要》，首次将“公共文化服务”专辟一章，使其具有了文化建设中的优先地位。2007 年 6 月，胡锦涛总书记主持召开中央政治局会议，专门研究公共文化服务体系建设问题。随后，《关于加强公共文化服务体系建设的若干意见》出台，标志着相关工作进入了快车道。党的十七大把建设覆盖全社会的公共文化服务体系确定为全面建设小康社会的重要战略目标。2011 年 10 月，党的十七届六中全会把“覆盖全社会的公共文化服务体系基本建立，努力实现基本公共文化服务均等化”作为 2020 年文化改革发展的重要目标之一，明确了其在国家文化建设中的战略性地位。2012 年 3 月，《国家“十二五”时期文化改革发展规划纲要》出台，再一次将“覆盖全社会的公共文化服务体系基本建立，城乡居民能够较为便捷地享受公共文化服务，基本文化权益得到更好保障”写入基本目标之中。

在我国，“公共文化服务”和“公共文化服务体系”的提出，既反映出了在当前构建社会主义和谐社会中，对发展公益性文化事业的深刻认识，也是在社会主义市场经济体制下实现政府职能转变的必然结果。“公共文化”通常被理解为是对公共文化设施、文化产品和文化队伍的建设；而“公共文化服务体系”除了上述内容外，更强调的是要转变政府职能，建立起服务型政府，并建立起一个结构合理、发展平衡、网络健全、运营高效、服务优质的覆盖全社会的公共文化服务体系。[1]这对我国公共文化建设而言，无疑具有划时代的意义。

---

〔1〕 公共文化服务体系是一个更为广泛的概念，有观点认为它包括先进文化理论研究体系、文化精品创作服务体系、文化传播服务体系、文化娱乐服务体系、文化传承服务体系、农村文化服务体系等七个方面。

2. 公共文化服务的概念内涵

从目前理论研究和立法实践的现状来看，一个普遍的观点是，所谓公共文化[1]服务是指由政府主导、社会参与形成的普及文化知识、传播先进文化、提供精神食粮，满足人民群众文化需求，保障人民群众基本文化权益的各种公益性文化机构、产品和服务的总和。例如，“公共文化服务是指由公共部门或由公共部门委托生产或提供的，以满足社会成员的基本文化需要为目的，着眼于提高公民文化生活水平和文化素养的公共产品、公共服务的行为与活动”。[2]2011 年 9 月 29 日通过的《广东省公共文化服务促进条例》是国内第一个专门针对公共文化服务的政府规章，其对公共文化服务有一个定义，即“指各级人民政府及其文化等有关主管部门或者社会力量向公众提供的公共文化设施和公益性文化产品、文化活动及相关文化服务”。

公共文化服务与经营性文化产业相对应，其核心在于其“公共性”或“公益性”。也就是说，它在本质上是属于全民共有、共享并以为大众提供非营利性服务为根本目的的。它在发展繁荣社会主义优秀文化，弘扬民族精神，传承文明上发挥着重要的功能。由于政府具备公共特性，因而公共文化服务必然主要是由政府的供给所提供的。公共文化这一概念始于西方，随着西方资本主义近代民主化的发展，逐步形成了“公共领域”的概念。“公共领域”又分化为“政治公共领域”和“文化公共领域”，其后又进一步发展成为现代社会的“公共文化”。从某种意义上说，人类社会的文化从诞生之日起就是公共文化。虽然在历史上，不同国家、民族、地区以及不同时期的公共文化有着形态和内容的差异，但在具有共享性和非经营性这一本质特征上无疑是一致的。而现代意义上的公共文化服务则是与“公民文化权利”联系在一起的。“公民有权利平等地享有文化”成了公共文化服务这一概念的核心特征。因此，在本质上，公共文化权利是构建公共文化服务体系的理论基础和终极目标，也就是说，公共文化活动应该以实现人民群众的公共文化权利、保障其基本文化权益为第一目标。

3. 公共文化服务的范围

虽然目前理论界对“公共文化服务”所涵盖的对象范围存在着一些争议，但笔者认为，其对象范围主要包括三部分：公共文化机构、公共文化产品（活动）、公共文化相关服务。

（1）公共文化机构。这是公共文化服务的基础和平台，即指那些由政府或社会

---

〔1〕这里的文化是“中文化概念”，涵盖广播电视、电影、出版、报刊、互联网、演出、文物和哲学社会科学研究等领域。

〔2〕胡税根、李娇娜：“我国公共文化服务发展的价值、绩效与机制优化”，载《中共杭州市委学校学报》2012 年第 2 期。

力量兴办的，不以营利性为目的、为广大公众提供公益性文化服务的机构、设施等。国务院于2003年颁布的《公共文化体育设施条例》第2条规定："本条例所称公共文化体育设施，是指由各级人民政府举办或者社会力量举办的，向公众开放用于开展文化体育活动的公益性的图书馆、博物馆、纪念馆、美术馆、文化馆（站）、体育场（馆）、青少年宫、工人文化宫等的建筑物、场地和设备。"但是，这一定义并不能全面覆盖所有具有相同功能的机构和设施。从实践来看，由于社会体制等多种原因，我国在各级财政支持下所进行的具有公益性质的文化设施建设和文化活动涵盖面很广，既包括图书馆、博物馆、纪念馆、影剧院、文化馆（站）、农村书屋等，也包括电影制片厂、广播电台、电视台及其相关传输系统和文化信息网络建设，还包括文化遗产及自然遗产项目、单位的保护等。

（2）公共文化产品（活动）。这是公共文化服务的主要内容，也是传播先进文化、实现社会道德价值引领的重要手段。公共文化产品源自公共产品一词。一种产品之所以是公共产品，并非是指其完全由公共部门所提供，而是指其在消费上具备非排他性和非竞争性。著名经济学家、诺贝尔经济学奖获得者、麻省理工学院教授萨缪尔森在1954年的《公共支出的纯理论》中给"公共产品"下了定义。他认为，公共产品是一个人的消费不会影响其他人消费的产品。也就是说，公众的共享或共同消费是公共产品或公共文化产品的本质特征。公共文化产品的另一个本质特征就是鲜明代表着社会的主流文化，反映着一个社会的公共道德、价值伦理。公共文化产品可被分为两类：一类是体现国家行为的"公共文化产品"，直接关系到社会主流思想和价值传播、民族文化精神弘扬、国家文化主权安全等文化产品及其传播工具，如国家电视台新闻节目（频道、频率）、国家信息网络产品、国家文化遗产项目等；另一类是体现公众基本文化需要的公共文化产品，如公益性演出、农村广播电视、农村电影放映、少数民族语言广播电视、公共阅读、民族语言文字出版、文化遗产展示等。[1]此外，还有一类是相对意义上的"公共文化产品"，主要是指那些由"私人物品"进入公共领域的文化产品。这一类文化产品往往是优秀的文化艺术作品，具有文化遗产的精神价值。虽然它们以商品形态进入流通领域，但由于其著作权保护被主动或被动终止，在政府和社会力量的公共投入下，其也具有了公共文化产品的特性，公众得以享受娱乐、接受教育、感受文明，从而体现出社会公益性。

（3）公共文化相关服务。简言之，就是指政府或公共文化机构为满足公民平等地享有文化之需求所做的工作或提供的服务。根据公共文化的本质要求，公共文化服务作为政府公共服务职能的一个不可或缺的组成部分，必然会成为当代政府的重要职能之一。公共文化服务必须遵循的重要原则是保障实现公益性、公平性、便利

---

〔1〕参见《国家基本公共服务体系"十二五"规划》（国发［2012］29号）。

性、多样性，同时还要保障提供基本公共文化服务和扩大公众参与性。公共文化服务的基本性原则，在世界大多数国家的文化政策制定、文化艺术基金投放中都得到了很好的体现。当代发达国家文化政策的主要目标都是围绕基本公共文化服务来设定的。国家“十一五”文化发展规划将公共文化服务方式概括为六大类：①建立健全公共文化设施服务公示制度，公开服务时间、内容和程序，在窗口接待、场所引导、资料提供以及内容讲解等方面，创造良好的服务环境，增强吸引力。②完善国有博物馆、美术馆等公共文化设施对未成年人等群体免费或者优惠开放制度，有条件的爱国主义教育基地的公共文化设施可向社会免费开放。③实行定点服务与流动服务相结合，鼓励具备条件的城市图书馆采用通借通还等现代服务方式，推动公共文化服务向社区和农村延伸。④采用政府购买、补贴等方式，向基层、低收入和特殊群体提供免费文化服务。⑤促进数字和网络技术在公共文化服务领域的应用，建设数字广播电视信息平台、数字电影放映网络系统、网上图书馆、网上博物馆、网上剧场和群众文化活动远程指导网络。⑥支持民办公益性文化机构的发展，鼓励民间开办博物馆、图书馆等，积极引导社会力量提供公共文化服务。笔者认为，除此以外，公共文化服务的范围还应当包括公共文化服务组织体制、运行机制和质量标准体系建设、相关政策法规服务、财政经费保障服务、人才队伍建设、鼓励支持社会力量从事公共文化服务等方面。

（二）我国公民文化权利与公共文化服务

1. 我国公民的文化权利

联合国于1996年12月16日通过了《经济、社会和文化权利国际公约》。其文化方面的主要内容为：“人人有权参加文化生活，享受科学进步及其应用所产生的利益，对其本人的任何科学、文学或艺术作品所产生的精神上和物质上的利益，享受被保护之权利”，“公约缔约国为充分实现这一权利而采取的步骤应包括为保存、发展和传播科学和文化所必需的步骤”等。我国政府于1997年正式签署了《经济、社会和文化权利国际公约》，并于2001年获得全国人大常委会批准，这一重大决策表明了我国政府对公民权利国际标准的认可，表明了党和政府不仅注重保障公民的生存权、发展权、政治权，而且开始把公民的文化权利列为保护的范畴。

随着社会文明的进步与发展，我国公民文化权利的内涵与外延也在扩大，主要有：

（1）文化参与、享受、创造权。我国《宪法》第47条规定：“中华人民共和国公民有进行科学研究、文学艺术创作和其他文化活动的自由。”这种参与是公民按照自己的意愿与审美需求抒发自己情感的自由选择，积极主动地参与到文化活动中来，是一个双向互动的过程，使他们不但是文化成果的购买者和消费者，而且是文化活动的实践者和体验者。通过开展各种各样、不同层次的社会文化活动，使广大人民群众能够充分地行使文化参与的权利。自娱自乐的文化广场的普遍形成、业余的民间文艺社团的大量产生表明现代社会文化参与具有广泛的群众基础。要实现公民的文化权利，就必须最大限度地提供老少咸宜、各得其所的参与文化活动的条件与氛围。[1]文化创造权具体表现在两个方面：一是在继承发展传统文化艺术的过程中，进行创新，达到新境界；二是公民创造出新的文化产品，如文学、艺术等。

（2）文化传播权。随着我国市场体制的逐步成熟，伴随着互联网的普及，社会向公众提供的文化形态与传播渠道发生了巨大的变化。文化权可以通过各种各样的媒介来实现，例如公共论坛的演讲、报纸杂志以及其他印刷品，广播电台、电视、互联网以及其他电子通信工具，还有绘画、雕刻、雕塑、摄影、电影、音乐、戏剧等，文化传播权的实现既可以通过口头方式、书面方式，也可以通过形体的默示方式；既包括个体的表达方式，也包括群体、团体的表达方式。

（3）文化选择权。这一权利既包括可以享受世界人民创造的文化成果和文明成果，得到愉悦的体验和享受；也包括可以选择内容广泛多样化的文化。

（4）文化成果受保护权。这是为权利人的文化创造活动提供积极的法律预期，为权利人享受其成果之利益提供保护，从而对于整体的文化创造活动给予制度激励。它不仅包括公民对自己的文化创造成果申请保护的权利。而且包括前人和历史的文化遗产受到社会保护的权利。这种遗产不仅包括物质性文化遗产，还包括非物质性文化遗产。倡导对前人文化遗产的尊重，也是对今人文化创造热情的保护。人民群众的文化创造成果是否能够得到法律的保障，与知识产权是紧密相关的，它直接关系到公民文化权利的最终实现。要维护人民群众的文化权利，就要求建立能够尊重和保护知识产权的法律体系和机制，如果不能有效地保护文化创造的成果，必然会打击人们开展文化创造的积极性。因此，国家有义务防止和制止第三方对于权利人的文化成果的篡改、抄袭、窃取、恶意利用等侵权行为，最大限度地保障人民能够享有优秀的文化成果。但知识产权的排他性保护可能与文化成果的分享相冲突。

2. 公共文化服务是保障公民文化权利实现的重要途径

著名学者米希尔·兰德曼认为："文化创造比我们迄今所相信的有更加广阔的和深刻的内涵。人类生活的基础不是自然的安排，而是文化形成的形式和习惯。人的行为是靠人自己曾获得的文化来支配的。"[2]文化的获得是关乎社会文明发展的重要因素，而我国公共文化服务的本质就是以建立社会主义核心价值体系、追求和谐发展为价值导向的社会主义文化的重要组成部分。我国公共文化服务的基本价值目标是保障人民的基本文化权益，使人民大众都能够充分创造、享受文化，使我们

---

〔1〕 骆小平："文化权利大众化的哲学解读"，载《职教论坛》2009 年第 S1 期。

〔2〕［德］蓝德曼：《哲学人类学》，彭富春译，戴晖校，工人出版社 1988 年版，第 277 页。

的民族始终保持丰富不绝的思想表达力和文化创造力。因此，公共文化服务的基本功能可以被归纳为：贯彻公平原则，保障人民基本文化权益；决策异议，促进社会文化和谐；结构完整，保障运行廉洁高效。这些功能又可以进一步展现为：对内可以积极保护与开发文化遗产，推动文化共享，得以文化原创，凝聚核心价值，加强文化认同，促进社会和谐；对外开展文化交流，传播文化理念，塑造文化形象，提高文化实力，增强文化国际影响力。〔1〕

为了实现文化的这些功能并满足人们不断增长的文化权利需求，政府要提供丰富多元的公共文化设施与文化产品，提供各种公共文化服务项目，不断减少由城乡二元化、东西部经济差距带来的公共文化投入与实际文化权利享有上的不公，最大限度地实现文化权利的公平性，确实保障公民的公共文化权利的实现。

（三）公共文化服务与政府职能转变

1. 我国现行文化管理体制存在的问题

我国现行的文化行政管理体制比较复杂。在国家政府层面，有文化部、广电总局、新闻出版总署（国家版权局）、国务院新闻办公室和互联网办公室、国家文物局等分管所属文化工作的专职部门；发改委、财政部、教育部、国家体育总局、国家宗教事务局、国家旅游局、工信部也承担了一些与文化相关的工作与管理。这些部门都涉及公共文化服务，直接或间接地承担着公共文化服务的职能。如文化部所管的公共图书馆、博物馆、文化馆站、公共文化演出等，广电总局实施的广播电视“村村通”工程等，新闻出版总署开展的“农村书屋”工程等。由于部门分割、职能交叉、权责不清、管理重复，包括公共文化服务在内的文化领域难以形成一个统一有效的管理体制和运行机制，造成公共文化资源分散，利用效率低。而且，由于政府对文化主要采取的是以行政命令为主的直接管理方式，政府部门充当着“教练员”与“运动员”的双重角色，制约了公共文化的有序保障和文化管理的良性发展。随着社会主义市场经济的深入发展，我国文化管理环境发生了深刻的变化，特别是互联网快速发展导致传统文化管理模式受到很大冲击，公共文化日趋多元，文化投资结构日趋复杂，民营资本和外资大量进入文化领域，出现了大量私有私营文化单位。文化活动的自主性、多样性和自由度空前拓展，这些新情况和新问题要求我们亟须对传统文化管理体制和手段加以改革和调整。

针对目前文化管理体制的现状，我国要进一步深入推进文化行政管理体制改革，积极探索文化管理创新模式，大致可以采取两种思路：一是推行大部制改革，将文化领域的一些部门进行合并，构建大文化部，从而达到整合文化行政职能的目的；二是在维持现有文化部门不变的前提下，将一些文化行政职能进行科学划分和

〔1〕 朱柏铭编著：《公共经济学理论与应用》，高等教育出版社2007年版，第42页。

整合，避免权力冲突现象。在此基础上，统筹解决公共文化服务存在的散、乱、差现象。总之，要进一步深化文化体制改革，建立党委领导、政府管理、行业自律、企事业单位依法运营的文化管理体制，积极推进政府的依法行政，把政府通过行政命令对公共文化进行直接管理有效转变成通过法律法规对公共文化进行间接管理的模式，这就要求政府要进一步实现职能和角色的转变，树立“大服务”的管理理念，把公共文化领域的各项工作纳入法治管理轨道。

2. 政府转变职能以确保公共文化服务的实现

公共文化服务是政府提供的公共服务的核心职能之一。发展文化事业，建设公共文化服务体系，满足人民群众多层次、多样化、整体性的公共利益。[1] 而公共文化产品与服务的提供过程，就是公共文化事务的管理过程，涉及公共资源的配置与使用，公共需求的判断与满足，公共权力的使用是一个典型的公共管理问题。世界各国的经验是：政府尽量避免直接主办“文化事业”，而是由政府“主导”公共文化服务机构提供，并且鼓励社会力量进行广泛参与与创新，或是由政府提供文化服务规划、对文化服务进行监管，放手让非营利性机构去完成文化产品与服务的供给。

目前，我国公共文化服务是以政府部门或其所属事业单位为主体，各级政府既是服务的决策者，又是服务的提供者。为了使公共文化产品与服务可以更好地为民众所接受与享用，党和国家要进一步深化文化体制改革，将传统的文化管理模式转变为公共文化服务模式。

第一，要通过进一步深化文化事业单位改革和政府职能调整，推进文化单位内部机制转换，大力推动文化体制改革，真正做到管办分离，充分发挥政府的主导和服务功能。在坚持政府主导的前提下，发挥社会力量和市场机制的作用，对文化基础设施进行建设及管理，政府除了财政投入外，还可以灵活运用购买服务、公私合作、特许经营权转让等方式。同时，要对文艺创作进行资助，可由高层级政府统一组织，通过基金制等方式开展，基金可从政府预算资金、上级政府补助资金以及其他资金来源中筹集。

第二，要深化公共文化机构人事改革。政府要积极引导公共文化服务机构不断深化劳动人事制度、内部收入分配制度、干部选拔聘任制度和岗位管理制度的改革，建立健全竞争、激励约束机制，努力提升公共文化服务能力与水平。

第三，要增强公共文化机构服务意识。政府文化机构要增强文化服务意识，丰富公共文化服务的内涵，提高公共文化服务的频率，提供群众喜闻乐见的好产品、好服务。

---

〔1〕 李景源、陈威主编：《文化蓝皮书：中国公共文化服务发展报告（2007 年）》，社会科学出版社 2007 年版。

第四，要实现公共文化管理手段的多元化转变。政府要实现管理主体、管理模式、管理手段等由单一化向多元化的转变，充分调动社会各种力量参与到公共文化服务的发展中来，整合各种不同的利益，形成有效的合力，逐步形成以国家为主导，社会组织、个人都参与到公共文化服务发展之中的大格局。政府要转变职能，保障公民能参与到公共文化产品与服务体制之中。公民文化权益的各项规定，构成公民参与文化建设的有序层次，构成文化体制改革科学化、民主化和法制化的基本环节。尊重群众的创造，倾听群众的呼声，推动群众文化参与，加强群众监督是体现群众文化权利意识的重要表现。要通过制度保障来体现群众的主体地位，积极探索与群众进行文化交流互动的基本规律，扩大文化活动的社会覆盖力与影响力，通过思想引导，推动群众在交流中达成共识。让文化成为他们生活中不可缺少的部分，使他们真正体会到自己的文化权利，并以实际行动投入到文化建设中。[1]

（四）公共文化服务保障的途径与方式

1. 法律保障

目前，我国对公共文化服务的立法还不完善，公共文化服务领域的基本法律规范有待建立，文化部门管理的依据主要是行政规章、地方性法规，出现了法律法规在实践中的相互矛盾、推诿扯皮以及多头审批、多头执法和交叉处罚等不良现象。这不仅有损法律的尊严，还会使公民的公共文化权利受到侵害和威胁。同时，由于公共文化服务立法不完善，公民应享有哪些公共文化权利的内涵并不明确，这使得实践中执法主体的不作为、滥作为现象尚未被杜绝。

为保障公民公共文化权利的实现，政府管理公共文化服务的手段要从以行政手段为主转移到以法律、经济手段为主。

首先，国家对于公共文化发展的方针政策，通过一系列文化领域的法律法规来体现，并以此作为政府调控文化发展的依据与方向，以保证国家文化事业的均衡发展。要想保障公民能切实享有公共文化服务，实现文化权利，政府就要在各项政策措施上，鲜明导向，以保证文化事业发展的可持续性。避免因领导人员变动和经办人的好恶而随心所欲，政策法规的刚性规定可使政府投入有据可依。尽快出台公共文化服务场所管理条例，出台公共文化服务法，通过对行政机关的职责、行政管理相对人的权利义务予以明确规定，实现对行政机关文化管理行为的规范和监督，避免行政权力的滥用给人民群众公共文化权益的实现造成侵害。

其次，为了使公共文化产品与服务健康得以有序发展，政府实施调控的手段（如财政、税收、信贷等）通过法律法规被确立并固定下来，并且要具体到公共文化设施规划、资金投入、服务内容、队伍建设、管理利用等方面，为公民文化权利

〔1〕 江俊伟："中国特色社会主义文化建设的保障机制分析"，载《商丘师范学校学报》2009 年第 7 期。

提供最基本的平衡与保障，从而使公民能自由、平等地分享文化成果。

最后，政府进行调控的程序也应当由法律进行规范，避免因政府的调控行为过于随意而影响客观性、公正性和科学性。法治政府理念的形成意味着政府守法这一行政法基本价值的确立。公共文化法制化可以引导拥有文化管理职能的行政部门依法行政，明确职能，以保障公共文化服务发展的正确方向和文化活动的顺利进行，充分发挥文化的引导地位，教育人民、推动发展的功能，为人民群众公共文化服务，不断满足人民群众日益增长的精神文化需求。同时，也要防止行政权力在客观上存在扩张，权力的滥用会对公民权利造成侵害。

2. 财税保障

（1）文化财政投入的缺陷。近些年来，虽然文化事业费增长幅度较大，但从占整个财政总支出的份额来看，仍处在一个较低水平。从历年的统计数字来看，除了“六五”时期文化事业费占财政总支出的比率最高达到过 0.52%外，其他时期均在 0.4%左右徘徊。[1]据统计，“九五”期间，全国文化事业财政拨款占国家财政总支出的比重是 0.45%，到“十五”期间则降为 0.38%，农村领域的文化投入比重更低。

与此同时，社会经济的二元结构客观上也造成城乡公民文化权的获得与享有的两极分化。总体上，城市文化建设的投入相对较高，城市居民获得多元与高质的文化产品与服务容易得多；而农民的精神文化享受相对就贫乏得多。“2006 年国家对农村文化共投入 44.6 亿元，占全国财政对文化总投入比重的 28.5%，而城市文化投入所占比重高达 71.5%，超过对农村投入比重 43%。”[2]“全国 38 240 个乡镇，5800 多个乡镇无文化站，23 000 个两馆需要新建和改建。”[3]另外，不同阶层对公共文化的享有也有差别，一部分人享受着高水准的文化产品与服务，而低收入家庭、残疾人、失业和下岗职工、农民工文化生活则相对要贫乏许多。

此外，我国的公共文化服务还存在财政投入不足、城乡分布不均等现象。从区域结构上看，我国中西部地区经济发展水平落后，导致这些地区的公共文化服务水平不高，财政投入远低于东部发达地区。虽然近年来中央不断扩大对中西部地区的公共文化财政投入，但由于中西部地区的文化设施基础较差，文化事业费基数较低，历年对文化欠账多，因此，与东部地区比较，投入差距仍然很大，尚未从根本上改变经费拮据的现象。[4]

---

〔1〕 朱兵：“我国公共文化建设及其法制化道路”，载中国人大网：www.npc.gov.cn，2012 年 3 月 18 日访问。

〔2〕 浦树柔：“做强公共文化服务”，载《瞭望》2007 年 7 月 9 日。

〔3〕 李少惠、张红娟：“建国以来我国公共文化政策的发展”，载《社会主义研究》2010 年第 2 期。

〔4〕 张建欣：“促进我国公共文化服务体系发展的财政政策研究”，载《当代经济》2010 年第 15 期。

（2）构建文化财政投入保障机制。就目前我国经济发展状况和公共文化服务水平而言，建立公共文化服务均等化机制，制定符合国情的公共文化服务国家标准是保障公共文化服务公平性的关键。

首先，明确财政投入的原则。按照公共经济学的分析，公共文化服务产品可被进一步分为“纯公共产品”与“混合型公共产品”，不同产品的“公共性”程度不同。因此，政府应该发挥宏观调控功能，将有限的财政投入用于提供最基本的、市场不能提供且社会也无法独立提供的公共文化产品与服务。具体说来，像广播电视网络、公共图书馆、博物馆、文化信息资源网这样的公共文化服务基础设施网络建设，以及文化遗产的保护、弱势群体和落后地区的文化救助，都应以中央财政投入为主；而城市社区公共性文化活动、农村节庆文化活动、农村戏曲班社、文化人才培养等公共文化产品与服务的提供则应以地方财政投入为主，由中央财政予以补助或奖励。

其次，尽快出台文化扶持政策。对地处弱势的地区与少数民族地区要在文化投入总量和结构、文化资源配置的重点、文化经济政策等方面进一步倾斜，加大扶持力度，确保弱势群体和贫困地区的文化权利的实现，缩小区域的文化差距，实现文化公平。为满足农民对公共文化服务的需求，除政府增加直接投入外，还应创新农村公共文化服务供给的资金筹集与投入制度，积极利用市场机制的功能，吸收社会组织的力量，包括社会各种营利与非营利组织、农村社区及农民自身的力量，形成共同参与供给的大局面，逐步建立起以政府为主导、社会各种力量共同参与、适度有序竞争的农村公共文化服务多元化的投入机制，保障农民文化权利的实现。加大对民俗文化的政策支持。民俗文化与百姓生活贴得最近，其作品体现的正是普通大众普遍认同的道德观与价值观，是雅俗共赏、百姓喜闻乐见的公共产品。因此，在政策上应扶持建设民俗文化。

再次，在具体推行公共文化服务标准化的政府实践中，应当明确社会公众基本需要，通过大规模的数据采集和技术处理，在对各类公共文化服务的建设标准、设施标准、人员配备标准、财力匹配标准等作出规定的基础上推行我国公共文化服务的国家标准。[1]同时，通过公共文化服务国家标准设计，对各级政府、各部门提供公共文化服务的行为进行规范，实现公共文化服务工作的标准化和精细化。通过对公共文化资源的配置与国家标准进行规范比对，发现其中的问题，从而有针对性地调配公共文化资源，实现公共文化服务的均等化发展。建立公共文化服务的均等化机制，有助于统筹协调区域、城乡和群体之间的公共文化服务的均衡发展，尤其是保障西部地区、贫困农村和低收入群体的公共文化权利。

---

〔1〕 胡税根、徐元帅：“中国政府公共服务标准化建设的价值研究”，载《甘肃行政党校学报》2009年第5期。

最后，坚持以政府为主导，鼓励社会力量积极参与公共文化产品与服务的建设，形成供给多元的格局。让政府与市场提供的公共文化产品多元丰富起来，真正满足人们日益增长的文化需求，既体现公平性又有差异性。并在政策上鼓励社会力量参与公共文化产品与服务的提供，如用税收激励政策，完善增值税、委托生产和公共文化项目外包等参与途径，与政府相关部门形成良性竞争。

3. 监督机制保障

目前，我国公共文化服务还缺乏制度保障机制，尤其是缺乏专门的公共文化服务体系建设的法律。为了实现公共文化服务的制度化与规范化发展，必须建立健全公共文化服务法律法规体系，加强对公共文化服务发展的法律监督，同时还要发挥舆论监督和社会监督的作用，以落实政府公共文化服务的职能，为民众提供优质的、便捷可行的文化产品与服务。

建立公共文化服务的考核和信息反馈机制。建立量化的公共文化服务评价机制，从投入、产出、效果三个层面设立评价指标，将提供的服务项目和内容、服务的方法和措施、服务的数量与质量以及民众在文化活动选择的满足程度、具体活动的参与人数、具体活动的覆盖面等数据作为参考因素进行考核。并对考核优秀的加以奖励，对考核不合格的进行惩罚，以促进公共文化服务提供者的积极性与创造性、责任感。建立有关财政转移支付的评价、监督、考核机制，实行经费安排使用的定期报告制度，提高上级政府奖励资金在转移支付中的比重。

推行行政责任制度，明确各级党委政府的文化责任，把公民文化权利的实现作为基本的施政方针，把能否最大限度地创造环境、机遇、条件，使公民享有文化权作为政府文化绩效考核的根本指标，以体现现代公共文化行政的追求。

4. 人员保障

“要实现人才兴文战略，就是要牢固树立人才资源是第一资源的观念，增强文化人才工作的责任感和紧迫感，努力形成促进文化人才成长的良好机制。”[1]公共文化服务人才建设应当包括为提供文化服务产品的专业文艺工作者队伍与群众文化艺术骨干队伍、文化管理队伍、文化经营队伍与文化技术服务队伍、社会力量兴办公益文化事业有识之士的队伍等。

文化行政部门要进行职能转变，加强文化行政部门人员服务意识，提高文化服务的效率；推进人事制度改革，实现文化事业单位人员管理模式的转换，实行聘任制度、改革薪酬管理模式和业绩考评系统、构建人力资源社会化管理模式，还要保障人才流动与公正科学的人才选拔。同时，政府的文化行政和服务部门要针对公共文化服务的需要和未来前景，发展有效的志愿者招募计划，并对志愿者进行培训与

---

〔1〕 谢晶莹：“保障公民的文化权益：提升文化服务水平的根本点”，载《中共成都市委党校学报》2007年第5期。

管理。

各类文化团体、文艺工作者应进一步明确自身职责，通过体制机制政策上的保障，努力创作更多更好的文学、戏剧、音乐、舞蹈、影视、美术、杂技、曲艺、民俗民间艺术等各方面的艺术作品，积极开展各类丰富多彩的文化活动，用丰富的文化产品和文化活动去满足人们的精神文化需求；应充分挖掘各种文化生产资源（特别是民间文化生产力），使各种不同职业、不同群体、不同文化程度的群众对文化生活的不同需求都能得到满足，使高雅艺术、通俗文艺等各个艺术门类都有喜爱自己的受众群体，使所有公民都有自己喜闻乐见的艺术作品，有种种乐于参与的文化娱乐生活，都能在“文化享有”上各得其利，在“文化提高”上各得其所，在“文化创造”上各尽其能，在“文化产品”上各取所需。[1]同时，制定科学有效的人员考核机制，建立公共文化队伍建设的制度化、长效性机制，让考核评价结果与奖金发放、评估表彰、职称晋升产生不同程度的关联。

鼓励社会力量共建公共文化服务。目前，单靠国家投资兴办发展公共文化服务是无法满足人民日益增长的文化产品需求的，也很难解决文化公平问题。要建立以政府为主，企业、非营利组织与社会团体共建公共文化服务的大局面，提高服务水平，更好地实现公民文化权利的服务。要积极鼓励扶持社会各界、民间团体和公民个人举办公益性文化事业，不断探索新时期基层文化活动的形式，促进公共文化服务事业的稳定、健康发展。

5. 文化自觉性保障

公民公共文化权利的实现不仅取决于政府的法律、财税、监督及人员保障，还取决于公共文化机构人员及人民大众文化自觉性的提高。否则便会使国家的公共文化政策在执行中变味、打折，使公民不能实际获得应有的公共文化产品与服务。同时，公民的文化权利意识淡薄，会使得社会组织、社会力量投入公共文化产品与服务的热情不高，获得的成就感与受尊重度和投入有反差，所以，要提高人民大众的文化自觉意识，促使其主动地、积极地参与文化活动和文化事务的管理，开展文化创造，才能促进政府加强文化建设，并最终实现公民文化权益。

二、国外公共文化服务保障立法的基本状况

（一）西方公共文化服务模式

西方国家文化管理体制的形成和发展，大致经历了三个阶段：一是从 19 世纪初到第二次世界大战前的“无政府管理阶段”。这一阶段基本上没有专门的文化管

---

〔1〕 何先光、陈正良：“科学发展观视阈下的公民文化权益保障与实现”，载《广西社会科学》2009 年第 10 期。

理部门和文艺政策，公共文化发展处于自发状态。二是从20世纪50年代至20世纪80年代中期的“现代管理体系的确立阶段”。为了适应社会发展的需要，西方出现了各种公共文化管理组织、机构、模式、制度或政策。三是20世纪80年代末至今的“文化管理的调整、改革阶段”。这一阶段的明显特征是应西方“新公共管理”“政府再造”“服务型政府建设”等管理思潮以及文化在公众生活以及国际竞争中地位上升的现实需求，西方各国不同程度地进行文化管理体制的改革和调整，包括部门、机构的设置，政策、法规等的调整。公共文化管理逐渐向更强调服务理念的“公共文化服务”转型，即政府更多地以提供“公共文化服务”为主要职责，管理以满足公民文化权利为出发点和最终目的。

西方国家现代公共文化管理和服务的实践主要可以被归结为以下三个方面：一是以人为本，树立以实现公民文化权利为核心的公共文化政策理念，实现文化决策的民主化和科学化。二是建立现代公共服务型文化行政管理体制，形成政府与社会联合进行的“共同治理”结构。三是安排完整的公共文化制度，保证必要的公共财政投入，合理分配各类公共资源，充分调动社会力量投入公共文化事业。[1]

西方国家采用的公共文化服务模式，都可以被归入现代公共管理学意义上的“共同治理（governance）模式”，各国除政府部门外，都有大量的非政府、非营利组织，即所谓的第三部门（如各种文化协会等），参与公共文化服务的提供。但由于各国历史、国情和公共管理哲学存在差异，因而形成了不同的公共服务制度与模式。

1. 以法国、日本等为代表的“政府主导”模式

这种模式中从中央到地方政府均设有文化行政管理部门，有的是垂直领导关系（如法国），有的则不是（如日本）。各级政府文化部门对文艺团体进行有限的资助并提供比较完善的公共文化服务。法国政府对文化的发展和管理的重视在欧洲国家中是最为突出的。法国确立“国家扶持”体系，通过设立相应的政府行政机构，并赋予其制定和实施文化政策以及公共财政拨款分配的权力，以保护和扶持文化的创新与发展。国家首先确立文化行为的范围、优先性，树立文化领域的价值观念、善恶美丑标准。在此基础上，中央政府和各级地方政府共同投资，“保证文化行为的协调发展，提供有利于文化发展的环境，消除文化发展中的不平衡”。[2]法国在欧洲国家中最早设立国家文化部，负责协助文化的发展。文化部的宗旨就是通过确立文化领域内的各项标准、各种准则，来影响文化领域的价值标准和导向，并建立起一整套价值体系，以此为依据从财政上给予资助。近年来，法国的文化政策异常关注保护本民族的文化特色和文化独立性，在全球化的浪潮中不遗余力地主张“文化例外”的原则，坚决反对把所有的文化问题都纳入世界贸易组织的商业规范之下，借

〔1〕 参见毛少莹：“发达国家的公共文化管理与服务”，载《特区实践与理论》2007年第2期。

〔2〕 张敏：“‘法国模式’应对金融危机下的文化事业”，载《法国研究》2010年第1期。

以保护日益受到美国通俗产品侵蚀的民族文化。同时，法国政府积极向外推广法国文化，变消极防御为积极防御。法国在世界各地都设立了法国文化协会，为各国法语教学提供教师，并为各国的法语教师提供赴法进修的奖学金。为保持法国在法语国家的影响力，法国政府还积极组织召开法语国家首脑会议。

日本为其文化艺术的发展和繁荣提供了巨大的资金支持。第二次世界大战之后，伴随着经济实力的不断增强，日本政府对文化艺术的发展日益重视，并采取了一系列措施来振兴文化艺术。进入21世纪后，为了应对世界文化多样化的发展趋势，日本政府凭借其强大的经济实力，雄心勃勃地提出要把日本建成一个“文化发信国家”，使日本成为一个“向世界传播文化的国家”。日本主管文化事业的部门是文化厅，是直属日本文部省的副部级单位，主管文化艺术、文物保护、国民娱乐、国语教育、著作权、宗教和影视等方面的工作。日本政府确立了对文化艺术活动进行间接援助，而对其具体内容不加干涉的“内容不干预原则”，既“不干预”文化艺术的“内容”，又要谋求文化艺术的振兴。文化厅委托相关领域的专家或学者组成第三方的独立评审机制，由其对政府支持的文化艺术活动作出分析和判断，供政府部门参考。日本政府的文化管理措施主要有：大力振兴各领域的文化艺术活动，鼓励和开展国民喜闻乐见的娱乐项目，大力普及文化出版物等；鼓励和支持各地具有浓郁地方特色的文艺表演和假日活动等，大力振兴地方文化艺术；逐步建立和健全文物保护设施，加强传统建筑群保护地区的综合防灾体系的建设；加强对非物质文化遗产（包括非物质民俗文化遗产）的保护，培养和扶植继承人；与家庭、学校和地方机构合作，提高国语教育的教学质量；制定法律，切实保护好著作权人的权利和利益；加强宗教事务的管理，就有关宗教事务的重大事项进行审议；建立文化艺术领域的捐赠体系，并在税务上给予捐赠公司或个人以一定的优惠待遇等。〔1〕

2. 以美国为代表的“民间主导”模式

中央和地方政府都不设文化行政主管部门，政府财政对文化的投入主要通过各类通常被称为“国家艺术理事会”的准行政机构进行分配。政府主要以政策法规营造良好文化生态，鼓励各类文化团体或机构自我生存。公共文化服务大量由非政府组织（NGO）或非营利机构（NPO）开展。美国对于文化发展持放任主义的立场，即政府对文化尽量不干预，不设置相关文化管理部门。实际上，美国文化发展策略是一种巧妙的“开放性”市场策略，即政府通过提供宽松的外部环境和严格的法律保障，使文化艺术活动在市场经济和民间社会中成长。一般而言，政府不直接经营文化事业或文化设施，而是培育、支持民间的非营利艺术机构（NPAO），通过政府直接拨款、鼓励慈善机构、企业和个人捐助等多种形式，对这些机构及个人给予有

〔1〕 欧阳安：“浅谈日本的文化政策”，载文化发展论坛：http://www.ccmedu.com/bbs8_ 42284.html，2012年8月29日访问。

力支持。美国公共文化活动资金来源具有分散式、多元化的特点。分散式是指美国并没有一个权威的公共文化管理部门集中管理本国的公共文化事务，任何一个政府机构或单位都不会操纵对公共文化组织的资助。多元化是指美国公共文化的资助主体包括联邦、州、地方政府及私人部门的资助（主要是个人、企业、基金会）和文化机构自身的营业收入等。

3. 以英国、澳大利亚等为代表的政府与民间共建的“分权”模式

这种模式是政府与民间“建立伙伴关系”，进行文化资源的分配、文化事务的管理和文化服务的提供。第二次世界大战后，英国政府意识到文化艺术具有团结人民的作用，决定执行鼓励、支持和资助文化艺术活动的政策，成立大不列颠艺术委员会，并将原来分别隶属于各部门的文化职责集于一部，由文化遗产部统一管理全国的文化艺术、文化遗产、新闻广播、体育和旅游等事业。英国的国家文化政策体现在各级文化管理部门和机构的职责条文中，其政策目标可被概括为：重视对文化遗产的保护和开发利用，鼓励艺术活动的创新和多样化，推动对外文化交流和英国文化在全世界的传播。英国的公共文化政策实行“一臂之距”原则，其基本含义：一是政府与文化机构和文化企业保持一种若即若离的关系，政府不直接去管理文化机构和文化企业，二者之间应该有一定距离；二是政府接受中介机构的建议和咨询，调整文化政策，并通过中介机构对文化机构或企业进行拨款、监督和评估。在具体执行文化政策的过程中，对文化机构和文化个人应该如何给予和给予多大的支持，由非政府公共文化管理机构的专家决定，而不是由政府文化主管部门的行政长官说了算。但是，非政府公共文化管理机构必须向政府、议会和公众说明和解释他们作出的决定。

（二）一些典型的国家对公共文化服务的投入和保障

1. 直接支持——法国

法国政府对文化事业一向非常重视，在文化（特别是高雅文化）的生产过程中发挥主导性的作用，由此导致了文化艺术的高水平的公共支出。文化部每年的财政预算均占国家财政总预算的1%以上。法国的文化治理模式是典型的国家主导型，法国文化机构的资金都是由政府财政直接拨款，而非自负盈亏；法国政府对文化设施与文化活动给予高额补贴，资助各类文化活动，扶持新闻、文学、艺术、音乐、电视、电影等行业。例如，法国政府每年都拨出几十亿法郎用于兴建图书馆、博物馆、剧场等文化设施；法国文化部通过国家图书中心，每年为出版业提供一亿多法郎的资助；法国的电影制作、发行和放映公司也可获得政府的资助。[1]除此之外，法国地方各级政府还要投入两倍于国家预算的资金，用于发展本国文化。[2]法国模

---

〔1〕 王海冬：“法国的文化政策及对中国的历史启示”，载《上海财经大学学报》2011年第5期。

〔2〕 肖云上：“法国的文化政策”，载《国际观察》1999年第6期。

式的突出特点是：以公共投资为主，强调文化的“特殊性”，尽量使文化事业的发展免受市场经济规律的影响，强调文化行为的社会价值远远高于经济价值。

文化事业是一项投资大、社会效益远远大于经济效益的产业，而且文化事业的资金投入周期长，往往不能收到立竿见影的效果。在法国，对文化事业的资金投入已成为各级政府理所当然的职责。文化部的预算经历过20世纪70年代的低谷和20世纪80年代的高峰，从20世纪90年代至今基本保持稳定并缓慢增加的态势。2005年，文化部的预算为27.87亿欧元，比2004年增加了5.9%。2006年，各级地方行政机构的文化投资总额为62.56亿欧元，其中市镇投资额达44亿欧元。中央政府和各级地方政府对文化事业的资金投入中的一部分被用于建设和管理各级各类文化机构。地方政府和中央政府结成合作伙伴关系，经过协商，签订合同，共同出资。通常由中央政府提供专业的科学技术的支持和人员配备，辅以一定的财政支持，帮助各地方行政机构建立、完善和运作地方文化机构，而后者主要是提供资金投入。这种合作伙伴关系从20世纪80年代中期起便成了法国公共文化政策中中央和地方合作的主导方式。文化投入中的另一部分被用于资助集体或个人的文化活动。获得拨款或补助的个人或文化机构首先应符合文化部及“大区文化事务管理局”设立的相应规范，并与拨款各方签订合同，接受文化部或“大区文化事务管理局”的监督和评估。从中央政府到地方政府，对文化事业的公共投入大多是通过签订合同、协议等方式展开的。文化部通过与各大区、省、市镇签订文化协定，以契约形式确保实现自己制定的管理目标。文化部利用合同形式对政府资助的部门和单位进行管理和监督，确保投入经费的使用效果。各投资方互相之间存在一种约束和制约，不能随意减少或退出投资。因此，中央政府和地方政府共同投资在相当程度上保障了文化投资的稳定性。[1]

2. 间接管理——美国

美国政府认为，对于文化的发展来说，最为重要的是要营造与维护一个能够让文化创作自由表达的环境，同时这也保证了受众能够有充分的选择机会。[2]美国政府主要利用国家和私人的基金会对文化事业进行资助。20世纪初，私人基金会开始积极参与对公共文化艺术的资助。1965年，美国政府成立国家艺术与人文基金会，该机构主要负责利用联邦政府的资源，对文化艺术进行直接的资助。其次是通过政策优惠（包括税收优惠），鼓励私人对文化事业进行捐赠。政府通过各种形式的税收优惠政策对文化艺术进行间接的资助。在传统上，美国的博物馆、图书馆等机构的经费中的绝大部分都来自私人的捐赠。只是这种支持并非是自上而下实现的，而

---

〔1〕 参见张敏：“‘法国模式’应对金融危机下的文化事业”，载《法国研究》2010年第1期。

〔2〕 李宁：“‘自由市场’还是‘文化例外’——美国与法-加文化产业政策比较及其对中国的启示”，载《世界经济与政治论坛》2006年第5期。

是自下而上完成的，政府只提供宽松的市场运营环境、公平的市场竞争和严格的法律保障。[1]

美国公共文化保障体系包括公共和私人的支持、税收政策激励、拨款法案、遗产捐赠和社会赞助行为等。美国政府不直接经营公共文化事业或公共文化设施，而是培育、支持民间的非营利性的艺术机构（NPAO），通过政府直接拨款，鼓励慈善机构、企业及个人捐助等多种形式对其给予支持。从 20 世纪 60 年代开始，美国私人慈善组织迅速增长，投身文化事业的公共机构也由国会立法通过批准成立。私人的捐助者纷纷成立捐助基金会，把资助公共文化作为一项重要的任务。美国的公共文化保障体系主要采取激励性的资助方式，遵循分散式、多元化管理的原则。在过去的 20 年中，美国公共文化机构的迅速增长，与他们得到的稳固的公共财政支持是密切相关的。但是，这种补助只是作为其他艺术资助手段的补充而不是替代品。联邦机构一般要求获得联邦资助的组织，必须从其他非联邦渠道获得一定比例的配套基金。例如，国家艺术基金每授予 1000 美元补助金一般会要求有 7 倍~8 倍的配套资金，包括配套拨款、捐赠和营业收入等，所以，公共文化艺术组织最终获得的资金额将会是 7000 美元至 8000 美元。这样既避免了公共文化艺术组织仅被动地接受补助，又充分调动了公共文化团体自身的积极性和创造性，为其提供了坚实的资金基础。

3. 有限的政府资助——英国

在英国，英格兰艺术理事会与中央政府保持“一臂之距”。虽然中央文化行政长官不仅任命英格兰艺术理事会成员，而且以基金协议的方式为艺术理事会的工作制定总体政策，决定每年拨给艺术理事会的国家基金数额，理事会每年的财政年报也由政府指定的审计员审计，但英格兰艺术理事会具有独立行使国家文化基金的审批权与评估权。“一臂之距”原则，是指一种国家文化基金资助领域内的中央文化准行政管理政策，由艺术家和文化专业人士等，经国家行政首脑或中央文化行政长官提名、国会批准，以国家艺术理事会等形式在中央政府行政系统外建立起相对自主的国家文化基金管理组织，并在国会和中央政府的监督下，通过独立地分配国家文化基金来执行国家的文化政策。其核心在于，由于中央政府及其行政系统之间在组织上保持一定的距离，因此，国家艺术理事会能够在没有政府干预的情况下，独立地作出国家文化基金的分配决定。[2]

---

〔1〕 参见张波：“主要西方国家公共文化服务发展之比较”，载《沈阳师范大学学报（社会科学版）》2008 年第 6 期。

〔2〕 参见王晓辉、梁欣：“公共图书馆治理结构现状分析——以当代西方国家公共文化管理体制转型为背景”，载《图书馆学研究》2011 年第 5 期。

（三）一些国家公共文化立法情况

从国际上看，许多国家在公共文化发展和建设上都走上了法制化道路，即通过制定相关法律，确定国家发展公共文化的基本政策，保障政府公共财政对公共文化建设的投入，支持社会发展公益性文化事业，明确公共文化单位的法律地位、义务责任等。在立法上的模式大体有两种：一是制定文化事业方面的基本法，如俄罗斯于 1992 年制定的《俄罗斯联邦文化基本法》、韩国于 1972 年制定的《振兴文化艺术基本法》等，直接规定和明确了国家政府在发展文化事业方面的基本职责和目标。一些国家则主要通过制定文化基金法的方式来确定国家在公共文化事业方面的基本政策。如美国于 1965 年制定颁布的《国家艺术及人文事业基金法》。根据该法，美国成立了致力于艺术及人文事业发展的机构——国家艺术基金会与国家人文基金会，采取措施鼓励各州、各企业集团以及全社会对文化艺术的发展予以支持。这些基本法的一个突出的共同特点就是确立了国家通过制定特殊财政税收优惠政策、设立专项文化基金等方式去扶持、发展公共文化事业。二是制定公共文化机构方面的专门法律，如《图书馆法》《博物馆法》等，以保障和促进公共图书馆和博物馆事业的发展。

从我国的实际情况来看，上述两种立法模式都是值得借鉴和参考的。除了制定公共文化方面的专门法外，制定相关基本法也具有相当的必要性。下面，笔者将简单介绍俄、韩、美、乌等国文化基本法的情况。

1.《俄罗斯联邦文化基本法》

1992 年之前，俄罗斯只有一部涉及文物的法律。1992 年，俄罗斯立法机构制定出台了《俄罗斯联邦文化基本法》，这是俄罗斯高度重视文化发展，全面制定文化领域各项法律的一个重要基础和开端。该法以宪法为依据，从文化基本法的角度详细规定了俄罗斯全国文化领域中的人权、公民权、自由权和少数民族的权利，规定了政府发展文化事业的基本职责，对联邦机关、联邦区域性机关和地方政府之间的权限分别作出了规定，对国家在文化领域的财政资金投入、文化领域经济行为的调整以及参与国际文化交流等事项制定了基本原则。根据该法的规定：①俄罗斯联邦机关的文化职权是：保障文化领域的人权和自由；制定文化领域的政策和通过联邦文化项目；对不动产关系、经济行为规范进行法律调整，管理民族文化遗产；分配联邦文化预算中的文化基金；建立、资助、重组和解散联邦文化组织；规定文化合作领域的对外文化政策；调整文化领域内具有文化价值的物品的进出口和硬通货贸易以及统计研究等。②联邦机关和联邦区域性机关共有的文化职权是：保障文化领域的人权、公民权和自由；对民族文化遗产的保护；执行联邦文化政策；制定文化范围的职业教育标准；制定国家机关组织和地方政府机关组织的基本原则，制定税收基本原则；建立、资助、重组和解散与俄罗斯联邦区域性机关有关的文化组织；实施国际文化交流。③地方政府机关的文化职权是：在其辖区范围内执行文化政策；为调整文化行为建立地方机构；分配地方文化基金和征收地方税；管理市营不动产包括建立、资助、重组和解散市营的文化组织。根据这部法律所确立的基本原则，俄联邦立法机关又制定了一系列包括《图书馆法》《博物馆法》《电影法》《出版法》在内的各项文化专门法，形成了文化法律体系。

1993年，俄罗斯联邦政府根据该法制定出台了政府层面的《联邦文化艺术保护和发展计划》，进一步全面制定了具体的文化政策。其主要目标是：保护悠久文化的潜力和保证文化传统的继续；保护属于俄罗斯人民文化遗产的文物；保持古典文化、俄罗斯文化声誉的传统渊源；支持俄罗斯电影的生产和发行；将振兴各民族文化和少数民族文化作为缓和少数民族冲突的一个必要条件；鼓励俄罗斯地方文化的振兴和发展；支持文化艺术领域的专业教育、支持青年艺术家和知识分子。

由于上述法律和政策的出台，俄罗斯在财政经济保障上的一项重大措施是，原则规定用于联邦文化发展的财政支出应占联邦总支出的2%，并建议地方政府将这一比例提高到6%。虽然这一比例在实施中不尽如人意，但这一立法原则仍然使文化事业在财政经济的保障上得到大幅提高。与此相关联的是，其《税法》和其他在新的经济和政治条件下的各领域的基本法也同时针对文化领域的组织和经济特点作出了相应规定，免除了国家文化机构的全部纳税义务包括所得税、收益税、财产税、土地税等，以扶持和保障文化事业的发展。具体来说，国有和市属博物馆、图书馆、交响乐团、国家歌剧院都无须纳税，其主要活动收入免交所得税；国家图书馆、博物馆订购各种国际书刊的盈余免税；文化机构免交土地税和财产税；艺术家和知识分子有条件地免除部分纳税义务。据统计，自1994年起，文化领域的免税份额已达到应税收入的5%。另一项制度是确立了国家发展文化的“俄罗斯模式”，即政府部门应当提供文化发展资金，并且是这一资金的主要来源。同时，组建公共文化基金，艺术、文化活动的公共基金分配形式由公共基金所要求的基础结构的形式所决定。在具体经费投入上，采取分级管理模式，即联邦政府对所直接管理的19个剧院、27个音乐厅和表演团体、19个图书馆、74个高中等文化教育机构提供基金，包括资助国际文化交流活动，支持剧作家、艺术家、作曲家等创作者的创作活动。其他多数文化机构则是由市行政机关管理，其财政来源于市预算，另有一些主要的博物馆、图书馆和艺术组织由联邦地区政府管理，财政来源于地区政府预算。[1]

---

〔1〕参见“俄罗斯联邦文化政策的目的和手段”，子勤译，载张庆福主编：《宪政论丛》（第2卷），法律出版社1999年版。

2. 韩国的《振兴文化艺术基本法》

1972年，韩国主要针对公共文化发展制定了这部文化基本法（1999年韩国又专门针对文化产业制定了《文化内容产业振兴基本法》作为发展文化产业的基本法）。该法共8章29条：第一章“总则”，说明立法的目的、文化艺术与文化产业的定义、施政与奖助原则以及文化艺术振兴委员会的成立。第二章“国语的发展与普及”。第三章“文化艺术空间的设置”，规定了文化艺术空间设置的奖励原则，专门艺术团体的指定营运，以及建筑物之美术装饰。第四章“文化艺术福祉的增进”，包括文化日的设定、奖励金支付、文化讲座设置、学校等的文化艺术振兴以及文化产业的培育与支持。第五章“文化艺术振兴基金”，包括基金的设置、组成、募集与用途，贷款之募金、文化艺术振兴基金支持审议委员会与文化艺术振兴基金的组成等相关规定。第六章“韩国文化艺术振兴院的设立”。第七、八章则分别为“补则”与“罚则”。

由于韩国一直非常重视文化的普及与推广，将文化的普及和振兴视为提高全民文化素养，提升国民生活质量的一个必要条件。因此，《振兴文化艺术基本法》的立法宗旨十分明确，就是提高全民文化素养。为实现这一宗旨，法律规定了“文化艺术”的范围，即“文学、美术（包含应用美术）、音乐、舞蹈、戏剧、电影、演艺、国乐、写真、建筑、语文及出版”。并规定了实现这一宗旨的一系列具体措施。这些主要措施包括：①指定专门艺术团体开展艺术普及活动。该法第10条第1项规定：“县市长为振兴文化艺术，得指定专门艺术团体从事支持及培育工作。”即指定专门艺术团体开展艺术普及活动，使民众文化生活得以普及、健全。这样的措施可以加强专业表演艺术人才与民众之间的互动关系，而且经由这样的普及教育工作，也可以直接扩大民众的艺术参与。②设置文化讲座。该法规定：“国家及地方自治团体为了使国民得以享受高级文化艺术，应设置文化讲座设置机关或指定团体，以开展普及文化艺术的工作。”从这里我们可以看出，他们认为，所谓的“高级文化艺术”（也就是我们的“高雅文化艺术”），应该是要让全民都可以享受到的，而不是仅属于少数精英享受的。为此，该法还明确规定：“国家及地方自治团体应支持文化讲座设置及营运所需经费。”③支持成立业余艺术团体并对其予以资助。法律明确规定，为了提高学校、工作机构的学生和在职人员以及其他从业人员的素养，国家、地方自治团体应当支持、鼓励其成立一个业余文化艺术活动团体，并对该团体的活动经费予以支持和保障。显然，这一措施极大地促进了业余艺术团体的发展，其目的就是要通过艺术的培育、陶冶，使民众在艺术参与的过程中，达到提高文化素养的效果。④对从事高雅艺术表演的演剧场和或其他公共场所予以资助，以完善其设施设备。法律规定，国家、地方自治团体为了振兴文化艺术活动，扩大居民享受高雅文化的机会，必须对文化艺术会馆的设置、利用制定明确的措施并予以资助。同时还规定，对那些表演高雅艺术的其他公共演出场所及展示场所也要予以资助，以使剧场硬件设施适应民众享受高雅艺术的需求。⑤对公共建筑物的美术装饰予以规定。法律规定，凡首都兴建规模以上的建筑物，必须将建筑费用的1%用作绘画、雕刻、工艺等美术装饰。此外，市、郡所辖的建筑物与共同住宅，必须将不超过1%的建筑费用用作美术装饰。⑥设定文化日与文化月。法律明确规定，“为了使国民深切理解并积极参与文化艺术，国家设定文化日及文化月”以开展全社会文化艺术普及活动。[1]

3. 乌克兰的《文化法》

2010年12月，乌克兰议会通过了国家文化发展战略的基本法律——《文化法》。该法的立法基本目的和宗旨是：保障实现和保护乌克兰宪法赋予公民在文化方面的权利，为公民自由开展文化活动提供法律保障，保障文化创作自由，保存和发掘民族文化遗产，保护知识产权，确立国家文化政策的优先发展方向，确立国家支持文化的形式和条件等。该法确立了乌克兰文化活动的法律基础，协调了有关建立、利用、传播和保护本国文化的社会关系。该法中第一次出现了“乌克兰文化空间”“文化的基础网络”“本国文化产品”等词汇的表述。所谓“文化的基础网络”，是国家和公共文化机构、企业和组织的总称，其作用在于为文艺人才提供发展保障和条件，收集、保存、使用和传播文化信息，进行研究工作，以及保障乌克兰文化空间的完整性，保障公民在文化方面的权利。

该法从基本法的角度确立了国家文化发展的若干基本原则和措施：①承认乌克兰文化是所有生活在乌克兰境内的乌克兰族及其他少数民族文化的总和；②建立统一的乌克兰文化空间，保护国家文化的统一性；③保护文化遗产，致力于文化发展；④协助建立人文理念和道德高标准；⑤保障创作自由，保护知识产权；⑥保障公民在文化方面的权利；⑦为公民个人的创作自由提供便利条件，国家将致力于提高公民的文化水平，为儿童和青年提供文化教育；⑧为专业文化艺术协会和社会文化团体提供支持，大力发展本国文化产品；⑨将文化传播作为儿童和青年教育的优先发展方向；⑩为文化机关、企业和组织等文化基础网络的活动提供保障；⑪为电子、音像等文化产品的制作和传播提供支持，提高文化电子产品的技术含量和在互联网上传播文化的普及性；⑫在海外传播乌克兰民族文化；⑬支持乌克兰侨民的文化生活；⑭对民族文化产品的制作和生产提供财政支持；⑮支持各州、各少数民族和各地区的文化发展；⑯支持国际文化交流和合作；⑰为国家文物和文化遗产建立保险基金会。该法律还特别强调，国家将为文化工作者提供社会保障，为文化工作者提供特殊津贴和退休金保障，特别是对超过应有工作年限和具有较高专业技术职

〔1〕 参见刘铁：“他山之石，美、英、法、韩等国的文化政策”，载《社会观察》2004年第4期。

称的文化工作者提供特殊待遇。[1]

4. 美国的《国家艺术及人文事业基金法》

1965年，美国国会通过了自经济大萧条以后的第一部支持文化艺术事业的法规，由约翰逊总统签署成为法律，即《国家艺术及人文事业基金法》。这是促进和保障美国文化艺术事业（尤其是公共文化艺术事业发展）的一部基本法。依据此法，美国创立了历史上第一个致力于艺术与人文事业的机构——国家艺术基金会与国家人文基金会，并设立了联邦艺术暨人文委员会，由联邦政府中工作性质与文化发展有关的部门的首脑组成。国家艺术基金会与国家人文基金会的宗旨是为发展美国文化艺术服务，保护美国丰富的文化遗产，鼓励国家最优秀的艺术人才发挥创造才能。

这一立法保证了美国每年都会拿出相应比例的资金投入文化艺术（联邦政府对国家艺术基金会、国家人文基金和博物馆图书馆学会等主要公共文化机构的直接资助每年约2.5亿美元），并且使这些资金的使用直接面对文化艺术事业，而不是被耗费于庞大的文化行政机构的运行之中，大大提高了资金的使用效果。国家艺术会和国家人文基金会每年会向各州及联邦各地区艺术委员会拨款一次，约占年总基金额的20%，其余款项直接用于向各个艺术人文领域内的个人及团体有关项目提供直接资助，也用于对优秀艺术成就的奖励。

美国联邦政府文化机构对文化的赞助有以下几个特点：

第一，政府对文化艺术事业实行间接管理。美国联邦政府不直接对文化机构拨款，而是通过国家艺术基金会、国家人文基金会和国家博物馆图书馆学会等社会中介组织对文化实施资助。这些文化中介组织只有拨款权，无行政管理执政，它们对文化团体和个人提供拨款的方式，体现了政府对文化事业的支持，但它们没有在文化领域进行立法、政策制定和行政管理的职能。除了利用政府代理机构实行财政资助的间接管理方式，美国政府还特别注重通过制定税收减免等有关法律政策加大对文化艺术事业的扶持力度，广泛动员社会力量参与文化艺术事业建设。

第二，政府拨款对象为非营利文化艺术团体。美国联邦政府所支持的是那些不通过市场运作方式经营的非营利性文化团体，申请资助的团体必须是非营利性质的民间机构，而且是从联邦政府取得免税资格者，其盈利部分不得归个人所有。以商业运作方式的营利性文化团体（如流行音乐、电影娱乐公司等）尢法获得赞助。

第三，政府采用资金匹配的方式实行有限拨款。联邦政府机构提供的资金支持是有限的，一般要求对任何项目的资助总额不超过所需经费的50%。也就是说，最

---

〔1〕 参见周浩："乌克兰新政府文化政策改革浅析"，载文化部对外文化联络局编：《对外文化交流通讯》（2011年）。

多只能提供某一项目所需费用的一半，另一半则必须由申请者从政府机构以外筹集。这样就避免了文化团体过分依赖联邦政府，鼓励文化团体积极进取。资金匹配一方面促使各地方政府拨出相应的地方财政来与联邦政府资金进行配套，另一方面也要求各艺术团体或艺术家积极向社会筹集资金以获得政府的资助。显然，这种资金匹配方式调动了地方乃至全社会资助艺术事业的积极性，也调动了各艺术团体、艺术家的积极性，同时又提高了项目的可实施度，避免了无效投入。

第四，对公司企业、基金会及个人资助文化机构采取税收减免政策。美国2/3的非营利文化机构是通过国家对企业和个人向文化机构捐赠实行减免税政策而获得资助的。《国家艺术及人文事业基金法》规定："政府对文化艺术给予有限支持的方式是对非营利性质的文化艺术团体和公共电台、公共电视台免征所得税，并减免为其赞助的个人和公司的税额。"1917年美国《联邦税收法》就明文规定对非营利文化团体和机构和公共电视台、广播电台免征所得税，并减免资助者的税额。对以非营利的，促进文化、教育、科学、宗教、慈善事业为目的的团体免征赋税，个人和企业对上述非营利团体的捐赠可享受减免税收的优惠政策。根据《联邦税收法》，美国所有的文化艺术团体均可自愿选择登记为营利或非营利机构。若为营利机构，则与一般商业公司一样照章纳税，其盈利可自由支配。若登记为非营利机构，则可享受优惠待遇：免缴所得税，政府资助，公司、企业和个人的捐助，邮件、广告、购物等的廉价和优惠等。但也有条件：收入必须转为本身业务，不得转为私用；与本身总值无关的收入不得成为资金来源的主渠道，并照章纳税；所属资产必须被用于与本身宗旨有关的业务，否则取消非营利资格。同时还规定，凡赞助非营利文化艺术机构及其活动的公司、企业和个人，其赞助款额可从其收入中扣除，免缴所得税。对于营利与非营利的区分，不在于其是否盈利，而是看其经营目的，即营利性机构在于为老板或个人和股东谋利；而非营利性机构除了支付雇员的工资和场租费用外，其收入、财产和盈利不得为个人所有。

因此，美国的文化艺术团体均可自愿根据自身的宗旨选择登记为营利或非营利机构。若登记为营利机构，则与一般商业公司一样，需照章纳税，好处是盈利可以自由支配；若登记为非营利机构，好处是可以免税，并能得到政府和社会的资助，但盈利不得为私人所有，利用"非营利免税"等相关法规，资助扶持文化艺术团体的发展。美国政府对文艺团体在行政上不予干涉，政府有选择地对非营利机构给予有限财政支持，一般只占其全部收入的10%左右。文艺团体若登记为非营利免税团体（自愿），在享受某些优惠待遇的同时也受一定制约，但并不强制。

另外，实行捐赠免税政策。对私人部门特别是个人捐赠，允许其可以在个人年度应纳税所得额中扣除，但最高不超过应纳税所得额的50%。此外，美国还采取了其他优惠政策支持非营利性文化机构。例如，从地方经营特许权税中抽取一定比例支持公共文化事业发展，如旅馆经营税、财产税、营业税和文化娱乐税等。公共文化艺术机构通常借助城市改造更新的名义从地方税收优惠和法律规定中获益。例如，某公共文化艺术组织想将破旧的仓库重建为艺术家的公寓和工作室，它可以先向国家住房基金管理署申请通常为城市更新改造项目提供的所得税抵免。这些税收抵免由联邦政府支付、通过州政府分配。这些优惠政策，间接地为公共文化机构提供了广泛的支持。

5. 日本的文化立法

日本是一个比较注重依法行政的国家，第二次世界大战后，它基本上建立了一套比较完整而有效的文化艺术法律体系。

教育法体系中的文化法制。在日本，文化被纳入文教领域的范畴，并被赋予了创造性的角色。因此，从这个角度来说，日本的文化法制最早见于《教育基本法》等教育法体系。例如，《教育基本法》第 2 条规定，教育的目的是“利用一切机会，在各种场合进行教育”和“努力为文化的创造和发展做出贡献”。《社会教育法》第 3 条规定，国家和地方政府应当努力“创造使所有的国民能够获得与其实际生活相应的、提高自身文化素养的环境”等。这些法律为文化活动的开展和振兴提供了间接的法律基础。

行政组织法中的文化法制。《文部科学省设置法》（及旧《文部省设置法》）是日本行政组织法之一，它是对文化及文化政策作出直接规定的基本法。根据旧《文部省设置法》第 2 条第 9 款的规定，“文化”被定义为“艺术和国民娱乐。《文物保护法》中规定的文物、出版、著作权和其他著作权法所规定的权利以及与此相关的提高国民文化生活水平的活动”。《文部科学省设置法》（1999 年颁布）除明确了文部省的任务外，还在第四章专门对文化厅的设置、任务、负责事务和相关审议会等问题进行了规定。其中第 27 条规定其任务为“在振兴文化和大力开展国际文化交流的同时，适当处理与宗教有关的行政事务”。此类法律为文化行政提供了直接的法律依据。

与文化有关的个别法律。与文物保护和知识产权有关的法律有《文物保护法》《著作权法》《文物保护法实施令》《著作权法实施令》《著作权法实施细则》等，这些法律对人类发明成果的保护作出了具体规定。与表彰有关的法令包括《文化勋章令》《文化功劳者年金法》《日本艺术院令》等，这些法律规范了表彰制度，保障了国家依法公开和公平地评选表彰对象。2001 年制定和颁布的《文化艺术振兴基本法》是日本政府的一项重要法律，它确立了振兴文化艺术的基本理念，明确了国家和地方政府的权利、义务及责任，具体规定了与振兴文化艺术有关的基本政策。此外，与宗教事务管理有关的法律有《宗教法人法》，与文化活动和娱乐设施的管理有关的法律有《演出场所法》，与文化艺术团体法人化有关的法律有《特定非营利活动促进法》等。

6. 法国的文化立法

法国对立法工作一向十分重视，对文化事业的立法同样很重视。通过立法，文化事业可以从制度上得到充分的保证，这对文化事业的发展起到了极大的积极作用。1983 年 1 月的《地方各级行政机构权限分配法》第 1 条规定："地方各级行政机构与国家一起……共同促进经济、社会、卫生、文化和科学的发展。"[1]

在文化方面，法国先后出台了《保护及修复历史遗迹法》(1962 年和 1967 年)，《古迹保护法》(1967 年)，《遗产捐赠与继承抵偿法》(1968 年)，《建筑法》(1977 年)，《图书单一价格法》(1981 年)，《著作权法》(1986 年)，《电台、电视台法》(1974 年、1982 年、1986 年)……

为了保护法语，抵制英语语言帝国主义，1994 后 8 月 4 日，法国议会通过了由文化部长杜蓬提出的《关于法语使用的法案》(简称《杜蓬法》)。《杜蓬法》规定禁止在公告、广告中，在电台、电视台播送节目中（外语节目除外）使用外语，要求在法国境内出版的出版物必须有法语的概述，在法国境内举行的各种研讨会，法国人必须使用本国语言作大会发言……违反《杜蓬法》的将被处以 5000 法郎~25 000法郎的罚款。

面对美国文化的涌入，法国政府采取了保护政策，以保护国内市场，更主要的是捍卫民族文化。在关贸总协定 1993 年乌拉圭回合谈判中，争论的焦点是服务自由贸易（电影、电视属服务贸易范畴）。美国要把服务自由贸易扩展到这个领域，希望能让其产品自由地进入欧洲市场，享受欧盟国家的国民待遇。法国坚决反对把文化列入一般服务贸易范畴，提出了"文化不是一般商品""文化例外"等新概念，拒绝了美国的要求。1989 年制定的音像配额制度是为了保护法国的（和欧洲的）视听作品制作和播放。音像作品播放配额规定 40%的时间必须是播放法国作品，60%留给其他国家。这一播放配额限制了美国电视剧的播放量，为法国电视剧的制作、播放提供了空间。

7. 加拿大的文化立法

在保持文化多样性方面，具有代表性的是加拿大于 1988 年通过的《多元文化法》。该法明确了加拿大政府的多元文化主义政策：承认所有加拿大人作为加拿大社会的充分和平等的参与者。政府本身成了保障加拿大人文化自由的最合适的手段。其一，政府将尽可能帮助所有不同规模和能力的文化群体继续发挥作用，实现对加拿大的贡献；其二，帮助所有文化群体的成员克服文化障碍；其三，促进所有文化群体间富有创造性的接触和交流，以利于国家的统一；其四，继续帮助移民掌

[1] 参见肖云上："法国的文化政策"，载《国际观察》1999 年第 6 期。

握至少一种官方语言，以使其充分融入加拿大社会。加拿大政府大力倡导多元文化政策，但鼓励多元文化方面的款项在整个国家开支中的比重还是很有限的。1992年至1993年，加拿大多元文化和公民部的年度预算为1.18亿加元，占整个国家预算的1/1500。除了联邦政府的文化项目外，各省政府也有各项财政投入，用于建造族裔社区中心，扩大用不同族裔语言提供公共服务的范围。尤其是在各省主管的教育领域，族裔语言教育都得到了广泛的开展。[1]

8. 欧盟的文化立法

文化是欧盟非常重视的基本权利。1992年通过的《马斯特里赫特条约》把文化纳入了欧盟的责任范围，增加了文化一章，即第151条。该条款提出，欧盟应努力为提高成员国文化质量进行教育和培训，为鼓励文化百花齐放做出贡献。《欧盟基本权利宪章》第22条中规定“欧盟尊重文化、宗教和语言的多样化”。《欧盟宪法条约》将该宪章纳入之中并成为条约的重要组成部分。

在文化管理方面，为保证人员的自由流动，欧盟制定了各成员国间互相承认资格证书的总原则，这个总原则适应于所有职业。《欧洲共同体条约》确立了四大自由原则，即人员、货物、资本和服务流动自由。同时也规定了四大基本自由的例外和限制范围。欧盟认同法国提出的“文化例外”概念，并确定了界定“文化例外”的六条标准。认为文化产品有特殊性，不能与其他商品一样流通。但这些例外特权在行使时应受到严格的限制，以免造成权利的滥用。

1989年，欧盟通过了两个旨在增加欧洲影视节目产量的指令。一个是“电视无国界指令”，另一个是“媒体指令”。这两个指令的目的是保证有一半多的时间播放欧洲生产的节目。前者要求欧盟各国相互支持，播放成员国的影视片，并规定了播放欧洲片和美国片的时间、时段额度。后者着重支持欧盟电影产品的市场推广。

欧盟制定了《关于内部市场中与电子商务有关的若干法律问题的指令》，目的是保障内部市场的良好运行，重点在于保障信息服务得以在成员国之间自由流通。要求各成员国根据本指令的规则制定本国的法律，遵守协调一致的规则，成员国不得限制来自其他成员国的信息服务在本国的自由流通。

在财政措施方面，欧盟对具有社会和文化性质的产品和服务采取低增值税税率，凡成员国居民消费者从欧盟或非欧盟公司（主要指美国）在线购买数字化产品，均应缴纳增值税，非欧盟（主要指美国）供应商必须在一个欧盟成员国中办理增值税登记，并按消费者居住国税率收缴增值税。

关于国家对文化产业的干预，欧盟竞争法规定，一切妨碍企业间贸易和竞争的协议、决定和联合一致的做法都应被禁止。在市场失灵时，国家援助可以提高企业

[1] 高鉴国：“加拿大多元文化政策评析”，载《世界民族》1999年第4期。

的效率，特别是国家的地区性援助和根据社会政策给予的援助，往往有着很大的合理性。《欧洲共同体条约》和《马斯特里赫特条约》中对国家援助作出了规定，阐明了与共同体市场相协调的国家援助和被禁止的国家援助。欧盟的国家援助方式包括：补贴或者税收优惠，对国有企业的资本参与，低息贷款和提供担保。[1]

三、我国公共文化服务保障发展状况

改革开放特别是党的十六大以来，我国文化体制改革不断深化，公益性文化事业与经营性文化产业“双轮驱动”的文化发展格局逐渐形成。党和国家在加快振兴文化产业的同时，大力推动公益性文化事业发展，积极构建覆盖全社会的公共文化服务体系。随着文化建设和法制建设的深入进行，加强公共文化服务保障立法，规范、促进公益性文化事业发展，已经成为我国文化建设中的一个日趋紧迫的重要课题。

（一）我国公共文化服务体系建设概况及主要问题

在新时期，党中央、国务院高度重视文化建设，加强对公共文化服务体系建设的政策指导和支持力度。各地、各部门按照中央有关要求部署，加大公共文化投入，完善政策措施，健全设施网络，创新服务方式，拓展服务领域，采取多种举措满足人民日益增长的精神文化需求。我国公共文化服务体系建设整体上呈现出了蓬勃发展的良好态势。

1. 公共文化投入持续增加，服务设施和网络建设成效显著

“十一五”期间，全国文化事业费（不含基本建设投资和行政运行经费）总计1220.41亿元，是“十五”时期的2.46倍，年均增长19.3%，是改革开放以来增长最快的一个时期。2011年，全国文化事业费为392.62亿元，人均文化事业费为29.14元，与2007年相比增幅分别为97.33%和93.49%。各级政府在不断增加文化事业费的同时，还实施文化惠民工程，以基层和农村地区为重点，投入专项资金加强公共文化设施建设，覆盖城乡的公共文化服务网络逐步形成。“十一五”期间，中央财政共投入39.48亿元用于全国乡镇综合文化站建设，投入87.49亿元用于“广播电视村村通工程”，投入110.4亿元用于“西新工程”，投入26.9亿元用于“农村电影放映工程”，投入47亿元用于“农家书屋工程”。截至2011年，全国共有县级以上公共图书馆2952个，文化馆（含群艺馆）3285个，乡镇（街道）文化站40 390个，基本实现了“县有图书馆、文化馆，乡有综合文化站”的目标；广播电视综合人口覆盖率分别达到97.06%和97.82%，全国行政村和20户以上的自然

---

〔1〕 参见“欧盟文化法规”，载中华人民共和国驻欧盟使团：http://www.chinamission.be/chn/sbgx/wh/FG，2012年8月29日访问。

村的“村村通”任务已经全部完成；农村电影放映队已有4万个，基本实现了“一村一月放映一场电影”的目标；已建成“农家书屋”60万家，覆盖了全国有基本条件的行政村。

2. 体制改革深入推进，服务方式不断创新

各级政府按照中央关于深化文化体制改革的要求部署，不断强化文化管理和公共服务职能，逐步理顺与文化事业单位的关系，积极推进公益性文化事业单位改革，鼓励引导社会力量参与公共文化建设，努力营造覆盖城乡、结构合理、功能健全、实用高效的公共文化服务体系。目前，中央各部门、各单位出版社转企改制工作已圆满完成，全国承担改革任务的2102家文艺院团已有95%完成了任务，地方首批非时政类报刊出版单位的体制改革任务也已全面完成。北京市文化部门按照“养事业不养人”的工作思路推动所属事业单位改革，极大地调动了各单位提供公共文化服务的积极性；对新建和改造影院以及面向郊县剧场演出的剧团进行补贴，激发了社会力量办文化的热情。[1]长沙市自2003年起实行“政府买单、群众看戏”，年均送戏下乡进社区800多场，向社会发放文化消费优惠券超过14万张。[2]许多公共文化服务机构更新了服务理念，创新了服务方式，更好地承担起了提供公共文化服务的责任。例如，广东省的“流动图书馆”“流动博物馆”“流动演出网”，深圳市的“城市街区24小时自助图书馆系统”，上海市和青岛市的“15分钟文化圈”，浙江嘉兴的图书馆总分馆等服务模式，都极大地便利了社会公众，很好地发挥了公共文化服务功能。

3. 公共文化设施免费开放工作稳步推进，社会效益显著

2004年，文化部等有关部门下发文件，各级各类博物馆、纪念馆、美术馆、有条件的爱国主义教育基地等公共文化设施在全国范围内向未成年人等社会群体免费开放。2008年至2011年，中宣部、文化部等部门先后发布了《关于全国博物馆纪念馆免费开放的通知》《关于进一步做好公共博物馆纪念馆免费开放工作的意见》《关于推进全国美术馆公共图书馆文化馆（站）免费开放工作的意见》等文件，面向全社会的公共文化设施免费开放制度逐步形成。截至2011年底，全国共有2952个公共图书馆、3285个文化馆、34 139个乡镇综合文化站以及文化文物部门管理的2115个公共博物馆和纪念馆实行了免费开放。全国博物馆、纪念馆和爱国主义教育基地免费开放以来，接待观众总量超过13亿人次，比免费开放前增长了50%以上。2011年3月至10月，全国各级文化馆免费开放服务人次达514.45万，比2010年全年增长了19.7%；各级公共图书馆到馆人次达4.27亿，比2010年全年增长了30%。

---

〔1〕 全国人大教科文卫委员会《关于赴北京市进行公共文化建设和公共图书馆立法调研的情况反映》（十一届第24期）2009年5月。

〔2〕 陶小爱：“公共文化孵出‘幸福长沙’”，载《湖南日报》2011年11月6日。

李长春同志高度评价了公共文化设施免费开放工作，指出这“标志着政府提供的公共文化服务水平上了一个大台阶，是文化大发展大繁荣的重要标志，适应了人民群众日益增长的精神文化需求的新期待，适应了建设学习型政党、学习型社会的新要求”。〔1〕

4. 文化与科技融合发展，现代传播体系建设成效显著

各级政府以数字化建设为重点，加快构建技术先进、传输快捷、覆盖广泛的现代传播体系，积极打造数字化、信息化、网络化的公共文化服务平台。国务院有关部门近年来实施了“全国文化信息资源共享工程”“数字图书馆推广工程”“公共电子阅览室建设计划”“农村数字电影放映工程”“广播电视村村通工程”等，积极推进文化与科技融合，努力提高公共文化服务的辐射力和影响力。目前，“全国文化信息资源共享工程”的县、行政村覆盖率均已达到99%，乡镇覆盖率达到83%，数字资源总量达到136.4TB，累计服务群众11.2亿人次。“数字图书馆推广工程”的资源配置标准已经确定，2012年底前将完成全部省级馆的硬件平台搭建工作。全国公共电子阅览室已有6200个，资源总量达360GB，服务人次近1700万。我国已经建成农村数字电影流动放映系统服务监管平台、电影供片体系和覆盖全国的农村数字电影放映网络。现有广播电视播出机构2638个，形成了世界上覆盖人口最多，有线、无线、卫星等多种手段并用的广播电视网。

5. 公共文化服务均等化建设稳步推进，覆盖面逐步扩大

党和国家大力推进城乡文化一体发展，加大对农村和西部地区公共文化服务体系建设的支持力度。《中共中央、国务院关于推进社会主义新农村建设的若干意见》把构建农村公共文化体系作为新农村建设的一个重要内容。党的十七届六中全会明确提出了“增加农村文化服务总量，缩小城乡文化发展差距”，“加大对革命老区、民族地区、边疆地区、贫困地区文化服务网络建设支持和帮扶力度”等要求。国务院有关部门近年来针对农村地区重点开展了“文化信息资源共享工程”“广播电视村村通工程”“农村数字电影放映工程”“农家书屋工程”等文化惠民工程，丰富了农村地区的公共文化资源。针对西部地区开展了“西新工程”“东风工程”“春雨工程——全国文化志愿者边疆行”等，有力促进了西部地区的公共文化服务体系建设。各级政府还加强了面向农民工、未成年人、残障人士等特殊群体的公共文化服务。国务院有关部门出台了加强农民工文化工作的政策文件，组织实施了“扶持农民工文化建设计划”，要求各地切实地将农民工文化服务纳入当地的公共文化服务体系。文化部实施了“中国少儿歌曲创作推广计划”，积极营造有利于未成年人健康成长的文化环境。许多图书馆和博物馆都为残障人士设置了无障碍通道、专门

---

〔1〕参见“十七大以来文化建设成就系列——公共文化服务体系建设专题新闻发布会”，载国务院新闻办公室：http://www.scio.gov.cn，2012年8月29日访问。

阅览室、专用卫生间。北京市图书馆与司法部门合作，在监狱设立了流动图书馆，帮助服刑人员把“刑期”变“学期”。

6. 群众广泛参与公共文化活动，社会文化生活日益丰富

中央有关部门采取一系列政策措施，开展示范性、导向性活动，鼓励、引导社会公众参与公共文化活动，丰富人民的精神文化生活。文化部自 20 世纪 80 年代以来举办的“群星奖”“中国民间文化艺术之乡”等活动，已经成为公共文化品牌；近年来举办的“首届中国农民文艺会演”“歌声伴着我成长——庆祝新中国成立 60 周年优秀少儿歌曲音乐晚会”“大地情深——全国城乡基层群众小戏小品展演出”等活动，有效地调动了群众参与公共文化活动的积极性。许多地方结合当地文化特点，面向群众开展了丰富多彩的文化活动，形成了群众广泛参与的良好局面。北京市的“月末大舞台”“景山合唱节”，青岛市的“市民小剧场”“儿童剧亲子场”，邯郸市的农村文化“大选秀、大比武”等活动，已经成为百姓日常文化生活的重要内容。

总的来看，我国公共文化服务体系建设近年来整体发展态势良好，但也存在不少困难和问题。主要体现在以下几个方面：

1. 对公共文化服务的重要性认识不够

一些地方政府领导缺乏文化自觉，对公共文化服务在文化建设和经济社会发展中的重要性没有充分认知，未把公共文化服务体系建设摆在应有位置，在工作中存在“重经济建设、轻文化建设”，“重经营性文化产业、轻公益性文化事业”的思想。有的基层干部甚至认为，文化建设是上面的事、城里闲人的事，农民本身文化水平不高，只要吃饱喝足、干好自己的事就行了，没有必要再花吃力不讨好的“冤枉钱”。[1] 同时，有关部门对公共文化服务的宣传也不到位，部分社会公众对“公共文化服务”“公益性文化事业”“人民基本文化权益”等缺乏必要了解，参加公共文化活动的积极性、主动性不高，对政府履行公共文化服务职责的监督意识不强。

2. 公共文化投入总量偏小，城乡、区域发展不平衡

虽然国家公共文化投入总量近年来逐年增长，但总体规模与公共文化事业发展的要求仍不相适应，而且尚未形成稳定的投入机制。据了解，“十五”和“十一五”期间，全国文化事业费占国家财政总支出的比重在 0.3%~0.4%之间，而“七五”至“九五”期间这一比重则多在 0.4%~0.5%之间（1992 年达到 0.52%）。从横向上看，文化事业费占全国财政总支出的比重与教育、科技、卫生事业相比也较小。2011 年，全国文化事业费占全国财政总支出的 0.36%，而教育事业费占 14.79%，

---

[1] 参见民进县政协八届八次常委会议：《公共文化服务体系建设情况调研报告》2008 年 9 月。

科技事业费占3.49%，卫生事业费占5.85%。据文化部统计，2010年，全国文化系统的文化事业费共323.06亿元，仅占全国当年财政总支出89 575亿元的0.36%，全国人均文化事业费仅有24.11元。虽然从绝对数上看，近些年来文化事业费增长幅度较大，如2004年投入总额就比2003年的94.03亿元增加了19.63亿元，增长幅度高达20.8%。但从占整个财政总支出的份额来看，其仍处在一个较低水平。党的十六届四中全会曾指出："中央和地方财政对宣传文化事业的投入，要随着经济的发展逐年增加，增加幅度不低于财政收入的增长幅度。"[1]但在实践中这一目标并未达到。

另一方面，城乡之间、区域之间文化投入差距较大，发展不均衡的现象较为突出。一是用于农村公共文化的投入总量和比重都过少。据统计，"十一五"时期前四年农村文化投入占全国文化事业费的比重仅为28.2%。[2]例如，2009年文化事业费中，农村文化投入86.03亿元，虽然比上年大幅增长了19.4亿元，但仍仅占文化事业费总额的30.5%左右。二是东西部区域之间差距日益扩大。2011年，广东省文化事业费为33.73亿元，居全国之首，相当于陕西（11.92亿元）、甘肃（8.33亿元）、青海（3.41亿元）、新疆（8.80亿元）、西藏（1.92亿元）五省区的总和。上海市人均文化事业费为103.01元，是河北省的8倍（12.85元）。2009年，成都市人均文化事业费为49.78元，攀枝花市为16.44元，宜宾县仅为2元。温州市一半以上的公共文化设施位于城镇，而城镇人口却仅占全市总人口的1/4。[3]

3. 公共文化设施建设仍不健全，文化工作队伍状况堪忧

近十年来，虽然我国公共文化设施建设有了极大发展，但与建立一个覆盖全社会的公共服务体系的标准仍有不小差距。一是基层设施数量偏少，运转经费严重不足。据文化部统计，虽然乡镇一级公共文化设施已基本实现全覆盖，但乡镇以下地区仍然薄弱。目前，我国共有村级文化室约28万个，仅占全国行政村总数的47.7%。全国平均46万人才拥有一个公共图书馆，远低于国际标准（每5万人拥有一个图书馆）。目前，我国36.7%的县级图书馆和43.1%的县级文化馆建于20世纪90年代以前，大多不符合现代馆的技术要求和建设标准。[4]2009年，全国人均购书经费0.78元，全国公共图书馆人均藏书量0.4册。二是现有公共文化设施由于生存维持困难、管理落后、服务意识淡薄，导致内部运转和功能发挥失衡。特别是中西部的一些免费开放的图书馆、博物馆，由于取消了门票收入，后续财政补贴经费保障

---

〔1〕《中共中央关于加强社会主义精神文明建设若干重要问题的决议》1996年10月。

〔2〕"'十一五'以来我国文化事业费投入情况分析"，载中国社会科学网：http：www.cssn.cn/dd2g/dd2g-wh/2013/t20131030-795843.shtml，2011年1月18日访问。

〔3〕陈瑶主编：《公共文化服务：制度与模式》，浙江大学出版社2012年版，第23~24页。

〔4〕参见文化部财政司出版：《文化统计信息》2012年第3期。

跟不上，在运营服务上都遇到了一定困难。一些公共文化设施设备简陋，功能不健全，利用率较低，闲置现象较为严重。新疆有些地方的农村文化室一年只利用一次，有的农牧区每天只能保证4小时的收看电视时间。[1]有些公共文化设施建成后服务跟不上，未能发挥应有功能，有的甚至改变了用途，成了商业场所。[2]近些年来，不少地方（尤其是一些大中城市）都把新建某个代表性的图书馆、博物馆作为城市地标建筑的一个重要标志，出现了一种"重建筑轻功能""重奢华轻服务"的现象。只重视图书馆、博物馆建筑形式本身，而对如何构建公共文化服务体系，发挥其社会公共文化服务的功能重视不够。三是城市其他公共文化设施如剧场、影剧院等数量仍然不足。例如，北京市仅有营业性演出场所61个，而纽约、伦敦这些城市之所以演艺业高度发达，是因为其演出场所高达上千个。这一状况在中小城市更为突出。四是许多基层文化单位缺乏稳定的工作队伍，人员短缺，无编制、无人员、无经费以及专职不专干的问题较为突出。现有基层文化队伍普遍存在年龄老化、知识结构不合理等问题，不少工作人员的业务素质和能力难以适应工作需要。此外，我国现行教育体系缺乏面向基层文化工作的专业设置，文化系统内部的培训机制也有待健全，基层公共文化服务体系建设缺乏必要的人才储备。

4. 管理体制急需理顺，运行机制有待健全

公共文化服务涉及部门多，文化、广播电影电视、新闻出版、工业和信息化、住房和城乡建设等部门都承担着部分公共文化项目。实践中，由于缺乏统筹协调，不同部门之间相互封闭、自行其是。公共文化服务的一些领域存在着职能交叉、政出多门、多头管理等问题，未能形成权责明确、保障有力的管理体制，影响了公共文化服务体系建设的规范、有序开展。例如，农村文化活动室和农家书屋分别属于文化部门和新闻出版部门管理，在许多地方被分别建设，公共文化资源未能有效整合。再如，"三网融合"工作涉及十多个部门，各部门都有一套管理制度，协调难度很大，在实践中制约了现代传播体系建设的开展。此外，公共文化产品在创作生产和提供等环节的运行机制还存在一些问题。例如，我国公共文化服务领域现尚未建立起群众需求反馈机制和服务效果评价体系，有些公共文化产品与群众现实需要存在着差距，"贴近实际、贴近生活、贴近群众"，社会公众喜闻乐见的公共文化产品较少。全国人大教科文卫委员会在调研时便接到群众反映，农村电影放映工程中的城市题材电影多、农村题材电影少，有些影片脱离农村生产生活实际，农村居民不愿意看。

---

〔1〕 李润芝："乌鲁木齐市农牧区公共文化服务体系存在的问题及对策建议"，载《中共乌鲁木齐市委党校学报》2010年第1期。

〔2〕 参见十堰市人大常委会执法检查组：《关于全市贯彻实施国务院〈公共文化体育设施条例〉情况的检查报告》2011年7月；"长沙公共文化设施商业味浓"，载《潇湘晨报》2012年6月28日。

5. 社会力量发展公共文化的渠道有限，缺乏足够的财税政策支持

目前，我国公共文化建设的主要资金来源是公共财政，鼓励支持社会力量参与公共文化建设方面的政策措施尚不到位。特别是现行税收、土地等政策，对企业、个人投资公益性文化设施和开展公益性文化活动并无明显优惠。例如，按照《公共文化体育设施条例》，演出场所未被列入公共文化设施，而与商场、娱乐业征收同一营业税，税率高达5%~20%，不仅高于被列入公共文化设施的电影院（营业税税率为3%），也高于金融保险业（5%）。[1]这一状况严重制约了演出场所的建设和发展。又如，私人博物馆的地位、性质和财税优惠政策至今依然不明确，影响了博物馆事业的发展。已有的一些政策在实践中也难以得到有效落实。例如，国家“十一五”规划提出的从城市住房开发投资中提取1%用于社区公共文化设施建设这一政策，在一些地方未得到执行。

此外，我国公共文化服务领域的法制建设还不完善，这一问题将在下文中进行阐述。

（二）公共文化服务保障的政策制度现状

党的十六大以来，我国公共文化服务保障政策措施不断充实、完善，制度建设稳步推进，有力推动了公共文化服务体系建设的全面、深入开展。

1. 党和国家的有关政策文件，为公共文化服务体系建设指明了方向

《中共中央关于制定国民经济和社会发展第十一个五年规划的建议》明确提出要“加大政府对文化事业的投入，逐步形成覆盖全社会的比较完备的公共文化服务体系”。党的十七大把建设“覆盖全社会的公共文化服务体系”作为实现全面建设小康社会的重要目标之一，并对其提出了“满足人民基本文化需要，保障人民基本文化权益，让人民共享文化发展成果”的明确要求。中共中央办公厅、国务院办公厅于2007年发布了《关于加强公共文化服务体系建设的若干意见》，对公共文化服务在中国特色社会主义事业和文化建设中的重要地位进行了明确定位，同时提出了公共文化服务体系建设的指导思想、目标任务和具体措施。党的十七届六中全会通过的《中共中央关于深化文化体制改革推动社会主义文化大发展大繁荣若干重大问题的决定》明确指出“加强公共文化服务是实现人民基本文化权益的主要途径”，并将“构建公共文化服务体系”作为“大力发展公益性文化事业，保障人民基本文化权益”这一部分的第一项内容突出加以强调。国家“十一五”规划和“十二五”规划都将公共文化服务体系建设作为国民经济和社会发展的一项重要内容，并确定了重点工程。党和国家的这些政策文件，为公共文化服务体系建设提供了方向指引，确定了公共文化服务体系建设的发展目标、原则、举措和任务，有力地促进了

[1] 参见全国人大教科文卫委员会：《文化产业发展中的若干问题》2010年。

我国公益性文化事业的发展。

2. 宪法和一些法律的有关规定，为公共文化服务体系建设提供了法律依据

《宪法》第22条规定："国家发展为人民服务、为社会主义服务的文学艺术事业、新闻广播电视事业、出版发行事业、图书馆博物馆文化馆和其他文化事业，开展群众性的文化活动。"第47条规定："中华人民共和国公民有进行科学研究、文学艺术创作和其他文化活动的自由。国家对于从事教育、科学、技术、文学、艺术和其他文化事业的公民的有益于人民的创造性工作，给以鼓励和帮助。"这些都为发展公共文化事业提供了宪法上的依据。一些法律对公共文化服务的有关事项作出了规定。例如，《公益事业捐赠法》为促进包括公益性文化事业在内的公益事业发展，对用于公益事业的捐赠、受赠行为进行了规范。《文物保护法》第40条和《非物质文化遗产法》第35条分别对文物收藏单位和公共文化机构宣传展示文化遗产的行为作出了规定。这些法律规定从一些方面对规范和促进公共文化服务体系建设提供了法律依据。

3. 国务院有关部门制定的相关法规和规范性文件，推动了公共文化服务体系建设的顺利进行

近年来，国务院及其有关部门围绕中央有关安排部署，出台了一批行政法规和规范性文件，有力地促进了公共文化服务体系建设。国务院于2003年颁布了《公共文化体育设施条例》，对公益性的图书馆、博物馆、纪念馆、美术馆、文化馆（站）等的建设、使用、服务和管理等事项作出了明确规定。2009年发布的《关于进一步繁荣发展少数民族文化事业的若干意见》，鼓励和扶持少数民族地区公共文化服务体系建设。国务院有关部门针对乡镇综合文化站管理、村级文化建设、博物馆、公共图书馆建设标准、公共文化设施免费开放、文化信息资源共享、农民工文化工作、农家书屋建设、农村电影发行放映、广播电视村村通等工作发布了部门规章和规范性文件，在公共文化服务的一些领域初步形成了有效的管理体制和运行机制。

4. 一些地方出台了地方性法规和政府规章，保障和促进当地公共文化服务体系建设

随着我国文化建设和法制建设的深入进行，各地把公共文化服务体系建设摆上了重要位置，积极制定法规政策，加快构建公共文化服务体系的步伐。目前，广东、黑龙江和深圳等地出台了关于加强公共文化设施建设方面的地方性法规。北京、上海、内蒙古、山东、浙江、河南、深圳等地出台了公共图书馆方面的地方性法规或政府规章。陕西、湖北以及福州、昆明、威海等地出台了文化馆（站）建设方面的政府规章。党的十七届六中全会后，一些地方进一步强化公共文化服务意识，出台地方性法规，对公共文化服务体系建设从整体上系统、全面地进行规划部署。2012年出台的《广东省公共文化服务促进条例》是全国首部关于公共文化服务体系建设的综合性地方性法规，不仅为加快本地公益性文化事业发展提供了法制

保障，同时也为国家开展相关立法工作积累了经验。

同时我们也要看到，目前，我国公共文化服务领域还没有基础性、专门性的法律，法规政策也有待健全完善，总体上还未形成系统、完备的公共文化服务法律体系。在文化法制建设进程中，我国公共文化服务保障的制度建设和政策体系需要不断健全完善，法制建设需要进一步加强，以更好地适应公共文化服务体系建设全面、深入开展的需要。

（三）完善公共文化服务保障立法的必要性和可行性

文化的繁荣发展离不开法制保障。经过多年的工作实践和理论研究，我国公共文化服务体系建设的指导思想、目标任务和制度举措等问题已经基本明确。十届人大以来，一些全国人大代表不断提出议案，建议研究制定《公共（公益性）文化服务保障法》，以作为公共文化领域的基础性法律。这一思路符合我国社会发展的本质特点，也符合我国文化发展的长远利益。根据我国经济社会和文化发展的基本特点，将党和国家的公共文化政策上升为国家意志，确立国家在发展公共文化事业方面的基本原则和法律制度，对我们这样一个文化大国而言，无疑是十分必要的，在立法上也是具有可行性的。同时，这一基础性法律可为其他相关专门法律法规的制定提供相关法律依据。

1. 我国公共文化服务保障立法的必要性

（1）公共文化服务保障立法是公共文化服务建设有序化、规范化和法制化的必由之路。历史经验表明，要实现新时期我国公共文化服务建设的目标，就必须使党和国家所制定的一系列行之有效的政策措施制度化和法制化，必须改变以往那种在公共文化服务建设和管理上的任意性、人为性状况，必须扭转目前一些公共文化设施和文化活动入不敷出、经营为上、社会服务功能日渐丧失的局面。[1]在此背景下，我们应认真梳理、总结公共文化服务领域中的政策措施，通过法定途径和程序，将行之有效的政策措施上升为法律。以政策来调整公共文化服务活动，固然有其灵活性的优势，但与法律相比，政策也有其短暂且不够稳定的缺点。究竟是由法律来调整，还是由政策来调整一种社会关系，不仅要看此种社会关系的性质和特点，也要看一个国家所处的具体发展阶段和当前所面临的历史任务。[2]我们要利用法律的高稳定性、国家强制性、普遍性、程序性、可诉性等特点，理顺公共文化服务体系各方面要素的关系。而且，随着文化体制改革的深入发展，改革进程中出现的问题越来越需要依法加以解决，改革进程中形成的有效体制机制越来越需要通过法律形式加以确认。因此，建立和完善相关法律制度就成了一个最重要的、基础性

〔1〕 朱兵："我国公共文化建设与法制化道路"，载中国人大网：www. npc. gov. cn，2012 年 8 月 29 日访问。

〔2〕 张文显主编：《法理学》（第 2 版），高等教育出版社 2003 年版，第 450 页。

的保障。这既是我国公共文化服务建设进入有序化、规范化和法制化的必由之路，也是进一步完善中国特色社会主义法律体系的必然结果。

（2）公共文化服务保障立法是建设法治和服务型政府的必然要求。为全体公民提供均等化的公共文化服务是现代政府不可推卸的重要职责之一。在社会主义市场经济条件下，政府必须全面履行经济调节、市场监管、社会管理和公共服务这四个方面的职能。打造公共服务型政府是当前及今后行政管理体制改革的重要目标，而建立完善的公共文化服务体系则是公共服务型政府建设的重要内容。《国家基本公共服务体系“十二五”规划》已明确了政府公共服务的重点任务、基本标准和保障工程。依法保障公共文化服务体系建设是建立法制和服务型政府的必然要求。在现代法治国家，政府的职责都要在宪法和宪法相关法中予以明确规定，政府对其职责的履行也要遵守相应的法律程序。如果人民对政府履行职责的情况不满意，政府还要承担相应的法律责任。在公共文化服务领域，政府职责的确定和履行应当依法而为。

（3）公共文化服务保障立法是实现公民文化权利和保障人民基本文化权益的必要途径。文化权利是公民的一项基本人权，是衡量社会进步与文明水平的一个重要指标。依法建立完善的公共文化服务体系，才能有效保障公民拥有享受文化成果的权利、参与文化活动的权利、开展文化创造的权利，才能保障公民文化创造成果受到应有的保护，才能保障人民大众的基本文化权益需求的实现。党的十七届六中全会指出：“满足人民基本文化权益是社会主义文化建设的基本任务……加强公共文化服务是实现人民基本文化权益的主要途径。”《国家基本公共服务体系“十二五”规划》明确提出要保障人民群众看电视、听广播、读书看报、进行公共文化鉴赏、参加大众文化活动等权益。加强公共文化服务保障立法，维护好、实现好、发展好人民基本文化权益是贯彻落实党和国家关于加强公共文化服务的要求部署的重要举措，是对人民群众精神文化生活需求的积极回应，对于规范和促进我国公益性文化事业发展具有重要意义。

（4）公共文化服务保障立法是社会主义核心价值体系建设的重要保障。文化产品有其意识形态属性，会对人的思想观念和道德情操产生潜移默化的影响。改革开放以来，我国社会思想文化呈现出多元化、多样化的特点。特别是在对外开放的环境下，各种思想文化的交流、交融、交锋更加激烈，西方一些不符合社会主义先进文化前进方向的文化产品进入我国，对社会主义核心价值体系建设构成了严峻挑战。在这种形势下，通过法律手段，发挥立法的引导、指引、宣示、规范等作用，把社会主义核心价值融入公共文化产品和服务的供给中，转化为人们的自觉行动和行为准则，对于促进人的全面发展、提高全民族文化素质、推动社会主义精神文明建设具有十分重要的意义。

（5）公共文化服务保障立法是建设和完善我国公共文化法律制度的迫切要求。

目前，我国公共文化服务领域的立法依然不完善，尚未形成完整的、系统的、全面的法律制度。特别是在法律层面对公共文化服务体系建设缺乏总体的规划设计。这种状况严重制约了公共文化服务体系建设的规范有序开展，这也是中国特色社会主义法律体系中的一个“短板”。

我国现行有关公共文化服务方面的法律法规和规章主要有三类：一是国家制定的有关法律和法规。涉及公共文化服务方面的（除了文化遗产保护外）仅出台了2部，即全国人大常委会制定通过的《公益事业捐赠法》（1999年）和国务院制定通过的《公共文化体育设施条例》（2003年）。前者主要是为了促进公益事业包括文化事业发展，对自然人、法人或其他组织自愿无偿向依法成立的公益性社会团体和公益性非营利的事业单位捐赠财产，并用于公益事业的捐赠、受赠行为作了若干法律上的规定。后者是专门就公共文化体育设施建设的建设、管理和保护所制定的行政法规。二是地方立法机关制定的有关地方性法规。近些年来，不少地方立法机关根据本行政区域的社会经济发展情况，制定出台了一些公共文化服务地方条例，为国家立法提供了经验。如《广东省公共文化服务促进条例》《北京市博物馆条例》《内蒙古自治区公共图书馆管理条例》《湖北省公共图书馆条例》等。三是中央有关部门所制定的政策和部门规章，如国务院出台的《关于支持文化事业发展若干经济政策的通知》《文化部关于实施西部大开发战略加强西部文化建设的意见》等。上述这些法律法规及规章性文件，无疑对促进和保障我国公共文化服务发展起到了重大作用。但从总体上看，我国公共文化方面的立法仍比较零散，立法的层次也较低，不够完备、不成体系。因此，加强公共文化服务保障立法，提高公共文化服务体系建设的法制化水平，是当前我国文化法制建设的一项重要任务，也是完善中国特色社会主义法律体系的应有之义。

2. 我国公共文化服务保障立法的可行性

（1）立法的条件基本具备。党和国家在新时期所制定的一系列有关政策措施，为公共文化服务保障立法提供了充足条件。《中共中央关于制定国民经济和社会发展第十一个五年规划的建议》以及党的十七大报告、十七届六中全会通过的《中共中央关于深化文化体制改革、推动社会主义文化大发展大繁荣若干重大问题的决定》都对公共文化服务体系建设提出了明确要求。国家“十一五”和“十二五”规划都确定了公共文化服务体系建设的目标任务和重点工程。《国家“十一五”时期文化发展规划纲要》和《国家“十二五”时期文化改革发展规划纲要》都明确提出了加强公共文化服务体系建设的具体措施和保障制度。《国家基本公共服务体系“十二五”规划》确定了公共文化的重点任务、基本标准和保障工程。中共中央办公厅和国务院办公厅在2007年还专门出台了《关于加强公共文化服务体系建设的若干意见》。党和国家的这些政策举措和安排部署，为我国公共文化服务保障立法指明了方向，确定了指导思想、目标任务、立法原则和制度措施等重要事项，为立法工作的开展提供了政策指引和有力支持。

（2）立法的实践基础不断扎实。党的十六大以来，我国公共文化服务体系建设稳步推进，逐步形成了一些行之有效的运行机制、管理体制和政策措施，主要体现在：增加财政投入，不断完善公共文化设施。实施重点文化工程，提升公共文化服务能力。各地政府大力实施全国文化信息资源共享、农村电影放映、广播电视“村村通”、送书下乡、非物质文化遗产保护和古籍保护等重点文化工程，带动了各省公共文化资源的整合，促进了公共文化建设，产生了较好的社会效益。举办公益性活动，丰富了群众的文化生活。各地依托城乡的文化馆、文化站、文化广场等载体举办了形式多样、丰富多彩的文艺演出，致力于提高群众的综合文化素质，把公共文化服务的链条从大中城市延伸到基层镇村，使城乡群众都能享受到文化建设与发展的最新成果。目前，我们基本形成了市、区（县）、镇（街道）、村（社区）四级公共文化服务网络，为各地经济发展和社会进步提供精神动力和智力支持。探索运行机制，改善公共文化服务形式。许多做法得到了总结和推广，为公共文化服务保障立法积累了宝贵经验。通过多年的工作实践，需要重点调整的法律关系以及需要通过法律手段解决的重点问题等事项逐渐清晰。近些年来，公共文化服务体系建设的理论研究也在逐渐深入，范围不断扩大，产生了一批成果，为公共文化服务制度建设和立法提供了理论支撑。

（3）立法的时机比较成熟。十届人大以来，一些全国人大代表不断提出议案，建议研究制定《公共（公益性）文化服务保障法》，以作为公共文化领域的基础性法律。这一思路不仅符合我国社会发展的本质特点，也符合我国文化发展的长远利益。党的十七届六中全会强调要“加快文化立法，制定和完善公共文化服务保障、文化产业振兴、文化市场管理等方面法律法规，提高文化建设法制化水平”。目前，中宣部正在积极研究制定“宣传文化领域五年立法规划”，拟对包括公共文化服务在内的文化立法工作作出进一步的规划设计。全国人大常委会和全国人大教科文卫委员会对此也非常重视，积极推进公共图书馆法、公共文化服务保障法等法律的立法工作。同时，不少地方立法机关根据本地实际情况，制定法规规章，规范和促进当地公共文化服务体系建设。如广东省出台的《公共文化服务促进条例》，在全国产生了积极影响。上海、湖南等地也在开展相关立法工作。这些法规、规章和规范性文件，为全国人大常委会开展公共文化服务保障立法提供了有益经验。另外，一些国家（如俄罗斯、韩国、乌克兰、美国）都根据本国文化、制度和国情制定了相关基本法，还有一些国家如（法国、加拿大、日本等），也制定了不少促进和保障公共文化服务的具体法律规定，这也为我们提供了立法借鉴和参考。

四、我国公共文化服务保障立法的主要内容构想

（一）公共文化服务保障立法的主要内容

1. 公共文化服务保障立法的宗旨——价值导向、服务对象和根本目的

公共文化服务保障立法的宗旨，即发展中国特色社会主义文化，促进社会主义精神文明建设，继承弘扬中华民族优秀传统文化，保障公民的文化权益，提高全民文化素质。具体而言：

（1）发展中国特色社会主义文化。中国特色社会主义文化是反映先进生产力发展规律及其成果的文化，是源于人民大众实践又为人民大众服务的文化，是继承人类优秀精神成果的文化，具有科学性、时代性和民族性。增强中国特色社会主义文化的吸引力和感召力，是中国共产党领导人民全面建设小康社会、开创中国特色社会主义事业新局面的必然要求。建设中国特色社会主义文化的根本任务，就是以马克思列宁主义、毛泽东思想、邓小平理论和“三个代表”重要思想为指导，全面贯彻科学发展观，着力培育有思想、有道德、有文化、有纪律的公民，切实提高全民族的思想道德素质和科学文化素质。有中国特色社会主义的文化，为现代化建设提供精神动力，为现代化事业提供智力支持，为建设现代化事业创造安定的社会环境。通过公共文化服务保障立法，建设社会主义核心价值体系，增强社会主义意识形态的吸引力和凝聚力，建设和谐文化，培育文明风尚。和谐文化是全体人民团结进步的重要精神支撑。弘扬中华文化，建设中华民族共有精神家园，中华文化是中华民族生生不息、团结奋进的不竭动力；推进文化创新，增强文化发展活力等，最根本的目标在于发展中国特色社会主义文化。

（2）促进社会主义精神文明建设。社会主义精神文明建设的根本任务是适应社会主义现代化建设的需要，培育有理想、有道德、有文化、有纪律的社会主义公民，提高整个中华民族的思想道德素质和科学文化素质。我国现行宪法从教育科学文化建设和思想道德建设两方面作出了系统规定。运用法制促进社会主义精神文明建设的实质是发挥社会主义的政治优势：以法制形式确立社会主义精神文明的战略地位；以法制的强制力保证全社会对社会主义精神文明建设的投入；以法制手段促进社会主义精神文明实效的提高；以法制方式规范人民群众对社会主义精神文明建设的广泛参与。因此，整个精神文明建设活动都要依法办事。公共文化服务保障立法借法律的手段来促进社会主义精神文明建设，从而真正建立整个社会的道德秩序和健康的精神生活。

（3）继承弘扬中华民族优秀传统文化。中华民族优秀传统文化是历代中国人民在几千年艰苦奋斗中总结出来的集体智慧的伟大结晶，是中国人民乃至全世界人民共同的宝贵财富。继承和弘扬中华民族优秀传统文化不仅具有现实意义，而且具有

深远的历史意义。党的十七届六中全会通过了《中共中央关于深化文化体制改革推动社会主义文化大发展大繁荣若干重大问题的决定》（以下简称《决定》），确立了建设社会主义文化强国的宏伟目标。《决定》指出："优秀传统文化凝聚着中华民族自强不息的精神追求和历久弥新的精神财富，是发展社会主义先进文化的深厚基础，是建设中华民族共有精神家园的重要支撑。"发展公共文化服务，就是为了发扬光大中华民族传统文化艺术。当前，我国经济社会已进入新的发展时期，文化事业也面临着难得的发展机遇，大力弘扬中华民族的优秀文化，积极推动中国特色社会主义先进文化的建设，是时代赋予我们的光荣使命。制定公共文化服务保障立法，必将促进和保障公共文化事业的发展，推动中华儿女的文化自觉、文化自强和文化自信，为中华民族共有精神家园建设提供有力支撑，为中华文化繁荣兴盛做出积极贡献。

（4）保障公民的文化权益。这是公共文化服务保障立法的出发点、依据和最终目的。保障公民的文化权益主要包括两方面内容：一是实现公民文化权利，满足公共文化需求。文化权利与政治权利、经济权利一样是基本人权的重要组成部分，也是公共文化服务的基本诉求。公共文化服务主要是满足全社会成员的基本文化需求，它是个体的人在其社会存在中所应享有的最基本的文化权利。公共文化服务通过直接服务个人，间接地服务了整个社会。通过立法完善公共文化服务，保障全体公民能够享有公共文化产品和服务、共享精神文化成果，使得公共文化服务成为社会公有、社会共享、社会公用，从而满足社会公众的精神文化需求。二是维护公众平等地享有公共文化服务，促进社会充分参与公共文化服务。我国《宪法》规定"公民在法律面前一律平等"，公民文化权利作为基本人权的重要组成，同样应当获得公平、公正的对待。换言之，公共文化服务不应有任何地域、城乡、种族、身份等歧视，每个公民在获取公共文化资源、享受文化服务时，均有权享受到同样的、质量稳定、程序公平的对待。通过立法保障每个公民都拥有平等的权利、均等的机会，参与公共文化事务，既是现代民主精神的体现，更是公民文化权利的重要表现。通过立法为制定有效的决策过程、公平的执行程序、完整的民众参与制度提供法定依据。

2. 公共文化服务保障立法的原则

（1）文化权利保障原则。文化权利保障原则是公共文化服务保障立法的首要原则，是人权保障原则在公共文化服务领域的具体表现。公共文化服务保障立法以实现公民文化权益、满足人民精神生活需要为目标。通过立法完善公共文化服务，通过提供丰富多彩的公共文化服务，形成普及与提高、通俗与高雅、常识与鉴赏相结合的文化享受、参与和创造机制，保障公民文化权利，满足人民群众的精神文化需求，促进人的全面发展和科学文化素质的提高，让社会公众共享文化发展的成果。

（2）政府主导原则。政府主导原则是公共文化服务保障立法的重要原则，它确立了公共文化服务保障立法的基本定位问题。提供公共文化服务是现代政府的基本职能，如果说文化产业发展必须要发挥市场的基础性作用，那么，在公共文化服务体系建设中，政府应发挥主导作用。通过立法明确政府的公共文化服务责任主体身份，规定政府在公共文化服务组织与管理中的权利和义务；明确政府有责任进行必要的公共财政投入，负责制定公共文化服务体系的发展战略和规划政策，扶持或引导社会力量参与公共文化服务体系建设。

（3）社会参与原则。社会参与原则是政府主导原则的重要补充，也是公共文化服务保障立法不可或缺的原则。社会参与原则既是现代民主精神的体现，更是公民文化权利的重要表现。在公共文化服务过程中，公民个人和社会各界的参与和创造起着十分关键的作用。构建公共文化服务体系必须坚持政府主导的原则，这是政府应尽的责任。但是，无论从投入资金上来看还是从精力上来看，政府的资源毕竟是有限的，所以在构建公共文化服务体系的过程中，政府有责任保障公民充分地参与公共文化服务生产、服务提供的各个环节。公民参与具体包括两个方面：一是参与公共文化政策的制定、执行和监督过程，使公民的文化利益诉求得到充分、及时的表达，以实现公民合法拥有的民主权利；二是参与文化活动的举办、文化成果的创造，使自己的文化理念得到张扬、文化创造力得以发挥，从而实现公民创造文化成果的权利。借鉴发达国家和地区普遍采用的理事会制度、公示制度、听证制度、表决制度等，通过立法为制定有效的决策过程、公平的执行程序、完整的民众参与制度提供法定依据。社会参与原则还包括调动社会力量参与公共文化服务的提供，通过立法明确规定政府采购、委托承包、承包等制度，吸引社会各类文化艺术机构参与公共文化服务，推动公共文化服务在一定程度上的社会化和市场化。

3. 公共文化服务的主体和组织管理制度

公共文化服务的主体构成及其相互关系系统构成了公共文化的服务组织体系及其管理模式。随着社会主义市场经济和文化体制改革的深入发展，我国公共文化的服务主体正在从一元走向多元，除政府部门外，还包括企业、团体和其他社会力量，形成了一个多元化的公共文化服务组织体系。也就是说，在市场经济条件下，国家继续包揽公共文化服务是不可能的，也是不必要的。政府不是公益性文化事业的唯一代表，也不应当成为公共文化产品和服务的唯一提供者。文化体制改革的一个重要目的就是要在社会主义市场经济环境下，实行政企分开、政事分开，建立政府主导、公众参与、市场竞争、多元共治的公共文化服务体系。政府在加大对博物馆、图书馆、文化馆等公益性文化部门的资金投入的同时，鼓励社会兴办和支持公共文化事业，形成公共文化事业政府投入与社会投入相结合的多渠道、多元化的投入机制。因此，公共文化服务保障法的一个重要内容就是要确立公共文化服务各主体的法律地位，建立与之相适应的组织管理制度。

（1）明确政府的地位和职责。公共事业的建设是政府的重要职责。政府与其他公共管理主体在多元主体中的地位并不是一样的，政府承担着公共事务“元治理”的角色。[1]因此，政府应当扮演主要角色，发挥核心作用。政府作为公共文化服务的主要提供者和管理者，必须承担起构建公共文化服务体系的重要职责，提供公共文化服务的基础设施和基本的公共文化服务，维护公民的文化权利，满足人民大众的基本文化权益需要。统筹公共文化的规划和发展，制定公共文化政策和扶持措施，维护文化市场秩序，加强公共文化队伍建设，领导国有文化事业单位提供基本公共文化服务工作，支持和鼓励企业、团体和其他社会力量兴办公共文化事业和提供公共文化服务。

（2）明确企业的地位和职责。深化文化体制、文化运行机制的改革，就是要正确处理公共文化服务的社会化和市场化的关系。要在制度上确立和引导企业参与公共文化产品的生产和提供，以形成以政府为主导的多元主体竞争的格局，提高公共文化服务的质量和效率。企业具有的强大的生产能力与市场竞争力，在文化基础设施的建设及文化产品的生产中具备着比政府、文化事业单位及其他组织更多的优势，所以，企业经常参与到公共文化产品与服务的生产之中，承担具体的公共文化产品与服务项目，是公共文化体系的补充与延伸，有助于推动公共文化服务体系的建立健全和高效运转，也有助于促进政府的转型。为促进企业提供更好的公共文化服务，政府可通过制定文化政策［包括经济性政策（如文化产业政策和文化财政税收政策）］，鼓励企业生产更多的文化产品和降低文化产品价格，引导企业生产和提供政府所期望的公共文化产品和公共文化服务。

（3）明确社会团体的地位和责任。社会团体是由公民、企事业单位组成的非政府性社会组织，是政府、市场之外的第三支力量，是对政府、企业作用的一个重要补充。各类社会团体应当成为构建公共文化服务体系建设和推动社会协调发展的重要“软力量”，这不仅是社会发展的客观需要，更是社会团体组织自身的职责和使命。非政府组织是在利他主义的指导下和志愿奉献的基础上开展活动的，关注的往往是社会公共性的问题和人类共通性的问题，公共文化服务必然成为其中的重要内容。正是这类组织填补了政府、企业在公共文化服务中的“空白地带”。所提供的公共文化服务项目，有些需要收费（但不以营利为目的），有些则是免费供给，其财政来源主要包括企业捐助（政府通过减税政策予以鼓励）、政府拨款、社会捐助（即非企业和非政府的其他组织和个人捐助）和服务项目收费四个方面。非政府组织的独特精神和核心价值，使其必然要强化自身的公共责任意识、彰显独特的伦理

---

[1] 刘熙瑞主编：《中国公共管理》，中共中央党史出版社2004年版，第53页。

魅力，并形成以人为本，自律与他律相结合，激励与承接并重，以道德为支撑、以产权为基础、以法律为保障的公共责任机制。[1]因此，必须建立法律制度，明确其地位和责任，在政府的引导、规范下，充分发挥其积极作用，使其真正成为公共文化服务体系构建中不可或缺的组成部分，为文化繁荣发展和社会主义和谐社会的建设贡献力量。

（4）明确社区的地位和责任。构建公共文化服务体系，需要社区的积极参与。随着城市化的迅猛发展，城市社区已成为人民群众平等参与活动、保障基本文化权益实现的一个重要平台。通过这个平台，社区居民自主参与并组织丰富多彩的公共文化生活、享受公共文化产品、投身公共文化服务体系建设，还可以社区为中心统筹协调社区内公共文化设施及其他资源参与公共文化服务，提高文化基础设施运行的效率和效益，避免基础设施的重复建设，优化社会文化资源的配置。目前，一些城市和地方在如何发挥社区的功能和作用上，做了许多探索，取得了不少成功经验。例如，上海市在建设与上海城市功能定位相匹配的文化总体格局中，以社区为平台，创新建立了便捷利民的公共文化服务“十有”模式，对文化活动载体、供给平台、品种选择、需求保障、经费投入、队伍建设、成果评估等方面，都提出了明确的指标和要求。上海市人大常委会拟立法颁布《上海市社区公共文化服务若干规定》明确了社区公共文化设施的性质定位、责任主体及管理制度。目前，该草案已公开征求意见。[2]

4. 公共文化服务的财政保障制度

从目前来看，我国对公共文化服务的财政投入主要问题是：规模不足，文化事业的财政支出占国家财政总支出的比重偏低；结构不合理，东、中、西部地区差距较大，城乡之间投入不均衡，人均文化事业费差异明显；重硬件建设、轻软件投入，公共文化设施的利用率不高，文化资源浪费较为严重等。因此，通过立法，建立公共文化经费保障的法律机制，将其纳入各级政府的经济社会发展规划，城乡建设规划，纳入财政预算，以确保加大财政投入力度，确立合理的投入比例、结构，实现科学的投入绩效，这是公共文化服务体系建设和持续发展的必要保证。

（1）建立经费保障机制。公共文化服务经费是保证公共文化产品及时提供和公共文化服务顺利开展的物质基础。为解决当前的文化资金的来源及投入总量不足等问题，需要建立和完善经费保障机制：一是要加大财政投入力度，建立健全文化事业费的稳定增长机制。应以规范性政府文件的方式，明确规定公共文化事业费的增幅不低于同级财政经常性收入的增长幅度。并且，通过专项研究，制订一个公共文化服务体系建设的中长期计划，不断增加公共文化财政投入在财政总投入中的比

〔1〕曹爱军、杨平：《公共文化服务的理论与实践》，科学出版社 2011 年版，第 137 页。

〔2〕参见《解放日报》2012 年 7 月 25 日。

重，争取经过5年~10年，使公共财政中的文化事业费投入所占比例达到1%左右。二是在合理划分事权的基础上划分财政，建立中央、省、县、乡四级财政分担体系。为了尽可能地做到财权、事权的统一，需要建立以中央财政和省级财政为主导，以县乡财政为辅助系统的公共文化财政支出体系。根据我国的实际情况，并参照世界其他国家的经验，可将中央、省、县各级政府的财政投入比例调整为：中央政府负担10%~20%，省政府负担50%左右，县政府负担30%~40%左右。在县乡财政无力解决地方公共文化财政支出资金时，中央政府、省级政府应通过转移支付的形式弥补缺口，确保提供基本的公共文化服务经费。三是要完善财税政策，扩大文化资金的投融资渠道。政府要根据公共文化服务的特点，按照普遍服务原则，积极发挥财政资金引导作用，运用市场准入、资格认定、价格调节、税收优惠、财政补贴等方式，进一步拓宽投融资渠道，积极推进非公有资本和外资进入文化领域，发展公益性文化事业，发动全社会的力量来不断完善公共文化服务，以弥补公共资源及政府服务的不足，实现投资主体多元化。

（2）建立资源配置机制。公共文化资源配置是财政支出进入文化系统后，文化部门和财政部门首先要关心的问题。公共文化资金的投入结构是否合理、能否被有效地转化为公共文化产品和服务，在很大程度上直接取决于资源配置机制。建立健全文化资源配置机制，关键在于：一是明确公共文化服务的投入范围，突出支持重点。公共文化服务的公共物品特性、市场失灵以及现阶段市场经济发展尚不完善等原因，使得我们必须合理区分纯公共文化产品、准公共文化产品和营利性文化产品，以进一步确定文化支出范围。对于纯公共文化产品给予重点资助，对于准公共文化产品给予资助扶持，对于营利性产品则应完全市场化。二是创新投入方式，提高资金使用效率。根据文化产品的不同种类，采用不同的财政资助方式。比如：对于文化基础设施的建设、文化遗产的收集保护、文化市场秩序的维护等纯公共文化产品和社会力量不愿提供的产品和服务，由政府完全负担；对于文化信息工程、“送戏”下乡等准公共产品和社会力量不愿意提供但完全有能力提供的产品和服务，由政府采取出资购买的方式承担；对于社区和农村为满足群众的基本文化需求而开展的重大节庆活动、自办文化团体等，社会力量愿意提供而且能够提供的产品和服务的，由政府通过奖励方式给予适当的补助，以激励他们为公共文化服务体系建设做出更大贡献。三是调整和优化投入结构，提高公共文化服务水平。其一，通过转移支付的方式，采取对农村和中西部地区适当倾斜的政策，促进公共文化服务均等化；其二，在注重硬件建设的同时，不断加大对软件服务的投入，改变当前“重硬件建设、轻软件服务”的状况；其三，进一步深化文化事业单位内部改革，完善用人机制，提高文化服务人员素质。四是建立公众文化需求表达机制，优化资源配置。当前，由于信息的不对称及公众文化需求表达机制的不畅通，公众参与公共文化服务的意识还比较薄弱。为了解决这个问题，需要通过建立公众文化需求的表达和调研机制，加强对居民群众文化需求的调研和沟通，深入了解公众的需求和反馈情况，进而提高公众的满意度，形成供需双方的良性互动，使有限的文化资源获取最大的社会效益。

（3）建立监督约束机制。公共文化服务的监督约束机制关系到公共文化服务机构的管理水平和运作效率。建立和完善监督约束机制，加强公共文化投入绩效评估体系建设，是政府文化部门和文化事业单位做好公共文化服务的必然要求。良好的绩效是公共文化服务财政管理的内在要求，是提高文化财政资金使用效率的重要方式，也是建设公共文化服务体系的重要路径。对于一个国家或地区的财政部门来说，在编制、执行、决算和监督公共文化财政预算时，应该对文化资金使用的绩效作出评价，以衡量公共文化服务提供的效果，然后根据考核效果制订或调整相应的文化财政政策，并将其作为财政转移支付和专项补助的重要依据，从而提高各项公共文化财政支出的效率、优化公共财政资源的配置。因此，建立和完善监督约束机制，加强公共文化投入绩效评估体系建设，是政府文化部门和文化事业单位做好公共文化服务的必然要求。要按照“宏观调控、市场监管、社会管理、公共服务”的政府改革目标，建立职能科学、合理和机构统一、精干的文化宏观管理和资金监管机构，制定公共文化服务的投入绩效考评指标体系和实施办法，把公共文化建设作为评价地区发展水平、衡量发展质量和领导干部工作实绩的重要内容，确保各级政府和公共文化管理机构在公共文化服务体系建设中认识到位、组织到位、责任到位、措施到位，以实现和保障人民群众的基本文化权益。

5. 公共文化服务的政策扶持制度

公共文化服务体系建设是实现经济、政治、社会和文化四位一体协调发展的重大基础性民生工程，是全社会文化自觉的标志，也是发挥文化凝聚力、增进人民群众生活幸福感、提升全社会文化创造力的重要途径。公共文化服务是现代政府的一项基本职责，涉及全社会。一方面，我们要实现领导和工作机制的创新，建立健全党委和政府统一领导，财政、文化、广电、新闻出版等部门分工负责，工会、青年团、妇联、文联、作协等人民团体积极参与的领导和工作机制，形成推动公共文化服务体系建设的合力。要把公共文化服务体系建设纳入各地的经济社会发展规划，纳入财政预算、扶贫攻坚计划，作为评价地区发展水平、发展质量和领导干部工作实绩的重要内容。另一方面，政府要制定公共文化支持和扶持政策，实现投入机制和投入方式创新。为促进公共服务方式的多元化、社会化，政府应该进一步完善相关管理制度，简化审批登记程序，积极引导社会力量以兴办实体、赞助活动、免费提供设施等多种形式参与公共文化服务，要鼓励组建各级、各类文化产业组织、文化基金会、文化投资公司，也要充分鼓励和支持民营企业和民间组织参与公共文化服务，形成以政府为主、社会力量广泛参与的多元投入的新机制、新格局。

总体来讲，目前国家关于文化产业的政策出台得较多，关于公益性文化服务的政策出台得较少。公益性文化事业改革的政策相对滞后，加上现有机制改革政策大多由政府不同部门制定，受行政关系、地域关系的限制，各自为政，缺乏整合，尚未形成推动整个社会公共文化职能创新的强大的政策保障。因此，通过国家立法，建立政策扶持制度是推动公共文化服务体系构建的有力保证。这些政策制度包括公共文化资源的管理政策、扶持优秀文化艺术作品和重大文化项目的政策、老少边穷地区公共文化建设的重点扶植政策等。从国际经验和我国近几年的实践来看，非营利的公益性文化项目往往是社会资本感兴趣并能够有所作为的领域。因为捐资兴建各类公益性文化项目，既是社会资本回馈社会、体现自身价值的一个重要途径，也是其扩大社会影响、增加企业或个人知名度的一种重要方式。要研究制定一批税收优惠、鼓励捐赠、资助、赞助以及奖励和惩戒等相关政策，营造有利于公共文化服务体系建设的政策环境，鼓励各类文化主体发展，促进公共文化产品生产供给，扶持公共文化服务活动，规范公共文化服务体系建设。

6. 公共文化服务的监督管理制度

文化市场需要管理、规范、培育，这是政府义不容辞的责任，文化市场监管应是政府的一项重要职能。政府要逐步建立配套机制、程序、法律法规，形成完整、健全的宏观调控体系，依法行政、加强监管、保障公平、维护市场秩序。同时，鼓励民间参与，提高监督的有效性和降低监督成本，使各类主体有法可依，有章可循，进入规范运营的良性轨道。建立政策支持体系是政府市场监管职能的进一步体现。要尽快制定专门的文化产业发展规划，从限制性的市场准入制度“进化”到鼓励性的市场准入制度，明确重点发展项目，积极稳妥地推进文化领域对内、对外开放，鼓励非国有经济参与文化建设，改善民营文化产业发展的生态环境。加大文艺团体体制改革力度，完成一批经营性事业单位的转企改制，鼓励“民营公助”办团，创设政府扶持、社会化运作的模式。

要建立健全法律监督制度和责任追究制度，法律监督制度主要是指权力机关、司法机关、上级行政机关以及社会公众等法律监督主体对政府、非营利组织和获得特许经营权的工商企业提供公共文化服务的过程和质量加以全方位监督，防止其违法、失职或滥用权力，或滥用社会权力和市场权力；责任追究机制主要是指，关于政府公共文化服务供给职责和职权，以及不依法履行职权和职责所要承担的行政法律责任有明确的规定；不依法履行公共文化服务法律职责行为的发现、调查和查处等将被追究行政法律责任；同时要强化对监督者的监督，防止公共文化服务法律责任流于形式。

（二）加快我国公共文化服务立法进程的对策建议

1. 提高各级政府和领导干部公共文化服务保障的自觉意识

（1）树立文化权益保障理念。按照结构合理、发展平衡、网络健全、运行有效、惠及全民的原则，建立健全文化基础设施网络，构建一个以“服务人民大众”为核心的整体。要构建以基层为重点的公共文化服务体系，深入开展群众文化活动，营造良好的民本文化生态，把发展公益性文化事业作为保障人民基本文化权益的主要途径。要加大投入，提高覆盖。以大型公共文化设施为骨干，以社区和乡（镇）文化设施为基础，改善、提升公共文化基础设施条件和服务水准。着力加强社区和乡村文化基础设施建设，提升、扩大和延伸公共文化服务，逐步实现基本公共文化服务的均等化。

（2）提供充足的文化场所、文化阵地，大力发展公共文化产品。一段时期以来，一些政府、部门把主要精力都放在了经济建设上，不同程度地忽视了公共文化产品的生产和供给。今后，要大力推动艺术创作，以作品成果为载体，依托传统节日、重大节庆，组织开展丰富多样的群众文化活动。精心组织实施舞台艺术精品工程，抓出、抓好一批重点剧目，着力增强生产供给能力，增加总量，提高质量，生产更多价格合理、形式多样的公共文化产品，为文化产业的发展提供原创力，满足不同层次的不同需求，努力推动文艺大繁荣。

（3）重视传统文化产业资源的挖掘与发展。我国的传统文化积淀深厚，各地文化资源多姿多彩。结合实际，各地应确定一批发展重点，挖掘优秀民间艺术。加快发展、打造品牌，形成自己的发展优势，提供更多为群众喜闻乐见的具有本土特色的文化精品。弘扬民族文化与民族精神，传承文明，培育人文精神与人文情怀，激发人们的想象力、创造力，确立人民群众的文化自信心、自豪感，激发建设社会主义现代化的热情。

（4）重视农村文化工作。当前，城乡经济发展方面的差距问题已受到全社会的高度关注。但在如何缩小城乡文化发展的差距方面，有的地方尚未给予足够重视。实际上，重视城乡文化协调发展，实现基本公共文化服务均等化，应是有效解决我国城乡统筹协调发展的一个重大问题，也是消除农村经济贫困的一个基础性的问题。目前，农村文化工作存在两个突出问题：一是“软”，只重经济建设，不重文化建设，使得农村文化工作被虚化。二是“偏”，在文化工作上，只重视城市，不重视农村，只重视在城市里建设博物馆、大剧院等标志性建设，不重视在农村开展春风化雨的文化活动。对此，各级领导要统一认识，把农村文化工作纳入重要的议事日程，纳入干部晋升考核指标，纳入本地经济社会发展全局，进一步加大工作力度。

2. 有效解决公共文化服务保障的实践难题

（1）健全公共文化服务财政保障机制。合理安排财政制度，加大公共文化服务的资金支持，对于公共文化服务体系的建设至关重要。财政支持方式既要体现公共文化服务体系自身的性质和发展规律，又应该符合深化我国公共财政改革的需求，从实际财力出发，突出重点，合理安排资金供给。对此，笔者建议从以下几方面着手：

第一，加大财政直接投入力度，优先保证基本文化服务的供给。随着经济的高速增长，我国的财政汲取能力不断增强。这为政府加大公共文化事业投资奠定了坚实的基础。因此，应当继续加大对公共文化服务体系建设的财政投入力度，建立制度化的政府公共财政资助补偿机制，保证公共文化事业发展的必要经费来源。同时，必须严格资金的使用途径，区分基本公共文化需求和非基本公共文化需求，优先保障公众享受基本文化的权利，确保财政资金向基本公共文化需求倾斜。

第二，改善财政投入结构，提高资金使用效率。一是在资金的分配上，把支出的重点放在农村和西部地区，优先保证资金落后地区的资金供给。着力改善贫困地区的公共文化服务网络，着力提高公共文化服务供给能力，保障人民群众的义务教育、文化娱乐等基本文化权益。二是在项目选择上，应当坚持把群众喜闻乐见、中央和地方都有较大需求的项目作为优先选择目标。在不同的经济发展状况下，各阶层、各地区对于公共文化产品的需求不同。例如，城乡的公共文化需求就有较大差别。在城市中建设社区文化，应当是当前公共文化建设的重点。而农村则对于科技下乡、便利农民致富的信息基础设施建设需求较大。只有因地制宜、实事求是地把握公共文化建设的重点，同时注意公共文化项目投入的适度性和渐进性，才能充分调动各级财政投入的积极性。

第三，加大对老少边穷地区公共文化服务体系建设的转移支付力度。公共服务的协调与平衡难以依靠市场解决，政府必须进行必要的干预，而强有力的政府间转移支付体制就是有效的制度保障手段之一。一是在合理划分财权和事权的基础上，继续加大对落后地区转移支付的力度，确保公共文化服务建设的必要资金。二是加强对转移支付资金的法制化使用和管理。利用法制手段加强对转移支付资金的管理，增强其使用的规范性和透明性，使公共文化服务建设资金将项目的选择、资金的投入和运行都纳入规范监管。向社会公开资金的预算、使用情况，引入中介组织对项目进行审计，全面推行项目验收制度，实行必要的听证制度，进一步提高财政资金的使用绩效。

第四，利用税收激励政策，吸引企业投入公共文化服务建设。利用税收优惠政策鼓励企业参加公共文化事业建设，是发达市场经济国家的普遍做法。政府应当通过税收政策鼓励社会资源的投入，只要是有利于公共文化服务建设的资源都应当加以动员。

第五，合理使用财政补贴、政府采购等手段，扶持社会力量参与公共文化服务产品生产。公共文化服务虽然是面向公众的，但是并不意味着政府才是唯一的生产者和供给者。公共文化服务建设的参与主体多元化，一方面有利于引导社会资金进入公共文化服务的建设，缓解财政支出的压力；另一方面也可减轻财政支出的刚性增长对于民间资本的挤出效应。支持非政府组织参与公共文化服务产品生产是发达国家比较常用的做法。结合我国的实际情况，可以通过财政贴息贷款、政府担保、税收减免等多种方式，鼓励非政府组织的各项公益活动。通过政府采购、委托生产和公共文化项目外包等途径，鼓励非政府组织等各类社会力量参与公共文化产品和服务的生产。

（2）加强公共文化服务设施建设：

第一，要建设和完善基层文化设施网络，实现公共文化设施有效覆盖。设施网络是公共文化服务体系的基础。要统筹规划、合理布局，加强各类公共文化基础设施建设，实现公共文化设施网络的全面覆盖。要以农村和中西部地区为重点，加强县级文化馆、乡镇综合文化站、村文化室建设，深入实施广播电视“村村通”、文化信息资源共享、农村电影放映、农家书屋等文化惠民工程，推动公共文化设施建设向城乡基层倾斜。要加强社区公共文化设施建设，把社区文化中心建设纳入城乡规划和设计，拓展投资渠道。要完善面向妇女、未成年人、老年人、残疾人的公共文化服务设施。要在发展思路上打破现行文化内外管理格局，把公共文化设施建设与新农村建设、城市社区功能配套建设、教育设施建设以及养老、留守儿童活动场所建设等紧密结合起来，发挥其综合作用。

第二，提高公共文化产品和服务供给能力，丰富公共文化产品和服务的内容。公益性文化单位要充分发挥骨干作用，面向基层、面向群众，着力提高生产能力和服务水平，多提供符合人民群众需求、质优价廉的文化产品和服务。要加强文化馆、博物馆、图书馆、美术馆、科技馆、纪念馆、工人文化宫、青少年宫等公共文化服务设施和爱国主义教育示范基地建设并完善向社会免费开放服务，鼓励其他国有文化单位、教育机构等开展公益性文化活动。要鼓励国家投资、资助或拥有版权的文化产品被无偿用于公共文化服务。要深入推进文化事业单位内部改革，创新运行机制，突出公益属性，强化服务功能，增强发展活力。

第三，加强公共文化服务体系建设统筹协调，实现公共文化资源共建共享。要统筹规划和建设基层公共文化服务设施，加强区域内文化、教育、科技、体育和青少年、老年活动场所的综合利用，推动形成融宣传教育、文化娱乐、信息服务、科学普及、体育活动等于一体的文化中心。要建立健全有力的扶持机制、共建机制，动员党政机关、企事业单位和群众团体开展城乡共建、区域共建，支援基层文化建设。要坚持项目建设和运行管理并重，推进国家公共文化服务体系示范区创建，制定公共文化服务指标体系和绩效考核办法，提高基层公共文化设施管理水平和利用效率，使各类公共文化设施正常运转、持续发展，真正发挥作用。

（3）创新公共文化服务管理体制和社会参与机制。构建公共文化服务体系必须“创新文化管理体制”。[1]这既是进一步深化文化体制改革的必然要求，也是理顺管理体制、建立法制保障的必然要求。目前，我国公共文化管理体制改革除了政府职能转变、政企分开、政事分开等外，还有一个紧迫、突出的任务是要抓紧解决文化行政部门多头管理、职能交叉、条块分割问题，建立一个适应新时期公共文化服务体系建设需求的公共文化管理体制。要坚持改革开放，进一步解放思想，既要打破现有文化体制内（如文化、广电、新闻出版、外宣、文物等部门）的管理格局，也要打破现有文化体制外涉及公共文化服务建设（如发改委、财政、住建、教育、环保等部门）的管理格局，理顺关系，整合资源，建立一个运转有序、行之有效的统一公共文化服务管理体制。可以根据我国的实际情况，结合近些年文化体制改革所取得的成果，进一步扩大和深化文化综合行政责任主体制的改革，加大顶层设计。可考虑采取分步走的办法：一是在现有管理体制下，建立由国务院牵头的、各相关部门参与的公共文化服务体系部际协调会议制度，统筹全国公共文化服务体系建设（包括财政投入、设施建设、农村和社区文化建设）。二是抓紧进行省级以上包括中央政府文化行政管理部门的统筹改革，扩大文化部的相关职能，建立以文化部为主导的、统筹全国公共文化服务体系建设的行政管理体制。

构建公共文化服务体系必须创新社会参与公共文化服务的机制，动员社会各方面力量广泛参与，形成推动公共文化服务体系建设的强大合力，努力建设一个以政府为主导、多元投入为主要资本结构的公共文化服务体系。要在有限的财力下生产出更多高质量的公共文化服务，构建一个全社会办文化的良性机制，进而不断地满足人民群众和社会发展对文化的需求。政府应注重通过政策和市场机制引导、吸引和调动社会文化资源参与公共文化服务。政府要转变投入方式，公共财政应以间接投入为主，直接投入为辅，积极鼓励社会资本参与公共文化事业的建设；鼓励文化事业单位自负盈亏，文化事业单位员工要从原来的政府负责转为文化事业单位自己负责；政府要把原来对文化事业单位的投资转为对文化活动项目的投资；积极探索建立公益文化活动的社会化运作机制，将重大文化节庆活动等公益活动通过招标、政府采购等形式委托民间文艺团体承办，提高公共文化服务的供给能力和效率，同时促进民间社团的发展；完善社会力量的捐赠、赞助及其他参与方式的政府保障制度。鼓励社会力量以捐赠的方式建设公共文化设施或者开展文化活动。捐赠人通过公益性社会团体或者县级以上人民政府及其部门捐建公共文化设施的，可以依法享受税收方面的优惠。鼓励有条件的地区将文化设施免费或者低价为参与公共文化活

[1] 参见“国家‘十二五’时期文化改革发展规划纲要”，载《光明日报》2012年2月16日。

动的民营文艺表演团体提供排练和演出场地；支持和鼓励民间文艺资源参与文化创造，激发群众的创作热情，在保障公民享受文化权益的同时，实现其参与文化创造的权利，丰富公共文化服务的内涵；文化单位占用的国有资产，经过认真清理和评估，允许作为国有资本金投入经营，并允许以部分国有资产作为标的物用作有市场前景的发展项目的抵押贷款；对公益文化项目实行政府贴息贷款等优惠政策；提倡、鼓励、支持和促进社会兴办各类文化事业，努力形成国家、社会、企业、个人共同兴办文化事业的新格局；建立各种类型的文化投资基金，吸收社会各个方面的力量，共同建设公共文化服务体系。

（4）完善公共文化服务管理运行机制。目前，我国在公共文化服务领域的管理模式表现为一种自上而下的单一模式：政府投资并由政府控制。国家管理艺术生产和传播，主要为国有文化事业单位提供资金和政策支持。[1]经过四十余年的改革开放，我国的文化事业已经在相当程度上扩大了发展自主权，出现了多元化的经营、服务形态。近年来，经济体制改革的日益深化客观上要求政府转变职能、改变以往的公共文化管理模式，实现由公共文化管理向公共文化服务的转变。为此，必须创新公共文化服务的内容和形式，增强公共文化服务的吸引力。制定科学、合理、规范、操作性强的文化服务管理制度，不断创新管理运行方式，进一步提高服务效率。创新文化体制和机制，进一步改革文化行政管理体制，加快文化事业单位内部机制改革和国有文化单位的战略性重组，拓宽文化产业投融资渠道。[2]积极推进政企分开、政资分开、政事分开和管办分离，把文化体制改革与文化产业发展有机结合起来。以产权制度改革为核心，加快经营性文化事业单位和文化企业股份制改造步伐，大力培育文化市场主体。以转机建制、增强活力、改善服务为目标，加快公益性文化事业单位的改革步伐。开展创新型文化企业试点工作，推进建立以文化企业为主体、以市场为导向的，产学研相结合的文化创新体系。要指导和支持图书馆、博物馆、美术馆等公共文化服务机构创新服务方式，增强服务能力，提高服务水平。在广泛开展社区文化、广场文化、企业文化、节庆文化、校园文化等活动的基础上，大力推进文化内容信息化、网络化、数字化进程，用现代传播技术和先进科技手段，增强公共文化服务的活力和效能。继续推进文化信息资源共享工程，进一步拓宽传输渠道，确保文化信息资源能够及时、通畅、高质量地为广大人民群众服务。

建立和健全公共文化管理监管机制，关键要从监管体制方面入手：在政府监管体制方面，鉴于文化的特殊性，政府应有所为，有所不为，因而在文化体制改革中需要作出特别的制度安排，以保证国家文化主权和文化信息安全。一是产权制度安

---

〔1〕 王列生、郭全中、肖庆：《国家公共文化服务体系论》，文化艺术出版社 2009 年版，第 230 页。

〔2〕 陈威主编：《公共文化服务体系研究》，深圳报业集团出版社 2006 年版，第 48 页。

排，如国家电台、电视台、广电骨干传输网络、重要的出版社和新闻媒体，要实行国有资本独资经营。少数具有较强公共性的国有大型节目制作和出版发行单位在对外合资合作、上市融资过程中，应实行国有资本控股。二是人事制度安排，公共文化服务核心单位的重要人事任免要掌握在党和政府手中，同时按照法律规定的程序进行。三是市场监管制度安排，对于公共文化服务所涉及的内容导向、行业标准、服务质量和价格、市场行为等方面，政府主管部门要通过制定行业规范，加强市场综合执法，切实监管到位，促使公共文化服务实现健康、有序发展。四是在文化市场投资准入方面：一方面，要采取渐进式的市场开放方针，允许和鼓励非公有制资本逐步进入国家许可的公共文化服务领域；另一方面，在对外资适度开放投资准入门槛的同时，在广播电视、新闻出版、国家信息网络、国家级文物、博物等涉及国家文化主权和文化信息安全的公共文化服务的核心领域，对外资给予必要的投资限制，从而既合理地利用外资发展我国的文化产业和公共文化服务事业，同时又不使外资在公共文化服务的核心领域形成完整的产业和产品链。

（5）统筹城乡公共文化服务。近年来，我国各地文化设施明显改善，群众文化生活日益丰富，公共文化事业呈现良好的发展势头。但公共文化事业整体发展不平衡的局面未被打破，城乡公共文化服务之间仍存在巨大的鸿沟。具体表现为：农村基层文化产品和服务供给不足；文化活动形式单一、内容贫乏；文化设施资源利用率不高。因此，针对目前城乡公共文化发展不平衡的现状，必须充分认识统筹城乡公共文化服务的重要性和紧迫性，不断整合城乡文化资源，把统筹城乡文化事业发展的理念贯穿于公共文化事业的设施布局、经费投入、活动安排、产品生产、服务提供等各个方面；在政策和投入等方面向农村倾斜，实行城市带动战略，建立城乡互动、双赢、共同发展的统筹机制。

统筹城乡公共文化服务的具体措施应包括：一是积极推进以城带乡、城乡共建，拓展农村公共文化服务的广度和深度。统筹好城乡发展，算好城乡公共文化服务建设投入产出的经济效益账，算好城乡公共文化服务建设投入的社会效益账。二是加快完善城乡公共文化设施网络体系，以大型公共设施为骨干，以社区和乡镇基层文化设施为基础，以基层文化建设为重点，逐步建成布局合理、门类齐全、功能齐备、便捷有效的公共文化基础设施网络，促进不同区域公共文化服务建设的协调发展。三是造就高素质的基层公共文化事业骨干队伍，形成组织机构网络化、服务对象社会化、活动形式多样化的基层公共文化发展格局。

（6）完善文化人才培养制度。发展社会主义先进文化，必须大力加强文化人才队伍的建设，这是构建公共文化服务体系的关键。只有重视文化人才的培养，制定吸引人才、帮助人才创造出业绩的良好人才制度，才能真正保证公共文化的服务质量，从而得到不断发展的动力源泉。必须认真贯彻落实中央有关人才选拔培养的意见，创新人才机制，造就一大批坚持先进文化前进方向，熟悉文化发展规律和市场经济规律的文化人才。特别要注重为基层和农村培养适用的相关人才。

加强文化人才培训，邀请国内外专家讲课，组织文化专业人员进行考察培训等方式，形成完整的文化人才辅导、培训体系。注重在推进文化事业发展的实践中培养文化人才，把加强公共文化服务体系建设的实践作为文化人才成长的主课堂。培养文化人才，既应注重人才素质和人才数量，也应注重人才队伍结构的合理和整体功能的优化。要遵循人才队伍建设规律和人才成才黄金年龄规律，坚持逐层培养、逐级输送，形成人才培养的金字塔；坚持兼顾各个年龄层次，形成老中青搭配合理的人才年龄结构。不搞论资排辈，要在培训深造、重点课题研究、重大项目完成等方面创造条件，使青年人才脱颖而出。欢迎海内外文化人才在国内创业，并在税收政策等方面给予同等待遇 ，创造一个公开、公平的竞争和发展环境，要引进有国际教育背景和经营经验的优秀人才，增强文化产业的国际化程度。大力培养各个领域的学科带头人，不断提升艺术教育水平，加强对文化企事业单位领导干部的培养，吸引更多的优秀人才投入到文化事业的发展和建设之中，形成雄厚的人力资源，推进文化事业的不断发展。

3. 加强公共文化服务保障及立法的理论研究

目前，国内学术界对公共文化服务的研究主要集中在公共文化服务的整体研究、公共文化服务体系构建主体研究、公共文化服务基本要素的研究、公共文化财政及投入方式研究、公共文化绩效管理与评估研究和农村（包括弱势群体）公共文化服务体系建设研究等六大方面。然而，由于公共文化服务在我国的理论研究刚刚兴起，基本概念、理论框架、具体研究方法都缺乏系统的研究成果，各方面的研究尚不成熟，还存在一些亟待解决的问题：一是地方性的个案研究较多，系统性的宏观理论研究较少。目前，国内公共文化服务的理论研究还处于地域性的经验总结阶段，并没有形成具有整体性的、适合我国国情的公共文化服务基础理论。二是国内公共文化服务理论研究水平明显落后于公共文化服务的建设实践。公共文化服务是一项理论与实践并进的研究课题，但目前国内公共文化服务的理论研究落后于实践的发展，理论的宏观指导作用不足。三是我国公共文化基础理论研究与国外相比相当不对称。从 20 世纪 50 年代开始，西方国家政府开始加大对文化艺术的扶持力度，支持文化参与的机制蔚然成风，相关研究公共文化的理论较为发达。而我国的公共文化基础理论研究尚在初始阶段，仍不成熟。笔者认为，在今后的研究中，我们要着重从两个方面入手：

第一，重视本土化、系统化研究。目前，我国学术界对公共文化理论（包括法制理论）的研究尚处于对西方公共文化相关理论的翻译和介绍性研究的阶段，还没有形成适合本国实践发展的理论体系。而且，在研究中也缺乏在宏观与微观结合下的系统性研究。有关部门应当采取措施，鼓励支持研究者加大本土化研究的力度，立足于我国国情和价值取向，加强宏观把握和微观分析，构建符合中国国情的、具有中国特色的公共文化服务理论体系。为公共文化服务保障立法和政府制定合理、有效的公共政策提供理论指导和现实指引。

第二，培养研究队伍，整合研究力量。目前，我国从事公共文化理论研究的人员比较缺乏，研究机构、高等院校也缺乏相应的专业和研究队伍，专门的文化理论学者、公共管理学者较少，一些研究者散见于各高校、文化行政部门和文化事业单位，受学科和原先研究背景的限制，研究能力不足。由于公共文化服务存在严重的部门分割、相互掣肘的现象，这也导致理论研究队伍分散分立，无法形成集中的研究力量。建议中央和国务院主管公共文化服务的相关部门高度重视公共文化理论研究队伍、专业的建设问题，制定相关人才培养计划，采取多种途径（包括加强部门之间的合作），在高等院校共建专业、培养人才，或联合组织专题研究、集中整合研究力量等，以有效地解决这一问题。

4. 组织力量，抓紧启动公共文化服务保障法的立法工作

根据党的十七届六中全会的要求，根据目前我国文化改革发展和公共文化服务体系建设的基本情况，笔者认为，我们应当及时启动公共文化服务保障法的立法工作。为使这一工作具有实效，笔者一是建议中宣部在研究制定下一个五年（或十年）宣传文化领域的立法项目时，将其列入优先制定的项目之中；二是建议十二届全国人大常委会将其列入五年立法规划，建议国务院法制办将其列入年度立法计划；三是鉴于公共文化服务保障涉及文化、新闻出版、广播电影电视、发改委、财政部等多个部门，建议由中宣部协调组织相关部门，组成起草小组，抓紧开展立法起草工作。

我国公共文化建设及其法制化道路[1]

一

公共文化建设是社会全面发展和进步的重要组成部分，是贯彻落实科学发展观和构建社会主义和谐社会的重要支柱之一。进入21世纪后，随着经济科技全球化的迅猛发展，各种思想文化相互冲撞，综合国力竞争日趋激烈。一个具有国际竞争力的国家，除了经济、军事等竞争力外，必然具有文化的竞争力。以胡锦涛为总书记的党中央审时度势，高屋建瓴，以文化创新为引领，高度重视文化在发挥我国综合国力中的重要作用，使之成为推动全面建设小康社会，实现中华民族伟大复兴的一个强大力量。

党的十七大明确提出要推动社会主义文化大发展、大繁荣，以构建社会主义核心价值体系，弘扬中华文化，建设中华民族共有精神家园并推进文化的创新。这其中一个重要的基础就是要大力加强公共文化建设，因为公共文化建设对实现文化发展的目标具有无可替代的重要支撑作用。"公共文化"作为一个特定的术语或概念，近年来日益频繁地出现于党和政府的文件和大众传媒之中。"公共文化"的核心在于"公共"。从公共经济学或公共财政学的角度看，与私人品相对应的公共品包括了主要由国家财政支持下产生并提供的教科文卫等社会公共领域的产品、手段及其服务，而公共文化正是这类公共品中的重要组成部分。从性质上看，文化之所以成为公共品，是由其特殊的公共性所决定的。特定的文化是特定国家、民族或群体精神和生命的创造与纪录，是一种既属于这个国家、民族或群体，也属于全人类的公共记忆。文化成果作为特殊的财富，非个人或群体所独占而具有鲜明的共享性。因此，继承、保护、弘扬和发展本国本民族文化，建立健全完备的公共文化设施，为人民大众的精神文化需要和文化权利的实现提供社会的基本物质条件，是国家的一

〔1〕本文载于中国人大网，2006年3月8日。本文中所涉及之法律法规与理论，均以写作时间为准。

项基本职责和义务，是各级政府及其相关机构必须在政治经济社会发展战略上、在财政及相关政策上予以大力支持并有效完成的基本任务。

正确认识公共文化建设，一个重要的前提就是要廓清“文化事业”的界限。长期以来，我国整个文化领域包括新闻出版、广播电影电视、文学艺术、文化遗产、图书馆、博物馆等行业被统称为“文化事业”。在词源上，“文化事业”与“文化事业单位”相互关联，或可被视为是一切“文化事业单位”的总称。而“文化事业单位”又是整个“事业单位”的一个重要组成部分。在我国，“事业单位”的形成发展相当复杂，它主要产生于计划经济体制背景之下，是各级政府为社会公益目的而利用国有资产创办的机构，其职能是在特定领域为社会从事公益性服务。20 世纪 60 年代颁布的《国务院关于编制管理的暂行规定》明确规定“事业单位”是指：“凡是为国家创造或者改善生产条件，促进社会福利，满足人民文化、教育、卫生等需要，其经费由国家事业费内开支的单位。”到了 20 世纪 80 年代则进一步规定为“凡是为国家创造或者改善生产条件，从事为国民经济、人民文化生活、增进社会福利等项服务活动，不是以为国家积累资金为直接目的的单位”。20 世纪 90 年代后期又规定为“国家为社会公益目的，由国家机关举办或者其他组织利用国有资产举办的，从事教育、科技、文化、卫生等活动的社会服务组织”。

从上述这些不同年代的规定我们可以看出，“事业单位”具有几个基本特点：由国有资金举办，性质是社会公益性组织而非经营性组织，职能是提供教科文卫等方面的社会服务。应当指出，几十年来，全国事业单位得到了迅猛发展，为我国经济社会的全面进步发挥了重要作用。但是，事业单位在发展中由于社会经济体制等多种原因，产生了不少问题：一是范围不清，各级各类事业单位急剧膨胀，出现了严重的泛化现象。由于均系国家资金举办，因此各级财政的事业经费支出负担沉重。二是定位不清，模糊了公益性和经营性的界限。在“事业单位”中，客观存在着许多经营性行为。而且，随着市场经济的发展，这些经营性活动越来越突出。由于缺乏严格区分，许多事业单位在公益性名目下实质上变成了经营性单位，其任务和目的发生了严重扭曲。三是职能不清，长期以来，事业单位存在政事不分、企事不分的现象，把工作重心放在或代政府行使行政职能，或如企业行使经营职能之上，反而越来越把为社会公众服务的基本职能置之度外。

“文化事业单位”作为整个“事业单位”的一个重要组成部分，其特点和问题也与一般的“事业单位”如出一辙。几十年来，文化事业单位已经发展成了一个包括新闻出版、广播电影电视、文化艺术、文化遗产等在内的庞大群体，由于全由国家财政支撑，机构臃肿，重复设置，人财物浪费严重，旧有文化体制弊端杂陈。据统计，到目前为止，仅文化部系统的文化事业机构约 5 万个，从业人员 50 余万人。由于文化事业性质和作用长期被单一归属为意识形态对象，忽略甚至不承认其中所具有的经济属性，造成文化经营性活动与公益性活动相互混淆。这一状况随着市场经济发展日趋严重，不仅严重制约了将文化的经营性部分作为一种产业自主发展的步伐，同时也使得文化的公益性部分陷入了市场经营的领域，导致公共文化出现了泛市场化倾向，而逐渐丧失了为社会提供公共服务的本质。造成这一现象的另一个重要原因是长期以来各级政府对公共文化事业的财政投入严重不足，或为了缓解当时当地之财政压力，迫不得已转入市场经营，并以此作为生存发展的主要手段。例如，20 世纪八九十年代以后，随着“文化市场”的提出，“以文补文”“文化搭台，经济唱戏”等概念、口号大行其道，反映出当时历史背景下文化事业的整体市场化趋向。

二

进入 21 世纪后，随着社会主义市场经济的深化和文化体制改革的不断摸索，在理论和实践上出现的一个重大变革就是将传统的“文化事业”区分为公益性和经营性两个部分，逐渐确立了文化的经济属性和文化产业的地位。2000 年 10 月，党的第十五届五中全会通过的“十五”规划建议，首次提出了“文化产业”这一概念。文件指出：“要完善文化产业政策，加强文化市场建设和管理，推动有关文化产业的发展。”“文化产业”概念的明确提出，正确反映了在社会主义市场经济条件下文化发展的内在规律。

党的十六大紧紧抓住新世纪我国社会发展面临的重要战略机遇期，以邓小平理论、“三个代表”重要思想为指导，提出了全面建设小康社会的宏伟目标。明确指出，当今世界，文化与经济和政治相互交融，在综合国力竞争中的地位和作用越来越突出。文件首次将文化明确划分为文化事业和文化产业，这是在文化政策上的一个重大突破。文件指出：“国家支持和保障文化公益事业，并鼓励它们增强自身发展活力。发展文化产业是市场经济条件下繁荣社会主义文化、满足人民群众精神文化需求的重要途径。完善文化产业政策，支持文化产业发展，增强我国文化产业的整体实力和竞争力。”据此，“文化产业”与“文化事业”成了一对相互对应的概念，被正式认可。

胡锦涛同志提出促进社会全面协调发展的科学发展观，这是面对新世纪、新阶段国际国内出现的新情况、新特点，我们党从国家事业发展的全局出发提出的重大战略思想。它科学地揭示了当前经济社会发展的客观规律，反映了我们党对发展问题的高度认识。党的十六届三、四中全会进一步深入突出了文化建设在三个文明协调发展中的重要作用，分别就文化事业和文化产业的改革发展提出了具体目标和任务，公益性文化单位要深化劳动人事、收入分配和社会保障制度改革，加大国家投入，增强活力，改善服务；经营性文化事业单位要创新体制，转换机制，面向市场，壮大实力。还进一步提出“深化文化体制改革，解放和发展文化生产力”这一重要论点。五中全会就全面落实科学发展观、建设社会主义新农村提出了各项具体要求，并通过了“十一五”规划建议。其中在强调积极发展文化事业和文化产业的同时，特别指出要“加大政府对文化事业的投入，逐步形成覆盖全社会的比较完备的公共文化服务体系”。并将“大力发展农村公共事业”作为建设社会主义新农村的一项重要内容。六中全会的一个突出特点是把文化建设作为构建社会主义和谐社会的重要组成部分，首次鲜明地指出发展公益性文化事业是保障人民文化权益的主要途径，要求“加快建立覆盖全社会的公共文化服务体系”。党的十七大进一步明确了这样的要求。

从上述历届中央文件表述之沿革发展我们可以看出一个清晰的轮廓，那就是传统意义上笼统的“文化事业”已被明确划分为公益性的文化事业和经营性文化产业两大类。这反映出了我们对文化问题的认识由过去的简单化、泛政治化向科学化、社会化的转变，也使得文化体制改革找到了一条符合中国实际的发展道路。事业、产业的划分是文化体制改革的基础。所谓产业，就是说文化中的那些经营性部分或单位，应当转为企业并在市场经济的浪潮中发展壮大，使之成为国民经济中一个重要的支柱。所谓事业，就是指文化中那些属于社会公共事业或纯公益性事业的部分或单位，需要通过政府财政有效投入和相关政策扶持以保障其充分发挥社会服务之功用。近些年来，文化体制改革沿着这一思路不断深化，一方面在文化产业上取得了重大进展，2002年起在全国开展了文化体制改革试点工作，重点解决国有文化事业单位转企改制问题，组建了中国广电集团、中国出版集团等文化集团70多家，提出创新体制、转换机制，面向市场，增强活力。另一方面，随着市场经济的发展，党和政府深刻认识到绝不能把公共文化建设与文化产业、文化市场混为一谈，政府绝不能放弃或者减轻提供公共文化服务的责任，在如何发展公共文化事业方面思路更加明确。十六届五中全会更进一步提出了“公共文化服务体系”这一命题，并明确指出建立这一服务体系之两个具体目标：一是“覆盖全社会”，二是“基本完备”。同时，还明确指出建立这一体系的主要资金来源是加大政府的投入。随着“十一五”规划的提出和实施，公共文化建设的问题在思路和方向上已被基本确立。

三

从“公共文化”到“公共文化服务体系”的提出，这不仅仅是某个概念的变化，实质上反映出在当前构建社会主义和谐社会中，对发展公益性文化事业的深刻认识，也是在社会主义市场经济体制下实现政府职能转变的必然结果。“公共文化”

通常被理解为公共文化设施、文化队伍的建设；而“公共文化服务体系”除了上述内容外，更强调的是要建立起一个结构合理、发展平衡、网络健全、运营高效、服务优质的覆盖全社会的服务体系。这对我国公共文化的建设无疑具有划时代的意义。

要促进公共文化发展，建立卓有成效的公共文化服务体系，一个重要的条件就是要明确公共文化的范围和性质。公共文化关系到全社会的公共利益，根据政府的公共特性，其必然主要是由政府的供给所提供的。传统的“文化事业”已远远超出了“公共文化”的范畴，也远远超出了公共财政承担的能力。如何科学界定和分类，将那些真正属于“公共文化”的对象纳入公共财政保障的范畴，使之得以充分发展，是一个值得认真研究和处理的问题。

近些年来，随着财政体制改革的深入和公共财政体系的确立，财政部门根据文化事业单位的不同性质特点，在分类上作出了一些尝试。根据“公益性”“准公益性”“经营性”并考虑其组织收入的条件和能力，财政部门将文化事业单位分成三类，分别确定不同的财政事业费支出政策：第一类是财政基本保证单位，主要包括图书馆、博物馆、纪念馆等。这些单位为社会提供公益服务且没有收入或收入较少，财政必须对其所需经费予以保证。同时要求其利用资源合理组织收入，用于事业发展。第二类是财政经常性补助单位，主要包括极少数代表国家水平的艺术表演团体、群艺馆、文化馆、广播电台等。这些单位具有较大的公益性，同时具有组织收入的条件和能力，财政适当给予经常性补助。第三类是经费自理单位，主要包括一般性艺术表演团体、剧场（院）、电视台、展览馆、美术馆等。这些单位虽有一定的公益性，但更具有经营性，可以通过开展经营性活动取得收入，维持正常运转和发展。

公共文化设施的建设及公共文化活动的开展是公共财政必须保障和支持的另一个主要范畴。从实践来看，由于社会体制等多种原因，我国在各级财政支持下所进行的文化设施建设和文化活动涵盖面很广，既包括图书馆、博物馆、纪念馆、影剧院、文化馆（站）等，也包括电影制片厂、广播电台、电视台及其相关传输系统和文化信息网络建设，还包括物质文化遗产、非物质文化遗产及自然遗产的保护以及各类文化活动的开展等。近年来，文化、广电等部门都开展了一系列建设活动，如广播电视“西新工程”和“村村通”工程、全国文化信息资源共享工程、民族民间文化保护工程、送书下乡工程、流动文化车工程、电影放映“2131”工程、国家舞台艺术精品工程、中华再造善本工程、各种大中型文物保护工程等。应当指出，这些建设和活动为中华民族文化的延续和发展、构建社会主义精神文明、满足广大人民群众文化生活需要和文化权利的实现发挥了巨大作用。但这些建设和活动也反映出了当前体制上的一些问题：各自为政，四面开花；分散而不集中，随意性强而缺乏长远、统一的规划。究其根源，一个重要原因就是缺乏对公共文化建设的准确定位和深入研究，以至于使有限的公共财政被淹没在各部门各系统的项目工程的海洋之中。

文化事业、文化产业的划分和文化体制改革的深化为正确认识和发展公共文化事业奠定了基础。这次改革所蕴含的革命性意义在于将文化中的经济要素作为一种产业发展并确立其在当代社会中的地位和作用的同时，也使得原有的“文化事业”真正开始向“公共文化事业”的性质回归。虽然从目前的情况来看，在事业和产业之间仍存在一些复杂纠缠情况，但各自范畴的大体轮廓正在不断清晰。文化产业主要包括传媒产业，出版产业，广播电影电视产业，音像制品业，娱乐产业等；公共文化事业主要包括公共广播电视事业，公共图书馆事业，博物馆事业，文化遗产保护事业，艺术发展事业，社区文化，农村文化及少儿文化事业等。对此，我国在基本政策层面上也开始明确一个重要共识：公共文化事业与文化产业的一个根本区别在于，公共文化事业是国家公共财政所必须保障和发展的事业。同时，公共文化事业的发展必须建立在一个更加合理、人性、科学的规划之上。正如“十一五”规划建议说明所提出的：“要按照文化事业和文化产业的特点，采取不同的政策。加大政府对文化事业的投入，逐步形成覆盖全社会的比较完备的公共文化服务体系。”这为新时期我国的公共文化建设提出了全新要求，即在进一步明确政府投入责任的前提下，一是要构建覆盖全社会的较完备的公共文化设施网络体系；二是要真正做到使这一体系的主要功能和目的用于对社会公众的服务，而非经营或其他；三是要充分依托这些体系并利用和结合新科技、新文化艺术形式，构筑流动文化服务网络体系。要实现这一全新目标，有两项基础性设施建设最为重要：一项就是构筑覆盖全国的、完备的公共广播电视网络体系，这一工程经过多年努力已获得显著成效。至 2004 年，全国 96.62%的行政村已通广播电视。另一项就是建立相对完备的、覆盖全国的公共图书馆、博物馆、社区文化和农村文化服务设施体系。相对而言，这项工程无论是在基础网络设施建设上，还是在社会服务功能发挥上，成效均较弱。因此，如何切实有效地加强和改进这方面的工作，已成为当前社会发展所面临的一个严峻任务。

四

公共图书馆、博物馆、社区文化和农村文化服务这三大设施体系建设，反映了 21 世纪我国社会主义和谐社会建设的必然要求，也是作为一个现代社会满足人民群众日益增长的精神文化需求、保障公民文化权利、继承优秀传统文化和实现文化创新的必然要求。一个现代文明的社会，必然具有一个比较完备的公共图书馆体系和一个比较完备的博物馆体系，因为它们是构筑知识文明大厦的两个重要支柱。而社区文化和农村文化服务体系则是我国作为一个城镇和农村农业大国在现代文明发展过程中的另一个重要支柱。新中国成立以来，我国在公共文化建设上取得了相当大的成就，初步形成了三大体系架构。2004 年的一项统计显示，全国共有县级以上公共图书馆 2709 个，图书总藏量 4.37 亿册；城镇各地区文化馆 2846 个，乡镇文化站 38 588 个；全国各类各级博物馆 2300 余个，拥有馆藏文物 2000 余万件（套），各种陈列展览约 10 000 个/年，接待观众约 1.5 亿人次/年。

早在“六五”规划时期，国家就提出了“县县有图书馆、文化馆，乡乡有文化站”的建设目标。但这一目标迄今仍未达到。相当长的一段时期以来，由于观念认识差距、市场经济冲击和财政投入不足等多种原因，这些公共文化设施建设基本处在一个相对滞缓的发展状态，已有的设施或破损严重或转为他用，人员队伍严重流失。这一状况既与改革开放以来我国经济社会发展的总体水平不相适应，也与建立一个覆盖全社会的网络体系的标准差之甚远。主要存在几方面问题：①设施数量少，运转经费严重不足。按全国公共图书馆总数 2709 个计算，全国平均 3540 平方公里面积、每 47 万人口拥有一个公共图书馆。全国人均拥有馆藏图书 0.3 册（其中上海最高，人均藏书 1.3 册；安徽、河南最低，人均 0.1 册）；全国人均购书经费 0.34 元（其中上海最高，人均 5.03 元；安徽最低，人均 0.04 元）。2004 年全国仍有 720 个县级图书馆无购书经费，占公共图书馆总数的 26.4%。②城乡之间、东西部之间发展长期失衡，农村公共文化设施体系薄弱现象尤为突出。据统计，2002 年全国有 121 个县无图书馆，225 个县图书馆无馆舍，49 个县无文化馆，562 个县文化馆无馆舍。2003 年全国农村共有乡镇 44 067 个，其中 5827 个乡镇无文化站，占乡镇总数的 15%左右。而已有的文化站有 60%以上需要新建改建。③现有公共文化设施由于存在生存维持困难、管理落后、服务意识淡薄等问题，内部运转和功能发挥相当失衡，“空壳化”现象严重，几乎难以承担起一定区域内社会公共文化服务的重任。近些年来，不少地方尤其是一些大中城市把新建个别图书馆、博物馆作为改善城市面貌、提高城市文化品位的一个重要标志，却出现了一种“重建筑、轻功能”的现象。只重视图书馆、博物馆建筑形式本身，而不重视它们如何发挥社会公共文化服务之功能；只关心某栋大型建筑的落成，将其视为或等同于当地文化建设主要任务的完成，而不关心如何在整个区域中构筑网络来具体实现公共文化服务的社会化。

虽然出现上述问题有多种原因，但长期以来各级政府在公共文化建设上的投入明显不足，无疑是其中最为重要的原因之一。据统计，2004 年，全国文化系统的文化事业费共 113.66 亿元，仅占全国当年财政总支出 28 360.79 亿元的 0.4%，全国人均文化事业费仅为 8.74 元。虽然从绝对数看，近些年来文化事业费增长幅度较大，如2004年投入总额就比2003年的94.03亿元增加了19.63亿元，增长幅度高达20.8%。但从占整个财政总支出的份额来看，其仍处在一个相对较低的水平。从历年统计数字比较，除了“六五”时期文化事业费占财政总支出的比率最高达到过0.52%外，其他时期均在0.4%左右徘徊，2003年竟然与“二五”时期一并成为历史上最低点，为0.35%。党的十六届四中全会曾指出：“中央和地方财政对宣传文化事业的投入，要随着经济的发展逐年增加，增加幅度不低于财政收入的增长幅度。”但在实践中，这一目标并未达到。如2003年全国财政收入比上年增长了21.6%，而文化事业费的增幅仅为12.3%，比前者低9.3%。而且从当年地方财政支出的情况来看，一半以上省级财政文化事业费的增长幅度也都低于同级财政增长幅度。

与此相关的另一个突出现象就是对农村（尤其是西部农村）文化投入的严重不足。由于文化事业费总量偏少，加之城市发展日益成为关注的中心，因此，有限的投入往往集中在城市文化建设上。广大农村（尤其是西部农村）地区的公共文化建设日益被边缘化。例如，2004年，全国农村文化经费投入30.11亿元，仅占当年全国文化事业费总额的26.5%，比城市文化经费投入低47%。而且，2004年财政对东、中地区文化投入占总财政投入的比重高达76.8%，远远超过西部地区。从历年文化部门的统计资料来看，1978年全国对农村文化投入为2.4亿元，占当年文化事业费总额4.4亿元的55%左右；1990年农村文化投入为5.81亿元，占当年总投入的37%左右；2000年农村文化投入16.87亿元，仅占当年总投入的26%左右。我们由此可以看出两个基本特点：一是长期以来农村文化投入始终处在一个极低的水平；二是在全国文化投入总额中，农村文化投入所占的比重急剧下降。其结果是，全国农村地区（尤其是西部农村）地区文化基础设施落后，队伍流散、运转困难，许多县、乡、镇公共文化机构的功能丧失或半丧失，几乎无法提供公共文化服务。例如，据某省文化部门2004年统计，全省乡镇文化站中，仅有1/3的文化站有文化设施；1/3以上的文化站面积在50平方米以下。许多乡镇文化站已多年没有开展文化活动。这种状态严重制约了农村社会主义精神文明建设的顺利实施，也严重阻碍了农村在科技化、信息化时代与城市经济文化协调发展的步伐。

面对上述严峻形势和问题，2005年11月，中共中央办公厅、国务院办公厅下发了《关于进一步加强农村文化建设的意见》，深刻阐述了农村文化建设的重要性和紧迫性，提出了农村文化建设的指导思想和目标任务，以及推进农村文化建设的相关政策措施。2005年12月31日，中共中央国务院发布《关于推进社会主义新农村建设的若干意见》，再次强调要“繁荣农村文化事业”，明确提出“各级财政要增加对农村文化发展的投入，加强县文化馆、图书馆和乡镇文化站、村文化室等公共文化设施建设，继续实施广播电视‘村村通’和农村电影放映工程，发展文化信息资源共享工程农村基层服务点，构建农村公共文化服务体系”。依据“十一五”规划，文化部目前正在制定《农村公共文化体系建设专项规划》，提出到2010年，实现县有文化馆、图书馆，乡镇有综合文化站，行政村有文化活动室，争取达到“一乡一站、一村一室、一人一册”的目标。并逐步在县级图书馆建设数字图书馆服务网络，利用基础设施为平台，推动数字化文化服务进乡村，实现文化资源共享。这些文件所制定的政策措施一旦得以贯彻落实，必将使我国公共文化建设出现一个崭新面貌。

五

历史经验表明，要实现新时期我国公共文化建设的目标，就必须改变以往那种在公共文化建设和管理上的任意性、人为性状况，必须扭转目前公共文化设施入不敷出、经营为上、社会服务功能日渐丧失的局面，必须使党和国家所制定的一系列行之有效的有关政策措施制度化和法制化。因此，建立和完善相关法律制度就成了一个最重要、基础性的保障。这既是我国公共文化建设进入有序化、规范化和法制化的必由之路，也是进一步完善我国社会主义法律体系的必然结果。目前，我国公共文化法律制度仍相当不健全，甚至尚未成型，因此，加快立法步伐十分紧迫和必要。党和国家在新时期所制定的一系列有关政策措施，为我们抓紧建立较为完备的公共文化法律制度提供了条件。可以说，加快这一立法步伐的时机已经来临。

从国际上看，许多国家在公共文化发展和建设方面都走上了法制化道路，即通过制定相关法律法规，确定国家发展公共文化的基本政策，保障政府公共财政对公共文化建设的投入，支持社会发展公益性文化事业，明确公共文化单位的法律地位、义务责任等。在立法上的模式大体有两种：一是制定文化事业方面的基本法，如俄罗斯于1992年制定的《文化基本法》、日本于2001年制定的《振兴文化艺术基本法》等。这类基本法既包括公共文化事业方面，也包括文化产业发展方面。一些国家则主要是通过制定文化基金法的方式来确定国家在公共文化事业方面的基本政策。如美国于1965年制定颁布的《国家艺术及人文事业基金法》。根据该法，美国成立了致力于艺术及人文事业发展的机构——国家艺术基金会与国家人文基金会，采取措施鼓励各州、各企业集团以及全社会对文化艺术的发展予以支持。二是制定公共文化机构方面的专门法律，如图书馆法、博物馆法等。尤其是图书馆法的制定和公共图书馆的发展，已成为现代社会文明发展、知识进步的标志之一。据统计，自英国于1850年颁布第一部图书馆法以来，世界上已有60多个国家先后制定颁布了250多部图书馆法律法规。亚洲、非洲的发展中国家（如印度、加纳、尼日利亚、坦桑尼亚等）自20世纪50年代起也相继制定了图书馆法。

我国宪法对发展公共文化事业早已有明确规定。《宪法》第 22 条规定：“国家发展为人民服务、为社会主义服务的文学艺术事业、新闻广播电视事业、出版发行事业、图书馆博物馆文化馆和其他文化事业，开展群众性的文化活动。国家保护名胜古迹、珍贵文物和其他重要历史文化遗产。”第 47 条规定：“中华人民共和国公民有进行科学研究、文学艺术创作和其他文化活动的自由。国家对于从事教育、科学、技术、文学、艺术和其他文化事业的公民的有益于人民的创造性工作，给予鼓励和帮助。”这些规定为我国公共文化法律制度的建立和完善提供了宪法依据。

我国在公共文化事业方面的法律法规和规章主要有三类：①国家制定的有关法律和法规。从目前的情况来看，我国公共文化法律制度仍处在初创时期。我国现有的法律法规中，涉及公益文化事业方面的（除了文化遗产保护外）仅出台了 2 部，即全国人大常委会制定通过的《公益事业捐赠法》（1999 年）和国务院制定通过的《公共文化体育设施条例》（2003 年）。前者是为了促进公益事业包括文化事业发展，对自然人、法人或其他组织自愿无偿向依法成立的公益性社会团体和公益性非营利的事业单位捐赠财产，并用于公益事业的捐赠、受赠行为作了若干法律上的规定。后者是第一部专门为保障和促进公共文化体育设施建设，加强对其管理和保护，充分发挥其功能所制定的行政法规。该条例首次具体明确了各级人民政府举办的公共文化体育设施的建设、维修、管理资金，应当被列入本级人民政府基本建设投资计划和财政预算；规定了国家鼓励通过自愿捐赠等方式建立公共文化体育设施社会基金；规定了公共文化体育设施的规划和建设、使用和服务、管理和保护等。②地方立法机关制定的有关地方性法规。近些年来，不少地方立法机关根据本行政区域社会经济发展情况，制定出台了一些公共文化地方条例，为国家立法提供了经验。如《北京市博物馆条例》《北京市图书馆条例》《内蒙古自治区公共图书馆管理条例》《湖北省公共图书馆条例》《广东省文化设施条例》《深圳经济特区公共图书馆条例》等。③中央有关部门所制定的政策和部门规章，如国务院的《关于支持文化事业发展若干经济政策的通知》、文化部的《关于实施西部大开发战略加强西部文化建设的意见》等。上述这些法律法规及规章性文件，无疑对促进和保障我国公共文化事业发展起到了重大作用。但从总体上看，我国公共文化方面的立法仍比较零散，立法的层次也较低，尚未形成一个较为成熟、完备、法律效力彰显的公共文化法律制度。

要加快我国公共文化事业方面的立法步伐，可以在具体立法工作中考虑两个思路：其一，根据文化事业和文化产业的不同特点，分别制定相关基本法。十届人大以来，一些全国人大代表不断提出议案，建议在制定文化产业促进法的同时，研究制定“公益文化事业保障与促进法”，以作为公共文化领域的基础性法律。这一思路符合我国社会发展的本质特点，也符合我国文化发展的长远利益。研究制定公共文化方面的基础性法律，可以将党和国家的公共文化政策上升为国家意志，有效保障公民的文化权利，明确政府的职责和公共财政的作用，确立公益性文化组织的法律地位和权利义务。同时，这一基础性法律可为其他相关专门法律法规的制定提供具体的法律依据。从目前的情况来看，这一立法尚需时日，需要在一些基本政策定型的基础上进行深入研究，逐渐成形。其二，研究制定公共文化事业方面的专门法，如《公共图书馆法》《博物馆法》或《公共文化设施法》《公共文化基金法》等。制定专门法是尽快解决公共文化立法需求的一个有效途径。尤其是《公共图书馆法》，相对其他专门法来说更具有可资借鉴的实践经验，应当将其作为当前文化立法上的一个紧迫任务加以解决。我国的公共图书馆发展初具规模，建立公共文化服务体系业已成为“十一五”时期党和国家对文化建设所提出的一个重要任务。这些都为我国公共图书馆系统的社会化、信息网络化、法制化奠定了基础。文化部于2001 年启动了图书馆法的起草工作，但在有关问题上（如公共图书馆的设立与设施标准、公共图书馆的经费投入、文献信息资源共建共享与现代化建设、公共图书馆队伍建设与服务准则以及读者权益保障等）仍存在一些争议和分歧。但是，在新的形势下，随着党和国家构建社会主义和谐社会、建设社会主义新农村这一宏伟目标的深入人心，无论从政策上，还是从立法上，解决这些问题，进一步加快公共图书馆法及其他相关专门法律的立法进程，无疑已成为今天为推进这一目标建设而必须努力完成的任务。

韩国、日本公共文化建设管理和立法保障[1]

“十一五”时期以来，随着国家投入力度的不断加大，我国公共文化设施网络已初步建成，但活力不足、效率不高、管好用好等问题也日益凸显。为此，我应邀参加文化部有关部门组织的公共文化考察团，赴韩国、日本就公共文化建设管理和立法保障情况进行调研和考察。我于考察期间先后访问了韩国首尔、京畿道城南市，日本东京、札幌和大阪等地，考察了韩国国立中央图书馆数字图书馆、京畿道城南市文化艺术中心，日本市川市文化会馆、泉佐野市文化会馆、三乡町立图书馆、公民馆，以及日本每日新闻社文化中心、每日书道馆等11处公共文化机构，通过与政府主管部门、公共文化单位负责人座谈交流，实地参观和查阅资料等多种形式，重点了解了韩、日两国公共文化机构的设施建设、组织结构、活动开展、资金投入、运营方式和法律保障等相关情况。

韩、日两国属经济发达国家，公共文化服务体系经过多年的建设发展，已进入相对成熟的时期，形成了比较完善的管理体制。20世纪中后期，韩、日公共文化也经历了与我国目前类似的发展阶段，由于公共文化机构由政府直接管理，成本高、效率低、活力不足等问题普遍存在。21世纪以来，韩、日两国积极推进公共文化微观管理体制改革，加强立法保障，逐步实现了管理方式转变。中、日、韩同为东亚国家，地缘接近，历史、文化等有很多相似之处，学习韩、日经验，对于探索改革我国公共文化微观管理体制，很有借鉴意义。

一、顺应时代要求，确立文化服务理念

韩、日两国均强调文化服务理念在公共文化建设中的基础性作用。以日本最具代表性的公共文化机构——公民馆（相当于我国的文化馆）——为例，起初日本在《社会教育法》中规定，其设置理念和目标是：为市、町、村居民举办各种文化教

---

〔1〕本文为笔者于2013年6月赴韩国、日本考察公共文化的报告。本文中所涉及之法律法规与理论，均以写作时间为准。

育活动，以达到提升居民素养、陶冶居民情操、振兴文化生活的目的。20 世纪后期到 21 世纪初，日本顺应时代发展需要，通过不断总结实践经验，明确了公民馆的新“四大功能”，即公民馆是自由聚集的场所，是集体活动的中心，是文化创造的广场，也是终身学习的“我的大学”。突出强调了公民馆在终身学习、文化创造、社会活动和促进人的全面发展等方面的重要作用，并逐步成为大多数公共文化机构奉行的服务理念。在这一新理念指导下，各类公共文化机构不断拓展服务功能和项目，成了公民终身学习的重要平台。

二、改革管理体制，推行非营利机构法人治理模式

随着服务理念的更新和功能的拓展，公民对公共文化机构服务能力的要求也越来越高，原有的由政府直接管理的运营模式弊端日益显现。特别是伴随韩、日两国行政改革的不断深化，公立机构的社会化经营逐渐成为新的发展趋势，公共文化机构管理体制改革被提上议事日程。从 21 世纪初开始，为降低成本、提高效率，韩、日两国政府在公共文化机构中大力推行非营利机构法人治理模式，即改变政府直接管理方式，通过指定经营或委托经营，推动公共文化机构转由民间组织或公司企业运营管理。韩国在公共文化机构中积极引入法人治理模式，已于 2005 年基本实现全国普及。日本从 2003 年起，由政府提出实施“指定管理者制度”，全面推行非营利机构法人治理模式。目前，日本全国采取这一模式的文化会馆比例接近 60%。相较于政府直接管理，实行法人治理模式主要有三个特征：

（一）实行理事会制度

在实行非营利机构法人治理模式之前，韩、日两国的公共文化机构主要负责人由政府任命，对政府负责，专任职员被纳入政府公务员序列。而随着法人治理模式的推行，理事会制度逐渐成为新的组织结构方式。馆长不再由政府直接任命和选派，而是先由政府组织选举委员会，选举产生由政府部门、公民代表、民间组织和工商业代表等组成的理事会，由政府任命理事长，同时设立监事员、评议员和理事若干名。理事会下设办事机构为事务局，事务局负责人由受委托的社会组织或企业推荐，理事会任命。事务局所做工作向理事会负责。理事会的主要职责是审议和批准事务局的年度计划、重大事项、财务预决算等，并对公共文化机构的运营情况进行评估审查。事务局的主要职责是负责公共文化机构的日常运营和管理，其专任职员一般以公开招募方式录用，不再纳入公务员序列。

下图为考察团实地考察的日本泉佐野市文化会馆实行指定管理者制度后的组织机构情况：

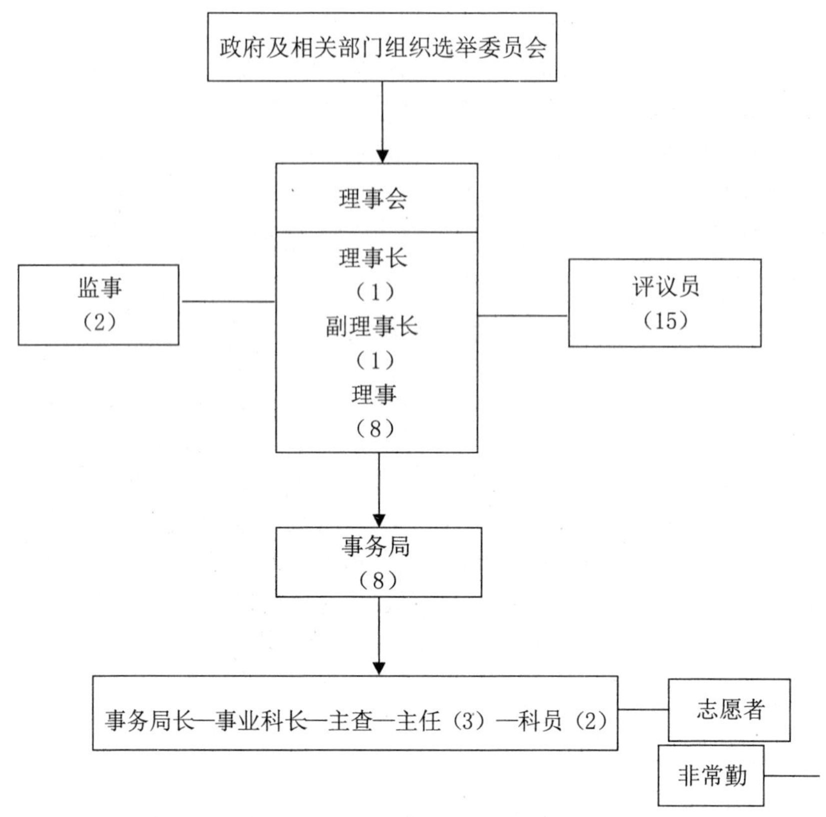

（二）实行政府购买与服务外包制度

与政府直接管理不同，在实施法人治理模式的公共文化机构中，事务局只负责做好公共文化服务项目的统筹设计、组织管理和协调服务等工作。公共文化机构开展的文艺演出、培训和展览等各类公益文化项目，凡是可以由市场承担的，均通过政府采购方式，请文艺团体、文化工作者或者文化公司等具体实施；场馆服务、技术支持、后勤保障等一般采取服务外包的方式，通过招投标，承包给有相应资质的专业公司负责，相应人员也由公司派遣，与公共文化机构没有劳动合同关系。

（三）财政运营基金制度与适当商业经营相结合

韩国、日本的相关法律规定，公共文化机构的年度财政计划和预算由政府审议批准，政府通过设立运营基金保证公共文化机构的基本运营经费，并根据实际运营情况多退少补，以实现经费来源的专门化、稳定化和透明化。如韩国规定各道、市议会负责审定当地公共文化机构的预算，中央财政对地方公共文化机构的设立与运营给予补贴。日本则明确要求设立专项运营基金。同时，为拓展服务内容，提高设施使用效率，也允许举办一小部分低票价或商业性的演出、培训，但经营项目比例一般不得超过总项目数的20%。如本次考察的泉佐野市文化会馆，2012年政府投入运营经费2亿日元，经营收入为6000万日元。

三、鼓励社会参与，兴办民营公共文化机构

在韩国和日本，政府允许企业、民间组织等社会力量按照有关规定，经过政府相关部门批准备案，在城乡基层设立与非营利性质的公民馆、文化会馆功能类似的公共文化机构。每日新闻社文化中心和每日书道会即属于这类机构。其基本运营经费由每日新闻社承担，不足部分通过收取会员费或者开展部分收费项目弥补。据日本全国公民馆联合会调查，全日本仅公民馆类似机构就达48 693所。总的来看，除了政府主导建设的公共文化机构，企业、社会组织等兴建的类似机构在基层公共文化服务方面也发挥了重要作用。

四、出台法律法规，为公共文化建设发展提供刚性保障

实行非营利机构法人治理模式后，政府不再对公共文化机构进行直接管理，韩、日两国均通过加强国家立法和制定地方法规，逐步实现公共文化机构的依法管理。如韩国颁布了《文化艺术振兴法》，出台了《地方自治团体文化设施建立及运营方针》等，对公共文化机构建设管理和民营公共文化设施提出了具体意见和标准。日本颁布了《社会教育法》，并根据发展需要多次修订，其中有1/3的内容是关于公民馆的设置、管理、评价、人员、经费等相关规定。2003年，日本修订的《地方自治法》，正式引入了“制定管理者制度”，在公共文化机构中推行非营利机构法人治理模式。这些都为公共文化管理体制改革和工作的开展提供了有力的法律保障。

五、启示

韩国、日本公共文化微观管理的有益经验，对于改革我国现有管理模式，探索建立低成本、高效率、更富活力的公共文化微观管理机制具有启示作用。目前，我国正在深化行政体制改革，提出既要简政放权，又要加强管理。强调基本公共服务也要深化改革，利用市场机制、创新供给方式，加大政府购买基本公共服务的力度，凡适合市场、社会组织承担的，都可以通过委托、承包、采购等方式交给市场和社会组织承担。推进公共文化微观管理体制改革，是我国基本公共服务深入改革的重要领域之一。要抓住政府行政体制改革的有利契机，同步推进公共文化微观管理体制改革；要突出改革重点，推进政企、政事、政社分开和管办分离，创新公共服务供给方式的有关要求，从更新服务理念、推行非营利机构法人治理模式和加强

法制保障三个方面，探索改革我国公共文化建设管理体制。坚持试点先行，在试点的基础上，根据实际情况，逐步向更大的范围推广。

（一）更新服务理念，强化公共文化机构的综合教育功能

鼓励公共文化机构突破传统的服务理念，以促进人的全面发展为核心，努力实现由单一文化功能向综合教育功能转变。围绕培育和弘扬社会主义核心价值观，提升人的公民意识、道德品质和文化修养，真正树立以人为本的现代服务理念，着力在完善服务功能、创新服务项目、提高服务标准下功夫，大力推进科学化、专业化、精细化服务，增强公共文化机构对群众的吸引力和感召力，使其不仅要成为文化娱乐的场所，更要成为人们陶冶情操、学习知识、文化创造和自我完善的平台。

（二）创新管理方式，推行非营利机构法人治理模式

在公共文化机构中，探索实行非营利机构法人治理模式。一是成立理事会。由同级政府文化部门牵头成立理事会，理事长由文化部门有关负责人兼任，理事由有关部门人员、人大代表、政协委员、群众代表和工商业代表等构成，负责对公共文化机构的重要事项进行审议、对计划执行情况进行监督评估等。二是设立管委会。由理事会委托社会组织或企业作为管理单位，成立管委会，主要负责人由受委托的社会组织或企业推荐，由理事会审批任命。管委会是理事会的办事机构，负责公共文化机构的日常运营，对理事会负责。管委会工作人员采取公开招聘方式产生（原公共文化机构工作人员可优先录用），工资不再由财政全额保障，而是实行绩效工资制。三是运营方式主要采取政府采购和服务外包。公共文化产品和服务的供给方式以政府采购为主，各类公共文化服务活动和项目，凡是适合市场承担的，均通过政府采购方式购买实施；场馆管理、专业技术支持和环卫、安保等，主要通过服务外包的方式交给市场的专业公司承担。四是设立财政专项保障。公共文化机构日常运营经费（包括政府采购和服务外包经费）由政府财政设立专项保障，部分高端服务项目也可通过低票价等方式体现公益性质，收入用于补贴其他文化活动。五是建立审查制度。借鉴韩、日做法，在理事会中设立审议员，负责对工作规划、活动开展、经费使用和实施状况进行综合审议，对设施运营进行全面评估，形成以效能为导向的评估机制。

（三）加快立法步伐，为公共文化建设提供法制保障

韩国、日本关于公共文化管理的法律法规已经形成比较完善的体系。从我国来看，改革公共文化微观管理体制，在改变政府直接管理方式的同时，亟须制定、完善相关法律法规，以保障和规范公共文化机构在实行法人治理模式过程中，依法运营管理。特别是对公共文化机构的组织架构、职能定位、运营管理、考核评价、人员组成和经费投入等，应从法律层面作出相应规定，真正实现有法可依、依法运营。试点改革公共文化微观管理体制并有相应立法权限的示范区创建城市及所在省

份，可先行探索出台相应的地方法规。同时，进一步加快推进制定出台公共文化服务保障法的步伐，建立适合我国社会发展的公共文化设施运营、管理和服务的法律保障制度，鼓励、支持采取委托社会力量参与运营等多种方式，拓宽公共文化服务的渠道。

关于公共文化立法的研究与思考[1]

一、公共文化服务的概念、范围与性质

自20世纪末期以来，随着我国社会主义市场经济的深化和文化体制改革的不断摸索，在理论和实践上出现的一个重大变革就是将传统的“文化事业”区分为公益性和经营性两个部分，逐渐分别确立了文化的公共属性（即“公共文化”）和产业属性（即“文化产业”）的地位。党的十七届六中全会把“覆盖全社会的公共文化服务体系基本建立，努力实现基本公共文化服务均等化”作为2020年文化改革发展的重要目标之一，明确了其在国家文化建设中的战略性地位。《国家“十二五”时期文化改革发展规划纲要》的出台，再一次将“覆盖全社会的公共文化服务体系基本建立，城乡居民能够较为便捷地享受公共文化服务，基本文化权益得到更好保障”写入基本目标之中。

所谓公共文化[2]服务，是指由政府主导、社会参与形成的普及文化知识、传播先进文化、提供精神食粮，满足人民群众文化需求，保障人民群众基本文化权益的各种公益性文化机构、产品和服务的总和。“公共文化服务体系”更强调转变政府职能，建立起服务型政府，并建立起一个结构合理、发展平衡、网络健全、运营高效、服务优质的覆盖全社会的公共文化服务体系。[3]这对于我国公共文化建设而言无疑具有划时代的意义。

公共文化服务的范围主要包括三部分：公共文化机构、公共文化产品（活动）、公共文化相关服务。公共文化机构是指那些由政府或社会力量兴办的，不以营利为

---

〔1〕 本文载于中国人大网，2013年7月10日。本文中所涉及之法律法规与理论，均以写作时间为准。

〔2〕 这里的文化是“中文化概念”，涵盖广播电视、电影、出版、报刊、互联网、演出、文物和哲学社会科学研究等领域。

〔3〕 公共文化服务体系是一个更为广泛的概念，有观点认为它包括先进文化理论研究体系、文化精品创作服务体系、文化传播服务体系、文化娱乐服务体系、文化传承服务体系、农村文化服务体系等七个方面。

目的、为广大公众提供公益性文化服务的机构、设施等。公共文化产品（活动）分为体现国家行为的“公共文化产品”和体现公众基本文化需要的“公共文化产品”两类。还有一类是相对意义上的“公共文化产品”，主要是指那些由“私人物品”进入公共领域的文化产品。公共文化相关服务是指政府或公共文化机构为满足公民平等地享有文化之需求所做的工作或提供的服务。

公共文化服务与经营性文化产业相对应，其核心在于其“公共性”或“公益性”，也就是说，其在本质上是属于全民共有共享并以为大众提供非营利性服务为根本目的。“公民有权利平等地享有文化”是公共文化服务这一概念的核心特征。在本质上，公共文化服务是保障公民文化权利实现的重要途径。这些文化权利包括文化参与、享受、创造权和文化传播权、文化选择权、文化成果受保护权。因此，我国公共文化服务的基本价值目标就是围绕社会主义核心价值体系建设和保障人民看电视、听广播、读书看报、进行公共文化鉴赏、参加大众文化活动等基本文化权益，[1]使人民大众都能够充分创造、享受文化，使中华民族始终保持丰富不绝的思想表达力和文化创造力。

公共文化服务是政府提供的公共服务的核心职能之一。深化文化体制改革的一个重要任务就是要将传统的文化管理模式转变为公共文化服务模式。一是要通过进一步深化文化事业单位改革和政府职能调整，推进文化单位内部机制转换，真正做到管办分离，充分发挥政府的主导和服务功能。二是要深化公共文化机构人事改革。政府要积极引导公共文化服务机构不断深化劳动人事制度、内部收入分配制度和干部选拔聘任制度和岗位管理制度，建立健全竞争、激励约束机制，努力提升公共文化服务能力与水平。三是要增强公共文化机构服务意识。政府文化机构要增加文化服务意识，丰富公共文化服务的内涵，增加公共文化服务的频率，提供群众喜闻乐见的好产品与满意的服务。四是要实现公共文化管理手段的多元化转变。充分调动社会各种力量参与到公共文化服务的发展中来，形成以国家为主导，社会组织、个人都参与的公共文化服务发展的大格局。五是建立公共文化服务体系建设发展的保障机制，通过立法，将其纳入法制轨道。

二、公共文化服务保障立法的国外状况

西方公共文化服务的主要管理模式有三类：一是以法国、日本等为代表的“政府主导”模式，即从中央到地方，政府均设有文化行政管理部门。各级政府文化部门对文艺团体进行有限的资助并提供比较完善的公共文化服务，法国文化部每年的财政预算均占国家财政总预算的1%以上。二是以美国为代表的“民间主导”模式。

---

〔1〕 参见《国家基本公共服务体系“十二五”规划》（国发［2012］29号）。

中央和地方政府都不设文化行政主管部门，政府不直接经营公共文化事业或公共文化设施，主要利用国家和私人的基金会对文化事业进行资助。另外，政府通过各种形式的税收优惠政策对文化艺术进行间接的资助，培育、支持民间的非营利性的艺术机构（NPAO），通过政府直接拨款，鼓励慈善机构、企业及个人捐助等多种形式对其给予支持。三是以英国、澳大利亚等为代表的政府与民间共建的“分权”模式。这种模式是政府与民间“建立伙伴关系”，进行文化资源的分配、文化事务的管理和文化服务的提供。

从国际上看，许多国家在公共文化发展和建设上都走上了法制化道路，即通过制定相关法律，确定国家发展公共文化的基本政策，保障政府公共财政对公共文化建设的投入，支持社会发展公益性文化事业，明确公共文化单位的法律地位、义务责任等。在立法上的模式大体有两种：一是制定文化事业方面的基本法，如俄罗斯于 1992 年制定的《文化基本法》、韩国于 1972 年制定的《振兴文化艺术基本法》、乌克兰于 2010 制定的《文化法》等，直接规定和明确国家政府在发展文化事业方面的基本职责和目标。一些国家则主要是通过制定文化基金法的方式来确定国家在公共文化事业方面的基本政策。如美国于 1965 年制定颁布的《国家艺术和人文事业基金法》，通过基金会的形式，采取措施鼓励各州、企业以及全社会对文化艺术的发展予以支持。这些基本法的一个突出的共同特点就是确立了国家通过制定特殊财政税收优惠政策、设立专项文化基金等方式去扶持、发展公共文化事业。如俄罗斯规定，用于联邦文化发展的财政支出应占联邦总支出的 2%，并建议地方政府将这一比例提高到 6%；规定免除国家文化机构的全部纳税义务包括所得税、收益税、财产税、土地税等，以扶持和保障文化事业的发展。韩国认为文化的普及和振兴是提高全民文化素养和提升国民生活质量的一个必要条件，规定国家、地方自治团体对公共文化设施、高雅艺术及业余文化艺术活动团体的活动经费予以支持和保障。住宅、建筑物建筑费用的 1% 要被用作绘画、雕刻、工艺等美术装饰。美国规定，联邦政府每年拿出相应比例的资金投入文化艺术（联邦政府对国家艺术基金、国家人文基金和博物馆图书馆学会等主要公共文化机构直接资助），国家艺术基金会与国家人文基金会每年向各州及联邦各地区艺术委员会拨款一次，约占年总基金额的 20%，其余款项直接用于向各个艺术人文领域内的个人及团体有关项目提供直接资助，也用于对优秀艺术成就的奖励。1917 年《美国联邦税法》就规定对非营利文化团体及机构和公共电视台、广播电台免征所得税，并减免资助者的税额。对于非营利的，以促进文化、教育、科学、宗教、慈善事业为目的的团体免征赋税，个人和企业对上述非营利团体的捐赠可享受减免税收的优惠政策等。二是制定公共文化机构方面的专门法律，如图书馆法、博物馆法等，以保障和促进公共图书馆和博物馆事业的发展。

从我国的实际情况来看，上述两种立法模式都是值得借鉴和参考的。除了制定公共文化方面的专门法外，制定相关基本法也具有相当的必要性。

三、我国公共文化服务保障发展基本状况

党的十六、十七大以来，按照公益性、基本性、均等性和便利性的要求，我国覆盖城乡的公共文化服务体系基本框架已初步建立，整体发展态势良好：

第一，加大投入，构筑覆盖全国的、完备的公共广播电视网络体系和公共图书馆、博物馆、社区文化和农村文化服务设施体系。截至 2011 年，全国广播电视综合人口覆盖率分别达到 97.06% 和 97.82%，农村电影放映队 4 万个，基本实现了“村村通”和“一村一月放映一场电影”的目标；全国县级以上公共图书馆 2952 个，文化馆（含群艺馆）3285 个，乡镇（街道）文化站 40 390 个，农家书屋 60 万家，基本实现了“县有图书馆、文化馆，乡有综合文化站”，并覆盖一些行政村。“十二五”期间还要进一步提出建立健全公共文化服务体系，扩大公共文化产品和服务的供给的具体指标，完善面向妇女、未成年人、老年人、残疾人的公共文化设施。[1]

第二，深化文化体制改革，不断强化政府文化管理和公共服务职能，逐步理顺与文化事业单位的关系，推动公共文化服务机构更新服务理念，创新服务方式，更好地承担起提供公共文化服务的责任。包括建立健全公共文化设施服务公示制度，公开服务时间、内容和程序；完善公共文化设施的免费或者优惠开放制度，实行定点服务与流动服务相结合，推动公共文化服务向社区和农村延伸；采用政府购买、补贴等方式，向基层、低收入和特殊群体提供免费文化服务；促进数字和网络技术在公共文化服务领域的应用，建设数字广播电视信息平台、数字电影放映网络系统、网上图书馆、博物馆、剧场等；支持民办公益性文化机构的发展，鼓励民间开办博物馆、图书馆等，积极引导社会力量提供公共文化服务等。

目前，我国公共文化服务体系建设存在不少困难和问题：

第一，公共文化设施建设仍相对薄弱。相当一段时期以来，由于观念认识差距、市场经济冲击和财政投入不足等多种原因，公共文化设施建设曾长期处在一个相对滞缓的发展状态，不少地方（尤其是农村地区）的文化建设一度急剧下滑，已有的设施或破损严重或转为他用，人员队伍严重流失。这一状况近些年来已有明显改善，覆盖全社会的公共文化服务网络体系构架已初步建立，但与现实需求仍有不小差距。一是设施建设标准较低，运转经费严重不足。据文化部统计，目前全国平均近 42 万人才拥有一个公共图书馆，人均馆藏图书 0.52 册，全国公共图书馆人均

---

〔1〕 参见《国家基本公共服务体系“十二五”规划》（国发〔2012〕29 号）。

藏书量0.4册，远低于国际图联规定的每5万人应有一个公共图书馆和人均2册的标准。县级图书馆、农村书屋的图书更新率过低，运转经费缺乏保障。二是城乡之间、东西部之间发展长期失衡，农村公共文化设施体系薄弱现象仍较突出。村级文化室约28万个，仅占全国行政村总数的47.7%。三是一些地方公共文化设施设备简陋，功能不健全，利用率较低，闲置现象较为严重。中西部一些实行免费开放的图书馆、博物馆，由于取消了门票收入，后续财政补贴经费保障跟不上，在运营服务上出现了困难。一些大中城市把新建某个代表性的图书馆、博物馆作为城市地标建筑的一个重要标志，出现了一种“重建筑，轻功能”“重奢华，轻服务”的现象。许多基层文化单位缺乏稳定的工作队伍，人员短缺，无编制、无人员、无经费以及专职不专干的问题较为突出。四是其他公共文化设施（如剧场、影剧院等）数量不足。

第二，公共文化投入总量偏小，城乡、区域发展不平衡。国家公共文化投入总量与公共文化事业发展的要求仍不相适应，尚未形成稳定的投入机制。“十五”和“十一五”期间，全国文化事业费占国家财政总支出的比重在0.3%~0.4%之间。据统计，2011年全国文化事业费共392.62亿元，虽与前一年相比增幅达到21.5%，但仅占全国当年财政总支出的0.36%，全国人均文化事业费仅29.14元。远低于世界上一般国家占1%以上的水平。党的十六届四中全会曾指出：“中央和地方财政对宣传文化事业的投入，要随着经济的发展逐年增加，增加幅度不低于财政收入的增长幅度。”〔1〕但在实践中这一目标并未达到。另一方面，城乡之间、区域之间文化投入差距较大，发展不均衡的现象较为突出。农村公共文化投入总量和比重都过少。据统计，“十一五”时期前四年农村文化投入占全国文化事业费的比重仅为28.2%。〔2〕东西部区域之间差距日益扩大。2011年，广东省文化事业费为33.73亿元，居全国之首，相当于陕西、甘肃、青海、新疆、西藏五省区的总和。

第三，行政管理体制比较复杂，政府职能转变仍需加强。随着公共文化事业的深入发展，进一步加快改革步伐，理顺文化管理体制，已成为一个日益紧迫的问题。目前，公共文化涉及不少部门，文化、新闻出版广电、发改委、财政城乡建设、税务等部门都有部分公共文化职能。实践中，机构分设，职能交叉重叠，政出多门，管办不分，条块分割的传统文化体制的弊端仍然相当程度地存在着，原有的体制性、机制性障碍是制约公共文化事业发展的突出症结，权责明确、行为规范、监督有效、保障有力的管理体制亟待形成，政策不统一，相互封闭，重复建设等现象影响了公共文化服务体系建设的规范、有序开展。

---

〔1〕《中共中央关于加强社会主义精神文明建设若干重要问题的决议》1996年10月。

〔2〕“‘十一五’以来我国文化事业费投入情况分析”，载中国社会科学网：www.cssn.cn，2011年1月18日访问。

第四，公共文化设施的运行机制和经营管理方式陈旧老套，机构人员行政化、经费来源财政单一化，尚未形成一种适合我国社会特点、自主管理、良性运营的有效机制，造成机构、人员效率低下和财政投入上的沉重负担，不适应公共文化服务多样化的发展。

第五，社会力量发展公共文化的渠道有限，缺乏足够的财税政策支持。目前，我国公共文化建设的主要资金来源是国家财政，但从国际上的经验来看，除了必要的财政保障外，充分利用税收政策，鼓励支持社会力量在公共文化建设中的作用是一条成功经验。我国目前在这方面的措施尚不到位，现行税收政策对企业、个人投资公益性文化建设并未存在明显的优惠，对社会力量开展公益性文化活动缺乏足够的财税政策、土地政策支持。例如，按照国务院颁布的《公共文化体育设施条例》的规定，演出场所未被列入公共文化设施，而与商场、娱乐业征收同一营业税，税率高达5%~20%，不仅高于被列入公共文化设施的电影院（营业税税率为3%），也高于金融保险业（5%）。这一不合理的状况严重制约了演出场所的建设和发展。又如私人博物馆的地位、性质和财税优惠政策仍缺乏法律规定，这也是制约我国博物馆事业发展的一个重要原因。

四、我国公共文化服务保障立法的必要性、内容构想和对策建议

（一）立法的必要性和内容构想

党的十八大对建设社会主义文化强国、基本建成我国公共文化服务体系提出了明确要求，要实现这一目标，建立和完善相关法律制度成了最重要、基础性的保障。党的十七届六中全会明确指出：“加快文化立法，制定和完善公共文化服务保障、文化产业振兴和文化市场管理等方面法律法规，提高文化建设法制化水平。”[1]十二届全国人大成立以来，高度重视公共文化立法工作，积极研究将公共文化保障法列入本届全国人大常委会五年立法规划。张德江同志强调指出：“全面推进依法治国，重点是提高立法质量。要坚持科学立法、民主立法，强化立法论证、立法调研、立法评估，加强重点领域立法，拓展人民有序参与立法途径，切实增强法律的可执行性和可操作性，提高法律的权威性，更好地发挥立法的引领和推动作用。”[2]这为我们进一步做好立法工作指明了方向。目前，我国公共文化服务体系建设的指导思想、目标任务、政策措施已经基本明确。近些年以来，全国人大代表不断提出议案，建议研究制定公共（公益性）文化保障法，以作为公共文化领域的基础性法

---

〔1〕《中共中央关于深化文化体制改革、推动社会主义文化大发展大繁荣若干重大问题的决定》。

〔2〕“张德江：全面推进依法治国加快建设法治国家”，载新华网：www.xinhuanet.com，2013年4月17日访问。

律。这既符合我国社会主义法制建设的需要，也符合我国文化发展的长远利益。根据我国经济社会和文化发展的基本特点，紧紧围绕公共文化服务的立法原则、体系构建、管理制度、保障机制等主要问题，加强顶层设计，将党和国家的公共文化政策上升为国家意志，建立国家在发展公共文化事业方面的基本原则和法律制度，并使之具有可执行性、可操作性，是公共文化服务建设有序化、规范化和法制化的必由之路，是建设法治和服务型政府的必然要求，也是完善中国特色社会主义法律体系的应有之义。

公共文化服务保障法作为公共文化方面的基础性法律，其原则和内容应主要包括：

第一，确立本法的宗旨，即发展中国特色社会主义文化，促进社会主义精神文明建设，继承弘扬中华民族优秀传统文化，保障公民的文化权益，提高全民文化素质。

第二，确立文化权利保障原则、政府主导原则、社会参与原则。规范公共文化的范围，建立统一的公共文化管理体制和覆盖全社会的公共文化服务体系。

第三，建立公共文化服务的主体和组织管理制度。明确各级政府、企业、团体和其他社会力量对发展公共文化的基本职能、权限和义务，建立一个以政府为主导的多元化的公共文化服务组织体系。

第四，建立公共文化服务的财政保障制度。将其纳入各级政府经济社会发展规划，城乡建设规划，纳入财政预算。

第五，建立公共文化服务的政策扶持制度。包括对社会力量从事公共文化建设和服务、实施重大文化项目、老少边穷地区公共文化建设的重点扶持措施和税收优惠，鼓励捐赠、资助、赞助以及奖励惩戒等相关措施。

第六，建立适应社会发展的公共文化设施运营、管理和服务制度。鼓励、支持委托社会力量参与运营等多种方式，拓宽公共文化服务的渠道。

第七，建立法律监督制度和责任追究制度等。

（二）加快立法工作的几点建议

全国人大常委会针对公共文化服务制定一部保障法，是文化法制建设的一件开创性和基础性工作。目前，一些地方立法机关已先行作出了探索。2011 年 9 月，广东省人大常委会在全国率先制定了《广东省公共文化服务促进条例》，对公共文化的体系构建、设施建设、管理制度、服务提供以及保障措施作了规定。2012 年 11 月，上海市人大常委会也通过了《上海市社区公共文化服务规定》，为城市社区公共文化设施、服务、保障、管理及运行主体等作了建设性规定。这些都为国家开展公共文化服务制度建设和统一立法提供了地方实践经验。目前，随着我国公共文化服务体系建设目标任务的明确和文化体制改革的深入，制定公共文化服务保障法的时机不断成熟。我国要及时总结经验规律，在遵循可执行性、可操作性原则的前提下，加快国家立法步伐。

第一，提高各级政府和领导干部依法开展公共文化服务的自觉意识。树立文化权益保障理念，充分认识到把发展公共文化事业作为保障人民基本文化权益的主要途径被纳入法制化轨道的重要性和必要性。

第二，大力推行制度化建设，及时总结公共文化服务体系建设工作中的经验和规律，在财政保障、税收激励、城乡统筹、社会力量参与、公共文化服务单位运营机制以及人才培养机制等方面形成一系列相对稳定、行之有效的政策措施，在此基础上通过立法使之法制化。建议有关部门适时召开全国公共文化服务体系建设和立法工作会议，为国家立法和制度化建设提供实践准备。

第三，深入推进文化行政管理体制改革，有效解决公共文化行政部门多头管理、职能交叉、条块分割等问题。抓紧进行副省级以上文化等相关行政管理部门的改革，建立以文化部为主导、统筹全国公共文化服务体系的行政管理体制，逐步形成职责明晰、权利义务统一的行政执法体系。

第四，加强公共文化服务保障及立法的理论研究。积极推动地方立法，建议适时召开公共文化服务地方立法工作座谈会，总结交流经验，鼓励、支持有条件的地方立法机关，根据本地区经济社会发展情况制定出台地方性法规，保障和促进当地公共文化服务的发展。

第五，组织力量，抓紧启动公共文化服务保障法的立法工作。目前，公共文化服务体系建设主要由文化部和国家新闻出版广电总局负责承担，同时涉及多个部门。相关部门要在十二届全国人大常委会的立法规划指导下，组成立法领导小组和起草小组，积极开展法律草案的调研、起草和论证工作，使之尽快进入立法程序。

加强文化法治，推动全面建设小康社会的重大举措〔1〕

2016年是“十三五”规划实施的开局之年，也是坚持“创新、协调、绿色、开放、共享”发展理念，推动我国发展深刻变革的关键时期。2016年4月25日，第十二届全国人大常委会第二十次会议召开，听取了柳斌杰主任委员代表全国人大教科文卫委员会所作的关于《公共文化服务保障法（草案）》的说明。至此，公共文化服务立法工作正式进入全国人大常委会的审议程序。

全国人大常委会制定公共文化服务保障法，对促进全面小康建设，落实新理念具有特殊意义。这是本届全国人大常委会组成以来坚决贯彻落实以习近平为总书记的党中央“五位一体”“四个全面”战略总布局，充分发挥文化在我国综合国力中的重要作用，使之成为推动全面建设小康社会、实现中华民族伟大复兴“中国梦”的强大力量的一个重大举措；是加强文化立法工作，依法构建现代公共文化服务体系，保障人民基本文化权益，提高文化建设法治化水平的重大举措。这既是我国文化事业发展中的一件大事、喜事，也是我国文化法律制度建设迈上新台阶的重要标志。

文化是民族的血脉，是人民的精神家园。全面建成小康社会，实现中华民族伟大复兴，必须推动社会主义文化大发展、大繁荣。改革开放以来，我国文化建设取得了巨大成就，但与人民日益增长的文化需求相比，还有一定差距。让人民享有健康丰富的精神文化生活，是全面建成小康社会的重要内容。加强公共文化服务，构建现代公共文化服务体系，是弘扬社会主义核心价值观、丰富人民精神文化生活、实现人民的基本文化权益、保障和改善民生和提高全民族文化素质的重要途径。

随着经济科技全球化的迅猛发展，各种思想文化相互冲撞，综合国力竞争日趋激烈。一个具有国际竞争力的国家，除了经济、军事等竞争力外，必然具有文化的竞争力。党的十八大将公共文化服务体系建设作为全面建成小康社会的重要内容，

---

〔1〕 本文载于《中国文化报》2016年5月6日。本文中所涉及之法律法规与理论，均以写作时间为准。

对现代公共文化服务体系建设作出了一系列重要部署，确立了公共文化在国家文化建设中的重要地位，明确提出到2020年“现代公共文化服务体系建成”的战略目标。十八届三中全会将构建现代公共文化服务体系和促进基本公共文化服务标准化、均等化作为全面深化改革的重点任务之一。十八届五中全会通过的“十三五”规划建议对公共文化服务建设作出了进一步安排，要求创新发展方式，以“创新、协调、绿色、开放、共享”的理念引领现代公共文化服务体系建设的方向。这一系列的方针政策，全面绘制了未来一段时期我国现代公共文化服务体系建设的蓝图。我们要充分认识构建现代公共文化服务体系的重大意义。公共文化作为文化建设的重要组成部分，承担着面向所有人传播和内化社会主义核心价值观、提高公民道德和文化素质的使命和功能。大力发展公共文化，是一个社会文明繁荣昌盛的重要标志。我国要建设社会主义文化强国，实现两个一百年奋斗目标，实现中华民族伟大复兴的“中国梦”，离不开社会主义核心价值观的深入人心，离不开国民素质的普遍提高，离不开文化的继承与开创能力的整体提升。

随着全面依法治国的深入开展，一个重要的途径和手段就是要把公共文化事业纳入法制轨道，通过立法建立相关法律法规制度，依法促进和保障公共文化服务发展，提升公共文化服务能力和水平。我们要高度重视在全面依法治国的背景下推进我国公共文化法律法规制度建设的重要性。党的十八届四中全会明确提出建立健全坚持社会主义先进文化前进方向，遵循文化发展规律，有利于激发文化创造活力，保障人民基本文化权益的文化法律制度。这为我们进一步加快推进文化立法工作指明了方向。

全国人大常委会高度重视文化立法工作，在立法规划中，列入了《公共文化服务保障法》《文化产业促进法》《公共图书馆法》《电影产业促进法》《著作权法》（修改）、《文物保护法》（修改）等多部文化法律，在整个规划中占相当比重。目前，全国人大常委会正在审议的文化法律还有《电影产业促进法》，其他法律正在抓紧起草和提请审议中。随着“四个全面”战略布局的不断深入贯彻落实，文化立法必须担负起应有的责任和任务。这些法律的出台将改变我国文化立法相对薄弱的现状，极大地推进国家文化发展与创新，为广大人民群众建设良好的公共文化环境。

制定《公共文化服务保障法》是十八届四中全会提出的明确要求。全国人大教科文卫委员会负责牵头起草工作，这是文化领域的一部保障公民基本文化权益的基本法，被列为立法规划第一档。目前，我国公共文化服务体系建设的指导思想、目标任务、政策措施已经基本明确。近些年以来，一些全国人大代表不断提出议案，建议研究制定公共文化领域的基础性法律。这既符合我国社会主义法制建设的需要，也符合我国文化发展的长远利益。根据我国经济社会和文化发展的基本特点，紧紧围绕公共文化服务的立法原则、体系构建、管理制度、保障机制等主要问题，加强顶层设计，将党和国家的公共文化政策上升为国家意志，建立国家在发展公共文化事业方面的基本原则和法律制度，并使之具有可执行性、可操作性，是公共文化服务建设有序化、规范化和法治化的必由之路，是建设法治型和服务型政府的必然要求，也是完善中国特色社会主义法律体系的应有之义。

作为公共文化方面的基础性立法，《公共文化服务保障法（草案）》有几个显著特点：一是始终牢牢把握党对文化建设的基本方针。坚持以社会主义先进文化为导向，以人民为中心，以社会主义核心价值观为引领，把加强公共文化服务体系建设、丰富人民群众文化生活、传承中华优秀文化、弘扬社会主义核心价值观、提高全民族文明素质、促进社会主义文化繁荣发展作为立法的宗旨和根本目的。二是坚决贯彻落实新发展理念，以文化共享为核心，坚持公共文化的公益性、基本性、均等性、便利性原则。规定国务院制定国家基本公共文化服务指导标准，省、自治区、直辖市人民政府根据国家基本公共文化服务指导标准，结合当地实际需求、财政能力和文化特色，制定本行政区域的实施标准；坚持公共文化服务均衡协调发展原则，扶助老少边贫地区和基层公共文化服务；根据未成年人、老年人、残疾人和流动人口等群体的特点与需求，提供相应的公共文化服务。促进基本公共文化服务标准化、均等化，保障人民群众文化基本权益的实现。三是坚持政府主导、社会力量参与的原则。构建现代公共文化服务体系，实现公益性服务目的，政府是主体，应承担主要职责，但也要充分发挥社会力量对公共文化建设的作用，提供制度平台和空间，调动全社会的积极性。该草案规定政府制定发展规划、提供公共文化设施、文化产品和文化服务，引导公共文化资源均衡发展等职责。同时，还规定建立适应社会发展的公共文化设施运营、管理和服务制度，鼓励、支持委托社会力量参与运营等多种方式，拓宽公共文化服务的渠道。鼓励各种社会力量参与提供公共文化服务。四是坚持设施建设和服务效能并重的原则，把提高公共文化服务效能作为一个立法重点予以突出。该草案将“提高公共文化服务效能”作为“加强公共文化设施建设，完善公共文化服务体系”的一项重要原则写入总则；规定各级人民政府应当建立反映公众文化需求的征询反馈制度和公众参与的公共文化服务考核评价制度，并将考核评价结果作为确定补贴或者奖励的依据；规定公共文化设施管理单位应当根据评价结果改进工作，提高服务质量；规定基层综合性文化服务中心应当加强资源整合，充分发挥统筹服务功能；规定国家推动公共文化设施建立健全法人治理结构，吸收有关方面代表、专业人士和公众参与管理。五是鼓励和支持公共文化服务和国民教育融合，充分发挥公共文化服务的社会教育功能，提高青少年思想道德和科学文化素质。六是坚持公共文化与科技融合原则，推动运用数字技术、现代信息技术和传播技术，提高公共文化服务水平。七是鼓励支持人民群众的文化参与，激发全社会的文化创造活力，规定国家鼓励公民主动参与公共文化服务，自主开展健康、文明的群众性文化体育活动；各级人民政府应当给予其必要的指导和支持。八是明确各项具体保障措施。该草案规定了经费保障、通过转移支付等方式对老少边穷地区的扶助，社会力量参与公共文化服务的途径，公共文化人才队伍建设的措施以及税收优惠，鼓励捐赠、资助、赞助以及奖励惩戒等相关措施。建立法律监督制度和责任追究制度等。

全面推进依法治国，加强制度建设是习近平总书记系列讲话中的一个重要思想。立法就是最高的制度建设。建立健全我国公共文化法律制度，标志着我国公共文化事业正在有序迈入法治化、规范化的轨道，充分体现了党和政府关注民生、促进经济、社会和文化协调发展的执政理念。公共文化服务保障法立法是一项基础性的工作，必将对我国的文化生活、文化生态和文明建设产生重要影响。我们要通过法治的手段，凝聚力量，建立公共文化服务的长效机制，弘扬社会主义核心价值观，树立道德理想和科学创新精神，提高全民族良好的文化素质，弘扬中华优秀文化，实现中华民族伟大复兴的“中国梦”。

深入贯彻落实《公共文化服务保障法》充分发挥现代数字科技在公共文化服务中的重要作用[1]

非常高兴和感谢受到邀请来参加由文化部和北京大学共同设立的“公共文化服务大数据重点实验室”的挂牌仪式。这是《公共文化服务保障法》自2017年3月1日实施以来，文化部和北京大学共同携手，积极推进将现代数字科技运用于公共文化服务的一个重要进展，也是深入宣传贯彻《公共文化服务保障法》的一个重要举措。这充分反映了领导和专家学者对学习好、贯彻好、落实好这部法律的高度重视。下面，我将就深入贯彻落实《公共文化服务保障法》，充分发挥现代数字科技在公共文化服务中的重要作用谈几点个人看法：

一、充分认识《公共文化服务保障法》的重要意义

2016年12月25日，第十二届全国人大常委会第二十五次会议高票通过了《公共文化服务保障法》，这是我国文化法治建设中的一件大事，也是文化事业发展中的一件喜事。它作为我国文化建设领域的第一部综合性、全局性、基础性法律，是文化法治建设上的一个重大进展，为社会主义文化的繁荣发展奠定了重要的法治基础。党的十八大以来，以习近平同志为核心的党中央站在时代的高度，高度重视文化在发挥我国综合国力中的重要作用，使之成为推动全面建设小康社会，实现中华民族伟大复兴“中国梦”的一个强大力量。在“五位一体”“四个全面”的战略布局下，对现代公共文化服务体系建设作出了一系列重要部署，确立了公共文化在国家文化建设中的重要地位，要实现这一目标，一个重要途径就是要把公共文化事业纳入法制轨道，建立相关的法律制度，依法促进和保障公共文化设施建设和管理，提升公共文化服务能力和水平。

---

〔1〕 本文为笔者于2017年4月15日在文化部、北京大学共同设立的“公共文化服务大数据重点实验室”启动会上的演讲。本文中所涉及之法律法规与理论，均以写作时间为准。

党的十八届四中全会明确提出要“制定公共文化服务保障法，促进基本公共文化服务标准化均等化”。为贯彻落实中央精神，2014 年初，全国人大教科文卫委员会牵头启动了立法工作，成立了领导小组，还成立了工作小组和专家咨询组，经过广泛征求社会各界意见和反复修改完善草案，于 2016 年 4 月提请十二届全国人大常委会第二十次会议初次审议，并经 8 月、12 月二次、三次审议，以高票通过。整部法律共分为 6 章 65 条，包括总则、公共文化设施建设与管理、公共文化服务提供、保障措施、法律责任、附则。该法的立法宗旨是“加强公共文化服务体系建设，丰富人民群众文化生活，传承中华优秀传统文化，弘扬社会主义核心价值观，增强文化自信，促进中国特色社会主义文化繁荣发展，提高全民族文明素质”。法律明确了几个重要原则：一是坚持以社会主义先进文化为导向，坚持以人民为中心，坚持以社会主义核心价值观为引领；按照“百花齐放、百家争鸣”的方针，支持优秀公共文化产品的创作与生产，丰富公共文化服务的内容。二是坚持公益性、基本性、均等性、便利性原则。三是坚持政府主导、社会力量参与的原则。四是坚持公共文化服务均衡协调发展原则，扶助老少边贫地区、特殊人群、基层公共文化服务。五是坚持公共文化与学校教育相结合原则。六是坚持公共文化与科技相融合原则等。同时，法律在政府责任、设施建设、管理和提高效能、公共文化服务提供、社会参与等方面建立了相关制度和规范。

从立法角度来说，这部法律的制定有几大亮点：

第一，它是我国文化建设领域的第一部综合性、全局性、基础性法律，是文化立法的重大突破。加强文化法治，首要的任务就是要加强文化立法。长期以来，我国文化立法一直比较薄弱、滞后，仅有《文物保护法》《非物质文化遗产法》《著作权法》等，在现行法律总量中占比不到 2%。而且，立法主要集中在文化遗产保护方面，公共文化、文化产业、文化传播、文化市场等领域一直缺乏基本法律制度。十二届全国人大常委会组成以来，高度重视文化立法，推动了包括《公共文化服务保障法》《电影产业促进法》《公共图书馆法》《文化产业促进法》等在内的一系列文化法律的制定，补齐了文化立法的短板。《公共文化服务保障法》的制定颁布，第一次通过国家法律把党和国家长期以来在文化建设领域行之有效的方针政策上升为法律制度，从法律上确立了公共文化服务的根本目的、基本原则和基本制度，为社会主义文化的繁荣发展奠定了重要的法治基础。

第二，它是鲜明地维护人民群众基本文化权益、为其不断增长的精神文化需求提供保障的法律，是我国宪法相关规定的具体体现。这部法律的一个主线是，建设覆盖城乡、便捷高效、保基本、促公平的现代公共文化服务体系，通过规范公共文化设施建设管理、文化产品和服务的提供等，为人民群众享有读书看报、看电视、听广播、参与文化鉴赏、文化活动等基本文化权益提供了坚强有力的法律支撑。

第三，它为构建现代公共文化服务体系提供了法律依据。《公共文化服务保障法》的立法目的之一就是“加强公共文化服务体系建设”，并对此作出了系统的制度设计安排。它以建成覆盖城乡、便捷高效、保基本、促公平的现代公共文化服务体系为主要目标，明确了公共文化服务应当坚持社会主义先进文化前进方向、以人民为中心、以社会主义核心价值观为引领等基本原则，确立了“政府主导、社会力量参与”的公共文化服务格局，对包括博物馆在内的公共文化设施的建设管理、公共文化服务的提供以及保障机制等都作出了明确规定，必将引领和推动现代公共文化服务体系建设全面、深入地开展。

第四，它是发挥人大及其常委会对文化立法的主导作用的一个典型范例。这部法律由全国人大教科文卫委员会直接牵头起草，成立了各方参与、运转有效的立法工作机构，开门立法，科学立法，打破部门界限，坚决避免部门利益法制化，统筹各方意见建议，凝聚共识，从起草到出台，前后仅用两年多时间，得到了各方好评。这为进一步做好立法工作积累了经验。

二、加强文化与科技的融合是《公共文化服务保障法》的一个重要原则

《公共文化服务保障法》的一个重要原则就是要加强文化与科技的融合，这是公共文化服务适应现代科学技术潮流，适应社会发展需要所确立的一个重要制度，我们要深刻领会、切实贯彻落实。当前，我们正处在整个国民经济发展结构调整的重要节点上，这个节点既是结构调整的关键枢纽，又是关键动力，那就是创新驱动发展。将创新驱动战略上升为国家战略是十八大报告提出来的。“十三五”规划又提出了“创新、协调、绿色、开放、共享”的发展理念。坚持这一发展理念，是关系我国发展全局的一场深刻变革，这为我国未来的发展指明了方向。要实现 2020 年“现代公共文化服务体系建成”这一战略目标，一个重要举措和途径就是必须创新发展方式，以“创新、协调、绿色、开放、共享”的理念引领现代公共文化服务体系建设。

目前，衡量创新型国家的主要标准是科技标准。国际上对创新型的国家和一般性的国家是有区分的。所谓创新型国家，判断的第一个指标是科学技术在整个国民经济社会发展上的贡献率，发达国家一般是在 70%以上，我国到目前为止大约是 60%左右；第二个指标是科研研发经费占 GDP 的比重，按照国际上普遍认可的标准，创新型国家的标准应该占 GDP 的 2.5%以上，目前我国是 2%，我们国家中长期计划是到 2020 年我国科研研发经费占 GDP 的比重达到 2.5%，进入创新型国家。但我认为，除了科技标准外，文化创新也应该成为衡量创新型国家的另一个重要标准。从本质上说，文化创新的关键要素是内容创新，但文化科技和文化表现、传播和消费技术的创新也是一个重要因素。当今时代，文化与科技密不可分，相互推

动、相互促进。数字技术、互联网技术、信息通信技术既是科学技术，也是文化技术，这一相互融合的趋势日趋明显。在包括文化产业与公共文化在内的整个文化发展中，在文化装备、文化传播制造业、文化消费终端制造业，在广播影视、演艺、出版、印刷、游艺娱乐、移动互联等领域，现代科技成果的开发、转化、利用比比皆是，成效显著。

现今的公共文化发展离不开以数字技术为核心的现代科学技术，离不开以互联网、新媒体为代表的现代传播技术，这些新技术、新传播的发展为公共文化提供了广阔空间。这既是我国制度的优势，也是我国改革开放三十年来经济、技术蓬勃发展的必然结果。中央高度重视以现代技术为核心的现代公共文化服务体系建设，发布了专门文件，明确提出了新时期公共文化服务与科技融合的任务，包括加强文化科技创新、加快数字化建设、提升现代传播能力等。近些年来，我国公共数字文化服务体系、公共文化现代传播体系建设突飞猛进，取得了丰硕成果。如广播电视“村村通”工程、全国文化信息资源共享工程、数字图书馆工程、数字文化宽带应用工程等等。这些现代技术的广泛应用，对实现我国公共文化服务全覆盖，保障人民群众基本文化权益，丰富人民群众文化生活，传承中华优秀传统文化，弘扬社会主义核心价值观，增强文化自信，促进中国特色社会主义文化繁荣发展，提高全民族文明素质，必将起到越来越重要的作用。因此，从根本意义上说，采取切实措施，做好公共文化服务与现代科技的融合，是建设文化强国、提升文化“软实力”、增强文化自信的必然要求。今天，我们看到文化部和北京大学共同设立了“公共文化服务大数据重点实验室”，就是高度重视并具体实现公共文化服务与现代科技融合的一个成果，是紧紧把握发展趋势，以实际行动来体现创新驱动发展战略要求的一个范例。

应该看到，文化与科技的融合还需要进一步迈开大步，我们应当增强紧迫性，将文化建设全面纳入国家整个创新驱动战略和政策之中。从公共文化服务自身角度来说，更应当主动融入国家整个创新驱动战略和政策，并以此来认识和把握公共文化服务发展的路径和手段。要主动出击，主动融入，充分运用国家战略和政策，在这方面我们有极大的空间和平台。2015 年，中共中央国务院发布《关于深化体制机制改革加快实施创新驱动发展战略的若干意见》，这是一份关于如何通过需求、人才、机制、深度融合等手段具体实施创新驱动战略的最为重要的文件，提出到 2020 年，基本形成适应创新驱动发展要求的制度环境和政策法律体系，为进入创新型国家行列提供有力保障。这份文件对科技界、产业界影响很大，而对文化界的关注则不够。笔者认为，它对我国文化产业、公共文化以及文化科技发展同样具有重要意义。由于种种原因，文化与科技的融合仍存在体制机制上的薄弱环节，融合的深度、广度仍与现实需求存在较大差距，要有效地解决文化与科技融合问题，既需要科技界努力，更需要文化界的努力。比如，“十三五”规划提出的一个重要概念“数字创意”，被与新一代信息技术、生物、绿色低碳、高端装备与材料一并列为5个“十万亿级”战略性新兴支柱产业，使之成了未来经济发展的主动力。数字创意也就是以数字技术为核心的内容产业，包括影视、动漫、游戏、数字出版、在线服务等。目前，科技界正在积极研究产业发展规划。显然，这一新兴产业对公共文化服务的发展也是具有巨大潜力的。

总之，国家立法层面、政策层面以及科技界都开始强烈关注科技与文化的融合，开始采取实际步骤予以推动。在这样的形势下，我们文化界（包括文化理论界）、管理部门更要有紧迫感，要进一步采取积极措施，加强舆论和研究，主动出击，在推动文化与科技融合上发挥更大作用。

三、切实把公共文化服务保障法的相关规定落到实处

坚持公共文化服务与科技融合原则是制定《公共文化服务保障法》的一个重要理念和思路，法律为此从总则、设施建设、服务提供等多个方面作了明确、详细的规定。

第一，总则明确规定了国家鼓励和支持发挥科技在公共文化服务中的作用，推动运用现代信息技术和传播技术，提高公众的科学素养和公共文化服务水平。（《公共文化服务保障法》第11条）

第二，在公共文化设施建设方面，法律明确规定：

公共文化设施是指用于提供公共文化服务的建筑物、场地和设备，主要包括图书馆、博物馆、文化馆（站）、美术馆、科技馆、纪念馆、体育场馆、工人文化宫、青少年宫、妇女儿童活动中心、老年人活动中心、乡镇（街道）和村（社区）基层综合性文化服务中心、农家（职工）书屋、公共阅报栏（屏）、广播电视播出传输覆盖设施、公共数字文化服务点等。（《公共文化服务保障法》第14条）

县级以上地方人民政府应当将公共文化设施建设纳入本级城乡规划，根据国家基本公共文化服务指导标准、省级基本公共文化服务实施标准，结合当地经济社会发展水平、人口状况、环境条件、文化特色，合理确定公共文化设施的种类、数量、规模以及布局，形成场馆服务、流动服务和数字服务相结合的公共文化设施网络。（《公共文化服务保障法》第15条）

第三，在公共文化服务提供方面，法律规定：国家统筹规划公共数字文化建设，构建标准统一、互联互通的公共数字文化服务网络，建设公共文化信息资源库，实现基层网络服务共建共享。

国家支持开发数字文化产品，推动利用宽带互联网、移动互联网、广播电视网和卫星网络提供公共文化服务。地方各级人民政府应当加强基层公共文化设施的数

字化和网络建设，提高数字化和网络服务能力。(《公共文化服务保障法》第33条)

国家重点增加农村地区图书、报刊、戏曲、电影、广播电视节目、网络信息内容、节庆活动、体育健身活动等公共文化产品供给，促进城乡公共文化服务均等化。(《公共文化服务保障法》第35条)

这些法律条文的规定对推动公共文化服务与科技的融合，加快建设现代公共文化服务体系，提供了坚定明确的法律制度保障。我们必须采取措施，严格依法办事，按照法律的规定要求，在实际工作中贯彻落实到位，使公共文化服务借助科技的力量发挥更加广泛、巨大的力量。

最后，祝公共文化服务大数据重点实验室工作顺利，取得丰硕的科研成果。

谢谢大家！

《公共文化服务保障法》的立法背景与主要内容[1]

2016年12月，全国人大常委会制定出台了文化领域最重要的一部法律——《公共文化服务保障法》。笔者自1987年开始，一直在全国人大教科文卫委员会从事文化立法工作，先后经历并见证了我国改革开放以来的文化建设、文化法治建设以及文化基本政策的发展，特别是公共文化服务保障法的立法背景和缘由，希望通过全方位的介绍，使各位领导和同志对我国文化立法的建设，包括一些重要的文化法律的基本内容和基本脉络有一大致了解。

我们讲法律、讲立法要跟我国整体的立法背景相关联，从立法背景角度上讲，又要跟我国近些年的整体战略部署的调整、变化紧密相连。今天的报告主要分为立法背景，立法的重要意义和总体思路，《公共文化服务保障法》的基本框架、原则和主要制度特点，立法中的几个主要问题，加强法律的执法和监督这五个方面。其中，立法背景主要有三点：一是立法与我们国家的战略思维、战略布局紧密相关联；二是怎么看待当前形势下的文化建设的问题；三是讲述一下我们在全面推进文化立法的过程中间的具体工作。这是我们立法背景的主要内容，然后在这个背景下，我会向大家汇报一下公共文化服务保障法的立法思路、框架、原则和主要制度特点。

一、立法背景

简单地说，我们一定要把文化的法治建设和我国在新形势下的战略部署、战略布局紧密地联系起来。

（一）新形势下的战略布局

党的十八大以来，中国共产党形成并积极推进了经济建设、政治建设、文化建设、社会建设和生态文明建设“五位一体”的总体布局；积极推进全面建成小康社

〔1〕本文为笔者于2017年7月5日在国家行政学院省部级干部加强文化自信与文化管理创新专题研讨班的讲座。本文中所涉及之法律法规与理论，均以写作时间为准。

会、全面深化改革、全面依法治国和全面从严治党“四个全面”的战略布局，这一布局是“十三五”期间乃至未来更长一个时期内我国经济社会发展的科学指导和行动指南。“五位一体”和“四个全面”的总体布局和战略布局的发展跟我国改革开放以来的总体发展是紧密相连的。“五位一体”是党的十八大明确提出来的，在这之前，自改革开放以来，我们始终以经济建设为中心，且长时间以来，对整个经济社会发展，我们通常用经济建设和社会主义精神文明建设这两大建设来统筹。党的十六大报告提出了“三位一体”的总体布局——经济建设、政治建设和文化建设。党的十七大报告提出了“四位一体”的总体布局——经济建设、政治建设、文化建设和社会建设。党的十八大则进一步拓展到“五位一体”的总体布局——经济建设、政治建设、文化建设、社会建设、生态文明建设。之所以如此，一个重要理念就是科学、和谐和平衡的发展。党的十八大以前，我国长期以来一直以经济建设为中心，这个理念延伸到一段时期以后，暴露出了一些不协调的地方。今天，虽然我们仍然还是应该坚持以经济建设为中心，但是文化建设、社会建设，包括政治建设、生态文明建设的问题，都成了整个社会的突出问题。

从党的十七大科学发展观的理念和“四位一体”的提出，一直到党的十八大“五位一体”的提出，反映了党中央对社会发展基本发展规律的全面认识和深刻把握。“五位一体”总体布局提出经济、政治、文化、社会和生态五大建设并列，是对建设中国特色社会主义认识不断深化的结果，是对实现什么样的发展、怎样发展这个重大战略问题的科学回答。所以，我们讲的“五位一体”是整体，其中，经济建设是根本，政治建设是保证，文化建设是灵魂，社会建设是条件，生态文明建设是基础。有同志将“五位一体”定位为：总体战略布局反映了中华民族伟大复兴的新起点、新方位。笔者认为，这种定位是非常准确的，一定要从这样的背景和高度上全面认识文化的问题。

2017 年是“十三五”规划的第二年，“十三五”时期是全面建成小康社会，实现第一个百年奋斗目标的决胜阶段，这是一个基本的定位。在这个阶段里，习近平总书记提出了一个全新的发展理念，就是要树立创新、协调、绿色、开放、共享的发展理念。实际上，我国整体文化建设（包括我们讲的公共文化服务保障）都跟创新、协调、绿色、开放、共享的发展理念紧密相连。这个全新的发展理念是关系到我们国家发展全局的一场深刻变革。例如，保障人民的基本文化权益就跟共享理念紧密关联，发展文化离不开创新，离不开协调，离不开绿色，也离不开开放，更离不开共享。正是在这样的背景下，我们才能认识到我国花费巨大的人力和财力为人民群众提供和保障基本公共文化服务的意义。为此，“十三五”规划明确提出，创新是引领发展的第一动力，协调是健康、持续发展的内在要求，绿色是永续发展的必要条件和人民对美好生活最重要的体现，开放是国家繁荣发展的必由之路，共享是中国特色社会主义的本质要求。习近平总书记经常说，中国共产党发展社会。发展的目的是什么？我们的目的就是要让人民过上美好的生活，这是发展的本质要求。所以，共享不能被简单地理解为共享的经济（例如共享单车），共享经济并不能完全代表共享理念。我国社会的发展核心以及社会主义本质的体现是共享，共享是中国特色社会主义的本质要求。这就是我们推行公共文化服务保障的一个基本的出发点。

（二）文化成为一个重要的战略问题

当今社会，文化为什么会成为一个重要的战略问题。这是全球发展趋势变化的必然结果。简单地说，在经济、科技发展的全球化趋势背景下，对文化重要性的认识越来越深刻。长期以来，我国的整体政策一直集中在经济建设发展领域。这个现象，不仅仅体现在文化领域，还体现在行政领域、党政领域，包括全国人大也是如此。教育、科学、文化、卫生领域的立法相对于其他领域的立法来说始终落后。为什么？原因在于没有把社会领域包括文化领域的事情放在一个比较重要的位置来认知和考虑。前文中提到，经济建设始终是中心，其他领域的问题就一直往后排，说明在整个社会发展领域里面，我们没有将文化上升为一个重大的问题来考虑。今天，以习近平总书记为核心的党中央，深刻地认知到了这一点。经济发展的目的和本质是什么？经济发展的目的和本质必然要与全社会的发展紧密相连，要落脚到社会平衡、科学协调、全面发展上面。

文化为什么是一个战略问题？因为，这是全球发展趋势变化的必然结果。在经济、科技发展的全球化趋势背景下，所有的国家对文化重要性的认识都越来越深刻，这种重要性除了一般的文化意义以外，还体现在政治、经济、民族、国家文化主权等方面。长时间以来，我们谈文化往往囿于文化本身，除了宣传意义和意识形态意义以外，对文化的理解更多地停留在茶余饭后、休闲文化和娱乐文化方面，并没有把它放在国家的战略层面上来认知。实际上，现在所讲的文化已经远远超出了传统的文化意义，这里所说的文化体现在政治、经济、民族、国家文化主权等多个方面。例如，钓鱼岛问题和南海问题，这就是我们国家的主权问题，坚决不能退让。那么，为什么文化会成为主权？实际上，这跟国家之间的争斗、争执和冲突紧密相关。2007 年，韩国将“江陵端午祭”申报为世界非物质文化遗产项目，这件事情对我们影响很大。因为，当时我国的法定假日除了春节以外没有没有传统文化节庆。长期以来，一些专家学者一直建议要把传统节庆加入到法定节假日里面，但是一直没有落实。韩国“江陵端午祭”申遗成功后，我们的社会反响很大，专家、学者也纷纷撰写文章表达强烈意愿。实际上，东亚国家在文化渊源上都属于儒家文化圈，韩国“江陵端午祭”的文化源头是中国，是从中国的传统文化延伸过去，进而韩国化的，其有自己的祭拜对象和完整的礼仪，成为现在的“江陵端午祭”并且申遗成功。其实，在中国的历史上，端午节的文化内涵是非常丰富的，但几百年来，中国的端午节就剩下吃粽子的习俗，我们并没有充分发掘端午节更深层次的文化内涵。

所以，自 2008 年起，国务院决定将端午节、清明节、中秋节等中国传统节日纳入国家法定节假日。同时，将中国端午节申报列为世界非物质文化遗产名录，并于 2009 年 9 月得到联合国教科文组织的正式审议批准，成了中国首个入选世界非物质文化遗产名录的节日。这反映了全社会、全民族的心声，这就是中国的文化。我们现在讲文化自信，绝不是一个空洞的概念，而是必须要通过非常具体的、各种特有的文化形态和表现形式充分体现出来。如果文化没有丰富多彩的表现形式，没有重大传统节庆，没有重大的民族文化礼仪，那么，文化自信就是一个空洞的概念。

为什么说文化和主权相关联？联合国教科文组织是主权国家才能参加的国际组织。联合国通过的《保护非物质文化遗产公约》和《保护世界文化和自然遗产公约》都明确指出一个国家的文化遗产和自然遗产项目具有主权性质。韩国文化遗产项目的主权就是韩国，中国文化遗产项目的主权就是中国。当然，两个国家也可以共同申报。2005 年，蒙古国将“蒙古族长调民歌”作为世界非物质文化遗产项目申报，当时我们就非常着急，因为蒙古长调也是中华民族文化的一个很重要的表现形式，如果蒙古国申遗成功，那么蒙古族长调民歌的主权就是蒙古国的。最后，我国与蒙古国联合申报了“蒙古族长调民歌”，并被联合国教科文组织批准列入世界非物质文化遗产名录。还有钓鱼岛问题，曾经有一段时间，日本想把钓鱼岛作为他们国家的自然遗产向联合国申报，被我们给制止了。这就是主权问题。因为只有主权国家才能够申报该国的世界遗产项目。所以，不要小看文化的重要主权意义。

过去，我们对文化具有的经济意义认知不够。现在，文化在经济领域的重要意义不言而喻，文化产业已然成为一个国家的支柱型产业，受到各国的高度重视，并成为我国深化供给侧结构改革、推动经济结构调整、促进文化消费的关键要素。

总之，随着文化的战略地位越来越突出，当今的国际竞争日益表现为国家经济、军事“硬实力”和文化“软实力”相结合的综合国力的竞争。一个国家的综合国力分为两部分，一部分是“硬实力”，另一部分是“软实力”。“硬实力”是指军事实力和经济实力，“软实力”是指制度、文明、价值理念。所以，国家文化和价值观的较量成了大国博弈的关键要素之一，文化领域已然成为国际政治、经济、意识形态较量和争斗国际影响力、话语权的主战场。现代工业革命以后，特别是以信息技术和互联网为代表的高新技术的全球化发展，产生了一个重大的结果就是全球一体化，这也是我国经济自 20 世纪 90 年代以来迅速腾飞的一个重要原因。那么，全球一体化带来的直接结果是什么？那就是经济上融为一体，科技上融为一体。在这个前提下，什么最能体现一个国家、一个民族，乃至一个群体最为本质的东西？

显然只有文化。国内也是如此，改革开放以来，有一个很大的特点就是所有的城市面貌几乎都是千篇一律，唯独那些没有被经济开发或者是在思维上比较滞后的城镇，把它的传统文化保留下来，反而成了优势。我们到所有的地方去旅游，所看见和所听见的最本质的东西唯有文化。一个没有文化特点的地方是不可能有吸引力的。所以，文化是一个国家、一个民族、一个群体的最本质的体现，这一点在当今社会表现得越来越突出。近些年来，整个国际社会特别是一些大国，还有那些发达的小国比如北欧国家，都在纷纷出台国家的文化战略和文化立国的方针。为什么？原因就在于，在整个经济与科技的大浪潮下，如果不守住一个国家的文化，那么，这个国家和民族的特性就会消失。所以，文化是一个国家价值追求和道德文明的集中体现，是团结人民、鼓舞人民的有力精神武器，是国民经济发展的重要支柱和国家“软实力”的重要载体。

众所周知，随着物质生活水平的不断提高，人民群众追求精神文化生活的愿望也越来越强。文化消费总量增长以及在消费总支出中的文化占比是衡量国民经济和国民生活质量的重要指标。消费重点向文化教育领域的倾斜也是我国供给侧结构改革的重要的内容之一。从经济方面来看，文化是整个经济结构改革的一个重要方面，也体现在这里。党的十七届六中全会通过的《中共中央关于深化文化体制改革推动社会主义文化大发展大繁荣若干重大问题的决定》提出，文化是民族的血脉，是人民的精神家园。什么是血脉？血脉就是最本质的东西，是无可替代的东西。你到外面打一段太极、唱一句京剧，不用讲话人家就知道这是中国人。这就是中国的文化，是最本质的东西。文化是人民的精神家园。什么是精神家园？精神家园就是人民的信仰、依托和归宿。改革开放以来，我国取得了举世瞩目的重大成就，中国的国民生产总值跃居世界第二，为什么能够取得这个成就？除了我们党中央的坚强领导和我国制度上、体制上的优势以外，还有一个很重要的原因，那就是几千万海外的中华儿女们对我国改革开放事业起到了巨大的支持作用。所以，中央电视台每年的春节晚会总会向我国的海外同胞、港澳台同胞、海外华侨表示感谢。世界上其他很多国家都没有像中华儿女这样的向心力。从某种意义上讲，这应该也是个奇迹。几千万海外的中华儿女们用自己的热情、精力、金钱来支持祖国发展。为什么？这是文化的力量。中华民族有一个很大的特点，无论走到哪儿，天涯海角都是中华的儿女，这种对国家、对民族的向心力用什么来维系？就用中华文化。比如，国内国外的华人都要过春节。为什么要过春节？这是中华文化的传承和凝聚。党的十八大以来，以习近平总书记为核心的党中央高瞻远瞩，高度重视中华优秀传统文化的地位作用，把继承、弘扬、发展中华优秀传统文化作为国家建设、文化建设的重要内容。中华文化是什么？习近平总书记指出，中华优秀传统文化积淀着中华民族最深沉的精神追求，包含着中华民族最根本的精神基因，代表着中华民族独特的精神标识，是我们民族的“根”和“魂”。党的十八大提出了“文化强国”的概念，说明我们以前一直是文化大国但不是文化强国，我们的目标就是要建设文化强国，而中华优秀传统文化正是文化强国最重要的基础。

“软实力”这个词最早是由美国前国防部部长助理、哈佛大学肯尼迪学院院长约瑟夫·奈提出来的。他的解释是，一个国家文化的全球普及性和它为主宰国际行为规范而建立有利于自己的准则与制度的能力，都是它重要的来源。相对于“军事和经济实力这类有形力量”，即“硬实力”，他将这种“重要的力量来源”称为“软实力”。他认为，“软实力”包括意识形态、价值观念、社会制度、文化吸引力、政策等，其核心就在于价值观的表达。他认为文化“软实力”的重要性要超过经济军事“硬实力”。其实，人类发展到今天，我们都能够认知和体会到这一点。例如，以前英国横扫全球，而现在美国虽也是超级大国，但是其势力范围在某种意义上还是不及当年的大英帝国。但是，今天英国的国际影响力也在日益下降。这里所说的下降主要指的是英国的“硬实力”在不断地下降，其“软实力”倒不一定在下降。一个很鲜明的例子就是英语，语言是文化“软实力”的重要载体。由此我们可以看出“软实力”的影响力、持久性不可小觑。我国也逐渐认识到“软实力”的重要性，陆续在全球设立了500多个孔子学院，虽然孔子学院的建立和推广需要一个发展过程，但是我国已经认识到“软实力”的重要性。习近平总书记明确提出理论自信、制度自信、道路自信和文化自信。其中文化自信是最重要的来源和基础，这是一个国家、一个民族、一个政党对自身文化价值的充分肯定和对自身文化生命力的坚定信念。文化自信是民族自信心和自豪感的源泉，中华民族正是有了对中华民族文化的自信心和自豪感，才在数千年漫长的历史长河中生生不息，坚韧不拔，创造了无数辉煌。没有自己的文化自信，其他的自信便都缺少了最重要的本源和基础。因此，习近平总书记在全国宣传思想工作会议上指出：“独特的文化传统，独特的历史命运，独特的基本国情，注定了我们必然要走适合自己特点的发展道路。”[1]这一重要论断，深刻揭示了中国特色社会主义的深厚历史渊源、广泛现实基础和客观发展规律，对于我们增强道路自信、理论自信、制度自信，坚定不移地走中国特色社会主义道路，具有重要的指导意义。

2017年1月25日，中共中央办公厅、国务院办公厅印发了《关于实施中华优秀传统文化传承发展工程的意见》。这是中国共产党针对优秀传统文化的传承、弘扬和发展出台的第一个最为重要的文件。《关于实施中华优秀传统文化传承发展工程的意见》对中国共产党对传统文化有一个基本的定位，即中国共产党在领导人民进行革命、建设、改革的伟大实践中，自觉肩负起传承发展中华优秀传统文化的历

---

〔1〕“习近平：胸怀大局　把握大势　着眼大事　努力把宣传思想工作做得更好”，载《人民日报》2013年8月21日。

史责任，是中华优秀传统文化的忠实继承者、弘扬者和建设者。这个定义是非常准确的。当然，中国共产党在历史进程中在对待传统文化的问题上走过一些曲折的道路。但是，从根本上讲，中国共产党夺取政权，靠的是马克思主义基本理论与中国革命实践相结合形成的毛泽东思想；我们党领导改革开放三十年取得巨大成就，靠的是社会主义一般理论与中国社会主义建设实践相结合所形成的中国特色社会主义。中国革命或建设的实践在本质上体现了中华优秀传统文化精神。因此，把我们党定位为忠实的继承者、弘扬者和建设者是非常准确的。其实，毛泽东同志早在《新民主主义论》中便对中国共产党如何正确认识和处理中华传统文化作出过非常精辟的论述：取其精华，去其糟粕；在这个基础上要建设民族的、科学的、大众的文化，这就是继承者、弘扬者和建设者的意思。对此，笔者认为，这对整个的文化建设和对包括传统文化的认知是一个重大的改变。所以，《关于实施中华优秀传统文化传承发展工程的意见》明确指出，实施中华传统文化传承发展工程，是建设社会主义文化强国的重大战略任务，对于传承中华文脉、全面提升人民群众文化素养、维护国家文化安全、增强国家文化“软实力”、推进国家治理体系和治理能力的现代化具有重要的意义。

（三）全面推进文化立法

第三个背景就是要全面推进文化立法。党中央提出全面依法治国，涉及的所有方面必须要被纳入依法治国的范畴，当然这其中就包括文化领域。党的十八大以后，全面推进文化立法也是党中央确定的一个基本法制建设方针。文化立法是指规范和调整文化领域内文化成果的创造、生产、传播、消费、保护、弘扬以及文化促进、服务和管理等各种社会关系的立法，文化立法涵盖我国整个文化领域的法制建设工作，主要包括新闻出版、广播电视、电影、文化艺术、文化遗产、语言文字、网络传播、图书馆、博物馆、文化馆（站）、文化娱乐业等方面。长时间以来，文化部实际上名不副实，文化是一个大的概念，但是，在我们现行的行政管理体制里面，文化却是一个比较小的概念，比如出版、电影原来都属于文化，在文化部的管辖范围内，后来就被逐渐剥离开，把它划到了新闻出版广电总局管理。那么，现在的文化部不管新闻，不管出版，也不管电影，只管舞台艺术、娱乐场所、非物质文化遗产，还有对外文化的一些交流，这些只是小文化的范畴。然而，笔者所在的全国人大教科文卫委员会的文化室，负责的文化立法却包括新闻出版、广播电视、电影、文化艺术、文化遗产等方面，这些是大文化的范畴。上述对比主要是想说明，长期以来，我们对文化的认识受限于我们行政的分割，谈到文化的行政管理体制、文化体制改革等问题，都是如此。我们很多的矛盾都是由文化行政管理的分割所导致的，这使部门之间产生了不协调。

2003 年文化体制改革以后，一个重大进展就是将副省级以下的文化新闻出版广播电视管理部门合并成为一个部门，但是省级以上部门没合并，上级跟下级始终不对称。为此，中央下了很大的决心解决行政管理体制不对称的问题，十二届全国人大把广播电影电视管理部门和新闻出版管理部门合并，成立了国家新闻出版广电总局。改革过程、确定新机构名称的过程非常繁琐，这说明文化领域的管理体制比较复杂。但是，我们必须坚持文化综合体制的改革，这是一个方向。

我们国家立法体制的特点是统一而又分层次。什么叫统一而又分层次呢？我国是单一制国家，不是联邦制。这决定了我国的立法权必须相对集中于中央。我国实行人民代表大会制度，全国人民代表大会是国家最高权力机关，行使国家立法权的主体是全国人大及其常委会。但我国正在实行改革开放，法律尚不完备。这就决定了我国的立法权不能完全集中在国家最高权力机关的手中，必须给国家最高行政机关以一定的立法权，以适应体制改革和对外开放的实际需要。同时，我国地域辽阔，人口众多，各地经济、政治、文化、社会情况各不相同，特别是民族众多，这就决定了我国的立法不能全部集中在中央，必须给省市区、特区、设区的市人大和民族自治机关一定的立法权，以适应各地的不同情况。这之中，全国人大及其常委会的立法权是最高的，其他立法机关制定的行政法规、地方性法规、自治条例和单行条例等都必须遵循宪法和法律，不得与其相抵触。这就是所谓法制的统一。总之，我国现行的立法体制是由各种因素决定的，是适应我国国情和客观实际需要的。所以，我国法律体系的构成是以宪法为统领，以法律为主干，包括行政法规、地方性法规、自治条例和单行条例在内的多个法律部门组成的统一整体。这是我国国家体制和立法体制的具体体现。

目前，我们国家的法律约有 260 部，但是，文化领域的法律比较少，全国人大常委会制定的文化法律目前是 7 部，关于互联网的决定有 2 部，国务院制定的有关文化行政法规有 40 多部，各省、自治区、直辖市人大和常委会制定的地方性文化法规和决定有 300 多部。文化法律包括 1982 年制定的《文物保护法》，1987 年制定的《档案法》，1991 年制定的《著作权法》，2011 年制定的《非物质文化遗产法》。2011 年前，我国所有的文化法律只有这几部，严格意义上只有《文物保护法》和《非物质文化遗产法》这 2 部法律属于文化法。所以，文化领域立法长期以来一直是短板。除此之外，全国人民代表大会在 2000 年制定了《关于维护互联网安全的决定》，2012 年制定了《关于加强网络信息保护的决定》，这两个决定主要是针对互联网制定的。前者主要是针对互联网的技术安全，例如黑客和破坏设施；后者主要是加强对公民信息的保护。2016 年，文化立法实现重大突破，十二届全国人大常委会在一年内制定颁布了《电影产业促进法》《公共文化服务保障法》和《网络安全法》三部法律，文化法律翻了一番。由此可以看出，党中央对推动文化领域的文化法治高度重视，全国人大常委会对加强文化法治建设高度重视。《电影产业促进法》的出台影响很大：现在，我国电影业的发展位列全球第二。2017 年上半年，国内电影产值高达 270 多亿。可见，我国电影产业市场是非常庞大的。2017 年全年，突破 500 多亿应该是没什么问题，因此，电影产业的繁荣发展必须要被纳入法制的范围。《网络安全法》是于 2017 年 6 月 1 日正式实施的，它是保护信息网络安全（包括技术安全）的总体法律，而不完全只是一个文化领域法律。那么，从总体上来说，文化立法主要存在三点问题：一是文化法律数量少，文化立法的盲点多；二是现行文化立法主要是制定了一批法规规章，法律效力等级低，缺乏上位法的依据，主要集中在文化行政管理方面，有明显的局限性；三是缺乏统筹规划和理论研究。这些状况与全面依法治国的战略布局不相适应，与文化建设的战略地位不相适应，与全面建成小康社会的总体要求不相适应，需要抓紧时间完成。

文化立法在新形势下面临的主要任务有：

第一，文化立法必须建立健全文化法律制度。我国文化立法的基本思路是建立以宪法为根本，以文化基本法律、专门法律和行政法规为主干，以地方性法规和部门规章为补充的中国特色社会主义的文化法律制度框架。该框架一共分为五大类，即公共文化、文化产业、文化遗产、文化市场、文化传播。我们主要是从这五大类的角度来理解文化领域的法制建设。

第二，文化立法必须保障文化战略任务实施。党的十八大报告对建设文化强国提出了四项重大任务：一是社会主义价值观要深入人心，社会主义的价值观入法是党中央的重要要求。我国现在很多法律都明确把宣传和弘扬社会主义的核心价值观作为法律一个重要的政治原则写进去。二是文化产品更加丰富，公共文化服务体系要基本建成。三是文化产业要成为国民经济支柱性产业。2016 年，文化产业在我国国民经济中占比 4.07%，但是，文化产业作为国民经济支柱性产业最低的目标是 5%。要达成这一目标，我们还需要付出很大努力。目前，北京市文化产业占比最高，达到 14%，上海、江苏、浙江、湖南、广东的文化产业占比大概都在 8%以上，但是从总量来说，其他大部分的省都比较低，所以，全国文化产业在国民经济中占比不足 5%。四是中华文化“走出去”，要迈出更大步伐。目前，中华文化的国际影响力在不断增强。例如，2016 年，习近平总书记出访非洲，送的国礼就有中国的电视剧，中国电视剧在非洲的影响力非常大。笔者前些时候参加文化产业座谈会，有一个北京四达公司，主要业务全在非洲。据介绍，该公司收购了非洲的一些电视台，覆盖众多人口，影响很大。这些都预示着我们的文化正在扎实地“走出去”。

第三，文化立法必须保障我国国家文化安全。文化安全是国家安全的重要组成部分，主要是指一国观念形态的文化（例如制度文明、民族精神、价值理念、信仰追求、语言文字、风俗习惯等）生存和发展不受到威胁的客观状态。从本质上说，维护一个国家的文化安全就是维护该国的制度文明和价值文明。所以，维护文化安全就是维护国家文化安全的公共文化。我们讲的公共文化就是维护国家安全的重要平台。为什么要发展公共文化？因为，公共文化是整个国家文化安全的重要支柱，国家安全是一个大概念，在国家的总体安全下面，包括政治安全、经济安全、社会安全、军事安全和文化安全。

第四，文化立法要保障公民的文化权益。满足人民群众的文化需求，保障人民的基本文化权益是我们文化建设的重要任务。长时间以来，我们只是提到满足人民需求，发展文化建设也是为了满足人民的精神文化需求。后来，我们认知到不仅仅要满足人民群众的需求，还要保障人民群众的基本文化权益。这是我们的责任。我们建立公共政府、公共财政、公共文化的核心理念就是政府是有责任保障人民群众的基本文化权益。人民群众的基本权益是人民所拥有的不可取代的最重要的权益，这是政府的基本职责。党的十七届六中全会明确提出要保障人民群众看电视、听广播、读书看报、进行公共文化鉴赏、参加大众文化活动等文化的基本权益，为此，国务院也颁布了《国家基本公共文化服务指导标准》。

第五，文化立法要促进文化体制机制改革。文化立法的一个重要方面就是要推进文化体制机制改革。2003 年以来，文化体制机制进行了改革，到今天为止，改革取得了重大的成绩。其中，一是要打破文化领域传统分业管理模式，探索建立中国特色文化综合管理体制机制，建立传播渠道，建立统筹管理的体制机制；二是要构建现代文化市场体系，促进文化产品的生产、交易、传播和开拓国际市场，保障文化市场统一开放、竞争有序、健康繁荣；三是要保障文化主体的地位、权利和义务，保护知识产权。

第六，文化立法要推进依法行政。加强文化立法是推进依法行政的必然要求。依法行政，建设法治政府是全面依法治国的一个重要内容。2003 年，第十届全国人大常委会审议通过《行政许可法》；2004 年，国务院发布《全面推进依法行政实施纲要》，党的十八届三中全会提出全面深化改革，实现国家治理体系和治理能力的现代化。这对我国依法行政，建立法治政府具有重大和深远的意义。向全体公民提供基本公共服务是现代政府的基本职责，是建设服务型政府、实现国家治理体系和治理能力现代化的必然要求。

第七，文化立法要推动文化发展的社会化。以前，文化领域的建设都是政府办、政府管，随着社会主义市场经济的不断深入发展，社会其他领域（包括文化领域在内），都要给予社会力量一定空间，要强调文化资源的市场配置作用，包括文化传媒领域的开放准入，文化企业的法人治理制度，国有文化资产跨地区、跨行业、跨所有制的兼并重组等，以及公民、法人和社会组织从事公共文化、文化产业的激励措施，都需要通过文化的法制建设来予以实现。

二、立法的重要意义和总体思路

改革开放以来，随着我国社会主义市场经济的深化和文化体制改革的不断探索，理论和实践层面出现的重大变革就是将传统的“文化事业”区分为公益性和经营性两个部分，逐渐确立了公共文化和文化产业的地位。这是一个重大的改革。过去，文化事业也罢、文化建设也罢，全都是由国家财政出资，管办不分，事企不分，出现了不少弊端。实际上，这一改革是随着我们对如何发展文化、建设文化的不断深入认知，才逐渐成熟起来。公共文化的核心就是由公共财政给予支撑的，即国家财政给予充分保障的。那么，经营性的文化又是什么？经营性文化是可以通过市场经济不断发展、充实、完善的。在这一点上面我们长时间以来的认识一直是比较混乱的，特别是文化是否具有经济属性和产业属性，在理论和政策层面一直处于争论之中。

2001 年 2 月，全国人大常委会批准加入了《经济、社会和文化权利国际公约》。这是全国人大常委会批准的一个重要国际公约。《经济、社会和文化权利国际公约》明确规定，从人权保障的角度，人们除了经济权、发展权、政治权利，还有文化权利。

2002 年，党的十六大首次明确提出支持保障“文化公益事业”和发展“文化产业”。

2005 年，党的十六届五中全会首次提出“加大政府对文化事业的投入，逐步建立覆盖全社会的比较完备的公共文化服务体系”。

2007 年 8 月，中共中央办公厅、国务院办公厅印发《关于加快构建现代公共文化服务体系的意见》。

2011 年 10 月，党的十七届六中全会提出 2020 年“覆盖全社会的公共文化服务体系基本建立”，努力实现基本公共文化服务均等化。

党的十八大进一步提出公共文化服务体系基本建成是“建设社会主义文化强国”的重要任务。

2015 年 1 月，中共中央办公厅、国务院办公厅印发《关于加快构建现代公共文化服务体系的意见》，并颁布《国家基本公共文化服务指导标准（2015-2020）》。

所谓公共文化服务，是指政府主导、社会（公众）参与形成的普及文化知识、传播先进文化、提供精神食粮，满足人民群众文化需求，保障人民群众基本文化权益的各种文化公益性文化机构、产品和服务的综合。公共文化服务的本质是属于全民共有、共享，根本目的是为大众提供非营利性服务。我国公共文化服务的基本价值目标就是围绕社会主义核心价值体系和社会主义文化强国建设，保障人民看电视、听广播、读书看报、进行公共文化鉴赏、参加大众文化活动等基本文化权益，使人民大众都能够充分创造、享受文化，使中华民族始终保持丰富不绝的思想表达力和文化创造力。坦率地说，我国在保障人民基本文化权益，在社会主义文化建设方面做的工作在全世界是有目共睹的，其他国家也是很难做到的。虽然其他一些国家早已经推出图书馆法、博物馆法等，在这些方面有非常成熟的经验。但是，像我国政府这样大规模地、全方位地开展公共文化服务保障，并且通过全国人大常委会制定法律来予以保障的，史无前例。这也是我国社会的特点所体现出来的，从某种意义上讲，只有中国可以推行这样全方位的公共文化服务，而且，我国的公共文化服务保障不仅仅包括图书馆博物馆的设施建设，还包括政府和国家为广大人民群众提供的服务保障。如此大面积地实施该项巨大工程，在文化领域工作的同志们应该说是功不可没，非常了不起的。有一些外国人这样评论我国的公共文化服务：“这种服务保障只有中国政府能做得出来，通过立法来实现和保障人民的基本文化权益，是非常不容易的一件事。”放眼全球，也只有我国有能力做到。

制定《公共文化服务保障法》是党中央提出的明确要求，也是第十二届全国人大常委会立法规划中的第一类项目。十八届四中全会明确指出，要完善文化立法体制，发挥人大在立法中的主导作用和对综合性、全局性、基础性法律草案的起草。以前，文化领域的立法在一届立法规划中很少，要不就是修改《文物保护法》，要不就是制定《非物质文化遗产法》，但是本届全国人大常委会在履职的五年规划中，文化领域的立法项目共有七八项。这里讲到的《公共文化服务保障法》就是第一类项目，也就是必须完成的基础性的、全局性的法律。

全国人大教科文卫委员会是公共文化服务保障法项目的责任单位。人大及其常委会有两个基本职能：一是立法，二是监督。但是，长期以来，由于种种原因，很多法律草案都是由政府部门直接起草，人大及其常委会的作用发挥得不够。在过去相当长的一段时间里，行政工作主要靠政策决定。但是后来发现，自己部门的行政权力可以通过法律明确下来，是一件非常重要的事情。于是，很多部门不约而同地重视自己本部门的立法起草工作，出现了行政立法部门化，把部门权力通过法律的形式固化的现象。这无疑是法治建设中的弊端。党中央也深刻地认识到了这一点，从而加大了人大及其常委会在审议草案过程中的任务和责任，充分发挥人大及其常委会在立法中的主导作用。党的十八届四中全会通过的《关于全面推进依法治国若干重大问题的决定》明确提出要健全有立法权的人大主导立法工作的体制机制，发挥人大及其常委会在立法工作中的主导作用。建立由全国人大相关专门委员会、全国人大常委会法制工作委员会组织有关部门参与起草综合性、全局性、基础性的重要法律草案制度。这是一个重大的改革，目的就是打破长期以来在立法中出现的行政部门权力固化现象。现在一些重要的基础性法律都是直接由全国人大专门委员会或法工委亲自起草，或者由专门委员会提前介入各个部门的起草工作。

因此，公共文化服务保障法属于文化建设的重大基础性、全局性法律，中央将这一重要立法任务委派给全国人大教科文卫委员会。现在的工作方法跟过去不同，中央下发文件，包括立法的整体落实方案，其中，项目的负责部门都写得非常清楚。之后，就是抓落实，按照时间节点检查落实进度。《公共文化服务保障法》明确由全国人大常教科文卫委员负责起草，从起草到出台实际上就是 2 年的时间。2014 年 4 月，全国人大教科文卫委员会专门组成《公共文化服务保障法》立法起草工作机构，成立了由主任委员柳斌杰同志担任组长，中宣部、文化部、国家新闻出版广电总局、国家发改委、财政部、国务院法制办公室等部门的领导同志担任副组长的领导小组。下设工作小组，由笔者担任组长，其他相关部门司局长担任副组长，开展调研起草工作。同时，还专门成立了专家委员会，包括各方面的代表性专家学者。国家行政学院文化政策与管理研究中心主任祁述裕教授也是专家委员会的成员，在整个公共文化服务保障法起草过程中，国家行政学院对法律草案的起草及征求意见发挥了重要的作用。其中很多老师、教授都参与了征求意见的过程，并提出了修改意见。他们对《公共文化服务保障法》的起草发挥了重要作用。2015 年 5 月至 6 月，向全社会公开发布草案并征求意见；2015 年 11 月，全国人大教科文委委员会审议通过草案并报请全国人大常委会审议；2016 年 4 月，第十二届全国人大常委会第二十次会议初次审议，又分别于同年 8 月和 12 月进行了两次审议；最终，2016 年 12 月 25 日在第十二届全国人大常委会第二十五次会议上高票通过，全国人大常委会 150 名委员到会投票，148 票赞成，2 票弃权，无反对票，这样的表决结果是非常少见的。这充分反映，无论是在发展公共文化事业的建设还是在保障人民基本文化权益的问题上面，全国人大常委会都达成了高度共识，只有对制定《公共文化服务保障法》有高度的共识以及对《公共文化服务保障法（草案）》所确定的基本原则框架内容有高度的共识，才能达成这样的结果。这足以说明，多年来，宣传领域和文化建设领域工作的同志们对公共文化建设的发展做出的巨大努力和付出的多年心血被大家所一致认可。《公共文化服务保障法》得民心、顺民意，反映了我国社会的总体需求，也反映了党中央的指示要求。

《公共文化服务保障法》是我国文化领域一部综合性、全局性、基础性的重要法律，是一部具有鲜明中国社会主义特色、充分反映社会主义制度优越性的重要法律。它的制定和实施实现了我国文化立法的重大突破，在文化法制建设中具有里程碑式的意义。我国文化领域分为五个部分，即公共文化、文化产业、文化遗产、文化市场和文化传播。以文化传播为例，原来文化传播就是几种简单的手段，例如平面传播、报纸、广电。随着互联网的出现，现在传播方式有二十多种。因此，在这些领域里面我们都需要有基础性的法律。《公共文化服务保障法》就是公共文化领域里面第一个基础性的法律。现在，我们正在研究文化产业领域的基础性法律，抓紧起草《文化产业促进法》。文化遗产现在已经有2部法律：《文物保护法》和《非物质文化遗产法》，但在文化市场和文化传播领域还没有相应的法律，这些都需要我们建立起相应的基础性法律和制度。2017年6月，全国人大常委会审议的《公共图书馆法》是我国第一部图书馆专门法，是公共文化领域里面的专门性法律。然后，《文化产业促进法》下面还有专门的法律，《电影产业促进法》就是文化产业领域里面的一个专门性的法律。所以说，《公共文化服务保障法》的制定和实施对于文化法治建设具有重大意义。2017年1月，在宣传贯彻《公共文化服务保障法》座谈会上，全国人大常委会副委员长兼秘书长王晨同志对于如何认识理解《公共文化服务保障法》做了重要的讲话。他指出了五点重要意义：

第一，推动了宪法实施。宪法是国家的根本法，是治国安邦的总章程，也是法律法规的总依据。习近平总书记指出："我们要以宪法为最高法律规范，继续完善以宪法为统领的中国特色社会主义法律体系，把国家各项事业和各项工作纳入法制轨道。"并进一步强调"全国人大及其常委会要加强重点领域立法，拓展人民有序参与立法途径，通过完备的法律推动宪法实施，保证宪法确立的制度和原则得到落实"。〔1〕习近平总书记的重要论述为新时期加强立法工作进一步指明了方向。我国《宪法》第22条规定："国家发展为人民服务、为社会主义服务的文学艺术事业、新闻广播电视事业、出版发行事业、图书馆博物馆文化馆和其他文化事业，开展群众性的文化活动。"宪法确立了各项文化事业在中国特色社会主义事业中的重要地位，实际上也规定了政府发展文化事业的重要职责。《公共文化服务保障法》以此为依据，确定了公共文化服务的基本原则，构筑了公共文化服务的制度体系，规定了公共文化服务的保障措施，为促进文化事业发展提供了明确的法律依据，使宪法确立的有关文化事业的原则和制度在法律中得到贯彻落实。

第二，健全完善了文化法律制度。改革开放以来，经过多年的不懈努力，我国文化立法工作取得了一定成绩，但是相对于经济领域以及其他一些领域，文化领域现行有效的法律偏少。而且，已有的法律，主要是调整某一个方面的法律关系，文化领域缺少管全局、管基础的综合性法律。《公共文化服务保障法》涵盖范围广、涉及部门多，规范的是文化领域一些根本性、原则性问题，涉及文化建设的目标方向和价值取向，是文化领域一部具有"四梁八柱"性质的重要法律。它的制定和实施弥补了我国文化立法的"短板"，充实丰富了文化法律制度的内容，夯实了文化建设的法治基础，为建设社会主义文化强国提供了强有力的法律支撑。

第三，为构建现代公共文化服务体系提供了法律依据。党的十八大以来，党中央从统筹推进"五位一体"总体布局、繁荣发展社会主义先进文化的战略高度，确

〔1〕"习近平在首都各界纪念现行宪法公布施行30周年大会上的讲话"，载新华网：www.xinhuanet.com，2012年12月4日访问。

立了构建现代公共文化服务体系在文化建设中的重要地位。党的十八届三中全会把"构建现代公共文化服务体系"作为全面深化改革的一项重要任务。党的十八届五中全会明确提出，要"完善公共文化服务体系"，"推动基本公共文化服务标准化、均等化发展"，"创新公共文化服务方式，保障人民基本文化权益"。"十三五"规划纲要把"构建现代公共文化服务体系"作为全面建成小康社会决胜阶段的一项重要工作。《公共文化服务保障法》开宗明义，指出其立法目的之一就是"加强公共文化服务体系建设"，并对此作出了系统的设计安排。它以建成覆盖城乡、便捷高效、保基本、促公平的现代公共文化服务体系为主要目标，明确了公共文化服务应当坚持社会主义先进文化前进方向、以人民为中心、以社会主义核心价值观为引领等基本原则，确立了"政府主导、社会力量参与"的公共文化服务格局，对公共文化设施建设、公共文化服务的内容方式质量、公共文化服务的管理运行和保障机制等都作出了明确规定，必将引领和推动现代公共文化服务体系建设全面、深入地开展。

第四，为实现人民群众基本文化权益提供了法律保障。全面建成小康社会，不仅要让人民群众过上殷实富足的物质生活，还要让人民群众过上丰富健康的精神生活。当前，随着生活水平的不断提高，人民群众精神文化需求也日益增长。虽然我国公共文化服务工作近年来取得了显著成绩，但在有些方面还存在不足，特别是在一些农村地区和中西部地区，公共文化设施还比较落后，公共文化产品供给不足，农村居民、城镇低收入居民、农民工等特殊群体的文化生活还很匮乏，实现和保障人民群众基本文化权益的任务还十分艰巨。《公共文化服务保障法》坚持以人民为中心的发展思想，通篇贯穿了满足人民群众精神文化需求这一主线，在保障人民群众普惠、便利、公平地享受公共文化服务的基础上，坚持均衡、协调发展的原则，对扶助农村地区、革命老区、民族地区、边疆地区、贫困地区以及特殊群体、基层的公共文化服务都专门作出了规定，彰显了以民为本、立法为民的立法理念。制定这部法律的一个重要目的，就是用法治思维、法律手段来推动公共文化服务强基础、补"短板"，进一步丰富人民群众精神文化生活，实现和保障人民群众基本文化权益，使人民群众共享文化改革发展成果，提高人民群众的获得感和幸福感，充分体现中国特色社会主义制度的优越性。

第五，为推进人大主导立法工作提供了有利经验。党的十八届四中全会明确指出："健全有立法权的人大主导立法工作的体制机制，发挥人大及其常委会在立法工作中的主导作用。建立由全国人大相关专门委员会、全国人大常委会法制工作委员会组织有关部门参与起草综合性、全局性、基础性等重要法律草案制度。"[1]制

---

〔1〕"中共中央关于全面推进依法治国若干重大问题的决定"，载新华网：www. xinhuanet. com，2014年10月28日访问。

定《公共文化服务保障法》是贯彻落实党中央这一决策部署的具体实践和成功范例。本届（十二届）全国人大常委会将制定《公共文化服务保障法》列入立法规划，确定全国人大教科文卫委员会为法律草案的牵头起草单位。全国人大教科文卫委员会抓紧工作，深入开展调查研究，广泛听取各方意见，和各有关单位、专家学者、从业人员、社会公众高效协调联动，凝聚了各方共识，避免了部门视角的局限，确保立法任务得以优质高效完成，为发挥人大及其常委会在立法工作中的主导作用进行了积极探索实践，为完善我国立法体制积累了宝贵经验。

《公共文化服务保障法》的制定有一个明确的总体思路，具体来说：一是要坚决贯彻党中央有关的决策部署，将党中央关于加强公共文化服务体系建设的方针、政策转化为国家意志，体现在法律中。立法过程中的一个很重要的精神和原则就是要把党和国家长期以来行之有效的方针政策上升为国家意志——法律，这是我们很重要的一个任务。党的十八大以来，党中央从统筹推进“五位一体”总体布局，高度重视公共文化服务在社会发展建设中的重大作用。除了保障人民基本文化权益、满足人民群众的基本文化需求外，我国作为世界大国，悠久的传统文化和历史文明的传承发展，社会主义核心价值理念以及文化强国的整体目标落实，都需要通过公共文化服务平台来予以实现、予以保障。《公共文化服务保障法》的立法是一项战略任务，如果没有《公共文化服务保障法》，整个国家的文化建设便将无法可依，国家发展的整体任务的目标就很难达成。二是坚持以人为本，以人民为中心的发展思想。我国的文化建设如果没有以人民为出发点，仅仅停留在一种强输硬灌的模式下，那么这样的文化建设便是没有持续性和群众基础的。党中央强调要以人为本，以人民为中心，简单地说就是要以人民需求的普惠、便利、公平享受为重要的出发点来实现这样的一个目标。同时，立法也要把握文化建设的均衡发展，注重对农村地区、革命老区、名族地区、边疆地区、贫困地区以及特殊群体、基层的公共文化服务。三是坚持改革开放精神，把党中央全面深化改革的思想贯穿其中。要加快转变政府职能，建立服务型政府，公共文化服务实际上就是公共服务，现代政府的重要职能就是为人民提供公共服务。如何提供公共服务？其中一个重要的基础就是要通过公共财政来保障公共服务的提供。所以，财政体制改革里面很重要的一部分就是要实现公共财政。政府职能的重大转变就是将原来的“批”和“管”转变为提供公共服务，为公民提供基本的公共服务是现代政府的基本职责，现代政府的核心就是要向公民提供基本公共服务。另外，要坚持改革开放，破除文化管理体制机制障碍，建立公共文化统筹协调机制，从综合统筹的角度来推进公共文化服务，充分发挥立法的引导性和引领性。四是要坚持政府主导，明确政府在公共文化服务组织、管理、提供、保障等工作中的职责任务。五是要鼓励社会广泛参与，坚持共建共享。六是确立公共文化服务的保障制度，促进和规范公共文化事业发展。七是立足实践基础，认真总结经验，把现有行政法规、地方性法规中的有益经验提炼出来，上升为法律。广东省在公共文化服务工作和建设方面，乃至法律法规的制定方面都起到了先行者的作用。广东省最早出台了《广东省公共文化服务促进条例》，这个条例对全国人大科教文卫委员会制定《公共文化服务保障法》起到了很大借鉴和参考作用。还有其他省市，如《上海市社区公共文化服务条例》《江苏省公共文化服务促进条例》等，对于它们的一些好的规定，我们都纳入了《公共文化服务保障法》，从而上升为国家法律。立法要充分体现文化阵地作用，维护国家文化安全。实践中，广东省政府斥资给到南海出海打鱼的渔船安装电视；新疆政府给辖区内的每家每户送去电视，使其得以观看中央电视台的节目，聆听党中央的声音；积极建设“大喇叭工程”，早中晚分时段播音。这就是公共文化服务，这就是文化工作的主要阵地。所以，公共文化建设不只是吹拉弹唱和休闲娱乐，更深的层次是要把公共文化服务和建设作为维护国家的文化安全的重要方面来对待。

三、《公共文化服务保障法》的基本框架、原则和主要制度特点

人民群众的法律意识很重要，《公共文化服务保障法》是一个永久性的法律。法律跟政策的区别就在于政策是相对的，而法律是长久的。虽然有时候法律不太适宜现实的发展，但我们可以不断地进行完善、不断地进行修改，包括刑法在内的法律，都在不断地修改和完善。1982 年制定的《文物保护法》只有 33 条，那时候，法律责任几乎没有，依照现在的立法要求来衡量，当年的《文物保护法》可以说是“不合格”的。但是，1982 年制定《文物保护法》时是什么情况？当时党的十一届三中全会召开，全国上上下下开始进行经济体制改革，进入到改革开放。改革开放的最大特点就是以经济建设为中心，全国基本建设大面积推开，对文化遗产的保护必将造成重大的冲击，文物保护必将在轰轰烈烈的市场经济、商业开发和基本建设中面临严峻考验。面对这样的情形，一批老专家们在市场经济大幕正在拉开的时候，就已经深刻地意识到了文化遗产面临着重大的挑战，抓紧时间推动制定出台了《文物保护法》。这种富有前瞻性的理念和对文化遗产保护工作的献身热情，值得后人敬佩，是了不起的贡献。虽然那时候的《文物保护法》只有 33 条法律条文，文化遗产界的同志们也没什么权力，但是他们以法律为武器，与那些破坏文物的各种行为不断做斗争，为今天的文化遗产保护工作做出了不可磨灭的贡献。从这个角度上说，法律是很重要的，法律是武器，无论是行政管理部门的领导同志，还是基层的同志，一定要善于运用这个“武器”。

（一）基本框架

《公共文化服务保障法》一共分 6 章 65 条，包括总则、公共文化设施建设与管理、公共文化服务提供、保障措施、法律责任和附则。总则就是法律的序言，是对

法律制订的宗旨目的、基本原则等所作的概括。除了法律责任和附则外，该法的主体内容就是公共文化设施建设与管理、公共文化服务提供和保障措施这三个章节。

（二）立法宗旨

《公共文化服务保障法》立法宗旨是加强公共文化服务体系建设，丰富人民群众精神文化生活，传承中华优秀传统文化，弘扬社会主义核心价值观，增强文化自信，促进社会主义文化繁荣发展，提高全民族的文明素质。加强公共文化服务体系建设是因为我们现在的公共文化服务体系建设还不够完善，所以要加强。其目的是丰富人民群众的文化生活，传承中华优秀传统文化。《公共文化服务保障法》的重要立法目的就是传承中华优秀传统文化，弘扬社会主义核心价值观，增强文化自信，最后才是促进社会主义文化繁荣发展，提高全民族文明素质。原先草案提请审议时，第1条立法宗旨中没有传承中华优秀传统文化这一句，后来到全国人大常委会在审议的时候增加了“传承中华优秀传统文化”，笔者认为全国人大常委会添加得非常好。

（三）调整范围

《公共文化服务保障法》所称的公共文化服务，是指由政府主导、社会力量参与，以满足公民基本文化需求为主要目的而提供的公共文化设施、文化产品、文化活动和其他相关服务。党的十七届六中全会文件提出，基本文化需求是指保证人民群众看电视、听广播、读书看报、进行公共文化鉴赏、参与公共文化活动等基本文化权益，如果说是以满足公民文化需求为目的，那么文化需求的范围就太过宽泛了，而且《公共文化服务保障法》所称的公共文化服务是由国家财政、公共财政予以支撑，还要综合考虑财政因素。所以，公共文化服务保障中的一个重要内容就是对基本文化需求进行了明确界定和标准确立。

（四）立法的重要原则

第一，坚持公共文化服务的根本属性和正确的政治方向原则。我国公共文化服务是社会主义的公共文化服务，应该坚持社会主义先进文化方向；公共文化服务是全体人民受益的服务，应当坚持以人民为中心；公共文化服务是建设社会主义文化强国的重要措施，应当坚持以社会主义核心价值观为引领，坚持“百花齐放、百家争鸣”的“双百方针”。通过公共文化服务保障法把我们党和国家多年以来关于文化领域的重要政策上升为国家法律制度，第一次把文化工作包括文艺工作重要的方针政策（例如“双百方针”）写进去。为什么要把它写进去呢？对此，当时有些同志有异议，认为公共文化服务与此关系不大。我们反复研究后认为，公共文化服务的一个重要目的就是要满足人民群众日益增长的精神文化需求。通过什么来满足？必须通过持续丰富的文化产品来满足人民群众的需求，而丰富多彩的文化产品的产生、创作和生产必然离不开“双百方针”的指引，所以，《公共文化服务保障法》将这一基本方针用法律原则长久地确立了下来。

第二，坚持公益性、基本性、均等性、便利性原则。公益性就是对人民群众提供的公共文化服务是免费或者优惠的。这里分为两种情况，一是免费，二是优惠。公益性公共文化设施并不都是免费的，否则，国家财政将无法支撑。但是，从公共文化服务的本质上讲，其应当是免费或者是优惠的，是国家财政予以支持和保障的。基本性就是满足人民群众的基本文化需求，而且这个需求随着经济社会的发展而不断提高。均等性就是在全国范围内实现基本公共文化服务的普惠性，通过均衡发展，缩小地区间、人群间的差距。便利性就是要保障人民群众就近、便利地获得公共文化服务。而这只有在中国特色社会主义的体制下，在中国共产党的坚强领导下才能予以实现。

第三，坚持政府主导、社会力量参与的原则。我国的公共文化服务保障体系应该是开放式的，并不能完全依靠政府一家独办，要在坚持政府主导的前提下，充分鼓励和发动社会力量积极参与其中。

第四，坚持公共文化服务均衡协调发展的原则。我国公共文化服务在城乡、东西部、特殊群体之间失衡的现象比较严重，立法的一个重要原则就是通过建立法律制度，有效扶助老少边贫地区和基层（尤其是农村地区）的公共文化服务，根据未成年人、老年人、残疾人和流动人口等群体的特点和需求，提供相应的公共文化服务。

第五，坚持公共文化服务与学校教育相结合的原则。这是一个很重要原则。要充分发挥公共文化社会教育功能，提高青少年思想道德和科学文化素质。长期以来，我国的公共文化服务设施与学校国民教育存在脱钩现象。现在我们的学生每天就是考试和做题，没有真正融入社会里面，没有充分地利用我们的公共文化设施来发展他们的智慧和能力。所以，在这些方面确实有大量的空间需要被挖掘和探索。

第六，坚持公共文化服务与科技融合原则。在高科技互联网时代，以数字技术为代表的现代信息技术广泛深刻地改变着人们的思维方式、行为模式和消费习惯。加强公共数字文化建设，用现代信息技术提升公共文化服务效能，是信息化时代建设现代公共文化服务体系、满足人民群众丰富多样文化需求的重要内容。我们一定要推进公共文化服务与科技融合发展，加大文化科技创新，加快公共文化服务数字化建设，提升现代传播能力，充分利用现代信息技术、数字技术、传播技术来发展和提高我们的公共文化服务水平。

（五）主要制度特点

第一，立法的首要任务和基本出发点就是要体现以政府为主导、依法落实各级政府及其相关部门保障基本公共文化服务的主体职责。这不仅是现代政府的基本职责，更重要的是我们党在发展中国特色社会主义理论建设的道路上，对整个国家文化建设的主体掌控。为此，就必须要充分发挥政府的主导作用，依法落实各级政府和相关部门保障基本公共文化服务的主体责任。法律紧紧围绕政府责任作出了一系列的制度规定，包括公共文化设施建设及拆除与重建制度、公共文化设施管理制度、公共文化服务公示制度、公共文化服务目录提供制度、公共文化社会设施免费或者优惠开放制度、公益性文化单位提供免费或者优惠的公共文化服务制度、特定场所和区域服务制度、征询和评价制度等。

首要的是政府责任，围绕着政府责任，法律对各级政府应该如何提供公共文化服务作了明确规定。归纳起来有三方面规定：一是直接规定国务院、主管部门、各级人民政府、地方各级人民政府、县级以上地方各级人民政府的责任，这样的条文有 21 条。例如纳入规划、纳入本级预算、制定标准、设施建设、设施拆除与重建、数字化和网络建设、设施效能评价考核制度、产品和服务提供、建立征询评价和监督制度等，这些都是政府的责任。有的是国务院的责任，有的是主管部门的责任，有的是各级人民政府的责任，有的是地方各级人民政府的责任。比如，法律规定县级以上人民政府应当将公共文化服务纳入本级国民经济社会发展规划，纳入财政预算，这就包含中央政府的责任，如中央“十三五”规划里面就有公共文化服务的整体规划。又比如，法律规定县级地方人民政府应当将公共文化服务设施建设纳入本级城乡规划，县级以上地方人民政府应当将公共文化设施建设纳入本级城乡规划，这就是公共文化服务的设施建设属地管理原则。例如，国家大剧院被列入了北京市政府公共文化服务设施建设规划，归北京市属地管理。法律里面还规定国务院和地方人民政府应当根据公共文化服务的事权和支出责任，将公共文化服务经费纳入本级预算，安排公共文化服务所需资金。二是直接规定“国家”的条文共 22 条，例如鼓励、支持、推动、倡导、重点增加、采取措施等，这实际上也是对政府责任的规定。三是明确规定了公共文化设施建设的条文共 5 条，例如设施建设规划、用地审批、建设要求、拆迁重建、多种方式建设等。规定公益性、经营性文化单位，基层综合性公共文化服务中心，公共文化设施免费或者优惠开放的条文共 3 条。这些规定也直接或者间接涉及政府责任。以上这些条文占法律所有条文的一大半。所以，《公共文化服务保障法》从某种意义上说可被称为政府责任法，它的主要内容就是对政府进行约束。而且，法律里面用“应当”表述的义务性规范条款有 40 条，明确是政府“应当”的责任共有 22 条，超过了一半。

《公共文化服务保障法》在“法律责任”一章里面也特别规定了对政府及有关部门违法行为的追责机制，这是该法增强强制性的一个突出特点，主要是从“不作为”和“乱作为”两个方面作出明确的处罚性规定。例如，《公共文化服务保障法》第 58 条规定：地方各级人民政府和县级人民政府有关部门未履行公共文化服务保障职责的，由其上级机关或者督察机关责令限期整改；情节严重的，对直接负责任的主管人员和其他直接责任人员依法给予处分，这是对“不作为”的处罚。除此之外，“乱作为”也不行。《公共文化服务保障法》第59条规定：“地方各级人民政府和县级人民政府有关部门有下列行为之一的，由其上级机关或者监察机关责令限期改正；情节严重的，对直接负责的主管人员和其他直接责任人员依法给予处分：侵占、挪用公共文化服务资金的；擅自拆除、侵占、挪用公共文化设施，或者改变其功能、用途，或者妨碍其正常运行的；未依照本法规定重建公共文化设施的；滥用职权、玩忽职守、徇私舞弊的。”第60条规定：“违反本法规定，侵占公共文化设施的建设用地或者擅自改变其用途的，由县级以上地方人民政府土地主管部门、城乡规划主管部门依据各自职责责令限期改正；逾期不改正的，由作出决定的机关依法强制执行，或者依法申请人民法院强制执行。”

第二，把确保基本性、均等性放在重要位置。这主要从两个方面进行规定：一是从实际出发，根据人民群众对公共文化服务多样化的需求和地域、文化的差异，分三个层次构建基本公共文化服务标准体系。①国务院根据公民基本文化需求和经济社会发展水平，制定并调整国家基本公共文化服务指导标准。这一标准是指导性的，也是统一的，是保基本、全覆盖的最基础的标准。它是公民文化权益公平享有和实现的最重要的法律依据。②省、自治区、直辖市人民政府根据国家基本公共文化服务指导标准，结合当地实际需求、财政能力和文化特色，制定并调整本行政区域内的基本公共文化服务实施标准。③设区的市级、县级地方人民政府应当根据国家基本的公共文化服务指导标准和省、自治区、直辖市基本公共文化服务实施标准，结合当地实际，制定公布本行政区域公共文化服务目录并组织实施。这三个层次的标准体系是符合实际的科学安排的，是在国家标准指导下体现不同地方特点的标准化，既实现了公共文化服务的标准化，又照顾了各地经济社会发展不平衡和文化特色的情况，有利于调动各方面的积极性。二是在《公共文化服务保障法》的各章中，对特殊群体、老少边穷地区的倾斜、支持都作出了明确规定。国家扶助革命老区、少数民族地区、边疆地区、贫困地区的公共文化服务，促进公共文化服务均衡协调发展。各级人民政府应当根据未成年人、老年人、残疾人和流动人口等群体的特点和需求，提供相应的公共文化服务。公共文化设施的设计和建设，应当符合实用、安全、科学、美观、环保、节约的要求和国家规定的标准，并配置无障碍设施设备。国家重点增加农村地区图书、报刊、戏曲、电影、广播电视节目、网络信息内容、节庆活动、体育健身活动等公共文化产品供给，促进城乡公共文化服务均等化。面向农村提供的图书、报刊、电影等公共文化产品应当符合农村特点和需求，提高针对性和时效性。地方各级人民政府应当根据当地实际情况，在人员流动量较大的公共场所、务工人员较为集中的区域以及留守妇女儿较为集中的农村地区，配备必要的设施，采取多种形式，提供便利的公共文化服务。国务院和省、自治区、直辖市人民政府应当增加投入，通过转移支付等方式，重点扶助革命老区、少数民族地区、边疆地区、贫困地区开展公共文化服务。国家鼓励和支持经济发达地区对革命老区、少数民族地区、边疆地区、贫困地区的公共文化服务提供援助。

第三，打破现行文化管理体制，以综合、统筹的理念建立相关法律制度，发挥公共文化服务综合效益。一是明确规定国务院建立公共文化服务综合协调机制，指导、协调、推动全国公共文化服务工作。国务院文化主管部门承担综合协调具体职责，地方各级人民政府应当加强对公共文化服务的统筹协调，推动实现共建共享。二是打破原有的管理归属，规定“本法所称公共文化设施是指用于提供公共文化服务的建筑物、场地和设备，主要包括图书馆、博物馆、文化馆（站）、美术馆、科技馆、纪念馆、体育场馆、工人文化宫、青少年宫、妇女儿童活动中心、老年人活动中心、乡镇（街道）和村（社区）基层综合性文化服务中心、农家（职工）书屋、公共阅读报栏（屏）、广播电视播出传输覆盖设施、公共数字化服务点等”。《公共文化服务保障法》在起草和审议过程中，对于公共文化服务设施涵盖的范围就产生过较大争议，特别是广播电视，一些专家反映电视上每天播放大量广告，可以被称为公共文化吗？但从实际情况来看，广告只是广播电视的一小部分，我国文化战线的一个重要主阵地就是广播电视。为此，起草小组还专程前往新疆等地实地考察了广播电视的覆盖情况，感到非常震撼。因为广播电视在新疆不仅仅是一般的文化设施，更是与“三种势力”相斗争的强有力武器，为此各级政府采取有线、无线等方法，无偿兴建各种广播电视信号传输设施，把党和政府的声音传播到各个边远地方，可谓是“村村通”、全方位覆盖，在这方面，国家、政府投入了大量人力和财力，这些毫无疑问都属于公共文化的建设。最终，广播电视传输覆盖设施得以被纳入法律规定的“公共文化服务设施”范围中。同时，法定的设施范围还包括了“科技馆、纪念馆、体育场馆、工人文化宫、青少年宫、妇女儿童活动中心、老年人活动中心”等，这说明立法者在对待公共文化服务设施方面的态度是非常包容和开放的，而且是大力支持和推动公共文化设施建设发展的。更重要的是，这些规定打破了原有行政管理体制的分隔和壁垒，为公共文化设施的综合统筹管理确立了法律制度。三是规定地方各级人民政府可以采取新建、改建、扩建、合建、租赁、利用现有公共设施等多种方式，加强乡镇（街道）、村（社区）基层综合性公共文化服务中心建设，推动基层有关公共设施的统一管理、综合利用，并保障其正常运行。四是规定基层综合性文化服务中心应当加强资源整合，建立、完善公共文化服务网络，充分发挥统筹服务功能，为公众提供书报阅读、影视观赏、戏曲表演、普法教育、艺术普及、科学普及、广播播送、互联网上网，以及群众性文化体育活动等公共文化服务，并根据其功能特点，因地制宜地提供其他服务。《公共文化服务保障法》的一个重大特点，就是对基层综合性文化服务中心作了若干规定。基层综合性文化服务中心包括农村和城市社区两部分。尤其是在农村，过去长期受到部门条块分割，各行其是的影响，文化系统搞文化站，广电系统搞广播站，新闻出版系统搞农村书屋，还有其他部门的设施等。这种状况导致部门间会相互分割扯皮，基层公共文化服务效果不彰，服务设施建设存在极大的资源浪费现象。“上面千条线，下面一根针。”为此，中央专门下发文件，整合原有公共文化服务模式，推动基层综合性公共文化服务中心建设并充分发挥其综合功能，使民众既能看电视也能听广播，既能搞体育锻炼，也能搞文艺演出。对此，我们以前认识得太不够，不仅在农村文化的建设这方面做得不到位，而且在城市社区文化建设上做得也不够到位。现代城市管理的一个重要特点就是社区管理和服务，充分发挥社区的综合功能作用，是城市健康繁荣发展的支柱和基础。城市社区基层综合性公共文化服务中心建设就是城市的文化阵地建设，是团结人民和鼓舞人民的一个有效的平台，上海市在这方面就做得比较好。五是规定各级人民政府应当充分利用公共文化设施，在促进优秀公共文化产品的提供和传播，支持开展全民阅读、全民普法、全民健身、全民科普和艺术普及、优秀传统文化传承活动等方面，发挥其综合功能作用。六是规定国家统筹规划公共数字文化建设，打破部门分割，构建标准统一、互联互通的公共数字文化服务网络，建设公共文化信息资源库，实现基层网络服务共建共享。

第四，针对公共文化设施纳入规划、建设用地、选址、拆迁重建等问题作出了全面的制度规定。一是明确规定县级以上地方人民政府应当将公共文化设施建设纳入本级城乡规划，根据国家基本公共文化服务指导标准、省级基本公共文化服务实施标准，结合当地经济社会发展水平、人口状况、环境条件、文化特色，合理确定公共文化设施的种类、数量、规模以及布局，形成场馆服务、流动服务和数字服务相结合的公共文化设施网络。公共文化设施的选址，应当征求公众意见，符合公共文化设施的功能和特点，有利于发挥其作用。简单地说，公共文化设施建设必须被纳入规划，建成网络，便利群众，而且不能被随便拆除。二是规定公共文化设施的建设用地，应当符合土地利用总体规划和城乡规划，并依照法定程序审批。任何单位和个人都不得侵占公共文化设施建设用地或者擅自改变其用途。因特殊情况需要调整公共文化设施建设用地的，应当重新确定建设用地。调整后的公共文化设施建设用地不得少于原有面积。新建、改建、扩建居民住宅区，应当按照有关规定、标准，规划和建设配套的公共文化设施。在《公共文化服务保障法》起草过程中，针对上述条文有些同志提出了不同意见，认为有些地方现有公共文化设施太多了，没有发挥效能，不应该再扩大建设。不可否认，有些地区确实存在这样的问题。但是，如何充分发挥公共文化设施的作用，是各国政府都面临的突出问题，不仅仅是我国遇到了这样的问题。而且，我们不能也不应当简单用设施的效能问题否定设施的不足问题。从总量和人口比来看，我国的公共文化设施远远不足，与国际标准相差甚远。例如，国际图书馆协会联合会于20世纪70年代规定每5万人口就要拥有一个公共图书馆，而我国现在40多万人口才能拥有一个公共图书馆。现在，党中央特别重视推广全民阅读，从这个意义上来说，全民阅读依赖于公共文化设施建设。李克强总理在审议通过《公共图书馆法（草案）》的国务院常务会议上说，一个国家养成全民阅读习惯非常重要，而这与公共图书馆的普及密不可分。他举了个例子："以色列这个国家虽然很小，但在创新方面一直走在世界前列。为什么呢？因为以色列平均几千人就有一个公共图书馆。我们虽然已是世界第二大经济体，但在公共图书馆建设方面仍然任重道远。"[1]据统计，中国人人均纸质图书阅读量不足5本；而以色列的平均阅读量是人均60多本，相差13倍之多。所以说，我国的公共文化设施还是不足。三是规定公共文化设施的设计和建设，应符合实用、安全、科学、美观、环保、节约的要求和国家规定的标准，并配置无障碍设施设备。四是规定任何单位和个人都不得擅自拆除公共文化设施，不得擅自改变公共文化设施的功能、用途或者妨碍其正常运行，不得侵占、挪用公共文化设施，不得将公共文化设施用于与公共文化服务无关的商业经营活动。因城乡建设确需拆除公共文化设施，或者改变其功能、用途的，应当依照有关法律、行政法规的规定重建、改建，并坚持"先建设、后拆除"或者建设拆除同时进行的原则。重建、改建的公共文化设施的设施配置标准、建筑面积等不得降低。

第五，明确规定了公共文化设施单位的职能任务和法律责任。公共文化服务的责任主要是在政府，但是，《公共文化服务保障法》对公共文化设施单位的责任也作了明确规定。一是公共文化设施管理单位应当按照国家规定的标准，配置和更新必需的服务内容和设备，加强公共文化设施经常性维护管理工作，保障公共文化设施的正常使用和运转。二是公共文化设施管理单位应当建立健全管理制度和服务规范，建立公共文化设施资产统计报告制度和公共文化服务开展情况的年报制度。三是公共文化设施管理单位应当建立健全安全管理制度，开展公共文化设施及公众活动的安全评价，依法配置安全保护设备和人员，保障公共文化设施和公众活动安全。四是各级人民政府应当建立有公众参与的公共文化设施使用效能考核评价制度，公共文化设施管理单位应当根据评价结果改进工作，提高服务质量。五是国家推动公共图书馆、博物馆、文化馆等公共文化设施管理单位根据其功能定位建立健全法人治理结构，吸收有关方面代表、专业人士和公众共同参与管理。六是公益性文化单位应当完善服务项目、丰富服务内容，创造条件向公众提供免费或者优惠的文艺演出、陈列展览、电影放映、广播电视节目、收听收看、阅读服务、艺术培训等，并为公众开展文化活动提供支持和帮助。国家鼓励经营性文化单位提供免费或

[1] "李克强：一个国家养成全民阅读习惯非常重要"，载中国政府网：www.gov.cn，2017年4月23日访问。

者优惠的公共文化产品和文化活动。七是基层综合性文化服务中心应当加强资源整合，建立、完善公共文化服务网络，充分发挥统筹服务功能，为公众提供书报阅读、影视观赏、戏曲表演、普法教育、艺术普及、科学普及、广播播送、互联网上网和群众性文化体育活动等公共文化服务，并根据其功能特点，因地制宜地提供其他公共服务。八是公共文化设施应当根据其功能、特点，按照国家有关规定，向公众免费或者优惠开放。收取费用的公共文化设施，应当每月定期向中小学生免费开放。公共文化设施开放或者提供培训服务等收取费用的，应当被报经县级以上人民政府有关部门批准；收取的费用，应当被用于公共文化设施的维护、管理和事业发展，不得挪作他用。公共文化设施管理单位应当公示服务项目和开放时间；临时停止开放的，应当及时公告。

第六，在法律制度的安排上，把提高公共文化服务效能作为一个重要问题加以解决。一是把“提高公共文化服务效能”作为“加强公共文化设施建设，完善公共文化服务体系”的一项重要原则写入总则。二是规定各级人民政府应当建立公众参与的公共文化设施使用效能考核评价制度，公共文化设施管理单位应当根据评价结果改进工作，提高服务质量，坚决避免公共文化设施建而不用、用而不当等问题。三是规定基层综合性文化服务中心应当加强资源整合，充分发挥统筹服务功能。四是规定国家鼓励和支持机关、学校、企业事业单位的文化体育设施向公众开放。五是规定各级人民政府应当加强对公共文化服务的监督检查，建立反映公众文化需求的征询反馈制度和有公众参与的公共文化服务考核评价制度，并将考核评价结果作为确定补贴或者奖励的依据。

第七，为激励社会力量发挥作用，形成政府主导、社会广泛参与的格局，法律从公共文化服务的各个环节上作出了鲜明的制度性安排。一是在总则中明确规定：“国家鼓励和支持公民、法人和其他组织参与公共文化服务。”二是在设施建设和管理一章中明确规定：“国家鼓励和支持公民、法人和其他组织兴建、捐建或者与政府部门合作建设公共文化设施，鼓励公民、法人和其他组织依法参与公共文化设施的运营和管理。”国家推动公共图书馆、博物馆、文化馆等公共文化设施管理单位根据其功能定位建立健全法人治理结构，吸收有关方面代表、专业人士和公众共同参与管理。三是在公共文化服务提供一章中明确规定：“国家鼓励和支持公民、法人和其他组织通过兴办实体、资助项目、赞助活动、提供设施、捐赠产品等方式，参与提供公共文化服务。”国家倡导和鼓励公民、法人和其他组织参与文化志愿服务。国家鼓励公民主动参与公共文化服务，自主开展健康文明的群众性文化体育活动；地方各级人民政府应当给予必要的指导、支持和帮助。四是在保证措施一章中明确规定：“国家鼓励社会资本依法投入公共文化服务，拓宽公共文化服务资金来源渠道。”采取政府购买服务等措施，支持公民、法人和其他组织参与提供公共文化服务。公民、法人和其他组织通过公益性社会团体或者县级以上人民政府及其部门，捐赠财产用于公共文化服务的，依法享受税收优惠。国家鼓励通过捐赠等方式设立公共文化服务基金，专门用于公共文化服务。国家鼓励和支持公民、法人和其他组织依法成立公共文化服务领域的社会组织，推动公共文化服务社会化、专业化发展。各级人民政府应当加强对公共文化服务工作的监督检查，建立反映公众文化需求的征询反馈制度和有公众参与的公共文化服务考核评价制度，并将考核评价结果作为确定补贴或者奖励的依据。各级人民政府及有关部门应当及时公开公共文化服务信息，主动接受社会监督。

第八，建立公共文化服务与教育、科技、军民融合发展的法律制度，推动和保障公共文化服务的广泛、深入和创新。一是规定国家鼓励和支持公共文化服务与学校教育相结合，充分发挥公共文化服务的社会教育功能，提高青少年思想道德和科学文化素质。现在，公共文化设施的重大方向就是应当要与学校、与公民的国民教育相结合。党的十八大以来，习近平总书记明确提出要充分发挥文化遗产的作用，要让博物馆的藏品活起来，要让图书上的文字活起来。所谓“活起来”，就是要通过各种展览、宣讲、教育，发挥文化遗产、藏品和图书的精神文化作用。特别是针对我国的青少年，如何采取有效措施，进一步密切学校教育与公共文化服务之间的联系，加强彼此之间的有机融合。在这方面，各级人民政府确实有大量的工作要做。欧洲有些国家，中小学的教育和博物馆、公共文化设施和公共图书馆的联系是法定化的，每个星期必须有一天或者两天到这些地方去参观和学习。这是值得我们借鉴学习的。二是规定国家鼓励和支持发挥科技在公共文化服务中的作用，推动运用现代信息技术和传播技术，提高公众的科学素养和公共文化服务水平。县级以上地方人民政府应当将公共文化设施建设纳入本级城乡规划，根据国家基本公共文化服务指导标准、省级基本公共文化服务实施标准，结合当地经济社会发展水平、人口状况、环境条件、文化特色，合理确定公共文化设施的种类、数量、规模以及布局，形成场馆服务、流动服务和数字服务相结合的公共文化设施网络。统筹整个数字文化建设，包括开发数字文化产品，推动互联网，移动互联网、广播电视网、卫星网提供公共文化服务，包括加强网络建设、数字化建设等。三是地方各级人民政府应当支持军队基层文化建设，丰富军营文化体育活动，加强军民文化融合。这一条是原总政治部的领导提出来的，全国人大科教文卫委员会吸纳后把它写进了《公共文化服务保障法》。加强军民文化融合，丰富当地的军营文化和体育活动，这也是我们国家军民建设的一大特点。

上述八个方面就是《公共文化服务保障法》在立法过程中的主要制度特点。

四、立法中的几个主要问题

在立法中，集中讨论的主要问题有：一是公共文化设施的范围问题。二是公共文化设施的效能问题，即如何能够实现公共文化设施的效能，保障公共文化设施的效能。这两个问题前文已谈到，不再复述。三是公共文化设施的商业经营问题。对此，《公共文化服务保障法》作出了明确的规定，即禁止公共文化设施用于与公共文化服务无关的商业经营活动，也就是说，不得利用公共文化设施开展那些脱离本行业本职能的商业性活动，如将公共文化设施、场馆用作超市、家具展馆等。允许公共文化设施管理单位在主营业务的范围内，为了更好发挥公共文化设施的功能作用而开发相应配套的收费性活动，如停车、餐饮、培训等，并明确规定收取费用应当报经县级以上人民政府有关部门批准。收取的费用，应当被用于公共文化设施的维护、管理和事业发展，不得挪作他用。公共文化设施的商业经营问题是一个国际性问题。例如，一些公共文化设施（尤其是博物馆、科技馆等），很难完全依靠政府财政予以支撑。为保障其持续有效运行，公共文化设施纷纷开展与其主体业务相关联的经营性活动包括品牌授权、创意产品开发等，以增加自主性收入。我们要建立一个全覆盖的公共文化服务设施网络，持续实现公共文化服务深入到社区、深入到基层、深入到社会的各个角落，正确、妥善处理好这一问题是非常重要的。所以，中央强调现代公共文化服务体系建设，强调对人民群众基本文化权益的保障，明确禁止公共文化设施管理单位一边倒式地从事无关的商业经营活动，又要允许其开展一些与公共文化服务相关联的经营活动，从而为人民群众提供更好的、更可持续的公共文化服务。前一段时间，国务院出台了一个文件，就是允许博物馆开发文化创意产品。故宫的文化创意产品已经达到 10 亿产值，各种文创产品形式之多样，内容之丰富，影响之大，远远超过了我国其他各家博物馆。这不就是合理的经营性活动吗？开发这样丰富多彩的文化创意产品，既是对我们文化的一种卓有成效的传播，也可获得可观的经济收入，实现社会效益和经济效益的统一。因此，我们必须要充分认识到发展文化创意产业的重要意义，不能简单地“一刀切”。四是公共文化服务维护国家安全和公共利益的问题。我们坚持总体国家安全观，即以人民安全为宗旨，以政治安全为根本，以经济安全为基础，以军事、文化、社会安全为保障，以促进国际安全为依托，维护各领域国家安全，构建国家安全体系，走中国特色国家安全道路。文化安全是国家安全的重要组成部分，主要指一国的观念形态的文化（如制度文明、民族精神、价值理念、信仰追求、语言文字、风俗习惯等）生存和发展不受威胁的客观状态。公共文化服务的重要目的就是坚持社会主义先进文化前进方向，弘扬社会主义核心价值观，加强社会主义核心价值观教育和宣传，掌握意识形态领域主导权，继承和弘扬中华民族优秀传统文化，防范和抵御不良文化的渗透，增强文化整体实力和竞争力。为防止有人利用公共文化设施从事与国家安全相悖的活动，全国人常委会在审议时，专门在法律中增加了第 44 条禁止性规定：“任何组织和个人不得利用公共文化设施、文化产品、文化活动以及其他相关服务，从事危害国家安全、损害社会公共利益和其他违反法律法规的活动。”这一条款的增加是十分必要的。五是农村留守妇女儿童的保障问题。原来的草案对特殊人群的保障主要集中在未成年人、老年人、残疾人和流动人口以及务工人员。在审议中，全国人大常委会有关领导同志提出农村留守妇女儿童的公共文化服务缺失是一个突出问题，需要引起重视并在法律中予以保障，为此，法律明确将农村留守妇女儿童的保障纳入其中。六是公众参与文化活动的主体性问题。公共文化服务的一个重要支柱就是人民群众的广泛参与，要充分激发人民大众的文化自主性、自觉性和创造性，这是公共文化建设持续发展的不绝源泉。比如，各地蓬勃开展的广场舞等，就极大地展现了人民群众生机勃勃、无穷无尽的文化创造力。当然，这些群众性文化活动在开展时也存在着一些不良现象，如扰民、破坏公共秩序等。在草案的起草过程中，经过反复讨论，全国人大常委会妥善处理了这一问题，即明确规定国家鼓励公民主动参与公共文化服务，自主开展健康文明的群众性文化体育活动；地方各级人民政府应当给予必要的指导、支持和帮助。规定居民委员会、村民委员会等国家机关、社会组织、企业事业单位应当根据需求开展群众性文化体育活动；开展活动不得危害国家安全、损害社会公共利益，或具有其他违反法律法规的情形。

五、加强法律的执法和监督

法律是武器，要更好地运用这个武器，就必须加强监督。不能说法律出台了，只是看一下就搁置一旁，然后该干什么干什么，跟法律没关系，这样是不行的。如果出现这种现象，那就是执法和监督不到位。首先要广泛深入开展法律宣传普及工作。2017 年上半年，文化部、全国各地许多省市都开展了针对《公共文化服务保障法》的宣讲。由此可以看出各级人民政府、各级组织对法律宣传普及工作的高度重视。但是，更重要的是要高度重视法律的执行工作。《公共文化服务保障法》主要规定的是政府责任，应当严格按照法律的要求，把政府的工作、部门的工作纳入法制的轨道，严格执法，严格履职，真正把法律的规定与日常工作紧密结合起来，使之落到实处。各级人大及其常委会要经常开展监督工作，督促和支持政府及有关部门依法履职改进工作，推动法律的正确、有效实施。第十二届全国人大常委会的一个突出特点就是加强监督。人大常委会的监督主要有两种形式：一是工作监督，二是法律监督。开展工作监督，就是采用听取同级政府（包括两院）工作报告的形式，对其是否正确执行相关法律进行监督，提出改进意见和建议。除了听取报告以外，还要开展专题询问。这也是全国人大常委会最重要的工作之一。2017 年 12 月，全国人大常委会将会听取国务院关于文化遗产工作的报告，去年已听取了国务院关于公共文化服务工作情况的报告。地方各级人大常委会也应经常性地就公共文化服务工作听取同级政府工作报告。开展法律监督、执法检查是一种主要形式，即各级人大常委会对行政机关、司法机关以及社会各界执行相关法律的情况开展检查。全国人大常委会委员长张德江同志非常重视执法检查，亲自担任了全国人大常委会执法检查组的组长，亲自带队检查，亲自向全国人大常委会全体会议作执法检查报告。从确定执法检查选题、委员长或副委员长带队，到实地检查、形成报告，再到审议专题询问、整改反馈，形成了著名的执法检查“六步曲”。这是人大法律监督工作的全面创新，使法律监督的实效性迈上了全新的阶段。任何一部法律出台后，不仅全国人大常委会要在全国范围内开展执法检查，地方各级人大常委会也应该在自己的职权范围内积极开展和推动此项工作，从而使得我们的法律，无论在执法司法层面，还是在政府基本职责层面和社会各界都能够得到履行。另外，要抓紧完善配套法规规章。《公共文化服务保障法》已经正式出台了，这是一部基础性的法律。地方各级立法机关应该在认真学习贯彻《公共文化服务保障法》的基础上，根据必要性和可行性，结合本地区的实际情况，出台相应的地方性法规或实施细则，从而使得一些法律规定具体落地。地方各级立法机关充分利用、行使自己的立法权是非常重要的，这对推进当地的文化建设，以及其他社会建设、经济建设都会起到很大的作用。

以上就是我今天给在座的各位领导和同志们汇报的有关内容，不妥之处希望大家批评指正。谢谢大家！

WENHUALIFAYANJIU

第三编
文化市场与文化产业立法

关于文化市场的几个问题：分类、焦点、管理及其立法[1]

一、文化市场的发展和分类

“文化市场”一词自20世纪80年代末期以来就一直是个备受争论的术语。大体说来，这一争论可以分为两种：一是是否或应该存在这样一个市场；二是这个市场有哪些内涵或如何分类。最初的争论基本上是围绕着第一个问题进行的，即市场经济是否应当被引入我国的文化行业，社会主义文化事业的本质如何确定，等等。随着社会主义市场经济基本原则的建立和社会文化实践的发展，这个问题开始被淡化，“文化市场”逐渐成了一个约定俗成的概念，即用来泛指一切文化和娱乐方面的经营性活动。但是，对这一概念如何具体界定并分类，其后又出现了种种争论。尤其是从行政管理和立法的角度上来说，如何界定这一概念的确是一个重要而又复杂的问题。

1988年文化部与国家工商局联合下发了《关于加强文化市场管理工作的通知》。该通知以部门规章的形式首次对文化市场管理的范围和对象作出了明确规定：“凡以商品形式进入流通领域的精神产品和文化娱乐服务活动，都属于文化市场管理的范围。”该通知要求所属各级管理部门加强对国家和非国家文化单位、集体单位、个体工商户、外商投资企业从事的文化娱乐业的经营活动的管理工作，具体对象包括舞会（厅）、音乐茶（餐）座、录像带发行放映、音像制品销售、桌（台）球室、报刊书摊（店）、字画裱贴销售、游艺活动、游乐场、舞（歌）厅乐队、业余和民间职业剧团演出、民间艺人演出、时装健美表演、业余文化艺术培训等。在此基础上，文化行政管理部门内已有了一个更为统一的分类，即文化市场包括有九

---

〔1〕 本文是笔者于1996年为全国人大教科文卫委员会提供的研究报告。本文中所涉及之法律法规与理论，均以写作时间为准。

大门类或九大市场：演出、娱乐、音像、电影、书报刊、文物、美术、文化艺术培训和对外文化交流。目前，这一分类似乎已为社会所接受。

文化市场的界定和分类并不是一个纯理论的问题，它会严重影响到行政管理权的行使和相关法律法规的制定。由于现行管理体制中文化部与广电部和新闻出版署在某些管理权上存在着交叉或重叠的现象，因此，如何界定文化市场并划定各自的管辖范围变得既敏感又现实。很显然，文化部之所以对文化市场管理范围作出上述明确的规定，其前提就是认定文化部对“文化市场”在整体的管理上享有独占权，这显然与其他部门的要求相去甚远。迄今为止，“文化市场”及其管理尚无更权威性的解释；其管理权是由一个部门统一行使，还是由几个部门共同行使，也不存在一致的认识。这些都给现实的管理工作带来了混乱。同时，“文化市场”的界定和分类更是国家立法的前提条件，国家对其是应当统一立法，还是分类立法；是制定法律，还是制定法规，都在很大程度上取决于对“文化市场”的理解。

二、文化市场混乱的焦点：娱乐市场、音像市场和书刊市场

1. 娱乐市场

“娱乐市场”是一个很模糊的用语，因为从广义上说，文化产品和文化活动的一个主要目的就是娱乐。在实际工作中，它通常被用来特指文化娱乐经营性活动，主要包括歌厅、舞厅、卡拉 OK 厅、夜总会（统称“三厅一会”），此外还有桌球、电子游戏机等。

娱乐市场近些年的混乱和畸形是众所周知的，主要表现在两方面：一是超豪华、高消费的畸形发展；二是“三陪”服务、色情活动的猖獗。这些“三厅一会”从数量上说只占文化市场的一小部分，但它对文化市场发展的导向尤其是对整个社会道德风尚的影响是巨大的。例如，湖北省于 1994 年统计，全省有各类文化经营单位 3 万余个，其中“三厅”有 2200 余家，占总数的 8%；湖南省有各类娱乐场所（包括桌球、游戏机）18 500 余家，其中“三厅”有 2100 余家，占 12%。但是，高档豪华的娱乐场所尤其是“三厅一会”和综合性的娱乐城的投资之高令人吃惊。据湖北省于 1993 年所做的统计，社会各界（含三资企业）在全省娱乐场所上的投资高达 8 亿元；武汉市有 1/5 的娱乐场所的投资在 1000 万元以上。湖南省投资千万元以上的这类场所也不乏其例。1990 年以前，国家对娱乐业的发展在布局上曾有过限制，但后来基本上放开了。高档豪华娱乐场所兴盛的主要原因是它有着丰厚的利润。武汉市一家中档歌舞厅一天的营业额达 7000 元～8000 元；省体委兴办的“五星城”是一家综合性饮食娱乐场所，一天的营业额最高达到 7 万元～8 万元。1993 年湖北全省娱乐场所的营业额达到 15 亿元，湖南长沙市则为 1.5 亿元。

这类场所的收费主要有这样几种方式：①门票。低档歌舞厅为 10 元/人，中高

档为数十元甚至上百元。②最低消费。根据豪华程度定价，随意性大。③卡拉 OK 点歌，每支数元不等。④KTV 包房。视装修程度按小时或包租计价，如长沙市某娱乐城包房价为 1988 元/小时；湖北荆州昊天娱乐城包房价为 1388 元/夜（8 点至 12 点）；湖北沙市区包房的最低价格为 50 元/小时。由此可见，包房的收益是最高的，甚至可以说是暴利。武汉市的“白玫瑰歌舞厅”就是一例：它的客容量为 200 人，门票 20 元/人，最低消费 10 元/人，但包房的价格为 200 元/小时左右。这成为它主要的盈利手段，年盈利在 100 万元以上。令人难以理解的是，这些小时价格何以制定？一些消费者又何以坦然接受？据调查，在这类场所中的消费者有 70%是公款消费，即持支票和信用卡结账，发票名目为“接待费”等，用现金结账者极少。这类场所的客人回头率为 1/2，即有 50%的顾客是常客，这表明它的消费对象的范围非常狭小。这一小批人的畸形消费与社会大众的消费状况形成了强烈对比。

这类场所的管理费和税收的收取也很混乱，各地不一。问题的关键是不论高档豪华与否均按同一标准计取，这无疑促成了它们的畸形发展。例如，湖北对歌舞厅文化管理费的收取标准，均按核定客人人数标准的门票的 60%计取，不管其是否有卡拉 OK 或包房，也不管其豪华程度如何。如果一间歌舞厅核定客人数为 100 人/天，门票价为 50/人，即按 5000 元的 60%为其收入来计取管理费。目前的税收也大抵如此。这种“一刀切”的办法显然对那些高额收费的豪华场所是再有利不过了。

娱乐市场中另一个混乱而又影响大的行业是电子游戏机。主要是两个问题：一是游戏机对中小学生和未成年人的负面影响；二是有奖电子游戏机的管理问题。对于前者，各地大都制定了有关法规对游戏机的地点、时间等作了限制性规定，但实效并不显著。目前，有少数城市开始完全禁止营业性游戏机对未成年人开放，如武汉市人大常委会于 1995 年通过了这样的决定并于 1996 年 1 月 1 日起开始实施。对于后者，目前认识上和管理上的混乱比较大，主要问题集中在如何控制“有奖”及其与赌博的区别。1992 年，文化部和公安部联合发文对“有奖”作了具体规定，即“奖品金额最高不得超过一百元，不得兑换现钞”。这一规定无论是对经营业主来说还是对管理者来说，几乎都不存在现实操作的可行性，因为无法知道也无法限制是否兑换现钞。因此，有奖游戏机的利润之高令人吃惊。武汉市高峰期曾达到一百余家，平均每家有 50 台机子，一台有奖机（成本 4000 元）最高营业额可达 2000 元/天。由于收入不入账，税收也很混乱。管理费的计取也同样不区分是否“有奖”，均按游戏机收取，即每月 25 元/台。

娱乐市场的存在和发展是一个客观事实，它对解决就业问题和发展社会文化生活起到了积极作用。如果它的存在和发展不可避免，那么加强管理的一个最重要的前提就是针对其特点制定法律规范。综上观之，除了从党纪政纪上对一些消费者作出限定外，国家必须从法律上规定对高消费娱乐场所实行高税、高管理费的征收，并将这些税费用作其他优秀文化事业的发展。这也是国际上的普遍做法。

2. 音像市场

音像市场比较单一，它主要包括音像制品的发行、销售（出租）、放映等经营性活动。音像市场混乱的主要问题有两个：一是管理体制的混乱；二是“水带”（非法侵权音像带、CD盘、影碟等）和淫秽带的猖獗。湖南省各类音像点3400余个，其中属于广电系统的有1900个，属于文化系统的有1500个。湖北省音像点共4000余个，文化和广电约各占50%。根据湖北省的调查：目前，音像市场上90%的录像带、95%的激光影碟都是走私品；在送审的非法音像制品中，淫秽制品占总数的比例逐年上升，1992年为30%，1993年则达到57%。

管理体制不顺（多头管理）是音像市场长期混乱的主要原因，根源在于国家政策的混乱。1982年中央国务院15号文规定音像制品的出版发行，国家归口广电局管理。同年国务院154号文规定广电部主管全国音像制品工作。但是，1988年3月，文化部与国家工商局联合发文把音像制品的发行、放映和销售纳入了文化市场管理的范畴，规定文化部门所属的音像点由区、县（处）级以上文化主管机关批准。1989年6月，国务院编委1号文就音像管理分工的问题，正式对新闻出版署、文化部、广电部的职责作了分工，核心是规定文化部、广电部均有权设立音像制品的出版、复录、发行单位，还规定“音像制品的进出口，分别由广电部、文化部审查批准”。自此，多头管理体制形成。各地在这一政策指导下各行其是，或多头管理，或统一管理。1994年8月，国务院颁布的《音像制品管理条例》对这一问题的规定更加混乱，一方面规定国务院文化行政部门主管全国的音像市场，另一方面又规定县级以上地方各级政府对音像市场的管理，由省级人民政府确定。这实际上等于放弃了从国家统一的角度来理顺各地音像管理体制的权力。从目前各地颁布的文化市场管理法规来看，有11个省市统一由文化行政部门主管，6个省由广电部门主管，其他省市仍是由有关部门分管。

音像市场管理权长期在广电、文化部门之间争执不下的主要原因是经济利益问题。音像制品的经营活动已成为这两个部门（尤其是基层单位）安置就业人员和行业创收的一个重要渠道。例如，湖北省广电系统从事音像经营人员近2000人，投入1000多万元；县局有5人~10人从事经营，年经营额平均3万~5万元，最高达15万元；全省县局音像收入平均占总收入的20%~30%，可见比重之大。此外，管理费的收取具有很大的吸引力。例如，湖北省武汉市武昌区录像带放映点的管理费为600元/年，录音带销售点的管理费为300元/年；湖南省长沙市录像带出租办证费为2000元，管理费为1000元/年。由于各地、各部门管理费标准不一，各级又是自收自支，这导致广电文化均大量批点设点，每年各级管理费真正收取多少，谁也说不清楚。管理体制的混乱或同一行政权力为不同部门所分享带来的严重弊端是显而易见的：经营和管理混为一团，部门利益高于社会利益，非法经营日渐严重，管理和执法难见成效，等等。从根本上说，管理体制的问题决定音像市场是否得以良性运转。

3. 书刊市场

书刊市场的主要问题集中反映在书刊的批发环节上。湖南、湖北近年来在全国影响较大的是长沙的黄泥街书市和武汉的武胜路书市，这两处均为年经营额为几千万元的书刊批发销售市场，经营户各有200余家。黄泥街书市虽然在数量上只占全市书店总数的30%，但在发行量、经营额上占全市的70%以上。由于批发是获取书刊高额利润的主要途径，因此，大多个体书店明为销售，实为批发；表面上经营合法书刊，暗地里却经营非法和淫秽书刊。虽然国家政策和地方法规均明确规定不允许个人搞书报刊批发业务，但由于集体、个体在实际中混淆不清，一些出版社以代印代发为名将某些出版物的总发行权交给个体户，使得批发行业相当混乱。尤其是个体书商与一些非法印刷厂相勾结，形成了地下编、印、发网络，大肆制黄、贩黄，谋取高额利润。近年来，湖南省出现了轰动全国的淫秽书案，湖北省也出现了几大书案，大多都与这两个市场的混乱有关。从去年清理整顿的情况来看，在黄泥街书市245家书刊经营户中，有30家受到罚款处罚，20家被吊销执照，拘留审查8人，追究刑事责任5人；武胜路书市在一次行动中被捣毁的非法出版销售地下黑窝点达38个，收缴各种非法出版物5.5万余册。促成这类书刊市场兴盛的另一个原因是当地管理部门可以收取高额的管理费，如武胜路市场，管理费为每户2000元/月。这对一些地方政府也是很有吸引力的。

书刊市场的管理从体制上说是比较单纯统一的，从中央到地方均划归新闻出版行政管理部门管理，因此比音像市场更为有序，管理与执法也易于见到成效。书刊市场混乱的原因有多种，如经济利益对一些不法之徒的驱动，经营体制政策上的漏洞（如集体单位的问题，印刷行业的混乱等）。行政管理上的主要问题则是基层机构不健全，管理不力，难以有效履行常规职责。从全国情况来看，省级以下地市县一级新闻出版管理机构的设置不一，大抵有几种形式：一是个别省份在地市县均设置这一机构；二是一些省份将这一级机构归在同级文化局内，借助文化局的力量行使职权；三是一些省份在主要地市设置这一机构，而在各县的文化局内设置新闻出版科。近年来，新闻出版管理工作任务大幅度增加，除了日益严重的制黄、贩黄活动外，版权管理工作也成了一个繁重的任务。由于我国版权集体管理机构尚未成形，政府版权局（新闻出版局）承担了这一主要工作，人力的捉襟见肘是显而易见的。从加强管理上说，虽然就层层单独设置这一机构的必要性存在争论，但在较大的地市设置仍是有必要的。

三、文化市场的管理和立法

1. 文化市场管理权的归属与划分

文化市场行政管理权的归属和划分一直是文化市场管理最大的难点问题，其核心在于文化市场是统一由一个行政部门管理，还是由多个行政部门共管。如果共管，权力如何划分，立法又如何解决？

从理论上说，专项行政权力只应由一个部门行使，否则便会相互掣肘，混乱不清。但在现实中，文化市场的管理却存在着一个根本矛盾：对统一管理的强烈要求与文化、广电、新闻出版三家共管现状之间的冲突。文化市场统一管理的首要前提是，文化市场是一个统一、完整而非分割的市场，因为只有统一的市场才可能有统一的管理。对目前三家鼎立的现实，若想在行政上实现统一管理，途径无非两种：一是将其归于三家中的某一家管理；二是在三家之上设立一个新的行政机构对其进行统管。由于设置新行政机构的现实可能性不大，那么剩下的唯一选择就只能是由这三家中的一家管理，或由这三家分别管理。

从中央和国家这些年制定的有关政策法规来看，国家对上述问题的态度并不十分明确，但仔细分析仍可看出其基本倾向，即承认分管的现实，放弃统一管理的企图；采取多头领导、分权管理的模式，致力于划分这几个部门各自对这一市场管理的职权。1988 年，根据国家编委对这三个部门的职权规定，三家的职权出现了交叉，特别是音像管理。1989 年国家编委 11 号文专就音像管理对三家的职权作了进一步划分，主要精神是音像出版发行单位的设立由新闻出版部门负责，音像市场则由文化、广电各负其责，同时还授权各地可自主确定管理部门。这表明了两个基本原则：一是多头管理；二是地方可以自行其是。这是一种对现状的认可，在根本上是一种对行业和地方利益要求的无奈或让步。

国家政策的这两个原则对各地文化市场管理和地方立法产生了严重影响。目前，各省市均已制定或颁布了文化市场管理法规，这些地方法规虽然对音像市场的管理归规定不同（或归口文化，或归口广电，或仍由三家共管），但有两个共同特点：一是确认“文化市场”是个统一概念；二是确认各部门对其分工分级负责管理。这两点之间有着一个深刻的矛盾：一方面，“文化市场”作为一个整体，要求实行统一管理；另一方面，“分工分级管理”却与这一要求严重背离。换言之，既然是针对“文化市场”的立法，就应当明确对这一市场进行管理的主体；既然无法明确管理主体而只能分工负责，那么，对“文化市场”的统一立法就必定会遭遇困难。事实上，地方文化市场管理法规所面临的就是这样一个窘境：它们对理顺现实管理的混乱关系并没产生所希望的积极影响；相反，对多头管理的法律确认却使得这一混乱关系有了法律依据。

1993 年的“湖南省广电厅音像资料馆诉省新闻出版局案”就是一个典型例子。该音像资料馆对外放映资料片——《查泰莱夫人的情人》被湖南省新闻出版局以“扫黄办”的名义查处，该馆以该新闻出版局无权管理音像市场为由向长沙市中级人民法院起诉。根据《湖南省文化市场管理条例》，该省音像市场由广电、文化各负其责，长沙市中级人民法院据此判决新闻出版局的行政行为没有法律法规的依据，应予撤销。新闻局不服提起上诉，湖南省高级人民法院以长沙市中级人民法院判决违反《行政诉讼法》中的行政复议前置原则为由撤销其判决，发回重审，但至今仍无结果。此案在该省产生了极大震动，它触及一个根本问题：地方法规的这类规定对文化市场管理究竟在起一种什么样的作用?

地方立法的纷纷出台，使从国家的角度来统一理顺管理关系变得尤其困难。面对各地日益迫切的统一管理的要求，很难设想国家立法对此有何作为。目前，一些地方出现了一种倾向性看法，主张文化产品进入流通领域就应统一由文化行政部门管理，但国家却仍然表现出一种矛盾心态：一方面想由国家来实现统一管理，另一方面又对地方现状无能为力。1994 年国务院颁布的《音像制品管理条例》就是最好的例证，该法规的最大特点就是将国家和地方职权的认定分而置之，即在条文中规定国务院文化行政部门主管全国音像市场，但同时又规定各省对这一问题有自决权。实际上，这样的法律规定除了表明国家的一种无奈态度外，对理顺现实管理关系究竟又能起多大效用呢?

1994 年 11 月中共中央办公厅、国务院办公厅发出 19 号文，就加强和改进书报刊影视音像市场的管理又推荐了一种统一管理方式，即各地“可借鉴近年来一些地方建立由各有关部门组成的文化市场管理委员会，在党委和政府统一领导下负责指导和协调文化市场管理工作的做法，并在实践中加以完善”。且不说“文化市场管理委员会”这种协调性机构对法律意义上的行政管理有何作用，这一意见与上述法律规定竟如此不一致，地方又如何对它们并行不悖地执行呢?这显然不是解决问题的有效办法。

2. 分级管理

除了行业之争外，分级管理与属地管理的争执不休也是文化市场管理混乱的一个重要原因。分级管理，即按行政级别管理是目前行政管理体制中通行的原则，但分级管理带来的弊端显而易见。由于执法没有独立，各级对所属文化网点的管理无论在技术上还是在利益上都达不到一致。尤其是在一个各级单位杂居的城市或地区，统一管理的难度可想而知。武汉“白玫瑰歌舞厅”在级别上属省文化厅，在地域上属武昌区，管理费由文化厅收取，但日常管理由谁进行则不得而知。

目前，中央和国家在文化市场方面的政策法规对这一问题尚无明确规定。1994 年中共中央办公厅、国务院办公厅 19 号文有一句含糊的规定：“所有文化企事业的市场经营活动都要接受当地政府的管理。”所谓“当地政府”又是指哪一级政府呢？高于“当地政府”级别的单位又如何接受其管理呢？国务院的《音像管理条例》对此也无规定。事实上，由于国家放弃了统一管理文化市场的权力而将之交由各地自主决定，这使得地方在处理分级管理的问题上十分为难。在纵向权力大于横向权力的前提下，地方不可能对级别的存在视而不见。因此，湖南省、湖北省在制定文化市场管理法规时，就明确规定分级管理是该法规中的一项重要原则，其他地方也大致如此。这样，分级管理便具有了法律效力。1992 年，湖北省政府为履行该项原则专门就全省文化市场的分级管理下发了通知，对各级文化场所的主管部门作了详细规定。但在规定中却对何以才能消除分级管理产生的矛盾和混乱不置一词。在这种情况下，文化市场实现统一管理的难度就更加大了。

总之，分级管理原则被地方法规确认可以说是地方横向权力向国家纵向权力作出的让步。但是，在国家尚未对纵向权力进行统一管理而又未打算将其管理交给地方的情况下，地方法规的这种规定也只能是以放弃管理为代价。这也是这些地方法规在实践中效力不大的一个重要原因。

3. 稽查权

分工分级原则在现实管理中引起的一个直接后果就是文化稽查权的分立和混乱。集中反映在两方面：一是由文化、广播电视、新闻出版管理机构均拥有独立的稽查权而引起的混乱；二是这三家所拥有的文化稽查权与公安、工商、卫生等部门的专项稽查权的交叉混乱。目前，主要的混乱是前者，尤其是对音像市场的稽查。例如，《湖南省文化市场管理条例》规定县以上文化行政部门配备文化市场稽查员，但同时又规定音像市场由广电、文化两家共管，因此，广电系统单独建立了自己的稽查队伍。1993 年湖南广电厅下发通知在全省县级以上广播电视局成立音像市场稽查队，县级 3 人~5 人，地市级 5 人~9 人，所需经费需自行解决。稽查权的分立产生了一连串恶果：执法不一、标准混乱、相互攻讦、各自袒护；加之稽查人员素质低下、培训不力，不仅没有使文化市场的管理朝良性方向发展，反而更加深了这种混乱。

目前，统一文化市场稽查权和队伍已成为一种共识。在分工分级管理的前提下，地方摆脱执法混乱的唯一现实途径就是设法使稽查权统一或独立，即成立稽查总队，或统一管理各部门的稽查队，或独立执法。稽查总队的归属现有两种形式：一是划归省文化厅直属（如吉林省）；二是直接由各级政府直属（武汉市最近正在这样准备）。相比较而言，后者更具权威性。但是，地方的这种统一并不能消除地区间的差异，矛盾本质上依然存在。

4. 审查权

多头管理引起的另一个直接后果就是审查权的混乱，尤其是对音像制品的审查。由于音像市场为文化、广电共管，音像制品审查权被分立。审查包括两部分：音像制品进出口的审查和流通领域里音像制品的审查。前者由国家授权，后者由各地在法规中确定，都以分工分级为原则。1989年国家编委11号文规定："文化部在计划指标规定范围内，审批所属单位进出口的音像制品；其他部门、单位进出口的音像制品，均由广播影视部门审批。"审查权的分立产生的恶果相当严重，部门间的标准不一引发了种种冲突。可以说，它是促成现今音像市场上黄色淫秽制品泛滥的一个重要原因。

如何堵住这一漏洞？国家对此似乎束手无策。1994年国务院颁布的《音像制品管理条例》规定："国务院文化行政部门和广播电影电视行政部门共同组成音像制品内容审核机构主管全国音像制品内容的审核工作。"同年，中共中央办公厅、国务院办公厅19号通知也称："引进音像制品，由广播影视部和文化部共同组成内容审核机构负责审查，对合格的颁发准印证。"但是，这一联合机构如何组成，技术上如何操作，不联合审片又作何处理，上述法规和政策对这些问题都没有作出具体的回答。

由上观之，文化市场的管理和立法陷入了一个两难境地：一方面，地方的管理和立法要求国家对统一管理文化市场表明态度，国家的态度决定着地方管理和立法的成败；另一方面，由于机构设置等种种原因，国家又不愿或难于表明态度，鼓励并依赖地方的管理和立法能达到有效管理的目的。这两方面的根本冲突显而易见。不解除这一困境，就不可能结束文化市场的混乱局面。关键的因素毫无疑问取决于国家的态度，因为统一的机构决定统一的管理，统一的管理决定统一的立法。就我国现有的体制而言，地方的管理和立法不可能在文化市场中起到主导作用，对此，国家只有一个选择：要么对统一管理承担起应有的责任，要么顺应现状任其自然。

略谈文化市场的几个问题[1]

一、"文化市场"概念的界定和分类

"文化市场"一词自20世纪80年代末期以来就一直是个争论不休的术语。大体说来，这争论可分为二类：一是是否或应当存在这样一个相对于经济市场的文化市场；二是这个市场有哪些内涵、类别或关系。最初的争论基本上是围绕着第一个问题进行的，即市场经济是否应当被引入我国的文化行业来，社会主义文化事业的本质特点应如何确定，等等。随着社会主义市场经济基本原则的建立和社会文化实践的发展，文化市场或文化经营性活动的存在和发展已成必然，"文化市场"亦开始成为一个约定俗成的概念。因此，对这一概念应如何具体界定和分类，又出现了不少争论。

从理论上说，"文化市场"至今仍是一个需要从内涵和外延上予以进一步界定的概念。它或是被用来泛指一切经营、消费作为商品的文化产品和文化服务活动的特定场所，或是被直接等同于商品文化的经营、消费活动本身。对此，我们仍缺乏一个科学的界定。从实践来看，具体的行政管理部门从实践需求出发，根据自身的工作特点对文化市场进行了分类。1988年，文化部与国家工商局联合下发《关于加强文化市场管理工作的通知》，以部门规章的形式首次对文化市场管理的范围和对象作了明确规定："凡以商品形式进入流通领域的精神产品和文化娱乐服务活动，都属于文化市场管理的范围。"该通知要求所属各级管理部门加强对国家和非国家文化单位、集体单位、个体工商户、外商投资企业从事的文化娱乐业的经营活动的管理工作，具体对象包括舞会（厅）、音乐茶（餐）座、录像带发行放映、音像制品销售、桌（台）球室、报刊书摊（店）、字画裱贴销售、游艺活动、游乐场、舞（歌）厅乐队、业余文化艺术培训等。其后，在此基础上，文化行政管理部门内部逐渐形成了一个较为统一的分类，即文化市场包括有九大门类或九大市场：演出、

[1] 本文为笔者于1996年10月31日在全国文化市场理论研讨会上的演讲。本文中所涉及之法律法规与理论，均以写作时间为准。

娱乐、音像、电影、书报刊、文物、美术、文化艺术培训和对外文化交流。目前，这一分类似乎已被普遍接受，并对实际工作产生了一定指导作用。

但是，除了上述文化部门的这种分类外，文化市场至今仍无更权威性的界定和分类，这也引起了一些矛盾和纷争。从实践来看，文化市场的界定和分类并非是一个纯理论或纯实务的部门问题，它严重影响到了行政管理权的行使和相关法律法规的制定。由于现行管理体制中文化部与广电部和新闻出版署在某些管理权上有着交叉或重叠的现象，"文化市场"的管理权是由一个部门统一行使，还是由几个部门共同行使，仍然存在着混乱的认识。因此，如何界定文化市场及其管辖权，成了一个重要而复杂的问题。同时，这一界定和分类更是国家立法的前提条件，国家对其是应当统一立法，还是分类立法，是制定法律，还是制定法规，都涉及对"文化市场"本身的理解和认识。

应当看到，"文化市场"作为一个术语，其出现并逐渐为社会所接受反映了人们在认识理念上的一种倾向，即希望用某个统一的概念来包容或概括一切文化产品的商业经营、消费活动。这种倾向也大体符合中国普遍的思维特点和社会认识特点。然而，在实际情况中，"文化市场"事实上处在一个分立而非统一的状态。从表层上看，这是由文化市场管理权的分立和管理体制的不统一所导致的，但在深层次上，这种分立状态乃是根源于"文化市场"一词本身的模糊性。随着科学技术和社会经济的发展，行业之间的交融与关联变得愈来愈密切，"文化市场"的外延不断被扩展，单纯从某个行政管理部门现行的工作职责范围来界定文化市场的广义内涵就更加困难了。例如，电子技术、软件技术及其工业对娱乐业的参与和发展，体育活动和娱乐活动的交融，影视市场和音像市场乃至书刊市场的某种一体化倾向，等等，这些都为"文化市场"一词注入了新的内涵。因此，广义的文化市场已远远跨越了现行某个行政管理部门的工作范围。即使是在狭义的理解上，文化部门对文化市场的上述界定和分类也面临着某种困境。由于管理权的分立，电影市场、音像市场和书刊市场的管理权并未完全统一，这导致文化部门对文化市场的理解与其行政管理权所及的范围达不成统一。换言之，如果文化部门在实际中不能对上述九大门类实行统一的管理，那么文化市场在文化部门这里也就无法反映出它所界定的准确含义。事实上，"文化市场"在实际工作中已被划为文化部门的专有名词，但却无法在文化部门内完整地反映出其基本含义，这一矛盾已深刻地影响到了我们的管理工作、立法工作以及执法工作。如果单从文化部门的现行职责出发，"文化市场"就只能从更为狭窄的意义上去理解，然而这既不符合文化市场本身的客观发展，也不符合社会对文化市场的普遍认同。

因此，对"文化市场"进行科学的、权威的界定乃是一件重要而又必需的工作。是从文化市场本身出发，还是从现行行政管理职责出发来对文化市场进行界定，这是两条完全不同的认识途径。应当说，前者更符合认识的客观性和科学性。我们应当在客观、完整地认识和界定文化市场的前提下来确定其行政管理职责的统一归属。只有这样，方能从认识根源上消除混乱。

二、文化市场的管理权和管理体制

文化市场行政管理权的归属和划分一直是文化市场管理中的焦点问题。其核心在于文化市场是统一由一个行政部门管理，还是由多个行政部门共管。如何共管，权力如何划分，立法又如何解决？从理论上说，专项行政权力应由一个部门行使，否则便会相互掣肘，混乱不清。但是，文化市场的现行管理（按文化部门的界定和分类）始终存在一个根本矛盾：对统一管理的强烈要求与现行非统一体制之间的冲突。应当说，文化市场统一管理的首要前提是，文化市场是一个完整而非分割的市场，只有统一的市场才有统一的管理。就现行分立的管理体制而言，若想在行政上实现统一管理，途径无非有二：一是将其管理权交由现行体制中的某个部门专项行使；二是打破现行管理体制，设立新的行政机构对其进行统管。

从国家这些年制定的有关政策法规来看，国家对上述问题的态度并不十分明确，其基本倾向是承认分管的现实，采取多头领导、分权管理的模式，致力于划分这几个部门各自对这一市场管理的职权。1988 年，根据国家编委在对文化、广电、新闻出版这几个部门的职权规定，这些部门的职权出现了交叉；1989 年国家编委 11 号文专就音像管理对三家的职权作了进一步划分，规定音像出版发行单位的设立由新闻出版部门负责，音像市场则由文化、广电各负其责，文件同时还授权各地可自主确定管理部门。这表明了两个基本原则：一是多头管理；二是地方有权自主确定主管部门。这两个原则不仅对各地文化市场管理体制的形成和立法产生了严重影响，而且也直接影响到了国务院有关法规的制定。目前各省、市、自治区在地方法规中所自行确定的文化市场管理体制有两个基本特点：一是确认“文化市场”是一个统一概念；二是确认有关各部门对其分工分级负责管理。这两点之间存在着一个深刻的矛盾：一方面，“文化市场”作为一个整体要求实行统一管理；另一方面，多头管理却与这一要求严重背离。这一矛盾使得文化市场的管理并未通过地方立法得到一律化和有效化。事实上，地方文化市场管理法规所面临的就是一个窘境：它们对理顺现实管理的混乱关系并没有产生所希望的实质性影响；相反，对多头管理关系的法律确认却使得这一混乱关系具备了法律依据。不少地方的管理部门之间还据此出现了法律上的纠纷。

应当说，根据我国社会的基本特点，在对行政管理体制的确定上，承担主要职责的应是国家而非地方。但从近些年的情况来看，国家对此仍表现出某种矛盾的心态：一方面希望由国家来强制实现统一管理，另一方面却又对地方的现状予以默认。1994年国务院颁布的《音像制品管理条例》就是最好的例证。该法规最突出的特点就是将国家和地方职权的认定分而置之，即规定国务院文化行政部门主管全国音像市场，但同时又规定各省、市、自治区对这一问题有自决权。这一规定与1989年国家编委的规定基本上是一脉相承的。从目前的实际情况来看，这样的法律规定对理顺文化市场混乱的管理关系难以发挥明显的作用。这在很大程度上也制约了该法规的权威和影响力。

目前，尽管要求理顺管理体制，对文化市场实行统一管理的呼声一直很强烈，但对如何理顺管理体制意见仍很不一致。一种看法是主张凡文化产品进入流通领域就应由文化部门统一管理；另一种看法是主张放弃国家对文化市场的统一管理要求，而交由各地自行决定；还有一种看法则是主张将文化市场管理权从文化、广电、新闻出版三家独立出来，由国务院设立直属文化市场管理局，统一管理全国文化市场。这些不同观点说明，我国目前对是否应当建立或如何建立一种全国统一的管理体制，仍缺乏明确和统一的认识。应该指出，无论是在理论上还是在实践中，文化市场的统一管理都是势在必行的。这不仅符合我国社会的基本特点，也顺应文化市场本身的发展需要。对此，我们应该有一个明确的观念。如前文所述，我们应当从文化市场本身而不是从现行部门职权划分来确立这种统一管理模式。从广义的文化市场来看，这种管理模式应当是设立某种跨越现行相关部门，而且有更独立、更大的管辖权的机构；从狭义的文化市场来看，这种管理权可强制归属于现行某个部门统一行使。在现阶段，我国的文化市场仍只处在初始阶段或狭义的概念上，广义的文化市场尚未形成，因此，这种统一的管理模式应视文化市场的客观发展而分阶段确定。在当前，由文化部门对狭义的文化市场进行归口管理是在当前条件下形成统一管理模式的一条必要途径，但这仅是针对狭义的文化市场而言的。随着文化市场由狭义向广义的深入发展，这一管理模式应由现行部门的归口管理向更具权威性的独立管理机构转变。

三、文化市场立法的思路和途径

对文化市场的全国性立法，一直存在着两种完全不同的思路：一是主张由全国人大制定一部文化市场管理法，来统一调整全国文化市场的基本关系；二是认为“文化市场”是个模糊不清的概念，包含的内容太多，难以在一部法律中规范无余，主张分门别类地就不同问题和对象（如音像制品、演出、娱乐业、艺术品拍卖等）制定单项法律或法规。从国际上的情况看，“文化市场”并未成为一个独立的立法对象，很多国家用来调整有关文化市场的法律法规大都散见于各法律门类（特别是经济、民事法律）中。这主要是因为西方国家将文化经营行为直接等同于一般经济行为，而不是像我国这样将二者区别开来。在我国，“文化市场”这一概念具有某种本质上区别于经济市场的意义，这是我国的社会特点所决定的。在这个市场中，除了一般的经济关系、公民的权利和义务关系，一个重要的内容就是体现国家责任的行政管理关系。从我国社会的基本特点出发，制定一部统一的文化市场管理法具有鲜明的现实性。它对强化这个市场的特殊性、统一规范行政行为，实现文化市场管理的法制统一，具有其他法律形式不能替代的作用。但是，在目前的条件下，制定这样的法律在法理上、技术上乃至现行管理体制上都存在不少困难。目前，我国文化方面的基本法律除《文物保护法》《著作权法》外，关于新闻出版、广播电视、电影、文化发展等方面的法律都尚未出台，文化的一些基本关系尚未得到法律确定，加之“文化市场”的广义、狭义差别甚大，现行的管理体制仍处在一个自为的而非独立的发展之中。因此，在现阶段，如何在一部法律中对文化市场进行明确规范难度不小。目前由国务院分门别类制定相关法规，由此来取得足够经验的做法是符合实际需求的。

应当指出，文化市场立法在我国是一项全新的工作，需要充足的理论研究和思想准备。文化市场的产生和发展带来了一系列新的观念和新的关系，对我国现有的文化体制、文化发展和社会生活都产生了重大深刻的影响。但是，我们对文化市场的一些基本问题在理论上缺乏深层次的研究和认识，对社会主义文化市场的基本特点、文化产业与文化发展的关系、文化产业与文化市场的关系、社会效益和经济效益的关系、文化经营者的权利与义务关系，仍未形成统一的看法。这也严重阻碍了文化市场立法的实际进展，阻碍了它的系统化、科学化发展。从国外的情况来看，文化产业方面的立法是一个十分重要的立法内容，在美国，整个文化产业被称为“娱乐工业”（The Entertainment Industry），相关的法律被称为“娱乐法”（The Entertainment Law），内容涉及宪法、民法、经济法、商法、行政法、诉讼法等领域。在我国的文化市场中，文化经营、文化产业无疑与西方有着本质的区别。但是我们必须下大力气进行理论研究，根据我国实际情况，系统建立起符合我国社会特点的文化市场乃至整个文化事业方面的法律体系。

关于文化市场的现存问题及其若干意见[1]

一、我国文化市场的基本状况

文化市场在我国的兴起和发展，是我国文化事业乃至整个社会生活在现实变革中的十分重要的现象。文化市场主要是指经营、消费作为商品的文化产品和文化服务活动的特定场所。1979年底，广东东方宾馆出现了国内首家音乐茶座，被视为是娱乐业的发端。十余年来，文化市场在全国已成燎原之势，在很短的时间由南而北，由沿海而内地迅速延伸开来，其速度之快、形式之多、范围之广、影响之大，为人始料所不及。尤其是在1992年至1994年间，文化市场特别是娱乐市场的发展相当惊人，在全国各地几乎都出现过无序、盲目、畸形的发展势头，豪华装修、超前消费，各种经营场所纷纷出现，一度形成了强大的发展浪潮，对社会的影响日益广泛。

文化市场在全国的发展数量至今尚无全面、准确的统计。文化部曾于1992年有过一个不完全统计：该年度全国各类文化娱乐经营场所约20万家，录像放映点6万个，民间剧团54个，各类影剧院约4000座，书报刊摊点数万个，画廊画店4000多家，每天在这些场所活动的有上千万人次。另据不完全统计，从1992年至1995年，全国娱乐场所已迅速增加，其中“三厅一会”（歌厅、舞厅、卡拉OK厅、夜总会）约10万个，游戏机厅和桌（台）球厅约15万家，录像点近10万家。

随着我国社会主义市场经济体制的建立，文化市场的出现具有某种必然性。作为市场经济和文化发展的一个组成部分，它对社会经济的发展和文化事业的发展起到了一定的推动作用。例如，文化市场的发展形成了一种多层次的文化结构，为满

---

〔1〕 本文于1997年7月被人民日报社、求实杂志社、新华通讯社、经济日报社、光明日报社等11家单位联合评选为全国首届优秀调查报告，并以《文化市场若干问题调查》为题收录于《面向改革的生动实践——中央国家机关局处级党员干部理论学习成果汇编》（中国言实出版社1997年版）。本文中所涉及之法律法规与理论，均以写作时间为准。

足社会多层次的文化需求提供了途径；它在推动社会办文化，促进文化产业化因素的发展，推动文化体制改革，增强文化行业的自身活力，涵养税源，扩大就业途径等方面都发挥着重要作用。

文化市场近年来之所以发展迅猛，一个根本原因是这个行业具有超高的利润，是一种经济利益驱动的必然结果。基于此，它所暴露出来的各种矛盾和问题也十分突出，因而一直受到社会各界的高度关注。如何加强文化市场管理工作力度，制定并完善文化市场的法律法规和政策，培育并引导文化市场的健康良性发展，始终是一个重大的课题。特别是近几年来，这方面的工作已开始取得一些成绩：以社会效益和法制规范为主要标准的文化市场管理的指导思想和基本原则不断明确；文化市场的宏观调控得到加强并收到了一定成效；文化市场的管理机构和管理队伍得以建立并在实践中发挥了作用；从中央到地方文化市场的立法工作也取得了积极进展。但从总体上说，无论是在思想上、方针政策上，还是在管理工作和法制建设中，我国目前对文化市场的发展仍缺乏系统的认识和准备，对出现的问题也缺乏充分的预见和有力的对策。因此，彻底有效地扭转这种局面，依然是我们面临的一件极其重要和紧迫的事情。

二、近年来文化市场的发展特点及其影响

从目前的情况来看，文化市场的发展势头有所减弱，开始进入一个相对稳定的阶段。这有几个直接原因：一是经营场所的数量过多、过滥，歌厅、舞厅、电子游戏厅林立。例如，根据河北省的最新统计，全省各地市除邢台市外，其他各市歌舞厅均在100家左右，最多的为保定市，达287家。二是文化娱乐市场大大超过了普通人民群众的消费水平。三是管理力度不断加大，管理工作开始走上正轨，违法经营受到不断打击。一些城市的娱乐市场因此而减缓了发展速度。但是我们必须看到，文化市场在我国已经具有了相当的规模，特别是近几年，它开始向社会的深层次发展，一些问题和矛盾不断深化，出现了一些带趋向性的特点，对此，我们必须要有一个清醒的认识。

（一）文化市场社会化和产业化的趋势日益明显

当前阶段，文化市场与其说是一种文化现象、文化行为，不如说首先是一种经济现象、经济行为。由国办文化到社会办文化，这是文化市场近几年急剧膨胀的一个主要原因。在经济利益的推动下，社会上的各行各业、各种经济实体纷纷投资兴办文化业，形成了社会浪潮。例如，据统计，湖北省社会兴办各类文化经营场所2万余个，从业人员达40万人，在数量上是全省国家文化单位总和的10倍多。文化市场的社会化也就是文化商业经营主体的多元化。在这种趋势下，特别是以“三厅一会”和电子游戏机为主的娱乐业在1992年至1994年间迅猛发展，商业营利动机

成为主导因素。例如，仅在1993年，上海市的KTV包房便从200间猛增到了1695间，游戏机厅从500家增至905家。据山东省统计，该省“三厅一会”在1991年至1993年间，从438家猛然增至1780家，年增长率达183%，平均每天有2.2个歌舞厅开业。据河北省统计，全省歌舞厅在1992年以前仅有130家左右，基本上是大众化的低消费舞厅，1992年至1995年间急剧发展到1420家。同时，文化市场也出现了产业化的趋势。特别是在娱乐业，投入资金额和经营规模已相当大。各地都有投资百万元、千万元的豪华娱乐场所。采取种种手段利用国家资金、银行贷款投资娱乐业已成为普遍现象。例如，武汉市有1/5的娱乐场所投资在千万元以上；据湖北省统计，截至1993年底，社会各界在全省娱乐场所的投资达8亿元。在山东济南市，一些电子游戏机场所的投资达数百万元。一些城市（如武汉、郑州、长沙等地）集中兴建大型图书交易市场，年经营额数千万元甚至上亿元。一些地方的音像制品经营网点连街成片，成了音像制品交易市场中的主力军。就连民间剧团、个体经营的规模也在迅速增大。例如，湖南衡阳市一家民办杂技团就由一家人扩大为拥有78名演职员工、上千万资产的大马戏团。文化市场的营业额和利税也相当可观，1993年，湖北全省各类文化经营活动和文化服务活动营业额达到15亿元。1993年，湖南省长沙市仅娱乐场所的营业额达1.2亿元。辽宁省盘锦市在辽宁是一个小市，各类文化娱乐场所已达1600家，每年创利税达5000万元。事实上，不少地方政府已正式或非正式地将文化市场（尤其是娱乐业）作为第三产业的重要组成部分来推动发展，将其纳入了当地政府的产业政策和规划制定之中。

但是，文化市场的这种社会化和产业化的趋势正在超出它作为文化事业补充成分的意义，对此，我们没有充分的思想准备。推动这种趋势发展的根本动力是经济效益，市场经济原则事实上已成了它的首要原则。因此，某些地方和地区相应出现了一些与我们社会不相容和不正常的现象。色情赌博、一掷千金，高消费与高投入相互促进，无论是在经营目的、手段，还是在消费方式上都与以社会效益为根本目的国办文化存在深刻冲突。

（二）文化市场迅速向中小城市和乡镇延伸

文化市场初期主要集中在各地省会以及经济、交通发达的大城市，但在近年，各地中小城市乃至县城、乡镇的文化市场发展迅速，其形式、特点、门类与大城市相去不远。以河北省为例，全省各地市均拥有相当规模的文化市场。据反映，在河南省开封市，一个文化市场经营许可证的转让费达2000元，由此可见文化经营在当地的兴盛。即使是一些偏僻的县城也是如此。例如湖南宁乡县共有各类文化经营户1130个，经营项目包括电子游戏、录像放映、卡拉OK、民间剧团、桌（台）球等。

文化市场在中小城市乃至县城乡镇的兴起，表明一个基本事实：作为一种商品经营或娱乐消费的文化已深入我们社会的各个层面。在很大程度上，文化市场已经成了当地文化消费的重要渠道。其中最突出的就是录像（激光）放映点在中小城市和乡镇的泛滥。录像（激光）放映投入少、收益快，对低收入的中小城市、乡镇尤其是农村人口来说，是一种廉价的文化消费形式，加之各种非法音像制品的流行，为它的泛滥提供了基础。这些放映点的特点有三：一是放映活动的社会化，除文化、广电部门批准的放映点外，其他各种形式的放映点纷纷出现，经营者十分混杂。二是票价低廉，对低收入者和农村人口富有吸引力。三是非法盗版甚至色情淫秽音像制品充斥，录像放映厅的泛滥与各地电影市场（尤其是农村电影市场）的迅速衰退形成了鲜明的对照。这说明，以录像（激光）放映为代表的文化市场正在对广大基层地区的文化发展起着异乎寻常的作用，其影响甚至远远超过当地国家文化部门和艺术单位。近年来，有关部门以从事非法放映活动为由下令关闭激光放映厅，这无疑是一个有力的举措。但录像放映仍势头不减，事实上，无论是侵权还是非法放映，在许多录像厅都是十分普遍的现象。录像放映的泛滥不只表明了一种文化经营形式的兴盛，更重要的是，它表明了广大基层农村文化消费领域已向文化市场严重倾斜。

（三）非文化部门和个体经营在文化市场中占据主要地位

文化市场初期大都由有关文化部门直接经营，经营者性质主要是国营和集体。但近年来，社会办文化日益广泛，非文化部门开办的数量越来越多。例如，辽宁省在1986年文化市场兴起之初，文化部门开办的占90%，1993年则下降为不足7%。而且，随着各种经济承包制的实行和个体经济的迅速发展，经营成分不断多元化，形成了目前文化市场多种所有制并存的局面。其中，尤以个体经营或以承包形式假集体之名的个体经营占据主要地位。据武汉市文化局统计，全市的文化娱乐业中，有90%是社会个体、集体、合资、独资兴办的，政府文化部门兴办的不到10%。辽宁省统计，至1993年，全省文化市场中国营单位从1989年的40%下降到了10%，个体经营或个体承包经营已达90%左右。毫无疑问，无论是从经营目的来看，还是从经营手段来看，个体文化经营对文化市场的影响都是巨大深刻的。个体经营的根本目的就是实现商业利润，他们在本质上不可能以非商业性目的来作为文化经营的首要目的。这也是导致文化市场混乱纷杂的一个重要原因。例如，近年来，书刊二级批发市场对出版业和社会造成的影响就十分突出，买卖版号，书商“倒书”、拉拢腐蚀出版队伍，形成了地下出版、印刷、发行网络，各种非法出版物屡禁不绝，原因之一就是这些所谓的书刊二级批发点几乎全是由个体经营。据河北省统计，全省现有书刊二级批发点134家，这些书刊二级批发点虽然在名义上是集体单位，实际上则全为个体经营。据反映，全国从事二级批发的经营人数已达60万之众，形成了一股不容忽视的社会力量。

（四）外商投资娱乐业势头不减

目前，外资兴办娱乐业（主要是“三厅一会”和电子游戏机厅）已成普遍现象。据文化部门统计，三资企业在全国文化市场中所占比例已达22%。在海南省，全省卡拉OK歌舞厅中有1/3是三资企业。山东济南市的200余家娱乐场所中有70多家是合资独资。一些中小城市也出现了外资娱乐场所。外资娱乐场所不仅在很大程度上引导着当地文化娱乐业的消费潮流，而且正在对我们的文化发展产生深层次的影响。他们热衷于投资娱乐业的一个根本原因是它的投资效益快、资金回报率高。尤其是近年来，有奖电子游戏机（或赌博机）成了外商投资的一大热点，因为能使经营者在相当短的时间内获取高额利润。据反映，一项针对中国市场的研究认为，在中国投资的主要方向应是娱乐业，尤其是有奖电子游戏机。他们发现中国有很多旧电影院，经营状况不佳，建议海外投资者租下来搞夜总会和有奖电游。当年，山东省就有不少外商专程前往考察旧电影院。这表明，他们对内地娱乐业的企图心十分强烈，一个根本目的就是谋求巨额利润。基于此，他们在已投资的娱乐业中营造高消费、高档次，甚至采取一些非法手段进行经营活动。这种现象已严重影响了当地娱乐业的健康发展。但是，我国目前对外商投资娱乐业的问题仍未予以足够的重视，是否限制，如何限制，意见仍很模糊，这也给外商投资娱乐业提供了可乘之机。

（五）文化市场经营者成分混杂，素质偏低，出现黑势力苗头

从调查的情况看，文化市场经营者成分混杂、素质偏低，这在各地几乎都很普遍。文化市场以非文化者为经营主体，这本身就是对文化发展的一种背离，是一种极其不正常的现象。例如，哈尔滨全市约4000家娱乐场所的经营人员中，下岗和待业青年占大多数，约占总数的70%，停薪留职“下海”的占15%，兼职人员占5%，外资经营者占7%，其中还有一些劳改释放人员。这些经营者大多是中小学文化程度。由于素质低下，人员混杂，出现了很多混乱现象。一些经营者或采取种种非法手段进行经营，或利用关系，不服管理，要挟甚至殴打稽查人员；一些经营者缺乏法律法规常识，甚至连当地文化市场管理方面的政策文件都一概不知；一些经营者层层委托转承包，“法人”名不符实，实际经营者混淆不清。长沙市在一次调查中发现有40个娱乐场所没有员工花名册，员工来历不明，鱼龙混杂。而且，一些地方的娱乐场所开始形成某种自发性质的行业团体或组织，定期联系，采取统一手段抵制政府管理和社会监督。更为严重的是，近年来，不少地方黑势力参与娱乐业的倾向很明显，一些经营者背景复杂，经过数年经营，积蓄了资金，与当地一些权势者相勾结；一些外商也利用金钱收买当地个别“权势者”，在地方上形成了某种势力范围，控制并影响周围的社会环境，甚至大肆进行色情、赌博和其他非法活动，给当地社会造成了相当恶劣的影响。应当指出，文化经营人员混杂、素质低下是目前文化市场中的一个畸形现象。因为文化业自身的特点和功用对从事这一行业的人员具有特定要求。由于这方面得不到严格管理，大量低素质的经营者充斥文化

市场，势必导致经营目的和手段混乱，无法主动形成有效的自我约束和良好的经营秩序。

（六）美国文化产品仍是音像市场经营消费的主要内容

目前，美国文化产品仍在音像市场中扮演着重要角色。录像放映点放映的片子绝大多数甚至100%是美国片，特别是在一些中小城市和乡镇集市，海外文化产品已成泛滥之势。海外文化产品泛滥的原因十分复杂：一是走私盗版严重；二是缺乏处理海外文化产品输入的有效对策；三是国内艺术创作仍然缺乏充足的精品和为群众日常文化消费所需的喜闻乐见的作品；四是国内音像制品生产成本居高不下，受到非法复制发行“水带”的严重冲击。不过，在调查中我们也发现，近年来，以国内优秀传统歌曲、优秀创作歌曲为主体的音像制品在市场上开始占有了较大份额。这表明，随着经济的进一步发展以及“扫黄打非”的持续进行，在技术、资金充足的条件下，国内音像制品完全有可能占据市场的主要地位。

（七）盗版、非法出版活动转入地下并向高新技术领域发展

目前，随着打击盗版和非法出版活动力度的增强，文化市场中的盗版、非法出版活动出现了新的特点：一是淫秽、色情出版物下降，非法侵权出版物上升，其活动转入地下。据河北省统计，1994年，该省广电厅认定的淫秽录像带有3259盘，1995年则下降为547盘。同时，非法盗版、盗印正式出版的畅销书的活动日渐猖獗。一些地方领导干部甚至认为盗版盗印与制黄、贩黄不同，前者不应被视为是犯罪，而只是一般的经济活动，因而采取默许甚至纵容态度。而且，非法出版转入地下，组织严密，出版、印刷、发行、零售环环相连，能在相当短的时间内在全国较大的范围内造成严重危害。河北破获的《奇异性风俗》一案就是突出的例证。二是非法出版活动出现了集团化、规模化和高技术化的特点。近年来，音像制品（如录像带、激光唱盘）和电子出版物（如V-CD、CD-ROM）的非法复制和销售十分严重，经过持续不断的打击，其势头有所收敛。但目前地下非法复制和销售仍由东南沿海向内地迅速蔓延。1995年，广东查获的特大音像出版物案，集走私、盗版、制黄、贩黄为一体，内外勾结，集团作案，非法经营数额十分巨大。国家音像出版单位出卖版号现象仍屡禁不止，一些正式CD复制生产单位也直接参与盗版和非法出版活动。同时，随着电子计算机和多媒体技术的发展普及，利用计算机等高新技术手段制黄、贩黄以及其他非法出版活动也非常猖獗，危害深远，特别是对知识阶层和在校大、中学生毒害极大，这方面的实例已不断见诸报端。

（八）色情、赌博现象依然严重存在

从反映的情况来看，近年来，文化市场中的色情、赌博现象仍有发展蔓延之势，虽然各地都在连续不断地“扫黄”，但风头一过，又死灰复燃，有的地方甚至会更为猖獗。文化市场中的色情问题仍然存在着这样几个特点：一是色情、淫秽出

版物通过地下出版、发行网络大批量流行，近年破获的一些大案要案（如长沙的“国晓书社”淫秽图书案等）都是利用地下出版、发行网络进行非法活动的。地下出版、发行网络事实上已对国家出版业、社会稳定构成了严重威胁。二是色情、淫秽音像制品和电子出版物迅速崛起，利用高技术特点，传播迅速，隐蔽性强，价格更为低廉，观赏效果更加强烈，毒害更大。三是娱乐场所中各种明暗色情服务活动不断变换手法，“三陪”现象已成为一个屡治不愈的“老症结”。尽管有观点坚持认为“三陪”属娱乐业中的正常现象，主张将其与色情服务区别开来，但“三陪女”大多直接参与卖淫活动已是一个不争的事实。由于“三陪女”流动性大，给当地的管理工作造成了困难。近些年还出现了有些地方推销“三陪女”活动，一些专营推销“三陪女”的贩子跨省区为一些娱乐场所推销“三陪女”。更严重的是，文化市场中的一些管理人员以及司法部门中的一些执法人员，不仅充当了娱乐业中色情服务的顾客，还直接参与了娱乐场所的经营活动，有的参与入股分红，有的以维护治安为名索取“治安费”，所有这些都为“三陪”及娱乐业的非法经营提供了有形、无形的保护伞。一些经营者为寻找“靠山”，依靠当地不法分子或犯罪集团的所谓“保护”大搞“三陪”和色情服务。这就是所谓的“红”与“黑”的保护。一些经营者公开宣称，如果没有这两种保护，经营就无法正常进行。四是由于管理的混乱，一些民间剧团在基层演出中以跳“脱衣舞”等方式进行色情表演，招徕观众。一些基层的个别领导干部甚至公开要求前来演出的民间剧团进行色情表演，并以此为条件对剧团进行要挟。

文化市场中的另一个相当严重的问题是电子游戏机的赌博活动。近几年，电子游戏机（尤其是有奖电子游戏机）在各地发展迅速。目前，全国约有游戏机经营场所 10 万个，游戏机 70 万台，分为游艺型和有奖型两种。利用有奖电子游戏机进行赌博甚至巨赌已不是少数现象。1992 年文化部和公安部曾联合发文对“有奖”作了具体规定，即“奖品金额最高不得超过一百元，不得兑换现钞”，同时规定禁止使用“苹果机”“老虎机”和“角子机”三种机型。但这些规定已不适应现实的发展。一些经营者不仅采取种种方式为赌博者兑换现金，而且采用更换机型电路板程序的手段，将一些游艺机型改为赌博机，一些地方发现的这类赌博机如“扑克机”“三七机”“弹子机”“宾果机”等不下几十种。近年来，有奖电子游戏机成了一些经营者和外商投资者迅速获取高额利润的主要渠道。武汉市在高峰期曾达到一百余家，平均每家 50 台有奖游戏机；一台机子的投入成本约 4 千元，而一天的最高经营额可达 2 千元。山东省淄博市 1994 年游戏机为 80 家，2000 余台，到今年 5 月统计急剧增涨为 140 家，3000 余台，其中有奖电游占 80%，经营规模最大的一家拥有 150 台有奖游戏机。而且，利用有奖电游进行豪赌者大有人在，动辄万元、数十万元，社会影响极为恶劣。前段时间有关部门对有奖电游进行整顿，各地都不同程度地开展取缔、封存赌博机的工作，收到了一定效果。但根本的问题仍然是对有奖电子游戏机的发展缺乏统一的认识，缺乏明确的政策和法律法规。

三、关于文化市场的几个主要问题

上述文化市场出现的种种特点，可以从本质上说明商业利润或经济效益正在成为推动文化市场发展的决定性力量，这与文化事业本身的发展，与社会的整体发展正产生着某种深刻冲突。但是与此不相协调的是，无论是在思想认识上，在日常管理工作中，还是在立法和执法工作中，我们的工作步伐仍未跟上文化市场的发展变化。

（一）关于思想认识方面的问题

目前一个根本的问题是，对文化市场仍存在着思想认识上的严重混乱和不统一。对如何正确认识文化市场在我们文化事业和社会发展中的性质、地位和作用，如何正确认识社会主义市场经济条件下文化事业的变革与发展，迄今仍未形成一个成熟的、普遍的、确定性的看法，这造成了一些地方在处理文化市场具体问题时态度模糊、尺度不清、政策混乱，进而导致在实际工作中把经济建设和精神文明建设对立起来，把文化市场整顿和招商引资对立起来。一些地方领导干部甚至公开认为，市场经济中的色情发展是一个不可逾越的阶段，尤其是对吸引外资更是不可或缺的条件。事实上，从各地的扫黄打非的情况来看，色情活动并不是招商引资的一个必要条件，恰恰相反，它严重腐蚀的是我们的社会、我们自己的队伍。同时，对游戏机赌博的认识也很混乱。一种主要观点认为，游戏机的博彩（赌博）特点在世界上是一个普遍现象，而且这一行业利润可观，可以为国家带来巨大的经济效益，国外通常由政府专营专控，我国实行的是“有奖”而不是“博彩”，主张由政府对“有奖”进行专营。但问题的实质在于：“有奖”能否真正做到区别于“博彩”？对此，各界一直纷争不已。

这种思想上的混乱还表现在文化管理部门对自身职能任务的认识上。文化市场的管理工作应居于何种地位仍不清楚。一种代表性观点认为，文化部门的工作已由“办文化”转变为“管文化”。从实际情况来看，目前一些地方基层文化部门日常工作的主要任务就是文化市场管理，文化局已变成了事实上的“文化市场管理局”。由于这种做法与目前文化部门的既定职责出入甚大，各界对此也有不同意见。例如，河北省文化部门坚持认为，文化市场的繁荣并不简单等同于文化的繁荣，也不能代表我们文化的主流，文化部门仍需要以大量的工作来发展城市、乡村文化，发展专业文化，并以此来占领文化市场。

（二）关于管理和管理体制方面的问题

虽然近年来各地有关部门在加强文化市场的管理上作了不少工作，但文化市场管理和管理体制方面长期存在的混乱状态，迄今仍未得到根本消除。所谓“上面是三国鼎立，下面是八国联军”的局面并未被彻底扭转，因此管理混乱仍然很突出。

（1）多头管理体制仍未理顺。多头管理体制问题迄今仍是未得到有效解决的一个“老大难”问题。特别是文化、广电、新闻出版三个部门针对音像制品仍存在严重的职权交叉。根据1989年6月国家编委对这三个部门的职权规定，这三个部门的职权交叉。文件规定音像出版发行单位的设立由新闻出版部门负责，音像市场则由文化、广电各负其责。同时，还授权各地可自行确定音像市场的管理部门。这实际上认可了两个原则：一是多头管理；二是地方有权自主确定主管部门。这两个原则对各地文化市场管理体制的形成和立法产生了严重影响，同时直接影响到了国务院有关法规的制定。虽然从中央到地方都在努力理顺这一关系，但体制的不统一仍未发生根本的改变。1994年8月，国务院颁布《音像制品管理条例》，规定国务院文化行政部门主管全国的音像市场，同时又规定县级以上地方各级政府对音像市场的管理由省级人民政府确定。目前，在全国各省、直辖市和自治区所自行确定的文化市场管理体制中，有11个省（市）规定统一由文化行政部门主管，有6个省规定由广电部门主管，其他省（市）仍由有关部门分管。

音像市场管理权长期在部门之间争执不下的一个主要原因是经济利益问题。因为音像制品的经营活动已成为各系统基层单位安置就业人员和行业创收的一个主要渠道。同时，管理费的收取也有很大的吸引力。由于管理权的交叉，各地、各部门管理费标准不一，各级又是自收自支，导致各部门大量批点设点。就文化部门而言，省、市、区（县）层层都可以审批发证，出现了种种弊端：经营摊点过多、过滥，管理和经营混为一团，部门利益高于社会利益，管理和稽查难见成效。正是由于体制问题得不到解决，这些弊端迄今仍无法从根源上消除。

（2）分级管理和属地管理的矛盾冲突相当严重。除了行业之争外，行政管理部门内部的分级管理和属地管理的冲突也是文化市场管理混乱的一个重要原因。目前，文化行政部门内部对文化市场实行中央、省、市、县、乡五级管理体制。由于在城市或地区，各级单位杂居是一个普遍现象，各级管理部门对本地域文化经营网点的管理难以达到一致，形成了管理和稽查中的漏洞，给不法分子提供了可乘之机。例如，武汉市“白玫瑰歌舞厅”曾一度因“三陪”现象严重，被列为该市重点整顿对象，一个重要原因是缺乏对它的日常管理。其级别隶属省文化厅，地域上属武昌区，但日常管理工作武昌区无法实施，而文化厅又缺少管理力量，由此造成了管理上的“死角”。显然，经济利益是促成分级管理文化市场的直接原因。随着文化市场的发展，文化经营管理费的收取额迅速增大。例如，山东省文化厅1994年收取管理费近百万元，县级文化部门最高收取30万元~40万元，最低2万元~3

万元；青岛市中北区文化局在1994年收取的管理费达到30万元。由于管理费通常由财政返回其使用，这对长期依靠国家财政开支的各级文化部门来说，意义非同寻常。因此，经济利益和日常管理的矛盾使分级与属地之争愈加激烈。有关全国性的政策法规对此仍无明确规定。1994年中共中央办公厅、国务院办公厅19号文曾指出："所有文化企事业的市场经营活动都要接受当地政府的管理"，但未明确指出由哪一级政府实施管理，以及高于"当地政府"级别的单位如何接受其管理。目前，地方在处理分级与属地问题上大相径庭，一些省市在制定当地文化市场管理法规时，明确规定分级管理是文化市场管理体制中的一项基本原则，而某些省市则主张采取属地管理或审批分级、管理属地的原则。

（3）管理部门参与经营的问题仍然严重。文化广电等部门直接参与文化经营活动一直是个普遍现象。原因很复杂，一个重要的原因是文化经济体制的转变和"以文养文"政策的实行。事实上，文化广电、新闻出版等部门都把文化市场的经营活动视为是增加行业收入和安置就业人员的主要渠道。例如，湖北省广电系统从事音像经营的人员约2000人，投入达1000余万元，全省县局音像经营收入平均占总收入的20%~30%。这些部门采取种种直接或间接的方式参与实际经营，以各种名义设立自己的经营网点，特别是在一些基层文化、广电单位中，经营和管理完全混为一团，一些负责人既是管理者，同时又是经营者。随着管理工作的加强，近年来，一些管理者不断变换手法，通过各种间接方式参与经营，或委托亲友经营，或暗中参与入股分红，或以管理权索取经济利益，等等。经营和管理的混淆不清直接造成了文化市场的长期混乱，非法经营活动得到了暗中保护，行业、部门之间彼此攻讦，各自袒护。究其根本，多头管理体制使各行业对自我经济利益的保护和扩展成了必然。

（4）如何理顺管理体制的认识仍不明确。尽管要求理顺管理体制，实行文化市场统一管理的呼声一直强烈，但目前针对如何理顺管理体制，各方的意见仍很不一致。一种倾向性看法是主张凡文化产品进入流通领域就应统一由文化部门管理。另一种看法是主张放弃国家对文化市场的统一管理要求，而交由各地自行决定。还有一种看法则主张将文化市场管理权从文化、广电、新闻出版三家独立出来，由国务院设立直属文化市场管理局，统一管理全国文化市场。这些不同的观点说明我国对是否应当建立起一种全国统一的管理体制，仍缺乏明确和统一的认识。从目前的情况来看，各地仍在自行决定文化市场的管理体制，出现了几种不同形式：或由文化部门主管或由文化、广电分管；或成立协调机构"社会文化管理办公室"或"文化市场管理委员会"来协调统一管理；或由政府直属设立文化市场稽查队来统一稽查工作。近年来，各地立法纷纷出台，使这些不同形式的管理体制获得了地方法律上的认可，也使得从国家的角度来统一理顺管理体制和管理关系变得愈加困难了。

（三）关于立法方面的问题

文化市场方面的立法工作，从国家到地方，近年来都取得了一些成绩。1994年，国务院颁布了《音像制品管理条例》，全国大多数的省、直辖市和自治区都颁布了针对文化市场的地方性法规。目前，国务院正在着手制定《文化娱乐业管理条例》以及有关营业性演出、艺术品管理方面的条例。但从总体上来看，文化市场方面的立法仍然严重滞后，一些地方的立法也显得零乱且实际成效并不显著。具体言之有这样一些问题：

（1）理论研究的严重不足。文化市场立法在我国是一个全新的工作，需要充足的理论研究和思想准备。文化市场的产生和发展带来了一系列新的观念和新的关系，对我国现有的文化体制、文化发展和社会生活都产生了重大、深刻的影响。但是，我们对文化市场的一些基本问题在理论上缺乏深层次的研究和认识，对社会主义文化市场的基本特点、文化产业与文化发展的关系、社会效益和经济效益的关系、文化经营者的权利与义务关系，仍未形成统一的看法。这严重阻碍了文化市场立法的实际进展，阻碍了它的系统化、科学化发展。我们必须拥有完备的理论认识才可能系统建立符合我国社会特点的文化市场和整个文化事业方面的法律体系。就目前的情况来看，这方面的工作仍未完全走上正轨，相关的理论研究尚未成形，理论研究队伍和机构也较为零散。

（2）两种不同的立法思路。对文化市场的全国性立法，一直存在着两种完全不同的思路：一是主张由全国人大制定一部《文化市场管理法》，由此来统一调整全国文化市场的各种关系。对此，文化部门和地方立法机关的呼声始终很强烈。二是认为“文化市场”是个模糊不清的概念，涉及的内容太多，难以用一部法律规范。主张分门别类地就不同问题和对象（如音像制品、演出、艺术品拍卖等）制定单项法律或法规，目前，国务院有关部门正在积极开展这方面的工作。从国外的情况来看，“文化市场”并不是一个独立的立法对象，绝大多数国家调整文化市场的法律规范都散见于各法律门类中。从我国的实际情况来看，制定《文化市场管理法》具有强烈的现实性，但在法理上、技术上存在着不少困难。目前，我国文化方面的法律除《文物保护法》《著作权法》外，关于新闻、出版、广播电视，电影、文化发展等方面的法律尚未出台，文化的一些基本关系尚未得到法律确定。因此，《文化市场管理法》难以先行自主确立这些关系，而且由于“文化市场”概念模糊，在技术上如何明确规范也存在不小难度。这需要下大力气进行立法调研。这也进一步说明，必须加快文化方面的一些基本法律的制定，否则，这种立法滞后的被动局面在相当长的一段时间内得不到根本缓解。

（3）法制的统一性问题。法制统一性问题首先就是立法的统一问题。目前，地方关于文化市场方面的立法纷纷出台，对促进文化市场良性发展起到了一定的积极作用。但由于国家对文化基本关系缺乏统一的法律确定，地方文化市场立法因其鲜明的地方性特点使得法制统一问题愈见突出。首先是地方立法和国家立法的不一致。地方的普遍做法是制定《文化市场管理法规》，即就“文化市场”统一立法而不是分门别类立法，而国家文化市场立法目前基本采取的是专项制定的方式。彼此之间无论是立法形式还是立法内容，都有很大的差异性和不协调性。其次是地方之间立法的不一致。主要有三点：一是对文化市场具体内容、范围规范不一，或宽或窄；二是对文化市场管理体制确定不同，出现了多种模式；三是对一些具体行为关系的规范差异明显，如对经营者权利、义务的规定，对行为者处罚尺度、标准的规定明显不同。应指出的是，这些不一致的存在，妨碍了全国文化市场管理工作的科学性和实效性，阻碍了文化市场的法制统一。在我国的立法理论或实践中，这是一种极不正常的现象。从根本上说，正是因为长期缺乏国家的文化基本法律，才造成了地方立法的差异性和随意性。

（四）关于执法方面的问题

目前，全国各地已初步形成一个为数不小的文化市场管理稽查队伍。据文化部门的统计，该系统各级文化市场管理机构约有3000个，文化市场的专兼职稽查人员达10万人，从中央到地方形成了一个五级管理网络。其他部门（如广电、新闻出版部门）的管理队伍尚不在此统计之列。文化市场管理执法队伍的建立顺应了文化市场的现实需要，地方法规的纷纷出台不同程度地将其执法和管理职能用法律形式确定了下来。但是，目前执法方面存在的问题也很突出：

（1）执法权的交叉混乱。文化管理体制的混乱直接造成了文化市场执法权（稽查权）的交叉混乱。其中最突出的是对音像市场的稽查，文化、广电部门职权交叉严重。而且，不少地方法规还正式确认了这种交叉混乱。例如，《湖南省文化市场管理条例》规定，县以上文化行政部门应配备文化市场稽查员，同时又规定音像市场则由广电、文化两家共管。因此，广电系统在实际工作中单独建立了自己的稽查队伍。1993年，湖南广电厅下发通知，要求全省县级以上广播电视局成立音像市场稽查队，县级3人~5人，地市级5人~9人，所需经费自行解决。稽查权的这种分立造成了不少弊端，如执法不一，标准混乱，不仅实现不了文化市场的有效管理，更严重的是影响了行政部门的社会形象和管理权威。

（2）执法权的性质范围不清。虽然文化市场管理稽查队伍已成规模，但文化市场稽查权的性质范围、程度以及与其他部门（特别是与公安、工商部门）执法权力的区别，至今仍缺乏明确和统一的界定。不少地方法规规定，文化部门应会同公安、工商等部门共同管理文化市场。这实际上表明文化部门所行使的文化市场稽查权是一个相当有限的权力，它不可能在缺乏其他部门协同配合的情况下产生显著效力。从实践来看，文化稽查队伍的执法权相当有限，特别是对色情和赌博活动，基本上无权查处。这种状况严重影响了文化市场稽查工作的实效性和权威性。目前，文化稽查队伍普遍要求赋予其更大的行政执法和处罚权力，除罚款外，还要求有停业整顿、吊销执照以及侦查取证，甚至拘留相对人的权力。一些地方为增强其权威性，开始装备器材，统一着装，等等。但是，这些要求和做法超越了文化部门既定的职权范围。从根本上说，这是由文化稽查权的性质和归属含糊不清所致。

（3）执法队伍的素质不一。目前，文化市场稽查人员素质参差不齐，是一个较为普遍的现象。由于这些人来自不同部门，其中以文化行业转岗的人居多，大多缺乏法律基础知识和训练。尤其是在基层队伍中，稽查人员不懂法的情况更为普遍。一些部门和稽查人员还被卷入了文化市场的实际经营，经营者、管理者和执法者常常相互混同，彼此不分。加之文化市场执法监督体制尚不健全，造成一些地方的文化稽查工作缺乏明显的实效性。近年来，文化部门加强了对稽查队伍的法律培训和教育，一些工作也开始走上规范化、制度化的轨道。但总体上说，文化市场的执法工作与文化市场的发展不相适应，在理论上和实践上对文化市场的执法、司法和监督工作都缺乏科学系统的认识。

四、几点意见和看法

根据上述文化市场目前的基本状况，我们有如下一些意见和看法：

（1）必须高度重视加强文化市场管理的必要性和紧迫性。文化市场的出现和发展，对我们整个文化事业乃至社会生活的其他方面正在产生着重大影响。由于我们缺乏足够的思想认识准备，对文化市场的迅猛发展和影响力估计不足，文化市场出现了近些年的混乱无序现象。因此，我们必须清醒地看到，以个体经营为主体的文化市场的本质特点就是经济原则支配文化经营活动。文化市场的发展并不简单地等于文化事业的繁荣。虽然它具有一些积极意义，但它在追逐经济利润的前提下也给我们社会带来了不少消极因素。它所营造的某些消费形式和消费内容，在根本上与我们社会的文化主体相冲突。在社会主义市场经济条件下，文化建设的首要原则就是社会效益高于经济效益。文化市场的发展也必须符合这一原则，否则就会偏离方向。目前，在文化市场发展已成规模的情况下，我们必须迅速扭转管理不力的被动局面。事实上，社会上出现的种种腐朽现象如制黄、贩黄、色情服务、赌博活动，都与文化市场的管理混乱密切相关。这些腐朽现象会严重侵蚀我们社会的肌体，腐蚀我们的干部队伍，败坏社会的道德和风气，对社会的稳定和健康发展构成威胁。因此，必须从思想上高度重视文化市场的意识形态，充分认识到加强文化市场管理工作、引导文化市场健康有序发展的必要性和紧迫性。

（2）必须统一各级领导干部对文化市场的思想认识。各级领导干部对文化市场的思想认识统一与否，是文化市场是否健康发展、文化市场管理工作是否真正得到加强的重要保证。近年来，一些领导干部对文化市场存在一些混乱、错误的看法。最突出的就是不能正确处理文化市场和经济建设的关系，将文化市场单纯作为发展当地经济的桥梁和手段，甚至认为文化市场中的色情赌博是正常现象，非法出版活动属于正常经营行为，不必大惊小怪。在一些根本问题上是非不清，出现了种种奇谈怪论。尽管近年来中央一再强调加强文化市场管理工作，加强“扫黄打非”工作，但由于一些地方领导干部的思想不统一，出现了较大的差异。一些地方领导班子思想明确，态度坚定，文化市场管理工作力度大，成效比较显著。一些地方则不然，非法出版活动甚至得到了某些领导干部的默许纵容，被视为是发展经济的手段。这种地区间领导干部认识上的不统一，也加大了目前全国文化市场管理工作的难度。因此，必须迅速统一各级领导干部的思想认识，从根本上澄清一些混乱看法，这样才能使我们的实际管理工作具有统一的基础。

（3）必须进一步加强对文化市场的综合管理。文化市场的发展涉及我们社会的方方面面，已不单单是一种文化行业自身的经营活动。在现有体制下，我们不能单凭某一个部门的力量而是需要依靠多个部门实行综合管理。这种综合管理包括三方面内容：一是除文化、广电、新闻出版部门外，公安、工商、物价、邮政、海关、旅游、铁路、交通等行政管理部门必须紧密协同，配合行动，这样才能使文化市场中的种种非法活动无路可走。因此，一个地方，必须要建立起一个行之有效的协调机构，统一指挥这些部门的行动。二是专项治理工作必须和日常管理工作长期结合。近年来，全国集中开展了一系列的“扫黄打非”专项治理工作，产生了明显的社会效应。一些地方的经验也表明，坚持不懈地进行“扫黄打非”专项治理，集中行动和日常管理相结合，互为补充，成效显著。因此，必须将“扫黄打非”作为一项长期坚持的工作开展下去。三是采取行政、经济、法律等多种手段进行综合管理。文化市场管理工作是一项全新的工作，单纯传统的行政手段已无法满足上文化市场发展的需要。我们必须根据实际情况，参照国际经验，学会运用经济的、法律的手段，使文化市场的管理工作逐步规范化、制度化、法律化。近年来，一些地方在管理工作中总结出了较好的经验，摸索出了一些行之有效的办法。例如，将文化娱乐业作为特殊行业进行审批、登记和管理，对文化市场的发展规模进行宏观调控；积极引导文化市场的正向发展，组织行业协会，开展创建、评比“文明歌舞厅”活动；对从业人员进行资格考核，上岗培训，推行持证上岗制度；实行年检制度，对违规违纪者加重处罚力度；采取经济手段如对文化娱乐场所收取高消费附加费的办法来限制经营者谋取高额利润；等等。

（4）必须理顺文化市场管理体制，建立一支统一的文化市场稽查队伍。文化市场管理体制不顺仍是久未解决的老问题，这严重影响了文化市场的健康发展。虽然不少地方通过制定地方法规确定了各自的管理体制和方式，但由于缺乏全国的基本管理体制和原则，现行管理体制上的一些根本矛盾非但没有得到消除，反而更加深化了。各地在管理上和法制上都无法统一。目前，这种完全依靠地方自主确定管理体制的做法显然不能满足统一管理的需要。因此，必须下决心从国家的角度确定全国文化市场的管理体制和基本原则，自上而下地理顺关系，建立统一的文化市场行政管理机构，并通过法律确定下来。同时，在理顺管理体制的基础上，建立起一支统一的、行之有效的文化市场稽查队伍。正确认识文化市场稽查队伍的性质、功能和作用，借鉴国外成功经验，消除目前执法部门过多、过滥和权力分散造成的混乱现象，根据我国的实际建立起适合我国特点的文化市场执法机构。目前，统一文化市场执法权，统一稽查队伍已成为一种共识。一些地方已开始通过将稽查队直接归属于当地政府，使其独立于部门执法，取得了一些经验。也有建议认为，可借鉴一警多能的做法，集中相关部门的稽查队伍，成立执法局，授予较大范围的执法权。这既可避免“大盖帽”满天飞、谁都伸手罚款的现象，也可改变文化市场执法不力的现状。对这些建议，我们应该给予足够的重视。

（5）必须加快文化市场立法的实际进程。目前，文化市场的立法工作仍然严重滞后。这不仅妨碍了文化市场的有序管理，而且使得地方立法出现了许多矛盾和不平衡的现象。因此，必须大力加强国家在文化方面立法工作的实际步伐，有目标、有步骤地建立起符合我国特点的文化法律体系。在一些文化的基本法律出台之前，应迅速制定出一批专项法律或法规，对娱乐业、营业性演出的稽查以及对色情服务、游戏机赌博和不良出版物的禁止等作出具体、统一的法律规范。同时，在此基础上，应对是否制定以及如何制定一部总揽文化市场全局的《文化市场管理法》开展广泛深入的立法调研，以构筑起符合我国特点的文化市场方面的法律体系。

（6）必须大力加强对文化市场基础理论的研究。文化市场所出现的种种问题和现象，究其根本，一个重要的原因是我们对其缺乏深入的理论认识和研究。这包括几个方面：一是对我国社会条件下文化市场自身的性质、地位、作用缺乏深入认识和理解。文化市场所体现出来的商品文化是否应成为我国文化事业发展的主流，文化产业作为经济产业的发展是否应成为我国文化建设的主导方向，这在理论上已是一个十分迫切而又不容回避的严肃课题。二是对社会主义市场经济条件下文化事业的变革发展缺乏深入的理论研究。在一些重大问题上，例如，有中国特色的社会主义文化的内涵、性质和特点，21 世纪我国文化的发展战略，文化产业与文化发展的关系，社会效益和经济效益的关系，外来文化与本民族文化的关系等，都未形成全面、系统的看法。三是对文化法制建设（如文化市场的立法、执法、司法、监督等）也缺乏系统深入的研究。近年来，一些部门和单位开始作出努力，如中国社会科学院文化市场法制研究课题组已提出了一些建设性的思考和意见。但总的来看，这方面的工作仍非常薄弱，研究力量和队伍相当缺乏，尚未形成一种强有力的研究氛围和浪潮。因此，我们必须大力加强这些方面的理论研究，建立起适合我国社会主义市场经济特点的文化市场、文化事业的新的发展模式，制定我国文化发展的前瞻性战略，从理论和实践层面完成文化法制建设。总之，在世纪之交，我们必须把文化市场和文化发展的问题放在一个十分重要的战略地位来考虑。

民族文化产业的发展与文化遗产保护[1]

在当前全球经济、科技一体化发展浪潮的背景下，文化产业已成为21世纪各国政府尤其是经济发达国家大力推动的一个朝阳产业。相对于以工业技术或农业技术为基础的传统产业而言，文化产业的一个重要特征是，其生产和消费的不是物质产品而是精神产品，或物质产品的生产、消费开始依附于精神产品之生产和消费。可以说，这种现象的出现乃是人类物质文明发展到相当程度的必然结果。大力发展文化产业的内在动力除了经济效益外，其潜在的因素比较复杂，国家意识、民族意识的勃兴和张扬是其中一个最重要的因素。这也正是对当今全球一体化趋势的必然反映。在这之中，文化遗产作为特定的精神文化的历史遗存，具有鲜明、独特的民族民间文化特征，是一个民族、国家文明个性的集中体现，因而成了文化产业发展的最为重要的资源和基础。

我国是一个多民族国家，民族文化产业既是我国整个文化产业发展中的一个重要组成部分，也是民族地区转变增长方式，充分利用当地富有特色的文化资源，促进本地区社会经济发展的一个重要途径。民族文化产业作为一个特定概念，其范围、特点主要是围绕着特定民族的文化特征展开的。这些鲜活的民族文化特征、特性往往是集中反映或体现在千百年流传下来的、丰富多彩的民族民间文化遗产之上的。民族民间文化遗产包括物质文化遗产和非物质文化遗产两部分，既包括独具特色的民族村寨、历史遗存和风景名胜，也包括民族风情浓郁的民族节庆、多姿多彩的民族民间文化艺术、传统手工技艺等。近些年来，在一些原生态文化保持较好的少数民族地区还设立了文化生态保护区或生态博物馆。

从实践来看，由于民族民间文化遗产与民族文化产业具有天然联系，因此，充分利用、开发文化遗产，使之产生最大的经济效益和社会效益，成了许多地区（特别是民族地区）发展文化产业的主要内容和思路。其主要体现在几个方面：一是利用文化遗产促进文化旅游产业的发展，这在经济上、社会上所产生的效益是巨大而

---

〔1〕 本文写作于2005年。本文中所涉及之法律法规与理论，均以写作时间为准。

显著的。国家统计局的数据显示：2005 年，我国国际国内旅游业总收入为 7686 亿元，比上年增长了 12.4%。其中入境旅游人数 1.20 亿人次；旅游外汇收入为 292.96 亿美元，比上年增长了 13.8%。全国国内旅游人数 12.12 亿人次，国内旅游收入为 5286 亿元，人均出游花费 436.13 元。旅游业迅速增长的一个重要原因是各地的文化遗产不断被发掘、利用。有观点甚至认为，文化遗产在整个旅游总收入中所占的比重应为 40%以上。特别是在一些民族地区，旅游业已成为当地经济发展的主要支柱。开发利用当地民族文化遗产发展旅游业，可以迅速改变地区经济社会发展面貌，如云南丽江古城、贵州黔东南自治州等。二是利用文化遗产发展民族特色的文化产业，包括表演艺术、出版、影视制作、动漫等产业，这些领域目前都涌现出了不少成功的范例。尤其是采取商业运作方式，将表演艺术与旅游产业相结合，取得了显著成效，如著名的“印象刘三姐”“云南印象”“丽水金沙”等。三是利用、发掘有特色的民族民间传统工艺，使之成为一个区域性产业，如云南大理扎染、河北蔚县剪纸、甘肃庆阳香包、青海热贡艺术等。

正是由于文化遗产在民族文化产业发展中具有支柱性作用，因此，如何有效地保护、挖掘、整理、开发、利用当地民族民间文化遗产，是建设民族文化产业并保持其长期持续发展的一个重要课题。其核心就是如何处理好文化遗产保护与利用的关系问题。从实践来看，一方面，文化遗产促进了民族文化产业的迅速发展，成了其独特、丰富的产业资源和依托；另一方面，随着市场经济冲击下文化产业的加速扩张，商业化、市场化的因素和动力严重影响甚至破坏了文化遗产的原始本体和自然生存环境。这方面的问题日趋严重。这种只重视文化遗产的开发利用，不重视文化遗产的保护和保存，违背文化遗产自身规律，对其采取肆意开发、竭泽而渔的做法，使文化遗产被无限制的旅游开发、商业开发所淹没，对其造成了无法挽回的破坏性结果。这样的例子屡见不鲜。例如，山东曲阜孔庙曾一度被有关部门交由旅游公司管理，由于不懂得文物保护的基本规律，竟然“水洗三孔”，导致孔府、孔庙内大量的古建筑彩绘被冲毁。该旅游公司职工还开车将一尊元代记事碑撞碎，无法复原。此事件一度轰动社会。1997 年，丽江被联合国列为世界文化遗产后，每年的游客数量无限制上涨，迄今已达到 400 万人次/年以上，过度的旅游开发严重影响了当地的文化和生态平衡。一些遗产地为了扩大旅游接待能力，大兴土木，任意破坏和改变文化遗产的自然环境和文化环境。文化遗产的其他领域（如传统表演艺术、传统工艺、民俗活动等），也面临着相同的问题。例如，为了增加旅游收入，将一些传统表演艺术或民俗活动任意改编、包装，或将其中不健康成分任意夸大，以满足市场中某些低级趣味之需要，从而使这些文化遗产的真正价值难以彰显。又例如，为了扩大产业，违背传统工艺发展的规律，对一些本属于精致手工技艺制作的传统工艺品采取大规模工业生产的方式，或任由各式企业开发制作，结果导致这些极具个性的、珍贵的传统手工制作被淹没在了大量的粗制滥造之中。这种趋势的蔓延，不仅会严重毁坏文化遗产，更会严重制约文化产业本身的发展。

因此，要使民族文化产业健康、持续发展，一个首要的因素就是必须在思想上和实践中充分认识并处理好文化遗产保护和利用的关系。要牢固树立可持续发展的观念，尊重文化遗产自身的规律和特点，在充分保护文化遗产及其自然文化环境的基础上，进行适度、合理的开发利用，使文化遗产所产生的社会效益和经济效益持续、稳定地增长，这是国际上普遍认同的一个基本原则。我国近些年来逐步意识到了这一问题。2002 年我国修订的《文物保护法》确立了文物工作的基本方针是“保护为主、抢救第一、合理利用、加强管理”。这个方针是指导我们正确认识和处理文物保护以及利用关系的基本出发点和法律依据。这之中，保护和抢救是首要的，是第一位的；利用是以保护、抢救为前提的，是在合理范围内的利用，是有限制的利用。同年，全国第三次文物工作会议明确提出了文化遗产要做到“永久保存、永续利用”。尤其是要严格按照《文物保护法》的规定依法办事，即“正确处理经济建设、社会发展与文物保护的关系，确保文物安全。基本建设、旅游发展必须遵守文物保护工作的方针，其活动不得对文物造成损害”。唯有此，才能使民族民间文化遗产的价值保持其永久性，使民族文化产业保持可持续发展。其次，要处理好文化创新、文化产业发展与尊重民族文化遗产原真性的关系。文化创新是 21 世纪我国建设创新型国家的重要方面，是解放和发展文化生产力、将民族文化与高新技术和市场机制相结合、推动中华文化走向世界的必然要求。一方面，文化创新是促进文化产业发展的重要基础。另一方面，大力推动文化创新和发展文化产业，必然要求进一步保护和尊重民族文化遗产的原真性或原生形态，避免对其的歪曲与滥用。在实践中，这种对民族文化遗产的歪曲滥用、不尊重或任意破坏其原真性的现象，都会对文化创新、文化产业的健康发展乃至社会公共环境产生相当负面的影响。再次，要处理好文化产业发展与民族民间文化的知识产权关系。知识产权是文化产业发展的重要动力，是文化创意生存发展赖以保障的重要条件。民族民间文化的知识产权问题是整个知识产权保护制度中的一个重要方面。我们必须高度重视并从法律上、公共政策上处理好这一问题。要在制度上建立健全知识产权保障机制，积极研究解决民族文化遗产知识产权的特殊问题，从而使文化产业得以良性发展。最后，要处理好文化产业发展与文化法制建设的关系。建立健全相关法律制度是保障文化产业健康有序发展的另一个重要基础。要实现新时期我国民族文化产业发展的目标，就必须改变以往那种在文化产业发展和管理上的任意性、人为性状况，必须使党和国家所制定的一系列行之有效的有关促进文化产业发展的政策措施制度化和法制化。因此，建立和完善包括文化产业、文化遗产、知识产权在内的相关法律制度就成了一个最重要、最基础性的保障。这一法律制度在立法程序上有几个层面：全国人大及其常委会制定的相关法律；国务院制定的有关法规；省、自治区、直辖市人大及其常委会以及其他有立法权的地方立法机关制定的地方性法规；国务院组成部门制定的部门规章和地方人民政府制定的地方政府规章等。

当前我国文化产业发展中存在的主要问题[1]

一、对文化产业的认识有待进一步深化

目前，对文化产业发展认识上存在两种偏差：一是认为文化产业可以完全靠市场化运行，不需要政府引导，在促进文化产业发展过程中忽视其文化属性，忽视文化的价值引领作用，把文化产业完全等同于一般的经济产业门类。一些文艺影视作品出现了为娱乐化而娱乐化的现象。这与发展我国文化产业以弘扬中国特色社会主义核心价值体系的根本目的不相适应。二是对文化产品在经济社会中重要作用的认识还需进一步深化，文化的“产业”意识还有待进一步增强。一些地方尚未充分认识到文化产业也是整个国民经济建设中的一个重要组成部分，将其单纯理解为是某个部门的文化工作。在促进文化产业发展过程中过分强调其意识形态属性，管的过严过死，抑制了文化产业发展的活力。因此，要充分发动社会的力量兴办文化产业；要进一步实现政府部门职能的转变，真正做到与经营单位分离；要使文化经营单位从政府序列中分离，与行政权力分离，真正成为市场上经营者，参与市场运作；对已经建立组建起来的文化产业集团，要进一步深化其内部体制改革，实现从“物理捏合”到“化学反应”的转变，决不能只挂个市场经营者的牌子，而实际上依然是“政府办文化、垄断文化”的一种形式。

发展文化产业，需要进一步解放思想，进一步提高对文化产业的认识。既要在文化产业发展过程中坚持社会效益优先、经济效益与社会效益相统一，坚持社会主义先进文化的前进方向，弘扬社会主义核心价值观。通过发展文化产业，推动文化繁荣和创新，满足人民群众日益增长的精神文化需求。同时，又要破除各种阻碍文化产业发展的思想上的障碍，在体制、机制、政策等方面进一步改革，顺应时代特点，顺应文化发展规律，最大程度的调动人民群众参与文化建设的积极性、主动

〔1〕 本文是笔者于2010年为全国人大教科文卫委员会提供的研究报告。本文中所涉及之法律法规与理论，均以写作时间为准。

性、创造性，使人民群众在“文化享有”上各得所需，在“文化创造”上各尽所能。

二、文化产业对国民经济贡献份额偏小，发展不均衡

近年来，文化产业对国民经济增长的促进作用日益增强。但总体上看，由于起步晚，文化产业总量水平不高，整体竞争力不强。按照国际标准，一个产业所占国民经济的份额超过5%即为支柱性产业。目前北京、上海、广东、湖南等省市文化产业增加值占 GDP 的比重超过了 5%，成为当地支柱产业，北京最高，达到12.6%。但绝大部分省市区文化产业占 GDP 的比重仍较低。据统计，2007 年我国文化产业增加值占 GDP 的比重仅为 2. %。而有关资料显示，美国文化产业在国民经济中的比重高达25%，日本为20%，韩国6.8%，英国6.4%。虽然各国统计范围和标准不相一致，但也可以看出，我国文化产业在整个国民经济中所占的份额相对较小，对国民经济的贡献及影响远低于发达国家。从调研情况看，一些地方并未将文化产业作为当地国民经济社会发展的重要指标来衡量。在一些地区，文化产业散、乱、小，尚未形成真正的主导产业；文化产业发展主要集中在中心城市和东部较发达地区，中小城镇和乡村很少，地区发展失衡。相对东部地区，西部地区的文化产业发展明显滞后，资金、人才缺乏，产业形态原始粗放，产生规模效益的能力较差。而且，西部地区的这种较低水平和失衡现象有进一步加剧的趋势。

三、文化产业集约化程度不高，原创作品和知名文化品牌较少

近年来通过深化文化体制改革，相当一批文化单位包括新闻、出版、演艺、影视等完成转制改企，组建集团，一批具备条件的文化企业已经上市，市场在资源和要素配置中的作用初步得到发挥。但总体上看，文化领域条块分割和市场壁垒仍然严重。企业规模普遍偏小，资源比较分散，产业的规模化、集约化程度较低，“散、乱、小”的现象较为普遍。尚未形成与西方文化企业相抗衡的有代表性的企业。同时，由于市场风险意识较弱，缺乏有效的统筹管理，一些地方文化产业项目相互模仿，重复上马，造成投资的积压和浪费。例如，不少地方都在投资编排山水实景演出，全国动漫企业已超过 5000 家，许多地方兴建动漫园区等，导致重复建设和过剩。

近年来，文化产业涌现了一批两个效益突出的精品力作，如《建国大业》《立秋》《喜羊羊与灰太狼》《印象·刘三姐》《云南映象》等。但总的来看，文化企业原创能力较弱，题材丰富、风格新颖、内涵丰富、价值突出的原创作品比较稀缺。有调查显示，在我国青少年最喜爱的动漫作品中，日本动漫占 60%，美欧占 29%，我国原创动漫包括港台地区的比例只有 11%。虽然近年来我国大力扶持动漫企业发展，2009 年国产动画年产量达到 142 700 分钟，产量高但产值很低，效益突出的动

漫原创作品并不太多，创新不足，品牌缺失，加之播映渠道狭窄，影响范围有限，难以形成良性产业发展链条。我国的出版业也面临类似问题。虽然近年来出版业发展迅速，但出版产值和利润相当一部分依赖教材和教辅读物，据反映比重超过50%。出版作品的原创性不强，出书跟风、粗制滥造现象较严重，盗版盗印现象屡禁不止。创新不足，品牌缺失已成为制约我国文化产业进一步发展的重要问题。

四、经济政策不尽完善，财政支持力度有待加强

虽然党和国家对文化产业发展越来越重视，国家和政府部门出台的政策也很多。但从总体上看，文化产业的经济价值还未被充分认识到，文化产业发展还未纳入经济社会的总体规划和经济部门的视野，扶持文化产业发展的具体经济政策还很缺乏，资金支持、税收优惠、银行信贷、土地使用等配套政策并没有到位，已经出台的政策措施有些也没有得到很好的落实。《文化产业振兴规划》提出要对符合条件的文化产业园区、基地、项目、产品等给予优惠政策，但目前国家并未进一步出台配套政策。有的文化企业经营者说："这几年发展文化产业的呼声虽高，但文化企业所享受到的政策优惠却远远不如其他经济门类。"

我国文化产业还处于起步阶段。为支持文化产业发展，中央和部分地方财政先后列支了部分专项资金，对部分文化行业、重点企业和重点项目给予扶持。但与教育、科技、卫生等领域相比，政府对文化投入总量偏小，对文化产业的资金支持力度更显不足。演艺、文化旅游、艺术创意设计、网络文化等发展前景广阔的重点文化行业，目前还没有得到财政引导资金的扶持。

建议国家综合经济部门（国家发改委、财政部）进一步将文化产业纳入工作范围，参照国家支持战略性新兴产业的模式来支持文化产业的发展，改变目前仅仅将文化产业作为社会事业的一个部分来予以管理的模式。建议财政、税务、国土、金融等部门进一步落实《文化产业振兴规划》提出的各项推进文化产业发展的要求，结合自身职能进一步出台支持文化产业发展的经济政策。建议进一步加大财政支持文化发展的措施，将支持文化产业发展和支持公共文化事业发展同步纳入财政工作格局，通过贷款贴息、项目补贴、补充资本金等方式支持文化产业发展，大幅增加各级财政扶持文化产业发展专项资金。

五、文化产业投融资体系不健全，相关税收政策不适应

金融是现代经济的核心，但目前中国文化产业发展受阻的一个重要因素，就是资金缺乏。国有文化单位长期依赖政府财政，其他的融资渠道不畅，缺乏市场融资能力。民营文化企业也普遍存在融资困难问题。据文化部文化产业司2006年对300家民营文化企业的调查，认为融资难的民营文化企业占被调查企业总数的56. 7%。

商业贷款担保、政府贴息、奖励的渠道仍然不够通畅。近年来已有一些文化企业成为上市公司，但数量仍然有限。

调查中发现，目前文化产业的税收政策还存在一些问题。一是对演出场所（剧场）的税收缺乏科学性。按照国务院颁布的《公共文化体育设施条例》，演出场所未被列入公共文化设施，而与商场、娱乐业征收同一营业税，税率高达5%—20%，不仅高于被列入公共文化设施的电影院（营业税税率为3%），也高于金融保险业（5%）。这一不合理的状况严重制约了演艺业的发展。例如北京市仅有营业性演出场所61个，而纽约、伦敦这些城市之所以演艺业高度发达，演出场所高达上千个，一个重要的原因是低税率保证了演出场所的建设和发展。此外，演艺产业的多个环节上存在重复征税现象。文化娱乐行业现行的营业税税率为20%，同时还要缴纳3%的文化事业建设费，文化娱乐企业感到税费负担沉重。这是导致演出场租过高，进而导致演出高票价的一个重要原因。二是科技类文化企业的税收政策尚不到位。例如国家规定，被认定为高新技术企业的文化企业，减按15%的税率征收企业所得税；文化企业开发新技术、新产品、新工艺发生的研发费用，允许按照国家税法规定在计算应纳所得税时加计扣除。但至今相关部门的具体政策仍未出台，影响了科技类文化企业的发展。又如动漫企业按规定可比照软件企业享受税收优惠，但由于绝大多数动漫企业之前已被认定为软件生产企业，已享受过软件企业的优惠，按规定不能重复享受。因此造成对高附加值的动漫企业税收优惠力度较弱。三是对中小型文化企业缺乏税收扶持。据北京市统计，虽然全市文化创意企事业单位的总体利润逐年递增，但部分企业尤其是小型文化企业亏损严重，2008年，全市文化企业亏损面为47.5%。因此应当研究增加对新办中小型文化企业的税收扶持政策。四是对文化企业重组改制尚无税收优惠政策。现阶段，文化企业重组改制事项逐年增加，由于缺乏税收政策支持，不利于企业充分配置资源，做强做大。

有关部门应当采取积极措施，进一步完善文化产业投融资体系，加大金融业支持文化产业的力度。建议针对不同门类文化产业的实际情况，进一步研究文化产业各门类的税收政策，对税负过重的行业的税率适当调减，发挥税收政策对文化产业发展的引导、促进和调节作用。

六、文化市场管理体制弊端仍在，需要进一步改革理顺

近些年来，文化体制改革取得了长足进展。但随着文化产业的深入发展，进一步加快改革步伐，理顺文化管理体制，已成为一个日益紧迫的问题。目前，文化产业涉及不少部门，机构分设，职能交叉重叠，政出多门。管办不分，政企不分，条块分割的传统文化体制的弊端仍然在一定范围内存在，原有的体制性、机制性障碍仍是制约文化产业发展的突出症结。虽然近些年来区域壁垒、行政干预的问题虽然

有所改观，但还没有从根本上得到扭转。由于管理手段单一，分工过细，不同文化产业分属不同文化主管部门，产业政策制定和国有资产管理又分属计划、经贸、财政等部门。尚未全面建立统一高效的文化市场综合执法机构，没有形成权责明确、行为规范、监督有效、保障有力的执法体制。由于部门分割、条块分割和区域壁垒，没有形成统一开放、竞争有序的文化产品市场和生产要素市场。这在很大程度上制约了文化产业的发展，使之难以与行政法制化的要求相适应而获得有序、规范的发展空间。

近些年来，虽然文化市场的综合执法试点工作得到了很大进展，但许多地方仍然采取的是相关部门联合执法的传统模式。由于有关法规没有明确文化市场主管部门和协管部门的权力和责任，加之缺少有效的联动机制，“都管”往往变成“都不管”，在文化市场管理中交叉、越位和不到位的现象仍相当突出。其中尤以对互联网的管理为甚，文化、广电、新闻出版、国新办、工商、公安、电信等十多个部门都有权进行管理，这不仅在执法上造成不少混乱，给经营者增加负担，也使得政府管理成本成倍增长。此外，文化稽查队伍尤其是基层队伍普遍很薄弱，许多地区未将稽查队伍纳入公务员管理，执法主体身份与法律法规的规定不相符合。

因此，要使文化产业进一步得到良性发展，就必须建立一个统一、开放、有序、竞争的文化市场，这就要求建立一个统一的管理体制和执法主体，而不能多头执法，不能各部门自行其是。文化产业所涉及的行业多，管理部门多，管理体制的问题也比较复杂。有些问题地方能够自行解决，但有些则需要中央政府部门出台有效的措施。建议国务院及相关的中央政府部门能够加强沟通和协作，建立有效的联动机制，进一步明晰文化、新闻出版、广播电视等部门的管理权限（尤其是在基层），避免对文化产业进行重复的、多头的管理，加重经营者的负担；同时要依照行政许可法等法律、法规的规定，采取切实可行的措施，确保基层执法主体合法、有效地对文化产业进行管理。同时要注意到，随着信息技术的高速发展，部分文化产业间（如电视与网络服务）出现了互相融合的发展现象，现行的“条、块”管理体制已经无法适应发展的需要。国务院相关部门应当积极研究、抓紧制定与信息技术发展相适应的文化产业管理体制。

七、文化产业法制保障不健全，立法进程需加快

当前，我国文化产业发展很快，但相关的立法却严重滞后。文化产业方面的法律几乎是空白，国务院制定颁布的有关行政法规主要规范的是出版、电影、音像制品、娱乐场所的行政管理行为，而在如何促进文化产业发展方面，尚无成形的法规出台。近几年来，国务院和有关部门所出台的文化产业政策包括投融资政策，对促进文化产业发展发挥了重要作用。由于市场经济也是法制经济，文化产业只有真正

纳入法制轨道，才能保证持续快速健康发展。目前，行之有效的文化产业政策，大多数还没有上升为法律制度。特别是当前文化产业的战略地位、发展原则、扶持政策等，还没有从国家法律层面上得到确认。

从调研情况看，加快文化产业立法的步伐，为文化产业的发展提供法律上保障和支持，成为文化产业领域反映的普遍要求。希望立法要注重在财税、投融资、国有资产运作、经营权、社会保障制度等方面对文化产业的发展加以规范和引导；充分考虑对西部地区、民族地区和贫困地区的优惠措施；设立国家文化产业发展基金、文化产业发展奖励基金等。要在目前现行有关管理条例和成熟政策的基础上，尽快出台电影产业促进法、图书馆法等法律；及早启动《文化产业促进法》及相关法律法规的起草工作。对《大型群众性活动安全管理条例》等文化产业的相关法律法规的实施情况进行分析评估，对执行中出现的问题及时通过完善补充规定、纠正不当执法行为、查处索票等违法行为等方式加以解决，进一步激发文化产业发展的活力。要针对改革开放中出现的新情况和新问题，研究制定国有文化资产管理、文化企业管理及对外文化管理方面的法律法规制度；要进一步做好与实施行政许可法相关的工作，废止一些不适应形势发展的部门规章，同时要尽快把必要的规章上升为行政法规或者法律。

八、基础设施建设落后，文化消费条件有待改善

由于长期以来投入不足，欠账过多，文化基础设施建设滞后。全国各地剧场总量偏少，政府投入不足，剧场设施设备老化陈旧，一些剧场处境艰难，甚至被挪作他用。演出场馆不足，场租费居高不下，这是演出票价过高、演出团体难以进入市场的重要原因之一。北京是全国最大的演出市场之一，但即使这样近年来北京市没有一个民营机构投资建剧场的成功者，原因是民营机构在投资建剧场过程困难重重。例如北京市仅有营业性演出场所 61 个，而纽约、伦敦这些城市之所以演艺业高度发达，演出场所高达上千个，一个重要的原因是在政策上将剧场的建设与商业性设施的建设区别开来。据了解，在发达国家，剧场主要是由政府投入或者基金会等机构支持建设的。又如，我国电影院线主要集中在大城市或中心城市，全国银幕数约为 5000 块，人均拥有银幕数仅为美国的二十五分之一，远远不能适应社会的需求和电影产业的迅猛发展。一个重要是中小城市的影院建设尚未纳入文化发展规划中，导致影院建设严重不足，相关政策措施的落实不到位。

建议将剧场、电影院这类文化产业基础设施同公益性文化事业一样纳入国家的文化发展规划，在对这些基础设施的认识上，更多地考虑其公益性的一面，加大政府投入，加快建设速度。在政府投入的同时，鼓励民间投资，对民营机构投资兴办剧场等文化产业基础设施的，政府给予土地、财政、金融等方面的支持，调动各方

面建设文化产业基础设施的积极性。

九、文化产品贸易逆差较大，文化企业走出去存在困难

文化企业实力不强，文化品牌欠缺，国际营销网络不健全，文化产品和服务难以进入国际主流市场。国际文化市场信息和统计数据缺乏，有些优惠政策在地方未能落实到位，鼓励支持文化产品和服务出口的长效机制尚未形成。

建议进一步加大对文化企业走出去的支持力度，改进支持方式，使政府支持的形式更加符合国际惯例。

文化产业发展与立法[1]

我在全国人大教科文卫委员会工作了将近三十年，一直从事关于文化领域的立法工作，其中一个主要内容就是文化产业的立法。说起文化产业的立法，其和整个文化产业的发展是密切相关的。因为在整个事业发展中，不管是在文化产业，还是在其他公共文化事业和文化遗产保护方面，法制建设都是一个非常重要的内容。今天，我将就对文化产业的一些基本想法，如何在立法方面的基本思考和国际上的法制建设基本情况，给大家作一个简单的介绍。

一、文化产业的概念和范围

我们在谈文化产业的时候，首先谈的就是文化产业的概念和范围。我相信，在前几天也有同志谈到过这个问题，可能会有一些重复，但是我还是希望谈一下这个问题，因为我们是搞立法的，第一个问题就是要说明什么是文化产业。大家都知道《中共中央关于深化文化体制改革推动社会主义文化大发展大繁荣若干重大问题的决定》，该决定一共有 17 000 字。李长春同志专门在中央全会上有一个说明，说明一共 13 000 字，第一个说的就是什么是文化。显然，这个问题成了我们讨论文化产业和文化问题都要面临的课题，包括中央在要出台一个决议的时候，首先也要讨论这个问题，要划定一个界限。不管是文化产业，还是对文化的问题，分歧都是比较大的，而且在认识上也不完全一致。这也是我们在研究文化立法（包括现实工作）必须要解决的问题。所以，我首先也想给大家详细谈谈关于文化产业的概念和范围。文化产业的英文是“Culture Industry”，就是文化工业的概念，这一术语最早于 20 世纪初出现在霍克海默和阿多诺合著的《启蒙辩证法》一书之中。霍克海默是德国人，是法兰克福学派的代表。20 世纪 70 年代的时候，法兰克福学派是德国法兰克福大学的社会学派，是一批教授、学者在整个社会发展理论中形成的一个著名

[1] 本文为笔者于 2012 年 9 月在西部地区文化产业管理干部培训班上的讲座。本文中所涉及之法律法规与理论，均以写作时间为准。

学派。这个学派的核心思想就是在马克思主义理论基础上（我们称为后马克思主义），对社会现象采取一种批判态度。《启蒙辩证法》一书用的就是文化产业、文化工业的概念。他们为什么要用这个概念？原因在于工业的概念和影响无所不在，使人的行为发生了很大变化。这种工业的概念直接延伸到了所有领域（包括文化领域），而工业化的结果是文化的创造性和个性的丧失，由工业化、异域化造成的程序化对文化产生了重大的影响。文化产业概念的本质含义就是批判文化，使文化丧失原本的意义。但是，现在我们针对文化产业更多的是从一种积极意义上来谈这个问题，文化是带有产品属性的。文化可被分为两部分，一部分是公益部分，一部分是产业部分，前者讲社会效益，后者讲经济效益。简单来说，文化有没有产品的效益，有没有经济效益，这个问题在我国被争论了很长一段时间，现在大家都知道，文化产业也进入了中央文件。核心是什么？我认为，这是一个对文化正确认识和正确归属的发展。在过去很长一段时期内，文化被认为只有意识形态属性，没有产品的属性。现在想一想，人们在消费产品中，除了物质产品以外，相当一部分是精神产品，实际上，文化的产品和一般的物质产品一样，都是人们所必须消费的对象。大家想想是不是这样？人除了一般的物质消费以及衣食住行以外，相当重要的一个内容，就是回到家看电视，欣赏和消费文化产品，这已经成了人们日常生活中必不可少的一部分。这也是一个正常的认识和回归。过去我们一直没有这么看，我们更多地只是从宣传的角度来看文化，不重视它的生产消费规律。从本质上说，精神文化产品和物质产品在生产消费的形式上没什么区别，最大的不同在于前者作用于人的精神、思想和情感，所以具有强烈的社会属性和意识形态特殊性。另外，在如何运用生产消费的手段使文化的社会属性、精神价值得以充分发挥这点上，长期以来争论一直不少。有人认为，文化与产业是不可融合的，经济效益与社会效益是相对立的，这种观点过于极端。所以，中央一直强调社会效益优先，强调经济与社会两个效益相统一。这是发展我国文化产业的一个重要原则。我们拍了很多影片，一些片子很不错，既有市场票房，又有社会效益。有些片子题材很高大上，但卖不出去票，这样怎么能够长久下去？当然，文化产业中也出现了一些不好现象，比如一哄而上，低俗化、庸俗化，还出现了唯市场论、唯票房唯收视率论的倾向，这些都是非常错误的。无论是否认文化的产业属性，还是单纯追逐经济利益而放弃文化的导向性，都是违背我国文化发展本质规律的做法，都需要予以纠正。全国人大常委会在开会的时候，请国务院来作文化产业报告，当时，不少同志都提出了意见：现在出现一种倾向，过于市场化，有的完全是为了经济、为了利润，不顾及文化的导向性。这一意见得到了有关部门的高度重视。而出现这种现象，就是没有正确认识和处理好两个效益关系的结果。当然，面对这样的现象，是不是应当就像有人所主张的那样回到过去的做法呢？完全否定文化产业的经济属性，完全否定文化产品的市场的、经济的运作手段？就我个人来看，这是不对的。出现一些主流影片没有市场以及低俗化、庸俗化的现象，只能说明我们发展文化产业的能力还不够，对文化产业的特点和规律的把握不够。但是，我们已经形成了一个基本的认知和前提，即文化产品是人们在日常生活中不断消费的精神产品，虽然它具有文化的特殊性，但我们完全可以充分利用市场手段，通过不断扩大生产和消费，来达到我们的文化价值目的。这是一个基本的认知和前提。只有认清了这一点，我们才能充分认识到中央为什么会高度重视文化产业发展，不仅把它作为文化建设的两轮驱动的重要组成部分，还把它作为产业结构调整和国民经济发展的重要支柱。

如何具体理解文化产业这个概念？这个问题比较复杂，也很令人头疼。在目前，国际社会对文化创意产业到底包括哪个门类还没有一个统一的定义。有的国家的定义比较窄，有的国家的定义则比较宽。在我国，有的地方叫文化产业，有的像北京、深圳那样叫文化创意产业，文化创意产业和文化产业有不太一致的地方。文化产业是指以一个工业的含义来谈整个文化产品的生产、消费与流通，文化创意产业更重要的是讲它的内涵、创意、内容，着重点在这个地方。所以，这之间还是不太一样的。不管怎么说，在本质上，文化产业是具有精神性、娱乐性的文化产品的生产、流通、销售活动。首先，它是一个产品，这个产品和一般的物质产品在形式上没有区别，它同样也要进入生产、流通和销售的整个过程。但是，它又是具有精神性、价值性和娱乐性的产品，作用于人的精神领域，这是它与物质产品在本质上的不同。美国没有文化产业的概念，他们称之为版权产业。大家都知道，从版权意义上来说，文化创意产业法律关系中的版权关系十分重要。因为所有文化产品都是个人创造的，个人创造要受到法律的保护，第一位的就是对版权的保护，就是对著作权的保护。所以，凡是受到版权保护和著作权保护的“一揽子”产业和产品，都被统称为版权产业。所以，这个范畴比我们理解的文化产业更广。为什么现在版权的范畴已经超越了传统的文化？我们讲文化范畴，大家都知道，但我们在中国谈到文化的范畴，就会有不同的概念。如果从哲学的概念来说，文化无所不包。但是在我们国家，除了无所不包的所有的文化以外，还有一个范畴，即我们按照行政管理的模式，从行政管理的范畴来谈文化。比如新闻出版总署、广播电视总局、文化部门的文化，像文化厅、文化局的文化。在我国，文化产业的提出，是在20世纪80年代末期，但是那个时候算是一个学术盲区，因为在20世纪90年代以前，基本没人从经济的角度、从产品的角度来谈文化。日本把文化产业叫作内容产业，类似于文化创意产业的含义。实际上，文化创意产业着重强调的是创意本身的行为，强调的就是它的内容。日本的内容产业，主要强调文化产品的内容属性。凡是与文化内容生产消费相关的产业都属于文化产业，所以范围也比较大。日本的内容产业有一个大体的分类：第一类是影像产业，像电影、电视、动画；第二类是音乐产业；第三类是游戏产业；第四类是出版产业。这四类大体上是我们国家管理体制下的文化范围，实际上，这几部分也是美国娱乐工业的大体内容，但它比美国版权产业的范畴要窄。

我们国家探讨文化产业的文章，最早出现在1988年，这是文化理论界、文化产业界、学术界比较认可的一种说法。二十多年来，我国文化产业的概念经历了模糊、清晰和混乱三个阶段。最早的时候，在20世纪80年代末期，其基本上属于学术盲区。最早我们不谈文化产业，更多的是谈文化的两种属性，即社会属性和经济属性，强调社会属性要大于经济属性，所以，我们更多地是从文化属性来谈，没有从产业发展的角度来谈。在20世纪90年代后谈到文化产业的时候，我们关于文化产业如何处理这两个属性的争论更加强烈。其实，从新中国建立以来，我国文化产品的经济或产业属性便一直存在。这么多年以来，我们文化的概念经历过很多变化，到了今天，我们用的是文化建设一词，文化建设与四大建设并列。十六大以后，经济建设、政治建设、社会建设、文化建设成了整个国家建设发展战略的四大组成部分，它们之间是并列关系。这是什么意思？就是说文化建设和其他经济建设、政治建设、社会建设没有区别，它们都属于国家建设的共同组成部分。我们现在逐渐回归到了这样一个正确的认识上来，对文化产业的认识也是这样。在我国，通用的标准用法一般是“文化产业”，有的地方（像北京、深圳）用的是文化创意产业，但是中央文件用的是文化产业这个词。当然，还存在着文化创意产业、版权产业、内容产业和数字内容产业等概念。

2003年9月，文化部制定下发了《关于支持和促进文化产业发展的若干意见》，把文化产业界定为从事文化产品、生产和提供文化服务的经营性行业。文化产业是与文化事业相对应的概念，两者都是社会主义文化建设的重要组成部分。文化产业是社会生产力发展的必然产物，是随着中国社会主义市场和经济的逐步完善和现代生产方式的不断进步而发展起来的新兴产业。该意见虽然只是一个部委文件，但是却代表了国家对文化产业的一个基本认可和定义。从这一个定义我们可以看出来，文化产品的生产和提供文化服务的经营性行业叫作文化产业，分为两个部分，文化产品生产、提供文化服务的经营性行业。这是当年的基本界定。同时还有一个定义，就是这个文化产业和我们谈到的文化事业（就是现在讲的经营性文化事业）是相对应的概念。两者都是社会主义文化建设的重要组成部分，不能偏废。当然，这是社会主义生产力发展的必然产物，是现代生产方式不断进步而发展起来的新兴产业。我们现在认为文化产业是新兴产业。当年文化部在作定义的时候，对此考虑得比较充分，实际上也基本上涵盖了现在很多文件中谈到的文化产业的性质和特点。2004年，国家统计局下发了《国家统计局关于印发文化及相关产业分类的通知》，对文化及相关产业作了一个界定，叫作为“社会公众提供文化娱乐产品和服务的活动，以及与这些活动有关的活动的集合”。这个范围比文化部的范围更广。文化部原来的定义，先是指产品的生产，另外才是文化服务的活动和提供服务。现在，除了这两者以外还包括与这些活动有关联的其他活动，如旅游。另外，文化部下发了《文化发展规划纲要》，这是“十一五”时期的文化纲要，该纲要对文化产业列出的九个重点门类：影视制作业、出版业、发行业、印刷复制业、广告业、演绎业、娱乐业、文化会展业、数字内容和动漫产业。坦率地说，文化部下发的文化发展规划纲要超出了文化部本身的行政管理范畴。因为大家都知道，影视制作、出版、发行、印刷、广告基本上都不在文化部所管辖的范畴里。

综合国际、国内文件对文化产业进行的分类，我们大体可以将之分为三大类：第一类是生产和销售与相对独立的以物的形式呈现的文化产品的行业，就是以物的形式出现的文化产业的行业，比如生产与销售图书、报刊、影视、音像制品。第二类是以劳务形式出现的文化服务型行业，比如演出、体育、娱乐、策划、会展、经济等。第三类是向其他商品和行业提供文化附加值的行业，比如装潢、装饰、形象设计、文化旅游。联合国教科文组织关于文化产业的定义是：文化产业是按照工业标准生产、再生产、储存以及分配文化产品一系列的服务，这是从文化产品的工业标准化、生产流通、分类销售的角度来界定的。这一定义包括可以由工业化生产并符合系列化、标准化、生产过程的分工精细化和消费的大同化特征的产品，即文化产业所生产出来的产品，比如书籍、报刊、印刷品、电子出版物、有声制品、视频制品以及相关服务，这里不包括舞台演出和造型艺术生产与服务。

欧盟认为，文化创意产业是指能使知识产品附加经济价值，同时又对个人和价值产生新价值的产业部门。欧盟的定义主要是讲内容创意，指的是电影、音乐、出版、媒体、旅游、艺术、信息，以及一些创意部门的设计、时尚、服饰设计等。在我国，设计还不在文化产业的范畴中。现代设计是一个大概念，与各种创意紧密相关。前一段时间，全国人大常委会副委员长路甬祥在调研时重点强调在我们国家推动工业设计转型。因为工业设计是整个社会可持续发展的一个非常重要的抓手，没有设计怎么能促进整个社会新的产品呢？但是今天的设计又是在工业和文化（包括互联网）等跨界领域里，因此必须推动彼此间的相互融合，形成大设计概念。有些地方开始把设计纳入文化创意，比如深圳和北京。但实际上，在相当多的地方，工业设计是工业设计，文化创意是文化创意，文化产业是文化产业，是不搭界的。这个问题在我国比较突出。

到现在为止，我们国家对文化产业的认知仍然是不统一、不一致的。文化部的文件、国家统计局的文件，包括各地方出台的推进文化产业或者文化创意产业的文件，内容都是不一样的，或宽或窄，亟须解决。

二、我国文化产业政策的基本沿革

下面介绍一下我国文化产业政策的一些基本的发展情况。20世纪末期以来，随着我国社会主义市场经济的深化和文化体制改革的不断探索，在理论和实践层面出现了一个重大的变革，就是将传统的文化事业区分为公益性和经营性两个部分，并逐渐确立了文化的经济属性和文化产业理论，这是一个非常重大的变化。这就像我前面和大家谈到的，新中国成立以来，我们对文化的认知、文化的概念出现了一系列变化，最早是“文化革命”，强调革命性、功能性，将文化作为阶级斗争的武器。改革开放以后称为文化事业，所谓文化事业是“一揽子”说的，包括了教育事业、科技事业、卫生事业，那时候在体制上也是如此，凡是在这个事业当中的，都叫作国家干部或职工，没有什么区分。到了后来我们发现，这种认识对整个事业的发展是不利的，同时国家的财政经济也支撑不了。于是，文化就开始出现了变化，即开始试图从文化本身的特性出发，把过去的“文化事业”区分为公益性和经营性两部分。在这之前，也就是改革开放初期，我们出现了一个概念，即在经营性的文化产业和公益性的文化事业概念之前，有一个“文化市场”概念。在相当长的一段时间里，我们普遍用的是“文化市场”这个概念。为什么会出现这个概念呢？这是和当时的经济市场的发展相关的。所谓“文化市场”也就是承认文化具有经营性。广州白云宾馆在 1979 年开了一个音乐的酒吧，现在大家都习以为常了，但是当年的音乐酒吧被认定为是我国第一个文化场所，后来就遍地开花了。接下来大家就都很清楚了，出现了娱乐场所，比如歌厅、舞厅、卡拉 OK 厅、夜总会，统称“三厅一会”。接下来又出现了游戏厅，再接着下来又出现了网吧，都是这样发展过来的。在 20 世纪 80 年代到 90 年代的时候，全国人大常委会特别关注文化市场和娱乐场所的发展，我们当时还想搞一部《文化市场管理法》。一夜之间，大家都知道，文化系统内部、文化市场的管理成了最主要的问题。文化部也是这样，文化部的文化市场司是最大的司。为什么这么热呢？就是因为长期以来，文化事业这一块一直是国家财政拿钱，但国家财政又拿不了多少。市场行为出现以后，大家突然发现文化也能挣钱，搞一点场所，开办一点舞会就能挣钱，可以行政收费，文化市场一下就成了文化系统经费的重要来源。行政性收费就是这么来的。到了后来，我国在 20 世纪末期进行改革，取消了行政性收费，实行费改税。文化从市场上挣钱的渠道断掉了，这也是一个重大的变化。但是这个过程发展到今天，大家才突然发现，文化是有产品属性的，确实是能够挣钱的。其实，无论在任何时期，我们的文化产品的经济属性都一直是存在的，比如说我们的出版行业。无论在任何时期，你到新华书店买书，都是需要花钱的。作者写书一直是有稿费的，叫稿酬，它是经济行为，只不过我们不太承认，我们不认定它具有产业属性。到了文化市场的自发发展以后，大家才知道，这还真是有产业属性的，而且不光只是音乐茶座。我们的演艺团体过去都是财政包的，实际上他们也是挣钱的。我们的电影，我们的出版，它应该是一个产业，而且应该要做得更大、更强。而且随着行政体制的改革，大家都知道，财政过去说所有都包，现在不能全包下来。怎么办？要改！大家发现既然你挣钱，那么你就自己养自己吧。由此，政府的职责应该是什么这个问题就突出表现出来了。政府职责就是保证人民大众的基本的文化权益的需要，这就呈现出了公益性。真正属于公共的财政支撑和保障的那一部分是什么？就需要把过去“一揽子”的文化事业慢慢地、具体地区分开。大家都知道，图书馆、博物馆这种公共文化设施不可能靠自身挣钱来维持，它是真正属于公共文化的一部分，就和我们讲的公共医疗卫生一样，是需要国家财政拿钱的。为什么呢？税收一旦被用于社会公共文化，文化就有了公共性。过去我们谈文化，不谈公共性、产业性，这是不对的。所以，我们逐渐在观念上认识到这点以后，就开始在实际行动中、在我们的工作中开始把这两部分区分开来。2000年的时候，党的十五届五中全会通过了“十五”规划，该规划首次提出了“文化产业”这个概念，到现在也就是十多年的时间。十五大以后直到十七届六中全会，文化发展的政策被基本定型下来，就是把文化分为“公共”和“产业”两部分。我们把财政部叫来作汇报，大家都很清楚，公共文化事业部分保障了多少，文化产业促进部分投入了多少，那是不一样的。所以，我们逐渐确立了文化的公益性基础和文化产业的地位。反过来讲，公共文化事业的对象和内容也就慢慢理清了。哪些属于公共文化？图书馆、博物馆的建设，农村文化站的建设，基层、社区文化设施的建设，都属于公共文化的内容。公共文化还包括演艺剧团免费到农村去演出，送戏下乡和电视的“村村通”。我们现在有一个基本概念叫“满足人民群众日益增长的文化需求”，这是我们经常说的。但是现在大家要注意，现在又有一句话叫“保障人民的基本文化权益”。前者强调的是政府的能力，后者强调的是政府的公共服务的职责和义务，这才是一个完整的表述，是公共文化的内容。什么叫基本文化权益？通俗的解释是，要保障每个人都听得到、看得到。所以要“村村通”，就是在看不到的地方要架卫星直播，要送戏下乡，要建立基本的公共文化设施，建立公共文化服务体系，这就是公共文化的内容，就是国家政府必须动用公共财政给予保障的内容。大家再回过头来看看十七届六中全会的文件就非常清楚了，它对公共文化服务和文化产业的发展提得非常完整。从全球范围来看，我们对文化产业的认识还处在初级阶段，因为我们从2000年党的文件才正式开始确立“文化产业”这个概念。实际上能够转变到这个正确的认识上是很不容易的。

十六大提出要积极发展文化事业和文化产业，当然那个时候没有定义，就是提出了“文化事业”和“文化产业”，后来有人提出“文化事业”概念很大，就进一步明确叫“公益性文化事业”。因此，我们现在要搞两部法律，一部是“文化产业促进法”，一部是“公共文化保障法”。这两部法律所规范的内容并不一样，促进文化产业讲的肯定是促进文化产业发展的基本条件是什么，比如说财税条件、政策条件等。公共文化保障法是什么呢？就是国家在财政、政策上怎么保障它，如何实现公共文化服务的公平化、均等化？二者立法的思路、对象、内容是不一样的。十六大强调发展文化产业是在市场经济条件下，繁荣社会主义文化，满足人民群众精神文化需求的重要途径。十六届三、四中全会进一步突出了文化建设在三个文明建设中的协调发展作用，分别就文化事业、文化产业的改革发展提出了具体目标和任务，提出了深化文化体制改革，解放和发展文化生产力，这一重要的论点。过去，我们谈的生产力是经济生产力，没有看到文化的作用。这时候的认识就更进一步了，把文化的发展视为文化生产力，整个社会生产力的发展的内容、内涵应该说是非常丰富的。无论是从经济本身的发展来说还是从整个社会的建设来说，文化对社会都发挥着重要的推动作用。我们党的文件对文化产业的认识也是在不断发展的。

《国家“十一五”时期的文化发展规划纲要》《中央关于深化文化体制改革的若干意见》，都为文化产业发展指明了发展方向。十七大进一步明确提出“推动社会主义文化大发展、大繁荣”“文化产业占国民经济比重明显提高，国际竞争力显著增强，要适应人民需要的文化产品更加丰富的奋斗目标”。既然它是一个产业，那么作为一个新兴产业，它在整个国民经济发展中的作用、地位怎么体现？十七大就提出了要提高它的比重。大家都知道文化产业在 GDP 中所占的比重很低。2009 年 8 月，为了应对国际金融危机，国务院制定出台了文化产业的振兴规划，第一次从中央政府的角度对文化产业的发展提出了指导思想、基本原则和规划目标，要求到 2010 年底完成经营性文化单位转企、改制，形成一批跨地区、跨行业经营的，产值超过百亿的骨干文化企业和企业集团。同时，为了确认文化产业在整个国民经济中的战略地位，国家还提出了八项重要工作和五项政策措施。八项重要工作是：重点发展文化产业；实施重大项目带动战略；培育骨干的文化企业；加快文化产业的园区和经济建设；扩大文化消费；建设现代文化市场体系；发展新兴文化业态，包括移动、多媒体、广播电视、手机广播电视、数字娱乐产品、手机报、网络出版物；扩大对外文化贸易。也提出了非常具体的措施，即降低准入门槛、加大政府投入、落实税收政策、加大金融支持、设立中国文化产业投资基金。

2011 年 3 月，全国人大正式通过“十二五”规划，对我国文化产业发展提出了新目标，即到 2015 年，现代文化产业体系和文化市场体系要基本建立。明确提出了现代文化产业是一个体系，要增加文化产业在国民经济中的比重，增强文化产业推动经济发展方式转变的作用，使之逐步成长为国民经济支柱性产业。什么叫“支柱性产业”？国际上通行的标准是一个产业的总量占国民经济 GDP 的 5%以上。《中共中央关于深化文化体制改革推动社会主义文化大发展大繁荣若干重大问题的决定》的说明提到，2010 年全国文化产业增加值 1 万亿，占当年 GDP 的比重为 2.76%。我国是一个具有五千年历史的文明大国，现在整个 GDP 居世界第二，但是我们的文化产业坦率地说还很小，美国在第二次世界大战以后整个的娱乐产业居全球第一，一直到现在。他们有一个统计数字，美国人用了20%的产能占据了60%~70%的全球的文化市场。全国31个省市中做得最好的就是北京。2010年的时候，全国人大常委会请国务院专门做了一个关于文化产业发展情况的工作报告，指出2010年北京的文化产业占GDP的12%，上海的文化产业占GDP的8%左右，除北京、上海、湖南、江苏、浙江、广东以外，其他的都在3%、4%以下，西部地区更弱，连2%都不到。所以2010年我国文化产业的总产值仅有1万亿。"十二五"规划提出的目标是要达到支柱性产业占GDP的5%，达到3万亿。坦率地说，总量也是很低的。美国人说，除了军火以外，第二大出口就是他们的文化产业，当然有人现在也讽刺说美国人第一是卖军火，第二是卖电影，其他也干不了。但是说实在的，我国的文化产品的对外输出面临很大的问题。当然，首先是我们对文化产业的认识起步比较晚。从2000年十五大正式确立文化产业到现在也就十几年的时间，更何况我们在这方面缺乏人才。文化产业的发展和人有密切联系，没有好的创意、好的想法很难做得更好。更何况我们的市场运作手段非常不成熟，所以我们的产品本身比较弱。我们文化产业有几大块，新闻出版业在前年总量突破了1万亿，但是实际上其中有50%以上是印刷业创造的，其并不是严格意义上的文化产业，就是开印刷厂来印书。我们整个出版业去年共出书30万种，我在中央党校讲课时专门举了这个例子，一看繁荣得不得了，但是实际上我们的附加值极低，我们的30万种出版物有一半以上是教辅读物，剩下的出版物的一半就是没有版权的传统的古典文学、诗歌，一再被复印，再剩下的一半就是网络上的一些文章，编纂一下，快餐文化，抄袭一下，真正好的产品极少。而英国的一本《哈利·波特》全球卖到了几亿册。美国人是出版大国，欧洲的德国也是出版大国，这都是公认的，但是人家一年的出版总数不过10万种，说明每单种的图书市场占有率是非常高的，而我们是很低的。这就反映出我们现在的文化产业，包括动漫产业的发展、影视作品的发展、电视作品的发展不少都是虚火。现在，我们的电视剧空前火热，但是我们每年拍的电视剧中，能够播出的只占10%。我们的动漫也是如此。这些反映出了我们现在的文化产业处在一个非常低端的状态，需要积极地推动和培育。

党的十七届六中全会指出，发展文化产业是社会主义市场经济满足人民多样化精神和文化需求的重要途径，对文化产业的地位和作用作了一个明确的定性，从四个方面对加快文化产业，推动文化产业成为国民经济支柱性提出了具体要求。《中共中央关于深化文化体制改革推动社会主义文化大发展大繁荣若干重大问题的决定》进一步提出了具体要求：第一就是要构建现代文化产业的体系。第二是形成以公有制为主体，多种所有制共同发展的文化产业的格局，这也为民营经济进入到文化产业发展提供了有力的依据。第三是要推进文化科技创新，文化要和科技密切融合。在日益蓬勃发展的数字化、现代科技时代，文化产业发展的空间是无穷无尽的。我今年上半年陪路甬祥副委员长去广东时发现，设计真的能改变命运。我们到一家音响企业，一个汕头的初中毕业生，年龄也不大，40多岁。但是，其却是在全球范围内，所占份额最大的电脑音箱生产商。他的产品已经颠覆了人们对音箱的传统认识。他的音箱造型丰富，不仅具有实用功能，还具有文化内涵。这种创意的发展和科技密切联系，是整个文化产业发展的一个很重要的内容。我们的文化产品的核心就是创意，再好的电视节目再看两遍也就不愿意看了。这就是人对文化产品的本质的需求，也就是求新、求变。物质产品不一定求新、求变，但是追求传统。精神产品则不一样，再好的产品也不能被重复，再好的演员，要是不变化，看多了也就不愿意看了。在这方面，我们的人才、观念、理念，包括我们的法制环境都还有进一步发展的空间。创造了一个产品却不敢在国内市场推，怕被剽窃，那么我还创造什么？包括我们的艺术产品也是如此，一些电视剧，比如家庭言情剧，就一个模式，要不就是好婆婆、恶媳妇，要不就是好媳妇、恶婆婆，反正就是来回变。这种模式化、程式化的东西为什么会出现？是因为我们不愿意去求新、求变，因为创新创意都是费脑子的事情。电视节目也是如此，比如江苏搞了一个《非诚勿扰》，这个创意很多电视台都借用了，换一个名字，但是实际上都一样。最早湖南台搞了一个娱乐节目，全国也开始学，访谈节目也是如此。现在还有一个节目叫《档案》，原来最早是北京台出来的，由一个电影演员讲过去的事，大家都愿意看，我也挺喜欢看的。现在我发现很多台都出现了，比如湖北台等，这就是一种模仿，不费脑子，只要有观众就能挣钱。这是一个低端水平。文化的发展需要一种环境的培养，同时更多地需要我们确实、真正地创造这些产品，而不是说进行简单的模仿，那是不行的。

第四，要扩大文化消费。投资、出口和消费是拉动国民经济的“三驾马车”，但是我国的消费始终上不来。坦率地说，消费首先要有钱，政府把钱花在了其他方面，老百姓收入的增长力度不够，这是不对的。当然现在国家非常重视，也在慢慢地调整，所以说，文化消费也是如此。我和大家简单说一说，北京的电影票价平均是60元一张，30元都是打折之后的。看电影在北京并不是一个稀松平常的消费，不是一个日常的消费，而是一种奢华的消费。当然，从演员的角度来说，他们也不容易，他们更多的是靠票价来提高身价，你的票卖得高才有地位，同时从剧院来说，他们的成本开支是非常大的，最早建的国家大剧院，那个地方最早是要盖全国人大办公楼的，后来在20世纪90年代的时候，盖了国家大剧院，就没有盖全国人大的办公楼。国家大剧院是什么概念？代表国家，管理上应该是文化部管。但是现在国家大剧院是北京市管。为什么？因为当年文化部不愿意接。为什么呢？经营得好、经营不好，国家大剧院都要赔钱，那么大的场所，里面三个大厅，说实在话，那个建筑我个人持不同意见，那个建筑是完全不符合现在讲的低碳经济、科学发展、可持续发展的。为什么呢？虽然它外形很独特、很奇特、很漂亮、很美观、很有创意性，但是它是封闭性的，必须要靠空调运营，而且三个大厅必须要同时开空调，每年的耗电量极大。真正运营下来（当然现在的国家大剧院运营得不错），不太容易挣钱。所以，无论当时中央财政提供多少补贴，文化部都不愿意接。后来只能和北京市政府洽谈。北京市政府说我可以接，但是我不接国家大剧院，我接旁边的停车场。大家都知道，停车场肯定是挣钱的。国家大剧院停车是很贵的，后来说你光接停车场不行，要接就都要接，后来北京市就接过去了。北京市选了一个非常好的领导，现在管国家大剧院，经营得是非常好的，按照国际性的标准来做，现在当然大家都知道，大剧院成了国家和北京的一个品牌，成了一个地标性的建筑。就大剧院本身来说，如果票卖得很低，怎么弄？所以各个方面的矛盾都是比较多的。

目前，各地对发展文化产业的热情十分高涨，全国31个省市区和5个计划单列市中有33个制定出台了扶持文化产业发展的政策措施，有22个制定下发了文化产业规划纲要，有23个设立了文化产业发展的专项资金，还有14个成立了文化产业协会或者文化产业促进会。北京市成立了由市委书记和市长牵头的文化创意产业领导小组，每年安排5亿元产业发展的专项资金，专项资金就列这么多，其他地方的投入还不止这些钱，所以北京在这方面的重视程度非常高。还有产业聚集区的基础设施也专门搞了5个亿的专项资金，现在北京各区都有自己的文化创意聚集区。其中有一个先天性的优势就是北京是首都，是政治、经济、文化中心。去年，北京市提出要建立“全国文化中心”的概念，由市人大常委会牵头提出这样一个意见，当时他们把我请过去作为他们的顾问来参与“全国文化中心”课题的研究和评估工作。北京搞过很多中心，最早搞过首钢工业中心，现在首钢迁到河北了，北京便搞现代汽车，之后还搞金融中心，搞总部中心、总部经济，现在回归搞“全国文化中心”。我认为这是正确的，因为地位优势得天独厚，无法取代。原来最早是“国家文化中心”，后来改名“全国文化中心”。北京市非常重视文化产业的发展，现在，文化产业在北京已经成了一个支柱性的产业。

三、我国文化产业发展的基本现状

2004年以来，全国文化产业增加值年均增长速度在15%以上，比同期的GDP增速高6%。我们讲科学发展观，讲社会可持续发展，文化产业是一个非常重要的内容，因为它没有太多的能耗，没有更多的污染。它是真正适合于社会可持续发展的新兴产业。

2009年，我国文化产业增加值只有8400亿，2004年才2.1%，到了2009年是2.5%，2010年是2.76%。所以，增长的速度虽然从总量上来说还是比较快的，但是从整个GDP的总量上来说并不高。2004年到2008年中国核心的文化产品出口年均增长24%，超过货物贸易平均增速7%。2009年的出口总额为109亿美元，但是

2009年整个的商品出口是好几千亿。文化产业是很不简单的，增速非常快，虽然它的出口总额非常低。

动漫产业、数字音乐、数字电影、网络影视视频、移动多媒体广播电视、公共视听载体、数字出版、网络出版、手机出版这些新兴产业迅速崛起，拓宽了文化产业的领域。2010年，我国文化产业增加值超过1万亿，占当年GDP增加值的27%。

文化产业成了各地经济发展的新亮点，在促进经济发展方式转变中的作用日益突出，北京、上海、广东、云南等省市文化产业增加值均超过GDP的5%，进而成了国民经济支柱性的产业。

我国围绕文化体制改革设定的一个基本目标——围绕着文化产业和公共性文化事业发展的改革目标——从2002年开始到现在已经十年了，体现在文化产业上，第一是要加快国有经济性文化单位的转企改制，重点是做到国有控股文化企业做大做强。第二是要重视兼并重组，打破区域限制和行业垄断。刚才和宁夏出版社的同志交流，他们现在由中国出版集团兼并和重组了，这就是打破了区域限制。实际上，大家都知道，我们国家有一个非常大的问题，除了我说的行政管理体制上的分割以外，我们文化产业为什么做不大、做不起来？很大的原因就是部门分割、地域分割非常厉害。我这个省的卫星电视落地到其他省，不是那么简单的事情，要与当地政府谈条件，反过来也是一样，你的卫星上我这里落地也没有这么容易。我的出版发行公司到你那个省从事出版发行会受到很大的限制，部门与部门之间、地域与地域之间的行业限制，都是行业和地方保护主义。如此，怎么使文化产业做大做强？所以，打破行业和地域之间的分割和界限，是整个文化产业体制改革中一个非常重要的内容。要鼓励大型国有企业跨地区、跨行业经营，进而成为文化市场的主导力量。第三是要加快政府的职能转变，由办文化转向管文化和服务文化。过去我们是管办不分。文化部门开始搞经营场所，收取行政费用，出现了很多问题。所以，要打破这样一个局面，要加快政府职能的转变，使文化产业的年增加值达到15%以上。我们设立的目标是，2015年文化产业增加值要占GDP的5%以上，这个比例也很低，与整个国家文化大国的地位不相符。过去我们一直说自己是文化大国。五千年文明、13亿人口怎么不是文化大国？但我们从来没有说过我们是文化强国。十七届六中全会第一次提出要使我们国家成为文化强国，要实现由文化大国向文化强国的转变。怎么叫强国？不仅是自己的文化产业在GDP中的比值有所增加，强国还体现在文化产品在全球文化市场上占到多大的份额。

有一些数字给大家介绍一下：2010年，全国共有新闻出版单位35万家，出版社580家，出版图书32万种。由此可见，我们出版的总数很高的，但是市场占有率却很低。另外，数字出版实现的总产值是1000亿，而且增速是很快的，对传统出版的冲击和影响，都是很大的。2010年，全国故事影片产量达到526部，票房收入在2010年突破了100亿，2011年更是达到了140多亿。但今年上半年我们遇到了一个问题，国产影片产生的总票房不及泰坦尼克，阿凡达就更不用说了，这就是我们的实际情况。我们创造的水平还很低，泰坦尼克赚了我们两次的钱，在全球也是如此。2015年前出来的时候风靡全国，现在3D出来以后，我自己也看了一场，在北京也是一票难求。让美国人、欧洲人心甘情愿地花钱买我们的文化产品，受中华文化的影响是了不起的。现在我们在国际上影响最大的电影是《卧虎藏龙》，我在前一段时间看了一个网上的帖子，现在办了那么多的孔子学院，在全球突破了500所，说这是中华文化"走出去"的一个重要内容。但有人却评论说，办了这么多的孔子学院都不及一个《卧虎藏龙》的影响力大。由此大家可以看出优秀影视作品的影响力是多么巨大。

目前，我国文化产业的发展存在很多问题和困难，尚属于初期的新兴产业，文化产业总量偏小、水平偏低，规模、集约化的程度不高，布局不均衡，小、散、慢。目前，我国动漫企业超过了5000家，这还是2010年的数字。我去了很多地方看，现在动漫产业按照去年的总量算，共生产了24万分钟，是全球第一。但是我们动漫的影响力是相对较弱的。现在在国内影响力最大的仍然是日本动漫。文化部曾做过统计，在我国青少年最喜爱的动漫作品中，日本动漫占60%，美欧占29%。由此可见，国产动漫的量很大，就像电影一样，但是水平并不是很高。我国原创动漫的比例只占11%。我国出版产值和利润的相当一部分依赖于教材和教辅读物，比重超过了50%。真正由原创作品带来的产值和利润比较低。

另外，体制、政策、法制和人才保障不完善，文化产业发展的基础性工作有待进一步加强。文化产业的投融资体系不健全，税收政策不适应。比如，针对投融资体制的问题，我到下面调研时发现，有一些演艺集团普遍反映拿不到贷款。我去过一个地方的剧团，要改制，特别困难，因为没有固定资产，又没有剧场，如果有一个剧场至少可以拿剧场做抵押进行贷款。他们有一台很好的节目，想拿这个版权做抵押，但银行却不认，因为节目的价值难以估量。我们的银行长期只是停留在经济领域，习惯遵循经济部门的一套规则。他们本身也不适应整个文化产业的发展。所以，到了后来，文化部和中国人民银行等九部委专门出台了关于投融资的文件，但实施起来也有难度。真正在还没有拍摄之前以版权或制作权做抵押的，做得最成功的就是华谊公司拍的战争片《集结号》，该片在拍摄完成前只有一个故事梗概，然后公司用这个故事梗概去融资，北京商业银行给了几千万，那是仅有的一个做得比较好的案例。这是我知道的。为什么？大家都知道，对银行来说，电影的这种融资也是一个新兴领域，各方都不知道电影拍出来有没有市场和观众，以及效益如何。但是不管怎么说，这一步终于开始迈出了。我前面说了文化产品、文化产业与其他物质产品和物质产业虽然一样遵循市场规律，但确实存在不同特性。经济政策能不能为文化产业提供与其他经济行业一样的待遇呢？这个问题对从事文化产业方面工作的同志来说是陌生的，对经济行业、银行行业的同志来说也是陌生的。所有方面都是环环相扣的，因此，需要不断地培育政策环节、法制环节、市场环节，使之慢慢建立。

税收政策也是如此。我在北京市搞调研，北京市的剧场跟我反映，剧场是一个文化场所，但是与一般商场的税收是一样的，他们怎么吃得消？开一个商场和开一个剧场没有区别，这怎么行？这是我们的税收政策。由于时间有限，这方面我只是简单说一下。

我国文化服务贸易逆差很大，中国文化产品走向世界的步伐需要进一步加快。我有一个数据：全国在 2011 年共引进出版物版权 16 000 种，输出版权 5000 多种，连零头都没有。我们的版权贸易输出由 2009 年的 1∶3.3 提高到了 1∶2.9，输出虽然是增长的，但是差距还是很大的。

文化产业盲目发展、重复发展的现象普遍存在。现在，各地纷纷发展大型的文化产业项目，文化产业园区遍布各地，但是实质内容较少。所以，核心发展不是文化产业发展，而是搞房地产，有的地方圈下来以后搞一个样子，有几家文化公司，领导来了看一下就可以了，其他一大部分土地都搞商业开发。这样搞文化产业怎么搞得起来呢？现在，几十个城市都在搞大型的动漫文化主题公园，存在许多重复性建设。此外，各地还搞了许多大型的实景演出，基本上都是重复性、同质化的。最早是张艺谋在桂林搞的“印象刘三姐”，后来又搞了所谓的印象系列，目前真正能够良性运转的也就是“印象刘三姐”，后来搞的“杭州印象三湖”等都不好。对于这种重复性、同质化的作品，很多地方还在不遗余力地搞，这种做法是违背文化产品的根本规律的。文化产品的特点就是求新、求变，所有地方都搞这种同质化的作品就是千篇一律、千人一面，有什么意义？结果可想而知，这些都是盲目发展。

四、一些国家文化产业立法情况

我简单介绍一下国家在文化产业法制建设方面的情况。现在各国都非常重视文化产业的发展，十分重视提供保障文化产业发展的法制环境，这已成为很多国家的共识。因为各国的文化背景和法制传统不一样，经济发展和文化发展方面的理念也有差异，所以，各国家政府在文化产业中的角色定位和政策取向也存在着明显的区别。大体是以下几种模式：一是以法国为代表的政府主导和文化政策中心型；二是以韩国为代表的政府主导和产业政策中心型，主要是产业政策的发展；三是以美国为代表的民间主导和产业政策中心型，不是政府主导。现在，我们基本上采取的是政府主导文化政策中心型，同时加上文化产业政策这样的一个方式。韩国是世界上最早制定文化产业促进法的，有一个专门的成文法，叫《文化内容产业政信基本法》，是在 1999 年通过的，同时它还通过了关于网络数字内容发展产业的法律、关于游戏产业的法律、关于音乐产业的法律和关于电影、录像的法律，都是非常具体、完备的。韩国为什么如此重视文化产业呢？1998 年时任总统金大中有一个文化总统宣言，把他自己定位为“文化总统”，宣言说要使低迷的韩国经济复兴就要把文化产业作为 21 世纪韩国的基础产业来培育和发展，并上升为国家战略。所以，韩国是最早认识到文化产业的重要地位和重要作用的国家，后来出现了亚洲金融危机，国际货币基金组织对他们的压力非常大，这导致韩国最后没有了外汇。此时，韩国老百姓把自己家里的金条、首饰拿出来还外汇、外债。所以，结合这样的发展过程，他们发现一定要将文化的发展作为整个经济社会发展的重要内容来进行推动，开始抓经济复兴。他们认识到，文化产业是未来的重要的产业，这对于带动经济的发展十分重要。同时，在经济发展之外，韩国人也有比较远大的战略企图，包括文化上的企图、在整个东亚主导东亚文化发展的企图。大家都知道他们输出自己的文化产品，在文化遗产保护方面与我们国家打得一塌糊涂。比如当年端午节之争，韩国向联合国教科文组织申报了一个世界文化遗产的项目，引起了我们国内的热烈讨论，我国也重视了这个问题，把端午节以中国的世界文化遗产项目向世界联合国申报，联合国也批准了。这反映了什么问题？过去我们不重视，认为无所谓。韩国、日本知道他们的文化根源就是中华民族的文化，但是他要确认自己文化的自立性和独立性，就要与我们作切割。他们说他们的文化是自己的本源，与我们没关系，所以他们才重视文化。说实在话，我们就是因为五千年文明太久、国家太大、人口太多，所以才不是特别重视文化的作用。现在，我们发现不得不重视，如果你不重视，你的声音就会被淹没，国际上都是他们的声音，连遗产都保不住，都成了他们的遗产。那哪儿行？所以，我们现在才开始重视。韩国法律的内容非常具体，要通过法律手段解决文化产业面临的产业基础性问题，比如技术开发、人才培养、文化内容的标准化、基础性的设施、管理体制、财政政策等。

日本也是这样。其在 1995 年确定了 21 世纪文化立国的理念，日本人是文化立国，全力打造知识产权立国的概念，而且明确提出在十年内把日本建成世界第一知识产权国，又制定了观光立国战略。日本的紧迫感非常强，于 2004 年制定了关于《促进内容的创造保护与活用的法律》，其基本内容是保护、鼓励文化创意。日本人是在 2004 年，韩国人是在 1999 年，日本还在韩国之后。日本的文化产业促进法阐明了立法目的，即要综合有效地推进关于促进文化产业的创造、保护、活用的措施，要服务于国民生活的改善，要服务于国民经济的健康发展（也就是我们讲的可持续发展），他们的立法规定得非常清楚。日本的产业促进法共 4 章、27 条，还有一个附则，规定了国家职责、地方政府职责、文化产业的职责、人才的培养、先进技术的研发推进、文化产业内容的保存等，还从资金筹措的制度（也就是我们讲的金融问题）、海外事业发展、公平关系、交易等方面规定了促进和保障文化产业发展的具体措施。

美国也是这样。美国是世界上公认的产业大国，但是美国早在20世纪60年代进行产业结构调整时就把发展高科技文化产业作为了经济发展的方向。他们拍的3D电影都是高科技，电脑的模仿、仿制技术都是高科技，他们结合得非常好，同时还采取了经济法律方面的措施。早在100年前，《美国联邦税法》便规定对非营利性的文化团体和机构免征所得税，减免捐助者的税额，鼓励基金会、大公司和个人投资，引导一部分社会财富用于文化发展。20世纪，美国还制定了很多法律，如《版权法》《半导体芯片保护法》等一系列致力于版权保护的法律，美国的版权保护法律最为完整，版权制度是对文化创意法制保障最为重要的制度。

欧盟也是这样。其于1989年制定了一系列的相关法律。欧盟要保障所有成员国的电视节目和其他的影视作品都能够无限制、无区域地进行跨境流动，这是非常重要的。其于1991年制定了媒体计划，重点支持电影产品在欧盟地区的制作、发行和推广。另外，欧盟还制定了欧洲数字内容全球网络电子内容计划。目前，欧盟的数字内容（包括音乐、影视等）已经达到了4000多亿欧元，占GDP的5%，非常厉害。2001年，欧盟还制定了针对电影和视频作品的法规，并专门搞了一个创新的动议，为各大影视公司和文化创意公司提供资金，同时鼓励中小企业的发展。

五、我国文化产业促进法应当建立的制度

在此，我介绍一下我国制定文化产业促进法应当要建立哪些制度。这是我们立法部门包括我自己一直在思考的主要问题。

第一，我们已将文化产业促进法列入了立法研究项目。文化部一直在负责这方面的工作。但是大家都知道，文化部只是一个小文化的范畴，管不了新闻出版署和广播影视总局等部门，所以部门协调也是很大的问题。但是，不管怎么说，我们将来肯定要制定一个文化产业方面的促进法。《中共中央关于深化文化体制改革推动社会主义文化大发展大繁荣若干重大问题的决定》专门谈到了要加快文化立法，明确谈到了加快文化法律建设的具体事项，比如文化产业促进方面等都要加快。在制定推进全国的文化产业促进的法律框架内，首先的一个问题就是要明确文化产业的概念和范围。一部法律搞不清楚概念怎么行？这是一个比较大的问题，现在认识还是不一致。有的叫文化创意，有的叫文化产业，法律中首先要解决这个问题。当然，我认为还是统称为文化产业比较好。中央各个文件直到今天仍然沿用这个名称。关键是如何界定文化产业的范围。把文化产业定义在一个什么范畴内是个令人头疼的问题。目前，我国对这个概念范围的认识还不统一，理论界也不一致，共识基础比较差。是以行政部门管辖范围来确定？还是以文化产业涉及面来确定？包不包括现代科技、数字技术、新兴传媒、文化装备制造乃至旅游、体育、娱乐业等？

针对这些问题，可谓争论不断，各说不一。我认为，我们既要考虑我国行政管理体制特点，又要兼顾文化产业的开放性和包容性，这也许比较符合实际。总之这个问题需要各方进行仔细研究，尽早达成共识。

第二，要明确各级政府和文化产业主管机构的职责。明确文化产业主管机构是对文化产业发展体制的重要保障。现在的文化产业呈现一种割裂状态，这对整个文化产业的发展是不利的。所以，从这个意义上来说，大家就能够理解为什么中央、国家必须要推动文化体制改革。文化体制改革有三个方面的内容，不是仅仅是经营性的文化事业性单位转企改制的问题，这只是一个内容之一；建立公共文化服务体系也是其中的一个内容；还有一个重要内容就是促进整个文化行政管理体制的统筹协调和有机统一。政府行政职能的转变是文化体制改革一个很重要的内容。因此，要形成统一高效的文化产业的促进机制。这个促进机制首先是管理体制上的促进。从文化体制改革的情况来看，最先开始改革的是文化市场的执法体制，原来最早是各有各的执法队伍，即我们以前经常说的文化上的管理乱象。广电有广电的执法队伍，出版有出版的执法队伍，文化有文化的执法队伍。现在，文化体制改革的目标是所有副省级以下文化市场的行政执法队伍全部统一。怎么统一？深圳有一个做法，就是成立一个行政执法局，卫生、城管、文化等部门都在这个局里。上海也有一个做法，是单独成立一个文化市场大队，这个市场大队直接归上海市政府管，也不归哪个局管。后来发现，深圳的做法不太符合文化市场管理的客观需要，因为成立执法局以后，城管、卫生、食品安全在一起，文化就被淹没了，就没有人管文化了。于是，国家选择推广上海的做法，建立统一的文化市场执法机制，改变过去各部门的分散执法。在文化体制改革上这是一个很重要的内容，这是第一步。现在很多地市县，不光在执法上面，在行政管理上也开始统一起来了。笔者认为，不光是地方，中央部门也应该是这样。如果中央部门不这么改，不建立统筹协调机制，将来文化产业发展会受到阻碍，还是各搞各的，你也搞文化产业区，我也搞文化产业区，即文化部批文化部的，新闻出版署批新闻出版署的。比如动漫就是如此，新闻出版署有动漫的批复权力，我到地方去看，都是动漫园区，挂的牌子却不一样，有的是文化部的，有的是新闻出版总署的。这种现象必须得到有效的改变，要理顺。将来，我们要通过文化产业促进法解决这个问题。

第三，要确立金融财税的保障措施。因为文化产业具有独特的发展规律和特殊性，在财税政策方面与其他经济领域有较大的区别，现在一些文化企业在投融资和争取财政投入方面存在着困难，所以，国家应当建立运用多种方法筹措资金的法律保障制度。2010 年，中国人民银行等九部委发布了《关于金融支持文化产业振兴和发展繁荣的指导意见》，这是我国第一次专门针对文化产业发布这样的金融支持意见。其中提到了一些具体的措施，比如中央和地方财政通过文化产业发展专项资金，采取贷款贴息、保费补贴、补充资本金等方式支持文化产业基地建设、支持文化产业重点项目及跨区域的合作整合。另外，设立文化产业的投资资金，由各级财政助资引导，推动符合条件的文化企业上市公司，支持文化企业通过债券市场融资，所以，现在很多文化企业拼命地上市，这也是金融支持的一条很重要的途径。银行业、金融机构要开发适合文化产业特点的信贷产品，完善模式，推动多元化、多层次的信贷产品创新和适合文化产业项目的多种贷款模式。这是站在银行的角度看问题，你们自己要改革，要针对文化产业发展形势的要求提供不同的贷款模式，要建立文化企业无形资产的评估体系。而现在还没有出来，评估不了，为什么？举一个例子，我拿一个作品进行抵押，人家会说值多少钱？抵押多少物？要抵押20万，人家会问这值不值20万？因为文化产业是无形资产的评估，现在我们没有这样的评估机制，只有有形资产的评估。而对文化产业来说，更重要的是无形资产。一个著名演员和非著名演员演同样的剧目，市场反响是不一样的，相应的，收益也是不一样的。一个产品也是如此，名作家的产品和一般普通老百姓的产品的效果也不一样。导演也是这样，张艺谋、冯小刚拍的电影，是有票房保障的，但是名不见经传的导演的电影，却是没有票房保障的。因此，需要在社会上建立一个评估体系，没有这个评估体系，银行很难施予援手。另外，还有保险产品。现在保险也是这样的，也有抵押，也需要对资产进行评估。这一整套都属于现代文化产业发展必备的一些客观的保障机制，需要慢慢地培养、慢慢地形成。这需要经历一个漫长的过程。但是我们也已经开始了。我们的许多经济立法都设立了鼓励中小企业创业的条款。由于文化产业中的绝大多数企业都是中小、微小企业，因此，鼓励中小企业创业条款对于文化产业立法尤为重要。

第四，要建立人才培养和保障机制。如何为培养人才提供有效保障也是立法要解决的一个问题。现在的问题一方面是人才短缺，一方面是学生找不到出口。特别是能起到核心引领作用的高科技人才严重短缺。在座的都是各地文化产业部门的管理者，你们是当地文化产业发展的领军人物、核心人物，在这个方面，大家的责任也是比较重大的。因此应该加大对专门人才的培养，包括职称、激励等方面的制度，法律中都应予以考虑。

第五，要努力开拓国内外的文化市场。从世界上文化产业发达的国家的做法我们可以发现，各国都非常重视文化产品的“流通”，也就是文化产品和服务从制作者到消费者传递的过程，尤其是国际流通。我们对市场的开拓、市场环境的培育，现在还处在比较初级的阶段，需要建立相关的法律制度予以支持和保障。文化产品的出口实质上就是精神价值的传播。我们的文化产品要体现我们的文化精神、历史文明的精神，在这个方面我们的政策应当有一个鲜明的导向。这也是我们将来要在法律中予以考虑的内容。我们国家在文化产品海外市场的推广上确实还有很大的提升空间，这些年有了一些进展，文化传播的影响力开始浮现。比如，我们搞了五百多家孔子学院，前一段时间美国人找了一个由头说，孔子学院的教师不具有教中小学生课程的资格，因为当时在美国很多老师都是自愿去的，其实是国内派的，拿的是访问学者的签证。去教中小学生，美国人说这是违背美国法律的，要取消这些人的签证。这件事引起了轩然大波，我们国家提出了抗议，后来美国又收回了。不管怎么说，这件事从法律关系上说，我们用这种签证办另外一种签证是有问题的，但是为什么美国人原来没当回事，现在又这么计较呢？这反映出了在我们的文化产品向外输出的时候，美国人心里感到压力了。大家想想现在中国热，大家都去学汉语，美国人心里感到了某种恐慌。我认为这件事就是他们恐慌的一种表现。如果说美国人有一半以上学汉语，那么中美关系就不会像现在这样了。这就是文化的力量，文化产品的力量。所以我们要努力拓宽文化产品出口，扩大我们的文化交流和影响。

下面，我简单地说一下我国文化产业立法中需要解决的几个重要问题：

第一，文化产业管理体制问题。制定文化产业促进法，必须处理好该法与文化行政管理体制的关系。我国现行文化行政管理体系比较庞杂和混乱，分割得太厉害了。这个问题解决不了，最后不仅是立法，我国文化产业的发展也会面临很大的挑战。中央会下大决心解决这个问题，会形成有效的、统筹协调的行政管理机制。行政管理体系是目前的一个突出问题，也制约了我国文化立法的进展。这个问题导致职能交叉、政出多门、管办不分、政企不分。我们的文化产业中的资产，一直没有被列入国有资产的范畴，这对产业本身的发展实际上是不利的。目前这一状况有所改变，财政部专门成立了中央文化企业国有资产管理办公室。这是一个很大的进步。我们还没有建立一个统一、高效的文化市场综合执法机构，现在基层已经开始了探索，全国范围内上下还不一致，也没有形成一个权责明确、行为规范、坚定有效、保障有力的执法体系。更重要的是，没有形成一个统一开放、竞争有序的文化产品市场和生产要素市场。部门分割，再加上地域分割，文化产业怎么发展？这制约了文化产业的发展和法律制度的建设。特别是互联网，大家都知道，互联网现在有二十多个部门在管。要使文化产业发展，就必须建立一个统一、开放、有序竞争的文化市场。信息技术的发展也是这样的，现在也是条块分割，包括我们讲的三网融合，这是一个科技发展的必然。

第二，文化产业发展与 WTO 的关系问题。我国于 2000 年加入 WTO 以后，在政府职能、行政体制、行政观念和行政方式上都面临着严峻的挑战，文化安全形势严峻。文化产业、中华文化输出、文化资源优化配置、文化法制建设等方面都既有机遇，更有挑战。特别是体现在我国的文化管理上，我们加入 WTO 后承诺履行三大职责，保证 WTO 规则在全国范围内的统一实施、保证管理经济行为的公开透明、保证公民法人和其他组织对其实施管理的行为提请法院进行司法审查的权利。这是我们政府的义务，但是在这三个方面我们都面临很大的挑战。我们对WTO所作的承诺，包括广告方面、分销方面、管理咨询方面、视听方面、电影院服务方面、电影进口方面、教育服务方面。电影院服务是指，允许外资设电影院（占比不得超过49%），当然主权还在我们。电影每年进口20部片子。我们在加入WTO的时候，将电影产品作为一般的商品贸易，而不是作为一个特殊的文化产品。当时美国人说，电影就是胶片，胶片就是工业产品。当时，出于种种原因，我们认可了这个观点，因为在当时，加入WTO是国家非常重要的战略举措，现在全球也都感受到了中国加入WTO后的迅猛发展。但是，我们加入WTO也是付出了代价的，文化产品就是一个代价。比如，电影产品的问题。我们当时加入的时候作了一些让步，所以当时我们签了之后，美国人就和我们打官司。大家都知道，电影的进口权在我国是被垄断的，均由中影公司进口。虽然在这方面全国人大常委会没有制定法律，但是我们有一个国务院颁布的《电影管理条例》，其中明文规定由中影公司独家进口电影作品。美国人说，你违背了WTO的原则，既然是一般的商品贸易，你怎么能够垄断进口呢？然后双方就在WTO打官司，最后我们输了，要求改变，现在中美双边还在谈。但对这个问题，坦率地说，在我国目前文化产品进口一边倒的情况下，如果我们要放开电影进口，那我们的民族电影在一夜之间就有可能全军覆没。这就是我们加入WTO后在文化安全上出现的一个突出矛盾。我们必须要找到办法，要找到限制国外影片、保护民族电影的手段。当然最主要的还是发展我们自己的创造生产力，但这需要时间。法国怎么限制？美国电影产品进来，规定不得在黄金时间在主流影院放映，限制你的放映时间。我们将来也可以向他们学习。所以，我们必须要敢于面对和处理问题，同时发展我们自己的电影产业，保证我们的电影产业有一个健康的环境和强有力的竞争力。

最后，我简单给大家介绍一下我们现在正在研究制定的几部法律。文化产业领域的法制建设涉及多个方面，并不是一部法律能够完全解决的。目前我们开展的立法研究工作也涉及多个法律，一个是《电影法促进法》，主要目的是保障和促进我国电影产业的发展，目前已被国务院列入立法计划。一个是《文化产业促进法》，目前正在起草和研究工作阶段。还有一个是《广播电视传输保障法》，我国的广播电视传输无论是在政治上，还是在经济上，都是非常重要的，具有巨大的作用。广播电视信号的传输必须通过法律来予以保障。另外，在网络信息、演出领域等方面也还要研究制定相关法律。总之，文化产业领域法律制度的建立和完善是一件非常重要的工作。我们目前正在积极推动制定《电影产业促进法》，有可能在今年或者明年推出来。另外，《广播电视传输法》有比较好的基础。而针对《文化产业促进法》，文化部正在起草，当然还需要一段时间的工作，需要站在整个文化产业的角度来制定。《中共中央关于深化文化体制改革推动社会主义文化大发展大繁荣若干重大问题的决定》已经明确提出要求，我们将尽快推动这部法律的出台，为整个文化产业发展起到积极的保障作用。

今天的时间已经差不多了，我把我们所做的工作，包括我个人对文化产业发展的概念、国外的相关情况，包括文化产业的特点、问题和大家作了一个简单的介绍，有什么不对的地方请大家批评、指正，谢谢大家！

如何认识和推动创新驱动时代背景下的文化产业发展[1]

非常高兴和感谢受到邀请出席由国家文化产业创新实验区主办、传媒大学承办的2016国家文化产业创新实验区高端峰会。高朋满座，智者云集，让我也有机会聆听大家的高见，增长见识，开阔视野。首先，我认为这次会议的主题非常好，“文化+时代：创新驱动经济发展”，鲜明地点出了当前文化发展的重要时代特征：一是我们正处在整个国民经济发展结构调整的重要节点上，这个节点既是结构调整的关键枢纽，又是关键动力，那就是创新驱动发展。将创新驱动发展战略上升为国家战略是由十八大报告提出来的。十三五规划又提出了“创新、协调、绿色、开放、共享”的发展理念，坚持这一发展理念，关系到我国发展全局的一场深刻变革，这为我国未来发展指明了方向。二是经济发展，文化产业是经济发展的重要组成部分，做大做强文化产业是建设文化强国、发展文化“软实力”、弘扬社会主义核心价值观的必然要求。文化与经济，经济与文化，二者有着极为深刻的内在关系。因此，在这样一个时代背景下深入探讨文化产业发展，反映了会议主办者跳出文化谈文化，把文化产业与国家发展战略的主线紧密结合，寻求跨界、融合、统筹的高度敏锐性和洞察力。

目前，衡量创新型国家的主要标准是科技标准。国际上对创新型的国家和一般性的国家是有区分的。所谓创新型国家，判断的第一个指标是科学技术在整个国民经济社会发展上的贡献率，发达国家一般是在70%以上。我国到目前为止大约是60%左右。第二个指标是科研研发经费占GDP的比重，按照国际上的一般标准，创新型国家的标准是科研研发经费占GDP的2.5%以上。目前我国是2%，我们国家中长期计划是到2020年我国科研研发经费占GDP的比重达到2.5%，进入创新型国家行列。但笔者认为，除了科技标准外，文化创新也应该成为衡量创新型国家的另

[1] 本文为笔者于2016年9月18日在国家文化产业创新实验区高端峰会上的演讲。本文中所涉及之法律法规与理论，均以写作时间为准。

一个重要标准。从本质上说，文化创新的关键要素是内容创新，但文化科技和文化表现、传播和消费技术的创新也是一个重要因素。因此，科技创新和文化创新相互交融，相互促进，在这方面，我们还缺乏上下一体的普遍共识，尚未形成一个相互交融、有机统筹的体制机制。

对于如何认识、理解和推动在创新驱动的时代背景下的文化产业发展，我想谈三点个人看法：

第一，应当将文化产业发展切实纳入国家的整个创新驱动战略和政策之中。换言之，从文化产业的自身角度来说，应当主动融入国家的整个创新驱动战略和政策并以此来认识和把握文化产业发展的方向和路径。目前，无论是文化产业自身，还是国家创新驱动战略和政策的制定、出台和实施，二者之间的关联性都是比较少的。这其中有复杂的原因，既有历史原因，也有体制机制原因，但在今天的时代背景下，文化产业面临的一个挑战是要主动出击、主动融入，充分运用国家战略和政策。在这方面，我们有极大的空间和平台。2015 年 3 月，中共中央国务院发布了《关于深化体制机制改革加快实施创新驱动发展战略的若干意见》，这是一份关于如何实施创新驱动战略的最为重要的文件。全文共分 9 个部分 30 条，8000 多字，包括总体思路和主要目标，即营造激励创新的公平竞争环境，建立技术创新市场导向机制，强化金融创新的功能，完善成果转化激励政策，构建更加高效的科研体系，创新培养、用好和吸引人才机制，推动形成深度融合的开放创新局面，加强创新政策统筹协调以及到 2020 年，基本形成适应创新驱动发展要求的制度环境和政策法律体系，为我国进入创新型国家行列提供有力保障。这份文件在整个科技界、高校科研机构和企业都震动很大，影响深远。但是，我觉得其对文化界（包括文化产业界）好像触动不大。这份文件对有效实施国家创新驱动战略的重要性不言而喻，除了科技界、高校院所、工商企业界外，对我国文化企业、文化产业以及从事文化科技研究人员同样具有十分重要的意义。文件所提出的坚持需求导向、坚持人才为先、坚持遵循规律、坚持全面创新的四个基本原则，包括所提出的一系列具体政策措施（如实行严格的知识产权保护制度、打破制约创新的行业垄断和市场分割、改进新技术新产品新商业模式的准入管理、完善企业为主体的产业技术创新机制、提高普惠性财税政策支持力度、壮大创业投资规模、强化资本市场对技术创新的支持、拓宽技术创新的间接融资渠道、加快下放科技成果使用、处置和收益权、加大对科研工作的绩效激励力度、改革高等学校和科研院所科研评价制度等），都在相当程度上适用于文化科技、文化企业和文化产业发展。

当今时代，文化与科技密不可分，相互推动、相互促进。数字技术、互联网技术、信息通信技术既是科学技术，也是文化技术，这一相互融合的趋势日趋明显。在文化装备制造业和文化消费终端制造业中，在影视装备、舞台装备、影院装备、印刷装备、游艺娱乐装备、移动互联装备等领域，现代科技成果的开发、转化、利用比比皆是，成效显著。据统计，截至目前，国内文化装备产业年交易量超过万亿元，占国内文化产业总产值的1/4，并以年均20%的速度增长。在这些方面，我国文化产业业界（包括管理部门）应当毫不犹豫地、积极主动地适用文件所制定的卓有成效的具体举措的设计。例如，文件明确提出，加快下放科技成果使用、处置和收益权，提高科研人员成果转化收益比例，在利用财政资金设立的高等学校和科研院所中，将职务发明成果转让收益在重要贡献人员、所属单位之间合理分配，对用于奖励科研负责人、骨干技术人员等重要贡献人员和团队的收益比例，可以从现行不低于20%提高到不低于50%。全国人大常委会随即对《促进科技成果转化法》进行了修改，又开展了执法检查。从检查的情况来看，其基本没有涉及文化企业、文化科技成果转化及相关科研机构。

要有效解决文化与科技融合问题，既需要科技界的努力，更需要文化界的努力。近些年来，已经出现了一些促进二者有机融合的良好势头。举两个例子：一个是全国人大常委会前副委员长路甬祥一直大力推动把创新设计作为创新驱动战略实现的一个重要的平台和手段。科技成果能够被切实、有效地转化为产品，需要很多的条件和原因，其中一个重要举措就是在科研技术转变为产品过程中使创新设计成为重要的、关键性的环节。他提出了一个理论，从农耕时代以来，设计分三个阶段：农耕时代的设计是1.0版本；工业制造业所带来的设计是2.0版本；当今世界已进入新的时代，高新技术（包括信息技术、互联网，环保理念、人与自然和谐理念、文化创意理念）的出现，共同构成一个新的环境下的节能、环保、信息技术、大数据和文化的共同支撑下的新的设计理念，即创新设计，是设计的3.0版本。由中国工程院牵头专门成立的中国创新设计联盟，研究出台了一个战略报告，提议把创新设计作为推动创新驱动战略的一个重要抓手和平台。这一建议被正式写入《中国制造2025》，目前正在积极研究出台相关行动计划。设计与文化密不可分。可以说，凡是设计都离不开文化创意，反之，凡是文化创意也离不开设计。推动创新设计大发展，从某种意义上就是推动文化产业大发展。2014年，国务院从文化产业的角度专门发布了一个重要文件——《关于推进文化创意和设计服务与相关产业融合发展的若干意见》。2016年4月，国务院常务会决定深度发掘文化文物单位馆藏资源，推动文化创意产品开发，这些都反映出了设计作为一个平台对文化与科技的交融。另一个例子就是“十三五”规划提出的一个重要概念——“数字创意”，将其与新一代信息技术、生物、绿色低碳、高端装备与材料一并列为五个“十万亿级”战略性新兴支柱产业，使之成为未来经济发展的主动力。数字创意也就是以数字技术为核心的内容产业，包括影视、动漫、游戏、数字出版、在线服务等。这两个例子都说明，国家和科技界都开始强烈关注科技与文化的融合，并采取了实际步骤予以推动。在这样的形势下，我们文化产业界包括文化理论界、管理部门更要有紧迫感，要进一步采取积极措施，加强舆论和研究，在推动文化与科技融合上发挥更大作用。

第二，应当深入开展文化管理体制改革，整合现行管理模式，逐步建立适应文化产业发展的综合统筹管理体制。之所以出现上述现象，一个重要原因就是文化与科技仍处在一个协调沟通不畅的状况，相互割裂、各自为政。要有效解决这一问题，必须深化文化体制改革，理顺管理体制，整合形成统一、高效的文化产业促进机制。所谓理顺管理体制有两个方面：一是文化部门自身的体制；二是文化部门与相关部门如科技、信息、财税、金融等的体制。目前，文化产业涉及不少部门，机构分设，职能交叉重叠，政出多门。管办不分，政企不分，条块分割的传统文化体制的弊端仍然在一定范围内存在，没有从根本上得到扭转。不同文化产业分属不同文化主管部门，产业政策制定和国有资产管理又分属计划、经贸、财政等部门。全面建立统一高效的文化市场综合执法机构的工作尚在进行中，尚未完全形成权责明确、行为规范、监督有效、保障有力的执法体制，尚未形成统一开放、竞争有序的文化产品市场和生产要素市场，这些都不同程度地制约了文化产业的发展和法治建设。其中一些问题是短期的，一些问题是长期的。但无论如何，在当今全面推进创新驱动的大背景下，涉及文化产业的政府部门、企业界、学界，都应当齐心协力，采取有效措施，从制度层面、政策层面、机制层面、学术层面推动建立跨界、融合、统筹的管理体制，建立、完善文化企业、文化装备制造业和文化消费终端制造业的信息平台，推动相关科技研发、成果转化和产业发展，促进和保障文化产业被切切实实纳入国家创新驱动战略之中，分享政策红利。

第三，加快《文化产业促进法》的立法进程。创新驱动战略的一个重要内容和保障就是制度创新。制度的最高形式就是法律制度。党中央、全国人大常委会高度重视《文化产业促进法》的立法工作，纳入立法计划一类项目。全国人大教科文卫委员会柳斌杰主任委员也高度重视这一立法工作，委员会也开展了调研。目前文化部正在牵头负责草案的前期起草工作，组成了专门工作班子，开展了大量工作，取得了显著进展。由此应当看到，起草工作有着相当难度，在明确文化产业的概念和范围、建立文化产业统筹管理机制、建立金融财税保障机制、构建文化产业与科技融合机制、建立文化产业社会化发展促进机制、建立人才培养保障机制以及建立统一的文化市场及监管机制等方面，仍有不小的困难和障碍。在此，我呼吁在座各位，充分发挥你们的智慧和能力，献言献策，共同为制定出台一部体现创新驱动战略要求、符合我国文化产业发展需要的好法律贡献力量。

以上发言的不妥之处，敬请批评指正。谢谢大家！

德国、比利时、法国文化产业立法与政策[1]

德、比、法三国虽然文化产业管理体制不尽相同，文化产业概念和界定范围不一，但文化产业发展基础较好、水平较高，并且拥有具有一定代表性的、国际化的企业和品牌。三国政府十分重视文化产业发展、重视通过法治手段推动发展的，立法、政策和支持措施具有较强的针对性，注重对中小企业、艺术家创业创新的支持，一般通过第三方机构来具体实施，对我国文化产业促进工作具有一定的借鉴意义。

一、基本情况

（一）文化产业主要门类

德、比、法三国的文化产业定义、范围和具体门类与我国现行文化及相关产业门类不完全一致，亦有交叉，均称为文化与创意产业（以下统称为“文创产业”）。在行业门类上，三国之间不尽相同。德国分为音乐、图书、文化艺术、电影、广播电视、设计、建筑、新闻出版、表演艺术、广告、软件与电子游戏产业等11个核心领域或细分市场。比利时文创产业则主要涵盖时装设计、表演艺术、造型艺术、广播电视、电影等若干门类。法国的划分方式与我国大体一致，主要为音乐、演出、报刊媒体、广播、电视、电影、电子游戏、图书、绘画与造型艺术等9大门类。

大力提高本国文创产业的国际竞争力，同时采取适当的强制性文化措施保护本国文创产业，是三国文创产业发展战略和政策的重要组成部分。文创产业在创造就业机会、推动经济发展和创造社会财富方面发挥着重要作用。德国2014年的文创产业营业额为1460欧元，增加值（未剔除税收和补贴）为675亿欧元，文创企业有25万家，创造就业机会80多万个。比利时弗语区2013年文创产业增加值为7.2

---

[1] 本文是笔者于2017年9月应邀参加文化部有关部门组织的文化产业考察团，赴德国、比利时、法国三国考察文化产业立法、政策及发展情况的报告。本文中所涉及之法律法规与理论，均以写作时间为准。

亿欧元，占全区 GDP 的 2.7%，自雇就业人数占全区的 12.9%。法国 2013 年的文化产业营业额已达到 746 亿欧元，增加值占 GDP 的 2.8%，共有 120 万从业人员，占全国总就业人数的 5%。

（二）管理体制

德国是联邦制国家，文化教育事业属于各联邦州政府管辖。由于文创产业在实际的发展进程中不断突破和超越传统意义上单一的文化层面，德国更多地从创意、从创造就业和财富的角度来看待它，因此，德国政府在实际操作中由具有综合协调职能的联邦经济事务与能源部牵头负责。联邦经济事务与能源部、联邦文化与媒体事务部门共同牵头制定文化产业发展支持政策，外交部、司法部、财政部、劳动部和教研部共同参与，协调解决文创产业发展中所涉及的税收、知识产权、社会保障、对外交流、职业培训等问题。比利时文创产业不属于联邦政府的管理范围，而是由弗语区（主要指讲荷兰语的地区）和法语区两大语区政府各自管理。本次调研所在的弗语区的文创产业由该语区文化部与经济部同时管理，各自职权有所侧重，文化部偏内容和事业，经济部偏创意和产业，分别通过各自的渠道及社会机构对文创企业进行指导，提供财政补贴和政策扶持。

法国政府非常重视文化产业的发展，其是最早设立文化部的欧洲国家，负责文化的发展工作，并从第四个五年计划开始把文化列入五年计划之中，鼓励艺术创作，采取“公共投入为主、国家扶持、多方合作”的政策。与德国、比利时不同，法国政府对文化产业涉入较深，属于政府主导型发展模式，强调文化与国家形象互相结合，使得文化产业发展具有了鲜明的特色。

（三）文化立法情况

1. 德国文化立法情况

德国的立法体制主要分为联邦立法和州立法，文化并不属于联邦专属立法。在文化事务方面，主要由各联邦州享有自主权，即所谓的“文化自治”。《德国基本法》规定“艺术、科学、研究和教学都是自由的”；“文化艺术不受联邦层面干预”。联邦层面也没有制定专门的文化法和文化产业促进法。但德国政府非常注重知识产权保护，出台了系统的《著作权及相关保护权法》，修订了《专利法》《外观设计法》《规范信息社会著作权法》，简化了德专利商标局及专利法院对专利和商标的行政程序，加快了专利法院对有争议专利的审理程序，赋予了知识产权拥有人对侵权人的知情权，规定了律师向侵权人发警告信的收费标准上限等。还出台了《电影资助法》，鼓励电影产业发展。各联邦也为鼓励文创产业发展，出台了一系列促进本州发展的行业促进法。

2. 比利时文化立法情况

比利时文化立法权限也不在联邦政府，而在南部的法语区和北部的弗语区的两大语区政府。法语区文化立法的重点和根本点在于“意见机构”，这一制度在其文化发展的道路上发挥了重要的指导作用。2003 年颁布了《关于在文化领域设立“意见机构”及其运作方式的法令》，首次提出了“意见机构”的概念，顾名思义就是负责向法语区文化部提出各自负责领域的意见和建议的机构，参与文化政策的起草和执行全过程，实际上扮演了政府和艺术家中间人的角色，保证了两级之间思想与意愿的传达，在法语区的文创产业发展中发挥着战略作用。现共有博物馆委员会、出版援助理事会、电影及视听协调委员会等30多个意见机构，有400多名专家在其中工作。2011 年出台了《意见机构运行章程》，规定了专家须具有积极的审美取向、完全独立的观点、机构的决策方式、监督和退出机制等，保证其能发挥应有的作用。

弗语区政府近年来对《关于对文艺机构、艺术家、艺术教育机构、社会文化机构、国际文化活动及出版业进行津贴的法令》（简称《文艺法》）进行了修订，出台了新《文艺法》及配套的《新文艺法执行细则》，针对新时代带来的新挑战，提出设立新的支持管道和组织方式来帮助和引导文创产业发展，成立了具有战略性的艺术支持机构——“弗拉芒视觉艺术、音乐与表演艺术学会”，承担政府和艺术家中间人的职责；并在广泛征求艺术支持机构意见和建议基础上，出台了“战略愿景声明”——弗语区文化发展最重要的指导文件，包括政府资助等“一揽子”支持政策和措施。

3. 法国的文化立法情况

法国法律（包括文化立法）效力等级依次为宪法、法律、法令、命令、决定和通函等。法国历届政府均十分重视文化立法，首位文化部长马尔罗就提出，国家要为支持文化事业和文艺创作采取一切立法和行政措施。文化部长推动文化立法的惯常做法是委托资深专家或专家组进行全面、深入的调研论证，提交调研报告，根据报告建议提出法律草案递交最高行政法院、政府部长会议和议会审议。

法国文化立法引领世界文化政策走向。很多世界文化领域的重要法律都是由法国最先制定的，如世界上第一部文化遗产保护法、第一部知识产权法典等。法国率先提出了“文化例外”原则并以《电影和动画片法》等一系列保护本国文创产业的法律作为支撑，推动联合国教科文组织通过《保护文化内容和艺术形式多样化公约》。

法国没有统一的文化产业促进法律，而是按行业门类出台了有较为具体措施的法规，如法国现行的《电影和动画片法》详细规定了电影的行政管理、职业和活动、监管和惩罚等措施。《图书统一定价法》规定，任何书商不能随意提高或降低统一定价的图书（包括电子图书）价格，或上下浮动不得超过5%，这些法律保护了中小独立书店，保证了版权人的利益。针对一些跨国集团在减价5%的基础上免除送货费用，威胁到实体书店的生存，2014 年初，法国通过一项法律，禁止免除运费或邮寄费的做法，在线销售商可以降低送货费，但不得超过图书价格的 5%。同时，为了保护本国文化，立法规定电台播放的由法国或法语区的艺术家创作或演唱的歌曲不得少于 40%。这些立法是法国对抗英美国家文化侵袭、坚持“文化例外”原则的制度保障，有助于获得其他国家的尊重和认同，以及更有力地推动世界文化多样性。

（四）代表性文化企业和品牌

总的来说，三国企业或人才都具有较强的竞争力和国际影响力，能根据自身特点和优势开展业务，国际化是其主要方向。对与中国企业合作已有一定基础或是有强烈意愿，这也是反映出近些年来我国文化产业实力在不断增强。

德国会展业的数量和质量在国际会展业界领先，创意设计在德国经济中的地位也日益突显，并保持良好发展势头。科隆国际展览有限公司创立于 1922 年，每年可为科隆及其周边地区创下逾 10 亿欧元的收入，以不同周期定期主办的 68 个国际专业博览会和展览会是世界上 25 个行业的主导博览会。该公司在全球 100 多个国家设有分公司及代表机构，其中科隆展览（中国）有限公司成立于 2002 年，总部位于北京，在上海及广州均设有分公司。2017 年，德国总理默克尔参加了科隆游戏展开幕式，展览面积达到 20.1 万平方米，来自 69 个国家 919 家企业参展，其中中国有 38 家企业参展。科隆国际展览有限公司负责人表示，科隆游戏展非常欢迎中国企业组团参展，希望中国担任下一届科隆游戏展的主宾国，欢迎更多的中国企业更加深入地参与科隆游戏展，并表示愿意与中国在游戏等文化产业方面有更多的合作。

柏林德立公司是一家致力于空间传播的创意设计企业，在全球各地完成了展览、博物馆、主题公园、贸易展会、品牌空间、零售空间以及活动策划等众多项目。该公司在上海设有分公司，拥有众多创意专业人士。上海世博会期间，德立公司在全球公开招标中中标，承接了世博会城市地球馆整体设计及展示项目，取得了良好的效果。近年来，德立公司与中国企业合作紧密，承建了中国（青海）光伏利用展览馆、北京奥运村等项目。在会谈中，德立公司表达了与中国政府和企业进一步合作的强烈意愿。

法国文创产业具有优势，众多产业门类处于世界前列。法国是世界第三大电影和动漫生产国，第二大电影出口国，第四大艺术品市场。法国维旺迪集团（Vivendi SA）是一家欧洲大型娱乐集团，其业务范围包括音乐、电视、电影、出版、电信、互联网和电子游戏等行业。维旺迪集团是目前全球最大的音乐生产和出版企业，近年来在综合性、多元化、国际化相互借力借势，且不断随时代发展变化进行革新发展，2016 年的营业额为 130 亿欧元，与我国腾讯公司进行数字音乐合作，并计划在中国设立手机游戏公司和工作室。世界第二大图书出版企业——拉加德尔集团（Lagardere Groupe）在全世界40个国家开展出版经营业务，拥有4.5万名员工，旗下的阿歇特集团由60多家出版社组成。近年来，该集团大力加强与中国的业务合作，与我国凤凰出版集团合资成立了凤凰阿歇特公司，专注于中法两国图书行业的交流合作。

作为一个只有1100万人口的欧洲国家，比利时的文化创意产品出口份额排名全球第九，其中85%的产品来自于弗语区。比利时在戏剧、现代舞、时装设计、造型艺术等领域具有世界影响力，虽然没有世界知名的大型文化企业，但以文化创意人才的形式活跃在世界舞台。例如比利时漫画家、"近代欧洲漫画之父"埃尔热创作的漫画名作《丁丁历险记》享誉全球。丁丁、蓝精灵等都是世界上最知名的漫画形象。许多国际品牌的创意总监也多是来自比利时安特卫普的设计师。在电影和音乐行业，比利时充分利用高素质劳动力、多语言的优势，成了法国和英国等文化大国的后期制作中心。

德、比、法的文创企业和机构均十分欢迎和期待与中国开展文化产业交流合作。有关机构普遍关注中国的发展成就，愿意加强与中国文化产业领域的交流与合作，认为中国有丰富的文化资源、巨大的市场规模和雄厚的资本实力，德、比、法在文化产业发展理念和文化创意开发能力上具有优势，双方互补性强，有广阔的合作空间。希望能够在此基础上，进一步在项目、资本、人才、市场等方面进一步加强文化产业交流合作，带动国际文化交流交融。

（五）文化创意产品开发的主要做法

从德国多特蒙德艺术与创意中心，比利时皇家艺术博物馆、漫画博物馆，法国卢浮宫博物馆等公共文化机构，我们可以看到德、比、法在挖掘利用文化资源推动文化创意产品开发方面的一些积极做法。

第一，将文化创意产品开发作为文化传播和产业发展的重要途径。德、比、法的公共文化机构普遍重视对文化创意产品的开发。一方面，认为挖掘利用馆藏历史文化资源开发文化创意产品，拉近了参观者和馆藏历史文化资源之间的距离，在扩大消费的同时，也是传播文化的重要载体。另一方面，政府部门对公共文化机构的投入不足以覆盖其正常运营和收购藏品的需要，文化创意产品的销售等经营收益是公共文化机构的运营和对历史文化资源的保护的政府投入之外的一个重要经费来源。

第二，社会力量深度参与文化创意产品开发和公共文化机构运营。公共文化机构通过授权、代理、合作开发、开设网店、建立销售渠道等方式，与社会力量形成了资源共享、分工协作、相互促进的紧密合作关系。

第三，文化创意产品开发模式多样、收益分配机制灵活。德、比、法公共文化机构通过多年实践，已逐渐摸索、总结出了一套行之有效的运作体系。据了解，法国卢浮宫博物馆2016年的预算为2亿欧元，其中49%来自国家资助，其余主要依靠博物馆自主经营，除门票、社会赞助、品牌运营、举办活动、合作办展以及文化创意产品开发等多种途径外，2016年，卢浮宫博物馆授权阿联酋在阿布扎比建立阿布扎比卢浮宫博物馆，通过30年的卢浮宫品牌授权获得了4亿欧元收入，通过为期10年的展览、培训指导、合作获得了6亿欧元收入。

在文化创意产品开发方面，卢浮宫博物馆等法国博物馆还与法国博物馆委员会共同合作开发文化创意产品，建立了设计制作、博物馆审查的机制、将文创商店租给委员会运营、博物馆收取场租和产品分成等多种利益分配方式。

（六）主要文化经济政策及支持措施和重点

德、比、法三国都出台了税收优惠、资金补贴等有力的政策，并通过成立基金、提供担保等金融扶持手段支持文创产业发展。其中，中小文创企业的发展和创意人才是德、比、法政府及相关机构支持文创产业发展的重点，均出台了一系列扶持政策措施，支持企业积极开拓国际市场。

2007年10月，德国联邦政府公布“文创产业倡议”，提出增强公众对文创产业重要性的认识、挖掘文创产业增长和就业潜力、提高文创产业竞争力和国际影响力三点倡议。德国针对一些文化产品（比如书籍）只征收7%而不是19%的增值税，戏剧演出在一些情况下免征营业税和法人税。德国成立了联邦电影基金等文创产业基金，同时鼓励社会捐助成立文化基金会，成立文化基金会有税务上的优惠，而且可以得到财政补助。为支持游戏产业发展，还设立了德国电脑游戏奖。德国成立了文创产业事务中心，并设有8个地区性办事处，由熟悉文创产业、拥有丰富商业管理经验和商务知识的专业团队构成，主要职能包括为文化企业、自由职业者提供咨询、培训服务，举办论坛和研讨会，搭建文化企业经营者之间及其与政府、学界之间的沟通交流平台。

针对文创产业规模小、个体经济成分大、涉及领域广等特点，德国建立了全国性、跨部门的促进机构和协调机制，制定了支持中小文创企业的发展政策，在促进投融资与风险分担、知识产权保护与运作、培养年轻创意人才和开展国际合作等方面都建立了相应的制度，以便政府部门在实际操作中能够得到规范、有效的落实。在鲁尔区由工业向文创行业转型的过程中，政府也在多特蒙德设立了欧洲创意经济中心这一独立运营的机构，并通过该机构进行剧场类文化设施以及文创集聚区改造，补贴支持中小企业开展文化项目，支持举办创意欧洲峰会等国际性论坛，推动当地文创产业发展。

比利时弗语区将资助分为奖金、项目津贴、操作津贴和公共机构补贴等门类，而且前两种方式的申请人不限国籍，外国人或机构也可以申请，只要其受众和服务的对象是弗语区民众就可行，以更好地吸引各类优秀机构进驻。设立了网络上的文化银行，为中小文化创意企业提供低于10万欧元的贷款，并由政府提供补充津贴，对于大于10万欧元的贷款，由政府和相关机构为文化创意企业提供担保。同时，在审批上大大缩短了流程，一般在一周内批复。比利时很多文创产业具体项目的实施和推动都主要依靠各类艺术支持机构，此次笔者拜访的比利时弗语区的创意弗拉芒一直与弗语区经济部与文化部合作，资助了750家文化企业，但其本身是独立运作的。

法国中央和地方政府通过直接提供赞助、补助和奖金支持，减免税负等措施扶持文创企业发展和文创人才创作生产，法国音乐、出版等文创产业都享受5%的低档增值税，同时对法国本土电影、电视、音乐、图书给予资金补贴。法国大力鼓励社会赞助对文化产业的支持，赞助文化活动，企业赞助的60%、个人赞助的66%可在当年应缴付的税款中免除，有力地提升了社会力量支持赞助文化的积极性。卢浮宫管委会品牌推广负责人介绍，卢浮宫每年得到社会赞助2000万欧元，有力地缓解了预算压力。

与此同时，法国政府还通过财政拨款，投入大量资金维护和修复建筑遗址、城堡等，加强博物馆、剧场等文化设施的建设，为文创产业发展提供了良好的基础条件。法国特别注重资助本国影视制作业的发展、对美国文化产品的进口实行限额制度、加强同欧盟国家的合作等措施来保护法国的民族文化特色和文化独立性。法国在多个行业成立了产业中心、咨询委员会等第三方社会机构。比如为发展电影产业，专门成立了法国国家电影中心（CNC）。其在文化部的监管下，通过制定和执行政策来推动电影产业发展。此外，法国还设立了博物馆委员会，统一负责全国大部分博物馆的文创产品开发。

（七）文创产业发展面临的问题

欧洲国家人口少、本国市场相对较小、经济疲软、文化消费乏力。虽然鼓励创新和创意，但在互联网、数字技术等领域不仅落后于美国，与我国相比亦不占优势，老牌国家特点突出，音乐、图书、广播、报刊媒体等产业传统发展模式难以为继，纷纷向数字模式转型。此外，美国文化、英语文化等优势文化的冲击对德、比、法乃至整个欧洲文创产业发展的影响均十分显著。美国电影、音乐、游戏充斥市场，成为本国人追捧的对象，对本民族文化传承、文化多样性保护和当地文创企业经营发展造成了很大的冲击。

二、启示

（一）合理确定文化产业促进法调整范围

德国、比利时、法国等欧洲国家在其文创产业范围界定上的一个共同特点就是突出了文化艺术、演出、电影、广播电视、图书出版、创意设计等以文化内容创作生产为核心的文化产业门类。在我国，国家统计局制定的《文化及相关产业分类（2012）》将文化及相关产业界定为“为社会公众提供文化产品和文化相关产品的生产活动的集合”，涵盖了文化产品生产的辅助生产、文化用品的生产、文化专用设备的生产等制造业门类。促进法的调整范围应在我国文化产业发展实践基础上，充分借鉴吸收其他国家的做法，立足关键核心问题，突出文化特色和文化内容创作生产，不一定完全采用现行文化及相关产业分类的界定。在突出文化内容创作生产的同时，也要将为文化内容提供传播渠道和生产服务的产业也纳入其中，尽可能保持包容性，为产业发展变革和政策调整留有空间。

（二）加大对文化产业政策支持力度

资金补贴、税收优惠等政策是德、比、法三国推动文化和创意产业发展的行之有效的政策抓手。文化产业大都投入大、风险高、周期长，政府的支持在文化产业中尤为重要。促进法起草制定过程中，立法者应注重对近年来中央出台的一系列文化经济政策的系统梳理和评估，把行之有效的财政、税收、金融、土地、价格、科技、人才、对外投资等方面的政策法定化，发挥其激励和保障作用。例如，在财政政策上，明确国家创新财政支持方式，通过文化产业专项资金、基金等方式支持国家重点扶持和鼓励发展的文化产业门类和项目；在税收政策上，提出国家实施必要的税收优惠政策，促进文化产业发展；在金融政策上，提出国家鼓励金融机构为文化企业提供融资服务，通过信贷、直接融资、保险、融资担保等方式支持文化产业发展。同时，在促进法的基础上，要继续推动落实已有各项文化经济政策，加大财政、税收、金融、土地、人才等方面政策的支持力度，针对文化产业发展的具体领域制定更具操作性的支持政策，注重通过鼓励捐赠、投入减免等政策调动社会力量的积极性。

（三）加强骨干文化企业培育，增进与国际大型文化企业合作

培育大型企业集团、推动国际化发展已经成为文化产业发展的重要趋势。我们要充分发挥国有文化企业的示范作用，注重打造一批核心竞争力强的骨干文化企业，鼓励各类文化企业以资本为纽带进行联合重组，推动跨地区、跨行业、跨所有制并购重组，特别是通过国际合作提高自身实力，提高文化产业的规模化、集约化、专业化水平。特别是要统筹利用好国内国外两个市场、两种资源，在推动国内文化产业发展繁荣的基础上，创新文化产品和服务“走出去”模式，开拓国际文化市场，参与国际分工合作，加快中国优秀文化产品、文化服务和文化企业“走出去”步伐，增强中华文化在世界上的感召力和影响力。同时通过与世界各国优秀文化的交流，学习借鉴各国发展文化产业的先进经验，有效推动国内文化产业的发展，提升文化产业的整体实力和国际竞争力，维护国家文化安全。

（四）加大对小微文化企业和文化产业领域创业创意人才的扶持力度

德、比、法等国十分注重对中小文创企业和初出茅庐艺术家的帮扶，采取人才培训、项目补贴、金融扶持等方式给予支持。我国文化产业同样具有市场主体规模小、数量多、轻资产、涉及领域广、个人创业活跃等特点，在培育骨干文化企业的同时，要进一步加大对小微文化企业和文化产业领域创业创意人才的扶持力度，研究制定支持小微文化企业和创业创意人才发展的专项政策。例如：鼓励和引导社会资本进入文化企业孵化器、文化众创空间、文化资源保护开发等领域。保持与艺术基金的差异化，在中央财政文化产业发展专项资金中支持文化产业孵化器等双创平台建设类项目。

（五）探索发挥第三方促进机构在文化产业发展中的作用

在文化产业的发展中，德、比、法三国都将独立运行的第三方社会机构作为重要的参与力量，大部分政策、涉及资金的补贴项目以及搭建支撑平台等举措，都是通过这些机构来完成的。相对而言，在我国文化产业发展中，第三方结构的参与程度和发挥的作用还不够。可参考借鉴德国、比利时、法国等欧洲国家的普遍做法，由政府部门推动设立促进文化产业发展的专门机构，承担文化产业发展政策咨询、人才培养、品牌建设、示范推广、项目评审、知识产权维权、国际交流等职能。

（六）注重对中华优秀传统文化的保护和传承，维护文化安全和文化独立性

法国在20世纪80年代提出了旨在保护本国文化不被其他文化侵袭的“文化例外”政策，大力支持本国文化事业和文化产业发展、对文化产品进口实行限额制度、加强同欧盟国家的合作等措施，在保护本民族文化特色和文化独立性方面起到了重要作用。这一理念在欧盟范围内取得了共识，并在欧盟立法中得以体现。同法国等欧洲国家相比，中国具有五千多年文明史，孕育了悠久、灿烂的文化，文化遗产文化资源十分丰富。党的十九大报告指出，要立足中国文化立场，要深入挖掘中华优秀传统文化蕴含的思想观念、人文精神、道德规范，结合时代要求继承创新，让中华文化展现出永久魅力和时代风采。在文化产业发展及促进法起草工作中，我们应充分体现“文化例外”原则，注重对中华传统优秀文化的传承与保护，实现创造性转化和创新性发展，保护我国文化安全和文化独立性、多样性。

（七）厚植产业发展土壤，激发文化创新创造活力

法国政府非常重视公益性文化单位和设施的建设和维护，扶持草根艺术家成长，鼓励各类艺术创作。他们认为，文化事业的投入和设施利用率的提高可以为文化产业发展创造更好的环境条件：如创意人才的培养、对艺术欣赏的普及和水平提高等。这一理念在实践中取得了良好效果，为法国文化产业发展提供了源源不断的创意人才和日益广阔的文化消费市场。在我国，文化事业和文化产业是中国特色社会主义文化建设的“一体两翼”，要按照十九大报告中提出的“激发全民族文化创

新创造活力”的要求，进一步发挥公益性文化单位、设施和资源在促进文化产业发展方面的作用，创新文化生产经营体制，实现相互促进和融合发展。建立促进公共文化资源保护利用、加强美学教育等制度，对相关内容和措施加以明确和强化。同时，加大对文化文物单位文化创意产品开发有关试点政策贯彻落实情况的督查力度，力求落地见效。

以法治建设推动文化产业健康蓬勃发展[1]

尊敬的各位领导、各位来宾：

大家上午好！

首先，祝贺2018中国文化产业年度人物揭晓典礼暨第七届中国文化产业主题峰会在深圳召开，这是我国文化产业界的一件盛事，我有幸与各位在此共同见证我国文化产业发展的光辉历程。

党的十八大以来，我国文化产业发展进入了新时代。党中央、国务院高度重视文化产业，将文化产业发展纳入了国家整体发展战略，对文化产业发展作出了一系列具体部署，明确了新时代文化产业发展的指导思想、发展战略和目标任务，取得了显著成就。当前，发展文化产业已经成为满足人民群众多样化精神文化需求、提高人民群众文化获得感和幸福感的重要途径，成了坚定文化自信、推动社会主义核心价值观深入人心、推动中华优秀传统文化创造性转化和创新性发展的重要载体，成了推动中华文化走向世界、提升国家文化"软实力"的重要渠道，成了推动文化科技融合、培育经济发展新动能、推动经济社会转型升级、促进创新创业的重要动力。

近年来，文化产业总量规模稳步扩大，对经济社会发展的促进作用明显增强。文化产业占同期GDP的比重从2012年的3.48%上升到了4.2%，对国民经济增长的贡献率平均接近6%，区域投资布局更趋合理，社会资本进入文化产业领域的步伐不断加快，投资主体日趋多元，文化与互联网、旅游、体育等行业融合发展，跨界融合已成为文化产业发展最突出的特点。文化产品和服务的生产、传播、消费的数字化、网络化进程加快，数字内容、动漫游戏、视频直播等基于互联网和移动互联网的新型文化业态成了文化产业发展的新动能和新增长点，文化产业呈现出全新的发展格局，稳步向国民经济支柱性产业迈进。

深圳市在全国文化产业发展中占据了重要位置。早在2008年7月深圳就率先出

[1] 本文是笔者于2019年2月23日在光明日报主办的"2018中国文化产业年度人物揭晓典礼暨第七届中国文化产业主题峰会"上的主题发言。本文中所涉及之法律法规与理论，均以写作时间为准。

台了《深圳市文化产业促进条例》，作为全国第一个出台文化产业地方性法规的示范性城市，其于之后又出台了《深圳文化创意创业振兴发展政策》等一系列政策法规，有力推动了文化产业的高质量发展。深圳市充分发挥自身优势，大力促进文化科技深度融合、相关产业相互渗透，积极构建数字文化创意产业创新平台，推动数字经济与文化产业深度融合；高度重视文化交流，自 2005 年起每年举办一届的中国（深圳）国际文化产业博览交易会目前已成为推动中华文化“走出去”的重要平台。日前，国务院印发的《粤港澳大湾区发展规划纲要》提出要完善大湾区内文化创意产业体系，培育文化人才，繁荣文化市场，这为深圳文化产业的发展提供了新的机遇。

在看到发展成就的同时，我们也要清醒地看到，我国文化产业的整体规模还不够大，产品和服务的质量效益有待提升，创新创业能力和竞争力还不够强，有效供给仍然不足，结构布局还需优化，文化经济政策也有待进一步完善落实，文化产业法治建设尚不完善。这些问题必须着力加以解决。尤其是在全面依法治国的战略布局要求下，文化产业的高质量发展不仅需要政策规划的具体指引，更需要法治建设的保障和规范。

党的十八大以来，以习近平同志为核心的党中央从关系党和国家长治久安的战略高度来定位法治、布局法治、厉行法治，推动法治中国建设发生了历史性、转折性、全局性变化，取得了重大理论创新、实践创新、制度创新成果。习近平总书记关于全面依法治国的一系列新理念、新思想、新战略，为新时代全面依法治国提供了科学理论指导、指明了方向、确立了基本遵循。这其中，一个不可或缺的重要任务就是要健全完善中国特色社会主义文化法律体系，建立起符合我国社会主义文化规律、特点和要求并行之有效的法律制度、规范和准则，紧紧围绕坚定文化自信和新时代中国特色社会主义文化建设的总要求，坚定维护国家文化安全，确保社会主义核心价值观在思想文化建设中的牢固地位和在全社会的培育践行，保障人民群众基本文化权益，建设公共文化服务体系，促进文化产业健康繁荣发展，为保护传承弘扬中华优秀传统文化、中华文化“走出去”提供充分的法律支撑。

全国人大常委会高度重视包括文化产业在内的文化法治建设。目前已经出台的文化法律有《文物保护法》《档案法》《著作权法》《非物质文化遗产法》《公共文化服务保障法》《电影产业促进法》《公共图书馆法》《网络安全法》，其中后四部都是在十八大后的十二届全国人大期间密集出台的，填补了中国特色社会主义法律体系中长期存在的文化立法空白，扭转了文化立法长期薄弱滞后的状况。十三届全国人大常委会成立后高度重视文化法治的健全完善工作，已将《著作权法》（修改）、《档案法》（修改）、《文物保护法》（修改）和《文化产业促进法》制定列入五年立法规划第一类项目，即条件比较成熟、任期内拟提请审议的立法项目。

《文化产业促进法》是文化领域的一部重要的基础性法律。《中共中央关于全面推进依法治国若干重大问题的决定》明确提出“制定文化产业促进法，把行之有效的文化经济政策法定化，健全促进社会效益和经济效益有机统一的制度规范”。近年来，不断有全国人大代表提出有关制定文化产业促进法的议案。2015 年，由文化部牵头，14 个部委共同组成了《文化产业促进法》起草工作机制，组建了起草领导小组、工作小组和专家咨询组。几年来，在中宣部的领导下，起草工作小组先后赴一些省市实地调研，召开座谈会、研讨会，听取地方相关部门、专家学者、文化企业、行业协会等方面的意见和建议，梳理重点、难点问题，深入讨论和研究，使起草工作取得了积极进展。面对新形势、新要求，我们要始终坚持以习近平新时代中国特色社会主义思想为指导，根据党的十九大提出的“坚定文化自信，推动社会主义文化繁荣兴盛”的决策部署，贯彻新发展理念，落实立法规划，坚持科学立法、民主立法、依法立法，进一步加快《文化产业促进法》立法工作步伐，着力提升立法质量，坚持社会效益优先，保障文化企业权益，规范文化市场秩序，构建良好完备的文化产业法律制度，以法治建设推动我国文化产业健康蓬勃发展。

最后，祝光明日报举办的中国文化产业年度人物评选活动越办越精彩！

谢谢大家！

文化法学丛书

总顾问：柳斌杰

总主编：朱　兵　周刚志

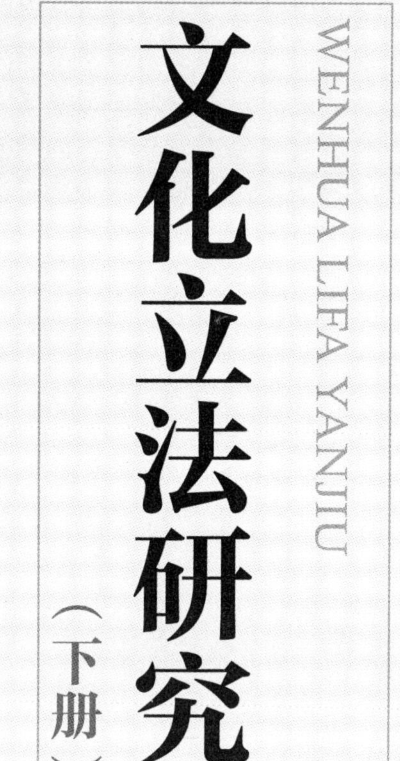

文化立法研究（下册）

WENHUA LIFA YANJIU

朱　兵◎著

中国政法大学出版社

2019 · 北京

目 录

CONTENTS

（下册）

第四编 文物保护立法

第五编 非物质文化遗产立法

第六编　其他文化立法

第七编　文化立法访谈录

WENHUALIFAYANJIU

第四编

文物保护立法

关于文物环境与历史城区保护的立法问题[1]

——兼谈《文物保护法》的修改

当前，文物环境的保护与历史文化名城的保护问题已成为社会普遍关注的问题。随着《文物保护法》修订工作的进行，相关的立法问题再次引起了强烈关注。如何在我们的立法工作中处理好这些问题，值得认真研究。

一、文物古迹保护范围在立法中的扩大

从世界范围来看，随着社会文明的发展，立法保护的文物古迹的内容和范围不断扩大。这种发展变化大体可以被概括为三个阶段：第一个阶段是对重要的、单个的文物古迹对象的保护；第二个阶段是扩大到对文物古迹对象周边环境的保护；第三个阶段则是扩大到对历史街区、历史区域乃至某个古城镇的完整保护。这三个阶段大体反映了人们对历史文化遗产保护认识的深化，同时也表明历史文化环境已成为文物保护不可分割的组成部分。

从法国、英国、日本等国的立法情况看，基本上都反映了这一思路。法国于1840年成立了“历史建筑管理局”，于1913年颁布了《历史古迹法》，规定凡经历史建筑管理局认定的历史性建筑物均应保护，不得拆毁。该法律主要是就历史建筑物个体本身而制定的。1943年又规定，在所认定的历史性建筑物周围划定500米范围的保护区，在此区域内不得任意改变历史环境面貌。1962年又制定了著名的《马尔罗法令》，明确规定保护城市中的历史性区域。法国现有国家级保护建筑40 000余处，保护区90处。

从19世纪中期到20世纪中期，英国立法逐渐从对单个最重要的古遗址的保护

---

〔1〕 本文首次载于《文物工作》2001年第10期。本文一些资料引自王景慧的《城市历史文化遗产的保护与弘扬》、王军的《日本的文化财保护》等。本文中所涉及之法律法规与理论，均以写作时间为准。

发展到对历史地区的保护。英国于 1877 年成立了“古建筑保护协会”，于 1882 年颁布《古迹保护法》，1900 年修订该法，保护范围从古遗址扩大到有历史意义的普通建筑物（如宅邸、农舍、桥梁等）。1968 年颁布《城市宜人环境法》（或称《城市文明法》），明确提出了“保护区”的概念，规定地方规划部门有责任对其管辖地区内具有特别建筑艺术或历史价值的地区划定保护区。保护区一经确定，所有规划决定都必须注意对其特色和外观的保护和改善。保护区既可是一个广场、街道、建筑群，也可是一个完整的城镇。保护区通常与入册保护的传统建筑集中的区域相关。1991 年，全英确定的保护区已达 8000 余处，区内包括了 100 多万栋建筑。

日本于 1897 年制定《古社寺保存法》，于 1919 年制定《史迹、名胜、天然纪念物保存法》，于 1929 年制定《国宝保存法》，于 1952 年将上述三法综合制定为《文化财保存法》。1975 年修订《文化财保存法》，增加了一个专章“传统建筑群保存地区”，即保护“传统建筑物群及与其构成一体且具有一定价值的环境”，从而建立了对历史城区的保护制度。它规定市、镇、村在指定的城市规划区域内，确定传统建筑物保存地区，并制定保护措施，并规定国家在这些地区中选取有较高价值的地区作为全国重要建筑物保存地区，由国家给予财政和技术支持。目前，日本约有 600 多个传统建筑群保存地区，其中，至 1993 年由国家选定的重要传统建筑物保存地区有 35 个（合计面积 1770 公顷），分布在 25 个府县，包括建筑物 4800 多栋。此外，1966 年，日本还颁布了《古都保存法》，对京都、奈良、镰仓等历史上的政治文化中心的历史风貌进行特别保护。该法的立法宗旨就是要保护古都的“历史风土”，即“历史上有意义的建筑物、遗迹等与周围自然环境融为一体，具体体现形成古都传统与文化地上风貌”，使之“为全体国民所享有，继承并传于子孙后代”。此外，还规定在总理府下设立历史风土审议会，在其意见基础上，由总理大臣指定古都的历史风土保存地区，确定古都历史风土保存规划。

二、《威尼斯宪章》《内罗毕建议》和《华盛顿宪章》

随着 20 世纪以来欧洲保护文物环境与历史城区高潮的出现，国际组织也制定并颁布了一些宪章和建议，以协调、指导各国保护的原则和方法。其中最著名的是联合国教科文组织及其下属组织通过的《威尼斯宪章》《内罗毕建议》和《华盛顿宪章》。《威尼斯宪章》又称《国际保护与修复宪章》，于 1964 年 5 月由第二届历史古迹建筑师及技师国际会议在威尼斯通过。该宪章明确指出和强调了文物主体与环境的保护关系。其中第 1 条就对历史古迹作出了明确定义：“历史古迹的概念不仅包括单个建筑物，而且包括能从中找出一种独特的文明，一种有意义的发展或一个历史事件见证的城市或乡村环境。”该宪章强调“古迹的保护包含着对一定规模环境的保护。与其相应的传统环境必须予以保存，绝不允许任何导致改变主体和颜色关系的新建、拆除或改动”，“古迹不能与其所见证的历史和其产生的环境分离。除非出于保护古迹之需要，或因国家或国际之极为重要利益而证明有其必要，否则不得全部或局部搬迁该古迹”。

为了进一步明确和加快对历史城镇街区的保护，1976 年 10 月，联合国教科文组织第十九届会议在内罗毕通过了《关于历史地区的保护及其当代作用的建议》（或称《内罗毕建议》）。该建议指出：“历史地区及其环境应被视为不可替代的世界遗产的组成部分。其所在国政府和公民应把保护该遗产并使之与我们时代的社会生活融为一体作为自己的义务。”这些历史和建筑地区“系指包含考古和古生物遗址的任何建筑群、结构和空旷地，它们构成城乡环境中的人类居住地，从考古、建筑、史前史、历史、艺术和社会文化的角度来看，其凝聚力和价值已得到公认”，可分为“史前遗址、历史城镇、老城区、老村庄、老村落以及相似的古遗群”。它们应当在城市发展和土地开发中“予以精心保存，维持不变”。同时建议要求各成员“制定国家、地区和地方政策，以使国家、地区和地方当局能够采取法律、技术、经济和社会措施，保护历史地区及其周边环境，并使之适应于现代生活的需要”。

根据上述建议的精神，1987 年 10 月，国际古迹遗址理事会在华盛顿通过了《保护历史城镇与城区宪章》（即《华盛顿宪章》）。它是对《威尼斯宪章》的补充，重点强调的是对历史城镇和城区的保护。这些历史城区包括“城市、城镇以及历史中心区或其他保持着历史风貌的地区”。因为“它们不仅可以作为历史的见证，而且体现了传统城镇文化的价值”。该宪章要求：“对历史城镇和历史城区的保护应成为经济与社会发展政策的完整组成部分，并应当列入各级城市和地区规划。”同时，该宪章对如何保护好历史城镇和城区的特征提出了具体的原则、目标、方法和手段。

三、我国的立法状况与存在的问题

（一）立法的基本沿革

随着社会经济文化的发展，我国对文物古迹的认识和立法保护也大体出现了上述类似的发展变化。新中国成立前夕，梁思成先生为解放军某部编写了《全国重要建筑文物简目》，共 450 条，并附上了“古建筑保护须知”。简目为当年这批重要古建筑免遭战火毁坏提供了依据。1950 年 5 月，政务院发布保护文物古迹的政令。1961 年，国务院颁发《文物保护管理暂行条例》；同年，以梁思成的《全国重要建筑文物简目》为基础，公布了首批全国重点文物保护单位。（至 2001 年，国务院一共公布了 5 批全国重点文物保护单位，计 1268 处。此外，全国还有省级文物保护单位 7000 余处，市（县）级文保单位 60 000 余处。）在这期间，我们对文物的认识和理解主要限于重要的文物古迹本身。

1982年颁布的《文物保护法》，无论是在对文物的认识上还是在立法上，都是一个大的飞跃。该法首次从国家法律的角度将文物的范围内容具体规定为五大类。同时，它也开始注意到文物古迹与周边环境的关系，意识到历史城区保护的问题。对前者，该法设置了某些较为明确的规定，如“各级文物保护单位，分别由省、自治区、直辖市人民政府和县、自治县、市人民政府划定必要的保护范围，作出标志说明”。（第9条）“根据保护文物的实际需要，经省、自治区、直辖市人民政府批准，可以在文物保护单位的周围划出一定的建设控制地带。”（第12条）对后者，该法仅有一条程序性规定：“保存文物特别丰富、具有重大历史价值和革命意义的城市，由国家文化行政管理部门会同城乡建设环境保护部门报国务院核定公布为历史文化名城。”（第8条）但对于如何保护，该法并未涉及。

与此同时，国务院于1982年2月以通知的形式公布了24个国家级历史文化名城，并于1986年、1994年又公布了二批，共计99座。由于历史文化名城主要是就某一类特定的城市而言的，并不能涵盖或等同于国际上通行的“历史城区”“历史街区”或“保护区”等概念，也无法以此来处理其他有特色的历史城镇、街区、村寨等的保护问题。为弥补这一空白，国务院在1984年公布的第二批历史文化名城的通知中规定：“对一切文物古迹比较集中，较完整地体现出某一历史时期的传统风貌和民族地方特色的街区、建筑群、小镇、村寨等，也应予以保护。”同时规定，各省、自治区、直辖市或市、县人民政府可将其“核定公布为‘历史文化保护区’”。应该说，“历史文化保护区”和“历史文化名城”的提出反映了我国改革开放以来对历史文化遗产认识的深化，在基本思路上与国际上的发展大体一致。

1989年，《城市规划法》颁布实施。该法仅有一条原则性规定：“编制城市规划应当注意保护历史文化遗产，城市传统风貌，地方特色和自然景观。”（第14条）

（二）立法和实践中存在的问题

从上可以看出，虽然我们在思路上开始意识到文物环境和历史城区是两个重要的保护环节，但1982年的《文物保护法》主要是针对文物主体（或文物保护单位）的保护而制定的，在如何处理文物环境和历史城区的保护问题上，存在着明显不足。正是因为这种欠缺，实践中的一个普遍现象是：只重视对单个文物古迹或文物保护单位的保护，忽视甚至放弃对文物周边环境和未列入文保单位的历史建筑群、街区等的保护，任意毁坏的事件不断发生，特别是“建设性破坏”日趋严重。因此，如何处理这两方面的问题已成为当前的焦点问题。

第一，关于文物环境的保护问题。《文物保护法》虽然作了一些规定，核心内容是“划定保护范围”“划定建设控制地带”，但此类规定缺乏明确性和强制性，特别是对在保护范围内乱拆乱建、毁坏文物周边环境的行为缺乏具体、有效的制裁规定。这种缺陷导致了目前经济建设中对文物环境任意破坏的现象愈演愈烈，此类实例已屡屡出现。

第二，关于历史城区的保护问题。1982 年的《文物保护法》和 1989 年的《城市规划法》从实质上看对此并没有具体涉及，到目前为止仍缺乏法律上的认定，在认识上也出现了一些争议和混乱。

历史文化名城是我国的一个独特提法，但它与历史城区是两个不同的概念。前者是就某一类城市而言；后者则是具体指以历史建筑群为依托、历史环境风貌保存较好的一定区域，包括历史街区、传统村寨、古城镇等，内涵较小却具有普遍性。同时，历史文化名城也不同于特定的古城、古镇或古都，后者的特指性更强。历史文化名城的提出虽然对保护这些城市的历史文化遗产起到了积极作用，但它的主要问题是难以明确规范保护的对象和内容。《文物保护法》的认定标准为：历史文化名城是“保存文物特别丰富、具有重大历史价值和革命意义的城市”。显然，除了现存的物质形态的文化遗产外，历史上的声望价值也是一个标准。从 99 座国家级名城的实际情况来看，除了个别的城市仍然在物质形态上保有完整的古城建筑风貌（如平遥、丽江）外，其他的城市大多早已丧失古城的整体风貌，在物质形态上主要是一些零散的街区和传统建筑群，其名城价值更多地是以历史声望来体现的。

因此，保护名城的思路在实践中产生了一些问题：①名城评定的标准难以具体、规范和统一。一些名城的特点主要体现在古城完整的传统建筑风貌上，如平遥；一些名城的特点主要体现在其历史声望上，如广州、武汉等。历史文化名城出现了抽象和非物质形态化的现象。②由于名城的差异甚大，从名城保护的角度来统一规划建设城市难以具体化，规划编制和实施的难度也很大。这导致一些名城只着眼于城市的历史声望，对本应保护的历史街区和传统建筑群却任意拆毁，同时也使一些名城的保护与发展长期囿于一种矛盾关系之中。③由于名城的局限，其他地方的历史城区的保护难以得到有效关注。虽然国务院于 1986 年在通知中增加了“历史文化保护区”的提法，但这一称谓相对于历史城区的内容过于宽泛，而且更将其限定为由省级以下各级人民政府确定，国家与此无涉，从而造成国家只管名城，地方则管历史文化保护区的局面。这是非常不合适的。其结果是使一些真正具有国家历史文化遗产价值甚至具有世界文化遗产价值的历史区域（如安徽黟县的西递村和宏村、江苏的周庄等）得不到国家的认定。

三、一些思考和看法

综上所述，文物环境与历史城区的保护问题是当前相关立法工作中不容回避的问题。只要有效地在法制建设中解决好这两个问题，我们的文化遗产保护工作就会出现一个新的局面。

第一，要充分认识在当前形势下通过国家立法来强化对文物环境和历史城区保护的紧迫性。随着当前大规模城市的改造发展，特别是西部开发的兴起，这一紧迫性愈加突出。而且，随着我国加入 WTO，在经济全球化的浪潮中，文化遗产的保护更为国际所密切关注。从西方发达国家的经验来看，虽然他们也是随着经济建设的发展不断扩大文化遗产的保护范围的，但他们的立法思路明确，立法措施有力，尤其是对文物环境和历史城区保护的立法，走在了大规模城市改造建设的前面，使得许多历史街区、传统建筑群、古城镇得以被有效保存。与此相比，我们目前的立法状况严重滞后于经济建设和城市发展，这种状况需要迅速转变。这也要求我们要根据实际情况，从立法上找到一条及时、有效的途径。

第二，加强文物环境的保护应当成为《文物保护法》修改的一个重点。如前所述，现行文物法对文物环境保护的规定比较粗略和原则，虽然规定对文物保护单位应"划定保护范围"或"建设控制地带"，但这一原则规定，缺乏具体规定的支持，尤其是对破坏文物周边环境风貌行为的制裁，缺乏具体和强有力的规定。此次修改对此应给予充分考虑。

第三，关于如何解决历史城区保护的立法问题，一个可以研究的思路是，从现实紧迫性出发，结合《文物保护法》的修改来加以考虑。由于种种原因，各界对历史文化名城存在着争议，但对问题的解决已不容拖延。一种观点主张尽快制定《历史文化名城保护法》，从目前的情况看，这一立法设想的困难不小：一是历史文化名城无法涵盖历史街区、传统建筑群、古镇村寨等，而后者恰恰正是当前矛盾最集中的地方；二是如此众多的名城，城市建设风貌格局彼此差异甚大，保护的情况也不尽相同，如何确定统一的保护原则和方法，仍需研究；三是此项立法的周期会比较长，难以满足目前这种紧迫要求。

必须看到，一个地方无论是否是历史文化名城，当前矛盾的焦点都集中体现在历史城区，即一定区域中的历史建筑群及其周边环境的保存状况上。客观地说，这些区域或建筑群可能不都是传统意义上的文物，但它们已成为整个历史文化遗产不可分割的一个部分。在某种意义上，解决这一问题的立法比解决历史文化名城的立法更具有现实性和可操作性。对此，日本的《文化财保护法》可为我们提供一些参考。该法在 1975 年增加了一章"传统建筑物群保存地区"（也就是英法等国的历史街区或保护区）。它规定各市镇村对保存地区进行调查，划定保护范围，制定保护条例；规定在保存区内进行规划建设时，须事先听取当地主管文化遗产的教育委员会的意见；规定文部大臣代表国家选定其中具有较高价值的地区作为全国重要传统建筑物群保存地区，并给予财政援助和技术指导；等等。

根据我们的实际情况，可以考虑在进一步研究制定《历史文化名城保护法》的同时，采取其他方式单独解决最关键的历史城区保护的立法问题。一种可以考虑的办法是设立历史建筑保护区。这种历史建筑保护区以有代表性、有价值的历史建筑群（不限于文物建筑本身）及周边环境为保护主体，范围可大可小，既可指某一建筑群，也可指某一地段、街区、古镇、村寨等。具体的立法途径有二：一是在现行《文物保护法》中增加有关章节，规定历史建筑保护区设立的标准；规定由各级文物管理部门与规划部门普查并提出当地需保护的历史建筑地区，划定保护范围，制定保护规划；规定由国务院确定国家级保护的历史建筑地区，各省市确定各级保护的历史建筑地区；规定国家和地方保护的责任义务。从而，明确建立起我国历史建筑保护区制度。这样既可以将历史城镇街区保护的问题涵盖于内，使之获得文物保护单位相当的法律地位，同时，对那些古城整体格局已不复存在的一般名城而言，更可将其与整个城市的发展规划区别开来，以避免整个城市长期陷于保护或发展的争执之中。另一途径则是不在《文物保护法》中设立专门的章节，只对历史建筑保护区作一原则性规定，交由国务院制定单独的具体条例。

总之，无论采取何种办法，我们都应将历史城区作为一个独立的立法对象来考虑，避免使之与历史文化名城的问题相混淆。否则，我们将无法摆脱当前在实际工作中遇到的这种被动局面。

谈《文物保护法》修改的几个具体问题[1]

——其他国家相关规定之比较分析

目前，《文物保护法》正在修改审议之中，大多问题均已取得了基本共识，但对一些问题仍存在分歧和模糊看法。对此，有必要进行深入研究分析。特别是其他国家在立法中对这些问题的处理方式，可以为我们提供有益的经验。

一、馆藏文物的有偿转让问题

我国的《文物保护法》是否应当规定允许馆藏文物在馆际间进行有偿转让，是此次该法修改中争议较大的一个问题。持赞同意见的人认为，在市场经济条件下，允许文物有偿转让具有积极意义，既能够促进馆际之间的文物交流，又能改善馆藏文物保护经费不足的状况。持反对意见的人认为，目前，我国文物安全形势相当严峻，文物盗窃、走私犯罪活动猖獗，文物市场混乱，国家文物档案也不健全，有偿转让会在实践中造成失控的结果。国有馆藏文物属国家财产，博物馆无权自行将其有偿转让，而且这与刑法的规定也相冲突。对于这两种相互对峙的意见，笔者认为，后一种意见更加符合我国文物工作的实际情况。馆藏文物的有偿转让是一个重要的问题，应当在深入研究的基础上，作出准确的判断。

从国外一些文物大国的立法情况来看，尽管其中一些国家市场经济发展历史较长，但在馆藏文物的有偿转让问题上都持相当慎重的态度。这大体分为两类情况：一类情况是完全禁止一切文物的买卖活动。例如，埃及于 1983 年颁布的《文物保护法》规定，自该法生效之日起，禁止文物买卖活动。凡经营文物的商人，限其在 1 年内将手中所有文物售出。个人可以收藏文物，但不得买卖文物。馆藏文物的重复品可与其他国家的博物馆进行交换，但须经共和国总统批准。另一类情况（如欧

[1] 本文载于《文物工作》2002 年第 2 期。本文部分资料引自《外国保护文化遗产法律文件汇编》，紫禁城出版社 1995 年版。本文中所涉及之法律法规与理论，均以写作时间为准。

洲国家）是，根据文物所有权的归属不同采取不同的规定。对凡属国家所有的文物，采取禁止转让的原则。在具体立法中也可分为两种情况：其一，不仅明确规定对国有文物禁止转让，而且还规定其他社会团体机构的文物必须转让给国家或公共部门。例如，法国1917年的一部文物法律就规定，凡文化遗产“属于国家的列表物品，不得转让其所有权。属于集体、公共组织或公共事业服务部门的列表物品，经文化事物部长按有关法律法规的规定批准，可以售卖。但其所有权只能转让给国家、其他公共组织和公共事业服务部门”。西班牙的《历史遗产法》规定，政府部门不得向政府部门之外让渡西班牙历史遗产中的可移动财产。同时，被宣布为具有文化价值的可移动文化财产以及由教会占有的包括在总清单之内的文化财产不得售卖、赠与或转让给私人或古董商，而只能转让给国家、公共部门或其他宗教组织。其二，确立国家文化财产禁止转让的原则，同时设立除外条款。允许在一定条件下转让，但法定程序相当严格。例如，意大利文物法律界规定，有关法律条文“所列举的物品当归国家和其他公共机构所有时不可转让”。如若需要转让，须经国家教育科学和艺术委员会提出意见后，由国家教育部长批准。希腊相关法律规定，可以有偿转让国有博物馆的多余文物，但文物是否属于多余，应由国家考古委员会以全票通过予以决定。由考古委员会确定出售的价格。出售获取的款项应被纳入考古基金，留作征用考古遗址之用。如果考古委员会不认为该文物为多余，此决定即为最终决定。某件文物的转让被否决后，须经5年后才许可重新提交考古委员会再次进行审议。具体出售的程序由教育部长、宗教事务部长会同财政部长共同发布命令加以确定。

从上述国家的规定中我们可以看到一些共性的原则：国家所有的文物是国家的财产，不得随意改变所有权，法律必须确立禁止转让国有文物的原则。即使允许转让，也是作为一种特殊情况来处理。是否转让的决定权由中央机构行使，而不是由地方机构或博物馆任意行使。转让的法定程序也相当严格。这表明，文物并不等于一般的商品，不能简单将其等同于市场交易行为而去谋取经济利益。这个界限是相当清楚的。由此观之，我们在《文物保护法》的修改中，在处理馆藏文物的有偿转让的问题上，应当充分考虑馆藏文物的性质和特点，以及我国尚无完备的国家文物档案、文物市场混乱等实际情况，绝不应轻率从事。目前，《文物保护法（修正案草案）》第41条关于馆藏文物经主管部门批准就可以在馆际间有偿转让的规定，不仅混淆了文物所有权，而且将有偿转让决定权赋予任一级文物主管部门，这种做法显然是极为不妥的，其后果难以预料。

二、建立国家文物档案的问题

建立健全完备的国家文物档案，是我国文物保护工作目前亟待完成的一个重要任务。这既是一项基础工作，也是在市场经济条件下有效管理文物及其流通的前提条件。新中国成立以来，虽然文物工作成就斐然，但迄今仍未有一个统一的、完备的、涵盖全国所有重要文物的国家文物档案。特别是可移动文物，由于种种原因，管理状况比较混乱。主要有两个突出的问题：一是部门分割严重，长期缺乏统一的文物档案。目前，除了文物部门外，其他很多部门以及社会团体、机构（包括社科院等）都拥有相当数量的可移动文物，其管理建档基本上都是各行其是。二是民间收藏或交易的文物一直散在社会，长期缺乏统一的登记制度。1982 年的《文物保护法》规定："地方各级文化行政管理部门，应分别建立本行政区域内的馆藏文物档案；国家文化行政管理部门应建立国家一级文物藏品档案。"但此规定在实践中仅限于文物系统所属的国有馆藏文物的建档，而未涉及其他部门的文物、民间收藏和交易的文物的建档。这是一个严重欠缺。原因主要是此规定本身就局限于馆藏文物，既缺乏广泛性，更没有明确确立超越一切机构、部门、个人之上的法律地位。其结果是，文物部门的文物档案，并不能反映全国文物的实际情况。可见，这种状况亟须得到改变。

从世界大多数国家的文物立法情况来看，都把建立统一的国家文物档案和登记制度作为文物法制建设的一个重要的和基本的内容来加以确认，明确规定由相关部门统一建档。《埃及文物法》规定："固定文物和可移动文物的统计、照相、描绘、登记以及汇集有关资料归档等工作由文物局负责。登记工作按文物局理事会批准的规定和条件进行。"意大利规定，凡重要的文物均应登记造册，名册保存在教育部，其副本应在省行政公署备案。任何人均可查阅名册。同时，各省市合法设立的机构和院校应将自己拥有的文物登记造册。西班牙规定，国家有关行政部门应建立文化遗产总清单，"被宣布具有文化价值的财产应登记在国家行政当局保管的总登记册里"。同时规定，对那些尚未被宣布为具有文化价值的可移动文物，国家有关行政当局应会同其他政府部门合作编制一份清单。重要文物持有者或所有者应主动向主管部门申报列入该清单，私人文物转让前应通知主管部门。印度规定："中央政府在附表中列为古物的物品应根据本法进行登记。"而且，被列入应登记物品的所有人、占有人或控制人，应在 3 个月内到有关部门登记注册。法国规定，文化事务部长应编造一份法国的具有重大历史意义的可移动文化财产目录。私人所有物品被编入目录的，有关部门应告知其所有人。所有人如转让该文物，应告知国家文化事务部长。同时规定："在文化事务部长领导下设立一个国家委员会，负责编制国家历史文化遗产总清单。"德国规定，应建立"国家珍贵文化财产清单"，各州可据此提出名录，交由内政部长统一掌握。

从上述国家的有关规定我们可以看出，建立国家文物档案是有关部门的一项法定职责，它具有权威性和广泛性，涵盖一切部门、机构和个人。建立国家文物档案并不等于否定或取消文物所有者的所有权，而是国家对文化遗产重视和保护的一种体现。由于文物保护的需要，文物所有者在行使所有权时必须受到某种限制。从这个意义上说，任何机构或私人对文物的所有不同于对一般物品的所有。我们在对《文物保护法》进行修改时，应当考虑到国际上的一些通行做法。有意见认为，在我国建立国家文物档案难度大，涉及面广，不易操作。笔者认为，在当今科学技术迅猛发展的条件下，这些理由并不充分。首要的是要充分认识到它对文物工作和文物法制建设的重要性。本次立法修改，应将建立国家文物档案作为一项基本原则和制度加以确立，确认它的权威性和法律地位。在具体实践中则可以采取逐步实施的办法，先统一其他部门、机构的重要文物登记建档，然后待条件成熟时扩大至社会、民间重要文物的登记建档。

三、文物的优先购买权问题

文物优先购买权（或先占权）是一项国家专有权利，主要是指非国有的可移动文物在被有偿转让时，国家比任何机构、团体或私人都享有优先购买的权利。在某种意义上，它是一种强制性权利。这是由文物区别于一般商品的特性所决定的，也是国家保护文物遗产的基本责任和义务的必然体现。许多国家在立法上对此都有明确的规定。这些规定具体包括几个内容：一是规定权利的主体；二是规定私人出售前告知国家的义务；三是规定国家购买的价格及价格确定程序；四是规定国家优先购买的时限。

由于各国情况不同，所规定的尺度也存在一定差异。例如，《希腊文物法》规定，在希腊出售的古物，不论以何种方式购买，国家均应比私人藏品所有人有优先购买权。凡出售私人藏品中的古物，都须逐一经教育部批准。任何购买古物的交易均须报告教育部。优先购买权由教育部长指定的考古官员行使。同时规定，国家可以一半的售价购买收藏者出售的任何古物。如果古物价值不确定，则由一名私人代表、一名由教育部长指定的负责人员或专业人员和最高法院院长指定的代表共同组成委员会最后确定。意大利规定，任何转让或转移文物所有权的行为均应向国家教育部长申报。如果是有偿转让，教育部长有权按照转让的同一价格优先获取物品。如果未定价，教育部长可以自主确定价金，如果转让者不接受，最后价金由部长、转让者和法院院长分别指定委员会作出决定，该决定不被审查和撤销。优先购买权的时限为 2 个月。西班牙规定，任何转让均须报告地方文化遗产部门或文化部。国家通过文化部行使先占权，时限为 2 个月。价格由文化部与转让人共同约定。如果是拍卖，拍卖人应提前 4 个星期至 6 个星期告知有关部门。拍卖时，文化部委会派人代表国家行使先占权，待拍卖价确定后，可宣布其先占意图。7 日内作出是否购买的最后决定。法国规定，公开售卖的艺术品，国家享有先占权，文化部长在拍卖期间可以宣布行使先占权，时限为 15 日。

由上观之，在允许文物流通和交易的情况下，文物优先购买权是国家的一项重要权利，法律必须给予确认和保障。在我国，文物流通和交易活动一直存在。特别是近些年来，随着市场经济的发展，文物拍卖已相当普遍。这些是 1982 年《文物保护法》制定时不可能预料到的新情况。此次《文物保护法（修正案草案）》增加规定了文物流通的渠道或方式，特别是对文物拍卖作了规定，因而修正案也应当同时增加对国家优先购买权的规定，以确保国家在文化遗产保护中的权利的实现。优先购买的实现方式有二种：出售或拍卖之前的优先购买、出售或拍卖价格确定后的优先购买。大多数国家采取前一种方式，有的国家同时采取两种方式。根据我国的情况，采取前一种方式较为实际。同时，国家行使优先购买权应当充分考虑到转让者的实际利益，转让价格以协商方式为宜。为避免将问题复杂化，在具体立法中，修正案对此可只作出原则性规定，具体的程序性规定另行处理。

四、文物的征用权问题

文物的征用（征购）权也是一项国家专有权利。它与可移动文物的优先购买权相对应，主要针对非国有的不可移动文物而言。在明确规定文物的所有权的前提下，从法律上确定国家对文物的征用权是实现文物保护的一个重要内容，其意义与优先购买权相同。当不可移动文物的所有者不能按照法律规定履行保护的义务时，国家可以强制行使该项权利。

很多国家在文物法中对此都有明确规定。例如埃及规定，个人或团体已使用遗址或具有历史价值的地域、建筑物，并不因其使用而享有占用权，如有必要，文物局可让其迁出，并给予其合理的经济补偿。而且，对于属于个人的土地如具有文物考古价值，国家可征用其所有权。希腊规定，教育部根据考古委员会的建议，有权命令那些属于私人或其他机构对其所有的历史建筑物进行修缮，所需经费由其本人或机构负责。如果所有人无力承担，修缮费用则由国家负责。同时，国家为了公众利益，可以征用属于私人或其他机构的这些古迹。《意大利文物法》规定："受本法保护的可移动文物和不可移动文物可以由国家教育部部长为公共利益而加以征用，如果这种征用对于保存或提高受本法保护的国家财产具有重要意义。"而且规定："国家教育部部长可以同意各省、市或其他合法机构实行征用。"西班牙规定，西班牙历史遗产的所有人、占有人或其持有人应保存、保养、保护好自己的财产。如果保护不力，政府可命令其采取补救措施。政府部门也可直接采取必要的保护措施。如所有者不遵守此项义务，"政府主管部门可以强行征购被宣布为具有文化价值的财产"。

由此可见，我们在对《文物保护法》进行修改时，应根据文物工作情况的变化，考虑到确认此项权利的重要性。随着市场经济的发展，文物所有权已出现多样化局面。尊重和保护文物的所有权是客观发展的要求。此次修改已将文物所有权特别是属于集体所有和私人所有的文物所有权问题作为了一个重要内容予以明确规定。正因为如此，我们更应当同时在法律中明确规定国家对文物享有征用权，以保障国家在文物所有者不履行保护义务时文化遗产保护权利的实现。这既是一种权利的制约或平衡，也是文化遗产保护特殊性和至上性的必然要求。有观点认为，征用权易被滥用，因而在法律中不宜规定，这是不妥的。因为不确认国家的征用权就等于放弃了对文物所有者的制约。但是，原来的《文物保护法（修订案草案）》第18 条主张县级以上人民政府享有征用权，这会导致行使权利的主体过多、过滥，标准和实践难以达成一致，这也是不妥的。笔者以为，法律应对国家享有文物征用权作出原则性规定，权利主体至少应为省级以上政府部门。可考虑将征用的具体办法与上述优先购买的具体程序一并另行制定。

《文物保护法》：保护好我们的家底[1]

2002年10月28日，九届全国人大常委会第三十次会议通过了《关于修改中华人民共和国文物保护法的决定》。《文物保护法（修订案草案）》自于2001年9月27日向九届全国人大常委会第二十四次会议提请审议以来，经过二十五次和二十七次常委会的二审和三审，终于在第三十次会议的四审后获得了通过。这期间，《文物保护法》的修改不仅在立法界、文物界引起了强烈反响和激烈争论，一些问题甚至在社会上也引起了广泛的关注。笔者因工作关系直接参与了这部法律的整个修改过程，文中对《文物保护法》在修改中的一些争论和思考，以及一些具体的立法情况作了介绍，笔者相信，这对于我们深刻认识和全面理解新的《文物保护法》会大有益处。

一、关于文物工作的方针 处理好保护与利用的关系

1982年的《文物保护法》并没有规定文物工作的基本方针，这当然是一个缺陷。在此次修改中，各界人士普遍希望在总则中对此予以明确规定。

改革开放以来，党中央、国务院相继制定了一系列有关文物工作的政策性文件，明确提出要“坚持‘保护为主，抢救第一’的方针，贯彻‘有效保护，合理利用，加强管理’的原则”，并已逐步形成了一个完整的、全面的指导文物工作的方针原则。全国人大常委会在修改《文物保护法》时的讨论中认为，这一方针原则是根据我国实际情况和文物工作经验总结出来的，反映了社会发展条件下文物工作的本质特性和根本要求，对当前和今后的文物工作具有重大的指导意义，是行之有效的，应被概括上升为法律规定。基于此，在这次对《文物保护法》总则的修改增加了“文物工作贯彻保护为主、抢救第一、合理利用、加强管理的方针”这一原则性规定。这是我们正确认识和处理文物保护与利用这一关系的根本出发点和法律依据。同时，为了进一步明确规范文物保护与利用的关系，新的《文物保护法》还有

---

〔1〕 本文载于《法制日报》2002年12月9日。本文中所涉及之法律法规与理论，均以写作时间为准。

针对性地增加了相关规定，即“各级人民政府应当重视文物保护……基本建设、旅游发展必须遵守文物保护工作的方针，其活动不得对文物造成损害”，“国有不可移动文物不得转让、抵押。建立博物馆、保管所或者辟为参观游览场所的国有文物保护单位，不得作为企业资产经营”。

二、关于历史文化街区 给后人留下更多的遗产

1982 年《文物保护法》规定了历史文化名城制度。迄今为止，由国务院核定公布的历史文化名城已达 101 座。但是，历史文化名城制度的着眼点在于城市，而不涵盖具有重大价值的历史街区、小镇、村庄，这是一个缺陷。因此，通过立法解决这个缺陷已成为共识。全国人大常委会经过研究讨论，决定在这次修改中增加若干规定：一是增加了历史文化街区、村镇保护制度。规定保存文物特别丰富并且具有重大价值或者革命纪念意义的城镇、街道、村庄，由省、自治区、直辖市人民政府核定公布为历史文化街区、村镇，并报国务院备案。二是规定历史名城和历史文化街区、村镇所在地的县级以上人民政府应当组织编制专门的历史文化名城和历史文化街区、村镇保护规划，并纳入城市总体规划。三是规定历史文化名城的布局、环境、历史风貌等遭到严重破坏的，由国务院撤销其历史文化名城称号；历史文化城镇、街道、村庄的布局、环境、历史风貌等遭到严重破坏的由省、自治区、直辖市人民政府撤销其历史文化街区、村镇称号；对负有责任的主管人员和其他直接责任人员依法给予行政处分。

三、关于国有馆藏文物 诸多问题成为争论焦点

关于国有馆藏文物中的有偿转让和退出问题，在这次《文物保护法》修改中引起了法律界和文物界人士的广泛争论。

如何正确处理文物保护和馆际交流的关系，既要做到有效保护文物，又要改善馆藏文物的交流；既要增加藏品交流的合法渠道，又要与出售或商业性出让划清界限，是立法修改中一个需要积极解决的实际问题。国务院在 1997 年《关于加强和改善文物工作的通知》中就着重提出要“进一步充实馆藏，搞好文物收藏单位之间的藏品调剂和交换”。因此，文物收藏单位之间经主管部门批准通过调拨、交换、借用等方式调剂藏品，并适当给予提供方合理的补偿，这在实践中是一个较为有益的做法，这与“有偿转让”有着本质区别。

由于争论激烈，全国人大法律委员会、全国人大教科文卫委员会、全国人大常委会法制工作委员会为此开展了大量、深入的调研工作，召开了多次由各界人士参加的座谈会、论证会。考虑到这一问题的复杂性，法律中不宜规定允许有偿转让和退出馆藏序列，因此，全国人大常委会在修改中删去了原草案中的有关条款。但同

时认为，应当在法律上适当扩大馆际间文物的交流范围。除了原有的调拨外，还应当允许交换和借用，并应允许获得合理补偿。对于那些国有博物馆不再收藏的文物，原则上也应允许另行处置。基于上述考虑，修正案增加了若干规定：第一，规定了交换和借用的范围，即国有馆藏文物只限于在国有文物收藏单位之间进行交换；非国有文物收藏单位可以借用国有馆藏文物用于展览。第二，规定了交换、借用的批准程序，特别是一级文物的交换、借用批准程序，即一级文物的交换、借用须经国务院文物行政部门批准。第三，对那些未建立馆藏文物档案的国有文物收藏单位，规定禁止进行交换、借用。第四，原则规定依法调拨、交换、借用国有馆藏文物，取得文物的文物收藏单位可以对提供文物的文物单位给予合理补偿，并授权国务院文物行政部门对合理补偿制定具体管理办法。第五，规定了取得文物的文物收藏单位不得丢失、损害文物；规定了取得的补偿费用必须被用于文物保护，不得挪作他用，不得侵占。第六，原则规定了对国有文物单位不再收藏的文物可以另行处置，并授权国务院制定具体管理办法。

四、关于民间文物收藏 开放更多的合法途径

近年来，随着社会主义市场经济的发展，以及人民生活水平的提高，民间的文物收藏活动发展迅速，文物市场相当活跃，要求进一步满足民间文物收藏需要的呼声也更加强烈。

全国人大常委会对此进行了深入、细致的讨论，并一致认为必须审慎处理好民间收藏和文物保护的关系。既要鼓励、支持合法、正当的民间文物收藏活动，允许其依法流通，也要严格规范，对其作出严格的限制性规定，以防给文物犯罪活动提供可乘之机。基于这样一个思路和原则，《文物保护法（修正案）》对1982年《文物保护法》的有关规定作了适当调整。规定文物收藏单位以外的公民、法人和其他组织取得文物的方式有五种：一是依法继承或者接受赠与；二是从文物商店购买；三是从经营文物拍卖的企业购买；四是公民个人合法所有的文物相互交换或者依法转让；五是国家规定的其他合法方式。同时规定通过上述方式收藏的文物可以依法流通。此外，对公民、法人和其他组织禁止买卖的文物也作了明确规定：一是国有文物（但国家允许的除外）；二是非国有馆藏珍贵文物；三是国有不可移动文物中的壁画、雕塑、建塑构件等（但是依法拆除，同时文物收藏单位又不予收藏的除外）；四是非上述五种合法途径来源的文物。这其中，有关“公民个人合法所有的文物相互交换或者依法转让”的规定有两层含义：一是公民个人对自己合法拥有的文物可以在彼此间相互交换；二是对自己合法拥有的文物可以依照本法规定的途径予以转让，即依法继承或赠与、文物商店出售、拍卖企业拍卖或依国家规定的其他合法方式转让。

五、关于文物拍卖拍卖，槌不可以随便举

文物拍卖是民间文物收藏活动中的一个重要组成部分，是在市场经济环境下文物流通出现的一种必然现象。1996 年，全国人大常委会制定了《拍卖法》。全国现有拍卖企业上千家，其中经营文物拍卖的就有 160 多家。从国际上看，如此众多的文物拍卖企业也是罕见的。

在《文物保护法》修改的过程中，关于这一问题也引发了较大的争论。全国人大常委会经过认真讨论后认为，对经营文物拍卖的拍卖企业虽不宜采取行政手段予以简单取缔，但应当严格控制，加以规范和引导。因此，为了建立完善的文物拍卖管理法律制度，《文物保护法（修正案）》增加了若干规定，主要包括六个方面：一是增加了行政许可，并将其集中在中央政府，规定凡依法设立的拍卖企业经营文物拍卖的，应当取得国务院文物行政部门颁发的《文物拍卖许可证》。二是规定了这类拍卖企业的禁止行为，即不得从事文物购销经营活动，不得设立文物商店，以将其与文物经营行为区分开来。三是规定了文物行政部门工作人员和文物收藏单位的禁止行为，即不得举办或参与举办这类拍卖企业。四是规定了禁止设立中外合资、中外合作、外商独资的这类拍卖企业。五是规定了文物拍卖企业的职责和义务，即所拍卖的文物在拍卖前要报有关文物行政部门审核，要对所拍卖的文物作出记录并报文物部门备案，并有义务对文物拍卖的委托人、买受人保密。六是规定了文物行政部门在审核拟拍卖的文物时，可指定国有文物收藏单位优先购买其中的珍贵文物，优先购买价格由文物收藏单位的代表与文物的委托人协商确定。

《文物保护法》的修改历经数年，其间有许多人士包括文物行政部门的工作人员、博物馆和文物商店负责人、文物基层工作者、文物专家学者、文物收藏者、法学专家以及其他有关人员等，都直接或间接参与了修改工作。它的通过，标志着我国在保护历史文化遗产方面的法制建设进入了一个新的阶段，也反映出我们的立法工作越来越公开化、程序化、民主化。而这，正是我国社会主义民主法制建设的进步之所在。

新《文物保护法》修改了些什么〔1〕

《文物保护法（修正案）》在九届全国人大常委会第三十次会议上，经过第四次审议后，获得了表决通过。原《文物保护法》是于1982年11月19日由全国人大常委会第二十五次会议通过并施行的，在过去的二十年中对我国文物保护事业起到了重要作用。它所确立的一些原则和制度，不仅符合我国国情，也与国际社会保护人类文化遗产的要求基本一致。但随着社会主义市场经济的深入发展，文物工作出现了不少新问题、新矛盾，这部法律在不少方面已不适应变化了的形势。如何正确处理经济建设与文物保护的关系，以及如何正确处理文物保护与利用的关系，成了新时期文物法制建设亟待解决的主要问题。因此，对原《文物保护法》进行修订十分必要。国家文物局自1996年开始进行修订草稿的起草工作；1998年，经文化部部务会议原则同意将修订草案上报国务院。原国务院法制办在长达三年多的时间内，经过深入调研和修改，形成了新草案。2001年9月，国务院常务会议讨论通过了新草案。2001年10月，新草案被提请九届全国人大常委会第二十四次会议审议。《文物保护法》的修订正式进入立法程序。从2001年10月到2002年10月，九届全国人大常委会分别在第二十四、二十五、二十七、三十次会议上对草案进行了四次审议。其间，全国人大教科文卫委员会在南京召开了由22个省市区人大教科文卫委员会和文物部门及部分中央国家机关参加的"《文物保护法》修订座谈会"。全国人大法律委员会、全国人大常委会法制工作委员会在北京召开了"《文物保护法》立法论证会"。经过反复讨论、调研和审议，2002年10月28日，九届全国人大常委会第三十次会议审议通过了该修订案。

新《文物保护法》与旧法相比，篇章结构变化不大，都分为8章，在章名上略有修改，将旧法第二章的"文物保护单位"改为"不可移动文物"，将第五章的"私人收藏文物"改为"民间收藏文物"，将第六章的"文物出境"改为"文物出

〔1〕本文载于《人民日报》2002年12月25日，改文后被转载于《中国文物报》。本文中所涉及之法律法规与理论，均以写作时间为准。

境进境”。这样的修改更加全面、完备并符合国际惯例。但在具体条款的修改上，新法的条款比旧法大大增加了。旧法全文只有33条，新法为80条，增加了一倍半以上。

此次《文物保护法》的修改在内容上可谓是一次全面、深入的修改。随着社会主义市场经济的迅速发展，文物工作出现了新情况、新问题。如何正确处理经济建设与文物保护的关系，以及如何正确处理文物保护与利用的关系，是新的历史时期中文物法制建设亟待解决的主要问题。修改工作紧紧扣住了这一主题，在保留原法一些原则和制度的基础上，对其内容作了大幅修改，使其更符合文物工作与社会经济发展的实际要求，内容更完善，更具有可操作性。这些修改主要有以下一些内容：

一、明确规定了文物工作的基本方针

1982年《文物保护法》没有规定文物工作的方针，这是一个大缺陷。此次修改时，根据党中央、国务院制定的行之有效的关于文物工作的一系列方针政策和原则，其被概括上升为法律规定。新《文物保护法》在总则中明确规定：“文物工作贯彻保护为主、抢救第一、合理利用、加强管理的方针。”（第4条）这个方针是指导我们正确认识和处理文物保护和利用关系的基本出发点和法律依据，必须予以全面、完整把握。一方面，保护、抢救、利用、管理是整个文物工作的四项基本任务，是不可分割的组成部分。另一方面，保护和抢救是首要的，是第一位的，利用是以保护、抢救为前提的，是在合理范围内的利用，是有限制的利用。为了进一步规范保护与利用的关系，新《文物保护法》又有针对性地增加了相关规定，即“各级人民政府应当重视文物保护，正确处理经济建设、社会发展与文物保护的关系，确保文物安全。基本建设、旅游发展必须遵守文物保护工作的方针，其活动不得对文物造成损害”。（第9条）

二、规范和加强了文物保护的经费来源保障

1982年《文物保护法》在文物保护的经费来源上，仅规定要列入中央和地方的财政预算。从实际情况来看，这一规定并未得到有效落实。文物保护的经费不足成了相当普遍的问题。为此，1997年，国务院在《关于加强和改善文物工作的通知》中强调各地政府对文物工作要做到“五纳入”，即纳入地方经济和社会发展计划，纳入城乡建设规划，纳入财政预算，纳入体制改革，纳入各级领导责任制。考虑到“五纳入”要求在实践中对文物工作起到了重要作用，因而应当将其在法律中予以明确规定。基于此，修改后的《文物保护法》在总则中增加了若干规定：其一，明确规定国家发展文物保护事业。县级以上人民政府应当将文物保护事业纳入

本级国民经济和社会发展规划，所需经费列入本级财政预算。其二，为了进一步保障经费来源，除了列入本级财政预算外，文物保护的财政经费不应当停留在原有水平，而应当随着财政收入的增长而同步增长。具体规定为："国家用于文物保护的财政拨款随着财政收入的增长而增加。"其三，规定国有博物馆、纪念馆、文物保护单位等的事业性收入的用途，即必须专门用于文物保护，而不得用作其他。同时，规定禁止任何单位和个人对其进行侵占或挪用。其四，为了拓宽文物保护资金来源，鼓励社会力量设立文物保护基金，也对基金的用途作了规定。即"国家鼓励通过捐赠等方式设立文物保护社会基金，专门用于文物保护，任何单位或者个人不得侵占、挪用"。（第10条）

三、历史文化街区、村镇被纳入保护范围

1982年《文物保护法》确立了历史文化名城制度，这为我国将特定城市作为历史文化遗产保护对象提供了法律依据。迄今为止，国务院核定公布的历史文化名城已达101座，一些地方政府也公布了一些地方级的历史文化名城。这一制度的建立对这些城市的保护、规划和发展起到了重要作用。但是，明显不足的是，这一制度并不涵盖具有重大价值的历史街区或村镇。在实际中，由于得不到法律保护，这些街区、村镇往往会在经济建设中遭到拆毁和破坏。为此，该法修改时在"不可移动文物"一章中增加了相关规定：一是完善保护范围，在原法对历史文化名城制度规定的基础上，增加历史文化街区、村镇保护制度。规定保存文物特别丰富并且具有重大历史价值或者革命纪念意义的城镇、街道、村庄，由省、自治区、直辖市人民政府核定公布为历史文化街区、村镇，并报国务院备案。二是明确规定政府职责，规定历史文化名城和历史文化街区、村镇所在地的县级以上人民政府应当组织编制专门的历史文化名城和历史文化街区、村镇保护规划，并纳入城市总体规划。三是授权国务院制定历史文化名城和历史文化街区、村镇的保护办法。（第14条）

四、完善了不可移动文物保护制度

除了在"不可移动文物"一章中增加了上述历史文化街区、村镇保护等内容外，新《文物保护法》还针对当前经济建设中文物保护出现的一些问题，对不可移动文物的保护制度作了进一步的健全和完善。主要增加了这样几个内容：①增加了对文物保护单位的保护范围和建设控制地带内禁止行为的具体规定。除了旧法所规定的非经特别许可，"不得进行其他建设工程"外，新法还规定不得从事"爆破、钻探、挖掘等作业"，"不得建设污染文物保护单位及其环境的设施，不得进行可能影响文物保护单位安全及其环境的活动。对已有的污染文物保护单位及其环境的设施，应当限期治理"。（第17、19条）②明确规定了不可移动文物的修缮、保养责

任。规定国有不可移动文物由使用人负责修缮、保养，非国有不可移动文物由所有人负责修缮、保养。（第 21 条）③为了正确规范和引导文物保护与利用的关系，防止国有不可移动文物的流失，明确规定国有不可移动文物不得转让、抵押。建立博物馆、保管所或者辟为参观游览场所的国有文物保护单位，不得作为企业资产经营。同时，规定非国有不可移动文物不得被转让、抵押给外国人。（第 24、25 条）④对依法拆除的国有不可移动文物中具有收藏价值的壁画、雕塑、建筑构件等，规定由文物部门指定的文物收藏单位收藏。（第 20 条）

五、完善了考古发掘制度

新法修改和增加的规定有几个方面：一是对原来的考古发掘的会同审核制度进行了修改，规定考古发掘的行政批准权由国家文物行政部门行使。二是规定了行政审批前的咨询程序和范围，规定在考古发掘批准或审核前，应当征求社会科学研究机构及其他科研机构和有关专家的意见。（第 28 条）二是明确规定在进行建设工程或者农业生产中发现文物者的职责和文物行政部门的职责及处理时限，即任何单位或者个人发现文物，应当保护现场，立即报告当地文物行政部门。文物行政部门接到报告后，如无特殊情况，应在 24 小时内赶赴现场，并在 7 日内作出处理意见。发现重要文物后应立即上报国务院文物行政部门，国务院文物行政部门应当在接到报告后 15 日内提出处理意见。同时还规定对上述情况下发现的文物，其所有权属于国家，任何单位或者个人不得哄抢、私分、藏匿。（第 32 条）三是增加对考古发掘结果管理方面的规定。明确规定考古调查、勘探、发掘的结果，应当报国务院文物行政部门和省、自治区、直辖市人民政府文物行政部门。考古发掘的文物，应当登记造册，妥善保管，并移交文物行政部门指定的国有博物馆、图书馆或者其他国有文物收藏单位收藏。规定考古发掘的文物，任何单位或者个人不得侵占。（第 34 条）

六、完善了馆藏文物管理制度

新法对馆藏文物一章进行了较大修改，使馆藏文物管理制度更加完善。增加的主要内容有：①明确规定凡文物收藏单位均应建立健全管理制度，并报主管的文物行政部门备案。未经批准，任何单位或者个人不得调取馆藏文物。（第 38 条第 1 款）②明确规定文物收藏单位法定代表人的职责，即文物收藏单位的法定代表人对馆藏文物的安全负责。国有文物收藏单位的法定代表人离任时，应当按照馆藏文物档案办理馆藏文物移交手续。（第 38 条第 2 款）③明确规定文物收藏单位有效利用文物的义务，即文物收藏单位应当充分发挥馆藏文物的作用，通过举办展览、科学研究等活动，加强对中华民族优秀的历史文化和革命传统的宣传教育。（第 40 条）④扩大国有文物收藏单位的交流渠道。除了旧法规定的“调拨”这一渠道外，新法增加了“交换和借用”的渠道。一是规定了交换和借用的范围，即国有馆藏文物只限于在国有文物收藏单位之间进行交换；非国有文物收藏单位可以借用国有馆藏文物用于展览。二是规定了交换借用的批准程序，特别是一级文物的交换借用程序。三是规定了对那些未建立馆藏文物档案的国有文物收藏单位，禁止相互进行交换借用。四是规定了借用文物的期限不得超过 3 年。五是规定了依法调拨、交换、借用国有馆藏文物，取得方可以对提供方予以合理补偿，并授权国务院文物行政部门制定具体的管理办法。同时还规定了文物取得方的职责和提供方对补偿资金的法定用途。六是规定了对国有文物收藏单位不再收藏的文物可以另行处置，并授权国务院制定具体管理办法。（第 40、41、42、43、45 条）⑤明确规定了文物收藏单位的安全制度，即文物收藏单位应配备防火、防盗、防自然损坏的设施，确保馆藏文物的安全。（第 47 条）⑥增加了馆藏文物损毁处理程序规定，即馆藏文物损毁的应报相应文物行政部门核查处理或备案；被盗、被抢或者丢失的，文物收藏单位应立即向公安机关报案，并向主管机关报告。（第 48 条）⑦对文物行政部门和国有文物收藏单位的工作人员作出了特别规定，即不得借用国有文物，不得非法侵占国有文物。（第 49 条）

七、完善了民间文物收藏管理制度

促进和规范民间收藏活动是文物工作的一个组成部分。既要鼓励、支持合法正当的民间文物收藏活动，允许其依法流通，也要严格规范，对其作出严格的限制性规定，以防给文物犯罪活动提供可乘之机。基于此，新《文物保护法》增加了若干规定：①规定文物收藏单位以外的公民、法人和其他组织取得文物的方式有五种：一是依法继承或者接受赠与；二是从文物商店购买；三是从经营文物拍卖的拍卖企业购买；四是公民个人合法所有的文物相互交换或者依法转让；五是国家规定的其他合法方式。（第 50 条）②对公民、法人和其他组织禁止买卖的文物也作了明确规定：一是国有文物（但国家允许的除外）；二是非国有馆藏珍贵文物；三是国有不可移动文物中的壁画、雕塑、建筑构件等（但是依法拆除的、文物单位又不予收藏的除外）；四是非上述五种合法途径来源的文物。（第 51 条）③建立了文物拍卖管理制度：一是增加了行政许可，规定凡依法设立的拍卖企业经营文物拍卖的，应取得国务院文物行政部门颁发的《文物拍卖许可证》；二是规定文物拍卖企业不得从事文物购销经营活动，不得设立文物商店；三是规定文物行政部门工作人员和文物收藏单位不得举办或参与举办文物拍卖企业；四是规定禁止设立中外合资、中外合作、外商投资的文物拍卖企业。五是规定了文物拍卖企业的职责和义务，即所拍卖的文物在拍卖前要报文物行政部门审核，要对所拍卖的文物作出记录并报文物行政部门备案，并有义务对文物拍卖的委托人、买受人保密。六是规定文物行政部门对所审核拟拍卖的文物可指定国有文物收藏单位优先购买其中的珍贵文物。购买价格由文物收藏单位代表与文物的委托人协商确定。(第 54、55、56、57、58 条)

八、完善了文物出境进境管理制度

旧《文物保护法》仅对禁止出境文物作了规定，这已不适应客观发展。新法在文物的出境、进境、出境展览、临时进境和复出境等方面，都作了相应规定：①增加了禁止出境文物的特殊许可，即珍贵文物和国家规定禁止出境的其他文物，不得出境，但依法规定出境展览或因特殊需要经国务院批准出境的除外。(第 60 条) ②建立了文物出境展览管理制度。规定了文物出境展览的批准程序、审核登记程序及海关放行程序，规定了出境展览文物复进境的审核查验程序。(第 62 条) ③规定了文物临时进境的审核登记程序。(第 63 条)

九、完善了法律责任的规定

旧《文物保护法》在法律责任的规定方面相当薄弱，新法在修订时为此增加了相应条款，极大地加强和充实了法律责任的规定。主要内容有：①与刑法对妨害文物管理罪的规定以及其他有关规定相衔接，对应当追究刑事责任的犯罪行为作出了专项规定。(第 64 条) ②明确规定了应受行政处罚的具体行为，以及相应的具体处罚标准，加大了处罚力度。例如，规定对转让或抵押国有不可移动文物，或将其作为企业资产经营的，最高可处违法所得 5 倍的罚款。(第 68 条) 对违法设立文物商店或经营文物拍卖的，违法经营额 5 万元以上的，并处违法经营额 2 倍以上 5 倍以下的罚款。违法经营额不足 5 万元的，并处 2 万元以上 10 万元以下的罚款。(第 72 条) ③明确规定了破坏历史文化名城、街区、村镇的布局、环境、历史风貌的法律责任。一是规定由所批准的行政部门撤销其历史文化名城、街区、村镇称号；二是规定对负有责任的主管人员和其他直接责任人员依法给予行政处分。(第 69 条) ④特别对文物行政部门、文物收藏单位、文物商店、经营文物拍卖的拍卖企业的工作人员的法律责任作了专项规定。即规定有相关违法行为的要依法给予行政处分，或依法开除公职或吊销其从业资格，构成犯罪的依法追究刑事责任。(第 76 条) 此外，对公安、工商、海关、城乡建设规划部门和其他国家机关滥用职权、玩忽职守、徇私舞弊、造成国家保护的珍贵文物损毁或流失的，对负有责任的主管人员和其他直接责任人员依法给予行政处分；构成犯罪的，依法追究刑事责任。(第 78 条)

除了上述主要修改外，新《文物保护法》还有其他一些具体修改，笔者在此不一一赘述。相信通过此次《文物保护法》的修改，我国保护文化遗产的法律制度将会更加健全和完善，我国文物保护工作将会由此进入一个全新时代。

关于《文物保护法》修改中的几个主要问题[1]

九届全国人大常委会第三十次会议于2002年10月28日通过了《关于修改中华人民共和国文物保护法的决定》。《文物保护法（修订案草案）》自于2001年9月27日向九届全国人大常委会第二十四次会议提请审议以来，经过了二十五次、二十七次会议的二审、三审，终于在本次会议四审后获得了通过。这期间，《文物保护法》的修改不仅在立法界、文物界引起了广泛的讨论，一些问题甚至在社会上也引起了不小的争论。笔者因工作关系直接参与了整个修改过程，感到有必要对一些问题的争论、思考和具体立法情况介绍出来。笔者相信，这对深入认识和全面理解新《文物保护法》是有益处的。

一、关于文物工作的方针问题

1982年《文物保护法》并没有规定文物工作的基本方针，这是一个缺陷。此次修改中，普遍意见是都希望在总则中对此予以明确规定。但是，各界对文物工作的基本方针的理解和认识却存在着不小的分歧。分歧的核心就是如何认识文物保护与利用的关系。这也是长期以来一直争论的问题。随着社会主义市场经济的迅速发展，特别是随着大规模基本建设和旅游业的勃兴，这一争论日趋激烈。文物工作的主旨是保护文物还是利用文物，是保护利用并举并重，还是保护为主、利用为辅，对此意见不一。

改革开放以来，党中央、国务院制定了一系列有关文物工作的政策性文件，召开了两次全国文物工作会议，逐步提出了指导文物实际工作的方针和原则。1987年11月，国务院颁发了《关于进一步加强文物工作的通知》，全面总结了新中国成立以来的文物工作，指出当前文物工作的方针是“加强保护，改善管理，搞好改革，充分发挥文物的作用，继承和发扬民族优秀的文化传统，为社会主义服务，为人民服务”。同时特别强调：“加强文物保护，是文物工作的基础，是发挥文物工作的前

〔1〕 本文为笔者写于2002年的一份研究报告。本文中所涉及之法律法规与理论，均以写作时间为准。

提，离开了保护就不可能发挥文物的作用。”1992 年在西安召开的全国文物工作会议进一步将文物工作的方针概括为“保护为主、抢救第一”。这一方针符合当时文物工作面临的基本状况。1995 年，第二次全国文物工作会议又提出了“有效保护，合理利用，加强管理”的原则，以作为对上述方针的补充。1997 年，国务院颁发《关于加强和改善文物工作的通知》，再次明确提出“继续坚持‘保护为主，抢救第一’的方针，贯彻‘有效保护，合理利用，加强管理’的原则”。这就逐步形成了指导文物工作的一个完整的、全面的方针原则。

全国人大常委会经过深入讨论，认为这一方针原则是根据我国实际情况和文物工作经验总结出来的，反映了社会发展条件下文物工作的本质特性和根本要求，对当前和今后的文物工作具有重大指导意义，是行之有效的，应被概括上升为法律规定。基于此，新《文物保护法》在总则中规定：“文物工作贯彻保护为主、抢救第一、合理利用、加强管理的方针。”（第 4 条）这个十六字方针是全面的、完整的，是我们正确认识和处理文物保护和利用这一关系的根本出发点和法律依据。一方面，保护、抢救、利用、管理是整个文物工作的四项基本任务，是不可割裂的组成部分。另一方面，保护和抢救是首要的，是第一位的，而利用是以保护、抢救为前提的，是有限制的，是合理的。同时，为了进一步明确规范文物保护与利用的关系，新法还有针对性地增加了相关规定，即“各级人民政府应当重视文物保护，正确处理经济建设、社会发展与文物保护的关系，确保文物安全。基本建设、旅游发展必须遵守文物保护工作的方针，其活动不得对文物造成损害。”（第 9 条第 1、2 款）“国有不可移动文物不得转让、抵押。建立博物馆、保管所或者辟为参观游览场所的国有文物保护单位，不得作为企业资产经营。”（第 24 条）

二、关于历史文化街区、村镇的保护问题

如何进一步加强和完善历史文化名城保护制度，是本次《文物保护法》修改中的一个焦点问题。随着经济发展中大规模的城市改造和建设，这一问题越来越为社会所普遍关注，所引发的争论和事端不断出现。因此，在立法中解决好这个问题十分紧迫和必要。从世界范围来看，随着社会文明的发展，文化遗产保护的对象和范围在不断扩大。即从对单个重要的文物古迹的保护，扩大到对文物古迹周边环境的保护，再对以传统建筑群为主体的历史街区、历史区域、历史城镇的保护。这种发展变化反映出了人们对历史文化遗产保护的深化。

1982 年《文物保护法》规定了历史文化名城制度。这是我国建立的一个具有特色的制度。这一制度的建立为把特定的城市作为历史文化遗产保护对象提供了法律依据。在对这些城市的保护、规划、发展方面发挥了巨大作用。迄今为止，由国务院核定公布的历史文化名城已达 101 座。但是，由于历史文化名城制度的着眼点

在于城市，而不涵盖具有重大价值的历史街区、小镇、村庄，这是一个缺陷。其结果是一些城市里本应得到有效保护的历史街区在经济建设中往往被任意拆毁；一些具有重大价值的乡镇、村庄等，其保护得不到国家法律的认可。同时还存在另一个缺陷，即没有建立起历史文化名城的法律保障措施，以至于一些已被核定公布为历史文化名城的城市名实不符，出现了任意毁坏的现象，相关的主管人员和直接责任人也无法被追究。

因此，从立法上解决上述这些缺陷成了普遍共识。全国人大常委会经过仔细研究讨论，决定在这次修改中增加若干规定，具体包括三方面的内容：一是完善保护范围，在保留历史文化名城制度的前提下，增加历史文化街区、村镇保护制度。规定保存文物特别丰富并且具有重大历史价值或者革命纪念意义的城镇、街道、村庄，由省、自治区、直辖市人民政府核定公布为历史文化街区、村镇，并报国务院备案。二是明确政府职责，规定历史文化名城和历史文化街区、村镇所在地的县级以上人民政府应当组织编制专门的历史文化名城和历史文化街区、村镇保护规划，并将其纳入城市总体规划。三是明确法律责任，规定历史文化名城的布局、环境、历史风貌等遭到严重破坏的，由国务院撤销其历史文化名城称号；历史文化城镇、街道、村庄的布局、环境、历史风貌等遭到严重破坏的，由省、自治区、直辖市人民政府撤销其历史文化街区、村镇称号；对负有责任的主管人员和其他直接责任人员依法给予行政处分。（第 14、69 条）

三、关于国有馆藏文物的有偿转让和退出馆藏问题

在此次修改审议中，原修订草案提出，馆藏一般文物经主管的文物行政部门批准，可以在馆际之间有偿转让，有偿转让所得必须被用于购买新的馆藏文物或者改善管藏文物的收藏条件；馆藏文物退出馆藏文物序列的办法，由国务院规定。这一条款的两个问题即有偿转让和退出馆藏，引起了广泛的争论。

持赞同意见的人认为，文物保护经费不足是文物工作特别是博物馆中长期面临的困难问题，单靠政府投入远远满足不了需要。在市场经济条件下，允许将文物藏品中的重复品进行有偿转让和将无收藏价值的一般文物退出馆藏序列出售，可以促进馆际之间的文物流通，改善馆藏文物保护经费不足的状况，同时也可以满足社会民间对文物收藏、鉴赏的需求。持反对意见的人认为，在市场经济条件下更要加强文物的保护工作。目前文物安全形势相当严峻，文物盗窃走私活动猖獗，文物市场混乱，国家文物档案也不健全，有偿转让和退出馆藏会造成失控的结果。国有馆藏文物属国家财产，博物馆无权自行将其有偿转让或退出馆藏出售。而且，文物藏品并不存在重复和有无价值的问题，不应以此作为有偿转让和退出馆藏出售的前提。

从实际情况来看，我国的博物馆确实面临着资金严重短缺的问题，尤其是老少

边穷和西部欠发达地区更是如此。但是，“有偿转让”实质上涉及出售、商业出让等买卖交易行为，涉及文物所有权和博物馆性质问题，也关系到文物安全环境与管理制度的健全问题，在立法中确需予以审慎处理。从国外一些文物大国的情况来看，大体有两类：一类国家如埃及等，完全禁止文物的买卖活动。另一类情况如欧洲的意大利、希腊等，对凡属国家所有的文物，原则上禁止转让。同时设立除外条款，对确需转让的特殊文物，规定了相当严格的法定程序。转让的审批权由中央机构行使，而不是由地方机构或博物馆行使。这些规定都是相当严格的。但是，由于我国长期以来在文物管理制度上采取的是无偿调拨的制度，这在一定程度上影响了一些地方博物馆的发展。这种方式已不能适应现实的发展需要。因此，如何正确处理文物保护和馆际交流的关系，既要做到有效保护文物，又要改善馆藏文物的交流；既要增加藏品交流的合法渠道，又要与出售或商业性出让划清界限，这些是立法修改中一个需要积极解决的实际问题。国务院在 1997 年《关于加强和改善文物工作的通知》中就着重提出要“进一步充实馆藏，搞好收藏单位之间的藏品调剂和交换”。因此，文物收藏单位之间经主管部门批准通过调拨、交换、借用等方式调剂藏品，并适当给予提供方合理的补偿，这在实践中是一个较为有益的做法。这与“有偿转让”有着本质区别。前者是指馆际之间交流藏品的特定方式，虽有一定经济补偿，但与商业行为无涉；后者则是一个包含出售、商业性出让在内的宽泛行为。

由于争论激烈，全国人大法律委员会、全国人大教科文卫委员会、全国人大常委会法制工作委员会为此开展了大量、深入的调研工作，召开了多次由各界人士参加的座谈会、论证会。全国人大常委会对此进行了充分、郑重的讨论。考虑到这一问题的复杂性，法律中不宜规定允许有偿转让和退出馆藏序列，因此在修改的过程中删去了原草案中的有关条款。但同时认为，应当在法律上适当扩大馆际间文物的交流方式。除了原有的调拨外，还应当允许交换和借用，并应允许获得合理补偿。对那些国有博物馆不再收藏的文物，原则上也应允许另行处置。基于上述考虑，新法增加了若干规定，主要有：①规定了交换和借用的范围，即国有馆藏文物只限于在国有文物收藏单位之间进行交换；非国有文物收藏单位可以借用国有管藏文物用于展览。②规定了交换、借用的批准程序，特别是一级文物的交换、借用批准程序，即一级文物须经国务院文物行政部门批准。③对那些未建立馆藏文物档案的国有文物收藏单位，规定禁止进行交换、借用。④原则规定依法调拨、交换、借用国有馆藏文物，取得文物的文物收藏单位可以对提供文物的文物收藏单位给予合理补偿，并授权国务院文物行政部门对合理补偿制定具体管理办法。⑤规定了取得文物的文物收藏单位不得丢失、损害文物；规定了取得的补偿费用必须用于文物保护，不得挪作他用，不得侵占。⑥规定对国有文物单位不再收藏的文物可以另行处置，并授权国务院制定具体管理办法。（第 40、41、42、43、45 条）这些规定既充分考虑到了文物收藏单位的实际情况，也充分考虑了文物保护的特殊需要，划清了藏品交流行为和商业转让行为之间的界限，是恰当和适宜的。

四、关于民间文物收藏的问题

民间文物的收藏流通问题也是此次《文物保护法》修改审议中的一个重要问题。1982 年《文物保护法》对民间收藏文物转让的合法途径规定得比较狭窄，即只能转让给国有文物商店或国有文物收藏单位。具体规定："私人收藏的文物可以由文化行政管理部门指定的单位收购，其他任何单位或者个人不得经营文物收购业务。"同时在其实施细则中进一步明确规定："公民私人收藏的文物可以卖给国家文物局或者省、自治区、直辖市人民政府文物行政管理部门指定的全民所有制文物收藏单位和文物收购单位。"

近年来，随着社会主义市场经济的发展、人民生活水平的提高，民间的文物收藏活动发展迅速，文物市场相当活跃，要求进一步满足民间文物收藏需要的呼声也很强烈。但另一方面，文物市场的无序发展和管理制度的不健全，给各种非法的文物犯罪活动猖獗盛行提供了条件。在这样的背景下，是否为民间文物收藏提供更多的合法途径，如何处理好民间文物收藏和文物保护的关系，就成了此次法律修改中的一个争论激烈的问题。支持的意见认为，民间文物收藏已成为一种社会需求，私人买卖文物实际上也禁止不了，应当鼓励"藏宝于民"，放开文物市场。反对的意见认为，目前文物盗掘、走私严重，国家文物档案不健全，民间文物登记制度也未建立，贸然放开文物市场势必造成混乱，进一步加剧文物犯罪。

全国人大常委会对此进行了深入、细致的讨论，认为必须审慎处理好民间收藏和文物保护的关系。随着社会和经济的发展，民间收藏活动的兴盛是客观必然，促进和规范民间收藏也是文物工作的一个组成部分。既要鼓励支持合法、正当的民间文物收藏活动，允许其依法流通；也要严格规范，对其作出严格的限制性规定，以防给文物犯罪活动提供可乘之机。基于这样一个思路和原则，新法对 1982 年《文物保护法》的有关规定作了适当调整。规定文物收藏单位以外的公民、法人和其他组织取得文物的方式有五种：一是依法继承或者接受赠与；二是从文物商店购买；三是从经营文物拍卖的拍卖企业购买；四是公民个人合法所有的文物相互交换或者依法转让；五是国家规定的其他合法方式。并规定通过上述方式收藏的文物可以依法流通。同时，对公民、法人和其他组织禁止买卖的文物也作了明确规定：一是国有文物（但国家允许的除外）；二是非国有馆藏珍贵文物：三是国有不可移动文物中的壁画、雕塑、建筑构件等（但是依法拆除，同时文物收藏单位又不予收藏的除外）；四是非上述五种合法途径来源的文物。（第 50、51 条）这其中，有关"公民个人合法所有的文物相互交换或者依法转让”的规定有两层含义：一是公民个人对自己合法拥有的文物可以在彼此间进行相互交换；二是对自己合法拥有的文物可以依照本法规定的途径予以转让，即依法继承或赠与、文物商店出售、拍卖企业拍卖，或依国家规定的其他合法方式转让。

五、关于文物拍卖问题

文物拍卖是民间文物收藏活动中的一个重要组成部分，是在市场经济环境下文物流通出现的一种必然现象。1996 年全国人大常委会制定了《拍卖法》。鉴于当时的条件，虽然在制定该法时立法者认识到文物拍卖与一般商品拍卖不同，也将文物拍卖企业审批条件与一般拍卖企业的条件作了区别，规定拍卖企业要从事文物拍卖须有 1000 万以上的注册资本，要有具有文物拍卖专业知识的人员。但是，从实际情况来看，由于这两个条件相对宽松，加之文物拍卖有利可图，从事文物拍卖的拍卖企业不断涌现。据统计，全国现有拍卖企业上千家，其中经营文物拍卖的就有 160 多家，造成了文物拍卖和文物市场在一定程度上的混乱。从国际上看，如此众多的文物拍卖企业也是罕见的。

在《文物保护法》修改的过程中，这一问题也引起了较大的争论。一种意见认为，为了突出文物的特殊性，文物拍卖企业应坚持少而精的原则，通过行政手段对其总量进行压缩。另一种意见认为，文物拍卖也是企业行为，不应用行政手段干预，而应通过市场竞争，优胜劣汰。全国人大常委会经过仔细讨论后认为，对经营文物拍卖的拍卖企业虽不宜采取行政手段简单取缔，但应当严格控制，加以规范和引导。

因此，为了建立完善的文物拍卖管理法律制度，新法增加了若干规定，主要包括六个方面：一是增加了行政许可，并将其集中在中央政府，规定凡依法设立的拍卖企业经营文物拍卖的，应当取得国务院文物行政部门颁发的《文物拍卖许可证》。二是规定了这类拍卖企业的禁止行为，即不得从事文物购销经营活动，不得设立文物商店，以将其与文物经营行为区分开来。三是规定了文物行政部门工作人员和文物收藏单位的禁止行为，即不得举办或参与举办这类拍卖企业。四是规定禁止设立中外合资、中外合作、外商独资的这类拍卖企业。五是规定了文物拍卖企业的职责和义务，即所拍卖的文物在拍卖前要报有关文物行政部门审核，要对所拍卖的文物作出记录并报文物部门备案，并有义务对文物拍卖的委托人、买受人保密。六是规定文物行政部门在审核拟拍卖的文物时，可指定国有文物收藏单位优先购买其中的珍贵文物，优先购买价格由文物收藏单位的代表与文物的委托人协商确定。（第 54、55、56、57、58 条）

《文物保护法》的修改历经数年，其间有许多人士（包括文物行政部门人员、博物馆、文物商店负责人、文物基层工作者、文物专家学者、文物收藏者、法学专家以及其他有关部门人员等)，都直接或间接参与了修改工作。除了上述问题外，修改过程中还存在不少其他争论的问题。这些问题经过反复讨论，都基本得到了解决。它的通过，标志着我国在保护历史文化遗产方面的法制建设进入了一个新阶段，也反映出我们的立法工作越来越公开化、程序化、民主化。而这，正是我国社会主义民主法制建设的进步之所在。

文化遗产保护发展与我国的法律制度建设[1]

一、文化遗产保护的趋势和特点

当前，从世界范围来看，随着全球科技经济的迅速发展，以及人类文明的不断进步，人们对文化遗产的认识在不断深化。文化遗产保护在今天越来越成为一个浪潮，出现了三个特点：

第一个特点是对文化遗产重要性的认识越来越深刻。也就是说，在经济、科技全球化日益严重的今天，文化遗产对一个国家、民族的重要性越来越突出，对保持文化多样性的重要性越来越突出。这种重要性远远超过了传统意义上的对文化遗产的认识。这种重要性除了体现在一般的文化意义上外，还体现在政治、经济、民族、国家文化主权等方面。文化的问题、文化遗产的问题从来没有像今天这样为全球所关注，已越来越成为一个战略问题。这种趋势和现象具有相当深刻和复杂的历史背景和时代原因。从国际上看，这有三个基本原因：①在以信息技术、互联网技术为核心的科技、经济发展浪潮下，全球一体化的趋势日益突出。国家、民族的界限及特征在相当程度上被不断打破和削弱。②西方发达国家借助科技经济的优势，利用全球化的趋势，在全球极力推行西方文化及其相关的价值理念。美国学者亨廷顿一个著名观点就是当今的世界冲突就是“文明的冲突”。所谓“文明的冲突”说到底就是文化和宗教的冲突，也就是信念、精神、价值观和文化传统的冲突。在他们看来，所谓全球化就是西方文化的思想、价值、观念的全球化，就是以强势文化取代、消灭弱势文化。这一企图日益明显。③文化，尤其是文化遗产，是一个国家、民族的血脉和精神，既是精神家园，也是国家、民族的身份象征和价值象征。

因此，各国政府包括国际组织都非常重视文化问题和文化遗产保护问题。是主张文化的一体化，还是主张文化的多样性，成了国际上争论的一个焦点问题。联合

---

〔1〕 本文是笔者于2006年9月22日为沈阳市人大常委会所作的法制讲座。本文中所涉及之法律法规与理论，均以写作时间为准。

国教科文组织于第33届大会以148票对2票（美国和以色列反对）、4票弃权的压倒多数通过了《保护文化内容和艺术表现形式多样性国际公约》。这被视为是文化多样性战胜文化霸权的一次胜利。这一由法国和加拿大倡议的公约包括35项条款，它是在联合国教科文组织于2001年11月2日通过的《世界文化多样性宣言》的基础上，加以修改、细化、补充后完成的，旨在通过弘扬民族传统和语言来保护文化的多样性。公约提出了与世贸组织商品贸易不同的文化产品及服务贸易的原则。它确认“文化多样性是人类的一项基本特征”，“是人类的共同遗产”，“文化多样性创造了一个多彩的世界”等一系列有关人类文化的基本概念，强调各国有权利“采取它认为合适的措施”来保护自己的文化遗产。该公约为此确定了尊重人权自由、文化主权、文化平等、国际互助、经济文化互补、可持续发展、平等共享和公平平衡等八项原则。该公约规定，与文化相关的活动、产业和服务有其特殊性，不应与一般商品同等对待。各国有权采取有利于保护自己文化遗产的措施。该公约将在得到30个国家的批准承认后正式生效。美国却坚决反对这项公约的通过，认为它可能会被用来设置贸易壁垒，从而对美国电影和流行音乐等文化行业的出口构成障碍。

从我国的情况来看，我国既是一个经济大国，也是一个文化大国。中华民族拥有五千年的历史和博大精深、丰富多彩的文化遗产，以及所体现出来的中华民族精神和优秀价值观，这是我们国家和民族立足于世界民族之林的一个重要支柱。“三个代表”重要思想把文化的问题提到了一个前所未有的历史高度。党的十六大报告指出：“全面建设小康社会，必须大力发展社会主义文化，建设社会主义精神文明。当今世界，文化与经济和政治相互交融，在综合国力竞争中的地位和作用越来越突出。文化的力量，深深熔铸在民族的生命力、创造力和凝聚力之中。全党同志要深刻认识文化建设的战略意义，推动社会主义文化的发展繁荣。”正是在这样的背景下，我们党的十六大、“三个代表”重要思想，特别是科学发展观和创建和谐社会理念的提出，高屋建瓴、全面深刻地阐述了文化包括文化遗产在当前社会发展中的重要地位。这充分反映了我们党对全球发展趋势的准确把握。几千年中华文明的一个重要的精神和思想遗产就是主张“天人合一”“和而不同”，强调人与自然、人与人、人与社会之间的和谐共处，强调国家、民族、群体之间的和谐共处。以人为本、和谐共存是中华文明人文精神的一个核心价值。当今的中国，对内明确提出以科学发展观为指导，坚持以人为本，构建社会主义和谐社会；对外积极促进世界和平发展，致力于实现各国和谐共处，致力于实现不同文明、文化的和谐进步。这既是中华文明对当今社会的重要贡献，也是我们在国际上坚持和主张文化多样性的重要原因。

除了政治上、文化上的意义外，产业发展的考虑也是一个重要因素。党和政府的一系列文件和十一五规划把文化事业、文化产业的发展作为社会经济发展的重要方面来推动。无论是文化事业还是文化产业，其发展都离不开对文化遗产的保护。

文化遗产是文化产业发展的重要资源和依托。文化产业是21世纪的朝阳产业。正是由于文化遗产与文化产业具有天然的联系，充分利用、开发文化遗产，使之产生最大的经济效益和社会效益才成了文化产业发展的主要内容和思路。一个重要的方面就是利用文化遗产促进文化旅游产业的发展，这在经济上、社会上所产生的效益是巨大而显著的。国家统计局的数据显示：我国2005年国际国内旅游业总收入7686亿元，比上年增长了12.4%。其中入境旅游人数1.20亿人次；旅游外汇收入为292.96亿美元，比上年增长13.8%。全国国内旅游人数12.12亿人次，国内旅游收入为5286亿元，人均出游花费436.13元。有观点认为，文化遗产在旅游收入中所占的比重应为40%。另一个是利用文化遗产促进文化创新，促进新的产业的形成，如最近国务院办公厅专门就发展我国动漫产业下发通知。文化遗产特别是非物质文化遗产在动漫产业中的作用也是非常明显的。此外，外交上的意义也是十分显著的，如孔子学院在海外的兴盛。

第二个特点就是对文化遗产保护对象和范围的认识不断扩大，保护的程度不断加深。用今天的观念看，在文化遗产的范畴中，主要包括物质和非物质遗产（或有形遗产和无形遗产）两大类。但在相当长的一段时间内，人们对文化遗产的保护主要是围绕着物质形态的文化遗产（或有形文化遗产）来进行的。就物质形态的文化遗产而言，保护对象的范围在不断扩大，标准也在不断更新。物质形态的文化遗产（主要指文物、建筑群和遗址）保护的发展从近代以来大体可以被概括为三个阶段：第一个阶段是对重要的、单个的文物古迹的保护。在欧洲工业革命之前，欧洲大陆对文化遗产的保护主要集中于此。第二个阶段则扩大到了对文物古迹周边环境的保护。第三个阶段则扩大到了对以某个历史建筑群为主体的历史街区、历史区域乃至某个古城镇的保护，近些年又提出了对文化景观、文化空间的保护等。这三个阶段大体反映了人们对历史文化遗产保护认识的深化。不过，这一发展主要是围绕着物质文化遗产的保护展开的。因此，一般而言，各国对物质文化遗产的保护有着明确的共识，有着较完备的国内法。国际上也达成了不少协定和公约。近些年来，非物质文化遗产又成了文化遗产保护的一个重要内容，引起了广泛的关注。因此，文化遗产保护对象已经突破了传统范畴，涵盖了物质文化遗产和非物质文化遗产两个部分。

我国文化遗产保护的范围也在不断扩大。从单体文物到历史文化名城，从文物环境到文化生态保护区，从历史文物、革命文物到少数民族文物、近现代文物，从古遗址、皇宫陵寝到民居建筑、现代工业遗址（如大庆第一口油井、第一个核武器研制基地、钱塘江大桥等）、大型文化景观（如红旗渠、坎儿井等）。从我国国务院的有关文件的发展也可以看出这种观念认识的变化。以前，国务院发出的都是加强和改善文物保护的通知，其后又就非物质文化遗产的保护发出专门通知。2005年

12月，国务院发出《关于加强文化遗产保护的通知》，首次在政府文件中用“文化遗产”一词涵盖物质文化遗产和非物质文化遗产，并决定自2006年起，每年6月的第二个星期六为我国的“文化遗产日”。

第三个特点是重视文化遗产的原真性，强调文化遗产的可持续发展。文化遗产是特定国家、特定民族历史文明的载体，是绝对不可再生的文化资源。这种“不可再生性”也就是文化遗产的本质属性。随着文化遗产在社会经济发展中的作用日益突出，保护方式呈现出一种多元化的趋向。历史年代再也不是一个绝对尺度。“保护”一词的内涵不断扩充，它不再仅仅被理解为是对物质形态的“保存”，还包括研究、利用、宣传、传承与弘扬。但是，由于观念认识和市场经济下追求经济效益的原因，保护与利用的矛盾日益尖锐和突出，成了文化遗产保护工作面临的一个主要问题。突出的现象就是为了谋取经济利益，对文化遗产采取“竭泽而渔”的政策，进行破坏性开发利用。这种破坏性开发利用的本质特点就是一切为了实现经济效益，不惜破坏文化遗产的原真性或原始形态，毁坏文化遗产的原生态环境和历史风貌；或无限制地发展旅游人口，使文化遗产本身难以承受；或只谋取经济利益而不维护文化遗产，甚至以种种名目改变文化遗产原始形态；等等。这种现象在全球尤其是发展中国家比较突出，在世界文化遗产的申遗中也面临这一问题。因此，国际组织特别强调文化遗产的可持续发展问题，一些发达国家在这方面做得比较好，采取多种措施保护文化遗产的原生形态，防止出现过度利用。我国党和政府对此也非常重视，强调对文化遗产的“原生态”保护，提出了“永久保存，永续利用”的原则。不少地方也采取了很多措施，如黄山、张家界的大规模搬迁，布达拉宫对旅游人数的限制。从根本上说，是保护为主还是利用为主，这种认识上的分歧决定了我们对待文化遗产的基本态度。这一分歧和争论经过《文物保护法》的修改，在今天已经有了比较明确的结论。

二、我国文化遗产保护法律制度的形成和发展

新中国成立以来，文化遗产保护法律制度的建立大体可以分为三个时期：

第一个时期是从新中国成立前后到20世纪60年代的初创时期。新中国成立前夕，著名建筑学家梁思成先生编写了《全国重要建筑文物简目》共450条，并附有“古建筑保护须知”，这为当年解放战争中的文物保护提供了依据。1950年5月政务院发布保护古迹的政令，从中央到地方设立了文物保护管理机构。1961年国务院颁布《文物保护管理暂行条例》。同年的以梁思成先生的《全国重要建筑文物简目》为基础，国务院公布首批180处全国重点文物保护单位。这时期一个最重要的成果就是建立了文物保护单位制度，针对不可移动文物，根据不同价值，分别确定为不同级别的文物保护单位。这期间，行政命令是文物保护的主要依据和规范，对文化

遗产的认识也仅限于重要的文物古迹本身。

第二个时期是20世纪80年代至90年代中期，以1982年全国人大常委颁布实施《文物保护法》为标志，我国对文化遗产的保护开始走上了法制化的轨道。这时期，文物保护出现了全新局面。随着大规模经济建设的发展，国家制定了新时期文物保护的基本方针政策。1982年，全国人大常委会颁布实施《文物保护法》。国务院和有关部门、地方政府也制定了一系列配套法规，初步形成了中国文物（物质文化遗产）保护法规体系。该法虽然只有33条，但它首次从国家法律的角度对文物的对象和保护范围、标准，对文物保护单位、考古发掘、馆藏文物、私人收藏文物、文物出境都作了规定，确立了一些重要原则和制度：①明确了文物保护对象的标准是“具有历史、科学、艺术价值的文物”。②划定了文物保护的范围，共五大类：一是重要的历史古迹；二是与重大历史事件、革命运动或著名人物有关的史迹、实物、建筑；三是历史上的珍贵艺术品、工艺品；四是历史上的重要文献资料；五是各民族社会生活的代表性实物。③在法律上确立了文物保护单位制度。④确立了历史文化名城保护制度。国家对“保存文物特别丰富、具有重大历史价值和革命意义的城市”，核定公布为历史文化名城。一些地方也公布了地方的历史文化名城、名镇、名村或历史文化保护区。⑤明确了配合基本建设的抢救性发掘的原则。如三峡工程、小浪底水库、京九铁路等。⑥确立了文物修缮、保养、迁移时“不改变文物原状”的原则。

第三个时期是20世纪90年代后期以来，进一步建设和完善文化遗产法律制度的时期。除了进一步完善物质文化遗产法律制度外，党和国家还开始考虑非物质文化遗产的法律制度建设问题。这期间有几项重大进展：一是全面修改《文物保护法》；二是修改《刑法》，加大打击各种文物犯罪活动，特别是日益严重的盗掘古墓葬古遗址和文物走私活动，增强刑事处罚力度；三是加入联合国《保护非物质文化遗产公约》，并启动我国非物质文化遗产立法工作。

三、《文物保护法》修改的背景、问题和缘由

（一）修改的必要性和紧迫性

应该说，改革开放以来，我国文物保护工作所取得的成效相当显著，其规模和速度大大超过了前30年。在迄今为止国务院公布的6批次全国文物保护单位中，有5批是改革开放以来所公布的。自1981年以来，我国在全国范围内开展了历时十年的文物普查、复查工作，基本上摸清了全国不可移动文物和地下埋藏文物的情况。目前，全国已知地上地下不可移动文物40多万处，其中约7万处被列为各级文物保护单位。这其中，全国重点文物保护单位共公布6批次，总计2353处（其中，仅2006年国务院公布的第六批全国重点文物保护单位便有1080处，前五批总数为

1273处)；省级7000处，县级6万多处。长城、故宫等32处文化和自然遗产被列入世界遗产名录，位居世界前三。我国的昆曲、古琴艺术、新疆维吾尔木卡木艺术、蒙古长调民歌近年来也被列入世界“人类口头和非物质文化遗产代表作”。全国有博物馆2300多座，馆藏可移动文物2000万件，每年举办陈列展览8000多个，接待观众上亿人次。在文物保护资金投入方面，仅在“十五”期间，全国投入文物保护的经费（不含专项经费）便达到了78.89亿元，其中中央财政是17.36亿元。“十五”期间，仅中央财政的投入就比“九五”增长了138%。在考古发掘方面，以配合三峡工程、小浪底水库、京九铁路等重大工程为重点，开展了大规模的考古发掘工作，取得了重大成果。同时，建立了历史文化名城保护制度，全国103个城市被列为国家历史文化名城。强调并注重对文物周边环境和历史文化名城、历史街区、村镇的整体格局和历史风貌的保护，逐步扩大了文物保护的对象和范围，形成了我国文物保护的思路和特点。此外，将高新技术运用于文物保护领域，进一步促进相关的科技发展，取得了积极成效。

同时，经全国人大常委会批准，我国签署了5个有关文化遗产保护的国际公约：《关于禁止和防止非法进出口文化财产和非法转让其所有权的方法的公约》《保护世界文化和自然遗产公约》《国际统一私法协会关于被盗或者非法出口文物的公约》《武装冲突情况下保护文化财产公约》和《保护非物质文化遗产公约》。近年来，我国从国外多次成功索回非法出境文物。

但是，随着改革开放的深入和社会主义市场经济的推进，文物工作情况发生了很大变化，出现了不少新问题、新矛盾。文物的破坏、盗掘、走私等情况相当严重。特别是有法不依、执法不严、法人违法、以言代法的现象较为普遍；属于政府和法人违法的案件比重逐年增加；文物行政管理机构和制度不健全，造成国有馆藏文物流失、损毁；文物流通领域秩序混乱，文物行政执法薄弱等。这些问题引起了社会的广泛关注，也引起了国家有关部门和立法机构对旧文物法执行情况的强烈关注。

全国人大教科文卫委员会于2000年为此专门在全国开展了一次执法检查工作。该委员会组织了4个检查组，对山西、陕西、福建、河南四省近年来的情况进行了执法检查。彭珮云、何鲁丽、许嘉璐副委员长以及数位常委委员参加了检查。其后向九届全国人大常委会第十八次会议提交了《关于当前文物保护法执行中若干问题的报告》，引起了强烈反响。报告指出：“由于不能正确认识和处理文物保护与市场经济发展的关系、文物保护与两个文明建设的关系，因此在处理文物的社会效益和经济效益的关系，文物保护与经济建设、城市建设的关系，文物保护与改善人民群众生活的关系，文物保护与旅游、宗教事业的关系，文物保护与文物流通和文物市场的关系等方面，出现了不少偏差和误区，使得《文物保护法》的实施遇到前所未有的困难和复杂局面。”报告指出当前存在的主要问题是：①在基本建设和城市改造中，对文物、历史文化名城及大遗址的破坏现象相当严重。一些地方领导同志和有关部门的文物保护意识及法制观念淡薄，不能正确处理基本建设、城市改造与保护文物的关系，各种破坏文物的现象不断出现，尤其是法人违法的事例日益增多，不少城市（特别是历史文化名城）的旧城改造、房地产开发和批租转让土地对文物保护的冲击越来越大，一些有价值的历史街区、古建筑、民居民宅和革命遗址被拆毁。如“浙江定海古城被毁事件”“河南安阳拆毁古街区事件”“湖北襄樊拆毁古城墙事件”等。个别地方甚至公开将历史文化遗存视为城市建设的障碍，出现了要求取消其历史文化名城称号的怪事；一些地方在古代大型遗址保护区内任意进行基本建设；在铁路、公路、水利建设中，不办理文物钻探手续，不听从文物部门劝阻，甚至为了施工而动用大型机械毁灭文物，等等。②对文物资源存在重利用、轻保护、重经济效益、轻社会效益的倾向。如将文物价值等同于经济价值，急功近利，只想利用文物赚钱，对文物进行超负荷、破坏性开发。一些地方对文物维修舍不得花钱，反而花费大量资金，在文物周边地区乱拆乱建，严重破坏了文物的周边环境。一些地方打着改革的旗号，将文物保护单位和博物馆、纪念馆拆变为企业资产，将其并入旅游公司，甚至作为股份公司上市。这种做法严重混淆了国家文物财产与企业资产的界限，造成了认识和实践中的混乱。③文物流通市场处于混乱无序的状态，文物商店处境艰难。④文物犯罪活动猖獗，文物的安全形势相当严峻。1997 年以来，全国文物犯罪案件大幅上升，出现了犯罪专业化、集团化的特点，盗窃抢劫、收购、贩运和走私等相当完整的文物犯罪体系。⑤文物保护工作中人、财、物的投入严重不足。报告指出，1999 年中央财政用于文物保护的专项补助经费为 1.3 亿元人民币，仅占当年国家财政总收入约 9‰，（意大利每年文物经费为 8 亿~11 亿美元，占国家财政总收入的 1.6‰；法国为 16 亿法郎；英国为 1.5 亿英镑）。不少县市的文物保护经费只是象征性地被列入财政预算，只有人头费，没有文物征集、科研、安全措施费用。文物管理机构严重不健全，已不适应形势需要。从目前的情况来看，全国文物行政管理力量仍相当薄弱，机构不健全，人员偏少，权力难以行使。特别是省一级机构大多不健全。仅有 4 个省市设有独立建制的厅级文物局，10 个省市区在文化厅内设立副厅级文物局，其他则在文化厅内设立处级的文物机构。市、县两级文物管理机构更为薄弱。在机构改革中，有些省市县的文物行政机构还被撤销、合并。（据 2002 年统计，全国各级文物管理机构为 2007 个，其中省级机构 15 个，地市级机构 387 个，县市级机构 1605 个。全国文物管理人员为 22 392 人。）从国际上看，世界上的许多国家都设有专门的文化遗产管理机构，并在管理体制上实行垂直管理。如意大利政府设有文化遗产和环境部，与之平行的还有国家文化遗产委员会，文化遗产和环境部在全国各地派驻管理处，统一管理全国的文物古迹。埃及除设置由政府高级官员和专家组成的国家文化遗产最高委员会外，还设立负责文物行政管理事务的国家文物总局，它统一直接管理全国各地的文物和文物机构，并掌握一支专门的文物警察队伍。法国对文物管理采取也是这种垂直领导、统一管理的模式。近些年来，我国社会各界对如何加强文物管理有不少看法，一种有代表性的意见是，建议成立国家文化遗产委员会，加强中央政府对文物工作的协调和宏观调控。

根据上述的严峻局面和问题，前述报告提出了若干意见和建议，其中一个重要意见就是修改《文物保护法》。由于1982年的《文物保护法》主要是在计划经济条件下制定的，因此报告的一个基本判断就是文物法“在一些方面已不适应当前社会主义市场经济条件下文物事业发展的需要”，不能有效回答和解决上述这些重大问题；一些规定过于笼统、缺乏可操作性；文物行政管理执法权力薄弱；行政处罚依据不足；我国参加的文物保护公约中的一些原则尚未在国内法中得到反映。因此，建议国务院抓紧进行《文物保护法》的修改工作，尽快将修改草案提交全国人大常委会审议。

（二）修改的主要争论和焦点

然而，这次修改在全国引起了一场相当广泛的争论。争论的焦点问题是，对文物是应当强调保护，还是应当强调利用。这场争论无论在观念认识上，还是在对实际工作中都产生了巨大和深刻的影响。可以说，这既是两种观念、两种认识的冲突，也是决定我国文物保护工作发展道路的冲突。在具体的立法过程中，这一冲突和分歧体现在法律名称上：一种观点主张《文物保护法》，一种观点主张《文物法》，取消“保护”二字，或主张称之为《文物保护和利用法》。在文物保护与利用的关系位置上也产生了冲突：一种观点主张保护为主，利用为辅，利用是在保护前提下的利用；一种观点主张保护与利用是一种平行关系，不存在谁主谁辅之问题。这种冲突实际上是当时我国社会主义市场经济在初放型发展状态下，对文化遗产的认识和判断主要建立在以经济利益为前提的一种本质反映。应该说，其既具有强烈的时代性，也具有明显的局限性。后来的讨论实际上是围绕着两个具体问题进行的：一是国有馆藏文物是否可以有偿转让；另一个问题是民间文物是否应当完全自由流通，也就是文物市场是否应当完全开放。这些问题表面上只是涉及文物的具体管理问题，但在本质上仍是保护与利用的认识冲突问题，反映了我国在市场经济发展过程中文物保护工作所面临的新挑战。

经过了广泛讨论，主流意见认为，在市场经济条件下，“保护”是文物工作的第一位和最主要的任务，同时也应当兼顾“利用”。《文物保护法（修正案草案）》在这两个方面都进行了重大调整。全国人大常委会经过了四次审议方予以通过。

（三）修改的具体过程

国家文物局于1996年开始进行《文物保护法（修正案草案）》的起草工作，

1998年经文化部部务会议原则同意将《文物保护法（修正案草案）》上报国务院。国务院法制办在长达3年多的时间内，经过深入调研和修改，形成了新草案。2001年9月，国务院常务会议讨论通过了新草案。2001年10月，提请九届全国人大常委会第二十四次会议审议。《文物保护法》的修订正式进入立法程序。从2001年10月到2002年10月，九届全国人大常委会分别在第二十四、二十五、二十七、三十次会议上对草案进行了四次审议。其间，全国人大教科文卫委员会在南京召开了22个省市区人大教科文卫委员会和文物部门及部分中央国家机关参加的"《文物保护法》修订座谈会"。全国人大法律委员会、全国人大常委会法制工作委员会在北京召开了"《文物保护法》立法论证会"。经过反复讨论、调研和审议，2002年10月28日九届全国人大常委会第三十次会议审议通过了修订案。

《文物保护法》历时6年的修改，在我国的行政法立法中是罕见的：修改时间最长，征求意见极广，全国人大首次举办立法听证会，首次四审通过，最后表决结果：赞成票121张，反对票1张，弃权票5张。

四、新《文物保护法》修订的主要内容

新《文物保护法》是对原《文物保护法》的一次全面、深入的修改。随着社会主义市场经济的迅速发展，文物工作出现了新情况、新问题。如何正确处理经济建设与文物保护的关系，如何正确处理文物保护与利用的关系，是新的历史时期中文物法制建设亟待解决的主要问题。修改工作紧紧扣住这一主题，在保留原法一些原则和制度的基础上，对其内容作了大幅修改，使其更符合文物工作与社会经济发展的实际要求，使其更完善，更具有可操作性。这些修改主要有以下一些内容：

（一）再次明确了立法宗旨

从根本上说，立法必须充分体现保护文化遗产的重要意义。在经济效益和社会效益之间，社会效益是首位的，是文化遗产保护工作的基本出发点和归宿。我国文物包括历史文物和革命文物，是源远流长的中国历史的重要见证，是光辉灿烂中华文化的重要载体，是维系中华民族团结统一的精神纽带。这也决定了文物法立法的基本宗旨和目的。

新《文物保护法》第1条规定："为了加强对文物的保护，继承中华民族优秀的历史文化遗产，促进科学研究工作，进行爱国主义和革命传统教育，建设社会主义精神文明和物质文明，根据宪法，制定本法。"这是对《文物保护法》立法宗旨所作的概括性规定，是该部法律的主线和总纲，也是其所确立的一系列保护制度、原则的依据和出发点。该条从五个方面全面概括和阐述了这一宗旨目的。这五个方面是：①加强文物保护，强化管理措施；②继承中华民族优秀的历史文化遗产；③促进科学研究工作；④进行爱国主义和革命传统教育；⑤建设社会主义物质文明和精

神文明。与1982年旧《文物保护法》的第1条相比，二者在立法精神上是一脉相承的。新法的立法宗旨和目的就是针对在社会主义市场经济条件下文物工作出现的新问题、新矛盾，通过正确处理经济建设与文物保护的关系、正确处理文物保护与利用的关系、强化行政执法手段、建立健全文物管理体制，在法制上达到进一步加强文物保护的根本目的。

（二）明确规定了文物工作的基本方针

1982年《文物保护法》没有规定文物工作的方针，这是一个很大的缺陷。1992年，国务院在西安召开了全国文物工作会议。从某种意义上说，这次会议是针对当时社会上出现的重利用、轻保护的现象，为了统一认识和思想而召开的。中共中央政治局时任常委的李瑞环同志出席了会议，并作了重要讲话。他在讲话中明确指出博大精深的历史文物是中华民族的骄傲，保护好文物是我们的历史责任，必须把抢救文物放在文物工作的首位。他第一次旗帜鲜明地提出了文物工作应当坚持“保护为主，抢救第一”的方针。他说：“现在世界各国普遍重视文物保护工作。……如果我们目光短浅，在文物保护方面该花的钱不花，该办的事不办，致使文物保护长期处于一种较低的水平，那么我们还有什么资格自称文物大国，在世界文化舞台上还有什么光彩？我们各级领导，包括各位当省长、当市长、当县长的，都要以对祖国、对民族、对历史、对子孙高度负责的态度，把自己管辖范围内的文物保护好。”“保护为主，抢救第一”这一方针的确立和提出，澄清了认识上的混乱，统一了思想，并成了我国文物工作长期遵循的基本方针。在此次修改时，其被概括上升为法律规定。新法在总则中明确规定：“文物工作贯彻保护为主、抢救第一、合理利用、加强管理的方针。”（第4条）这个方针是指导我们正确认识和处理文物保护和利用关系的基本出发点和法律依据，必须全面、完整地把握这个方针。一方面，保护、抢救、利用、管理是整个文物工作的四项基本任务，是不可分割的组成部分。另一方面，保护和抢救是首要的，是第一位的，利用是以保护、抢救为前提的，是在合理范围内的利用，是有限制的利用。为了进一步规范保护与利用的关系，新法有针对性地增加了相关规定，即“各级人民政府应当重视文物保护，正确处理经济建设、社会发展与文物保护的关系，确保文物安全。基本建设、旅游发展必须遵守文物保护工作的方针，其活动不得对文物造成损害”。（第9条第1、2款）

李岚清同志在2002年全国文物工作会议上指出，贯彻落实这个方针，做好文物工作，要把握好几点：一是在任何时候、任何情况下都要坚持“保护为主”，把文物本体及其原生环境的保存放在主要位置，在确保文物安全和永久保存的前提下，实现社会效益和经济效益的统一。二是要确立合理利用文物的内涵、途径、手段和办法，通过加强管理实现对文物的有效保护和合理利用，遏制对文物的不择手段的滥用、破坏，努力实现文物的永久保护、永续利用。三是要坚持在保护文物的前提下进行基本建设和生产建设，在基本建设和生产建设中注重文物保护，努力实现文物保护事业和经济建设的协调发展。四是要深化改革，逐步建立适应社会主义市场经济的文物管理体制和运行机制。五是要积极利用现代科技成果保护文物，不断提高文物保护水平。

（三）规范和加强了文物保护的经费来源保障

旧《文物保护法》在文物保护的经费来源上，仅规定要列入中央和地方的财政预算。从实际情况来看，这一规定并未得到有效落实。文物保护的经费不足成了相当普遍的问题。为此，1997 年国务院在《关于加强和改善文物工作的通知》中强调各地政府对文物工作要做到“五纳入”，即纳入地方经济和社会发展计划，纳入城乡建设规划，纳入财政预算，纳入体制改革，纳入各级领导责任制。考虑到“五纳入”要求在实践中对文物工作起到了重要作用，因而应当将其在法律中予以明确规定。

所谓纳入财政预算，就是要求各级政府在编制年度财政预算时，应将文物工作的经费纳入其中，以保障文物工作的开展。这一要求也是有针对性的。我国现行财政体制是分级财政制。文物工作实行分级管理，分级负担。一些年来，各级财政对文物保护经费的投入有了较大提高，但其绝对数与在同级财政总量中所占的比例仍然很低。一些县市文物保护经费得不到落实，甚至列不进同级财政预算。很多文物保护单位基本没有文物保护维修经费。这一状况与我国文物保护的形势极不相称。文物保护属于社会公益事业，各级政府必须为其提供经费保障。中央财政设立了国家重点文物保护专项补助经费，对困难地区的重点文物保护及维修等项目给予专项补助。文物丰富的地区也应当设立这样的专项经费。同时，还要结合当地文物开发利用情况，落实国务院确立的文化经济政策和财税优惠政策，建立多渠道的投入机制。

为此，新《文物保护法》在文物保护的经费来源和保障上与旧法相比增加了若干规定。其一，明确规定国家发展文物保护事业。县级以上人民政府应当将文物保护事业所需经费列入本级财政预算。其二，为了进一步保障经费来源，除了规定列入本级财政预算外，文物保护的财政经费不应当停留在原有水平，而应当随着财政收入的增长而同步增长。1987 年、1997 年国务院在有关文件中就提出：“财政预算中安排的文物保护经费应逐年有所增加。”由于多种原因，这一要求并未得到有效落实。近些年来，随着我国社会经济的发展，国家经济实力大幅上升，财政收入增长较快，国家用于文物保护的财政投入有条件做到不断增加。考虑到通过法律对此予以明确保障的必要性，因此新法规定国家用于文物保护的财政拨款随着财政收入的增长而增加。其三，规定了国有博物馆、纪念馆、文物保护单位的事业性收入的用途，即必须被专门用于文物保护，而不得用作其他。同时规定禁止任何单位和个人对其侵占或挪用。其四，拓宽文物保护资金来源，鼓励社会力量设立文物保护基金，并对基金的用途作了规定。即规定国家鼓励通过捐赠等方式设立文物保护社会基金，专门用于文物保护，任何单位或者个人均不得侵占、挪用。（第 10 条）

（四）完善历史文化名城保护制度，历史文化街区、村镇被纳入保护范围

1982 年《文物保护法》规定了历史文化名城制度。这是我国建立的一个具有特色的制度。这一制度的建立为把特定的城市作为历史文化遗产保护对象提供了法律依据。该法在对这些城市的保护、规划、发展方面发挥了巨大作用。迄今为止，国务院核定公布的历史文化名城已达 101 座，一些地方政府也公布了一些地方级的历史文化名城。但是，历史文化名城制度的着眼点在于城市，而不涵盖具有重大价值的历史街区、小镇、村庄，这是一个缺陷。其结果是，一些本应得到有效保护的历史街区会在经济建设中被任意拆毁；一些具有重大价值的乡镇、村庄等，其保护得不到国家法律的认可。同时还存在另一个缺陷，即没有建立起历史文化名城的法律保障措施，以至于一些已被核定公布为历史文化名城的城市名不符实，出现了任意毁坏的现象，相关的主管人员和直接责任人也无法被追究责任。因此，从立法层面解决上述这些缺陷成了普遍共识。

2001 年 9 月，《文物保护法（修订案草案）》经国务院提交全国人大常委会审议后，立法者在审议过程中对这一问题给予了高度关注。全国人大常委会经过仔细研究讨论，决定在这次修改中增加若干规定，这主要包括三方面内容：

（1）完善保护范围，在保留历史文化名城制度的前提下，增加历史文化街区、村镇保护制度。规定保存文物特别丰富并且具有重大历史价值或者革命纪念意义的城镇、街道、村庄，由省、自治区、直辖市人民政府核定公布为历史文化街区、村镇，并报国务院备案。（第 14 条第 1、2 款）这一规定改变了过去将历史文化名城区分为国家级历史文化名城和省级历史文化名城的做法，确立了历史文化名城由国务院核定公布，历史文化街区、村镇由省、自治区、直辖市人民政府核定公布的新体制。

（2）明确了专门规划的法律地位，规定了历史文化名城和历史文化街区、村镇所在地的县级以上人民政府应当组织编制专门的历史文化名城和历史文化街区、村镇保护规划，并将之纳入城市总体规划，同时授权国务院制定历史文化名城和历史文化街区、村镇的保护办法。（第 14 条第 3、4 款）

旧《文物保护法》只是规定了历史文化名城核定公布的标准和程序，对保护的办法和手段并未明确规定。从实际情况来看，历史文化名城的保护面临的一个最主要的问题是如何处理好城市的建设和改造与历史文化风貌保护的关系以及如何处理好城市发展规划和历史文化名城保护规划之间的关系。为此，新《文物保护法》明确规定要制定出专门的历史文化名城保护规划和特定的历史文化街区、村镇的保护

规划，并将之纳入城市总体规划。国务院颁布的《文物保护法实施细则》进一步明确规定，历史文化名城由建设部会同国家文物局报国务院核定公布。历史文化街区、村镇由省级城乡规划部门会同文物部门报本级政府核定公布。该实施细则还明确规定，规划的制定要符合文物保护的要求。因此，根据历史文化名城、街区、村镇的特点，制定和实施专门的规划，是做好历史文化名城、街区、村镇保护工作的必要前提。编制专门规划应该在理念上反映出整体保护的原则和方向应是以保护历史文化名城、街区、村镇的总体布局、历史风貌、文物古迹、风景名胜和生态、人文环境为重点的专门规划，是城市总体规划的重要组成部分。

在法律上明确规定历史文化名城、街区、村镇所在地的人民政府应制定专门的保护规划，这具有非常重要的意义。1989 年制定颁布的《城市规划法》规定，城市建设和发展要依法制定和实施城市规划，并要在法定的城市规划区内进行建设。同时规定："编制城市规划应当注意保护和改善城市生态环境，防止污染和其他公害，加强城市绿化建设和市容环境卫生建设，保护历史文化遗产、城市传统风貌、地方特色和自然景观。编制民族自治地方的城市规划，应当注意保持民族传统和地方特色。"（第 14 条）虽然《城市规划法》用国家法律的形式明确了城市规划编制和实施的法律地位，也对制定城市规划时依据的条件作了原则性规定，但对历史文化名城、村镇、街区而言，其在法律上却一直缺乏特定的规划编制实施的明确规定。长期以来，这些历史文化名城、街区、村镇的规划建设，往往混同于一般的城市规划之中。这也是不少地方历史文化名城、街区、村镇在城市建设和改造中不断遭到毁坏的一个重要原因。1994 年，建设部、国家文物局联合颁布《历史文化名城保护规划编制要求》，对制定历史文化名城保护规划提出了五项原则要求，即历史文化名城应该保护城市的文物古迹和历史地段，保护和延续古城的风貌特点；编制规划应分析城市历史演变及性质、规模、现状特点，并根据历史文化遗存的性质、形态、分布等特点，因地制宜地确定保护原则和工作重点；编制规划要为保护城市历史文化遗存创造有利条件，同时又要注意满足城市经济、社会发展和改善人民生活和工作环境的需要，使保护和建设协调发展等。该文件还对编制历史文化名城规划需收集的基础资料提出了具体要求。该文件的出台对解决如何编制历史文化名城城市规划的问题起到了某种统一规范的作用。但此文件只属部门规章，并未上升为法律规范，其效力相当有限。因此，根据历史文化名城、街区、村镇的特点，制定和实施专门的规划，是做好历史文化名城、街区、村镇保护工作的必要前提。

近些年来，不少地方都在积极开展编制历史文化名城、街区、村镇的保护规划工作，并通过地方人民政府公布，使之具有政府法令的效力。一些地方立法机关还专门制定了所在地的历史文化名城保护办法或条例。如《山西省平遥古城保护条例》《云南省丽江历史文化名城保护管理条例》《昆明历史文化名城保护条例》《福州市历史文化名城保护条例》等。北京市政府于2002年2月颁布了《北京旧城25片历史文化保护区保护规划》，强调以“院落”为基本单位进行保护与更新，危房改造和更新不得破坏原有院落布局和胡同构造。根据此规划，北京旧城25片历史文化保护区总占地面积为1028公顷，约占旧城总用地的17%，包括南、北长街，西华门大街，南、北池子，东华门大街，大栅栏，鲜鱼口地区等。2002年9月19日，北京市政府又向社会公布了《北京历史文化名城保护规划》，这是有着三千多年建城史的古都北京提出的第一个最为完整的名城保护规划。其目的就是切实保护北京历史文化遗产，体现“人文奥运”精神。编制该规划的指导思想是，坚持北京的政治中心和文化中心的性质，正确处理历史文化名城保护与城市现代化建设的关系，重点搞好旧城保护，最大限度地保护名城。该保护规划分为三个层次，即文物保护单位的保护、历史文化保护区的保护和名城的整体保护。保护规划的重点，一是要从整体上保护北京旧城，保护其历史水系、传统中轴线、皇城、旧城“凸”字形城郭、道路及街巷胡同、建筑高度、城市景观线、街道对景、建筑色彩、古树名木等。二是新增第二批历史文化保护区，包括旧城内5片，即皇城，北锣鼓巷，张自忠路北、路南，法源寺，占地面积约249公顷，约占旧城总面积的4%。另外还确定了旧城外10片历史文化保护区。三是划定皇城历史文化保护区，编制保护规划并准备申报世界遗产。四是制定文物保护单位的保护规划。五是对历史文化保护区内的旧城改造实行以“院落”为单位逐步更新危房，维持原有街区的传统风貌。对保护区外的，加强对文物和有价值的历史建筑的保护，强调对古树、大树、胡同的保护等。同时，在此基础上着手制定《北京历史文化名城保护条例》。该条例于2005年3月25日由北京市人大常委会通过。条例以地方法规的形式将北京历史文化名城保护内容明确为，旧城的整体保护、历史文化街区的保护、文物保护单位的保护和具有保护价值的建筑的保护。规定对违法拆除、改建、扩建具有保护价值的建筑，以及未按有关保护规划的要求和风貌修缮标准履行管理、维护、修缮义务的，处以10万元以上、20万元以下的罚款。对负有保护北京历史文化名城职责的国家机关及其工作人员，在出现违法调整保护规划、违法调整历史文化街区范围、违法审批、滥用职权等情形下，依法追究其刑事责任等。

显然，上述这些规划和地方法规的制定及其相关的法律效力，为历史文化名城、街区、村镇的保护起到了至关重要的作用。正是在这个意义上，新《文物保护法》明确规定所在地县级以上各级人民政府要编制历史文化名城、历史文化街区、村镇保护规划，要将其纳入城市总体规划。这进一步明确了保护规划的法律地位。

（3）明确法律责任，规定历史文化名城的布局、环境、历史风貌等遭到严重破坏的，由国务院撤销其历史文化名城称号；历史文化城镇、街道、村庄的布局、环境、历史风貌等遭到严重破坏的，由省、自治区、直辖市人民政府撤销其历史文化

街区、村镇称号；对负有责任的主管人员和其他直接责任人员依法给予行政处分。（第69条）

这一规定具有鲜明的现实性和针对性。无论是在新《文物保护法》的修订起草中，还是在全国人大常委会的审议过程中，各界都要求对此作出法律上的明确规定，这一呼声相当强烈。一个主要原因就是，随着市场经济的飞速发展，我国的历史文化名城、街区、城镇保护形势十分严峻，除了城市建设、旧城改造对保护工作所带来的种种问题外，旅游的发展也给保护工作带来了严峻考验。由于文化遗产、历史文化名城等称号具有无形资产的价值，能产生出相当的经济效益，因此，不少城市都把获取这一称号作为促进经济发展的重要手段。然而，在获取后，却有可能出现两种现象：

第一，不能正确处理名城保护与城市建设的矛盾，使保护让位于城市建设和改造，甚至为了建设而放弃保护。近年来，不少城市采用相同的建筑技术和风格，追求大规模的建筑群和大体量的建筑物，导致城市面貌千篇一律，破坏了以历史街区、城镇、古老建筑为标志的城市特点和民族特色；有的城市为追求提高城市土地的使用率，不惜在历史文化遗产密集的区域开发；有的为了满足现代城市中高速交通的需要，改变历史文化名城的格局和风貌，甚至不惜将其拆毁、推倒。从国内各大历史文化名城的情况看，许多城市的规划都是以旧城为核心，向四周蔓延发展的。以北京为例，具有巨大建筑与历史价值的明清古城方圆6.8平方公里，仅占规划市区150平方公里的4.5%。由于长期以来一直采取以古城为中心的扩展方式，使得发展与保护的矛盾日益加剧。这一格局成了许多城市发展建设的参照，因而出现了种种毁坏城市历史文化风貌的现象。2000年3月10日，全国九届人大四次会议上，31名人大代表联名提交了我国第一个关于历史文化名城保护的议案，其后在人大会议上，类似的议案一再被提交。

第二，只顾追求名城的旅游开发效益，不顾名城保护的本质特点，不遵循保护的客观规律，甚至恶性开发，使历史文化名城被商业气息所淹没，无限制的商业开发对其造成了无法挽回的破坏性结果。这样的例子也是屡见不鲜。例如，山东曲阜孔庙被有关部门交由旅游公司管理，由于不懂得文物保护的基本规律，该公司竟然“水洗三孔”，孔府孔庙内大量的古建筑彩绘被冲毁，旅游公司职工还开车将一尊元代记事碑撞碎，无法复原。此事件一度轰动社会。1997年，丽江被联合国列为世界文化遗产后，每年的游客数量无限制上涨，迄今已达到400万人次/年以上，过度的旅游开发严重影响了当地的文化和生态平衡。其他一些历史文化名城、村镇等，也面临着类似的问题。因此，如何在法律上对此进行限定，成了新法修订的一个焦点。

从国际上看，联合国教科文组织下属的世界遗产委员会每年都审核、批准《世界文化遗产名录》的新申报项目。世界遗产的称号和殊荣不仅意味着对其受封对象的国际认可，也往往会提高所在地区和国家的知名度，使其实际上获得“国际通行证”，从而产生可喜的经济效益和社会效益。同时，世界遗产还可以享受国际援助、技术支持、免受战争或人为破坏等一系列优惠待遇。因此，各国对申报世界遗产充满热情，竞争激烈。但是，世界遗产的称号并非是永恒的。全球的世界遗产也面临着类似的问题，除了过度开发旅游景点外，还遭遇地区战乱、种族冲突、资金缺乏等问题。为了防止出现保护不力的现象，联合国建立了监督、检查、警告、除名的完整机制。联合国每隔6年就要对世界遗产进行一次检查，如果遗产原状受到破坏或被改变，将可能被列入《濒危世界遗产名录》。如果当地政府不能按期恢复该遗产原貌，最终将遭到除名的惩罚。同时，联合国还要求世界遗产所在国家和政府建立相应的监测系统，每5年提交一份报告并采取措施，使所在地的世界遗产避免被列入《濒危世界遗产名录》。据统计，目前全球700多个世界遗产中，已有30多处被列入《濒危世界遗产名录》，其中也包括我国的某些世界遗产。从实际情况看，这种机制的建立和实施，对有效保护世界遗产起到了积极作用。

根据国际的做法和惯例，新《文物保护法》在修订时专门增加了上述规定。规定对那些历史文化风貌遭到严重破坏的历史文化名城、街区、村镇，由原核定公布的政府予以撤销称号。从而在法律上建立起监督、撤销制度，过去名城的“终身制”的现象从此一去不复返。同时，新法还规定了对造成历史文化风貌遭到破坏的负有责任的主管人员和其他责任人员，追究其法律责任，从而建立了法律追究责任制。

（五）完善了不可移动文物保护制度

除了在不可移动文物一章中增加了上述历史文化街区、村镇保护内容外，新法还针对当前经济建设中文物保护出现的一些问题，对不可移动文物的保护制度作了进一步的健全和完善。主要增加了这样几个内容：①增加了对文物保护单位的保护范围和建设控制地带内禁止行为的具体规定。除了旧法所规定的非经特别许可“不得进行其他建设工程”外，新法还规定不得从事“爆破、钻探、挖掘等作业”，“不得建设污染文物保护单位及其环境的设施，不得进行可能影响文物保护单位安全环境的活动。对已有的污染文物保护单位及其环境的设施，应当限期治理”。（第17、19条）②明确规定了不可移动文物的修缮、保养责任。规定国有不可移动文物由使用人负责修缮、保养，非国有不可移动文物由所有人负责修缮、保养。（第21条第1款）③为了正确规范和引导文物保护与利用的关系，防止国有不可移动文物的流失，明确规定国有不可移动文物不得被转让、抵押。建立博物馆、保管所或者辟为参观游览场所的国有文物保护单位，不得作为企业资产经营。同时规定非国有不可移动文物不得被转让、抵押给外国人。（第24、25条）④对依法拆除的国有不

可移动文物中具有收藏价值的壁画、雕塑、建筑构件等，规定由文物部门指定的文物收藏单位收藏。(第 20 条第 4 款)

（六）完善了考古发掘制度

新法修改和增加的规定有几个方面：①一是对原来的考古发掘的会同审核制度进行了修改，规定考古发掘的行政批准权由国家文物行政部门行使。二是规定了行政审批前的咨询程序和范围，规定在考古发掘批准或审核前，应当征求社会科学研究机构及其他科研机构和有关专家的意见。(第 28 条) ②明确规定在进行建设工程或者农业生产中发现文物者的职责和文物行政部门的职责及处理时限，即任何单位或者个人发现文物，应当保护现场，立即报告当地文物行政部门，文物行政部门接到报告后，如无特殊情况，应在 24 小时内赶赴现场，并在 7 日内作出处理意见。发现重要文物应立即上报国务院文物行政部门，国务院文物行政部门应当在接到报告后的 15 日内提出处理意见。同时还规定对上述情况下发现的文物，其所有权属于国家，任何单位或者个人不得哄抢、私分、藏匿。(第 32 条) ③增加了对考古发掘结果管理方面的规定。明确规定考古调查、勘探、发掘的结果，应当报国务院文物行政部门和省、自治区、直辖市人民政府文物行政部门。考古发掘的文物，应当登记造册，妥善保管，并移交文物行政部门指定的国有博物馆、图书馆或者其他国有文物收藏单位收藏。规定考古发掘的文物，任何单位或者个人不得侵占。(第 34 条)

（七）完善了馆藏文物管理制度

新法对馆藏文物一章进行了较大修改，使馆藏文物管理制度更加完善。增加的主要内容有：①明确规定凡文物收藏单位均应建立健全管理制度，并报主管的文物行政部门备案。未经批准，任何单位或者个人不得调取馆藏文物。(第 38 条第 1 款) ②明确规定了文物收藏单位法定代表人的职责，即文物收藏单位的法定代表人对馆藏文物的安全负责。国有文物收藏单位的法定代表人离任时，应当按照馆藏文物档案办理馆藏文物移交手续。(第 38 条第 2 款) ③明确规定了文物收藏单位有效利用文物的义务，即文物收藏单位应当充分发挥馆藏文物的作用，通过举办展览、科学研究等活动，加强对中华民族优秀的历史文化和革命传统的宣传教育。(第 40 条第 1 款) ④扩大国有文物收藏单位的交流渠道。除了旧法规定的“调拨”这一渠道外，新法增加了“交换和借用”的渠道。一是规定了交换和借用的范围，即国有馆藏文物只限于在国有文物收藏单位之间进行交换；非国有文物收藏单位可以借用国有馆藏文物用于展览。二是规定了交换借用的批准程序，特别是一级文物的交换、借用程序。三是规定了对那些未建立馆藏文物档案的国有文物收藏单位，禁止进行交换、借用。四是规定了借用文物的期限不得超过 3 年。五是原则规定了依法调拨、交换、借用国有馆藏文物，取得方可以对提供方予以合理补偿，并授权国务院文物行政部门制定具体管理办法。同时还规定了文物取得方的职责和提供方对补偿资金的法定用途。六是规定了对国有文物收藏单位不再收藏的文物可以另行处置，并授权国务院制定具体管理办法。（第40、41、42、43、45条）⑤明确规定了文物收藏单位的安全制度，即文物收藏单位应配备防火、防盗、防自然损坏的设施，确保馆藏文物的安全。（第47条）⑥增加了馆藏文物损毁处理程序规定，即馆藏文物损毁的应报相应文物行政部门核查处理或备案；被盗、被抢或者丢失的，文物收藏单位应立即向公安机关报案，并向主管机关报告。（第48条）⑦对文物行政部门和国有文物收藏单位的工作人员作出了特别规定，即不得借用国有文物，不得非法侵占国有文物。（第49条）

（八）完善了民间文物收藏管理制度

促进和规范民间收藏活动是文物工作的一个组成部分。既要鼓励支持合法正当的民间文物收藏活动，允许其依法流通，也要严格规范，对其作出严格的限制性规定，以防给文物犯罪活动提供可乘之机。基于此，新法增加了若干规定：①规定文物收藏单位以外的公民、法人和其他组织取得文物的方式有五种：一是依法继承或者接受赠与；二是从文物商店购买；三是从经营文物拍卖的拍卖企业购买；四是公民个人合法所有的文物相互交换或者依法转让；五是国家规定的其他合法方式。（第50条）②对公民、法人和其他组织禁止买卖的文物也作明确规定：一是国有文物（但国家允许的除外）；二是非国有馆藏珍贵文物；三是国有不可移动文物中的壁画、雕塑、建筑构件等（但是依法拆除的、文物单位又不予收藏的除外）；四是非上述五种合法途径来源的文物。（第51条）③建立了文物拍卖管理制度。一是增加行政许可，规定凡依法设立的拍卖企业经营文物拍卖的，都应取得国务院文物行政部门颁发的《文物拍卖许可证》；二是规定文物拍卖企业不得从事文物购销经营活动，不得设立文物商店；三是规定文物行政部门工作人员和文物收藏单位不得举办或参与举办文物拍卖活动；四是规定禁止设立中外合资、中外合作、外商投资的文物拍卖企业；五是规定文物拍卖企业的职责和义务，即所拍卖的文物在拍卖前要报文物行政部门审核，要对所拍卖的文物作出记录并报文物行政部门备案，并有义务对文物拍卖的委托人、买受人保密；六是规定文物行政部门对所审核拟拍卖的文物可指定国有文物收藏单位优先购买其中的珍贵文物。购买价格由文物收藏单位代表与文物的委托人协商确定。（第54、55、56、57、58条）

（九）完善了文物出境进境管理制度

旧《文物保护法》仅对禁止出境文物作了规定，这已不适应客观发展。新法在文物的出境、进境、出境展览、临时进境和复出境等方面都作了相应规定。①增加了禁止出境文物的特殊许可，即珍贵文物和国家规定禁止出境的其他文物，不得出境，但依法规定出境展览或因特殊需要经国务院批准出境的除外。（第60条）②建立了文物出境展览管理制度。规定文物出境展览的批准程序、审核登记程序及海关放行程序，规定了出境展览文物复进境的审核查验程序。（第62条）③规定了文物临时进境的审核登记程序。（第63条）

（十）完善了法律责任的规定

旧《文物保护法》在法律责任的规定方面相当薄弱，新法在修订时为此增加了相应条款，极大地加强和充实了法律责任的规定。主要内容有：①与刑法对妨害文物管理罪的规定以及其他有关规定相衔接，对应当追究刑事责任的犯罪行为作出专项规定。（第64条）②明确规定了应受行政处罚的具体行为以及相应的具体处罚标准，加大了处罚力度。例如，规定对转让或抵押国有不可移动文物，或将其作为企业资产经营的，最高可处违法所得5倍的罚款。（第68条）对违法设立文物商店或经营文物拍卖的，违法经营额5万元以上的，并处违法经营额2倍以上5倍以下的罚款。违法经营额不足5万元的，并处2万元以上10万元以下的罚款。（第72条）③明确规定了破坏历史文化名城、街区、村镇的布局、环境、历史风貌的法律责任。一是规定由所批准的行政部门撤销其历史文化名城、街区、村镇称号；二是规定对负有责任的主管人员和其他直接责任人员依法给予行政处分。（第69条）④特别对文物行政部门、文物收藏单位、文物商店、经营文物拍卖的拍卖企业的工作人员的法律责任作了专项规定。即规定有相关违法行为的要依法给予行政处分，或依法开除公职或吊销其从业资格，构成犯罪的依法追究刑事责任。（第76条）此外，对公安、工商、海关、城乡建设规划部门和其他国家机关滥用职权、玩忽职守、徇私舞弊、造成国家保护的珍贵文物损毁或流失的，对负有责任的主管人员和其他直接责任人员依法给予行政处分，构成犯罪的，依法追究刑事责任。（第78条）

除了行政责任外，加强刑事处罚的力度也是一个重要方面。为打击各种文物犯罪活动特别是日益严重的盗掘古墓葬古遗址和走私活动，修改《刑法》和《文物保护法》的刑事处罚条款，全国人大常委会于1991年颁布规定，对《文物保护法》中涉及盗窃、走私、故意破坏、玩忽职守造成损毁流失、私自出售文物等的，追究刑事责任。同时，全国人大常委会还颁布关于惩治盗掘古文化遗址古墓葬犯罪的补充规定，对《刑法》进行了修改，规定对有关犯罪行为，情节较轻的处三年以下有期徒刑，情节严重的处十年以上有期徒刑、无期徒刑或者死刑。1997年，全国人大常委会对《刑法》进行了全面修改，增加了“妨害文物管理罪”，共6条，对故意损毁、过失损毁、私自出售赠送外国人、倒买禁止经营的文物等行为，处三年、五年、十年以下的有期徒刑；对严重盗掘古遗址、古墓葬或盗窃珍贵文物或造成珍贵文物严重破坏的行为处罚更为严厉，处十年以上有期徒刑、无期徒刑或者死刑。2005年12月，十届全国人大常委会又对走私、盗窃、损毁、倒买或者非法转让具有科学价值的古脊椎动物化石、古人类化石的行为适用刑法有关规定作出了解释。

五、我国文化遗产法律制度的立法特点和构成

我国文化遗产法律制度是我国整个法律体系的一个重要组成部分。它包括法律、法规、部门规章、地方法规等一系列具有法律效力的文件。它的形成和特点与我国的立法体制密切相关。我国是一个统一的单一制国家，各地方经济、社会发展又很不平衡，因此，既要保证国家权力机关统一行使立法权，同时又要照顾各地不同的需要，确立了我国统一而又分层次的立法体制。它包括了具有不同层次的国家法律法规、地方性法规、民族自治区条例、部门和地方政府规章等。对这种分层次的立法体制，为保证法制的统一，明确规定了不同层次法律、法规、规章的效力：宪法的效力高于一切法律、法规，法律法规的制定不得同宪法相抵触；法律高于行政法规；行政法规高于地方性法规和规章；地方性法规高于地方政府规章。同时，立法机关还实行立法监督制度，上级立法机关有权撤销不适当的法规规章。

我国文化遗产法律制度是建立在宪法和其他基本法所确立的原则之上的，这些原则包括国家保护文化遗产的原则，各民族平等、团结、互助的原则，各民族都有发展保护本民族文化和保持或改革自己风俗习惯的自由的原则等。我国文化遗产法律制度经过五十多年的建设，目前主要在有形文化遗产（文物）方面初步形成了法律保护体系。它与上述立法体制相一致，包括若干层次：一是由全国人大常委会1982年制定颁布的《文物保护法》（1991年、2002年修订）；二是国务院制定颁布的行政法规，如《文物保护法实施条例》《水下文物保护管理条例》《风景名胜管理条例》等；三是省、直辖市立法机关人大常委会制定颁布的有关文物保护的地方性法规，如《北京市文物保护条例》《浙江省历史文化名城保护条例》《甘肃敦煌莫高窟保护条例》等；四是较大的市和经济特区所在地的省市人大常委会制定的地方性法规，如《苏州市文物保护条例》《深圳市文物保护条例》等；五是民族自治区、州、县人大常委会制定的自治条例和单行条例，如《西藏自治区文物保护条例》《云南省丽江纳西族自治县东巴文化保护条例》等；六是国务院有关部门制定的部门规章和地方省级人民政府制定颁布的规章性文件，如国家文物局制定的《文物保护单位保护管理暂行办法》《考古发掘管理办法》《考古涉外工作管理办法》，以及文物出境鉴定、馆藏文物等方面的管理办法和各地方立法机关、人民政府所制定的地方法规、规章。

建立完备的文化遗产保护法律制度，是我国法律制度建设的一个基本目标。这一制度包括三个方面：一是进一步扩大物质文化遗产的法律保护范围，加大保护力度。在立法上除了进一步完善《文物保护法》外，还要针对特定的保护对象制定一系列专门的法律法规，如制定历史文化名城、街区、村镇保护办法，制定专门的长城保护条例、世界遗产保护条例等。二是制定《非物质文化遗产法》，与《文物保

护法》相互补充，以解决那些未被纳入《文物保护法》保护范围的非物质文化遗产的法律保护问题。通过这一立法，确定国家保护、继承和发展非物质文化遗产的基本原则、建立保护名录制度，明确责任义务、管理体制、资金保障、普查建档、传承培养、展览利用、出境管理、奖励制度、法律责任等。三是建立民族民间传统文化知识产权的法律保护制度。传统文化知识产权的保护是一个全新而复杂的问题，突破了原有著作权、商标权和专利权的传统内容，需要认真研究。一个考虑是在现有的知识产权的专门法中增加有关内容，同时加快《民间文学艺术作品著作权保护条例》的制定。要达成这一目标，我们仍然面临许多问题和挑战。如历史文化名城的保护与城市发展问题、长城的保护问题、文物环境和历史风貌的保护问题、文物环境和历史风貌的保护问题、民族民间传统文化的知识产权及其民事保护问题等。

六、关于依法行政和监督的问题

（一）关于依法行政的问题

全面推行依法行政，建设法治政府是我们党和国家建立社会主义法制社会的一个重要内容。所谓依法治国，就是要求国家是法治国家，政府是法治政府。依法治国的目标就是建立法治国家；依法行政的目标就是建设法治政府。

所谓建设法治政府，就是要求行政机关自觉运用国家法律法规管理国家事务，管理经济文化事业和社会事务。最根本的就是要按照依法行政、合理行政、程序正当、诚信高效、权责统一的要求，做到有权必有责、用权受监督、违法受追究、侵权要赔偿。国务院 1999 年就发布了《关于全面推行依法行政的决定》，2004 年又发布了《全面推进依法行政实施纲要》，对建设法治政府提出了明确任务和目标。该纲要提出要经过 10 年努力，基本实现建设法治政府目标。2003 年十届全国人大常委会四次会议审议通过了前后讨论有 7 年之久的《行政许可法》，这对我国依法行政、建立法治政府具有重大和深远的意义。

《行政许可法》确立了行政的全新理念并作出了具体规定。主要包括：①合法行政。行政许可权是各级政府管理经济社会事务的一项重要行政权力，必须依法行使。就是说，行政机关实施行政行为应该按照法律法规规章的规定进行；没有法律法规规章的规定，行政机关不得作出影响公民、法人和其义务的决定。《行政许可法》规定，行政许可的设置权只能归三个层次的国家机关行使：一是全国人大及其常委会；二是国务院；三是省、自治区、直辖市人大及其常委会，较大的市人大及其常委会，省、自治区、直辖市人民政府。除此之外，其他任何部门不再有行政许可设置权。同时，还确立了非经法律法规规定，行政许可不得收费的原则。②程序正当、公平公正。一是行政行为要依法定程序进行；二是要公开行政（除国家秘密、私人隐私外）；三是要公平公正对待行政管理人。③高效便民。要依照法定时限，履行法定职责。行政立法时，通常都要求对行政机关审批或处理的时限有明确规定。如《文物保护法》第 32 条规定，在进行建设工程或农业生产中发现文物的，应立即报告当地文物行政部门，文物行政部门接到报告后，如无特殊情况，应当在 24 小时内赶赴现场，并在 7 日内提出处理意见。发现重要文物的，应立即上报国务院文物行政部门，国务院文物行政部门应当在接到报告后 15 日内提出处理意见。④诚信守信。行政机关公布的信息应当全面、准确、真实。非因法定事由并经法定程序，行政机关不得撤销、变更已经生效的行政决定；因国家利益、公共利益或者其他法定事由需要撤回、变更行政决定的，应当依照法定权限和程序进行，并对他人因此受到的财产损失予以补偿。⑤权责统一。执法要有法定依据，用权要受监督，违法受追究，侵权要赔偿。

就《文物保护法》的执法而言，上述依法行政的基本原则和要求是一致的。文物法的依法行政主要包括两个方面：

第一，各级政府包括各相关职能部门都要严格按照《文物保护法》的规定履行职责。文物法的依法行政绝不只是文物行政部门的事情。《文物保护法》对各级政府包括相关部门（如公安机关、工商部门、海关、财政部门、城乡建设规划部门等）职责都作了相应规定。首先是各级人民政府要提高对文物保护的认识，要将文物保护工作提上政府工作的议事日程，要将文物保护事业纳入本级国民经济和社会发展规划，纳入本级财政预算，要确保文物的安全。同时，文物保护工作是一项综合性工作，涉及各个方面。特别是在市场经济条件下，要建立起良好和规范的文物秩序，需要各个相关部门共同努力。除了文物行政机关外，公安机关、海关承担依法打击文物犯罪行为、打击文物走私活动的职责；工商行政管理部门承担着维护文物市场秩序的职责；城乡建设规划部门承担着城市规划建设中保护文物和历史文化名城、历史街区、历史文化保护区、历史文化村镇的职责；此外，还有环保部门、民族宗教事务部门等，其工作范围都涉及文物保护的问题。这些部门都应当依法认真履行所承担的保护文物的职责，积极配合文物部门做好文物工作。

第二，各级文物行政法部门更要做到依法行政，依法履责。特别是要敢于执法，严格执法，执法到位。长期以来，文物部门是一个弱势部门，人员不足，权力有限。进一步确认文物行政管理机构的地位，加强文物行政执法权力，成了这次文物法修订的一个重点。新修订的《文物保护法》在这方面作了重大调整。该法明确规定："国务院文物行政部门主管全国文物保护工作。"（第 8 条第 1 款）从而在法律上首次明确了国家文物局的地位和职责，划清了文物行政权和文化行政权的界限。同时规定："地方各级人民政府负责本行政区域内的文物保护工作。县级以上地方人民政府承担文物保护工作的部门对本行政区域内的文物实施监督管理。县级以上人民政府有关行政部门在各自的职责范围内，负责有关的文物保护工作。"（第

8条第2、3款）这些规定与旧《文物保护法》相比，进一步明确了地方人民政府"承担文物保护工作的部门"和"有关行政部门"在文物工作中的地位。与旧法相比，新法赋予了文物部门更多的行政执法权力，包括更多的行政许可权和审批权。这就要求文物部门必须严格依法行政，为文物保护工作提供一个良好的法制环境。从目前的情况来看，执法情况虽有所加强，但仍参差不齐，一些方面的行政执法仍相对薄弱，如经济建设、基本建设中的文物勘探、发掘和保护问题，对破坏历史风貌的负有责任的主管人员和其他直接责任人员的行政处分问题等。同时，这对各级政府加强文物行政管理机构和执法队伍的建设提出了紧迫要求。2003年6月，国家文物局成立执法督查处，其主要职责是负责指导、督查全国文物行政执法和文物安全保卫工作。各地文物管理机构内相继设立了专门的文物行政执法部门或设置专职行政执法人员。截至2004年底，全国已有县级以上文物行政执法机构807个，专兼职执法人员4279人。21个省级文物行政部门设立了文物行政执法机构，专兼职执法人员220人。

（二）关于依法监督的问题

监督权是宪法和法律赋予各级人大及其常委会的一项重要职权。人大的监督，从根本上说，是人民群众对属于自己的、经人民代表大会及其常委会授予行政、审判和检察机关的权力，有一种控制和监督其实施运转的能力。人大的监督既包括监督宪法及法律的实施，也包括监督行政机关、审判机关和检察机关的工作，也就是所谓的工作监督和法律监督。2006年8月，十届全国人大常委会第二十三次会议审议通过了各级人大常委会监督法，对人大常委会行使监督职能的主要原则、监督形式、监督范围、监督程序等都作了明确规定，即要以监督法为依据，严格按照监督法的规定行使监督权。

人大常委会行使监督权的根本目的是：确保宪法和法律得到正确实施，确保行政权、审判权、检查权得到正确行使，确保公民、法人和其他组织的合法权益得到尊重和维护。

正确执行监督法的基本原则主要有三点：①坚持党的领导。这是人大常委会开展监督工作的政治原则。②坚持依法行使职权。这是人大常委会开展监督工作的法制原则。人大与"一府两院"职责分工不同，但目标完全一致，都是在党的领导下独立依法履行职责、协调一致开展工作。人大的监督，既是一种制约，也是一种支持和促进，要把监督与支持有效结合起来。③坚持民族集中制。这是人大常委会开展监督工作的组织原则。人大常委会的监督职权是由常委会依法集体行使的。

《各级人民代表大会常务委员会监督法》对各级人大常委会监督的监督职责或方式规定了七个方面：

第一，听取政府、法院、检察院的专项工作报告，这是监督工作的基本的、主要的方式。现在，全国人大除了一年一度的代表大会听取这些机关的全面工作报告外，全国人大常委会还会根据情况，特别就集中反映的社会热点、难点问题听取某一方面、某部门的专项工作报告。把群众关心的热点、难点问题作为人大监督的工作重点是进一步增强监督工作针对性和时效性的必然要求。《各级人民代表大会常务委员会监督法》规定，人大常委会对专项报告提出审议意见或作出决议。相关政府、部门应当就审议意见的处理情况向常委会提出书面报告，或应在决议规定的期限内，将执行决议的情况向常委会报告。

第二，审查和批准决算，听取和审议计划、预算执行情况的报告和审计工作报告。《各级人民代表大会常务委员会监督法》明确规定："预算安排的农业、教育、科技、文化、卫生、社会保障等资金需要调减的，国务院和县级以上地方各级人民政府应当提请本级人大常委会审查和批准。"《各级人民代表大会常务委员会监督法》对常委会审查决算和预算执行情况的重点内容作了6项明确规定，包括预算收支平衡情况、重点支出的安排和使用情况、预算超收入的安排和使用情况、部门预算制度建立和执行情况、本级人大关于批准预算决议的执行情况。同时，明确规定政府应将研究处理情况向常委会书面报告，并在规定的期限内，将执行决议的情况向人大常委会报告。

第三，开展法律法规实施情况的检查。《各级人民代表大会常务委员会监督法》规定各级人大常委会每年都要选择若干关系改革发展稳定大局和群众切身利益、社会普遍关注的重大问题进行执法检查。相关政府、部门应将执法检查报告的研究处理情况，向常委会提出报告。必要时，可由常委会组织或委托专门委员会跟踪检查。多年来，全国人大常委会及其教科文卫委员会对文化遗产保护执法及工作的监督，基本上也是按照上述方式进行的。

第四，进行规范性文件的备案审查。除了法规、规章的审查外，一个重要的内容就是各级人大常委会对下一级人民代表大会及其常委会作出的不适当的决议、决定和本级人民政府发布的不适当的决定、命令，有权予以撤销。

上述四项监督职责是人大常委会的主要的和经常性的监督工作。另外，还有三项职责：询问和质询、特定问题调查、撤职案的审查和决定。这三项不是经常性监督工作，但也非常重要。一是询问和质询。人大常委会审议议案和报告时，相关政府、部门应派负责人到会，回答质询。各级人大常委会组成人员可联名提出质询案。二是特定问题的调查。各级人大常委会在作出决定、决议时，对重大事实不清的，可组织关于特定问题的调查委员会，并提出报告，常委会据此作出相应的决议、决定。三是撤职案审议和决定。县级以上人大常委会有权撤销其所任命的本级政府相关组成人员的职务。

应当强调的是，宪法对国家机构的设置和各个国家机关的职责权限以及相互关系都规定得很清楚。人大及其常委会行使监督权，绝不能代替和干预政府及其部门在各自职责范围内的工作。彭真同志曾说过，一不失职，二不越权。对违反法律的事情，人大要管，不管就是失职。对政府的日常工作，人大不要干预，越俎代庖。这是指导人大开展监督工作的重要原则。具体来说，人大常委会如果不把工作监督、法律监督搞好，就会失职；如果去办理依法应该由“一府两院”办理的事情，就会越权。《各级人民代表大会常务委员会监督法》的颁布，为我们做好监督工作提供了重要的法律依据。这也是搞好文物保护执法监督和工作监督的重要法律依据。依法监督，合法监督，认真履责，这是监督法实施后对各级人大常委会开展监督工作提出的根本要求。随着监督法的深入贯彻实施，人大常委会的监督工作必定会出现一个新局面。

论《文物保护法》的立法宗旨及意义〔1〕

在坚持科学发展观，全面建设小康社会的指导思想下，我国文化遗产保护工作进入了一个新局面。特别是国务院决定从2006年起，每年6月的第二个星期六为我国的“文化遗产日”。这对于进一步加强我国文化遗产保护，继承和发扬中华民族优秀文化传统具有重要、深远的意义。要在实践中做到严格依法加强文物保护工作，重视文化遗产在社会发展中的作用，就要深刻领会《文物保护法》的立法宗旨和意义。试图在这方面作些具体阐述：

2002年10月28日，第九届全国人大常委会第三十次会议经过第四次审议通过了新修订的《文物保护法》。新《文物保护法》第1条规定：“为了加强对文物的保护，继承中华民族优秀的历史文化遗产，促进科学研究工作，进行爱国主义和革命传统教育，建设社会主义精神文明和物质文明，根据宪法，制定本法。”这是对《文物保护法》立法宗旨所作的概括性规定，是该部法律的主线和总纲，也是其所确立的一系列保护制度、原则的依据和出发点。该条从五个方面全面概括和阐述了这一宗旨目的。这五个方面是：①加强文物保护，强化管理措施；②继承中华民族优秀的历史文化遗产；③促进科学研究工作；④进行爱国主义和革命传统教育；⑤建设社会主义物质文明和精神文明。与1982年《文物保护法》的第1条相比，二者在立法精神上是一脉相承的。新法的立法宗旨和目的就是针对在社会主义市场经济条件下文物工作出现的新问题、新矛盾，通过正确处理经济建设与文物保护的关系、正确处理文物保护与利用的关系、强化行政执法手段、建立健全文物管理体制，在法制上达到进一步加强文物保护的根本目的。

一、加强文物保护，强化管理措施

“为了加强对文物的保护”，这是2002年修订《文物保护法》的基本出发点和根本目的。文物是特定民族、群体历史文明的物质载体，是绝对不可再生的文化资

---

〔1〕 本文载于中国人大网，2006年11月8日。本文中所涉及之法律法规与理论，均以写作时间为准。

源。这一特性已越来越为人们所认识。从世界范围来看，随着全球科技经济的迅速发展以及人类文明的不断进步，各国对文化遗产的认识都在不断深化。加强对文化遗产的保护在今天已成为一个浪潮。这反映在两个方面：一是对文化遗产重要性的认识越来越深刻。在经济科技全球化日趋严重的今天，文化遗产对一个民族、国家的重要性越来越突出，对保持文化多样性的重要性越来越突出。这种重要性远远超出了传统意义上对文化遗产的认识。二是对文化遗产保护对象的认识在不断扩大，保护程度在不断加深。从早期对单体文物的保护发展到后来对文物周边环境的保护，又发展到对历史街区、历史区域乃至古城镇的完整保护。为此，联合国先后制定了若干有关遗产保护的国际公约如《保护世界文化和自然遗产公约》等。除了以文物为主体的物质文化遗产外，20 世纪 80 年代以来，对非物质遗产的保护也成了文化遗产保护的一个重要内容。这些都充分反映出国际上对文化遗产保护认识的不断深化和保护力度的不断增加。

我国《宪法》规定："国家保护名胜古迹、珍贵文物和其他重要历史文化遗产。"（第 22 条第 2 款）几十年来，我国制定了若干法律法规保护文化遗产。新中国一成立，中央人民政府政务院就颁布了《禁止珍贵文物图书出口暂行办法》。1950 年后，政务院先后颁布保护古迹、考古发掘、征集革命文物等命令、办法，并从中央到地方设置了文物保护管理机构。1961 年，国务院颁布了《文物保护管理暂行条例》。这期间，行政命令是文物保护的主要依据和规范。改革开放后，文物保护出现了新局面。1982 年，全国人大常委会颁布实施《文物保护法》，国务院和有关部门、地方政府也都制定了一系列配套法规，基本形成了中国文物保护法律法规体系。1992 年、1995 年召开的全国文物工作会议，确立了文物工作的基本方针和原则。1997 年，国务院颁发《关于加强和改善文物工作的通知》，强调各地政府对文物工作要做到"五纳入"，即纳入地方经济和社会发展计划、纳入城乡建设规划、纳入财政预算、纳入体制改革、纳入各级领导责任制。

应该说，改革开放以来，随着对文化遗产保护认识的不断深化，我国文物保护工作所取得的成效相当显著，其规模和速度大大超过前 30 年。这期间，经全国人大常委会批准，我国签署了国际上有关文化遗产保护的 4 个国际公约。1987 年，经联合国教科文组织世界遗产委员会批准，我国有 6 项文化和自然遗产被首次列入《世界遗产名录》，迄今被列入的已达 31 项，位居世界前三名，仅次于西班牙和意大利。我国的昆曲、古琴艺术近年也被列入了《人类口头和非物质文化遗产代表作》。在迄今为止国务院公布的六批次全国文物保护单位中，有五批是改革开放以来所公布的。自 1981 年以来，在全国范围内开展了历时 10 年的文物普查、复查工作，基本上摸清了全国不可移动文物和地下埋藏文物的情况。在文物保护资金投入方面，仅在"十五"期间，全国投入文物保护的经费（不含专项经费）达到 78. 89

亿元，其中中央财政是17.36亿元。“十五”期间，仅中央财政的投入就比“九五”增长了138%。在考古发掘方面，以配合三峡工程、小浪底水库、京九铁路等重大工程为重点，开展了大规模的考古发掘工作，取得了重大成果。同时，建立了历史文化名城保护制度，强调对文物周边环境和历史文化名城、历史街区、村镇的整体格局和历史风貌的保护，逐步扩大了文物保护的对象和范围，形成了我国文物保护的思路和特点。此外，将高新技术运用于文物保护领域，进一步促进相关的科技发展，都取得了积极成效。

但是，随着改革开放的深入和社会主义市场经济的推进，文物工作情况发生了很大变化，出现了不少新问题、新矛盾。文物的破坏、盗掘、走私等情况相当严重。特别是有法不依、执法不严、法人违法、以言代法的现象较为普遍；属于政府和法人违法的案件比重逐年增加；文物行政管理机构和制度不健全，造成国有馆藏文物流失、损毁；文物流通领域秩序混乱，文物行政执法薄弱等。这些问题引起了社会的广泛关注，也引起了国家有关部门和立法机构对旧《文物保护法》执行情况的强烈关注。

全国人大教科文卫委员会于2000年为此专门在全国开展了一次执法检查工作。该委员会组织了4个检查组，对山西、陕西、福建、河南四省近年来的情况进行了执法检查。彭珮云、何鲁丽、许嘉璐副委员长以及数位常委委员参加了检查。其后向九届全国人大常委会第十八次会议提交了《关于当前〈文物保护法〉执行中若干问题的报告》，引起了强烈反响。报告指出：“由于不能正确认识和处理文物保护与市场经济发展的关系、文物保护与两个文明建设的关系，因此在处理文物的社会效益和经济效益的关系，文物保护与经济建设、城市建设的关系，文物保护与改善人民群众生活的关系，文物保护与旅游、宗教事业的关系，文物保护与文物流通和文物市场的关系等方面，出现了不少偏差和误区，使得《文物保护法》的实施遇到前所未有的困难和复杂局面。”报告指出，当前存在的主要问题是：①在基本建设和城市改造中，对文物、历史文化名城及大遗址的破坏现象相当严重。②对文物资源存在重利用、轻保护，重经济效益、轻社会效益的倾向。③文物流通市场处于混乱无序的状态，文物商店处境艰难。④文物犯罪活动猖獗，文物的安全形势相当严峻。⑤文物保护工作中人、财、物的投入严重不足。同时提出了若干意见和建议，其中一个意见就是《文物保护法》“在一些方面已不适应当前社会主义市场经济条件下文物事业发展的需要。存在一些规定过于笼统、缺乏可操作性的问题，我国参加的文物保护公约中的一些原则尚未在国内法中得到反映。因此，建议国务院抓紧进行《文物保护法》的修改工作，尽快将修改草案提交全国人大常委会审议”。

由于文物保护面临着种种问题，因此，通过修改法律，进一步完善文物保护制度，强化文物行政管理措施，成了修订工作的主要诉求。这也是社会主义法制建设的必然要求。新《文物保护法》为此增加了许多规定，对文物工作的各方面都给予了明确规范：①进一步明确了文物保护的范围和标准。②规范和加强了文物保护的经费来源保障，如规定县级以上人民政府应当将文物保护事业纳入本级国民经济和社会发展规划，纳入本级财政预算，文物保护的财政经费应当随着财政收入的增长而增加；规定了文物单位事业性收入的用途；规定了社会力量用于文物保护的途径等。③将历史文化街区、村镇纳入保护范围，增加了历史文化街区、村镇保护制度，填补了旧法中只保护历史文化名城的缺陷。④完善了不可移动文物保护制度，如明确规定国有不可移动文物不得转让、抵押；建立博物馆、保管所或者辟为参观游览场所的国有文物保护单位不得作为企业资产经营等。⑤完善了考古发掘制度，如明确了考古发掘的行政审批权；规定了行政审批前的咨询程序和范围；规定了建设工程或农业生产中发现文物者的职责和文物行政部门的职责及处理时限；增加了对考古发掘结果管理方面的规定等。⑥完善了馆藏文物管理制度，明确规定文物收藏单位应建立健全管理制度，未经批准，任何单位或者个人不得调取馆藏文物；规定了文物收藏单位法定代表人的职责；扩大了国有文物收藏单位的交流渠道，规定了交流的程序；规定了依法调拨、交换、借用国有馆藏文物，取得方可以对提供方予以合理补偿；规定了文物收藏单位的安全制度等。⑦完善了民间文物收藏管理制度，如规定了民间收藏活动的合法途径，同时对公民、法人和其他组织禁止买卖的文物也作了明确规定；建立了文物拍卖管理制度，增加了行政许可，规定了文物拍卖企业的职责和义务；规定禁止设立中外合资、中外合作、外商投资的文物拍卖企业等。⑧完善了文物出境进境管理制度，对文物的出境、进境、出境展览、临时进境和复出境等，都作了相应规定。⑨完善了法律责任的规定，如与刑法相衔接，对应当追究刑事责任的犯罪行为作出专项规定；明确规定了应受行政处罚的具体行为及处罚标准，加大了处罚力度；明确规定了破坏历史文化名城、街区、村镇的布局、环境、历史风貌的法律责任；对国家机关、文物单位工作人员的法律责任也作了相应规定。可以相信，这些规定将会极大地促进文物保护工作的规范化、制度化，我国的文物保护事业必将出现新的局面。

二、继承中华民族优秀的历史文化遗产

“继承中华民族优秀的历史文化遗产”，这是保护文物和制定《文物保护法》的一个最重要目的。文物作为物质文化遗产，与非物质文化遗产一起，共同构成了整个文化遗产之宏伟大厦。文物作为历史的物质遗存，以生动、直观的实体，记录、承载和见证着人类的悠悠岁月。我国是一个有着五千年文明史的古国，又是一个由 56 个民族组成的多民族国家，在漫长的历史进程中留存下了极为丰富多彩的历史文化遗产。在这些历史文化遗产中，包括了大量历史文物、民族文物和革命文

物以及其他非物质文化遗产等。它们是中国历史源远流长和生生不息的重要见证，是中华文明光辉灿烂的重要载体，是维系中华民族团结统一的精神纽带，也是我们民族和国家立于世界之林的重要基石。优秀的历史文化遗产，是中华文明的血脉和灵魂，是中华民族精神之所系。保护历史文化遗产，使之世代传承，是我们义不容辞的责任和义务。

文化遗产具有精华和糟粕两重性。我们要正确认识文化遗产保护和继承的关系。所谓“保护”，强调的是文化遗产的历史、科学和文化价值；所谓“继承与弘扬”，强调的是文化遗产的优秀成分。毛泽东同志在《新民主主义论》中指出，中国的长期封建社会中，创造了灿烂的古代文化。清理古代文化的发展过程，剔除其封建性的糟粕，吸收其民主性的精华，是发展民族新文化、提高民族自信心的必要条件；但是决不能无批判地兼收并蓄。必须将古代封建统治阶级的一切腐朽的东西和古代优秀的人民文化即多少带有民主性和革命性的东西区别开来。因此，保护是继承的前提和基础，继承则是保护的目的和方向。新中国建立后，国家加强文化遗产保护，开展了文物普查和登记工作，基本明确了我国文物资源的数量、分布和保存状况，建立了文物保护单位制度。目前，全国已知的地上地下不可移动文物有40多万处，其中约7万处被列为各级文物保护单位（其中全国重点文物保护单位2351处，省级保护单位7000处，县级6万多处）。101个城市被列为国家历史文化名城。长城、故宫等31处文化和自然遗产被列入《世界遗产名录》。全国有博物馆2200多座，馆藏可移动文物2000万件，每年举办陈列展览8000多个，接待国内外观众1.5亿人次。目前，随着社会的发展，文物保护工作的深度和广度正在迅速增强。这些对文化遗产的具体保护、利用和管理，对于传承中华民族的优秀传统文化，发展当代中国的先进文化，对于弘扬民族精神，增强民族自尊心和自豪感，增强中华民族的凝聚力和创造力，对于加强同世界各国的文化交流，扩大中华文明的国际影响，都能够发挥独特的重要作用。

继承优秀的历史文化遗产是在当今世界潮流中维护文化特性、坚持民族精神的必然要求。从世界范围来看，在经济全球化、科技全球化日趋严重的今天，文化遗产对一个民族、国家的重要性越来越突出，对保持文化多样性的重要性越来越突出。这种重要性远远超过了传统意义上的对文化遗产的认识。除了一般的文化意义外，还有政治意义、经济意义、民族意义、社会意义和国家文化主权意义。文化遗产和文化的问题从来没有像今天这样为全球所关注。我们党历来重视和强调继承和弘扬优秀的文化遗产。“三个代表”重要思想的提出，把文化的问题提到了一个前所未有的历史高度。党的十六大报告指出：“全面建设小康社会，必须大力发展社会主义文化，建设社会主义精神文明。当今世界，文化与经济和政治相互交融，在综合国力竞争中的地位和作用越来越突出。文化的力量，深深熔铸在民族的生命力、创造力和凝聚力之中。全党同志要深刻认识文化建设的战略意义，推动社会主义文化的发展繁荣。”当前，随着经济全球化浪潮的出现，知识经济、信息网络极大地推动了社会间的相互联系和发展，全球各种文化思想互相激荡。文化的问题已成为一个极为重要的战略问题。美国著名学者亨廷顿写过一本影响很大的书叫《文明的冲突》。其在书中认为，冷战后世界上的主要冲突就是文化和宗教的冲突，也就是信念、精神、价值观和文化传统的冲突。在他看来，所谓全球化就是西方文化的思想、价值、观念的全球化。正是在这样的背景下，我们党的十六大、“三个代表”重要思想，特别是科学发展观和创建和谐社会理念的提出，高屋建瓴、全面深刻地阐述了文化在当前社会发展中的重要地位。这充分反映了我们党对全球发展趋势的准确把握。

继承优秀的历史文化遗产，是发展社会主义先进文化的基础和源泉。文化是一个国家或民族的灵魂，是一定社会政治经济在观念形态上的反映。古今中外的文化，由于有先进、落后甚至腐朽、反动之别，它们的社会作用有着本质的不同。先进文化是能够反映时代发展的潮流、推动经济发展和社会进步的文化，是人类文明进步的结晶，是社会前进的精神动力。中国共产党作为执政党，要率领人民建设有中国特色的社会主义，完成中华民族的伟大复兴，一个根本的任务就是必须要始终代表中国的先进文化。只有代表先进文化的前进方向，才可能继承中国优秀文化传统，才可能凝聚和弘扬民族精神。中国的先进文化就是一个继承了中国优秀传统文化遗产和“五四”以来党领导的革命文化传统，同时又吸纳了人类其他文明优秀成果的文化。我国优秀的历史文化遗产有着丰富的内涵，它包括了博大精深的中华文明、道德伦理，也包括了坚强不屈的民族精神、民族性格。长城、故宫、敦煌莫高窟、秦始皇兵马俑、楼兰古国、布达拉宫、夏商遗址、三星堆、龙门石窟等历史文化遗存，已成为中华文化的重要象征；延安、遵义、井冈山、红岩村等是中国革命的重要象征，孕育了深厚的中国革命文化传统；各少数民族特点鲜明、丰富多彩的民族文化艺术，成了中华民族文化的有机组成部分。这些都是中华民族的民族精神的凝聚物，是中华民族认识世界、改造世界的伟大创造力的直观体现。

同时，保护和继承历史文化遗产，对于巩固民族团结，反对民族分裂，捍卫国家主权和领土完整也具有特别重大的意义。无论是南沙群岛、北疆边陲，还是东部沿海、青藏高原，许多历史文物都是国家对特定地域、水域、海域拥有主权的铁证，是中国各民族团结统一的记录和见证。

三、促进科学研究工作

“促进科学研究工作”，这也是《文物保护法》制定的另一个重要目的。文物是我们祖先智慧和创造的结晶，反映着不同历史时期科学技术发展的成就，具有重要的科学价值。文物的科学价值，主要是指文物所反映的科学、技术的水平。任何文物都是人们在当时所掌握的技术条件下创造出来的，因而直接反映着文物创造者认识自然、利用自然的程度，反映着当时的科学技术与生产力发展的水平。正是文物向人们展示出了中华民族千百年来在科学技术方面的历史发展和伟大创举。早在公元2500年前，我国人民就开始了仰观天文、俯查地理的活动，涌现出了许许多多杰出的科学家和能工巧匠，在天文历法、地学、数学、农学、医药学、科学技术等许多领域，为人类做出了无与伦比的独特贡献。其中，以造纸、火药、指南针、活字印刷术为代表的重大发明，举世公认，为人类社会的文明发展起到了巨大的推动作用。同时，不同历史时期的文物反映了不同时期的科学技术发展水平。如大量商代的青铜器和战国的铁器，就分别标志着中国当时整个社会生产力和科学技术所达到的高度。许多中国古代的重大科技成果，曾长期湮没、失传，今天又在出土文物中被重新发现。如河南淅川的春秋楚墓和湖北省随县的战国曾侯乙墓出土的青铜器，说明中国早在两千多年前就已有失蜡法铸造技术；甘肃天水放马滩出土的汉初的书写用纸，说明中国造纸术早在公元前2世纪就已经比较成熟。类似的大量有关科学技术方面的出土文物，为天文、地理、冶金、农业、医学、纺织等各个方面的专门史研究提供了丰富而重要的资料，打破了许多传统的观点，取得了对这些科学技术史的新认识。而且，文物所记载、积累的科学技术成就，对人类科学技术的不断创新具有重要的启发和借鉴意义。

文物保护工作与科学技术发展有着十分密切的关系。文物保护工作为科学技术的发展提供了平台，科学技术的发展为文物保护工作的深入发展提供了依据和条件。考古发掘，文物的保护、保存，古建筑的修复等，都离不开科学技术的支持。无论是在国际上还是在国内，文物保护工作的一些科学技术问题，很多都成了当代科学技术发展的前沿问题、尖端问题。例如，金字塔的发掘，敦煌壁画的保护，秦兵马俑的发掘和保护，云冈石窟、龙门石窟的保护等。文物保护工作的深入开展，极大地促进了相关科学技术在我国的长足进展，使我国建立了一大批相关研究机构，拥有了一大批文物科学技术工作者。同时，文物的保护和修复本身就是一门科学。文物保护必须建立在现代科学技术的基础之上，必须尊重科学技术的规律。文物保护部门应当利用科研院所、大专院校建立若干个开放实验室，以作为国家的文物鉴定和科学保护机构。积极开展对文物保护的科学研究，充分利用现代科学技术，开展对文物的保护工作，要求国家应该增加文物科技投入，加大文物科技保护力度。加强文物保护科技项目的研究和重点项目的攻关；加强多部门、多学科的合作与协作；重点做好文物科技推广工作；尽快形成国家文物保护技术中心与地方文物保护技术中心相结合的文物保护研究与应用体系；在充分利用传统技术的同时，推广运用现代化高新技术手段。文物保护主管部门要积极主动地争取自然科学和工程技术部门的参与合作，重点研究考古发掘现场有机物提取和保护技术、土质遗址保护、石质文物保护、潮湿环境下壁画和彩塑的保护、木构建筑防虫和防霉技术、影响文物保护的环境因素及文物保护的环境质量标准等；在古建筑维修、考古调查发掘、藏品保护及陈列展示等方面，充分利用和运用物理化学方法、遥感技术、探测技术、测年技术、检测技术、现代化仪器设备及其他先进手段。继续开发、引进、研究文物保护新技术、新设备、新材料；将计算机技术应用于文物维修、考古调查发掘、文物藏品保护利用、社会流散文物登记流通，实现数据化、信息化、网络化管理，编制使用考古主题词表、考古调查信息数据库和馆藏文物档案管理数据库；充分运用传统技术和传统工艺开展文物科技保护。要在文物维修中注重运用传统材料和施工技术；要在文物复制与修复中，注重运用传统的古字画装饰和古铜器、古陶瓷修复技术。大力抢救濒于失传的传统技术和工艺，包括抢救和保护传统工艺老艺人和技师。

四、进行爱国主义和革命传统教育

“进行爱国主义和革命传统教育”，这是《文物保护法》制定的又一个重要目的。胡锦涛总书记关于社会主义荣辱观的论述的一个重要内容就是“以热爱祖国为荣，以危害祖国为耻”。热爱自己的祖国是千百年来积淀并巩固在人们心中的一种深厚感情。这种感情集中表现为对祖国的忠诚、热爱，表现为民族的自尊心和自信心。这也就是爱国主义。因此，继承中华民族优秀的历史遗产，其本质就是继承和弘扬中华民族优秀文化和民族精神，增强民族的自尊心和凝聚力。爱国主义传统和革命传统是中华民族优秀传统文化的最重要组成部分，是民族精神的集中反映。它们在丰富多彩的历史文物、民族文物和革命文物中得到了生动体现。

中华民族是富有爱国主义光荣传统的伟大民族。民族精神的核心就是爱国主义。在中华民族走向统一的多民族国家的历史过程中，很早就形成了维护国家统一、民族团结的意识和力量。自秦朝建立统一的中央集权制国家以来，统一便一直是中华民族千百年历史进程中的主旋律。爱国主义传统深深地融入了中华民族的民族意识、民族性格和民族气概，成了各民族人民风雨同舟、自强不息的强大精神支柱。在维护祖国统一和民族团结、抵御外来侵略和推动社会进步中，中华民族形成了把国家利益和民族利益置于至高无上的地位的传统美德。有多少仁人志士在爱国主义精神的激励下，抛头颅、洒热血，前赴后继，奋斗不息。“天下兴亡，匹夫有责。”“先天下之忧而忧，后天下之乐而乐。”“苟利国家生死以，岂因祸福避趋之。”这些都是伟大民族精神的真实写照。

爱国主义又是一个历史的范畴，在社会发展的不同阶段、不同时期有不同的内涵。在当代中国，爱国主义与社会主义在本质上是一致的，建设中国特色社会主义是新时期爱国主义的主题。邓小平同志曾指出，中国人民有自己的民族自尊心和自豪感，以热爱祖国、贡献全部力量建设社会主义祖国为最大光荣，以损害社会主义祖国利益、尊严和荣誉为最大耻辱。这是对我国现阶段爱国主义特征最精辟的概括。因此，爱国主义是动员和鼓舞中国人民团结奋斗的一面旗帜，是推动我国社会历史前进的巨大力量，是各族人民共同的精神支柱。党的十六大指出："在五千多年的发展中，中华民族形成了以爱国主义为核心的团结统一、爱好和平、勤劳勇敢、自强不息的伟大民族精神。我们党领导人民在长期实践中不断结合时代和社会的发展要求，丰富着这个民族精神。面对世界范围各种思想文化的相互激荡，必须把弘扬和培育民族精神作为文化建设极为重要的任务，纳入国民教育全过程，纳入精神文明全过程，使全体人民始终保持昂扬向上的精神状态。"

在我国优秀的历史文化遗产中，革命文物是一个极其重要的部分。我国是一个具有光辉革命历史和优良革命传统的国家。1840 年鸦片战争以来，中华民族为抵御帝国主义列强侵略和推翻封建专制统治，进行了不屈不挠、前赴后继的斗争。20 世纪 20 年代初以来，中国共产党领导全国各族人民，为反抗帝国主义、封建主义、官僚资本主义的反动统治，捍卫民族独立，争取民族解放，进行了艰苦卓绝、英勇顽强的斗争。新中国建立以后，我国社会主义革命和建设事业飞速发展。特别是改革开放以来，建设中国特色社会主义、全面建设小康社会取得了举世瞩目的伟大成就。一个多世纪以来的革命历程保存和遗留下了极为丰富的革命文物，它们作为实物见证，凝聚着中华民族和中国共产党人抵御外侮、威武不屈、维护统一、追求真理、舍生取义、自尊自信、自强不息、励精图治、无私奉献、艰苦奋斗、勤劳勇敢、百折不挠、奋发向上的伟大精神。它是中国传统文化的继承和升华，是民族精神在革命时期的具体体现。例如，井冈山精神、长征精神、延安精神、红岩精神、大庆精神、"两弹一星"精神、抗洪精神等，都是中华民族不懈奋斗的象征。

利用我国丰富的历史文物、革命文物对人民群众（尤其是青少年）进行爱国主义和革命传统教育，具有直观、形象、真实、可信的特点，是了解历史、认识国情、学习传统的重要途径和生动教材。1991 年，中宣部等部门联合下发了《关于充分运用文物进行爱国主义和革命传统教育的通知》。1994 年，中共中央发布《关于印发〈爱国主义教育实施纲要〉的通知》。该《纲要》中指出，爱国主义教育包括进行中华民族悠久历史的教育、中华民族优秀传统文化的教育、党的基本路线和社会主义现代化建设成就的教育、中国国情的教育、社会主义民主和法制的教育、民族团结教育以及"和平统一、一国两制"方针的教育。爱国主义教育是全民教育，重点是青少年。为了贯彻这一纲要，中宣部于 1997 年 6 月公布了首批百个爱国主义教育示范基地，其中既有以中国古代史、近代史为主要内容的教育基地，也有以中国共产党革命斗争史和新中国建设事业为主要内容的教育基地。1998 年，中共中央办公厅、国务院办公厅转发中宣部等六部委联合发布的《关于加强革命文物工作的意见》，强调要组织好各种革命文物的陈列和展览，广泛、深入、持久地向人民群众进行革命传统、爱国主义、集体主义和社会主义教育。要运用现代高科技手段和新颖的陈列表现手法，充分揭示革命文物的深刻内涵，以主题鲜明、富有思想性和现实针对性的陈列展览感染和教育观众。2001 年 2 月，中宣部再次公布了以反映党的光辉历史为主要内容的第二批百个爱国主义教育示范基地。2005 年 11 月，中宣部又公布了第三批以纪念抗日战争和红军长征胜利为主要内容的 66 个全国爱国主义教育示范基地。同时，全国各地也分别建立了一批省级和市级爱国主义教育基地。其中，大多数的示范基地都是文物保护单位，它们在爱国主义教育和革命传统教育中发挥了巨大作用。

五、建设社会主义精神文明和物质文明

“建设社会主义精神文明和物质文明”，这是《文物保护法》制定的根本目标。旧法的表述仅为“建设社会主义精神文明”，此次修订增加为“建设社会主义精神文明和物质文明”。这一修改既重要又完备。两个文明建设是社会主义现代化建设中不可分割的组成部分，是中国特色社会主义的重要特征。随着社会主义市场经济的发展，文物在经济建设、旅游发展等方面所发挥的作用越来越突出，成了促进社会经济全面发展的一个不可或缺的重要力量。因此，文物工作既是精神文明建设，也是物质文明建设。要在坚持社会效益第一的原则下，努力实现社会效益和经济效益的统一，这是全面建设小康社会对文物工作的必然要求。

十一届三中全会以来，党中央对精神文明建设的战略地位、根本任务、指导方针等都作了系统、明确的规定，逐步形成了完整的社会主义精神文明建设理论。精神文明建设既是社会主义的重要特征，更是社会主义现代化建设的重要目标、重要保证。邓小平同志曾指出，我们要在大幅度提高社会生产力的同时，改革和完善社会主义的经济制度和政治制度，发展高度的社会主义民主和完备的社会主义法制。我们要在建设高度物质文明的同时，提高全民族的科学文化水平，发展高尚的丰富多彩的文化生活，建设高度的社会主义精神文明。同时还强调，物质文明和精神文明要“两手抓，两手都要硬”。从根本上说，社会主义社会是一个全面发展的社会，是各项事业相互依存、相互协调、全面发展的社会。物质文明为精神文明的发展提供物质条件和实践经验，精神文明为物质文明的发展提供精神动力和智力支持。以江泽民同志为代表的第三代领导集体，进一步深化发展了两个文明建设的理论。江泽民同志也明确指出，在当代中国，发展先进文化，就是发展有中国特色社会主义的文化，就是建设社会主义精神文明。建设有中国特色社会主义文化，是精神文明建设的本质内容。而文化遗产的保护与优秀传统文化的继承和弘扬，正是发展先进

文化的重要支柱。胡锦涛同志关于建立社会主义和谐社会、社会主义荣辱观的论述，更进一步对社会主义精神文明建设提出了明确任务和目标，对现阶段及今后一段时期如何构建这一和谐社会，培养知荣辱、有道德的社会主义新人，提出了具体措施和要求。这使社会主义精神文明建设由此迈进了一个崭新阶段。

随着社会的发展和人们对文物功能的认识的不断加深，文物在社会主义精神文明建设中发挥着越来越重要的作用。因此，文物的利用应当服从和服务于社会主义精神文明建设的需要。要在有效保护、加强管理的前提下，充分发挥文物的社会教育作用、历史借鉴作用和科学研究作用。文物的利用应当坚持把社会效益放在首位，努力实现社会效益和经济效益的统一。应当为公益性文物、博物馆事业单位创造有利于“把社会效益放在首位”的环境和条件。各级各类文物、博物馆单位通过组织陈列展览、导游讲解，可以将特定的历史文物、革命文物和少数民族文物所蕴含的优秀的历史文化传统传达给观众，使其受到精神上的教育和熏陶。尤其是各级爱国主义教育基地的建立和开放，对青少年一代人生观、道德观的教育、培养，对他们继承中华民族优良传统和革命传统，具有不可替代的重要作用。长期以来，国家文物局结合文物工作实际，实施精品战略，推出了一大批精品展览，取得了广泛的社会效应。为此，新修改的《文物保护法》特别在第四章增加了一条：“文物收藏单位应当充分发挥馆藏文物的作用，通过举办展览、科学研究等活动，加强对中华民族优秀的历史文化和革命传统的宣传教育。”（第 40 条第 1 款）

除了精神文明建设外，物质文明建设也是文物工作的基本目的，这是新法增加的一个重要之处。文物具有精神价值，同时也具有经济价值。随着社会主义市场经济的迅猛发展，文物的经济价值日益显现。首先，文物是不可再生的文化资源，其特性就是不可重复性和不可再造性。正是因为这一特性，文物的价值往往很难用货币的尺度来衡量。人们通常用“无价之宝”来形容文物的价值就是这个意思。其次，正因为文物的不可再生性，文物与其他商品不同，它的价值包括经济价值是经久不衰的，而不是一次性或有一定时限的。再次，文物古迹因其深重、凝厚的历史内涵而具有参观价值，其独特性和不可重复性对游客具有吸引力，因此可以用来发展当地的旅游经济。最后，对一个城市、地区而言，文物古迹可以提高其文化品位，为经济开发和外来投资创造良好的人文环境。改革开放以来，文物对社会主义物质文明建设所发挥的作用越来越突出。尤其是在旅游产业的发展中，文物的功用不可磨灭。我国是世界上旅游业发展速度最快的国家之一，旅游业所创造的产值和就业人口在全国占有举足轻重的地位。我国许多重要文物古迹（如长城、故宫、兵马俑等），每年都吸引着大量的海外游客前往参观。对一个城市、一个地方，文物古迹的开发利用，可以大大促进当地旅游业和经济的发展，成为当地旅游业和经济发展的重要基础条件之一。

但是，我们也应该看到，在文物的社会效益与经济效益、文物保护与旅游发展、文物保护与开发利用之间出现了不少矛盾和冲突，存在一些亟待解决的问题。一些地方只重视文物的开发利用和文物的经济功能，而不重视文物的文化功能、社会功能和环境功能，不重视对文物的保护，对文物进行恶性开发，破坏了文物古迹的环境风貌甚至是文物本体。这种状况在一些地方相当严重，引起了社会的广泛关注。因此，在确认文物的经济功用的同时，我们必须清醒地认识到文物的本质属性，正确处理市场经济条件下文物保护与旅游开发的关系和两个效益的关系。必须遵循文物工作的基本规律，坚持文物工作的基本方针。只有有效地保护了文物，才能进行文物的合理利用与适度开发。为此，新《文物保护法》在修订时，针对这一问题增加了明确的规定。如在“总则”一章中规定：“各级人民政府应当重视文物保护，正确处理经济建设、社会发展与文物保护的关系，确保文物安全。基本建设、旅游发展必须遵守文物保护工作的方针，其活动不得对文物造成损害。”（第9条第1、2款）显然，这是在新形势下坚持“保护为主”这一立法精神的必然体现，为正确解决上述问题确立了明确无误的法律规范。

我国的文物管理体制与"五纳入"措施〔1〕

文物行政管理制度的建立和职责的明确，是整个文物工作有效开展的前提和保障。新中国成立以来，虽然文物管理体制的建设与其他行政管理体制一样，经历了曲折坎坷的发展过程。但总的看来，我国政府一直十分重视文化行政管理体制的建立，不断根据社会发展和文物工作的需要，调整和完善文物管理体制，规范和明确其职责，为文物工作的深入、广泛开展创造了条件。同时，党和国家在不同历史时期制定了许多有关文物保护工作政策，采取了许多卓有成效的措施，特别是改革开放以后，相关的政策和措施（包括著名的"五纳入"）的出台，使全国文物保护工作由此呈现出了崭新的面貌。

随着我国社会主义法制建设的深入发展，文物工作的法制化进程日益加快。通过法律的形式把文物管理体制及其职责规定下来，把在实践中被证明是成熟和正确的政策、措施上升为国家法律的规定，这是我国社会主义法制建设的一个特点。1982年《文物保护法》的制定，大体上反映了这一特点。在这次新《文物保护法》的修订过程中，一个重要的立法思想就是要进一步具体、明确地规定文物行政管理体制，明确规定各级政府和文物行政部门及有关部门的职责，将党和国家在新时期的文物工作指导方针、原则和政策转变为对全社会具有普遍约束力的法律准则。从立法实践来看，新《文物保护法》的修订基本上达到了这一要求。

一、文物管理体制的历史沿革

1949年以来的文物管理体制的建立和发展，经过了一个由初创到独立建制再到相对完善的过程。这个历程大体可以被分为三个时期：从新中国成立到"文化大革命"前时期、"文化大革命"时期、改革开放前后的发展。下面，笔者分别作一简要介绍：

---

〔1〕 本文载于中国人大网，2008年5月26日。本文中所涉及之法律法规与理论，均以写作时间为准。

（一）从新中国成立到“文化大革命”前时期（1949年至1966年）

我国文物管理体制的建立最早可被追溯到新中国成立。1949年1月31日，北平和平解放。中国人民解放军北平市军事管制委员会进驻北平，作为人民政权的特殊形式，接管北平市一切事务。军事管制委员会下属的文化接管委员会就设有专门的文物部，负责接管市内的文物、博物馆、图书馆。在很短的时间内，文物部迅速接管了故宫博物院、北平图书馆、北平历史博物馆、北平文物整理委员会等重要单位。这为以后北京乃至全国的文物保护工作的全面开展打下了基础。同年6月，华北人民政府高等教育委员会成立。北平市军事管制委员会文化接管委员会下属的文物部并入该会，改称图书文物管理处。1949年10月1日，中华人民共和国中央人民政府宣告成立。根据《中央人民政府组织法》的规定，成立了中央人民政府文化部。文化部则以华北人民政府高等教育委员会图书文物管理处为基础，设立了文物局，负责指导、管理全国的文物、博物馆、图书馆事业。同时，将前华北人民政府高等教育委员会所属故宫博物院、北京历史博物馆、北京文物整理委员会和北京图书馆划归文化部领导。1951年，文化部将文物局与科学普及局合并成立社会文化事业管理局，除原文物局主管的文物、博物馆、图书馆事业外，还增加了对文化馆事业的管理。1955年，文化部鉴于群众文化工作日益发展，文物工作日益繁重，社会文化事业管理局的机构已不能适应形势的需要，于是另行成立了文物管理局，主管文物、博物馆事业。1965年，文化部决定将图书馆事业再次划归文物管理局领导，因而将其改名为图博文物事业管理局。

（二）“文化大革命”时期（1966年至1976年）

由于“文化大革命”时期的特殊性，全国各项事业都受到很大影响，文物管理工作也不例外。在相当一段时间内，文化部及其文物事业管理局受到了冲击。这种局面直到“文化大革命”后期才有所改善。1970年5月，在周恩来总理的亲自指示下，国务院办公室成立了图博领导小组，承担起了对全国的图书馆、博物馆和文物事业的领导工作。随着“文化大革命”后期各项事业的恢复发展，文物管理体制的问题又被提上了议事日程。1973年2月，国务院颁发了《关于成立国家文物事业管理局的通知》。该通知指出，为了加强对文物事业的管理，决定成立国家文物事业管理局，归国务院文化组领导。同时，国务院撤销了图博领导小组，成立了中共国家文物事业管理局临时委员会。由此，文物局由文化部下属部门改为了国务院的直属机构。

（三）改革开放前后的发展（1976年至2002年）

1976年粉碎“四人帮”后，国家文物事业管理局的体制和名称仍被延续下来。这一局面在进入20世纪80年代后有所改变。1982年4月，国务院根据当时改革开放的需要和形势的发展，决定进行政府机构改革。同年5月，六届全国人大常委会第二十三次会议通过关于国务院部委机构改革实施方案的决议。将文化部、对外文化联络委员会、国家出版事业管理局、国家文物事业管理局和外文出版发行事业局五个单位进行合并，统一由文化部负责管理。因此，国家文物事业管理局被改为文化部文物事业管理局。1987 年，根据文物事业发展的需要，国务院发出通知，为了加强全国文物工作的领导和管理，决定将文化部文物事业管理局改为国家文物事业管理局，独立行使职权，计划单列，但隶属关系不变，仍由文化部领导。1988 年，国务院常务会议决定将国家文物事业管理局更名为国家文物局。1988 年，国家机构编制委员会原则批准了国家文物局的“三定方案”（定编、定员、定职）。该方案规定国家文物局是国务院直属主管全国文物、博物馆工作的职能部门，由文化部归口管理。至今，国家文物局这一体制和名称仍继续沿用。

二、文物行政管理机构及其职责

（一）文物行政管理机构

从上文我们可以看出，在相当长的一段时间内，文物行政管理机构是文化行政部门下属的一个职能部门，并非独立建制。虽然后来国务院将其更名为国家文物局，并作为国务院的直属机构，但仍归文化部管理。这是我国文物管理机构的一个很大特点，也是各级文物行政管理机构并不独立行使职权的一个主要原因。特别是对地方人民政府而言，更是如此。因此，在实践中，文物行政管理权并未脱离文化行政管理权，甚至混同于文化行政管理权。由于机构、职权的不明确，全国文物行政管理机构和队伍建设发展缓慢，无法适应文物工作发展的需要。

1982 年颁布的《文物保护法》规定：“国家文化行政管理部门主管全国文物工作。”（第 3 条第 1 款）这一规定基本上是针对当时文物管理机构隶属于文化部门、文物行政管理权混同于文化行政管理权的状况作出的。虽然这一规定从法律上明确了文物事业的主管部门，但随着时间的推移，其弊端日现。一个主要的问题就是不能依法建立国家独立的文物管理机构。同时，我国文物管理体制的另一个特点就是实行属地管理、分级负责的管理体制。因此，1982 年《文物保护法》同时又规定：“地方各级人民政府保护本行政区域内的文物。各省、自治区、直辖市和文物较多的自治州、县、自治县、市可以设立文物保护管理机构，管理本行政区域内的文物工作。”（第 3 条第 2 款）这一规定明确了地方政府的职责，看到了建立独立的文物管理机构的重要性，尤其是对那些有着丰富文化遗产的地区更是如此。一些地方据此建立了专门的机构和队伍，极大地保障了文物保护工作的开展。但是，这一规定由于缺乏强制性，从而使得一些地方政府随意撤销、合并文物行政机构。随着社会主义市场经济的迅速发展，这一状况显然已不适应形势需要。从目前的情况来看，全国文物行政管理力量仍相当薄弱，机构不健全，人员偏少，权力难以行使。特别是省一级机构，大多不健全。仅有4个省市设有独立建制的厅级文物局，10个省市区在文化厅内设立了副厅级文物局，其他则仅在文化厅内设立处级的文物机构。市、县两级文物管理机构更为薄弱。在机构改革中，有些省市县的文物行政机构还被撤销、合并。（据2002年统计，全国各级文物管理机构为2007个，其中省级机构15个，地市级机构387个，县市级机构1605个。全国文物管理人员为22 392人。）〔1〕从国际上看，世界上的许多国家（包括文明古国），都设有专门的文化遗产管理机构，并在管理体制上实行垂直管理。如意大利政府设有文化遗产和环境部，与之平行的还有国家文化遗产委员会，文化遗产和环境部在全国各地派驻管理处，统一管理全国的文物古迹。埃及除设置了由政府高级官员和专家组成的国家文化遗产最高委员会外，还设立了负责文物行政管理事务的国家文物总局，它统一直接管理全国各地的文物和文物机构，并掌握一支专门的文物警察队伍。法国对文物管理采取的也是这种垂直领导、统一管理的模式。近些年来，我国社会各界对如何加强文物管理有不少看法，一种有代表性的意见是，建议成立国家文化遗产委员会，加强中央政府对文物工作的协调和宏观调控，审定全国文物事业发展的总体规划，听取国家文物局关于文物工作重大事项的汇报，协调处理文物工作的重大问题。同时，地方各级政府也可根据需要成立地方的文化遗产委员会，以加强协调管理。

因此，进一步确认文物行政管理机构的地位，加强文物行政执法权利，成了这次文物法修订的一个重点。新修订的《文物保护法》在这方面作了重大调整，明确规定：“国务院文物行政部门主管全国文物保护工作。”（第8条第1款）从而在法律上首次明确了国家文物局的地位和职责，划清了文物行政权和文化行政权的界限。同时规定：“地方各级人民政府负责本行政区域内的文物保护工作。县级以上地方人民政府承担文物保护工作的部门对本行政区域内的文物实施监督管理。县级以上人民政府有关行政部门在各自的职责范围内，负责有关的文物保护工作。”（第8条第2、3款）这些规定与旧文物法相比，进一步明确了地方人民政府“承担文物保护工作的部门”和“有关行政部门”在文物工作中的地位。显然，这些修改对各级政府加强文物行政管理机构和执法队伍的建设提出了紧迫要求。2003年6月，国家文物局成立执法督查处，其主要职责是负责指导、督查全国文物行政执法和文物安全保卫工作。各地文物管理机构内相继设立了专门的文物行政执法部门或设置专职行政执法人员。截至2004年底，全国已有县级以上文物行政执法机构807个，专兼职执法人员4279人。21个省级文物行政部门设立了文物行政执法机构，专兼职执法人员220人。（参见《文物工作》2005年第8期）

---

〔1〕 参见国家文物局编：《国家文物局暨直属单位组织机构沿革及领导人名录》，文物出版社2002年版。

（二）文物行政管理机构的职责

与上述文物管理机构、管理体制的发展相类似，文物管理部门的职责也经历了一个逐渐明确、细化和规范的发展过程。1950 年，文化部制定了《中央人民政府文化部组织条例（草案）》。其中规定所属文物局主管全国文物管理事宜，具体职责如下：①关于全国图书馆、博物馆之管理与指导事项；②关于文物之登记、收集、发掘研究与鉴定事项；③关于古代建筑、陵墓及有关革命文化史迹建筑之保护与修缮事项；④关于具有重大历史、文化、革命史迹价值之图书馆、博物馆之筹建与设置事项；⑤关于古物、图书出口之审定、管理与交换事项；⑥其他有关文物之管理事项。[1]显然，这个规定只是一个粗略的规定，虽然有图书馆等事项交叉其中，但基本涵盖了文物工作的主要方面。其后，在相当长的一段历史时期中，文物管理部门的职责范围也基本上是如此。

改革开放以后，文物管理部门的任务不断加重，工作范围和职责也需要进一步明确和规范。比较有代表性的是 1988 年国家机构编制委员会批准的《文化部、国家文物局三定方案》，明确将国家文物局的主要任务集中在文博事业及其相关工作上，从十多个方面规定了国家文物局的主要任务和职责，其规定之详细、具体，是前所未有的。这些规定包括：①研究、拟定文博事业的发展战略、方针、政策，提出或制定有关的法规、条例、制度和方法。②会同有关部门或有关省、直辖市、自治区，提出全国重点文物保护单位、历史文化名城、风景名胜保护区建议名单；③组织、检查、指导全国文物普查、文物档案管理、全国重点文物保护单位的“四有”落实工作，审定文博技术规范；④审批全国重点文物保护单位的维修方案及其保护范围内的基建项目，全国重点考古发掘项目、考古发掘领队资格、一级文物的调拨、审核特许文物的出境等；⑤调查研究、总结推广文博工作的典型经验，推动基层单位的职业道德教育，指导、协助、监督各有关部门设置的博物馆的业务工作；⑥审批文物商店、文物出口鉴定组的设立和撤销，指导、监督各有关部门设置的博物馆的业务工作；⑦调查、研究、监督、检查文物拣选工作和私人收藏文物的保护，考察、了解流失海外的我国文物情况，通过接受捐赠、交换、收购等方式，逐步收回我国的珍贵文物；⑧调查研究全国文博干部情况和职称改革情况，提出管理建议或指导性意见、办法；⑨宣传贯彻《文物保护法》，根据《文物保护法》等法律，与有关部门协调解决有关文物保护的重大问题，协调和督促有关部门调查处理文物失盗、破坏、投机倒把的大案要案；⑩管理文物事业经费，并通过对文物的合理利用，开展经营活动，组织收入，弥补事业经费的不足；⑪管理文博外事工作；⑫按照干部管理权限，管理局机关和所属单位的主要领导干部，组织领导专业人才

---

〔1〕 文化部计划财务司编著：《中国文化文物统计年鉴》（2002 年度），北京图书馆出版社 2002 年版，第 288 页。

培训，搞好监察和审计工作；⑬组织联系国家文物委员会、国家文物鉴定文物委员会，以及其他咨询机构，指导博物馆学会、文物保护科学技术学会等社会团体的工作；⑭指导地方各级人民政府文物行政管理部门的业务工作；⑮领导直属单位；⑯组织、领导、审定文博宣传工作和新闻报道、文博科研和文物保护科学技术的攻关项目及其鉴定和评奖；⑰办理全国人大、全国政协交办的有关文博工作议案、提案的答复，对参加国际性文博组织、国际性文物条约、公约，提出审核意见或建议；⑱办理国务院或文化部交办的其他有关文博工作事宜。[1]1998年，国务院根据形势发展，深化国家机构管理体制改革。国务院机构又进行了相应改革。第九届全国人民代表大会第一次全体会议批准的国务院机构改革方案和《国务院关于部委管理的国家局设置的通知》（国发［1998］6号）再次明确规定国家文物局是文化部管理的负责国家文物和博物馆方面工作的行政机构。并对其职能进行了调整，将审批文物商店的有关工作，交给地方人民政府，同时取消了其指导、监督文物经营单位购销活动和经营方式的职能。调整后，其主要职责如下：①研究拟定文物、博物馆事业的发展方针、政策、法规和规划，制定有关的制度、办法并监督实施。②指导、协调文物的管理、保护、抢救、发掘、研究、出境、宣传等业务工作。③审核、申报全国重点文物保护单位；承担历史文化名城、世界文化遗产项目的相关审核、申报工作；依照有关法律法规审核或审批全国重点文物的发掘、保护、维修项目。④指导大型博物馆的建设及博物馆间的协作、交流。⑤研究处理文物保护的重大问题；对查处盗窃、破坏、走私文物的大案、要案提出文物方面的专业性意见。⑥研究制定文物流通的管理方法；审批文物出口鉴定机构的设立和撤销。⑦编制文物事业经费预算，审核划拨并监督各项经费使用情况。⑧统筹规划文物、博物馆专门人才的培训；组织指导文物保护和博物馆方面的科研工作。⑨管理和指导文物、博物馆外事工作，开展对外合作与交流。⑩承办国务院和文化部交办的其他事项。国家文物局内设机构为：办公室（政策法规司、外事联络司）、文物保护司、博物馆司、直属机关党委、机关服务中心等。

新《文物保护法》在修订时，充分考虑到了文物管理部门的上述既定职能和文物执法需要，在不可移动文物的保护、历史文化名城、村镇的保护、考古发掘的管理、馆藏文物的管理、民间收藏文物的管理和流通、文物的进出境管理等方面，对文物行政管理机构的职责、权利、义务等都作出了具体、明确的规定。同时，新《文物保护法》总则第8条，对国家文物部门、各级地方人民政府以及政府相关部门的职责都作出了明确规定。除了国家文物部门外，地方各级人民政府也是管理监督当地文物保护工作的重要部门。我国幅员辽阔，各地历史、经济、教育、文化等

〔1〕 国家文物局编：《国家文物局暨直属单位组织机构沿革及领导人名录》，文物出版社2002年版。

背景不同，地上、地下文物，移动和不可移动文物的存量和布局也不同，文物保护工作只由国务院有关部门负责是远远不够的。由于我国文物行政管理体制一直采取属地管理、分级负责的原则，地方各级人民政府应当将文物保护事业纳入本级国民经济和社会发展规划，将所需经费纳入本级财政预算，正确处理好文物保护与经济建设和社会发展的关系，督促公安机关、工商行政管理部门、海关、城乡建设规划部门和其他国家机关依法履行保护文物的职责，维护文物管理的秩序。因此，必须要明确和强化各级人民政府对文物保护的职责。为此，新《文物保护法》明确规定，地方各级人民政府负责本行政区域内的文物保护工作，县级以上地方人民政府承担文物保护工作的部门对本行政区域内的文物保护实施监督管理。

县级以上人民政府的有关部门也是管理和监督本地文物保护工作的重要部门。新《文物保护法》规定，县级以上人民政府有关行政部门在各自的职责范围内，负责有关的文物保护工作。文物保护工作仅仅依靠文物保护部门来实施管理和监督是不够的，文物保护工作是一项综合工作，涉及各个方面。特别是在市场经济条件下，要建立起良好和规范的文物秩序，需要各个相关部门的共同努力。除了文物行政部门外，公安机关、海关承担着依法打击文物犯罪行为、打击文物走私活动的职责，工商行政管理部门承担着维护文物市场秩序的职责，城乡建设规划部门承担着城市规划建设中保护文物和历史文化名城、历史文化保护区的职责。此外，还有环保部门、旅游部门、民族宗教事务部门等，其工作范围都涉及文物保护的问题，在文物保护中发挥着重要作用。因此，这些部门都应当依法认真履行所承担的保护文物的职责，维护文物管理秩序。只有各部门形成合力，在各自的职责范围内协同配合文物保护部门，齐抓共管，才能有效地管理和监督文物保护工作。

三、“五纳入”措施的历史渊源及内涵

（一）“五纳入”措施提出之前后

改革开放以来，文物工作呈现崭新局面。1981 年开始，全国开展文物普查、复查工作。1982 年，国务院公布了第二批全国重点文物保护单位 62 处，此项工作自 1961 年国务院公布了首批全国重点文物保护单位以后就一直陷于停顿状况。同年，国务院还首次公布了国家第一批历史文化名城 24 座。在 1982 年《文物保护法》制定颁布之后，全国文物工作进入了一个新的历史阶段。为确定文物保护工作的法律地位、作用，规范和加强文物管理，制止各种文物破坏活动起到了重大作用。但是，随着改革开放的深入发展，特别是随着大规模经济建设、城市改造以及旅游开发的兴起，文物保护工作出现了不少问题。突出表现为，一些地方文物工作得不到足够重视，文物工作不能被纳入当地的社会发展规划，不能被纳入当地的财政预算。文物经费严重短缺，文物管理机构和队伍无法被加强和健全，文物工作被置于

一个虚弱的境地。文物的各种破坏、损害现象不断出现。同时，在如何正确认识文物工作的性质和特点，正确认识和处理文物的保护与利用的关系上，出现了不少的争论和混乱看法。这一局面引起了党中央、国务院的高度重视。针对这些问题，党和国家制定了一系列加强文物管理的政策和措施。1987 年 11 月，国务院颁发了《关于进一步加强文物工作的通知》，对新中国成立以来的文物工作进行了全面总结，明确指出当前文物工作的方针就是加强保护，改善管理，搞好改革，充分发挥文物的作用，继承和发扬民族优秀的文化传统，为社会主义服务，为人民服务。通知还特别强调，加强文物保护是文物工作的基础，是发挥文物作用的前提，离开了保护就不可能发挥文物的作用。

1992 年，国务院在西安召开了全国文物工作会议。从某种意义上说，这次会议是针对当时社会上出现的“重利用、轻保护”的现象，为了统一认识和思想而召开的。中共中央政治局时任常委李瑞环同志出席了会议，并作了重要讲话。他在讲话中明确指出，博大精深的历史文物是中华民族的骄傲，保护好文物是我们的历史责任，必须把抢救文物放在文物工作的首位。他第一次旗帜鲜明地提出了文物工作应当坚持“保护为主，抢救第一”。他说：“现在世界各国普遍重视文物保护工作……如果我们目光短浅，在文物保护方面该花的钱不花，该办的事不办，致使文物保护长期处于一种较低的水平，那么我们还有什么资格自称文物大国，在世界文化舞台上还有什么光彩？我们各级领导，包括各位当省长、当市长、当县长的，都要以对祖国、对民族、对历史、对子孙高度负责的态度，把自己管辖范围内的文物保护好。”[1]“保护为主，抢救第一”这一方针的确立和提出，澄清了认识上的混乱，统一了思想，并成了我国文物工作长期遵循的基本方针。由此，如何在实践中制定具体政策并采取措施，使这一方针得到贯彻执行，就成了现实中需要解决的紧迫问题。1995 年，国务院又一次召开了全国文物工作会议，在上述方针的前提下，又提出了“有效保护、合理利用、加强管理”的原则，以作为对其的补充和完善。为了切实保障这一方针原则的落实，会议首次明确提出，各级政府应当把文物保护纳入地方经济的和社会发展计划，纳入城乡建设规划，纳入财政预算，纳入体制改革，纳入各级领导责任制。这就是文物工作中著名的“五纳入”政策。

1997 年，国务院颁发了《关于加强和改善文物工作的通知》。这是一份对文物保护工作产生重大影响的文件。文件的主要内容就是要求各级政府贯彻落实“五纳入”。文件指出：“要努力建立适应社会主义市场经济体制要求、遵循文物工作自身规律、国家保护为主并动员全社会参与的文物保护体制。各地方、各有关部门应把文物保护纳入当地经济和社会发展计划，纳入城乡建设规划，纳入财政预算，纳入

〔1〕 1992 年 5 月 8 日在全国文物工作会议上的讲话，参见《文物工作资料汇编》，国家文物局办公室 1999 年版，第 17 页。

体制改革，纳入各级领导责任制。财政预算中安排的文物保护经费应逐年有所增加，同时要制定相应的政策鼓励，引导并广泛吸收有关部门和企事业单位及个人参与文物保护事业。"[1]这个文件发布后，全国文物工作得到了相当程度的加强，文物保护工作所需的人财物欠缺的局面有所改善。其后在有关文物政策的制定中，"五纳入"成了一项最重要的政策被长期坚持下来。2002 年修订《文物保护法》时，一个重要的修订原则就是把在实践中证明是正确的政策上升为法律规定。因此，在修订时，新法把"五纳入"的基本精神吸收进去，使之变成了具体的法律条文。新《文物保护法》第 10 条规定："国家发展文物保护事业。县级以上人民政府应当将文物保护事业纳入本级国民经济和社会发展规划，所需经费列入本级财政预算。国家用于文物保护的财政拨款随着财政收入增长而增加。国有博物馆、纪念馆、文物保护单位的事业性收入，专门用于文物保护，任何单位或者个人不得侵占、挪用。国家鼓励通过捐赠等方式设立文物保护社会基金，专门用于文物保护，任何单位或者个人不得侵占、挪用。"2002 年，国务院再次召开全国文物工作会议，宣传贯彻落实新《文物保护法》，布置今后一段时期全国文物工作。中共中央政治局时任常委、国务院时任副总理李岚清同志出席了会议并发表重要讲话。他充分肯定了 1997 年国务院颁发的有关通知，强调要按照这一文件的精神，对文物工作要切实做到"五纳入"。他特别指出："要继续加大文物保护的投入，少说空话，多干实事，杜绝造假。"[2]2003 年，国家文物局、中央编办、国家发展改革委、财政部、建设部、文化部、国家税务总局等部门联合向各省、直辖市、自治区政府和省级相关部门发出《关于进一步做好文物保护"五纳入"的通知》，明确要求各级政府要具体落实文物保护的责任，把"五纳入"进一步具体化。

2005 年 3 月，国务院办公厅发布《关于加强我国非物质文化遗产保护工作的意见》首次明确了保护非物质文化遗产的重要意义、目标和方针，同时将文物保护工作中形成的"五纳入"措施沿用于非物质文化遗产保护工作。该意见明确要求"地方各级政府要加强领导，将保护工作列入重要工作议程，纳入国民经济和社会发展整体规划，纳入文化发展纲要……各级政府要不断加大非物质文化遗产保护工作的经费投入"。2005 年 12 月，国务院再次发出《关于加强文化遗产保护的通知》，将文化遗产分为物质文化遗产和非物质文化遗产，并决定自 2006 年起，每年 6 月的第二个星期六为我国的"文化遗产日"。该通知进一步明确要求各级政府加强文化遗产保护的职责和任务。其中，将"五纳入"的要求由文物保护扩及包括非物质文化

---

〔1〕《国务院关于加强和改善文物工作的通知》（国发［1997］13 号），参见《文物工作资料汇编》，国家文物局办公室 1999 年版，第 32 页。

〔2〕李岚清："认真学习贯彻十六大精神，努力开创文物工作新局面"，载《光明日报》2003 年 1 月 12 日。

遗产在内的整个文化遗产保护。该通知要求加强领导，落实责任。其规定：“地方各级人民政府和有关部门要将文化遗产保护列入重要议事日程，并纳入经济和社会发展计划以及城乡规划。”“各级人民政府要将文化遗产保护经费纳入本级财政预算，保障重点文化遗产经费投入。”

（二）“五纳入”的内涵和要求

“五纳入”主要从五个方面对各级政府文物（或文化遗产）工作提出了明确要求，即纳入经济和社会发展计划、纳入城乡建设规划、纳入财政预算、纳入体制改革、纳入各级领导责任制。2003年国家文物局等七部委联合发出通知，要求进一步做好文物保护的“五纳入”。该通知指出，“五纳入”是建立国家保护为主，动员全社会共同参与的文物保护新体制的核心，是全面建设小康社会，大力发展先进文化的重要内容，也是国家保护文物、发展博物馆事业的基本措施。不少地方政府据此也制定和颁布了本区域的落实“五纳入”的具体规定和办法。

（1）所谓纳入经济和社会发展计划，其实质就是将文物保护紧密地与全面建设小康社会的宏伟目标相结合，与我国社会主义精神文明和物质文明建设相结合，明确文物保护和事业发展的任务和目标，实现文物的长期保护和文物事业的可持续发展。新《文物保护法》规定：“县级以上人民政府应当将文物保护事业纳入本级国民经济和社会发展规划。”因此，各级政府应当专门编制本地区文物事业发展计划，并依法将其纳入当地的国民经济和社会发展计划。要确定当地文物事业发展的目标、计划和政策措施，并按照规划切实予以落实。对那些文物集中丰富的地区，在制定规划、明确本地文物工作总体目标的同时，还应当就具体文物单位或项目的维修、保护、利用，人才培养和队伍建设等，制定具体的工作目标和措施。这项要求对搞好当地的文物工作至关重要。例如，北京市制定了《北京市“十五”时期文物事业发展规划》《北京历史文化名城保护规划》，提出了文物和历史文化名城保护管理的长期与阶段性目标，成了全市文物工作的指导性文件。

（2）所谓纳入城乡建设规划，是指各级政府应当在制定城乡建设规划时，把文物工作放在一个重要位置上来考虑。这是有针对性的。因为随着经济的发展，各地的城乡建设蓬勃开展，在基本建设和城市改造中对文物（特别是大遗址、历史文化名城、村镇）的毁坏现象屡屡发生。因此，各地在编制和调整城乡建设规划时，必须按照《文物保护法》和《城市规划法》的有关规定：一是要充分考虑对于文物保护单位保护的特殊要求，要将文物保护单位及其建设控制地带的划定和保护，作为总体规划和详细规划的强制性内容；城乡建设项目的选址凡涉及不可移动文物的，应当在项目审批前征求文物部门的意见。二是在编制和调整城乡建设规划时，要充分考虑古文化遗址、墓葬区等大遗址的保护规划。三是要充分考虑到历史文化名城和历史文化街区、村镇的保护规划。城乡建设规划部门应会同文物行政部门制定这些保护规划。这些规划应当划定保护范围及建设控制地带，要有严格的文物保护措施和控制要求。

（3）所谓纳入财政预算，就是要求各级政府在编制年度财政预算时，应将文物工作的经费纳入其中，以保障文物工作的开展。这一要求也是有针对性的。我国现行财政体制是分级财政制。文物工作实行分级管理，分级负担。这些年来，各级财政对文物保护经费的投入有了较大提高，但其绝对数与在同级财政总量中所占的比例仍然很低。一些市县文物保护经费得不到落实，甚至列不进同级财政预算。很多文物保护单位基本没有文物保护维修经费。这一状况与我国文物保护的形势极不相称。文物保护属于社会公益事业，各级政府必须为其提供经费保障。中央财政设立了国家重点文物保护专项补助经费，对困难地区的重点文物保护及维修等项目给予专项补助。文物丰富的地区也应当设立这样的专项经费。同时，还要结合当地文物开发利用的情况，落实国务院确立的文化经济政策和财税优惠政策，建立多渠道的投入机制。

为此，新《文物保护法》在文物保护的经费来源和保障上与旧法相比增加了若干规定。其一，明确规定国家发展文物保护事业。县级以上人民政府应当将文物保护事业所需经费列入本级财政预算。其二，为了进一步保障经费来源，除了规定列入本级财政预算外，文物保护的财政经费不应当停留在原有水平，而应当随着财政收入的增长而同步增长。1987 年、1997 年国务院在有关文件提出："财政预算中安排的文物保护经费应逐年有所增加。"由于多种原因，这一要求并未得到有效落实。近些年来，随着我国社会经济的发展，国家经济实力大幅上升，财政收入增长较快，国家用于文物保护的财政投入有条件做到不断增加。考虑到通过法律对此予以明确保障的必要性，应规定国家用于文物保护的财政拨款随着财政收入的增长而增加。其三，规定了国有博物馆、纪念馆、文物保护单位等的事业性收入的资金用途，即必须专门用于文物保护，而不得用作其他。同时规定禁止任何单位和个人对其进行侵占或挪用。其四，拓宽文物保护资金来源，鼓励社会力量设立文物保护基金，并对基金的用途作了规定。即规定国家鼓励通过捐赠等方式设立文物保护社会基金，专门用于文物保护，任何单位或者个人不得侵占、挪用。

（4）所谓把文物工作纳入体制改革，就是强调要用改革的精神做好文物工作。随着社会的发展，文物工作（特别是文物管理工作）也要进行体制改革。但改革绝不是削弱文物工作，而是要把那些阻碍或不利于文物保护的因素改革掉。其中心任务就是要在社会主义市场经济条件下，建立起完善的文物保护体制，凝聚全社会的力量投入文物保护事业。因此，各级政府应加强落实文物保护的职责，理顺工作关系，建立健全各项工作制度，促进文物事业的健康发展。各级文物行政部门要承担起对本行政区域内文物保护实施监督管理的责任，强化行业管理职能，维护文物管理秩序。在实践中，一些地方摸索出了很好的经验，建立了行之有效的制度。中央政府目前已建立国家文物保护部际协调会议制度，其组成部门有：国家发展改革委员会、公安部、民政部、司法部、财政部、国土资源部、建设部、文化部、海关总署、税务总局、环保总局、工商总局、林业局、旅游局、宗教局等。这一制度对加强全国文物工作的协调领导，发挥了重要作用。2005 年 12 月，国务院《关于加强文化遗产保护的通知》进一步指出，要“成立国务院文化遗产保护领导小组，定期研究文化遗产保护工作的重大问题，统一协调文化遗产保护工作。地方各级人民政府也要建立相应的文化遗产保护协调机构”。

（5）所谓把文物保护纳入领导责任制，其核心就是强化对领导干部特别是主管领导干部在文物保护工作上的职责。我国政府领导体制实行的是首长负责制。文物工作是各级政府的一项重要工作，各级政府领导对其责任义不容辞。因此，各级政府在领导班子中应指定专人分工负责文物工作，同时还应将文物保护作为考核领导干部政绩的内容之一。各级政府和文物行政部门应对文物工作先进地方予以表彰，对出现的文物破坏、毁坏事件，除依法追究相关责任人员的行政及法律责任外，同时还应追究政府主要负责同志的领导责任。国务院《关于加强文化遗产保护的通知》也明确指出：“要建立健全文化遗产保护责任制度和责任追究制度。”因此，新文物法在修订时，考虑到文物保护的现实需要，对有关国家工作人员的法律责任作了明确规定。

意大利文化遗产的管理模式、执法机构及几点思考[1]

前些时，笔者有机会去意大利考察文化遗产保护情况，并专程拜访了意大利政府遗产部，与该部研究部门的负责人和负责文物执法的宪兵副司令进行了座谈，并参观了文物宪兵司令部和所属的文物信息管理中心。现将意大利政府在管理文化遗产方面的一些政策和做法介绍如下：

一、管理模式

意大利作为欧洲的文明古国和文艺复兴的发源地，有着极为丰富灿烂的文化遗产，如于1900年前被毁于一旦的庞贝古城、闻名于世的比萨斜塔、文艺复兴的发祥地佛罗伦萨、风光旖旎的水城威尼斯、被誉为世界第八大奇迹的古罗马竞技场等，各地都可以见到精心保存下来的古罗马时代的宏伟建筑和文艺复兴时代的绘画、雕刻、古迹和文物。意大利在行政上分为20个大区，其中有5个特区，也如同我国一样存在着中央政府和地方政府的种种关系。在对待文化遗产问题上，意大利始终强调保护文化遗产是中央政府的职责，在管理体制上的一个突出特点就是实行中央政府垂直管理制度。自1870年到建国以来，意大利形成了一个基本理念，即认为意大利领土上的文化遗产体现了国家的根本利益，必须由中央政府统一行使管理权，不得交由地方政府任意干预处理。这一基本理念和政策的形成有两个历史原因：一是19世纪时期以来欧洲各国都十分重视文化遗产保护，所采取的文化遗产政策大体相同，在管理模式上都基本采取中央政府统一管理的模式。二是出于保持和平衡文化差异的需要。由于意大利历史悠久，各王朝更迭频繁，北部地区接近欧洲文明，南部地区如西西里岛带有更多的阿拉伯文化色彩，将文化遗产管理权集中在中央政府，可以避免地方政府出于经济发展等需要而损毁、破坏这种文化的差异性，有效实现对不同地域文化的平等保护。为实现这一目的，意大利遗产部认为，

---

[1] 本文载于《中国文物报》2008年3月28日。本文中所涉及之法律法规与理论，均以写作时间为准。

保护历史文化遗产就必须防止任何理由的破坏包括由经济、旅游开发所引起的破坏，所谓保护体现在两个基本方面：一方面是对文化遗产周边人文环境的保护，如罗马古城区内不允许建高层建筑、不得发展工业，在古城外建立新区等；另一方面是对文物个体如古建筑的具体保护。同时还认为，必须由中央政府建立全国的保护网络并实行垂直领导，方能有效实行保护。

意大利自20世纪60年代后开始经济腾飞，工业建设和城市化速度很快，地方政府强烈要求中央政府分权，相互之间矛盾加剧。从1972年开始，中央政府向地方分权，地方政府的权力日益加大。但在针对文化遗产管理权是否要下放给地方政府的问题上，形成了支持和反对两派意见。20世纪90年代，在考虑相关立法时，这两派意见在议会间产生了激烈冲突。最后，反对下放权力的一方占据上风并达成了共识，即强调文化遗产是“立国之本”，经济管理权可以下放，但文化遗产管理权必须由中央政府行使。地方政府可以有权决定本地区的经济发展，但所在地区的文化遗产必须由中央政府说了算。理由有二：其一，地方政府在考虑本区域的经济发展中难以摆正经济发展和文化遗产保护的关系，城市化建设往往千篇一律，不注意保护地方文化特色，因此必须由中央政府来直接控制。其二，地方政府负责地方经济社会发展规划，负责大型经济建设项目，本身就是经济建设的执行者，在保护与发展出现矛盾时，自身难以摆正关系，因此，必须由中央政府来直接掌握遗产保护权，方可妥善处理这一矛盾。为此，意大利议会在前几年所通过的宪法修正案中，明确规定中央政府必须承担起保护文化遗产的职责。

正是基于上述考虑，意大利发展到今天，仍然始终坚持文化遗产由中央政府垂直管理这一模式。这一模式的基本特点就是由中央政府在全国各地建立保护行政管理网络，直接委任地方代表并垂直领导。国家遗产部统一管理全国的文化遗产保护工作，目前，遗产部工作人员不到100人，设有10个司局。遗产部代表中央政府任命遗产部代表并向各地派驻，履行中央政府相关法令，负责所在地区的文化遗产保护工作，其工资由中央政府统一核发。目前，遗产部向全国各地派出代表近2万人。意大利还通过发行文物彩票吸纳资金，此外，各大区、市政府会对文物保护进行，企业和私人也设有专门的文物保护基金，再加上联合国教科文组织和欧盟的援助，每年会有大批资金被投入到文物保护工作中。地方政府也设立有文化遗产保护机构，但职责只是负责本地区文化遗产的宣传和推广。派驻各地的代表有行政执法权，主要有两个内容：一是对个人破坏文化遗产的行为有权予以直接处罚；二是对地方政府破坏文化遗产的行为有权直接予以阻止，如果发生纠纷，交由中央政府予以评判。如果地方政府不服，可提起司法诉讼，最后由法庭判决。

意大利法律规定，凡超过50年的建筑和艺术品均可被归为文化遗产。中央政府只拥有400处古建筑宫殿，其他均为私人、公司和地方政府拥有。凡列入政府文化遗产名录的古建筑，无论所有权和使用权归谁，不经中央政府批准不得任意改变建筑的外观和结构（包括电路、下水道的改建）；未经政府批准不得出售，如出售必须优先卖给政府；修缮时可以向政府申请补贴，最高可以补贴 100%。如果修缮或改造未经中央政府批准，当事者将面临严重处罚：一是由中央政府派专家按照遗产原样予以修复，所修复花费的资金全部由破坏遗产者支付；二是还要承担相应的民事、刑事责任。这一规定同样适用于任何遗产的拥有者以及人文环境的破坏者（包括地方政府）。因此，如果某个地方政府一意孤行地破坏文化遗产或人文环境，中央政府派驻的遗产代表有权直接阻止而不需要层层报批；如果地方政府不服而提起司法诉讼，最后的司法结果通常有利于中央政府，因为中央政府掌握相关遗产法律的解释权。从实践来看，地方政府破坏遗产和人文景观的行为并不常见，一个重要原因就是中央政府要求其恢复遗产原状的费用相当高昂，须由地方财政买单，得不偿失。不过，近些年来，意大利全国这样的司法诉讼每年有几十例，且呈增长趋势。

二、执法机构

1969 年，根据法律规定，意大利设立了专门负责打击文化遗产犯罪活动的执法机构和队伍，称为“文物宪兵”。宪兵介于军队与警察之间，类似于我国的武警。文物宪兵共有 300 余人，分为 12 支队伍。设有专门的司令部。文物宪兵是双重管理体制：一方面，其与其他特殊宪兵如税务宪兵一样，统一隶属于国防部，属于军队序列，经费由国防部统一支付；另一方面，直接隶属于遗产部，日常工作听从遗产部命令。因此，在体制上受国防部和遗产部的双重领导。文化遗产的内部安全工作由遗产部负责，文物宪兵的主要任务是打击各种文物犯罪活动如盗窃、盗掘、走私等。文物宪兵一般从警察队伍中挑选，组成人员的资质要求较高，既要有警务执法经验，又要有文物保护经验。遗产部每年都会派专家对其进行业务培训。与其他警察相比，文物宪兵的军衔普遍较高，在执法时，有权协调指挥其他部门的警察统一行动。因此，虽然文物宪兵人数不多，但都属于精兵强将，一有案情，可直接指挥协调案发地的警察力量破案。意大利边境由海关警察负责执法，市区城镇由普通警察执法，如在执法中遇见文物案件，均交由文物宪兵负责协调指挥处理。

文物宪兵还负责查处赝品的工作，承担着追索非法流出意大利境外文物的任务，如与美国大都会博物馆就一件古罗马时期的雕塑谈判了 10 年，终于索回。同时也接受国际刑警的指令，负责在意大利境内查处非法流入的其他国家文物。最近欧盟国际刑警里昂中心把 7 件怀疑被盗而非法流入意大利境内的中国古代绘画作品的资料传给了意方，交由意大利文物宪兵负责查处。此外，文物宪兵还会积极参与国际活动，如受联合国委派，前往科索沃和伊拉克，负责当地的文物保护工作，打击盗墓和文物走私活动，并在约旦举办培训班，培训伊拉克警察。

文物宪兵司令部里设有一个收集意大利全国文化遗产资料最权威、最丰富的文物信息中心。该中心成立于1972年，并于当年开始编制纸质名录，1992年以后采用电脑管理。目前，该中心已收录并编目的各类文物艺术品已超过400万件，其中仅绘画作品就多达32万余件，覆盖了全国所有的重要文物场所和遗产地。该中心信息化水平很高，无论是绘画、雕塑还是其他艺术品，都有详细的分类和作者、年代、尺寸、地点等说明，可以在很短的时间内检索出来；文物宪兵在执法时也可即时通过电脑进入信息中心进行查询、比对。根据法律的规定，文物经营者和所出售的文物必须在遗产部登记备案，并记录在信息中心内，如果所出售文物在信息中心中被检索出是未登记备案的，文物宪兵可将其查封、没收，并以伪造、走私、非法销售等罪名提起指控。

因此，文物信息中心在意大利整个文物执法中发挥了极为重大的作用。根据该中心的统计，从1970年到2007年，意大利全国报案的被偷盗的艺术绘画5万余件，被偷盗的各类文物艺术品超过190万件，遭到起诉的有18 956人，其中被判入狱的有4996人；查获追回的各类文物艺术品102万余件（其中包括雕刻作品74万件，查处的各类赝品25万件，从海外追回的被盗文物艺术品8000余件；在意大利境内查获的国外被盗艺术品1270件）。该中心还与欧美各国建立了广泛联系，目前主要通过法国里昂的国际刑警总部交流信息。由于国际刑警组织并非文物专业队伍，因此信息交流仍不够直接通畅。鉴于意大利这种专门警察队伍和文物信息中心的模式在执法中富有成效，欧盟各国目前都在积极研究建立专门的警察队伍和文物信息中心，以协调统一全欧洲的文物执法和信息交流。意大利文物信息中心也非常希望与我国建立相关的信息交流机制。

三、几点思考和建议

目前，我国的文化发展和文化遗产保护工作正面临一个新时期。文化发展与经济发展已经成为两个相互支撑、同等重要的战略问题。党的十七大报告明确指出："中华民族伟大复兴必然伴随着中华文化繁荣兴盛"，把促进社会主义文化大发展、大繁荣作为实现全面建设小康社会奋斗目标的新要求的一个重要内容进行了深刻论述，对如何做好文化工作（包括文化遗产保护工作），提出了全面要求。要切实落实这一要求，其中一项重要的工作就是要对我国现行文化遗产管理体制进行深入研究，在总结经验的基础上，进行符合我国国情和发展需要的改革和制度创新。这应包括两个方面；一是整个文化遗产管理体制的改革和创新。目前，我国文化遗产在管理体制上处于部门分割状态，文物、文化、城乡规划、旅游、宗教等部门都拥有对部分文化遗产的管理职权，公安、工商、海关等部门在其职能范围内也都承担着相关职责。如何统一协调这一体制，需要仔细研究。二是现行文物管理体制自身的改革和创新。在这方面，意大利的上述做法可以为我们提供一些参考的思路。

第一，正确处理中央政府和地方政府在文物管理上的关系，加大国务院文物行政部门的协调管理能力。长期以来，我国文物管理制度采取的一直是属地管理、分级负责的管理体制。除中央政府设立国家文物行政部门外，省、市、县根据实际情况可设立地方文物行政部门或归口其他部门，管理本行政区域的文物事宜。《文物保护法》第8条第1、2款规定："国务院文物行政部门主管全国文物保护工作。地方各级人民政府负责本行政区域内的文物保护工作。县级以上地方人民政府承担文物保护工作的部门对本行政区域内的文物实施监督管理。"应该说，这一分级负责体制是根据我国的基本国情而长期形成的，在尊重、发挥各级政府对文物保护工作的自主性和积极性上起到了重要作用。

但是，随着市场经济和城市化的迅猛发展，基本建设、旅游发展与文物保护的矛盾日趋激烈，这一体制的弱点和问题也随之更加突出。主要有两方面：一是地方政府既作为当地经济发展的主导者，又作为当地文化遗产的保护者，在彼此相互发生激烈冲突时，难以摆正自身关系。其结果是，文物保护工作往往为经济利益让路。近些年来，一些地方经济开发、旅游开发对文物或遗产地的破坏屡见不鲜，城市化建设中对古城历史文化风貌的毁坏也不断发生。二是缺乏一个有效解决这一矛盾冲突的监督制约机制。《文物保护法》对此也尚未明确。由于地方承担文物保护工作的部门本身就是当地政府的组成部分，由他们来自主、独立地履行文物监督管理职责，显然是不现实的。一些地方成立了由政府主要领导牵头、各相关部门参加的协调会议，这种平行架构仍然起不到实质性的监督作用。虽然国家文物局依法主管全国文物保护工作，但由于自身地位和执行力相当有限，面对分级负责的体制，如何协调和处理上述矛盾，确实力有不逮。因此，根据我国的实际情况建立一个有效、统一的文物管理监督制约机制，是我国当前面临的一个亟待解决的重要问题。意大利的做法主要有二：一是坚持文化遗产管理权由中央政府行使，采取中央直接向地方派驻代表的垂直管理体制；二是通过司法机制解决中央和地方的冲突。对此，我国有自己的国情，不应照搬和复制。但我们应积极研究解决现行体制下存在的弊端和问题，在尊重文物的地方属性和分级管理的前提下，重视和强调文物的国家属性，建立一个行之有效、统一规范的监督制约机制。可以研究参照目前经济领域的一些成功做法如银行、电信、保险等行业的垂直、双重领导模式，或如国资委、纪检部门向地方派出的巡视组等方式，创造必要的条件和途径，充分发挥中央政府部门对地方政府在文物事业上的统一协调、管理作用。

第二，加强专业执法队伍建设，建立和完善打击文物犯罪活动的统一协调机制。在打击文物犯罪活动方面，目前，我国现有的执法机构主要是公安和海关及其所属队伍。长期以来，他们在打击各种文物犯罪活动方面发挥了重大作用，取得了显著成绩。但是，由于我国公安警察队伍所承担的打击其他各种犯罪活动和维护社会治安的任务极其繁重，一些地方在打击文物犯罪活动时往往因为人手紧张、经费困难和业务知识欠缺而难以全力以赴，在公安、海关、文物行政部门之间也缺乏有效的统一协调机制。意大利所采取的“文物宪兵”的体制在一些遗产大国具有相当的代表性，目前，欧盟各国也都在积极研究采纳这种模式。虽然我国国情不同，但这一做法对我们也具有参考价值。随着当前打击文物犯罪的工作日益紧迫，并出现专业化、国际化趋势，我们也可以研究考虑在现有公安警察队伍中，抽调部分精干人员，组成相对稳定和专业的文物执法队伍，在打击文物犯罪活动时发挥统一协调指挥的作用。

第三，高度重视文物信息中心的建设和完善，使之成为文物执法和打击文物犯罪活动的重要武器。目前，我国在文物信息中心的建设方面相当滞后。国家文物局下设有一个事业机构“中国文物信息咨询中心”，正式编制 28 人，经费自筹。该中心已成立相当时间，主要任务是建立、管理、维护文物资料信息库，配合国家文物局对全国文物、博物馆事业信息化工作进行宏观管理和业务指导。同时，还承担其他相关咨询、鉴定和评议等工作。由于该中心主要是为国家文物局内部工作服务，其功能、作用十分有限，信息化程度也不高。目前，该中心除有全国重点文物保护单位和国家一级文物信息资料外，尚未建立起覆盖全国的、相对完整的文物信息数据库，更不具备处理相关数据的信息化技术系统和能力。近几年，该中心在财政部支持下开展“文物调查及数据库管理系统建设”项目，并在山西、河南、甘肃、辽宁开展省级文物信息中心试点建设，但显而易见，此项基础性工作至今仍处在初创阶段。因此，无论是在文物资源数字化、文博行业管理网络化的建设上，还是在对文物执法和打击文物犯罪活动中所发挥的作用上，该中心的现状与当前的紧迫要求极不适应。从意大利的经验来看，必须高度重视文物信息中心建设，要将其作为国家开展文物保护工作的最基础、最重要的一项工作来抓；要把信息中心的建设与正在开展的第三次全国文物普查结合起来，打破部门、行业的局限，将其纳入整个文物执法和打击文物犯罪活动的基础工作中，加大信息化、网络化建设，逐步建立起一个为全国文物执法工作和国内外文物信息交流服务的有效平台，以适应我国文化发展和文化遗产保护工作的需要。

我国文化遗产保护法律体系的建构[1]

一、文化遗产保护的趋势和特点

当前，从世界范围来看，随着全球科技经济的迅速发展以及人类文明的不断进步，人们对文化遗产的认识在不断深化。文化遗产保护在今天越来越成为一个浪潮，出现了三个特点：第一个特点就是对文化遗产重要性的认识越来越深刻，已远远超过了传统意义上对文化遗产的认识。就是说，在经济、科技全球化日益严重的今天，文化遗产对一个国家、民族的重要性越来越突出，对保持文化多样性的重要性越来越突出。这种重要性除了体现在一般的文化意义上外，还体现在政治、经济、民族、国家文化主权等方面。文化的问题、文化遗产的问题从来没有像今天这样为全球所关注。这种趋势和现象具有相当深刻和复杂的历史背景和时代原因：一是在以信息技术、互联网技术为核心的科技、经济发展下，全球一体化的趋势日益突出，国家、民族、地域的特征与界限在相当程度上被不断削弱和打破。二是西方发达国家借助科技经济的优势，利用全球化的趋势，在全球极力推行西方文化及其相关的价值理念。美国学者亨廷顿的一个著名观点就是当今的世界冲突就是“文明的冲突”。所谓“文明的冲突”，说到底就是文化和宗教的冲突，也就是信念、精神、价值观和文化传统的冲突。在他们看来，所谓全球化就是西方文化的思想、价值和观念的全球化。个别西方国家极力在全世界通过种种手段推销其思想文化，在文化上大力推行“单边主义”，严重威胁到其他国家的文化主权和文化安全。因此，保护不同民族、群体、地域的传统文化，维护世界文化的多样性，成了各国政府普遍关注并付诸实施的重要战略问题。不仅越来越多的发展中国家意识到保护本国非物质文化遗产的重要性，一些发达国家也逐步认识到这个问题不能忽视。三是文化及其文化遗产，其中特别是以活态文化为特点的非物质文化遗产，体现了一个国

---

〔1〕 本文载于《中国人民大学学报》2011年第2期。本文中所涉及之法律法规与理论，均以写作时间为准。

家、民族的血脉和精神，是国家、民族的身份象征和价值象征，其源自农耕文明的独特性是其他依附现代工业社会、信息社会所产生的文化所不能取代的。在某种意义上，它的消亡意味着民族个性、民族特征的消亡，也意味着文化基因和文化血脉的中断。保护文化遗产，既是不同文化尤其是弱势文化实现文化平等权、文化认同权的一个重要内容，更是维护世界文化多样性、促进世界和平共处、共同发展的一个重要内容。

第二个特点就是对文化遗产保护对象和范围的认识不断扩大，保护的程度不断加深。用今天的观念来看，在文化遗产的范畴中，主要包括物质文化遗产和非物质文化遗产（或有形遗产和无形遗产）两大类。但在相当长的一段时间内，人们对文化遗产的保护主要是围绕着物质形态的文化遗产（或有形文化遗产）来进行的。物质形态的文化遗产（主要指文物、建筑群和遗址）保护的发展从近代以来大体可以被概括为三个阶段：第一个阶段是对重要的、单个的文物古迹的保护。在欧洲工业革命之前，欧洲大陆对文化遗产的保护主要集中于此。第二个阶段则扩大到了对文物古迹周边环境、对某个历史建筑群为主体的历史街区、历史区域乃至某个古城镇的保护。第三个阶段则是由物质文化遗产保护扩大到对非物质文化遗产的保护。这三个阶段大体反映了人们对历史文化遗产保护认识的深化。由于历史原因，各国对物质文化遗产的保护有着明确的共识，有着较完备的国内法。国际也达成了不少协定和公约。近些年来，非物质文化遗产成了文化遗产保护的一个重要内容，引起了广泛的关注。因此，文化遗产保护对象已经突破了传统范畴，涵盖了物质文化遗产和非物质文化遗产两大部分。

保护方式呈现出了一种多元化的趋向，保护对象与人们的社会存在越来越紧密相连，成了其社会生活、生存方式的重要组成部分。这种变化可以说是全球文化遗产保护发展的一个具体缩影。从我国国务院发布的有关文件也可以看出这种认识上的发展变化。以前，国务院发布的都是加强和改善文物保护的通知，其后又就非物质文化遗产的保护发出专门通知。2005 年 12 月，国务院发布《关于加强文化遗产保护的通知》，首次在政府文件中用“文化遗产”一词涵盖物质文化遗产和非物质文化遗产，并决定自 2006 年起，每年 6 月的第二个星期六为我国的“文化遗产日”。

第三个特点是重视文化遗产的不可再生性，强调文化遗产的可持续发展。文化遗产是一个国家、民族历史文明的载体，是绝对不可再生的文化资源。这种“不可再生性”就是文化遗产的本质属性。但是，随着文化遗产在经济社会发展中的作用日益突出，由于观念认识和市场经济下追求经济效益的原因，保护与利用的矛盾日益尖锐、突出，成了文化遗产保护工作面临的一个焦点问题。一些地方为了谋取经济利益，对文化遗产采取“竭泽而渔”的态度，对其进行破坏性的开发利用。例如，一切为了实现经济效益，不尊重、弘扬文化遗产的文化属性和优秀价值，毁坏文化遗产的原生态环境和历史风貌；或无限制地发展旅游人口，使文化遗产本身难以承受；或只谋取经济利益而不维护文化遗产，甚至以种种名目改变文化遗产原始形态等。一些地方在开发利用非物质文化遗产时存在的问题也非常突出，如在一些民俗旅游点、民俗风情园，非物质文化遗产的展示被演变为纯粹的商业行为，其文化的珍贵价值和意义却被抛弃、湮灭。在世界文化遗产的申报工作中也出现了“重申报，轻保护”的现象。因此，如何有效保持文化遗产的可持续发展，这是我们文化遗产工作中需要解决的一个突出问题，也是促进整个社会可持续发展的一项重要工作。一些发达国家在这方面做得比较好，采取多种措施保护文化遗产的原生形态、防止出现过度利用。这一现象也引起了我国党和政府的高度重视，不少地方也采取了很多措施，如对龙门石窟、黄山、张家界的环境整治，布达拉宫对旅游人数的限制，等等。从根本上说，是坚持保护为主、合理利用，还是主张经济效益优先、利用优先，这种观念认识上的分歧决定了对待文化遗产的基本态度。为此，《文物保护法》第 4 条明确规定：“文物工作贯彻保护为主、抢救第一、合理利用、加强管理的方针。”国务院在颁布的文件中将非物质文化遗产工作的方针也明确为“保护为主、抢救第一、合理利用、加强管理”，这一方针符合非物质文化遗产保护的特点和规律。

二、我国对文化遗产的保护和实践

我国是一个有着五千年文明史的发展中国家，有着极为丰富的文化遗产和自然遗产。新中国成立以来，我国对文化遗产的保护也经过了一个发展过程，即从最重要的单个有形文物古迹的保护逐渐扩大到对历史街区、城镇和自然遗产及自然景观的保护，扩大到对以非物质文化遗产为主要对象的民族民间传统文化的全面保护。改革开放以来，我国文化遗产保护工作成就斐然，保护的规模、范围、程度都大大超过了前 30 年。一是文物保护工作成绩显著。在迄今为止国务院公布的六批全国文物保护单位中，有五批是改革开放以来所公布的。自 2008 年起，在全国范围内开展了第三次文物普查工作，基本上摸清了全国不可移动文物和地下埋藏文物的情况。截至 2010 年上半年，全国共调查登记不可移动文物约 90 万处。其中，新发现 60 余万处。目前，全国已知地上地下不可移动文物 40 多万处，其中约 7 万处被列为各级文物保护单位。这其中，全国重点文物保护单位共公布六批，总计 2353 处（其中，仅 2006 年国务院公布的第六批全国重点文物保护单位 1080 处，前五批总数为 1273 处）；省级 7000 处，县级 6 万多处。全国 114 个城市被列为国家历史文化名城。长城、故宫等 40 处文化和自然遗产被列入世界遗产名录，位居世界前三。全国有博物馆 2400 多座，馆藏可移动文物 2000 余万件，每年举办陈列展览上万个，接待观众数亿人次。特别是自 2008 年以来，各地实行了博物馆免费参观制度，在充分利用博物馆的公益作用和功能、宣传和弘扬爱国主义精神上发挥了巨大作用。在考古发掘方面，以配合三峡工程、小浪底水库、京九铁路等重大工程为重点，开展了大规模的考古发掘工作，取得了重大成果。同时，建立了历史文化名城保护制度，强调对文物周边环境和历史文化名城、历史街区、村镇的整体格局和历史风貌的保护，逐步扩大了文物保护的对象和范围，形成了我国文物保护的思路和特点。

第二，非物质文化遗产保护工作取得重大进展。我国有 56 个民族，这些民族都有着自己历史悠久、丰富多彩、特色鲜明的非物质文化遗产。我国对传统民族民间文化的保护有着长久的历史。1949 年以来，有组织、有计划地开展了一系列抢救、保护活动，在民族民间传统文化的整理、研究、保护和发展方面都投入了大量的人力、财力，取得了相当成就。例如，对三大史诗《格萨尔王传》（藏族）、《江格尔》（蒙古族）、《玛纳斯》（柯尔克孜族）的收集整理；对维吾尔族的大型传统音乐经典套曲《十二木卡姆》的收集整理等。改革开放以来，我国政府在全国范围内开展了一项浩大的民族民间传统文艺十大集成的收集、整理、编撰、出版工作。不少地方也都建立了专门的民族博物馆或民俗博物馆。中国的传统工艺美术也相当丰富，有 24 大类，国家于 1979 年以来先后评选了 4 批、204 名国家级工艺美术大师。一些省市区地方政府和社会各界也开展了很多工作，抢救、保护和传承当地民族民间文化，出现了很多形式和做法。例如，云南的民族村、民族文化传习馆、贵州的民族文化生态博物馆等都是如此。2005 年 3 月，国务院办公厅颁发了《关于加强我国非物质文化遗产保护工作的意见》。这是国家最高行政机关首次就我国非物质文化遗产保护工作发布的权威指导意见，明确提出保护工作的重要意义、目标和方针，建立保护制度、工作机制等。该意见指出："我国各族人民在长期生产生活实践中创造的丰富多彩的非物质文化遗产，是中华民族智慧与文明的结晶，是连接民族情感的纽带和维系国家统一的基础。保护和利用好我国非物质文化遗产，对落实科学发展观，实现经济社会的全面、协调、可持续发展具有重要意义。"从 2005 年起，文化部门在全国范围内开展了非物质文化遗产资源普查，普查出非物质文化遗产资源近 87 万项，建立了非物质文化遗产代表性项目国家级名录和地方名录，命名了一大批代表性传承人。被列入各级名录的非遗代表性项目有 7 万项之多，其中 1028 项被列入《国家非物质文化遗产名录》，7109 项被列入《省级非物质文化遗产名录》。文化部还公布了 3488 名国家级项目传承人，各省、市、自治区公布了 6332 名地方项目传承人。此外，我国还建立了闽南、徽州、四川羌族等 10 个文化生态保护实验区，有 520 多座专题博物馆，197 座民俗博物馆。

尽管如此，我国的非物质文化遗产保护工作仍面临着严峻形势。特别是一些以身口相传为依存的非物质文化遗产正在迅速损毁、消失和流失。在全球一体化的趋势下，保持民族民间传统文化的多样性受到了外来文化的强烈冲击。随着市场经济和工业化、城市化的飞速发展，随着生活生产方式的改变，非物质文化遗产的生存环境发生了变化。民间独有的文化习俗、服饰建筑、传统工艺等逐渐被消融、湮灭。例如，在一些民族的服饰和织锦中，祖传的民族图案和手工艺品被现代图案和现代日用品所取代；外来文化的装饰替代了传统装饰；现代建筑替代了传统民居。民族民间的传统口头文学、史诗自然流失；掌握一定传统艺术技能的民间艺人已为数不多，传承困难，后继乏人。收集、整理、调查、记录、建档、展示、利用、人员培养等工作相当薄弱，普遍存在资金、人员不足的困难。面对这种状况，一个主要的原因就是缺乏国内法律的保障。同时，境外一些国家和机构通过各种渠道大量采集、收购我国珍贵的非物质文化遗产实物资料，造成了文化资源的严重流失，对此也缺乏国家法律的限制。正是在这样的背景下，通过制定相关的法律来保障非物质文化遗产的生存发展，就成了一种现实的迫切要求。

三、我国物质文化遗产保护法律制度的形成和发展

我国文化遗产法律制度是中国特色社会主义法律体系的一个重要组成部分。1949 年以来，我国在文化遗产保护方面的法律制度主要包括两个方面：一是宪法和民族区域自治法所确立的基本法律依据和准则；二是物质与非物质文化遗产保护的专门性法律、法规和规章等。从专门法的角度来看，我国物质文化遗产法律制度的形成和发展大体可以被分为三个时期：

第一个时期是从新中国成立前后到 20 世纪 60 年代的初创时期。新中国建立前夕，著名建筑学家梁思成先生编写了《全国重要建筑文物简目》共 450 条，并附“古建筑保护须知”，这为当年解放战争中的文物保护提供了依据。1950 年 5 月，政务院发布保护古迹的政令，从中央到地方设立了文物保护管理机构。1961 年，国务院颁布了《文物保护管理暂行条例》。同年，以梁思成的《全国重要建筑文物简目》为基础，国务院公布了首批 180 处全国重点文物保护单位。这时期一个最重要的成果就是建立了文物保护单位制度，针对不可移动文物，根据不同价值，分别确定为不同级别的文物保护单位。这期间，行政命令是文物保护的主要依据和规范，对文化遗产的认识也仅限于重要的文物古迹本身。

第二个时期是 20 世纪 80 年代改革开放时期，以 1982 年全国人大常委颁布实施《文物保护法》为标志，我国对物质文化遗产的保护开始走上法制化的轨道。这时期，文物保护出现了全新局面。随着大规模经济建设的发展，国家制定了新时期文物保护基本方针政策。1982 年全国人大常委会颁布实施《文物保护法》后，国务院和有关部门、地方立法机关和地方政府也都制定了一系列配套性法规和规章，初步形成了我国物质文化遗产保护法律法规体系。《文物保护法》初次颁布时虽然只有 33 条，但它首次从国家行政法律的角度对文物的对象和保护范围、标准，对文

物保护单位、考古发掘、馆藏文物、私人收藏文物、文物出境作了规定，确立了一些重要原则和制度：如明确了文物保护对象的标准是“具有历史、科学、艺术价值的文物”；划定了文物保护的范围共五大类；确立了文物保护单位制度和历史文化名城保护制度；明确了配合基本建设的抢救性发掘的原则；确立了文物修缮、保养、迁移时“不改变文物原状”的原则等。

这期间，由于对文物保护的认识在不断加深，法律明确规定了文物保护的标准、范围，开始注意到文物古迹与周边环境的关系，规定了“划定保护范围”和“划定建设控制地带”；注意到历史城区的保护问题，确立了历史文化名城的概念并将其纳入法律调整的范围，建立了具有中国特色的历史文化名城保护制度。1984年，国务院也注意到了传统街区、建筑群、小城镇、村寨的保护问题，下发通知，提出设立“历史文化保护区”，以作为历史文化名城的补充。各地政府也据此设立了不少地方保护的“名城”“名镇”“名村”或“文化保护区”等。显然，这时期无论是在立法上还是在观念上，文物保护的范围均已被大大拓展。

第三个时期是20世纪90年代后期以来，进一步建设和完善物质文化遗产法律制度的时期。随着社会主义市场经济的迅猛发展，文物保护面临一系列新情况、新问题，如大规模经济建设和城市改造对文物、历史文化名城、大遗址保护所产生的冲突，旅游开发与文物资源保护之间的冲突，盗掘古墓葬、盗窃馆藏文物等各种文物犯罪活动日趋严重等。因此，在立法上，必须及时解决这些问题。一是修改《刑法》，加大打击各种文物犯罪活动，特别是日益严重的盗掘古墓葬古遗址和文物走私活动的刑事处罚力度。1991年，全国人大常委会对《文物保护法》中涉及盗窃、走私、故意破坏、玩忽职守造成损毁流失、私自出售文物等行为，追究刑事责任。同时，全国人大常委会还颁布关于惩治盗掘古文化遗址古墓葬犯罪的补充规定，对《刑法》进行了修改，规定对有关犯罪行为，情节较轻的处三年以下有期徒刑，情节严重的处十年以上有期徒刑、无期徒刑或者死刑。1997年，全国人大常委会对《刑法》进行了全面修改，增加了“妨害文物管理罪”，共6条，对故意损毁、过失损毁、私自出售赠送外国人、倒买禁止经营的文物等行为，处三年、五年、十年以下的有期徒刑；对严重盗掘、盗窃行为处罚更为严厉。二是全面修订《文物保护法》，使之适应经济社会的发展。从20世纪90年代中期以来，全国人大和国务院有关部门就开始了对《文物保护法》的修订调研工作。这次修订在全国引起了一场相当广泛的争论，集中反映了我国在社会主义市场经济发展过程中文物工作所面临的新挑战。九届全国人大常委会在广泛深入征求意见的基础上，经过四次审议通过了新修订的《文物保护法》。《文物保护法》由原来的33条增加到了80条，在保留旧法一些好的原则和制度的前提下，针对现实需要和文物保护认识的发展，增加了相当多的内容。主要有：明确规定文物工作的基本方针是“保护为主，抢救第一，合理利用，加强管理”。规范了保护与利用的关系，明确规定各级人民政府应当重视文物保护，正确处理经济建设、社会发展与文物保护的关系，确保文物安全。基本建设、旅游发展必须遵守文物工作的方针，其活动不得对文物造成损害。明确规定各级政府应当把文物工作纳入地方经济和社会发展计划、纳入城乡建设规划、纳入财政预算、纳入体制改革、纳入各级领导责任制；进一步扩大了文物的范围，特别在文物的第二项中增加了近现代重要史迹、实物、代表性建筑；增加了历史文化街区、村镇保护制度；完善了不可移动文物保护制度；增加了对文物保护单位的保护范围和建设控制地带内禁止行为的具体规定；完善了考古发掘制度；增加了馆藏文物交流渠道，补偿制度和退出馆藏的制度；扩大了民间文物流通渠道，建立了文物拍卖制度；进一步完善了相关法律责任。新《文物保护法》的出台，为我国新形势下依法开展文物保护工作奠定了坚实基础。

四、加入联合国《保护非物质文化遗产公约》，开展我国非物质文化遗产立法工作

自20世纪90年代初，我国开始注意到非物质文化遗产（无形文化遗产）保护的法制建设问题，但出于认识上的局限性，立法实践零散而不完整。1990年《著作权法》首次确认民间文学艺术作品享有著作权并受法律保护，同时规定具体保护办法由国务院另行制定。民间文学作品是传统知识的一个重要组成部分，这是国家法律第一次明确从保障民事权利的角度来确认传统知识的法律地位。从实践来看，建立保护民间文学作品著作权的国内法是世界知识产权组织大力推动的一项重要工作，并早在20世纪80年代便提出了示范法条。其对历史悠久、传统文化资源丰富的国家具有积极意义。但由于民间文学作品的著作权有着相当的特殊性、复杂性，如何具体规范，在理论上存在较大争议，有关部门一直在进行立法调研。在专门法规方面，1997年国务院制定颁布了《传统工艺美术保护条例》。这是我国第一部关于传统工艺美术行业发展、人才保护的行政法规。传统工艺美术的人才技能是继承发展的基础，也是非物质文化遗产的一个重要内容。该法规对此作出了一些规定，建立了工艺美术大师的评定、保护制度，确立了一些相关保障措施。但由于行政管理机构的变化，该法规的执行在实践中也出现了一些困难。

20世纪下半叶以来，非物质文化遗产保护逐渐成了一个国际性问题，出现了一股强化政府行政保护的势头。联合国教科文组织于1989年提出了《保护传统文化和民俗的建议》，倡导各成员国保护传统文化和民间文化。1997年11月，联合国教科文组织第29届大会通过了建立“人类口头和非物质文化遗产代表作”的决议。2000年4月，该组织总干事致函各国，正式启动了《人类非物质文化遗产代表作名录》的申报、评估工作，并于2001年开始在全球范围内选评。迄今我国已有昆曲

艺术、古琴艺术、新疆维吾尔木卡姆艺术、蒙古族长调民歌、端午节、中国书法等29项名列其中。2001年11月，联合国教科文组织第31届会议通过了《世界文化多样性宣言》。该宣言强调了文化多样性的重要意义，主张各国应制定相应文化政策，保护文化的多样性。2002年9月，该组织专门就非物质文化遗产的保护召开了第三次全球文化部长会议，通过了《伊斯坦布尔宣言》，强调非物质文化遗产是构成人们文化特性的基本要素，是全人类的共同财富，各国政府有责任制定政策和采取措施保护它们，使之不断传承和传播。近些年来，该组织还积极推动相关国际公约的达成，经过不断地起草和修改，2003年10月，联合国教科文组织第32届大会通过了《保护非物质文化遗产公约》。该公约由此成了与《保护世界文化和自然遗产公约》相呼应的国际公约，要求“各缔约方应该采取必要措施确保其领土上的非物质文化遗产受到保护”。这些措施包括“适当的法律、技术、行政和财政措施”，通过拟定清单、制定保护规划、建立保护机构、培养保护队伍、加强宣传、传播、教育等来确认、展示和传承这种遗产。这为各成员制定相关国内法提供了国际法依据。2004年8月，我国政府正式向十届全国人大常委会第十一次会议提请加入该项公约，经常委会审议后得到了批准。我国成了全球率先批准加入该公约的国家之一。2006年，我国成为该公约的政府委员会成员。在这样的背景下，全面研究并解决我国非物质文化遗产的法律保护问题，成了一个急迫问题。

近些年来，党中央、国务院高度重视对非物质文化遗产保护、保存工作，制定了一系列方针政策，明确提出要加快制定相关法律。为了做好立法工作，自1998年开始，全国人大教科文卫委员会先后赴云南、广西、贵州、四川、新疆、江苏、浙江等许多省区就民族民间文化艺术、传统工艺、民间艺术之乡的保护现状、问题开展了大量深入调研，向文化部提出了研究起草《民族民间传统文化保护法》的建议，并会同文化部、国家文物局召开了立法工作立法座谈会和国际研讨会。2002年8月，文化部向九届全国人大教科文卫委员会报送了立法建议稿，全国人大教科文卫委员会成立起草小组，并于2003年11月形成了《民族民间传统文化保护法（草案）》。2004年8月，十届全国人大常委会第十一次会议批准我国加入联合国《保护非物质文化遗产公约》。由于“非物质文化遗产”这一概念在我国已逐渐取代“民族民间文化”的传统概念，据此，十届全国人大教科文卫委员会成立立法专门小组，将草案名称调整为《非物质文化遗产保护法》。决定由文化部牵头，组织有关方面的力量，在已有立法起草工作的基础上，根据我国实际情况的变化和《保护非物质文化遗产公约》的要求，重新起草，并协调各方加快该部法律的立法进程。十一届全国人大常委会组成后，非常重视《非物质文化遗产保护法》的立法工作，将其列入5年立法规划。这期间，全国人大教科文卫委员会还积极促进和推动了一些地方立法机关（如云南、贵州、福建、广西、江苏、浙江、宁夏、新疆等省和自治区人大常委会）制定出台了相关地方性法规。随着各级政府非物质文化遗产保护政策措施的深入展开和地方立法实践的推行，其实践经验为国家立法提供了很好的参照和依据。2006年9月，文化部经过广泛征求意见，正式就法律草案向国务院报请审议。其后，国务院法制办公室对草案送审稿进行反复研究修改，形成了《非物质文化遗产法（草案）》，经国务院第一百一十五次常务会议讨论通过，于2010年6月提请十一届全国人大常委会第十六次会议审议，经2010年12月十八次会议、2011年2月十九次会议审议，通过了法律草案，并规定于2011年6月1日起施行。

该法律共6章45条，包括：总则、非物质文化遗产的调查、非物质文化遗产代表性项目名录、非物质文化遗产的传承与传播、法律责任及附则。为充分利用非物质文化遗产中的积极因素，避免消极影响，法律将“保护”与“保存”区别开来，以对不同的非物质文化遗产采取不同的措施，即规定国家对非物质文化遗产采取认定、记录、建档等措施予以保存，对体现中华民族优秀传统文化，具有重要历史、文学、艺术、科学价值的非物质文化遗产采取传承传播等措施予以保护。法律还规定了几项重要原则，一是保护非物质文化遗产，要注重其真实性、整体性和传承性；二是保护非物质文化遗产，要有利于增强中华民族的文化认同，有利于维护国家统一和民族团结，有利于促进社会和谐和可持续发展。三是在有效保护的前提下，合理利用非物质文化遗产开发文化产品和文化服务。

法律确立了非物质文化遗产的法律调整范围：①传统口头文学以及作为其载体的语言；②传统美术、书法、音乐、舞蹈、戏剧、曲艺和杂技；③传统技艺、医药和历法；④传统礼仪、节庆等民俗；⑤传统体育、游艺；⑥其他非物质文化遗产。法律规定了各级政府的基本职责：国务院文化主管部门负责全国的非物质文化遗产的保护、保存工作；县级以上地方人民政府文化主管部门负责本行政区域内的非物质文化遗产保护、保存工作。县级以上人民政府应当将保护、保存工作纳入本级国民经济和社会发展规划，将其经费列入本级财政预算。国家扶持民族地区、边远地区、贫困地区的非物质文化遗产保护、保存工作。此外，我国还建立了相关法律制度：①调查制度。由于调查是保护非物质文化遗产的基础，法律规定，县级以上人民政府根据非物质文化遗产保护、保存工作需要，组织非物质文化遗产调查，调查由文化主管部门负责进行。县级以上人民政府其他有关部门可以对其工作领域内的非物质文化遗产进行调查。调查时应当对非物质文化遗产予以认定、记录、建档，建立健全调查信息共享机制。调查时应当收集属于非物质文化遗产组成部分的代表性实物，并妥善保存，防止毁损、流失。应当建立非物质文化遗产档案及相关数据库，除依法保密的外，有关档案和数据信息应当公开。公民、法人和其他组织可以依法进行调查。境外组织应与境内非物质文化遗产学术研究机构合作进行调查，并报经省级文化主管部门批准。调查在两个以上省市区域进行的，应报经国务院文化主管部门批准。境外个人开展调查的，应报经省级人民政府文化主管部门批准。②代表性项目名录制度。建立代表性项目名录制度是国际通行的一个做法，也有利于突出保护重点。法律规定由国务院和省级人民政府分别建立国家级和地方非物质文化遗产代表性项目名录，将具有体现中华民族优秀传统文化，具有（重大）历史、文学、艺术和科学价值的非物质文化遗产列入名录予以保护。相同的非物质文化遗产项目，其形式和内涵在两个以上地区均保持完整的，可以同时列入国家级非物质文化遗产代表性项目名录。国务院文化主管部门应当组织专家评审小组和专家评审委员会对推荐或建议列入国家级名录的项目分别进行初审和终审。本级人民政府应对被列入名录的项目组织制定保护规划，实行整体保护。对非物质文化遗产代表性项目集中、特色鲜明、形式和内涵保持完整的特定区域，当地文化主管部门可以制定专项保护规划，报经本级人民政府批准后，实行区域性整体保护。③代表性传承人制度。建立代表性传承人制度是保护非物质文化遗产的关键环节。为此，法律规定，国务院和省级人民政府文化主管部门可以对本级政府批准公布的项目认定代表性传承人，规定了认定条件、主要义务和支持措施。代表性传承人无正当理由不履行传承义务的，文化主管部门可以取消其代表性传承人资格，重新认定；丧失传承能力的，文化主管部门可以重新认定该项目的代表性传承人。④鼓励促进非物质文化遗产传播的制度。促进非物质文化遗产的传播是继承弘扬中华民族优秀传统文化的重要途径。为此，法律规定各级政府应当采取有效措施组织有关部门宣传、展示非物质文化遗产项目；学校、新闻媒体、公共文化机构等在传播非物质文化遗产方面应有的责任；国家鼓励支持公民、法人和其他组织依法设立非物质文化遗产展示场所和传承场所，展示和传承非物质文化遗产代表性项目；国家鼓励和支持在有效保护的基础上，合理利用非物质文化遗产代表性项目开发文化产品和文化服务。此外，法律还规定了相应的法律责任，对公职人员在非物质文化遗产保护、保存工作中玩忽职守、滥用职权、徇私舞弊、侵犯调查对象风俗习惯并造成严重后果的，依法给予处分；对境外组织和个人违反规定的给予相关处分，情节严重的给予罚款等。法律还授权省市区参照文物法有关规定制定建立地方非物质文化遗产代表性项目名录的办法，规定了对传统医药、传统工艺美术等的保护依照相关法律法规的规定。

总之，随着对文化遗产认识的不断深化，建立、健全和进一步完善保护文化遗产的法律制度，是我国文化发展和社会主义法制建设的一个重要任务，也是中国特色社会主义法律体系的重要组成部分。从立法角度上说，在国家法律法规的层面上，这一制度包括三个方面：其一，进一步扩大物质文化遗产的法律保护范围，加大保护力度。在立法上，除了根据经济社会的发展需要进一步完善《文物保护法》外，还包括就特定对象制定一系列专门的配套性法规，如《长城保护条例》《历史文化名城、街区、村镇保护办法》《博物馆条例》《世界遗产保护条例》等。目前，这些条例有的已经出台，有的正在制定中。其二，制定《非物质文化遗产法》，与《文物保护法》相互补充，以解决那些未被纳入《文物保护法》范围内的非物质文化遗产的法律保存、保护问题。通过这一立法，确定国家保存和保护、继承和发展非物质文化遗产的基本原则，建立相关制度，明确管理责任、资金保障、调查建档、名录体制、传承传播等。其三，建立传统知识的知识产权法律保护制度。由于传统知识的知识产权保护在私权或民法领域是一个全新而复杂的问题，突破了现行著作权、商标权和专利权的知识产权范畴，需要统筹研究加以解决。我国《著作权法》已授权国务院制定专门法规保护"民间文学艺术作品著作权"。对于此项工作，有关部门正在抓紧进行。2008 年，国务院颁布国家知识产权战略，明确提出"要建立健全传统知识保护制度。加强民间文艺保护，促进民间文艺发展"。这是在 21 世纪国际知识产权保护浪潮中，有效维护我国利益、平衡各方关系的一个重要手段。当然，在这一方面，还有大量的基础性工作要做，需要各方进行更加深入的论证和研究，为立法实践提供坚实的基础。

新形势下如何加强我国文物工作[1]

文物工作是建设社会主义文化强国，增强我国文化软实力的重要支柱。当前，我国文物工作面临新的形势要求，这就是必须紧扣党的十八大以来的基本思路和主题，紧紧围绕加强文化建设、全面深化体制改革、全面依法治国的要求，总结经验、把握规律、开拓思路，进一步创新工作格局，使文物工作迈上新台阶。

一、要把文物变“活”摆在文物工作更重要位置

习近平总书记高度重视中华优秀文化在我国综合国力中发挥的重要作用，强调要使之成为凝聚人民大众精神家园共识，推动全面建设小康社会，实现中华民族伟大复兴“中国梦”的一个强大力量。这为我国文物工作指明了方向。文物是中华民族历史文明的载体，是不可再生的文化资源。文物工作重在保护，但更重要的是如何在有效保护的前提下，通过宣传、传播、教育、传承等方式，充分展现中华文化的悠久文明特征，紧密维系中华文化的千年血脉，大力弘扬中华文化的伟大精神。改革开放以来，我国文物工作确立了“保护为主，抢救第一，加强管理，合理利用”的工作方针，并将其写入了《文物保护法》。文物保护取得了巨大成就，由此应该看到，这一方针的确立是与改革开放以来以经济建设为中心的大背景分不开的。从本质上说，“保护”“抢救”“管理”和“利用”文物是密不可分的，“保护”“抢救”“管理”都是手段，“利用”则是目的，而且，“利用”绝非只是经济效益的开发利用，其根本目的是使文物的文化、社会功能作用得到充分发挥。但毋庸讳言，随着大规模城乡建设、市场经济建设的迅猛发展，文物生存状况遭受严峻冲击，这客观上导致“抢救”“保护”本身成了文物工作的首要任务，加之许多地方将文物“利用”演变为以开发经济效益为主的“利用”，文物的文化功能、教化功能、传承与弘扬功能被掩盖和削弱，保护文物的根本宗旨并未得到充分彰显。这一状况显然已不适应当前形势对文物工作的要求。

---

〔1〕 本文载于《中国人大》2016年第5期。本文中所涉及之法律法规与理论，均以写作时间为准。

习近平总书记反复强调，要让收藏在博物馆里的文物、陈列在广阔大地上的遗产、书写在古籍里的文字都活起来。这是新时期我国文物工作的重要指南，其要旨就是要把历史文物在文化建设、社会建设中发挥的重要作用摆在文物工作中更加重要的位置来抓。我们应当深入学习领会习近平总书记的思想精髓，采取积极措施大力推进：一是国务院应当及时召开新时期全国文物或文化遗产工作会议，统一思想，在进一步增强保护措施的同时，针对如何有效发挥文物的功能作用，研究出台相关文件；二是文物行政管理部门应当根据历史文物、革命文物、民族文物、现代文物的特点，采取多种方式、手段和举措，加大资金投入，提高文物开放利用率，充分利用互联网新媒体传播方式，创新文博展出形式，发挥社会力量的作用；三是宣传、教育部门应当加强与文物部门的协同，有针对性地把青少年爱国主义教育、革命传统文化教育、民族团结教育和中华优秀传统道德教育作为重点任务来抓，在学校教育、社会教育与博物馆教育之间建立更加紧密的联系；四是拓宽交流渠道，运用多种方式包括建立我国大陆地区及港澳台地区定期交流机制，充分发挥文物对港澳台地区青少年爱国主义和中华文化教育的重要作用。

二、要围绕“保”和“用”及时修改保护文物法

《文物保护法》自制定以来，为我国文物工作提供了重要法治保障。随着形势的发展，现行法律亟须再次修改。目前，《文物保护法》的修订已经被列入十二届全国人大常委会立法规划。这次修订工作，最关键的是要紧扣时代主题，明确立法思路。《文物保护法》从1982年立法到2002年的修订，基本上是围绕着经济建设与文物保护的冲突来展开的，正确处理经济建设与文物保护的关系、文物保护与开发利用的关系成了当年立法的基本思路，在某种意义上是相对被动的立法。在当前形势下，随着“四个全面”战略布局的深入，文化建设成了实现中华民族伟大复兴的重要一环，在这一时代背景下重修《文物保护法》，就要及时调整立法思路，变被动为主动，以切实保障文物保护所担负的弘扬中华文化精神这一根本使命的达成。文物工作要下大力气处理好“保”和“用”的关系，这也是现行《文物保护法》的薄弱之处，因此，修订工作应紧紧围绕如何深化“保”和“用”这两个基本点来展开：一是要进一步健全、完善与“保”相关联的法律制度。如文物登录与定级制度、文物信息资源建设制度、文物埋藏区与水下文物保护区制度、不可移动文物的认定及补偿制度、文物行政督察监督制度、流失文物追溯制度等。二是要高度重视并建立健全与“用”相关联的法律制度。在这方面，现行《文物保护法》尤为薄弱。此次修法，应当建立健全包括文博单位公共文化服务职能运作规范在内的一系列法律制度，如陈列展览制度、公开开放与免费开放制

度、教育教学实践合作制度、特殊人群服务制度、文物志愿者制度、社会服务效能评价制度等，有效保障文物在文化建设、教育活动和社会发展中的作用得以充分发挥。

三、要改革创新文物行政管理和监督体制

贯彻落实三中全会提出的全面深化改革要求的一项重要工作就是要对我国现行文物管理体制进行深入改革和制度创新。主要包括两个方面：一是推动整个文化遗产管理体制的改革和创新。目前，我国文化遗产在管理体制上处于部门分割状态，文物、文化、国土资源、住建、旅游、宗教等部门都拥有对部分文化遗产的管理职权，应当采取措施，加强顶层设计，推动建立适应我国特点、统筹协调、运转有效的大文化遗产管理体制。二是加强现行文物管理体制机制自身的改革和创新。长期以来，我国文物管理制度采取的是属地管理、分级负责的管理体制，这一体制为发挥中央和地方的两个积极性起到了积极作用。但是，地方政府既作为当地经济发展的主导者，又作为当地文化遗产的保护者，在彼此相互发生激烈冲突时，难以摆正自身关系，文物保护工作往往为经济利益让路，出现这一弊端的重要原因是缺乏自上而下的监督制约机制，这一状况已不适应形势的发展。要充分认识到文化遗产是国家遗产的本质属性，在尊重文物属地管理的前提下，正确处理中央政府和地方政府在文物管理上的关系，加大国务院文物行政部门的统一协调、监督管理能力。建议根据我国实际情况，参照其他领域（如国土资源、环保）的一些成功做法，积极建立国家文物督查员制度，并派驻地方，强化文物行政执法督查工作，逐步形成一个上下垂直的文物督查监管机制。

四、要充分利用信息技术、互联网环境拓展深化文物工作

当前，我国经济社会发展已进入新常态，新一轮科技革命和“互联网+”时代的到来，使文物工作面临新的机遇和挑战。新时期的文物工作要紧紧抓住这一特点，充分利用信息技术、互联网拓展和深化文物工作，有效提升文物的保护与利用水平。一个紧迫任务就是要加强全国文物的信息化建设，要将其作为国家开展文物保护工作的最基础、最重要的一项工作来抓。要抓紧建立、完善全国文物信息中心，与全国文物普查紧密结合起来，打破部门、行业的局限，建立起覆盖全国的、相对完整的文物信息大数据库，提高处理、应用相关数据的信息化技术系统和能力。一是要针对重要可移动文物建立可移动文物数据库，实现建档、登录、查询、比对的数字化、即时化；二是要对重要的不可移动文物（尤其是全国重点文物保护单位和重要的古建筑、古寺庙、古城镇村落等）建立不可移动文物数据库，运用物联网等技术逐步实现保护状况的信息采集与实时监控、识别和管理；三是要大力推

动、整合重要文博单位的数字化建设，打破现行各自为政的局面，推动建立统一的文博信息数据库，提高文博系统数字化服务能力；四是要统筹使用全国文物信息资源，促进文物信息资源共享，使之成为一个为全国文物执法、打击文物犯罪活动服务的有效平台。

对《水下文物保护管理条例（修订稿草案）》的几点意见[1]

水下文物是我国文化遗产的重要组成部分，是文化遗产保护工作的重要内容，保护好、利用好水下文物对建设文化强国和海洋强国，维护国家安全都具有极为重要的意义。进一步修改好该条例，使水下文物法规制度健全完善，具有必要性和紧迫性。

总体来看，该草案依据《文物保护法》，虽然对条例中的一些制度进行了增加、修订，但主要是一些局部的调整和修订，与当前水下文物面临的形势、任务和国家对建设文化强国、海洋强国的要求还不太适应。长期以来，水下文物（尤其是海洋文物）在资源调查、考古发掘、保护制度、管理机制、队伍建设、资金投入、社会参与、文物返还、国际交流以及打击盗捞走私和防止商业性打捞、行政责任处罚等方面都存在诸多问题和困难。对此《水下文物保护管理条例（修订稿草案）》作出了一些有针对性规定，还需在一些主要环节进一步增强制度安排，由此建议：

（1）在总则中增加相关规定，以明确水下文物的重要性、特殊性和工作原则。

（2）对水下文化文物的调查制度作出专项规定。因为相对陆地文物而言，查清水下文物的分布、数量和特征是当前最薄弱的一个环节，也是水下文物工作的最重要内容之一。(可参照《非物质遗产保护法》)

（3）依据《文物保护法》的思路，将水下文物分为水下不可移动文物和水下可移动文物分别规定，而不宜统称为“水下文物”。应该说，水下可移动文物是水下文物的主要构成。

（4）进一步完善水下文物保护制度。目前《水下文物保护管理条例（修订稿草案）》增加了文物保护单位制度和水下文物保护区制度，是很好的制度设计。前者主要针对水下不可移动文物，后者主要针对水下可移动文物。由于水下不可移动

[1] 本文是笔者于2019年3月对司法部就《水下文物管理条例（修订稿草案）》来函征求意见的回复。本文中所涉及之法律法规与理论，均以写作时间为准。

文物并不如陆地不可移动文物那样大量和充分典型（三峡库区白鹤梁是一个例子），因此，文物保护单位制度难以成为水下文物的主要保护制度。而且这一制度主要是根据陆地不可移动文物特点制定的，针对文保单位的相关限制性措施如何适用于水下不可移动文物（尤其是海洋文物），仍需进一步研究。水下文物保护区针对的是水下可移动文物埋藏地或遗址，这是保护水下文物的重要制度安排，但《水下文物保护管理条例（修订稿草案）》只是规定了由省级政府划定公布。对此，可否参照文化部“国家文化生态保护区”的做法，将重要的水下文物保护区交由国家文物局划定公布？同时，鉴于此问题涉及交通、资源、环境、军事、外交以及海洋发展等多方面的问题，不完全是地方政府可以自主规定的。对保护区的保护原则、基本措施或限制条件，需要统筹考虑。（可参照《海洋环境保护法》）

（5）增加水下文物保护与科技融合的规定，提高水下文物保护和利用的现代科技水平（尤其是数字化能力），建立水下文物数据库。

（6）进一步规定完善政府水下文物巡查、执法综合协调机制。

（7）进一步充实水下文物合理利用的规定，包括充分利用遗址公园、专题博物馆等公共文化设施、新闻传媒以及互联网等宣传展示交流，开展水下文物与学校教育（尤其是中小学生教育的融合），推动水下文物与旅游融合等。

（8）增加培养和建设水下文物专业队伍（尤其是潜水队伍）、完善专业设施设备、鼓励学术研究交流的规定，对国家水下文物中心的职责任务可予以规定。

（9）鉴于水下文物保护工作的艰巨和复杂，可考虑将其纳入政府规划、财政预算，给予特别规定。

（10）增加鼓励社会力量参与水下文物保护的相关规定。

（11）对国际海域海洋文物返还问题可作原则性规定。

以上意见妥否，请参考。

全面建立和完善我国文物保护法律制度[1]

一、深刻领会讲话精神，把握新时代文物工作基本任务

党的十九大明确宣告，中国特色社会主义进入了新时代，这是我国发展新的历史方位。

我国社会的主要矛盾已经转化为人民日益增长的美好生活需要和不平衡不充分的发展之间的矛盾。这是关系全局的历史性变化，也是认识和把握当今一切工作（包括文化和文物工作）的基本出发点。

文化成为一个重要战略问题是全球发展趋势变化的必然结果。在经济、科技发展的全球化趋势背景下，人类社会对文化重要性的认识越来越深刻。这种重要性除了体现在一般的文化意义上，还体现在政治、经济、民族、国家文化主权等方面。文化的战略地位愈来愈突出。文化作为软实力日益为各国所高度重视。十九大报告指出，要“加强文物保护利用和文化遗产保护传承”。

习近平总书记多次就文物保护利用发表重要论述、作出重要指示批示，出席过许多文物领域的重要活动，考察过多家文物博物馆单位。习近平总书记对文物工作提出了三个基本要求：一是强调文物保护工作的重要责任，“保护文物也是政绩”。二是高度重视发挥文物的价值功能作用，“让历史说话，让文物说话”。三是高度重视传统文化的创新发展，要“古为今用、洋为中用，辩证取舍、推陈出新，摒弃消极因素，继承积极思想，‘以古人之规矩、开自己之生面’，实现中华文化的创造性转化和创新性发展”。

2017 年 1 月，中共中央办公厅、国务院办公厅发布的《关于实施中华优秀传统文化传承发展工程的意见》提出了实施中华优秀传统文化传承发展工程的指导思想、基本原则、总体目标、主要内容和重点任务。2018 年 10 月，中共中央办公厅、

〔1〕 本文载于国家文物局主办的《文物调研》2018 年第 5 期。本文中所涉及之法律法规与理论，均以写作时间为准。

国务院办公厅印发了《关于加强文物保护利用改革的若干意见》，为深入贯彻落实党的十九大精神，进一步做好文物保护利用和文化遗产保护传承工作，加强新时代文物保护利用改革，提出了16项主要任务。

党的十九大和习近平总书记对文化遗产工作的重要论述，以及中央有关文件，为进一步做好文物保护利用和文化遗产保护传承工作指明了方向，明确了新时代文物工作基本任务。为全面贯彻落实中央精神，做好新时期的文物工作，对我国文物保护法律制度进行进一步修改、完善是十分必要的。

二、我国文物保护法律制度的形成和发展

迄今，我国现行有效的文物保护法律、法规和规范性文件数量已达500余部，加入国际公约4项，签署防止盗窃、盗掘和非法进出境文物的双边协定或谅解备忘录十多项。文物保护法律法规体系已经初步建立，基本覆盖了文物保护领域各个重要方面。

新中国建立以来，我国文物保护法律制度的形成和发展大体可以分为三个时期：

第一个时期是从新中国成立前后到60年代的初创时期。以1961年国务院颁布《文物保护管理暂行条例》并公布首批180处全国重点文物保护单位为标志。

第二个时期是20世纪80年代改革开放时期，以1982年11月19日第五届全国人大常委会第二十五次会议颁布实施《文物保护法》为标志，我国文物保护工作开始走上法制化轨道。1982年《文物保护法》虽然只有33条，但它首次从国家行政法律的角度对文物的对象和保护范围、标准，对文物保护单位、考古发掘、馆藏文物、私人收藏文物、文物出境都作了规定，确立了一些重要原则和制度。包括：文物的历史艺术科学价值和地位作用，文物保护的对象、范围及标准，文物的国家、集体、个人所有权，各级政府保护文物的基本职责，文物保护单位制度，历史文化名城保护制度，考古发掘和馆藏文物管理制度，文物出口许可制度，配合基本建设的抢救性发掘的原则，文物修缮、保养、迁移时“不改变文物原状”的原则等。

第三个时期是20世纪90年代后以及进入21世纪以来，进一步建设和完善文物保护法律制度的时期。随着社会主义市场经济的迅猛发展，文物保护面临一系列新情况、新问题。如大规模经济建设和城市改造对文物、历史文化名城、大遗址保护所产生的冲突，旅游开发与文物资源保护之间的冲突，盗掘古墓葬、盗窃馆藏文物等各种文物犯罪活动日趋严重等。因此，我国在立法、执法上都必须及时解决这些问题。为适应文物工作的新形势，迄今为止，全国人大常委会共对《文物保护法》做过五次小幅修正和一次全面修订。

第一次修正是1991年6月七届人大常委会第二十次会议对《文物保护法》第30、31条的法律责任的修改，颁布了关于惩治盗掘古文化遗址古墓葬犯罪的补充规

定，明确了打击各种文物犯罪活动（特别是日益严重的盗掘古墓葬古遗址和文物走私活动）的刑事处罚力度。

2002 年对《文物保护法》进行了一次全面修订。2002 年 10 月九届全国人大常委会第三十次会议经过四次审议通过了新修订的《文物保护法》。修订重点主要有三个方面：加强管理措施，规范文物流通领域的管理，以及强化文物行政执法权力。这次修订明确把“保护为主、抢救第一、合理利用、加强管理”作为文物工作方针从法律上规定下来，进一步强化了政府责任，明确了国家、集体、私人拥有文物的法律地位问题，也澄清或解决了一批重大疑难问题：

（1）在政府责任方面，明确了各级政府是文物保护的责任主体，确立了政府主导、文物部门协调、各部门和全社会共同参与的文物保护工作机制。

（2）进一步扩大了文物的范围，增加了近现代重要史迹、实物、代表性建筑。增加了历史文化街区、村镇保护制度。

（3）明确了不可移动文物保护制度。增加了对文物保护单位的保护范围和建设控制地带内禁止行为的具体规定。

（4）修改了考古发掘制度。加强了对考古发掘活动的监督和管理，规定考古发掘的行政批准权由国家文物行政部门行使。

（5）修改了馆藏文物管理制度。规定文物收藏单位的法定代表人对馆藏文物的安全负责；规定了文物收藏单位建立安全制度和有效利用文物的义务。

（6）修改了民间文物收藏管理制度，扩大了民间文物流通渠道，规定了文物收藏单位以外的公民、法人和其他组织取得文物的方式和禁止买卖的文物。建立了文物拍卖制度。

（7）修改了文物进出境管理制度。明确了文物进出境的核查制度和程序，增加了禁止出境文物的特别许可。建立了文物出境展览管理制度。规定了文物临时进境的审核登记程序。

（8）修改了相关法律责任。除了与刑法中妨害文物管理罪的规定相衔接，对应当追究刑事责任的犯罪行为作出专项规定外，还规定了应受行政处罚的具体行为处罚标准。规定了破坏历史文化名城、街区、村镇的布局、环境、历史风貌的法律责任。对文物行政部门、文物收藏单位、文物商店、经营文物拍卖的拍卖企业的工作人员的法律责任也作出了专项规定。

第二次修正：由于国务院集中清理和减少了一批行政许可事项，2007 年 12 月第十届全国人民代表大会常务委员会第三十一次会议主要针对《文物保护法》中涉及行政许可的第 22、23、40 条三个条款的内容进行了修改。主要是，对不可移动文物因特殊需要在原址重建的，核定为文物保护单位属于国家所有的纪念建筑物或者古建筑作其他用途的，国有文物收藏单位之间举办展览、科学研究借用馆藏文物的许可事项之批准权限作了相应修改。

第三次修正：为了依法推进行政审批制度改革和政府职能转变，2013 年 6 月第十二届全国人民代表大会常务委员会第三次会议决定，通过“一揽子”修改法律的方式取消和下放部分法律设定的行政审批事项，对《文物保护法》第 25 条第 2 款和第 56 条第 2 款进行了修改。取消了由当地政府出资修缮的非国有不可移动文物转让、抵押或改变用途须经相应文物部门批准，以及省级文物部门不能确定是否可以拍卖文物须报国家局审核的规定。

第四次修正：2015 年 4 月第十二届全国人民代表大会常务委员会第十四次会议决定对《文物保护法》第 34、41、53、54 条进行修改，对其中原须经国务院文物行政部门许可的一些事项（如发掘单位保留文物、交换馆藏一级文物、文物商店设立、文物拍卖企业设立）予以下放或删除。

第五次修正：2017 年 11 月 4 日第十二届全国人大常委会第三十次会议决定对《文物保护法》第 20、40、56、57、71、73 条内容进行了修改，涉及原址保护、借用馆藏文物批准程序、文物购销、拍卖信息与信用系统、文物商店和拍卖企业相关违法行为处罚等。

2012 年 4 月至 5 月，全国人大常委会在全国范围内开展了自 1982 年《文物保护法》颁布实施后的第一次执法检查。检查重点集中在文物安全情况，处理文物保护与经济建设、社会发展关系情况，文物流通领域管理情况，执法能力建设和配套法规制定情况，以及进一步修改完善法律的意见和建议。

三、新形势下加强文物工作和法律制度建设的思考

《文物保护法》从 1982 年立法到 2002 年的修订以及其他修改，基本上是围绕着经济建设与文物保护的冲突来开展的，在某种意义上是相对被动的立法。要根据新时代要求，从文化自信和弘扬中华优秀传统文化的战略高度，全面加强文物工作，进一步修改、完善《文物保护法》，建立健全我国文化遗产法律制度，以确保新时代文化使命和任务的完成。全国人大常委会高度重视文化遗产法律制度建设和文物保护法修改工作。2017 年 12 月，十二届全国人大常委会第三十次会议听取了国务院关于文化遗产工作情况的报告。全国人大教科文卫委员会在审议中提出主要意见，要求进一步优化文化遗产工作环境，加强文化遗产保护传承宣传教育，切实加大文物保护力度，提升非物质文化遗产保护传承水平，推动合理开发利用，完善文化遗产保护体制机制。正确认识和处理两个关系：一是加强保护与合理利用的关系；二是加强管理与“放管服”及转变政府职能的关系。

新时代文物工作和制度建设应围绕如何深化“保”和“用”这两个基本点来展开：

（1）深入健全、完善与“保”相关联的制度，如国家文物调查和认定（登录）制度、文物信息资源建设制度（国家文物资源总目录和数据资源库）、文物埋藏区与水下文物保护区制度、不可移动文物的认定与补偿和救济制度、文物行政执法制度、文物行政督察监督制度、流失文物追溯制度、社会参与文物保护制度等。

（2）高度重视并建立健全与“用”相关联的制度。要充分重视发挥文物价值内涵在弘扬社会主义核心价值观和传承中华优秀文化中的作用，建立健全包括文博单位公共文化服务职能运作规范在内的一系列制度，如陈列展览制度、公开开放与免费开放制度、教育教学实践合作制度、特殊人群服务制度、文物志愿者制度、社会服务效能评价制度，以及促进文物资源开发利用、文创产业发展和文物对外交流制度，有效保障文物在文化建设，教育活动和社会发展中的效能得以实现。

（3）大力推进文物行政管理体制深化改革，建立适应发展需求的管理监督体制。贯彻落实三中全会提出的全面深化改革要求，一项重要工作就是要对我国现行文物管理体制进行深入改革和制度创新。首先是推动整个文化遗产管理体制的改革和创新。目前，我国文化遗产在管理体制上处于部门分割状态，文物、文化、国土资源、住建、旅游、宗教等部门都拥有对部分文化遗产的管理职权，应当采取措施，加强顶层设计，推动建立适应我国特点、统筹协调、运转有效的大文化遗产管理体制。其次是加强现行文物管理体制机制自身的改革和创新。要充分认识到文化遗产是国家遗产的本质属性，在尊重文物属地管理、分级负责的前提下，正确处理中央政府和地方政府在文物管理上的关系。进一步加强各级地方政府的行政执法能力，在文化市场综合执法队伍建设中强化文物执法功能。加大国务院文物行政部门的统一协调、监督管理能力。积极建立国家文物督查制度，强化文物行政执法督查工作，逐步形成一个上下垂直的文物督查监管机制。

（4）充分利用信息技术、互联网环境，进一步创新和改革文物工作。随着新一轮科技革命和“互联网+”时代的到来，新时期的文物工作要充分利用信息技术、互联网拓展和深化文物工作，有效提升文物的保护与利用水平。一个紧迫任务就是要加强全国文物的信息化建设，这是开展文物保护工作的最基础、最重要的工作之一。要建立完善全国文物信息中心，健全国家文物登录制度，打破部门、行业的局限，建立起覆盖全国的、相对完整的文物信息大数据库，提高处理、应用相关数据的信息化技术系统和能力。一是要针对重要可移动文物建立可移动文物数据库，实现建档、登录、查询、比对的数字化、即时化；二是要对重要的不可移动文物（尤其是全国重点文物保护单位和重要的古建筑、古寺庙、古城镇村落等）建立不可移动文物数据库，运用物联网等技术逐步实现保护状况的信息采集与实时监控、识别和管理；三是要大力推动、整合重要文博单位的数字化建设，打破现行各自为政的局面，推动建立统一的文博信息数据库，提高文博系统数字化服务能力；四是要统筹使用全国文物信息资源，促进文物信息资源共享，使之成为一个为全国文物执法、打击文物犯罪活动服务的有效平台。五是要创新文物展示和传播方式，充分利用信息技术和互联网传播中华文化，“互联网+中华文明”。

四、关于文物保护法修改完善的几个具体问题

（一）文物调查制度

文物资源调查（普查）是文物保护利用和管理的重要基础。1961 年颁布的《文物保护管理暂行条例》规定：“各级文化行政主管部门必须进行经常的文物调查工作”。我国迄今开展了三次全国文物普查：1956 年、1981 年至 1985 年、2007 年至 2011 年，以及一次全国可移动文物普查。文物调查的法律依据需要进一步明确。

（二）文物认定制度

1982 年《文物保护法》第 2 条第 2 款规定：“文物鉴定的标准和办法由国家文化行政管理部门制定，并报国务院批准。”2002 年《文物保护法》修改为：“文物认定的标准和办法由国务院文物行政部门制定，并报国务院批准。”但这一授权行政立法迄今未出台，这是一个重大缺陷。文物认定是文物保护的基本前提，当前需要从文物认定标准、认定机构、认定程序、补偿机制、纠纷处理机制等方面作出更加明确的规定，并在此基础上建立国家文物登录制度。

（三）未被列入文保单位的不可移动文物的法律地位问题

1982 年《文物保护法》对不可移动文物采取的是文物保护单位制度，这是与当时我国经济社会发展水平和财政能力相适应的一种选择。随着经济社会和文化建设的发展，扩大、丰富文物保护范围和对象是必然的趋势。由于现实中存在着大量不可移动文物与文物保护单位制度相脱节现象，“文物保护单位”有局限性，2002 年《文物保护法》修订时采用了“不可移动文物”。但在内容上，除了延续文物保护单位这一制度外，2002 年《文物保护法》增加了“尚未核定公布为文物保护单位的不可移动文物”这一概念，并给予了相应的、有限的法律地位。但这一制度设计和规定并不完整。

2002 年的立法思路是，在坚持文物保护单位制度的基础上，将其他不可移动文物作为“尚未核定公布为文物保护单位的不可移动文物”写入，其要义是将其作为进一步扩大文物保护单位的范围的基础而确定的。由于《文物保护法》的主要制度设计（包括保护范围、建设控制范围等规定）都是围绕着文物保护单位而制定的，因此在二者之间采取的是以文物保护单位为主的衔接制度，彼此的法律地位难以等同。由于未建立明确的文物保护单位认定制度，使大量“尚未核定公布为文物保护单位的不可移动文物”法律保护呈现出了尴尬局面。

由于文物认定涉及私有财产权的限制等，国外通常采取司法救济渠道。从我国

的情况来看，76 万处不可移动文物的现状也非常复杂，产权性质各异，其中大量的是民居建筑，涉及保护、维修、拆建、补偿等一系列法律问题。近些年来，各地都出现了不少纠纷。如何在文物法修订中解决这一问题，需要认真、仔细地研究、考虑。

（四）文物行政执法制度

（1）执法机构。在执法主体法定（委托执法）、机构建设（多种模式、综合执法）、行政执法原则和程序（合法性、规范性公开性、可监督性）、联合执法机制（建立文物、文化、公安、住房城乡建设、国土资源、环境保护、旅游、宗教、海洋等部门和单位参加的行政执法联动机制），以及建设文物执法管理平台等方面需要作出规定。

（2）文物行政强制权。现行《文物保护法》规定的行政处罚方式主要有：警告、责令改正、责令停止违法活动、罚款、没收违法所得、吊销资质。可以适当增加行政强制措施方面的规定，如赋予文物行政执法查封场所、设施，扣押财物等强制措施权。

（3）国家文物督查制度。可考虑设立文物督查专员制度，加强层级监督和社会监督、督查与督办、约谈与曝光、优化国务院文物行政部门执法督察力量配置，逐步形成上下垂直的文物督查监管机制。

（五）非国有不可移动文物制度

进一步明确文物的公权与私权（公共利益与私人利益），设立合理补偿原则与相关法律制度，如限制使用补偿、维修补助、资金来源、补偿补助的程序、方式和标准、征收等。

（六）文物保护与信息技术融合

可考虑设立国家文物资源信息库与管理制度、文物市场交易登记信息及信用制度、全国文物安全信息及监管制度、全国文物执法信息制度、文物技术人才保障制度

（七）文物的合理利用

进一步充实文物合理利用的规定，明确规定文物保护单位的基本公共文化服务职能，推动文物与学校教育（尤其是中小学生教育）的融合，充分利用旅游、新闻传媒以及互联网等宣传展示交流。

此外，对于基本建设和生产活动中的考古、调查、勘探、发掘所需经费由建设单位列入建设工程预算的问题，社会力量发挥作用问题，海外流失文物追溯问题等，也需要作出更为明确的规定。

第五编 非物质文化遗产立法

关于民族民间传统文化法律保护的几个问题[1]

一、法律保护的范围和定义

直观上说，民族民间传统文化是一个相对抽象和广泛的概念。首先，在哲学和文化学的意义上，传统文化主要是一个历史的范畴，是与现当代文化相对应的过去一切历史文化现象的总称。其次，民族、民间也是两个不同的概念，前者就种族的特性而言，后者就非官方的特性而言。但是，在法律保护的意义上，所谓民族民间传统文化是指那些代表民族民间特性的、具有一定或较高历史文化价值的遗产（财产）。在内容上，它包括民族民间的传统工艺美术制品及生产技艺，民族民间的音乐、歌舞、戏曲、说唱、谣谚、绘画、剪纸、皮影、刺绣、编织、印染、服饰、首饰、雕刻、工具、器具，民族民间的或宗教的习俗、礼仪、节庆，等等。在形态上，它包括有形的和无形的两部分。所谓有形的是指那些物质形态化的部分（如传统工艺美术制品、民间艺术作品、服饰器具等）。所谓无形的是指那些主要依附个人存在的非物质形态化的部分（如传统艺术技能、传统工艺技能、民俗技能等）。相对于"文物"而言，上述民族民间传统文化有其自身特点。在实践中，"文物"通常被理解为有形的历史文物或出土文物。虽然民族民间传统文化中的有形部分具有某些"文物"的特征，但它远非仅属"文物"的范畴。尤其是它的无形部分，更是与世代传承的民族民间的传统技艺者紧密相关。它的最大特点就是并不脱离民族现存的特殊生活生产方式本身，正相反，是其生活生产方式的组成形式，是民族个性、民族审美的"活"的显现。因此，对"文物"的保护无法替代对民族民间传统文化的保护。这也是我们确立后者法律地位的基点。

---

〔1〕 本文载于全国人大教科文卫委员会办公室的《研究与报告》1998年8月6日。本文中所涉及之法律法规与理论，均以写作时间为准。

二、法律保护的价值和意义

民族民间传统文化是整个文化遗产中的一个重要组成部分。长期以来，我国民族民间传统文化的保护问题一直没有得到足够的重视，至今仍未进入国家法律的保护范围。这有多方面的原因，主要是在观念上存在着不少误区：其一是自觉不自觉地将传统文化直接等同于汉族文化。我国是个多民族国家，包括汉族和其他少数民族在内的56个民族的文化遗产共同构成了中华民族传统文化。但在实践中，传统文化往往被简化成汉族文化，汉族文化则被简化为儒家典籍文化。因此，对传统文化的保护实际上就被简化为了对汉族文化的保护，进而被简化为了对汉族文物的保护。其二是轻视民间文化在传统文化中的地位和作用。在我国历史上，民间文化（包括民俗文化）从来都是被统治阶级的主流文化所排斥的，无论是民间艺术还是民间艺人，均被视为不入流者，其地位从属低下。新中国成立以来，民间文化虽然得到了一定程度的发展，但对它的重视和保护程度远不及其他文化遗产。而且，人们在认识上也常常将其优秀成分与封建糟粕混为一谈。其三是认为随着社会的发展，民族民间传统文化的消失是一种客观必然，主张任其自生自灭，政府不必干预太多。其四是过分强调在现有经济条件下保护民族民间传统文化的困难，认为目前国家财力有限，无暇顾及，唯有等经济状况高度发达后，才可能具备保护的条件，等等。这些认识上的误区对有效地开展民族民间传统文化的保护工作产生了严重影响。

随着当前社会的快速发展，民族民间传统文化的价值日益显现，其保护的重要性和紧迫性已逐渐为社会所共识。一方面，随着21世纪的临近，全球经济和科技一体化趋势已成必然。这一趋势对各国（特别是发展中国家）的传统文化产生了深刻冲突和巨大影响，加剧了传统文化的消亡，不少政府都强烈意识到经济开放与文化保护具有同等重要的战略意义。另一方面，民族民间传统文化体现了民族的审美个性和文化精神，其独特性是其他依附现代工业社会产生的文化所不能取代的。在某种意义上．它的消亡意味着民族个性、民族特征的消亡。虽然这种消亡随着社会经济发展具有某种客观性，但这一客观性恰恰证明的是对其保护的紧迫和必要，而不是相反。

应该说，我国在民族民间传统文化的整理、研究、保护和发展等方面都投入了大量的人力、财力，取得了相当成就。国家设立了许多研究机构，国家组织力量对民族民间的音乐、戏曲、文学等进行收集、整理和研究。例如，对三大史诗《格萨尔王传》（藏族）、《江格尔》（蒙古族）、《玛纳斯》（柯尔克孜族）的收集整理，对维吾尔族的大型传统音乐经典套曲《十二木卡姆》的收集整理；国家组织整理、编辑、出版的《民族民间文艺集成志书》目前已出版122卷，很多省区都建立了专门的民族博物馆或少数民族文物展室。但是，这方面的工作仍是非常薄弱的，特别是少数民族的民族民俗代表性实物（如生产生活用具、居住形式、服装服饰）以及民间传统工艺技能等无形文化遗产正在迅速地损毁、消失和流失，速度之快，令人吃惊。一个主要原因是我们在这方面的工作（如收集、整理、调查、记录、展示、利用、人员培养等）仍停留在自发、自为的主观意志阶段，长期缺乏国家具体法律的保障。与此形成鲜明对照的是，近年来，越来越多的外国人借助商贸、旅游、学术交流的身份进入我国民族地区，大量采集、收购、无偿记录我国民族民间传统文化遗产，形成了一股新形势下的变相文化掠夺的浪潮。对外国人的这种大肆采集活动，由于缺乏法律上的限制，也一直是任其所为。我国《宪法》和《民族区域自治法》都规定了少数民族的合法权益和利益，都有发展保护本民族文化，保持或改革自己的风俗习惯的自由。虽然这些原则性规定不能替代具体法律的实际效用，但它为我们制定相关具体法律提供了宪法基础。

三、《文物保护法》的局限性

目前，我国在文化遗产保护方面的具体法律仅有《文物保护法》。其明确规定的文物保护范围是：①具有历史、艺术、科学价值的古文化遗址、古墓葬、古建筑、石窟寺和石刻；②与重大历史事件、革命运动和著名人物有关的、具有重要纪念意义、教育意义和史料价值的建筑物、遗址、纪念物；③历史上各时代珍贵的艺术品、工艺美术品；④重要的革命文献资料以及具有历史、艺术、科学价值的手稿、古旧图书资料等；⑤反映历史上各时代、各民族社会制度、社会生产、社会生活的代表性实物。同时还规定，具有科学价值的古脊椎动物化石和古人类化石同文物一样受到国家的保护。

从上述范围来看，保护的对象大体分为不可移动文物和可移动文物两个部分，前者包括古建筑、石窟寺、石刻、古遗址、古墓葬、纪念建筑物、纪念址等；后者包括文物收藏单位收藏和流散于社会的体量较小的文物。因此，它们在形态上均是指有形文物，并不包括无形的文化遗产。而且，相对于 1970 年联合国教科文组织通过的《关于禁止和防止非法进出口文化财产和非法转让其所有权的方法的公约》和 1972 年通过的《保护世界文化和自然遗产公约》，其有形的“文化遗产”的实际范围也明显大于我国“文物”的范围。比较典型的是日本，该国于 1950 年制定颁布了《文化财保护法》。其保护范围相当全面，包括七大类，即：①有形文化财的保护；②无形文化财的保护；③民俗文化财（包括有形与无形两部分）的保护；④史迹名胜天然纪念物的保护；⑤传统建筑物群的保护；⑥文化财保存技术的保护；⑦埋藏文化财的保护。显然，日本“文化财”的概念远大于“文物”的概念，而且这七个方面都被确定为受国家法律保护。与其相比，我国《文物保护法》并不涉及日本所谓的无形文化财、民俗文化财、名胜天然纪念物、文化财保存技术等方面。换言之，这些方面至今尚未获得与我国“文物保护”相同的法律地位。

目前，我国《文物保护法》正在进行修改，“文物”的范围有所扩大，除原有的内容外，还增加了一些新内容，如档案、音像资料、与古脊椎动物化石和古人类化石共存的遗迹遗物等。但是，这些仍局限于对有形文物的保护，对无形文化遗产（包括民间民俗无形文化遗产、少数民族无形文化遗产等）仍未涉及。同时，对民族民间传统文化遗产中的有形部分，《文物保护法》也难以充分涵盖。虽然该法所指的“文物”包括“反映历史上各时代、各民族社会制度、社会生产、社会生活的代表性实物”，但此规定在实践中却有很大的局限性。首先，所谓“代表性实物”并不能全面反映我国民族民间传统文化的丰富内涵，它通常仅被理解为是历史文物或出土文物，无法包容那些充分体现了各民族独特的生产方式和生活个性的实物性资料。其次，在对这些“代表性实物”的保护实践中，由于种种原因，人们往往重视的是汉族文物和历史文物，忽视的是少数民族文物和民俗文物，这种局面仅凭《文物保护法》本身是难以扭转的。第三，根据目前的文物出境管理规定，仅仅禁止1949年以前的少数民族文物出口。这虽然可以限制一些“代表性实物”流失，但却无法阻止大量的民族民俗有形和无形文化遗产（特别是现代少数民族仍在使用的民族民俗实物资料和无形文化财产）迅速向海外流失。因此，我们不能简单地以对所谓“代表性实物”的保护或现行“文物”的保护来取代对民族民间传统文化遗产的整体保护，否则只会适得其反。事实上，当前我国民族地区的民族民俗文化遗产（包括有形和无形）的流失和消亡现象愈演愈烈就已经充分证明了这一点。

四、制定《民族民间传统文化保护法》的可行性

对任何立法而言，其可行性存在与否取决于法律制定的客观需求和法律调整的特定关系。我国既是文化大国，又是民族大国。目前，这种日益扩大的文化遗产保护的现实需要与相关法律制度不完备之间的矛盾愈加突出，这为我们制定《民族民间传统文化保护法》提供了客观基础。在当前全球经济科技一体化和各国各民族文化保护浪潮日盛的情况下，我们应当顺应其时，研究制定相关法律，以迅速扭转国家在民族文化、民俗文化、民间文化等方面保护不力的被动局面。这对我国社会的文化、政治、民族、宗教各层面都具有积极和深远的意义。因此，我们应当正确处理经济发展与文化保护之间的关系，正确处理文物保护与其他传统文化遗产保护的关系，正确处理国家法律与地方法规的关系，充分认识到民族民间传统文化遗产的重要性，认识到从国家的角度制定该部法律的现实性和必要性。

就立法对象而言，该法具有自己特定的调整对象和范围。民族民间传统文化的概念在这里是清楚、明确的，主要指“文物”保护范围之外的民族民间无形或有形

的文化遗产。在法律关系上，它主要调整的是国家与这些传统文化遗产保护的关系，以及单位、集体、个人与这些传统文化遗产保护的关系。在立法内容上，该法主要确定国家保护和发展民族民间传统文化的责任和义务；确定机关、团体、个人保护民族民间传统文化的责任和义务；确立民族民间传统文化保护和发展的基本原则、管理体制、普查整理、等级评定、展览利用、收购原则、出境管理以及对外国人收集活动的管理，确立相应的奖励制度、法律责任，等等。

就立法体系而言，由于《文物保护法》的局限性，该法的制定可以充分弥补民族民间传统文化保护方面的空白，并与《文物保护法》相结合，构成我国全方位保护、开发和利用传统文化遗产的法律制度。近年来，国务院制定通过了《传统工艺美术保护条例》，一些民族地区也开始制定相关的地方法规，以保护某些特殊的传统文化遗产，但这些法规由于对象、区域的特殊和法律效力的有限，很难产生广泛的影响。无论在何种意义上，都不应用这些法规的制定直接替代国家法律的制定。正相反，前者只应成为后者的补充。而且，单纯依靠《文物保护法》中“文物”概念的扩大来包容民族民间文化遗产的主要内容显然是不切实际的。另外，也有观点主张从著作权的角度具体制定有关保护民间文学艺术作品的著作权的法规，以此来实现对民族民间文化遗产的保护，这也只是一种主观设想。因为《著作权法》是民事法律，其仅对著作权人有约束力。如何确定民族民间文化遗产的著作权或著作权人，本身就是个富有争议的问题。而且，对这种民事权利的保护也不能取代国家对民族民间传统文化保护发展的责任和义务。

五、国外的有关立法情况

在对文化遗产的法律保护方面，各国情况都不尽相同，“文化遗产”的范围也宽窄不一。不过，扩大“文化遗产”的保护范围已成为当前世界上的一种趋向。针对我国法律上对民族民间传统文化仍然存在空白的现实，日本的《文化财保护法》提供了一个较典型的范本。其中，特别是它将日本的无形文化遗产、民俗文化遗产列入与文物相同的法律保护范围，对其作出了详尽的法律规定，值得我们借鉴。

在日本，所谓无形文化财，是指与日本传统文化有关的音乐、舞蹈、戏剧等艺术形式（如筝曲、歌舞伎、能乐等）及与陶瓷、染织、漆器艺术、金属加工等工艺美术有关的传统技能中对于日本历史和艺术有较高价值者。无形文化财分为传统艺术与传统工艺两大类。自 20 世纪 50 年代起，日本就开始在全国对无形文化财进行专门调查。由于无形文化财是依附于保持者或保持团体而存在的，《文化财保护法》规定对无形文化财及其保持人或团体进行指定；规定对无形文化财进行记录、保存和展示；规定凡重要无形财及保持者或团体均由文部大臣指定；规定国家对重要无形文化财的保持者、保持团体或地方公共团体乃至其他与保存有关的单位和个人，对该重要无形文化财记录的做成、后继人才的培养以及其他保存措施给予经费补助。例如，日本在传统艺术中所指定的重要无形文化财包括能乐、歌舞伎、邦乐、邦舞等二十几类；在传统工艺技能中被指定为重要无形文化财的有陶瓷艺术、染织、漆器工艺、金属加工、竹木器工艺等三十几类。被认定的保持者有个人、综合、团体三种形式，并逐步由个人保持的认定转向团体保持认定，以保护无形文化财的连续性。

依据法律，日本采取了一系列措施解决保持者后继乏人的问题。自 1974 年始，日本每年对每个保持者（或保持团体）拨付 200 万日元的特别补助金，用于培养继承人并提高保持者的艺能。自 1962 年始，对保持团体或地方公共团体所进行的继承人的培养工作，也补助部分经费，以鼓励尽快培养出重要无形文化财的保持者。1983 年，东京建立了国立能乐堂和国立剧场，前者培养能乐的继承人，后者从事歌舞伎的培养工作。传统艺术中最古老的雅乐，至今仍为皇室所沿用，其培养由宫内厅负责，雅乐的演员也被破例认定为国家公务员。为了防止无形文化财的失传，日本拨出专门经费，有计划地开展无形文化财的记录工作。记录分为三种情况：一是对重要无形文化财的记录；二是对因保持者高龄而使该项无形文化财濒于消失所进行的紧急抢救性记录；三是对较重要的无形文化财进行有选择的记录。如传统文化振兴基金自从 1980 年以来，每年都拍摄关于无形文化财的电影；东京电视台从 1985 年开始每周以“难以置信——艺术和工艺的世界”为题放映一次无形文化财的专题片。日本传统工艺展自 1954 年开办以来，至 1987 年已举办了 34 届，这一展览按传统工艺技能分类，面向国民公开征集作品。尤其是“人间国宝新作展”，以展示重要无形文化财保持者和保持团体的最新作品为主，至 1987 年已举办了 22 届，影响甚大。

关于民俗文化财，日本的《文化财保护法》所规定的概念是：“对于认识我国同生活的承袭和发展不可欠缺的无形的关于衣食住行、生产、信仰、节日的风俗习惯、民俗艺能及反映上述内容的有形的衣服、器具、家具、房屋及其他物品。”从 1962 年始，日本连续三年由国家组织开展“民俗资料紧急调查”，于 1974 年进行“民俗文化财分布调查”，于 1976 年进行“民谣紧急调查”，其后又作了若干补充性调查，调查经费均由国库进行补助。这种大规模的调查活动基本上弄清了日本民俗文化财的情况，并出版了《日本民俗地图》，将一年中的节日、仪式、信仰、社会生活、衣食住行等按地区分类记录下来。同时，法律规定地方公共团体的重要工作之一就是对民俗文化财进行保护与指定，规定国家对重要的民俗文化财予以指定保存。民俗文化财分为有形的和无形的两部分，前者反映日常生产生活的实用工具较多；后者主要包括风俗习惯、民俗艺能、地区性节日、人生仪式等。至 1993 年，由国家指定的重要有形民俗文化财为 181 件，其中分为十个部分，即：①衣食住行；②生产生活；③交通运输、通信；④商业交往；⑤社会生活；⑥信仰；⑦民俗知识传播；⑧民俗艺能、娱乐、游戏；⑨人的一生的仪式；⑩节日。国家指定的重要无形民俗文化财有 154 件，其中反映民俗艺能的有 104 件，反映风俗习惯的有 50 件。此外，法律规定对现存的无形文化财进行记录，培养掌握无形民俗文化财的专门人才。1992 年 9 月，日本文部省等五个部门联合颁发了《关于地域传统艺能活用的实施及特定地域工业振兴的法律》，在法律上规定了保护地方民俗传统文化的具体实施办法。国家每年还会在地方民俗文化节的基础上，有选择地将一些具有代表性的民俗文化财在国民文化节或全国民俗艺能大会上进行介绍。总之，正是这些法律规定与具体措施为日本的民族民间传统文化的保护提供了全面、稳定的基础。

充分发挥学校教育在我国非物质文化遗产教育传承中的作用[1]

这次会议由中央美术学院和联合国教科文组织驻京代表处联合主办，主题是“中国非物质文化遗产教育传承实践”。我认为，这是一次非常重要、非常有创建的会议。一方面，这次会议的背景正是我国第一个“文化遗产日”，因此，具有特别的意义。但更重要的是另一方面：这次会议及培训的目的非常明确，那就是倡导、鼓励中国教育界参与到国家非物质文化传承保护事业中来，以此推动中国教育领域在国家文化遗产事业及本土文化多样性可持续发展上发挥更大的作用。与会代表来自于全国各地的教育机构和部门，具有相当的代表性和广泛性。从一定意义上说，这次会议是我国教育界第一次以自主自为的方式，有系统、有计划并目标明确地介入我国非物质文化遗产的教育与传承活动，因此，可以说具有一定的开创性意义。借此机会，我首先预祝这次会议及培训班取得圆满成功，并希望这样的会议和培训班能够持续、不间断地开办下去，以产生更大的影响。

非物质文化遗产与物质文化遗产相比，在保护的手段、方式上既有相同之处，也有很大的差异性。非物质文化遗产区别于物质文化遗产有一个基本特性是其依附于个体的人、群体或特定区域或空间，是一种“活态”文化。除了需要收集、整理并有效保存那些物质性的载体或通过记录等手段将其物质形态化外，更重要的是通过传承、教育等手段使之在现今社会中得以延续和发展。

如何采取措施，有效地保存并实现非物质文化遗产的传承，是我们保护工作具体实践中需要解决的重大课题。传承的实现形式大体有两种：一是自然性传承，一是社会性传承。前者是指在无社会干预性力量的前提下，完全依赖个体行为的某种自然性的传承延续。许多非物质文化遗产基本上都是靠这种方式延续至今的，最典

[1] 本文为作者2002年10月22日在“中国非物质文化遗产教育传承实践研讨会”上的发言，载于《交流与协作：中国高等院校首届非物质文化遗产教育教学研讨会文集》。本文中所涉及之法律法规与理论，均以写作时间为准。

型的就是个体之间的“口传身授”，如民族民间的口传文艺、手工技艺、民俗技能等。但这种方式往往会因为社会、经济、文化以及个体的变迁而受到极大的制约。后者是指在社会某些力量干预下的传承，这包括行政部门、立法机构、社会团体的各种行为干预和支持。这种社会性传承主要有两方面：其一，通过社会干预性力量支持或保障自然传承活动的实现，包括采取法律、技术、行政、财政等措施，建立传承人保障制度，促进非物质文化遗产的传承；其二，将传承活动纳入教育，使其成为公众（特别是青少年）教育活动、社会知识文化发展链条中的一个重要环节。这是《保护非物质文化遗产公约》中所提出的一个积极内容。国务院办公厅《关于加强我国非物质文化遗产保护工作的意见》明确提出：“建立科学有效的非物质文化遗产传承机制。对列入各级名录的非物质文化遗产代表作，可采取命名、授予称号、表彰奖励、资助扶持等方式，鼓励代表作传承人（团体）进行传习活动。通过社会教育和学校教育，使非物质文化遗产代表作的传承后继有人。”这种教育途径既包括纳入国民教育规划的学校教育，也包括社会职业教育、业余教育和其他公共教育。这其中，包括高等院校在内的各级学校教育是一股极为重要、不可或缺的力量。这是由学校教育的特殊地位和资源所决定的。要充分重视和发挥学校教育在保护和传承非物质文化遗产上的引领作用。其至少包括三个方面：一是学术研究；二是学科建设；三是师资培养。从某种意义上说，这些方面的工作既是支撑我国非物质文化遗产保护传承活动的重要基础，更是保障这一活动得以持续发展的重要力量。

近些年来，我国非物质文化遗产保护工作日益被重视，支持、保障传承活动的开展也成了政府、社会乃至教育部门的一项重要工作。例如，文化部门、民间文艺家协会等单位所开展的有关保护传承人活动，不少地方政府所采取的多种措施，给传承人创造了条件，提供了支持。一些省市也建立了传承人命名制度，为传承活动和人才培养提供资助；鼓励和支持教育机构开展普及优秀民族民间文化活动，规定有条件的中小学应将其纳入教育教学内容。在实践中，不少地方都已经开展了这方面的教育活动，如将本地非物质文化遗产纳入当地中小学乡土教材等；一些文博机构将特殊传承活动作为某种“活”的展示，或为传承人提供传承活动的空间或场所；一些高等院校也积极行动起来，不少大学开始设立相关专业、开展本科、硕士甚至博士学历教育。但总的来说，我们在这方面还存在相当大的提升空间。非物质文化遗产保护在学术研究、专业设立、教材编写、师资培养以及如何有效开展传承活动等方面，都面临着许多挑战。尤其是对学校教育在传承发展我国优秀传统文化上如何发挥特殊的重要作用，仍需要进行深入研究和探讨。但令人高兴的是，中央美术学院在这方面走到了前面，除了设立非物质文化遗产方面的专门研究机构并开展卓有成效的工作外，还采取措施积极推动全国教育界投身于我国非物质文化遗产传承工作，积极探索和推动相关学科建设、课程实践和师资培养。这是值得我们予以充分肯定和钦佩的。在此，我衷心地希望我国教育界在我国非物质文化遗产的保护传承活动中能够发挥更大的作用。

完善我国保护文化遗产法律制度的重大举措[1]

2002年10月28日九届全国人大常委会第三十次会议表决通过了《关于修改〈中华人民共和国文物保护法〉的决定》。《文物保护法（修正案草案）》自2001年9月27日由国务院时任总理朱镕基向九届全国人大常委会第二十四次会议提请审议以来，经过第二十五次、第二十七次会议的二审和三审，终于在本次会议第四审之后，获得了通过。这期间，全国人大常委会广泛听取意见，认真讨论。全国人大法律委员会、全国人大教科文卫委员会、全国人大常委会法制工作委员会开展了大量工作，召开了多种形式的座谈会、论证会。许多文物专家、文物、博物馆工作者、基层文物管理人员、民间文物收藏者、法学专家都参加了会议，各抒己见。不少好的意见都得到了吸收。此次《文物保护法（修正案草案）》的通过，反映了在新的历史时期中文物工作和社会经济发展的普遍要求。这是我国保护文化遗产法律制度进一步完善的重大举措。

《文物保护法》自1982年施行以来，对我国的文物保护事业起到了重要作用。但随着社会主义市场经济体制的逐步完善和深入发展，当前，文物保护工作出现了一些新问题、新矛盾，现行《文物保护法》在许多方面已不适应变化了的形势。特别是如何正确处理经济建设与文物保护的关系，如何正确处理文物保护与利用的关系，成了文物法制建设亟待加以解决的主要问题。因此，对其进行修改十分必要和迫切。对于此次修改，全国人大常委会经过广泛、深入的讨论，对新时期《文物保护法》制建设的基本问题达成了共识。新《文物保护法》的一个重要修改就是将文物工作长期以来在实践中行之有效的指导方针上升为法律准则，明确规定文物工作应贯彻"保护为主，抢救第一，合理利用，加强管理"的方针。明确规定基本建设、旅游发展必须遵守这一方针，其活动不得对文物造成损害。同时，新法对文物保护对象范围的规定有了进一步深化和拓展。在不可移动文物的保护，历史文化名

〔1〕本文是笔者以"人民日报评论员"身份撰写的文章，载于《人民日报》2002年10月31日。本文中所涉及之法律法规与理论，均以写作时间为准。

城、街区村镇的保护，考古发掘管理，馆藏文物保护，民间文物收藏管理，文物进出境管理，法律责任等方面都进行了较大幅度的修改、增加或完善。特别是对民间收藏文物的问题，新法作出了适当和明确的规定，这对正确处理民间收藏和文物保护的关系提供了切合实际的法律规范和依据。

我国的文化遗产是中华民族历史文明的载体，是不可再生的文化资源。在科技经济迅速发展和人类文明不断进步的今天，文化遗产在社会生活中的地位和作用越来越突出。“三个代表”重要思想，是我们深入认识保护文化遗产的重要性、进一步加强文物工作的指南。我们党代表了先进文化的前进方向，优秀的文化遗产正是这一先进文化的重要基础和组成部分。保护文化遗产就是保护我们民族、历史的悠久文明特征，就是维系我们中华文化的千年血脉，就是弘扬中华民族的伟大精神。这次《文物保护法（修正案草案）》的通过，充分表明我国对加强保护文化遗产法制建设的高度重视。我们要以此为契机，在全国范围内掀起一场轰轰烈烈的宣传、普及新《文物保护法》的活动，严格执法，严格管理，使文物保护意识深入人心，使文物工作呈现一个崭新局面。

关于非物质文化遗产[1]

一、概念

对那些具有民族民间特性的，具有较高的历史、科学、文化和社会价值并流传至今的无形文化遗产，国际上的称呼各有不同。主张采用版权保护的国家和组织称之为“folklore”（民间文学艺术）；世界知识产权组织称之为“expression of folklore”（民间文学艺术表达形式）；联合国教科文组织称之为“traditional and folk culture”（传统文化与民间文化）、“intangibal heritage”（非物质文化遗产）、“oral and intangibal heritage”（口头或非物质文化遗产）。在我国也有“民间文学艺术”“民族民间文化”“无形文化遗产”等多种说法。随着联合国教科文组织《保护非物质文化遗产公约》的通过，“非物质文化遗产”一词已逐渐被广泛接受。

在我国的文化实践中，“民族民间文化”（或“民族民间传统文化”）是长期以来使用的一个约定俗成的概念。在内容上，它包括民族民间流传的诗歌、音乐、舞蹈、戏曲、绘画、说唱、谣谚、剪纸、皮影、刺绣、编织、印染、服饰、首饰、雕刻、工具、器具、建筑、标识以及特定的文化区域或场所等。在形态上，它除了无形的主要部分外，还包括有形的部分。所谓无形的，是指那些依附个人、群体存在的非物质形态化的部分，如口传文学及语言、传统表演艺术、传统工艺技能、传统民俗节庆、传统知识、特定的文化场所或空间等；所谓有形的，是指那些记录或承载无形文化遗产的物质形态化的部分，如传统工艺美术制品、文献典籍、服饰器具等。这些文化遗产（特别是其无形部分）与世代传承的民族民间文化的技艺者、表演者、知识者密切相关，它的最大特点就是不脱离特定民族、群体现存的特殊生活生产方式本身，是其生活生产方式的组成形式，是民族个性、民族审美的活的显现。由于我国《文物保护法》主要是针对有形文化遗产制定的，其内容并不涵盖无

---

〔1〕 本文载于《中国非物质文化遗产国际学术研讨会文集》2004 年 12 月。本文中所涉及之法律法规与理论，均以写作时间为准。

形文化遗产部分，因此，制定非物质文化遗产方面的专门法律，建立完善的文化遗产法律保护制度，不仅必要而且紧迫。

二、价值与保护的实践

非物质文化遗产是整个文化遗产中的一个重要组成部分。随着当前全球经济社会的快速发展，非物质文化遗产的价值日益显现，对其保护的重要性和紧迫性日益突出。一方面，随着人类进入 21 世纪，全球经济科技一体化趋势日趋严重。这一趋势对各国（特别是发展中国家）的传统文化产生了深刻冲击和巨大影响，加剧了传统文化、弱势文化的消亡速度。许多国家政府都越来越意识到经济发展与文化保护具有同等重要的战略意义。另一方面，非物质文化遗产体现了特定民族或群体的审美个性和文化精神，其独特性是其他依附现代工业社会所产生的文化所不能取代的。在某种意义上，它的消亡意味着民族个性、民族特征的消亡。因此，保护不同民族、群体、地域的传统文化，维护世界文化的多样性，成了国际普遍关注的问题。不仅越来越多的发展中国家意识到保护本国非物质文化遗产的重要性，一些发达国家也逐步认识到这个问题不容忽视。

长期以来，我国民族民间文化虽得到了一定程度的保护和发展，但对它的重视和保护程度尚不及物质文化遗产，也未将其纳入国家法律的保护范围。这有多方面的原因，主要是在观念上存在不少误区：一是轻视或忽视民间文化（包括民俗文化）在主流文化中的地位和作用；二是在认识和实践中，“文化遗产”往往被“文物”所取代，“文物”保护被视为是对整个文化遗产的保护，从而使非物质文化遗产的保护得不到足够重视；三是认为随着社会的发展，非物质文化遗产的消失是一种客观必然，主张任其自生自灭；四是强调在现有经济条件下保护非物质文化遗产的困难，认为目前国家财力有限，无暇顾及，唯有等经济高度发达后，才能具备保护的条件等。这些认识上的误区对有效开展非物质文化遗产的保护工作产生了重大影响。

随着全球经济科技一体化浪潮的涌起，在外来文化和生活方式的冲击下，我国非物质文化遗产面临着前所未有的严峻形势——许多传统技能和民间艺术后继乏人，面临失传危险；一些独特的语言、文字和习俗迅速消亡；大量非物质文化遗产的代表性实物和资料得不到妥善保护；珍贵实物资料流失海外的现象十分严重；非物质文化遗产的研究人员短缺，出现断层；等等。近年来，这些问题引起了党和国家以及社会各方面的强烈关注。“三个代表”重要思想和科学发展观的提出，为进一步加强文化遗产保护工作奠定了基础。文化部、财政部于 2003 年正式启动“中国民族民间文化保护工程”，成立了专门的领导小组和专家委员会，初步评选出 2 批全国保护试点名录共 39 项。各省市也确定了一批保护试点名录。民间文艺家协会等社会组织、一些高等院校也积极开展了抢救、保护和研究工作。全国人大代表多次提出了制定保护非物质文化遗产的法律议案，呼吁将保护非物质文化遗产工作纳入法制轨道，以适应社会发展的需要，实现科学有效的管理。目前，这项立法工作已经启动，全国人大教科文卫委员会正深入开展立法调研工作，为制定相关法律做准备。一些地方立法机关（如云南、贵州、福建等省的人大），已率先制定出台了相关地方法规。

三、国际组织的努力

自 20 世纪下半叶以来，非物质文化遗产保护逐渐成了一个国际性问题。其间，世界知识产权组织和联合国教科文组织做了许多不懈努力。这两个国际组织分别从不同角度（即一个从知识产权保护的角度，一个从政府行政保护的角度）推动了保护非物质文化遗产的运动。联合国教科文组织早在 20 世纪 70 年代，就开始注意保护传统文化的问题。其于 1989 年提出了《保护传统文化和民俗的建议》，倡导各成员国保护传统文化和民间文化。1997 年 11 月，联合国教科文组织第 29 届大会通过了建立“人类口头和非物质文化遗产代表作”的决议。2000 年 4 月，该组织总干事致函各国，正式启动了“人类口头和非物质文化遗产代表作”的申报、评估工作，并于 2001 年、2003 年先后宣布了 2 批共 47 项，我国的昆曲艺术、古琴艺术名列其中。2001 年 11 月，联合国教科文组织第 31 届会议通过了《世界文化多样性宣言》。该宣言强调了文化多样性的重要意义，主张各国应制定相应的文化政策，保护文化的多样性。2002 年 9 月，该组织专门就非物质文化遗产的保护召开第三次全球文化部长会议，通过了《伊斯坦布尔宣言》，强调非物质文化遗产是构成人们文化特性的基本要素，是全人类的共同财富，各国政府有责任制定政策和采取措施保护它们，使之不断传承和传播。近些年来，该组织还积极推动相关国际公约的达成，经过不断地起草和修改，2003 年 12 月，联合国教科文组织第 32 届大会通过了《保护非物质文化遗产公约》。该公约由此成了与《保护世界文化和自然遗产公约》相呼应的国际公约，这为各成员国制定相关国内法提供了国际法依据。2004 年 8 月，我国政府正式向十届全国人大常委会第十一次会议提请加入该项公约，经常委会审议后得到了批准。我国成为全球率先批准加入该公约的国家之一。

世界知识产权组织很早就提出了保护传统文化的知识产权的问题。长期以来，有关知识产权的保护并不涉及传统文化知识领域。由于悠久的传统文化及知识大多来自于有古老文明且经济不发达或发展中国家，西方发达国家往往凭借经济技术优势无偿掠夺这些资源，由此引发的矛盾和不平等状况日趋严重。1982 年，世界知识产权组织制定了《保护民间文学表达形式、防止不正当利用及其他侵害行为的国内法示范法条》，为各国制定有关知识产权法律，保护本国传统文化提供了参考。1988 年以来，世界知识产权组织对传统文化的研究进入了新的阶段。从传统知识、民间文学艺术、生物多样性、生物技术等四个方面对该《示范法条》进行新的研究。2000 年 12 月，该组织成立了一个专门机构——遗传资源、传统文化、知识产权的政府间委员会，其工作主要是围绕“遗传资源”（genetic resources）、“民间文学艺术”（folklore）、“传统知识”（traditional knowledge）三个主题展开。他们主张，各国应当根据自身情况制定传统文化版权保护方面的法律，同时，国际应就此问题达成共识，促成有关国际公约的出台。目前，我国有关方面也在积极关注有关传统文化知识产权的保护问题。我国《著作权法》已授权国务院制定《民间文学艺术作品著作权保护办法》。随着社会的进一步发展，传统文化、生物资源的知识产权保护必将成为我国进一步完善知识产权法律制度的一个重要内容。

四、保护对象和表现形式

对于非物质文化遗产所涉及的对象和表现形式，不同组织、不同国家对它的理解不同，其范围或大或小。国际组织所制定的一些相关文件从较权威的角度为我们确定这些对象和表现形式提供了参考。例如，世界知识产权组织制定的《示范法条》指出：“民间文学艺术表达形式是指由传统艺术遗产的特有因素构成的、由某国的某居民团体（或反映该团体的传统艺术发展的个人）所发展和保持的产品，尤指以下内容：①口头表达形式，诸如民间故事、民间诗歌及民间谜语；②音乐表达形式，诸如民歌及器乐；③活动表达形式，诸如民间舞蹈、民间游戏、民间宗教仪式；④有形表达形式，诸如民间艺术品、乐器、建筑艺术形式等。”非洲知识产权组织认为，受版权保护的“民间文学”，“包括一切由非洲的居民团体所创作的，构成非洲文化遗产基础的、世代相传的文学、艺术、科学、宗教、技术等领域的传统表现形式与产品”。

联合国教科文组织在《保护民间文化和传统文化建议案》中，将“民间文化”（或“传统文化”）定义为：“文化社团以传统为基础进行的创造的总和，它由个人或团体来加以表现，并且就其反映文化和社会本体而言，它是一个社会团体愿望的反映；其标准和价值通过模仿或其他方式口传身授。其形式包含在语言、文学、音乐、舞蹈、游戏、神话、礼仪、习俗、工艺美术、建筑及其他艺术之中。”其对“口头和非物质遗产”的定义是：“人们学习的过程及在学习过程中被告知和自创的知识、技术和创造力，还有他们在这一过程中创造的产品以及他们持续发展所必需的资源、空间和其他社会及自然构造，这些过程给现存的社区提供了一种与先辈们相连续的感觉，对文化认定很重要，对人类文化多样性和创造性保护也有着重要意义。”该组织在《人类口头和非物质文化遗产代表作名录》的申报规定中指出：“列入《人类口头和非物质文化遗产代表作名录》的作品必须是代表性的传统杰出工艺，有代表性的非文字形式的艺术、文学，突出代表民族文化认同，又因种种原因濒于失传或正在失传的文化表现形式。这些文化表现形式包括各类戏曲和相关的面具、服装制作工艺；舞蹈，如民族民间节日舞蹈、祭祀舞蹈、礼仪；音乐，如各类民族民间音乐以及乐器制作工艺；口传文学，如神话、传说、史诗、游戏和故事；各种精湛杰出的工艺、手工艺，比如针织、织染、刺绣、雕刻、竹藤编织、面人制作、玩具制作和剪纸等。"

联合国教科文组织通过的《保护非物质文化遗产公约》，将所保护的对象划分了五大类：①口头传说和表述，包括作为非物质文化遗产媒介的语言。即诗歌、史话、神话、传说及对文化群体具有重要意义的其他叙事的表演和公开表述。②表演艺术。即在文化群体的节庆或礼仪活动中的表演艺术，其中包括肢体语言、音乐、戏剧、木偶、歌舞等表现形式。③社会风俗、礼仪、节庆。即人一生中的各种仪式（出生、成长、结婚、离婚和殡葬等仪式），游戏和体育活动，亲族关系与亲族关系的仪式，定居模式，烹调技术，确定身份和长幼尊卑的仪式，有关四季的仪式，不同性别的社会习俗，打猎、捕鱼和收获习俗，源于地名的姓名和源于父名的姓名，丝绸文化和工艺（生产［纺织］、缝纫、染色、图案设计），木雕，纺织品，人体艺术（文身、穿孔、人体绘画）。④有关自然界的知识和实践。即有关大自然（如时间和空间）的观念，农业活动和知识，生态知识与实践，药典和治疗方法，宇宙观，航海知识，预言与神谕，有关大自然、海洋、火山、环境保护和实践、天文和气象的具有神秘色彩的、精神上的、预言式的、宏观宇宙的和宗教方面的信仰和实践，冶金知识，计数和计算方法，畜牧业，水产，食物的保存、制作、加工和发酵，花木艺术，纺织知识和艺术。⑤传统的手工艺技能。由此可见，这个保护范围是相当广泛的。

在我国，对"民族民间文化"的理解也有广义、狭义之分。广义的民族民间文化包括了所有存在于特定民族、群体、区域中的一切文化现象和表现形式。狭义的民族民间文化主要集中在传统文学艺术、传统工艺美术等无形文化遗产方面。长期以来，文化部门和社会团体主要是围绕着后者开展抢救保护工作的。随着对文化遗产认识的不断深入，我国应当根据实际情况，适当扩大保护的范围和对象。但这一扩大既要考虑与国际公约相协调，又要考虑到我国自身的社会特点。因此，在目前的条件下，对于我们的保护工作或立法实践而言，所需要确定的非物质文化遗产对象和范围，既不同于以往狭义的传统文学艺术和工艺美术，也不完全等同于《保护非物质文化遗产公约》。其对象和表现形式主要有几大类：①传统口头传说和表述以及相关的语言。主要指在民族民间流传的口传文学、诗歌、神话、故事、传说、谣谚等，以及相关的具有重要价值的、濒危的语言。②传统表演艺术。主要指在民族民间流传的音乐、舞蹈、戏曲等。③传统工艺。主要指世代相传、技艺精湛、具有鲜明的民族风格和地区特色的传统工艺美术手工技艺，传统生产、制作技艺等。

④民俗、节庆、礼仪。主要指反映某一民族或区域习惯风俗的重要礼仪、节日、庆典活动、游艺活动、民族体育活动等。⑤集中体现或展现某种特定文化传统的区域、场所、空间。从实际情况来看，这些对象和表现形式是我国非物质文化遗产之重要、主要的组成部分，既为各界所一致认可，也与国际上的基本认识相一致。因而应当成为我们目前立法调整的主要对象和范围。对非物质文化遗产所涉及的其他内容（如传统的自然知识和实践），应有所甄别，区别对待，对包括天文、地理、宗教、饮食、医药等重要内容的，亦可以随着法律制度的建立而逐步纳入保护范围。

五、认定标准

非物质文化遗产内容丰富、众多，表现形式多姿多彩，尤其是我国这样一个有着五千年文明史的多民族大国，更是如此。如何确立抢救保护的认定标准是一个现实而重要的问题。应该说，无论在理论上还是在实践中，这个标准的确立都具有一定的复杂性和难度。其主要反映在两个方面：一是它们通常处在主流文化价值评判的既定标准之外，对其价值往往予以轻视或不认可。二是其价值的衡量标准往往是一个流动的尺度。对非物质文化遗产的许多种类而言，由于其具有特殊的民族性、群体性或区域性（尤其是“活态”性和内容纷纭复杂）的特点，其价值标准往往受到特定社会、环境、审美的影响。但是，尽管如此，对非物质文化遗产保护而言，标准的建立仍是有章可循的，特别是通过法律建立起明确的标准，这是我们工作的基础和前提。

首先，这一标准必须建立在非物质文化遗产的基本特点和性质之上。①非物质文化遗产是整个文化遗产的重要组成部分，它具有文化遗产共有的性质和特点。因而，它也适用于一般文化遗产的基本评定标准。我国现行的《文物保护法》对文物的评定标准已有明确的规定，即“具有历史、艺术、科学价值”的标准。这也是《保护世界文化和自然遗产公约》等国际通用的衡量文物价值大小的三大标准。所谓历史价值，是指文化遗产是一定历史时期人类社会活动的产物，是当时历史的具体而真实的实物见证，是历史文化的重要载体。所谓艺术价值，是指文化遗产所体现出来的人类的审美意识和艺术创造性，反映了一个国家和民族的文化艺术传统和历史。只有在继承和发展优秀的艺术成果的基础上，才能保持文化艺术的绵绵不绝。所谓科学价值，是指文化遗产所反映出的科学、技术的水平。任何文化遗产都是人们在当时所掌握的技术条件下创造出来的，因而直接反映着文物创造者认识自然、利用自然的程度，反映着当时的科学技术与生产力发展的水平。因此，这三个标准也是非物质文化遗产的认定的基本标准。②非物质文化遗产的一个重要特征就是，它不是“死”文化而是“活”文化，其区别于物质文化遗产的本质特点就是依附于特定民族、群体、区域或个体存在，并流传至今。因此，它比物质文化遗产更具有脆弱性、濒危性。它所体现出来的价值更多的是一种现存性，对体现本民族、群体的文化特征具有真实的、承续的意义。因而它的认定标准应当与其保持、发展、传承的特定对象和环境相联系。③非物质文化遗产由于是特定民族、群体的“活”文化，且内容繁杂宽泛，不可避免地存在良莠交错现象，涉及封建迷信、民族宗教等一些复杂问题。也就是说，它具有“社会性”。因此，继承和发展中华民族优秀文化传统，摒弃糟粕，应成为我们确定认定标准的一个重要原则。

其次，国际组织也提供了相关范本。联合国教科文组织在制定并公布《人类口传和非物质文化遗产代表作名录》时，对如何确定这些遗产代表作的标准进行了归纳。大体有这样几个标准：①必须是高度集中的非物质文化遗产；②传统文化表现形式必须具有突出的价值；③传统文化的表现形式植根于当地社团；④民间文化必须对本社团的文化特性起到重要作用；⑤必须在技术和质量上都非常出色；⑥具有反映现存文化传统的价值；⑦其生存受到某种程度的威胁。《保护非物质文化遗产公约》实际上也从社会、政治的角度提出了标准，规定“在本公约中，只考虑符合现有国际人权文件，各群体、团体和个人之间相互尊重的需要和顺应可持续发展的非物质文化遗产”。也就是说，符合公民基本权利标准、相互尊重和顺应社会发展，是衡量非物质文化遗产是否应受到保护的基本尺度。这些标准虽然是就全球范围内而言的，但对我们具有很大的参照性，为我们保护非物质文化遗产提供了基本尺度。由此可以总结出这样几点：①非物质文化遗产保护对象应当具有珍贵的价值（历史、艺术、科学等）；②它应当是独特的，具有民族、群体文化特征的；③它应当是依附并现存于特定民族、群体、区域或个体生活中的；④它应当是面临濒危状况、需要抢救和保护的；⑤它应当是符合人性、顺应发展、促进民族团结和社会进步的。

最后，从我国的实际情况来看，文化部门以及从事非物质文化遗产保护工作的机构，在长期的实践中也积累了很多经验，也基本上是依据这样一些标准和方法来从事非物质文化遗产的普查、收集、分类、整理和保护工作的。1979 年，文化部开展了收集、整理民间文学艺术的一项系统工程，不仅抢救了许多濒临灭亡的非物质文化遗产，也形成了一套分类方法，将民族民间文学艺术归为十大类，如民间歌谣、民间故事、民间谚语、民间戏曲、民间曲艺音乐、民间舞蹈等，并分册印刷出版。2004 年全部出齐 300 部 450 册省级和地区卷。在此基础上，我国还建立了相关资料库和民族民间文化艺术档案。在传统工艺美术方面，1997 年，国务院发布《传统工艺美术保护条例》，将传统工艺美术保护的标准规定为：“百年以上，历史悠久，技艺精湛，世代相传，有完整的工艺流程，采用天然原材料制作，具有鲜明的民族风格和地方特色，在国内外享有盛誉的手工品种和技艺。”依照此标准，国家建立了评定机构，保护了一大批传统工艺美术品种，命名了二百余名“工艺美术大师”。2003 年，文化部启动了“中国民族民间文化保护工程”，中国艺术研究院和有关专业机构都参与了此项工程。“保护工程”的主要内容包括：调查认定集中体现中华民族创造才能，具有特殊价值的优秀非物质文化遗产保护项目；建立分级保护制度和中国非物质文化遗产代表作保护名录制度；建立传承人命名保护制度；抢救与保护具有重大价值和濒危的语言文字、民间艺术、传统技艺、民俗、节庆；在非物质文化遗产形态比较完整、濒临消失而急需抢救的地区，建立非物质文化遗产生态保护区。随着全国保护试点名录的推出，文化部准备颁布《“中国非物质文化遗产代表作”申报评定暂行办法》。可以说，这些工作取得了很好的实际效果，建立了一批专业队伍，形成了基本的规范和模式，这都为我们在法律上确立认定标准、建立保护制度打下了良好的基础。

六、保护方式

非物质文化遗产与物质文化遗产相比，在保护的手段、方式上既有相同之处，也有很大的差异性。对物质文化遗产而言，所谓“保护”的本质意义就是“保存”，即采取各种措施有效地将其既有的物质形态保存下来，使之永续存在。这些措施包括考古发掘、整理归档、收藏修复、展示利用等。非物质文化遗产的一个本质特点是，其是依附于个体的人、群体或特定区域或空间而存在的，是一种“活态”文化，因此，除了收集、整理、保存那些物质性的载体或通过记录等手段将其物质形态化外，更重要的是通过传承、教育等手段使之在人、群体、区域或社会中得以现实延续和发展。因此，“保护”就不仅仅是一种物质形态“保存”。《保护非物质文化遗产公约》将“保护”定义为：“指采取措施，确保非物质文化遗产的生命力，包括这种遗产各个方面的确认、立档、研究、保存、保护、宣传、弘扬、承传。”这些概念主要有三层含义：一是整理建档（包括研究）；二是保存展示；三就是传承弘扬。显然，《保护非物质文化遗产公约》所确定的这些属于“保护”的内容，已远远超出了传统意义上“保护”的范围。而这，恰恰正是由非物质文化遗产是“活态”文化之本质属性所决定的。

由于“传承”是保护非物质文化遗产的一种主要方式或途径，如何采取措施，有效保障或实现其传承，是我们保护工作具体实践和立法中都需要解决的一个重要问题。传承的实现形式大体有两种：一是自然性传承，一是社会干预性传承。前者是指在无社会干预性力量的前提下，完全依赖个体行为的某种自然性的传承延续，许多非物质文化遗产基本上是靠这种方式延续至今的，最典型的就是个体之间的“口传身授”，如民族民间的口传文艺、手工技艺、民俗技能等。但这种方式往往会因为社会、经济、文化以及个体的变迁而受到极大的制约。后者是指在社会某些力量干预下的传承，这包括行政部门、立法机构、社会团体的各种行为干预和支持。这其中，通过行政、立法所产生的某种强制性干预力量尤为重要。这种社会干预性传承主要有两方面：其一，通过社会干预性力量支持或保障自然传承活动的实现，包括采取法律、技术、行政、财政等措施，建立传承人保障制度，促进特定遗产的传承；其二，通过将传承活动纳入教育，使其成为公众特别是青少年教育活动、社会知识文化发展链条中的一个重要环节。这也是《保护非物质文化遗产公约》所提出的一个积极内容。

近些年来，我国非物质文化遗产保护工作日益被重视，支持、保障传承活动的开展也成了政府、社会乃至教育部门的一项重要工作。例如，在中央政府实施民族民间文化保护工程的基础上，不少地方政府采取多种措施，给传承人创造条件，提供支持。云南、贵州、福建等省制定了地方法规，建立了传承人命名制度，为传承活动和人才培养提供资助；鼓励和支持教育机构开展普及优秀民族民间文化活动，规定有条件的中小学应将其纳入教育教学内容。在实践中，不少地方都已经在开展这方面的教育活动，如福建泉州很早就将“南音”纳入了当地中小学乡土教材；一些文博机构将特殊传承活动作为某种“活”的展示，或为传承人提供传承活动的空间或场所；一些教育机构（尤其是高等院校）也积极行动起来，不少大学都开始设立相关专业、开展本科、硕士甚至博士学历教育，如中央美术学院就设立了非物质文化遗产中心。它们都以卓有成效的业绩证明，尊重非物质文化遗产的特性，采取适应这种特性的保护方式，是非常必要和重要的。

我国非物质文化遗产的立法：背景、问题与思路[1]

非物质文化遗产是整个文化遗产中的一个重要组成部分。随着当前全球经济社会的快速发展，非物质文化遗产的价值日益显现，对其进行保护的重要性和紧迫性日益突出。一方面，随着人类进入21世纪，全球经济科技一体化趋势日趋严重。这一趋势对各国（特别是发展中国家）的传统文化产生了深刻冲击和巨大影响，加剧了传统文化、弱势文化的消亡速度。许多国家政府都越来越意识到经济发展与文化保护具有同等重要的战略意义。另一方面，非物质文化遗产体现了特定民族或群体的审美个性和文化精神，其独特性是其他依附现代工业社会所产生的文化所不能取代的。在某种意义上，它的消亡意味着民族个性、民族特征的消亡。特别是在经济全球化的形势下，个别西方国家极力在全世界推销其思想文化，在文化上推行“单边主义”，威胁到其他国家的文化主权和文化安全。因此，保护不同民族、群体、地域的传统文化，维护世界文化的多样性，成了国际普遍关注的重要问题。不仅有越来越多的发展中国家意识到保护本国非物质文化遗产的重要性，一些发达国家也逐步认识到这个问题不容忽视。同时，一些国际组织（如世界知识产权组织和联合国教科文组织）也做了不懈努力。这两个国际组织分别从知识产权保护和政府行政保护的角度，推动了保护非物质文化遗产的运动。其中一个最突出成果是，2003年10月联合国教科文组织第32届大会通过了《保护非物质文化遗产公约》。该公约建议各国加强立法，建立相关的法律保护机制。这不仅从国际层面提高了保护非物质文化遗产的地位，也为促进各国国内相关立法提供了参考。

一、我国的立法背景与进程

长期以来，我国民族民间文化虽得到了一定程度的保护和发展，但对它的重视和保护程度尚不及物质文化遗产，未被纳入国家法律的保护范围。这有多方面原

〔1〕 此文为笔者于2005年7月在“中国非物质文化遗产保护·苏州论坛”上的大会专题发言，载于《中国非物质文化遗产》2006年第1期。本文中所涉及之法律法规与理论，均以写作时间为准。

因，主要是在观念上存在不少误区：一是轻视或忽视民间文化（包括民俗文化）在主流文化中的地位和作用；二是在认识和实践以及法制建设中，“文化遗产”往往被“文物”所取代，对“文物”的保护被等同于对整个文化遗产的保护，从而使对非物质文化遗产的保护得不到足够重视；三是认为随着社会的发展，非物质文化遗产的消失是一种客观必然，主张任其自生自灭；四是强调在现有经济条件下保护非物质文化遗产的困难，认为目前国家财力有限，无暇顾及，唯有等经济高度发达后，才能具备保护的条件等。这些认识上的误区对有效开展非物质文化遗产的保护工作产生了严重影响。

随着全球经济科技一体化浪潮的涌起，在外来文化和生活方式的冲击下，我国非物质文化遗产面临着前所未有的严峻形势——许多传统技能和民间艺术后继乏人，面临失传危险；一些独特的语言、文字和习俗迅速消亡；大量非物质文化遗产的代表性实物和资料得不到妥善保护；珍贵实物资料流失海外的现象十分严重；非物质文化遗产的研究人员短缺，出现断层；等等。近年来，这些问题引起了党和国家以及社会各方面的强烈关注。“三个代表”重要思想和科学发展观的提出，为进一步加强文化遗产保护工作奠定了基础。文化部、财政部于 2003 年正式启动“中国民族民间文化保护工程”，成立了专门的领导小组和专家委员会，初步评选出 2 批全国保护试点名录共 39 项。各省市也确定了一批保护试点名录。民间文艺家协会等社会组织、一些高等院校也积极开展了抢救、保护和研究工作。全国人大代表多次提出制定保护非物质文化遗产的法律议案，呼吁将保护非物质文化遗产工作纳入法制轨道，以适应社会发展的需要，实现科学有效的管理。由于我国《文物保护法》主要是针对有形文化遗产制定的，其内容并不涵盖无形文化遗产部分，因此，制定非物质文化遗产方面的专门法律，建立完善的文化遗产法律保护制度，不仅必要而且紧迫。

为了做好立法工作，1998 年开始，全国人大教科文卫委员会先后赴许多省份就非物质文化遗产保护工作开展了大量调研，并会同文化部、国家文物局召开了立法座谈会和国际研讨会。2002 年 8 月，文化部向全国人大教科文卫委员会报送了《民族民间文化保护法》的建议稿，全国人大教科文卫委员会成立起草小组，并于 2003 年 11 月形成了《民族民间传统文化保护法（草案）》。2004 年 8 月，十届全国人大常委会第十一次会议批准我国加入联合国《保护非物质文化遗产公约》。据此，全国人大教科文卫委员会又将草案名称调整为《非物质文化遗产保护法》，并成立了专门小组，协调各方加快该部法律的立法进程。在这过程中，全国人大教科文卫委员会还积极促进和推动一些地方立法机关（如云南、贵州、福建、广西等省区人大）制定出台了相关地方法规。2005 年 3 月，国务院办公厅颁布了《关于加强我国非物质文化遗产保护工作的意见》。这是国家最高行政机关首次就我国非物质文化遗产保护工作发布权威指导意见。该意见明确提出了保护工作的重要意义、目标和方针，建立保护制度、工作机制等。随着这些政策措施的逐步实行，其成熟经验应该可以为国家立法提供很好的参照和依据。由于立法工作是一个复杂的过程，因而需要对一些基本问题进行深入研究，在实践经验中总结提炼出相关的法律原则和制度。

二、法律的性质

所谓法律的性质，就是说我们对非物质文化遗产保护的立法，是要制定一部什么性质的法律，是行政法还是民事法？或换言之，保护非物质文化遗产主要依靠的是行政保护还是知识产权保护？对此，法学界、理论界有一些争议。目前，正在起草中的我国《非物质文化遗产保护法》主要是一部行政法，在性质上与现行《文物保护法》相同。应该说，对于非物质文化遗产而言，这两种法律上的保护手段或途径是并行不悖的。作为行政法，规范和调整的主要是政府、国家在保护非物质文化遗产的职责或行为；作为民事法律或知识产权法律，规范和调整的是非物质文化遗产之知识产权人的民事权利或行为。二者虽然在保护对象上看似重合，但在法律性质和关系上有着本质的不同。前者规范的是国家的行政保护行为，如普查、建档、研究、保存、传承、弘扬等，以及为实现这些保护行为而提供的财政、行政、技术等措施。后者提供的则是一种民事保护，即保障相关知识产权人的精神权利和财产权利的实现。

无论是就法律本身而言，还是就非物质文化遗产而言，法律上的民事保护并不能简单取代法律上的行政保护，或正好相反。这两种保护各有侧重，也各有局限和难度。现行《著作权法》等知识产权法律所提供的民事保护之实现有两个基本特点：一是依赖于著作权人权利的确认和对权利的主张；二是依赖于其作品的市场价值，因为缺乏市场价值的作品，往往就失去了保护其著作权的动力。正是因为如此，在实际中，仅仅通过民事手段保护民族民间传统文化面临着相当大的障碍：一是许多非物质文化遗产项目之知识产权的归属难以确认，谁来主张权利、行使权利，保护期有无等，均已超出传统知识产权理论的范畴，对此，法学界仍有不少争论；二是许多珍贵、濒危的非物质文化遗产没有或基本上没有市场价值。如果单靠民事保护而没有行政保护，其结果会是大量缺乏市场价值，却有着珍贵的历史、文化价值的非物质文化遗产迅速自生自灭，其作为历史文化遗产所需要的保存、记录或传承、弘扬等将无以为继，而且得不到其他法律上的救助。

从国际上看，在对传统文化强调民事保护的同时，强调对其予以行政保护，这已成为一个基本共识。世界知识产权组织一直积极推动对传统文化知识产权的保护，鼓励各国制定相关的民事保护法律。世界知识产权组织于 1982 年推出《保护民间文学表达形式、防止不正当利用及其他侵害行为的国内法示范法条》（简称《示范法条》），希望各国参照制定。但由于这一问题具有复杂性，各国立法参差不齐，效果不彰。其后，世界知识产权组织逐渐认识到，仅仅通过民事保护手段，远远不能达到有效保护传统文化的目的。此时正值联合国教科文组织开始关注非物质文化遗产保护问题，于是，两个组织联合召开了一系列会议，推动、鼓励各国通过行政手段加强对传统文化的保护。其直接结果就是联合国教科文组织《保护非物质文化遗产公约》的出台。该公约所规定的“保护”的性质就是行政保护，要求“各缔约方应该采取必要措施确保其领土上的非物质文化遗产受到保护”，这些措施包括“适当的法律、技术、行政和财政措施”，通过拟定清单，制定保护规划，建立保护机构，培养保护队伍，加强宣传、传播、教育等来确认、展示和传承这种遗产。比较典型的例子是日本、韩国，二者都主要是通过法律规定的行政手段来保护其无形文化遗产的。

因此，对传统文化而言，民事保护和行政保护并不是非此即彼的事情，二者的性质根本不同。如果比较一下《保护非物质文化遗产公约》和《示范法条》，二者的保护对象亦有相当的重合，但这并无碍于二者各自显现的立法价值。这两种保护完全可以并行不悖。正如国家采取行政手段（包括财政手段）发掘、研究、保存、弘扬京剧艺术和昆曲艺术，这并不妨碍其知识产权性质的存在及依法实现。如果仅靠保护其知识产权而放弃国家的行政保护，京剧、昆曲艺术的发展绝不会出现今天的局面。但应当明确指出，所谓行政保护绝不能等同于行政审批或不当干预。非物质文化遗产千百年来主要是依赖民族民间土壤自然生存、传承下来的，一旦行政手段过分或粗暴干预，从而破坏其赖以生存的自然环境，其结果往往会适得其反。从现实来看，已经出现了不少类似问题。例如，违背非物质文化遗产的自身特点和规律，人为毁坏其原生态环境，采取强制手段改变其原貌；或以经济效益、旅游发展为目的，任意利用或无度开发非物质文化遗产资源，使之受到严重损害等。因此，所谓行政保护的实质就是行政保障，即行政部门对保护工作所提供的财政、政策、方式等各种保障。这应当成为我们制定《非物质文化遗产保护法》的基本出发点。

同时，除了在立法上解决行政保护的问题外，我国还应在立法上努力解决民事保护的问题。这是保障非物质文化遗产权利者之权益，使非物质文化遗产与现代社会相结合，实现有效传承和发展的重要手段。虽然这一问题相当复杂，其权利的范畴、归属等仍需要理论和实践经验的积累和总结，目前尚未被纳入现行《著作权法》或其他知识产权法律的保护范围。但我们需要进行积极研究和探索，要通过进一步制定和完善有关知识产权保护法律制度来予以保障。应当加快立法步伐，建立起传统文化的知识产权保护制度，以与其确立的行政保护制度相呼应。

三、概念、保护对象和表现形式

对那些具有民族民间特性的、具有较高的历史、科学、文化和社会价值并流传至今的无形文化遗产，国际上的称呼各有不同。主张采用版权保护的国家和组织称之为“folklore”（民间文学艺术）；世界知识产权组织称之为“expression of folklore”（民间文学艺术表达形式）；联合国教科文组织称之为“traditional and folk culture”（传统文化与民间文化）或“intangibal heritage”（非物质文化遗产）、“oral and intangibal heritage”（口头或非物质文化遗产）。日本等国称之为“无形文化财”。虽然这些概念各异，但其对象的性质是一致的，就是指那些依附个人、群体存在的非物质形态化的文化遗产，如传统口传文学及语言、表演艺术、工艺技能、民俗节庆等。这些文化遗产与世代传承的民族民间文化的技艺者、表演者、知识者密切相关，它的最大特点就是不脱离特定民族、群体现存的特殊生活生产方式本身，是其生活生产方式的组成形式，是民族个性、民族审美的活的显现。目前，随着联合国教科文组织《保护非物质文化遗产公约》的通过，“非物质文化遗产”一词已逐渐被广泛接受，成了一个相对统一和权威性的概念。

对于非物质文化遗产所涉及的对象和表现形式，不同组织、不同国家对它的理解不同，其范围或大或小。国际组织所制定的一些相关文件从较权威的角度为我们确定这些对象和表现形式提供了参考。联合国教科文组织通过的《保护非物质文化遗产公约》将其所保护的对象划分为了五大类：①口头传说和表述，包括作为非物质文化遗产媒介的语言。即诗歌、史话、神话、传说及对文化群体具有重要意义的其他叙事的表演和公开表述。②表演艺术。即在文化群体的节庆或礼仪活动中的表演艺术，其中包括肢体语言、音乐、戏剧、木偶、歌舞等表现形式。③社会风俗、礼仪、节庆。即人一生中的各种仪式（出生、成长、结婚、离婚和殡葬等仪式），游戏和体育活动，亲族关系与亲族关系的仪式，定居模式，烹调技术，确定身份和长幼尊卑的仪式，有关四季的仪式，不同性别的社会习俗，打猎、捕鱼和收获习俗，源于地名的姓名和源于父名的姓名，丝绸文化和工艺［生产（纺织）、缝纫、染色、图案设计］，木雕，纺织品，人体艺术（文身、穿孔、人体绘画）。④有关自然界的知识和实践。即有关大自然（如时间和空间）的观念，农业活动和知识，生态知识与实践，药典和治疗方法，宇宙观，航海知识，预言与神谕，有关大自然、海洋、火山、环境保护和实践，天文和气象的具有神秘色彩的、精神上的、预言式的、宏观宇宙的和宗教方面的信仰和实践，冶金知识，计数和计算方法，畜牧业，水产，食物的保存、制作、加工和发酵，花木艺术，纺织知识和艺术。⑤传统的手工艺技能。由此可见，该公约的保护范围是相当广泛的。

在我国，对“民族民间文化”（或非物质文化遗产）的理解也有广义、狭义之分。广义的民族民间文化包括了所有存在于特定民族、群体、区域中的传统知识、文化现象和表现形式。狭义的民族民间文化主要集中在传统文学艺术、传统工艺美术等方面。长期以来，文化部门和社会团体主要是围绕着后者开展抢救保护工作的。随着对文化遗产的认识不断深入，我国应当根据实际情况，适当扩大保护的范围和对象。这一扩大既要考虑到与国际公约相协调，又要考虑到我国自身的社会特点。国务院办公厅《关于加强我国非物质文化遗产保护工作的意见》将我国非物质文化遗产的对象范围划定为了六大类：①口头传统，包括作为文化载体的语言。主要指在民族民间流传的口传文学、诗歌、神话、故事、传说、谣谚等，以及相关濒危的语言。②传统表演艺术。主要指在民族民间流传的音乐、舞蹈、戏曲等。③民俗活动、礼仪、节庆。主要指反映某一民族或区域习惯风俗的重要礼仪、节日、庆典活动、游艺活动等。④有关自然界和宇宙的民间传统知识和实践。主要指天文、地理、自然、人文、医药等。⑤传统手工艺技能。主要指世代相传、技艺精湛、具有鲜明的民族风格和地区特色的传统工艺美术手工技艺，传统生产、制作技艺等。⑥与上述表现形式相关的文化空间。主要指集中体现或展现某种特定文化传统的区域、场所如文化生态保护区等。从实际情况来看，这些对象和表现形式是我国非物质文化遗产之重要、主要的组成部分。特别是其中口传文学及语言、传统表演艺术、传统手工艺及民俗礼仪节庆等，已为各界所一致认可，也与国际上的基本认识相一致。因而其应当成为我们立法调整的主要对象和范围。对非物质文化遗产所涉及的其他内容，如有关自然界和宇宙的民间传统知识和实践，由于其所涉及的对象过于广泛复杂，因此应根据我国社会实际情况有所甄别，区别对待。对那些天文、地理、宗教、饮食、医药等重要内容，亦可以随着法律制度的建立逐步纳入保护范围。

四、认定标准

非物质文化遗产内容丰富众多，表现形式多姿多彩，尤其是我国这样一个有着五千年文明史的多民族大国，更是如此。如何通过立法确立抢救保护的认定标准，是一个现实和重要的问题。应该说，无论在理论上还是在实践中，这个标准的确立都具有一定的复杂性和难度。主要反映在两个方面：一是它们通常处在主流文化价值评判的既定标准之外，对其价值往往予以轻视或不认可。二是其价值的衡量标准往往是一个流动的尺度。对非物质文化遗产的许多种类而言，由于其特殊的民族性、群体性或区域性，尤其是“活态”性和内容具有纷纭复杂的特点，其价值标准往往会受到特定社会、环境、审美的影响。但是，尽管如此，对非物质文化遗产保护而言，标准的建立仍是有章可循的。特别是文化部门和从事非物质文化遗产保护工作的机构（如民间文艺家协会及许多学术研究机构）在长期的实践中也积累了很多经验，基本上形成了一些标准和方法并以此来从事非物质文化遗产的普查、收集、分类、整理和保护工作。在此基础上，通过国家政策或进一步通过立法建立起明确的标准，这是保护工作有序化、规范化的前提和基础。

建立这一标准必须从非物质文化遗产的基本特点和性质以及我国的社会实际出发：①非物质文化遗产是整个文化遗产的重要组成部分，它具有文化遗产共有的性质和特点，因而它也适用于一般文化遗产的基本评定标准。在我国现行的《文物保护法》中，对文物的评定标准已有明确的规定，即“具有历史、艺术、科学价值”的标准。这也是《保护世界文化和自然遗产公约》等国际通用的衡量文物价值大小的三大标准。所谓历史价值，是指文化遗产是一定历史时期人类社会活动的产物，是当时历史的具体而真实的实物见证，是历史文化的重要载体。所谓艺术价值，是指文化遗产所体现出来的人类的审美意识和艺术创造性，它反映了一个国家和民族的文化艺术传统和历史。只有在继承和发展优秀的艺术成果的基础上，才能保持文化艺术的绵绵不绝。所谓科学价值，是指文化遗产所反映出的科学、技术的水平。任何文化遗产都是人们在当时所掌握的技术条件下创造出来的，因而直接反映着文物创造者认识自然、利用自然的程度，反映着当时的科学技术与生产力发展的水平。因此，这三个标准也是认定非物质文化遗产的基本标准。②非物质文化遗产的一个重要特征就是，它不是“死”文化而是“活”文化，其区别于物质文化遗产的本质特点就是依附于特定民族、群体、区域或个体存在，并流传至今，因此它比物质文化遗产更具有脆弱性、濒危性。它所体现出来的价值更多的是一种现存性，对体现本民族、群体的文化特征具有真实的、承续的意义。因此，它的认定标准应当与其保持、发展、传承的特定对象和环境相联系。③非物质文化遗产由于是特定民族、群体的“活”文化，且内容繁杂宽泛，不可避免地会存在良莠交错现象，涉及封建迷信、民族宗教等一些复杂问题。也就是说，它具有“社会性”。因此，继承、发展中华民族优秀的文化传统，促进民族团结和社会进步，应成为我们确定认定标准的一个重要原则。

另一方面，国际组织的相关范本也提供了一定依据。联合国教科文组织在制定并公布《人类口传与非物质文化遗产代表作名录》时，对如何确定这些遗产代表作的标准进行了归纳，大体有这样几个标准：①必须是高度集中的非物质文化遗产；②传统文化表现形式必须具有突出的价值；③传统文化的表现形式植根于当地社团；④民间文化必须对本社团的文化特性起到重要作用；⑤必须在技术和质量上都非常出色；⑥具有反映现存文化传统的价值；⑦其生存受到某种程度上的威胁。《保护非物质文化遗产公约》也从社会、政治的角度提出了某种标准，规定“在本公约中，只考虑符合现有国际人权文件，各群体、团体和个人之间相互尊重的需要和顺应可持续发展的非物质文化遗产”。也就是说，符合人权标准、相互尊重和顺应社会发展，是衡量非物质文化遗产是否应受到保护的基本尺度。这些标准虽然是就全球范围内而言的，但对我们具有很大的参照性。由此我们可以总结出这样几点：①非物质文化遗产的保护对象应当具有珍贵的价值（历史、艺术、科学等）；②它应当是独特的，是具有鲜明的民族、群体或地方文化特征的；③它应当是依附并现存于特定民族、群体、区域或个体生活中而世代相传的；④它应当是面临濒危状况、需要抢救和保护的；⑤它应当是符合人性、顺应发展、促进民族团结和社会进步的。对此，国务院对国家级非物质文化遗产代表作的申报评定提出了六条具体标准，基本上是与这几点相一致的。这些都是根据我国长期以来的文化实践总结出来的，也为我们立法提供了可行的思路和依据。

五、保护方式

非物质文化遗产与物质文化遗产相比，在保护的手段、方式上既有相同之处，也有很大的差异性。对一切文化遗产而言，“保护”的首要意义就是“保存”，即采取各种措施有效地将其既有的物质形态保存下来，使之永续存在。这些措施包括考古发掘、整理归档、收藏修复、展示利用等。但是，非物质文化遗产区别于物质文化遗产的一个基本特性是依附于个体的人、群体或特定区域或空间而存在，是一种“活态”文化。除了需要收集、整理、保存那些物质性的载体或通过记录等手段将其物质形态化外，更重要的是通过传承、教育等手段使之在现今社会中得以延续和发展。因此，“保护”就不仅仅是一种物质形态“保存”。《保护非物质文化遗产公约》将“保护”定义为：“指采取措施，确保非物质文化遗产的生命力，包括这种遗产各个方面的确认、立档、研究、保存、保护、宣传、弘扬、承传。”这些概念主要有三层含义：一是整理建档（包括研究）；二是保存展示；三就是传承弘扬。显然，该公约所确定的这些属于“保护”的内容，已远远超出了传统意义上“保护”的范围。

因此，从根本上说，“保存”和“传承”是保护非物质文化遗产的两种最主要的方式或途径。如何采取措施有效保存并保障或实现其传承，是我们保护工作具体实践和立法中都需要解决的两个重要问题。首先是保存，由于非物质文化遗产的“活态”性，它与物质遗产在实现“保存”的主要方式方面有所不同。为使其物质形态化并有效保存，记录和保存记录是一个最为基础和主要的工作。同时，鉴于非物质文化遗产本身的复杂性、广泛性，我们必须使保护行为具有可操作性，建立保护名录制度是从政策和法律层面实现这一目的的最为有效和可行的办法。这一办法已为实践证明是成功的。联合国教科文组织最初在推进此项工作的时候，就将建立有关名录作为最主要的工作来推动。1997 年 11 月，联合国教科文组织第 29 届大会通过了建立《人类口头和非物质文化遗产代表作》的决议。2000 年 4 月，该组织总干事致函各国，正式启动了《人类口头和非物质遗产代表作》的申报、评估工作，并于2001年、2003年先后宣布了2批共47项，我国的昆曲艺术、古琴艺术名列其中。在此基础上，建立名录制度成了《保护非物质文化遗产公约》的一个核心内容。从我国的情况来看，除了积极推荐项目参加世界名录外，近些年来，也开始尝试建立自己的保护名录。文化部推行了全国保护试点名录，迄今已颁布了2批共39个项目。一些地方（如云南等省）通过地方条例也建立了本省的保护名录制度。最近，国务院办公厅明确提出要建立国家级和省、市、县四级非物质文化遗产代表作名录体系，逐步形成有中国特色的非物质文化遗产保护制度。保护名录制度是保护工作的基础，既是保存、展示、研究的前提，更是传承、宣传、弘扬的依据。

有效保护的另一个方式就是保障传承。传承的实现形式大体有两种：一是自然性传承；一是社会干预性传承。前者是指在无社会干预性力量的前提下、完全依赖个体行为的某种自然性的传承延续，许多非物质文化遗产基本上是靠这种方式延续至今的，最典型的就是个体之间的“口传身授”，如民族民间的口传文艺、手工技艺、民俗技能等。但这种方式往往因为社会、经济、文化以及个体的变迁而受到极大的制约。后者是指在社会某些力量干预下的传承，这包括行政部门、立法机构、社会团体的各种行为干预和支持。这其中，通过行政、立法所产生的某种强制性干预力量尤为重要。这种社会干预性传承主要有两方面：其一，通过社会干预性力量支持或保障自然传承活动的实现，包括采取法律、技术、行政、财政等措施，建立传承人保障制度，促进特定遗产的传承；其二，通过教育途径将传承活动纳入其中，使其成为公众特别是青少年教育活动、社会知识文化发展链条中的一个重要环节。这也是《保护非物质文化遗产公约》所提出的一个积极内容。国务院办公厅明确提出：“建立科学有效的非物质文化遗产传承机制。对列入各级名录的非物质文化遗产代表作，可采取命名、授予称号、表彰奖励、资助扶持等方式，鼓励代表作传承人（团体）进行传习活动。通过社会教育和学校教育，使非物质文化遗产代表作的传承后继有人。”这为保障、规范传承活动提供了政策依据，也为国家立法解决这一问题打下了基础。

近些年来，我国非物质文化遗产保护工作日益被重视，支持、保障传承活动的开展也成了政府、社会乃至教育部门的一项重要工作。例如，文化部门、民间文艺家协会等单位所开展的有关保护传承人活动，不少地方政府采取多种措施，给传承人创造条件，提供支持。云南、贵州、福建等省通过制定地方法规建立了传承人命名制度，为传承活动和人才培养提供资助；鼓励和支持教育机构开展普及优秀民族民间文化活动，规定有条件的中小学应将其纳入教育教学内容。在实践中，不少地方都已经在开展这方面的教育活动。如福建泉州很早就将“南音”纳入了当地中小学乡土教材；一些文博机构将特殊传承活动作为某种“活”的展示，或为传承人提供传承活动的空间或场所；一些教育机构（尤其是高等院校）也积极行动起来，不少大学都开始设立相关专业、开展本科、硕士甚至博士学历教育，如中央美术学院设立了非物质文化遗产中心等。它们都以卓有成效的业绩证明，尊重非物质文化遗产的特性，采取适应这种特性的保护方式，是非常必要和重要的。

六、工作机制

建立适合中国特点、有效实现和保障我国非物质文化遗产保护工作开展的相关工作机制，是立法和实践均需要解决的问题。非物质文化遗产作为国家公益文化事业的重要组成部分，它的多样性、复杂性和脆弱性决定了其保护工作是一项耗费巨大的工程。除了社会方方面面的力量外，政府之职责必然要求其发挥核心作用。联合国《保护非物质文化遗产公约》中的一个重要内容就是促进各国政府采取行政、立法等措施有效保护非物质文化遗产。从国际上看，强化政府对文化遗产保护的行政管理职能，鼓励、支持社会力量参与保护工作，已成为一种趋势和潮流。一些文化遗产大国（如意大利、法国、埃及等）在政府工作机制上采取的是中央垂直管理模式，统一管理整个文化遗产工作，取得了很好的效果。我国在体制上有所不同，采取的是中央和地方各级政府分别管理的模式。同时，文化遗产又被分割成多个对象，由政府不同部门实施管理。如文物（物质文化遗产的一部分）由国家文物局管理，历史文化名城包括历史文化街区、村镇（物质文化遗产的另一部分）由建设部门管理，宗教文化遗产由宗教部门管理，非物质文化遗产由文化部门管理，还有自然遗产的管理等。虽然这种局面的形成有多种原因，但它显然与当前日益繁重和紧迫的保护工作之要求不相适应。

在我国的文化实践中，对民族民间文化（非物质文化遗产）长期以来用两种机制来推进保护工作：一是以文化行政主管部门为主导，民委、宗教、旅游、教育等部门参与其间的各级政府工作机构；一是以民间文艺家协会、中国艺术研究院等为代表，包括相关学术团体和教育机构在内的社会工作机构。它们在我国非物质文化遗产的保护工作中发挥了巨大作用。但是，相关政策和法律制度尚未建立，这些工作机构由于种种原因，功能和作用受到相当程度的局限。主要表现在几个方面：①政府的参与主要局限于各级文化行政主管部门，其他相关部门或零散参与，或置身事外。随着非物质文化遗产的功用、影响日益广泛，其经济效益和社会效益更加显现，涉及的行政领域越来越多，这使得文化部门难以协调。②长期以来，这一工作尚未被纳入国民经济和社会发展整体规划，保护经费等问题也时有发生。③社会各界力量的参与得不到协调整合，缺乏政策、法律上的鼓励、保障措施。因此，改变这一局面就成了对当前政策制定和立法实践的客观、必然要求。

国务院办公厅《关于加强我国非物质文化遗产保护工作的意见》的一个重要突

破就是强调要发挥政府的主导作用，建立协调有效的保护工作领导机制，即建立“中国非物质文化遗产保护工作部际联席会议制度”。这一会议制度以文化部牵头，包括了发展改革委、教育部、国家民委、财政部、建设部、旅游局、宗教局、文物局等相关部门。该意见明确规定了会议制度的四项职能：一是拟定保护工作的方针政策，审定保护规划；二是协调处理保护中涉及的重大事项；三是审核列入国家级名录的名单，上报国务院批准公布；四是承办国务院交办的保护方面的其他工作。同时，该意见还强调各级政府要将保护工作纳入重要工作议程，纳入国民经济和社会发展规划，纳入文化发展纲要。强调行政部门要广泛吸纳社会各方面力量共同开展非物质文化遗产保护工作。要采取措施鼓励个人、企业和社会团体对保护工作进行资助。这些规定和新的机制既在一定程度上满足了当前保护工作的需要，也符合我国社会发展的基本特点，在立法上也具有重要的参考价值。当然，对如何解决这一机制问题，还有一些其他意见和思路。例如，有专家学者建议成立国家遗产总局，打破目前多个部门分割主管的局面，统一整合我国文化遗产（包括自然遗产）政府工作机制。这是一个长远的、积极的目标，在立法上也涉及多部法律的协调，需要采取具体措施逐步达成。但无论是在政策上，还是在立法上，我们都应该建立起一个适合我国特点、卓有成效的政府工作机制，以保障我国非物质文化遗产乃至整个文化（自然）遗产保护工作的长期稳定运转。

总之，从立法的角度来看，我们在文化遗产法制建设方面有一个基本的思路和框架。这就是：在不久的将来建立起我国初步完整的文化遗产法律保护制度。在国家法律法规的层面上，这一制度包括三个方面：其一，进一步扩大物质文化遗产的法律保护范围，加大保护力度。在立法上除了进一步完善《文物保护法》外，还要针对特定的保护对象制定一系列专门的法律法规，如制定历史文化名城、街区、村镇保护办法，制定专门的《长城保护条例》《世界遗产保护条例》等。其二，制定《非物质文化遗产保护法》，与《文物保护法》相互补充，以解决那些未被纳入《文物保护法》保护范围内的非物质文化遗产的法律保护问题。通过这一立法，确定国家保护、继承和发展非物质文化遗产的基本原则，建立保护制度，规范管理体制、资金保障、普查建档、传承培养等。其三，建立民族民间传统文化知识产权的法律保护制度。传统文化知识产权的保护是一个全新而复杂的问题，突破了原有著作权、商标权和专利权的传统知识产权内容，需要认真加以解决。我国《著作权法》已授权国务院制定专门法规保护“民间文学艺术作品著作权”，对于此项工作，有关部门正在抓紧进行。还有一种考虑是制定一部包含相关内容在内的统一的知识产权法或法典，不过这还需要更加深入的论证和研究。

非物质文化遗产保护中的政府行为与制度建设[1]

非物质文化遗产是整个文化遗产中的一个重要组成部分。随着21世纪全球经济社会的快速发展，非物质文化遗产的价值日益显现，对其加以保护的重要性和紧迫性日益突出。可以说，目前，我国已掀起了一股包括非物质文化遗产在内的文化遗产保护浪潮。在这个浪潮中，政府究竟应当扮演一个什么样的角色？这是一个值得深入研究的问题。这个问题从本质上说可以被归纳为三个方面：其一，政府有无必要在以民间文化为主体的非物质文化遗产保护中发挥作用？其二，应当发挥哪些作用？其三，如何发挥作用？

一、关于政府行政保护的必要性问题

对非物质文化遗产保护而言，主要依靠行政保护还是民事保护或知识产权保护？在立法上是制定行政法还是制定有关民事法律？对此，理论界、法学界有一些争议。有人认为，非物质文化是自然生存的一种状态，担心政府行政行为介入会破坏这种状态。在立法上，有人主张强化行政保护，有人主张强化民事保护。所谓行政保护，指的是政府、国家在保护非物质文化遗产上的行政行为，如开展普查、建档、研究、保存、传承、弘扬等，以及为实现这些保护行为而提供的财政、行政、技术等措施。所谓民事保护，指的是非物质文化遗产权利人所行使的民事权利或行为。目前，政府加强行政保护的必要性问题已不容置疑，回答是肯定的。无论是在法律上还是在实践上，行政保护和民事保护这两种保护手段或途径都是并行不悖的，都需要积极采取措施予以加强。随着联合国《保护非物质文化遗产公约》的出台，世界上出现了一股强化政府行政保护的浪潮。这有多方面的原因：

首先，从世界发展背景来看，随着人类进入21世纪，全球经济科技一体化趋势日趋严重。这一趋势对各国特别是发展中国家的传统文化产生了深刻冲击和巨大影响，进一步加剧了传统文化、弱势文化的消亡速度，使其面临着前所未有的濒危

〔1〕 本文载于中国人大网，2007年1月11日。本文中所涉及之法律法规与理论，均以写作时间为准。

生存的严峻局面。非物质文化遗产主要产生于农耕文化，体现了特定民族或群体的审美个性和文化精神，其独特性是其他依附现代工业社会、信息社会所产生的文化所不能取代的。在某种意义上，它的消亡意味着民族个性、民族特征的消亡，也意味着文化基因和文化血脉的中断。尤其是当前国际上出现了文化“单边主义”，威胁到了其他国家的文化主权和文化安全。因此，保护不同民族、群体、地域的传统文化，维护世界文化的多样性，成了各国政府普遍关注并付诸实施的重要战略问题。不仅有越来越多的发展中国家开始意识到保护本国非物质文化遗产的重要性，一些发达国家也逐步认识到这个问题不容忽视。

其次，从政府的职能来看，政府作为公共权力的代表者和行使者，有义务、有职责对社会发展中的公共事务进行管理。非物质文化遗产作为国家公益文化事业的重要组成部分，它的多样性、复杂性和脆弱性决定了其保护工作是一项耗费巨大的工程。除了社会方方面面的力量外，政府之职责必然要求其发挥核心作用。联合国《保护非物质文化遗产公约》中一个重要内容就是促进各国政府采取行政、技术、财政、法律等措施有效保护非物质文化遗产。从国际上看，强化政府对文化遗产保护的行政管理职能，鼓励支持社会力量参与保护工作，已成为一种趋势和潮流。

我国在强化行政保护方面采取了许多措施，取得了显著成绩。中央和各级政府为此付出了很大努力。新中国成立初期，由文化部门主持的民歌整理高潮使一批民间文学得到抢救，少数民族三大英雄史诗如藏族的《格萨尔王传》、蒙古族的《江格尔》和柯尔克孜族的《玛纳斯》的整理和研究取得了重要成果，各级文化部门自改革开放以来就开展的中国民族民间文艺集成志书已经完成。近年来，文化部、财政部于2003年正式启动“中国民族民间文化保护工程”，成立了专门的领导小组和专家委员会，着手全面实施非物质文化遗产保护工作。2005年3月，国务院办公厅发布《关于加强我国非物质文化遗产保护工作的意见》，第一次以中央政府文件的形式明确了现阶段各级政府对非物质文化遗产实行行政保护的目标、方针、基本制度和工作机制。同年12月，国务院又下发了《关于加强文化遗产保护的通知》，决定设立我国的“文化遗产日”。2006年5月20日，国务院下发了《关于公布第一批国家级非物质文化遗产名录的通知》，公布了第一批国家级非物质文化遗产名录518项。第一批国家级名录的公布，对建立中国非物质文化遗产名录体系具有重要的示范和推动作用。2008年国务院又公布了第二批国家级非物质文化遗产名录，全国各省、自治区、直辖市都已建立了省级非物质文化遗产名录。为加强对非物质文化遗产的保护，文化部还加强了对文化和生态保护区和非物质文化遗产项目传承人的保护，命名了闽南文化生态保护实验区和徽州文化生态保护实验区，公布了2批民间文学、杂技与竞技、民间美术、传统手工技艺、传统医药等五大类的778名国家级非物质文化项目代表性传承人，产生了广泛的社会影响。据统计，2003 年以来，中央财政对非物质文化遗产保护工作的投入不断增加。5 年来，中央财政累计投入非物质文化遗产保护工作经费达 2.36 亿元。

最后，从立法来看，法律上的民事保护并不能简单取代法律上的行政保护，或正好相反。这两种保护各有侧重，也各有局限和难度。现行《著作权法》等知识产权法律所提供的民事保护之实现有两个基本特点：一是依赖于著作权人权利的确认和对权利的主张；二是依赖于其作品的市场价值，因为缺乏市场价值的作品，往往就失去了保护其著作权的动力。正是因为如此，在实际中，仅仅通过民事手段保护民族民间传统文化面临着相当大的障碍：一是许多非物质文化遗产项目之知识产权的归属难以确认，谁来主张权利、行使权利，保护期有无等，这已超出传统知识产权理论的范畴，对此，法学界仍有不少争论；二是许多珍贵、濒危的非物质文化遗产没有或基本上没有市场价值。如果单靠民事保护而没有行政保护，其结果是大量缺乏市场价值，却有着珍贵的历史、文化价值的非物质文化遗产会迅速自生自灭，其作为历史文化遗产所需要的保存、记录或传承、弘扬等也将无以为继，而且得不到其他法律上的救助。从国际上看，在对传统文化强调民事保护的同时，强调对其予以行政保护，这已成为一个基本共识。世界知识产权组织一直积极推动对传统文化知识产权的保护，鼓励各国制定相关的民事保护法律。该组织于 1982 年推出了《保护民间文学表达形式、防止不正当利用及其他侵害行为的国内法示范法条》（简称《示范法条》），希望各国参照制定。但由于这一问题具有复杂性，各国立法参差不齐，效果不彰。其后，世界知识产权组织逐渐认识到，仅仅通过民事保护手段，远远不能达到有效保护传统文化的目的。此时正值联合国教科文组织开始关注非物质文化遗产保护问题，于是，两个组织联合召开了一系列会议，推动、鼓励各国通过行政手段加强对传统文化的保护。其直接结果就是联合国教科文组织《保护非物质文化遗产公约》的出台。该公约所规定的“保护”的性质就是行政保护，要求“各缔约方应该采取必要措施确保其领土上的非物质文化遗产受到保护”，这些措施包括“适当的法律、技术、行政和财政措施”，通过拟定清单、制定保护规划、建立保护机构、培养保护队伍、加强宣传、传播、教育等来确认、展示和传承这种遗产。比较典型的例子是日本、韩国，二者都主要是通过政府的行政措施来保护无形文化遗产的。

二、关于政府行政保护的本质、具体内容问题

政府在非物质文化遗产保护中应当发挥哪些作用？也就是说，政府对非物质文化遗产的行政保护的本质为何？具体内容究竟有哪些？这也是需要在认识上和理论上予以深入探讨的。行政行为在一般意义上是具有强制性的社会组织管理行为。但

行政保护行为区别于其他行政行为的最大特点应当是通过这种行为达到有效保护或保存对象之目的。因此，在根本上，行政行为应当是一种服务性行为或保障性行为。所谓行政保护绝不能被简单等同于行政审批或不当干预。非物质文化遗产千百年来主要是依赖民族民间土壤自然生存、传承下来的。通过行政手段进行过分或粗暴干预，会破坏其赖以生存的自然环境，其结果往往会适得其反。例如，违背非物质文化遗产的自身特点和规律，人为毁坏其原生态环境，采取强制手段改变其原貌；或以经济效益、旅游发展为目的，任意利用或无度开发非物质文化遗产资源，使之受到严重损害等。因此，在这里，应当特别强调行政保护的一个重要性质就是行政保障，即行政部门对保护工作所提供的财政、政策、方式等各种保障。这也是我们制定《非物质文化遗产保护法》的基本出发点。

非物质文化遗产的特点决定了保护行为的方式和内容。对一切文化遗产而言，“保护”的首要意义就是“保存”，即采取各种措施有效地将其既有的物质形态保存下来，使之永续存在。这些措施包括考古发掘、整理归档、收藏修复、展示利用等。但是，非物质文化遗产区别于物质文化遗产有一个基本特性，是它依附于个体的人、群体或特定区域或空间而存在，是一种“活态”文化。除了需要收集、整理、保存那些物质性的载体或通过记录等手段将其物质形态化外，更重要的是通过传承、教育等手段使之在现今社会中得以延续和发展。因此，“保护”就不仅仅是一种物质形态“保存”。《保护非物质文化遗产公约》将“保护”定义为：“指采取措施，确保非物质文化遗产的生命力，包括这种遗产各个方面的确认、立档、研究、保存、保护、宣传、弘扬、承传。”这些概念主要有三层含义：一是整理建档（包括普查、研究）；二是保存展示；三就是传承弘扬。我国国务院办公厅的《关于加强我国非物质文化遗产保护工作的意见》在明确提出政府工作的目标和方针（保护为主，抢救第一，合理利用，传承发展）的基础上，也大体从上述这些方面明确规定了政府的行为。显然，这些“保护”的行为和内容已超出了传统意义上对物质文化遗产“保护”的范畴。

从根本上说，“保存”和“传承”是保护非物质文化遗产的两种最主要的方式或途径。如何采取措施，有效保存并保障或实现其传承，是政府工作和立法都需要解决的两个重要问题。首先是保存，由于非物质文化遗产具有“活态”性，它与物质遗产在实现“保存”的主要方式上有所不同。为使其物质形态化并有效保存，记录和保存记录是一个最为基础和主要的工作。同时，鉴于非物质文化遗产本身的复杂性、广泛性，必须使保护行为具有可操作性。建立保护名录制度是从政策和法律上实现这一目的的最为有效和可行的一个办法。这一办法已为实践证明是成功的。联合国教科文组织最初在推进此项工作的时候，就将建立有关名录作为最主要的工作来推动。从我国的情况来看，除了积极推荐项目参加世界名录外，我国近些年来开始尝试建立自己的保护名录。国务院办公厅《关于加强我国非物质文化遗产保护的意见》明确提出建立国家级和省、市、县四级非物质文化遗产代表作名录体系，逐步形成有中国特色的非物质文化遗产保护制度。2006年5月，国务院批准发布了我国第一批国家级非物质文化遗产名录，共518项。一些地方（如云南等省）通过地方条例也建立了本省的保护名录制度。保护名录制度是政府实施保护行为的一个有效手段，是开展普查、收集、整理工作的依据，也是保存、展示、研究的基础，更是传承、宣传、弘扬的前提。

有效保护的另一个方式就是保障传承。传承的实现形式大体有两种：一是自然性传承；一是社会性传承。前者是指在无社会干预性力量的前提下、完全依赖个体行为的某种自然性的传承延续，许多非物质文化遗产基本上都是靠这种方式延续至今的。最典型的就是个体之间的“口传身授”，如民族民间的口传文艺、手工技艺、民俗技能等。但这种方式往往会因为社会、经济、文化以及个体的变迁而受到极大的制约。后者是指在社会某些力量干预下的传承，包括行政部门、立法机构、社会团体的各种行为干预和支持。这其中，通过行政、立法所产生的某种强制性干预力量尤为重要。这种社会性传承主要有两方面：其一，通过政府行为和社会力量支持或保障自然传承活动的实现，包括采取法律、技术、行政、财政等措施，建立传承人保障制度，促进特定遗产的传承；其二，通过将其传承活动纳入教育，使其成为公众特别是青少年教育活动、社会知识文化发展链条中的一个重要环节。这是政府行为方能实施和保障的一个重要内容，也是《保护非物质文化遗产公约》所提出的一个积极内容。国务院办公厅《关于加强我国非物质文化遗产保护的意见》明确提出：“建立科学有效的非物质文化遗产传承机制。对列入各级名录的非物质文化遗产代表作，可采取命名、授予称号、表彰奖励、资助扶持等方式，鼓励代表作传承人（团体）进行传习活动。通过社会教育和学校教育，使非物质文化遗产代表作的传承后继有人。”这种教育途径既包括纳入国民教育规划的学校教育，也包括社会职业教育、业余教育和其他公共教育。这其中，包括高等教育在内的各级学校教育是一个极为重要、不可或缺的力量。其重要性至少体现在三个方面：学术研究、学科建设和师资培养。国务院办公厅《关于加强我国非物质文化遗产保护的意见》的上述规定为保障、规范传承活动提供了政策依据，也为国家立法解决这一问题打下了基础。

近些年来，我国非物质文化遗产保护工作日益被重视，支持、保障传承活动的开展也成了政府、社会乃至教育部门的一项重要工作。例如，文化部门、民间文艺家协会等单位所开展的有关保护传承人活动；不少地方政府采取多种措施，给传承人创造条件，提供支持。云南、贵州、福建等省通过制定地方法规，建立起了传承人命名制度，为传承活动和人才培养提供资助；鼓励和支持教育机构开展普及优秀民族民间文化活动，规定有条件的中小学应将其纳入教育教学内容。在实践中，不少地方都已经在开展这方面的教育活动。如福建泉州很早就将“南音”纳入当地中小学乡土教材；一些文博机构将特殊传承活动作为某种“活”的展示，或为传承人提供传承活动的空间或场所；一些教育机构（尤其是高等院校）也积极行动起来，不少大学开始设立相关专业、开展本科、硕士甚至博士学历教育，如中央美术学院设立了非物质文化遗产中心等。它们都以卓有成效的成绩证明，尊重非物质文化遗产的特性，采取适应这种特性的保护方式，是非常必要和重要的。

当然，从实践来看，政府通过行政行为建立名录制度和传承保障制度也存在一些争议，在保护对象和传承对象的认定、标准、方式以及如何保持非物质文化遗产的原生态性等问题上，存在一些复杂情况。需要通过实践经验的总结和社会各界的共同努力来达成共识。但从总体上说，通过上述政府行为来加强保护及传承，对于缓解和改变目前非物质文化遗产所处的濒危状态而言，无疑是一个强有力的办法。

三、关于政府保护行为的法律规范问题

政府如何发挥作用也就是政府行为规范的问题，从本质上说就是依法行政的问题，在立法上也就是所谓法律制度建设的问题，包括国家法律、行政法规、地方性法规以及中央及地方政府部门的规章等。这其中，制定相关的国家法律，为政府行为乃至其他社会力量（包括公民个人）的保护行为提供法律保障，相对于政府的政策性文件而言更具有权威性和稳定性。

自 1998 年以来，全国人大教科文卫委员会先后赴许多省份就非物质文化遗产保护工作开展了大量调研，并会同文化部、国家文物局召开了立法座谈会和国际研讨会。2002 年 8 月，文化部向全国人大教科文卫委员会报送了《民族民间文化保护法》的建议稿，全国人大教科文卫委员会成立起草小组，并于 2003 年 11 月形成了《民族民间传统文化保护法（草案）》。2004 年 8 月，十届全国人大常委会第十一次会议批准我国加入联合国《保护非物质文化遗产公约》。据此，全国人大教科文卫委员会又将草案名称调整为《非物质文化遗产保护法》，并成立了专门小组，协调各方加快该部法律的立法进程。在这个过程中，全国人大教科文卫委员会还积极促进和推动一些地方立法机关（如云南、贵州、福建、广西等省区人大）制定出台了相关地方法规。十一届全国人大常委会组成后，非常重视《非物质文化遗产保护法》的立法工作，已将其列入 2008 年立法计划。目前，新的草案文本正在由国务院有关部门作进一步修改和完善。

从立法上来说，首要的一个问题就是要确立政府在保护非物质文化遗产中无可替代的作用。这是由非物质文化遗产的生存和发展所面临的严峻形势所决定的，必须最大限度地调动国家资源，加大保护力度。具体言之，政府应发挥三大作用：一

是保护作用，即政府要利用行政资源和手段，最大限度地避免非物质文化遗产的消失，为子孙后代留下文化的基因和血脉。二是帮助传承作用，政府不是传承的主体，并不直接干预传承，而是采取措施帮助支持传承人的传承活动。三是引导作用，即政府对社会的保护行为要发挥引导作用。

立法的一个重要内容就是要规范政府行为，对政府所采取的保护措施作出明确规定。由于非物质文化遗产内容繁杂，价值不一、良莠不齐，且又具有活态的传承性质，并非如同物质文化遗产一样完全适用同一种保护措施。《保护非物质文化遗产公约》提出的认定、立档、保存、研究、宣传、弘扬、传承和振兴等八项措施，表明了这些措施之间的差异性。就是说，认定、普查、立档这类保护措施，适用于所有的非物质文化遗产；而宣传、弘扬、振兴这类保护措施应当只适用于那些与当代社会基本准则相符合的非物质文化遗产。这也正是《保护非物质文化遗产公约》的基本要求。如《保护非物质文化遗产公约》从社会、政治的角度提出了某种标准，规定“在本公约中，只考虑符合现有国际人权文件，各群体、团体和个人之间相互尊重的需要和顺应可持续发展的非物质文化遗产”。也就是说，符合人权标准、相互尊重和顺应社会发展，是衡量非物质文化遗产是否应受到保护的基本尺度。

除了上述措施外，最重要的是通过立法建立相关的法律制度。这应该包括几个方面：一是名录制度。建立非物质文化遗产名录体系，是日常调查、普查、建档等认定工作最重要的目标，也是建立评定标准、评定程序的基本依据。二是传承帮助制度。非物质文化遗产保护法律制度的一个关键是要建立以人为核心、科学有效的传承机制，对列入各级名录的非物质文化遗产，政府应当负有职责并采取措施帮助其实现传承。这些措施应当包括为传承活动提供必要场所、提供财政资助、授予荣誉称号、利用公共传媒、公共文化机构宣传、展示和交流、开展学校教育传承、促进国际国内交流等。三是保障制度。就是在人财物等方面的具体保障机制，如纳入国民经济和社会发展规划、纳入城乡规划、所需经费列入本级财政预算、建立专项保护资金和社会基金、建立专家咨询机制、建立珍贵实物资料限制出境制度以及保密制度等。

除了明确政府的保护措施外，在立法上、政策上还应当解决好几个问题：一是要防止政府行为对非物质文化遗产进行粗暴干预，尊重非物质文化遗产保护特点规律，防止出现开发性和建设性破坏现象。二是要明确人民群众是保护工作的主体。因为非物质文化遗产的一个重要特点是来自民间，繁荣于民间，政府行政行为不能包办一切、替代一切。政府的重要责任在于创造有利于非物质文化遗产保护的社会环境，包括法律环境、政策环境、舆论环境等，引导和保障社会各界力量投入到保护工作中来。三是要提高社会公众对本地区、本民族传统文化的文化自觉，这是一个重要课题。因为只有在文化自觉的基础上，才能真正激发全社会的保护意识，才能使政府行政保护不成为无本之源。四是要在保护工作中充分尊重当地民众意愿，处理好活态文化遗产的保护与现代文明生活发展的关系。五是要尊重和保护那些保持、传承非物质文化遗产的民族、群体的情感和权益，在利用非物质文化遗产进行公开出版、传播、表演、展示、产品开发、旅游等活动时，防止出现歪曲滥用的现象。六是要充分发挥专家学者的作用，以使政府的行政保护更符合非物质文化遗产的规律。

非物质文化遗产传承人的保护及法律制度[1]

一

在非物质文化遗产保护中，传承人的保护是一个十分重要的问题。这是由非物质文化遗产的特性所决定的。非物质文化遗产区别于物质文化遗产的一个基本特性就是它是依附于个体的人、群体或特定区域或空间而存在的，是一种“活态”文化。无论是口述文学及语言、传统表演艺术、传统手工艺技能、传统礼仪节庆等，无不与个体或群体的人的活动（包括展示、表演和传承）紧密相关。因此，与物质文化遗产相比，非物质文化遗产在保护的手段、方式上既有相同之处，又有很大的差异性。相同之处在于，对一切文化遗产而言，“保护”的首要意义就是“保存”，即采取各种措施有效地将其既有的物质形态保存下来，使之永续存在。这些措施包括考古发掘、整理归档、收藏修复、展示利用等。区别之处在于，非物质文化遗产作为一种“活态”文化，除了需要收集、整理、保存那些物质性的载体或通过记录等手段将其物质形态化外，更重要的是要对掌握、表现优秀非物质文化遗产技艺或形态的人加以有效保护，使之通过个人、群体、民族之间的传承在现今以至未来社会中得以不断延续和发展。从这个意义上说，非物质文化遗产的“保护”就不仅仅是一种物质形态“保存”，而更多地体现为对那些作为传承载体的传承人的活态的保存。也就是说，传承人的存在和发展赋予了非物质文化遗产鲜活和持久的生命力。

联合国《保护非物质文化遗产公约》将“保护”一词定义为：“指采取措施，确保非物质文化遗产的生命力，包括这种遗产各个方面的确认、立档、研究、保存、保护、宣传、弘扬、承传。”这个定义可以从三方面来理解：其一，保护的目的是“确保非物质文化遗产的生命力”，所谓“生命力”就是指非物质文化遗产的

---

[1] 本文载于中国人大网，2008年9月27日。本文中所涉及之法律法规与理论，均以写作时间为准。

活态性，唯有在保持其传承者传承的前提下，才能延续和保持其生命力。这也是所谓采取“认定、立档、保存、研究、宣传、弘扬、传承和振兴”等八项措施的根本和唯一之目的。其二，这些保护措施包括三层含义：一是整理建档（包括研究）；二是保存展示；三是传承弘扬。显然，这些属于非物质文化遗产“保护措施”的内容，已远远超出了传统意义上“保护”的范畴。这表明，与物质文化遗产相比，非物质文化遗产需要依靠多种保护措施（尤其是“弘扬、传承和振兴”）方能得到有效保护。其三，《保护非物质文化遗产公约》提出的认定、立档、保存、研究、宣传、弘扬、传承和振兴等八项措施，表明了这些措施之间的差异性。也就是说，由于非物质文化遗产内容繁杂，价值不一、良莠不齐，且又具有活态的传承性质，并非如同物质文化遗产一样完全适用同一种保护措施。认定、普查、立档这类保护措施，适用于所有的非物质文化遗产；而宣传、弘扬、振兴这类保护措施则只适用于那些与人类社会基本价值准则相符合的非物质文化遗产。这也正是《保护非物质文化遗产公约》的基本要求，要求我们在立法和政策的制定中必须坚持分级分类处理的原则，以达到既使一切有价值的非物质文化遗产得到保护，又使那些优秀的、促进民族团结和社会进步的非物质文化遗产得以传承之目的。

二

当前，非物质文化遗产保护传承人所面临的困境日益严重。随着经济科技全球化的发展，随着我国经济建设和现代化进程加快，大量产生于农耕文明时期的非物质文化遗产的生存发展环境迅速改变，其消亡速度不断加快。在这之中，一个突出现象表现为传承人和传承活动难以为继。由于自然和社会等原因，主要以自然人为载体的传承活动受到了巨大挑战，其生存状态日益艰难，传承环境不断萎缩，传承活动日益衰退，这一现象近些年来引起了各界的高度关注。

全国人大教科文卫委员会曾在前些年的调查报告中特别描述了这一现象：随着现代社会的发展，我国非物质文化遗产的生存和发展面临十分严峻的形势。主要表现在：一些民族民间传统文化表现形式后继乏人，面临失传危险。许多少数民族语言文字渐渐消亡；一些传统工艺生产规模缩小，市场萎缩，处境艰难；人们的生活方式和观念发生变化，一些民间艺术不再被人欣赏，有的传统习俗在慢慢消失；青年一代崇尚现代文明，对民族传统和文学艺术逐渐失去兴趣，不愿学习继承；那些身怀绝技的民间艺人门庭冷落，而这些民间艺人大多年岁已高，如不及时传承，则会使这些“绝技”随着他们的去世而失传甚至灭绝。例如，景颇族的妇女的老式筒裙，图案独特美观，织法复杂，现已无人会织；蒙古族独特的发声方式郝林朝尔被誉为古老的音乐化石，现在仅有几位高龄老人掌握，年轻人不愿学习；流行在四川九寨沟地区的南坪小调，所会者也都年过半百；满族的口语处于濒临消亡的状态，全国只有几个偏远村落还保留着说满族口语的习惯，且使用频率正在逐渐降低；赫哲族《伊玛堪》的最后一位传人已于 1997 年去世；鄂伦春族“摩苏昆”演唱者也只剩下一位；辽宁阜新蒙古族自治县最后一位能跳查玛舞的人也已去世；丽江地区绘制东巴文、东巴画的造纸技术，已濒临失传；西藏的唐卡、卡垫、地毯以及金银器和骨制品等传统工艺，在市场浪潮的冲击下，生产规模缩小，市场萎缩，处境艰难；等等。对于这些濒临消亡的民间文学艺术，如不及时进行抢救、传承和保护，将会造成不可弥补的损失。又据《人民日报》载，20 世纪 50 年代，我国有戏曲戏剧 368 个种类，到 80 年代初减少到了 317 个，2005 年只剩下了 267 个，其中一半剧种只能业余演出，有 60 个剧种没有保存音像资料。山西孝义市必独村的老艺人武海棠，是孝义皮影戏七世传人，他的戏班也是我国现存最古老的皮腔皮影民间表演团体之一。由于观众锐减，两年前已皮影入箱、鼓乐入库。又如“秦氏绢艺”已有 400 多年历史。第十一代传人、现年 85 岁的秦三杰老先生说，他的绝活——绢蝈蝈——做一个就得 20 多天，单是须子就有 40 道工序。他希望通过更多的人把这些复杂技艺完整地传下去。〔1〕

三

上述现象究其原因，可以概括为几点：一是由于经济社会环境的变迁，在市场经济大潮的冲击下，传承人难以凭借某种传统文化技能维持基本生存条件；二是传承人的价值在文化遗产保护和文化发展中得不到充分重视，其文化环境、社会地位日渐萎缩；三是传承人的基本权益尚未得到保障，传承活动缺乏足够的外部环境支撑，包括财政、技术、法律等方面的支撑。因此，如何采取措施，有效保存并实现非物质文化遗产的传承，是我们保护工作和政策法律制定工作中需要解决的重要课题。首先要解决的是观念认识上的问题，要高度重视传承人在非物质文化遗产保护中的价值和地位，要真正把传承人的保护作为整个保护工作的重点和中心来抓。其次就是要采取多种措施，保障传承活动的实现和可持续发展。

传承的实现形式大体有两种：一是自然性传承；一是社会性传承。前者是指在无社会干预性力量的前提下，完全依赖个体行为的某种自然性的传承延续。许多非物质文化遗产基本上都是靠这种方式延续至今的，最典型的就是个体之间的“口传身授”，如民族民间的口传文艺、手工技艺、民俗技能等。但这种方式往往会因为社会、经济、文化以及个体的变迁而受到极大的制约。后者是指在社会某些力量干

〔1〕 参见“我国非物质文化遗产处境堪忧 人民难找精神家园”，载《人民日报》2007 年 4 月 28 日。

预下的传承，这包括行政部门、立法机构、社会团体的各种行为干预和支持。这种社会性传承主要有三方面：其一，通过社会干预性力量支持或保障自然传承活动的实现，包括采取法律、技术、行政、财政等措施，建立传承人保障制度，提供相应的生活待遇和社会待遇，为其带徒授业、展示技能、产品开发等创造条件，促进非物质文化遗产的传承；其二，有效保护、维护传承活动所赖以生存的特定文化生态环境和社区环境，将文化生态环境、社区文化环境的保护作为政府经济文化社会建设的一个重要内容，将其纳入国民经济发展和城乡建设发展规划中，并付诸实施，使自然传承活动具有可持续发展的条件和土壤；其三，通过将传承活动纳入教育，使其成为公众特别是青少年教育活动、社会知识文化发展链条中的一个重要环节。这是《保护非物质文化遗产公约》所提出的一个积极内容。国务院办公厅《关于加强我国非物质文化遗产保护工作的意见》明确提出："建立科学有效的非物质文化遗产传承机制。对列入各级名录的非物质文化遗产代表作，可采取命名、授予称号、表彰奖励、资助扶持等方式，鼓励代表作传承人（团体）进行传习活动。通过社会教育和学校教育，使非物质文化遗产代表作的传承后继有人。"这种教育途径既包括纳入国民教育规划的学校教育，也包括社会职业教育、业余教育和其他公共教育。这其中，包括高等院校在内的各级学校教育是一个极为重要、不可或缺的力量。这是由于学校教育的特殊地位和资源所决定的。要充分重视和发挥学校教育在保护和传承非物质文化遗产上的引领作用。其包括三个内容：一是学术研究；二是学科建设；三是师资培养。这些方面的工作既是支撑我国非物质文化遗产保护传承活动的重要基础，更是保障这一活动得以持续发展的重要力量。

近些年来，我国非物质文化遗产保护工作日益被重视，支持、保障传承活动的开展也成了政府、社会乃至教育部门的一项重要工作。例如，各级文化部门、民间文艺家协会等单位所开展的有关保护传承人的活动，建立传承人档案，命名传承人等；中国文联、中国民协于 2007 年 6 月 6 日"文化遗产日"在人民大会堂举行了首次"中国民间文化杰出传承人命名大会"，全国 156 个非物质文化遗产项目的 166 个民间艺术家获得传承人称号。各地政府、社会团体还积极研究和探索保护传承的方式方法，如设立文化生态保护区、建立生态博物馆、以乡镇、村落、社区为单位开展传承活动等。不少地方政府采取多种措施，给传承人创造条件，提供经费、场地、带徒等支持。一些省市也建立了传承人命名制度，为传承活动和人才培养提供资助；鼓励和支持教育机构开展普及优秀民族民间文化活动，规定有条件的中小学应将其纳入教育教学内容。在实践中，不少地方都已经在开展这方面的教育活动，将本地非物质文化遗产纳入当地中小学乡土教材，如福州的南音、海南的琼剧等；一些文博机构将某些传承活动作为"活"的展示，或为传承人提供传承活动的空间或场所；一些高等院校也积极行动起来，不少大学都开始设立相关专业、开展本科、硕士甚至博士学历教育。但总体来说，在这方面，我们还存在相当大提升空间。学术研究、专业设立、教材编写、师资培养以及如何有效开展传承活动等方面都面临着许多挑战。尤其是学校教育在传承发展我国优秀传统文化上如何发挥特殊的重要作用，仍需要进行进一步的深入研究和探讨。

四

在传承人的保护和发展问题上，各级政府作为公共文化的建设者、优秀传统文化的维护者和行政资源的使用者，其必然要发挥重要和积极的作用。概括言之，政府应主要发挥三个作用：一是普查建档作用。根据非物质文化遗产保护之需要，利用行政资源和手段，通过对传承人的普查、记录和整理，建立档案和名录，最大限度地避免重要和优秀的非物质文化遗产及其传承人的消失，为子孙后代留下文化的基因和血脉。二是资助保障作用。政府不是传承的主体，并不直接干预传承，而是采取各种措施帮助支持传承人的传承活动，例如提供经费支持，提供相应生活待遇和社会待遇，开发利用传承人的民间文化资源，保护传承人赖以生存的村寨、社区的传统文化生态环境，提供公共教育的传承途径等。三是宣传、引导作用。通过大众传媒、舆论工具大力宣传非物质文化遗产保护，积极维护并创造有利于非物质文化遗产传承活动的文化环境、社区环境和公众环境，同时，对社会力量参与的各种保护行为，政府要发挥积极引导作用。

目前，对政府通过行政手段对传承人进行确认和支持的这种做法，在理论上和实践中也存在一些争论。主要是对政府的行为是否具有合理性产生了某些置疑，认为传承人是民族民间传统文化环境中自然形成和确认的，政府的行政行为容易导致行政权力的滥用，影响和破坏传承人自然发展的环境，也容易导致传承人之间产生争论纠纷，将政府置于不利地位或诉讼之中。应该说，这些问题是客观的，实践中也确实出现了一些矛盾。但从根本上说，鉴于当前非物质文化遗产及其传承人所面临的艰难濒危状况以及抢救保护工作的必要性和紧迫性，进一步强化政府行为，加强政府保护力度，并使这种保护制度化、规范化，是抢救和保护非物质文化遗产及其传承人的一个有效途径，这已成为各国政府的普遍共识，也是《保护非物质文化遗产公约》中的一个重要的精神和原则。

在我们政策法律制定和实际保护工作中，应当在思想认识上对这些问题有一个明确和认识，并确立一些基本原则。首先，从政府所确认的保护对象来说，传承人的认定应当与相关非物质文化遗产项目的认定基本一致。也就是说，政府对有代表性的传承人的认定应建立在保护名录基础之上。因为保护名录所列入的是那些在各方共识基础上所评定的，具有特别重要价值并具有十分突出的文化代表性的非物质文化遗产项目，这理应成为政府认定传承人的公共依据和基础。而且，名录也为如何建立传承人保护制度提供了一条具有可操作性的、有效的手段和途径。其次，政府的认定必须以专家咨询机构的意见为前提，必须建立一个公平、公正、公开的评选认定制度并保障其有效运转，以增强其认定的权威性和社会性，防止出现暗箱操作、行政权滥用等现象。再次，应当从实际情况出发，根据不同的保护对象确立传承人制度。对那些相对单一和明确依赖个人技艺或表演技能的非物质文化遗产项目（如传统手工艺技能、传统口述文学、传统表演艺术等），应当尽可能明确认定其传承人；对那些依赖群体或地域传统文化环境而产生的民俗、礼仪、节庆、习俗等，由于是群体或社会大众的传统文化行为，则不宜简单地通过政府行为来确认其传承人。例如，日本是最早建立政府确认传承人保障制度的国家，但其“人间国宝”的命名和资助制度主要是针对无形文化财（包括传统工艺、表演艺术等），而非民俗文化财。20 世纪 90 年代由国务院有关部门推动的传统工艺美术大师的评定工作，可以说是我国政府首次对传承人予以官方确认，这也为国家建立传承人保护制度奠定了基础。云南、贵州、广西等省区通过制定地方条例，也建立起了地方政府传承人保护制度，提供了有益的经验。最后，应当积极拓宽传承方式，传承人的概念不仅仅是指个人，除了个人传承外，还有单位（团体）传承。从国外的经验来看，对非物质文化遗产的宣传弘扬而言，单位或团体传承往往比个人传承更具有影响性和可持续性。因此，政府应将单位或团体传承作为重要的传承人来加以确认并推广。

实践经验表明，要有效地保护非物质文化遗产，实现优秀传统文化的传承发展，就必须使党和国家所制定的一系列行之有效的政策措施制度化和法制化。当前一个重要和紧迫的任务就是要通过国家立法建立非物质文化遗产保护的法律制度。全国人大教科文卫委员会正与政府有关部门密切配合，积极推进相关立法。目前正在起草中的法律草案初步确立了两个重要制度，即名录制度和传承人保护制度。对非物质文化遗产保护而言，这两个法律制度相互关联，密不可分。建立非物质文化遗产名录制度，是日常调查、普查、建档等认定工作最重要的目标，也是建立评定标准、评定程序的基本依据。由于非物质文化遗产本身具有复杂性、广泛性而必须使保护行为具有可操作性，建立保护名录制度是从政策和法律上实现这一目的的最为有效和可行的办法。这一办法已为实践证明是成功的。联合国教科文组织在推进此项工作的时候，就将建立有关名录作为最主要的工作来推动。建立传承人保护制度，目的是要建立一个以传承人为核心、科学有效的传承机制。具体内容应包括：①名录与传承人的统一认定机制。保护名录是确定传承人的重要依据，传承的确定应与名录的确定相关联或统一，而不是相互分割。对列入名录的重要的、有代表性的非物质文化遗产项目，政府应当明确指定传承人并采取措施支持、帮助其实现传承。②专家委员会评定机制。必须从法律上建立一个公平、公正、具有代表性的专家委员会评定机制，明确规定其职责、评定标准和评定程序，政府以专家委员会的评定为依据，并予以公示后确认。③保障机制。即政府为支持、帮助传承人从事传承活动所提供的保障措施，包括为传承活动提供必要场所、提供财政资助、授予荣誉称号、利用公共传媒、公共文化机构宣传、展示和交流、开展学校教育传承、促进国际国内交流等。④退出机制。对传承人来说，在被确认为传承人或团体并享受到国家法律、政策保护包括财政支持的同时，法律也必须确认其确实担负起了保护和传承自己所持有非物质文化遗产的义务，即有效地履行保护职责，有义务和责任将其传承给后人，贡献给社会，如果不履行，立法上应当建立退出机制。⑤知识产权保护机制。目前，建立传统知识和民间文艺的知识产权保护制度十分必要和急迫，这也与传承人权益保障密切相关。应当积极研究，或通过单独立法或在非物质文化遗产保护法制定中予以妥善解决。

非物质文化遗产保护与法律制度建设〔1〕

非常高兴参加今天的会议，看到全国各省市、自治区从事非物质文化遗产保护的同志们在一起，我确实也是非常高兴的，也很激动。为什么这么说？十多年以来，从事非物质文化遗产保护工作的队伍越来越壮大，我自己从开始也是一步一步走过来的，对非物质文化遗产保护工作非常有感情。

今天也谈不上是讲课，主要是把这么多年来关于立法方面的思考和工作向大家汇报一下。

大家都知道《非物质文化遗产法》已经进入人大常委会的立法审议程序，明天上午是二审。按照全国人大常委会的程序，三审以后就通过这部法律。因为全国人大常委会是双月召开，在明年的2月份（最迟是明年4月份）的人大常委会会议上该法就会通过。国家制定一部法律，难度确实是非常大的，而且工作的过程也是非常艰辛的。文化系统做了很多的工作，在法律的制定、起草和出台上，文化部和各省市、自治区的同志们都倾注了很大的心血。

今天主要和大家讲一下非物质文化遗产保护与立法的几个内容：

第一，文化遗产保护的特点。

简单地说，我们为什么要保护非物质文化遗产？为什么到今天，非物质文化遗产成了一个非常热的话题？

第一个特点，对文化遗产重要性的认识越来越深刻。在经济科技全球化日益严重的今天，文化遗产对一个国家民族的重要性越来越突出。与此同时，保持文化多样性的重要性越来越突出，这种重要性除了体现在一般的文化意义上之外，还体现在政治、经济、文化安全等方面，远远超过了传统意义上的对文化遗产的认识。过去我们谈到文化遗产，仅仅是从文化遗产本身谈其价值，但是，现在的意义已经和过去的意义完全不一样了。我们经常在报刊上看到，一谈到文化遗产就谈到文化主

〔1〕 本文为笔者于2010年12月20日在全国省市区非物质文化遗产干部培训班上的讲座。本文中所涉及之法律法规与理论，均以写作时间为准。

权，一谈到文化遗产就谈到经济发展。因为文化遗产是经济发展的一个很重要的方面，另外还会谈到文化安全问题。为什么会出现这些概念的变化？这与现在的国际、国内形势的发展以及社会、政治、经济的发展是密切相关的。简单地说，从20世纪下旬开始，也就是1980年以后，在全球出现了保护文化遗产的国际性浪潮。为什么会出现这个国际性浪潮？它有很深刻的政治方面的原因、经济方面的原因和科技方面的原因。

从20世纪80年代以来，全球出现了以信息化、科技化为代表的技术革命。克林顿在当总统时，信息化革命由美国开始，这带来的一个直接性的结果在今天体现得非常明确，即全球化。全球化不光是全球的经济市场，更重要的是形成了信息的无国界、无区域的相互交融。大家可以想一想，我们从来没有像今天这样，一个国家、一个民族、一个地域之间的界限被完全打破。过去我们谈到国家时，国家主权是在地理上体现的，现在也仍然是在地理上体现的，更多的是国家与国家之间相对是封闭的，区域和区域之间也相互封闭。但是信息化出现以后，互联网使全球已经完全没有了地理化和区域化。最近一个被美国人逮住的人就是最典型的例子，他在全球到处跑，但是他把所有的信息掌握在手中，国家的界限对地域的界限已经没有意义了。在这样的技术革命引领下，我们的经济发展也出现了这个问题，经济的相互交融、全球贸易和各国家之间的相互交融，已经到了密不可分的地步了。在经济技术全球化的今天，带来的直接结果就是彼此间的差异性日渐降低，这一点也体现在文化性上。从来没有像今天这样，一个国家、一个民族、一个地域、一个群体的文化形态受到如此大的冲击。大家可以想一想，现在我们衣食住行的各种表现形式基本上都趋于统一。我们突然一下子发现，在这个背景下，一些强势的国家利用这样的经济和科技的发展，正在带有目的性地加速这种统一性，也就是文化形态上的统一性。这一下子就引起了相当多国家的高度重视，人们突然发现这个国家、这个民族、这个群体的文化形态和民族特性正在快速消失。

在这样的背景下，文化遗产特别是现在所从事的非物质文化遗产就成了一个问题。特别是发展中国家和一些历史悠久的国家，马上就面临这个问题。在发达国家也是如此，比如欧洲、法国、意大利都强烈地意识到了这个问题。在国际上，文化的多样性问题成了一个国际性的问题。为什么要强调文化多样性？就是要保持民族的特征，且只有通过这个特定的文化形态才能保持。一个民族、一个国家区别于其他民族和国家的特征在什么地方？就是所谓的非物质文化遗产，它是我们这个民族、我们这个地域、我们这个群体千百年来流传下来体现民族文化特征的东西。所以，这个问题必然会成为一个非常重大的问题，它不完全只是一种文化现象或者文化形态上的问题，而是国际性的问题，成了一个文化主权、文化安全的问题。

大家都是长期从事文化工作的，在2002年也就是21世纪初的时候，联合国教科文组织就通过了一个关于保持文化多样性的公约。当时只有两个国家反对，一个是美国，一个是以色列。大概 170 多个国家同意，以色列是跟着美国走的。奥巴马政府派驻联合国教科文的大使是一位女士，到了今天她还在说他们当初工作做得不好，让联合国把关于保持文化多样性的公约通过了，严重地阻挠了他们的一个战略性发展。有一个非常著名的学者叫作弗朗西斯·福山，是日裔，他是一个美国人。他在美国国务院工作，写过一本书叫《历史的终结》，不知道在座的同志看过没有。这本书大概的意思就是两大意识形态之争，也就是决定这个地球上哪个道路是真理，也就是两种意识形态之争、发展道路之争。从苏联解体以后，一直到今天为止，为什么以欧美为代表的意识形态一下子就膨胀了，一直到打阿富汗和伊拉克，他们都毫无顾忌？因为他们在内心深处就认为自己的意识形态在全球是唯一的，其他的都是次等的，你们要依归于我们的意识形态。所以，配合他们的经济行动和军事行动等一切行动向全球发展，其他的国家立刻感到了强大的威胁，主要就是因为这个方面。后来，另外一个美国的哈佛教授亨廷顿写了一本书叫作《文化的冲突》，他说这不是这么简单的问题，即除了意识形态之争外，还存在文化形态之争，包括以中华文化为核心的亚太文化也是一种文化形态，也就是文明的冲突，其核心是价值观和文化形态的冲突。

大家都知道为什么后来出现了多元化的文化之说，也就是凸显了很多国家外交上的、政治上、文化上的需求，我们国家在文化上也是力求文化多样性。美国政府在这个问题上吃了一个亏，包括欧洲文明在内的诸多文明是不可能被美国的文化所取代的。在这样的背景下，我们谈到了非物质文化遗产的问题。过去，文物是搞了很多年，但是都是死的东西，不可能体现出现存的人在这个社会生活中的一些文化特性。后来，大家都注意到非物质文化遗产是一个民族的文化血脉和文化基因，原因就在于我们存在在这里，继承了祖先文化的血脉。你的血液中流的就是体现中华民族文化特质的东西，包括思维模式、言谈举止、语言，哪怕你就是穿西服，穿出来的味道肯定也和欧洲人不一样，确实是融在内心深处的，把这些东西抹掉，完全不需要这些东西的话，这个人的民族的本身特质也会随之而消失。

在这样的背景下，我们谈到非物质文化遗产为什么成为一个热点，其原因就是刚才我所讲的这些复杂的社会原因。我们都有印象，我曾经和很多同志开玩笑，十几年前搞非物质文化遗产，那时候叫民族民间文化遗产，最早是文化系统内部来做的，当作风花雪月的事情来做。原来在互联网上没有几条新闻，都是等我们开了一些会以后，才写出一些文章。但是，现在在网上检索“非物质文化遗产”这一词条，有多少亿条信息。因为是与社会发展密切相关的，经济方面的因素就不用谈了，现在经济开发的热潮、带来的经济利益，都是一回事，这是另外一个刺激保护非物质文化遗产的因素。这也是保护非物质文化遗产的重要性，以及产生、发展的一个国际、国内的背景，一定要把它放在这样一个时代来看，而不能孤立地去看。

第二个特点，对文化遗产保护的对象和范围的认识在不断扩大，保护的程度也在不断加深。历史发展文化遗产的发展和范畴不断拓展，已经涵盖了非物质文化遗产和物质文化遗产两大部分，这也是一个常识性的问题。过去，我们讲文化遗产这个概念的产生，实际上也是不断发展过来的。大家也都知道，在过去，我们谈到文化遗产，主要谈的是文物。自从有了非物质文化遗产这个概念以后，我们国家现在开始用文化遗产概念。举个例子，过去国务院办公厅发文件都是“关于加强文化保护的若干意见”，现在是“关于加强文化遗产保护的若干意见”，现在也设了文化遗产日，即每年6月的第二个星期日。因此可以说，文化遗产的概念是在不断加深的。我简单归纳了一下，联合国教科文组织规定的范围，过去叫世界文化遗产，当然这个世界文化遗产主要是讲的文物，然后有了世界自然遗产，后来有了世界自然与文化生活遗产，还有世界文化景观遗产，现在有了世界非物质文化遗产。当然，这些概念本身也有关系，严格来讲，文化遗产是个很大的概念，我们国家叫文物。为什么列出来，就是为了让大家看一下，这个范围是在不断扩大的。文化遗产这个概念来自于西方国家。我们国家长时间以来是没有“遗产”这样一个概念的，这是一个来自于西方的概念。18世纪，特别是工业革命以后，欧洲人对文化遗产的意识特别浓厚。因为工业革命对文化遗产的冲击很大，所以欧洲人保护文化遗产的意识非常强烈。但是他们当时的文化遗产也主要集中在物质文化，也就是我们所说的文物，包括古物，主要是城堡、建筑、教堂等。

第三个特点，要重视文化遗产的不可再生性以及相等文化遗产的可持续发展。文化遗产的本质属性是国家民族历史文明的载体，是绝对不可再生的文化资源，必须正确处理保护关系，必须重视原生态保护和可持续发展。我为什么要把这个作为第三个特点来谈。大家都知道，这实际上也是来自于文物的基本性质。文化遗产不可再生性是其根本的属性。这种不可再生性确定了文化遗产的基本价值。强调文化遗产的可持续发展，实际上也是现在各国在保护文化遗产方面表现出现的一个很鲜明的特征。如果不持续发展，我们叫作“竭泽而渔”，或者叫无限的开发、利用，其结果是使文化遗产受到根本的破坏。现在很多地方（包括在国际上被评为世界文化遗产的对象）都采取限制性的措施，只能允许一定数量的游客在一天内来参观，不像故宫那样，一年大概有几百万的游客来参观游览，连故宫的地砖都被磨了，那些都是文物啊，游客一走就把地砖都磨损掉了。当然，现在很多地方也都注意到了这些问题，比如布达拉宫，每天也都限制游客量了。环境的保护，属于可持续发展问题，是一个基本的理念问题，也是现在文化遗产保护的基本趋势。工作方针就列在这里，文物方面的保护工作就是保护为主、抢救第一。当时，国务院保护非物质文化遗产文件也有个工作方针，叫“保护为主，抢救第一，合理利用，传承发展”。

制定工作方针的时候，在座有的同志与我们一起研究过，实际上是把文物工作保护方针稍稍变了一下，文物方针是“保护为主，抢救第一，合理利用，加强管理”。当时在研究这个问题时稍微改变了一下，主要是为了适合非物质文化遗产传承发展的特点。此外要说明一下，非物质文化遗产的方针最后没有被写进法律，但曾经在草案中写过，在国务院的文件中也是有这个方针的。后来，省里有同志说过，“保护为主，抢救第一”，谁是为主、谁是第一理解起来比较困难。“保护为主，抢救第一”怎么来的？可能有的同志也比较了解，最早是由李瑞环同志在西安开全国文物工作会议的时候提出来的。他当时负责全国宣传思想工作，他有个讲话，题目叫“保护为主，抢救第一”。后来，文物保护就把它作为工作方针，在《文物保护法》2001 年修改的时候就把这个方针写进去了。2001 年到现在也过了很多年了，而且社会发展变化很大，非物质文化遗产工作各方都比较重视，对“保护为主，抢救第一”，谁是为主，谁是第一，法律表述得不是特别清楚。所以非物质文化遗产工作方针就没有被写进法律。

第二，我再介绍一下立法体制和法律体制的基本构成。

大家都知道，立法体制的特点就是统一而又分层次的立法体制，包括不同层级的立法机关制定国家法律法规、地方性法规、民族自治区条例、部门和地方政府规章，共同构成我们国家的立法体制。简单地说，全国人大常委会、全国人民代表大会制定宪法和法律，这是最高的层次。国务院制定行政法规，这是第二个层次。各省市、自治区人大常委会制定所在省区的地方性法规，这是第三个层次。还有民族自治机关制定的，比如像自治区、自治县、自治州所制定的民族自治区的地方性民族自治区条例。另外，国务院的组成部门制定的规章，比如文化部经常发布的规章，加上地方省治区制定的条例，共同构成我们国家的立法体制。所以，我们称之为统一而分层次。何为统一？统一在立法上叫作法制统一，讲话和文章中经常讲“要保证法制的统一”，全国人大代表大会和全国人大常委会制定的法律是最高效力的，下面所制定的（包括国务院所制定的相关法规和地方性法规、民族自治机关制定的民族自治区自治性的条例，乃至部门所颁布的规章）都要归一于法律和宪法，以宪法和法律为基本调子，不能抵触。如果抵触了，需要自己把它撤销，如果不撤销，全国人大常委会有权撤销或废止，这叫统一。为什么要保持这种统一，大家知道，我们国家的立法与我们国家的整个管理、历史密切相关。同时，中国又是多民族国家，南北差异、东西差异很大，为了照顾区域性的关系，又赋予了地方立法机关一定的立法权，使地方可以根据自己所在地的民情、市情制定自己地区的法律，但是前提是不能与法律相抵触。大家可以想一想，我们经常提到，全国人大制定的法律过于原则，我们自己有的时候也说确实很原则，原则性很强。这从某种意义上说也是与立法体制相关的。就是因为原则性比较强，因此才有一些空间。如果我们制定得非常非常具体，那么下面怎么根据自己的实际情况来制定？因此，这就是一个相互的矛盾关系。这是我们国家的一个基本的情况。这样的一种模式实际上也是保证我们国家维持统一性的一个基本的法制上的前提，同时也照顾到了地方差距。在具体的立法项目上，这种模式也给我们带来了很大的空间。比如《非物质文化遗产法》的制定。十几年前，我们去云南，要求云南的同志制定地方性条例。云南先制定了，到现在为止，大概有 8 个省市、自治区都制定了地方性条例，为我们国家整个法律的出台奠定了非常好的基础，这就是一种模式的灵活运用。

我们国家文化遗产保护的法律制度也有若干层次，这与立法体制密切相关，一个是由全国人大常委会颁布的《文物保护法》《非物质文化遗产法》，这是最高的层次。第二是国务院制订颁布的行政法规，像《文物保护法实施条例》《水下文物保护管理条例》等一些部门规章，还有现在正在起草的《博物馆条例》，也是属于这个层次。第三是地方性法规规章，这些就太多了，相关各省都制定了很多，比如《甘肃敦煌莫高窟保护条例》《延安革命遗址保护条例》等，比如很多古城都制定了地方性的法规。再有非物质文化遗产，比如云南、贵州、广西、福建、江苏、浙江、新疆等省区都制定了非物质文化遗产保护条例，过去叫民族民间传统文化保护条例。

第三，我简单介绍一下我们国家制定文化遗产保护法律的形成和发展。

新中国建立以来，文化遗产保护大概分为三个时期：一是从新中国成立前后到 20 世纪 60 年代初，出台了《文物保护管理暂行条例》，是 1961 年制定的。二是 20 世纪 80 年代。1982 年制定了《文物保护法》，二十多年来，现在文物方面的法律只有这一部。而且当时的《文物保护法》只有 33 条，很简单。虽然简单，可是发挥了巨大的作用。文物工作对整个文物事业的发展和保护工作起到了巨大的作用，虽然当时只有 33 条。当然，现在的《非物质文化遗产法（草案）》也不多，只有 45 条左右，但是确实非常管用。《文物保护法》经过修改以后变成了 80 条，加了一倍多。三是 20 世纪 90 年代以后进一步完善了文化保护法律，包括《文物保护法》的修订，在 1991 年、2002 年正式修订。这次常委会没有就《文物保护法》进行修订，但是最近有一个重大的法律修改，就是《刑法》的修改，关于若干死刑的减少，其中大概也涉及文物保护相关条款，包括现行《刑法》中的妨碍文物管理罪，实际上是个死刑罪，这次修订以后，为更加适应国际国内的发展，减少死刑是大势所趋。

另外，进一步建设和完善文化遗产保护，包括《非物质文化遗产法》的起草和制定。还有民间文化艺术作品法草拟的研究起草。实际上，《著作权法》在当初制定的时候就已经写上了，但是一直没有制定出来，其中有着非常复杂的原因。

建立完备的保护文化遗产法律制度是我国法律制度重要的建设历程。大家也都知道，2010 年，我们国家宣布要基本形成有中国特色社会主义法律体系，大概到明年的3月份的代表大会上将会有正式的讲话。文化的法律制度是整个社会主义法律体系中的一部分，文化遗产也是其中的一个重要的内容。在法律体系制度的形成上，文化遗产法（包括《非物质文化遗产法》）被制定出来是非常重要的。这部分内容包括两方面：一个是要进一步完善物质文化遗产法律修订，现在这部分可以说比较完备，包括《文物保护法》和底下一系列的法规都有，当然《博物馆法》的出台也得抓紧。二是制定《非物质文化遗产法》。我相信《非物质文化遗产法》制定出来以后也应该有配套的法律法规来完善它。现在文化部对文化遗产出台了很多规范性的文件，包括调查、名录等，这些都出台了。相信随着《非物质文化遗产法》的出台，有些规章也可以被上升为法规性规范。地方的立法机关也可以根据《非物质文化遗产法》研究制定出台相关的地方性法规，已有的也可以进行修改。很多省的人大同志都和我说过，法律出台以后，地方性相关法规已经出台了，比如云南和贵州所在地的省市区文化系统的同志也积极配合当地人大抓好法规制定和修改的工作。8个省出台了地方性法规，但是很多省还没有出台，都在等着这部法的出台。这部法颁布以后，就要根据本省自治区的具体情况，依据这部法律的基本原则，研究制定适合所在省市自治区的法规，这是一个很重要的工作。

第四，讲一讲关于非物质文化遗产的名称来源和基本特点。

对于那些具有民族民间特色、世代相传以及具有历史、文学艺术的无形文化遗产，国内外的称呼各有不同。我这里也列了一下：联合国教科文组织叫作“传统与民间文化”，十多年来概念不断发生变化，最早是“民间文艺”，或者叫作“传统与民间文化”，之后是“非物质遗产”，口头上称之为“非物质遗产”，后来叫作“非物质文化遗产”。我在这里向大家介绍一下，实际上，这些概念的形成也是联合国专家们反复讨论的结果。但是坦率地说，有些概念并不适合中国语境。比如“非物质文化遗产”中这个“非物质”的概念。非物质的英文本质其实是不可触及、不可触摸的，但是为什么翻译为“非物质”这个概念呢？我当时研究了很长时间。我国驻联合国使团也派人去了，最早是文化部外联局开会，当时讨论方案的时候联合国教科文组织方案中没有把传统工艺单列，我在会上还提过意见，建议把传统工艺单列，因为中国是传统工艺大国，意大利等国也是大国。当时意大利的专家组提出了意见，我们国家也提出了意见。现在联合国《保护非物质文化遗产公约》的几大项中就把传统手工技艺单列出来了。但是为什么又翻译为“非物质”？说实在的，我到现在也搞不清楚。但是肯定来说，当时的专家组就是这么翻译的。翻译以后，联合国《保护非物质文化遗产公约》作为联合国官方的正式中文文本公布的时候就用了这个词。该公约经中国政府签署后还需要全国人大常委会批准通过。2003年全国人大常委会审议的时候，很多常委委员就提出来，不理解“非物质”的意思。其实我也不理解。没有非物质存在，我们常说“物质”的对应面是“意识”或“精神”，没有所谓的“非物质”，它与物质是不可能割裂的。如果说是“无形”还比较准确。其实往前梳理，这个词最早的来源是日本，他们有一个《文化财保护法》，也就是我们现在的《文化遗产法》，是于20世纪50年代初制定的。他们的《文化财保护法》将文化财分为两类：第一类就是有形文化财保护，就是现在讲的物质文化遗产，即文物。第二类是无形文化财保护，即包括民俗、手工技艺在内的传统文学艺术表现形式。所以在国内法中，日本是最早制定这部法律的，在所有国家对文化遗产都集中在物质文化遗产的时候，日本已经把现在的非物质文化遗产纳入进去了，而且是在20世纪50年代初。我当时很不理解，我在很多场合也经常地讲，我不理解在什么地方？之前的日本文化财所长曾经与我见过，我当时就问，当时二战刚刚结束，日本百废待兴，据说我们国家在20世纪50年代初的状况比日本要好得多。当时，据说日本人每天只吃两顿饭，经济状况极差。但是，为什么当时你们在那种状态下制订了这部法律。大家都知道，在我们国家，改革开放以来，我们在立法上首先强调的是经济方面的法律，为了配合社会主义市场经济的发展，所以我们的整个工作重心是放在经济方面的法律。为什么文化方面推动不了？文化部、文化系统的工作都被排在了经济系统的后面。所以过去一到下面去，我就非常理解，一去以后没有钱，没有人，为什么文化市场搞得过热？没有钱，所以只能收点管理费，就是那样的。所以，整个国家的重心不在文化方面。所以，当时我特别不理解日本人。按说吃饭是第一位的，经济方面的立法应该是最重要的。他的回答让我非常震惊。他说：我们是被占领国，你们体会不到。我们的经济、政治、军事全都被美国人控制，怎么体现自己这个国家和民族的价值，剩下的就只有文化。保持本国的文化特色，我们的民族就不会亡。所以其他的法律都可以放一放，这个法律要首先做。这样大家就可以理解，为什么在那个时候日本就把非物质文化遗产的内容放进了法律之中。在座的各位肯定有人去过日本，日本的民间文化节特别多，他们是被占领国，所以日本人深刻地体会到自身文化对他们的重大意义，他们把这个部分看得尤为重要，认为这是他们民族长久存在的重要支撑。我先谈到的国际上的浪潮，其中有一个很大的原因，就是后来日本经济发达以后，它希望在国际上发言，需要有代言者，日本人就把很多专业性人才派到了国际性组织。我们去联合国教科文组织访问，下面搞文化遗产的有很多都是日本人，驻北京代表的主任就是日本人，有话语权。现在我们国家也开始注意这一点，现在是人才不够，既要懂得文化遗产，又要有国际背景，同时外语又要非常好，这样的人才太少。我相信再过10年，问题就不会太大了。到时，我们也要大量派人到国际组织中去，成为宣传我们文化的主要支撑。日本人参与国际组织以后，就把无形文化遗产的概念带到了联合国教科文组织。实际上，坦率地说，国际上推动非物质文化遗产、推动无形文化遗产的工作最早是由日本人来做的。他们做了很多工作，这一点是不应该抹杀掉的。

所以，我们现在翻译日本人的法律，主要是无形遗产、无形文化财的概念。到了后来，这个概念被联合国接受了，并作为保护文化多样性的一面旗帜向各国推广。在全国人大常委会讨论批准《保护非物质文化遗产公约》的时候，有一些常委就提出来，这不符合中国人的语境，什么叫“非物质”？我们从来没用过这个概念。确实是，要么就叫无形文化遗产。但是问题在于，作为联合国一个正式的公约的中文文本都是这样公布的，我们最后也就这样认可了。所以说，有时候语言也是跟着时代本身的发展而不断创新的，就像现在我们经常说的网络性语言也成了我们生活中语言的一个组成部分。比如，网上经常用的一个词叫“给力”，有一天《人民日报》的文章标题就是什么什么给力。现在大家都不觉得怪异了。当时，我们的一位常委叫常莎娜，是工艺美术学院的院长，她最反对这个词，她说什么叫非物质？没有非物质。辽宁大学一个教授叫乌丙安，写了一篇文章，我们把它作为常委会审议的参阅材料，跟常委们解释什么是非物质文化遗产。他的观点也是比较客观的，我也喜欢用他的解释。举个例子，一个古琴，现在叫古琴艺术，你不能说是古琴，古琴本身是一个物质，曲谱是物质，表演者是物质，但是共同构成了这个艺术形式，就是非物质。所以，非物质的东西和物质的东西是不可分的，但是你单纯就是指的物质性的东西，这就是文物了。大家注意一下，这也涉及我们的非物质文化遗产为什么跟《文物保护法》有交叉。所以这次法律草案中就规定了，属于文物的，原则上要适用《文物保护法》。当时，我们在起草这个法律草案的时候，文物局的有些同志一直到现在都是不主张单独制定一部法律，有些常委会的同志也提出一个观点，他们希望搞一个大的《文化遗产法》来解决这个问题。所以我跟大家解释一下来源。当然，我们国内主要用的是联合国的概念，日本、韩国用的是无形文化财，美国用的是民俗文化。我们国家曾经用过的概念很多，最早叫民间文学艺术，无形文化遗产，民族民间文化，或者叫民族民间传统文化，现在大家都叫非物质文化遗产。过去，我们最早的法律草案是由我们委员会来起草的，我们叫作《民族民间传统文化保护法》，有些省市（比如像云南、贵州），叫民族民间文化，或者叫民族民间传统文化。现在想一想，非物质这个概念不是一个特别符合中国语句的概念，但是这种概念形成以后，它还是带有很大的客观性，相比较上面的这些概念，非物质带有一种中性的概念，有它的积极性意义，现在也为大家所广泛认同。

下面我简单讲讲非物质文化遗产的基本特点：

第一，独特性。这方面我就不用多说了，大家都是干这个的。非物质文化遗产作为一种传统文化形态，表现为独特的民间艺术、传统知识、礼仪和习俗等，主要是体现一个国家、民族以及人民独特的审美个性和文化精神。它既是民族文化构成的基因和要素，也是民族文化发展的根基和源泉。

第二，脆弱性。随着外在环境、生存环境的改变，工业文化和后工业文化对以农业文化、农耕文化为土壤产生的传统文化精神造成了巨大的影响，使其不断丧失自然的生存条件。我们主要的非物质文化遗产都是以农耕文化为背景产生的，这也是大家所公认的。非物质文化遗产是一种活态文化，依附于特定民族情景和个人存在，很容易因一个环境的改变或传承人的消亡而消亡。这就是我们后来要使其不断得到传承的一个主要的原因。

第三，活态性。这是非物质文化遗产区别于物质文化遗产的一个突出特征，它是一种动态的文化形态，依靠于特定民族、群体、个人的行为活动，包括艺术活动、民俗活动、工艺活动传承性。它的存在必须依靠民众的实际参与，在不断传承过程中才能保持下去。要是没有人的参与，它就不是一种现存的存在，也就变成了文物。这是物质文化性和非物质文化性的一个根本区别。

第四，传承性。因为它具有活态性，因此其必须要得到传承。非物质文化遗产（包括民间艺术、传统工艺、传统技能、民俗活动），主要依靠口传心授、世代相传的方式流传下来，一旦停止传承，就会走向消亡。这一点大家也比较清楚，过去叫口传心授，这也是一种主要的方式，但是现在我们更多地通过传媒（包括我们的教育模式）来进行传播，这也是现代的依据科技发展产生的新的传承的方式，我把它叫作社会传承。我曾经在一篇文章中把这种传承过程分为两种：一种叫个体传承；一种叫社会传承。口传心授，就是个体与个体之间、师傅带徒弟之间的传承；社会与社会间的传承，就是社会有这个责任来做这件事情，包括现在的教育，包括我们的公共文化机构，包括现在的传媒手段，都得有。这些都被写进了我们的法律草案之中。

国外的情况我也简单跟大家介绍一下：

一个是国际组织的努力和推动。20 世纪 80 年代以来，联合国教科文组织和世界知识产权组织分别从政府行政保护和知识产权保护的角度推动了全球保护非物质文化遗产的运动。首先讲世界知识产权组织，最早是传统文化资源的推动知识产权的问题，他们主要是从这个角度来考虑。为什么这样考虑？我简单跟大家讲一讲当时的背景。我们现在谈到的知识产权的问题，都是以 18 世纪以来的工业革命为基调的，建立在这个基础之上，知识产权得以产生。18 世纪以前，人类的成果，或者是哪个国家的成果、知识的成果都已经进入了所谓的公有领域，包含在现代知识产权的范围之内。本来大家都觉得，你国家有知识，其他国家也有知识，都是公用的，本身也是如此，但为什么这成了一个国际关注的焦点？就是因为西方国家借助于科学与技术手段，垄断了知识产权领域。因为 18 世纪以来的工业革命的主要成果都掌握在他们手中，但是他们形成的知识产权，又不可避免地要用传统的知识，特别包括一些历史悠久国家的传统知识和文化。比如传统的资源，像银杏树，是中国独有的传统的生物资源。银杏树可以治高血压、治心脏病，这个医疗知识中国很早就有，但是中国没有具备现代的科学技术手段，我们的传统医疗方法就是连枝、带叶、带果放在一起煮制药，到底哪种成分对心脏病有效，我们不知道。西方国家的药厂拿过去进行提炼，找出了里面最有效的成分，做成西药，占领全球市场，专利是他们的。现在这种情况很多，比如对禽流感最有效的药是世界卫生组织推出的达菲。达菲的主要成分就是我们国内的八角香料，广西的八角是最好的，但我们卖的是低端原料。八角也有治感冒的成分，这也是中国传统研究的东西，但是对于里面的哪个部分起最后的关键性的作用，我们搞不清楚。达菲这个药卖得很高，那是专利，如果说让他们把专利让步一下，那是不行的。世界卫生组织在全球禽流感最厉害的时候，要求他把达菲的药方公开，他们不公开。那怎么可能公开？那你给不发达国家一点让步，让他们一点利润，行不行？不行。所以现在我们国家对知识产权的问题为什么提得很高？创新型国家也是一个重要的原因。在这种严重不对等的前提下，世界知识产权组织当时的领导是非洲人，他就觉得说这是太不对了，既然你在现代的知识产权中不让步，那我们在传统知识产权是不是也要讲一讲，所以就予以推动，我们也开始来保护传统知识的知识产权问题。但是坦率地说，这个问题是非常复杂的。为什么？传统知识，或者传统资源的知识产权问题，其他国家也同样有，相互的交融，相互的交错，怎么单一来主张？这就是一个问题。所以，当时这样的推动并没有得到西方和整个发达国家一致性的承认。他们有他们的考虑，核心就是对现在的权利不让步。但实际上，我们从知识产权整个的理论上，也面临着巨大的问题和挑战，就是谁来主张这个权利，是一个国家，还是一个民族，还是一个区域，还是一个个体？传统知识到底在一个什么样的范畴内？比如大家都知道知识产权是一个个体权利、民事权利。知识产权的核心是什么？是对知识的成果具有所有权、独享权、独占权。文化传统是经过长久流传的，甚至会跨越很多地域。谁来主张这个独享权？另外，一般知识产权有它的保护期，你受不受这个保护期约束？在什么意义上来进行保护？所以，该问题在理论上存在很多问题，这是一个很大的障碍。同时，在现实的过程中也面临着问题。所以，当时世界知识产权组织觉得这个问题作为向西方发达国家进行挑战的一个手段，推动了整个知识产权界理论和实践的发展。但是，现在的问题在于，因为首先要形成国际共识，如果达不成国际共识基本上就等于没有太大用处，所以后来世界知识产权组织在 80 年代推动的工作步履比较艰难。同时，联合国教科文组织也开始关注到这个问题，这个时候，世界知识产权组织开始跟联合国教科文组织共同开会。虽然我们从民事保护方面有些困难，但是你们能不能从行政保护方面推动这项工作？联合国教科文组织后来就开始鼓励各个国家制定法律从行政保护的角度保护非物质文化遗产。即国家有责任关注和保护所在国的非物质文化遗产，同对物质文化遗产的保护一样，给予其资金上的，财政上的，人力、物力上的支持，通过立法来保证这一点。后来联合国教科文组织开了若干会，经各国家表决通过出台了《保护非物质文化遗产公约》。这个公约的核心就是要求各缔约方政府制定法律，从行政保护的角度来保护所在国的非物质文化遗产。两个组织分别从不同的角度来推动了这一运动。最早的是，世界知识产权组织出台了《保护民间文学表达形式、防止不正当利用及其他侵害行为国内法示范法条》。其主要针对的是知识产权保护，对非物质文化遗产的推动作用不大。此外，我们国家也在研究起草《民间文学艺术作品著作权保护条例》，早在1990年《著作权法》便以将其写进去了，但是到现在一直没有出台。刚才我也跟大家简单讲了，实际上从民事角度来说，对非物质遗产的保护，难度确实很大。对待一个传统的文化形态，首先要确定它的所有者，这就具有很高的难度。怎么来保护？怎么来确定它的权利？它是不是应该享受一个权利？这些其他国家基本上没有做。下面这些，包括1989年制定《保护民间创作建议书》《世界文化多样性宣言》《伊斯坦布尔宣言》，包括《保护非物质文化遗产公约》，都是联合国教科文组织出台的。《保护民间创作建议书》是最早的，1989年就有了。《世界文化多样性宣言》我先前已经谈到了。《伊斯坦布尔宣言》就是各国文化部长在伊斯坦布尔开了会，发布了一个宣文，实际上类似于《世界文化多样性宣言》。上述建议书、宣言和公约都是联合国教科文组织出台的。联合国教科文组织达成的公约是具有国际法效力的，但是世界知识产权组织再出台一个关于各国民间或者各国传统制定知识产权的公约，难度是极其大的。

我简单说一下一些国家的有关立法情况。目前，不少国家都建立了相关的法律制度，立法的思路主要是采取行政法的方法，将非物质文化遗产与物质文化遗产一样，纳入国家行政保护的范围；也有个别国家采取民事法律方式，将其纳入知识产权保护的范围，比如突尼斯。突尼斯这个国家情况有点不一样，它是阿拉伯民族，不承认少数民族，虽然它实际上也有少数民族。埃及也是如此，埃及也是说自己都是一个民族，即阿拉伯民族，其实它也有少数民族。所以，它的国家的传统文化的知识由谁所有？谁主张这个权利？国家所有，文化部主张。很简单。但是咱们国家的情况非常复杂，我们实行民族区域自治制度，承认各民族平等权利，但我们又是一个统一国家，各民族必须维护国家的统一和团结。所以，我们既要照顾到个民族的权益，更要考虑到文化遗产的国家属性，要正确处理好这个关系。大家可以想象，一个文化形态，你这个民族有，我这个民族也有。你说是我这个民族主张，还是我们两个共同主张？我们讲56个民族是中华民族的共同体，都统一在中华人民共和国境内，如果单讲某个文化遗产完全属于一个民族所有，或者一个群体、一个地域所有的话，也就是说这个权利是他们独享或者独占的话，那把它转让给外国人行不行？我曾经在一次会上专门说过这个问题，如果仅仅是说传统文化的知识产权，如果要有，我的理解是，它也是一个非常有限的知识产权，而绝对不同于我们现在讲的一般知识产权的问题，这当然比较复杂，如果需要详细地讲，我们可以在以后再说这个问题。以下是一些国家的立法情况。

日本制定了《文化财保护法》，这是在1950年制定的。我刚才也跟大家简单地讲了讲。韩国跟着日本学，也制定了《文化财产保护法》，是在1962年制定的，模式实际上跟日本一样。美国特别奇怪，于1976年就制定了《美国民俗保护法》。为什么说特别奇怪？因为我当时没有想到，当时我跑到国家图书馆查国外有关法律的时候，其他国家没有查到，居然查到美国了，而且它是于1976年制定的，叫《美国民俗保护法》。大家都知道美国也是个多民族国家。可以说，民族比我国还多，但实际上美国从宪法上、法律上不承认民族性，只承认种族性，他们的权利都是统一在宪法中的，所有人都是美国公民，没有特定的民族权利，其在这一点上跟我国不一样。《美国民俗保护法》第1条我记得特别清楚，规定所有的民间文化或民俗文化包括我们讲的非物质文化遗产的内容，都是美国精神的体现。当然他们的体制跟我们不一样，首先是国会来确认，在美国国会图书馆下面设立一个民俗文化保护中心，由国会授权成立一个民俗文化保护中心，把所有民俗文化（我们称之为非物质文化遗产的这个工作）放到民俗文化保护中心来进行保护，每年由国会批给它钱，而不是像我们国家这样是一个行政部门来做这个事情。这是美国在对待文化发展方面的一个特点，他们是委托一个社会组织来做这个事情的。但是不管怎么说，不管哪种方式，他们都非常早地意识到了保护非文化遗产的重要性。

我们国家非物质文化遗产的保护工作经过这么多年的发展也做了很多努力，基本情况大家都知道，56个民族，各有自己悠久的历史和丰富多彩的文化遗产。我国对传统民族民间文化的保护也有着长久的历史。新中国成立尤其是改革开放以来，国家有组织、有计划地开展了一系列抢救、保护活动，近年来，文化系统开展了全国非物质文化遗产的普查，建立了国家级名录和地方名录，命名了一大批代表性传承人，这都是我们努力的结果。

关于面临的形势和问题，大家都比较清楚：一是失传。民间艺术传承技艺面临着失传的危险，一些独特的语言、文字、习俗等的代表性传承人生活艰难，难以开展传承活动。二是流失。一些传统性文化的代表性实物得不到妥善保护，流失海外的现象十分严重。比如苗族、黎族的服饰，我们到贵州去，人家就说，你们要研究苗族，可以到德国去，德国的博物馆收藏比我们多得多。关键在认识上，我们也出现了一些误区：一是轻视、忽视民间文化（包括民俗文化）在主流文化当中的地位和作用。二是将文物保护等同于文化遗产保护。过去我们一说文化保护，人家就说，文物保护不是出台了那么多文件了吗？三是认为非物质文化遗产消失是一种客观必然，任其自生自灭。四是在现有经济条件下，保护非物质文化遗产需要大量经费资源，难以提供等。这都是过去我们出现的一些误区，当然现在大家在这方面的认识已经提高了。

第三，立法的努力和进程。20世纪90年代以来，各界人士就不断呼吁把保护非物质文化遗产工作纳入法律轨道，以适应社会主义文化建设和法制建设的需要。全国人大代表不断提出这方面的议案，我在全国人大教科文卫委员会工作了这么多年，每年都会接到这样的一些议案。教科文卫委员会为此开展了大量的立法调研工作，召开了立法座谈会、国际研讨会，做了大量的工作。在这方面，我特别要说明一下，在推动非物质文化遗产立法的过程中，教科文卫委员会做出了大量的努力，在座的同志们可能也比较清楚。我们实际上从20世纪90年代就开始搞立法调研，在这个会上，我尤其要提一下。我们当年的一些领导，比如朱开轩、范敬宜、聂大江、宋木文等人，他们对这项工作倾注了很多的心血。我们当时在推动这项工作的时候，自己对立法也有一些不同的看法，认为这个事情有那么重要吗？我记得在1998年底的时候，我陪领导同志去云南调研，当时采取的立法思路就是“两条腿走路”。我们知道，国家立法非常困难，因为法律面对着全国，一个重要基础就是要达成立法共识，这在当时很困难。在这样困难的情况下，能不能通过某一个地方制定一个条例来率先推动？当时，我们就选了云南。大家知道，云南是最早提出文化大省概念的省份。我们在调研完之后，一般都会跟当地的省人大的领导和省党组、省政府的领导见面，有一个交换意见的会议。在见面会上，省委领导和省人大领导座谈的时候，我们委员会主任朱开轩就正式跟云南省提出，希望云南省先制定一个地方性条例，为全国的立法开个头，云南省的领导非常爽快地接受了意见。之后马上就让云南省省人大的教科文卫委员会负责起草工作，省人大教科文卫委员会也非常积极，跟我取得了联系，我就把手头的一些资料，包括草案，以及当时一些很不成形的东西全部给了云南省教科文卫委员会。当时我们对云南表示，你们要是率先制定这么一个条例，我们就在你们这里开一个经验交流会。后来真是没想到，云南省的同志特别努力，一年以后就带着草案找到我们委员会来征求意见。于是我们就又把到云南调研的领导都请到一起召开了一个座谈会，给他们提出了意见。回去以后，就上了省人大常委会，二审，全票通过。我们当时大吃一惊，连我都没有想到，现在一般常委会审议都差不多都会有一个反对票，弃权票的情况就更多了，但是这部法律地方人大全票通过，这反映出大家都对这个事情非常支持。通过以后，我们说的话就要兑现，我们就和文化部、国家文物局一起在云南开了一个民族民间文化立法座谈会，有二十多个省市、自治区的同志参加，这个会议对推动地方立法起到了非常大的作用。接下来就是贵州、广西，还有福建都陆续出台了地方性条例。福建地方性条例的出台颇费了一番波折。他们觉得很难办的一点就是妈祖怎么定位，因为妈祖涉及民间宗教的问题。后来随着我们充分认识到要保持我们的根源、根脉，是解决台海问题一个非常重要的、非常有力的武器，福建省人大常委会马上就制定出台了地方性法规，也叫《福建省民族民间文化保护条例》。其中对妈祖的保护作了明确规定。实际上妈祖就是一种文化形态，保护她不是强化其宗教价值，而是文化价值，因为她是闽南文化的一个重要源头。所以我觉得，这些都是随着时代发展逐渐提高认识的结果。教科文卫委员会为推动这项工作起到了积极的成效，后来我们和文化部的同志又一起召开了一个民族民间文化保护与立法国际研讨会，在国际国内都取得了很好效果。可以说，在 2011 年法律出台前，官方关于非物质遗产保护的文章、通讯、消息几乎都是这几个会议的。十届全国人大常委会以后，委员会又成立了一个立法领导小组，2003 年我们批准加入了《保护非物质文化遗产公约》，所以把法律名称调整为《非物质文化遗产法》，整个立法工作随之进行了调整，重新交由文化部起草。这期间，国务院办公厅也颁发了加强我国非物质文化遗产的工作意见，非遗保护工作逐渐铺开，经过了一段时间的起草，这部法律就由国务院正式提请全国人大常委会审议。2011 年正式颁布。这就是我们整个的立法进程。

下面我再跟大家简单讲讲，我国非物质文化遗产法律的制度原则和主要内容。立法与保护工作有几个重要原则和关系，这是我个人的一个总结。我觉得这几个原则和关系，不光是在立法中要解决好、要处理好的，也是需要在保护工作中正确把握的。

其一，正确处理精华与糟粕的关系，正确处理保存与传播、传承的关系。在非物质文化遗产的保护和立法过程中，也就是从最先到现在，精华与糟粕的问题一直伴随其间。很多同志，特别是有一些学界的同志对此的反对声音比较大，认为精华、糟粕的定义和区分带有主观色彩。怎么分别哪些是精华，哪些是糟粕？从客观情况来看，大量的非物质文化遗产本身有相当多的东西确实体现了我们优秀文化的精髓，但是不可否认的是，也有一些内容涉及糟粕的东西。我记得，最早法律草案在我们手里的时候，我去秘书长会议汇报。有领导同志就问我：“小脚也要保护、辫子也要保护吗？太监也还是我们历史文化的一个现象，也保护吗？”我说：“当然不保护，因为它们就是我们历史文化中的糟粕。”在日本明治维新的时候，福泽谕吉就说：“学中华文化有三条坚决不能学，第一小脚，第二辫子，第三太监。”为什么，这些当然是腐朽的、落后的，与现代文明格格不入的。当时，我举了一个例子说：20 世纪 80 年代，我们制定了《野生动物保护法》，保护的是珍贵的、濒危的野生动物，也不是说苍蝇、蚊子、跳蚤都要保护。采取的办法就是名录制度，列入名录的就要保护传承，这实际上就是一种选择或遴选。我想，到了今天我们也没有说过小脚、太监要保护，还要传承，还要发扬光大。这可能吗？不可能。所以，在立法上，精华与糟粕确实是存在的，作为对待传统文化的一个正确认识观，毛主席早在《新民主主义论》中就指出要“取其精华，弃其糟粕”。这是一个重要的政治原则，是我们党对待传统文化，全面看待、处理传统文化的一个重要原则、认识原则和政治原则。十七大报告的时候，胡锦涛总书记也专门就如何对待传统文化的问题重申了这个原则。从实际情况来看，非物质文化遗产大体上可以被分为三类：一是在优秀的传统文化里面，体现了中华民族的精神价值的东西；二是明显带有糟粕性的东西；三是精华和糟粕确实是不可分的东西。为什么这成了一个问题呢？因为过去在“左”的思想的制约下，凡是传统的东西都被视为糟粕。但是，也不能说到了今天，我们一谈传统便全是精华，这两种观点都是片面的。我们在立法中、在实际保护中，头脑要清醒，要看到这些问题。其实，这个问题并不是我们国家所独有的，其他国家我相信都面临着这个问题，《保护非物质文化遗产公约》要起草，在整个联合国教科文组织要召开代表大会，地区、国家都要参加，主权国家大概有一百多个投票。虽然我没有参加会议，但是我相信精华与糟粕问题肯定也是一个反复讨论的主要问题。因为各个国家历史不同，经济社会发展不同，文化差异很大，保护哪些，不保护哪些，如何达成共识？最后，经过反复讨论，这一公约还是通过了。也就是说，还是形成了基本一致的保护标准。大家要仔细读一下《保护非物质文化遗产公约》，里面写得非常清楚，该公约保护的对象必须符合国际人权公约，必须与维护民族团结、与社会可持续发展相一致，这是从正面说的。为什么这样提出？当时拿到《保护非物质文化遗产公约》的时候，我反复地研究，这实际上就是一个社会标准、政治标准。传统文化和传统习俗中当然有很多不与社会进步、文明相一致的内容，不承认这种现象便不是唯物主义者。现在，有些学界专家的观点是采取了绝对化的观点，我是非常不赞成的。我记得，我们当年在起草的时候，提出要体现中华民族优秀的文化精神，有专家对这个优秀的词就很反感，认为传统文化没有什么优秀不优秀之分，反对在传统文化上附加有价值判断的标准。这种观点实际上是一种虚无主义，事实上，任何事物都离不开人的价值判断，只不过这个价值判断是否符合客观实际，是否符合社会文明发展。大家仔细想一想，我相信，凡历史文化留存下来的东西，应该说大部分都是符合人类社会文明发展的，否则，它是会被淘汰掉的。所以，我们在《非物质文化遗产法（草案）》中坚持把弘扬中华优秀传统文化精神作为重要原则写入。当然还有一种观点，主张在法律中直接将“取其精华，去其糟粕”作为法律原则写入，我认为也是不合适的，因为精华和糟粕是一种比喻，在法律上很难解释和定义。我们立法应当从整个制度设计上实现这一政治原则，这就是名录制度，通过名录的建立对那些列入名录的优秀的、珍贵的、有价值的非遗项目实行保护和传承。我再强调一下，无论在具体工作中还是在立法中，我们保护和传承的都应当是列入名录中的对象。要正确处理好学术研究与保护、研究与传承的关系。对那些糟粕性的东西，不能说那些东西没有一定价值，但是只是历史文化的研究价值，绝对不能将它传承、传播下去，这个关系应该是很清楚的。

其二，正确处理中华文化一体与多元的关系。《非物质文化遗产法（草案）》明确规定，保护非物质文化遗产有利于增强中华文化的认同，有利于维护国家统一和民族团结，有利于促进社会和谐和可持续发展。我觉得，这“三个有利于”也是保护传承非物质文化遗产非常重要的一个原则。中华文化五千年，它的本质属性是一体与多元。在这个一体与多元的关系里面，中华文化的一体性是本质；多元是它的形式，是以汉民族文化为主体，并与其他 55 个民族的文化共同组成的丰富多彩的文化形态和文化遗产。它被统一称为中华文化，它是我们 56 个民族共有的精神财富和精神家园。绝不是说，我保护我自己的民族文化，跟中华文化没关系，如果是这样，那就是大的原则问题。因为保护各民族文化最根本的目的就是要增强中华民族的文化认同，维护国家的统一，而绝不是相反。同时，维护民族团结也是我们很重要的一个出发点。因为历史文化原因，一些民族之间的文化纷争也是存在的，这就需要我们谨慎和妥善地处理，绝不能对民族团结造成不良影响。还有，我们保护非物质文化遗产，并不是因循守旧，要秉持文明发展的态度，促进社会的和谐和可持续发展，而不是与其相对立，要与整个社会的发展趋势相一致。所以，我们在起草《非物质文化遗产法（草案）》时，特意在总则中把“三个有利于”作为一个很重要的条款写了进去，即“有利于增强中华民族的文化认同，有利于维护国家统一和民族团结，有利于促进社会和谐”。总之，在我们的立法当中，在我们保护的实际工作中，都要充分认识到这一点，一定要始终秉持这些基本原则来指导我们的工作。

其三，正确处理保护和利用的关系。跟文物一样，现在地方各级政府在利用非物质文化遗产，或者利用文化遗产进行经济开发的热情极其高涨。坦率地说，我觉得也需要有一些调整，要有一个正确的思路。为什么这么说？我们国家现在有一种模式，就是搞项目，过去是搞经济项目，通过项目的运营带动地方发展。现在搞项目这个模式，已经向社会领域广泛开展，首先是科技，比如星火计划、“863 项目”等，有了项目就有钱；教育也是，“211”“985”等。现在，文化口也开始出现各种项目。所以，我觉得，以经济项目的形式来开发文化遗产的浪潮要引起各级政府的注意，要认真思考、反省。通过文化遗产来开发它的价值（包括它的经济价值），是没有问题的，全世界都这么做。当年，英国首相布莱尔上台的时候，颁布文化政策的第一件事情就是把伦敦的博物馆免费，免费的目的就是拉动游客来参观，这对拉动当地的旅游经济产生了很大的效果。但是，我们现在的问题是出现了对文化遗产的破坏性利用或无序利用现象，这是违背文化遗产基本规律的，因为文化遗产的本质特点就是不可再生性和文化价值属性，所以强调的是合理利用，强调的是文化遗产的精神文化价值的传播，绝不是为经济效益而经济效益，竭泽而渔。这种单纯的经济观点和做法会给文化遗产的可持续发展造成很大的负面结果。而且，我们保护传承文化遗产，弘扬的应该是优秀中华文化精神价值，而绝不是那些历史文化中的乱七八糟的东西，否则我们还有什么原则和立场。对于坚持什么，反对什么，我们应当有清醒的认识。比如，有的地方实在找不出名人，就把西门庆找出来了，大家都觉得荒唐，而且西门庆还有好几个地方争。西门庆本身就是历史小说创作出来的形象，又不是文化遗产，哪儿有什么光荣自豪的？我看报道上说，当地为吸引游客居然以此搞了一个旅游场所，还建了模拟表演的场景，叫什么西门庆和潘金莲情景再现。这种为了经济利益不择手段，已经到了完全无视基本的价值观、道德观的程度，这是非常需要警醒和加以遏制的。所以，我觉得，正确处理保护和合理利用的关系非常重要。我们在《非物质文化遗产法（草案）》中也写上了这么一条，开发旅游时一定要以保护为主，在第 36 条上强调合理利用。合理利用不完全只是说在一定的限度内利用，更重要的是在传承及传播精神文化价值上要符合我们社会的价值观、道德观。

关于草案的主要内容和制度，我给大家简单地讲一讲。

其一，法律调整对象，一共六大项。首先是传统的口头文学及作为其载体的语言。因为保护非物质文化遗产最早是从保护传统口头文学开始的，国内是这样，国际上也是如此。这里要说明一下，因为语言是个复杂问题，所以并不是把它作为一个独立对象，而是把它作为与传统口头文学相关联的载体来一体保护的。第二大项包括传统美术、书法、音乐、舞蹈、戏剧、曲艺、杂技。在这之中，大家讨论特别多的是书法，有一些不同意见，因为针对书法是否属于非物质文化遗产，学界争论也比较大，后来《非物质文化遗产法（草案）》还是写上了。大家都知道，我们的立法不完全是纯理论的东西，必须和我国的文化特点和文化实际有密切关系。全国写书法的人太多了，书法在我国有悠久的历史，其是中华文化中最具特色的表现形式之一，各种流派源远流长，推陈出新。我们对这样一个极具代表性的中华传统文化表现形式，绝不能漠然视之，相反，我们正是要通过法律的确认和保障，使之不断发扬光大。第三大项是传统技艺、医药和历法。传统技艺包括世代相传、技艺精湛、具有鲜明的民族风格和地区特色的传统工艺，传统生产、制作技艺等；传统医药，包括中医、蒙医、藏医等各民族传统医疗技术和医药生产制作技艺等；传统历法则是指我国历史文化中各民族先民独创的认识自然天文规律的历法，如汉族的农历、藏族的藏历、彝族的太阳历等，这些都是中华文化的经典内容。要说明的一点是，《保护非物质文化遗产公约》中有一大项叫作“有关自然界的知识和实践”，范围太广，内容繁杂，几乎无所不包，在实际工作中也难以做到。所以，我们在立法中对其采取了有所甄别，区别对待的原则，没有采用这个广义名称，而是直接把最重要、最主要的内容列入。这既为各界一致认可，也与国际上的基本认识相一致。第四大项是传统礼仪、节庆等民俗。这包括中华文化中重要的礼仪、节日、庆典活动等，比如端午节、清明节、中秋节、春节等，这都是重要的、独特的民俗文化内容，已经被列为国家法定节假日。第五大项就是传统的体育和游艺。中华文化有很悠久的、丰富多彩的体育活动和游艺活动，各民族在这方面有着独特的创造力。我们国家从1953年开始一直到现在，每4年举办一次全国少数民族传统体育运动会，各类项目琳琅满目，展现了民族性、广泛性。最后一项是其他的非物质文化遗产，这主要是担心上述各项中有所遗漏，在立法中这叫作“兜底条款”，如果有什么未被上述各项涵盖的重要内容，可以用这一项涵盖。

其二，各级政府的基本职责。因为《非物质文化遗产法（草案）》还在审议中，我现在讲的还是“草案规定”，如果该草案通过了就应该说是“法律规定”。《非物质文化遗产法（草案）》对政府职责规定了很多，比如规定国务院文化主管部门负责全国的非物质文化遗产保护工作。县级以上地方人民政府文化主管部门负责本行政区域内的非物质文化遗产保护工作。也就是在座的各位，你们就得负责。原来说你们负责，那是因为我干这个工作；现在说你们负责，那是法律规定的，区别就在这里。所以，大家一定要充分认识到法律的重要性和法律的严肃性。如果草案通过，那你们就有了法律赋予的职责，你们的工作就有了法定的地位，受到了法律的保障。但大家也应当认识到，法律给了你们职责和权力，同时就要求我们要依法履职、依法行政，一切按照法律的规定来办事。另外，规定了县级以上人民政府应当将保护工作纳入本级国民经济和社会发展规划，纳入财政预算。这一条非常重要。所谓县级以上政府就包括了中央政府，也就是说，各级政府都必须按照法律的要求把非物质文化遗产工作纳入规划和预算，这是法律的强制和保障，而不是可有可无的。大家都知道，国家现在正在制定“十二五”规划。随着明年中央批准“十二五”规划建议经全国人民代表大会通过以后，各级政府都要制定本行政区域内的“十二五”规划。那么非遗工作就必须纳入规划，否则就是违法。所以在座各省、市、自治区的同志们，你们要提醒本级政府在制定地方规划时要考虑这项工作，要依法将之纳入规划，而且必须依法将非遗工作经费列入本级财政预算，保证你的预算。如果不纳入规划中，坦率地说，你就违背了法律规定，必须予以纠正并承担法律责任，这就是法治。再比如，该草案规定了国家扶持民族地区、边远地区、贫困地区的非物质文化遗产的保护保存工作，原来一审草案里没有这一条，后来，我们委员会在新疆召开全国教科文卫委员会工作会议时征求意见，很多同志提出，针对民族地区、边远地区、贫困地区应当有专门性的条款。全国人大常委会一审时，一些常委委员也提出来了，后来，我们与法工委商量，在二审草案中把这个意见吸收了，写了一个专门性的条款。这个条款对民族地区、边远地区和贫困地区将来的保护工作将起到非常重要的作用。

其三，调查制度。调查是保护工作的基础。《非物质文化遗产法（草案）》已经规定了，县级以上人民政府应当根据工作需要，组织开展非物质文化遗产调查，调查由文化主管部门负责实施。原来，该草案写的是“定期开展”，后来我们改为“根据工作需要”。因为定期的规定有些僵硬，缺乏灵活性，根据工作需要的话我可以开展多次，也可以开展一次。该草案还规定，县级以上人民政府及其他有关部门可以对其工作领域内的非物质文化遗产进行调查。为什么叫其他部门也可以开展？像传统手工艺，过去属轻工部主管，后来属发改委管，现在是工信部管了。传统宗教领域也有非物质文化遗产，管理部门是宗教局，他们也可以针对这项工作开展适当调查。开展这些调查时应当予以认定建档，建立健全调查信息共享制度。档案和数据信息应该公开。

另外，《非物质文化遗产法（草案）》还规定，公民、法人和其他组织也可以依法进行调查。我理解，文化部门是代表国家开展的调查，当然你要说我一个公民对某一个专项特别有研究，特别想开展调查，你也可以依法进行调查，但要依照本法经过相关部门批准进行调查。另外，境外组织应该与境内有关部门、学术研究机构合作进行调查，报经省级以上文化主管部门批准。调查两个以上省（市、区）的，应当报国务院文化主管部门批准。境外要开展这个调查，应与国内的有关学术机构进行合作，合作的同时要报省级以上文化主管部门批准。如果要跨区域，两个省区以上报国务院批准。境外个人要开展调查的，也应该报批。当时，对这一点也有争论，质疑者主要认为，境外个人的调查与旅游者难以区别。但鉴于这些年来很多境外个人打着旅游的旗号，走乡串户，把许多非遗实物弄到海外，有的还是有计划、有系统地收集。比如皮影，欧洲就有一些专门的博物馆大量收藏展示。还有苗族服饰、银饰等都被境外人大量收集到海外，这种现象触目惊心，在社会上也引起了很大反响。后来，考虑到这个问题，立法者还是把它写进去了。我现在说的是目前的草案是这么写，最后草案是不是这么定，要等到三审通过后再看。我自己理解，境外个人开展调查主要是指专业性、全面性调查，是一种有意识、有目的的调查，而不是像一般的旅游者那样来观光、来看看，那是有区别的，不是每个旅游者进来对民族民间文化拍个照、摄个影就都要视为调查。我们国家人到国外去旅游也没有受到限制，这还涉及一个旅游文化发展和文化对外交流的关系问题。

其四，名录制度。通过法律建立名录制度，有利于突出保护重点。现在《非物质文化遗产法（草案）》规定的是两级名录制度，国务院和省级人民政府分别建立国家和地方非物质文化遗产代表性名录，对具有重大、历史、文学、艺术价值的非物质文化遗产予以保护。两个地区以上相同的项目可以同时列入。专家评审小组或专家评审委员会分别进行初审和终审，本级人民政府应当对列入名录的非物质文化遗产实行保护。这些都是《非物质文化遗产法（草案）》名录这一章中规定的一些制度内容。首先是两级名录制度，我理解，在这中间有一个问题，省级以下县级以上的怎么办。在这个问题上起草时曾经也有过很多的考虑。我理解大家的心情，因为这些年的非遗工作已形成了包括县市在内的四级名录体系，大家都希望在法律中明确下来。这个问题需要反复讨论，主要是考虑到名录制度在法律上设置过多的层级容易造成臃肿繁琐，国家法律还是以省以上两级为主，所以《非物质文化遗产法（草案）》采取了这种规定。但实际上也留了个口子，把建立地方名录的办法授权给省市区制定。该草案条文中并没有对县市两级的名录作限制或禁止，只是说法律规定的是两级，县市政府自己做，那你就可以去做，可以把你们的名录作为省以上两级名录的预备项目，也可以按照地方经济实力和文化特点建立自己的名录，但一定是不能脱离法律规定的基本原则来建立。这是需要说明的一点。

其五，传承与传播制度。《非物质文化遗产法（草案）》规定，国务院和省级人民政府文化主管部门可以对本级政府批准的项目认定代表性传承人，规定了认定条件、主要义务和支持措施。特别是这次提交二审时的草案又增加了一条，即代表性传承人的退出机制规定。代表性传承人无正当理由不履行传承义务的，文化主管部门可以取消其代表性传承人的资格。因为国家给予了支持，给予了传承的客观条件，保证支持、保证经费、带徒弟，为展示提供场所，那么，你也必须要履行一些义务，必须要开展这项工作，不能拿钱不干事。出现这种情况怎么办？我们要在法律中建立退出机制。其他文化遗产保护也是这样的，联合国对物质文化遗产就是这样，有一个黄牌制度。比如说，张家界的环境被破坏，已被两次黄牌警告，如果第三次再出黄牌，它便会被从世界文化遗产名录中抹掉。我们的《文物保护法》也有这样的规定，历史文化名城我们授予了很多，后来《文物保护法》修改时增加了一条，如果历史文化名城破坏了历史文化环境，历史文化名城的称号可以拿掉。这次在一审常委会审议时，就有常委提出来要增加代表性传承人退出机制，这次写上了，我认为这是比较完备的。日本的《文化财保护法》也是这样的，传承人不履行或者去世了，也要进行再认定。除了自然人的传承外，还有社会性传承，而且社会性传承在当今社会发展中发挥的作用日益突出，比如，很多非遗项目都是通过剧社、社团、协会或某个单位进行传承的，在起草的时候也考虑过“单位传承”这个概念，但大家对“单位”这个词争议比较大，一时难以达成共识，所以暂时没有写入，这是一个比较大的遗憾。社会传承还包括通过各种现代传媒手段、通过宣传教育文化活动等方式进行广泛传播。《非物质文化遗产法（草案）》规定国家支持和鼓励对非遗进行宣传展示、产品开发，对学校、新闻媒体和公共文化机构的职责都进行了相应规定。

其六，文化生态保护区制度。这是我个人加的名字，《非物质文化遗产法（草案）》中没有文化生态保护区这一术语。针对文化生态保护区，许多同志有不同的看法，比如，生态文化保护区这个概念让人容易联想到当时美国的印第安保护区，带有某种歧视性的含义，所以尽量不要用这个词。实际上，我们的文化生态保护区没有民族歧视的意思，恰恰相反，其是一种对文化生态采取的一种更具特色、更大范围的保护措施，类似于自然保护区。实践中，文化部已经搞了一些文化生态保护区，反应也相当好。虽然《非物质文化遗产法（草案）》没有写入这个概念，但明确规定，对非物质文化遗产保护集中、特色鲜明、保存完整的特定区域，当地文化主管部门可以制定专项保护规划，报经本级人民政府批准后实行区域性的整体保护。这实际上就是文化生态区保护。特别要强调的一点是，草案还规定了实行文化生态保护区应尊重当地居民的意愿。因为要正确处理发展和保护的关系，必须以人为本，所以这是一个很重要的原则。

我再给大家简单讲讲法律在立法中涉及的几个具体问题。

一是法律名称的问题。现在大家都知道，我们叫《非物质文化遗产法》。过去的草案和更早的草案中都是叫《非物质文化遗产保护法》或者叫《民族民间文化保护法》，现在没有“保护”两字。本次立法没用“保护”这两个字，是因为要在立法中体现“取其精华，弃其糟粕”。许多从事立法工作的同志也费尽脑筋，最后国务院法制办提供出的草案中采取了这样一个思路，把保护和保存分开。“保护”在中文的理解中确实带有正面的、积极的意愿。为了不使得那些带有糟粕性的东西也被视为、理解为是要被保护的对象，立法者在法律草案中特意把保护和保存分开。保存是指对我们所有的非物质文化遗产都要进行保存，即便是带有糟粕性的东西，因为其作为历史研究的价值还是存在的。但是，传承、传播体现中华民族优秀文化精神的那一部分东西，我们叫作保护。所以用的词叫对体现中华民族优秀传统文化、优秀文化精神，具有历史、文化、艺术、科学价值的非物质文化遗产，通过传承、传播的方式予以保护。所以，为了涵盖保护和保存，立法者干脆便将该法叫作《非物质文化遗产法》。我觉得这也有前例可循，比如像《中华人民共和国婚姻法》，其实婚姻法的内容肯定是保护婚姻的，当然也涉及保护的权益，但我们不叫婚姻保护法，而叫婚姻法。只要我们的内容中体现了保护和保存的含义，我们的法律名称便不是最主要的问题，所以后来我们也就没有特别地来说这个问题。

其二，防止过度商业化的问题。在一审时有很多常委都提出了这个问题。就像我刚才说的，这些年对文化遗产的没有原则、没有标准、没有价值取向的无序利用或者滥用现象仍然存在。有些地方一切向钱看，庸俗化、低俗化，为了来钱不计其余，对文化遗产进行破坏性利用。所以，我们在草案中专门写了一条，国家鼓励和支持发挥非物质文化遗产资源的特殊优势，在有效保护的基础上，合理利用非物质文化遗产代表性项目开发具有地方、民族特色和市场潜力的文化产品和文化服务。这一条的核心意思有两个：一是鼓励开发利用；二是开发利用的前提是有效保护，而且要限定在合理的范围内。

其三，境外组织和个人调查。常委委员审议草案时对这个问题讨论得多一些，大家经过反复研究，还是认为要对其有一定的限制。因为我们国家丰富的文化资源，被境外组织或个人有意识地攫取的现象非常严重。有人举了一个例子，韩国一个搞非物质文化遗产的团队跑到山东，去调查山东当地传统印刷术，弄回去以后把这个作为证据来证明这是韩国人的印刷术。我最早接触的是日本人，日本人对中国的民俗非常用心。1978 年刚改革开放，我们对民俗民间文化资料并不重视。日本人到中国收了很多民俗的东西，所以日本文化财研究所当年的所长跟我说，我们收集的东西比你们多，你们以后要研究中国民俗可以到我们那里去看。他们是有意识地去做的，现在看起来，他们的目的性是很强的。因为东亚各国的文化源头差不多都是中国，他们掌握这些重要文化资源，目的就是要想在文化上与我们切割，等到国家和国家之间的文化遗产来源问题出现后，这些都成了他们的证据。我曾经在一个场合说过，核心就是争夺东亚文化的主导权。韩国、日本为什么这么弄，当然，他们现在都已经到了不择手段的地步了，把什么都说成是他们的。所以《非物质文化遗产法（草案）》对此作了专门的限制性规定。

其四，对非遗采取专门立法，还是将之纳入《文物保护法》？这在起草时也有过讨论，这次在常委会一审时有个别人又把这个问题提出来了。后来我们也进行了一些说明。为什么要说明？我也跟大家讲一讲，立法工作是很难的，包括我们这些在人大工作的工作人员，除了在委员会内推动立法外，还有一项重要的工作就是要跟很多常委委员去进行解释、说明，为什么我们现在要单独制定这部专门法，而不是修改《文物保护法》，将非遗作为其中一部分。文物和非遗分属文物部门和文化部门管，首先在管理体制上就面临协调的问题。其次，我们立专门法已经搞了这么多年，如果停下来，再另打锣鼓重新开张，修改《文物保护法》，那又需要多少年。从国际上来看，目前也是两种做法。像联合国，它有一个《保护世界文化遗产公约》，这是文物公约，现在又搞了《保护非物质文化遗产公约》，也是分开搞的。其他国家的立法，如日本、韩国是合在一起的。越南也是这样，越南的国会曾经到我们这里来访问，了解我们这方面的经验，我们就介绍了，我们准备搞这部法，他们回去很快也搞了，在其《文化遗产法》中加了一章。但是我们国家的情况不一样：一是民族民间工作长期是文化系统在做，而且积累了大量经验，基本上形成了一个独立的体系。所以要把这项工作全停下来，重新启动《文物保护法》的修改，那这件事就太麻烦了。二是将来这两部法律都出台，也并不影响实施，等条件成熟了可以再修改合并为一部法律。这主要看我们的文化体制改革尤其是行政管理体制改革的进展情况。如果我国文化遗产管理体制打破了现行分割状态，实现了统筹管理，解决这种法律分立的状况是水到渠成的。我们在经济立法中也是这样做的。比如，《合同法》是上届常委会制定出来的，叫作大的合同法。最开始的时候是分立的，经济有经济合同法、科技有技术合同法，好几个合同法，到最后合并为一个大的合同法，这些法律都废止了。所以我们把这些观点和常委委员反复解释，如果当时不做好充分解释工作，只要有委员提出这个观点，就可能产生很大影响，可能很多同志都会附议，就会说体制上搞两套人马、经费分别立、队伍分别建、法律上又搞两部法，这种做法与发展形势不符，应等将来统筹体制或大部制建立后，再考虑立法。如果是这样，那整个立法工作就可能完全停下来了。经过反复解释，最后主流意见还是认为立法已经走到这里了，我们还是继续往前走，而且并不影响将来合在一起，所以就达成了共识。

其五，知识产权的问题。有的委员提出，我们是不是也应在法律里面写一点知识产权保护的问题。我跟大家讲一讲，在我们起草的时候，我们试图在这方面写上若干民事性的条款。我们曾经去过世界知识产权组织，也去过联合国教科文组织，我们希望除了行政保护外，也可以把民事保护条文写进去。后来，我们在研究的过程中觉得这个问题太复杂了。民族民间文化形态的所有者是谁？权利有哪些？如何确认？这些问题不能套用一般知识产权的法律规则，后来，草案中的相关条款越写越少。国务院法制办在研究草案的时候也试图搞过，他们花了一年的时间来琢磨这个问题，最后也认为这个问题太复杂。为什么复杂？我简单地给大家讲一讲。大家注意到我们这部《非物质文化遗产法》规定的项目叫作“代表性项目”，传承人叫“代表性传承人”。有同志曾经问过我，为什么叫代表性传承人？我解释这当然来源于国际公约，联合国就是这么叫的，实际上是有很深刻的含义的。为什么这么说？一个文化形态，经过千百年的流传，今天流传到你这个传承人也罢、他那个传承人也罢，你只是这个文化流传过程中的代表者，所谓的代表者就是不是唯一者。进一步说，不能简单地就此确认说你就是这个文化形态的绝对拥有者，如果按照这样逻辑推导下去的话，传统文化问题就变会得非常复杂。这将会诱发大量纷争。所以你只能是代表者，不是唯一者，有可能你是，也有可能他是。包括我们讲的，你不行了，我还可以任命其他人。但是，在知识产权、在民事权利上有一个基本的前提，就是独创性、独占性、唯一性。我们现在理解的知识产权，就是这个知识是我独创的。我本人今天在这里讲课，比如说我这个 PPT，就是我独创的，我署我的名，这是我独有的、我独占的，你们其他在座的所有人都不可以侵犯我的权利。如果你抄我这个东西，你个人用可以，但是你要发表的话我就可以说你侵我的权了。但是这个概念能不能用在传统知识上面，如何用，便是一个很大的理论上的问题。为什么？比如像剪纸，我们知道，北方有剪纸，南方也有剪纸，现在文化部也命名了几个地方的剪纸是国家非遗项目。皮影也是，南皮影、北皮影多的是。中国剪纸的这种文化形态是经千百年的流传，经过地域的流变发展而来的。我们命名的对象只是其中的一个代表，但是你由此说这个剪纸就是你的，这个事很麻烦。首先是权利来源不清，如何确认你有这个权利，说这个东西就是你的？其次从历史文化源头上来说，很难厘清，今天来说这东西是你的，有可能在一百年前就不是你的。比如像南拳是广东申报的，最早是从福建传入的，但更早是不是北方的，我也不知道。所以我们现在理解的知识产权，是完全凭借个人的智慧创造出产品，两者是完全不一样的。由此，谁有权对传统文化主张这个权利就变得非常复杂了。我举个例子，像梁祝一样，我们委员会那天在参加法律委的讨论时举了这个例子，梁祝传说按照文化部的代表性项目的命名是江苏、浙江等六个省，你要讲代表性命名的话没有问题，那就是六个省有代表性。坦率地讲，说源头的话，我绝对不相信一个传说的源头能有六个省，当然，故事发生在西湖，西湖最有权力说这个话。上海音乐学院的陈刚创作的一个经典名曲《梁山伯与祝英台》小提琴协奏曲，你说他怎么署名？他创作梁山伯与祝英台的依据是来自于山东、江苏、湖北？可能吗？因为梁山伯与祝英台是中华民族文化的形态。就像我们的昆曲，传承的单位放在江苏昆剧院，我如果在一个剧里用了昆曲就要署名是江苏昆曲？用了一个京剧名就要署名是上海京剧？你们想想这中间的问题多复杂。如果硬性规定，不仅解决不了问题，国内还会打得一塌糊涂。这对文化保护有什么积极意义？很多少数民族的文化长期以来是相互交融的，关于它的民事问题怎么处理，需要更加谨慎、仔细和深入的研究。第三，我们谈到文化保护更重要的是促进和推动文化的发展，而不是限制，这是一个基本前提。民族民间文化本身就是千百年流传下来的东西，我用了一个传说，你那个地方就要钱？这不是限制文化本身的发展吗？这跟我们立法的初衷和本意是明显不一致的。政府应当要明确自己的职责，只要确认你管辖的这个地方有非遗项目，你就要好好保护它、传承它，使之绵延不绝。你就应该花这个钱，下这个工夫，不仅因为它对你这个地方会有很高的文化价值、经济价值和其他方面的价值，更是因为对文化遗产的保护、利用、传承、发展是政府的基本职责。

虽然这次立法没有涉及相关知识产权问题，但我不是说传统文化知识产权我们不应该去做，我一再强调从理论上，从实践上这是一个全新的领域，用现在的知识产权法去套，是没法套的。著作权法有一个《民间文学艺术作品著作权条例》，国务院讨论了十几年也没有制定出来，坦率地说就是因为这个问题具有复杂性。但是，我们需要积极推动、促进理论的深入研究，在时机成熟时积极解决这个问题。在这次常委会审议的时候也有人提出这个问题，我跟他们解释了，他们表示理解。如果这个问题处理不好，非物质文化遗产法不仅不会给非物质文化遗产保护带来更多的积极性的意义，还会省与省之间、地区之间、民族之间为了所有权的问题而打得一塌糊涂，这是我们不愿意看到的。所以一定要在理论上先得到共识，再考虑相关立法才比较合适。大家一定要想清楚，我们保护这个东西更多的是要推动和促进文化发展，而不是从地方利益、个人利益去想这个问题。

这就是我今天跟大家讲的主要内容，还剩一点点时间，看有什么需要解释的，我再讲一讲。

提问：对法律草案我们也组织专家进行讨论过，感觉出台这样一部非遗法律，我们希望保护工作能够有保障、有支撑，能够创造好的条件和环境。但是一些大的问题体现得还不够，比如机构建设没有涉及，比如经费预算只有一句话。还有，我们主张县级以上人民政府建立非遗保护专项基金。这些问题感觉规定力度还不够。

朱兵：你说得非常对，我在这里也解释一下。我们当时希望能够在条款中写得更加具体一些，特别是在经费投入方面，是否可以参照《文物保护法》的写法，随着财政收入增长而增长，建立文物保护专项基金。但是你也知道，一个是经费的问题，一个是机构的问题，都涉及国务院有关部门。而且，坦率地说，在立法上明确设立机构现在做不到，其他法律也很少这样写。像《文物保护法》就没有写应该成立一个什么机构，写的是各级文物主管部门负责这个事。另外，基金的问题，我们提过这个基金，但是没有得到财政部门的支持。因为他们不希望在法律中出现这样的字眼。按照现在财政管理改革，关于基金的管理要统一规定。对一项事业来说，国家有一个法律跟没有法律完全不一样，天壤之别。刚开始搞非物质文化遗产保护的时候，文化部基本是没有什么钱的，现在不一样，国家用于非物质文化遗产的费用逐年上升，关键是有了法律规定，必须纳入规划纳入预算。虽然只有几个字，但那是法律规定，任何人不得随便改变，这是多大的保障啊！我们一定要用发展的眼光看待立法。我再举一个例子，《文物保护法》在1982年制定的时候只有33条，按照你们现在的观点，基本没有具体的规定，从立法上可以说不合格。但是《文物保护法》直到2001年全面修改的时候，经过了将近20年的时间，它对文物保护工作起到了重大作用。可以说，如果没有这部法律，我们的文物保护绝不会取得今天这样的成绩。我想强调的是，我们不要指望一部法律出台能将所有方面都写得非常尽如人意，一切的前提是得有这个法律。我认为这个法律最重大的成果就是给全社会带来一个观念上的转变：确认了非物质文化遗产是受国家法律保护的。

提问：现在法律条文中保存的概念大于保护，原来常用的是保护一个概念，这是否容易造成混乱？

朱兵：就像我前面说的，“保护”这个词在中文里只有一个，是积极的、正面的意思，对那些含有糟粕性的东西无法涵盖。按照《保护非物质文化遗产公约》的写法，保护的概念是一个大保护，内含九个不同概念，包括调查、确认、保存、建档，一直到后面的传承、宣扬、弘扬。为什么公约要把保护作如此定义？为什么要这么区分？实际上从潜台词可以看出来《保护非物质文化遗产公约》对保护的理解本身是有区别的，也就是说，并不是所有的非遗都适合这九个概念，否则就不用区分，有的非遗可以保存，有的可以传承和弘扬，以此达到弘扬优秀传统文化的目的。我们当时也有这种思路，在法律里面对保护做一个定义。后来经过讨论，还是采取把保护与保存分别规定的办法，保存的意思是指对所有的非遗都可以进行保存并研究，保护的意思就直接明确为针对那些需要传承传播的优秀对象进行保护，这样规定更加明确，更加符合我们的需要。我认为，这样也可以。但是不能说如果不这样我就不赞成出台这部法律，我不赞成这种观点。

提问（广东）：我们现在也在做这个条例，遇到几个技术性问题。我们非遗保护实践中有一个非物质文化遗产普查，原来草案中普查和调查是并存的，现在国务院提交常委会的稿子中只有调查，这是怎么考虑的？还有非遗保护单位的问题，保护单位和传承人是非遗保护的两个主要载体，在草案中没有确认保护单位制度。再有讲到珍贵实物资料出境的问题，在法律中没有涉及。有些珍贵的文物实物资料有些不构成可移动文物的，不经过文物鉴定部门、文物鉴定站鉴定，流失也是很严重的。这几个制度问题想咨询一下，草案中能否有所体现。

朱兵：坦率地说，二审以后主要的法律制度就已经确定下来了，要是没什么太大问题，三审就是程序性的通过。你刚才说的三个问题，第一个问题是普查的问题，当时和法制办磋商的时候原来普查和调查是分开写的，后来考虑调查和普查没有实质区别。而且现在普查工作已经基本完成了，文化部已经宣布了全国 87 万项。普查和调查应该说从本质上没有太大区别。法国就是调查，你把调查理解为普查也行。第二个问题，关于传承单位，最早叫传承单位，在工作方案中叫保护单位。草案为什么没有写，我前面给大家讲过，主要是对“单位”一词大家争议挺大，达不成共识。我觉得还需要进一步在工作层面上实施比较成熟后，将来在法律修改中进行完善。第三个问题，关于实物资料的出入境问题，这个问题比较复杂：一是在法律层面上；二是在操作层面上。在法律层面上和文物有交叉。现在文物有一个机构，在审议的时候有常委会提出是否单独搞一个机构，还是交由一个单位管理。但是，现在文物的范围已经很广了，这是法律上和实施上的协调问题。如果法律单独再搞一个实物资料的出入境管理机构，比较困难，这个大家也可以理解，否则越搞越多就麻烦了。第二是标准的问题。珍贵的标准是什么？是文物的标准，还是单独的标准？在这个问题上我看还是和文物系统相衔接比较好，而且文物局也是文化部的部管局，也是一个党组，可以协商一下。

关于《非物质文化遗产法》中的民事保护问题[1]

非物质文化遗产的民事保护主要是知识产权保护问题，一直是我国《非物质文化遗产法》在制定过程中反复讨论且争议颇大的一个重要问题。笔者长期直接参与该法的起草过程，深感此问题的复杂性。特在此对该问题的背景来源、争论焦点和立法处理作一简要介绍和分析。

一、民事或行政保护？

《非物质文化遗产法》的起草工作始于20世纪90年代末，当时该法的名称为《民族民间传统文化保护法》。九届、十届全国人大教科文卫委员会先后成立了立法起草小组，开展了大量立法调研工作，形成了草案。其后，由于我国于2004年批准加入联合国《保护非物质文化遗产公约》，便将草案名称调整为《非物质文化遗产法》。在整个起草过程中，一个突出的争议问题就是对民族民间传统文化究竟在法律上应当采取何种保护方式或制度？是采取民事保护或知识产权（主要是著作权）保护方式，还是采取行政保护的方式？当时有观点认为，民族民间传统文化是千百年自然流传下来、自生自灭的文化形态，行政干预不符合其文化特性，我国《著作权法》已规定要制定《民间文艺作品著作权保护条例》，其保护对象与之重合，不必另辟行政保护的途径。但起草小组经研究后认为，本草案是行政法，规范和调整的主要是政府、国家在保护民族民间传统文化方面的职责或行为；著作权法是民事法律，规范和调整的是某一作品之著作权人的民事权利或行为。虽然保护对象在民间文艺方面有一些重合，但非物质文化遗产的范围更广，包括了传统工艺技能、传统礼仪、节庆等民俗等，而且在法律性质和关系上有着本质的不同。前者规范的是国家的行政保护行为，如普查、建档、研究、保存、传承、弘扬等，以及为实现这些保护行为而提供的财政、行政、技术等措施。后者提供的则是一种民事保护，即保障著作权人对其作品的精神权利和财产权利的实现。从当前的立法实践来

[1] 本文载于《中国版权》2011年第6期。本文中所涉及之法律法规与理论，均以写作时间为准。

看，通过民事手段保护民族民间传统文化面临着相当大的障碍：其一，民族民间传统文化是否应当被纳入著作权保护的范畴？其保护对象、权利内容、归属认定以及与公共文化的关系等在理论上迄今尚无定论，立法工作难以进展。其二，建立在权利人基础上的民事保护制度并不能有效解决民族民间传统文化的普查、保存、记录、传承和弘扬；更不能有效解决那些珍贵、濒危的民族民间传统文化在市场经济浪潮中正面临着的自生自灭的状况。正是在这个意义上，一个国家要使得自己历史悠久、辉煌灿烂的传统文化长期保护和传承下去，就必须将其纳入政府的行政职责之中，必须充分认识到建立行政保护法律制度的重要性和紧迫性。因此，将我国非物质文化遗产法确定为行政法，建立以行政保护为主、辅之以其他社会保护制度的立法思路就成了一个必然的选择。这与我国 1982 年制定的《文物保护法》在法律性质上是完全一致的。从国际上看，这两种保护制度的分立源自于两大国际组织——世界知识产权组织和联合国教科文组织——各自不同的立法思路。世界知识产权组织自 20 世纪下半叶以来，一直积极推动对传统文化的知识产权保护，希冀达成某种公约并鼓励各国制定相关的民事保护法律。这一立法主张有着深刻、复杂的国际背景。一个重要的原因就是希望通过对传统文化知识产权的保护，打破西方发达国家对建立在近代工业革命以来的现行知识产权制度上的话语权垄断。但由于这一问题具有极端复杂性，国际上一时难以达成共识，各国立法也进展不大，效果不彰。其时，正值联合国教科文组织密切关注非物质文化遗产保护问题，于是，两个组织联合召开了一系列会议，推动、鼓励各国通过行政手段加强对传统文化的保护。其直接结果就是联合国教科文组织《保护非物质文化遗产公约》的出台。该公约所规定的“保护”的性质主要就是行政保护，要求“各缔约方应该采取必要措施确保其领土上的非物质文化遗产受到保护”，这些措施包括“适当的法律、技术、行政和财政措施”，通过拟定清单，制定保护规划，建立保护机构，培养保护队伍，加强宣传、传播、教育等来确认、展示和传承这种遗产。

毫无疑问，该公约对保护非物质文化遗产所强调的首要责任主体是各国政府，即各国政府有责任采取行政措施保护、传承和弘扬本国的非物质文化遗产。这与该组织于 1972 年针对物质文化遗产所颁布的《保护世界文化与自然遗产公约》在本质上是完全一致的。《保护非物质文化遗产公约》的顺利通过使之成了具有国际法效力的文件，为各缔约国制定相关国内法提供了国际准则。典型的例子就是，日本、韩国都主要是通过法律规定的行政手段和措施来保护其无形文化遗产（非物质文化遗产）的。进入 21 世纪后，非物质文化遗产保护已成为一个国际性问题，形成了一股强化政府行政保护的势头。通过各国国内立法对本国传统文化予以强有力的行政保护，以达到尊重和维护世界文化多样性这一根本目的，已然成为国际共识。

二、非遗民事保护的几个难点问题

在《非物质文化遗产法》起草过程中，虽然已经明确该法是行政法，调整的关系主要是各级政府的行政职责，但起草者一直希望将有关知识产权的内容作为法律的重要组成部分写入其中。无论是在全国人大教科文卫委员会起草小组的起草阶段，还是在后来的文化部和国务院法制办的起草阶段，起草者都试图将民事保护作为第二种保护制度在法律中建立起来，也曾草拟过若干具体条款，以图有所突破。但经过反复研究讨论，难以达成一致，终于放弃对具体规定的努力。目前通过的法律附则第44条的规定只是一种衔接性规定，并不能作为独立的法律制度。其所以如此，归根结底在于所谓传统文化的知识产权问题（尤其是著作权保护问题）存在着不少理论障碍，共识基础依然薄弱。一是概念的不同和混乱问题。目前，在论及传统文化的知识产权问题时，我们会遇到多种概念，如“民间文艺作品”“民间文艺表达形式”“传统文化表现形式”“非物质文化遗产”等。显然，这些概念的外延、内涵并非完全一致，存在着相当大的差异。从本源上说，这些不同概念均来自于上述两大国际组织。正是它们在各自的范围内，从不同的学理角度交叉、混乱使用这些概念，导致人们在准确认识和理解这一问题上产生了混乱。“非物质文化遗产”这一概念来自于联合国教科文组织，它有时也使用“传统文化表现形式”，这一做法也影响了我国《非物质文化遗产法》的制定。由于这些概念容易被混淆，这也使其进入了知识产权的研究领域。甚至有观点主张确立“非物质文化遗产权”，将民法和著作权法的一般性原则套用于非物质文化遗产。

对此，笔者以为相当不妥，这势必使得问题更为复杂化。首先，从本质上说，所谓“文化遗产”，是一个国家在历史文明发展中所遗留下来的具有历史、文学、艺术和科学价值的物质财富与精神财富，是“公共文化产品”（public culture goods）的重要组成部分。公众的共享或共同消费则是公共产品或公共文化产品的本质特征。文化遗产之所以成为“遗产”，其核心是为社会公众提供历史的见证和文化的精神。唯有通过公共服务方能使公众接受教育、感受文明，才能体现其社会公益性之根本价值。其次，非物质文化遗产的概念极为广泛，按《保护非物质文化遗产公约》的定义，是指“被各群体、团体、有时为个人视为其文化遗产的各种实践、表演、表现形式、知识和技能及其有关的工具、实物、工艺品和文化场所”。其范围包括五大类：口头传说和表述，包括作为非物质文化遗产媒介的语言；表演艺术；社会风俗、礼仪、节庆；有关自然界和宇宙的知识和实践；传统的手工艺技能。

我国对非物质文化遗产的法律定义是：各族人民世代相传并视为其文化遗产组成部分的各种传统文化表现形式，以及与传统文化表现形式相关的实物和场所。包括六大类：①传统口头文学以及作为其载体的语言；②传统美术、书法、音乐、舞蹈、戏剧、曲艺和杂技；③传统技艺、医药和历法；④传统礼仪、节庆等民俗；⑤传统体育和游艺；⑥其他非物质文化遗产。

显然，“民间文艺”只属于这一概念中的一小部分。倘若将“非物质文化遗产”整体作为民事保护之对象，纳入著作权或其他知识产权法律调整的范围，其私权边界如何划清认定？如若同理，那么物质遗产和自然遗产是否也应被纳入，这岂非又与“遗产”之公共本质相冲突了？而且，“非物质文化遗产”是否应当具有知识产权或是什么样的知识产权？该如何确认其权利和设立相关法律制度？保护的对象究竟应该是“民间文艺作品”“民间文艺表现形式”“传统文化表现形式”，还是“非物质文化遗产”？笔者在参与《非物质文化遗产法》起草前后的工作中深深感到，这些基础性概念问题已成为困扰民事保护制度设计的一个主要障碍。二是权利的内容及权利的主体归属问题。在现行著作权法的语境下，保护的对象是具有清晰边界定义的“作品”和创作该作品的“作者”，其相关权利包括精神权利和财产权利及其归属是十分明确的。然而，无论是对“民间文艺”还是对“非物质文化遗产”，这些都是极为不明确的。

目前，理论界存在两种保护模式之争，即著作权保护模式和特殊权利保护模式。前者主张将民间文艺纳入著作权法所定义的“作品”中，以著作权保护模式来进行规范。后者则主张将“民间文艺表达形式”与“作品”区别开来，在传统著作权法之外建立某种特殊权利保护制度，以解决其主体、保护期以及多样性等问题。笔者以为，无论采取何种模式，在理论上都亟须解决两个难点问题：一是权利的内容；二是权利的归属。对此，目前仍缺乏足够的理论支撑。例如，民间文艺或非物质文化遗产的权利主体究竟应是国家、族群，还是地域、社区或某个传承者？抑或兼而有之？这涉及相当复杂的权利关系，并不能简单化之。又例如，一种较普遍的观点是，他人使用民间文艺或非物质文化遗产应当表明来源，这在知识产权理论上确实具有一定的正当性和合理性。但从文化人类学、遗产学以及具体实践来看，“来源”也并非全然是一个简单明了的问题。一些民间文艺或非物质文化遗产项目可能较易明确其来源，但有相当一些则难以明确。由于它们是千百年来世代流传下来的文化形态，具有流变性和跨地域、跨民族性，因此，我们绝不能简单地将现今它们所处的地域直接等同于文化人类学、遗产学上的来源地。同样，也绝不能简单地把各级政府通过行政手段确认的非遗项目所在地混同于该项目的来源地。这是性质完全不同的两回事。目前，我国各级政府颁布的非遗项目多达8万余项，有的是数省、多地共有项目（如梁祝传说等）。依照《非物质文化遗产法》，这种行政确认不过是对项目所在地政府履行保护职责的一种法律确认，而绝非是从民事关系上对项目所在地是否具有该文化形态所独占、独享的“来源地”的一种法律确认。三是私权主张与传统文化传承发展的关系问题。如何妥善、正确处理知识产权保护与传统文化的传承发展关系，也是建立有关民事保护制度的一个难点问题。作为私权的知识产权在本质上体现的是权利的独占性、排他性，这与作为遗产的传统文化的共有性、共享性产生了很大冲突。由于非物质文化遗产的繁杂和广泛，从行政保护的角度看，法律上和实践上的一个有效手段就是采取确认具有代表性的名录项目和传承人的方法来予以保护。也就是说，某个项目或传承人都只是该传统文化表现形态的“代表者”之一，而不是“独占者”或“独享者”。如果因为代表性名录项目和传承人的行政确认，就将某种世代广泛流传的传统文化形态归之于某个人、某个所在地对其权利的独占、独享，从而使之拥有排他性，这显然是极为不妥的。此问题若处理不当，势必会导致各地争权诉讼遍起，引发地域间、民族间的纷争和冲突。这不仅会对传统文化的广泛继承、弘扬和传播产生相当障碍和不利影响，而且也与传统文化作为“遗产”的本质、精神和价值相背离。这也是联合国《保护非物质文化遗产公约》强调非遗项目或传承人的“代表性”，而特别申明把知识产权问题排除在该公约之外的一个重要原因。

三、准确理解《非物质文化遗产法》中的相关知识产权条款

《非物质文化遗产法》附则一章规定：“使用非物质文化遗产涉及知识产权的，适用有关法律、行政法规的规定。”（第 44 条第 1 款）这是全国人大常委会在审议国务院提请审议的法律草案时，经反复讨论后增加的一款。需要指出的是，该条款只是针对那些已属现行知识产权法律法规相适用的对象——在使用非物质文化遗产过程中通过再创造而产生的作品、发明或商业秘密的知识产权所作出的一种衔接性规定，而不能将其错误地理解为是对非物质文化遗产本身具有知识产权的法律确认。关于该条款，全国人大教科文卫委员会、全国人大常委会法工委、国务院法制办、文化部联合主编的《非物质文化遗产法律指南》有较为权威、准确的阐述。笔者不揣累赘，特抄录如下：“使用非物质文化遗产涉及知识产权的，适用有关法律、行政法规的规定。这一规定的含义是：使用非物质文化遗产涉及知识产权的，能够适用现有的法律、行政法规的，则适用现有的法律、行政法规予以处理。例如，在使用非物质文化遗产中涉及的表演者的权利，以及商业秘密等知识产权，可以适用著作权法、反不正当竞争法等法律予以保护；不能适用现有的法律、行政法规规定的，则可以适用将来出台的法律、行政法规的规定予以规范。如著作权法规定，民间文学艺术作品的著作权保护办法由国务院另行规定。这一行政法规一旦颁布出台将是对使用非物质文化遗产涉及的知识产权问题进行规范的一个依据。适用中应当注意的是，本法对使用非物质文化遗产涉及的知识产权问题的法律适用问题的这一规定，只是对使用非物质文化遗产可能涉及的知识产权问题在法律适用方面的一个衔接性规定，不涉及非物质文化遗产本身的知识产权保护问题。”

我国非物质文化遗产保护与立法[1]

一、保护非物质文化遗产的背景与意义

非物质文化遗产是整个文化遗产中的一个重要组成部分。随着当前全球经济社会的快速发展，非物质文化遗产的价值日益显现，对其保护的重要性和紧迫性日益突出。人类进入21世纪后，全球经济科技一体化趋势日趋严重。这一趋势对各国特别是发展中国家的传统文化产生了深刻冲突和巨大影响，加剧了传统文化，弱势文化的消亡。许多国家政府强烈意识到经济发展与文化保护具有同等重要的战略意义。以非物质文化遗产为代表的文化遗产保护越来越成为一个浪潮。当今人们对文化遗产重要性的认识，已远远超过了传统意义上对文化遗产的认识。文化的问题、文化遗产的问题从来没有像今天这样为全球所普遍关注。

这种趋势和现象的出现具有相当深刻和复杂的历史背景和时代原因：一是在以信息技术、互联网技术为核心的科技、经济发展下，全球一体化的趋势日益突出，国家、民族、地域的特征与界限在相当程度上被不断削弱和打破。二是西方发达国家借助科技经济的优势，利用全球化的趋势，在全球极力推行西方文化及其相关的价值理念。美国学者亨廷顿的一个著名观点就是当今的世界冲突就是“文明的冲突”。[2]所谓“文明的冲突”，说到底就是文化和宗教的冲突，也就是信念、精神、价值观和文化传统的冲突。在他们看来，所谓全球化就是西方文化的思想、价值和观念的全球化。一些西方国家极力在全世界通过种种手段推销其思想文化，在文化上大力推行“单边主义”，严重威胁到了其他国家的文化主权和文化安全。因此，保护不同民族、群体、地域的传统文化，维护世界文化的多样性，成了各国政府普遍关注并付诸实施的重要战略问题。不仅有越来越多的发展中国家意识到保护本国

---

〔1〕 本文载于《文化遗产》2012年第2期。本文中所涉及之法律法规与理论，均以写作时间为准。

〔2〕 参见［美］塞缪尔·亨廷顿：《文明的冲突与世界秩序的重建》（修订版），周琪等译，新华出版社2010年版。

非物质文化遗产的重要性，一些发达国家也逐步认识到了这个问题不能忽视。三是文化及其文化遗产，其中特别是以活态文化为特点的非物质文化遗产，体现了一个国家、民族的血脉和精神，是国家、民族的身份象征和价值象征，其源自农耕文明的独特性是其他依附于现代工业社会、信息社会所产生的文化所不能取代的。在某种意义上，它的消亡意味着民族个性、民族特征的消亡，也意味着文化基因和文化血脉的中断。保护文化遗产，既是不同文化（尤其是弱势文化）实现文化平等权、文化认同权的一个重要内容，更是维护世界文化多样性、促进世界和平共处、共同发展的一个重要内容。

从我国的情况来看，我国既是一个经济大国，更是一个文化大国。中华民族五千年历史和博大精深、丰富多彩的文化遗产，以及所体现出来的中华民族精神和优秀价值观是我们国家和民族立足于世界之林的重要支柱。正是在全球化这样的背景下，我们党的“三个代表”重要思想，特别是科学发展观和创建和谐社会理念的提出，强调经济社会的协调发展，强调大力推动经济建设、政治建设、社会建设、文化建设和生态文明建设。从中国特色社会主义事业“四位一体”总体布局的高度，提出了推动社会主义文化大发展、大繁荣的战略任务，高屋建瓴、全面深刻地阐述了文化在当前社会发展中的重要地位，把文化和文化遗产的问题提到了一个前所未有的历史高度。非物质文化遗产中所蕴含的优秀民族精神和文化理念，是中国特色社会主义核心价值体系和意识形态的重要内容，是建设和谐文化和培育文明风尚的重要精神力量，是弘扬中华文化、建设中华民族共有精神家园的重要载体。《中共中央关于深化文化体制改革推动社会主义文化大发展大繁荣若干重大问题的决定》开篇指出：“文化是一个民族的血脉，是人民的精神家园。”[1]深刻地揭示了文化作为一个民族精神血脉的本质所在，充分反映了我们党对全球发展趋势的准确把握。当今世界，与经济和政治相互交融，文化已经成为与经济、军事等“硬实力”相比肩的“软实力”，在综合国力竞争中的地位和作用越来越突出。文化的力量，深深熔铸在民族的生命力、创造力和凝聚力之中。

20 世纪下半叶以来，非物质文化遗产保护逐渐成了一个国际性问题，出现了一股强化政府行政保护的势头。联合国教科文组织于 1989 年提出了“保护民间文化和传统文化的建议案”，倡导各成员国保护传统文化和民间文化。1997 年 11 月，联合国教科文组织第 29 届大会通过了建立“人类口头和非物质文化遗产代表作”的决议。2000 年 4 月，该组织总干事致函各国，正式启动了《人类非物质遗产代表作名录》的申报、评估工作，并于 2001 年开始在全球范围内选评。2001 年 11 月，联合国教科文组织第 31 届会议通过了《世界文化多样性宣言》。该宣言强调文化多样

〔1〕 参见《中共中央关于深化文化体制改革，推动社会主义文化大发展大繁荣若干重大问题的决定》。

性的重要意义，主张各国应制定相应的文化政策，保护文化的多样性。2002 年 9 月，该组织专门就非物质文化遗产的保护召开了第三次全球文化部长会议，通过了《伊斯坦布尔宣言》，强调非物质文化遗产是构成人们文化特性的基本要素，是全人类的共同财富，各国政府有责任制定政策和采取措施保护它们，使之不断传承和传播。2005 年，联合国教科文组织第 33 次大会通过了《保护文化表现形式多样性公约》，2006 年经全国人大常委会批准，我国政府正式加入。近些年来，该组织还积极推动非物质文化遗产国际公约的达成。2003 年 10 月，联合国教科文组织第 32 届大会通过了《保护非物质文化遗产公约》。该公约由此成为与《保护世界文化和自然遗产公约》相呼应的国际公约，要求“各缔约方应该采取必要措施确保其领土上的非物质文化遗产受到保护”。这些措施包括“采取适当的法律、技术、行政和财政措施”,[1]通过拟定清单，制定保护规划，建立保护机构，培养保护队伍，加强宣传、传播、教育等来确认、展示和传承这种遗产。这为各成员方制定相关国内法提供了国际法依据。2004 年 8 月，我国政府正式向十届全国人大常委会第十一次会议提请加入该项公约，经常委会审议后得到了批准。我国成了全球率先批准加入该公约的国家之一。2006 年，我国成为该公约的政府委员会成员。该公约与《保护世界文化和自然遗产公约》《保护和促进文化表现形式多样性公约》一起成了 20 世纪以来全球文化领域最重要的三个国际公约。

目前，世界各国都非常重视对文化遗产包括非物质文化遗产的保护。除了欧洲一些重要遗产国外，非洲、亚洲及太平洋地区都掀起了保护非物质文化遗产的浪潮。除了日韩外，如泰国、菲律宾、蒙古、韩国、不丹、柬埔寨等国（包括中国）都开始建立非物质文化遗产的电子文献数据库，一些国家还建立非物质文化遗产保护的专门机构，将其纳入国家保护行为之中。不少国家都在实践中建立了相关法律保护制度。

二、我国对非物质文化遗产的保护与立法进程

我国是一个历史悠久、拥有 56 个民族的文明古国，不仅有大量的物质文化遗产，还有着大量丰富多彩、特色鲜明的非物质文化遗产。流传至今的各种神话、歌谣、谚语、音乐、舞蹈、戏曲、曲艺、皮影、剪纸、绘画、雕刻、刺绣、印染等艺术和技艺以及各种礼仪、节日、民族体育活动等，构成了民族民间传统文化的主要内容，是世界历史文化中的一个巨大宝库。这是中华民族世代相传的文化财富，是中华民族文化的基因和多样性的具体体现，是我们发展先进文化的民族根基和重要的精神资源，是国家和民族生存和发展的一个重要内在动力。中华民族血脉之所以绵延至今从未间断，非物质文化遗产的贡献不可替代。

---

[1] 《保护非物质文化遗产公约》第 11、13 条。

我国对传统民族民间文化的保护有着长久的历史。新中国成立以来，有组织、有计划地开展了一系列抢救、保护活动，在民族民间传统文化的整理、研究、保护和发展方面都投入了大量的人力、财力，取得了相当成就。例如，对三大史诗《格萨尔王传》（藏族）、《江格尔》（蒙古族）、《玛纳斯》（柯尔克孜族）的收集整理；对维吾尔族的大型传统音乐经典套曲《十二木卡姆》的收集整理等。改革开放以来，我国政府在全国范围内开展了一项浩大的民族民间传统文艺十大集成的收集、整理、编撰、出版工作。不少地方也都建立了专门的民族博物馆或民俗博物馆。中国的传统工艺美术也相当丰富，有24大类，国家于1979年以来先后评选了4批204名国家级工艺美术大师。一些省市区地方政府和社会各界也开展了很多工作，抢救、保护和传承当地民族民间文化，创设了很多形式和做法。例如，云南的民族村、民族文化传习馆，贵州的民族文化生态博物馆等，都是如此。2005年3月，国务院办公厅颁发了《关于加强我国非物质文化遗产保护工作的意见》。这是国家最高行政机关首次就我国非物质文化遗产保护工作发布的权威指导意见，明确提出保护工作的重要意义、目标和方针，建立保护制度、工作机制等。该意见指出："我国各族人民在长期生产生活实践中创造的丰富多彩的非物质文化遗产，是中华民族智慧与文明的结晶，是连接民族情感的纽带和维系国家统一的基础。保护和利用好我国非物质文化遗产，对落实科学发展观，实现经济社会的全面、协调、可持续发展具有重要意义。"[1]从2005年起，文化部门在全国范围内开展了非物质文化遗产资源普查，普查出非物质文化遗产资源近87万项，建立了非物质文化遗产代表性项目国家级名录和地方名录，命名了一大批代表性传承人。截至2011年，国务院公布了三批国家级非遗名录1219项；全国省级名录项目7109个，地市县级名录约7万个；国家级代表性传承人1488名，省级传承人6332名。文化部还批准设立了福建省闽南文化生态保护区等7个国家级文化生态保护试验区。各地设立了上千处专题博物馆、传习所等。各级政府建立了机构队伍，加大了经费投入，截至2011年，中央政府已累计投入10多亿元专项保护资金。迄今，我国已有昆曲艺术、古琴艺术、新疆维吾尔木卡姆艺术、蒙古族长调民歌、端午节、中国书法、皮影等36项成功入选联合国《世界非物质文化遗产名录》。

尽管如此，我国的非物质文化遗产保护工作仍面临着严峻形势。特别是一些以身口相传为依存的非物质文化遗产正在迅速损毁、消失和流失。在全球一体化的趋势下，保持民族民间传统文化的多样性受到了外来文化的强烈冲击。随着市场经济和工业化、城市化的飞速发展，随着生活生产方式的改变，非物质文化遗产的生存环境发生了变化。民族民间独有的文化习俗、服饰建筑、传统工艺等逐

[1] 国务院办公厅《关于加强我国非物质文化遗产保护工作的意见》（国办发［2005］18号）。

渐被消融、湮灭。例如，在一些民族的服饰和织锦中，祖传的民族图案和手工艺品被现代图案和现代日用品所取代；外来文化的装饰替代了传统装饰；现代建筑替代了传统民居。民族民间的传统口头文学、史诗自然流失；掌握一定传统艺术技能的民族民间艺人已为数不多，传承困难，后继乏人。收集、整理、调查、记录、建档、展示、利用、人员培养等工作相当薄弱，普遍存在资金、人员不足的困难。面对这种状况，一个主要原因就是缺乏国内法律的保障。同时，境外一些国家和机构通过各种渠道大量采集、收购我国珍贵的非物质文化遗产实物资料，造成了文化资源的严重流失，对此也缺乏国家法律的限制。正是在这样的背景下，通过制定相关的法律来保障非物质文化遗产的生存发展，成了一种现实的迫切要求。

在我国立法机构中，《非物质文化遗产法》的立法工作最早始于 1998 年。当时在九届全国人大教科文卫委员会任职的委员们，如朱开轩、范敬宜、聂大江、常沙娜、宋木文、高运甲等，对通过立法保护我国优秀民族民间传统文化非常积极。由于立法工作初期所面临的一些困难，九届全国人大教科文卫委员会采取了“先地方、后中央”的立法思路。1998 年底，全国人大教科文卫委员会主任委员朱开轩率队对云南省民族民间传统文化保护工作进行了全面考察，建议云南省人大率先制定有关保护民族民间传统文化的地方性法规，为全国各地制定类似的法规提供借鉴，也为国家立法积累经验。云南省人大常委会有关部门会同云南省文化厅、省民委、省旅游局等有关职能部门，成立了由相关方面领导、专家和实际工作者参加的起草小组，深入到部分地市州县进行了较为广泛的调查研究，并赴北京就条例的起草、修改情况向全国人大教科文卫委员会作汇报。全国人大教科文卫委员会组织召开座谈会，对云南省拟定的草案给予肯定，并提出了修改意见。2000 年 6 月 26 日，云南省九届人大常委会第 16 次会议以全票赞成的表决结果审议通过了《云南省民族民间传统文化保护条例》。

2000 年 11 月 7 日，由全国人大教科文卫委员会、文化部、国家文物局联合组织的“全国民族民间文化保护立法工作座谈会”在云南召开。自此拉开了各地立法工作的大幕。会议的目的就是总结和推广地方立法的“云南经验”。会议结束后，各地即投入力量开始了当地的民族民间文化保护立法工作。2001 年 12 月 18 日，为了解、交流国际保护和立法经验，全国人大教科文卫委员会、文化部、国家文物局又在北京召开了一个重要的国际会议：“共同守护我们的精神家园——民族民间文化保护与立法国际研讨会”。来自联合国教科文组织、世界知识产权组织的代表和阿尔及利亚、丹麦、埃及、挪威、埃塞俄比亚、法国、日本、荷兰、挪威、俄罗斯、瑞典、坦桑尼亚、泰国、美国、中国等十多个国家的七十余名官员和专家学者参加。全国人大常委会时任副委员长的彭珮云会见了与会代表并发表了热情洋溢的讲话。这两个会议在推进我国非物质文化遗产地方和国家的立法工作中，发挥了重要作用。

2002 年 8 月，文化部向全国人大教科文卫委员会报送了《民族民间文化保护法》的建议稿，全国人大教科文卫委员会成立起草小组，并于 2003 年 11 月形成了《民族民间传统文化保护法（草案）》。2004 年 8 月，十届全国人大常委会第十一次会议批准我国加入联合国《保护非物质文化遗产公约》。“非物质文化遗产”这一概念在我国逐渐取代了“民族民间文化”这一传统概念。据此，十届全国人大教科文卫委员会成立了以吴基传为组长，陈难先、周成奎为副组长的立法专门小组，将草案名称调整为《非物质文化遗产保护法》，决定由文化部牵头，组织有关方面的力量，在已有立法起草工作的基础上，根据我国实际情况的变化和《保护非物质文化遗产公约》的要求，重新起草草案。在这一过程中，全国人大教科文卫委员会还积极促进和推动其他一些地方立法机关（如贵州、宁夏、福建、广西、江苏、浙江、宁夏、新疆等省区人大）制定出台了相关地方法规。2005 年 3 月，国务院办公厅颁发了《关于加强我国非物质文化遗产保护工作的意见》。这是国家最高行政机关首次就我国非物质文化遗产保护工作发布权威指导意见。该意见明确提出了保护工作的重要意义、目标和方针，建立保护制度、工作机制等。随着这些政策措施的逐步实行，其成熟经验应该为国家立法提供很好的参照和依据。2006 年 9 月，文化部就法律草案正式向国务院报请审议，并交国务院法制办公室对其研究修改。2008 年 3 月，十一届全国人大常委会组成后，非常重视《非物质文化遗产保护法》的立法工作，将其列入 5 年立法规划。十一届全国人大教科文卫委员会在主任委员白克明主持下，进一步深入开展调研，积极协调各方推进立法进程。其后，国务院法制办公室对草案送审稿反复研究修改，形成了《非物质文化遗产法（草案）》，经国务院第 115 次常务会议讨论通过，于 2010 年 6 月提请十一届全国人大常委会第十六次会议审议，经 2010 年 12 月十八次会议、2011 年 2 月十九次会议审议，2011 年 2 月 25 日，十一届全国人大常委会第十九次会议以 155 票赞成、2 票反对审议通过了《中华人民共和国非物质文化遗产法》。胡锦涛同志于当日签发了中华人民共和国主席令第 42 号，该法自 2011 年 6 月 1 日起施行。

《非物质文化遗产法》共 6 章 45 条，包括：总则，非物质文化遗产的调查，非物质文化遗产代表性项目名录，非物质文化遗产的传承与传播，法律责任及附则。该部法律的出台，是非物质文化遗产保护的一个里程碑，标志着我国非物质文化遗产保护走上依法保护的阶段。2011 年 6 月 9 日，全国人大法律委员会、全国人大教科文卫委员会、全国人大常委会法工委、国务院法制办、文化部联合在人民大会堂召开“宣传贯彻《中华人民共和国非物质文化遗产法》座谈会”，路甬祥副委员长出席会议并讲话。这次会议对在全国范围内深入开展非物质文化遗产法的宣传、贯彻和实施起到了重要的推动作用。

三、非物质文化遗产法的几个基础性问题

（一）非物质文化遗产的定义和概念

对那些具有民族民间文化特性的，具有历史、科学、文化和艺术价值并流传至今的无形文化遗产，国际上的称呼各有不同，出现了多种概念。如一些国家和组织称之为“folklore”（民间文学艺术）；世界知识产权组织称之为“expression of folklore”（民间文学艺术表达形式）；联合国教科文组织称之为“traditional and folk culture”（传统文化与民间文化）或“intangibal heritage”（非物质遗产）、“oral and intangibal heritage”（口头或非物质文化遗产）、“intangibal culture heritage”（非物质文化遗产）。日韩等国称之为“无形文化财”。尽管这一概念最早来源于日本的“无形文化财”，但自20世纪80年代以来，在联合国教科文组织公开发布的文件中，这一概念被更改过多次，使用过诸如“无形文化遗产”“民间传统文化”“口头和非物质文化遗产”“非物质文化遗产”等概念。在制定《保护非物质文化遗产公约》过程中，对于究竟使用何种概念，各方一直争执不休，最后达成了“非物质文化遗产”这一共识。由此可见这一问题在理论和实践中的复杂性。

严格地说，“Intangible ”在英语本意上并不是指“非物质”，而是指“触摸不到的、无形的”，更接近于中文的“无形”，因而并不等于说它完全与“物质”相对立、相排斥。实际上，“无形的”非物质文化遗产往往是通过“有形的”物质文化遗产表现出来的。二者既不可分，又有本质区别。例如，昆曲表演所用的锣鼓、弦索及笛、萧、笙、琵琶等管弦和打击乐器是物，是物质的表现形式。而昆曲的表演技艺、音乐、唱腔、伴奏等才是非物质的表现形式，但后者又脱离不开前者，而是依靠前者的存在体现出来的。因此，它们都是作为联合国颁布的人类口头和非物质文化遗产代表作之一的“昆曲”的共同构成要素。在我国的文化实践中，长期以来也有着“民间文学艺术”“民族民间文化”（或“民族民间传统文化”）等多种约定俗成的概念或说法。虽然这些概念各异，但其对象的性质是一致的，就是指那些依附个人、群体存在的非物质形态化的文化遗产，如传统口传文学及语言、表演艺术、工艺技能、民俗节庆等。这些文化遗产与世代传承的民族民间文化的技艺者、表演者、知识者密切相关，它的最大特点就是依附于特定民族、群体和个人现实的存在而存在，是其生产生活方式不可或缺的构成要素，是其文化精神、价值和审美的活的显现。随着联合国教科文组织《保护非物质文化遗产公约》的通过，“非物质文化遗产”一词已逐渐被广泛接受，成了一个权威性的概念。该公约将非物质文化遗产界定为：“指被各社区、群体，有时是个人，视为其文化遗产组成部分的各种社会实践、观念表述、表现形式、知识、技能以及相关的工具、实物、

手工艺品和文化场所。这种非物质文化遗产世代相传，在各社区和群体适应周围环境以及与自然和历史的互动中，被不断地再创造，为这些社区和群体提供认同感和持续感，从而增强对文化多样性和人类创造力的尊重。”〔1〕为与该公约保持一致性，我国立法机关在制定的法律法规和政府机关出台的文件中也随之采用了这一概念。

我国《非物质文化遗产法》明确规定：“本法所称非物质文化遗产，是指各族人民世代相传并视为其文化遗产组成部分的各种传统文化表现形式，以及与传统文化表现形式相关的实物和场所。”〔2〕这一定义在体现《保护非物质文化遗产公约》上述规定的基础上，更强调非物质文化遗产本身所具有的三个特点：一是非物质文化遗产是各族人民世代相传下来的。非物质文化遗产是在一个地域、一个族群内通过口传心授，或者不断反复进行一种行为等方式世代相传，持续下来的，具有活态传承的特点。例如，阿诗玛作为一个民间传说，是在云南一带的彝族这个族群内，通过世代口传心授而传承下来的。又如，中秋节是我国的传统节日，具有几千年的历史，世代相传至今，成了中华民族的一项重要文化遗产。其就是通过从古至今，每年庆祝这样一个节日的方式世代相传下来的。二是非物质文化遗产与各族人民群众的生产生活密不可分。非物质文化遗产是人民群众在生产生活中创造的，其本身就是人们生产生活的一部分。像酿酒、制伞、编织、一些食品的制作技艺、服装服饰等非物质文化遗产都是来源于人们的日常生活。还有民俗、礼仪活动，本身就是在人民群众日常生活中形成的各种风俗习惯。所以，非物质文化遗产与人民群众的生产生活密不可分。三是非物质文化遗产由文化表现形式及相关的实物和场所组成。文化总是以各种形式表现出来，我国的传统文化具有非常丰富的表现形式，如传统美术、书法、音乐、舞蹈、戏剧、曲艺和杂技等都是人们喜闻乐见的艺术表现形式。非物质文化遗产作为文化表现形式，其本身是非物质的，但又离不开物质的载体，所以与其相关的实物和场所也是非物质文化遗产的重要组成部分。如京剧是非物质文化遗产，其演出时需要服装、道具，伴奏的乐器等，这些都是实物；还需要演出的舞台，这是场所。因此，各种文化表现形式，以及作为其组成部分的实物、场所共同构成了非物质文化遗产。

（二）《非物质文化遗产法》的性质

我国《非物质文化遗产法》在法律性质上是一部行政法。所谓行政法，是指国家行政管理方面的法律法规，主要规定国家行政管理的基本原则、方针、政策以及国家机关及其负责人的地位、职权和职责。对非物质文化遗产保护而言，主要依靠行政保护还是民事保护或知识产权保护？在立法上是制定行政法还是制定有关民事

〔1〕《保护非物质文化遗产公约》第2条。

〔2〕《中华人民共和国非物质文化遗产法》第2条。

法律，对此理论界、法学界曾有过一些争议。所谓行政保护，指的是政府、国家在保护非物质文化遗产上的行政行为，如开展普查、建档、研究、保存、传承、弘扬等，以及为实现这些保护行为而提供的财政、行政、技术等措施。所谓民事保护，指的是非物质文化遗产权利人所行使的民事权利或行为。

联合国《保护非物质文化遗产公约》中“保护”的性质是行政保护而非民事保护或知识产权保护。[1]该公约所强调的首要责任主体是各国政府，即各国政府有责任采取行政措施保护、传承和弘扬本国的非物质文化遗产。这与该组织于1972年针对物质文化遗产所颁布的《保护世界文化与自然遗产公约》在本质上是完全一致的。因为政府作为公共权利的代表者和行使者，有义务、有职责对社会发展中的公共事务进行管理。非物质文化遗产作为国家公益文化事业的重要组成部分，它的多样性、复杂性和脆弱性决定了其保护工作是一项耗费巨大的工程。除了社会方方面面的力量外，政府之职责必然要求其发挥核心作用。典型的例子就是，日本、韩国都主要是通过法律规定的行政手段和措施来保护其无形文化遗产（非物质文化遗产）的。进入21世纪后，随着公约的出台，非物质文化遗产保护已成为一个国际性问题，形成了一股强化政府行政保护的势头。通过各国国内立法对本国传统文化予以强有力的行政保护，以达到尊重和维护世界文化多样性这一根本目的，已然成为国际的一个基本共识。

为此，我国《非物质文化遗产法》主要对政府的行政职责作了明确规定，包括：①明确了各级政府的基本职责：“国务院文化主管部门负责全国的非物质文化遗产的保护、保存工作；县级以上地方人民政府文化主管部门负责本行政区域内的非物质文化遗产保护、保存工作。县级以上其他有关部门在各自职责范围内，负责有关非物质文化遗产的保护、保存工作。”这有三层意思：一是明确规定了文化部主管全国的非物质文化遗产工作；二是根据我国的行政管理特点，为了明确和强化地方各级人民政府文化主管部门的职责，明确规定了县级以上地方人民政府文化主管部门负责本行政区域内非物质文化遗产的保护、保存工作；三是鉴于非物质文化遗产对象比较广泛，涉及其他相关职能部门众多，其保护和保存工作仅依靠文化部门的管理和监督是不够的。为此，法律明确规定了县级以上人民政府的其他有关部门也应在各自职责范围内，负责有关非物质文化遗产的保护、保存工作。这些部门（例如建设与城乡规划、工业和信息、民族事务、旅游、公安、工商、海关、体育、文物、档案、中医药管理等部门）都应当在各自的职责范围内做好工作，与文化主管部门一起，齐抓共管，形成合力。②法律明确规定：“县级以上人民政府应当将

---

〔1〕《保护非物质文化遗产公约》第3条第2款规定：“本公约的任何条款均不得解释为：影响缔约国从其作为缔约方的任何有关知识产权或使用生物和生态资源的国际文书所获得的权利和所负有的义务。”

保护、保存工作纳入本级国民经济和社会发展规划，将其经费列入本级财政预算。国家扶持民族地区、边远地区、贫困地区的非物质文化遗产保护、保存工作。”一是明确规定县级以上人民政府应当将非物质文化遗产保护、保存工作纳入本级国民经济和社会发展规划。国民经济和社会发展规划是各级政府制定的全国或者某一地区经济、社会发展的总体纲要，是统筹安排和指导全国或某一地区的社会、经济、文化建设工作的政府指导性文件。将非物质文化遗产工作纳入规划，是政府行政行为的一项重要内容。二是明确规并将非物质文化遗产保护、保存经费列入本级财政预算。非物质文化遗产的保护和保存是社会公共事业，需要国家的财政投入，为此，本法明确了政府对非物质文化遗产的经费保障责任。三是明确了国家扶持民族地区、边远地区、贫困地区的非物质文化遗产保护、保存工作。非物质文化遗产的保护经费短缺，是各地区的一个普遍问题，这在经济不发达地区表现得尤为突出。我国幅员辽阔，各地区由于地理和历史等原因，经济发展极不平衡，在一些边远贫困和少数民族地区，非物质文化遗产资源非常丰富，而这些地区却往往由于经济发展相对落后，地方政府无力为非物质文化遗产保护提供财政保障，而给当地的非物质文化遗产保护工作带来了非常不利的后果。考虑到民族地区、边远地区、贫困地区的非物质文化遗产保护、保存工作的必要性和紧迫性，因此立法中明确规定了国家扶持条款，确保中央财政通过转移支付等方式对其予以支持。[1]③法律在非物质文化遗产的调查、名录、传承、传播以及鼓励社会力量开展工作等方面，明确规定了相关的行政职责和保障措施。

（三）《非物质文化遗产法》的调整对象和范围

对于非物质文化遗产所涉及的调整对象和表现形式，不同组织、不同国家对它的理解并不相同，其范围或大或小。国际组织所制定的一些相关文件从较权威的角度为我们确定这些对象和表现形式提供了参考。联合国教科文组织在通过的《保护非物质文化遗产公约》中将所保护的对象划分了五大类，并在其后颁布的补充性文件《口头和非物质文化遗产范畴的举例》中对各类非物质文化遗产作了开放式的列举说明：①口头传说和表述，包括作为非物质文化遗产媒介的语言：即诗歌、史话、神话、传说及对文化群体具有重要意义的其他叙事的表演和公开表述。②表演艺术：即在文化群体的节庆或礼仪活动中的表演艺术，其中包括肢体语言、音乐、戏剧、木偶、歌舞等表现形式。③社会风俗、礼仪、节庆：即人一生中的各种仪式（出生、成长、结婚、离婚和殡葬等仪式），游戏和体育活动，亲族关系与亲族关系的仪式，定居模式，烹调技术，确定身份和长幼尊卑的仪式，有关四季的仪式，不同性别的社会习俗，打猎、捕鱼和收获习俗，源于地名的姓名和源于父名的姓名，

---

〔1〕《中华人民共和国非物质文化遗产法》第6、7条。

丝绸文化和工艺［生产（纺织）、缝纫、染色、图案设计］，木雕，纺织品，人体艺术（文身、穿孔、人体绘画）。④有关自然界的知识和实践：即有关大自然（如时间和空间）的观念，农业活动和知识，生态知识与实践，药典和治疗方法，宇宙观，航海知识，预言与神谕，有关大自然、海洋、火山、环境保护和实践、天文和气象的具有神秘色彩的、精神上的、预言式的、宏观宇宙的和宗教方面的信仰和实践，冶金知识，计数和计算方法，畜牧业，水产，食物的保存、制作、加工和发酵，花木艺术，纺织知识和艺术。⑤传统的手工艺技能。由此可见，这个保护范围是相当广泛的。

在我国，对非物质文化遗产（民族民间传统文化）的理解也有广义、狭义之分。广义的非物质文化遗产包括了所有存在于各民族、群体、区域中的一切传统知识、文化现象和表现形式。狭义的非物质文化遗产主要集中在传统文学艺术、传统工艺美术等方面。长期以来，文化部门和社会团体主要是围绕着后者开展抢救保护工作的。随着我国对非物质文化遗产的认识不断深入，需要根据实际情况，适当扩大保护的范围和对象。这一扩大既要考虑与国际公约相协调，又要考虑到我国自身的社会特点。从我国的实践情况来看，传统口头文学及作为载体的语言、传统表演艺术、传统手工艺技能、传统医药、传统礼仪节庆体育等民俗活动以及与上述各项相关的实物资料和文化场所等，是我国非物质文化遗产之重要、主要的组成部分，这已为各界所一致认可，也与国际上的基本认识相一致。因而成了我国立法调整的主要对象和范围。

为此，我国《非物质文化遗产法》对“非物质文化遗产”的对象范围作了明确规定，包括六大类：①传统口头文学以及作为其载体的语言（主要指在民族民间流传的口传文学、诗歌、神话、故事、传说、谣谚等，以及作为载体的语言）。②传统美术、书法、音乐、舞蹈、戏剧、曲艺和杂技。③传统技艺、医药和历法。④传统礼仪、节庆等民俗（目前列入国家级非物质文化遗产名录的民俗项目有 121 项）。⑤传统体育和游艺（目前列入国家级非物质文化遗产名录的传统体育和游艺项目有 30 余项）。⑥其他非物质文化遗产。[1]

在上述这些对象中，应当注意处理好几个问题：一是民族语言和濒危语言的问题。按照法律规定，语言本身不是非物质文化遗产保护的一个独立对象，只有当其成为传统口头文学的语言载体时，才能与该口头文学一道成为非物质文化遗产。因此，对保护非物质文化遗产而言，语言是作为传统口头文学的载体而被记录、保存和传承的，离开了这一特定前提的语言是不属于非物质文化遗产的。二是《保护非物质文化遗产公约》中“有关自然界和宇宙的民间传统知识和实践”这一概念涉及

〔1〕《中华人民共和国非物质文化遗产法》第 2 条。

的对象过于宽泛复杂，与我国的国情不是完全相符，因此应根据我国社会实际情况有所甄别，区别对待。对那些传统历法、饮食技艺、医药等重要内容，我国法律已将其纳入非物质文化遗产范围，其他的可视成熟情况逐步纳入保护范围。三是《保护非物质文化遗产公约》中的“文化空间”（the Cultural Space）一词表述比较模糊，也不太符合中国语境，它主要就是指集中举行传统文化活动的场所或区域。虽然该公约并未将其作为保护范围中的一个独立类别，但实践中已将其作为一个类别来对待了。例如在联合国所公布的保护名录中，已经有多个“文化空间”（如摩洛哥的吉马广场文化空间、乌兹别克斯坦的博逊地区的文化空间）等名列其中。我国立法中采用的是“与传统文化相关的场所”和“区域性整体保护”等概念，在今后实践中可根据发展情况逐步将其作为独立对象来对待。

四、《非物质文化遗产法》的三个重要原则

（一）坚持区分精华与糟粕的原则

“取其精华，弃其糟粕”，是我党正确处理传统文化的一项重要原则，也是我们正确处理非物质文化遗产的一项重要原则。毛泽东同志早在《新民主主义论》中就指出：“中国长期的封建社会中，创造了灿烂的古代文化，清理古代文化的发展过程，剔除其封建性的糟粕，吸收其民主性的精华，是发展新文化提高民族自信心的必要条件；但是决不能无批判地兼收并蓄。必须将古代封建统治阶级的一切腐朽的东西和古代优秀的人民文化即多少带有民主性和革命性的东西区别开来。”党的十七大报告指出，中华文化是中华民族生生不息、团结奋进的不竭动力。要全面认识祖国传统文化，取其精华，去其糟粕，使之与当代社会相适应、与现代文明相协调，保持民族性，体现时代性。[1]

从客观实践来看，在我国各民族共同创造的丰富繁杂的非物质文化遗产中，既有大量的鲜明表现为“精华”的民族优秀传统文化形态；也有不少鲜明表现为“糟粕”的陋习、迷信甚至反人性的、愚昧的腐朽文化形态（例如，妇女缠脚、吸食鸦片、太监、惨绝人寰的酷刑等）；还有一些精华与糟粕相互混淆、难以区别的传统文化形态。面对这种客观存在，立法中就如何具体处理精华与糟粕这一问题，存在着不同意见。一种意见认为，“取其精华，去其糟粕”一直是党和政府对待传统文化的基本原则，应当作为一条法律原则直接写入。另一种意见则相反，认为“精华”和“糟粕”是相对的，其界限难以划清，因而坚决反对将其写入法律，甚至反对在法律中以“优秀”一词来区分。最后，经过反复研究，多数人意见认为，由于非物质文化遗产具有复杂性，因此不宜简单将上述原则直接写入法律，而应当采取

〔1〕胡锦涛：《高举中国特色社会主义伟大旗帜 为夺取全面建设小康社会新胜利而奋斗》。

分类管理、区别对待的办法，从立法目的上体现坚持社会主义先进文化的要求。也就是说，立法中通过分别采取不同的保存、保护措施，使不同性质和价值的非物质文化遗产得到不同程度的保护。比如，对所有非物质文化遗产（包括那些已不合时宜的，甚至有违人性的风俗习惯等）主要采取确认、普查、建档等保存措施；而对那些优秀非物质文化遗产代表项目，则采取传承、传播等措施予以保护。

这种分类管理、区别对待的做法也是与《保护非物质文化遗产公约》的精神相一致的。该公约明确规定："在本公约中，只考虑符合现有国际人权文件，各群体、团体和个人之间相互尊重的需要和顺应可持续发展的非物质文化遗产。"〔1〕换言之，符合人权标准、相互尊重和顺应社会发展，是衡量非物质文化遗产是否受到该公约保护的基本标准。而且，该公约所用的"保护"（Safeguarding）不同于《保护世界文化和自然遗产公约》中的"保护"（Protection）。前者相对于后者是一种更为泛义的保护，其目的是通过采取各种措施，使保护对象免受伤害或者损害、毁坏。因此，该公约第2条专门将"保护"（Safeguarding）定义为："采取措施，确保非物质文化遗产的生命力，包括这种遗产各个方面的确认、立档、研究、保存、保护、宣传、弘扬、承传（特别是通过正规和非正规教育）和振兴。"〔2〕这些概念主要有三层含义：一是调查建档（包括研究）；二是保存展示；三是传承弘扬。显然，该公约之所以分别列出这些概念，表明这些措施之间的差异性，也表明由于非物质文化遗产内容繁杂，价值不一、良莠不齐，且又具有活态的传承性质，并非如同物质文化遗产一样完全适用同一种保护措施。就是说，调查、认定、立档这类保护措施，适用于所有的非物质文化遗产；而宣传、弘扬、振兴这类保护措施应当只适用于那些与当代社会基本准则相符合的非物质文化遗产。这也要求我们在立法和政策的制定中必须坚持分级分类处理的原则，以达到既使一切有价值的非物质文化遗产得到保护，又使那些优秀的非物质文化遗产得以传承之目的。

因此，我国《非物质遗产法》在制定中，将《保护非物质文化遗产公约》的"保护"（Safeguarding）具体化为"保护"和"保存"两个概念。法律将"保护"与"保存"区别开来，以对不同的非物质文化遗产采取不同的措施，即规定对所有的非物质文化遗产采取认定、记录、建档等措施予以保存，对体现中华民族优秀传统文化，具有历史、文学、艺术、科学价值的非物质文化遗产采取传承传播等措施予以保护。〔3〕法律所称的"保存"，是指将所有的非物质文化遗产尽可能客观地、全面地记录下来，以便完整地呈现给后人，供人们了解、研究，防止损毁、丢失、灭绝。法律所称的"保护"具有更为积极的意义，保护对象必须同时具备两个前

---

〔1〕联合国《保护非物质文化遗产公约》第2条第1项。

〔2〕联合国《保护非物质文化遗产公约》第2条第3项。

〔3〕《中华人民共和国非物质文化遗产法》第3条。

提：一是“体现中华民族优秀传统文化”；二是“具有历史、文学、艺术、科学价值”。保护的目的不仅是防止被保护的对象受到伤害或者损害、毁坏，而且通过传承、传播等主动措施使之在社会发展中发扬光大。因此，保存是保护的前提，保护的对象首先是保存的对象，保存不等于肯定，更不等于提倡。为了不引起对“保护”一词的歧义，全国人大常委会在审议时，最后将法律的名称由《非物质文化遗产保护法》，更名为《非物质文化遗产法》。

（二）坚持中华文化一体多元性、维护国家统一和民族团结的原则

《非物质文化遗产法》第4条规定，保护非物质文化遗产，要有利于增强中华民族的文化认同，有利于维护国家统一和民族团结，有利于促进社会和谐和可持续发展。这是非物质文化遗产保护、保存工作的又一个重要原则。具体而言，这个原则包括三方面内容：

第一，强调开展非物质文化遗产工作要有利于增强中华民族的文化认同。中华民族有着超过五千年的文明史，历史悠久，灿烂辉煌，至今绵延不绝的一个重要原因就是中华民族具有强大的民族凝聚力，这个凝聚力就是中华民族全体成员对中华民族共同的、持久的文化认同，从而使整个中华民族在漫长的历史过程中始终结合为一个统一、协调的整体。中华民族的固有特质是多元一体，所谓“多元”是指包括汉民族在内的56个民族都是中华民族的组成部分；所谓“一体”是指这些民族共同构成一个不可分割的整体。在这个一体与多元的关系里面，一体性是本质，多元是它的形式。这些民族有着各自的文化特征和差异，但他们在长期的历史交流和融合中，形成了有着共同价值取向、思维方式和行为规范的中华文明，这是中华民族文化认同的基本要义，也是我们建设中华民族共有精神家园、增强民族凝聚力和创造力的根基。虽然56个民族都有各自丰富多彩的文化形态和文化遗产，但它们都是中华文明不可分割的组成部分。因此，开展非物质文化遗产保护保存工作，必须要以增强中华民族的文化认同，提高对中华文化整体性和历史连续性的认识为基本出发点。

第二，强调开展非物质文化遗产工作要有利于维护国家统一和民族团结。维护国家统一和民族团结，是中华民族的最高利益，也是各民族的共同愿望。民族的团结是国家统一的基础，是经济发展和社会进步的保证，是实现各民族共同繁荣的前提条件和各民族的共同愿望，也是衡量一个国家综合国力的重要标志之一。我国《宪法》明确规定：“中华人民共和国各民族一律平等。国家保障各少数民族的合法的权利和利益，维护和发展各民族的平等团结互助和谐关系。禁止对任何民族的歧视和压迫，禁止破坏民族团结和制造民族分裂的行为。”同时还规定：“中华人民共和国公民有维护国家统一和全国各民族团结的义务。”因此，维护国家统一和民族团结，既是每个公民的基本义务，也是实现公民权利的重要保证，更是我国顺利进

行中国特色社会主义建设的根本保证。我们的一切工作包括各民族的非物质文化遗产保护、保存工作，都应当以此为根本目的。

第三，强调开展非物质文化遗产工作要有利于促进社会和谐和可持续发展。党的十七大报告指出："建设和谐文化，培育文明风尚。和谐文化是全体人民团结进步的重要精神支撑。""和谐社会要靠全社会共同建设。我们要紧紧依靠人民，调动一切积极因素，努力形成社会和谐人人有责、和谐社会人人共享的生动局面。"〔1〕几千年来，中华文明之所以生生不息，一个重要的精神和思想就是主张"天人合一""和而不同"，强调人与自然、人与人、人与社会之间的和谐共处，强调国家、民族、群体之间的和谐共处。以人为本、和谐共存是中华文明人文精神的一个重要核心价值，也是我们保护那些体现中华民族优秀文化传统，具有历史、文学、艺术、科学价值的非物质文化遗产的本质所在。"可持续发展"（Sustainable development）这一概念最早于1972年为联合国人类环境会议所提出，意指既满足当代人的需求，又不对后代人满足其需求的能力构成危害的发展。最早主要指自然环境、生态、资源与开发利用之间的平衡协调发展，其后广泛运用于自然、环境、社会、经济、科技、政治等诸多方面。因此，可持续发展是一种建立在社会、经济、文化、人口、资源、环境相互协调和共同发展的基础上的科学发展。这既是科学发展观的基本内涵，也是中国特色社会主义建设中的一个重要内容。要实现经济社会的可持续发展，一个必不可少的重要内容就是要保持文化的多样性和非物质文化遗产的可持续性。这也是联合国《保护非物质文化遗产公约》中的一个重要内容。保持非物质文化遗产的可持续性包括两方面：一是采取各种措施使非物质文化遗产得以认定、记录、建档、传承和传播，使其真实并完整地保留下来；二是在有效保护的前提下，通过合理的创新、开发与利用，使其与现代生活相结合，并得以不断延续和发展。

（三）坚持保护为主、合理利用、促进发展的原则

包括非物质文化遗产在内的所有文化遗产都是一个国家、民族历史文明的载体，是绝对不可再生的文化资源。这种"不可再生性"也就是文化遗产的本质属性。但是，由于观念认识上的差异和市场经济环境中追求经济效益的原因，保护与利用的矛盾日益尖锐和突出，成了文化遗产保护工作面临的一个主要问题。一个突出的现象就是为了谋取经济利益，对文化遗产采取"竭泽而渔"的政策，进行破坏性开发利用。这种破坏性开发利用的本质特点就是为了实现经济效益，不尊重文化遗产的自身规律，不惜破坏文化遗产的原真性或原始形态，毁坏文化遗产的原生态环境和历史风貌；或无限制地发展旅游人口，使文化遗产本身难以承受。在对非物质文化遗产的开发利用中，也存在着一些突出问题，最突出的就是"重利用，轻保

〔1〕 胡锦涛：《高举中国特色社会主义伟大旗帜 为夺取全面建设小康社会新胜利而奋斗》。

护”，把经济效益作为评判标准，陷入商业开发的误区。如对一些市场价值不高的非物质文化遗产，任其流失、消亡；对一些具有经济效益的非物质文化遗产，不惜采取割裂、破碎的方法任意改变其原生形态，破坏其持续发展的文化内涵。如一些地方出现的民俗旅游点、民俗风情园，将非物质文化遗产演变为纯粹的商业行为，或假冒伪劣，甚至迎合低俗、庸俗的文化品位，使其丧失内在的文化精神。

2005 年国务院办公厅颁发的《关于加强我国非物质文化遗产保护工作的意见》明确提出了非物质文化遗产必须遵循“保护为主，抢救第一，合理利用，传承发展”的工作指导方针，这既与我国文物保护工作指导方针基本一致，也是非物质文化遗产工作特点和规律的经验总结，是非物质文化遗产法立法中的一个重要的指导方针。这一方针深刻阐明了保护和利用的关系。在这个方针中，“保护”和“抢救”是一切工作的前提和基础；“利用”是在“合理范围”内的利用，即在尊重非物质文化遗产客观规律下的利用；“传承发展”是非物质文化遗产工作的目的。因此，在任何时候，任何情况下，都要坚持把非物质文化遗产的保护、保存放在主要位置，坚持它作为中心任务来抓。没有保护，就谈不上利用。利用必须是合理的、科学的。要在实现有效保护的前提下，积极对非物质文化遗产资源进行合理的利用。

因此，《非物质文化遗产法》规定，国家鼓励和支持发挥非物质文化遗产资源的特殊优势，在有效保护的基础上，合理利用非物质文化遗产代表性项目开发具有地方、民族特色和市场潜力的文化产品和文化服务。[1]坚持在“有效保护”的基础上积极“合理利用”，这是《非物质文化遗产法》确定的又一项重要原则，是非物质文化遗产工作方针在法律中的本质体现。一方面，“有效保护”是开发利用的基础和前提。对非物质文化遗产代表性项目进行开发利用，要把“保护为主”和“抢救第一”放在首位，做好调查、认定、建档和传承工作保护文化资源环境；在开展生产性保护时，要防止以假乱真、粗制滥造等破坏非物质文化遗产项目的行为；在利用非物质文化遗产代表性项目进行创作、改编、出版、表演、展示、产品开发、旅游等活动时，应当充分尊重并珍视非物质文化遗产代表性项目的真实性，遵循其自身发展规律，保护好它的形式和核心内涵，避免对其进行肢解和歪曲。另一方面，积极地合理利用非物质文化遗产代表性项目具有重要意义，使非物质文化遗产在生产生活实践中得到传承发展，实现非物质文化遗产保护与经济社会协调发展的良性互动。开展非物质文化遗产生产性保护是传承发展非物质文化遗产的重要方式。我国许多非物质文化遗产之所以能够流传下来，就是在长期的生产实践过程中，不断改进和发展起来的，具有旺盛的生命力。在保护这些项目本真性和核心技

〔1〕《中华人民共和国非物质文化遗产法》第 37 条。

艺的前提下，通过合理利用，不仅可以为保护提供更多的资金来源，而且可以在市场环境中更好地推动这些项目的传承发展，增强非物质文化遗产的生命力和活力，既传承了文化，也充分发挥了社会效益和经济效益。而且，合理利用非物质文化遗产代表性项目，充分发挥非物质文化遗产优势，开发具有鲜明的地方、民族特色的文化产品和文化服务，挖掘市场潜力，不仅可以增强非物质文化遗产的生命力和活力，推动非物质文化遗产融入当代社会、融入生产生活，也能够让当地的传承人和群众获得经济收益，提高他们的传承积极性，为非物质文化遗产保护和传承奠定持久、深厚的基础。同时，可以促进地方经济结构调整和经济发展，满足人民群众多样化的精神文化需求。

五、非物质文化遗产法确立的几项重要法律制度

（一）调查制度

非物质文化遗产的调查是非物质文化遗产保存、保护工作的基础，直接影响到非物质文化遗产的认定，是否列入名录和非物质文化遗产的传承、传播、弘扬等工作。只有通过非物质文化遗产调查，才能全面了解和掌握非物质文化遗产资源的种类、数量、分布情况、生存环境、保护现状及存在的问题。为此，法律必须对非物质文化遗产调查的主体、程序、要求等作出规定。调查既包括政府部门组织的普查，也包括社会组织和个人进行的其他方式的调查。《非物质文化遗产法》所确立的调查制度包括几个内容：

第一，规定县级以上人民政府根据保护、保存工作需要，组织开展非物质文化遗产的调查，调查由文化主管部门负责实施。其他有关部门可以对其工作领域内的非物质文化遗产进行调查。公民、法人和其他组织可以依法进行调查。[1]非物质文化遗产是公共资源，任何组织和个人都不能独占，政府的文化行政管理有责任有义务承担主要调查工作。同时，政府可以动员相关机构、团体和个人的力量开展相关调查。自2005年至2009年，文化部开展了第一次全国非物质文化遗产普查工作。据不完全统计，参与这次普查的工作人员有50万人次，走访民间艺人115万人次，投入经费8亿元，收集珍贵实物和资料29万件，普查的文字记录量达20亿字，录音记录23万小时，拍摄图片477万张，汇编普查资料14万册，非物质文化遗产资源总量近87万项。通过全国范围内的非物质文化遗产普查，对各地区的非物质文化遗产进行了系统和科学的记录，摸清了全国非物质文化遗产资源总量和分布情况，以及各门类非物质文化遗产资源的价值、特色及其传承和发展状况，认定和抢救了一批具有历史文化价值、处于濒危状态的非物质文化遗产。

---

〔1〕《中华人民共和国非物质文化遗产法》第11、14条。

第二，规定调查时应予以认定、记录、建档，建立健全调查信息共享机制，有关档案和数据信息应当公开。[1]建立档案是保存非物质文化遗产的重要措施，是指通过搜集、记录、分类、编目等方式，建立完整的档案。为了使调查的记录能够完整、系统地保存，应当建立反映非物质文化遗产基本面貌的档案。这既是调查工作的延续，也是其他保护工作的基础。调查结束后，文化主管部门要运用文字、录音、录像、数字化多媒体等各种方式，对非物质文化遗产进行真实、系统和全面的记录，建立档案和数据库，将调查成果物质形态化，为非物质文化遗产的保护、保存工作打下良好基础。目前，文化部及中国非物质文化遗产保护中心成立了中国非物质文化遗产网、中国非物质文化遗产数字博物馆等；省级文化主管部门基本建立了数据库，将非物质文化遗产档案和信息上传到网络上，运用现代数字技术向全社会宣传、展示非物质文化遗产。

第三，规定境外组织或者个人在我国境内调查的，应报经省级文化主管部门批准。调查两个以上省市区域的，应报经国务院文化主管部门批准。调查结束后，应向批准的文化主管部门提交调查报告和实物图片、资料复制件。境外组织的调查应与境内非物质文化遗产学术研究机构合作进行。[2]近年来，境外组织、个人到境内进行非物质文化遗产调查的情况逐渐增多。这体现了我国传统文化的吸引力，但是也给我国的非物质文化遗产保护带来了一些不容忽视的问题。为了从法律制度上对境外组织、个人在境内实施非物质文化遗产调查的行为进行规范，法律对境外组织、个人在境内进行非物质文化遗产调查应当遵循的程序作了上述规定。上述规定主要从程序上对境外组织或者个人在境内的调查活动进行了规范，增加了必要的管理措施，并没有禁止境外组织或者个人来华进行非物质文化遗产调查，不影响正常的旅游观光活动，也不会限制正常的国际文化交流。

（二）名录制度

非物质文化遗产代表性项目名录制度是保护我国非物质文化遗产的一项重要的法律基本制度。建立名录制度有利于突出保护重点。由于非物质文化遗产数量庞大，内容繁杂，保护必须有所取舍、有所侧重，重点保护那些体现中华民族优秀传统文化，具有历史、文学、艺术、科学价值的非物质文化遗产。建立非物质文化遗产代表性项目名录可以使我国有限的行政、财力资源得到科学利用，有利于推动我国非物质文化遗产代表性项目的抢救、传承、传播，加强中华民族的文化自觉和文化认同。同时，建立名录制度也是与对国际公约的履行相一致的。法律规定的调查制度有几个主要内容：

第一，规定了建立非物质文化遗产代表性项目名录的政府层级，列入国家级和

〔1〕《中华人民共和国非物质文化遗产法》第12、13条。

〔2〕《中华人民共和国非物质文化遗产法》第14、15条。

地方代表性项目名录的条件。国务院建立国家级非物质文化遗产代表性项目名录，将体现中华民族优秀传统文化，具有重大历史、文学、艺术、科学价值的非物质文化遗产项目列入名录予以保护。省、自治区、直辖市人民政府建立地方非物质文化遗产代表性项目名录，将本行政区域内体现中华民族优秀传统文化，具有历史、文学、艺术、科学价值的非物质文化遗产项目列入名录予以保护。省、自治区、直辖市人民政府可以从本省、自治区、直辖市非物质文化遗产代表性项目名录中选择向国务院文化主管部门推荐列入国家级非物质文化遗产代表性项目名录的项目。推荐时应当提交下列材料：①项目介绍，包括项目的名称、历史、现状和价值；②传承情况介绍，包括传承范围、传承谱系、传承人的技艺水平、传承活动的社会影响；③保护要求，包括保护应当达到的目标和应当采取的措施、步骤、管理制度；④有助于说明项目的视听资料等材料。[1]

第二，规定了列入国家级和地方代表性项目名录的条件，国家级代表性项目的推荐、建议、评审、公示、拟定、批准、公布等产生程序。法律规定：国务院文化主管部门应当组织专家评审小组和专家评审委员会，对推荐或建议列入国家级非物质文化遗产代表性项目名录的非物质文化遗产项目进行初评和审议。初评意见应当经专家评审小组成员过半数通过。专家评审委员会对初评意见审议，提出审议意见。评审工作应当遵循公开、公平、公正的原则。国务院文化主管部门应当将拟列入国家级非物质文化遗产代表性项目名录的项目予以公示，征求公众意见。公示时间不得少于20日。国务院文化主管部门据专家评审委员会的审议意见和公示结果，拟订国家级非物质文化遗产项目名录，报国务院批准、公布。[2]

第三，规定了国家级和地方代表性项目的保护规划、区域性整体保护和专项保护规划、对保护规划实施情况的监督检查等内容。法律规定，国务院文化主管部门应当组织制定保护规划，对国家级非物质文化遗产代表性项目予以保护。省、自治区、直辖市人民政府文化主管部门应当组织制定保护规划，对本级人民政府批准公布的地方非物质文化遗产代表性项目予以保护。制定非物质文化遗产代表性项目保护规划，应对濒临消失的非物质文化遗产代表性项目予以重点保护。[3]

（三）传承制度

与物质文化遗产相比，非物质文化遗产最大的特点是依托于人而存在的，以声音、形象和技艺等为表现手段，以口传身授为延续方式，是一种活态文化。非物质文化遗产虽然也有物质的因素或载体，但其价值主要通过人们行为活动的动态过程体现出来，反映的是人们的情感、智慧、思维方式、审美观和价值观等精神的因

[1] 《中华人民共和国非物质文化遗产法》第18、19条。

[2] 《中华人民共和国非物质文化遗产法》第22、23、24条。

[3] 《中华人民共和国非物质文化遗产法》第25、26、27条。

素。非物质文化遗产的"活态"性，决定了其保护方式与物质文化遗产有很大区别。非物质文化遗产除了采取认定、记录、建档等措施予以保存外，更重要的是对体现中华民族优秀传统文化，具有历史、文学、艺术、科学价值的非物质文化遗产采取传承、传播等措施予以保护，即通过传承、教育、宣传、展示等手段使其在相关社区、群体或社会中得以实现现实延续和发展。代表性传承人是非物质文化遗产的重要承载者和传递者，他们的存在和发展，使非物质文化遗产得以保持、延续其生命力。为此，法律确立了以代表性传承人为核心的传承制度。通过政府行为和社会力量支持或保障自然传承活动的实现，包括采取技术、行政、财政等措施，建立传承人保障制度，促进非物质文化遗产的传承。

对传承方面的主要规定包括：一是规定国务院文化主管部门和省、自治区、直辖市人民政府文化主管部门对本级人民政府批准公布的非物质文化遗产代表性项目，可以认定代表性传承人。非物质文化遗产代表性项目的代表性传承人应当符合下列条件：①熟练掌握其传承的非物质文化遗产；②在特定领域内具有代表性，并在一定区域内具有较大影响；③积极开展传承活动。认定非物质文化遗产代表性项目的代表性传承人，应当参照执行本法有关非物质文化遗产代表性项目评审的规定，并将所认定的代表性传承人名单予以公布。二是规定县级以上人民政府文化主管部门根据需要，采取下列措施，支持非物质文化遗产代表性项目的代表性传承人开展传承、传播活动：①提供必要的传承场所；②提供必要的经费资助其开展授徒、传艺、交流等活动；③支持其参与社会公益性活动；④支持其开展传承、传播活动的其他措施。三是规定非物质文化遗产代表性项目的代表性传承人应当履行下列义务：①开展传承活动，培养后继人才；②妥善保存相关的实物、资料；③配合文化主管部门和其他有关部门进行非物质文化遗产调查；④参与非物质文化遗产公益性宣传。并规定：非物质文化遗产代表性项目的代表性传承人无正当理由不履行前款规定义务的，文化主管部门可以取消其代表性传承人资格，重新认定该项目的代表性传承人；丧失传承能力的，文化主管部门可以重新认定该项目的代表性传承人。[1]

（四）传播制度

在现代社会环境下，非物质文化遗产仅仅依靠传承人的个体自然传承（如"口传身授"）是远远不够的。虽然许多非物质文化遗产基本上是靠这种方式延续至今的，但这种方式往往因为社会、经济、文化以及个体的变迁而受到极大的制约。还必须依靠各级政府部门、企事业单位、社会团体等各方面力量的多方支持，依靠社会公民的积极参与，通过现代传媒手段和公共文化机构和学校教育途径，向广大民

---

〔1〕《中华人民共和国非物质文化遗产法》第29、30、31条。

众、特别是青少年进行宣传、展示、教育和传播，使非物质文化遗产在社会中得到广泛确认、尊重和弘扬，使之生生不息、永续发展。非物质文化遗产代表性项目，体现了中华民族优秀传统文化，具有重要的历史、文学、艺术、科学价值，是非物质文化遗产的核心和关键部分。做好非物质文化遗产代表性项目的宣传、展示工作，不仅能够提高人民群众保护非物质文化遗产的意识，推动非物质文化遗产融入当代社会生活，而且对于增强中华民族的文化认同、促进社会和谐发展具有重要意义。

因此，法律专门对如何开展和促进非物质文化遗产在全社会的广泛传播作了具体规定：一是规定对非物质文化遗产县级以上人民政府应当结合实际情况，采取有效措施，组织文化主管部门和其他有关部门宣传、展示非物质文化遗产代表性项目。二是规定国家鼓励开展与非物质文化遗产有关的科学技术研究和非物质文化遗产保护、保存方法研究，鼓励开展非物质文化遗产的记录和非物质文化遗产代表性项目的整理、出版等活动。三是规定学校应当按照国务院教育主管部门的规定，开展相关的非物质文化遗产教育。新闻媒体应当开展非物质文化遗产代表性项目的宣传，普及非物质文化遗产知识。四是规定图书馆、文化馆、博物馆、科技馆等公共文化机构和非物质文化遗产学术研究机构、保护机构以及利用财政性资金举办的文艺表演团体、演出场所经营单位等，应当根据各自的业务范围，开展非物质文化遗产的整理、研究、学术交流和非物质文化遗产代表性项目的宣传、展示。五是规定国家鼓励和支持公民、法人和其他组织依法设立非物质文化遗产展示场所和传承场所，展示和传承非物质文化遗产代表性项目。[1]

近些年来，我国非物质文化遗产保护工作日益被重视，鼓励、支持和保障各种传播活动的开展已成为政府、社会乃至教育部门的一项重要工作。各地在实践过程中，摸索出了许多行之有效的宣传、展示非物质文化遗产代表性项目的措施。如设立一批非物质文化遗产博物馆、传习所；出版大量研究成果；充分利用传统节日、文化遗产日等重要节日，组织开展展示、展演活动；充分发挥公共文化机构、艺术表演团体、教育机构、新闻媒体的积极性，不断探索群众喜闻乐见的宣传、展示方式等。特别将传承活动纳入教育，使其成为公众特别是青少年教育活动、社会知识文化发展链条中的一个重要环节。这种教育途径既包括纳入国民教育规划的学校教育，也包括社会职业教育、业余教育和其他公共教育。通过社会教育和学校教育，使非物质文化遗产得以通过青少年广泛传播、后继有人。这也是《保护非物质文化遗产公约》所提出的一个积极内容。总之，非物质文化遗产代表性项目是丰富多彩的，各级人民政府组织在开展宣传、展示和传播活动时，应当结合实际情况，不断

---

〔1〕《中华人民共和国非物质文化遗产法》第 32、33、34、35、36 条。

地丰富和完善相应的形式和措施。

除了上述制度外，法律还确定了非物质文化遗产区域性整体保护制度和文化生态保护区制度。对非物质文化遗产代表性项目集中、特色鲜明、形式和内涵保持完整的特定区域实施整体性保护，是我国非物质文化遗产保护的一个创举。2007 年至今，文化部相继命名设立了闽南文化、徽州文化、热贡文化、羌族文化、客家文化（梅州）、武陵山区（湘西）土家族苗族文化、海洋渔文化（象山）、晋中文化等 10 个文化生态保护实验区。在地方党委政府的大力支持下，在文化部门和其他相关部门的共同努力下，文化生态保护区的工作机制逐步完善，制定了总体规划和实施方案，保护工作整体水平得到了有效提升，有力地推动了非物质文化遗产的整体性保护，促进了自然生态和物质文化遗产的保护以及非物质文化遗产的传承发展，提高了人们的文化认同和自觉意识，为推动生态文明与社会和谐、城市建设及经济发展，发挥了积极作用。其他省份也在积极探索和推动文化生态的整体性保护。

应当指出的是，由于立法中对“文化生态保护区”这一概念存在一定争议，因此法律并未使用这一概念，而是将要求实行整体保护的区域规定为“非物质文化遗产代表性项目集中、特色鲜明、形式和内涵保持完整的特定区域”。为此，法律作出了三层规定：一是对非物质文化遗产代表性项目集中、特色鲜明、形式和内涵保持完整的特定区域，当地文化主管部门可以制定专项保护规划，报经本级人民政府批准后，实行区域性整体保护。二是实行区域性整体保护的，应当尊重当地居民的意愿，并保护相关实物场所。三是涉及有关村镇、街区空间规划的，由当地城乡规划部门依据相关法规制定专项保护规划。[1]

此外，法律还规定了相应的法律责任，对公职人员在非物质文化遗产保护、保存工作中玩忽职守、滥用职权、徇私舞弊、侵犯调查对象风俗习惯并造成严重后果的，依法给予处分；对破坏属于非物质文化遗产组成部分的实物和场所的，依法承担民事责任，或依法给予治安管理处罚；对境外组织和个人违反规定的给予相关处分，情节严重的给予罚款等。《非物质文化遗产法》还授权省市区参照该法有关规定制定建立地方非物质文化遗产代表性项目名录的办法；规定使用非物质文化遗产涉及知识产权的，适用有关法律、行政法规的规定；对传统医药、传统工艺美术等的保护依照相关法律法规的规定。[2]

〔1〕《中华人民共和国非物质文化遗产法》第 26 条。

〔2〕《中华人民共和国非物质文化遗产法》第 37~45 条。

文化遗产保护传承的法治建设[1]

文化是一个国家、一个民族的灵魂。文化自信是一个国家、一个民族发展中更基本、更深沉、更持久的力量。党的十九大报告深刻阐述了文化和文化建设的地位作用，作出了坚定文化自信，推动社会主义文化繁荣兴盛的重大决策部署，提出了加强文物保护利用和文化遗产保护传承等工作任务，为建设社会主义文化强国提供了根本遵循。中华优秀传统文化和革命文化是中华民族的精神命脉，是中国特色社会主义文化的历史源泉。文化遗产是人类创造并遗留、流传下来的具有历史、艺术和科学价值的文化财富，是中华优秀传统文化和革命文化的重要载体。在经济、科技全球化日益突出的今天，文化遗产对一个国家、民族的重要性越来越突出，对保持文化多样性的重要性越来越突出。加强文化遗产保护与传承，深入挖掘中华优秀传统文化、革命文化所蕴含的思想观念、人文精神、道德规范，推动中华优秀传统文化创造性转化、创新性发展，结合时代要求继承创新，不忘本来，吸收外来，面向未来，让中华文化展现出永久魅力和时代风采，对培育和践行社会主义核心价值观，弘扬民族精神，增强文化自信，提高国家文化“软实力”，推动社会主义文化繁荣兴盛具有十分重要意义。

文化遗产法律制度是中国特色社会主义法律体系的一个重要组成部分。全国人大及其常委会高度重视文化法治建设，在全面依法治国战略的引领下，随着对文化遗产保护对象和范围的认识不断扩大，保护的程度不断加深，包括1982年颁布实施并于2002年修订的《文物保护法》、2011年颁布实施的《非物质文化遗产法》以及国务院颁布的《文物保护法实施条例》《传统工艺美术保护条例》《历史文化名城名镇名村保护条例》《长城保护条例》《博物馆条例》等行政法规在内的文化遗产法制体系框架基本形成，为文化遗产工作提供了重要的、较为完备的法律保障。

1982年全国人大常委会颁布实施《文物保护法》标志着我国物质文化遗产保

〔1〕 本文载于《中国人大》2017年12月20日。本文中所涉及之法律法规与理论，均以写作时间为准。

护走上法治化的轨道。《文物保护法》首次从国家行政法律的角度对文物的对象和保护范围、标准，对文物保护单位、考古发掘、馆藏文物、私人收藏文物、文物出境都作了规定，确立了一些重要原则和制度：明确了文物保护对象的标准是“具有历史、科学、艺术价值的文物”；划定了文物保护的范围共五大类；确立了文物保护单位制度和历史文化名城保护制度；明确了配合基本建设的抢救性发掘的原则；确立了文物修缮、保养、迁移时“不改变文物原状”的原则等。2002 年九届全国人大常委会在广泛深入征求意见的基础上，经过四次审议通过了新修订的《文物保护法》，在保留旧法一些好的原则和制度的前提下，针对现实需要和文物保护认识的发展，增加了相当多的内容。主要有：明确规定文物工作的基本方针是“保护为主，抢救第一，合理利用，加强管理”。明确规定各级政府应当把文物工作纳入地方经济和社会发展计划、纳入城乡建设规划、纳入财政预算。进一步扩大文物保护的范围，增加了近现代重要史迹、实物、代表性建筑；增加了历史文化街区、村镇保护制度；增加了对文物保护单位的保护范围和建设控制地带内禁止行为的具体规定；完善了考古发掘制度；增加了馆藏文物交流渠道，补偿制度和退出馆藏的制度；扩大了民间文物流通渠道，建立了文物拍卖制度；进一步完善了相关法律责任。

20 世纪 90 年代初，我国开始启动非物质文化遗产保护的立法工作，九届全国人大教科文卫委员会为此做出了巨大努力，推动云南省等地率先出台有关地方性法规，起草草案。2003 年，联合国教科文组织通过了《保护非物质文化遗产公约》。2004 年，十届全国人大常委会审议批准我国加入该项公约。2011 年 2 月 25 日，十一届全国人民代表大会常务委员会第十九次会议审议通过《非物质文化遗产法》。这是一部全面规范我国非物质文化遗产认定、记录、建档和传承、传播的重要法律，它首次从国家法律层面明确了非物质文化遗产保护与保存的对象范围，建立了非物质文化遗产的调查制度、代表性项目名录制度、传承与传播制度，明确了相关法律责任。法律确立了多项重要原则，主要包括：保护非物质文化遗产，要有利于增强中华民族的文化认同，有利于维护国家统一和民族团结，有利于促进社会和谐和可持续发展；保护非物质文化遗产，要注重其真实性、整体性和传承性；在有效保护的前提下，合理利用非物质文化遗产开发文化产品和文化服务。

当前，中国特色社会主义进入新时代，以习近平同志为核心的党中央高度重视文化遗产工作。习近平总书记反复强调，要让收藏在博物馆里的文物、陈列在广阔大地上的遗产、书写在古籍里的文字都活起来。这是新时代我国文化遗产工作和健全完善文化遗产法治建设的重要指南，其要旨就是要把充分发挥文化遗产在文化建设、社会建设中的重要作用摆在更加重要的位置来抓。对习近平总书记这一重要指导思想精髓，要深入领会并采取积极措施，大力推进。全国人大常委会在完善文化遗产法治建设上做了大量工作。2013 年、2015 年和 2017 年连续 3 年对《文物保护法》的个别条款作了三次修改，《文物保护法》的全面修订早已列入本届全国人大常委会立法规划，目前有关部门正在抓紧修订草案起草工作。在监督工作方面，十一届全国人大常委会于2012年在全国范围内开展了《文物保护法》执法检查，十二届全国人大常委会于2017年听取了国务院关于文化遗产工作情况的报告。全国人大教科文卫委员会为配合常委会做好监督工作，赴故宫博物院、山西省就文化遗产工作开展专门性调研，取得了实效。应当看到，文化遗产工作虽然取得了显著成绩，但随着当前现代化、城镇化进程的迅猛发展也面临着严峻挑战，一些文化遗产遭到人为破坏，部分地方有法不依、执法不严问题仍然存在。在充分认识合理利用文化遗产的重要意义，正确处理好保护和利用的关系等方面，仍存在薄弱环节。要根据形势发展，建立切实有效的制度措施，既要坚决防止建设性、开发性、经营性破坏，又要积极探索合理利用的途径，推动优秀传统文化与当代社会生活的融合，形成良性循环的保护利用模式，用中华民族优秀传统文化滋养人民精神，丰富人民生活，引导全社会参与文化遗产的保护和传承。

面对新时代，进一步健全和完善我国文化遗产法律制度是一项紧迫任务。我们要坚决贯彻落实党的十九大精神和习近平总书记关于文化遗产保护传承的重要指示批示，本着对历史负责、对未来负责、对人民负责的态度，抓紧做好相关立法工作。一是现行文化遗产法律制度中有些内容还比较缺失，在如何保障让文化遗产“活起来”上尚缺乏有效的制度措施，在充分发挥文化遗产的精神文化功能作用、提高文化遗产开放利用率，充分利用互联网新媒体传播方式，创新文博展出形式，加强文化遗产与学校教育、社会教育的深度融合，推动文化遗产资源实现创造性转化创新性发展等方面规定不够。应当建立健全相关法律制度，包括陈列展览制度、公开开放与免费或优惠开放制度、教育教学实践合作制度、资源合理利用和创意产品开发制度、文物志愿者制度、社会服务效能评价制度等。二是现行文化遗产法律制度中有些规定已不适应需求，虽然本届全国人大常委会对《文物保护法》的个别条款进行了部分修订，但主要集中在减少行政审批等内容上；现行法律责任中对违反《文物保护法》的行为处罚力度偏小，与当前经济水平不相适应，不足以起到惩戒作用。《非物质文化遗产法》经过六年多的实施取得了很大成就，但在建立健全传承发展体系、推动优秀非遗项目创新发展和融入生产生活等方面，一些规定措施明显不足，部分配套法规尚未出台，法律落实没有完全到位。三是历史文化名城、名镇、名村保护发展涉及规划编制、传统民居修复、环境改善、产业发展等众多方面，当下特色小镇建设中的历史文化保护、传统村落保护愈发受到社会关注，如何延续城市历史文脉、让人民记得住乡愁，需要进一步建立健全和完善相关法律法规进行保障和规范。四是积极推动文化遗产行政管理和监督体制改革创新，目前，我国文化遗产在管理体制上处于部门分割状态，文物、文化、住建、国土资源、旅游、宗教等部门都拥有对部分文化遗产的管理职权，应当加强顶层设计，推动建立适应我国特点、统筹协调、运转有效的文化遗产管理体制。要在尊重文化遗产属地管理的前提下，正确处理中央政府和地方政府在文物管理上的关系，加大国务院文化遗产行政部门的统一协调、监督管理能力。五是增加有针对性的制度措施，大力推进文化遗产保护利用科技创新，全面提升文化遗产工作的整体科技实力。充分利用信息技术、数字技术、互联网环境拓展深化文化遗产工作，迅速提高文物工作信息化水平。进一步加强全国文化遗产的信息化建设，打破部门、行业的局限，建立覆盖全国的、相对完整的文化遗产资源大数据库，提高处理应用的信息化技术系统和能力。六是完善法律制度保障，加强文化遗产专业人才队伍建设。随着文化遗产工作领域不断拓展，保护、传承、利用的要求不断提高，人才缺乏正成为较大“瓶颈”。建立一支数量充足、结构合理、专业精通的文化遗产人才队伍，是开展文化遗产工作中具有战略和全局意义的环节。教育部门应当加强与文化遗产部门协同，加强学科建设和专业设置，在学校教育、社会教育与博物馆教育和文化遗产专业人才培养之间建立更加紧密的联系。

文化兴国运兴，文化强民族强。我们必须以强烈的时代责任感，努力走出一条符合国情的文化遗产保护传承发展之路，使文化遗产法治建设迈上新台阶，推动我国从文化遗产大国向文化遗产强国转变，切实保障中华优秀传统文化、革命文化的永久传承和创新发展，不断铸就中华文化新辉煌，为满足新时代人民群众的美好生活需要、建设社会主义文化强国、实现中华民族伟大复兴的“中国梦”提供精神力量和文化支撑。

WENHUALIFAYANJIU

第六编
其他文化立法

历史性的进步[1]

——写在《著作权法（修正案）》审议通过之时

九届全国人大常委会第二十四次会议审议通过了《著作权法（修正案）》。此次修改历时数年，经历了曲折、反复的过程，终于在本次常委会上达成了一致。这是一件值得庆贺的事情。

《著作权法》是公民知识产权方面的一部极为重要的法律。自从1990年颁布以来，它对保护著作权人的合法权益，激发他们的创作才智，促进科技、经济的发展和文化艺术的繁荣，发挥了重要作用。但是，它毕竟制定于十多年前，当时不可能预见到后来发生的许多新情况、新问题。随着全球科技经济的迅猛发展，我国社会主义市场经济日益深化，原有的《著作权法》在很多方面已不适应今天新的形势。这次修改特别是在进一步具体完善著作权的权利内容、解决高新技术的发展为著作权保护所提出的新问题、解决我国加入世界贸易组织后与有关国际公约的衔接问题以及加大对著作权侵权行为行政处罚等方面，取得了重大进展。这既是我国知识产权法律保护制度日益完善的重要体现，更是我国社会主义民主法制建设深入发展的具体实践。

此次修改，全国人大常委会广泛听取意见，充分讨论，集思广益。根据国际国内形势的发展，坚持从实际出发，正确处理权利人、传播者和公众的关系，正确处理履行国际义务与国内著作权保护的关系，正确处理高新技术发展与著作权保护的关系，使该修正案得以进一步完善。此次修正案的通过，充分体现了我国政府对加强知识产权保护的高度重视，标志着我国著作权保护水平从此迈进了一个新的阶段。

《著作权法》从20世纪90年代初的制定到今天的修改，其间正处于我国进一步改革开放的重要时期。正是在这样一个历史时期中，它由一部人们陌生的法律，

---

〔1〕 本文为作者撰写的《人民日报》评论员文章，载于《人民日报》2001年10月31日。本文中所涉及之法律法规与理论，均以写作时间为准。

变成了一部为社会公众所普遍关注的法律；由一部曾被视为仅为作家艺术家服务的法律，变成了一部为所有公民确认和保障自身权利的法律；由一部封闭的、曾打着鲜明的计划经济烙印的法律，变成了一部开放的，既与社会主义市场经济发展和科技进步相适应，同时又逐步与世界规范相衔接的法律。这不仅仅只是一种法律上的变化。正是通过这样的变化，我们可以深深地感受到社会的日新月异和对知识的日益尊重，感受到社会主义民主与法制建设步伐的坚实有力。这就是历史的进步，这就是改革开放的进步。

英国传媒业中介管理机构的影响和作用[1]

编者按：传媒业发展势头迅猛，如何加强管理？他山之石，可以攻玉。不久前，全国人大教科文卫委员会文化室主任朱兵赴英国考察传媒的中介管理机构，并写来此文。其中介绍的英国的若干做法，可供读者参考。

英国人口5800万，它的大众传媒在欧洲国家中较为发达，主要有三部分：广播电视、报纸杂志和互联网。在电视方面，目前全英有全国性的电视台5个，全国区域性商业电视台200余家。由于数字转播技术发展迅速，传播的电视模拟转播技术面临被淘汰，电视台出现了小型化、个体化的趋势。全英家庭电视机拥有量为90%。国家每年向每台电视机收取收视费115英镑，并将此项收费全数拨给英国广播公司（BBC）使用，以实现对公共台的支持和影响。在报纸方面，全英有22种全国性报纸，区域性报纸800种。在互联网方面，目前全英有1/3的人口可以从家庭上网，1/2的人口可以通过办公等方式上网，预测几年后绝大多数人都可以上网。

从表面上看，英国政府对传媒的行政管理色彩较淡，并不直接通过行政部门进行管理。除了法律对传媒的限制（如定诽谤罪、侵犯隐私权等），行政部门与传媒的关系相对超脱。英国政府设有文化媒体体育部，该部主要制定传媒发展的基本政策。

但从实质上看，英国政府对传媒的管制和影响仍是相当大的。一个最大特点是，它主要通过中介组织对传媒进行直接或间接的日常管理。这种管理方式被称为英国方式。这类组织在英国相当发达，有一定的发展历史，也建立了一套模式。这些中介组织主要有以下四个：

独立电视委员会

英国独立电视委员会是根据1990年《广播电视法》规定成立的，专事负责全

[1] 本文载于《新闻战线》2001年第2期。本文中所涉及之法律法规与理论，均以写作时间为准。

英商业电视机构管理的半官方组织。它一方面是独立于政府之外的机构，另一方面又是政府委派领导人并授权行使管理职能的机构。委员会下设若干顾问委员会，由各方面的专家组成，以对委员会提供各种业务支持。它们包括宗教顾问委员会、学校顾问委员会、广告顾问委员会和医学顾问委员会。还设有 12 个观众顾问委员会，均由不同年龄、背景的志愿者组成。

独立电视委员会根据议会相关法律独立行使职权，主要职责是：对全国所有的商业电视机构（包括无线、有线、卫星电视或模拟技术、数字技术电视机构等）颁发许可证；制定、发布有关对节目内容、广告、赞助等方面的规定，并根据这些规定颁发执照和对电视商的行为进行监督和处罚；对各种投诉进行调查和公布调查结果。

该委员会制定颁布了“独立电视委员会节目规则”，旨在确定电视节目内容的基本标准，并确保所有已获执照的商业电视公司遵循这些标准。

广播电视规范委员会

广播电视规范委员会是根据《广播电视法》成立的一个自律性组织。经费的50%由国家拨付，50%来源于电台、电视台。其具体工作有三方面：一是为广播电视机构在节目内容（如性、暴力、隐私等）方面提供指导性规范；二是每年针对节目是否符合大众趣味和有无不良内容开展民意调查，提交报告，以供委员会在评价节目时作参考；三是处理观众对广播电视机构的投诉，包括对不良内容的投诉，对侵犯隐私的投诉，或节目有失公正的投诉等。每年，该委员会接到有关不良内容的投诉4000份~5000份。但该委员会没有处罚权，它只是向有关广播电视机构提出看法或意见。

新闻投诉委员会

新闻投诉委员会是全英报纸、杂志行业的自律性组织，成立于 1991 年，其前身是第二次世界大战前的新闻监督委员会。主要职责：一是制定新闻业的行为规范；二是处理新闻投诉。该委员会是一个完全的行业自律性组织，资金来自于本行业，没有政府拨款。报刊自愿加入成为其成员。委员会所制定的行业规范的一个特点是：它是由报刊编辑自己编写认可的。规范明确规定了新闻工作的职责和权利，主要有四个方面：一是报刊报道的内容要客观准确；二是报道不得侵犯他人隐私权，如涉及他人隐私须有两个前提——征得对方同意和符合公众利益；三是对获取新闻的方式进行规范，如不得采用粗暴恐吓的方式，不得在私人领地使用长焦距，严格规定使用窃听器的条件等；四是严格规范对未成年人、性侵犯受害者的报道，规范对种族、性别、宗教等方面的报道。

据统计，该委员会每年收到的投诉有2500份左右，其中60%是有关报道准确性的投诉；15%是关于侵犯隐私权的投诉，这方面主要是有名望的人物进行投诉，如英国王室的投诉等。委员会对投诉进行调查并作出处理，对违反规范的报刊，处理方式有两种：一是协调双方解决；二是协调解决不了的，由委员会作出决定，并要求报刊将该决定全文刊登。当前的一个新特点是：该委员会开始接受对互联网站发布新闻的投诉。

网络观察基金会

网络观察基金会是近年来随着互联网的迅速发展，英国网络商于1996年自发组织成立的一个行业自律性组织。基金会由私人公司提供资金，董事会由12人组成，其中4人是网络业主，8人是非网络人士。成立基金会的主要目的是阻止互联网上日益增多的违法犯罪活动，如色情、性虐、种族歧视等。对互联网的管理是采取法律方式还是采取自律方式，英国对此有过辩论，最后主张由网络行业自律，网络观察基金会由此产生。它的职责有两方面：一是接受投诉，即网络使用者可向基金会投诉在电脑上见到的不良画面。英国法律规定，凡拥有（无论是否传播）儿童色情图片就是犯罪。由于技术上无法确认图片的最终来源，基金会所采用的做法是要求网络商从其网站上撤掉这些图片。该基金会成立4年来，已从相关网站上撤掉了2.3万张这类图片。二是对网络进行分级，并贴上相关警示，同时主张开发各种过滤软件来控制分级。目前，基金会主要依据英国电影分级制度进行网络分级。

学者的风范 实践的楷模[1]

——追忆郑成思同志

郑成思同志离开我们已经有三个多月了。至今我们仍然不愿相信，一位和蔼的学者、一位受人尊敬的师长就这样突然地离开了我们；总感觉我们还能在人大办公楼或学术会议上相遇，总感觉我们在遇到问题时还可以随时向他请教，总感觉他仍然还在为我国的知识产权法制建设献计献策；脑海中总是浮现郑老师那消瘦的身影，总是想起他步履匆匆的样子还有那带着微笑的面容。我们真的不愿相信，他已经离开了我们。

在这三个多月的时间里，社会各界通过各种方式对离去的郑成思同志表达了哀思，其中提到最多的就是他的离去使我国知识产权学术界失去了一位领军人物。郑老师在知识产权领域内的地位是毋庸置疑的，是大家公认的。可以说，在知识产权领域不会有人没有读过他的著作。他在人们心中的地位不是因为那些让人炫目的头衔，而是因为他那扎扎实实的学问、让人钦佩的品德和对知识产权法制建设全身心的投入，这些使"郑成思"这个名字留存在了我们的心中。他是我国知识产权文化的启蒙者之一，他将毕生精力和心血都奉献给了中国的知识产权事业。他曾两次为中共中央政治局集体学习授课，多次为全国人大常委会做法制讲座，终生致力于推动我国知识产权法制建设的实际进程，他在知识产权领域所做的工作为我国社会主义法制建设的发展做出了不可磨灭的贡献。

我与郑老师相识是在20世纪80年代末起草《著作权法》的时候，那时我还只是一个刚到全国人大教科文卫委员会工作不久的年轻人。可以说，这是我直接参与的第一项立法工作。记得当时，我国的版权立法工作刚刚起步，基本上是一块处女地，无论是在理论上还是在实践上都没有太多经验。许多人（包括我自己）对什么是版权或著作权、为什么要保护版权或著作权并不清楚。那时，在立法过程中也存

[1] 本文载于《中国版权》2007年第1期。本文中所涉及之法律法规与理论，均以写作时间为准。

在着不少争议，有些争议现在看起来是那么的粗浅可笑。正是在当时那种背景下，郑老师实际上不仅承担了知识产权理论的开拓工作，也承担了知识产权的普及工作。当时，教科文卫委员会召开了一系列立法研讨会和座谈会，郑老师那严谨的学风、渊博的学识和对问题的深入浅出的认识分析，给我们留下了极为深刻的印象。在他担任第九届、第十届全国人民代表大会代表和法律委员会委员后，我作为常委会机关的工作人员与他接触的机会就更多了。2001 年九届全国人大常委会修订《著作权法》时，我们经常有许多问题向他请教，他也总是不厌其烦地为我们进行讲解。对修订过程中出现的一些新问题（如网络著作权等），他总是有着深刻而富有远见的认识和见解。

近几年来，随着国际上保护文化多样性浪潮的出现，我国也开展了非物质文化遗产保护工作。全国人大教科文卫委员会和文化部也一直在开展这方面的立法调研工作。在这个过程中，郑老师多次向我们提出要特别重视我国传统文化的知识产权保护问题。其实，早在九届全国人大的法制讲座中，他就专门把这一问题作为我国知识产权法律制度要解决的一个重要问题提了出来，明确强调在国际知识产权保护运动中要“扬长避短”。他指出：“在‘入世’之后，要考虑以可行的建议促使我国代表在多边谈判中不断增加有利于我国经济发展的内容。立法机关通过立法先在国内开始自行保护属于我们长项的知识产权客体，是一种积极的促进方式。多年来，亚非一批国家为争取把民间文学艺术的保护纳入国际公约，都是自己首先在国内法中开始保护的。”他进一步指出：“世贸组织在下一轮多边谈判中，即将讨论把‘生物多品种’的保护与‘传统知识’的保护纳入知识产权范围的问题，这应引起我们的关注。大量我国独有而外国没有的动植物品种（包括濒临灭绝的动植物）的保护，就属于前者；我国的中医药及中医疗法的保护，我国几乎各地均有的民间文学艺术的保护等，则属于后者。这些，应当说是我国的长项，不像专利、驰名商标等在国际上目前显然还是我国的短项。我们关注这些问题的目的，一是要争取把它们纳入知识产权国际保护的范围。二是一旦纳入之后，应考虑我们的立法如何立即跟上。这有利于我们在知识产权的国际保护中‘扬长避短’，使我国在国际市场上的知识产权产品也有可能不断增加。”这些话在今天看来，仍然是那样的深刻、精辟和具有前瞻性。对我国知识产权保护制度的深入发展和立法实践，无疑具有重要的指导意义。

在与他接触的过程中，我们心中的钦佩之情不断增加。这不仅仅是因为郑老师往往对许多问题有独到的见解，还因为他朴实谦逊的作风和对知识产权法制建设的忘我投入，更因为他作为一个知识分子为国为民的思想境界。他经常讲：“不保护好知识产权，中国就难以再有四大发明”“不创自己的核心技术和品牌，永远只能给别人打工”“要牵动知识产权这个牛鼻子，使中国经济这头牛跑起来，才能实现民族复兴”，这些朴实的话语无不反映出一位有着拳拳报国之心的学者对国家发展和民族振兴的热忱期望。他的言行影响了整整一代知识产权领域的法制建设工作者，也为后来者树立了一个学习的榜样。

虽然郑成思同志离开了我们，离开了他倾注了毕生心血的我国知识产权保护领域，离开了他着力倡导的国家知识产权战略。但他留下了谁也带不走的著作，他的名字留在了我们法制建设工作者的心中，他的精神不会因他生命的结束而消失。他的风范永存！

加强文化法治，推进全民阅读〔1〕

2014年11月24日，《江苏省人民代表大会常务委员会关于促进全民阅读的决定》正式颁布，并从2015年1月1日起实施。作为我国第一部全民阅读的地方性法规，其颁布与实施不仅对促进江苏省全民阅读事业的发展具有重要指导意义，对其他省市加快全民阅读法治建设、建立巩固全民阅读工作长效机制也具有显著的示范意义，也为国家《全民阅读促进条例》的制订提供了有益经验。这既是江苏省人民群众文化生活中的一件大事，也是我国文化法治中的一件喜事。江苏既是经济强省，也应是文化强省，我衷心期望江苏省的全民阅读工作能由此迈上一个新的台阶。

党的十八届四中全会明确提出建立健全坚持社会主义先进文化前进方向，遵循文化发展规律，有利于激发文化创造活力，保障人民基本文化权益的文化法律制度。这为我们进一步加快推进文化立法工作指明了方向。全国人大常委会高度重视文化立法工作。目前，我国正在进行《公共文化服务保障法》《文化产业促进法》《公共图书馆法》《电影产业促进法》《全民阅读促进条例》等一系列文化领域法律法规的制订工作，这将改变我国文化立法相对薄弱的现状，极大地推进国家文化发展与创新，为广大人民群众建设良好的公共文化环境。

20世纪七八十年代以来，联合国教科文组织在全世界不断发起、推进阅读促进项目，为我们开展全民阅读提供了国际经验。更重要的是，随着我国改革开放的不断深化，如何有效推进我国社会经济文化的全面协调和可持续发展已成为关键问题。建设经济强国、文化强国，实现"两个百年"目标，都离不开国民素质的普遍提高，离不开文化的继承与开创能力的整体提升。而这之中，一个重要的途径和手段就是要下大力气促进全民阅读。习近平总书记强调指出，中国要永远做一个学习大国。这为我们党建设学习型政党、学习型社会指明了方向。党的十七届六中全会

〔1〕 本文为笔者于2014年2月14日在"《江苏省人民代表大会常务委员会关于促进全民阅读的决定》贯彻实施座谈会"上的发言，载于《出版发行研究》2015年第4期。本文中所涉及之法律法规与理论，均以写作时间为准。

首次将“全民阅读”写入中央决议，党的十八大将其作为一项国家文化战略写入报告。这对我国社会全面可持续发展，实现中华民族伟大复兴的“中国梦”，具有重大而深远的意义。

习总书记深刻指出，读书可以让人保持思想活力，让人得到智慧启发，让人滋养浩然之气。阅读既是一个人，也是一个民族精神发育成长、文明程度不断提高的必经之路。通过法律手段保障公民的阅读权益，已经是美、英、法、日、韩等诸多发达国家普遍采取的手段。我国党和政府一向高度重视人民群众的读书学习，改革开放以来，我国全民阅读事业蓬勃发展，国民读书环境不断改善，但仍然存在城乡二元结构，国民阅读的环境、条件和阅读水平存在着较大差异。虽然国民阅读率和阅读量都在持续上升，但整体水平仍低于世界发达国家。我们可以看到，在各类低幼读物、儿童读物层出不穷的今天，一些边远山区和贫困家庭的孩子们还缺乏基本的阅读条件和指导。人民群众阅读需求日益增长与全民阅读资源相对有限、阅读服务能力不足的矛盾比较突出，全民阅读活动缺乏长效机制保障。

为阅读立法的一个根本目的就是通过法律制度的建立，有效解决人民群众享受阅读服务的需要，保障公民平等享受阅读的权益，规范政府促进全民阅读的责任和义务，激发社会各界参与全民阅读的活力，通过加强设施建设，丰富阅读资源，开展阅读活动，进行指导与服务，全面培养公民的阅读兴趣、阅读习惯，提高公民整体阅读能力，通过传播一切有利于人的全面发展的阅读内容，树立和弘扬社会主义核心价值观，传承和发展中华民族优秀传统文化，将科学文化知识转化为文化创新动力，将道德文化知识转化为文明行为，从而提高我国的文化“软实力”，推动我国从文化大国走向文化强国。

无论是对我国文化立法工作，还是对全民阅读事业，江苏省人大常委会出台的决定都具有重要的首创价值。这充分反映了江苏省委、省人大常委会和省政府对全民阅读工作的高度重视，是对江苏省多年来开展全民阅读工作的卓越成就和工作经验的总结，反映了江苏立法工作者立足新形势、新常态不断开拓创新的精神。作为我国第一部系统、全面规范促进阅读的地方性法规，其有不少创新之处和突出特点。主要是：

第一，明确规定促进全民阅读的目标与宗旨。把公民自觉阅读习惯、提高公民思想道德修养和科学文化素质、推进“书香江苏”建设这三大任务作为立法的目的写入决定，并以此制定了相应的具体规范和措施，具有较强的针对性和可操作性。

第二，明确规定了县级以上地方政府及有关部门促进全民阅读的责任。规定政府应当将促进全民阅读纳入国民经济和社会发展规划，将阅读公共设施建设纳入城乡建设规划，将工作经费纳入本级财政预算。尤其是明确规定将促进全民阅读工作作为江苏基本实现现代化指标体系考核、社会主义精神文明建设和现代公共文化服务体系建设的内容。同时，还明确规定了全民阅读组织领导机构的工作职责，规定了新闻出版行政部门、教育行政部门及公共阅读服务场所的职责。

第三，坚持政府主导、社会力量参与的原则，明确鼓励支持社会力量的广泛参与，如鼓励支持成立全民阅读公益基金会，鼓励社会力量设立阅读服务场所，鼓励支持公民、法人或其他组织积极捐赠，组织建立全民阅读兼职推广员队伍和基层全民阅读服务站等。

第四，根据不同人群需求，有针对性地规范全民阅读服务及活动的开展。决定将未成年人的阅读指导培训作为一项重要任务予以规范，明确要求学校把培养学生阅读能力作为素质教育的重要内容，开展校园主题阅读活动；公共文化场所应根据未成年人特点开展阅读指导培训；提出要制定儿童早期阅读推广计划，鼓励亲子阅读，鼓励创作生产有利于未成人健康成长的阅读内容。该决定还对老年人、残疾人、特殊困难家庭、外来务工人员及其子女、农村留守儿童甚至是服刑人员、戒毒人员和社区矫正对象提出了有针对性的特殊阅读服务计划。

第五，采取多种措施，全面促进全民阅读。这些措施包括设立“江苏全民阅读日”、举办“江苏读书节”和“江苏书展”；成立全民阅读促进会；鼓励、支持优秀作品的创作；推行公共图书馆总分制；制定“书香江苏”建设指标体系、全民阅读调查评估制度；奖励突出贡献者等。

全面推进依法治国，加强制度建设是习近平总书记系列讲话中的一个重要思想。他明确要求，要坚持依法治国、依法执政、依法行政共同推进；要把国家各项事业和各项工作纳入法治化轨道；要坚持重大改革要于法有据，充分发挥立法的引领和推动作用。张德江委员长也指出，社会实践永无止境，立法工作要不断推进。要在新起点上加强和改进立法工作。目前，全国人大教科文卫委员会正在牵头起草《公共文化服务保障法》，这是文化领域的一部保障公民基本文化权益的基本法，促进全民阅读也是立法的一个重要内容。国务院正在着手制定专门的全民阅读促进条例，已经列入相关计划。国务院新闻出版广电总局在条例起草方面作了大量工作，目前正在征求意见过程中。这期间，地方的相关立法或规范性文件制定取得了积极进展，除了江苏省外，湖北省、深圳市等地也出台或拟出台政府规范性文件或地方性法规。这些都为国家全民阅读工作的制度建设和立法提供了宝贵的实践经验。可以说，这些进展标志着我国全民阅读事业正在有序步入法治化、规范化的轨道，充分体现了党和政府关注民生、促进经济、社会和文化协调发展的执政理念。全民阅读立法是一项开创性和基础性的工作，它必将对我国的文化生活、文化生态和文明建设产生重要影响。随着我国公共文化服务体系建设目标任务的明确和文化体制改革的深入，我们要及时总结经验规律，在遵循提高立法质量、加强可执行性和可操作性原则的前提下，加快国家立法步伐，推动更多地方出台相关地方性法规。

党的十八届四中全会指出："法律的生命力在于实施，法律的权威也在于实施。"推进国家治理体系治理能力现代化，离不开对法律立法价值目标的不懈追求和对具体规范贯彻实施的不懈努力。该决定的贯彻实施既是一个向全社会广泛宣传法治的机会，也是一个对立法的评价、运用和检验的过程。要加强该决定的宣传工作，落实该决定的各项要求和措施，加快建立促进全民阅读的体制机制建设。要依法督促相关职能部门和各级地方政府履行相应职责；要加强执法监督，落实行政执法责任制，依法充分发挥出版、图书馆、传媒和社会各界力量的协同作用。应当看到，促进全民阅读水平和能力的提高不可能一蹴而就，需要各方面的长久、持续性努力。而我们今天所做的工作，正是这样一种努力的必然结果。我们要通过法治的手段，凝聚大家的力量，建立长效机制，逐步形成全社会良好的阅读习惯和氛围，树立道德理想和科学创新精神，弘扬社会主义核心价值观，使中华民族优秀传统文化代代相传。

从立法角度谈设计的法律制度保障[1]

一、设计 3.0 时代的发展

设计是人类对有目的创造、创新活动的预先设想、计划和策划，是具有创意的系统综合集成的创新创造。设计也是将信息知识和技术创意转化为产品、工艺装备、经营服务的先导和准备，并决定着制造和服务的价值，是提升自主创新能力的关键环节。设计创造（尤其是工具装备的设计创造）是信息知识和技术创意转化为生产力的关键环节，农耕时代的设计和手工业制造创造、发展了农耕文明；工业时代的设计发明和创造，引发了第一次工业革命和第二次工业革命，导致了机械化、电气化、电子化、自动化，实现了生产力的大飞跃，适应和促进了市场经济的多样需求，创造了现代工业文明。今天和未来的设计创新，将适应和引领知识网络时代的经济社会和文化需求，促进引发新产业革命，将导致网络化、智能化、绿色低碳、全球共创分享、可持续发展。面向制造服务的设计致力于创新资源能源和新材料开发利用，致力于创新交通运载、制造装备、信息通信、农业生物、社会管理与公共服务、金融商业、生态环保、公共与国家安全等装备与服务，设计还创造宜居环境和美好生活。

20 世纪 20 年代兴起的工业设计倡导技术、艺术、经济的结合，旨在实现功能与形态、性状与价格的优化，提升产品价值和竞争力。

二、发展创新设计是我国实施创新驱动发展战略的根本需求

需要才能成就创新，制度才能扶持创新。设计是人类对有目的的创新实践活动的设想、计划和策划，是将信息、知识和技术转化为整体解决方案的先导和准备，决

[1] 本文是笔者在 2015 年“中国版权服务年会论坛”上的演讲。本文中所涉及之法律法规与理论，均以写作时间为准。

定着制造和服务的价值，是提升自主创新能力的关键环节。创新设计是全球知识网络时代设计发展的新阶段，将支持和引领新一轮产业革命。我国经济进入了新常态，从注重增长速度转向注重提升质量，从要素驱动转向创新驱动。创新设计在实现我国制造业从中国制造向中国创造、中国速度向中国质量、中国产品向中国品牌转变，重构以我国为主导的全球价值链方面发挥着关键作用，是我国实施创新驱动发展战略的重要组成部分。

三、设计3.0时代的特点

纵观人类社会文明的发展历程，设计进化可被分为三个阶段：农耕时代的传统设计（设计1.0）、工业时代的现代设计（设计2.0）和知识网络时代的创新设计（设计3.0）。传统设计实现了自然经济状态下人与自然的总体和谐；现代设计引发并推动了第一次与第二次产业革命；创新设计将支撑和引领新一轮产业革命。

创新设计呈现绿色低碳、网络智能、共创分享的时代特征，融合科学技术、文化艺术和用户服务，以创意、制造、服务和系统过程的形式将创新带向经济社会，并引领其走向智能、和谐和可持续社会，对我国实施创新驱动发展战略，实现制造业“三个转变”具有重要意义。

其一是广泛性—— 设计对象日趋广泛、无所不包。

其二是个人性 —— 数字技术环境下，个人的创造能力无限延伸；设计具有大众参与性与广泛性；设计工具的个人化、通用化和非装备化是其区别于工业时代设计的一大特征；设计具有个性化和个性化设计；创意具有显著性与独立性；

其三是融合性—— 设计对象的融合、设计手段的融合、设计业界的融合。其突出特征是工业设计与现代科技、文化艺术、经济生活、大众消费的融合。

四、建立健全促进设计发展的制度保障

加强制度建设是习近平总书记系列讲话中的一个重要思想。应该说，立法就是最高的制度建设。

（一）主要问题和障碍

（1）概念的不同。出现了几个概念：工业设计、创新设计、创意设计、文化创意、文化创意和设计服务、创意文化（创意文化产业，意指坚持内容为王、创意制胜）。主要是两大类：工业设计与创意设计。工业设计是重在与工业产品相关联的设计，创意设计是重在与文化艺术相关联的设计。二者相融合是当今趋势。

（2）管理体制障碍：涉及多个部门，管理分割、政出多门。

（3）国外经验：英国将文化产业称作“创意产业”，强调创意在产业发展中的重要地位，并对“创意产业”进行了分类。这种提法及分类在世界上产生了广泛影

响。英国创意产业的定义是：源自个人创意、技巧及才华，通过知识产权的开发和运用，具有创造财富和就业潜力的行业。根据这个定义，2001 年，在英国的《创意产业发展报告》中，广告、建筑、艺术和文物交易、工艺品、设计、时装设计、电影、互动休闲软件、音乐、表演艺术、出版、软件、电视广播等 13 个行业被确认为创意产业。此外，旅游、酒店、博物馆和艺术馆、文化遗产以及体育，也被认为是与创意产业有密切的经济联系。

英国政府创意产业管理的突出特点是按照“大文化”概念，改革政府文化管理机构，合并管理职能，扩大管理范围。梅杰政府在 1992 年上台之后，就将原先分散隶属于艺术和图书馆部、环境部、贸工部、就业部、内政部、科教部等 6 个部门的文化职责集于一部，成立了国家文化遗产部，统一管理全国的文化艺术、文化遗产、新闻广播、电视电影、图书出版、园林古迹、体育和旅游等事业，并将文化大臣升格为内阁核心成员。布莱尔政府于 1997 年将此部更名为文化、媒体和体育部，使该部成为英国创意产业最重要的政府管理部门。

2008 年，文化、媒体和体育部，商业、企业和管理改革部以及创新、大学和技能部共同颁布《创意英国》报告，涉及教育、技能、创新和知识产权等多个方面，广泛论述了政府在推动创意经济发展中的角色。卡梅伦联合政府上台后，成立了创意产业委员会。该委员会由来自不同领域的企业家、投资者、专家学者等组成，针对产业发展中的具体问题提供更为专业的指导与咨询，该委员会于 2011 年 7 月中旬召开了第一次会议。

（二）要高度重视建立健全促进设计发展的制度保障

1. 政策层面

发达国家早已将设计战略作为国家创新体系的重要组成部分，高度重视设计顶层规划，并由国家领导人亲自倡导和推动。布莱尔在当选首相后即成立了“英国创意产业特别工作组”，并亲任主席。日本政府在经济产业省设置了“设计行政室”，负责实施设计立国战略，并成立了“日本产业设计振兴会”来实施设计振兴政策。1998 年，韩国时任总统金大中在其发表的《21 世纪设计时代宣言》中，以设计为立国之本，并宣布支持 3 个五年计划，以达成成为设计先进国家的愿景。设计在美国、德国、日本、芬兰、韩国等国的科技、经济、社会体系方方面面融合渗透，作为国家创新战略的一部分，有力推动了产业和经济的发展。美国国家科技委员会于 2012 年发布了《先进制造业国家战略计划》，并成立了“数字制造和创新设计研究院”。2011 年，欧盟制定了面向未来 20 年创新设计的《欧洲非技术性创新与用户导向创新的联合行动计划》，成立了设计领导力委员会并颁布了《为发展和繁荣而设计》。德国政府在 2013 年推出了《德国工业 4.0 战略》，把软件、系统等创新设计作为核心环节。同年，英国政府推出了《英国工业 2050 战略》，延续着其一贯的设计兴国的战略。

2015 年 3 月 25 日，李克强同志组织召开国务院常务会议，部署加快推进实施“中国制造 2025”，实现制造业升级。也正是这次国务院常务会议审议通过了《中国制造 2025》“创新驱动、质量为先、绿色发展、结构优化、人才为本”的基本方针。

通过“三步走”实现制造强国的战略目标：第一步，到 2025 年迈入制造强国行列；第二步，到 2035 年我国制造业整体达到世界制造强国阵营中等水平；第三步，到新中国成立一百年时，我制造业大国地位更加巩固，综合实力进入世界制造强国前列。

提高创新设计能力。在传统制造业、战略性新兴产业、现代服务业等重点领域开展创新设计示范，全面推广应用以绿色、智能、协同为特征的先进设计技术。

2014 年 3 月 14 日，国务院发布《推进文化创意和设计服务与相关产业融合发展的若干意见》，对加快推进文化创意和设计服务与实体经济深度融合作出明确要求，提出到 2020 年，文化创意和设计服务的先导产业作用更加强化，基本建立与相关产业全方位、深层次、宽领域的融合发展的格局。明确提出着力推进文化软件服务、建筑设计服务、专业设计服务、广告服务等文化创意和设计服务与装备制造业、消费品工业、建筑业、信息业、旅游业、农业和体育产业等重点领域融合发展。这是把装备制造业环境下的工业设计涵盖进来。

在文化内容发展上，强调“强化文化对信息产业的内容支撑、创意和设计提升”，“支持利用数字技术、互联网、软件等高新技术支撑文化内容、装备、材料、工艺、系统的开发和利用”，“推动动漫游戏与虚拟仿真技术在设计、制造等产业领域中的集成应用”，“推动产品设计制造与内容服务、应用商店模式整合发展”，“推进数字绿色印刷发展，引导印刷复制加工向综合创意和设计服务转变”等。

提出若干措施：健全创新、创意和设计激励机制，实施文化创意和设计服务人才扶持计划，加强创业孵化，加大对创意和设计人才创业创新的扶持力度。支持专业化的创意和设计企业发展，支持设计、广告、文化软件工作室等各种形式小微企业发展。积极引导民间资本投资文化创意和设计服务领域。激发全民的创意和设计产品服务消费，打造区域性创新中心和成果转化中心，建立区域协调机制与合作平台。在文化创意和设计服务领域开展高新技术企业认定管理办法试点，对被认定为高新技术企业的文化创意和设计服务企业给予所得税优惠，对企业的职工教育经费支出以及符合条件的创意和设计费用给予相应的税收政策支持。建立完善文化创意和设计服务企业无形资产评估体系。鼓励增加适合文化创意和设计服务企业的融资品种。

深圳市于 2009 年发布的《关于促进创意设计业发展的若干意见》规定：“为全面落实科学发展观，进一步提升创意设计业的影响力和核心竞争力，促进创意设计与产业和群众生活融合，打造更具国际影响力的“设计之都”，加快国家创新型城市建设，特制定以下若干意见。”

2011 年《深圳文化创意产业振兴发展规划（2011 年-2015 年）》规定：“本规划所述文化创意产业，是指以创作、创造、创新为根本手段，以文化内容、创意成果和知识产权为核心价值，以高新技术为重要支撑，为社会公众提供文化产品和服务，引领文化产业发展和文化消费潮流的新兴产业，主要包括新闻出版、广播影视、创意设计、文化软件、动漫游戏、新媒体、文化信息服务、文化会展、演艺娱乐、文化旅游、非物质文化遗产开发、广告业、印刷复制、工艺美术等行业。”

（三）法律层面（可从多方面着手，建立全方位法律制度）

主要问题：现行法律制度尚不健全，没有形成相对有效、完备的法律保护机制。

原因：一是设计在经济社会发展中的地位和作用尚未被充分重视；二是设计作为独立业态尚未完全形成，往往从属于其他业态；三是政出多门，管理交叉、相互掣肘，尚未形成统一、完整的管理体制机制；四是司法实践不充分，总结不够；相关理论准备不足，尤其是法学理论和知识产权理论研究严重滞后、跟不上发展需求。

可采取立法的路径：途径一是制定促进设计发展的专门法，将政策保障措施上升为法律制度（瑞士等）。途径二抓紧建立完善知识产权法律，建立健全相关保护机制。

首先，修改现行《著作权法》，增加“实用艺术品”的规定。现行我国知识产权保护方式对设计成果的保护处于开拓时期，从著作权者角度看，主要纠结于对实用艺术作品的保护。实用艺术品是指具有实用性、艺术性并符合作品构成要件的智力创作成果，须具有实用性、艺术性、独创性和可复制性四个要件。

在司法实践中，根据我国参加的国际公约和相关法律的规定，对实用艺术品的著作权保护，是从其实用性和艺术性角度分别予以保护的，对于实用性部分不适用著作权保护，对其艺术性部分可以归入著作权法规定的美术作品给予保护。

1992 年 7 月 1 日，全国人大决定我国加入《伯尔尼保护文学和艺术作品公约》（简称《伯尔尼公约》），由于我国《著作权法》没有明确规定保护实用艺术作品，而该条约又要求我国履行保护实用艺术作品的义务，且我国所规定的外观设计专利保护期限不能满足该公约所规定的实用艺术作品保护的最低期限，故国务院于 1992 年 9 月 25 日发布了《实施国际著作权条约的规定》。该规定第 1 条就明确规定：“为实施国际著作条约，保护外国作品著作权人的合法权益，制定本规定。”因此，这一规定只适用于保护外国著作权人的作品，不适用于保护我国著作权人的作品。同时，该规定认定外国实用艺术作品的保护期为自该作品完成起 25 年，美术作品

（包括动画形象设计）被用于工业制品的，不适用此规定。而我国实用艺术作品却处于无法可依的尴尬境地。司法实践中，对外国人的实用艺术作品，就适用上述规定进行保护，而对我国的此类作品，就硬往美术作品上套。1990 年《著作权法》第 7 条规定，科学技术作品中应当由专利法、技术合同法等法律保护的，适用专利法、技术合同法等法律的规定；二是该法第 52 条规定，本法所称的复制，指以印刷、复印、临摹、拓印、录音、录像、翻录、翻拍等方式将作品制作一份或者多份的行为。按照工程设计、产品设计图纸及其说明进行施工、生产的工业品，不属于本法所称的复制。2001 年修改《著作权法》时，这两条均被删除，虽消除了法律障碍，但仍未明确保护实用艺术品。

实用艺术品一词严格来说是一个外来词，并不是我国古已有之的词汇，在《伯尔尼公约》（英文版）的表述为"Works of Applied Art"。按照世界知识产权组织编写的《著作权和邻接权法律词汇》的解释，实用艺术作品是指"具有实际用途的艺术作品，无论这种作品是手工艺品还是工业生产的产品"。世界知识产权组织出版的《伯尔尼公约指南》指出，该公约使用这个词以适用于各种手工、装饰、服装设计。

其次是制定专门外观设计法。国际上对外观设计的保护有三种方式：专门法、版权法、专利法。从 2001 年起，我国外观专利的申请量跃居世界第一，成了世界外观设计大国。然而，与此同时，我国却是外观设计保护的弱国，国内的外观设计模仿成分多、水平低、质量差。鉴于此，知识产权界要求将外观设计从《专利法》中分离出来，单独设立外观设计专门法。

英国和法国是世界上最早对外观设计进行法律保护的国家。法国于 1806 年、英国于 1842 年分别颁布、实施了外观设计专门法，加大了对外观设计的保护力度。德国和日本分别于 1876 年和 1889 年制订了外观设计专门法。如今德国和日本在整个工业设计领域取得的显著成就，体现了两国外观设计专门法的成效。随后，在欧洲各国及加拿大、澳大利亚等国家，外观设计专门立法渐成趋势。应当指出的是，设立专门的外观设计法，对外观设计实行专门法保护，并不一定排斥其他法律对外观设计的保护。因此，对外观设计的保护应以专门法为主，以其他法为辅。

最后是针对创意本身的立法。创意是传统知识产权客体商标、作品、发明等形成的预备阶段，国外已经有对创意进行法律保护的例子，主要是采用合同、准合同和产权的方法来保护创意。根据《现代汉语词典》的解释，创意是指"有创造性的想法、构思等"。创意是否可以独立成为一项权利，还是作为成果或作品的实体的内在组成部分？创意作为权利如何认定、保护？

总之，通过知识产权对设计给予法律保护——版权、专利或专门法保护——必须处理协调好两个基本关系：一是个人权利与知识共享、社会发展的关系；二是法律之间（如版权、专利之间）的协调关系，避免造成彼此的不平衡和冲突。

3. 制定文化产业促进法

文化产业、文化创意产业、创意文化产业等都应该包括设计及相关服务在内。这一设计主要是指产生文化产品或成果的设计，与传统文化产业（如新闻出版、广播电影电视、表演艺术等）相关联的设计，还有随着新技术、新业态产生的设计和与生活消费相关联的设计（如服装、时尚等）。

互联网环境下版权创新服务的新思路[1]

针对互联网形势下的版权保护的开拓方向这个问题，刚才我在会议室和国内版权领域界最权威的人士讨论了一下，中国版权保护中心推出来的作品保管是互联网环境下版权服务的一个创举，这个模式和形式在我看来（包括王自强也认为），是适应于现在互联网的。

我在全国人大做立法工作。立法工作的一个特点，说得好听一点是高大上，说得官僚一点就是比较原则、比较宏观的思路来考虑问题。我今天给大家分享的是我自己对这个问题的认识和看法，更多的是从宏观的角度。

我觉得中心推出这样一个针对作品保管的版权服务新模式或者新的范式，是适应我国现在发展和新技术出现的必然结果，这是基本的判断。支撑这种基本判断的是两个宏观考虑：

第一，这是我国当前国民经济发展的必然结果。十八大明确提出我国要实行创新驱动发展战略。创新驱动发展战略是由十八大第一次以党的决议的形式提出的，这之前是科学发展观的提出，其反映出整个社会国民经济产业结构面临必须调整的客观需求。从中央到地方都强烈地意识到了这一点，即必须要调整我们的结构，调整的核心是科学技术，是创新发展，是对原创的高度尊重而不是满足于一般性的模仿，这就要求所有方面的创造能力都能够被充分地体现出来。

将创新驱动发展战略上升为国家战略是由十八大报告提出来的。国际上对创新型的国家和一般性的国家是有区分的。所谓创新型国家，判断的第一个指标是科学技术在整个国民经济社会发展上的贡献率。其中，发达国家一般是在 70%以上，我国到目前为止公布的也就是 60%左右。第二个指标是科研研发经费占 GDP 的比重。国际上普遍认可的标准是，创新型国家的科研研发经费应该占 GDP 的 2.5%以上，目前我国是 2%，我们国家中长期计划是到 2020 年使科研研发经费占 GDP 的比重达

---

〔1〕 本文为笔者于 2015 年 3 月 2 日在中国版权保护中心举办的“作品保管论坛——互联网环境下的版权服务新模式”上的演讲。本文中所涉及之法律法规与理论，均以写作时间为准。

到 2. 5%，进入创新型国家行列。

在推动整个创新驱动发展的过程中，我们究竟应当具体怎么做？现在，我国面临着很多困难，主要是创新的平台、创新的手段、创新的举措到底怎么做？其中有一个重要举措就是在将科研技术转变为产品的过程中，推动创新设计成为其中重要的、关键性的环节。科技成果能够被切实、有效地转化为产品，需要很多的条件。其中，设计应当成为一个最重要的环节。我知道在座的有工业设计协会的同志，这么多年以来，全国人大常委会路甬祥副委员长一直推动把创新设计作为创新驱动战略实现的一个重要的平台和手段。他提出了一个理论：农耕时代以来的设计可以被分为三个阶段：农耕时代是设计的 1. 0 版本，工业制造业所带来的设计是设计的 2. 0 版本，当今世界进入新的时代，信息技术、互联网的出现，高新技术的出现，环保理念的出现，人与自然和谐理论的出现共同构成了一个新的环境下的节能环保和信息技术大数据的共同支撑下的新的设计理念，即设计的 3. 0 版本。他认为，我们现在进入的是这样的时代。

前一段时间，中国工程院专门牵头成立了中国创新设计联盟，下面成立了一些分会，统筹我国整个的设计行业。大家都知道，以往中国的设计行业更多的是附着于工业设计领域，比如说机械工业协会下的工业设计委员会等。进入改革开放以后，设计的领域已经扩大了，不完全是工业产品本身的设计，还覆盖到了很多的领域。最早的时候，一大批设计（比如说艺术设计、环境设计、灯具设计、日用产品设计）不断出现，今天谈到的创新设计是一个总体概念。最近，中国工程院的创新设计联盟研究出台了一个战略报告，向国家提出了相关建议，把创新设计作为推动创新驱动战略的一个重要抓手和平台予以推动。

为什么花这么长时间谈设计的理念？在当今的社会形态里（特别是高新技术发展以后），人的个性化得到了前所未有的发展，体现在利用的信息技术大数据的发展，人们的创造性能力得到了空前的拓展。在这个时候提出创新设计的理念和概念来统筹整个设计的环节正逢其时。在这样的背景下，一个重要的支撑是知识产权保护。在工业环境的背景下，产生知识产权的环境和土壤对个人相对来说要求是比较高的，也比较严苛。比如，写个作品要花很长的时间，制造出一个产品或者是设计出某些产品也需要很多的外在条件。但是，在今天，随着信息技术的出现，尤其是互联网技术、大数据的出现，个人的创造性的发展得到了前所未有的释放。

在新型的信息技术条件下产生出来的产品或作品设计的井喷式发展，是当前全球的一个突出特征。正是在这样的背景下，知识产权保护如何延伸，如何主动地拓展知识产权保护，就成了一个非常需要解决的问题。

知识产权保护既是科学技术发展的重要支撑，也是经济发展的重要支撑，这个趋势日益明显。例如，上海自贸区成立后，全国人大常委会又批准了天津、广东、福建三个自贸区。在这四个自贸区的整体框架里，知识产权保护是其中最为核心的问题，也是最为关键的支撑。

目前，除了货物贸易、服务贸易外，世界第三大贸易是知识产权贸易，这也是公认的世界贸易三大支柱。在这样的背景下，中国版权保护中心作为最权威的知识产权保护部门，把知识产权保护及服务工作与这样的大背景相切合，我认为推出在线作品保管的模式就是最大的实质性突破，是适应市场、适应环境发展的必然。

以上是我们中心推出这样一种服务模式的背景和意义的认识。

马上就要开两会了，2 月份的全国人大常委会正在审议《科技成果转化法》的修改。实际上，从某种角度上说，这个法的核心仍然是知识产权，就是如何保障把一个科技成果有效地转换成为一个产品或产业，以发展出它的成果。《科技成果转化法》的实质意义就是要加快将科研成果转化成产品，要确定实行哪些法治原则，这个原则是建立在什么基础上？过去一个单位的科研者发明了一个东西就是单位的职务作品，最多只是由单位给一些奖励，这并不能有效地激发科研者的积极性。个人的才能如何通过职务创作得到充分的认可，并从市场的产品效益里面得到一定的份额，这是法律需要解决的问题。这次修法就是要解决这些问题。举这个例子是想说，我们要不断改进自己的版权服务模式，要有创新性，要有适应性。

长期以来，作为一个工业设计产品，知识产权保护的形式主要是专利保护，包括发明专利、实用新型专利加上外观设计专利，很多国家都是这样的。但是，近些年来，随着设计产品多样性、大众性和快速性的发展，传统的专利保护手段已不能完全适应创新设计的迅猛发展，这为版权保护开拓了新的空间和领域。在座的王自强司长对此很熟悉。在 20 世纪 90 年代初，江苏南通的布匹市场非常大，各种布匹印花繁多，变化迅速，主要是实用新型和外观设计，专利保护已跟不上市场发展。国家版权局在当地试点通过版权保护方式进行保护。当时专门设立了一个点，成立了机构来研究是用专利的形式保护还是用版权的形式保护，最后应该是两种方法同时适用。这被世界知识产权组织推广为中国范式，成了发展中国家的一个样板，做得很成功。

特别是对外观设计来说，采取专利的模式予以保护的确比较困难，因为存在时间长、审核程序繁琐等问题。随着信息技术的迅猛发展，产品或作品的实效性问题变得十分突出。如何及时、有效地提供保护是现在许多外观设计产品面临的一个亟待解决的问题。版权保护的模式相对于专利而言更为简单、便捷，最大的区别就是前者是自动生成，后者则需要经行政审议后授予。版权保护的是作品，但这个作品早已不是传统意义上的文字作品。当年《著作权法》修改时，我们扩大了作品的范围，包括软件设计、建筑作品、设计图形作品等，将来也可能进一步扩大。从著作权的角度来说，我们不是讲专利而是讲作品，用作品保护的方式保护知识产权。

南通在20世纪90年代就这么做了，从这个角度来说，国家版权局在知识产权还没有为全国所普遍接受的时候，就大胆采取了新的保护模式，这说明他们的创新意识和提供版权保护服务创新的意识是非常强的。随着整个国家的发展，版权保护应运而提供了这样的模式。这是我的第一个感受。

第二个感受是，人类自近代以来的三次工业革命，即以18世纪的蒸汽机革命，爱迪生的电气化革命，一直到以互联网（特别是以移动互联网）为代表的新技术革命，把人的创造性充分地发挥了出来。三次革命越来越向每个人的自主创造能力倾斜，每个人都可以成为创造者。在蒸汽机、电气化革命时期，人的创造还受到若干装备条件的制约。但在今天，人们只要有一个计算机就可以充分发挥个人的创造才智。专利的产生和作品的产生进入了一个前所未有的井喷式时期。这是新技术带来的最直接的结果。

新技术带来的另外一个结果是为社会服务提供了一个全新的模式和愿景，这就需要我们提供各种服务的部门及时适应新技术的发展和要求，要变革服务的模式。大家想想，互联网技术革命所带来的社会化服务模式的影响前所未有。最典型的一个例子是，阿里巴巴彻底改变了商业模式。互联网最早只具有信息的交换、汇集和搜寻功能，但是谁也没有想到它在方方面面都发生了巨大革命，其对整个社会的影响是如此深刻！这不仅仅是停留在大脑信息接收层面，它对我们衣食住行以及社会的管理模式、行为模式、服务模式都造成了巨大的影响，这场革命方兴未艾。

我们为什么要去北大、清华念书？因为它们有古老的建筑，并且集中了一批有代表性的教授，还有一个悠久的教学历史，大家必须要进入那个物理的空间才能学习到最好的知识。现在，这一切全被改变了，今年全国50本推荐书目中有一本书叫《互联网反转世界》，是位印度人写的，描述互联网时代改变了传统的课堂和教学模式。哈佛等名牌大学把一流的教学课程放到了互联网上，一个人身处世界任何地方都可以学到这些知识，不需要进入那个物理空间就可以得到同样的教育。

医院也是如此，全国看病为什么都要来北京，那是因为北京集中了一批优秀的医生。我觉得在互联网环境下这种传统医疗模式完全可以得到改变。人们完全可以通过网络请名医、看名医。这种变化会发生在社会领域的各方面，包括我们上下班的传统模式都会发生彻底的改变。新技术下的这种革命，关键是我们怎么去适应它、应用它？目前，版权保护的一种主要方式是版权登记。这已经实践了很多年。版权保护中心在这方面也取得了不少经验。我们希望《著作权法》下一次修改时，立法者能把版权登记制度作为法定的原则写入。这也是自强同志一直主导的。但是，登记仍然是一种传统的方式，必须到中心大楼这个物理空间来，它有一套既定流程。流程是肯定要有的，但流程的形式的构建仍然是在传统的模式上。现在中心推出的作品的保管模式就是一种完全适应互联网时代的新型保护模式，它改变了传统登记方式，在线进行，不需要专程耗时来到这个物理空间，整个流程好像只需 2 个工作日，应需求可以提供几个保护时间段：6 个月、12 个月、24 个月不等，收取适当的费用，非常便捷、灵活。

这种模式的出现反映了当今社会急速变化的要求。随着信息技术的发展，专利产品也罢、作品也罢，都会非常迅速地产生和大量涌现，它实现起来会很快捷。因为改变得太快了，使得很多东西一夜之间就被抛弃了、无用了。我们花很长时间保护，保护到最后没有什么实质性意义。中国对外观设计专利的保护期是 10 年，有的国家是 15 年，但是，保护的对象可能在很短的时间内就发展、变化了。

这种形势发展确实需要我们主动去适应并有效改变自己的服务方式。我觉得版权中心还是很有眼光的。主动面向市场推出作品保管模式，我认为这个做法是一种首创的方式，也可能会在实践中遇到一些问题。将来随着时间、经验的积累，我相信其必定会在知识产权保护领域产生重要的积极影响。在它与现有的登记制度的衔接方面，我的理解是，它应该属于现有登记制度的某种延伸，是一种准登记制度的服务模式。当然，它们彼此之间的法律关系还需要进一步厘清。但不管怎么说，这种改革方向我认为是值得充分肯定的，而且确实反映了版权保护中心工作的主动进取和不断深化改革的思路。

知识产权法律的保护，包括我们提供保护的服务模式，从国际上看也是在不断发展的。我举个例子，我国专利的保护制度有自己的一套模式，世界知识产权组织也有相关的规定。我们要申请一个国际专利，首先要在国内申请，要想在他国取得专利，就必须挨个申请所在国的专利，这是传统的流程。20 世纪初，欧洲几个国家为了打破这一局面，搞了一个《海牙协议》。该协议的核心是申请专利者可以不用先在国内申请专利，也不用在国际上挨个国家申请，可以直接向海牙协议国际局提交申请，只要它批准了，协议签署国就给予保护。又比如我国的《专利法》规定，你要申请专利就必须要找专利代理机构去帮助申请，自己不能申请，而这个协议规定企业可以直接递个申请给协议的国际局，只要国际局认可，协议的签约国就都会对你进行保护，这是一种全新的模式。该协议于 1999 年在日内瓦经过了若干次修订。之后，很多的国家也加入进来，我们国家也正在研究加入。

我们要在知识产权的保护方式上不断更新、不断发展、不断拓展，以适应社会的飞速发展。我看这种作品保管模式主要针对的是实用工业品，这是一大特点，也是很有效的做法，确实反映了社会发展对知识产权保护的渴求和需要。就像我前面说的，创新设计的井喷状态已经开始出现，我们必须要跟上。从这个角度上说，我觉得应该对中心的工作给予高度肯定。我也相信，随着这一模式的发展，还要不断地总结经验，从理论上和实践上对一些基本的关系（如应用关系、管理关系、制度关系）进行深入研究，在法律制度建设上使其具有衔接性。

总之，我对版权中心做出这样的努力给予充分的肯定，并给予高度的支持。因为我觉得，无论是从国家战略发展来说，还是从整个社会发展来说，抑或是从知识产权保护来说，这都是非常急迫的。当前，我国正面临一个重大的转变，必须要从资源耗费型国家转变为科技创新型国家。如果没有知识产权保护作为强有力的支撑，我觉得这个转型是不会成功的。这也是我们当前所面临的一个重要挑战。希望知识产权部门包括专利部门、版权部门，为了国家成功完成这样的转型，为了社会进一步深化改革发展，为了实现中华民族伟大复兴的“中国梦”做出我们自己的努力。

以上是我的初步看法和认识，跟大家分享一下，不对的地方欢迎大家批评指正，谢谢大家！

加强立法，建立健全我国公共图书馆法律制度[1]

一、充分认识加强公共图书馆法制建设的紧迫性

公共图书馆作为公共文化服务体系的重要组成部分，承担着保存人类文化遗产、开展社会教育、传播公共知识和信息以及开发智力资源的重要职责。大力发展公共图书馆事业，是一个社会文明繁荣昌盛的重要标志。我国要建设经济强国，文化强国，实现两个一百年目标，离不开国民素质的普遍提高，离不开文化的继承与开创能力的整体提升。随着全面依法治国的深入开展，一个重要途径和手段就是要把公共图书馆事业纳入法治化轨道，通过立法建立相关法律法规制度，保障和规范公共图书馆建设及管理，促进全民阅读，提升公共文化服务能力和水平。要高度重视全面依法治国背景下推进我国公共图书馆法律制度建设的重要意义，充分认识到加快立法的紧迫性。

党的十八届四中全会明确提出建立健全坚持社会主义先进文化前进方向，遵循文化发展规律，有利于激发文化创造活力，保障人民基本文化权益的文化法律制度。这为我们进一步加快推进文化立法工作指明了方向。全国人大常委会高度重视文化立法工作。在立法规划中，列入的文化法律共 8 部，它们是《公共文化服务保障法》《文化产业促进法》《网络安全法》《公共图书馆法》《电影产业促进法》《著作权法》（修改）、《文物保护法》（修改）以及广播电视传输保障立法，在整个规划中占相当比重。这在全国人大立法史上是前所未有的。随着“四个全面”战略布局的不断深入贯彻落实，文化立法必须担负起应有的责任和任务。这些法律的出台将改变我国文化立法相对薄弱的现状，极大地推进国家文化发展与创新，为广大人民群众建设良好的公共文化环境。《公共图书馆法》是图书馆业重要的专门性法律，被列为立法规划第一档。目前，全国人大教科文卫委员会正在牵头起草《公共

〔1〕 本文为笔者在 2015 年“中国图书馆年会”上的演讲，载于《图书馆建设》2016 年第 1 期。本文中所涉及之法律法规与理论，均以写作时间为准。

文化服务保障法》，这是文化领域的一部保障公民基本文化权益的基本法，涉及公共文化设施的建设、公共文化服务的提供等，促进公共图书馆建设发展也是《公共文化服务保障法》的一个重要内容。

全国人大高度重视公共图书馆立法工作。自20世纪90年代以来，全国人大教科文卫委员会一直开展有关立法调研工作，与文化部等部门合作，收集国内外立法资料，开展相关立法理论研究，参加图书馆业界专家讨论并听取意见，积极推动公共图书馆立法起草工作。十一届和本届全国人大常委会都将这项立法列入了立法规划，国务院也一直将其列入立法计划。由于种种原因，立法起草工作步履艰难，一个重要原因是对法律的调整范围、主要基本制度等争议较大。可喜的是，经过各方的努力，大家达成了基本共识，将立法的范围主要集中在公共图书馆领域，因为公共图书馆是为保障人民基本文化权益、满足人民大众精神文化需求而提供公共文化服务的一个主阵地，是由各级人民政府主导和承担主要职责并在社会力量共同参与下进行的重要公共文化建设，因而是整个图书馆法律体系中最基本、最重要的立法事项。各界应当紧密围绕这一立法主题，集中力量，求同存异，争取在最短的时间内形成一个比较完善的草案文本，提交全国人大常委会审议。

二、建立完备的公共图书馆法律体系

我国法律体系的构成是以宪法为统帅，以法律为主干，包括行政法规、地方性法规、自治条例和单行条例在内的由七个法律部门组成的统一整体。目前，除宪法外，共制定现行有效法律240多件、行政法规700多件、地方性法规8600多件、自治条例和单行条例700多件。国家立法权由全国人大及其常委会统一行使，法律只能由全国人大及其常委会制定。国务院制定行政法规；省、自治区、直辖市的人大及其常委会可以制定地方性法规；设区的市人大及其常委会可以就城乡建设与管理、环境保护、历史文化保护等方面的事项制定地方性法规，报省、自治区的人大常委会批准后施行。经济特区所在地的省、市的人大及其常委会可以根据全国人大的授权决定制定法规，在经济特区范围内实施。自治区、自治州、自治县的人大可以制定自治条例和单行条例，对法律、行政法规的规定作出变通规定。自治区的自治条例和单行条例报全国人大常委会批准后生效，自治州、自治县的自治条例和单行条例报省、自治区、直辖市的人大常委会批准后生效。这之中，一个基本原则是维护国家法制统一，即所有的法律法规都必须统一于宪法和法律，不得与宪法和法律相抵触。

我国文化立法也是由宪法相关规定、文化基本法、文化专门法以及行政法规和地方性法规等组成的。《公共文化服务保障法》和《文化产业促进法》是文化领域的两部基本法，《公共图书馆法》《博物馆法》《电影产业促进法》《文物保护法》《非物质文化遗产法》《档案法》等都是个相关行业的专门法。《公共图书馆法》就是从事公共服务的图书馆业界的专门法。我国《宪法》第22条规定，“国家发展为人民服务、为社会主义服务的文学艺术事业、新闻广播电视事业、出版发行事业、图书馆博物馆文化馆和其他文化事业，开展群众性的文化活动。国家保护名胜古迹、珍贵文物和其他重要历史文化遗产。”该条款为我国图书馆事业的发展和图书馆立法提供了直接的宪法依据，表明了国家对发展图书馆事业的重视，为我国图书馆事业提供了总的发展保障。

要构建较为完备的公共图书馆法律体系，除了全国人大常委会制定公共图书馆法外，还应包括几方面内容：一是国务院与地方立法机关根据实际情况制定的专门法规；二是与公共图书馆法治相关的其他法律法规，如《著作权法》《教育法》《高等教育法》《义务教育法》《残疾人保障法》《文物保护法》《城市规划法》《信息网络传播权保护条例》《学位条例》等；三是在其文本中有针对图书馆的条、款、项或目的法律法规。公共图书馆相关法律的涉及面很宽，这些法律法规是图书馆立法的基础，也是图书馆法律体系中的重要组成部分。从国外的经验来看，图书馆法律体系比较完善的国家，除了专门法外，一个重要的指标就是图书馆相关法的配套与完善。

加强地方人大立法，推进地方性公共图书馆有关法规的制定出台，是构建我国公共图书馆法律体系的一个重要组成部分。2015年，广州市人大颁布实施了《公共图书馆条例》，这是继深圳、内蒙古、北京、湖北、四川等地之后我国第六部地方性图书馆法规。该条例对公共图书馆的设立、管理和服务分别作了规定，有不少特点和创新之处：一是明确了公共图书馆的定位与性质，即公共图书馆由各级人民政府设立，面向社会公众开放的，收集、整理、保存、研究和利用文献信息资源的公益性服务机构。明确规定各级政府应当将公共图书馆事业纳入国民经济和社会发展规划和年度计划、将所需经费列入本级财政预算，使财政投入与经济社会发展和公共图书馆的服务人口、服务范围、服务需求、服务功能等相适应。二是明确划分各级政府的职责，建立公共图书馆体系，以市馆为中心馆，建立区和镇、街道公共图书馆的总分馆体系，这是一个既符合实际情况发展，又遵循图书馆基本规律的创新性规定，尤其是明确规定了镇、街道设立分馆，使图书馆服务延伸进基层，这充分体现了构建公共文化服务体系的本质要求。三是明确规定了各级图书馆按服务范围和常住人口要求的建筑面积、藏书数量的标准，规定了中心馆、区域总馆信息资源共享的职责。四是明确规定公共图书馆实行馆长负责制，分别规定了中心馆和区域总馆的具体职责，尤其是区域总馆负责所属分馆的统一管理，按照全市统一的业务标准，负责本馆和所属分馆文献信息资源的采购、编目和物流配送、通借通还等，为总分馆制的具体实现提供了法制路径。五是明确规定了公共图书馆提供服务的基本内容，各馆每周的开放的具体时间，用户的权利和义务，志愿者服务等。六是规定了政府可以发起设立图书馆发展社会基金，通过鼓励国内外自然人、法人或者其他社会组织向图书馆发展社会基金进行捐赠或依法设立图书馆发展社会基金，充实发展图书馆事业的资金来源，调动社会力量的积极性。

广州市颁布的《公共图书馆条例》不仅对保障、规范和促进本市公共图书馆发展具有重要作用，更是文化强市、保障人民基本文化权益的必然要求，也是国家中心城市和世界名城发展的必然结果，这对其他中心城市加快公共图书馆长效机制建设也具有显著示范意义，也为国家公共图书馆法的制订提供了有益经验。

三、加快国家立法，建立公共图书馆基本法律制度

从国家立法层面来说，全国人大制定的法律就是国家制度的法制化，是最高的顶层设计。我国公共图书馆法在制度设计上应当紧密围绕其在公共文化服务中的职能定位和发展要求，结合公共图书馆的自身特点与规律，在公共图书馆的建设、管理、服务和保障等方面建立起相关法律制度。这些方面涉及不少问题，一些问题在理论上、实践上、体制上以及业界业外都存在争议，需要各方抓紧研究，达成共识，积极解决。具体而言，我认为，公共图书馆法应当有效建立的制度包括：一是公共图书馆的设立、管理体制和功能定位制度；二是总分馆制度；三是公共图书馆基本服务制度；四是数字化建设与文献信息共享制度；五是样本呈缴制度；六是城市社区和农村服务制度；七是从业人员的行业准入制度；八是读者权利和义务制度；九是经费保障制度以及国家图书馆的地位与职能，与著作权法的平衡关系等。

（一）公共图书馆的设置、管理体制和功能定位

公共图书馆的设置主体及管理体制取决于其性质和功能属性。在我国，公共图书馆一直被视为是由政府投资兴建的公益性机构。现行的地方法规和规章几乎全部将公共图书馆定位为公共服务机构、公共教育机构。主要功能包括：从事各类文献资源的收集、整理、存储、加工、开发和服务。因此，承担公共图书馆建设责任的是各级地方政府。与此相适应，我国的公共图书馆长期以来也按政府行政级别被分为若干层级。在这样的体制下，我国省、市、区、县图书馆分属于不同级别政府部门和财政主管部门，街道和社区图书馆的投资方更为复杂。不同层级的图书馆在功能上如何定位一直是图书馆界关注的问题。按照现行地方法规的规定，省、市、县、乡镇四级公共图书馆网络中，上一级应该履行起对下一级公共图书馆的业务指导任务，但事实上，图书馆间基本孤立、联系松散的现象普遍存在，特别是在基层。文献信息资源建设应当统一规划，合理布局，分工协作，共建共享。因此，现在的各级图书馆功能定位不清晰，导致资源浪费和缺失同时存在，制约着图书馆事业的发展。

（二）样本呈缴制度

样本呈缴是图书馆法律制度的重要内容，是保证公共图书馆保存文献和服务公

众的重要途径。目前，世界上大多数国家都已经建立起了样本呈缴制度。改革开放以来，我国的出版物数量增加迅速，打破了计划经济时代由新华书店统包的局面，发行途径多样，这使得样本呈缴工作更加复杂。在我国，现行行政法规规定的样本受缴者一般包括三个部门：国家图书馆、中国版本图书馆和新闻出版管理部门。当前，我国的样本呈缴情况并不乐观，以国家图书馆为例。2006 年，图书的缴送率为 66.11%，期刊的缴送率为 53.23%，报纸的缴送率为 40.65%。在地方的公共图书馆，缴送率更低。造成这一情况的原因：一是有些出版单位不遵守有关规定，不履行缴送义务；二是现行的多头缴送制度给出版单位造成了一定困难，缴送数量多，而且出版社还要为这部分没有利润的图书缴税，这在制度上不尽合理。随着电子出版物的增加，电子出版物也成了样本呈缴的内容，同传统出版物相比，缴送率更低。从现行的地方法规来看，我国的样本呈缴制度还不适用于网络电子出版物。

现行的地方法规和部门规章多已规定了样本呈缴制度。目前呈缴的实践证明，仅仅依靠行政法规和部门规章的做法存在立法层次上的缺陷，缺乏强制力。出现问题无法可依，监督和处罚主体不明确，而且其中不少出版社是独立法人，不隶属于行政部门，难以追究责任。

在制定《公共图书馆法》时，立法者应当将样本呈缴作为重要制度进行设计，内容包括样本的范围、缴送义务人、样本受缴者、缴送份数、期限以及违法责任等。

（三）经费保障制度

公共图书馆的经费保障是发展公共图书馆事业的关键之一，也是立法难点之一。从我国当前公共图书馆的发展现状来看，经费短缺仍然是制约其发展的重要原因。公共图书馆的经费多数没能被纳入财政预算。现行的地方法规大多都规定了购书经费在图书馆运营总经费中的比例，但是对将图书馆经费纳入财政预算，大多数法规都没有刚性要求，经费投入的“量”没有用立法的形式确认下来。对图书馆经费保障的问题，目前业界普遍认同开辟以政府财政投入为主导的多经费来源渠道的观点，即实行经费投入预算化、经费项目法定化、经费数量“间接规范”（即通过规范各级各类图书馆文献信息资源年入藏量来保障基本的经费数量）并建立图书馆事业发展基金。

（四）关于农村图书馆

解决农民的阅读需求是发展农村文化、推进新农村建设的重要内容。我国农村人口众多，许多基层农村地区的经济文化条件相对落后，农村图书馆建设是全国公共图书馆建设工作中的薄弱环节。因此，在《公共图书馆法》的制订过程中，立法者应当重视农村的公共图书馆建设问题。从现行的地方法规和政策来看，目前我国关于公共图书馆的制度设计，多适用于县级以上的城市地区，对基层农村的图书馆服务问题研究得较少。多年来，为了推进农村文化建设，我国建设了“农民书屋”等文化设施，开展了“送书下乡”等活动，这些活动分属于不同的部门主管，缺乏法律的统一规范和保障。在公共图书馆立法中，立法者应当理顺这些部门之间的关系，规范农村公共图书馆服务。我国农村地域辽阔，地区发展情况不平衡，尤其是在一些边远偏僻的基层农村，应当有因地制宜的公共图书馆建设方案。

（五）从业人员的行业准入制度

公共图书馆从业人员的行业准入制度，即图书馆员的资格认证制度，在发达国家已有上百年历史，很多国家都在图书馆法规中确定了图书馆员的专业水准。现在我国的公共图书馆尚没有一个严格的行业准入制度和考核制度，现行的地方法规只笼统地规定了学历要求和培训上岗等，没有明确图书馆员的专业准入和考核制度。这使得一些公共图书馆的工作人员素质参差不齐，工作能力相差较大。作为一个专业化的文化部门和服务行业，工作人员素质的不平衡势必会影响公共图书馆为社会服务的功能。可能导致的状况是：一方面优秀的专业人才被拒之门外；另一方面缺乏专业知识、能力低下的人员通过种种渠道进入到图书馆行业中来。为提高我国公共图书馆的专业服务水平，有必要在《公共图书馆法》中明确图书馆从业人员的行业准入制度，包括相应的考核制度。

（六）国家图书馆的地位与职能

各国的国家图书馆由于国情和时代的不同而各具特色，目前尚无统一的权威定义。但是从各国的国家图书馆运行实践来看，基本都履行以下职责：一是领导及协调全国图书馆事业的发展；二是收集本国和有关本国的出版物；三是接受保存全国范围内的出版商送缴的资料样本，协调国内各图书馆收集世界图书资料；四是建立全国图书目录或书目资料库，将全国的出版物迅速编录成册以供检索，领导、协调或协助建立全国的数字图书资源库，加强馆际资源共享，代表国家参与国际图书馆业交流活动。联合国教科文组织对此的界定是：依据法律或其他安排，接受本国重要出版物的复本，并起储藏作用的，不管名称如何都是国家图书馆。国家图书馆在一个国家的公共图书馆建设乃至整个文化建设中发挥着重要作用，在公共图书馆立法中，立法者应当认真研究，对其地位和职能进行定位。需明确的问题有：国家图书馆与其他公共图书馆的关系，国家图书馆是否具有领导或协调全国公共图书馆工作的职能，是否承担对公众开放的职能等。

（七）数字化建设与文献信息共享制度

当今社会迅速发展，随之而来的是文献数量的快速增长。一个图书馆如果想要收集所有的文献资源显然是不现实的，也是没有必要的。每个图书馆只需根据自身的特点和实际情况，形成独具特色的文献资源即可。要达到这一目标，不仅需要一个指导性的纲领指挥、协调一个地区内所有图书馆之间文献信息资源的共知、共建和共享，同时还需要一个明确的规定来具体指导该怎样进行资源的共享。公共图书馆网络应发挥资源共享和优势互补的作用，逐步实现公共图书馆之间的采购协调、集中编目和图书馆通借通还的目标。

现在的许多公共图书馆之间，由于缺少信息共享制度，图书的采、编、上架、借阅和流通基本上是各自为政，不能统一规划、统一管理、统一调配，致使资源各自所有，重复购置，无法共享。在《公共图书馆法》中，立法者应当考虑设置文献信息共享制度，优化资源使用，使之得以更高效地服务群众。

现在，一些高校和科研院所的图书馆也承担了部分公共图书馆的职能，如对公众开放借阅等。公共图书馆如何与这些图书馆实现资源共享，也是一个值得研究的问题。现在一些地方已经探索出了一些可行的方法，如公共图书馆与当地高校图书馆联合推出通用借书证，实现图书资源的通借通还，提高了资源的使用效率，为群众提供了方便。

（八）读者权利和义务制度

当今，社会计算机技术和网络技术在图书馆的普及使得越来越多的读者信息（如个人基本信息、借阅历史、借阅地点、文献的记录等）被留在了图书馆的系统上，它们都属于读者的个人隐私，图书馆未经读者允许不得公布或泄漏这些信息，即读者有权利要求图书馆保护这些信息。

现行的地方法规对读者权利的保护条款比较陈旧和笼统，对读者隐私权的保护几乎都没有涉及，这一问题也是业界关注的问题之一。为此，有必要设置相关条款予以明确。

（九）与《著作权法》的关系

《公共图书馆法》与《著作权法》的关系是近年来讨论的焦点之一。公共图书馆的一些业务行为，如阅览、出借、为馆藏保存而复制文献、为读者提供复印服务等，属于著作权意义上使用作品的行为。随着信息技术的应用，很多公共图书馆还将文献资料转化为了电子文献资源，如数字图书馆等。在制定《公共图书馆法》时，立法者必须注重与著作权法等相关法律、法规的平衡，处理好公众和著作权人之间的利益关系。

全面推进依法治国，加强制度建设是习近平总书记系列讲话中的一个重要思想。应该说，立法就是最高的制度建设。建立健全我国图书馆法律制度，需要国家立法和地方立法的共同努力。国家立法的开展和广州市以及其他地方公共图书馆立法的积极进展，标志着我国公共图书馆事业正在有序步入法治化、规范化的轨道，充分体现了党和政府关注民生，促进经济、社会和文化协调发展的执政理念。公共图书馆立法是一项基础性的工作，它必将对我国的文化生活、文化生态和文明建设产生重要影响。随着我国公共文化服务体系建设目标任务的明确和文化体制改革的深入，我们要及时总结经验规律，在遵循提高立法质量、加强可执行性和可操作性原则的前提下，加快国家立法步伐，推动更多地方出台相关地方性法规。

四中全会强调指出，法律的生命力在于实施，法律的权威也在于实施。推进国家治理体系治理能力现代化，离不开对法律立法价值目标的不懈追求和对具体规范贯彻实施的不懈努力。广州市颁布的《公共图书馆条例》的贯彻实施既是一个向全社会广泛宣传法治的机会，也是一个对立法的评价、运用和检验的过程。要加强对该条例的宣传工作，落实该条例的各项制度要求和措施，加快建立促进公共图书馆发展的体制机制。要依法督促相关职能部门和各级地方政府履行相应职责；要加强执法监督，落实行政执法责任制，依法充分发挥社会各界力量的协同作用。应当看到，发展公共图书馆事业，促进公共文化服务水平和能力的提高不可能一蹴而就，需要各方面的长久、持续性努力。而我们今天所做的工作，正是这样一种努力的必然结果。我们要通过法治的手段，凝聚大家的力量，建立长效机制，逐步形成全社会良好的文化氛围，树立道德理想和科学创新精神，弘扬社会主义核心价值观，使中华民族优秀传统文化代代相传。

《电影产业促进法》立法讲座[1]

今天，非常高兴给在座的同志们介绍一下《电影产业促进法》立法的情况。

《电影产业促进法》于2016年11月7日由第十二届全国人大常委会第二十四次会议审议通过，2017年3月1日正式施行。这是我国文化领域第一部促进文化产业发展的法律，是电影界的一件大事，我国电影产业的健康发展由此有了法律的保障。我国电影立法走过了一个比较艰辛的过程，我在全国人大工作了三十多年，亲身经历了这个过程，深切感受到了出台这个法律的不容易。无论是对推进全面依法治国，还是对我国电影业界来说，《电影产业促进法》的出台无疑都是一个非常大的进步。为什么这么说呢？因为其标志着我国电影事业的发展从此进入了法律规范的时代。法律是什么？它是国家制定的最高准则。对从事具体管理工作的同志来说，法律就是保障公民、法人和社会组织的权益，规范我们管理行为以及促进产业和事业发展的最高准则和有效武器。我们所有的工作，所有的活动，有了这样的一个法律的保障，可以说就得到了最高的保障。因为这可以使我们一切依法办事，一切依法行事。过去我们很多的行为都是靠政策来调整，变动性非常大，这在电影界是最为明显的。但是，法律不一样。法律与政策相比最本质的区别就是，法律是相对稳定的，而且从某种意义上来说，法律是一个持久性的稳定。在座很多从事电影管理的同志，包括搞执法的同志都应该有体会，过去经常要靠查文件来指导工作，文件一大堆，从头查到尾，文件内容还不断变化。虽然法律也需要不断修改、完善，但它不会在短时间内取消，不会终止，不会随着一时一地的变化而变化。我们有一些同志没有真正认识到这一点，在这方面的体会也不够充分。所以，我们要深刻领会中央明确提出的全面依法治国战略的重大意义。

一、立法的缘由

任何立法都不是孤立的。《电影产业促进法》的制定出台有几个重要背景和原

〔1〕 本文是笔者于2017年为全国广播电影电视法制培训班、中国电影家协会等所作的讲座。本文中所涉及之法律法规与理论，均以写作时间为准。

因。首先，从国家战略层面上说，党的十八大以来，以习近平同志为核心的党中央高度重视文化建设的战略意义，公共文化和文化产业作为文化建设的“双轮驱动”承担着历史任务，成为“五位一体”“四个全面”战略总布局的一个重要支撑。党的十九大把中国特色社会主义文化和文化自信写入党章，这是对中国特色社会主义内涵认识的全新拓展和深化，是马克思主义中国化和中国特色社会主义理论的一个大飞跃，是对文化战略地位的全新认识和升华。这对包括电影业在内的文化建设提出了全新要求。大力发展包括电影产业在内的文化产业，不断繁荣和丰富文化产品的生产，推动国民经济结构调整，使之成为国民经济支柱性产业，是满足人民群众日益增长的精神文化需求、增强文化自信的重要实现途径，是提升我国文化竞争力、体现我国文化“软实力”的重要方式和手段。在经济科技发展的全球化的趋势背景下，文化作为国家“软实力”日益为各国所重视。所谓国家“软实力”，就是你的价值观、你的思想、你的文化产品（包括电影产品等），对其他国家乃至全球的影响力。从某种意义上说，一个国家的“软实力”影响的持久性和深远性超过它的“硬实力”。一部好的影片对整个社会产生的影响是非常大的。在20世纪80年代初读大学的时候，《甜蜜的生活》《庐山恋》等电影对我们的影响都非常大。还记得放过一个美国的片子叫《冰峰抢险队》，当时大家看后都特别吃惊，说美国这种资本主义国家居然还有这样舍生忘死的抢险队，不可理解。我们这些年也创作、生产了不少好的影片，在国内外都产生了重大的、积极的影响。比如说《芙蓉镇》《红高粱》《秋菊打官司》《霸王别姬》《建国大业》《战狼2》等一大批优秀作品。中央提出的两个百年目标，即2020年、2035年基本实现社会主义现代化，社会文明程度达到新的高度，国家文化“软实力”显著增强，中华文化影响更加广泛深入，2035年到2050年要建成富强、民主、文明、和谐、美丽的社会主义现代化强国。仔细分析这两个阶段的建设目标，无论是富强、民主还是文明、和谐、美丽，绝大多数都与精神文化紧密相关。文化自信不是一个空洞的东西，更不是一个哲学口号，只有丰富多彩的文化的表现形式和文化产品才能支撑起我们的文化自信。所以，从这两个目标来说，文化建设承担的任务非常重大。这样一个战略背景和历史任务的形成，对于我们整个文化建设，包括搞电影产业电影事业的同志们来说都是非常重要的。我们一定要对新时代电影业发展的任务、要求和使命有充分的认识。这也是我们立法的主要目的和根本出发点。

另一个重要原因是电影立法与电影业的改革实践紧密相关。改革为立法提供了实践基础，改革也推动了立法进程。20世纪末期以来，我国文化体制进行了改革，其中一个重大的变革就是将传统的“文化事业”区分为公益性和经营性两个部分，逐渐确立了文化的经济属性和文化产业的地位。这是一个思想观念认识上的重大变化。什么是公益性？就是公共财政拿钱，为了保障人民群众基本文化权益需要而免费或优惠提供的那一部分，叫作公共文化服务。什么是经营性或产业性？就是能够通过市场经营活动自主盈利发展的那一部分，叫作文化产业。当然，这两部分在很多地方有所交叉，但是总体上来说，我们从理论上和实践上都对文化事业的特性和发展做了深入探讨，并逐步形成了一个基本共识，那就是确认了文化既有事业属性也有产业属性（也就是有经济属性），这是一个重大的调整。否则的话，我国发展电影产业就没有了认识基础，我们搞《电影产业促进法》乃至《文化产业促进法》也就没有基础了。事业与产业、经济效益与社会效益并不对立，二者是相互依存的。将电影作为一个产业来发展是一大进步，但它必须符合中国文化本质属性的要求，符合我们的社会主义核心价值观，符合我们的审美标准。电影产业在确认已有经济属性的前提下，更多的是应当强调它的社会属性和社会文化效益，要把它作为传播和弘扬我们价值观的手段和方法放在优先位置，而不是为产业而产业、为经济而经济。如果将二者割裂，很容易把电影产业引向纯粹追求经济效益的歧路上去，如果电影只追求票房，就会使它的社会文化属性被抛弃。其实，这两个属性完全可以达成统一，我们的目的是要通过产业本身的发展壮大，使其所承担的文化责任和社会属性更充分地得到张扬。中央强调文化产业要发展成为国民经济支柱性产业，一个重要的因素是它的产业发展对整个国民经济发展起到了重大的促进作用，过去我们对这个作用认识不够。随着人民群众物质文化生活水平的不断提高，追求精神文化生活的愿望也越来越高。例如，甘肃是一个比较贫困的省份，“十二五”期间年电影消费不过5000万元，现在已突破5亿元。这充分说明在基本物质需求得到满足后，人们精神文化生活需求和消费不断增长。文化消费总量的增长和在消费总支出中所占的比重，成了衡量国民生活质量的重要指标。国外发达国家文化消费占总消费支出的15%左右，目前我国教育文化消费合并一起占总消费支出的12%左右，其中主要是教育消费，文化消费约为3%，是非常低的。这中间，电影消费有很大贡献。我们要实现全面小康，我认为全社会的文化消费应当达到10%，如果真要是那样，那我们的文化产业（包括电影产业），就会迈上一个新台阶。这也是我们坚持文化自信的重要基础。

党的十九大明确提出要推动文化事业、文化产业“双轮驱动”发展，包括健全现代文化产业体系和市场体系，创新生产经营机制，完善文化经济政策，培育新型文化业态。这对我们电影产业发展和立法来说都是非常重要的。随着我们对文化产业的深入认识和对现行文化体制机制改革的推动，电影业率先进行了改革。电影产业是以高新技术为支撑的高智能、高投入、高产出的文化产业，是文化产业中颇具活力与生命力的重要组成部分，自体制改革以来取得了显著发展。1993年1月，原广电部下发《关于当前深化电影行业机制改革的若干意见》，电影体制改革正式开始。2003年以来，随着文化体制改革的启动，广电总局制定出台了一系列改革措施，电影业迎来了难得的发展机遇，开始真正走上了产业化的发展道路，整体保持了较为健康、稳定、科学发展的良好态势。虽然整个文化体制改革涉及新闻出版、广播电视电影等各方面，但在这个改革中，唯有电影是改革得相对彻底的。也就是说，完全打破了传统管理体制，从事电影创作生产者完全没有门槛，基本靠市场运营。过去很长一段时间，电影跟其他文化行业一样，都是国营的。全国只有几大传统的制片厂（如北影、上影、珠江、西影等），国家每年制定和下达拍片计划或指标，电影的拍摄、制作、发行、放映都是国家政府行为。电影体制改革后，电影业首先突破了谁能够拍摄的问题，也就是说，除了国营制片厂外，法人、社会组织都能够拍摄电影。总的来说，电影行业有六个方面的改革与发展：一是电影体制从计划经济向市场经济体制转变；二是电影结构从事业主导型向产业主导型转变；三是经营主体从单一所有制向混合所有制结构转变；四是电影市场从分割封闭垄断向统一开放竞争的格局转变；五是电影制片从指令性计划性向自主性经营性转变，盈利模式也从单一的影院票房向多元化的市场营销转变；六是电影技术从模拟技术向数字技术体系转变。正是我国电影业近些年的改革发展，使得过去一些低效力的政策或规章已不适应形势发展的需要，电影产业的各环节（包括日益兴盛的电影市场），都迫切需要建立有效的法律规范。近年来，在国内经济高速发展、综合国力不断增强、市场需求拉动的背景下，电影产业焕发出了旺盛的生命力和可持续发展的巨大潜力，电影市场规模迅速扩大，市场结构日益完善，市场影响显著增强，我国电影已进入繁荣发展的关键时期，成为电影大国。可以说，按照现有的发展速度，通过“十三五”期间的努力，中国电影市场票房赶上或超过北美电影市场是极有可能的。据统计，自电影产业化改革以来，我国影片产量从不足100部稳定到600余部，票房从每年不足10亿元增加到了400亿元，银幕从不足2000块发展到了30 000多块，产业总体规模的增长幅度每年都超过30%。2017年，生产故事影片772部、银幕总数50 000余块，全年总票房559.11亿元（增长13.4%），国产影片票房占有率53.84%（增长23%），全年观影人次16.2亿（增长11%）。从这些数字我们可以看到，我国电影生产的数量和质量都在不断提升。电影局的同志一直有一个压力，在与好莱坞影片竞争的情况下，要保证国产影片票房过半。现在，我觉得这个压力虽然存在，但已经没那么大了。因为我们有五千年的文明，拥有中华文化的自信发展和审美需求，我们对国产影片的欣赏必然远远超过对国外影片的欣赏。一个重大变化就是近些年来在电影票房前列的基本都是国产片。就像当年好莱坞拍的《花木兰》，有评论说跟日本人一样，很难引起中国人的共鸣。这些影片不能够融入或领悟中华五千年文明，不能够满足十几亿中国人的精神文化生活和独特审美需求。就像印度一样，印度宝莱坞的影片之所以不怕美国影片入侵，主要是因为它是印度本土文化的产品和成果，反映了印度悠久历史文化精神和审美情趣，牢牢占据了印度电影主要市场。从我国的本土电影来看，一个最关键的因素还是要提高国产影片的质量。优秀的国产片太少，这是我们的短板。如果我们每年都生产出大量的优秀国产影片，让我们的电影业始终保持健康繁荣发展，我们的本土电影就会牢牢占据国内电影市场，这是毫无疑问的。因为只有我们自己才能把握和展现中华文化的精髓和审美，这就是文化之间的差异性。所以，我们一定要有这方面的自信。

还有一个原因就是全面依法治国的深入推行，要求我们把一切工作（包括文化工作）纳入法治化轨道。文化立法进入快车道，《电影产业促进法》应运而生。我记得在立法起草过程中，有些同志认为电影只是艺术表现形式中的一种，对它进行专门立法必要性不大；或认为立法资源有限，准备搞《文化产业促进法》，把电影产业涵盖其中就可以了，不必单独立法。这些观点和声音一直存在，对立法的必要性提出了种种质疑。为什么要单独立法呢？我认为，这必须从电影的价值、地位和作用来认识。事实上，在所有艺术门类中，电影被称为是艺术上的皇冠，是一种具有高度真实感和综合性的艺术表现形式，对观众和社会有着巨大的影响力。它是体现一个国家艺术表现力的最高形式，其作用和地位是其他任何艺术表现形式所无法替代的。因与市场结合得非常紧密，在很多国家，电影是被当作前沿产业来推动的。正因为电影业具有独特地位，所以几乎所有国家都制定了电影法。1930 年美国著名的《海斯法典》是全球第一部规范电影制作的法律，主是有 12 条禁止性内容，包括不得出现酗酒、裸体、接吻、暴力、凶杀、色情等镜头，被称为“电影审查法典”。1966 年该法典被废除，后来延伸为分级制。英国 1927 年的《星捏玛托格拉菲法》规定，英国的电影院必须上映 5%的英国电影，于 1921 年开始实行影片自我审查，并开始实施分级制。日本于 1939 年、法国于 1964 年、德国于 1967 年也都相继制定了电影法。这些法律主要涉及内容审查或分级、产业促进政策和保障、国产影片的保护措施等。除了分级制外，这些规制内容也是我们立法的主要内容。

应该说，在世界各国中，我国《电影产业促进法》是比较晚的，但起草过程十分漫长和艰辛。现在有一个公认的说法，认为电影立法从 2003 年开始，这是不准确的。实际上，这只是《电影产业促进法》立法的起始时间，在这之前，还叫过《电影法》《电影管理法》等，它们的起草时间更长，迄今差不多已有三十多年。1982 年杭州电影会议最早提及制定电影法。1987 年，我刚到全国人大教科文卫委员会工作，领导交给我的任务就是参与《电影法》立法研究工作，我写的第一篇参阅材料就是关于电影分级制的。那时与电影局的几位老同志一起开展工作，收集国内外立法资料。当时我印象特别深的是墨西哥《电影工业法》。我看到这个法律案后特别吃惊，电影不是文化作品吗，居然还能成为工业？特别不理解。其实它就是一种特殊工业。那时我们的电影体制也没有改革，摄制、发行、反映包括审查都是传统模式，一些主要问题难以解决，形不成共识，所以立法前期工作断断续续。我记得已故去的电影界的代表性人物谢铁骊曾经连续三届担任全国人大教科文卫委员会委员，每年都在人大会提出加快制定《电影法》的议案，一连提了很多年。因为议案答复是我负责起草，年年答复几乎雷同，没有实质性进展。1994 年在原广播电影电视部主导下，各方又开始研究讨论《电影法》的起草工作。那时工作一度抓得比较紧，收集资料，还起草了草案，我一直参与其间。由于电影体制改革刚刚开始，主要问题并未得到解决，且草案多是管理内容，权利义务并不匹配，导致各方就该草案难以达成共识。考虑到电影体制改革的实际需要和管理工作的紧迫性，便把这项立法工作交由国务院，通过制定行政法规来规范电影的具体行政管理事项，这就是 1996 年国务院《电影管理条例》的颁布实施。《电影管理条例》的一个重要内容，就是把电影从创作、摄制、发行、放映、进出口各个环节来逐一规定，即各个环节都要实行许可。这在总则第 5 条写得很清楚，所以我国电影许可制度的建立，就从《电影管理条例》开始。按照该条例，我们的许可制度相当严厉，算起来有上十个许可，包括把电影向国外送展，在境内举办国际电影节等，都要经国家电影局许可批准，甚至洗印、制作要用到的特殊技术，也得报国家电影局批准。当然，后来这些许可在实践中已经下放到省里了。但是，该条例有一个突出特点，就是确认了电影体制改革对电影活动的放开。随着电影产业的发展，多元化主体已出现，既有国营的，也有社会的，打破了国营独家经营的模式。所以，该条例在电影摄制的环节上面确定了两个许可：一个是电影摄制单位的许可，你只要符合若干条件，有拍摄资金，有人员，就可以作为电影摄制单位申报《电影摄制许可证》。这种做法走在了文化领域各行业的前面。另外还有一个《电影片摄制许可》（俗称《单片证》），即如果不成立摄制单位而只拍一次电影，便可向电影局申请。这两种许可虽然很严厉，但它确认了从 1993 年以来的改革成果，为电影产业和电影市场的发展奠定了基础。若干年后在制定电影产业促进法时，这两个许可被视为是制约产业发展的羁绊，因遭到众人诟病而被取消。随着《电影管理条例》的出台，《电影法》的制定又被搁置下来。2003 年，随着文化体制改革的逐步展开，文化产业的地位和作用日益显著，电影产业异军突起，依法治理电影业的需求更为迫切，国务院层面的行政管理条例已不能完全适应形势发展需要。为此，原广电总局开始正式研究起草《电影促进法》，主要考虑从全面促进电影发展的角度，而不是过去主要从行政管理的角度来起草法律。这一起草思路的调整是非常重要的，得到了大家的一致认可。原来叫《电影促进法》，后来增加了产业两个字，改为《电影产业促进法》。我认为这是非常重要的一个改动，第一次通过法律规定把电影的产业属性鲜明地确定下来，这是一个进步。自此以后，围绕着草案，各方反复讨论、修改，来来回回争论不小。2008 年底，草案报国务院法制办；又过了将近 3 年，2011 年底，国务院法制办公开征求意见；又过了 5 年，2016 年，全国人常委会才审议通过。前后长达13年，很不容易。

二、立法的重要意义

《电影产业促进法》是我国宣传思想文化领域第一部促进产业发展的法律，是我国文化立法领域的一次突破，也是文化体制改革的经验凝聚，是全面推进依法治国、建设社会主义法治国家的重要制度成果，对于促进电影产业持续、稳定、健康发展具有重大意义。2017年2月17日，全国人大教科文卫委员会在人民大会堂召开“宣传贯彻《电影产业促进法》座谈会”。全国人大常委会副委员长兼秘书长王晨出席会议并做了重要讲话。中宣部、广电总局、文化部、新闻出版总署等部门的领导，还有电影界的代表都参加了座谈。大家对这部法律的出台给予了很高的评价。大家认为，《电影产业促进法》对十六大以来党的电影改革经验进行了高度总结和提炼，将改革成果上升到了法治层面，有力巩固了中国电影发展的道路自信。此次立法紧紧围绕促进发展，较好地处理了两个效益、产业与事业、政府引导与社会参与、市场与监管、产业发展与文化安全的关系。

《电影产业促进法》的制定出台，其重要意义体现在以下几个方面：第一，以实际行动贯彻落实党中央关于加强文化立法的决策部署。依法促进包括电影产业在内的文化产业发展，不断繁荣和丰富文化产品的创作生产，推动国民经济结构调整，使之成为国民经济支柱性产业，这是满足人民群众日益增长的精神文化需求、增强文化自信的重要途径，也是体现我国文化“软实力”、提升我国文化竞争力的重要方式和手段。第二，为弘扬社会主义核心价值观提供了有力支撑。《电影产业促进法》明确把“弘扬社会主义核心价值观”作为一个重要立法宗旨，明确了以人民为中心的创作导向，坚持社会效益优先和两个效益相统一的原则，确保对电影创作内容、摄制过程及发行放映活动的有效把控，确保中国电影能够有效承载社会主义核心价值观，深入弘扬一脉不绝的中华优秀文化，提升民族文明素质，成功展现昂扬向上的大国形象，并在世界电影之林占有越来越重要的地位。第三，《电影产业促进法》立足于电影产业发展的现实需要和未来趋势，用法律的形式固化和升华了多年来电影产业改革发展的政策措施和成功经验，用法治的手段解决了电影产业发展中遇到的各种问题，从而优化电影产业运营和行业管理实践，推动创作出更多更好的优秀电影作品，为社会增加精神文化财富，推动国家文化“软实力”的提升。第四，规范了电影市场秩序。《电影产业促进法》坚持问题导向，为规范电影市场秩序作出了系统的设计安排，包括简政放权，理顺电影创作、摄制、发行、放映等各环节的关系，加强电影活动的日常监管，完善管理措施，加强电影行业自律，强化电影知识产权的保护，保障观众权益，规范电影对外交流活动等。第五，正确处理产业和事业的关系，为保障人民群众享有健康丰富的电影文化生活提供了路径。《电影产业促进法》在这方面下了大功夫，一方面大力促进电影产业发展，利用市场力量向公众提供更多更好的电影产品；另一方面建立法律制度，针对农村、城镇社区、老少边穷地区和在校学生、城市务工人员等特殊人群，积极推动电影的公益性服务，努力让电影更好地惠及广大人民群众。

三、法律的基本框架和原则

（一）基本框架

《电影促进法》共 6 章 60 条，包括：总则，电影创作、摄制，电影发行、放映，电影产业支持、保障，法律责任，附则。这个框架思路与《电影管理条例》大致一样，是按照电影生产消费的规律来进行立法的，因为在电影业中这几个环节都是相对独立的，有着自身的规律特点。

（二）立法宗旨

所谓立法宗旨就是立法目的。该法第 1 条对此开宗明义地作了阐明："为了促进电影产业健康繁荣发展，弘扬社会主义核心价值观，规范电影市场秩序，丰富人民群众精神文化生活，制定本法。"这一规定包括四个方面的内容：

（1）"为了促进电影产业健康繁荣发展"，这是制定《电影产业促进法》的基本出发点。原来草案的表述是为了促进电影产业繁荣发展，没有健康两个字。后来，全国人大常委会在审议的时候加上了"健康"二字，这非常重要。为什么要加上健康？这是针对这些年来电影产业在发展过程中出现的混乱现象而增加的，明确表示我国电影产业要繁荣，但是首要的是要健康，在健康的前提下繁荣，这里隐含着对产业发展的引导。也就是说，通过法律所制定的基本原则、基本制度和具体措施，将我国电影产业纳入法治化轨道，按照社会主义文化建设的总体要求，依据文化产业两个效益原则，规范电影产业发展和市场持续，既使之健康发展，又使之繁荣发展。电影产业作为文化产业的一个重要内容，是我国社会主义文化建设不可或缺的组成部分。但是，不容回避的是，在电影产业迅猛发展下，其也存在诸多问题和不良倾向，其健康繁荣面临严峻挑战。例如，在商业化浪潮冲击下，出现了忽视电影精神内涵、单纯追求票房的拜金主义倾向；电影产品存在庸俗化、低级趣味化、过度娱乐化等现象；少数电影从业人员道德自律低下，对社会大众（尤其是青少年）产生了较大的负面影响；我国电影产品结构体系仍不完整，影片的核心竞争力不强；电影工业基地建设水平不高，未能为产业发展提供强有力的工业化保障和技术支撑；电影的科技化水平还不高，"走出去"能力不强，人才队伍建设力度不够；等等。从外部来看，美国电影对我们的挑战与日俱增，市场份额竞争的背后是电影所承载的文化和价值层面的争夺，是事关国家文化安全的意识形态阵地的争夺。要解决上述问题，一个必不可少的重要举措就是建立健全法律制度，通过顶层设计和法治保障，坚持我国电影产业的发展方向，理顺电影创作、摄制、发行、放映各环节关系，建立公开透明的审查制度，规范电影市场，明确政府职责和各项促进保障措施，摒弃各种不良影响，走出一条有中国特色的电影发展道路，推动我国电影产业健康繁荣发展、由电影大国向电影强国的历史性转变。

（2）“弘扬社会主义核心价值观”，这是制定《电影产业促进法》的首要目的，是在审议时被明确增写进去的。这是党对思想文化建设的一面引领性旗帜。电影产业是内容产业，它作为精神文化产品的重要组成部分，要始终坚持把弘扬社会主义核心价值观、传承中华优秀文化、提高全民族文明素质放在首位。党的十八大明确指出：“倡导富强、民主、文明、和谐，倡导自由、平等、公正、法治，倡导爱国、敬业、诚信、友善，积极培育和践行社会主义核心价值观。”这一核心价值观从国家、社会、个人层面高度概括了中国特色社会主义的基本价值取向，是凝聚社会共识、实现团结和谐的根本途径，是展现中国形象、提升文化竞争力的重要保证。我们的一切文化活动（包括电影产业）的发展都要以弘扬社会主义核心价值观为最高准则。发展我国电影产业和从事电影活动，必须始终坚持为人民服务、为社会主义服务，正确处理经济效益与社会效益的关系，坚持社会效益优先，实现社会效益与经济效益相统一。电影产业在强调它经济效益的前提下，更多的是社会和文化效益，要把它作为传播和弘扬社会主义核心价值观的一种手段和方法，而不是为产业而产业、为经济而经济。如果将二者割裂开，很容易把电影产业引向纯粹追求经济效益的歧路，反之，如果电影只追求票房，又会使它的文化社会属性被否定。其实，这两个效益并不矛盾，都需要通过电影产业本身的发展壮大，使文化和社会效益更充分地张扬。二是我国电影产业作为内容生产，必须坚持正确的创作导向，必须坚持以人民为中心，坚持“百花齐放，百家争鸣”，坚持以爱国主义作为电影创作的主旋律，追求真善美，引导人民树立和坚持正确的历史观、民族观、国家观、文化观，增强做中国人的骨气和底气。三是我国电影产业必须传承和弘扬中华优秀传统文化，传承和弘扬中华美学精神。正如习近平同志所指出的：“中华民族在长期实践中培育和形成了独特的思想理念和道德规范，有崇仁爱、重民本、守诚信、讲辩证、尚和合、求大同等思想，有自强不息、敬业乐群、扶正扬善、扶危济困、见义勇为、孝老爱亲等传统美德。中华优秀传统文化中很多思想理念和道德规范，不论过去还是现在，都有其永不褪色的价值。”四是我国电影产业必须建立相关规范准则，从电影创作、摄制、发行、放映、对外交流合作等各个环节，通过内容监管制度和措施，抵御腐朽文化侵蚀，维护文化安全。五是我国电影产业从业人员必须不断提高自身道德修养，坚持德艺双馨，恪守职业道德，加强自律，树立良好的社会形象。

（3）“规范电影市场秩序”，这是制定《电影产业促进法》的又一个重要目的。

随着文化体制改革的深入发展，我国电影产业蓬勃发展，成效显著。但不可回避的是，在规范产业发展和电影市场秩序方面也出现了一些问题，必须在立法中予以有效解决。一是简政放权，进一步激发电影市场活力的问题。长期以来，在整个电影活动中，都存在不少审批或许可环节，有些确有必要，有些则繁琐重叠，在一定程度上制约了社会力量投入电影产业的发展。因此，必须加快转变政府职能，取消或下放部分行政审批事项，降低准入门槛，整合相关许可证制度，建立公开透明的审查制度，在制度层面对电影产业给予适度松绑，进一步开放电影市场。二是要理顺电影创作、摄制、发行、放映各环节的关系，建立法律规范。这方面也存在不少问题，主要是法律规范缺失，责任不明，界限不清，程序不明。立法就是治理的最高准则，就是给电影产业提供一个法治环境，使其规范、有效运行，明确从事电影摄制、发行、放映活动的先行条件和权利义务，以使各方权益得到保障，使从业者有充分的施展才华的空间。三是加强电影活动的日常监管，实践中，一些从事电影活动的单位和个人存在着多种违法违规现象，应当通过立法建立社会信用档案制度，将其所受行政处罚的情况记入信用档案，并向社会公布。四是加强电影行业自律规范。目前，电影产业从业人员中存在着一些不良或违法现象，如追逐拜金主义、低级趣味等，对社会（尤其是青少年）产生了较大的负面影响，社会反响强烈。应当通过立法为电影行业组织和从业人员确立正确导向，电影行业组织要依法制定行业自律规范，开展业务交流和职业技能认证，加强从业人员职业道德教育，维护成员合法权益。五是针对电影市场中存在的侵犯知识产权现象，要通过立法，进一步明确规定任何组织和个人不得侵犯与电影有关的知识产权，政府有关执法部门应采取措施依法查处各种侵犯知识产权行为，维护电影作品（包括衍生产品）产权发展的良好环境。六是针对电影发行企业、电影院出现的制造票房、虚假交易、透漏瞒报销售收入等现象，要通过立法，明确规定电影发行企业、电影院等应当如实统计电影销售收入，建立影院计算机售票系统，提供真实、准确的统计数据，不得采取虚假手段欺骗、误导观众，扰乱电影市场。七是应当严格电影放映技术标准，通过立法保障电影放映质量。八是理顺规范电影放映和对外交流活动，打击“地下电影”，对那些未取得《电影放映许可证》而从事私下放映和参加国外电影节展以及在境内私自举办涉外电影节展的现象，应当通过立法予以取缔。

（4）“丰富人民群众精神文化生活”，这是《电影产业促进法》立法的另一个重要目的。党的十八大指出，让人民享有健康丰富的精神文化生活，是全面建成小康社会的重要内容。建设社会主义文化强国，必须把满足人民群众日益增长的精神文化需求作为社会主义文化建设的根本目的，做到文化发展依靠人民、文化发展为了人民、文化发展成果由人民共享，切实保障人民群众基本文化权益。一个文明进步的社会必定是物质文明和精神文明共同进步的社会，就是既要让人民过上殷实富足的物质生活，又要让人民享有健康丰富的文化生活。随着经济社会物质财富的积累和发展，人民群众的文化需求日益增长，文化消费进入快速增长期，繁荣发展电影和其他各种文化艺术，提供充足的、多姿多彩的文化作品，不断丰富文化产品供给，是包括电影产业在内的整个文化建设面临的重要任务，也是制定本法的一个重要任务。因此，必须通过立法确立相关原则、制度，引导和规范市场，通过具体措施鼓励支持优秀电影的生产、消费，弘扬社会主义核心价值观，传播中华优秀文化精神，培养和提升全民文化品位和审美情趣。一是要通过立法切实加强对电影产品创作生产的引导。要全面贯彻为人民服务、为社会主义服务的方向和“百花齐放，百家争鸣”的方针，坚持以人民为中心的创作导向，尊重和保障电影创作自由，倡导电影创作贴近实际、贴近群众、贴近生活。二是要通过立法加强对电影产业的投入力度，明确扶持那些传播中华优秀文化、弘扬社会主义核心价值观的重大题材电影、促进未成年人健康成长的电影、展现艺术创新成果和艺术进步的电影、推动教育科技普及的电影等。引导电影工作者牢记使命和职责，正确处理两个效益关系，提高电影创作质量，弘扬真善美、反对假恶丑，坚持抵制庸俗现象，创作生产更多思想性艺术性、观赏性相统一、人民喜闻乐见的优秀电影作品。三是要通过立法采取具体措施，充分发挥电影作为公共文化服务重要内容的作用，保障未成年人、老年人、残疾人和其他特殊人群的观影权益；扶持和保障农村、边疆、贫困、民族地区开展电影活动。

（三）立法的主要原则

所谓立法原则，就是制定法律所有具体制度所遵循的准绳或标准。《电影产业促进法》的立法原则归纳起来主要有这样几个：

（1）坚持两个效益原则。法律明确规定从事电影活动，应当坚持为人民服务、为社会主义服务，坚持社会效益优先，实现社会效益与经济效益相统一。（第 3 条）这是中国特色社会主义文化建设区别于其他国家，尤其是西方文化和电影工业的最重要的一点。我们要坚持两个效益相统一，坚持社会效益优先，这对文化产业和电影产业特别重要。绝不能单纯唯票房而票房，以经济效益为唯一出发点，绝对不应该这样，也不允许这样。所以，法律规定从事电影活动都应该遵循这一原则。所谓“从事电影活动”，是指创作、摄制、发行、放映、交流以及其他相关活动，只要你从事这个完整产业链中的某个环节的工作，都应当坚持为人民服务，为社会主义服务，坚持社会效益优先，坚持社会效益与经济效益相统一的原则，这是一个基本出发点。

（2）坚持正确的创作导向原则。电影产品首先是一个创造性产品。独创性是它的本质属性，其原创性价值决定了它必须排斥重复性。因此，必须确立创作导向的原则。所以，该法第 4 条规定，国家坚持以人民为中心的创作导向，坚持“百花齐放，百家争鸣”的“双百方针”，这是我们文艺创作的一个基本方针，是从 20 世纪 50 年代党的文艺路线所确定下来并在长期实践中被证明是正确的，我们把它上升为法律规定。同时，还明确规定尊重和保障电影创作自由，这也是一个突破。此外，规定倡导电影创作贴近实际、贴近生活、贴近群众，鼓励创作思想性、艺术性、观赏性相统一的优秀电影。

（3）坚持促进产业发展原则。该法第 5 条规定国家制定电影及其相关产业政策，引导形成统一开放、公平竞争的电影市场，促进电影市场繁荣发展。因为该法的名称就是《电影产业促进法》，法律制度就应该按照这一原则，紧紧围绕着促进产业发展来确立相关主要规范。对此，立法者非常明确，将促进产业发展的优惠政策措施作为重要内容予以规定。

（4）坚持科技创新原则。该法第 6 条规定鼓励电影科技的研发、应用，制定并完善电影技术标准，构建以企业为主体、市场为导向、产学研相结合的电影技术创新体系。这是一个非常重要的原则规定。对这一点，我要多说几句。大家知道，当今电影产业的发展与以计算机为代表的高新技术的发展紧密相关联，无论是摄制技术还是放映技术，都发生了革命性的变化。数字虚拟摄制技术、数字绘景技术、动作控制系统等层出不穷，为电影摄制开辟了全新领域。随着数字放映技术、高分辨率视听技术以及混响立体声的出现，影院的观影也产生了全新效果，这些都使得整个电影业发生了非常重大的改变。20 世纪八九十年代，电视突飞猛进，而整个传统电影业一片凋零。其实，电影与电视相比，其表现形式非常独特，是在一个有限的时间内，把视听技术、表演技术、音乐技术等集中为一个混成浓缩的展现，这是其一。其二就是高科技摄制技术的广泛应用，展现出了全新的银幕视觉效果。其三就是放映技术的全面提升，你坐在家里看着电视机，跟坐在混响立体声的高清银幕的数字化影院观影的效果受完全不一样的。正是这几大方面的因素，才使得整个的电影业出现了革命性的变化。现在还有谁会说电视对电影的冲击呢？恰恰相反，现在电视面临着互联网的严重冲击，除了有些电视剧还能锁定住一些观众外，它的影响力不断递减，而且在摄制技术、传播技术上也没有太大的突破。所以，坚持电影科技创新，是电影业保持长盛不衰的一个重要法宝。立法时，立法者特别把坚持科技创新作为一个很重要的原则写进去。

（5）坚持知识产权保护原则。该法规定与电影有关的知识产权受法律保护，任何组织和个人不得侵犯。县级以上人民政府负责知识产权执法的部门应当采取措施，保护与电影有关的知识产权，依法查处侵犯与电影有关的知识产权的行为。从事电影活动的公民、法人和其他组织应当增强知识产权意识，提高运用、保护和管理知识产权的能力。国家鼓励公民、法人和其他组织依法开发电影形象产品等衍生产品。（第 7 条）立法时，立法者对这一条也有争议。有观点认为，《著作权法》对电影作品的保护已有明确规定，在此不必重复规定。最后，经过反复斟酌，考虑到电影知识产权对电影产业的重要性，且不仅是著作权，还包括电影衍生品的相关专利、商标等，有必要作出专门规定。其主要有四层意思：一是特别强调任何组织个人不得侵犯与电影有关的知识产权；二是明确规定县级以上人民政府负责知识产权执法的部门的责任，即应当采取措施保护与电影有关的知识产权；三是公民法人和其他组织的义务，即应当增强知识产权意识，提高运用、保护和管理知识产权的能力；四是特别规定国家鼓励公民法人和其他组织依法开展电影形象产品等衍生产品，将电影产品的衍生产品作为法定对象明确下来。这些对我国电影业发展都是非常重要的。

（6）坚持行业自律的原则，规定电影行业组织依法制定行业自律规范，开展业务交流，加强职业道德教育，维护其成员的合法权益。演员、导演等电影从业人员应当坚持德艺双馨，遵守法律法规，尊重社会公德，恪守职业道德，加强自律，树立良好社会形象。（第 9 条）这一条原则非常重要。其实，这个原则是我们委员会提出来的，最早的草案中没有这个内容。全国人大教科文卫委员会在审议意见中明确提出："加强人才队伍建设，提高从业人员素质是促进电影产业健康、可持续发展的重要保障。电影业界工作者的社会形象具有一定特殊性，尤其演艺人员对观众特别是围城了人的影响力不可小觑，客观上对引导社会风气发挥着重要作用。建议增加规定，加强电影从业人员自律，强化其社会责任，促进电影产业健康发展。"为什么呢？因为这些年来电影业的从业人员，特别是明星演员，具有很大的社会影响，尤其是对青少年影响特别大。一个名演员的粉丝群，动辄上千万甚至数千万人，明星的一举一动，对社会风气、青少年都会产生直接影响。近些年来，一些演艺人员（包括个别明星）崇尚拜金主义、享乐主义，出现了一些劣迹行为，社会反响强烈。这一方面是由他们缺乏自律、道德修养低下导致的，另一方面也是由电影行业组织长期缺乏法律支撑，行业规范不健全、作用发挥不够导致的。要通过立法，从法律上明确行业组织和演职人员的责任，加强行业自律，建立行业规范，从而达到对整个行业从业人员道德自律的提升，这是一个非常重要的举措。

从国外的情况来看，美国好莱坞在充分发挥行业组织作用和规范演艺人员行为等方面都有较成熟的经验。坦率地说，我们在这些方面做得不是太好，也缺乏制度性建设。比如天价片酬问题，有人认为这是个纯市场问题，虽然其中是有市场原因，但我不这样认为。客观上说，一部电影作品的影响力有很大一部分是来自于主创人员，而主创人员的最大的影响力来自于主要表演者。正如作曲者和演唱者一样，当年，谷建芬是全国人大常委，那时我们在一起搞著作权法修改。她创作歌曲，她的学生毛阿敏演唱，毛阿敏影响大出场费高，歌曲作者的收入则与之没法比，如果单纯从市场角度看，作者和表演者之间的差距大是市场行为，但这是扭曲的，反映出对原创作品著作权保护的力度还是不够，所以需要修改法律，通过加强对作者权益的保护来进行干预。电影也是如此，尽管一个主要演员对作品的演绎所产生的影响力无可取代，但出现了天价片酬的畸形现象，一个明星、几个主创人员，据说价码占到了整部电影投资的60%以上，甚至更多，这也是很不正常的。除了偷税、逃税和管理混乱外，其中一个原因是压缩群众演员的开支。大家都知道“北漂”和“横飘”，是一个庞大的群体，他们的权益如何得到保障？我去过横店好几次，在前些年，据说价格是：群众演员不说话一天大概50块钱，说一句话加点钱；死一次大概就一百多块钱，有的人一天死个好些次。从某种角度说，正是因为这些群众演员价格非常低，才使得天价片酬有存在的空间。这在美国是绝对不行的，你要是在美国去招群众演员，不是说你随便在街上找两个人来演就行了，他必须要有演员资格，要进入演员工会，由演员工会给你安排演员。然后，演员的劳动时间是有保障的，是有合同规定的，他的最低的薪酬是有标准的，对明星演员获酬也是有规范的，这才能达到一个基本的平衡，这就是行业规则。在这方面我们是比较混乱的，行业组织发挥作用远远不够，也缺乏相关规则，所以才出现了这种天价片酬现象。这不是真正有序的市场行为，恰恰是一种违背市场规律、扰乱市场秩序的行为，所以亟须通过立法予以解决。但如何解决也有不少争议。最后，大多数意见认为法律不宜直接规定限价，而是要通过行业组织的规范和税收调节加以解决。所以，《电影产业促进法》增加了上述这一条，从电影行业协会和演职人员两个方面进行了相应规定。发挥行业协会作用，加强规范建设，恪守职业道德，加强行业治理。这为有效解决上述问题提供了法律依据。

（7）坚持产业、事业共同发展原则。我国文化产业的一个重要特点是它与文化事业紧密联系，二者互为依托，相互支撑。发展文化产业绝不是唯市场而市场，唯经营而经营。除了坚持产业发展的导向性和两个效益外，也要重视产业发展的公益性和社会性，充分发挥文化产业在公共文化服务中的作用，这是我们走中国特色社会主义道路的本质要求，也是区别于西方国家文化产业的一个基本特点。我国的电影也是公共文化服务体系建设中的重要组成部分，农村地区、城镇社区的电影放映问题都属于公共文化服务，国家采取政府采购的形式来购买文化产品包括电影产品，以用于我们的公益性文化事业，同时也促进了文化消费，培育了观众。长期以来，我国开展的送电影下乡活动，以及城镇基层公益电影服务就是一个典型范例，它通过公司运营的模式，通过购买的模式来实现基层民众对电影的免费和优惠的消费，这就是政府主导的公共文化服务。因此，《电影产业促进法》在立法思路上始终坚持产业与事业共同发展，针对农村电影公益放映、学生免费电影以及其他特殊人群的优惠观影等作了特别规定，这与公共文化服务保障法的要求是一致的。

（四）关于法律的调整范围

所谓调整范围，就是法律的适用对象或边界，通俗点说就是管什么。该法第2

条对此作了规定，但这条规定的比较复杂，共有3款。第1款规定了法律的适用对象："在中华人民共和国境内从事电影创作、摄制、发行、放映等活动（以下统称电影活动），适用本法。"就是说，在我国境内从事电影创作、摄制、发行、放映等活动，都称为电影活动，都属于本法的适用对象。这一规定简洁明了，边界清楚。但是，什么是电影呢？这是一个基础问题，也是一个理论和实践问题。特别是随着数字技术的广泛应用，传统的电影摄制、播出边界早已被打破，各方（包括学界、业界）都争论不休，由于它直接涉及管理体制和部门的职责归属、支持保障政策的覆盖对象等问题，关系重大，审议时这一问题也成为焦点问题。因此，必须对此作出明确定义，否则立法将难以推行。最后，经过反复讨论斟酌，形成了第2款："本法所称电影，是指运用视听技术和艺术手段摄制、以胶片或者数字载体记录、由表达一定内容的有声或者无声的连续画面组成、符合国家规定的技术标准、用于电影院等固定放映场所或者流动放映设备公开放映的作品。"这一定义从摄制手段、记录载体、表达方式、技术标准、放映特点等五个方面作了限定，打破了《电影管理条例》中用故事片、纪录片、科教片、儿童片等的归类来定义电影的做法，尊重、采纳了专家学者和管理部门的意见，更加科学和清晰。应该指出，确定一个视听作品是否是电影，应该看其是否同时符合定义中的这五个限定条件，缺一不可。比如，网络视听节目所采用的技术手段、记录方式、连续画面等与电影相差无几，但不符合电影的国家标准和在电影院放映的特点，所以不属于本法规定的"电影"范围。将网络视听节目排除在本法之外是立法时的一个实际考虑，因为本次立法的主要目的是促进传统电影业（主要在影院放映的电影）的发展，这是国家电影管理部门的主体责任。网络视听节目（包括网络大电影）纷纭复杂，主要依托互联网产生并传播，其制作、传播形式迅捷多变，且涉及管理体制和其他部门权属划分，难以将其混为一谈。最终，立法未将其纳入。坦率地说，我认为作为视听节目，无论网上网下，无论传播形式如何，其内容和管理都应该秉持相同的原则和标准，但统筹起来在立法实践中面临诸多困难。因此，考虑到近些年来随着网络的发展，电影的传播方式被极大拓宽，也出现了一些混乱现象，电影通过各种网络渠道的传播应当遵守相关法律法规。因此，该条规定了第3款："通过互联网、电信网、广播电视网等信息网络传播电影的，还应当遵守互联网、电信网、广播电视网等信息网络管理的法律、行政法规的规定。"以作为对其他法律法规适用原则的规定。

（五）管理体制

该法第8条规定，国务院电影主管部门负责全国的电影工作；县级以上地方人民政府电影主管部门负责本行政区域内的电影工作。县级以上人民政府其他有关部门在各自职责范围内，负责有关的电影工作。本条有两层意思：其一，规定了中央政府和县级以上地方各级政府电影主管部门的职责。所谓"电影主管部门"是一个相对抽象的表述，它可以是专设电影管理机构，也可以是非专设但负责此项工作的机构。在中央政府层面，目前新闻出版广电总局中内设电影局，负责承担全国电影工作。县级以上地方政府由于文化体制改革精简机构，一般由文广新局负责承担本地电影管理工作。当然，随着以后机构改革的变化，主管部门也可能有所变化。但总之，不管由什么部门分管，电影工作作为政府法定职责都已被规定下来。其二，规定了县级以上政府其他部门对电影工作的职责。因为工作涉及面广，除了行业主管部门外，还涉及其他职能部门（如发展改革、住房城乡建设、教育、公安、工商、卫生、环保、旅游、民族、宗教、文物、版权、专利等部门），这些部门都需要与电影主管部门配合，在各自职责范围内尽职履责，共同促进电影产业的健康、繁荣发展。

四、主要法律制度

法律制度是一部法律的主体内容。《电影产业促进法》对电影的创作、摄制、发行、放映和产业支持保障措施，都制定了相关法律制度，形成了较为完善的法律规范。归纳起来有以下几方面：

（一）电影创作摄制方面的制度

电影的创作和摄制是电影产业的发展源头，也是整个产业链条中最重要的环节。为此，法律在这方面设立了若干具体制度。

（1）支持创作制度。全国人大教科文卫委员会在向全国人大常委会提交的审议意见中明确指出："电影创作生产是电影产业发展的一项基础性工作，应在法律中充分体现对这一环节。建议在草案中明确规定具体措施，鼓励弘扬社会主义核心价值观、传承中华优秀传统文化的电影的创作生产，对主旋律影片、青少年题材影片、青年编剧和导演作品、艺术片、科普片等影片从资助剧本创作、拓展放映渠道等方面给予支持。"这一审议意见被充分吸收。该法第12条明确规定："国家鼓励电影剧本创作和题材、体裁、形式、手段等创新，鼓励电影学术研讨和业务交流。县级以上人民政府电影主管部门根据电影创作的需要，为电影创作人员深入基层、深入群众、体验生活等提供必要的便利和帮助。"该条从几个方面对支持创作进行了规定：一是规定国家鼓励电影剧本创作。这种鼓励包括经济支持、精神奖励等。剧本创作是电影的关键要素，有好的剧本才会有好的电影。我国电影剧本的创作一直是电影业发展的短板，应当在法律中给予明确的支持，这在立法时成了一种共识。二是规定国家鼓励电影题材、体裁、形式、手段等创新，这是对"双百方针"和电影创作规律特点的基本遵循；三是鼓励电影学术研讨和业务交流，这是电影创作兴盛的必不可少的环境保障；四是明确规定各级政府主管部门对电影创作人员的支持保障职责。这四个方面共同构成了支持创作的法律制度，对电影创作来说应该是比较完备的。所以，在座从事电影创作（尤其是剧本创作）的同志们，你们的创作活动从此有了法律的支持和保障，这是前所未有的。

（2）电影剧本梗概备案制度。该法第 13 条规定："拟摄制电影的法人、其他组织应当将电影剧本梗概向国务院电影主管部门或者省、自治区、直辖市人民政府电影主管部门备案；其中，涉及重大题材或者国家安全、外交、民族、宗教、军事等方面题材的，应当按照国家有关规定将电影剧本报送审查。"符合备案要求的，国务院电影主管部门予以公告，并由国务院电影主管部门或者省、自治区、直辖市人民政府电影主管部门出具备案证明文件或者颁发批准文件。具体办法由国务院电影主管部门制定。该条内容非常具有改革性，涉及电影摄制的若干方面：一是首次从法律上明确了电影的摄制主体是"法人、其他组织"，除了公民个人不是摄制主体外，没有规定其他限制条件，但通常是指在县级以上工商部门注册登记的影视文化单位，这是对电影体制改革成果的法律确定。该规定取消了《电影管理条例》中所规定的设立电影制片单位的前置审批条件，由此也取消了条例中的《电影摄制许可证》《摄制电影片许可证》（《单片证》）。这是一个重大进步。前面我说过，《电影管理条例》规定在摄制环节有这两个许可，原来的法律草案中保留了这两个许可，审议时讨论得非常激烈。普遍意见认为，原草案设立的行政许可较多，与《电影产业促进法》的立法精神不符，既然是促进法而不是管理法，就应当建立促进产业发展的法律制度而不是相反。而且摄制主体已经放开，投资风险自担，管理部门严把审查放映许可环节就行了，再对前端摄制环节设立审批许可已无必要，这也是简政放权的一个实际步骤。二是用备案制取代许可制。主要考虑到取消电影摄制许可后，管理部门需要对摄制者的基本情况进行了解和把握，同时，摄制者也需要得到管理机关的证明文件，以方便设立银行账户、开展拍摄活动等。法律规定对一般电影采用电影剧本梗概备案制度，包括备案主体、备案立项公示程序等，明确规定备案受理机关是中央或省级电影主管部门，统一公告后由其出具备案证明文件或者颁发批准文件，并规定国务院电影主管部门对其制定具体办法。三是对涉及重大题材或者国家安全、外交、民族、宗教、军事等方面题材的电影剧本仍实行审查批准制，这里的电影剧本是指剧本完本而非剧本梗概，审查批准程序按照国家规定执行。这一规定是符合我国电影摄制实际的。

（3）中外合作拍片许可制度。这是立法在电影摄制环节唯一保留的许可制度。合作拍片包括联合摄制、协作摄制等，是国家之间电影文化交流的重要方式，对促进电影发展和文化繁荣有着不可替代的作用。因此，法律对此予以肯定并作出规定："法人、其他组织经国务院电影主管部门批准，可以与境外组织合作摄制电影；但是，不得与从事损害我国国家尊严、荣誉和利益，危害社会稳定，伤害民族感情等活动的境外组织合作，也不得聘用有上述行为的个人参加电影摄制。合作摄制电影符合创作、出资、收益分配等方面比例要求的，该电影视同境内法人、其他组织摄制的电影。境外组织不得在境内独立从事电影摄制活动；境外个人不得在境内从事电影摄制活动。”（第 14 条）该条包含几层意思：一是境内法人、其他组织可以与境外组织合作摄制电影，申请者只能是中方主体；二是合作拍片涉及国家主权等，审批机关只能由国务院电影主管部门专属，这也是全法中唯一没有下放到省级部门的行政许可权。三是对参与合作拍片的境外组织或个人限制性规定，对那些从事损害我国国家尊严、荣誉和利益，危害社会稳定，伤害民族感情等活动的组织或个人，不得与之合作拍片或聘用其参加电影摄制。四是对符合创作、出资、收益等相关规定的合拍片实行国民待遇原则，与国产片一样享有同等的法律地位和扶持优惠政策。

（4）电影的禁载内容规范。该法第 16 条明确规定：“电影不得含有下列内容：（一）违反宪法确定的基本原则，煽动抗拒或者破坏宪法、法律、行政法规实施；（二）危害国家统一、主权和领土完整，泄露国家秘密，危害国家安全，损害国家尊严、荣誉和利益，宣扬恐怖主义、极端主义；（三）诋毁民族优秀文化传统，煽动民族仇恨、民族歧视，侵害民族风俗习惯，歪曲民族历史或者民族历史人物，伤害民族感情，破坏民族团结；（四）煽动破坏国家宗教政策，宣扬邪教、迷信；（五）危害社会公德，扰乱社会秩序，破坏社会稳定，宣扬淫秽、赌博、吸毒，渲染暴力、恐怖，教唆犯罪或者传授犯罪方法；（六）侵害未成年人合法权益或者损害未成年人身心健康；（七）侮辱、诽谤他人或者散布他人隐私，侵害他人合法权益；（八）法律、行政法规禁止的其他内容。”这八项禁载内容既是对电影摄制的基本要求，也是对电影参与发行、放映和传播等各种活动的基本要求。

（5）电影审查和公映许可制度。法律规定对摄制完成的电影实行内容审查和颁发公映许可制度，所谓公映是指对公众公开播映或通过其他传播方式向公众播映。该法第 17、18、19、20 条对这一制度作了相对完善的规定。主要内容有：一是规定了摄制电影的法人和社会组织应将电影送审的法定义务，即“法人、其他组织应当将其摄制完成的电影送国务院电影主管部门或者省、自治区、直辖市人民政府电影主管部门审查”。电影审查制度是影片获得《电影公映许可证》的前置条件。电影审查包括内容审查和技术审查。这是影片获得公映许可证的前置条件。一直以来，我国对电影完成片一直实行审查制度，这是符合我国电影发展和文化建设以及维护国家文化安全实际需要的。二是规定了审查主体是国务院电影主管部门或者省、自治区、直辖市人民政府电影主管部门。长期以来，电影审查权由中央政府部门集中行使，后在逐步试点下放的基础上交由省级政府主管部门同时行使，这为各地电影产业的迅速发展打下了重要的基础。应该说，这一规定是对现行审查体制改革实践的充分认可。三是严格规定了审查和颁布《电影公映许可证》的时限和程序，按照

《行政许可法》的要求，规定“国务院电影主管部门或者省、自治区、直辖市人民政府电影主管部门应当自受理申请之日起三十日内作出审查决定。对符合本法规定的，准予公映，颁发电影公映许可证，并予以公布；对不符合本法规定的，不准予公映，书面通知申请人并说明理由”。四是规定了审查标准和程序的细化。审查主要是内容审查，上述电影禁载的八项内容也就是审查的主要标准，但这些标准比较原则，需要进一步细化，以增强审查工作的操作性。因此，法律规定：“国务院电影主管部门应当根据本法制定完善电影审查的具体标准和程序，并向社会公布。制定完善电影审查的具体标准应当向社会公开征求意见，并组织专家进行论证。”五是建立专家评审机制，避免电影审查工作受到行政或其他不当的干扰。法律对参与审查的专家人数作了具体规定，即“进行电影审查应当组织不少于五名专家进行评审，由专家提出评审意见”。规定了再审程序，即“法人、其他组织对专家评审意见有异议的，国务院电影主管部门或者省、自治区、直辖市人民政府电影主管部门可以另行组织专家再次评审”。明确规定了专家评审意见的法律地位，即“专家的评审意见应当作为审查决定的重要依据”。这一规定是在审议中特别增加的，具有针对性，主要是为了防止出现专家评审意见变成“走过场”“走形式”。由于专家的产生和审查十分重要，因此，法律还规定，“专家遴选和评审的具体办法由国务院电影主管部门制定”。所以，电影主管部门要根据法律要求抓紧制定出台有关细则，任务很重。六是对那些已取得《电影公映许可证》后又需要变更内容的影片，法律明确规定必须重新报送审查。七是为防止违法影片流入市场，规范电影市场秩序。法律明确要求“摄制电影的法人、其他组织应当将取得的电影公映许可证标识置于电影的片头处”，以此向电影观众予以公告。此外，随着《未成年人权益保障法》的实施，保护未成年人的身心健康成为社会普遍关注的问题，也是立法时的一个焦点问题。大家知道，我国一直未采用电影分级制，但一些影片基于剧情需要会出现凶杀、暴力、性、血腥、惊悚等场景，并不适宜18岁以下未成人观影，这一现象日益引起社会各界的关注，要求在立法中予以解决。经反复研究，综合考虑我国电影审查实际和保护未成人身心健康的需要，法律规定：“电影放映可能引起未成年人等观众身体或者心理不适的，应当予以提示。”对某部影片的提示一般是指未成年（尤其是小学生、学龄前儿童）应由家长陪同观看，提示的决定由国家电影主管部门作出，在电影宣传、售票、放映场所等予以明示。《电影产业促进法》的这一规定是开创性的，具有重要意义，它从法律上首次确认了未成年人的特殊观影权益并予以维护和保障。笔者认为，除了电影外，电视节目（包括网络视听节目、动漫、游戏等），都应当采取类似的措施。八是对那些未取得《电影公映许可证》的电影，明确规定不得发行、放映，不得通过互联网、电信网、广播电视网等信息网络进行传播，不得被制作为音像制品。但是，国家另有规定的，从其规定。这一规定要求通过各种传播方式播映的电影必须事先取得《电影公映许可证》，这对规范电影市场，打击违法电影传播具有现实意义。

（6）电影境外参展备案制度。该法第21条规定："摄制完成的电影取得电影公映许可证，方可参加电影节（展）。拟参加境外电影节（展）的，送展法人、其他组织应当在该境外电影节（展）举办前，将相关材料报国务院电影主管部门或者省、自治区、直辖市人民政府电影主管部门备案。"2002年施行的《电影管理条例》规定电影参加境外节展需报国务院广电部门批准。考虑到鼓励制片者积极参与境外电影节展，扩大中外电影文化交流，有利于中华文化"走出去"，有利于我国文化建设的繁荣发展，有利于进一步简政放权，该法规定将原行政许可制予以取消，改为备案制；并规定将备案受理权下放，由中央电影主管部门和省级电影主管部门共同承担。

（7）电影洗印、加工、后期制作备案制度。该法第22条规定："公民、法人和其他组织可以承接境外电影的洗印、加工、后期制作等业务，并报省、自治区、直辖市人民政府电影主管部门备案，但是不得承接含有损害我国国家尊严、荣誉和利益，危害社会稳定，伤害民族感情等内容的境外电影的相关业务。"这也是简政放权，规范业务内容，促进电影制作业繁荣兴盛的一项重要措施。电影的洗印、加工和后期制作是电影产业的重要组成部分，随着高新技术（尤其是数字技术）的迅猛发展，电影数字化后期制作对电影产品本身产生了巨大影响，在电影投资中占相当高比例。长期以来，我国在这方面与西方发达国家存在不小差距，《电影管理条例》对此设立了专项行政许可。为鼓励、支持我国本土相关业务的发展，法律明确规定公民、法人和其他组织都可以承接境外电影的相关业务，取消审批制，改为备案制，并将备案受理权下放，由中央电影主管部门和省级电影主管部门共同承担。

（8）国家电影档案制度。依照档案法建立完备的国家电影档案，既是我国电影文化建设的一项重要工作，也是国家档案事业发展不可或缺的重要组成部分。为此，该法第23条从三方面作了规定：一是规定了国家电影档案机构的职责，即"国家设立的电影档案机构依法接收、收集、整理、保管并向社会开放电影档案"。目前，国家电影局下属的中国电影资料馆就承担着上述任务。二是对国家电影档案机构的内部建设作了规定："国家设立的电影档案机构应当配置必要的设备，采用先进技术，提高电影档案管理现代化水平。"三是对电影摄制主体承担档案工作责任的规定："摄制电影的法人、其他组织依照《中华人民共和国档案法》的规定，做好电影档案保管工作，并向国家设立的电影档案机构移交、捐赠、寄存电影档案。"

（二）电影发行、放映方面的制度

电影的发行和放映是电影整个产业链条中不可分割的组成部分，发挥着重要作用。2002年《电影管理条例》对发行放映有着相应规定，且比较成熟，在实践中发挥了积极成效。为此，立法维持了发行放映的行政许可，在进一步简化规范的前提下，将其上升为法律规定。同时，考虑到电影放映不仅是市场行为，也涉及电影的公益性文化服务（如农村电影放映、学生和特殊人群观影、国产影片放映、观众权益保障等方面），法律对此作了一系列更为完备的规定。

（1）电影发行经营许可制。电影发行是创作摄制的电影通过分销有效进入放映市场的流通环节，是电影产品营销的重要方式，包括发行主体、分销渠道、市场策划、宣传推介以及票房统计等。2004年10月，原国家广电总局和商务部发布《电影企业经营资格准入暂行规定》，激发了社会资本参与电影发行和影院建设的积极性，涌现出了博纳影业、北京万达院线等企业。2017年统计，我国共有498家公司参与电影发行，其中发行5部以上影片的公司有49家。全国形成了由一个发行主体和若干影院组合而成的多元院线体制，初步覆盖了全国城市、农村市场。法律在总结现行改革实践基础上，对此作了若干规定：一是规定从事电影发行的主体是企业，包括各类公司法人或非法人企业，这是考虑到电影发行的特殊性和《电影管理条例》的实际规定所作出的限定。二是明确规定申请发行许可的企业须“具有与所从事的电影发行活动相适应的人员、资金条件”，《电影管理条例》对此规定了5项条件，经反复讨论后简化成人员、资金两项。三是规定了批准许可的主体为国务院电影主管部门或者所在地省、自治区、直辖市人民政府电影主管部门，前者负责全国范围内跨省市区的电影发行许可批准，后者负责本行政区域的发行许可批准。四是规定了批准程序，负责部门应当自受理申请之日起30日内，作出批准或者不批准的决定。对符合条件的，予以批准，颁发《电影发行经营许可证》或者《电影放映经营许可证》，并予以公布；对不符合条件的，不予批准，书面通知申请人并说明理由。（第24、25条）

（2）电影放映经营许可制。电影放映是电影产品经发行者提供给放映者并通过放映设备向社会公众播映，这是电影产业链的终端环节。电影繁荣的一个重要指标就是固定放映场所（如电影院）的建设、银幕数量等。随着电影体制改革和加入WTO，影院建设成为一个亮点。国家出台了一系列扶持政策，鼓励兴办电影院。近些年来，我国电影市场增长迅猛。据统计，2016年，我国电影院共有8410家，其中2012年至2016年便增加了4370家，累计增长128.5%，2017年超过了10 000家；2017年全国银幕新增9597块，银幕总数达到50 776块，同比增长23.3%，稳居世界第一。国内电影票房从2012年的170.7亿元增长到2017年的559.11亿元，年均复合增长率达26.78%，成了仅次于美国的全球第二大电影市场。原草案主张设立电影院审批环节，规定符合条件的经所在地县市级广电部门批准方可设立电影院。普遍意见认为，电影院设立属市场行为，《电影管理条例》中早已规定国家允许企事业单位和其他社会组织以及个人投资建设、改造电影院，再设立行政许可已不适宜，应予取消。但考虑到电影放映活动是电影作品面对观众的最后环节，是电影社会功能作用于人的最后关口，直接涉及社会主义核心价值观的弘扬和社会效益的实现，涉及观影者的权益保障和电影市场的规范，意义重大。因此，法律保留了电影放映环节的许可制度，将电影院设立审批改为电影放映活动许可。一是规定从事电影放映的主体是具有与所从事的电影放映活动相适应的人员、场所、技术和设备等条件的企业、个体工商户。也就是说，只要是具备相关条件并获得工商登记的企业或个体户，都可以从事电影放映。立法时也有意见建议将放映的主体扩大到“其他组织”，考虑到这里许可规范的主要是市场性活动，其他放映则通常是公益性活动，可以不经许可。二是规定放映许可的批准机关是“所在地县级人民政府电影主管部门”，主要考虑固定场所放映电影具有强烈的地域属性，与当地人民群众生活密切相关，管理上也是地方文化事务，应遵循就近申请、方便群众、属地管理原则。三是规定了管理机关批准放映许可的程序，应当自受理申请之日起 30 日内，作出批准或者不批准的决定。对符合条件的，予以批准，颁发《电影放映经营许可证》，并予以公布；对不符合条件的，不予批准，书面通知申请人并说明理由。（第 24、25 条）

（3）流动放映备案制度。除了在影院等固定场所放映外，还有一种重要方式是利用移动放映设备在农村、社区、学校、厂矿等地开展的非专业固定场所放映的活动，这是我国电影公益事业发展的重要内容，是保障人民群众基本文化权益、推动我国社会主义文化建设均衡发展的重要实现途径。为了鼓励支持企业个人积极参与移动放映，法律对此采用备案制度，规定可以不经行政许可直接办理工商登记后在所在地主管部门备案即可。因此，《电影产业促进法》规定：“企业、个人从事电影流动放映活动，应当将企业名称或者经营者姓名、地址、联系方式、放映设备等向经营区域所在地县级人民政府电影主管部门备案。”（第 26 条）

（4）农村电影放映扶持制度。这是我国一项极富特色的公益性文化服务，得到了基层民众的广泛好评。为解决农民看电影难的问题，1998 年，文化部、国家广播电影电视总局提出了农村电影放映“2131”目标，即在 21 世纪初，在广大农村实现一村一月放映一场电影的目标。按照“企业经营、市场运作、政府购买、农民受惠”的农村电影发展思路，逐步建立公共服务和市场运作相协调、固定放映和流动放映相结合的农村电影服务体系。目前，随着数字技术的发展，农村电影放映普遍采用了数字电影放映模式，在政府主导下引导社会力量参与建设，包括数字设施设备、服务平台、公益版权等，基本覆盖了全国，但与城镇相比仍有不小差距，需要立法给予保障。因此，该法作了全面规定：一是坚持政府主导社会参与的原则，明确规定政府出资建立完善农村电影公益放映服务网络，积极引导社会资金投资农村电影放映；二是明确县级以上政府的基本职责，明确规定县级以上人民政府应当将农村电影公益放映纳入农村公共文化服务体系建设，按照国家有关规定对农村电影公益放映活动给予补贴。法律明确了这个补贴来源于县级以上各级财政，任何企业、个人从事农村公益电影放映的均可享受补贴。三是为了严格规范政府资金的使用，法律专门作了禁止性规定，规定“从事农村电影公益放映活动的，不得以虚报、冒领等手段骗取农村电影公益放映补贴资金”。（第 27 条）当然，目前农村电影放映也确实出现了一些问题，比如观众流失、影片陈旧、效益欠缺等，这种传统的下达计划走乡串户放映的模式，并不能完全适应群众多样化的文化需求，这是法律实践中的问题，需要根据实际在深入细致的调研基础上提出新的方法。

（5）义务教育学生和特殊人群观影扶持制度。开展对义务教育学生和特殊人群的电影公益性放映活动，既是电影公益事业的重要组成部分，也是保障这些人群基本文化权益的重要举措。由于接受义务教育的学生是观影的重要群体，关系到少年儿童的身心健康和国家民族的未来，为此，法律作了专门规定：一是确立了电影推荐制度，考虑到推荐的权威性，规定电影推荐的责任主体是国务院教育部门和电影主管部门，两部门可以共同推荐；二是明确了推荐的电影应是有利于未成年人健康成长的电影，而绝不是那些低俗或不适宜的电影；三是明确规定“采取措施支持接受义务教育的学生免费观看，由所在学校组织安排”。1996 年，国家教委、广电部、文化部联合发文成立中小学生影视教育协调委员会，负责全国中小学生的影视教育工作。自 2008 年开始，教育部和国家广电总局采取了将义务教育学生观影费用纳入学校公用经费开支范围的措施，对开展这一放映活动产生了积极影响。

同时，法律对其他特殊群体的观影扶持作了专门规定。一是国家鼓励电影院以及从事电影流动放映活动的企业、个人采取票价优惠、建设不同条件的放映厅、设立社区放映点等多种措施，为未成年人、老年人、残疾人、城镇低收入居民以及进城务工人员等观看电影提供便利；二是规定所在地人民政府可以对当地电影院以及从事电影流动放映活动的企业、个人发放奖励性补贴。（第 28 条）这是从法律的角度对政府支持社会力量采取多种形式参与电影公益放映事业予以保障。这些扶持政策实际上也是对整个产业的一种促进，因为观影人群的增加反过来推动电影产业的发展。这是一个相辅相成的关系。

（6）国产电影放映时间保障制度。进入 21 世纪以来，西方发达国家借助科技经济的优势，利用全球化的趋势，在全球倾销西方文化产品和消费方式，极力推行其价值理念和思想意识，威胁到其他国家的文化主权和文化安全。保护和发展本国本民族的文化，是维护世界文化多样性、促进世界和平共处的一个重要内容。为了有效保护我国电影市场，促进民族电影产业发展，通过立法对国产电影放映时长设立法定比例要求是非常必要的，这也是国际上通行的做法。一些国家对此都有相应规定。立法时，有意见认为应将放映总时长的限制进一步具体化，建议明确规定在黄金时间放映更多的国产影片。经反复讨论，普遍意见认为立法既要对国产影片予以有效保护，也要综合考虑促进电影交流和发展并与世贸规则相衔接，采取适中的保护水平是比较有利的。因此，法律一是规定电影院应当合理安排由境内法人、其他组织所摄制电影的放映场次和时段，二是规定放映的时长不得低于年放映电影时长总和的2/3。（第29条）这为各界所一致接受。

（7）电影权利人权益保障制度。电影权利人权益包括观众权益、制作发行者权益等，涉及影片放映质量、票务统计和管理、打击盗版、广告播放观影环境等方面，这是立法需要解决的一个重要问题。为此，《电影产业促进法》第30、31、32、33条从多个方面作出了相应规定：一是为保障影片放映效果，对影院设施设备和电影放映技术标准作了规定，即“电影院的设施、设备以及用于流动放映的设备应当符合电影放映技术的国家标准”。电影放映须采用符合国家标准的放映设备，是电影观众消费者权益得以确保的一个必要条件。对数字放映、流动放映、3D、MSK等各种放映方式，国家电影主管部门和行业协会都制定了相应的技术标准，法律在这里强调的是“国家标准”，它由国家电影主管部门制定发布并现行有效。二是为了维护电影制作方的权益，加强票务管理，倡导诚信经营，规范电影消费市场，法律明确规定“电影院应当按照国家有关规定安装计算机售票系统”。实践中，这个系统全国联网，统一管理，对解决长期以来票务工作存在的混乱局面发挥了重要作用。三是针对影院放映活动中出现的盗播盗录、侵犯电影权利人权利的现象明确规定：“未经权利人许可，任何人不得对正在放映的电影进行录音录像。发现进行录音录像的，电影院工作人员有权予以制止，并要求其删除；对拒不听从的，有权要求其离场。”电影放映时的盗录现象一度比较猖獗，给电影权利人带来了很大损失，也严重干扰了影院秩序。由于缺乏法律规定，实践中，影院工作人员面对这种现象无法直接采取措施，行为者也不接受，要通知文化稽查队或公安来执法，也难以迅速纠正。而且，电影作品投入大风险高，一旦被盗录并被网络传播，会给权利人造成巨大损失，必须及时予以制止。考虑到影院工作人员现场制止的及时性和便捷性，从维护影院观影秩序出发，故法律明确赋予影院工作人员三项权力：有权予以制止、有权要求其删除、对拒不听从的有权要求其离场。这是对影院工作人员的信任和授权，但这一权力并不涉及民事、行政处罚，后者由相关部门依照《著作权法》等执行。四是根据广告属性对电影放映播放广告给予了区别规定：其一，“国家鼓励电影院在向观众明示的电影开始放映时间之前放映公益广告”。其二，“电影院在向观众明示的电影开始放映时间之后至电影放映结束前，不得放映广告”。前者是倡导性的，后者是禁止性的。任何广告均不得在电影放映过程中插播，这是影院确保电影连续完整放映的法定义务，是维护电影消费者合法权益的重要措施。五是鉴于影院属公共场所，涉及公共安全、环境卫生安全等，《电影产业促进法》对影院公共环境维护作了明确规定："电影院应当遵守治安、消防、公共场所卫生等法律、行政法规，维护放映场所的公共秩序和环境卫生，保障观众的安全与健康。任何人不得携带爆炸性、易燃性、放射性、毒害性、腐蚀性物品进入电影院等放映场所，不得非法携带枪支、弹药、管制器具进入电影院等放映场所；发现非法携带上述物品的，有关工作人员应当拒绝其进入，并向有关部门报告。"

（8）电影发行放映单位的经济社会责任。这是本法的一项特殊制度，具有极强的针对性。考虑到一些电影发行放映企业利用法律制度不健全和市场管理漏洞，采取制造虚假交易、虚报瞒报销售收入等不正当手段，严重扰乱电影市场秩序，破坏电影产业发展环境，社会影响恶劣，我们调研时，这方面问题反应得比较强烈，一些影院或院线公司偷漏瞒报票房，还有虚报票房欺骗误导观众，甚至影响股票市场进行金融欺诈等。为有效打击这些恶劣行为、有效维护市场秩序，依法加强主管部门的行政责任和处罚权是很必要的。因此，法律特别规定："电影发行企业、电影院等应当如实统计电影销售收入，提供真实准确的统计数据，不得采取制造虚假交易、虚报瞒报销售收入等不正当手段，欺骗、误导观众，扰乱电影市场秩序。"（第34条）

（9）涉外电影节（展）许可制度。在境内举办国际电影节（展），包括双边国家的电影互展交流、国内电影节（展）的涉外奖项等，都是我国对外文化交流和文化外交的重要内容，对促进我国电影发展有着积极作用。由于此事影响较大，涉外关系比较复杂，立法中将其与电影境外送展备案制度相区别，对其仍采取行政许可制度。法律明确规定"在境内举办涉外电影节（展），须经国务院电影主管部门或者省、自治区、直辖市人民政府电影主管部门批准"。（第35条）但与《电影管理条例》相比，这一行政许可权被下放给省级电影主管部门，对本辖区的涉外电影节展事项予以审批。

（三）电影产业支持、保障方面的制度

针对电影产业发展制定相关支持保障制度是立法中的一个重要问题，这是《电影产业促进法》身为"促进法"的一个必然要求。除了通过法律规定若干许可、备案等管理制度外，更重要的是需要制定切实可行的促进措施，以保障我国电影产业的健康繁荣发展。把行之有效的经济政策法定化，是《电影产业促进法》立法的一个重要目的，也是中央交付文化立法的一项重要任务。从国际上看，许多国家都通过相关立法采取积极的、具体的经济政策措施促进和扶持本国电影产业发展，包括提供资金、税收优惠或减免、人才培养等，这已形成国际通例。我国改革开放以来，大力支持发展包括电影产业在内的文化产业，中央有关部门出台了一系列支持电影发展的经济政策，如设立电影精品专项资金、安排资金推动电影高新技术应

用、影院建设资金补贴、免征增值税等税收优惠政策、电影企业上市等金融支持政策等。与其他国家不同，我国除了扶持一般电影产业外，还对老少边穷地区、民族地区的电影发展出台了一系列相关扶持政策，这是我国社会制度优越性的一个具体体现。经过对这些经济政策的梳理，立法时大家反复讨论，认为应当设立专章对支持保障措施加以明确规定，以对电影产业发展形成较为全面的法律支持保障制度。概括起来，这一支持保障制度包括以下若干具体内容：

（1）国家对电影创作摄制内容范围的支持制度。电影产业是内容产业，担负着思想文化建设的重任，对社会的道德风尚和青少年行为都起着一定的引领作用，绝不能唯市场而市场、唯票房而票房、唯娱乐而娱乐，为了坚持正确的创作导向，引导电影产业的发展方向，提高电影艺术水平，立法应对国家鼓励支持创作什么样内容的电影作出鲜明规定。为此，该法第 36 条规定了国家鼓励支持的五大类电影：一是传播中华优秀文化、弘扬社会主义核心价值观的重大题材电影；二是促进未成年人健康成长的电影；三是展现艺术创新成果、促进艺术进步的电影；四是推动科学教育事业发展和科学技术普及的电影；五是其他符合国家支持政策的电影。

（2）国家的经济政策支持制度。在对近些年来一系列发展电影具体经济政策进行梳理的基础上，法律主要从五个方面建立了制度规范。一是国家财政扶持制度。该法第 37 条明确规定："国家引导相关文化产业专项资金、基金加大对电影产业的投入力度，根据不同阶段和时期电影产业的发展情况，结合财力状况和经济社会发展需要，综合考虑、统筹安排财政资金对电影产业的支持，并加强对相关资金、基金使用情况的审计。"设立政府专项资金支持有关产业发展，是政府财政资金使用的一项卓有成效的措施，也是国际上的一种通行做法。实践中，我国出台的支持文化产业、电影发展的政府专项资金包括：2008 年财政部设立的文化产业发展专项资金，据 2016 年初统计，该专项资金已累计安排资金达 242 亿元，支持文化产业包括电影发展项目 4100 个；1991 年国家物价局、广电部等五部门联合设立的电影事业发展专项资金，资金来源主要按电影票房收入的 5%征收，主要用于资助影院建设、少数民族语言电影译制、国产优秀影片制作发行放映等；1996 年广电部财政部设立的电影精品专项资金，资金来源由电视广告收入的 3%提取，主要用于支持电影精品摄制；政府设立的产业投资基金，主要用于电影产业融资需求。立法时有意见主张将上述电影专项资金写入法律中，经反复研究，考虑到立法的统一性和实践的灵活性，不宜将政府各层级的各类资金基金全都上升为法律规定，因此法律仅对覆盖面最广的"文化产业专项资金"予以确认，但为了避免资金使用中出现忽视电影发展的现象，法律特别规定要引导相关文化产业的专项资金基金，加大对电影产业的投入力度。这种对电影倾斜的立法表述是一种特殊保障规定，反映了立法者对电影发展的厚爱。二是税收优惠制度。为大力促进电影产业发展，除了政府资金外，国家采取的另一个重要手段就是实行优惠的税收政策，这符合产业发展规律和市场需要，也是各国普遍采用的做法，许多国家在电影立法中对此都作了具体规定。实践中，我国有关部门主要对电影产业增值税实行了有针对性的税收优惠政策，包括减免、抵扣、出口退税等，取得了积极成效。立法时主要考虑到税收优惠政策的具体性，故该法第 38 条对此作了原则性规定，即国家实施必要的税收优惠政策，促进电影产业发展，并将具体办法交由国务院财税主管部门依照税收法律、行政法规的规定制定。三是电影院建设和改造扶持制度。电影院是电影产业发展的重要基础，近些年来，我国影院建设突飞猛进，主要得益于各级政府的扶持措施和优惠政策。从政府层面来说，电影院建设主要涉及规划、用地和合理布局等问题。为此，该法第 39 条明确规定："县级以上地方人民政府应当依据人民群众需求和电影市场发展需要，将电影院建设和改造纳入国民经济和社会发展规划、土地利用总体规划和城乡规划等。"将影院建设和改造纳入相关政府规划是一项强制性要求，是政府的法定责任。考虑到影院建设对土地的要求，为进一步明确政府的保障职责和防止重复建设，法律同时还规定："县级以上地方人民政府应当按照国家有关规定，有效保障电影院用地需求，积极盘活现有电影院用地资源，支持电影院建设和改造。"四是金融扶持制度。建立有效的金融扶持制度，是保障现代电影企业持续发展的重要途径。长期以来，由于多种原因，我国适用于电影企业的金融工具比较少，相比传统工业领域，与电影产业相关的信贷、质押、保险、担保等产品开发不够，成了制约电影产业发展的政策"瓶颈"。尤其是知识产权的质押融资是电影产业乃至文化产业的行业特色，实践中一些商业银行也陆续开展了这方面融资项目，但总的来说还与实际需求有较大差距。因此，该法第 40 条主要从融资、质押、保险、担保、贷款各环节对金融扶持制度作了全面具体规定，这样的规定是非常有力度的。其一，明确规定"国家鼓励金融机构为从事电影活动以及改善电影基础设施提供融资服务，依法开展与电影有关的知识产权质押融资业务，并通过信贷等方式支持电影产业发展"。其二，规定"国家鼓励保险机构依法开发适应电影产业发展需要的保险产品"。其三，规定"国家鼓励融资担保机构依法向电影产业提供融资担保，通过再担保、联合担保以及担保与保险相结合等方式分散风险"。其四，规定"对国务院电影主管部门依照本法规定公告的电影的摄制，按照国家有关规定合理确定贷款期限和利率"。五是支持跨境投资制度。所谓电影跨境投资，是指我国企业以合法方式在国外开展的电影项目投资或开设相关电影企业等活动，这是开展电影国际交流、促进中华文化"走出去"的一个重要方式。实践中，我国相关部门采取积极措施，出台扶持政策，取得了一定成效，尤其是跨境投资中的外汇使用需要在立法中得以确认和保障。为此，该法第 41 条规定："国家鼓励法人、其他组织通过到境外合作摄制电影等方式进行跨境投资，依法保障其对外贸易、跨境融资和投资等合理用汇需求。”

（3）人才培养与保障制度。电影产业是创意产业，尤为需要各类高素质人才的培养和支撑，是电影产业健康繁荣发展的重要基础，这也是国家的基本责任。立法中普遍的意见认为对其应当给予高度关注。因此，该法第42条主要从三个方面对此作了全面规定：一是明确规定“国家实施电影人才扶持计划”。实践中有关部门开设了专项人才扶持计划，如2008年设立的扶持青年优秀电影局座计划、2015年设立的青年电影导演扶持计划等，成效明显。这次立法将这一国家扶持做法上升为法律规定。二是规定“国家支持有条件的高等学校、中等职业学校和其他教育机构、培训机构等开设与电影相关的专业和课程，采取多种方式培养适应电影产业发展需要的人才”。电影人才培养涉及电影专业教育工作和日常培训工作。法律为此规定：“国家支持有条件的高等学校、中等职业学校和其他教育机构、培训机构等开设与电影相关的专业和课程，采取多种方式培养适应电影产业发展需要的人才。”也就是说，国家支持采取高等教育、职业教育、技能培训等多种方式培养电影人才，这一规定几乎涉及包括学历教育、职业培训等各种教育培训方式，覆盖面之广，力度之大，反映了立法者对电影人才培养的高度重视。三是规定“国家鼓励从事电影活动的法人和其他组织参与学校相关人才培养”。这一规定主要是针对电影企业而制定的，目的是充分发挥电影企业作为用人主体单位对培养专门人才的主动积极作用。

（4）国家对特定地区扶持制度。我国是社会主义国家，人口众多，幅员辽阔，城镇之间、地区之间存在较大差异，文化建设包括电影发展必须充分考虑农村地区、边疆地区、贫困地区和民族地区的特点和需求，采取积极措施有效解决相关问题。为此，该法第43条主要从两个方面作了针对性规定：一是明确规定“国家采取措施，扶持农村地区、边疆地区、贫困地区和民族地区开展电影活动”。这里的“开展电影活动”，既包括电影产业发展，也包括作为公共文化服务组成部分的电影公益性活动。在电影产业方面，这四类地区总体比较薄弱，实践中有关部门推出了积极措施包括通过加大财税支持力度、拓宽资金来源渠道、引导社会资本进入等，加强影院建设，扩大电影摄制发行放映渠道，活跃当地电影市场。在电影公益性活动方面，将其纳入本地政府规划、纳入财政预算，中央政府通过转移支付加大财政支持，引导公共文化资源向这些地区倾斜，实行专项工程，使这些地区基层公益电影放映活动广覆盖，推动基本公共文化服务标准化均等化。二是规定“国家鼓励、支持少数民族题材电影创作，加强电影的少数民族语言文字译制工作，统筹保障民族地区群众观看电影需求”。这是针对少数民族和民族地区特殊需要所作的特别规定。我国是多民族国家，实行民族区域自治制度。大力推进少数民族和民族地区的文化发展是增加民族团结，共同实现中华民族伟大复兴的必然要求，也是我国社会主义优越性的具体体现。这一规定确立了国家的义务和责任，反映了对少数民族文化的尊重，主要集中在两点：其一，鼓励支持创作摄制少数民族题材电影，实践中将其纳入财政资助范围，设立“少数民族电影工程”并将其纳入文化重大工程，推动各方积极参与。其二，加强电影的少数民族语言文字译制工作，我国有一亿多少数民族群众，少数民族语言文字译制关系到民族地区公共文化服务的实现，关系到他们基本文化需求的满足和保障。实践中，我国采取了一系列措施，包括设立少数民族语言译制中心，开展少数民族语公益电视数字化译制发行和放映，加大对译制工作的资金支持，实施民族地区农村电影公益放映工程，力争到2020年实现数字化放映全覆盖等，取得很好效果。

（5）国家对国产影片境外推广扶持制度。该法第44条规定：“国家对优秀电影的外语翻译制作予以支持，并综合利用外交、文化、教育等对外交流资源开展电影的境外推广活动。国家鼓励公民、法人和其他组织从事电影的境外推广。”这一规定包含两层意思：一是国家支持电影外语翻译和境外推广。因为电影交流是国家之间文化交流的重要方式，发挥着独特的作用。尤其是随着我国国际影响力日益增强，“一带一路”倡议深入实施，中华文化“走出去”步伐不断加快，这对电影译制和境外推广工作提出了更高要求。实践中，我国影视作品在对外文化交流中发挥着越来越重要的作用。20世纪90年代，我们有一部家庭剧《渴望》，轰动全国，后来我随团去越南访问，发现《渴望》被翻成越南语在越南也是万人空巷。据说，重要会议都要为看这剧让出时间。前些时我们电视台热播的一些剧被译成非洲语后在非洲也是深受欢迎。这些例子都说明我国文化的影响力日盛和影视译制工作的重要性。我们要综合利用外交文化教育等交流资源，开展电影的境外推广，把它作为对外工作的一个重要方面来统筹对待。二是鼓励支持社会力量积极从事电影境外推广。除了政府作为外，要引导支持社会力量广泛参与，支持电影企业、影片积极参与国际交流交易，培育海外营销市场主体，建立海外推广营销体系，拓宽国产电影海外推广渠道，不断扩大国产影片的海外影响力。

（6）国家支持社会力量参与制度。该法第45条规定：“国家鼓励社会力量以捐赠、资助等方式支持电影产业发展，并依法给予优惠。”发展电影产业是全社会的事情，除了政府自身责任外，另一个重要责任就是要鼓励引导支持社会力量积极参与进来。法律规定社会力量参与的主要方式是捐赠和资助。所谓“捐赠”是指自愿无偿捐赠财产，“资助”是指以资金方式支持和帮助。依照《公益事业捐赠法》和《慈善法》的规定，捐赠或资助的对象一般是促进电影产业发展的公益组织和个人。由于我国电影产业既有产业属性也有事业属性，其产业活动和公益性活动都可为社会力量的捐赠、资助所覆盖。对此，各级政府应当予以支持，并依法给予优惠政策包括税收优惠。

（7）政府对电影活动监督管理制度。这是国家维护电影市场秩序，促进电影产业健康发展的重要制度。该法第46条规定："县级以上人民政府电影主管部门应当加强对电影活动的日常监督管理，受理对违反本法规定的行为的投诉、举报，并及时核实、处理、答复；将从事电影活动的单位和个人因违反本法规定受到行政处罚的情形记入信用档案，并向社会公布。"这一规定首先明确了对电影活动的日常监督管理是县级以上电影主管部门的重要职责，通过依法查处违法行为、维护电影市场秩序等措施，对电影摄制发行放映各环节以及电影企业、电影市场经营主体从事电影活动行使行政管理监督职能。其次，规定建立电影行业的举报投诉制度，维护社会公众团体的举报投诉权利，明确电影主管部门对举报投诉必须受理的责任和义务，并要求及时核实处理和答复，不能拖延或拒不受理或推诿。其三，规定建立电影行业信用档案制度。良好的社会信用是经济社会健康发展的前提，是所有社会成员立足社会的前提条件。2011年，国务院明确提出全面推进社会信用体系建设，这是加强社会诚信建设的重大举措。目前，旅游、食品安全等法律都建立了相关制度。依法建立电影行业的信用档案制度，对优化电影从业人员信用环境、提升行业自律、维护电影市场秩序、促进电影产业健康发展具有积极、长远的重要意义。记入电影信用档案的法定范围主要指那些在从事电影活动中违反本法规定受到行政处罚的单位和个人，同时须向社会公布记入情况，以保障社会公众的知情权。这一规定为电影行业建立完善的信用制度提供了法律依据。

应当说，本法辟专章所规定的国家支持保障制度比较全面，内容丰富，措施具体有力，充分反映了立法者摒弃唯管理而管理，坚持支持保障为重，大力促进我国电影产业健康繁荣发展的立法思路和目的。

五、法律责任

法律责任也称作罚则，是一部法律所规定的行为人责任义务受到违反所必须承担的法律处罚，根据违法性质不同分为行政、民事、刑事处罚。《电影产业促进法》是一部行政法，规定的主要事项属行政管理或支持保障事项，其处罚主要是行政处罚。总结起来，《电影产业促进法》的行政管理主要规定了5个许可：电影审查和公映许可、发行经营许可、放映经营许可、中外合作拍片许可、境内举办涉外电影节展许可；4个备案：故事梗概备案、电影境外参展备案、电影洗印、加工、后期制作备案、流动放映备案。一般来说，前者具有强制性，法律责任主要是针对违反行政许可的事项作了相关规定，但对后者非强制性行为，法律也规定了相应监督责任。本法法律责任全章共12条，归纳起来主要有这样一些内容：明确了执法主体是县级以上人民政府电影主管部门，因为上述许可涉及包括国家电影局在内的县级以上各级电影主管部门，如放映经营许可由县级人民政府电影主管部门批准，因此对所负责的许可审批事项，相关主管部门依照权限行使执法权。同时，依照《行政处罚法》和其他相关法律，本法建立了较为全面的处罚规则，主要有：

（1）规定对擅自从事（未取得批准文件或许可证）电影摄制、发行、放映活动的处罚，由县级以上人民政府电影主管部门予以取缔、没收，并处违法所得5倍~10倍或25万以下罚款。（第47条）

（2）规定对伪造、变造、出租、出借、买卖、非法转让或以欺骗、贿赂等不正当手段取得许可证、批准或者证明文件的处罚，由原发证机关吊销有关许可证、撤销有关批准或者证明文件；县级以上人民政府电影主管部门没收违法所得；违法所得5万元以上的，并处违法所得5倍~10倍的罚款；没有违法所得或者违法所得不足5万元的，可以并处25万元以下的罚款。（第48条）

（3）规定对擅自发行、放映、送展等行为的处罚：①发行、放映未取得《电影公映许可证》的电影的；②取得《电影公映许可证》后变更电影内容，未依照规定重新取得《电影公映许可证》擅自发行、放映、送展的；③提供未取得《电影公映许可证》的电影参加电影节（展）的，由原发证机关予以吊销许可证，县级以上人民政府电影主管部门没收影片和违法所得，并处违法所得5倍~10倍或25万以下罚款。（第49条）

（4）规定对承接含有损害我国国家尊严、荣誉和利益，危害社会稳定，伤害民族感情等内容的境外电影的洗印、加工、后期制作等业务的处罚，由县级以上人民政府电影主管部门责令停止违法活动，没收电影片和违法所得；违法所得5万元以上的，并处违法所得3倍~5倍的罚款；没有违法所得或者违法所得不足5万元的，可以并处15万元以下的罚款。情节严重的，由电影主管部门通报工商行政管理部门，由工商行政管理部门吊销营业执照。（第50条）

（5）规定对电影发行企业、电影院等有制造虚假交易、虚报瞒报销售收入等行为，扰乱电影市场秩序的处罚，由县级以上人民政府电影主管部门予以责令改正，没收违法所得，处5万元以上50万元以下的罚款；违法所得50万元以上的，处违法所得1倍~5倍的罚款。情节严重的，责令停业整顿；情节特别严重的，由原发证机关吊销许可证。（第51条）实践中，随着2017年3月1日《电影产业促进法》正式施行，国家电影局重拳出击，依据本条，对首批查出存在偷漏瞒报票房收入等违法经营行为的326家影院给予严厉处罚，发挥了震慑效果，对依法规范电影企业经营行为，有效维护良好的电影市场秩序发挥了重要作用。

（6）规定对违规放映广告的处罚，由县级人民政府电影主管部门给予警告，责令改正；情节严重的，处1万元以上5万元以下的罚款。（第51条）

（7）规定对法人或者其他组织未经许可擅自在境内举办涉外电影节（展）、个人擅自在境内举办涉外电影节（展）或者擅自提供未取得电影公映许可证的电影参加电影节（展）的处罚，由国务院电影主管部门或者省、自治区、直辖市人民政府电影主管部门责令停止违法活动，没收参展的电影片和违法所得，并处25万元以下的罚款；情节严重的，自受到处罚之日起5年内不得举办涉外电影节（展）或从事相关电影活动。（第52条）

（8）对法人、其他组织或者个体工商户因违反本法规定被吊销许可证的从业禁止，规定自吊销许可证之日起5年内不得从事该项业务活动；其法定代表人或者主要负责人自吊销许可证之日起5年内不得担任从事电影活动的法人、其他组织的法定代表人或者主要负责人。（第53条）

（9）规定对违反其他相关法律法规行为的处罚：①违反国家有关规定，擅自将未取得《电影公映许可证》的电影制作为音像制品的；②违反国家有关规定，擅自通过互联网、电信网、广播电视网等信息网络传播未取得《电影公映许可证》的电影的；③以虚报、冒领等手段骗取农村电影公益放映补贴资金的；④侵犯与电影有关的知识产权的；⑤未依法接收、收集、整理、保管、移交电影档案的，依照有关法律、行政法规及国家有关规定予以处罚：情节严重的吊销许可证。（第54条）

（10）规定对政府工作人员相关违法行为的处分：①利用职务上的便利收受他人财物或者其他好处的；②违反本法规定进行审批活动的；③不履行监督职责的；④发现违法行为不予查处的；⑤贪污、挪用、截留、克扣农村电影公益放映补贴资金或者相关专项资金、基金的；⑥其他违反本法规定滥用职权、玩忽职守、徇私舞弊的情形，视情节给予行政处分，或追究民事、刑事责任。（第55、56条）

此外，法律责任一章中还有三项重要规定：一是为了使法律规定的行政处罚更具有科学性和可操作性，除了明确规定县级以上人民政府电影主管部门及其工作人员应当严格依照本法规定的处罚种类和幅度，根据违法行为的性质和具体情节行使行政处罚权外，同时还授权国务院电影主管部门制定行政处罚的具体办法。（第57条）二是根据电影市场管理实际需要，明确规定县级以上人民政府电影主管部门对有证据证明违反本法规定的行为进行查处时，可以依法查封与违法行为有关的场所、设施或者查封、扣押用于违法行为的财物。（第57条）应当强调的是，依照《行政强制法》，行政强制种类包括限制人身自由等五项，在这里将电影主管部门行政强制措施限于依法查封或扣押“与违法行为有关的”场所、设施或财物，这是符合实际的。三是为了维护当事人权利，建立公平公正法治环境，法律针对受处罚对象明确规定了救济措施：当事人对县级以上人民政府电影主管部门以及其他有关部门依照本法作出的行政行为不服的，可以依法申请行政复议或者提起行政诉讼。其中，对国务院电影主管部门作出的不准予电影公映的决定不服的，应当先依法申请行政复议，对行政复议决定不服的可以提起行政诉讼。（第58条）

考虑到境外资本在我国境内投资电影的特殊性和与其他法律法规的关联性，

《电影产业促进法》最后对此作了特别规定：境外资本在中华人民共和国境内设立从事电影活动的企业的，按照国家有关规定执行。(第59条)

以上就是我向大家介绍的电影产业促进法的立法情况和主要内容。我特别要给在座的各位从事电影工作的同志强调一下，《电影产业促进法》的制定历程虽然艰辛，但它的出台是我国电影事业走上法治化道路的一个重要里程碑，为我们提供了有力的法律武器。我们要在深入学习、准确理解的基础上，严格按照法律的规定依法履行职责，保障权益，规范行为，繁荣市场，使我国电影事业成为新时代文化建设的生力军，国际影响力不断增强，为中华艺术的繁荣昌盛贡献力量。

谢谢大家！

《公共图书馆法》立法讲座[1]

非常高兴，今天有机会来这里给北京市文化局各位同志汇报一下《公共图书馆法》立法的主要背景和主要内容。因为时间比较紧张一些，我这个 PPT 可能有点长，所以我就主要的部分给大家做一个简要的报告。2017 年 11 月 4 日，十二届全国人大常委会第三十次会议审议通过了《公共图书馆法》，并于 2018 年 1 月 1 日正式实施。这是文化法制建设继《电影产业促进法》《公共文化服务保障法》出台后的又一个成果，是文化界（尤其是图书馆界）多年期盼的一件大喜事。我一直在全国人大教科文卫委员会从事文化立法工作，从 20 世纪 90 年代就开始介入图书馆立法，但由于当时社会各方对这一立法并没有足够重视，对图书馆在文化发展和社会建设中的地位作用认识不一，加之图书馆界业内对是制定一部涵盖各种形式图书馆的图书馆法，还是优先制定一部提供公共文化服务的《公共图书馆法》，争议不断。这些都造成了图书馆立法工作的长期停滞。直到十八大以后，随着我国国家发展战略的调整，随着文化自信的提出和文化的战略地位日趋重要，在全面依法治国方略的指引下，《公共图书馆法》应运而生，瓜熟蒂落，一举扭转了我国图书馆界长期缺乏法律制度的被动局面，把我国公共图书馆事业发展的原则、目的和作用通过国家法律的形式给予了确认和保障。

下面，我将从几个方面给大家汇报一下我对《公共图书馆法》的认识和体会：

一、首先介绍一下立法的背景。

正如我前面说的，我们要把《公共图书馆法》的制定出台放在国家社会发展的深刻背景下来认识。首先一点，党的十八大以来，我们进入了新时代。我们党形成并积极推进经济建设、政治建设、文化建设、社会建设、生态文明建设“五位一体”的总体布局，形成并积极推进全面建成小康社会、全面深化改革、全面依法治

〔1〕 本文是笔者于 2018 年 7 月 9 日在北京市文化局理论中心组学习班上的讲座。本文中所涉及之法律法规与理论，均以写作时间为准。

国、全面从严治党的战略布局。这是“十三五”乃至更长时期我国经济社会发展的科学指导和行动指南。文化的战略地位愈来愈突出，文化自信成了新时代的重要标志。文化是一个国家价值追求和道德文明的集中体现，是团结人民、鼓舞人民的有力精神武器，是国民经济发展的重要支柱和国家“软实力”的重要载体。当今国际竞争日益表现为由国家经济、军事“硬实力”和文化“软实力”相结合的综合国力的竞争。文化和价值观的较量成了大国博弈的关键要素。党的十九大报告和修改党章的最重要成果就是把习近平新时代中国特色社会主义思想确立为我党必须长期坚持的指导思想，把中国特色社会主义文化和文化自信写入党章。这是对中国特色社会主义内涵认识的全新拓展和深化，是马克思主义中国化和中国特色社会主义理论的一个大飞跃，是对文化战略地位的全新认识和升华。十九大报告对什么是文化自信、为什么要坚持文化自信、如何坚持文化自信进行了全面阐述，这一阐述非常系统、完整，并有严密的内在逻辑。具体内容就是：阐明了文化自信与道路自信、理论自信、制度自信的关系；阐明了文化在国家民族发展中的重要战略定位和实现两个百年目标，建设成为富强、民主、文明、和谐、美丽的社会主义现代化强国的关系；阐明了文化自信与中华优秀历史文化的关系。正是在文化自信的建构上，我们需要重新定位和认识包括图书馆事业在内的整个文化建设的价值和意义。

其次，我们面临着新的文化使命，这就是十九大报告提出的目标：2020 年至 2035 年基本实现社会主义现代化，社会文明程度达到新的高度，国家文化“软实力”显著增强，中华文化影响更加广泛深入。于 2035 年至 2050 年建成富强、民主、文明、和谐、美丽的社会主义现代化强国。所谓“富强、民主、文明、和谐、美丽”，除了物质目标外，有相当成分是精神文化目标。实现这两个百年目标的一个重要标志就是文化、文明的建设要达到一个新的历史高度。为此，中央提出要大力推动中华优秀传统文化传承体系、现代公共文化服务体系、现代文化产业体系、现代文化市场体系、现代文化传播体系、对外文化交流体系等建设。公共文化服务是指由政府主导、社会（公众）参与形成的各种公益性文化机构、产品和服务的总和，建设完善现代公共文化服务体系就是实现新文化使命的一个重要途径。它的基本价值目标就是围绕社会主义核心价值体系和社会主义文化强国建设，保障人民看电视、听广播、读书看报、进行公共文化鉴赏、参加大众文化活动等基本文化权益，使人民大众都能够充分创造、享受文化，使中华民族始终保持丰富不绝的思想表达力和文化创造力。这之中，公共图书馆是不可或缺的重要组成部分。但长期以来，我国公共图书馆发展相对滞后，与国际标准相比存在显著差距。2015 年，全国公立图书馆有 3139 个，民办图书馆有 50 个，平均 44 万人口一个。全国数字图书馆 479 个，占全国图书馆的 16%。电子阅览终端 134 900 家，平均 10 000 人共享一个终端。全国图书馆馆藏图书 9 亿余册，人均藏书量仅为 0.65 册，年新增藏书量

0.04 册。按照国际图联的标准，每 5 万人应有一座公共图书馆，人均藏书量应达到 2 册~3 册，年新增藏书量应为 0.25 册~0.3 册。尤为突出的是，一些农村、社区，包括革命老区、民族地区、边疆地区和贫困地区和未成年人、老年人、残疾人等特殊群体的公共图书馆服务工作相对薄弱。制定《公共图书馆法》的紧迫性和必要性就是要在法律的保障和推动下，实现我国公共图书馆显著的跨越式发展，尽快弥补这些差距。要抓紧建立覆盖城乡、便捷实用的公共图书馆服务网络，要通过建立健全数字化服务网络和配送体系、改善服务条件、整合服务资源等措施，向人民群众提供更充分、更高质量的服务。

第三，建立健全包括《公共图书馆法》在内的文化法律制度是落实中央全面依法治国方略的必然结果。文化立法是指规范和调整文化领域内文化成果的创造、生产、传播、消费、保护、弘扬以及文化促进、服务和管理等的各种社会关系的立法。主要包括新闻出版、广播电视、电影、文化艺术、文化遗产、语言文字、网络传播、图书馆、博物馆、文化馆（站）、文化娱乐业等方面。必须通过文化法治，确保我国文化战略任务实施和文化安全、保障人民群众基本文化权益的实现，深入推进依法行政和文化体制机制改革。目前，我们已经制定了《文物保护法》（1982 年）、《档案法》（1987 年）、《著作权法》（1991 年）、《非物质文化遗产法》（2011 年）、《电影产业促进法》（2016 年）、《公共文化服务保障法》（2016 年）、《公共图书馆法》（2017 年），还有《网络安全法》（2016 年）。图书馆立法实践在很多国家和地区得以广泛开展。自 1847 年英国第一部图书馆法颁布至今，已有 80 余个国家和地区先后颁布了 200 多部图书馆法。在立法形式上包括综合性图书馆法（如日本、韩国等），出版物缴存法（如英国、法国等）；公共图书馆法（如丹麦、芬兰等）；国家图书馆法（如美国、法国等）；还有一些针对盲人、学校等的专门图书馆法。2017 年《公共图书馆法》作为十九大之后出台的首部文化法律，彰显了以习近平同志为核心的党中央坚定文化自信、推动社会主义文化繁荣兴盛的高瞻远瞩，体现了公共图书馆事业在中国特色社会主义文化中的重要地位，也体现了公共图书馆在新时代满足人民日益增长的美好生活需要的重要作用。全国人大常委会在 2016 年制定了《公共文化服务保障法》，这是公共文化领域里的一部基本法，《公共图书馆法》是公共文化领域的一部专门法，二者紧密相关。就是说，《公共文化服务保障法》所确立的重要精神原则与《公共图书馆法》是一致的。目前，文化法制建设仍需要进一步完善，立法任务还很艰巨，新一届全国人大常委会正在制定五年立法规划，我们提出了“一立四修订”的建议，包括制定《文化产业促进法》，修改《文物保护法》《著作权法》《档案法》和《非物质文化遗产法》，随着这些法律的出台，文化法制建设必定会迈上新的台阶。

二、对公共图书馆的认识

制定《公共图书馆法》在我国经过了一个曲折的过程，主要是对图书馆在社会发展中地位和作用的看法不一致。这既有不被重视的外在原因，也有图书馆面对当今数字信息技术和互联网技术浪潮的冲击应如何适应的内在原因。但总的来说，我国图书馆作为人民群众获取精神食粮、增长知识技能的重要场所，其性质、地位和作用并未得到充分认识，其效能也未得到充分发挥。主要争论有两个方面：一是对图书馆在当今社会发展中的作用存在疑虑；二是对究竟制定一部什么样的图书馆法争执不下。早在20世纪90年代，我们就和文化部开始一起推动立法，成立了立法小组，我还是小组成员，但当时这个立法在社会上反响不大，很多人觉得现在图书馆也没人去，再加上图书馆界内部争论不休，或希望比照西方一些国家搞一个系统、全面的图书馆法体系，比如先有总法然后是分法等；或按照图书馆功能分别立法，如《国家图书馆法》《公共图书馆法》《学校图书馆法》等；有专家尤其主张先行制定《国家图书馆法》，明确它在全国图书馆事业发展中的地位和统筹作用；也有专家认为至少应制定一部涵盖公共图书馆和学校、科研机构图书馆在内的大图书馆法等。这些观点和主张都给立法实践增加了难度，导致立法工作一度陷于停滞状态。后来，随着党和国家对文化建设和公共文化服务体系建设的高度重视，又重新开始启动这项立法工作。我记得，当时是由周和平副部长负责这项工作，他是从国家图书馆去的文化部，对图书馆立法非常重视。立法小组开会时，我提出先行制定一部《公共图书馆法》，将立法范围主要集中在为公众免费提供公共文化服务的图书馆上，解决公共图书馆作为公共文化服务体系建设中重要环节和支撑缺乏法律保障这一主要矛盾。这一主张得到了立法小组中大多数同志的认可，其后也得到了图书馆业界主流意见的支持。

这之后，立法起草工作主要就是围绕公共图书馆来进行的。当然，对图书馆的作用和效能问题，社会上一直有不同看法。包括全国人大常委会在审议草案时，也有委员提出质疑，说现在大家都在上网，图书馆还有人去吗？这种质疑很有代表性，一直在最后的审议中都存在。这说明，我们对图书馆在社会发展中的性质地位作用的认识还需要进一步普及提高。其实，有的同志并不了解实际情况，或者是自己不进图书馆，就想当然地推测大家都不去图书馆。图书馆在历史上的作用毋庸置疑，在当代社会、在信息技术大发展的今天仍有无法取代的特殊作用 。除了传统的收集整理保存和提供查询借阅资料文献外，深化公共文化服务内容，拓展服务方式外延，发挥社会教育功能等，都是现代社会公共服务不可或缺的重要内容和手段。人既是个性化的，也是社会化的。虽然随着信息技术发展，人愈来愈个性化、自我化，但人的社会化需求只会增强不会削弱，这也是包括图书馆、博物馆在内的公共服务机构不可取代的重要原因。我常举一个例子，就像当年电视出现后对电影的冲击一样，一种普遍的观点认为，大家都在家里看电视，再不会进电影院看电影，实际上，电影的特殊性是电视无法取代的，今天影院的功能也不断多样化，除了观影外，还成了社会化、群聚化、时尚化的场所。所以，电视的蓬勃发展并未影响到电影的蓬勃发展。去年，我国电影票房创出了历史新高，超过 550 亿，国产影片票房超过 50%，这就很能说明问题。同样，今天的图书馆也是如此，一些图书馆早已经是人满为患，一座难求。我以前还不太相信，前些年去广州参加中国图书馆学会年会，听人说广州市图书馆排队抢座位，我起了个大早跑去看，7 点多钟排队的人一眼望不到尾。首都图书馆也是这样。所以，常委会审议时有人质疑图书馆还有没有人去，我马上给在座的庞副局长打电话要几张首都图书馆排队的照片，她立刻发给我了，而且是清晨读者在雨中打伞排队的照片，长长的人龙。我把照片拿给一位委员看，他问这是在干吗？我说这是在排队等着进图书馆，他非常吃惊，连声说没有想到。所以说，随着我国社会经济的发展，人民群众对精神文化的需求，对公共文化机构所提供的文化服务需求日渐旺盛。当然，有些同志还是停留在过去的一种看法里面，对公共文化的设施建设和服务提供不是特别重视，我认为，这是一个很重要的观念上、认识上的问题。为什么英国在 1847 年就开始制定全球第一部图书馆法？因为近代工业革命发生在英国。也就是说，在西方的工业文明发展到一定程度的时候，文化的问题成了他们非常重视的问题。他们把图书馆、博物馆的建设视为是一个国家、民族文明的重要标志。特别是通过公共图书馆服务体系的建设，集知识、文明、信息为一体，为公众提供这种文化信息服务，在社会建设中发挥了极为重要的作用。这在世界很多发达国家中都得到了充分的显现。我在不少地方讲过我 20 世纪 90 年代初在美国的例子。我当时在芝加哥，住在一个街区，当时芝加哥市有一个公共图书馆总馆，建筑非常宏伟，藏书非常多，任何人只要你有合法身份都可以办理借书卡，一次可以借二十多本，我拿个大包都提不动。我住的街道离总馆很远，但街道上有一个分馆，门脸很小、很普通，但它的功能非常齐全，可以通借通还。既可以直接在这里还书，还可以在这里查询总馆目录登记借阅。这种直接把服务深入一个城市街道社区的细枝末节的做法，让我感到非常震惊。我们到现在还达不到这种水平。很长时间以来，一谈到公共文化建设，我们便把注意力主要集中在一些标志性建筑上。我们到下面调研时问公共文化搞得怎么样？当地同志就引着去看，这里是一座图书馆，这里有一座博物馆，然后再来一个大剧院，都很富丽堂皇，好像这就代表了公共文化建设的全部成就。当然，这种标志性的建筑是很重要的，但是并不是公共文化服务的核心要义。因为不可能所有的人都到你那地方去，最关键的是如何把服务延伸到社区、基层。所以大家注意一下，我国最早提出的概念是公共文化建设，后来加上了服务，再后来发现这个问题不能只停留在一个建筑及其服务上，更重要的是如何把服务深入到基层社区，所以现在把公共文化服务明确上升为公共文化服务体系建设，这个体系就是要在城市社区构建一个完整的设施和服务网络，这是符合现代社会发展需要的。《公共文化服务保障法》和《公共图书馆法》在立法中都体现了这一思路，这是认识上的一个大飞跃，是非常重要的。

三、立法的重要意义

2018 年 1 月 18 日，全国人大教科文卫委员会在人民大会堂召开“宣传贯彻《公共图书馆法》座谈会”，中共中央政治局委员、全国人大常委会副委员长王晨出席座谈会并讲话。他强调以习近平新时代中国特色社会主义思想为指导，推动公共图书馆事业在法治轨道上取得新进展。《公共图书馆法》是公共文化领域的一部专门法律，它将党和国家关于发展公共图书馆的方针政策用法律的形式固定下来，将人民群众对于公共图书馆的期盼和要求用法律的形式体现出来，是贯彻落实党的十九大精神，坚定文化自信的重要举措，是全面推进依法治国、建设社会主义法治国家的重要制度成果。对于推动完善中国特色社会主义法律制度具有重要意义。这个重要意义可以从几个方面来具体理解：

第一，推动了宪法实施。坚持全面依法治国，完善以宪法为核心的中国特色社会主义法律体系，加强宪法实施和监督，维护宪法权威，是党的十九大提出的明确要求。我国《宪法》第 22 条明确规定：“国家发展为人民服务、为社会主义服务的文学艺术事业、新闻广播电视事业、出版发行事业、图书馆博物馆文化馆和其他文化事业，开展群众性的文化活动。”图书馆是宪法确立的为人民服务、为社会主义服务的重要公共文化设施，属于国家需要发展的文化事业范畴。这是我国图书馆事业发展和保障的最高、最重要的宪法依据。要加强宪法的实施和监督，要维护宪法的权威，就必须切实贯彻落实宪法的有关规定。《公共图书馆法》的出台，使得宪法确立的有关发展文化事业、图书馆事业的宪法原则得以通过专门法律制度实现法治具体化，这是贯彻落实宪法精神原则的一个重要举措，也为完善以宪法为核心的中国特色社会主义法律体系做出了贡献。

第二，指引了新时代我国公共图书馆事业的发展方向。图书馆事业在中国已有百年的历史，如今又进入了新时代，《公共图书馆法》从国家法律层面对新时代我国公共图书馆性质功能给予了鲜明的规定，明确了公共图书馆是我国公共文化服务体系的重要组成部分，传承发展中华优秀传统文化、弘扬革命文化、发展社会主义先进文化是公共图书馆的本质功能。这个规定是对新时代下中国特色社会主义事业发展下公共图书馆的准确定位。党的十九大提出了新的文化使命，指出中国特色社会主义的文化构成是传承发展中华优秀传统文化、弘扬革命文化、发展社会主义先进文化，我国公共图书馆的本质功能就是要紧密围绕着新时代文化使命和主要构成和目的来发挥它的功能作用。同时，法律明确了公共图书馆服务坚持平等、开放、共享的原则。平等、开放、共享是国际图联对所有现代公共图书馆应秉持的一个重要原则，对我国公共图书馆也具有很强的指导性。法律还对我国公共图书馆事业在新时代的发展方向、原则、任务、服务理念和功能作用，都作出了明确的规定和指引，为推动我国公共图书馆事业在法治轨道上的新发展提供了法律遵循。

第三，反映了新时代社会主要矛盾转化的历史要求。党的十九大作出了中国特色社会主义进入新时代，我国主要社会矛盾已经转化为人民日益增长的美好生活需要和不平衡不充分发展之间的矛盾的重大历史判断。满足人民日益增长的美好生活需要，必须提供丰富的精神文化食粮，必须着力解决好文化需求保障不平衡、不充分的问题。公共图书馆法从多个层面对此作了规定，反映了我国社会主要矛盾转化对公共图书馆事业提出的新要求。

第四，明确了新时代公共图书馆在坚定文化自信、推动社会主义文化繁荣兴盛伟大事业中的历史责任。公共图书馆事业作为我国公共文化服务体系的重要组成部分，在传承发展中华优秀传统文化、弘扬革命文化、发展社会主义先进文化的伟大事业中，承担着独特而重要的历史责任。面对新时代新的文化使命，我国公共图书馆作为中国特色社会主义文化建设重要组成部分，其功能和作用必定是与我国文化繁荣发展的根本要求相一致的。

第五，构筑起了我国公共图书馆管理、运行、服务的基本制度体系。《公共图书馆法》在总结提炼我国公共图书馆事业现行政策和实践经验的基础上，构筑起了规范公共图书馆管理、运行和服务的基本制度体系。图书馆事业是一个专业性、业务性、知识性很强的行业，国际上早已形成了规范的管理制度和模式。我国图书馆业界经过长足的发展，也早已形成一整套运行管理的制度规范，如资料收集整理制度、图书编目制度、借阅查询制度、读者服务制度、安全制度等，但这套规范长期以来只是局限在行业内部，并未被上升为国家法律制度。《公共图书馆法》的颁布，第一次通过国家法律的形式，从我国公共图书馆的实际出发，针对公共图书馆的管理、运行和服务三个重要环节，全面建立了系统、完整的法律制度，以确保我国公共图书馆的根本宗旨和目的的实现。这部分规定在法律中占据了较大篇幅，既体现了以人民为中心的立法导向，体现了作为一部政府责任法、人民权益保障法的基本特点，也体现了作为一部专门法的专业性、规范性特点。

第六，为推动全民阅读提供了法律保障。党的十八大以来，“开展全民阅读活动”已经成为党中央的一项重要决策部署。《公共图书馆法》明确规定，公共图书馆“应当将推动、引导、服务全民阅读作为重要任务”，并要求公共图书馆“通过开展阅读指导、读书交流、演讲诵读、图书互换共享等活动，推广全民阅读”，以法律的形式确定了公共图书馆开展全民阅读活动的责任义务。现在，大家都认识到了全民阅读对一个国家、社会的重要作用，但在很长一段时间内并不重视。有观点认为，读书是个人的事，没有把全民阅读能力的提升放在国家社会文明素质建设的高度来认识。长期以来，我国全民阅读率在全球都是偏低的，人均年读书 4 本左右，其中学生的教材教辅书占了相当比例，以色列人均 60 多本，居世界前列。李克强总理曾说以色列的全民阅读率高是以色列科技教育走在世界前列的一个重要因素。还有一个现象就是，长期以来，我国公共图书馆和全民阅读之间的关系没有厘清，一个重要原因是部门分割，在行政管理上，公共图书馆归文化部门管，全民阅读基于出版则归新闻出版部门管。因此，新闻出版部门在推动全民阅读条例立法工作时，公共图书馆作为直接为读者服务的重要文化设施究竟应该在全民阅读中发挥什么作用，两个部门对此要么纠缠不清，要么相互分立各行其是。比如，新闻出版部门推行的书香中国、读书节等活动，往往缺失了公共图书馆的作用；公共图书馆则停留在为读者提供传统服务的范畴内。后来，立法特别强调要打破部门壁垒，充分发挥公共图书馆在全民阅读中的作用。我们在起草《公共文化服务保障法》时率先从立法上解决了这一问题，明确规定各级人民政府应当充分利用公共文化设施支持开展全民阅读，规定基层综合性文化服务中心应当加强资源整合，充分发挥统筹服务功能，为公众提供书报阅读、影视观赏、戏曲表演等一系列文化艺术科学普及等活动。《公共图书馆法（草案）》最初没有涉及全民阅读，经过反复研究，最后在总则和其他章中都把推广全民阅读、开展阅读指导作为公共图书馆的一项重要职责和义务规定下来，《全民阅读条例》也明确规定了公共图书馆相应的职责义务，这些都是深化文化体制机制改革，破除传统行政分割管理弊端的一个重要举措，是一个大的突破，具有强烈的现实意义。

四、《公共图书馆法》的基本框架、宗旨、范围和原则

在座的各位同志都应该读过这个法律，全文一共 6 章 55 条，条文不是太多，《公共文化服务保障法》是 65 条。这六章分别是总则、设立、运行、服务、法律责任和附则。除了总则、法律责任和附则三章是一般法律的通用规范以外，设立、运行、服务三章都是根据公共图书馆的特点和规律所确立的法律制度规范，因而，《公共图书馆法》的法律规范是非常具体的，非常具有针对性和实效性。

首先，《公共图书馆法》在总则中确立了立法宗旨。所谓立法宗旨就是立法的根本目的，一部法律的各项规定都是围绕着立法宗旨来实现的。《公共图书馆法》的立法宗旨在该法第 1 条写得很清楚，即“为了促进公共图书馆事业发展，发挥公共图书馆功能，保障公民基本文化权益，提高公民科学文化素质和社会文明程度，传承人类文明，坚定文化自信，制定本法”。立法的首要目的就是促进公共图书馆事业发展。为什么要把这个作为首要目的？因为长时间以来，我国公共图书馆事业

发展还很薄弱，还不够充分。在座的文化界、图书馆界同志们心里非常清楚这一点。虽然我们早在20世纪80年代就提出了“县县有图书馆”的发展规划，但坦率地说，这些年有了很大进展，但只是局限在公共图书馆的单体设施建设方面，并未形成适应社会发展需要的设施网络覆盖，尤其是在城市社区、农村和基层仍缺乏足够的公共图书馆设施，构建科学合理的设施网络仍是亟待解决的重要问题。立法的第二个目的就是强调要发挥公共图书馆的功能，这是具有针对性的，因为在如何充分发挥公共图书馆作为公共文化服务体系的功能作用方面，如何使它深入社区、农村和基层为其构建有效服务方面等，还存在着明显差距，仍要通过立法予以解决。第三个目的就是要保障公民的基本文化权益，因为法治保障是人民群众基本文化权益实现的重要途径。第四个目的是提高公民科学文化素质和社会文明程度，这是一切文化建设的根本目的。第五个目的是传承人类文明，当时在审议时对是否写这句话也有一些争议，后来经过讨论认为还是应当写入，因为我国公共图书馆事业不是自我封闭的，而是全人类文明发展中不可或缺的组成部分，承担着人类文明传承的共同责任。最后的落脚点是坚定文化自信，这是人大常委会在审议中提出增加的一句话，非常重要且鲜明地指出了公共图书馆事业与文化自信的内在关系，因为没有繁荣发展的文化事业，也就不可能形成坚定的文化自信。我认为，这个立法宗旨，是全部法律章节条文的内在精神和灵魂，是对我国公共图书馆的事业发展根本目的的法律定位。

第二，明确了法律的调整范围。一部法律除了要首先明确立法的宗旨目的外，其次就要明确法律的调整范围，也就是说要明确法律规范的具体对象是什么？该法第2条规定：“本法所称公共图书馆，是指向社会公众免费开放，收集、整理、保存文献信息并提供查询、借阅及相关服务，开展社会教育的公共文化设施。前款规定的文献信息包括图书报刊、音像制品、缩微制品、数字资源等。”这一规定明确了公共图书馆是公共文化设施的基本属性，界定了它的三个重要特征：一是向社会公众免费开放；二是收集、整理、保存文献信息并提供查询、借阅及相关服务；三是开展社会教育。这也是公共图书馆区别于其他尚不具备这些条件的图书馆（如教育、科研图书馆）的本质特征。法律作出这一界定非常重要，因为当年在立法的时候，各方一直在争论到底应该制定一个什么样的法律，就是制定图书馆法，还是制定公共图书馆法，争执不下。最后反复讨论取得共识，明确这部法律规范的对象是发挥公共职能的、主要是政府财政支持和保障并免费向社会公众开放的图书馆。当然，法律对民办图书馆也是平等开放的，只要你符合这些条件和定位，便属于本法保障的范畴。作为公共图书馆，其基本职能就是收集整理保存文献信息，向公众提供查询借阅和服务，同时还要开展社会教育。公共图书馆开展社会教育非常重要，这是现代社会对公共图书馆基本职能的深化拓展，过去对图书馆的认识一般停留在借阅查询上，这已经远远不能适应现代社会的发展需求。特别是在现代信息技术大发展的浪潮下，公共图书馆作为文化设施和场所在开展社会教育方面具有独特优势。现在很多公共图书馆针对读者开展了不少活动，比如论坛、读书交流、图书推广等各种形式，丰富多彩，有的还专门针对残疾人，青少年开展专门阅读活动，这些都应当属于开展的社会教育范畴。这些活动无疑对社会文明素质建设发挥了非常重要的作用。所以，法律明确了公共图书馆的这一职能，为公共图书馆功能延伸和服务提供了重要的法律基础。各位同志一定要看到这一点。

第三，法律确立的几个重要原则。总则中确立了几个重要的立法原则，这些原则贯穿各章节，也就是说，各章节中所制定的具体法律制度都是对这些立法原则的具体体现。

其一，坚持公共图书馆的根本属性和正确的政治方向原则。法律明确规定，公共图书馆是社会主义公共文化服务体系的重要组成部分，应当将推动、引导、服务全民阅读作为重要任务。公共图书馆应当坚持社会主义先进文化前进方向，坚持以人民为中心，坚持以社会主义核心价值观为引领，传承、发展中华优秀传统文化，继承革命文化，发展社会主义先进文化。（第 3 条）

其二，坚持公益性、基本性、均等性、便利性原则，这是我国公共文化服务的四项基本准则。公益性就是对人民群众提供的公共文化服务是免费或优惠的；基本性就是满足人民群众基本文化需求，而且这个需求随着经济社会的发展而不断提高；均等性就是在全国范围内实现基本公共文化服务的普惠性，通过均衡发展缩小地区间、人群间的差距；便利性就是要保障人民群众就近、便利地获得公共文化服务。这是我国公共文化服务的四项基本准则。平等、开放、共享是现代公共图书馆服务的精神。为体现这些原则和精神，法律明确规定，公共图书馆是向社会公众免费开放，收集、整理、保存文献信息并提供查询、借阅及相关服务，开展社会教育的公共文化设施。公共图书馆是社会主义公共文化服务体系的重要组成部分，应当将推动、引导、服务全民阅读作为重要任务。国家扶持革命老区、民族地区、边疆地区和贫困地区公共图书馆事业的发展。公共图书馆应当按照平等、开放、共享的要求向社会公众提供服务。（第 2、3、13、33 条）

其三，坚持政府主导、社会力量参与的原则。因为整个公共文化服务就是政府主导社会参与，所以发展公共图书馆事业首先是政府的责任，根据法律规定，国家建立覆盖城乡、便捷实用的公共图书馆服务网络。公共图书馆服务网络建设坚持政府主导，同时也鼓励社会积极参与，对社会力量举办公共图书馆、捐赠行为、参与管理、志愿服务等作出了相关扶持规定。（第 6、13、20、23、46 条）

其四，坚持公共图书馆服务均衡协调发展原则。根据法律的规定，国家扶持革命老区、民族地区、边疆地区和贫困地区公共图书馆事业的发展。为向基层倾斜，法律特别规定，地方人民政府应当充分利用乡镇（街道）和村（社区）的综合服务设施设立图书室，服务城乡居民。为保障青少年和残疾人的权益，法律规定，政府设立的公共图书馆应当设置少年儿童阅览区域，根据少年儿童的特点配备相应的专业人员，开展面向少年儿童的阅读指导和社会教育活动，并为学校开展有关课外活动提供支持。有条件的地区可以单独设立少年儿童图书馆。政府设立的公共图书馆应当考虑老年人、残疾人等群体的特点，积极创造条件，提供适合其需要的文献信息、无障碍设施设备和服务等。这些规定都体现了均衡协调发展的精神。（第 7、14、34 条）

其五，坚持公共图书馆与科技融合、提高服务效能原则。这个原则非常重要，因为在当前数字信息化时代下，公共图书馆的发展面临大挑战，也必须深化改革，加快与现代科技的紧密融合，充分利用现代科技手段，有效提高服务效能，以适应这一时代的发展。我在这多说两句，在审议过程中间，为什么有些常委会委员会问，现在天天都上网，图书馆还有人去吗？从客观上说，这个问题是存在的，即在现代科技环境下，在数字技术、互联网技术和现代传播技术大发展背景下，公共图书馆作为一种传统的汇集资源、提供查询借阅的特定场所，它的功能作用究竟怎么来进一步地发挥，怎么来进一步地完善？这是一个非常现实的问题。长期以来，这个问题在图书馆业界产生了很大的争论，焦点就是公共图书馆按照这种传统模式到底还能不能走下去？国际图联也是花了很长时间来研究这个问题。从现在来看，我觉得找到了发展方向，那就是公共图书馆完全可以通过与现代科技的深度融合，充分发挥它在社会发展和文化建设中的独特作用。从实际情况来看，一些地区（不光是发达地区，甚至是一些中西部地区）的公共图书馆在运用现代科技手段方面都做得非常出色，图书馆服务效能大大提升，收到了很好的社会效益。我们立法必须大力倡导这一做法，所以，《公共图书馆法》在总则中专门作了规定，国家鼓励和支持发挥科技在公共图书馆建设、管理和服务中的作用，推动运用现代信息技术和传播技术，提高公共图书馆的服务效能。还规定，国家构建标准统一、互联互通的公共图书馆数字服务网络，支持数字阅读产品开发和数字资源保存技术研究，推动公共图书馆利用数字化、网络化技术向社会公众提供便捷服务等。这些规定都是这一原则的具体体现。（第 8、40 条）

五、主要的法律制度

公共图书馆法紧紧围绕公共图书馆的设立、运行及服务特点和规律，建立了一系列法律制度，归纳起来主要有以下几个方面：

1. 政府责任制度

我国《公共图书馆法》的首要任务就是要体现以政府为主导，建立各级政府和相关部门担负保障公共图书馆发展主体责任之法律制度。在公共文化服务体系建设中，以政府为主导这一原则是由我国社会主义制度本质特点所决定的，是坚持以人民为中心思想，满足人民群众日益增长的美好生活需要的必然要求。因此，坚持政府的主体责任是立法中最重要的一个思路，这与《公共文化服务保障法》是相一致的。法律有不少条文规定了政府责任。

第一，明确规定县级以上人民政府应当将公共图书馆事业纳入本级国民经济和社会发展规划，将公共图书馆建设纳入城乡规划和土地利用总体规划，加大对政府设立的公共图书馆的投入，将所需经费列入本级政府预算，并及时、足额予以拨付。(第 4 条）对这一条我稍微解释一下，纳入规划，包括纳入土地规划、纳入财政预算，这是必须规定的，也是一般性规定。立法时不少同志希望将纳入预算写得更具体些，比如像《义务教育法》那样直接写一个比例，或者写预算应随经济增长而增长。现在按照中央的要求，尤其是《预算法》修改后，预算的问题由《预算法》统一规定，其他法律中不再允许分别对预算的比例、增长等另作规定。原来一些法律所作的规定，随着《预算法》修改后也取消了。但是本法的规定还是很有特点，大家注意一下，上述条文中对政府投入的规定有三层意思：一是规定要加大对设立公共图书馆的投入，这主要是财政经费的投入。因为，长期以来，各级政府用于公共图书馆的财政投入尽管持续增长，但总量仍然偏少。2015 年，各级财政对公共图书馆财政拨款 127 亿元，新增图书藏量购置费 19.7 亿元，全国人均购书费 1.43 元，仅占当年全国居民人均消费支出的 1‰，与发达国家相差甚远。因此，法律中特别作出规定，要求各级政府加大对政府设立的公共图书馆的投入，包括建设费用、人员工资、运转费用、购书费用等。二是规定要将所需经费列入本级政府预算，这使公共图书馆所需经费列入财政预算得以法定化，改变了过去一些政府在经费保障上的随意性和任意性。三是规定要及时、足额拨付，这一规定是有针对性的。因为在实际中，一些地方政府虽然把公共图书馆列入了预算，但并不及时拨付，也不足额拨付，这种现象比较普遍，严重影响了公共图书馆事业发展。所以，我们在法律中专门规定了这一条，这在其他法律如公共文化服务保障法中也没有的。

第二，对政府管理部门的职责作了明确规定。该法第 5 条规定国务院文化主管部门负责全国公共图书馆的管理工作。国务院其他有关部门在各自职责范围内负责与公共图书馆管理有关的工作。县级以上地方人民政府文化主管部门负责本行政区域内公共图书馆的管理工作。县级以上地方人民政府的其他有关部门在各自的职责范围内负责本行政区域内与公共图书馆管理有关的工作。由于乡镇以下农村地区、城市街道社区的公共图书馆工作由县级政府部门统筹，因此对县以下政府部门的职责不予规定。

第三，该法明确规定国家扶持革命老区、民族地区、边疆地区和贫困地区公共图书馆事业的发展。坚持公共文化服务的基本化、均等化，促进老少边穷地区均衡协调发展，是国家和政府义不容辞的基本责任。（第 7 条）

第四，该法明确规定国家建立覆盖城乡、便捷实用的公共图书馆服务网络。规定县级以上人民政府应当设立公共图书馆。地方人民政府应当充分利用乡镇（街道）和村（社区）的综合服务设施设立图书室，服务城乡居民。（第 13、14 条）这些规定对谁来建设、如何建设公共图书馆作了明确规定，非常重要。一是明确了国家的主体责任和建设目标就是要建设一个覆盖城乡便捷实用的公共图书馆服务网络，这是与现代公共文化服务体系建设要求相一致的；二是在这个网络建设中，明确规定县级以上人民政府（包括中央政府和省市级政府）应当设立公共图书馆，这是符合我国实际的。目前，我国已形成了包括国家图书馆、省市县各级政府图书馆在内的公共图书馆设施体系，早在 20 世纪 80 年代，国家就提出了“县县有图书馆”的发展目标。2016 年，全国已有省级馆 39 个，地市级馆 369 个，县级馆 2744 个，少儿馆 122 个。三是在这个网络建设中，明确规定地方人民政府应当充分利用乡镇（街道）和村（社区）的综合服务设施设立图书室，服务城乡居民。原国家新闻出版总署为了填补长期以来广大农村地区公共图书设施严重缺乏的问题，于 20 世纪初作为一项惠民工程开展了建设农家书屋活动，“十一五”时期建设规模就达到 20 万家，2015 年已基本覆盖全国 64 万个行政村，取得了显著成就。但由于多种原因尤其是部门分割等，农家书屋与农村其他公共设施建设和功能得不到有效整合，造成重复建设和资源浪费。法律对此作了特别规定，要求地方人民政府应当充分利用乡镇（街道）和村（社区）的综合服务设施设立图书室，服务城乡居民。打破传统的各自为政的建设服务模式，充分发挥综合设施的功能和作用。可见，从中央政府、省市县级政府的公共图书馆一直到乡镇和街区图书室，构成了全国一个完整的设施网络。过去，我们只讲县级以上建图书馆，认为图书馆主要是城市的设施，把广大农村基本上撇开了，这是不对的。中央强调建设完备的公共文化服务体系，这个体系必须深入到农村，深入到基层，构筑起全覆盖的设施网络，服务全社会，所以立法体现了这样的精神。

第五，明确规定国家构建标准统一、互联互通的公共图书馆数字服务网络，支持数字阅读产品开发和数字资源保存技术研究，推动公共图书馆利用数字化、网络化技术向社会公众提供便捷服务。（第 40 条）关于数字技术的问题和数字网络建设的问题，对公共图书馆在当今的发展极为重要。这个网络数字网络谁来构建？国家来构建？这是法律规定的国家责任。

第六，明确规定省、自治区、直辖市人民政府文化主管部门应当在其网站上及时公布本行政区域内公共图书馆的名称、馆址、联系方式、馆藏文献信息概况、主要服务内容和方式等信息。（第 18 条）大家注意一下，这是对省级文化主管部门的规定，也就是说，你要严格按照法律要求在政府网站上对全省范围的公共图书馆信息予以公布，比如，北京市政府文化主管部门就要在政府网站公布全市所有公共图书馆的基本信息，这是法律规定的政府责任，具有强制性。

第七，明确规定国务院文化主管部门和省、自治区、直辖市人民政府文化主管部门应当制定公共图书馆服务规范，对公共图书馆的服务质量和水平进行考核。考核应当吸收社会公众参与。考核结果应当向社会公布，并作为对公共图书馆给予补贴或者奖励等的依据。（第 47 条）制定公共图书馆服务规范是省级以上人民政府主管部门的一个重要职责。这个规范是对公共图书馆的服务质量和水平进行考核的重要标准，也是提高服务效能的重要手段。为了推进管理的公开化社会化，明确规定考核应当吸收社会公众参与，而且考核的结果应当向社会公布，并且作为公共图书馆给予补贴和奖励的依据。目的就是为有效解决公共文化服务机构（包括图书馆的服务效能问题）建立一个机制或平台，为社会的参与和评价提供合法途径。这个立法的思想来源于《公共服务保障法》，其中规定公共文化设施的管理要建立社会评价机制，评价结果要与实际收入挂钩，以激励服务效能的提高。

第八，明确规定县级人民政府应当因地制宜，建立符合当地特点的以县级公共图书馆为总馆，乡镇（街道）综合文化站、村（社区）图书室等为分馆或者基层服务点的总分馆制，完善数字化、网络化服务体系和配送体系，实现通借通还，促进公共图书馆服务向城乡基层延伸。总馆应当加强对分馆和基层服务点的业务指导。（第 31 条）这一规定对建立一个有效覆盖农村和城市基层的公共图书馆设施服务网络非常重要。首先，明确了这是县级人民政府的职责，就是说，由县级政府负责统筹建设所在区域的农村、社区网络设施服务体系；其次，统筹方式采用总分馆制，即以县级馆为总馆，乡镇文化站和村社图书室为分馆的体制。通常我们讲的总分馆制是国际图书馆业界长期形成的特殊管理制度，即在一个城市中设一个总馆或中心馆，在其他区域设立分馆，由总馆统一管理和调配信息资源，通借通还，这一体制要求人财物管理的相对统一。我国情况比较特殊，由于各级图书馆属地方事权，建设管理经费来源于当地财政，人员由当地调配，即使一个城市也难以统筹。虽然我国图书馆界长期以来一直呼吁建立总分馆制，但难度太大。立法时对这一问题进行过反复调查研究，认为由县级政府来统筹，因地制宜地建立以县级馆为总馆、乡镇文化站和村社图书室为分馆的总分馆制，是符合我国实际情况的，也是具有可操作性的。充分发挥县级馆的枢纽作用，将公共图书馆的功能向基层延伸，有效解决了广大农村社区的覆盖问题。所以，目前，法律将总分馆制定位为以县级馆为中心的总分馆制，目的非常清楚，即完善数字化、网络化服务体系和配送体系，实现通借通还，促进公共图书馆服务向城乡基层延伸。其三，法律还明确规定了总馆的基本职责是对分馆和业务点开展业务指导，也就是说，总馆对基层分馆不具有人权财权等，主要是图书馆业务工作的指导培训等。至于县级以上地区的总分馆制度的推行，目前法律尚未规定，有待于实践为立法提供进一步深化改革的经验和成果。

上述这些都是公共图书馆法对政府责任的直接规定。

2. 社会扶持制度

从本质上说，社会扶持也是政府的责任，因为我们对公共文化服务实行的基本原则是政府主导，社会参与，如何鼓励支持社会积极参与？最重要的就是政府的支持措施，要使得政府的支持措施长期不变，就必须建立相应的法律制度来予以保障，要敞开大门从法律上给予社会参与图书馆设施建设和提供服务平等地位，这是立法的一个重要思路。从社会参与度来说，图书馆跟博物馆不太一样，很多人都很有兴趣来做博物馆，私人博物馆在我国非常兴盛，私人办图书馆兴趣就不是特别大，不过近些年也有不少地方出现了多种形式私人图书馆，这说明其还是很有前景的。所以，为激励社会力量发挥作用，形成政府主导、社会广泛参与的格局，法律从公共图书馆设立、运行和服务的各个环节上作出了鲜明的制度性安排。

第一，明确规定国家鼓励公民、法人和其他组织自筹资金设立公共图书馆。县级以上人民政府应当积极调动社会力量参与公共图书馆建设，并按照国家有关规定给予政策扶持，包括规划政策、土地政策、政府购买、税收优惠、志愿服务等。（第 4 条）

第二，明确规定国家鼓励公民、法人和其他组织依法向公共图书馆捐赠，并依法给予税收优惠。规定境外自然人、法人和其他组织可以依照有关法律、行政法规的规定，通过捐赠方式参与境内公共图书馆建设。（第 6 条）

第三，明确规定公共图书馆可以以捐赠者姓名、名称命名文献信息专藏或者专题活动。公民、法人和其他组织设立的公共图书馆，可以以捐赠者的姓名、名称命名公共图书馆、公共图书馆馆舍或者其他设施。命名是一个重要方式，对捐赠者的善举是一个精神荣誉褒奖，过去在实践中对捐赠者命名的要求一直存在争议，各行其是，缺乏权威规范，这次立法将其上升为法律规定是一个重大突破，对推动社会力量的广泛参与公共图书馆建设发挥了积极作用。当然，法律对命名也作了限制，规定以捐赠者姓名、名称命名应当遵守有关法律、行政法规的规定，符合国家利益和社会公共利益，遵循公序良俗。（第 20 条）

第四，明确规定国家推动公共图书馆建立健全法人治理结构，吸收有关方面代表、专业人士和社会公众参与管理。（第 23 条）推动公共文化机构法人治理结构的建立健全，是十八届三中全会全面深化体制机制改革的要求，也是有效推进社会公众参与公共文化机构管理，提高服务效能和质量的一个重要举措。目前，文化部正在全国开始试点，国家图书馆正在抓紧进行理事会组建中。之所以将其上升为法律制度，就是要借助法律的权威性确保公共图书馆打破传统官办机构的陈规陋习，改革创新，吸收有关方面代表专业人士和社会公众参与管理。这是鼓励社会参与的一个重要方面。

第五，明确规定国家采取政府购买服务等措施，对公民、法人和其他组织设立的公共图书馆提供服务给予扶持。（第45条）

第六，明确规定国家鼓励公民参与公共图书馆志愿服务。县级以上人民政府文化主管部门应当对公共图书馆志愿服务给予必要的指导和支持。（第46条）

以上是法律在社会扶持方面建立的重要制度。

3. 公共图书馆的设立、终止、人员、功能制度

这是一般性法律制度，适合于所有公共图书馆。只要办公共图书馆，不管是政府办还是社会办，都要服从这些法律规定，主要有这样几个内容：

第一，公共图书馆设立的六个基本条件：章程；固定的馆址；与其功能相适应的馆舍面积、阅览座席、文献信息和设施设备；与其功能、馆藏规模等相适应的工作人员；必要的办馆资金和稳定的运行经费来源；安全保障设施、制度及应急预案。（第15条）

第二，章程、变更、终止规定：公共图书馆章程应当包括名称、馆址、办馆宗旨、业务范围、管理制度及有关规则、终止程序和剩余财产的处理方案等事项。公共图书馆的设立、变更、终止应当按照国家有关规定办理登记手续。公共图书馆终止的，应当依照有关法律、行政法规的规定处理其剩余财产。（第16、17、21条）

第三，工作人员配置规定：公共图书馆应当根据其功能、馆藏规模、馆舍面积、服务范围及服务人口等因素配备相应的工作人员。公共图书馆工作人员应当具备相应的专业知识与技能，其中，专业技术人员可以按照国家有关规定评定专业技术职称。（第19条）关于公共图书馆的人员问题，长期以来是一个老大难问题。主要集中在人员的配置数量和人员的身份职称这两方面，前者涉及人员合理配置的标准和依据；后者涉及专业技术职称的合法性。长期以来，图书馆界强烈建议将工作人员纳入公务员序列，这是不少国家的通行做法，立法起草时也希望在法律中予以明确。我国情况比较特殊，除了现行党政机关公务员序列外，还存在为公共事业服务的大量事业单位（如教育事业单位、文化事业单位等），公共图书馆及其公共文化机构和文化领域其他机构（如文物保护单位、艺术表演团体、博物馆、档案馆等）都是文化事业单位，由国家财政拨款供养和支持。实际上单独将图书馆工作人员纳入公务员序列是不现实的，也是不公平的。我在调研中发现，人手不足和缺乏职位上升空间是制约图书馆工作人员积极性的主要问题，因此，立法主要对此作了明确规定，要求按照图书馆的实际需求配备人员，政府设立的图书馆由所设立的政府配备，民办图书馆由主办者配备。同时规定专业技术人员可以按照国家有关规定

评定专业技术职称，鼓励支持工作人员走专业技术职称道路，给予了充分的法律保障。

第四，文献信息收集、公开和处置的规定：公共图书馆应当根据办馆宗旨和服务对象的需求，广泛收集文献信息；政府设立的公共图书馆还应当系统收集地方文献信息，保存和传承地方文化。公共图书馆可以通过采购、接受交存或者捐赠等合法方式收集文献信息。出版单位应当按照国家有关规定向国家图书馆和所在地省级公共图书馆交存正式出版物。公共图书馆应当按照国家公布的标准、规范对馆藏文献信息进行整理，建立馆藏文献信息目录，并依法通过其网站或者其他方式向社会公开。公共图书馆应当妥善保存馆藏文献信息，不得随意处置；确需处置的，应当遵守国务院文化主管部门有关处置文献信息的规定。（第 24、25、26、27、28 条）这些是首次从法律上对图书馆信息收集、收集方式和途径、信息整理、保存、公开、处置的全方位规定。比如，广泛收集信息是图书馆的基本职能和任务，接受捐赠、缴存，动用政府经费进行采购等，长期以来缺乏法律的授权和依据。又比如，公共图书馆接受出版单位出版图书的缴存，是社会文化资源收集延续的重要方式，也是国际图书馆业界通行的做法。虽然我国新闻出版部门有相关政策规定，各地执行一直参差不齐，主要原因是缺乏法律的强制性规定。立法时大家对向国家图书馆缴存图书没有意见，主要分歧意见集中在对出版社所在地图书馆的缴存上，认为出版社是企业，图书成本不断上升，多份缴存增加了出版单位的负担。这一意见有一定客观道理。经过反复磋商，考虑到地方图书馆对地方文献资料收集的重要性，也考虑到出版单位的实际情况，最后，法律规定了两个缴存对象即国家图书馆和省级公共图书馆。这一规定得到了各方的认可。我认为，国家对出版社的缴存制度应当建立一个合理的补偿机制，因为保障公共图书馆收集信息主要是政府的责任，虽然出版企业也有社会义务，但长期免费缴存的确是一个较大负担。一些国家在这方面做得比较好，如采取税收优惠方式等。我国一些图书馆采取买一送一方式，实际上也是对出版单位的某种补偿。总之，政府应当增加图书采购经费，或对出版社的缴存费用采取某种方式予以减免，建立起长效机制。

第五，安全和运营方面的规定：公共图书馆应当配备防火、防盗等设施，并按照国家有关规定和标准对古籍和其他珍贵、易损文献信息采取专门的保护措施，确保安全。公共图书馆应当定期对其设施设备进行检查维护，确保正常运行。公共图书馆的设施设备场地不得用于与其服务无关的商业经营活动。所谓“与其服务无关的商业经营活动”，是指那些完全脱离公共图书馆基本职能任务的商业活动，比如将场馆辟为经营场所搞服装展、家具展，甚至超市等，对此，法律是禁止的；对那些为公共文化服务提供便利条件的一些附带商业行为（如适当的收费停车、饮料快餐等），法律则是允许的。（第 28、29 条）

第六，提供服务方面的规定：公共图书馆应当按照平等、开放、共享的要求向社会公众提供服务。具体包括：①文献信息查询、借阅；②阅览室、自习室等公共空间设施场地开放；③公益性讲座、阅读推广、培训、展览；④国家规定的其他免费服务项目。这些服务方面的规定非常具体，除了传统的查询借阅功能外，明确规定公共图书馆设施空间开放，规定还应当开展公益性讲座、阅读推广、培训、展览四大活动，这是对现代环境下公共图书馆拓展社会教育功能的法律认可。最初法律草案中由于没有涉及全面阅读，规定的服务内容只有三项而没有“阅读推广”，后来草案在审议中增加了全面阅读的任务，也就明确在服务事项中规定了“阅读推广”。所谓阅读推广，是指为了推动全民读书，提升全社会科学文明素质，促进社会繁荣发展，由机构或个人通过多种渠道、形式和载体向公众传播阅读理念、开展阅读指导、提升阅读兴趣、阅读能力和阅读效果的活动。这之中，公共图书馆作为最重要的阅读机构，承担着义不容辞的“阅读推广”责任。我记得当时法律委员会的领导在讨论时还专门问我，为什么要写入“阅读推广”，主要担心是否是会变成收费行为，我对此作了解释，这当然是免费和公益性的。这就是在新的形势下公共图书馆作用的进一步发挥和拓展。因为即便是信息技术再发达，纸质阅读被手机、电脑大量取代，但个人阅读也需要社会环境，需要相互交流、信息共享，尤其是青少年阅读，更需要有权威的组织机构或专家给予阅读指导，为其建立健康的、积极向上的阅读环境。为此，该法明确规定：“公共图书馆应当通过开展阅读指导、读书交流、演讲诵读、图书互换共享等活动，推广全民阅读。”这就是在新的形势下公共图书馆职能作用的新的定位和深度拓展，这一重要作用必不可缺，无法取代。当然，法律对公共图书馆提供服务也规定了明确的禁止性规定，即“公共图书馆向社会公众提供文献信息，应当遵守有关法律、行政法规的规定，不得向未成年人提供内容不适宜的文献信息。公共图书馆不得从事或者允许其他组织、个人在馆内从事危害国家安全、损害社会公共利益和其他违反法律法规的活动”。也就是说，公共图书馆对文献信息的提供应当严格守法，尤其是对未成年人更是如此。同时，公共图书馆作为公共设施和场所，自身不得利用从事危害国家安全，损害社会公共利益和其他违反法律法规的活动，也不允许其他人利用这一设施场所开展这些违法活动。（第 33、36、37 条）

第七，开放时间和监督机制的规定：公共图书馆应当通过其网站或者其他方式向社会公告本馆的服务内容、开放时间、借阅规则等；因故闭馆或者更改开放时间的，除遇不可抗力外，应当提前公告。公共图书馆在公休日应当开放，在国家法定节假日应当有开放时间。因为公共图书馆只有开放才能发挥作用，所以开放时间的规定是一个重要问题。过去主要依靠的业内规定，比如平常时间和特殊时间（如公休日、节假日的开放等）在实践中也产生了一些纠纷。所以，这次上升为法律规定，明确规定共图书馆应该通过网站等其他方式向社会公告其服务内容、开放时间和借阅的规则等，除非遇到不可抗力（比如地震、台风）应当提前公告，如要闭馆或者更改开放时间要提醒公众。考虑到读者时间的特殊性，国际上通行在周一闭馆，因此法律明确规定在公休日应当开放。但对国家法定节假日，法律规定的是“应当有开放时间”，这与对公休日的规定是不同的，前者是有弹性的，后者是无条件的。因为在草案征求意见时，图书馆的同志们普遍反映，他们不仅在公休日，而且常年在节假日都无法回家，这确实是一个实际情况，很不容易。经过反复讨论，法律在规定国家法定节假日开放时间时采取了相对弹性的规定，即要有开放时间，但并不是在整个假期如春节从初一到初六都全部开放，意味着可以根据实际情况作出妥善安排。此外，法律还建立了监督机制确保公共文化服务的落实，明确规定“公共图书馆应当改善服务条件、提高服务水平，定期公告服务开展情况，听取读者意见，建立投诉渠道，完善反馈机制，接受社会监督”。（第38、42条）

以上是法律对公共图书馆的一般性规定。

4. 政府设立公共图书馆的特别制度

《公共图书馆法》的一个突出特点是对政府设立的图书馆规定了特别制度。

第一，对馆长的特殊规定为：“政府设立的公共图书馆馆长应当具备相应的文化水平、专业知识和组织管理能力。”（第19条）就是说，政府设立的公共图书馆的馆长应当具备相应的文化水平和专业知识组织管理能力，这是与公办图书馆相适宜的法定资质要求。但法律对民办公共图书馆没有这个规定，因为民办图书馆情况不一，为了鼓励、支持其发展，不宜有这类强制性规定。

第二，对为政府提供咨询服务的特别规定：“政府设立的公共图书馆应当根据自身条件，为国家机关制定法律、法规、政策和开展有关问题研究，提供文献信息和相关咨询服务。”（第35条）所谓为国家机关制定法律法规政策，开展有关问题研究，提供文献信息和相关的咨询服务，就是为政府服务，这是政府设立的公共图书馆的一项重要工作。国际上的很多国家的图书馆都具备这个功能，比如美国国会图书馆在美国法律和政策制定中发挥了重要作用。我国国家图书馆也专门成立了法律政策咨询部，我从20世纪90年代就老跑这个部门，查询资料，建立了很好的关系。现在国家图书馆和全国人大的合作也不错，每年代表大会都为代表提供咨询和在线服务，受到了好评。国家图书馆还定期给我们寄送编辑的《图书馆决策参考》，对文化立法包括公共图书馆法的制定都有很好的参考作用。北京市公共图书馆也为市人大和政府提供了不少的咨询工作。但这并不是说所有的公共图书馆都得这么做，应当根据自身客观条件，从实际出发开展这项工作。

第三，对特殊人群提供专门服务的规定：“政府设立的公共图书馆应当设置少年儿童阅览区域，根据少年儿童的特点配备相应的专业人员，开展面向少年儿童的阅读指导和社会教育活动，并为学校开展有关课外活动提供支持。有条件的地区可以单独设立少年儿童图书馆。政府设立的公共图书馆应当考虑老年人、残疾人等群体的特点，积极创造条件，提供适合其需要的文献信息、无障碍设施设备和服务等。”（第 34 条）“政府设立的公共图书馆应当通过流动服务设施、自助服务设施等为社会公众提供便捷服务。”（第 39 条）为青少年、老年人、残疾人包括城市务工人员（流动人群）提供公共文化服务，是政府设立的公共文化设施包括公共图书馆的一个重要任务，法律分别就这些特殊人群的特点作出了专门规定，对少年儿童主要规定的是要设立专门阅读区域，提供阅读指导服务等；对老年人和残疾人主要规定的是提供便利的设施和适应的阅读内容如老龄读物、盲文等；对流动人口应当提供流动服务包括社会公众自助服务等，现在一些图书馆在这些方面都做得非常好。前些年我去广东、浙江调研，一些地市（如东莞）搞的自助式图书借阅机，24 小时服务，无人值守，效益显著，给我留下深刻印象。这些都是政府设立的公共图书馆必须承担的任务，因为你是政府公共财政举办的，必须采取有效措施保障人民群众基本文化权益公平、均衡地实现。

第四，对数字能力建设的特别规定：“政府设立的公共图书馆应当加强数字资源建设、配备相应的设施设备，建立线上线下相结合的文献信息共享平台，为社会公众提供优质服务。”（第 40 条）之所以强调数字化建设，是图书馆发展与信息技术、以互联网技术为代表的现代科技浪潮紧密相关的必然要求。在这个大背景下，政府设立的公共图书馆更要走在前面，加强数字能力建设包括馆藏图书资源的数字化、电子图书期刊、电子查阅、线上线下相结合的文献信息共享平台（如数字图书馆等），其目的就是为读者提供更好、更优质的服务。近些年来，随着各类新兴现代信息技术的广泛应用，我国公共图书馆数字化建设取得显著成就。文化部、财政部依托各级公共图书馆，陆续实施了全国文化信息资源共享工程、数字图书馆推广工程和公共电子阅览室建设计划等三项数字文化惠民工程。截至 2014 年，绝大多数省市全面推进国家公共文化数字支撑平台建设，33 家省馆、374 家市馆实施数字图书馆建设，基本实现了公共电子阅览室在全国乡镇、街道、社区全覆盖。

第五，对保护传承利用中华优秀传统文化的规定。“政府设立的公共图书馆应当加强馆内古籍的保护，根据自身条件采用数字化、影印或者缩微技术等推进古籍的整理、出版和研究利用，并通过巡回展览、公益性讲座、善本再造、创意产品开发等方式，加强古籍宣传，传承发展中华优秀传统文化。”（第 41 条）保护传承发展中华优秀传统文化是中央提出的明确要求，也是文化自信中的重要支撑。政府设立的公共图书馆对此有着义不容辞的重要责任。对图书馆而言，主要就是古籍保护。我国古代文献典籍是中华民族在数千年的历史发展中创造的重要文明成果，是中华文明一脉相承的历史见证，蕴含着中华民族特有的精神价值、思维方式和想象力创造力，也是人类文明不可分割的组成部分。它具有不可再生性，收集整理、保护传承古典文献是各级公共图书馆的重要使命。国务院对此高度重视，文化部于2007年召开“全国古籍保护工作会议”，国家图书馆成立“中国国家古籍保护中心”，开展全国古籍普查工作，评选并建立“国家珍贵古籍名录”，迄今共有11 375部古籍被列入其中。原来草案中关于古籍保护的条款规定不充分，我们委员会在审议意见中专门提出了修改意见，因此增加了对保护的现代方式方法（尤其是采用数字化手段保护利用古籍）的规定。除此外，还将公共图书馆对古籍开发利用的几种重要方式（如巡回展览、公益性讲座、善本再造、创意产品开发等）明确规定下来，使之成为法定方式，这对公共图书馆开展这类活动的长久性和持续性具有重要意义。

第六，对设立国家图书馆及其职能任务的特别规定。第22条规定：“国家设立国家图书馆，主要承担国家文献信息战略保存、国家书目和联合目录编制、为国家立法和决策服务、组织全国古籍保护、开展图书馆发展研究和国际交流、为其他图书馆提供业务指导和技术支持等职能。国家图书馆同时具有本法规定的公共图书馆的功能。”这是《公共图书馆法》对国家图书馆的职能任务所作的一个特别规定。图书馆立法工作以来，如何处理国家图书馆的法律地位问题一直纷争不已。鉴于国家图书馆在收集资源、提供服务等方面的特殊作用和地位，有观点主张，国家图书馆的主要功能是为国家服务，不同于一般公共图书馆为公众服务，具有特殊的法律地位，应当单独立法；也有观点主张，应制定图书馆法而非公共图书馆法，将国家图书馆和一般图书馆的地位作用予以分别规定。经过反复讨论协商，大家形成了一个基本共识，国家图书馆仍是我国公共图书馆的重要组成，具有一般公共图书馆的基本属性，应当被纳入《公共图书馆法》的调整范围，但它确实具有区别于一般图书馆、代表国家在图书馆界最高地位的特殊性，应当在法律中予以明确规定。因此，本条从两方面作了规定，既规定了国家图书馆的特殊地位和代表国家行使的主要职能（比如开展国家文献信息战略保存、国家书目和联合目录编制、为国家立法和决策服务、组织全国古籍保护、开展图书馆发展研究和国际交流），还有为其他图书馆提供业务指导和技术支持等。应当指出，国家图书馆与全国其他图书馆不是总分馆制，它提供的是业务指导和技术支持。同时，本条也明确规定国家图书馆具有本法规定的公共图书馆的功能，这是非常重要的，否则国家图书馆就失去了公共文化服务的法律基础。

第七，支持其他机构图书馆提供公共文化服务的规定。第48条规定：“国家支持公共图书馆加强与学校图书馆、科研机构图书馆以及其他类型图书馆的交流与合作，开展联合服务。国家支持学校图书馆、科研机构图书馆以及其他类型图书馆向社会公众开放。”这一条主要是对那些不属于公共图书馆的（如教育、科研图书馆以及其他类型图书馆等）作的特别规定，这些图书馆虽然主要是为特定对象提供服务的，但也具有一定的公共文化服务职能，应当支持公共图书馆与这些图书馆进行交流合作，开展联合服务，实现信息资源共享，鼓励它们向社会公众开放。但这不是一个强制性的条文，起草时，有的同志希望把学校、科研图书馆向社会开放写成强制性的规定，经反复讨论大家都觉得难度太大，因为学校图书馆主要是为学校师生服务，科研图书馆主要为科研人员服务，它们的主要职责不同。可以在空闲时间为社会公众提供一定时间的免费开放，而且应当是在条件许可的情况下，所以法律采用非强制性而倡导性规定，是符合客观实际的。

5. 明确规定了法律责任

法律责任是一部法律的牙齿，是法律刚性要素的体现。《公共图书馆法》不是一部软法，因为它有具体的法律责任规定。

第一，明确规定了公共图书馆作为公共场所和法律责任主体在维护国家安全和社会公共利益上应当承担的相关责任。第49条规定：“公共图书馆从事或者允许其他组织、个人在馆内从事危害国家安全、损害社会公共利益活动的，由文化主管部门责令改正，没收违法所得；情节严重的，可以责令停业整顿、关闭；对直接负责的主管人员和其他直接责任人员依法追究法律责任。”因为公共图书馆作为公共场所，承担着维护国家安全和社会公共利益的责任，不仅公共图书馆自身不得开展与之相悖的活动，也不得允许其他组织或个人利用公共图书馆开展这类活动。否则，文化主管部门应履行行政监管责任，采取行政处罚措施如责令改正、没收违法所得、责令停业整顿、关闭等。同时，还应当对公共图书馆直接负责的主管人员和其他直接责任人员追究法律责任包括行政责任、刑事责任等。

第二，明确规定了公共图书馆及其工作人员的禁止性行为及其处罚方式。第50条规定：“公共图书馆及其工作人员有下列行为之一的，由文化主管部门责令改正，没收违法所得：（一）违规处置文献信息；（二）出售或者以其他方式非法向他人提供读者的个人信息、借阅信息以及其他可能涉及读者隐私的信息；（三）向社会公众提供文献信息违反有关法律、行政法规的规定，或者向未成年人提供内容不适宜的文献信息；（四）将设施设备场地用于与公共图书馆服务无关的商业经营活动；（五）其他不履行本法规定的公共图书馆服务要求的行为。”这五款禁止性规定都与图书馆工作紧密相关，有很强的针对性，既与公共图书馆作为组织机构的活动有关，也与图书馆工作人员相关，实践中也出现了一些事例。比如将图书馆的一些文献信息随意处置，把读者信息提供给他人或出售牟利，向未成年人提供不适宜信息，或将图书馆空间或设施设备用于商业经营等。这些行为都是与公共图书馆的服务性质相悖的，因此无论是公共图书馆还是其工作人员，二者如有同样行为，都应当承担相应法律责任。文化主管部门对其应当责令改正，没收违法所得，对直接负责的主管人员和其他直接责任人员依法追究法律责任。如果公共图书馆及其工作人员对应当免费提供的服务收费或者变相收费的，鉴于主管部门职能划分原因，法律规定对这类行为由价格主管部门给予处罚。

第三，对出版单位的法律责任规定。出版单位未按照国家有关规定交存正式出版物的，由出版行政主管部门依照有关出版管理的法律、行政法规规定给予处罚。(第 51 条）这一规定是很重要的，由于出版单位向公共图书馆缴存出版物是法定职责，必须从法律上建立处罚机制，过去只是新闻出版部门的部门规章政策规定，实践中执行得不尽如人意。本条首次将这一处罚上升为法律规定，强化了法制的严肃性和权威性。

第四，对文化及相关部门和工作人员的法律责任规定。第 52 条规定："文化主管部门或者其他有关部门及其工作人员在公共图书馆管理工作中滥用职权、玩忽职守、徇私舞弊的，对直接负责的主管人员和其他直接责任人员依法给予处分。"这是行政法中的一般性规定，处分行为是工作中的渎职等，处分对象是直接负责的主管人员和其他直接责任人员，根据《行政机关公务员处分条例》规定，任免机关或监察机关给予的行政处分包括警告、记过、记大过、降级、撤职、开除。根据情节不同，还应当包括民事处分或刑事处分。

第五，违反民事、治安法则的规定。第 53、54 条规定，凡公民、法人或社会组织，损坏公共图书馆的文献信息、设施设备或者未按照规定时限归还所借文献信息，造成财产损失或者其他损害的，都应当依法承担民事责任。构成违反治安管理行为的，依法给予治安管理处罚；构成犯罪的，依法追究刑事责任。

六、立法中的几个主要问题

综上，公共图书馆法在起草和审议过程中主要争议和讨论的问题有：

（1）公共图书馆还是图书馆的立法范围问题。

（2）公共图书馆效能发挥问题。

（3）公共图书馆与网络信息技术发展问题。

（4）公共图书馆总分馆制和农村社区服务问题。

（5）公共图书馆样本呈缴制度问题。

（6）国家图书馆职能定位问题。

上述问题我在前面不同地方都作了一定解释，在此就不再赘述。虽然这些问题在立法过程中反复讨论，也不断地被争论，但最终这些问题都得到了比较好的解决。所以，《公共图书馆法（草案）》在全国人大常委会最后表决时也是高票通过。这充分反映了全国人大常委会对建立健全并充分发展我国图书馆事业的高度重视。这部法律的出台对我们从事图书馆工作的同志们是一个非常强有力的信号，那就是通过国家法律的制定，从法律制度层面上确保我国长期发展和大力繁荣图书馆事业，具有强制性和指引性。我们一定要充分认识到制定出台这部法律的重大意义，要对我们自己从事这份工作充满自豪感。当然，我们更要学法守法，严格依法办事，严格按照法律的规定要求，认真履责，完善服务，把公共图书馆工作纳入法制轨道，使之出现崭新局面。

谢谢大家。

参与著作权法立法之回顾[1]

一、最初的起草与立法

《著作权法》自1990年制定，2001年第一次修改，2010年又修改了2条。2011年7月启动第三次修改，从十二届全国人大一直到十三届全国人大，第三次修改起草和调研工作一直在进行。可以说，从制定至今，前后已逾30年。回想起来，这一漫长的立法过程我都亲身经历过。一些重要的过程、人物和事件至今历历在目，难以忘怀。我是1987年从大学研究生毕业到全国人大教科文卫委员会从事文化立法工作的，当时在文化组工作，后来改称为文化室，一直没有脱离这个岗位，到今年应该是32年了。在我国文化立法方面，可以说，我是一个亲历者和见证者。文化立法除了《著作权法》外，还涉及新闻出版、广播影视、公共文化、文化产业、网络文化、文化遗产等，这是一个非常大的领域。一直以来这个领域的法律都不健全，几乎是空白，我刚到全国人大的时候只有《文物保护法》。那时是六届人大末期，委员会负责文化立法工作的主要领导同志是胡绩伟（原是《人民日报》负责人），后来是刘冰（曾做过清华的负责人、甘肃省人大常委会主任）。那时候我们开展的一个主要立法项目就是《著作权法》。坦率地说，我当时对《著作权法》完全没有了解。为什么？因为我学中文出身，当时全国人大为了提高工作人员素质，从全国高校选要了一些研究生，除了法律专业外，还有学财经、经济、政治、中文的。著作权在行政管理上归属于出版系统，所以，立法划归教科文卫委员会文化组负责。我学中文虽然对文化的问题比较了解，但对著作权和知识产权的问题，刚来的时候除了在学校写文章有稿酬涉及一星半点的知识外，基本上是一个门外汉，因为脑子里完全没有这个概念。

我们委员会的工作人员很少，文化组就几个人，我二十多，算是唯一的年轻人。当时参加著作权立法，交给我办的第一件事令我印象特别深，回想起来挺有意

[1] 本文是笔者为国家版权局“著作权法口述历史”所作的实录。

思，当时，委员会领导让我到税务总局去调研，听听他们的意见。我当时有点懵，为什么要到税务总局去调研呢？后来才知道，因为《著作权法》在起草过程中有一个非常大的争论问题，就是如何认定作品是职务作品，还是个人作品。这是一个涉及作者权利认定的立法的最基础性的问题。当时，不少人不接受著作权是民事权利。为什么不接受呢？说你人都是国家的，拿的笔、用的墨，包括住房、工资全都是国家给的，个人著作权还要立法保护，凭什么？不像现在都是合同解决，比较清楚，那时候没有合同关系。我们委员会的主任和委员来自方方面面，有原任省委书记、省长、部长的，还有专家学者，还有部队的将军。大家对这个问题讨论得比较激烈，有些同志也不能接受，所以要多听意见。然后，我就到税务总局问他们意见，没有想到的是，税务局的意见也是一样，不理解也不接受。这就是当年立法遇见的第一个问题。后来，大家逐渐理解、尊重了知识的创造、知识的价值和立法保护知识成果的重要意义，这是后话。

现在回想起来，《著作权法》的整个立法进程，实际上从一开始就是改革开放推动的，无论是在委员会讨论的时候，还是在审议过程中间，相关的立法问题都与改革开放的发展紧密相关。从某种角度上说，知识产权的理论和法治是从国外引进来的。有一个比较典型的说法，在著作权（包括知识产权）的法律体系建设方面，中国用短短的几十年走过了西方近代工业革命后的两百年的历史。虽然还有不小差距，但这一说法是基本符合客观实际的。现在，知识产权保护已成为国内各行业的普遍共识和要求。但在当时，对全社会来说，保护著作权或知识产权几乎都是完全陌生的，既缺乏常识，更缺乏共识。所以，当年的立法可以说主要是被动的、被外在环境推动的。党的十一届三中全会确定了改革开放的路线，1979 年初，邓小平率团访问美国，国家科委时任主任方毅与美国能源部长签署了高能物理合作协议，美国就提出保护版权的问题，那时我们完全没有这方面的准备。其后，国家版权局给中央报告，建议立即着手组织专门班子起草版权法，胡耀邦同志明确批示同意。

国家版权局对立法特别积极主动，那时的版权局局长是宋木文，副局长兼版权法起草小组组长是刘杲，委员会开会听汇报和后来的讨论审议，他们都亲自到会作说明。实际上，起草工作从 1980 年就开始了，国家版权局组织起草，因为社会各界缺乏共识，不是太顺利，直到 1986 年才提交国务院，准备次年提交全国人大常委会审议，但国家科学技术委员会、教育部、科学院、中国科学技术协会等提出推迟立法意见，认为出台版权法或参加国际版权公约会使我国科技、教育界使用国际科技书刊产生很大经济负担，造成科研和教学的严重困难。他们当时估算了一下，每年增加的外汇额度至少为 1.2 亿美元，配套人民币 4.5 亿元，如果要全部购买原版书刊需用汇 6 亿美元。这在当年可是一个天文数字，刚刚改革开放，我们国家的外汇充其量只有几百亿，所以这个事情争论特别大。这一意见导致国务院延后向全国人大常委会提请审议，再次听取各方意见。所以，我到全国人大教科文卫委员会的1987年，正好碰上各方意见纷争，立法陷于胶着。由于委员会权威较大且又相对中立，各方都把意见反映到委员会来（包括科委、教育部的意见），我记得我们为此还专门去出版科技书刊的相关出版社（包括光华出版社）调研，召开座谈会了解情况，请各方参加，国家版权局的同志还专门走访科学家听取意见，最后向中央提出报告。据对1983年使用外国书刊的初步统计，每年需付版税人民币1200万元左右，约300万美元，仅占国家每年进口外文原版书刊所用外汇6000万美元的5%，所谓6亿美元的支出是一种极端情况的假设，现实中不可能发生。[1]大家普遍认为，虽然我国是发展中国家，亟须引进发达国家先进科技知识，但无论是现实还是长远，制定版权法都是很有必要的，但在立法中既要保护作者的权益，也应当考虑到知识的传播问题。全国人大教科文卫委员会随即听取国家版权局和国务院法制局关于版权法起草情况的汇报，明确表示版权法的起草工作要抓紧进行。

1989年12月14日，国务院时任总理李鹏向全国人大常委会提请审议《著作权法（草案）》，12月24日，七届全国人大常委会第十一次会议进行一审，国家新闻出版署时任署长、国家版权局时任局长宋木文代表国务院向大会作说明。他的说明将近6000字，在现在立法起草说明中算很长的，除了说明立法的重要性、必要性和过程外，绝大部分篇幅都花在了讲立法的主要问题，包括保护作者的正当权益、鼓励优秀作品的传播、著作权保护的对象、作品自动产生著作权的原则、著作权特别是职务作品著作权的归属、著作权保护期、著作权的继承和授权行使、表演者、书刊出版者、唱片制作者和广播组织的权利、著作权的追溯效力、著作权工作的管理等十个方面。坦率地说，这些问题在今天看来，不少都是著作权保护的常识性问题，但在当时，无论是对立法机关还是对全社会，都是非常具有针对性的。尤其是前两个问题，一是明确阐述了立法的基本原则就是“保护作者因创作作品而产生的正当权益”，目的就是“要调动作者的创作积极性”，因为“精神产品应当和物质产品一样得到承认”。二是明确指出为鼓励知识的传播，“在承认和保护作者专有权利的同时，要求作者为社会承担一定的义务是必要的、合理的”。通过规定“合理使用”解决科技界教育界关注的问题。同时，草案对职务作品确立了“除法律法规另有规定或合同约定外，著作权由作者享有”的原则，“妥善解决职务作品著作权的归属和合理行使，既有利于调动作者的积极性，又有利于调动作者所在单位支持和帮助作者从事创作的积极性”。这些说明立场鲜明，直面问题，理据充分，没有空话套话，有效地回应了立法起草中存在的一些疑问和担心。这篇起草说明虽然长，但反响很好，对当时的各界可以说是一篇很好的普法材料。

---

〔1〕 参见宋木文：《出版是我一生的事业》，中国书籍出版社2015年版，第348~349页。

按照全国人大常委会的立法程序，常委会一审后，草案交由专门委员会研究审议，并要在常委会二次审议时提交审议意见。由于时间紧，任务重，全国人大教科文卫委员会全力以赴开展相关调研、座谈、汇报等，连续召开了五次座谈会，除了听取国务院法制局和国家版权局对有关问题的说明外，还听取了文艺界、出版界、科技界、广播影视界、法律界以及著作权纠纷较多的省市人大常委会，政府版权部门、法院等对草案的意见，文化室整理归纳了 10 个问题的意见综述，针对著作权法的保护范围、职务作品、计算机软件、著作权使用费支付、法律名称等，起草了审议意见，召开委员会全体会议审议通过，这一套程序下来，前后花去了半年时间。记得那时，委员会经常把国家版权局请来汇报。谁来汇报呢？就是局长宋木文，一起来的还有沈仁干，他当时是版权司长，后来是版权局专职副局长，还有许超等人。宋木文和沈仁干既是领导，也是版权研究者，热情坦诚，专业素养深，责任心极强。应该说，国务院提出的草案前后历经将近十年，很多工作委员会都参与其间，对一些基本问题反复研究达成共识。但由于著作权法的复杂性，草案的一些规定仍争议不断，另有一些问题又冒了出来。我至今印象仍特别深，在委员会审议听取意见时，除了原有的问题外，又有两个问题成为讨论焦点，一个是非法作品的著作权问题，另一个就是法律名称问题（当然还有其他问题)。其实这两个问题也是老问题，从立法起草工作开始时就争论不休，只不过被职务作品和科技书刊问题给掩盖了。1990 年 6 月教科文卫委员会向常委会报送的审议意见中，在综合各方意见基础上归纳了“关于法律禁止的作品的著作权问题”“关于职务作品”“关于计算机软件”“关于著作权使用费的支付”“关于第六章第四十二条第三款”“关于本法的名称”等六个问题，提出了极具针对性和建设性的审议意见，基本被常委会采纳。

审议中一个焦点问题就是非法作品的著作权问题，也就是法律禁止出版的作品究竟有没有著作权，是否属于本法保护的范围？这个问题由于政治性变得非常复杂。当时两种观点对立鲜明，一种观点认为非法作品不符合社会主义方向，不利于社会主义精神文明建设，因此不应当享有著作权，不应当受到著作权法保护。另一种观点认为，著作权法不关注作品内容，只规范作品创作传播的民事法律关系，对作品违禁内容的管制应由新闻出版行政法负责。在开会的时候，有人直接提出来，反动作品也有著作权吗？黄色作品也有著作权吗？沈仁干在场就解释说，我们著作权法只管形式，不管内容，内容由其他法律比（如出版法）管，他还举了一个后来业界传遍的例子，叫作“铁路警察各管一段”，我著作权就管这一段，那一段是人家管的。我记得当时有人就反驳说，马克思主义辩证唯物主义观点中形式跟内容能分开吗？什么各管一段，都是统一领导。当时就僵在那里。仔细想想，这一问题的确比较复杂，不能简单处理。从著作权的角度说，著作权是民事权利，依照著作权原理和国际公约，无论什么内容的作品，一旦生成，就自动产生著作权（包括署名权等精神权利和财产权利）。但另一方面，我国是社会主义国家，鼓励创作和传播的必然是符合社会主义两个文明建设要求的作品，作者行使著作权这一民事权利也不是绝对的，应当受到一定的限制。其实，当时争论的核心是非法作品究竟是否享有著作权和如何限制其著作权的行使，这是两个不同的问题。由于著作权与整个经济社会发展紧密相关联，在当时的背景下，人们对著作权、知识产权基本理念存在着不少模糊的认识，对正确认识和理解著作权的本源和要义以及与作品内容管理之间的区别有很大的分歧，这导致了立法中的具体表述和规定的争论。当时有一种观点，即强烈坚持在法律中明确写上非法作品“不享有著作权”。在今天看来，这种表述是缺乏著作权常识的。委员会的成员有不少专家学者，理论水平也很高，虽然在会上对这个问题也有争论，但经过宋木文等同志的反复解释，大家普遍认为在法律中规定某一类作品“不享有著作权”是很不合适的，而应当采取限制其著作权行使的方式。教科文卫委员会在向常委会提交的审议意见中的第一条就是“关于法律禁止作品的著作权的问题”，可见这一问题在当时的重要性。委员会对此问题态度非常明确。审议意见明确指出：“著作权是一项民事权利。我国是社会主义国家，民事权利的行使又与言论、出版等政治权利的行使相联系。因此，著作权的行使，必须遵守宪法，遵守四项基本原则，维护安定团结，维护社会公德和公共利益。”因此，建议在草案第 2 条规定公民、法人和外国人作品“依照本法享有著作权”后面，增加一条规定“著作权的行使不得违反宪法、法律和法规，不得损害公共利益”。显然，这一建议就是从限制著作权行使的角度去规定的。但是，由于当时坚持规定非法作品“不享有著作权”的意见占据上风，经过法律委员会的反复协商，1990 年版的著作权法最后综合两方面意见将其在第 4 条中分 2 款规定如下：一是“依法禁止出版、传播的作品，不受本法保护”，二是“著作权人行使著作权，不得违反宪法和法律，不得损害公共利益”。显然，第 1 款虽然将非法作品“不享有著作权”换为“不受本法保护”的表述，但二者在本质上没有根本区别，这从法理上埋下了国内学界纷争和国际纠纷的口实。第 2 款直接采纳了教科文卫委员会的审议意见，这一限制性规定一直延续至今，这说明这一意见既符合法理，也符合客观实际。

另一个焦点问题就是法律名称问题，当时也是争论不休。这一争论主要源自于学界，涉及著作权法学界的两位代表性人物，一是社会科学院的郑成思，一是人民大学的刘春田，他们两人对我国版权立法和版权理论建设都做出了重大贡献。我从 20 世纪 80 年代末就结识了他俩，他们也是我在版权方面的启蒙老师。1988 年 10 月，在杭州召开著作权立法座谈会时，我们三人还有北京中院的王范武在西湖边留下一张珍贵合影，当年都很年轻。郑成思是国内第一个被派到英国学知识产权法

（特别是版权法）的，回国后在社科院专门成立了知识产权中心，他当第一届主任，被称为我国知识产权第一人。刘春田一直在人民大学，长期研究著作权法，后来成立了知识产权学院，做院长。两人都是学界的翘楚，学养深厚，著作等身，但在法律名称这一问题上，观点针锋相对，互不相让。郑成思力主叫“版权法”，刘春田力主叫“著作权法”，由此，两人在学界成了两派。我们委员会在立法讨论时也是争执不下，委领导让我分别找他们两人，各写一篇文章把理由详细阐述一下，作为内部资料参阅。记得郑先生解释了版权的概念、来龙去脉和世界近代以来版权的沿革，包括未来的发展。他认为，著作权限于文字作品为代表的著作之权利，而版权较之著作权对权利对象的涵盖范围更广，尤其是工业版权出现后更是如此，而且，我国历史上和现行相关管理机构和行业协会都采用版权的概念，如国家版权局等，国际上也通行版权一词，法名应符合国家的语言规范和语言习惯等。刘教授的文章则强调使用著作权。我印象比较深的理由有三点：一是著作权在我国通常被理解为出版社的权利，跟作者没太大关系，所以立法要正本清源，强调的是著作人的权利而不是其他的权利；二是我国历史上最早由清朝制定的版权法就叫《大清著作权律》，在名称上应延续历史传统；三是我国台湾地区现在还叫“著作权法”，从两岸统一关系的角度应保持一致性。我当时觉得他们都很有道理，不过认为刘教授的观点更符合中国特色。后来经过反复研究讨论，多数人倾向接受“著作权法”的概念，有历史和现实的延续性。审议时还有一种观点，主张将法名改为“著作权（版权）法”，以此调解两派争执，遭到了委员会的反对。委员会的审议意见明确写道：“我们主张称‘著作权法’或‘版权法’，而不宜称‘著作权（版权）法’，以免再造成不必要的混乱和麻烦。”从实际情况来看，著作权与版权虽然名称不同，但本质上是一致的。鉴于此，1990 年 9 月 7 日七届全国人大常委会第 15 次会议审议通过的《著作权法》的正式文本中，在附则一章中专辟一条规定：“本法所称的著作权与版权系同义语。”自此，这一著名争论暂时画了句号。

这场争论以刘春田教授胜利而告终，郑成思先生则为此有些抑郁寡欢。九届全国人大时期，郑先生在法律委员会做委员，2000 年前后正是要修改《著作权法》，他再次提出建议把著作权法恢复为版权法。为此，他以《国家的立法应首先符合语言规范与语言习惯》为题上书中央阐述理由。他还专门上我办公室说：“朱兵，这次应当把这个名称改过来。”很可惜，由于当时修改的条文比较多，涉及不少尖锐问题，各方争执不下，为避免增加新的矛盾，名称问题就被搁置了，常委会审议时对此问题关注度也不太高，有人支持改名也有人反对改名。我当时也担心名称问题会引起更多争议，冲击到修正案的通过，因此，我于 2001 年 1 月向委员会提交了《关于此次著作权法修正案的几个主要争议问题》专项报告。其中对该法名称的问题这样写道：“此次修改中有意见认为，应将著作权法的名称改为版权法。名称的问题自该法起草以来就一直有两派观点。当年有过一场争论。一是以社科院郑成思为代表，认为世界上通行版权法概念，且所有有关国际组织和条约都用版权为名称，我国也是如此。另一是以人民大学知识产权中心刘春田为代表，认为版权在我国社会中曾被误认为是出版社的权利，而且在大清律中就是著作权法，我国台湾地区现在也称为‘著作权法’，为了明确著作权人的权利，保持名称的连续性，故应用著作权法。从现在情况看，名称的问题已不是一个实质性问题，且十多年来该法逐渐深入人心，对版权的误解也淡化。如果考虑与国际上和使用上的统一，改为版权法未尝不可。不过是否就在此次修改中改名，仍可斟酌。”这一意见的实质是建议将名称问题予以搁置，委员会在审议中最后采纳了这一建议。2001 年的修正案仍维持原法名称，只是将原法的“本法所称的著作权与版权系同义语”修改为“本法所称的著作权即版权”。

但是坦率地说，我今天深刻认识到还是应该叫版权法。为什么呢？因为随着经济社会的发展，随着我们科技知识和创新创造的突飞猛进，我们发现，原来所讲的著作权这个概念是比较狭窄的概念，它至少在语义上局限于文字作品，局限于出版行业，这实际上束缚了整个版权事业的发展。包括现行知识产权管理体制也并不完全适应，著作权、专利和商标分属于不同的管理部门，尚未形成一个统筹协调的机制。在这三个领域里面，现在发展得最好的是著作权，登记数量急剧上升，2018 年全国著作权登记总量达到 345.73 万件，比上年增长了 25.83%；软件著作权登记 110.48 万件，同比增长了 48%。这一速度是惊人的，反映出了我国社会创意、创新、创造活动的蓬勃发展。为什么是著作权呢？这是因为版权的特点是自动生成，而不像专利或商标是行政审核授权行为，因此在实现保护的便捷性、时效性上有极大优势，它更符合创意活动的特点和发展，适用于包括计算机、互联网、软件以及一切以数字技术为载体的新技术环境下的创意创造产品。最典型的就是计算机软件的保护，虽然当年我国计算机技术和数字技术尚在萌发状态，最初著作权立法时就考虑到这一问题，将其纳入了保护范围。当时的《著作权法（草案）》第 50 条规定：“计算机软件根据本法予以保护，保护的期限和方法由国务院另行规定。”教科文卫委员会在审议意见中对此明确赞成，并指出：“由于未对计算机软件实行有效保护，已经严重阻碍我国计算机软件产业的形成和发展，尽快建立计算机软件保护制度，是发展我国软件产业的迫切需要和必要条件，也与继续发展中外科技交流和贸易往来密切相关。实行软件保护，从长远看，必将有利于我国高技术产业的兴起及其对外贸易的发展。”可见，当时的立法走在了我国科技发展的前沿。不过应该看到，尽管国务院随后出台了《计算机软件保护条例》，但整个工业版权仍没有被完全涵盖在版权范畴之内，第二次修法时注意了这个问题，将保护对象的范围进行了一定扩大，除软件外还包括建筑作品、工程设计图形作品和模型作品等，但碍于种种原因（包括管理体制），这一保护范围仍然有限。例如实用艺术作品的问题，在数字技术时代，创新设计大发展所产生的大量实用艺术作品对版权保护的要求极为迫切，但它又是多部门、多行业的交叉融合，原来的以文字作品为主要对象的管理方式显然不能完全适应，因此需要改革和促进，以使它满足数字技术、数字经济时代知识产权发展浪潮的需求。以此观之，当年郑先生的思路还是对的，可能是因为太超前，曲高和寡，但值得欣慰的是现在我国著作权无论在立法上还是在实践中都在沿着这样一个道路不断前行。

2006 年郑先生因病不幸离世，我参加了知识产权界在商务印书馆举办的追思会，真挚而情深，低调而隆重。会上我也作了发言怀念他，会后以《学者的风范、实践的楷模——追忆郑成思同志》为题发表在《中国版权》杂志。文中写道："我与郑老师相识是在上个世纪 80 年代末起草著作权法的时候，那时我还只是一个刚到全国人大教科文卫委员会工作不久的年轻人。可以说这是我直接参与的第一项立法工作。记得当时我国的版权立法工作刚刚起步，基本上是一块处女地，无论是在理论上还是在实践上都没有太多经验。许多人包括我自己对什么是版权或著作权、为什么要保护版权或著作权弄不清楚。那时在立法过程中也存在着不少争议，有些争议现在看起来是那么的粗浅可笑。正是在当时那种背景下，郑老师实际上不仅承担了知识产权理论的开拓工作，也承担了知识产权的普及工作。当时教科文卫委员会召开了一系列立法研讨会和座谈会，郑老师那严谨的学风、渊博的学识和对问题的深入浅出的认识分析，给我们留下了极为深刻的印象。在他担任第九届、第十届全国人民代表大会代表和法律委员会委员后，我作为常委会机关的工作人员与他接触的机会就更多了。2001 年九届全国人大常委会修订著作权法时，我们经常有许多问题向他请教，他也总是不厌其烦地为我们进行讲解。对修订过程中出现的一些新问题如网络著作权等，他总是有着深刻而富有远见的认识和见解……在与他接触的过程中，我们心中的钦佩之情不断增加。这不仅仅是因为郑老师往往对许多问题有独到的见解，还因为他朴实谦逊的作风和对知识产权法制建设的忘我投入，更因为他作为一个知识分子为国为民的思想境界。他经常讲：'不保护好知识产权，中国就难以再有四大发明''不创自己的核心技术和品牌，永远只能给别人打工''要牵动知识产权这个牛鼻子，使中国经济这头牛跑起来，才能实现民族复兴'，这些朴实的话语无不反映了一位有着拳拳报国之心的学者对国家发展和民族振兴的热忱期望。他的言行影响了整整一代知识产权领域的法制建设工作者，也为后来者树立了一个学习的榜样。"〔1〕

---

〔1〕 朱兵："学者的风范、实践的楷模——追忆郑成思同志"，载《中国版权》2007 年第 1 期。

二、第一次修改《著作权法》

2001 年 10 月，九届全国人大常委会对《著作权法》进行了修改，这是在新形势下对《著作权法》的第一次全面修订，距 1990 年的立法已过去十年之久。历时之久，既反映了著作权法本身的复杂性，也反映出了国内经济社会发展和国外环境的变化。1992 年党的十四大提出建立社会主义市场经济体制，同年，经七届全国人大常委会批准，我国加入了《世界版权公约》《伯尔尼公约》和《唱片公约》，国务院颁布了实施国际著作权条约的规定，以解决国内著作权法与国际公约之间的衔接。随着改革开放的深化，国内对著作权保护制度的需求进一步提升，同时，在与国际经贸科技的融合下，加入 WTO 的需求和国际公约实施中的差距出现，原有的著作权法已不完全适应形势需要，修改《著作权法》的必要性和紧迫性日益增加。宋木文在九届人大一次会议上提出《建议尽快完成著作权法修改工作》。该议案提出了三点理由：一是对中外作者保护水平不平衡；二是有些规定（如第 43 条广播电视组织对录音制品的“非营业性播放”等）不合理；三是对计算机软件等新技术保护不适应。1998 年 9 月，全国人大教科文卫委员会召开会议，听取了国家版权局的修法工作汇报，汇报总结了《著作权法》实施 7 年来的成就，阐述了形势发展的深刻变化对著作权法所产生的三大影响：一是我国正在由社会主义计划经济体制向社会主义市场经济体制转变，原《著作权法》带有计划经济的烙印，一些规定与公民权利平等、市场公平竞争的原则相悖；二是我国已加入三大公约，《著作权法》中的有些规定与公约不相协调，还存在着对外国作者的保护水平高于中国作者的规定；三是计算机、数码化、光纤通信等新技术的迅速发展及其在作品的创作与传播方面的广泛使用，现行《著作权法》不适应。因此认为，“作为国家文化经济政策的基本法律，著作权应当适应这些变化，并为这些可喜的变化提供必要的法律规范”。

全国人大教科文卫委员会自七届出台《著作权法》后，一直高度关注该法的实施情况，积极推动修法工作。根据七届全国人大常委会的决定，1992 年，以委员会副主任委员刘冰为检查组长开展了全国范围《著作权法》实施一年多来情况的检查，重点检查了北京、上海、天津等 9 省市，其他 21 个省区市进行了自查。这是全国人大历史上第一次著作权法执法检查，执法检查报告于 1993 年 2 月 8 日经委员会全体会议审议通过，正式报送七届全国人大常委会。报告在总结实施成绩和问题基础上率先敏锐地提出了修法建议：“不少同志对著作权法的修改十分关心。《著作权法》颁布二年，实施一年多，就提出修改问题，是有原因的。党的十四大提出实行社会主义市场经济的战略决策。修改著作权法的某些条款，以适应社会主义市场经济体制和社会主义精神文明建设的发展，更有效地保护作者权利，是必要的。另外，我国已加入国际版权公约，在有些种类作品的保护上，出现了对外国作者保护水平高于对中国作者保护水平的情况。这既不符合国际惯例，也不利于调动我国作者的积极性，不利于繁荣我国的创作事业。通过修改法律，给我国作者以同等保护水平，势在必行。因此建议有关部门考虑着手著作权法的修改。”1995 年，八届全国人大教科文卫委员会副主任委员聂大江牵头组成检查组对北京等 5 个省市区《著作权法》实施四年来的情况进行检查，同年还与中国版权协会召开了全国著作权理论研讨会，并于 1996 年 5 月向全国人大常委会提交报告。该报告详细列出了 8 方面突出问题，包括著作权保护意识在全社会尚未普遍确立，许多著作权人（如音乐作品作者）的权益难以实现；音像制品的盗版相当普遍，激光唱盘、视盘等的非法复制和销售仍然大量存在；影视节目盗播盗映现象相当严重；盗版软件涌现来势汹涌；图书侵权现象仍很普遍；著作权行政机构薄弱，行政保护职权不清；司法赔偿额过低、举证责任不明、对外关系尤其是对美关系的影响等。该报告指出：“事实表明，我国著作权保护的现状是令人担忧的，许多著作权人的权益至今还难以依法实现，侵权现象相当普遍，而且凭借现有的法律、行政手段难以有效制止。”“目前著作权保护中存在的许多问题，是与现行著作权法及相关法律、法规中的不当和疏漏之处密切相关的……因此本委员会建议常委会尽快将修改现行著作权法列入立法规划，使其及早提上日程。”

1998 年九届全国人大教科文卫委员会组成后，在时任主任委员朱开轩、副主任委员范敬宜、委员聂大江、宋木文等人的领导和积极推动下，修法步伐迅速加快。由于《著作权法》具有专业性和复杂性，整个修改过程相当困难，当时教科文卫委员会成员大多对《著作权法》的情况并不熟悉，对修改什么，如何修改也了解不深。宋木文曾担任国家版权局长，又是教科文卫委员会八、九届的委员，他对《著作权法》的来龙去脉非常清楚，而且也很有理论水平，对启动修法工作起到了最为核心的作用。从 1995 年到 1998 年，委员会连续召开各类专题研讨会，参加者包括中央有关部委、地方人大和政府、版权行政管理和司法审判机关、社会团体、大学和科研院所专家学者等，对《著作权法》修改及草案进行了研讨，范围之广，讨论之深，在当年是较为少见的。朱开轩主任委员严谨认真，思想敏锐，他于 1998 年 9 月在青岛召开的《著作权法》有关问题研讨会上总结说：“这次讨论会对国务院法制办即将对修订稿进行修改有着积极意义，是很及时的。希望国务院法制办的同志尽快拿出修改草案，保证提交今年 12 月全国人大常委会第六次会议进行审议。”1998 年 12 月，国务院向九届全国人大常委会第六次会议提出《著作权法（修正案）》，国家新闻出版署时任署长、国家版权局时任局长于友先代表国务院向会议作说明，提出完善著作权中的财产权，增加数据库等汇编作品，增加对版式设计、装帧设计的保护，增加编写出版教科书使用他人作品的法定许可，增加著作权的转让，增加权利人可以通过依法成立的社会组织行使其著作权，增加权利人可以在起诉前向人民法院申请停止侵权，增加侵权赔偿的法定数额及侵权人的举证责任、强化对损害社会公共利益的侵权行为的行政处罚。常委会进行了一审，审议中，一些委员对草案未涉及的高科技环境下的著作权保护和对第 43 条广播组织播放录音制品可以不经许可、不支付报酬的规定未作修改表示了不同意见，认为该修正案未涉及这两大问题是不合适的。宋木文、谷建芬在大会上还作了专项发言，呼吁修改第 43 条的不合理规定，其中尤以谷建芬的发言最为尖锐，引起了各方强烈的反应。为此，教科文卫委员会先后在北京和江西分别召开部分省市区座谈会及各方参加的座谈会，特别是在京专门召开了“高新技术对《著作权法》的影响研讨会”，会后形成了《全国人大教科文卫委员会著作权法有关问题研讨会综述》《关于高新技术对著作权法影响研讨会情况综述》等参阅材料。1999 年 4 月，全国人大教科文卫委员会向全国人大常委会提交了审议报告。该报告认为：该修正案“基础是比较好的，其修正案的内容基本可行”，同时指出“还有一些方面需要进一步修改、补充”。主要有两个问题：一是关于《著作权法》第 43 条的修改，认为鉴于著作权基本原则、社会主义市场经济条件、国内外作者权利平等、国际公约义务等因素，该条规定“可以不经许可不支付报酬”是不妥的，同时考虑到社会主义制度，国家广播电台、电视台的性质、任务、作用和需要，建议将该条修改为“广播电台、电视台播放已经出版的录音制品，可规定不经著作权人和相关权利人的许可，但应适当支付报酬，付酬办法由国务院规定”。二是关于高新技术对著作权法的影响，报告认为：“目前，数字化技术在著作权领域的应用越来越广泛，数据库等新的作品形式不断出现，在互联网上使用作品发展迅猛，而与此相关的侵犯著作权和相关权利的案件越来越多。这些都要求尽快对其作出必要的法律规范，因此，著作权法的修改应给予充分重视。”报告对作品数字化、数据库和多媒体、作品的网络传输等著作权问题进行了分析和建议，并明确建议“在著作权法修正案的第十条财产权中的第（六）项之后增加一项‘（七）信息网络传播权，即以有线或无线的方式将向公众提供作品，使公众中的成员在其选定的地点和时间获得这些作品的权利’”。这些审议意见和建议受到了全国人大常委会的高度重视。由于上述问题影响广泛，准备不足，国务院认为需要进一步研究论证，因此于 1999 年 6 月正式致函全国人大常委会撤回了议案。

然而，随着 1999 年 11 月中美两国政府就中国加入世界贸易组织的问题达成了协议，我国有望尽快加入世贸组织，修改《著作权法》再次成为各方关注的议题。2000 年 3 月九届全国人大三次会议上，宋木文联合范敬宜、聂大江、郑成思等代表提交了《关于重新启动修改著作权法的议案》，认为“保护成员国的知识产权是世界贸易组织的重要原则之一，著作权法是知识产权法律中的一部重要法律，现行著作权法与世贸组织的《与贸易有关的知识产权协议》（TRIPS）无论在权利内容还是保护措施方面，都有许多不一致的地方，特别是存在双重标准……这些问题如果不尽快解决，不利于我国加入世贸组织，更会挫伤国内广大知识分子的创作积极性，影响新闻出版、文学艺术、广播电视、电子软件等事业的发展”。该议案请求国务院责成有关办事机构和主管部门对《著作权法（修正案）》抓紧研究论证，“适时提请全国人大常委会审议”。教科文卫委员会在议案办理意见中明确支持加快修法的建议。2000 年 10 月，国务院法制办负责人专程来教科文卫委员会，就新草拟的修正案草稿征求意见，此草案基本采纳了教科文卫委员会对原草案的审议意见，特别是增加网络环境下的著作权保护和对第 43 条的修改。宋木文曾在书中回忆说：“时任教科文卫委员会文化室副主任朱兵在会前将国务院法制办修改稿送我时附函称，‘此稿将我委上次审议意见基本纳入’，我赞成他的看法。”〔1〕2000 年 11 月 19 日，国务院再次向全国人大常委会正式提交《著作权法（修正案草案）》，九届全国人大常委会第 19 次会议进行初审，国家新闻出版总署时任署长、国家版权局时任局长石宗源代表国务院向会议作说明：“为了进一步完善我国的著作权保护制度，促进经济、科技和文化的发展繁荣，并适应我国加入世界贸易组织的进程，对现行著作权法作适当修改，是迫切需要的。”由于新草案对第 43 条进行了修改，为加强委员们对此条的关注，我在给委员会的参阅意见中特别介绍了来龙去脉：“原《著作权法》第 43 条规定：‘广播电视、电视台非营业性播放已经出版的录音制品，可以不经著作权人、表演者、录音制作者许可，不向其支付报酬。’此条 1990 年制定时就一直争论不休。争论的焦点是广播电视机构在播放已出版的录音录像制品时，是否应经著作权人许可并付费。赞成此条的意见认为，我国广播电视机构是党和国家的宣传机构，经费来源是国家财政拨款，因而是非营利性机构；如果付费，广播电视机构的性质发生改变，而且费用巨大也无法承担。反对意见认为（以谷建芬为代表），此条违背国际公约如伯尔尼公约的规定，作者享有作品的播放权，任何情况下都至少不应该损害作者获得合理报酬的权利；而且我国电视广播机构特别是电视台，在市场经济条件下，广告收入巨大，已不是完全意义上的非营利机构。此次草案修改综合了各方面意见，为了进一步与国际公约相衔接，将此条修改为：‘广播电台、电视台播放已出版的录音制品，可以不经著作权人许可，但应当向其支付报酬。当事人另有约定的除外。具体办法由国务院规定。’这一修改是合适的。此条的制定与修改从一个侧面反映出我国十多年来社会主义市场经济和进一步改革开放的发展变化，反映了人们对保障公民权利的认识和深化，反映了社会主义法制建设的深入发展。”委员会在基本赞成草案内容的情况下开展了审议

〔1〕 宋木文：《出版是我一生的事业》，中国书籍出版社 2015 年版，第 382 页。

工作，召开了有各方参加的座谈会，一些与会者对草案提出了进一步修改要求。有的建议一步修改到位，如表演者、录音制作者的权利、广播组织的权利、法定赔偿标准、信息网络传播权的限定、法律名称等问题等。相关方都提出了不同诉求，争执较大，为平衡协调矛盾，避免影响立法进程，我撰写了《关于此次著作权法修正案的几个主要争议问题》报送委员会参阅：

（一）关于表演者、录音制作者的播放权问题

原稿第43条将著作权人、表演者、录音制作者并列对待，而修正案第45条只规定了向著作权人付酬，有意见认为也应规定后二者的权利。从国际公约、罗马公约的规定看，允许各国根据实际情况来决定是否保护表演者、录音制作者的播放权，主要目的是为了促进发展中国家广播电视事业的发展。从我国的实际情况看，广播电视的宣传教育功能仍是一个主要特点，各地广播电视发展也极不平衡。此次修改规定向著作权人付酬已是一个大的突破，如果一下就把我国的保护水平提得很高，恐也不符合我国的实际。目前这种规定初步满足了国际公约的保护水平，以后可以随着社会经济的发展对此不断加以修改提高。

（二）关于第44条广播电视机构对其制作节目的权利的规定问题

新旧修正案对此条款一直未作修改。有意见认为此条规定与上述规定不平衡，或建议删去此条。从理论上说，此条规定没有太大的实质意义，且有重复规定之嫌。但从实际情况看，由于广播电视部门对第43条已基本接受了修改意见，作了让步，如果此次再删去此条，估计相关部门的反弹会很大，而且本委员会上次修改意见中对此也未提出异议。故此次修改不宜对此操之过急，以免引起新的争端。

（三）关于法定赔偿标准的问题

此次修正案第50条规定在无法确定被侵权人损失额的情况下，法院可确定赔偿额最高为50万元。有意见认为规定的额度偏低。从了解情况看，国务院是在与最高法院几经协商后确定的这个标准的。主要基于各地经济情况不平衡，定得太高难以执行。最高人民法院在12月20日公布了关于审理涉及计算机网络著作权纠纷案件适用法律若干问题的解释，规定对损失额不能确定的，赔偿额为500元以上30万元以下，最多不得超过人民币50万元。此规定的另一个问题是突破了既有的民法原则，民法强调按实际损失赔偿，而非法定赔偿。由于著作权侵权中的一个突出特点是取证困难，这是该规定的主要原因。但如何协调二者关系，仍需考虑。

（四）关于信息网络传播权的限制问题

此次修正案对信息网络传播权的规定是一个大的进步，但图书馆方面对此意见较大。现在北图正在搞数字图书馆，面临着侵权的问题。类似的情况在一些地方和部门都存在。有意见认为应对信息网络传播权加以限制，或在法定许可的规定中增加一款。从了解情况看，这个问题比较复杂。目前相关的国际条约对此都采取郑重

态度，未作明确规定。国务院法制办的意见是将此问题暂时搁置，留待以后修改时再作考虑。如实际中遇见纠纷，具体问题具体处理。

（五）关于该法名称的问题（见上文）

2001年3月，全国人大教科文卫委员会向全国人大常委会报送审议意见，对草案给予了积极评价。该意见称："在这次国务院重新提交的修正草案中，本委员会前次审议意见中的绝大多数内容也得到了反映，如'关于著作权集体管理机构的名称''关于著作权行政执法部门的确认''关于广播电视组织播放录音制品''关于作品数字化行为的界定''关于作品的网络传播'等，总体上修改得比较好，修订内容基本可行。"同时还提出了其他一些修改建议，如建议将"互联网传播权"改为"信息网络传播权"、保护客体增加"杂技"以突出中国特色等，均被修正案采纳。2001年10月27日九届全国人大常委会第24次会议高票通过著作权法修正案。这次修改是进一步完善我国著作权法律制度的重大进展，标志着我国知识产权保护达到新的水平，获得了各方一致好评。李鹏委员长在本次常委会结束时发表讲话，指出：本次"会议通过了修改著作权法和商标法的决定，进一步加强了对著作权和商标专用权的管理和保护。加上去年已经修改的专利法，我们对知识产权的三部主要法律都已进行了修改，使之更加适应改革开放的需要。我国即将加入世界贸易组织，因此我们要继续清理、修订和完善相关法律，建立健全既符合我国实际、又与世贸组织规则相衔接的涉外法律体系。"

这时有一件事情至今难忘。会议结束当天下午五点多，范敬宜匆匆叫住我，说这次修改著作权法在国内外都产生了很大影响，刚才委员长也作了重要讲话，人民日报应当发一个评论员文章，让我抓紧起草一下，明天马上见报。范敬宜儒雅质朴，才华横溢。他从人民日报总编辑岗位上转任委员会负责文化立法的副主任委员，是我的直接领导。他为了扩大人大立法监督工作的影响，首次在人民日报开辟"民主法制建设"专栏，意义深远。每当重要的法律出台，人民日报都发表评论员文章。这是我第一次受命起草这种文章，因为没有经验，思来想去，文章既要有内容有高度，要充分反映出这次修法的重要意义，又要凝练精要不能太长。好在我立法前后亲身经历和体会深刻，到晚上八点前后起草完了塞进他的办公室门缝里。他次日一早看后很满意，基本上没怎么改，便交给了人民日报，发表后得到了各方好评。

历史性的进步

——写在《著作权法（修正案）》审议通过之时

人民日报评论员

九届全国人大常委会第二十四次会议审议通过了《中华人民共和国著作权法

（修正案）》。此次修改历时数年，经历了曲折、反复的过程，终于在本次常委会上达成了一致。这是一件值得庆贺的事情。

《著作权法》是公民知识产权方面的一部极为重要的法律。自从1990年颁布以来，它对保护著作权人的合法权益，激发他们的创作才智，促进科技、经济的发展和文化艺术的繁荣，发挥了重要作用。但是，它毕竟制定于十多年前，当时不可能预见到后来发生的许多新情况、新问题。随着全球科技经济的迅猛发展，我国社会主义市场经济日益深化，原有的《著作权法》在很多方面已不适应今天新的形势。这次修改特别是在进一步具体完善著作权的权利内容、解决高新技术的发展为著作权保护所提出的新问题、解决我国加入世界贸易组织后与有关国际公约的衔接问题，以及加大对著作权侵权行为行政处罚等方面，取得了重大进展。这既是我国知识产权法律保护制度日益完善的重要体现，更是我国社会主义民主法制建设深入发展的具体实践。

此次修改，全国人大常委会广泛听取意见，充分讨论，集思广益。根据国际国内形势的发展，坚持从实际出发，正确处理权利人、传播者和公众的关系，正确处理履行国际义务与国内著作权保护的关系，正确处理高新技术发展与著作权保护的关系，使修正案得以进一步完善。此次修正案的通过，充分体现了我国政府对加强知识产权保护的高度重视，标志着我国著作权保护水平从此迈进了一个新的阶段。

《著作权法》从20世纪90年代初的制定到今天的修改，其间正处于我国进一步改革开放的重要时期。正是在这样一个历史时期中，它由一部人们陌生的法律，变成了一部社会公众普遍关注的法律；由一部曾被视为仅为作家艺术家服务的法律，变成了一部为所有公民确认和保障自身权利的法律；由一部封闭的、曾打着鲜明的计划经济烙印的法律，变成了一部开放的、既与社会主义市场经济发展和科技进步相适应，同时又逐步与世界规范相衔接的法律。这不仅仅只是一种法律上的变化。正是通过这样的变化，我们可以深深地感受到我们社会的日新月异和对知识的日益尊重，感受到社会主义民主与法制建设步伐的坚实有力。这就是历史的进步，这就是改革开放的进步。（《人民日报》2001年10月31日）

2001年11月9日，全国人大教科文卫委员会会同全国人大法律委员会、全国人大常委会法制工作委员会在人民大会堂联合召开“宣传贯彻著作权法座谈会”，来自中央部门、司法机关、社会团体、作者、专家学者代表等参加会议，朱开轩主任委员主持会议，时任副委员长的许嘉璐先生出席并发表讲话。范敬宜、宋木文在会上都作了发言。范敬宜的发言激情洋溢。他说：“2001年10月27日，对于我们所有曾经参与著作权法制定、修改工作的人来说，是一个值得欢欣鼓舞的重大节日。这天下午三点零五分，九届全国人大常委会第二十四次会议以无一反对票通过了著作权法修正案。这时，我立刻把视线投向坐在第四排的著名作曲家谷建芬同志，只见她脸上露出欣慰的笑意，我也长长地舒了一口气：大家近十年的努力终于有了圆满的结果。”对这次修法的重要意义，他直接引用道：“正如人民日报评论员文章指出的那样：‘《著作权法》从九十年代初的制定到今天的修改，其间正处于我国进一步改革开放的重要时期。正是在这样一个历史时期中，它由一部人们陌生的法律，变成了一部社会公众普遍关注的法律；由一部曾被视为仅为作家艺术家服务的法律，变成了一部为所有公民确认和保障自身权利的法律；由一部封闭的、曾打着鲜明的计划经济烙印的法律，变成了一部开放的、既与社会主义市场经济发展和科技进步相适应，同时又逐步与世界规范相衔接的法律。这不仅仅只是一种法律上的变化。正是通过这样的变化，我们可以深深地感受到我们社会的日新月异和对知识的日益尊重，感受到社会主义民主与法制建设步伐的坚实有力。这就是历史的进步，这就是改革开放的进步。’”对此他评价说：“这番话确实说得相当深刻。”

三、第二次修改著作权法（以及第三次修改）

2010年2月26日，十一届全国人大常委会第十三次会议通过了修改《著作权法》的决定，这是《著作权法》的第二次修改，距上次修改恰好又过去了十年。这次修改只涉及两条，一是上文提及的第4条，二是新增著作权质押条款。实质上，本次修改带有强烈的指向性，针对的就是第4条第1款所规定的“依法禁止出版、传播的作品，不受本法保护”这一不合理规定。正如上文所说，此条在立法初始就一直被争论不休，因与著作权的基本原理和国际公约准则相冲突而不断遭受诟病，第一次修法时有不少人呼吁修改此条，但终因担心影响其他重要的实质性条款的修改通过，将其与法律名称问题一并搁置起来暂不修改。未料到的是，2007年4月，美国向世界贸易组织提出三项指控，其中一项就是指控此条规定违背了《与贸易有关的知识产权协议》。这是中美知识产权在世贸组织的第一案，引发了各方的高度关注。2009年3月，世贸组织争端机构会议专家组裁决虽驳回了美方其他大多指控，但认定此条与世贸规则不一致，应当予以修改，修改期限为一年，中美双方最后都接受了这一裁决。从某种意义上说，正是这次裁决推动了《著作权法》第二次修改进入了“快车道”。同年，十一届全国人大教科文卫委员会在时任主任委员白克明的主持下，听取了国家版权局负责人关于修法工作及草案起草的汇报，委员会对修改工作表示原则赞同。2010年2月24日，国家新闻出版总署时任署长、国家版权局时任局长柳斌杰代表国务院向九届全国人大常委会作修改说明。修改内容共三项：一是设立作品登记制度，规定权利人可以向国务院著作权行政管理部门认定的登记机构办理登记作品，以为法院审判、海关确权提供有效证据；二是根据物权法规定，设立著作权质押登记制度，规定以著作权出质的，由出质人和质权人向国务院著作权行政管理部门办理出质登记；三是删除第4条第1款“依法禁止出版、传播的作品，不受本法保护”，理由是对禁止出版、传播的作品已有相关法规规定，如《音像制品管理条例》《电影管理条例》《出版管理条例》《广播电视管理条例》等，此条规定已无必要。常委会审议时，一些委员认为著作权登记是民事行为，不宜通过法律规定强制进行，且登记机构实行收费制，通过行政管理机关来认定不甚妥当，否则有行政强制收费之嫌，建议深入研究，暂不予规定。〔1〕对第二项修改即增加著作权质押的规定，因其实践中一直是国家版权行政管理机关的规范性做法，将其上升为法律规定并无不妥。审议认为对第 4 条第 1 款的删除是必要的，因为作品内容与著作权无关，可由其他相关法律管辖。同时，为了进一步明确国家对作品出版、传播的监管职责，加强著作权法与其法治的衔接性，增加第 2 款"国家对作品的出版、传播依法进行监督管理"。该修正案最后获得了常委会一致通过。此次修正，其核心内容是对第 4 条的修改，将原法长期引起争议的第 1 款"依法禁止出版、传播的作品，不受本法保护"予以删除，将原法第 2 款"著作权人行使著作权，不得违反宪法和法律，不得损害公共利益"上升为第 1 款，正本清源，回归了著作权法原意，反映了全社会对知识产权保护认识的不断深化。第 4 条第 1 款从当年的立法一直到这次的删除，足足花去了 20 年光阴，又重新回到了委员会在最初立法时提出的审议意见上来，联想到当年沈仁干的名言"铁路警察各管一段"，不禁令人感慨万千。依照宋木文的说法，这一"本来无写入必要又遭强烈质疑的'不保护'条款"，理应删除，因为"著作权是依法自动产生的民事权利。在著作权法中按政治标准规定不保护条款，是不必要也是不妥的。不同的法律有不同的管辖内容。在著作权法中不作此种政治性特别规定，政府主管部门仍然可以依据其他法律查禁违法作品"。〔2〕

《著作权法》第三次修改工作始于 2011 年，至今仍在进行中。由于上述两次修改都与世界贸易组织有关，第一次修改主要是为了满足加入世贸组织的直接需要，第二次修改是为了履行世贸组织关于中美知识产权争端裁决的现实需要，在某种意义上，这两次修改都是在外部力量的推动下完成的，具有被动性和局部性特点。进入新世纪后，知识经济深入发展，知识产权成为国家发展的战略性资源和国际竞争力的核心要素，提高自主创新，建设创新型国家成为国家战略目标。2008 年 6 月，国务院颁布《国家知识产权战略纲要》。为适应我国经济社会发生的深刻变化，回应社会转型经济转轨、数字和网络技术迅猛发展、建设创新型国家的新挑战、新要求，这是一次立足我国发展实际需要主动开展的修法，以进一步充实完善我国著作权法律制度，回应各界要求。为此，国务院将修改《著作权法》列入了 2011 年立

〔1〕 为此，十一届全国人大教科文卫委员会随后组成调研组专程赴中国版权保护中心进行调研，中心主任段桂鉴作了全面汇报，调研组对著作权登记制度在著作权保护中的重要作用和登记工作成就表示充分肯定。

〔2〕 宋木文：《出版是我一生的事业》，中国书籍出版社 2015 年版，第 360 页。

法工作计划。国家版权局成立了修订工作领导小组和专家委员会。国家新闻出版总署时任署长、国家版权局时任局长柳斌杰亲自挂帅担任领导小组组长，我以全国人大教科文卫委员会文化室主任的身份成为领导小组成员。柳斌杰知识渊博，思维敏捷，是我国文化体制改革的领军者。他要求起草工作坚持开门立法，坚持以问题为导向，要遵循独立性、平衡性和国际性原则，立足我国国情，处理好作者、传播者和社会公共利益的关系，处理好国内法与国际法之间的关系。这一立法思路和原则无疑是正确的。其后，刘春田、李明德、吴汉东教授领衔分别提供了三份专家建议稿，以此为基础，起草小组在国家版权局版权司时任司长王自强的牵头下初步形成了修改草案，经专家委员会和领导小组讨论，2012 年 12 月，国家版权局将送审稿上报国务院。送审稿对现行著作权法作了较大改动，从现行法的 6 章 61 条修订为 8 章 90 条。国务院 2014 年 6 月通过中国政府法治信息网向社会公开征求意见，各方反应强烈，共收集意见数十万字。由于该修正案草案涉及多个问题（如实用作品、追续权、孤儿作品、集体管理组织的延伸管理，“三振出局”、保护对象与权利的重新划分、广播组织的信息网络传播权等），都存在不同程度的争议，导致起草工作一度停滞不前。2013 年 3 月第十二届全国人大教科文卫委员会组成，柳斌杰转任委员会主任委员。在本届委员会工作的数年中，他一直高度关注《著作权法》的修改进程，采取措施积极推进。为了加快立法步伐，在委员会建议下，2017 年 4 月至 2018 年 2 月，十二届全国人大常委会组成执法检查组对《著作权法》的实施情况进行检查，时任委员长张德江作出批示，副委员长王晨、吉炳轩、张宝文、陈竺和柳斌杰分别带队赴青海、北京、广东、福建和上海 5 个省市进行检查，还委托天津等 10 个省市区人大常委会在本行政区域内检查。这是《著作权法》自立法以来第一次由全国人大常委会开展的执法检查，范围之广，影响之大，前所未有。2017 年 8 月 26 日，全国人大常委会时任副委员长兼秘书长王晨向十二届全国人大常委会第二十九次会议作了检查《著作权法》实施情况的报告，报告总结了《著作权法》实施以来的工作和成效，明确指出“存在一些亟待研究解决的问题”，包括著作权意识需要进一步加强、著作权作品质量和运用能力有待提升、行政执法存在薄弱环节、司法保护需要进一步加强、著作权服务工作存在短板等，提出了有针对性的建议。尤其是报告明确要求：“要在确保立法质量的前提下，积极推进著作权法修改工作，尽快形成较为完善的法律草案提请全国人大常委会审议。”为了整改落实执法检查报告提出的意见要求，国务院有关部门积极行动，抓紧工作，求同存异，着力解决突出问题，加快立法进程。十三届全国人大常委会组成后，已将《著作权法》修改列为本届全国人大常委会立法规划第一类项目，这表明本届全国人大常委会将会完成这一立法任务。

四、民间文艺作品著作权保护问题

1990年《著作权法》于制定出台时作出了一项重要规定，即“民间文学艺术作品的著作权保护办法由国务院另行规定”。此条规定反响强烈，影响深远，在法理和实践中争议不断，以致相关法规至今尚未出台。当年之所以在法律中写入此条，有着深刻复杂的国际国内原因。20世纪七八十年代以来，随着经济科技全球化发展和西方发达国家的文化倾销，坚持文化多样性，保护各国各民族民间传统文化逐渐成为一个浪潮。当时，国际上有两种思路：一是知识产权保护，以世界知识产权组织（WIPO）为代表，积极研究推动包括遗传资源、传统知识和民间文学艺术在内的知识产权保护。由于现代知识产权保护制度是西方工业化时代形成的，强调的是现代知识体系和工业技术产生的知识产权，这与现代知识体系和工业技术相对落后但历史文化悠久、资源丰富的发展中国家产生了很大不平衡，后者强烈要求在知识产权体系中对传统知识体系给予同等保护。2000年WIPO成员成立了政府间委员会，推动形成国际条约对传统知识、遗产资源和传统文化表现形式予以知识产权保护。二是联合国教科文组织（UNESCO）在文化多样性背景下大力推动非物质文化遗产保护，1982年制定《保护民间文学表达形式、防止不正当利用及其他侵害行为的国内法示范法条》，2001年发布《世界文化多样性宣言》，2003年出台《保护非物质文化遗产公约》，2005年出台《保护和促进文化表现形式多样性公约》，鼓励、支持各国政府制定国内法强化行政保护措施。前者属民事保护，后者属行政保护。当年，国内的立法思路也是沿着这两种保护方式进行的。郑成思先生是国内最早提出我国知识产权立法应重视此问题的学者，他对西方知识产权发展有着深刻研究，在国际知识产权领域享有很高威望。他认为，在西方发达国家主导的知识产权环境下，发展中国家传统文化资源的知识产权保护应该提上议事日程，尤其是中国是有着悠久历史文明的最大的发展中国家，更应该予以高度重视。因此，1990年，他力主将民间文艺作品著作权的保护作为单独条款写入，从民事法律上确立其性质和地位，具体交由国务院制定相关条例。后来，他当九届全国人大法律委员会委员时，正值委员会在时任副主任委员聂大江的牵头下，积极推动非物质文化遗产立法，开展了大量的调研和起草工作。郑先生与我们有较多的交流，对立法工作影响很大。为此，起草小组还组团访问突尼斯，了解WIPO支持其制定的保护民间文艺的《突尼斯著作权样板法》，也访问了联合国教科文组织并交流了传统文化保护立法情况。2003年我国出台《非物质文化遗产法》，起草过程历经周折，其中一个反复研究的问题是要不要规定、如何规定民事保护条款，确立了政府行政保护的法定职责。

对于郑成思的影响，我曾在回忆文章中写道：“近几年来，随着国际上保护文化多样性浪潮的出现，我国也开展了非物质文化遗产保护工作。全国人大教科文卫委员会和文化部也一直在开展这方面的立法调研工作。在这过程中，郑老师多次向我们提出要特别重视我国传统文化的知识产权保护问题。其实早在九届全国人大的法制讲座中，他就专门把这一问题作为我国知识产权法律制度要解决的一个重要问题提了出来，明确强调在国际知识产权保护运动中要‘扬长避短’。他指出：‘“在入世”之后，要考虑以可行的建议促使我国代表在多边谈判中不断增加有利于我国经济发展的内容。立法机关通过立法先在国内开始自行保护属于我们长项的知识产权客体，是一种积极的促进方式。多年来，亚非一批国家为争取把民间文学艺术的保护纳入国际公约，都是自己首先在国内法中开始保护的。’他进一步指出：‘世贸组织在下一轮多边谈判中，即将讨论把“生物多品种”的保护与“传统知识”的保护纳入知识产权范围的问题，这应引起我们的关注。大量我国独有而外国没有的动植物品种（包括濒临灭绝的动植物）的保护，就属于前者；我国的中医药及中医疗法的保护，我国几乎各地均有的民间文学艺术的保护等等，则属于后者。这些，应当说是我国的长项，不像专利、驰名商标等在国际上目前显然还是我国的短项。我们关注这些问题的目的，一是要争取把它们纳入知识产权国际保护的范围。二是一旦纳入之后，应考虑我们的立法如何立即跟上。这有利于我们在知识产权的国际保护中‘扬长避短’，使我国在国际市场上的知识产权产品也有可能不断增加。’这些话在今天看来，仍然是那样的深刻、精辟和具有前瞻性。对我国知识产权保护制度的深入发展和立法实践，无疑具有重要的指导意义。”〔1〕

这些年来，我国在传统文化资源法律制度建设和司法实践上都取得长足进展，2008年国务院发布《国家知识产权战略纲要》，我作为特邀专家参与了《国家知识产权战略纲要》的研讨论证工作。《国家知识产权战略纲要》提出：“到2020年，把我国建设成为知识产权创造、运用、保护和管理水平较高的国家。”全面提出：“（33）完善遗传资源保护、开发和利用制度，防止遗传资源流失和无序利用。协调遗传资源保护、开发和利用的利益关系，构建合理的遗传资源获取与利益分享机制。保障遗传资源提供者知情同意权。（34）建立健全传统知识保护制度。扶持传统知识的整理和传承，促进传统知识发展。完善传统医药知识产权管理、保护和利用协调机制，加强对传统工艺的保护、开发和利用。（35）加强民间文艺保护，促进民间文艺发展。深入发掘民间文艺作品，建立民间文艺保存人与后续创作人之间合理分享利益的机制，维护相关个人、群体的合法权益。”2008年12月，十一届全国人大常委会第三次修改《专利法》，增加了对遗传资源的保护性条款。明确规定：“依赖遗传资源完成的发明创造，申请人应当在专利申请文件中说明该遗传资源的

〔1〕 朱兵：“学者的风范、实践的楷模——追忆郑成思同志”，载《中国版权》2007年第1期。

直接来源和原始来源；申请人无法说明原始来源的，应当陈述理由。”这一修改是知识产权立法实践的一大突破。在司法实践中，民间文艺作品著作权的保护出现了一些案例，最经典、影响最广泛的当属2001年的“饶河县四排赫哲族乡政府诉郭颂等侵犯民间文学艺术作品著作权纠纷案”（即“乌苏里江船歌案”）。该案由北京中院审理，审判长是王范武，他和罗东川等人都是最早参与著作权立法的法官。郭颂称“乌苏里江船歌”是他创作而非改编自赫哲族民歌，赫哲族乡认为侵权而提起诉讼。由于这是民间文艺作品著作权第一案，缺乏法律具体规定，诉讼主体、权利关系等引起很大争论。为此，北京中院召开专门研讨会，北京高院、最高院都派员参加，我应邀参会并介绍了我国相关法律起草工作和国际有关背景情况，强调我国优秀民族民间文化受保护的宪法原则。北京中院受理此案并审理认定乌苏里江船歌属改编作品而非郭颂创作作品，维护了赫哲族民歌的权益。此案判决后，得到社会各界的一致好评，成了全国知识产权经典案例。其后，又陆续出现了“安顺地戏”等案例。这些司法实践为民间文艺作品著作权的立法提供了价值参考。

总体来说，民间文艺作品著作权仍是一个相当复杂的问题，国务院相关条例仍在深入研究之中。由于在保护对象、保护期限、权利归属、权利行使等方面尚存在不小争议，超出了现有著作权法律制度架构，处理不当也容易引发混乱。对此，我曾撰文写道：“目前理论界存在两种保护模式之争，即著作权保护模式和特殊权利保护模式。前者主张将民间文艺纳入著作权法所定义的‘作品’中，以著作权保护模式来进行规范。后者则主张将‘民间文艺表达形式’与‘作品’区别开来，在传统著作权法之外建立某种特殊权利保护制度，以解决其主体、保护期以及多样性等问题。笔者以为，无论采取何种模式，在理论上亟须解决两个难点问题：一是权利的内容，二是权利的归属。对此，目前仍缺乏足够的理论支撑。例如，民间文艺或非物质文化遗产的权利主体究竟应是国家、族群、还是地域、社区或某个传承者？抑或兼而有之？这涉及相当复杂的权利关系，并不能简单化之。又例如，一种较普遍的观点认为，他人使用民间文艺或非物质文化遗产应当表明来源，这在知识产权理论上确实具有一定的正当性和合理性。但从文化人类学、遗产学以及具体实践看，‘来源’的问题也并非全然是一个简单明了的问题。一些民间文艺或非物质文化遗产项目可能较易明确其来源，但相当一些则难以明确。由于它们是千百年来世代流传下来的文化形态，具有流变性和跨地域、跨民族性，绝不能简单将现今它们所处的地域直接等同于文化人类学、遗产学上的来源地。同样，也绝不能简单把各级政府通过行政手段确认的非遗项目所在地混同于该项目的来源地。这是完全性质不同的两回事。目前我国各级政府颁布的非遗项目多达8万余项，有的是数省、多地共有项目如梁祝传说等。依照《非物质文化遗产法》，这种行政确认不过是对项目所在地政府履行保护职责的一种法律确认，而绝非是从民事关系上对项目所在地是否具有该文化形态所独占、独享的‘来源地’的一种法律确认。三是私权主张与传统文化传承发展的关系问题。如何妥善、正确处理知识产权保护与传统文化的传承发展关系，也是建立有关民事保护制度的一个难点问题。作为私权的知识产权在本质上体现的是权利的独占性、排他性，这与作为遗产的传统文化的共有、共享性产生了很大冲突。由于非物质文化遗产的繁杂和广泛，从行政保护的角度看，法律上和实践上的一个有效手段就是采取确认具有代表性的名录项目和传承人的方法来予以保护。就是说，某个项目或传承人都只是该传统文化表现形态的‘代表者’之一，而不是‘独占者’或‘独享者’。如果因为代表性名录项目和传承人的行政确认，就将某种世代广泛流传的传统文化形态归之于某个人、某个所在地对其权利的独占、独享，从而使之拥有排他性，这显然是极为不妥的。此问题若处理不当，势必出现各地争权诉讼遍起，引发地域间、民族间的纷争和冲突。不仅对传统文化的广泛继承、弘扬和传播产生相当障碍和不利影响，而且也与传统文化作为‘遗产’的本质、精神和价值相背离。”〔1〕民间文艺作品著作权理论性强、涉及面广、复杂程度深，既关系到民族民间文化权益的尊重，更关系到国家文化权益的维护，也关系到国际文化交流与合作，因此，正确、妥善地处理好相互关系，对立法和司法无疑都是十分重要的。

---

〔1〕 朱兵：“关于非物质文化遗产法中的民事保护问题”，载《中国版权》2011年第6期。

第七编
文化立法访谈录

人大教科文卫朱兵：非遗立法最大困难是认识问题[1]

在非物质文化遗产立法中，最困难的是认识。为什么要谈到认识问题呢？就是我们所说的民族民间传统文化也好，非物质文化遗产也罢，你怎么把它放在一个正确的位置。所谓正确认识，就是把它摆在国家社会、经济、文化发展的合适位置。你不要觉得这个问题很抽象，实际上这个问题很具体。

1998年之前，全国人大教科文卫委启动民族民间传统文化立法调研时，很多人不理解。20世纪90年代末期，整个国家的战略发展仍是以经济建设为中心的。在当时谈到文化，人们最多的印象就是唱歌、表演。对文化部来说，1998年之前，工作重心是放在文化市场上的。那时的全国文化市场轰轰烈烈，文化市场管理局在文化部里是最强势的业务司局，全国人大的关注点也集中在这里。1994年和1995年，我们搞的很多调研，都是针对文化市场管理方面的。但逐渐地，我们发现，文化市场只是一个市场发展的产物，并不能有效地解决文化建设发展的基础和方向问题。在一个有着悠久历史和灿烂文化的文明古国，到底应该建设和发展什么样的文化，这是一个很大的课题。

当时还有一个契机，是在《文物保护法》的修改过程中出现了这样的思考：除文物外，其他的无形的文化遗产怎么办？就这样，对无形的文化遗产（也就是后来的非物质文化遗产）的立法保护问题进入了立法机关的视野。

现在回头来看，这一步走得非常对。通过法律的形式把党中央、国务院提出的关于继承和弘扬中华民族优秀传统文化的重要任务确定下来，使之成为全社会一体遵循的法律制度，顺应了经济社会的全面发展和广大人民群众的呼声，是中华文化繁荣昌盛和中华民族伟大复兴的重要保障。但在当时，一些人对开展这个立法工作是不理解的：一是在认识上只重视经济建设，忽视或轻视文化建设；二是认为民族民间传统文化范围太广，包含的内容过多，保护起来并不容易；三是经济发展本身

---

〔1〕 本文系笔者口述，载于中国新闻网（2011年6月8日），由记者黎宏河整理。

就需要投入，资金明显不足；四是这些文化良莠不齐，糟粕也需耗时耗力处理。也有同志说，民间文化本身就有随着时代的变迁而自然消亡的，你保护它干什么啊？当然，理论界也有看法。有学者说，民族民间传统文化中，优秀的要传承，那优秀和不优秀怎么区分啊？文化学上本就没有什么优秀不优秀之分，因为它今天可以说优秀，明天可能就不优秀了。地方一些领导同志也存在同样的问题。有的领导说，这个东西你就让它随自然消亡得了，你还保护它做什么？

20世纪90年代中期，我有一次去新疆伊犁哈萨克自治州出差，欣赏了后来被列入国家级非遗名录的阿肯弹唱。那天，一位年长的“阿肯”（哈萨克族民间歌手）怀抱着冬不拉，边弹边唱，唱词是现场编的。他在弹唱中大致说，中央来人啦，尊重我们边疆文化啦，说是要立法保护我们啦，我们非常激动啊……言语和神情充满感激和兴奋。那一刻，我特受感染。我想，他是在为哈萨克族的民族文化得到保护而兴奋。

这些文化是什么？是我们中华民族的根、民族的魂。每个少数民族都是中华民族的成员，每个少数民族的文化都是中华民族文化共同的基因。我们立法为了什么？就是为了反映各族人民的热忱和诉求，使得由56个民族文化组成的、丰富多彩的中华文明长久、持续地传承发展下去。这就是我们文化建设发展的一个重要方向和根本目的。

十年辛苦不寻常　中国《非物质文化遗产法》诞生记[1]

两个重要的会议

2000 年 11 月 7 日，由全国人大教科文卫委员会、文化部、国家文物局组织的“全国民族民间文化保护立法工作座谈会”在云南召开。

“这个会其实是个现场会，主要介绍云南经验。”朱兵说，当时邀请了二十多个省区市，尤其是民族民间文化资源丰富的省区市有关负责人参加，“会开得很成功，对各地的影响很大”。

这个后来被研究学者称为地方立法总动员的“云南会议”，拉开了各地立法工作的大幕。会议结束后，各地立即投入力量开始了当地的民族民间文化保护立法工作。2001 年初，贵州省人大、省政府便将《贵州省民族民间文化保护条例（草案）》列入了立法调研计划。

立法不能闭门造车。为了吸收借鉴国外保护民族民间文化的立法成果和经验，2001 年 5 月 15 日至 6 月 3 日，文化部、全国人大教科文卫委员会组成了民族民间文化立法考察团赴瑞士、突尼斯、埃及等国，与世界知识产权组织、突尼斯文化部、埃及文化部等单位的官员及相关专家进行座谈。此次考察不仅收获了相关国家和国际组织在传统文化保护立法上的经验和做法，更坚定了加快中国民族民间文化保护法立法进程的决心。

为将国外经验和做法介绍给当时尚在探索的国内立法者，2001 年 12 月 18 日，“云南会议”的组织者在北京召开了一个被誉为“与国际接轨”的重要会议——“共同守护我们的精神家园——民族民间文化保护与立法国际研讨会”。来自丹麦、埃及、挪威、法国等十多个国家和地区的七十余名官员和专家学者参加。

此次会议规格之高、规模之大，尤其是在国际视野里探讨民族民间文化保护与

---

〔1〕本文由“文化中国——中国网”（2011 年 6 月 8 日）记者黎宏河撰文，文化部政策法规司法制处处长王建华对本文亦有贡献 。

传承，拓展了国内立法的借鉴范围，也为中国政府参与国际社会在传统文化保护方面的工作提供了渠道和平台。

2002 年 7 月 30 日，贵州省第九届人民代表大会常务委员会第二十九次会议审议通过《贵州省民族民间文化保护条例》。贵州成了继云南后又一个出台地方保护条例的省份。此后的 2004 年至 2008 年间，福建、广西、宁夏、江苏、新疆等省区也分别出台了民族民间文化保护条例。

“非物质文化遗产”的概念

21 世纪之初，全国人大教科文卫委员会在对云南、四川、贵州、重庆、广西等地的民间艺术、传统工艺等进行调查后，向文化部提出了研究起草民族民间传统文化保护法的建议。2002 年 8 月，文化部经过反复论证研究，向全国人大教科文卫委员会报送了《民族民间传统文化保护法（建议稿）》。这是文化部报送的第一份建议稿，也是最早的法律初稿。

该建议稿对法律保护的对象、保护工作的方针、保护制度和保护方法作了规定，限于当时的认识，对民族民间传统文化概念的界定、对保护方法中行政保护和民事保护在法律中如何体现，还不十分明晰。

颇为值得一提的是，关于对民族民间传统文化的表述，直到今日，仍五花八门。有人称之为“民族文化遗产”，也有人称之为“无形文化遗产”，或者“口述与非物质遗产”等。2000 年 5 月颁布的《云南省民族民间传统文化保护条例》和 2002 年 7 月出台的《贵州省民族民间文化保护条例》，就分别使用了“民族民间传统文化”和“民族民间文化”。在国际层面上，联合国教科文组织和世界知识产权组织在 1982 年通过的《保护民间文学表达形式、防止不正当利用及其他侵害行为的国内示范法条》中使用的是“Expression of Folklore”一词，中文直译是“民间文学表现（表达）形式”。

“非物质文化遗产”这一后来被统一的名称，来自于 2003 年 10 月 17 日联合国教科文组织通过的《保护非物质文化遗产公约》。该公约的英文版用词“intangible cultural heritage”在中文文本中被译为“非物质文化遗产”。

“非物质文化遗产”一词在国内最初并不被接受。2004 年 8 月，全国人大常委会在审议批准我国加入联合国《保护非物质文化遗产公约》时，部分委员也表达了异议，但最终选择尊重国际公约的规定。

这期间，十届人大教科文卫委员会又针对重点和难点问题进行了深入的专题研究，形成了《民族民间传统文化保护法（草案）》，并将草案名称调整为《非物质文化遗产保护法》。

民事保护在争议中搁置

一直以来，我国现有的法律制度在非物质文化遗产的民事保护制度方面几乎呈空白状态。1999 年的“黑龙江省饶河县四排赫哲族乡政府诉郭颂《乌苏里船歌》侵权案”，以及贵州省三都水族自治县“水书”被抢注商标等案件的发生，催生了文化界通过立法保护民族民间传统文化的意愿。在早期的《民族民间传统文化保护法》立法过程中，全国人大教科文卫委员会也尝试着用法律手段确定非物质文化遗产的民事权利。

记者查阅了我国 2005 年之前起草的法律草案和建议稿，发现均有大量对非物质文化遗产进行民事保护的内容。2007 年，国务院还将《非物质文化遗产保护法》列为二档项目，重点研究民事法律保护。2008 年 1 月和 6 月，国务院法制办召开了两次民事保护专家研讨会。

其间，法律界和文化界均有争议。最大的争议集中在“关于权利主体的认定”上。赞成者说，非物质文化遗产的权利主体是特定群体，可以描述确定；反对者说，特定的群体并没有具体的个体指向，表达上是代表这个群体的组织、机构或一方政府可以行使，却导致了个人无法主张权利，代表行使权利的集体也可能疏于行使权利，会导致“保护了却没有让保护者受益”的现象发生。

争议的另一个焦点是，不少非物质文化遗产的流传地非常分散，甚至跨区域或跨民族。尽管可以由多个地方共同进行保护，但一旦有侵害行为，共同的诉讼主体只有理论上的而非实际的同等的利益分配权。比如，流传在青海、西藏等地的国家级非遗《格萨尔王传》，青海、西藏等都可以进行保护，形成共同体，如果对此有侵害行为，青海和西藏可以成为共同的诉讼主体来主张权利，倘若只有青海或西藏一方进行诉讼，一旦由此而获得补偿，没有参与诉讼的一方是无权分配的。

还有一个非常重要的现实情况是，非物质文化遗产是千百年流传下来的文化形态，具有流变性和跨地域、跨民族性，因此具有相当的共有、共享性；而作为民事权利的知识产权在本质上体现的是权利的独占性、排他性，二者之间产生了很大冲突。其权利主体、归属如何确认，谁来主张权利、行使权利、有无保护期等问题，都超出了现行知识产权理论的范畴，对此，国际国内包括法学界存在很大争议。这一问题如若处理不好，不仅会大量引发地域间、民族间的纠纷，更会对实现非物质文化遗产的广泛传承、传播这一保护的根本目的产生极大障碍和不利影响。

尽管如此，在《保护非物质文化遗产公约》未通过之前，《民族民间传统文化保护法（草案）》中仍有民事保护的内容。民事保护问题持续纠缠不清、难以协调解决导致了国务院法制办于 2009 年调整方案，放弃在该部法律中对非物质文化遗产的民事保护问题作出直接规定。

2004 年起由政府主导

2004 年底，鉴于法律名称作了变更，非物质文化遗产立法起草工作由全国人大教科文卫委员会移交到国务院。由文化部牵头，联合全国人大相关委员会、国务院有关部门、有关社会团体和研究机构等成立了立法工作小组，起草《非物质文化遗产保护法》。

2005 年 3 月，国务院办公厅颁发了《关于加强我国非物质文化遗产保护工作的意见》，着重从政府保护的角度提出保护工作的重要意义、目标和方针，建立保护制度、工作机制等。这一文件为后来的立法提供了很好的参照和依据。

2006 年 9 月，文化部完成《非物质文化遗产保护法（草案送审稿）》，报请国务院审议。国务院法制办开始审查，广泛征求意见。

2007 年至 2008 年组织大量专家论证民事法律保护问题，直到 2009 年，去掉“保护”二字的《非物质文化遗产法》确定最终方向，被列入一档项目。

随后，这部备受社会各界瞩目的法律，进入了快速的立法程序：2010 年 6 月，国务院第一百一十五次常务会议通过《非物质文化遗产法（草案）》，并提请全国人民代表大会常务委员会审议；7 月，全国人大教科文卫委员会审议通过草案；8 月，十一届全国人大常委会第十六次会议对《非物质文化遗产法（草案）》进行一审；9 月，全国人大常委会向社会各界征求意见；12 月，全国人大常委会对《非物质文化遗产法（草案）》进行二审。

此前的几次审议中，限制境外组织和个人在国内进行非物质文化遗产调查，以及建立非遗代表性传承人退出机制，作为重大修改意见被提及。

2011 年 2 月 23 日，经调整的《非物质文化遗产法（草案）》，送交全国人大常委会第三次审议。2 月 25 日，第十一届全国人大常委会第十九次全体会议表决通过《非物质文化遗产法》；胡锦涛同志于当天签发了中华人民共和国主席令第 42 号，该法自 2011 年 6 月 1 日起施行。

立法：开启中国电影产业发展新纪元

——八问全国人大教科文卫委文化室主任朱兵[1]

一问：《电影产业促进法（草案）》提交初审，最大的亮点是“产业”这个属性，它标志着电影产业被正式纳入国家经济发展的更高层面，成为拉动内需、促进就业、推动国民经济增长和转型升级的重要产业。怎么理解本次立法将为国民经济发展、为文化事业的壮大注入更强的动力？

答：在所有的艺术门类中，电影被称为“皇冠”，是体现一个国家艺术表现力的最高形式，因与市场结合得非常紧密，在很多国家，电影是被当作前沿产业来推动的。

但怎么理解“产业”，有些人会掉进这个词语的陷阱，即只停留在工业、票房这一层面，好像一讲产业就是纯粹的经济学概念。由于没有深刻认识到它在意识形态方面的属性，也就不能很充分、很深刻地认识这部法律的意义。

将电影作为产业来发展，是一大进步，但它必须符合中国文化本质属性的要求，符合我们的社会主义核心价值观，符合我们的审美标准。电影产业在强调它经济属性的前提下，更多的是社会和文化效益，要把作为传播和弘扬我们价值观的一种手段和方法，而不是为产业而产业、为经济而经济。

如果将二者割裂，很容易把电影产业引到纯粹追求经济效益的歧路上去，反之，如果电影只追求票房，又会使它的文化社会属性被否定。其实，这两个属性并不矛盾，我们希冀通过产业本身的发展壮大，使文化和社会属性更充分地得以张扬。

文化产业是国家国民经济产业的重要支柱，这是国际上所公认的。党的十七届六中全会关于促进社会主义文化事业大发展、大繁荣的文件，把它作为国民经济的支柱性产业提了出来。十八大报告更明确了这一点。什么叫支柱性产业？就是要占

[1] 本文载于《中国人大杂志》2015年第22期，由记者徐燕整理。

到 GDP 的 5%以上，这是最低标准。中国文化产业去年的增加值占 GDP 的 3.76%，在国家层面上处于较低水平。一些省市发展较快，如北京市去年达到了 14%，是相当高的，具有了国际先进水平，但全国总体上发展不均衡。美国对此统称版权产业，他们至少在 25%~30%，也有人说至少在 40%以上。日本和韩国的文化产业都占到 8%，甚至 10%。我们要从三点几达到五点以上，完成“十二五”规划的任务，还任重道远。

期待通过这次立法，给电影产业带来新的机遇，在大众创业、万众创新的热潮中，让电影有法可依，健康有序发展，努力使我们国家从电影大国迈向电影强国。

二问：社会上有人质疑本次立法的作用和效果，称“象征意义”大于“实际意义”，认为只是对实践中一些已有制度从法律层面上给予确认与补充而已。对此，您怎么看？

答：出台《电影产业促进法》，应该是一个水到渠成的过程，其将电影体制改革的实践经验进行了高度总结和提升。比如，降低准入门槛，多少年来一直在做，通过改革推动，市场完善，经过摸索和检验，现在把它上升为了法律，第一次写进国家大法，我觉得是一件很了不起的事情。

再比如，偷漏票房问题，长期不能得到解决，政府部门一直在打击，这个情况的确存在，这是市场经济发展带来的问题，更是实现电影产业良性发展必须要解决的问题，需要一个法治环境来予以规范，这就给立法提供了规范的空间。法律不是空的，一经查实，草案中规定了，最高可罚款到 50 万，再吊销放映许可证，整个影院就得关门歇业了，这都是非常实在的。

国务院过去有一部《电影管理条例》，主要涉及电影各环节的行政管理，对如何推动电影产业发展关注不多。这些年来，中央和国务院为加快电影产业发展出台了不少政策。虽然已有法规和政策，但法规的立法层级低于法律，而政策性规定与法律规定更是有着本质上的不同。即便有条例、有政策，但法律依据又在哪里呢？这次就明确了这个法律依据，对行政执法机关来说，要的就是这个“尚方宝剑”。什么叫依法行政？过去我们可能是逮着就罚，罚了人家就和你打官司，问你的法律依据在哪里？你凭什么罚？所以说，法律绝不可能只有象征意义。

立法就是治理的最高准则，就是给电影产业提供一个法治环境，使其得以规范、有效运行，这样各个方面的权益才能得到保证，从业者才能有充分的施展才华的空间。

三问：简政放权，也是草案初审稿中的一个亮点，它在制度层面上，对产业做出了适度的松绑，在行政审批制度上进行了深入改革，取消了 2 项、下放了 5 项行政审批，明确鼓励企业等从事电影摄制活动、整合许可证制度、简化剧本审查制、降低准入门槛、下放审批制度。这些简政放权措施，是否标志着电影市场将更大程度地开放？

答：简政放权，符合当前时代发展的要求和社会发展的要求，对电影产业的发展有着积极的、保障性的作用。

拿降低准入门槛来说，这是这次立法一个很重要的举措，它打破了电影拍摄的许多先决性条件，并以法律形式固定下来，鉴于此，《电影产业促进法》可以说有着里程碑意义。

目前，社会资本投入电影的热情越来越高涨，远远超出预期，这些资本的进入对于中国电影产业每年以30%的速度增长有着很大的推动作用。现在，民营企业在电影产业中占比较高，未来发展还需要吸引更多的个体工商户、个人以及私有企业参与。因为无论从何种角度看，所有对电影有兴趣的人都来参与投入，对电影产业发展是件好事。立法进一步开放市场，有利于各类市场主体、社会资本进入电影产业，有助于扩大市场的自主选择，有助于市场的规范、有序、透明。

对企业来说，这个简政放权的“两取消五下放”可都是真金白银，他们对这方面的关注度远远超出我们的想象。无论是对产业还是对企业，最需要的就是要有一个公正、公平、公开的法治环境，而我们立法的目的就是要建立这样一个环境，保障电影企业的权益，规范政府行为，依法行政、依法执政，促进电影产业有序发展。可以预见，随着法律的出台，我国电影业必将迎来一个新的发展高潮，未来中国电影市场会更加蓬勃旺盛。

四问：明确扶持促进的措施，是草案的一个重点，这从法律名称上也可看出。但是，要怎么体现出促进？

答：促进，就是鼓励、保护和推进，这是本次立法的方向。

目前，电影市场虽然一派繁荣，但问题仍然不少，比如人才断层，比如缺乏好的剧本等。对于怎么扶持促进，草案中作了明确规定，有的规定了相应措施，将来还要再制定出相应的细则，相信这些问题都有可能得到有效的缓解。例如，对优秀电影产品的扶持、税收优惠和金融保险举措、开展电影知识产权质押、国产影片的放映时间保护、鼓励国内电影企业拓展海外市场，以及对观众权益的保障等，该草案中所作的这些规定都将对我国电影产业产生了积极而深远的影响。

法律一旦出台，或许会刺激全国影院在数量上再现新的突破，迎来一个高速扩张期，电影企业和从业人员可依据法律规定的相关措施整合资源，集中力量打造精品力作，这些都会成为促进措施的实际效应。

应当强调的是，我们在看《电影产业促进法（草案）》的时候，不仅要看它提出了几条保障措施，更重要的是，应该从它设定的基本法律制度上了解其对电影产业所起的促进作用。

五问：创新电影产业，创制有国际影响力的好电影，是每个业内人员的“中国梦”。观赏好看的电影，也是普世的娱乐享受，几乎没人不喜欢看电影，因为它承载了人们太多的梦想。从产业大数据来看，中国电影市场仍存在着无限潜力和商机。

由于电影产业的双重属性，导致出现了两套评价体系：商业性只关注票房，一些低俗电影目前霸占票房似乎无可指摘，相反，文化属性稍逊一筹，特别是一些主流价值观的电影，打动不了人心也是事实，它与票房脱节，在小众中黯然神伤，如果拨开票房漂亮的数字，里面说多了都是泪。

从一个关注者角度的观察，目前电影市场的状况是，某些低俗电影不但高票房，还成为经典、时尚，假如没看过的话，在社交平台上几乎没有话语权。仿佛一夜之间，喜剧、无厘头电影已跻身主流市场，而且正形成趋势。过去我们说，一个没有悲剧的国度，就没有深刻，就没有英雄，就没有激情和奋斗，如今在这个全民大娱乐场中，它听上去那么遥远，就像外星语言。

或许这将成为一种文化暗示，把人们的价值取向和欣赏品位引向恶俗，按照国人一窝蜂做事的习惯，呼啦啦的跟风行动，将导致一大批类似电影被如法炮制出来，影响、熏陶着青年一代。

如何从中国电影的“产量大国”提升到“质量大国”，鱼与熊掌兼得？这方面法律能做什么？作用和力度能有多大？

答：文化产品的生产是一个复杂的过程，要说立法能解决文化产品质量问题，坦率地说，这对立法的要求太高了。

我们为什么要立法？不是单为了拍出某一部好电影，而是要为整个电影产业的发展提供一个良好的社会环境、法治环境。在这个环境中，鼓励什么、扬弃什么，都非常明确。我们鼓励的肯定是积极向上的，既有社会效益又有经济效益，两项相加相得益彰的。但电影的产生，带有浓厚的个性化色彩，需要各个方面的艺术创作人员集体创作出来，所以不能简单地说法律一出来，所有好的产品就出来了。我们通过立法引导和规范市场，通过具体措施鼓励、支持优秀电影产品的生产、消费，弘扬社会主义核心价值观，传播中华优秀文化精神，培养和提升全民文化品位和审美情趣。

进一步说，法治环境可以保障优秀产品得到支持和鼓励，但不能保障拍出一个奥斯卡金像奖，因为艺术创造与个性、才华有关，与编剧、导演、演员等各个方面都有关联性，我们不能把法律无限扩大，如果可以，那搞个法律就解决一切问题了。

六问：为什么不分级制更适合中国国情？不分级会不会制约电影产业的发展？

答：电影是一种具有高度真实感和综合性的艺术表现形式，对观众的影响远超文学、戏剧等其他艺术形式，由于涉及性、暴力、犯罪、民族、宗教、政治等内容，自电影诞生以来，各国便都高度重视对电影的内容管理，根据国情不同分别采取审查制或分级制这两种形式。

电影审查制是有关机构在电影放映之前依照一定标准对内容予以审查，以决定是否公开放映，这也是我们当下实行的制度；分级制则主要是电影业界依照观众年龄、欣赏心理等对影片的内容进行分级，但不禁止其公开放映，主要依靠的是电影生产者和消费者的自律行为，是一种“自律审查”。

中国是一个有着几千年文明史的大国，对文化产品的要求一直比较高。电影有较强的意识形态属性和文化社会属性，如果从源头上来保证电影产品的文化属性、意识形态属性，确定它的价值观取向，从而对社会起到正面的、积极向上的引领作用，现在正在施行的审查制是比较主动和有力的。

分级制一般由行业协会来做，目前，我们的电影市场管理还不规范，电影行业组织仍然不健全，这个基础还需进一步打牢。

从国际经验来看，分级容易管理难，以观众年龄为依据进行分级，理论上容易，实际操作起来难度却很大，效果也并不明显。对我国来说，希望通过分级制达到传播正能量、弘扬主流价值观，以目前的状况还不易实现。从我们电影院和银幕目前巨大的数量来看，分级后的监管难度更大。有些专家还认为，分级会导致对色情、暴力内容的监管被放宽，为迎合一些社会上低俗的需求，任意去拍这类影片的情况将有所增加。虽不占主流，但这类影片对社会的不良影响很大。

我个人觉得，《电影产业促进法（草案）》没有采取分级，还是采取审查制度，是经过认真审慎考虑和反复研究比较的。按照现在的审查制度，我认为，不会成为制约电影产业发展的因素。为什么？

按照草案的规定，这个审查制度是公开的，电影内容的禁止性规定是符合社会公认的基本价值准则的，而且还要求国务院有关部门要制定出台更详细的审查标准并向社会公布；审查程序也是公开、透明的。过去讲审查标准往往是文件性的，不透明，有时就是领导说了算，现在通过法律确定下来就成了一个公开性的东西。《电影产业促进法（草案）》明确了审查程序、审查机制的构成，规定审查应组织专家评审，这些专家由专家库里的专家组成，或根据电影题材特别聘请的专家，他们的评审意见将作为审查决定的重要依据，这就使得审查意见有了社会化基础。不是过去几个领导，几个人，几个部门，关上门商量就行了。这些规定都是公开透明的。

立法就是通过法律划出明确的界限，只要公开化、明晰化，为业界营造一个公开公平公正的环境，大家依法去做，发挥聪明才智，就能拍出越来越多既符合我们社会主流价值观、弘扬人类美好情操，又符合观赏特点的老少皆宜的影片。

还有一个要强调的问题是，分级制更多地依赖社会评判和行业组织，这就需要业界形成社会自律，这个自律与行业自我发展健全，与从业人员的自我约束都有关联。同时，分级制还需要相关法律和配套措施，目前，在行业自律和相关配套措施尚不成熟健全的状态下贸然实行分级制很容易引起一些混乱。

当前《电影产业促进法（草案）》只对行业协会有所规定，事实上对从业人员也应该有原则性要求。电影行业是特殊性行业，电影明星拥有大量粉丝群，他们具有很大的社会影响，尤其是对青少年的影响更难以估量，国家的行业协会往往会对从业人员有严格要求，而我们的行业协会这方面的功能还没完全发挥出来。

总之，遵循自己国家的制度特色来制定法律，才能起到积极作用，反之，盲目学习国外，照搬他们的东西，往往只会起到消极作用。

七问：这部法律被称为“中国电影第一法”，是我国电影产业的第一部法律，是电影业法律法规和政策体系中的龙头老大，“千呼万唤始出来”后，接下来将面临几次审议修改，在公众的关注下，审议修改的这个过程有何意义？

答：显然，面临三次审议，在公众关注下审议、修改，把它放在互联网平台上征求全民意见，这个过程就是一次深入的普法活动。比如，发展中存在问题的焦点是什么？被关注的问题是怎么解决的？法律最后是怎么确定下来的？这对民众了解这部法律、理解这部法律、认识这部法律、学习这部法律都有很大的帮助。在审议中，委员们因为什么问题发生交锋？他们认可了哪些？修改了哪些？高度评价了哪些？觉得还有哪些不足？最后怎么形成了这样的条文？这些都是帮助社会大众理解和认识这部法律的一次绝佳机会。

立法机关与公众不能隔着两张皮，要让他们知道立法解决了什么问题，哪些条文与自己的生活有着密切联系，搭建起这么一个与社会大众之间的桥梁，进行无缝对接，于国家、于人民、于立法都是利事。

八问：中国已稳居全球第二大电影市场，也是增长最快的市场之一，电影产业是文化产业中具有代表性的一个行业，是我们国家文化产业中的重要组成部分，此次立法，对下一步《文化产业促进法》的制定意味着什么？有什么影响？

答：当今世界，国与国的竞争，越来越凸显出文化上的竞争，它早已成为一个国家“软实力”的象征。

众所周知，文化产业是知识密集型和资本密集型产业，处在现代服务业的高端，而作为国民经济支柱性产业的文化产业中，电影产业又起着“火车头”和“排头兵”的作用。

有人问我，既然要搞《文化产业促进法》，其中就涵盖电影，为什么还要单搞一个《电影产业促进法》？

这就是一个基本法和专门法的关系了。《文化产业促进法》覆盖文化产业全领域，是一个比较大的范畴，是整个行业的基本法；《电影产业促进法》是《文化产业促进法》这个基本法下面的一个专门法。从立法角度讲，《电影产业促进法》比较集中、比较单纯，制定起来比较容易。但无论是基本法，还是专门法，其基本法律制度和原则都不能出现冲突，这才是最重要的。假如说《电影产业促进法》里面确定了降低门槛的原则，可到了《文化产业促进法》中却把文化产业的门槛抬得高高的，只允许几家国营企业来搞文化产业，这就相互矛盾了。

电影产业虽然只是文化产业的一部分，但它确定下来的一些法律制度、法律原则都是整个文化产业的示范，因为其规律和性质基本是相通的。文化产业由于涵盖面更加宽广，制定起来难度更大一些，也相对更加原则一些，但在立法精神层面上应该是一致的。

我相信，《电影产业促进法》中规定的基本制度、基本原则，将来均会被《文化产业促进法》所吸收。所以说，这次立法有一定的标杆作用，可以作为文化产业立法的一个重要参考。

公共文化服务保障立法：拉开新时期文化立法大幕

——专访全国人大教科文卫委文化室主任朱兵[1]

2016年4月25日，《公共文化服务保障法（草案）》提请十二届全国人大常委会第二十次会议初审。

全国人大教科文卫委文化室主任朱兵于近日接受本刊记者专访时表示，今年是“十三五”规划实施的开局之年，也是坚持“创新、协调、绿色、开放、共享”发展理念、推动我国发展深刻变革的关键时期。作为文化领域的一部基础性法律，《公共文化服务保障法（草案）》提请初审，意味着我国拉开了新时期加强文化立法的大幕。未来，文化领域的立法将以该法为依据，加快制定和出台其他方面的法律法规，保障广大人民群众普遍享受公共文化服务的权利，促进社会主义文化繁荣发展。

采访中，朱兵还对《公共文化服务保障法（草案）》的起草过程、意义和特点作了详细介绍和梳理。

记者：文化立法一直备受全社会关注。起草和制定《公共文化服务保障法》，是出于怎样的考虑？有什么背景？

朱兵：公共文化作为文化建设的重要组成部分，承担着面向所有人传播和内化社会主义核心价值观、提高公民道德和文化素质的使命和功能。大力发展公共文化，是一个社会文明繁荣昌盛的重要标志。我国要建设社会主义文化强国，实现两个一百年奋斗目标，实现中华民族伟大复兴的“中国梦”，离不开社会主义核心价值观的深入人心，离不开国民素质的普遍提高，离不开文化的继承与开创能力的整体提升。

党中央高度重视公共文化服务体系建设。党的十八大将公共文化服务体系建设作为全面建成小康社会的重要内容，对现代公共文化服务体系建设作出了一系列重

〔1〕 本文载于《中国人大杂志》2016年第10期，由记者李小健整理。

要部署，确立了公共文化在国家文化建设中的重要地位，明确提出到2020年“公共文化服务体系建成”的战略目标。党的十八届三中全会将构建现代公共文化服务体系，促进基本公共文化服务标准化、均等化作为全面深化改革的重点任务之一。党的十八届四中全会将文化作为立法的重点领域，对建立健全文化法律制度作出部署，并明确提出要制定《公共文化服务保障法》，促进基本公共文化服务标准化、均等化。党的十八届五中全会通过的“十三五”规划建议对公共文化服务建设作出了进一步安排，要求创新发展方式，以“创新、协调、绿色、开放、共享”的理念引领现代公共文化服务体系建设的方向。这一系列的方针政策，全面绘制了未来一段时期我国现代公共文化服务体系建设的蓝图。

今年是“十三五”规划实施的开局之年，也是坚持“创新、协调、绿色、开放、共享”发展理念、推动我国发展深刻变革的关键时期。全国人大常委会制定《公共文化服务保障法》，拉开了新时期加强文化立法的大幕，对促进全面建成小康社会、落实发展新理念具有特殊意义。

制定《公共文化服务保障法》是本届全国人大常委会组成以来坚决贯彻落实以习近平为总书记的党中央“五位一体”总体布局、“四个全面”战略布局，充分发挥文化在我国综合国力中的重要作用，使之成为推动全面建成小康社会，实现中华民族伟大复兴“中国梦”的强大力量的一个重大举措；是加强文化立法工作，依法构建现代公共文化服务体系，保障人民基本文化权益，提高文化建设法治化水平的重大举措。

制定《公共文化服务保障法》，既是我国文化事业发展中的一件大事、喜事，也是我国文化法律制度建设迈上新台阶的重要标志。

记者：这部法律的草案说明提到，在起草过程中借鉴了地方立法和国外立法的有益经验，具体是指哪些方面？

朱兵：在立法调研中，我们发现一些地方已经先行作出探索，出台了相关法规，取得了很好效果。2011年9月，广东省人大常委会在全国率先制定了《广东省公共文化服务促进条例》。2012年11月，上海市人大常委会会议通过了《上海市社区公共文化服务规定》。2015年12月，江苏省人大常委会会议也通过了《江苏省公共文化服务促进条例》。

这些地区的做法，各有千秋，为国家层面开展公共文化服务制度建设和立法提供了实践经验。广东的公共文化服务制度建设得最早，保基本、全覆盖，尽可能地满足了基层各方面民众的文化需求。比如，广东渔民较多，一旦出海打鱼，往往几个月都回不来。在海上，渔民看不了电视、听不了广播，没有文化生活。于是，政府相关部门给每艘船都安装了广播电视无线接收装置，保障渔民收听、收看广播电视节目的基本文化权益，得到了渔民的一致好评。上海是一个大都市，其城市管理的一个突出特点就是以社区建设为主要抓手。上海出台社区公共文化服务地方法规，抓到了点子上。该法规对涉及公共文化服务的事项都作了比较具体和量化的规定。比如，根据常住人口的多少来配建社区文化活动中心，文化中心每周要开放多长时间，文化中心运营管理模式等。《江苏省公共文化服务促进条例》去年刚出台，它融入了党的十八大以来中央在公共文化服务体系建设方面的最新精神，而且专门设置了“社会参与”一章，鼓励社会力量参与提供公共文化服务。

草案在起草过程中也吸收了国外的一些立法和实践经验。一些发达国家（如美国、日本、德国等），都非常重视建立相对完备的公共图书馆、博物馆、文化馆等设施，为社会公众提供公共文化服务，在公共文化设施合理布局和功能发挥、把公共文化服务延伸到社区和基层、公共文化服务提供的多元化和管理的社会化以及相关立法等方面，都有一些很好的做法。

公共文化服务的一个重要原则和目的，就是要服务到老百姓头上。不能只求“高大上”而不接地气，不能认为文化主要是为文化人和知识分子服务的，与普通人民群众没有什么关系。现在，《公共文化服务保障法（草案）》的一个根本宗旨就是保障所有人民群众的基本文化权益，通过提供相对完备的文化设施、文化产品、文化服务，满足人民群众日益增长的文化需求。比如，草案对广大农村地区、老少边穷地区、城市社区、特殊人群的公共文化服务作了特别规定，在制度建设和顶层设计上以保障每个人的基本文化权益为出发点。又比如，在设施建设上，该草案的一个指导思想就是面向基层提供公共文化服务，强调无论是在城市社区还是在农村，公共文化服务都要有支脉和根基，要把文化服务延伸到老百姓的生活中去。比如，该草案明确规定，地方人民政府应当加强乡镇、街道、村、社区的基层综合性文化服务中心建设，等等。

记者：经过多年的努力和积累，我国各地建有大量的公共文化服务设施。截至2014年年底，全国共建成县级以上公共图书馆3117个，文化馆3315个，乡镇文化站4万余个，农民体育健身工程42万多个……但是，这些设施当中有相当一部分被认为存在“重建设、轻使用”的问题。对此，您怎么看?

朱兵：公共文化设施是公共文化服务的重要基础和载体，没有相对完备的公共文化设施，公共文化服务的提供就会失去主要依托。近几年，我国逐步加大了对公共文化服务体系建设的投入力度，硬件设施得到升级，这对满足人民群众的基本文化需求发挥了重要作用。调研中，我们也发现，一些地方对公共文化服务设施的使用确实不够重视。

公共文化服务设施是弘扬社会主义核心价值观，传承中华民族优秀文化，传播社会正能量的重要“阵地”和基础载体，是绝对不能放弃和丢掉的。

要确保社会主义先进文化的引导性和主导性，就必须加强“阵地”建设。在一些边疆地区，公共文化设施不仅为广大群众提供文化服务，还承担着反分裂、反宗教极端势力、反恐怖主义和团结人民的功能，效果十分突出。

因此，公共文化设施既要建好，也要管好用好，确保其发挥最大作用。

记者：那么，应该如何发挥好这些设施的作用，提高服务效能？

朱兵：这是大家普遍关心的问题，《公共文化服务保障法（草案）》也花了不少笔墨，提出了坚持设施建设和服务效能并重的原则，明确将“提高公共文化服务效能”作为“加强公共文化设施建设，完善公共文化服务体系”的一项重要原则写入总则。

具体说来，《公共文化服务保障法（草案）》明确规定各级人民政府应当建立反映公众文化需求的征询反馈制度和公众参与的公共文化服务考核评价制度，并将考核评价结果作为确定补贴或者奖励的依据。还规定公共文化设施管理单位应当根据评价结果改进工作，提高服务质量。规定国家推动公共文化设施根据其功能定位，建立健全法人治理结构，吸收有关方面代表、专业人士和公众参与管理。

在提高设施利用率方面，《公共文化服务保障法（草案）》规定基层综合性文化服务中心应当加强资源整合，充分发挥统筹服务功能。要切实改变公共文化条块分割的现状，加强综合统筹功能。“上面千条线，下面一根针”，不能这个部门建个书屋，那个部门设个文化活动室，使资金、力量分散，缺乏有效的功能效应。从这些实际情况来看，在基层建立综合性公共文化服务中心是一种积极、有效的重要方式。一方面，可以整合资源，发挥财政投入的最大效益；另一方面，也是非常关键的，就是通过多功能的公共文化服务提供，能够起到聚集效应，吸引更多群众参与和使用。在这样一个综合性的文化服务中心，人们既可以了解国家最新政策，也可以看书学习；既可以听广播和看电影电视，也可以聊天和组织活动。

同时，《公共文化服务保障法（草案）》还鼓励和支持公共文化服务和国民教育融合，充分发挥公共文化服务的社会教育功能，提高青少年思想道德和科学文化素质。习近平总书记一直强调要使博物馆的文物“活”起来，要充分发挥博物馆等公共文化设施在传承优秀中华文化中的功能作用。在这方面，《公共文化服务保障法（草案）》作了强化，即明确规定各级地方政府应当加强面向在校学生的公共文化服务，支持学校开展适合在校学生特点的校园文化活动，促进德智体美教育。通过法律制度建立起学校与公共文化服务之间的良性机制，鼓励支持学生们定期到博物馆等文化场所学习，使这些公共文化场所成为学生们的“第二课堂”和人文教育基地。相信，随着法律的出台，青少年会有更多机会到公共文化场所学习交流，拓宽视野，提升人文素养。

记者：公共文化服务主要是面向广大人民群众，《公共文化服务保障法（草案）》如何保障他们最基本的文化权益，使其共享国家改革发展的成果？比如，由于财力有限，经济发展相对落后的地方，尤其是一些“老少边穷”地区的公共文化服务设施数量非常少，甚至没有。对于这些落后地区的人民群众，如何让他们享受公共文化服务？

朱兵：让所有人民群众平等地享受基本公共文化服务，是制定这部法律的根本目的。《公共文化服务保障法（草案）》总则就强调各级政府要坚持公益性、基本性、均等性、便利性原则，公平、普惠地向群众提供公共文化服务。

对于支持经济发展落后和“老少边穷”地区的公共文化服务体系建设，《公共文化服务保障法（草案）》规定：“国家扶助革命老区、民族地区、边疆地区、贫困地区的公共文化服务，促进公共文化服务均衡协调发展。”“国务院和省、自治区、直辖市人民政府应当增加投入，通过转移支付等方式，重点扶助革命老区、民族地区、边疆地区、贫困地区开展基本公共文化服务。”

为更好地体现公共文化服务的“四性”原则，《公共文化服务保障法（草案）》还规定各级人民政府应当根据未成年人、老年人、残疾人和流动人口等群体的特点与需求，积极创造条件，提供相应的公共文化服务。地方各级人民政府应当根据当地的实际情况，在人员流动量较大的公共场所和外来务工人员较为集中的区域，配备必要的设施，为公众提供公共文化服务。

应该说，该草案较好地兼顾了各方面群体享受基本公共文化服务的权益。

记者：提供公共文化服务，政府是主体，承担主要职责，但是也需要充分调动社会力量参与。在这方面，《公共文化服务保障法（草案）》作出了怎样规定？

朱兵：既然是公共文化服务，政府理应唱“主角”。随着社会的发展和进步，要满足人民群众的基本文化需求，不断提高公共文化服务水平，需要源源不断地投入资金和加强相关保障。尽管近年来我国加大了对公共文化服务体系建设的资金投入，但与其他社会领域相比，总体上还是偏少，人均文化经费处于较低水平。经费不足，事儿就难办，也很难办好。加大公共文化资金投入，光靠政府不行，要靠全社会的力量，关键是要营造一个有利于社会力量积极参与的良好环境，还要建立对投入资金的合理监管机制。在这些方面，政府更要发挥职能作用。

为此，《公共文化服务保障法（草案）》明确规定，要充分发挥社会力量对公共文化建设的作用，提供制度平台和空间，调动全社会的积极性。同时还规定，建立适应社会发展的公共文化设施运营、管理和服务制度，通过鼓励、支持委托社会力量参与运营等多种方式，拓宽公共文化服务的渠道；鼓励各种社会力量参与提供公共文化服务。规定县级以上人民政府应当建立健全公共文化服务资金监督和统计公告制度，确保资金被用于公共文化服务，任何单位和个人不得侵占、挪用。各级审计机关依法开展审计工作。

记者：技术的发展，让许多“不可能”变成了可能。文化是多元的，呈现形式也是多样的。当下，公共文化服务如何与技术深度融合?

朱兵：现在我们所处的时代，信息技术日新月异，时刻改变着生产生活方式。借助发达的信息技术，可以打破时间、空间限制，让人们更加均等地享受公共文化服务。

为此，《公共文化服务保障法（草案）》要求坚持公共文化与科技融合原则，推动运用数字技术、现代信息技术和传播技术，提高公共文化服务水平。

在具体条文中，《公共文化服务保障法（草案）》规定国家统筹规划公共数字文化建设，构建标准统一、互联互通的公共数字文化服务网络，建设公共文化信息资源库，实现基层网络服务共建共享，支持开发数字文化产品，推动利用宽带互联网、移动互联网、广播电视网和卫星网络提供公共文化服务；规定地方人民政府应当加强基层公共文化设施的数字化和网络建设，提高数字化和网络服务能力。

全民阅读首次具有国家法律地位[1]

——本报记者独家专访《公共文化服务保障法》起草人

2016年12月25日，十二届全国人大常委会第二十五次会议表决通过了《公共文化服务保障法》。该法律的出台，被誉为是我国文化法治建设中的一件大事和文化事业发展中的一件喜事。《中国新闻出版广电报》记者就此专访了该法的起草人之一、全国人大教科文卫委员会文化室主任朱兵。

读书看报有了法律保障

《中国新闻出版广电报》：请问这部法律的亮点有哪些？

朱兵：其一，第一次通过国家法律把党和国家长期以来在文化建设领域行之有效的方针政策上升为法律制度，从法律上确立了公共文化服务的根本目的、基本原则和基本制度，为社会主义文化的繁荣发展奠定了重要的法治基础。其二，它是鲜明地以维护人民群众基本文化权益、为其不断增长的精神文化需求提供保障的法律，是我国宪法相关规定的具体体现。这部法律的一个主线是，建设覆盖城乡、便捷高效，保基本、促公平的现代公共文化服务体系，通过规范公共文化设施建设、文化产品和服务的提供等，为人民群众享有读书看报、看电视、听广播、参与文化鉴赏、文化活动等基本文化权益，提供了坚强有力的法律支撑。

《中国新闻出版广电报》：此法和老百姓的密切关系在哪里？

朱兵：法律将保障和实现公共文化服务均等化、公平化放在重要位置，明确规定国务院制定国家基本公共文化服务指导标准，在设施建设、产品和服务提供等方面都有具体指标，覆盖全国；各省（区、市）可根据国家标准，结合当地实际情况制定实施标准，这一标准可高于国家标准。法律对建设管理公共文化设施、提供公共文化服务等作出了具体规定，为人民群众参与享受公共文化服务、参与公共文化

[1] 本文系笔者口述，载于《中国新闻出版广电报》（2016年12月29日），由记者章红雨整理。

活动等提供了具体保障。同时，法律还规定对未成年人、老年人、残疾人、流动人口、农村留守妇女儿童提供相应的公共文化服务。

为地方立法提供上位法依据

《中国新闻出版广电报》：将全民阅读写入法律中，其意义在哪里？

朱兵：读书看报是人民群众基本公共文化权益中的一个必不可少的重要内容。建设经济强国、文化强国，实现“两个一百年”目标，都离不开国民素质的普遍提高，离不开文化的继承与开创能力的整体提升。而这之中，一个重要的途径和手段就是要下大力气促进全民阅读。

《公共文化服务保障法》明确规定，各级政府应当充分利用公共文化设施、促进优秀公共文化产品的提供和传播，支持开展全民阅读等活动。同时还规定基层综合性文化服务中心应当为公众提供书报阅读等多种公共文化服务。这一规定对全民阅读具有重大的法治意义，也就是说，全民阅读第一次被国家法律正式纳入，由此具有了国家法律地位。

这也为国务院制定全民阅读条例和地方立法机关制定全民阅读地方性法规提供了上位法依据。我相信，随着《公共文化服务保障法》的深入贯彻实施，全民阅读工作和法治建设必将出现一个新局面。

《中国新闻出版广电报》：媒体在该法律中的作用体现在哪里？

朱兵：立法的一个重要目的是要构建现代公共文化服务体系，这个体系包括场馆服务、流动服务、数字服务相结合的公共文化设施网络，不仅包括传统意义上的博物馆、文化馆、图书馆等，还包括广播电视传输覆盖设施，以及公共数字文化服务网络等。这之中，媒体作为文化传播的平台和文化内容提供者，有向社会和人民群众承担公共文化服务的义务和职责，所传播和提供的内容必须按照法律规定，坚持社会主义先进文化前进方向，坚持以人民为中心，坚持以社会主义核心价值观为引领；法律规定国家统筹公共数字文化建设，构建标准统一、互联互通的公共数字文化服务网络，推动利用宽带互联网、移动互联网、广播电视网和卫星网络提供公共文化服务，其中媒体的参与和作用不可或缺。

严禁挤占农家书屋等公共设施

《中国新闻出版广电报》：农家书屋等公共文化设施被挤占的情况时有发生，法律对此有什么硬性要求？

朱兵：由于这一现象有的涉及政府，有的涉及设施管理单位，《公共文化服务保障法》对此分别作出了硬性规定。《公共文化服务保障法》在“法律责任”一章中，明确规定对地方政府和县级以上政府有关部门擅自拆除、侵占、挪用公共文化设施，或者改变其功能、用途，或者妨碍其正常运行的行为，由其上级机关或者监察机关责令改正；情节严重的，对直接负责的主管人员和其他直接责任人员依法给予处分。对侵占公共文化设施的建设用地或者擅自改变其用途的，由县级以上地方人民政府土地主管部门、城乡规划主管部门依据各自职责责令限期改正；逾期不改正的，由作出决定的机关依法强制执行，或者依法申请人民法院强制执行。对公共文化管理单位开展与公共文化设施功能、用途不符的服务活动的，由其主管部门或者价格主管部门责令限期改正，没收违法所得，违法所得5000元以上的，并处违法所得2倍以上5倍以下罚款；没有违法所得或者违法所得5000元以下的，可以处10 000元以下的罚款；对直接负责的主管人员和其他直接责任人员，依法给予处分。

《中国新闻出版广电报》：挪用公共文化服务资金者将受到处罚，请问此方面监督机制怎么体现？

朱兵：实践中，一些地方政府或部门存在将公共文化服务资金挪作他用的现象，为防止出现这类行为，法律作出了制度设计，规定县级以上人民政府应当建立健全公共文化服务资金使用的监督和统计公告制度，加强绩效考评，确保资金用于公共文化服务。任何单位和个人都不得侵占、挪用公共文化服务资金。特别是对有这类行为的地方政府或有关部门，法律明确规定由其上级机关或者监察机关责令限期改正，情节严重的，对直接负责的主管人员和其他直接责任人员依法给予处分。

全民阅读立法步入“快车道”[1]

2017年3月31日，国务院法制办公室向社会发布了《关于〈全民阅读促进条例（征求意见稿）〉公开征求意见的通知》，目的是进一步增强立法的公开性和透明度，提高立法质量，这意味着全民阅读立法正在“换挡提速”。从2006年中宣部、中央文明办、新闻出版总署等11个部门联合发起开展全民阅读活动的倡议至今，已经走过十个年头，从中央到地方，再到社会各界，都在以自己的方式推动全民阅读，对于立法大家有着不同的理解和认识，本期《法治》专版推出专题，为大家梳理这十年业界推动立法的历程。

推动阅读立法已走过十年

“这意味着全民阅读的立法工作进入了‘快车道’。”3月31日，在国务院法制办公室向社会公布《全民阅读促进条例（征求意见稿）》（以下简称《条例》）之际，全国人大教科文卫委员会文化室主任朱兵接受《中国新闻出版广电报》记者采访时颇为兴奋地说道。

“值得一提的是，自今年3月1日起正式施行的《公共文化服务保障法》，也将‘全民阅读’写入其中。作为一部公共文化领域的基础性法律，该法律从国家的角度赋予了全民阅读以国家法律地位，也为国务院制定《条例》提供了法律依据。”朱兵进一步阐释道。除此之外，“全民阅读”已连续4年被写入政府工作报告，在今年的政府工作报告中更是首次使用了“大力推动全民阅读”，这表明《条例》已经到了呼之欲出的时候。

十年全民阅读活动为立法打牢根基

2006年，中宣部、中央文明办、新闻出版总署等11个部门联合发起开展全民

[1] 载于《中国新闻出版广电报》（2017年4月13日），由记者王坤宁、李婧璇整理。

阅读活动的倡议。2007年“世界读书日”之前，中宣部等17个部门再次联合发出倡议：以“同享知识，共建和谐”为主题，开展全民阅读活动。2009年，中宣部、中央文明办、新闻出版总署在深圳联合召开全民阅读活动经验交流会，就进一步深入开展全民阅读活动展开深入交流。

十年来，随着全民阅读活动的深入开展，其间一些问题也随之凸显，如国民阅读公共资源和设施不足、不均衡，全民阅读工作需要法律保证统一规划、组织保障和经费支持等，如何推动全民阅读可持续发展，为全民阅读立法的呼声越来越强烈，全民阅读开始被纳入中央及地方政府的立法计划之中。

2012年全国两会，全国政协委员、韬奋基金会理事长聂震宁联名13位政协委员，提出了《关于将城市阅读指数纳入文明城市指标体系的建议》，把推动全民阅读的建言进一步落到实处。

2012年11月，党的十八大报告历史性地写入“开展全民阅读活动”，标志着全民阅读已经成为党中央的一项重要战略部署。

2013年全国两会，全国政协委员、时任新闻出版总署副署长邬书林提交提案——《关于制定实施国家全民阅读战略的提案》，建议把全民阅读上升为国家战略。厉以宁、葛剑雄、王明明、白岩松、陈建功、何建明等115位政协委员均在提案上签名。该提案明确提出了“由全国人大制定‘全民阅读法’、国务院制定‘全民阅读条例’”的建议。

2013年，国家新闻出版广电总局全民阅读立法起草组成立，草拟《全民阅读促进条例》，全民阅读立法被列入2013年国家立法工作计划。

2014年，全民阅读首次写入政府工作报告，全民阅读上升为国家战略。随后连续3年，全民阅读都被写入政府工作报告。

2016年2月，国家新闻出版广电总局公布《条例》，面向社会公开征求意见，自此，国家层面的全民阅读立法工作又向前迈出了实质性的步伐。

公开征求意见力求《条例》更完善

朱兵告诉记者，这次国务院法制办公室将《条例》公布，征求社会各界意见，受到了大家的高度赞扬和评价，也收到了很好的意见和建议。“一些人还委托我反馈了不少好的建议呢！”朱兵说，面向社会公开征求意见，是《条例》在立法过程中的必经环节。“从某种程度上说，《条例》草案起草得不错，各方面达成的共识度很高，这也表明国务院在推动全民阅读立法工作方面抓得很紧，也非常有力。”朱兵表示，非常期待《条例》能尽快出台。“该《条例》的出台，意味着全民阅读工作将进入一个全新的局面、一个全新的阶段，即‘法制’阶段，将为全民阅读工作的要求、宣传、贯彻和执行等方面提供一系列基本的法制保障。”朱兵谈道。

对此，民进中央副主席朱永新也表示认同。他认为，未来《条例》的出台不仅推动中国的全民阅读进入“法制”阶段，更成为具有一定意义的象征标识符。“这标志着从政府层面，让全民阅读进入制度化、规范化发展，推动全民阅读更加深入地开展。”

立法必要性讨论成热点

“阅读不要用强制、统一化的规定，阅读更多是教育和引导的问题，而不是规定，法律太硬。”当全民阅读立法列入 2013 年国家立法工作计划时，曾一度引发了社会各界的关注和讨论。

立法让公民享有基本阅读权利

回忆最初倡导制定《全民阅读促进条例》引发公众热议，作为个体行为的阅读到底需不需要一部法律，民进中央副主席朱永新当时在《中国青年报》撰写了《我们是否需要关于阅读的法律》一文。在接受《中国新闻出版广电报》记者采访时，朱永新再次强调当年提倡并推动阅读立法的初心：“《条例》主要是规范和保障政府的行为，政府如何加大对全民阅读的投入、保障力度，创造良好的阅读环境、氛围，从法律层面提出要求，有助于全社会形成良好的全民阅读风气，也对公民素质的提高提出了一个更好的要求。”

在朱永新看来，《条例》将对国家加大图书馆建设力度起到良好的促进作用，有助于阅读推广工作开展的科学化和机制化运行；从组织机构来说，成立国家的全民阅读指导委员会，不仅汇聚政府资源和力量，更有助于凝聚全社会力量共同推进全民阅读工作的开展；从全民阅读的经费投入来说，规范各级政府加大对全民阅读推广的财政支持力度。同时，朱永新认为，阅读还需要仪式和庆典，通过设立阅读节来增强全社会对于阅读重要性和必要性的认识。

“《条例》可以说是中国文化史上一座具有纪念意义的里程碑。它以法律的形式为确保我国公民享有基本的均等化的阅读权利提供了强大的国家资源保障，并有效统筹各种社会资源保障阅读的经费、阅读的资源设施建设以及特殊群体的阅读需求等亟待解决的问题。”作为全民阅读立法工作一直以来的积极倡导者、推动者和关注者，中国出版协会副理事长邬书林回顾全民阅读倡导十年来的亲身经历，在接受记者采访时感慨万分。

在邬书林看来，《条例》从立法原则、思想等方面指出其出台的必要性，有效回应了社会公众对于阅读立法所存在的质疑和困惑；总论则指出了阅读的意义；《条例》尤其对政府部门、家庭、社会、出版机构、媒体等所发挥的作用都进行了较为细致的描述，可谓是分工明确，有利于统筹各种社会力量形成合力。“通过此次征集，可以更好地集思广益、群策群力，使《条例》得到进一步完善，做好全民阅读规划。而未来《条例》的出台，为确保全民阅读各项活动的深入开展奠定了法律基础，使其得以形成长久有效的机制保障，避免流于形式、浮于表面，也避免成为一阵风似的运动。”

“再怎么强调阅读的重要性一点也不为过。”邬书林表示，中国如何在当下综合国力日益激烈的竞争中保持长久的核心竞争力，凝聚国民精神，最简单、最有效、最便捷的途径就是倡导全民阅读，让民众通过读书获取知识来武装自己。“通过全民阅读，才能从根本上形成我们的文化自信和文化自觉，进而助推中华民族的伟大复兴之业。纵观人类发展史，人们对知识的尊重是跨越国界、跨越民族的，阅读可以让我们更好地获取人类生产生活的技能，可以让我们和古今中外的名人进行跨越时空的对话和思想交流，可以让我们全面地继承并弘扬全世界的优秀文化遗产，可以丰富我们的心灵、升华我们的思想，使人类变得高尚且伟大。”邬书林如是概括阅读对于我们的功用，“阅读让我们站在巨人的肩膀上进行文化创新，实现人类的全面进步”。

发达国家更重视全民阅读

记者在采访中了解到，《条例》的制定借鉴了世界若干发达国家的阅读立法。从世界范围来看，许多发达国家都将推动全民阅读视为提升国家综合实力的核心要素之一，并以政府立法推动全民阅读，取得显著成效。

目前，美国、英国、法国、韩国、日本等国家都在20世纪90年代之后进行了阅读相关领域的立法，以法律形式保障国民阅读能力的提高与积累。如美国在1998年推出《卓越阅读法》，2002年再推《不让一个孩子落后法案》，旨在通过阅读提高全体国民素质；日本在2001年出台《关于推进儿童读书活动的法律》，明确规定：“国家及地方公共团体，都有义务推进儿童读书活动，从而改善儿童的读书环境。”韩国于1994年出台《图书馆及读书振兴法》，2009年出台《读书文化振兴法》，目的是为图书馆及文库的设立、运营以及读书振兴创造必要的环境，建立健全图书馆及文库，促进读书活动，促进文化发展和终身教育的发展；俄罗斯也在2012年从国家层面出台具有法律意义的《民族阅读大纲》，以保证俄罗斯读书人数的持续增长。此外，还有法国的《有关地方政府促进公众阅读和为电影院提供优惠的法律》、西班牙的《阅读、图书和图书馆法》、瑞典的《政府支持文学、文化杂志和阅读推广活动条例》、智利的《建立国家促进书籍和阅读基金法》、墨西哥的《促进阅读和图书法》等。

地方立法先行一步

谈及我国首部地方全民阅读法规，就要说到江苏省，2015 年 1 月 1 日《江苏省人民代表大会常务委员会关于促进全民阅读的决定》的正式实施，开辟了我国立法保障阅读的先河。该决定鼓励和引导高等学校图书馆和其他单位、个人的阅读服务场所创造条件向公众免费开放，并正式将每年 4 月 23 日设定为“江苏全民阅读日”。

五省市出台相关法规

2015 年 3 月 1 日，《湖北省全民阅读促进办法》开始实施。该办法规定，县级以上人民政府应当将全民阅读工作所需经费列入本级财政预算，加大对全民阅读的经费投入。县级以上人民政府应当在每年 4 月 23 日（世界读书日）和 9 月 28 日（孔子诞辰日）开展全民阅读专项活动。同年 3 月 31 日，辽宁省第十二届人民代表大会常务委员会第十六次会议通过《关于促进全民阅读的决定》，将每年 4 月 23 日设立为全民阅读日。

2016 年 4 月 1 日，《深圳经济特区全民阅读促进条例》正式实施。该条例将深圳市传统阅读活动“深圳读书月”法定化，并将每年的“4・23”世界读书日同时确定为“深圳未成年人读书日”。同年 4 月 23 日，《四川省人民代表大会常务委员会关于促进全民阅读的决定》正式实施。自此，四川省成为继江苏、湖北、辽宁、深圳之后，全国第五个通过地方性全民阅读法律性文件的省市，也是西部第一个为全民阅读立法的省市。此外，该决定将 4 月 23 日世界读书日确定为“书香天府・全民阅读”活动日。

立法后带来五大变化

一个个阅读地方性法规的出台给当地带来了什么呢？深圳读书月组委会办公室主任、深圳出版发行集团总经理尹昌龙在接受《中国新闻出版广电报》记者采访时表示，从去年 4 月到今年 4 月，《深圳经济特区全民阅读促进条例》已正式实施一周年，给深圳带来了五大变化：第一，让已经开展 17 年的“深圳读书月”成为法定的读书节日。“深圳读书月”法定化后，“有了一个长远的设计安排，对节庆活动的固化、品牌化非常重要。无论是从财政拨款还是对于参与读书月的总承办单位和参与单位而言，都提供了保障。可以说通过《条例》，由他律变成自律，由倡导变成自发，对于“深圳读书月”的开展起到非常大的推动作用，促使其根深叶茂、常态化发展”。第二，该《条例》成立了全民读书指导委员会，通过该机构有效统筹整个深圳市，更加明确各部门责任。第三，将每年的“4·23”世界读书日同时确定为“深圳未成年人读书日”，使得整个社会都参与、关注青少年阅读、亲子阅读等，大家参与的积极性更高，公共图书馆、书城等大量围绕孩子们设计的读书活动的举办，让“4·23”的活动主题更加明确。第四，该《条例》对于阅读基础设施建设提出了更加明确的要求，要求必须拥有大型的公共图书馆。此外，深圳一直探索的“大书城、小书吧”模式，即以大书城作为主阵地，形成庞大的读书、购书网络，这些阅读设施的建设营造出“阅读无处不在”的良好氛围，让深圳成为名副其实的书店书吧之城、图书馆之城。第五，该条例对读书活动进行研究、规划和部署，成立了深圳市阅读与研究推广中心，对未来阅读政策的制定、阅读活动的举办提供了科学有效的依据，可以说是为阅读活动的开展实施了供给侧结构性改革。

鲁豫等省市加快立法步伐

记者在采访中了解到，目前地方全民阅读立法步伐不断加快，山东、河南有望今年出台全民阅读促进办法，上海以及福建、河北都正在积极酝酿全民阅读立法……地方全民阅读立法的先行，探索出了全民阅读立法工作的成功经验，在有力推动其他省市的全民阅读立法工作的同时，也为国家层面的全民阅读立法工作提供了重要参考。

在尹昌龙看来，未来伴随着国家《全民阅读促进条例》的出台，将使得全民阅读变成政府长期的文化自觉，进而成为引导、影响整个国家公共文化政策制定和实施的重大力量，推动国家公共文化政策的进一步完善和提升。

全国人大教科文卫委员会文化室主任朱兵表示，伴随着一些地方立法先行以及党和国家对于全民阅读工作的日益重视，在一定程度上推动着全民阅读立法工作的进一步开展。

“以地方法规保障全民阅读的深入推进，无疑是一种具体而具有深远意义的‘得力之举’，有助于让阅读成为一种时尚，成为一种公民自发的精神文化追求”“这不仅保障了全民阅读的开展，势必进一步推动全国立法保障全民阅读”……记者在采访中发现，这些观念已成为许多人的共识。

依法保障人民文化“获得感”[1]

2017 年 3 月 1 日，《公共文化服务保障法》（以下简称《公共文化服务保障法》）正式施行，据正式启动立法不足 3 年，速度之快，较为少见。150 名常务委员参加表决，148 票通过，2 票弃权，0 票反对，共识度之高，较为罕见。

这是一部在公共文化服务领域具有“压舱石”地位，在文化领域具有“四梁八柱”性质的综合性、全局性、基础性法律，对依法保障人民基本文化权益，发展社会主义文化事业具有里程碑意义。

我国宪法关于发展为人民服务的文化事业规定由来已久，一系列关于推动公共文化服务体系建设的政策文件也有十余年，为何要在此时通过施行一部《公共文化服务保障法》？是哪些因素促使它迅速施行？如何综合评价该法的突破性意义？法律正式生效后迫切要应对哪些问题？围绕上述问题，《瞭望》新闻周刊记者展开了深入调研。

补文化立法“短板”

十七届六中全会以来，尤其是十八大以来，文化建设得到党中央前所未有的重视和关注。文化被提到国家战略地位，文化自信被视为“更基础、更广泛、更深厚的自信”，与中国特色社会主义道路自信、理论自信、制度自信并称“四个自信”。

经济社会发展到今天，满足人民群众日益增长的精神文化需求变得日益迫切。十八大明确提出，让人民享有健康丰富的精神文化生活，是全面建成小康社会的重要内容。公共文化服务体系建设已经被纳入“四个全面”战略布局予以重视。

反观我国文化法治建设现状，全国人大教科文卫委员会文化室主任朱兵，曾参与并见证国家文化法治建设近三十年，在接受《瞭望》新闻周刊记者采访时说，从 1982 年制定通过《文物保护法》，在《公共文化服务保障法》和《电影产业促进法》出台前，我国文化领域严格意义上的法律只有两部——《文物保护法》和

---

〔1〕 本文载于《瞭望》2017 年第 9 期，由记者刘苗苗整理。

《非物质文化遗产法》，主要是围绕文化遗产制定的，文化建设的其他领域少有涉及。

据不完全统计，截至目前，我国法律法规包括地方性法规在内的各类立法总数38 000多件，其中文化立法的数量约3024件，约占整个立法的2.7%。而就不同领域的法律构成比例来看，经济、政治、文化、社会和生态环境五大管理领域中的法律，在全部现行法中所占比例分别为31.5%、52.1%、2.3%、7.56%和7.56%。文化立法数量之少和占比之小可见一斑。

“现阶段的文化法律体系还远远不能支撑国家的文化发展战略。”朱兵说。

十八届四中全会为制定《公共文化服务保障法》提供了重要契机。《中共中央关于全面推进依法治国若干重大问题的决定》明确提出“制定公共文化服务保障法，促进基本公共文化服务标准化、均等化”。

“连法律名称都点出来，足见制定该法的重要性、必要性和紧迫性。”朱兵说，“这从一个侧面折射出我国文化领域立法的相对迟缓和滞后。”

为时不到三年，《公共文化服务保障法》于今年3月1日正式施行。朱兵在肯定大环境对立法的直接推动作用外，还向记者道出了更深层次的国家意志。

他认为，文化被视为“民族的血脉”“人民的精神家园”，关系民族生命和国民归属感。依法引导、规范公共文化服务的保障，是国家意志在文化上的体现。“我国是一个多民族的统一大国，这种‘统一’不是抽象的概念，而是要通过各方面的踏实努力包括文化建设和文化立法，弘扬社会主义核心价值观，传承中华优秀传统文化，增强人民的国家认同和文化自信。”

从“软管理”到“硬约束”

“公共文化服务保障法从无到有，实现了公共文化服务从‘软管理’到‘硬约束’的跨越，真正保证了公共文化服务治理有法可依。”国家行政学院文化政策与管理研究中心副主任高宏存在接受《瞭望》新闻周刊记者采访时说：“这是我国文化法治建设上的一大重要突破，进一步完善了中国特色社会主义文化法律制度。”

十六大特别是十八大以来，党中央围绕保障人民基本公共文化权益颁布了一系列政策文件，对构建现代公共文化服务体系作了全面部署。经过十余年发展，我国已初步形成覆盖城乡的公共文化服务设施网络，在公共文化服务的基本概念、方向方针、内容供给、设施管理、保障措施等方面，积累了许多成熟成功的经验，体现在相关政策文件中，这次被以法律形式固化下来指导实践，在业内专家看来具有稳定的、长效的、广泛的、刚性的保障公共文化服务的效果。

比如，该法明确规定，公共文化服务“是指由政府主导、社会力量参与，以满足公民基本文化需求为主要目的而提供的公共文化设施、文化产品、文化活动以及其他相关服务”。

“这不是简单的基本概念。”国家公共文化服务体系建设专家委员会主任李国新在接受《瞭望》新闻周刊记者采访时说，“它把公共文化服务的责任主体、服务目的、服务内容法律化了，成为公民享受公共文化服务的法律依据，无论在理论和实践上都具有重要而深远的指导意义”。

朱兵说，60 多条法律条文中 40 多条都是规范政府的。比如，该法第 45 条规定：“国务院和地方各级人民政府应当根据公共文化服务的事权和支出责任，将公共文化服务经费纳入本级预算，安排公共文化服务所需资金。”第 51 条规定：“地方各级人民政府应当按照公共文化设施的功能、任务和服务人口规模，合理设置公共文化服务岗位，配备相应专业人员。”

“‘应当’的行为在法律中是带有强制性的。”朱兵说。这意味着，关系“财力”“人力”保障的关键问题，政府若不依法履行将被追究法律责任。

“《公共文化服务保障法》的正式施行，是我国文化立法体制改革的重要成果。”李国新告诉《瞭望》记者，过去 30 年，文化领域立法的突出特点是部门立法，结果导致“行政权力部门化，部门利益法律化”，甚至不同法律之间出现“打架”状况。

十八届四中全会报告明确提出“完善立法体制”，要求“健全有立法权的人大主导立法工作的体制机制，发挥人大及其常委会在立法工作中的主导作用。建立由全国人大相关专门委员会、全国人大常委会法制工作委员会组织有关部门参与起草综合性、全局性、基础性等重要法律草案制度”。

2014 年 4 月，由全国人大教科文卫委员会牵头，成立由中宣部、文化部、国家新闻出版广电总局、国家发改委、财政部、国务院法制办公室等有关部门负责同志组成的领导小组，以及工作小组和专家咨询组，启动法案起草相关的调研、听取意见、反复修改等工作，法律草案稿完成后，又向社会公开征求意见，最后提请全国人大常委会审议通过。

“在文化立法领域，《公共文化服务保障法》是首次由全国人大主导制定的，真正从体制机制上破除了长期以来的部门利益藩篱，使‘大文化’理念落到实处。”李国新说。

还有许多突破体现在法律条文中，它们有些是被实践检验成功的成熟政策，有些是吸收国际经验、针对中国实践中的突出矛盾问题设计的，总体构成了我国公共文化服务保障的基本制度框架，显示了国家文化治理更趋法治化、科学化、制度化，符合国家文化治理体系和治理能力现代化的总趋势和总要求。

如针对当前比较突出的公共文化服务供需不对接、公众参与度低、设施运营效能低等问题，该法第 56 条规定：“各级人民政府应当加强对公共文化服务工作的监督检查，建立反映公众文化需求的征询反馈制度和有公众参与的公共文化服务考核评价制度，并将考核评价结果作为确定补贴或者奖励的依据。”

“财政支出用于公共文化设施管理单位的，大部分集中在人员工资，这部分依法要跟绩效挂钩，将‘考核评价结果作为确定补贴或者奖励的依据’利于激发管理单位提升治理能力。”朱兵解释说。

李国新据法律条文向本刊记者梳理了 20 项制度，并将其分为基础性制度、针对性制度、政府监管制度、机构责任制度四大类。他认为，《公共文化服务保障法》的最大贡献是搭建起了我国公共文化服务的制度框架。

不让法律挂在墙上

法律的生命力在于实施，法律的权威也在于实施。《公共文化服务保障法》正式施行后，首要任务是加强宣传引导，让公共文化服务理念深入人心，让《公共文化服务保障法》落地生根，让各级地方政府明确相应的文化责任，依法履职，确保行政权力不错位、不越位，进一步提升文化治理能力。

全国人大教科文卫委员会于 2017 年 1 月 20 日在京召开公共文化服务保障法宣传贯彻座谈会，全国人大常委会副委员长兼秘书长王晨出席会议并讲话。全国人大教科文卫委员会主任委员柳斌杰主持座谈会，中央有关部门的负责同志和公共文化机构、专家学者代表出席会议并发言。

王晨在讲话中强调，《公共文化服务保障法》是文化领域一部综合性、全局性、基础性的重要法律，它的制定实施实现了我国文化立法重大突破。要广泛深入宣传普及法律，严格执法，加快构建公共文化服务体系，实现和维护人民群众基本文化权益，抓紧制定配套法规规章，确保法律规定落在实处。要以此为新起点加快推进文化立法工作，补齐文化立法不足的“短板”，确保党中央有关决策部署贯彻落实，为建设社会主义文化强国、全面建成小康社会、实现中华民族伟大复兴的中国梦作出新的贡献，用优异成绩迎接党的十九大胜利召开。

文化部和国家新闻出版广电总局均把学习贯彻该法列入 2017 年工作要点，将在各自系统内开展相关的宣传、学习、培训和考核工作。

同时，两部门还将与有关部门加快研究出台与法律相衔接、相配套的公共文化法规和政策。

目前，一场学习贯彻该法的热潮正在地方各级人民政府掀开。

记者采访李国新时，他正准备赴内蒙古鄂尔多斯市给当地政府中心组宣讲和解读《公共文化服务保障法》。

文化部在推动公共图书馆法尽快出台，同时落实法律中确立的各项公共文化服务制度，坚持和完善已经实施的有关制度，对未形成成熟工作模式和经验的，开展研究和试点，争取尽早出台相关政策文件和实施细则。

国家新闻出版广电总局将配合国务院审议《全民阅读促进条例》，同时修改、废止与《公共文化服务保障法》不相符的部门规章和规范性文件，推动各地新闻出版广电行政部门对现行地方性法规、地方政府规章及部门规范性文件进行清理，并适时出台配套性地方性法规、政府规章。

李国新告诉《瞭望》记者，在法律明确或隐含的体制机制中，有些已经基本建立，只需再完善，如公共文化设施免费或优惠向公众开放制度，文化志愿服务机制，基本公共文化服务标准制度等。

还有一些只是顶层设计，缺乏具体操作的实施细则，如反映公众文化需求的征询反馈制度，公共文化服务设施使用效能考核评价制度，新建、改建、扩建居民住宅区应当规划和建设配套的公共文化设施制度等。“能否尽快出台法律配套的实施细则和建立相应的规章制度是公共文化服务保障法成败的关键。”李国新说。

另外，文化部还将依托综合协调机制，在今年下半年对国家基本公共文化服务的推进情况加强督查，督查的两个重点是：县级政府是否按照《公共文化服务保障法》的要求制订了《公共文化服务目录》，各地政府是否根据指导标准和省级实施标准建立了公共文化经费保障机制。

以后，全国人大还将加强对政府履行保障职责、相关法规规章制度建设、公共文化设施建设管理、公共文化服务提供等方面的情况进行监督检查。对贯彻落实法律做得好的，要进行宣传和示范引导；对未按法律要求开展服务的，要责令整改；情节严重的，还要依法追究法律责任。总之不能让法律挂在墙上。

只有亲身经历方知文化立法不易[1]

又是一年年末，一眼千年，电视综艺节目《国家宝藏》燃爆荧屏，引发了国人对文物保护和文化传承的极大热情。

又是一年年末，一干30年，对于全国人大教育科学文化卫生委员会文化室主任朱兵来说，他有很多理由骄傲。从六届全国人大到十二届全国人大，朱兵亲历和见证了30年来我国文化立法的全过程。

坚定文化自信，推动社会主义文化繁荣兴盛，是党的十九大提出的明确要求。一个国家的核心价值体现就是文化，文化是永远不可灭的。正如习近平总书记所指出的那样，文化自信是一个国家、一个民族发展中更基本、更深层、更持久的力量。在文化立法这条路上，曾经感到困难重重的朱兵，如今底气十足。“文化领域立法已迎来了新的发展契机，要建立健全更加完备的文化法律制度，保障人民群众的文化权益，促进中国特色社会主义文化繁荣发展。”

早期文化领域立法：过程艰辛，效果满意

一直以来，在中国特色社会主义法律体系中，文化立法都被视为是短板。我国现行有效法律有260多部，但长期以来文化领域只有《文物保护法》《非物质文化遗产法》和《著作权法》，俗称“两部半”。这一弱势局面直到十二届全国人大期间才得以扭转，近两年内，密集出台了包括《公共文化服务保障法》在内的3部文化法律。

党的十八大以来，以习近平同志为核心的党中央高度重视文化遗产保护工作。根据党中央的要求，十二届全国人大常委会在文化遗产保护方面做了大量工作。截至目前，已对《文物保护法》个别条款作出3次修改。

相比保护有形文化遗产的《文物保护法》，另一部文化立法——《非物质文化遗产法》——的出台过程却有些曲折，被朱兵称为立得“最费劲儿”的一部法。“为了这部法，我甚至跟一些学界的人吵过架，还有人专门写信给我，说我不懂文

---

〔1〕 本文载于2017年12月19日《法制日报》，文章名略有变动，由记者朱宁宁整理。

化。”朱兵笑着回忆说。

“最大的压力就是认识上的分歧，很难达成一致，这也是立法时最难的事。一些人认为这是在浪费立法资源；一些人认为无形文化遗产消失是被历史扬弃的自然现象，不需要抢救；还有一些人认为目前财政困难，难以保护。”面对阻力，当时，九届全国人大教科文卫委员会作出了巨大努力，推动云南省率先出台了地方性法规。

历经十余年的艰辛，终于在各界共同努力下，2011年2月25日，十一届全国人大常委会通过《非物质文化遗产法》。“我们不能忘了那些立法的先行者，有些人已故去了，像朱开轩、范敬宜、聂大江、宋木文等，他们都为这部法律作出了很大贡献。”朱兵深情地说。

当前文化领域立法：高度共识，推进迅猛

相比之前的艰辛和不易，近几年的文化立法可谓是突飞猛进。

2016年11月，《电影产业促进法》获得通过。“之所以为电影立法，就是因为它是最能显示一国艺术表现创造能力的载体。”朱兵说。

2016年12月，《公共文化服务保障法》获得高票通过。仅用两年时间，这部文化领域第一部基础性、全局性法律就制定出台，这种情况并不多见。全国人大教科文卫委员会承担《公共文化服务保障法》起草工作，成立了以主任委员柳斌杰为组长、其他相关部门负责同志为副组长的立法领导小组，下设起草工作小组，朱兵担任工作小组组长。这一次，朱兵底气很足。“虽然仍有一些技术上的难题，但认识上高度一致，不再讨论必要性和可行性了。”

作为全球第一部为保障人民群众基本文化权益、提供全方位公共文化服务而专门制定出台的法律，该法保障范围之广、力度之强，举世罕见。“这是贯彻落实以习近平同志为核心的党中央坚持以人民为中心的执政理念的具体实践。换句话说，地不分南北，人不分老幼，人民群众的基本文化权益都要通过法律得到保障。可以说，我们为全球提供了‘中国样板’。”朱兵自豪地说。

今年11月，《公共图书馆法》获得通过。审议中曾有人发出疑问：现在还有人去图书馆吗？朱兵当即联系首都图书馆的工作人员发来一张照片——雨中等待进图书馆的群众，在门口排起了长队。“立法的核心本质，就是通过法律制度的规范，达到引导社会向更高更好的方向发展的目的。制定《公共图书馆法》就是要使其作为文化的建设者、传播者，产生普遍深远和持久的影响。”

“出台的时间越来越短，争议越来越少，共识越来越多，这些转变，折射出的是党和国家对文化领域立法的重视程度越来越高。”朱兵说，本届人大常委会立法规划刚出台时，《公共文化服务保障法》和《文化产业促进法》都是放在第三类立

法研究项目中，党的十八届四中全会之后，修改规划时将其列为第一类立法项目。

“人民对文化的热爱和需求让文化立法有着深厚的土壤，我们搞文化立法，就是要在这样一片深厚的土壤上，为广大人民群众提供一个相对完备的法治保障环境。”朱兵笑言：“搞文化立法工作，没情怀不行，光靠情怀也不行，我们立法工作者能做的就是通过法律制度，使文化得以长久传承和发展。”

后　记

此书汇集的虽是笔者三十年来对文化立法的所思所想，但它的成集离不开改革开放以来我国社会主义法治建设的成功实践，离不开在各个岗位为文化立法呕心沥血、辛勤工作的领导、同行、同事和专家学者，离不开对我一直以来宽容相待、热情相助的亲朋好友。谨在此表示深深的谢意！

书中收入的部分文稿系记者采访后整理发表的文章，我谨在此对记者朋友深表谢意！

本书的出版得到了中南大学法学院和中国文化法研究中心及中国政法大学出版社的大力支持，谨在此一并致以诚挚感谢！

朱　兵

2019 年 4 月